中国远洋海运发展史

COSCO SHIPPING
HISTORY OF
DEVELOPMENT

第❹卷

《中国远洋海运发展史》编委会·编

中远发展史
2005—2015

人民交通出版社股份有限公司
北　京

内 容 提 要

本书为《中国远洋海运发展史 第4卷》，记载了2005—2015年中远海运集团的发展历程。回顾全球化发展时期的十一个年头，中远集团走过了一段不平凡的发展历程。既有全球化视野下的高歌猛进，也有航运严冬中的步履蹒跚；既有融贯全局、层出不穷的闪光点和大手笔，也有特殊历史时期的阵痛与反思。但永恒不变的，是中远人敢为人先的干事创业气魄和图强报国的耿耿赤诚。

本书不仅是一部体大思精、包罗丰富的历史著作，更是一套宣贯爱国主义和社会主义教育的优秀读本。

图书在版编目（CIP）数据

中国远洋海运发展史. 第4卷/《中国远洋海运发展史》编委会编. — 北京：人民交通出版社股份有限公司，2020.6
ISBN 978-7-114-16410-1

Ⅰ.①中… Ⅱ.①中… Ⅲ.①海上运输—交通运输史—上海—2005-2015 Ⅳ.①F552.9

中国版本图书馆CIP数据核字（2020）第044854号

ZHONGGUO YUANYANG HAIYUN FAZHANSHI DI 4 JUAN

书　　　名：	中国远洋海运发展史　第4卷
著　作　者：	《中国远洋海运发展史》编委会
责任编辑：	陈　鹏
责任校对：	孙国靖　宋佳时
责任印制：	刘高彤
出版发行：	人民交通出版社股份有限公司
地　　　址：	（100011）北京市朝阳区安定门外外馆斜街3号
网　　　址：	http://www.ccpress.com.cn
销售电话：	（010）59757973
总 经 销：	人民交通出版社股份有限公司发行部
经　　　销：	各地新华书店
印　　　刷：	北京印匠彩色印刷有限公司
开　　　本：	787×1092　1/16
印　　　张：	40.75
字　　　数：	935千
版　　　次：	2020年6月　第1版
印　　　次：	2020年6月　第1次印刷
书　　　号：	ISBN 978-7-114-16410-1
定　　　价：	320.00元

（有印刷、装订质量问题的图书由本公司负责调换）

2005年6月30日,中国远洋在H股成功上市。

2007年12月28日,中远集运建造16+4艘4250TEU巴拿马型集装箱船签约仪式在北京人民大会堂举行。

2007年12月19日,中远集团与中国航天科技集团公司新一代运载火箭运输合作意向书签字仪式在北京远洋大厦举行。

2015年1月22日,中远比雷埃夫斯3号集装箱码头扩建项目动工典礼举行。

中远集团首艘万箱级集装箱船——"中远亚洲"轮。

2008年12月15日,"中远大洋洲"轮和"远河"轮分别开启天津、上海至台湾的海运直航航程。

2014年,"夏之远6"轮运输巴拿马运河新船闸闸门。

2014年1月14日,大良轮在黄埔新港成功装载巴西奥运渡轮"面包山"号,创造了公司重吊船吊装重大件单件体积最大纪录。2015年,李克强总理出访巴西时,专门登上"面包山"号渡轮参观。

中远物流为联合国维和部队运输装备。

2009年1月6日,中远集团的2艘商船"晋河""哈尼河"轮,作为首批船舶,接受中国海军护航。

2009年3月20日,"新盛海"轮荣获"全国工人先锋号"。

"泰顺海"轮执行马航MH370客机搜救任务。

《中国远洋海运发展史》编纂机构

《中国远洋海运发展史》编审委员会
主　任：许立荣
副主任：付刚峰　孙家康
委　员：（以姓氏笔画为序）
丁　农　万　敏　王宇航　王海民　叶伟龙　孙云飞　刘鸿炜
张　为　俞曾港　黄小文

《中国远洋海运发展史》顾问委员会
主　任：钱永昌
委　员：（以姓氏笔画为序）
马贵川　马泽华　王云茂　王富田　毛永芳　白金泉　邬　丹
朱超刚　江　波　刘国元　刘松金　刘锐祥　孙月英　孙治堂
李　伟　李建红　李绍德　李云鹏　吴子恒　吴中校　肖亮涌
闵希候　陈忠表　陈洪生　陈德诚　林祖乙　林建清　杨　斌
张　良　张际庆　张国发　张建华　张富生　卓东明　金瑞升
周祺芳　宫尚竺　骆九连　徐祖远　徐晓杰　高伟杰　高志明
寇来起　傅　伟　董　明　雷　海　虞国伟　魏　卿　魏家福
戴金象　戴淇泉

《中国远洋海运发展史》编纂工作委员会
主　任：刘海涛
副主任：海　峡　徐永上
委　员：朱雪峰　吴　腾　郭庆东　吴彦红

《中国远洋海运发展史》编纂工作组
组　长：佟成权
副组长：相熔钢　桑史良
本卷执笔：林于暄

总　　序

2019年，是新中国成立70周年，是中国海运事业发展70周年。沿着新中国"站起来、富起来、强起来"的历史主轴线，中国远洋海运集团也走过了屡领风潮、慨然前行的非凡历程，创造了一个壮阔的"云帆远征"之传奇，书写了一部煌煌的"家国天下"之史诗。在这个特殊的历史时刻，追溯企业发展源头，回望企业发展道路，对于我们重温当年初心，勇担历史使命，积极助力"一带一路"及海运强国建设，赓续薪火相传的企业精神，凝聚改革再出发的磅礴力量，具有十分重要的意义。

一

海运与国运从来都是息息相关的。海运的引领性和保障性，决定了它不是一般的服务业，而是关系国家安全与经济命脉的特殊性产业。一道"海运与国运"的历史命题，既蕴含了人类社会发展的普遍规律，也是中远海运集团所肩负的历史使命。

2018年11月，习近平总书记在上海考察时指出，"经济强国必定是海洋强国、航运强国"[1]。习近平总书记的重要论述，深刻阐明了海运与经济、海运与国家战略的关系，为我们建设海洋强国、航运强国指明了方向，也让我们在实现中华民族伟大复兴中国梦的历史征程中，更加深刻认识到建设海运强国的责任与担当。

海运强国的演变实际就是国家强盛的发展过程。纵观世界发展史与世界航海史，一系列国家兴衰及大国崛起的历程，都充分证明了这一点。公元前1000年之前，地中海东岸的腓尼基人就凭借出色的航海技术，控制了地中海地区；古希腊人通过帆船和发达的航海技术，将文明散播到整个地中海沿岸，使之成为西方文明的摇篮。15世纪末，葡萄牙、西班牙、荷兰引领了以季风帆船为特征的大航海时代，通过发展海运成为欧洲三强。近代的英国开启了蒸汽船时代，通过海运成为"日不落帝国"，主导世界格局三百年。之后，美国取代英国，凭借强大的海权控制实力，成为当今世界霸主。此外，当代日本、韩国、新加坡等国的快速崛起，也都离不开海运的发展。

中国历史上曾经是一个海运大国和海运强国，特别是在东西方"海上丝绸之路"的开辟与发展方面，中国人的航海活动贡献巨大，在人类文明发展史上写下了不朽篇章。明朝

---

[1] 《习近平在上海考察》，《人民日报海外版》，2018年11月08日第02版。

是我国古代海运发展的高峰，郑和七下西洋，航行距离、规模和技术均遥遥领先于世界；与之相对应，七下西洋所处的永乐年间，中国的综合国力和总人口均排名世界第一。而明朝中后期和清朝的海禁，令我国海运业落后于西方，国力也快速衰落。从1840年鸦片战争到1949年中华人民共和国成立的109年间，中国遭受了帝国主义列强的侵略。外国资本经营的轮船公司垄断了中国的海上运输业务，国家海运业日益衰败；而一场甲午海战，更把国家拖入深渊。面对"千年未有之大变局"，近代仁人志士都把振兴民族海运作为毕生追求的梦想。为了这个振兴之梦，多少次旗竖旗倒，多少次人聚人散，多少英雄饮恨苍天，多少豪杰壮志未酬。孙中山认为"自世界大势变迁，国力之盛衰强弱，常在海而不在陆，其海上权力优胜者，其国力常占优胜"，并在《建国方略》中对发展海运和海港作了专门论述。然而，这些梦想在旧中国都没有实现。

新中国成立后，中国海运事业在一穷二白中开始建设。经过70年发展，特别是自1978年中国实行改革开放，海运业进入了"由小到大"的发展轨道。目前中国已经是名副其实的海运大国：年造船产能达到6000万载重吨，全球第一；海运量世界占比达到26%，全球第一；注册运力1.8亿载重吨，全球第二；全球前二十大货物吞吐量的港口，中国占15个；全球前十大集装箱港口，中国占7个。

翻阅厚重的世界史与中国史，研读世界强国的发展历程，都印证了英国探险家沃尔特·雷利（Walter Raleigh）的看法——"谁控制了海洋，谁就控制了贸易；谁控制了世界贸易，谁就控制了世界的财富，最终也就控制了世界本身。"海运作为强国背后的重要动力，是其他产业所难以比拟的。

在中华民族"站起来、富起来、强起来"的历史进程中，中远海运集团始终与中华民族伟大复兴之路同向同行，始终与新中国现代化建设共进共赢。1949年新中国成立，1978年中国改革开放，2001年中国加入WTO，2018年中国开启改革再出发新时代……这一系列重大历史时刻，成为中国经济发展的关键节点，也恰是中远海运发展的关键节点。一方面，中国经济发展给中远海运带来无限商机；另一方面，中远海运也用自身不断增长的业绩，助推中国经济不断飞跃。

由此可见，中远海运的发展历程，是国家富强与民族振兴伟大征程中的重要组成部分，是我国航运业由弱到强的生动写照和具体体现。在海运与国运的同步变化之中，伴随新中国的发展，中远海运从孤帆远影，到百舸争流，历经风雨，高歌猛进。1949–1950年，"招商起义"的17艘船舶中，返回新中国的共计15艘、3.37万载重吨；而今天，中远海运共有船舶运力1200余艘、1亿载重吨。当年15艘船舶载重吨的总和，只相当于今天1200艘船舶中的1艘小型船。如今，由中远、中海重组而成的中国远洋海运集团的船队规模位居世界第一，综合运力大约是海运大国德国全国运力规模的总和。中远海运集团数十年的发展实践，不仅印证了全世界海运与国运的"普遍规律"，还印证了中国特色社会主义的"特色规律"，那就是：国企强，国家强；海运央企强，则国家海运强，国家经济强。

二

中远海运集团是新中国航运事业的开创者，参与了中国航运 70 年从近海到远洋、从追随到领跑的历史进程，亲历了改革开放 40 年波澜壮阔的伟大变革。回望 1949 年以来走过的航路，梳理一代代远洋海运人的创业历程，贯穿始终的，是不变的初心和海运强国的使命。

中远海运集团发展史是一部艰苦卓绝的革命斗争史。

很难想象，中远海运这支商船队，竟然是在新中国遭到经济封锁和海上禁运的围堵中起步的。而一条条航线的开辟，竟然是我们的船员出生入死、浴血奋战拼杀出来的。

追溯中国远洋海运集团的发展源头，自招商局海轮起义开始，中远海运人就以大无畏的英雄气概，书写了一部惊心动魄、扣人心弦的革命斗争史。一次次冲破海上封锁，一次次抵御敌机轰炸，一次次开展护船护航的殊死搏斗，一次次战胜国际敌对势力的突然袭击……中远海运人的使命，不仅体现在与狂风搏斗，与恶浪搏斗，更体现在与敌对势力搏斗；中远海运人的担当，不仅是要流汗，要流泪，更要流血。所有这些，都彰显了中远海运人的拳拳报国心、殷殷航海情，谱写了一曲惊天地泣鬼神的壮丽史诗。

招商局海轮起义掀开了新中国海运事业的崭新篇章，也是中远海运的重要源头之一。1949 年 9 月 19 日，"海辽"轮在从香港赴汕头的航行途中，船长方枕流率领全体船员庄严起义，历经九天九夜惊险航程，胜利到达大连。1949 年 10 月 24 日，毛泽东主席发电报给方枕流船长和全体船员，表示祝贺和嘉勉。在"海辽"轮的感召下，新中国成立之前及成立初期，国民党当局控制下的香港招商局和 17 艘海轮、近 700 名海员，先后分别在东海、南海海面和中国香港、新加坡等地宣布起义，投入新中国怀抱。

抗美援朝战争期间，上海海运的船员积极投入"抗美援朝、保家卫国"运动。在鸭绿江运送志愿军渡江和运输物资的任务中，船员们不顾生命安危，提出"鸭绿江水炸不干，运输线就炸不断"的口号，不分昼夜，有时一夜往返横渡四次，为抗美援朝战争的胜利做出了贡献。

在反封锁、反围剿斗争中，从欧洲承运进口成品油的"工作"轮于 1953 年被劫持到台湾高雄，17 名中国船员遭到关押。政委刘学勇被关押在台湾火烧岛（绿岛），几经拷打，始终坚贞不屈，最后被秘密杀害；二副姚淼周临刑前高呼"新中国万岁""中国共产党万岁"，在国民党当局的枪口下英勇就义，年仅 29 岁。

20 世纪 60—70 年代，广州海运在援越抗美斗争的运输中，被炸沉船舶 1 艘、救生艇 1 艘，炸伤船舶 14 艘次，共有 36 名船员负伤，12 名船员献出了他们宝贵的生命。"红旗 151"轮船长周茂臣长眠在越南荣市的海边，在越南广宁省锦普市和义安省荣市烈士陵园纪念碑上，刻下了广州海运英烈们不朽的名字。他们用鲜血和生命，谱写了一曲"英雄赞歌"，耸起了中远海运的精神桅杆，挺起了共和国的坚强脊梁。

南北航线是我国沿海最长的海上航线，途经沿海 10 余个省、自治区、直辖市，是关乎国计民生的重要运输通道。为了冲破封锁禁运，1968 年 4 月 25 日，"黎明"轮由湛江港起航，航行 12 个昼夜，完成了新中国成立后首次南北航行。1968—1979 年，广州海运和广州远洋运输公司恢复了中断十多年的南北海上交通线。

"银河"号是一艘从事正常国际商业航运的远洋集装箱班轮，1993 年 7 月，在执行第 81 航次由天津、上海至海湾的定期班轮运输任务中，被美国无端指责载有制造化学武器的前体硫二甘醇和亚硫酰氯。美国派遣军舰监视、飞机骚扰，致使该轮被迫在公海上中止正常航运 33 天之久，全体船员不畏强权和围追堵截，敢于斗争，维护了国家利益，树立了良好形象。

中远海运集团发展史是一部风雨砥砺的不懈奋斗史。

中远海运从初始创业到不断壮大，是几代人艰苦奋斗、顽强拼搏的结果。几十年来，广大船岸干部职工为企业发展做出了不懈努力，经受了各种考验，取得了辉煌业绩，创造了许许多多工程的奇迹、运输的伟业、发展的壮举。这其中，既有步入"贷款买船、负债经营"壮大之路的成功探索，也有"文化大革命"时期"风庆轮事件"给运输生产带来的种种干扰；既有抓住中国加入 WTO 以及航运市场空前繁荣带来的发展机遇，也有面对后金融危机时期国际航运市场大萧条的严峻挑战；既有打造世界一流航运企业的憧憬和志向，也有"做大"后何去何从的深刻思考。

一条漫长的企业发展之路，犹如一条波涛汹涌的大江，一路跌跌撞撞，曲曲折折，浩浩荡荡。无论遇到多少艰难险阻，却总是能在逆境中找到新路，在纷扰中坚定方向，在跌宕中保持前行。一部中远海运企业发展史，就是一部波澜壮阔、惊天动地的奋斗史。

"席卷神州解放风，雄师百万下江东。"1949 年 5 月 27 日，中国人民解放军宣告上海解放。5 月 28 日，人民解放军上海市军事管制委员会主任陈毅、副主任粟裕签署军事接管招商局的命令。这些被接管的招商局留沪船舶及人员，在新中国航运事业建设中发挥了重要的积极作用，而经过招商局改组成立的国营轮船总公司，则成为新中国最早的国有航运企业，也成为中远海运集团重要的发展源头之一。经过数十年的发展，今天的中远海运已是世界最大的航运企业。从百废待兴中艰难起步，到成为"世界之最"，漫长的发展道路上，留下了中远海运几代人艰苦创业的汗水和闻鸡起舞的足迹。

第一艘悬挂中华人民共和国国旗航行国外的"光华"轮投入运营，标志着新中国远洋运输事业的开端。该轮源于国务院总理周恩来的亲切关怀。当时周总理十分关心远洋海运事业，提出建立中国自己的远洋运输船队，并从国库中特批 26.5 万英镑，从国外购买了这艘船，改名"光华"轮，意为"光我中华"。1961 年 4 月 28 日，伴随"光华"轮起锚登程，一条从广州到印度尼西亚的新航线艰难起步。时隔半个多世纪的今天，中远海运集团已成长为一家具有强劲国际竞争力的跨国航运企业，其远洋航线覆盖全球 160 多个国家和地区的 1500 多个港口；其境外机构覆盖全球 10 大区域、50 多个国家和地区，共计 1055 家企业。现已成为全球航运业的重要引领者，成为平衡东西方航运格局的重要力量。

中远海运集团发展史是一部敢为天下先的开拓创新史。

新中国成立以来，特别是改革开放以来，远洋海运人勇立时代潮头，创造了一个又一个"时代第一"，书写了一个又一个先行者传奇。

"平乡城"轮开辟了中国第一条国际集装箱班轮航线。1978年9月26日,该轮装载162个集装箱从上海港起航,先后于10月12日、15日抵达澳大利亚悉尼港、墨尔本港,11月12日返回上海,结束了中国没有海运集装箱运输航线的历史,翻开了中国现代海运史新的一页。

"柳林海"轮是抵达美国本土的第一艘悬挂五星红旗的船舶。1979年3月25日,该轮由上海起航,横跨太平洋,于4月18日首次抵达美国西雅图港。从此,中美海上航线正式开通。2015年9月22日,习近平主席在访美时指出:中美建交刚刚3个多月,中国"柳林海"号货轮就抵达西雅图港,结束两国几十年不曾通航的历史[①]。23日参观美国微软公司总部期间,习近平主席接受了微软赠送的3D打印"柳林海"号船模。

"新金洋"轮是首艘悬挂五星红旗的VLCC。2004年12月,该轮正式投入使用,实现了真正意义上的"国油国运",也填补了五星红旗大型油轮在国家进口原油运输市场上的空白。2015年2月,随着中缅原油管道工程正式投运,"新润洋"轮靠泊中缅项目装货港缅甸马德岛港,成为首艘靠泊该港的VLCC,并奏响了"准班轮"服务新模式的号角。

比雷埃夫斯港投资经营是"一带一路"建设的经典项目。2009年4月,希腊国会以149票对139票,通过了中远集团与希腊比雷埃夫斯港务局签署的码头专营协议。这是中国企业首次在国外获得港口的特许经营权。2016年8月,中远海运再次收购比港67%股权,正式成为比港经营者。作为中希合作的典范,比港正按照习近平主席的指示,致力"将比雷埃夫斯港建设为地中海最大的集装箱转运港、海陆联运的桥头堡,成为'一带一路'合作的重要支点,并带动两国广泛领域务实合作"[②]。

"永盛"轮开创了中国商船首次经北极东北航道抵达欧洲的历史。该轮于2013年8—9月,圆满完成北极东北航道首航任务。此后,2015年,"永盛"轮成功完成"再航北极、双向通行"任务;2016年,中远海运5艘船舶航行北极;2017年,中远海运航行北极实现项目化、常态化。目前,中远海运是全球唯一一家穿越南北极、运营南北极航线的航运企业。

"紫荆松"轮是停靠瓜达尔港的第一艘商业货轮。2015年5月,该轮停靠巴基斯坦瓜达尔港,承载了装有当地渔业产品的7个冷藏集装箱,驶向中东地区,开启了瓜达尔港历史上首次货物出口记录。而瓜达尔港杂货班轮航线的开辟,不仅极大降低了当地进出口货物的物流运输成本,更为"中巴经济走廊"的建设,提供了坚实可靠的支持。

实际上,这样的中国第一、亚洲第一和世界第一,还有许多许多。一桩桩、一件件,都彰显了中远海运人上下求索、开拓进取、敢为人先的创新精神。

中远海运集团发展史是一部精忠报国的爱国奉献史。

如果说,战争年代的爱国精神体现为英勇献身;那么,在和平年代,爱国精神则体现

---

① 《习主席的"西雅图不眠夜"》,新华网,2015年09月24日,http://www.xinhuanet.com/world/2015-09/24/c_128264518.htm。

② 《书写新世纪海上丝绸之路新篇章——习近平总书记关心港口发展纪实》,《人民日报》,2017年07月06日01版。

为无私奉献以及社会责任。

长期以来，中远海运人始终怀揣着精忠报国的"长子"情结，承载着铁肩担道义的央企责任，忠诚服务于国家，积极贡献于国家，全心全意为了国家。在煤电生产濒临断档危机的紧要关头，总是中远海运的船舶冲在运输第一线；在国际政治动乱危及华人华侨及中国籍员工的焦急时刻，总是中远海运海外接侨的船舶送去温暖；上海世博会、金砖国家工商理事会、国际航运中心发展、"一带一路"建设项目，到处都有中远海运人辛勤的汗水；地震灾害、冰雪灾害、支援新疆、支援西藏，到处都留下中远海运志愿者忙碌的足迹。

20世纪80年代末，我国电力供应主要靠火力发电，华东、华南等地因电力需求变化，出现煤炭运输供应不足的情况。上海海运担负上海地区80%的煤炭运输任务，公司树立"多运煤就是保上海，保上海就是保全国"的大局意识，发扬"以苦为荣，无私奉献"的精神，1989年完成煤运量3340万吨，为改变上海煤炭紧缺局面做出了重要贡献。时任上海市市长朱镕基同志亲笔书写嘉奖信给予充分肯定："你们作了大贡献，创造了历史的业绩。"

"服从外交，服务外贸"，是中远海运的企业宗旨。中远海运坚持履行企业的社会责任，在浮动国土上完成了一系列国家外交任务，在历次海外撤侨接侨工作中都扮演着重要的角色。20世纪60年代，"光华"轮、"新华"轮等一直活跃在新中国撤侨战线上；20世纪70年代，"明华"轮等赴越南、柬埔寨撤侨；20世纪90年代，"富清山"轮赴刚果撤侨；2011年2月，在新中国历史上最大规模的利比亚撤侨行动中，"天福河"轮等16艘商船待命，其中"天福河"轮成功撤离559名同胞。

如果说，一个船队，构成了中远海运精忠报国的物质基础；那么，一个团队，则构成了中远海运爱国奉献的精神载体。船队与团队，不仅成为企业腾飞之两翼，前进之两轮，更成为我们建设海运强国的物质与精神财富。而这一代又一代航海家、一辈又一辈管理者，总是用他们的奋力拼搏和无私奉献，打造了中远海运积极向上的团队精神，凝聚成建设海运大国、海运强国的磅礴力量。在这个团队中，有一大批英雄人物、模范人物和优秀人物，贝汉廷和杨怀远，就是其中的杰出代表。

新中国培养的第一代远洋船长贝汉廷，先后驾驶15艘远洋轮船，到过40多个国家、80多个港口，为发展祖国的远洋运输事业，倾注了一生心血。他说："为了发展祖国的航海事业，我一辈子不离开船，不离开海洋！"在59岁生日时，因为劳累过度，不幸去世，在挚爱的远洋船上，工作到生命的最后一刻。

杨怀远同志在38年的船舶生涯中，始终以雷锋为榜样，甘当人民的"挑夫"。他挑着一根为人民服务的小扁担，从青年、中年一直挑到老年，始终不计报酬、不求职务，全心全意为人民服务，创造了让全国人民，乃至国际友人都为之敬佩的"小扁担"精神，于1985年被授予"全国劳模"称号，2019年被评为新中国成立70周年的"最美奋斗者"，受到历代党和国家领导人的接见。

三

历史，是人类记忆的年轮，是人类繁衍的根脉。历史，连接着昨天与今天，定义着过去和现在，昭示着当下与未来。历史，既能激发人们情感的力量，也能赋予人们理念的启迪。

站在一个承前启后、继往开来的时空交汇点，我们需要扪心自问：我们从哪里来，要向哪里去？

我们从百年沧桑的历史深处走来，要向强国梦、强企梦的指引方向走去。回望历史，从1919年孙中山发表《建国方略》并提出海洋兴国与东方大港的战略构想，到1949年新中国成立以及上海、广州、大连海运局的艰难起步；从招商局的17艘海轮、700名船员举起义旗，到援越抗美斗争中12名中远海运船员血祭大海、浩气长存；从"光华"轮在广州港拉响的第一声远航汽笛，到"平乡城"轮开辟的第一条国际班轮航线……百年风起云涌，百年沧海桑田。在百年的崎岖道路上，一批又一批、一代又一代中国海运业的"逐梦人"，前赴后继，艰辛探索，苦苦追寻，孜孜以求。前瞻未来，我们怀揣着中华民族的伟大复兴"中国梦"，也怀揣着打造航运翘楚的"中远海运梦"。所思所想，所寻所觅，乃是百年一脉，百年同系。

1405年7月11日，一支由200余艘海船、上千面风帆组成的世界最大船队，从长江入海口的太仓浏河港出发，开启了郑和下西洋的壮举。7月11日，遂成为"中国航海日"。611年后的2016年2月18日，一家世界最大的航运企业，在长江入海口的上海挂牌成立。这一漫长的"历史轮回"，演绎了中华民族航海史上自强不息的传奇，成为古老民族从辉煌到衰落再到复兴的历史注脚。今天，经中远、中海两大集团重组整合而成的中国远洋海运集团，正站在新的起点，开启了新的航程。新集团构筑了"6+1"产业结构（航运、物流、金融、装备制造、航运服务、社会化服务，互联网+），确立了"四个一"（一个文化、一个团队、一个目标、一个梦想）的企业理念。如果说"6+1"是新集团这艘巨轮的船体结构，那么，"四个一"则是新集团的船舶动力。在走向未来的征途中，我们应坚持不忘初心，不忘历史，传承企业优秀的历史文化，以前辈打造出的企业文化与航海精神，推进新集团的"四个一"理念。

以同舟共济的合作精神打造"一个文化"。同舟共济精神，是古老的航海文化中的精髓，也是中远、中海几十年积淀的企业文化留给新集团的精神财富。现在，它理应成为我们新集团的文化基因。在加强文化融合的过程中，我们每一名员工都应积极传递正能量，努力为企业创造稳定和谐的良好氛围。石墨和钻石都是由碳元素组成，但由于两者的碳原子排列不同，结构不同，结果是一个变成石墨，一个变成钻石。今天，我们就是要凭借同舟共济的企业精神，通过新的排列，新的组合，打造"高效、协同、融合、智慧"的钻石团队，打造"美美与共、天下大同"的企业文化；心往一处想，汗往一处流，劲往一处使，同舟共济，众志成城，汇聚千里奔涌、万壑归流的洪荒伟力，驶向世界一流、领航全球的光辉彼岸。

以精益求精的工匠精神建设"一个团队"。在中远海运的历史长卷中，民族精神的养育,精忠报国的志向,敬业精业的示范,造就了一代又一代"大国工匠":方枕流、贝汉廷、杨怀远、严力宾……这一串串闪亮的名字,构成了中远海运人的历史文化底蕴;他们的精神,就是我们的海之魂、企之魂、国之魂。今天,我们应借助这样的历史文化底蕴,继承发扬老一辈航海人坚守星辰大海的工匠精神和劳模精神,一丝不苟,呕心沥血,恪尽职守,精益求精,努力打造一支精业敬业、脚踏实地的务实型团队,打造一支攻坚克难、敢于突破的开拓型团队,打造一支见贤思齐、不断进取的学习型团队,一棒接一棒地做好事业接力,一步一个脚印地走好发展之路。

以开拓进取的创新精神追求"一个目标"。过去数十年来,敢于第一个吃螃蟹的中远海运人,创造了一个又一个中国第一、亚洲第一和世界第一。今天,我们依然需要继承和发扬敢于第一个吃螃蟹的精神,以创新为引擎,驱动企业向"做强做优做大"和"世界一流供应链服务商"的愿景目标不断前行。应继续探索创新领先的"无人区",继续拓展新兴市场的"开发区",继续打造全球航运的"生态区"。鸡蛋从外部打破是食品,从内部打破是生命。我们应以创新为内生动力,大力推进体制机制创新、商业模式创新、经营管理创新、航运科技创新;以高质量的发展创造企业新业绩,以革故鼎新的魄力建设航运新业态,以抓铁有痕的韧劲构建产业新布局,以不断增强的国际竞争力打造 COSCOSHIPPING 的市场新形象。

以坚忍不拔的执着精神构筑"一个梦想"。我们的梦想就是"海运强国梦",它是"中国梦"的重要组成部分,是新时代赋予我们的新使命。回顾企业漫长的发展史,我们看到,一代又一代中远海运人就是一代又一代"海运强国"的"逐梦人"。在新的历史方位中,中远海运人应以梦为马,不负韶华,把实现"两个一百年"奋斗目标作为企业发展的着眼点,真正承担起"一带一路"、海运强国先锋队的历史使命,真正扮演好全球航运舞台上彰显中国力量、平衡东西方格局的时代新角色,真正发挥好国家经济建设与经济安全的重要保障作用。应在新时代与大变局中,校准中远海运前进的方位,准确把握大国新博弈、世界新变局下的国家之需,准确把握全球航运竞争新模式、新业态下的立足之基,准确把握科技变革新潮流冲击之下的发展之路。

不忘初心,方能承前启后;致知力行,旨在继往开来。我们正是本着"不忘初心、牢记使命"的宗旨,组织力量编写了《中国远洋海运发展史》丛书(共8卷),回顾总结企业 1949—2015 年 66 年来的发展历程。该丛书不仅是一套信息丰富、内容详实的历史资料书,还是一套爱国主义和社会主义教育的有益教材,更是一套具有海运特色的企业战略、经营管理与企业文化的"企业全书"。

"路漫漫其修远兮,吾将上下而求索。"一代人有一代人的使命,一代人有一代人的责任。历史意识的深度有多深,前瞻意识的高度就有多高。正是这深厚的历史意识和高远的前瞻意识,成为我们不懈努力、不息奋斗的前进动力。今天,我们驾驭着"中远海运"号超大型巨轮,开始了新的整队、新的集结、新的航程、新的升华。置身扬鞭催马、奋力奔跑的新时代,站在承接历史、对接未来的新起点,我们要高举习近平新时代中国特色社会主义思想伟大旗帜,弘扬"三舱精神":理想信念坚定"压舱",坚守海运强国的初心使命,坚如磐石,矢志不渝,推动事业行稳致远、破浪前行;工作责任落实"满舱",聚焦世界一流的愿景目标，全力担当，实干兴企，促进企业提质增效、做强做优；精神状态迸发"爆舱"，砥砺领航全球的壮志豪情，只争朝夕，砥砺奋进，引领企业跑赢未来、驶向卓越。要把稳舵，坚守航运强国的理想信念；要定好锚，坚守脚踏实地的实干精神；要扬起帆，坚守战风斗浪的奋斗精神；要拧成绳，坚守同舟共济的团队精神。团结拼搏、砥砺奋进，让初心照亮航程，让使命激励未来，为建设卓越中远海运而努力奋斗！

  凡是过往，皆为序章。

中国远洋海运集团有限公司
党组书记、董事长

2019 年 10 月 1 日

前　言

　　1961年4月27日，随着"光华轮"启程赴印尼接侨，宣告了中国远洋运输公司的诞生，中国远洋运输事业也从此启航。经过40多年的发展，中国远洋运输事业从中远集团的4艘，2.26万载重吨船舶起步，到2004年末，已经发展到国际航运企业245家，其中中外合资企业近30家，拥有及经营的国际海运船舶1092艘，4479万载重吨，居世界第五位。中国远洋运输事业的发展和国际海运船队的发展壮大，大大提升了我国参与国际海运事务的能力和地位，我国连续8届成为联合国国际海事组织的A类理事国，参与各类世界海运规则的制定和国际海运事务的决议、决策，在国际海运贸易中起着举足轻重的作用。截至2004年底，我国与世界上主要海运国家签署了68个双边海运和河运协议，我国海运业开放程度已经超过世界贸易组织成员的平均水平。

　　中国远洋船队的发展，不但提高了中国船队的运力规模，促进了国民经济和对外贸易的发展，为我国能源、原材料等重要物资运输提供了保障，确保了国家的经济安全，也促进了中国航运企业的发展壮大，作为中国的第一家远洋航运企业——中远集团的运力规模已发展到3500万载重吨，成为世界第二大的航运企业。2004年，中远集团实现了公司成立后的第一个百亿效益年。2005年初，中远集团工作会首次在全系统响亮地提出"年创百亿效益、打造百年中远"的奋斗目标，以此为标志，中远集团进入全球化发展新阶段。这一时期，中远集团资产规模显著提升，资产总额从2000年底的1354.52亿元，增长到2010年底的3124.43亿元，增长了130.67%。经济效益持续提升，自2004年效益首次突破百亿元之后，连续5年效益超过百亿元。2007年7月，中远集团首次跻身《财富》全球500强，排名第488位，2009年度更是以274.303亿美元的营业收入位列第327位，排名达到了这一时期的顶峰。

　　沧海横流，弄潮儿向涛头立。这一时期，中远集团立足做强做大国际航运、物流码头、船舶修造三大主业，紧紧抓住"中国因素"和航运市场机遇，加快实施"两个转变"发展战略，积极实践"四个转变"发展策略，企业生产经营和改革发展各项事业取得跨越式发展。随着船队专业化分工调整的进一步深入，以集装箱、散货、油轮、多用途特种船为代表的种类齐全的专业化船队结构基本形成。船队规模大幅增长，从2005年拥有和控制船舶615艘，3513万载重吨，发展到2010年底拥有和控制船舶近800艘、5700多万载重吨，连续多年保持世界第二大航运公司地位。生产规模再上台阶，2005年海运量首次超过3亿吨，2007年再次突破4亿吨大关，2010年达到4.36亿吨。以船舶工业、物流、港口为代表的多元化陆上产业和航运辅助产业蓬勃发展。修船业务量蝉联全国第一,涌现出了以"希望一号"圆筒型超深水海洋钻探储油平台为代表的享誉世界的高精尖海工产品;物流产业走向高度专业化,稳居国内行业领先地位;港口业务实现产业化发展,投资布局更加合理,形成了相对完整的全球码头产业群,为中远全球化战略布局做出了重要贡献。2005 年 3 月,中国外轮理货总公司正式并入中远集团,成为全资子公司。除此之外,船舶燃油供应、海员外派业务、集装箱租赁以及航运科教等配套产业长期处于国内领先地位,有力地促进了中远集团航运主业的协调发展。

进入全球化发展新时期,中远集团在以北京为中心,以中国香港、美洲、欧洲、新加坡、日本、澳洲、韩国、西亚、非洲九大区域公司为辐射点的全球架构基础上,加快"走出去"战略实施步伐。海外资产和收入超过总量的半数以上,形成完整的航运、物流、码头、船舶修造的全球业务链。2008 年 11 月,中远集团成功获得希腊比雷埃夫斯港集装箱码头 35 年特许经营权,吹响了以"一带一路"沿线为重点全球化产业布局的号角。2008 年 12 月 15 日,"中远大洋洲"轮、"远河"轮分别开启了新港—高雄港、洋山港—高雄港的直航航程,拉开了海峡两岸"大三通"的序幕。2013 年 9 月,"永盛"轮圆满完成北极东北航道首航任务,开创了中国商船首次经北极东北航道抵达欧洲的历史。这一时期,中远集团还发挥了重要的桥梁纽带作用,"以经促政",为中国和巴拿马两国外交关系正常化做出了卓有成效的贡献。在商言政,为保持香港国际航运中心地位发挥了重要作用,成为这一时期央企"走出去"的杰出代表。

这一时期,伴随着中国成长为世界第二大经济体,中国对世界经济影响力的不断增强,但由于一些西方国家对中国存有"偏见",包括中远在内的中国企业在全球化发展中受到了诸多不公正待遇。中远集团认识到要在国际上消除"中国威胁论",需要国际上看到和承认"中国机遇论"和"中国责任论"。这一时期,中远集团在全球化经营中坚持竞争合作、真诚互信、互利共赢,通过合作,变竞争对手为合作伙伴。通过深入推动大客户战略,中远集团与 40 多家上下游关联企事业单位建立了战略合作关系;与近 30 个省、自治区、直辖市在航运、码头及物流、船舶修造、能源矿产资源、金融及交通基础设施建设、航海教育及海洋文化等领域开展深入合作;本着"着眼长远、互惠互利、合作共赢、共同发展"的原则,与美国、欧盟等重要航运国家和地区建立良好的合作共赢关系;2010 年 6 月 24 日,中远集团在海南博鳌召开 2010 年大客户高层论坛,为促进战略客户之间的合作共赢,进一步推动合作的全球化,共同应对后金融危机的挑战奠定了基础,从 2004 年开始,由中远集团发起组织举办的国际海运(中国)年会已成功举办了十二届,与此同时,中远集团还积极参加达沃斯世界经济论坛、ITF 国际运输论坛、冰岛北极圈论坛等大型国际会议,进一步提升了中远的国际影响力。这一时期,在集装箱运输、散货运输、码头、造船、汽车船运输等领域,中远集团还通过建立联盟、合资合营、引进技术、投资参股等形式强化与国际同行和上下游企业的战略合作。2014 年 2 月 20 日,由中远集运、川崎汽船、阳明海运、韩进海运和长荣海运组建的 CKYHE 联盟成立。为打破巴西淡水河谷意图垄断中巴铁矿石运输市场造成的行业僵局,2015 年,中远集团与中海集团联合成立了中国矿运有限公司(简称"中国矿运"),采取"以货定船"的模式与淡水河谷开展运输合作,成功开拓了与大客户之间的双赢合作模式。

这一时期，中远集团坚持生产经营和资本经营"两轮驱动"，积极打造资本中远。各大海外上市公司通过海外资本市场实现了业务的快速扩张，为中远全球化业务扩展提供了资金保障，为企业的发展注入了强大动力。2005年6月30日，中国远洋控股股份有限公司（简称中国远洋 1919 HK）股票在香港联合交易所有限公司主板正式挂牌交易。2007年6月26日，中国远洋控股股份有限公司首次公开发行A股股票在上海证券交易所挂牌上市，同年12月26日顺利实现散货资产注入中国远洋，成为全球市值最大的综合性航运公司。走出了一条国有企业在国际资本市场成功运作的道路，有效提升了中远集团在国际资本市场的形象和影响力。

攻守兼备，方显英雄本色。2008年，受全球金融海啸的影响，国际经济减速，世界航运业受到直接冲击，代表市场总体走势的波罗的海干散货综合运价指数BDI出现跳水式下滑，从2008年5月20日的11793点暴跌至12月5日的663点，跌幅达94.38%。航运市场从一个高峰断崖式跌入低谷，并陷入了持续长时期的低迷，对快速扩张的中远全球化业务造成了一定冲击。飓风过岗，伏草惟存，在航运市场的低迷期，中远集团以坚持精益管理为基础，苦练内功，强基提能，把小事做成精品，把文章做在人上，以党的建设聚人心，向管理提升要效益。船舶安全生产形势稳定，船员队伍建设与管理规范不断与国际接轨，"三个三百"人才工程深入开展，企业领导人员及后备队伍建设、高技能人才队伍建设、海外人才队伍建设有效支撑起了中远集团的"人才强企"战略，信息化技术在集团范围内得到了全领域、全天候、全方位的运用，成为提升中远集团全球化、精益化、智能化经营管理能力的有力抓手。"党建工作做实了就是生产力、做强了就是竞争力、做细了就是凝聚力。"这一时期，中远集团强化全面从严治党，以"三大机制"建设为抓手，以"四强四优"和典型选树为载体，加强基础组织建设，坚持"支部建在船上"不动摇，涌现出了"新盛海"轮等一批标兵船舶。扎实推进农民工党建工作，为国有企业树立了一面旗帜，开启"垂直监督"试点研究破解四十年监督乏力之困局，打造了独具中远特色的企业文化体系，COSCO国际化品牌的全球影响力持续提升。在"党政融合，互为因果"的理念引领下，中远集团党建思想政治工作、企业文化、纪检监察和工团组织建设全面融入企业中心任务，合力破解了前进道路上一个又一个瓶颈，实现了发展过程中一次又一次的跨越。

社会责任是世界一流企业的核心要素。无论以国企、央企、航运企业等何种角色视之，在享誉全球的COSCO品牌形象的履历中，中远集团始终把企业的发展与国家富强、社会进步、民族复兴紧密联系在一起，承担跨国公司的"企业公民"职责，引领行业共同实现企业价值与人文环境和自然资源的协调与可持续发展。在履行全球契约方面，2005年1月，中远集团成为联合国全球契约试点单位。2006年12月20日，中远集团首次面向世界公开发布了《中远集团2005年可持续发展报告》，报告荣登联合国全球契约典范报告榜，成为获此殊荣的第一个中国企业和全球第一个航运公司，并连续9年蝉联这一殊荣。2008年中远集团又先后签署了联合国气候和人权宣言，成为签署这两份宣言的第一家中国企业。2005年12月20日，经国务院批准，中远集团发起成立了中远慈善基金会，这是中国首家由企业发起成立的非公募基金会，在2008年5·12汶川大地震等国际国内灾害援助和援藏工作中发挥了重要作用。与此同时，中远集团积极响应国家号召，在保障国家利益和重大活动、抗击自然灾害中发挥了重要作用。从2001年开始，由中远集团提供服务的博鳌亚洲论坛已成功举办了十四届，成为一张靓丽的国家名片。由中远集团发起成立金砖国家工商理事会为加强和促进金砖五国工商界间经济、贸易、商务和投资搭建了平台。在2008年抗击冰雪灾害，2011年的利比亚撤侨行动和2014年的越南撤侨行动中，中远人积极响应祖国的召唤，不畏艰难，挺身而出，无不展现了"共和国长子"的责任与担当。

　　时光流转，初心不忘。回顾全球化发展时期的十一个年头，中远集团走过了一段不平凡的发展历程，这其中既有全球化视野下的高歌猛进，也有航运严冬中的步履蹒跚，既有融贯全局、层出不穷的闪光点和大手笔，也有特殊历史时期的阵痛与反思，但永恒不变的是中远人敢为人先的干事创业气魄和图强报国的耿耿赤诚。

　　岁月不居，时光来到2015年岁末，为贯彻落实党的十八届三中全会精神，深入推进国有企业改革，国务院批准中国远洋运输(集团)总公司与中国海运(集团)总公司实施重组。2016年2月18日，承载着伟大的"中国梦"和海洋强国梦，中国远洋海运集团这艘拥有1114艘8500万载重吨船舶、总资产达5900亿元的"航运旗舰"昂首启航。那么走过了68年辉煌历程的中远去哪儿了呢？她没有停下自己的脚步，她没有尘封自己的过去，她那厚重的历史已悄然融入了中远海运这艘巨轮的光辉航迹之中，成为这部《中国远洋海运发展史》的重要组成部分。

2020年2月18日

目　录

第一章　全球化背景下开拓进取的中远集团　/ 001

第一节　中远集团跻身世界财富500强 ······················· 004
　　一、"两个转变"发展战略向纵深推进 ······················· 004
　　二、连续实现百亿利润 ······························· 010
　　三、蝉联世界财富500强 ····························· 012

第二节　坚持"两轮驱动"，开拓国际资本市场 ················· 013
　　一、中国远洋登陆H股市场 ··························· 014
　　二、中国远洋回归A股市场 ··························· 019
　　三、中国远洋上市后的资本运作 ······················· 021
　　四、其他控股、参股上市企业的发展 ····················· 023

第三节　从跨国经营到跨国公司，坚持不懈的"走出去"战略 ········ 028
　　一、实施"走出去"战略，境外产业规模快速增长 ············· 028
　　二、召开第九次海外工作会，调整海外业务发展和管理模式 ······ 031
　　三、境外经营业绩稳步提升 ··························· 032
　　四、境外产业协同发展效应不断显现 ····················· 060

第四节　广泛参与国际、政府间合作 ························ 063
　　一、推动大客户战略 ······························· 064
　　二、加强与境外同行、上下游企业合作 ··················· 065
　　三、与地方政府建立战略合作关系 ······················· 068
　　四、以经促政，强化国际合作 ························· 071

第五节　拓展港台业务 ································· 076
　　一、中远集团与海峡两岸经贸文化交流 ··················· 076
　　二、中远集团与香港国际航运中心建设 ··················· 083

第二章　巩固航运主业，打造种类齐全的多功能专业化船队　　087

第一节　多措并举发展船队 ··· 093
一、投资买造船，扩大自有运力 ·· 093
二、利用有关船队更新政策，优化船队结构 ·· 101
三、扩大租船，控制运力 ··· 103
四、收缩租入运力 ·· 106

第二节　走向全球化经营的集装箱船队 ·· 107
一、集装箱船舶的更新与发展 ··· 107
二、机构改革与营销机制调整 ··· 110
三、航线的调整与合作 ·· 112
四、推动总成本领先战略 ··· 116
五、创新营销手段，提升服务质量 ·· 118

第三节　改革中壮大的干散货船队 ··· 121
一、中远散货船队的发展 ··· 121
二、全球金融危机对散货经营的巨大冲击 ··· 130
三、深化散货体制改革应对金融危机 ··· 134
四、中散集团成立后的散货专业化经营 ·· 135

第四节　高速发展的液体散货船队 ··· 138
一、液体散货船队的发展 ··· 139
二、拓展创效思路，开拓油轮市场 ·· 143
三、精益管理、降本增效 ··· 147

第五节　转型升级的杂货特种船队 ··· 148
一、利用资本市场，打造特种货专业化运输平台 ··· 148
二、抓住市场机遇，船队结构转型升级 ·· 149
三、系统集成，增强国际特种杂货运输综合竞争力 ·· 152

第六节　合资合营船队的发展 ··· 163
一、中波公司的发展 ··· 163
二、中国—坦桑尼亚联合海运公司的发展 ··· 168
三、地方合资远洋公司的改制 ··· 171

第三章　多元化发展中的陆上产业 / 175

第一节　快速发展的工业板块 ... 177
　　一、打造中国修船业"航母" ... 177
　　二、异军突起的中国海工制造领军者 ... 183
　　三、造船技术水平进入国内领先行列 ... 191
　　四、其他工业品牌的发展 ... 200

第二节　物流产业走向高端专业化 ... 204
　　一、外轮代理业务的发展 ... 205
　　二、综合物流业务的发展 ... 206
　　三、工程物流业务 ... 211
　　四、电商物流业务 ... 213
　　五、综合货运业务 ... 215
　　六、专业平台的发展 ... 217
　　七、吸取钢贸案教训，全面退出质押监管业务 ... 221
　　八、不断刷新的物流业纪录 ... 223

第三节　扩大港口布局 ... 224
　　一、推进"四个转变"战略，实现中远码头产业化发展 ... 224
　　二、投资境外港口 ... 228
　　三、布局境内港口 ... 236

第四节　航运辅助产业蓬勃发展 ... 242
　　一、中外理加盟中远集团 ... 242
　　二、占据船舶燃油供应行业制高点 ... 245
　　三、拓展海员外派服务新市场 ... 250
　　四、集装箱租赁业务稳居世界前列 ... 254
　　五、集中采购平台建设 ... 259
　　六、航运金融辅助主业发展 ... 269

第五节　科教产业助推主业发展 ... 271
　　一、学历教育和培训的发展 ... 271
　　二、新时期的科研创新成果 ... 279

第六节　退出非核心、非相关业务领域 ... 289
　　一、落实中央要求，退出地产产业 ... 289
　　二、退出足球产业 ... 292

第四章　管理体系与世界进一步接轨　293

- 第一节　企业综合管理水平不断提升 ··· 295
  - 一、建立董事会制度 ·· 295
  - 二、深入开展"精益管理年"活动 ·· 299
  - 三、发挥财务管理核心作用 ·· 300
  - 四、全面开展管理提升活动 ·· 301
  - 五、强化全面风险管理 ·· 303
  - 六、《中远集团 2020 年发展战略》回顾工作和战略管理工作的转型升级 ········ 304
- 第二节　强化船舶安全生产 ··· 306
  - 一、安全管理体系建设 ·· 306
  - 二、强化海务安全管理 ·· 319
  - 三、加强航运保卫工作，确保船员船舶安全 ······························· 322
  - 四、加强陆产安全管理 ·· 328
- 第三节　加强船舶技术管理 ··· 329
  - 一、加强船舶机务管理 ·· 329
  - 二、PSC 检查保持高通过率 ·· 334
  - 三、全面落实节能减排工作 ·· 337
  - 四、推动备件物料集中采购 ·· 346
  - 五、推进"中远船中远修" ·· 349
- 第四节　打造专业化、高素质的船员队伍 ··· 350
  - 一、中远船员队伍的发展情况 ··· 350
  - 二、中远集团船员管理理念和模式的变化 ·································· 353
  - 三、协作船员用工模式的建立与发展 ·· 359
  - 四、推动船员工资改革 ·· 362
  - 五、推动国际公约履约与国内法规的贯彻执行 ··························· 368
  - 六、多措并举，切实关心关爱船员 ··· 373
- 第五节　从人力资源管理向人力资本管理转变 ··································· 379
  - 一、人才工作内外部环境及人才队伍基本情况 ··························· 380
  - 二、加强企业领导人员及后备队伍建设 ···································· 381
  - 三、大力推进"三个三百"人才工程 ·· 383
  - 四、大力加强高技能人才队伍建设 ··· 386
  - 五、推进境外人才管理国际化 ··· 387
  - 六、创新员工激励机制 ·· 390

第六节　信息技术在企业各领域得到广泛应用 397
　　一、信息化支撑集团发展战略 397
　　二、信息化保障机制建设 398
　　三、信息化成果在中远集团生产管理领域的应用 400
　　四、新时期的信息化管理提升工作 405
　　五、中远集团信息化建设的成效 406

第五章　全面加强党的建设 / 413

第一节　党建工作的承优与创新 415
　　一、承优与创新成为党建工作主旋律 415
　　二、开展"四好领导班子"创建活动 417
　　三、开展争创"四强四优"活动 418
　　四、实施"三大机制"建设 420
　　五、持续推进农民工党建 422
　　六、加强宣传思想工作 424
　　七、构建高端理论研究平台 426

第二节　开展形式多样的学创活动 427
　　一、"新盛海"轮成为新时期船舶标杆 428
　　二、开展向先进集体楷模和先进个人典范学习活动 431

第三节　开展党的思想政治教育活动 432
　　一、保持共产党员先进性教育 432
　　二、学习实践科学发展观教育 433
　　三、开展党的群众路线教育实践活动 434
　　四、开展"三严三实"专题教育 435

第四节　中远企业文化建设 436
　　一、中远四个历史时期的划分 436
　　二、确立以爱国主义为核心的企业价值理念体系 436
　　三、中远集团企业文化建设的整体推进 438
　　四、构建独具特色的中远子文化 440
　　五、发展中的中远媒体 445

第五节　纪检监察工作 447
　　一、着力推进惩防体系建设 448
　　二、"垂直监督体制"的探索与实践 449

三、加强对境外企业党风廉政建设……450
　　四、强化"两个责任"落实工作……451

第六节　新时期工会工作……452
　　一、深化民主管理……453
　　二、参加和承办多种竞赛活动……453
　　三、打造工会优秀文化品牌……454
　　四、加强职工队伍建设……457

第七节　新时期青年工作……458
　　一、开展中远青年大讲堂活动……458
　　二、"十大杰出青年"评选表彰……459
　　三、开展"青年创新创效"活动……460
　　四、团青工作网络宣传阵地建设……461
　　五、创新思路开展团的工作……462

第六章　履行社会责任 / 463

第一节　国际性会议的发起与主办……465
　　一、国际海运（中国）年会永久落户中国……465
　　二、中远博鳌成为国家名片……467
　　三、发起成立金砖国家工商理事会……473

第二节　加入"全球契约"履行全球化企业责任……474
　　一、率先加入联合国"全球契约"行动……474
　　二、中远集团履行"全球契约"的行动与成果……475

第三节　撤侨与海上救助行动……480
　　一、利比亚撤侨行动……480
　　二、越南撤侨行动……483
　　三、救助海上遇难船舶及人员……484
　　四、抗击冰雪灾害，保障电煤运输……494

第四节　中远慈善基金会的建立与项目运行……496
　　一、成立中远慈善基金会……496
　　二、中远慈善基金会各类品牌项目开展情况……498

第五节　扶贫援藏项目的开展……505
　　一、广泛参与国家扶贫项目……505
　　二、与西藏洛隆开展对口援助……515

附录 / 521

附录一　大事记 ··· 523
附录二　中远集团领导班子成员名单（2005.01—2015.12）··········· 560
附录三　中远系统荣获表彰的劳动模范、五一劳动奖章获得者、
　　　　先进生产者和先进集体名录 ·· 561
附录四　中远名称的演变 ·· 592
附录五　历史文件文号索引 ··· 595
附录六　航运业常见专业名词解释 ·· 598
附录七　重要国际规则及公约 ·· 604

参考文献 ·· 608
结束语 ··· 611
编后语 ··· 616

中国远洋海运发展史
COSCO SHIPPING HISTORY OF DEVELOPMENT

第❹卷
中远发展史
2005—2015

第一章
全球化背景下开拓进取的中远集团

"十五"期间，中国远洋运输（集团）总公司（简称"中远集团"）深入学习实践科学发展观，坚持以经济效益为中心，以发展为主题，以结构调整和提高主业竞争力为主线，以深化改革和持续创新为动力，以资本经营为手段，对内实行重组整合，对外推进联合兼并，企业经营管理水平不断提高，安全、质量、环保效果明显提升，核心业务竞争能力得到明显增强，航运主业走出低谷，经济效益得到显著提升。

"十五"期间，中远集团各项改革进一步深化，建立了现代企业制度的基本框架，法人治理结构和管理体制走向完善；初步形成专业化经营的公司组织模式，产业结构日趋合理；通过贯彻"从拥有向控制转变"的发展思路，企业的规模和实力进一步提升。在航运主业方面，中远集团以市场和客户需求为导向，对班轮和物流业务进行了重组，完成了集装箱管理体制的改革；超大型油轮（Very Large Crude Carrier，简称 VLCC）船队初具规模，增强了集团的原油运输能力，液化天然气（Liquefied Natural Gas，简称 LNG）运输项目进展顺利，开拓了汽车船运输等航运新领域；深化船队体制改革，通过投资新建、光船租赁、技术改造等多种方式调整船队结构，特色经营成为新的利润增长点；国际合作、区域合作、大客户间的战略合作进一步紧密；航运主业进入资本市场取得重大突破，"中国远洋"在香港联交所主板成功上市，为中远集团打造了全新的航运主业综合概念上市平台。集团航运主业核心竞争能力得到明显提高。在现代物流业方面，中远集团整合物流资源，对下属全民所有制中国远洋物流公司（简称"中远物流"）进行了重组改制，引入中远太平洋有限公司（简称"中远太平洋"）资本，组建中国远洋物流有限公司，拓展现代物流业务，在家电、汽车、项目和展运物流等方面取得突破，逐步建立起一个比较完善的中远物流系统。在陆上产业方面，中远集团整合修船业，成立了中远船务工程集团有限公司（简称"中远船务"），与新加坡胜科海事合资经营修船产业，涂料业实现了统一经营；中远川崎成功建造了 5400 标准箱（Twenty-feet Equivalent Unit，简称 TEU）集装箱船和 30 万吨 VLCC 油轮，确立了中远造船在国内的领先地位，中远太平洋作为中远码头业务主体的地位初步确立；中远房地产开发有限公司（简称"中远房地产公司"）、中国船舶燃料供应总公司（简称"中燃"）引入外部股东进行了改制，改善了股权结构；陆上产业结构得到了优化和调整。主辅分离工作稳步推进，完成了中远三林置业股权转让，逐步退出了房地产业。覆盖全系统的互联网技术（Internet Technology，简称 IT）单元架构逐步建立，IRIS-2（Integrated Regional Information System，即区域性集成信息系统）的引进实施，SAP（财务信息系统）成功上线以及物流信息系统等信息网络的建设，为集团的经营管理提供了有力的支持。财务、投资、人事、安全、风险等各项管理也得到了加强，职工收入和福利待遇也有了较大的提高。

到"十五"末，中远集团拥有和经营的船队总规模达到 3554 万载重吨，比"九五"期末 2212 万载重吨增长了 60.7%，远洋航线覆盖着全球 160 多个国家和地区的 1300 多个港口，成为中国第一、世界第二大的远洋运输船队，同时也是全球第五大码头经营商，国内最大的综合物流提供商，拥有居国内首位的修船能力和处于国内领先水平的造船企业，形成了主业突出，竞争优势明显的产业发展格局。2005 年，集团总收入超过了 1100 亿元，比 2000 年的 657.56 亿元增加了 465 多亿元，增幅达 71%。资产负债率由 2000 年的

76.5%下降至70%以下。盈利能力也大幅提高,利润总额达到200亿元,国有资产保值增值率、净资产收益率均完成了"十五"规划目标。

中远集团在"十五"期间的发展,为集团"十一五"进入并稳居世界500强,成为世界级跨国公司奠定了坚实的基础。

第一节 中远集团跻身世界财富500强

一、"两个转变"发展战略向纵深推进

(一)"两个转变"发展战略成果初步显现

20世纪末,中远集团面临国际航运市场的深刻转型。面对新形势,中远集团需要一套全新战略,以应对中国加入WTO后面对的激烈国际竞争和全面融入经济全球化的客观要求。1999年末,以著名经济学家马洪为总顾问、国务院发展研究中心李泊溪研究员为组长的中远集团发展战略研究课题专家组,在对中远集团进行广泛、深入、细致的调研后,将一份名为《中远集团中长期战略发展研究》的报告提交给中远管理层。2000年,中远管理层在外部专家提交报告的基础上,将"外脑"与"内脑"相结合,站在打造百年中远的高度,制定了《中远集团2001—2010年发展战略》,明确提出了"从全球航运承运人向以航运为依托的全球物流经营人转变,从跨国经营企业向世界级跨国公司转变""两个根本性转变"新世纪发展战略构想。根据该构想,中远集团进一步明确"做强航运主业,拓展现代物流业,优化陆上产业"的产业调整发展思路,按照"调整、巩固、提高"的方针,大力推进产业结构、产业价值链的调整和优化。通过转让出售等方式,逐步退出了房地产、旅游服务、教育等非主营业务,集中资源发展国资委确定的水上运输、船舶及水上浮动装置的建造与修理、物流及与运输相关的配套服务主业,着力培育业务相关、良性循环、协调发展的六大产业:航运、物流、贸易、工业、金融、科技,外加上市公司,由此形成了具有中远特色,符合核心竞争力成长规律的"一主"(运输业)、"两重"(航运业、现代物流业)、"五支柱"(贸易、工业、金融、上市公司、IT产业)的发展方针,为集团发展壮大指明了方向。

1. 从全球承运人向全球物流经营人转变

这一时期,物流已成为全球化生产与销售过程中一项重要的增值服务,作为一种扩展传统交通运输服务领域、提高服务质量与服务效率、大大降低产品流通成本、促进企业发展进程的先进组织方式和管理技术,被称为继人力、资源之后的"第三利润源泉"。

早在20世纪90年代初,中远就开始了从传统海洋运输到现代综合物流转变的探索。1993年底,首先对集装箱船进行集中经营。1995年,又对货运系统进行整合。进入21世纪,面对经济全球化的挑战和中国加入WTO后客户对物流服务的需求,中远集团进一步认识到:现代物流业已成为继集装箱多式联运后,国际航运业的又一次革命。经过调研论

证,中远集团在制定的《中远集团2001—2010年发展战略》中明确提出了发展现代物流,实现从全球航运承运人到以航运为依托的全球物流经营人转变的战略思想。这个战略转变的核心思想就是:"做强班轮,壮大物流",以强大的航运为依托,充分利用丰富的全球物流资源,以客户满意为中心,将服务由运输延伸到仓储、加工、配送,直至深入到产品的生产、流通、分配、消费的大部分环节,以提供全过程整体解决方案为服务产品,巩固中远集团作为全球航运承运人的地位,并逐步向全球物流经营人转变。

为进一步做强班轮,中远集团把境内的中远国际货运公司全部划归中远集装箱运输有限公司管理(简称"中远集运"),成立了中远集运亚太部。同时,将海外的揽货机构全部划归中远集运来直接指挥,并成立中远集运美洲部和中远集运欧洲部。这三大部构成了中远集运的三大支撑点和全球揽货网点,在中远集运的统一指挥下,推行全球一体化营销策略。为调整优化产业结构,壮大物流业务核心竞争力,2001年,中远集团聘请世界著名的科尔尼管理咨询公司帮助组织实施"愿景项目"对集团集装箱运输和物流核心业务进行重组,使班轮与物流两个支柱产业齐头并进发展。2002年,中远集团以中国外轮代理总公司、中国汽车运输总公司、中远国际航空货运代理有限公司、中远国际货运有限公司(部分)为基础组建了中远物流,集中了中远集团的货运代理、船舶代理、仓储、陆上运输及第三方物流等物流业务资产。中远物流的挂牌成立,标志着中远集团"从全球航运承运人到以航运为依托的全球物流经营人转变"的战略构想成功实施。

2. 从跨国经营企业向世界级跨国公司转变

从跨国经营企业到世界级跨国公司,对中远集团来说是又一次战略跨越。"十五"初期,中远集团根据国际通行标准,提出了一整套判断世界级跨国公司指标:其中,销售收入达到《财富》"世界500强"标准;国际化经营指数(企业海外资产、海外收入、海外员工分别占总资产、总收入、员工总数比例)达到联合国"全球跨国公司100强"标准(接近50%)。据此,中远集团提出了"在2010年左右跻身世界500强,建成世界级的跨国公司"的21世纪发展目标。

为缩小与世界级跨国公司的差距,中远集团积极推进管理创新,开展与世界先进企业的对标活动:在有效实施的质量管理体系基础上,借鉴推广美国通用电气公司(General Electric Company,GE)"六西格玛"的先进管理经验,进一步提高经营管理和客户服务水平;中远集运以集装箱运输领域排名世界第一的丹麦马士基公司为对象,中远船务瞄准第一流的修船企业新加坡裕廊船厂,各自建立起一套既科学又具备操作性的对标指标体系。2001年11月,中远集团同时获得了挪威船级社、中国船级社认证公司和国家卫生管理体系认证中心三家权威认证机构颁发的证书,一举通过了ISO9001:2000质量管理体系、ISO4001:1996环境管理体系和OHSAS18001:1999职业安全卫生管理体系的第三方认证,标志着中远集团的综合管理水平已经进入国际先进行列。

3. 综合实力与企业影响力得到有效提升

在"两个转变"战略的指引下,通过一个阶段的创新发展,中远集团在调整产业结构、转变发展方式上取得了丰硕的成果。企业竞争实力方面,中远集团对于大量资源的控制力、庞大资产的运营创效能力、全球市场的影响力和国际航运业的号召力都在不断增强。不仅在向全球物流经营人转变的过程中，积累了雄厚的物质基础，各项主要指标也全面接近全球跨国公司的标准。在航运物流诸多领域开始具备世界级的实力和影响。

（1）形成了主业明确的产业发展格局。主要产业在行业中都具有明显竞争优势。经营船队规模世界排名第二位，国内排名第一位；集装箱运力世界排名第八；干散货运力世界排名第一；杂货船世界排名第二；中远物流成为国内最大的综合物流提供商；中远太平洋成为全球第四大码头运营商；中远船务修船能力居国内首位，造船业处于国内领先水平。确立了在航运物流主业的系统集成者地位，成为集装箱运输、散货运输、码头经营的全球性局部系统集成者，物流业务的国内系统集成者。

（2）拥有雄厚的物质资产。截至2005年底，中远集团资产总额达到1400多亿元，净资产为380多亿元，拥有远洋运输船舶468艘，2113万载重吨，经营船队规模超过3500万载重吨，在国内经营物流堆场230万平方米，仓库580万平方米（其中外控仓库560万平方米），各类车辆4200余辆（其中外控3000辆）；拥有110万吨修船坞容和70万载重吨的造船能力。

（3）拥有全球性的服务网络。中远集团的经营机构遍布全球。从国内看，在北京、上海、天津、广州、大连等地形成了一批具有相当实力的专业化公司，在国内拥有300多个业务网点，构筑了中国最大、最完善的陆路货运网络，能够为国内外客户提供"上天入地"的全方位服务。同时中远集团在世界上150个国家和地区的1200个港口拥有独资或者合资的代理机构，在全球范围内拥有了能够为客户提供综合物流服务的基础设施和网络体系。到2005年，中远集团已形成以北京为中心，以远洋航运和全球物流为依托，以中国香港、欧洲、美洲、新加坡、日本、大洋洲、非洲、西亚和韩国9个区域为支点的全球经营网络和服务体系。境外机构数量达到476个，境外员工人数4261人，其中外籍员工3877人，占中远海外员工总数的91%，航线遍及全世界160多个国家和地区的1300多个港口。通过区域布局和建设，为各专业公司在海外拓展创造了空间，并保持着对新业务领域和航运成长性较强地区的渗透力，使中远集团在全球市场的影响力不断增强。到2005年，中远集团海外事业总资产达到516.62亿元人民币，境外业务收入达到302.20元亿人民币，境外利润达到79.91亿元人民币。主要的国际化经营指数接近联合国"全球跨国公司100强"的标准，基本实现了从跨国经营到跨国公司的转变。

（4）建立了良好的服务品牌。经过40多年的经营，除了"中远""中运外代"标志在国内外具有较高的影响力和良好的信誉外，重组后的中远物流也在短期内打出了"中运物流"品牌知名度。中远修船业务在国内，外特别是欧洲船东中形成品牌效应。通过品牌影响力，中远集团在国际航运业的号召力不断增强，与众多不同类型的利益相关者建立了战略合作关系，为创造商机、吸引合作者、主导联盟体创造了有利条件。

（5）具有丰富的资本运营经验和较强的资本市场融资能力。到2005年，中远集团在境内外直接、间接控制的上市公司已达5家，分别是中国远洋（香港）、中远投资（新加坡）、中远太平洋（香港）、中远国际（香港）、中远航运（上海）。主要参股的上市公司有2家，分别是招商银行和深中集。其中中远太平洋、中远投资分别成为香港恒生指数和新加坡海峡时报指数成份股。

（6）建立了一支符合现代物流需要的专业人才队伍。这一时期，中远集团大力实施人才强企战略，积极推行"三个三百"人才工程。通过国际化的业务土壤，培养和锻炼了一批热爱中远，在海运、货运、空运等方面有着丰富经验和国际运作实践的人才队伍，形成一大批既懂经营、又懂管理的各层次干部。保证了企业对人才的需求，增强了企业的竞争力。

（7）奠定了扎实的科技信息基础。这一时期，在船舶、通导设备和计算机网络建设上，中远集团也处于国际先进水平。作为国内企业中较早接触并运用信息技术实行管理的公司，中远集团通过国际互联网，向全球客户推出了具有网上订舱、中转查询和信息公告等多项业务操作功能的国际货运网上服务系统。中远集团在远洋运输船舶、集装箱卡车及其他陆运车辆上安装先进的 GPS 全球卫星定位系统，通过总部终端进行全程监测，实时跟踪物流运输状态，为客户提供准确、安全、超值的服务。此外，中远集团还实现了电子化的方案设计和信息统计。其中，成功开发并获国家技术鉴定的大件陆运模拟软件，可以根据客户对大宗、特殊货物的特殊需求，进行仿真模拟演示，为客户提供运输过程中的最佳解决方案。

截至 2005 年底，中远集团"十五"期间的各项数据指标相比"九五"期间都有了显著的提升：

"十五"期末，中远集团船队总规模达到 3554 万载重吨，比"九五"期末的 2212 万载重吨增长了 60.7%；

"十五"期间，中远集团总货运量 11.7 亿吨，比"九五"期间的总运量 6.49 亿吨增长了 80.3%；

"十五"期间，中远集团总货物周转量 59330 亿吨海里，比"九五"期间的总周转量 35214 亿吨海里增长了 68.5%；

"十五"期间集团主营业务总收入 3883 亿元，比"九五"期间的主营业务总收入 1841.35 亿元翻了一番多；

"十五"期间企业利润总额 357.84 亿元，比"九五"期间的利润总额 29.92 亿元增长了 11 倍。其中，仅 2005 年实现利润总额 200 亿元，就相当于"九五"期间利润总额的 6.7 倍，实现了突破性的发展。

（二）推动"四个转变"发展策略，增强中远集团可持续发展能力

"十一五"初期，为贯彻落实党中央国务院关于"不断转变经济发展方式，着力优化经济结构和提高经济增长质量，实现'又好又快'发展"的要求，中远集团在全面推进"两个转变"战略取得丰硕成果的基础上，坚持以市场为导向，以经济效益为中心，结合国际航运业特点和企业自身的实际情况，在 2006 年年中工作会上进一步提出了 21 世纪新形势下"四个转变"跨越发展策略，为企业的长期可持续发展指明了道路和方向。

1. 从周期性向长期可持续发展转变

即"要减轻航运业务周期性变化的影响，使集团整体在市场波动中保持一定的发展后劲，要集中优势资源大力发展航运主业的同时，按照产业链，横向和纵向加快发展与航运周期性弱相关或有发展潜力的产业，如码头、物流、海洋工程制造等产业。"

这一转变反映的是从发展策略上如何实现"做久中远",将中远集团打造成真正富有生命力的百年企业。中远集团的主业是航运物流业务,但是航运市场周期性非常明显,要发展成为航运物流产业的系统集成者,打造百年中远,首先要解决市场周期性波动带来的不利影响。

围绕"从周期性发展向可持续发展转变"的发展策略,在这一时期,中远集团重组航运业优质资源,整合组织架构和业务流程,实现了船队的专业化经营。在原有船队的基础上,扩张船队规模,大力发展集装箱船队、油轮船队和散货运输船队,加快发展特种船队。通过资产经营手段,对各专业船队的船型结构、船龄结构进行战略性调整,由市场的跟随者发展成为市场的领跑人乃至系统集成者,从而达到影响市场的效果,主动调整市场的周期。中远集团还注重发展与航运业反周期或无周期的产业,以调节航运业周期性的影响,重点发展了物流、码头和修造船产业。充分发挥中远集团在仓储和运输服务业务上的综合优势,培育重组物流主体,强化物流配送中心等基础设施的建设,形成了布局合理、配置高效,包括组织平台、信息平台和操作系统在内,功能齐备的全球现代物流系统;码头业务也形成了规模;通过与世界先进企业的合作,中远集团造船业具备了建造大型、高端船舶的能力,自主创新能力不断增强。修船业自有技术力量和管理水平迅速提高,在国内主要口岸均建设了修船基地,成为国内修船市场的主导企业,并成功地开拓了船舶改装、海洋工程等业务市场,减少了市场波动对集团发展的影响。

2. 从硬软件并重、以硬件为主向软件为主转变

即"要深化改革,强化基础管理,突出制度建设,通过机制创新、管理创新和技术创新,提高集团生产能力和盈利能力。"

所谓发展硬件,就是指扩大资产规模、船队规模,增加并购项目、投资项目。发展软件是指推行新的经营理念,创新管理思路。这一转变反映的是从发展重点上如何达到"做强中远",强调的是发展的质量和效率,以促进中远集团的内涵式发展。

中远集团是一个以技术硬件为支持的服务型企业。这一时期,随着现代管理理念的普及和信息技术的广泛运用,世界主要航运企业纷纷加强"软实力"的建设,提升自身服务水平。面对激烈的竞争,中远集团坚持"创新型国家"指引下的"创新型企业"建设方向,以提高经济效益、提高管理与决策水平为出发点,推进信息化建设,增强修造船业的技术创新能力;吸收现代公司经营管理理念,实现管理创新,增强市场应变能力和风险控制能力。

"十五"之后,中远集团先后成功开发、建设和推广应用了一批信息系统项目。IRIS-2在全球50多个国家和地区的170多个口岸和网点实施,提高了客户服务水平。在IRIS-2系统基础上,建设MIS(Management Information System 管理信息系统)决策支持系统,满足了中远集运和泛亚多品牌业务发展的要求。SAP将先进的管理理念贯彻到企业经营管理流程中,实现了"财务信息集中管理和共享,集团资金统一监控和调度,合并报表自动、准确和快速生成,财务和业务数据能够高度集成,统一集团财务和预算管理制度"的目标。到2010年,SAP完成了集团460家全资、控股公司以及分公司的上线,系统用户达到1500户。物流信息系统建设以物流业务全程控制和管理为出发点,提供订单管理、配送中心管理、运输管理、资源调用、货物状态查询、商务结算以及企业内部和企业之间包

括数据和业务流程在内的应用集成（B2Bi）等在线服务，使中远物流具备了为重点行业客户提供定制个性化的物流服务全面解决方案的能力。在 2009 年公布的中国企业信息化 500 强排名中，中远集团取得了第 2 名的好成绩。中远技术中心成为国家级技术中心，并在修造、物流等业务单元设立了分中心，极大地提高了相关产业的技术创新能力。

在管理上，中远集团主动开展与世界领先企业的对标活动，借鉴美国通用电气公司"六西格玛"管理经验，推进"精益管理"，减少管理层级，大大提高了管理效率和服务水平。中远集团建立的现代企业管理体系为国内首创，并达到国际先进水平，这标志着中远集团已从先进管理体系方法的追随者，成为先进管理体系方法的创造者。

3. 从拥有、控制资源向同时配置社会资源转变

即：要继续坚持贯彻从拥有向控制转变战略，进一步拓宽经营思路，在航运、码头、物流等业务领域，通过资本纽带和合作等方式增强对各类社会资源的控制力、平抑社会波动，追求持续稳定的效益。

这一转变反映的是从发展方式上如何尽快实现"做大中远"。鉴于航运物流产业具有资本密集型和经营专业化的特点，航运资源通常会向那些具有行业控制力和影响力的大企业大集团集聚。中远集团利用已有的系统集成优势，高度关注国内外竞争对手和上下游企业，寻找系统整合的对象和时机，实现对上下游产业链的控制和延伸，充分发挥产业链系统集成的瀑布效应，成为真正的产业链资源的配置者。

"九五"末期，中远集团的负债率较高，企业贷款融资和船队进一步发展受到了影响，为把握市场机遇，突破发展瓶颈，1999 年，中远集团新一届领导班子提出了"从拥有船经营向控制船经营转变"的新的船队发展总体思路，船队建设取得跨越式发展。到 2007 年 8 月，中远集团控制运力已从 1998 年的 1600 万载重吨迅猛发展到突破 5000 万载重吨。除此之外，按照"从拥有向控制转变"的发展思路，中远集团物流业务外控仓库面积占仓库总面积的 90% 以上，外控车辆数量占运营车辆的 80% 左右。通过创造性的外延式扩张，中远集团在规模上继续保持行业领先地位，核心优势进一步凸显。

在实施"从拥有向控制转变"发展思路取得了阶段性成效，积累了一定经验的基础上，为进一步增强可持续发展能力，中远集团又提出了"从拥有资源、控制资源向同时配置社会资源转变"的发展策略。其核心内容是：要继续巩固和深化"从拥有向控制转变"战略，灵活拓展控制资源的范围和方式，实现从单纯的控制物质资源向同时控制市场渠道、金融资产、战略伙伴（包括供应商、客户、行业相关企业、同业企业等）等各种社会相关资源的转变，实现对社会资源的有效配置。中远集团在全球化经营中坚持竞争合作、互惠互利、优势互补、互利共赢的原则，通过国际合作，变竞争对手为合作伙伴，既竞争又合作，实现共赢。中远集团与日本的川崎汽船、韩国的韩进海运以及中国台湾的阳明海运公司互租舱位，协调派船，形成了世界上最大的集装箱运输服务联盟——CKYH 联盟（中远 / 川崎 / 阳明 / 韩进集装箱海运联盟）。与 60 多家国内的地方政府、港口、铁路和众多知名货主建立了战略合作关系，扩大了合作领域，培育了长期稳定的客户群体，合作关系更加稳定。作为国内航运龙头企业，在国资委的支持下，2005 年成功重组了中国外轮理货总公司（简称"中外理"），完善了中远集团的物流产业链。在泉州、扬州等地成功实施了对当地港口

资源的配置。

4. 从生产经营获取收益向同时从资本市场获取收益转变

即"要继续做好生产经营，为资本经营提供坚实基础，继续贯彻'两轮驱动'战略，加大资本运营工作力度，推进重大项目资本运作，通过资本运作发展集团主业。"

这一转变反映的是从收益方式和创效能力上如何达到"做活中远"，这是对中远集团"两轮驱动"战略的进一步丰富和延伸。在这一时期，国际海运业发生了很大的变化，船公司之间通过联营、并购、重组等，进一步实现规模化、集约化，航线遍布全球、实力更强、市场占有率更高的全球承运人正在形成。为适应这一发展趋势，中远集团也逐步从单一的生产经营向包括生产、资本和品牌经营在内的综合经营转变。

中远集团是最早运用国际资本市场、通过海外上市和资产重组来发展核心主业的中国企业之一，早在1993年，便通过借壳上市进入新加坡资本市场。这一时期，根据中远集团主业资金密集、回报期长的特点，为从根本上解决企业发展资金来源问题，中远集团提出了集团主业发展所需资金"50%来自资本市场，40%来自借贷，10%来自利润积累"的资金结构5:4:1比例，明确了打造"资本中远"的目标。但融资并不是进入资本市场的唯一目标，而是中远实施名牌战略、扩大商品（服务）经营、争取更大市场份额和更多回报的重要手段和保障。为利用资本市场，实现资本运作获取收益的能力，中远集团在总结过去资本运营经验的基础上，又提出了"从以生产经营获取收益为主向同时从生产经营和资本经营并重获取收益转变"的发展策略，先后在境内外控股和参股中国远洋、中远太平洋、中远国际、中远投资、中远航运、中集集团、招商银行、远洋地产等8家上市公司。充分利用中远集团资本运作成果和资本、经验、人才优势，实施股权多元化，通过生产和资本运营相结合，在为客户提供最优质服务的同时，也从资本市场获取收益，为股东提供最大的回报，真正实现企业效益和企业价值的最大化。

"四个转变"是中远集团为适应宏观经济环境和产业环境的变化，结合中远集团的发展实际，审时度势而采取的特定的发展策略和发展方式，是对中远集团"两个转变"战略体系与时俱进的补充、丰富和完善，进一步强化了中远集团的战略实施能力，为有效实现"双百中远"目标，提供了强有力的战略和策略支持。

二、连续实现百亿利润

通过"两个转变"战略指引下的产业结构优化调整，中远集团的核心竞争能力和创利能力不断得到有效提高，企业生产经营和改革发展各项事业取得跨越式发展。2001—2010年成为中远集团快速发展的黄金时期，企业和船队规模不断扩大，经营效益稳步攀升，达到了这一历史时期的最高点。

经历了20世纪90年代亚洲经济危机带来的航运大萧条，1999年，中远集团新一届领导班子提出"三年脱困"的目标，到2002年圆满实现主业翻身仗。到2004年，中远集团利润总额实现历史性飞跃，达到121.79亿元人民币，全面超额完成国资委下达的年度经营业绩考核指标，成为中央企业中利润贡献最多的七家企业之一，取得了中远集团成立以来的第一个百亿效益年。2005年初，中远集团首次在全系统响亮地提出"年创百亿效益、打造百年中远"的"双百中远"奋斗目标。在此之后,中远集团的经济效益逐年提升,自2004年效益首次突破百亿元之后,连续5年效益超过百亿元,特别是2007年,效益再破历史纪录,达到340.55亿元人民币,达到这一历史时期的顶峰。受到2008年国际金融危机巨大冲击,2009年,中远集团年度利润虽然大幅下滑至14亿元,但经过全系统广大干部员工的共同努力,2010年再次实现了百亿效益。

从2001—2010年的十年间,中远集团累计创造利润1190.83亿元,年平均利润119亿元,实现了平均年创百亿效益的目标。

与利润增长相对应的,是这一时期中远船队规模和经营业绩的大幅增长。中远集团从2005年拥有和控制船舶615艘、3513万载重吨,发展到2010年底拥有和控制船舶近800艘、5700多万载重吨,其中自有船481艘、3006.9万载重吨,占总运力的52.1%;租入船316艘、2766.7万载重吨,占总运力的47.9%,连续多年保持世界第二大航运公司地位。企业生产规模也逐年上台阶,继2003年海运量首次突破2亿吨大关后,2005年12月12日,中远集团海运量又超过3亿吨,在2年时间内实现翻番。2007年,又次突破4亿吨大关,2010年达到4.36亿吨。企业资产规模显著提升,资产总额从2000年底的1354.52亿元,增至2010年底的3124.43亿元,增长率达130.67%。2001—2010年船舶拥有量变化,2004—2015年效益情况见表1-1、表1-2。

2001—2010年船舶拥有量变化情况 表1-1

项目 \ 年份	2001	2002	2003	2004	2005
自有船舶艘数（艘）	436	444	420	420	425
总载重吨（万载重吨）	1678.32	1764.32	1681.2	1748.08	1909.84
项目 \ 年份	2006	2007	2008	2009	2010
自有船舶艘数（艘）	474	460	474	462	481
总载重吨（万载重吨）	2237.07	2197.99	2410.81	2720.06	3007.45

2004—2015年中远集团效益情况表 表1-2

项目 \ 年份	2004	2005	2006	2007	2008	2009
货运量（亿吨）	1.59	1.72	1.86	2.17	2.68	3.19
运输周转量（亿吨海里）	8415.33	9059.11	9633.23	10718.72	13636.45	15701.36
利润总额（亿元人民币）	121.79	200.71	150.41	340.55	174.04	13.97
营业收入（亿元人民币）	934.70	1122.88	1228.82	1585.14	1906.40	1188.23
项目 \ 年份	2010	2011	2012	2013	2014	2015
货运量（亿吨）	4.36	4.42	4.27	4.21	3.96	3.83
运输周转量（亿吨海里）	21088.03	20817.48	19884.36	18264.32	17107.24	16485.24
利润总额（亿元人民币）	163.26	−37.17	−33.15	−24.13	50.66	93.76
营业收入（亿元人民币）	1641.51	1861.70	1813.04	1648.11	1693.36	1443.24

三、蝉联世界财富500强

2007年7月12日,2007年《财富》500强排名通过cnnmoney.com发布,中远集团以2006年154.135亿美元(1228.825亿人民币)销售收入首次入选,排名第488位。提前四年实现了进入世界500强的目标,成为继马士基、NYK之后,全球第三家进入世界500强的航运企业。2008年7月9日,中远集团再次以208.4亿美元的营业收入再次荣登《财富》世界500强,并大幅提升83名,排在第405位。此外,在同期评选出的五个单项50强企业排名中,中远集团均成功入围:①入选销售收入增长最快的前50家企业,列第46位;②入选利润增长最快的前50家企业,列第15位;③入选资产回报率最高的前50家企业,列第31位;④入选利润率最高的前50家企业,列第43位;⑤入选排名上升最快的前50家企业,列第13位。2009年,中远集团又以274.303亿美元的营业收入再次入榜,排名大幅上升78名,晋升至第327位,三年实现三次跨越。此后,除2010年之外,2011—2015年,中远集团均进入了世界500强排行榜,反映出中远集团的可持续发展能力在不断增强,在国际海运界的领先地位也日益突显。2006—2015年中远集团世界500强排行榜见表1-3。

中远集团历年世界500强企业排行榜 表1-3

年度	收入(亿美元)	排名	公布时间
2006	154.135	488	2007年7月12日
2007	208.4	405	2008年7月9日
2008	274.303	327	2009年7月8日
2009	未进入		
2010	242.497	399	2011年7月7日
2011	287.965	384	2012年7月9日
2012	287.36	401	2013年7月8日
2013	268.05	451	2014年7月7日
2014	274.83	432	2015年7月22日
2015	229.654	465	2016年7月20日

中远集团的发展成就也得到了国资委的充分肯定。2007年11月2日,国务院国资委在京西宾馆召开了中央企业负责人第一任期经营业绩考核总结表彰大会,宣布了对第一任期业绩考核优秀企业进行表彰的决定。中远集团等30家企业荣获任期"业绩优秀企业"称号。2008年7月22日,国资委召开中央企业负责人视频会议,公布了中央企业2007年度经营业绩考核结果。在152家中央企业中,A级40家,B级82家,C级28家,D级2家。中远集团2007年完成利润总额340.55亿元、净资产收益率29.35%、资产负债率40.32%、货物周转量20603亿吨海里,四项考核指标均超额完成目标值,考核综合得分为134.27分,年度经营业绩考核结果为A级。这是中远集团继2004—2006

年 3 个年度考核及第一个任期考核连续 4 次获得 A 级后，第 5 次获得 A 级考核结果，体现了国资委对中远集团的充分肯定和认可。

第二节　坚持"两轮驱动"，开拓国际资本市场

利用国际资本加速企业国际竞争力提升，是这一时期中远集团国际化战略的一大亮点。1998 年后，面对严酷的市场环境，中远集团坚持"调整、巩固、提高"战略决策，围绕航运主业面对产业机构、股权结构、管理层级等进行了适应现代企业制度需要的改革，使得集团的抗风险能力和核心竞争力大大提升。与此同时，中远集团改变经营思路，适时提出企业发展所需资金"50% 来自资本市场，40% 来自银行，10% 来自自身积累"的"5∶4∶1"战略目标，实现生产经营和资本经营"两轮"驱动，借助资本市场，筹集资金，转变机制，规范管理，发展壮大企业。

1993 年 10 月 5 日，在亚洲最大资本市场新加坡股市，中远集团一举收购当地"孙集团"公司 615 万股股票，成为最大股东，并更名为"中远投资（新加坡）有限公司"，成为第一家进入海外资本市场的中国国企，开辟了资产经营与资本经营并举的新航路。两年后，凭借在新加坡资本市场运作的经验，中远集团成功进入香港资本市场，1995 年，中远太平洋有限公司（1199.HK）在香港联交所挂牌。1997 年，中远国际控股有限公司（0517.HK）在香港联交所买壳上市。2002 年，中远航运股份有限公司（简称"中远航运"，600428.SS）登陆上海证券交易所。到 2003 年 6 月 9 日，经过 8 年的努力，中远太平洋已成功跻身香港恒生指数成分股行列，成为亚洲最具投资价值的 14 只股票之一；中远投资（新加坡）成为新加坡海峡时报指数成分股；中远航运 2004 年被评为 A 股市场最具投资价值的 10 家上市公司之一。

对中远集团而言，谋求海外上市的吸引力还不仅仅是满足发展资金的需求，更重要的是通过海外上市的探索和实践，进一步了解国际市场的特点和架构，学习国外企业的管治经验，从而提高中远集团自身的经营管理水平，达到转换企业经营机制，完善公司法人治理结构，逐步建立现代企业制度，增强企业的国际竞争力的目的。

截至 2004 年 12 月 31 日，中远集团已在境内外控股和参股中远太平洋、中远国际、中远投资、中远航运、中集集团、招商银行 6 家上市公司，总营业收入达到 481.01 亿元人民币，净利润为 77.3 亿元人民币。到 2005 年 6 月 30 日，从资本市场累计融资达 245 亿人民币，为中远集团全球化业务的扩展提供了资金保障，为企业的发展注入了强大动力。同时，中远集团通过上市公司，有效地实现了集装箱产业链、码头业务、特种船运输业务、修船业务的产业整合，使中远集团的资本结构发生了深刻变化。从 1993 年起到 2009 年，历经 16 年，逐步形成了 50% 来自资本市场，40% 来自银行，10% 来自自身积累的合理资本来源结构，在国内外资本市场上初步树立了"资本中远"的良好形象。中远海外上市的成功实践，走出了一条国有企业在国际资本市场成功运作的道路，有效提升了中远集团在

国际资本市场的形象和影响力,为这一时期中远集团主业板块的逐步上市奠定了坚实基础(图 1-1,图 1-2)。

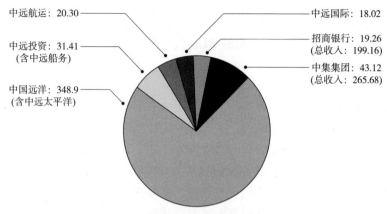

上市公司总营业收入:481.01亿元人民币
截至2004年12月31日

图 1-1 中远集团控股和参股的上市公司总营业收入。
注:参股公司以参股的比例计算总营业收入。

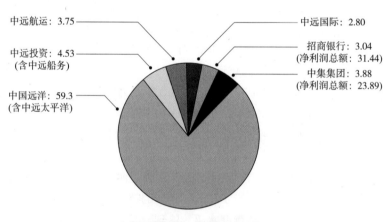

上市公司净利润:77.3亿元人民币
截至2004年12月31日

图 1-2 中远集团控股和参股的上市公司净利润。

2004年,中远集团向国务院呈报了中远集团重组上市方案,明确提出"整体规划,分步实施"的战略目标,得到了国务院的批复同意。这一时期,中远集团围绕航运主业整体上市,开展了一系列资本运作。

一、中国远洋登陆 H 股市场

(一)第一阶段:项目论证

2001年,中远集团曾决定启动航运主业重组上市项目(即"愿景项目"),但由于期间企业经济效益不佳，上市进程一度暂停。2003年开始，航运市场回暖，中远集运经营效益屡创历史新高。与此同时，2003年2—10月，集团根据集装箱业务发展的需要，对海内外相关机构、业务、人员进行了重组，理顺了集装箱运输管理体制，打造了集装箱运输统一价值链，为中国远洋控股股份有限公司（China COSCO Holdings Company Limited，简称"中国远洋"）成功上市打下了基础。

2003年底至2004年初，国际航运市场和资本市场双双向好，中远集团于2004年2月17日在北京召开总裁办公会专题会议，会议听取了魏家福总裁传达的《国务院关于推进资本市场改革开放和稳定发展若干政策的意见》的文件精神，对中远集装箱船队、油轮船队、散货船队的改革和发展，形成了一系列具体意见。在本次会议确定了集装箱船队海外上市的工作部署和机构组成，确定项目代号为"LUCKY"，成立了以魏家福总裁为组长，陈洪生副总裁、李建红副总裁、孙月英总会计师、中远集运许立荣总经理为副组长的LUCKY项目领导小组，并开始了项目运作。

（二）第二阶段：重组组建股份公司

1. 重组上市方案的优化

2004年6月15日，LUCKY项目正式启动，在中远集团的领导和集团有关部门，中远集运、中远香港集团、中远太平洋以及中远各境外区域公司的密切配合下，LUCKY项目组克服了项目运作程序复杂、协调难度大、时间紧迫等诸多困难，积极协调各中介机构平稳推进项目，不断优化上市方案，最终改变了中远集运单独上市的最初方案，提出了中远集运与中远太平洋组合上市，打造一个"航运主业整体上市，分步实施"的资本运作平台。2004年10月8日，中远集团第十六次总裁办公会，听取了《LUCKY项目重组上市方案专题汇报》，原则上同意了中远集运与中远太平洋组合上市的优化方案。根据该方案，第一步设立一家由中远集团全资持有的香港子公司中远太平洋投资控股有限公司（简称"中远太平洋控股"，即SPV公司），由该公司收购中远香港集团持有的约52%的中远太平洋股份；第二步是中远集团以中远集运100%的股权和中远太平洋控股100%的股权，出资成立中国远洋，并发行H股，在香港联交所主板上市。

2. 国内报批工作

在确定方案的同时，项目组也积极推进项目的报批工作。一方面要获得经济行为批准文件，包括国务院领导对重组上市方案的同意意见和证监会对重组上市请示的批复意见；另一方面要获得国资委有关重组上市的评估核准意见、国有股权管理方案的批准文件、申请设立股份公司、国有股减持并转境外募集的批准文件，并完成股份公司在国家工商总局的注册登记工作。在此期间，在中远集团领导的直接参与下，项目组向证监会、国资委、发改委、商务部、外管局、交通部[①]、财政部、税务总局、工商总局九部委及国

---

① 2008年，根据国务院机构改革方案，在原交通部的基础上组建交通运输部，国家民用航空局、国家邮政局等部门均在此次"大部制"改革中划归交通运输部管理。2008年3月11日，第十一届全国人民代表大会第一次会议第四次全体会议，讨论设立交通运输部。2008年3月23日，中华人民共和国交通运输部在北京建国门内大街11号挂牌。

务院办公厅进行了100多人次的汇报。经过努力，证监会于2004年11月10日正式发文征求，八部委意见；国家八部委于12月上旬，向证监会反馈了原则同意的意见；国务院副总理黄菊、曾培炎于12月23日批准同意《关于中国远洋运输（集团）总公司重组境外上市有关问题的请示》；国资委产权局于2005年1月15日，完成了对LUCKY项目的资产评估核准工作，并给予高度评价；1月29日，取得了国资委《关于对中国远洋运输（集团）总公司航运主业重组上市项目资产评估结果予以核准的批复》；2月7日，取得了国资委《关于对中国远洋控股股份有限公司（筹）国有股权管理有关问题的批复》；2月18日，取得了国资委《关于设立中国远洋控股股份有限公司的批复》；3月3日，国家工商行政管理局向股份公司颁发了《企业法人营业执照》，中国远洋控股股份有限公司在北京正式成立。

3. 业务重组工作

业务重组工作主要包括内地公司重组、境外网络重组以及香港涉及中远太平洋的重组三个方面。重组对象包括中远集运、中远太平洋、中远国际货运有限公司、中远集装箱船务代理有限公司以及与集装箱业务相关的境外服务体系，涉及境内外400多家企业，遍布30多个国家和地区。其中境外网络公司的重组，是业务重组中的重点和难点问题。

国内公司重组，主要实施了主辅分离、剥离不良企业等工作，将近万名船员纳入单独的一家公司进行管理，不进入上市公司范围。境外网络重组，主要是在2003年集装箱管理体制改革基础上理顺股权关系，清晰核算关系。香港地区的重组，主要是对中远太平洋的控股权及中远香港集团的债务进行重组。

LUCKY项目的重组，被财务顾问认为是中国国有企业重组改制历史上最复杂、最具有挑战性的经典案例。涉及重组的公司具有相当复杂的债权、股权关系，重组方案包括一家香港红筹上市公司、一家香港上市银行和一家A股公司，涉及119艘船舶、集团内部400家企业的重组，所在企业遍布全球30多个国家和地区，实行不同法律、财务会议制度。为达成最终重组架构，中远集团还进行了45亿美元的债务重组和3.5亿美元的收购兼并，此外还涉及大量关联交易及复杂的同业竞争问题。以上问题在短短3个月内全部解决。同时针对海外网络重组、债务重组对集团全球现金管理系统带来的影响，项目组还完成了对欧洲、亚洲、大洋洲地区以及北美洲17个国家代理的现金管理系统改善和重建工作，避免了资金散落各地，无法进行统一管理和利用的局面，为债务重组扫清了障碍。重组前后的中远集团架构见图1-3。

（三）第三阶段：股票公开发行上市

2005年3月3日，中国远洋在北京正式注册成立，标志着LUCKY项目资产重组及政府报批工作取得阶段性成果，中国远洋开始作为一个独立法人开展后期的香港上市工作。中国远洋由中远集团独家发起设立，作为中远集团航运主业海外上市的旗舰和资本平台，持有中远集运和中远太平洋控股100%股权。公司业务包括提供集装箱航运价值链内的集装箱航运、集装箱码头、集装箱租赁以及货运代理及船务代理服务。

2005年4月19日,中国远洋获得国资委《关于中国远洋控股股份有限公司转为境外募集公司的批复》;4月24日,获得全国社保基金理事会《关于委托出售全国社保基金理事会所持有中国远洋控股股份有限公司国有股的函》;5月19日获得证监会《关于同意中国远洋控股股份有限公司发行境外上市外资股的批复》;5月26日顺利通过香港联交所上市聆讯;6月29日获得香港联交所上市批准。重组前后公司的股权架构见图1-3。

重组前的公司架构:

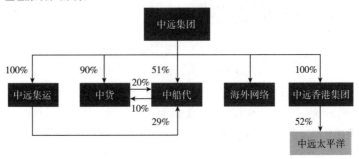

重组后的公司架构:

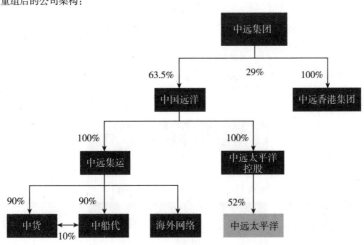

图1-3 重组前后的中远集团架构。

2005年6月12—25日,中国远洋组成了以总裁魏家福和副总裁陈洪生为领队的红、蓝两个路演团队,分赴中国香港、美国、欧洲等地,进行了为期两周的路演活动,行程7万多公里,途经11个城市,举行了107次各种会谈和推介会。

这一时期,资本市场关于航运市场已达顶峰的说法盛行,投资者下单谨慎;同时,由于短时间内3家大型国有企业在香港上市,对市场资金竞争激烈,造成香港公开发售部分认购率较低,国际认购量大的局面。在总体市场形势不利的情况下,2005年6月30日,

图 1-4 中国远洋 H 股上市。

中国远洋（1919.HK）在香港联合交易所主板成功上市（图 1-4），成功发售 22.44 亿股，每股定价 4.25 港元，募集资金达 95.37 亿港元，市盈率达到 6.7 倍，充分实现了国有资产的保值增值。

中国远洋的成功上市，是全球航运业有史以来最大的首次公开发行，在市场上引起了很大反响，也拉开了中远集团航运主业全面走向国际资本市场的序幕，使得超过集团主营业务一半以上的集装箱运输产业链顺利进入资本市场，为国有企业重组改制、海外上市创造了新模式。这不仅显著改善了集装箱主业的财务状况，为主业发展提供了充足的发展资金，同时也为集团主业全面进入资本市场迈出了关键性的一步，是中远集团发展史上具有里程碑意义的一件大事。

上市后，中国远洋以明确的战略定位、独特的竞争优势、卓越的治理水平以及优异的业绩表现，赢得了国际资本市场的高度认可。在 H 股上市两年后，中国远洋被纳入富时中国指数、富时亚太指数（不包括日本、澳大利亚、新西兰）、富时环球指数、恒生国企指数成分股；在第 20 届年度 ARC 国际年报评选中，获得三项大奖；2006 年又位列"最具全球竞争力中国公司 50 强"的前五强，2 年时间内，在福布斯评选的"全球 2000 大企业"中，中国远洋从 1325 位跃升到 1075 位。中国远洋董事会也因为企业管治方面的出色表现，被香港董事学会授予"2006 年度杰出董事奖"，成为首家获此殊荣的 H 股公司。2009 年，金融危机最严重的时期，公司获得香港企业信誉协会颁发的"最诚信大奖"。中远集团上市公司股权架构图、总市值及资本市场融资总额见图 1-5—图 1-7。

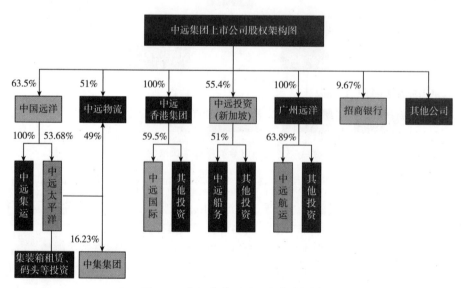

图 1-5 中远上市公司股权架构图。

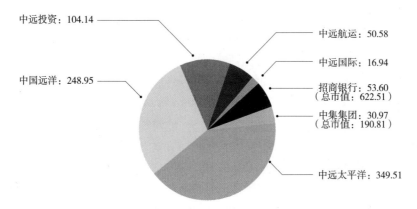

图 1-6 中远集团上市公司总市值。

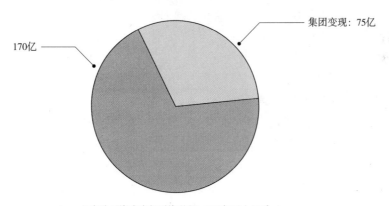

图 1-7 中远集团上市公司资本市场融资总额。

二、中国远洋回归 A 股市场

2004 年，在完成中国远洋 H 股上市项目的同时，在上报国资委和证监会的材料中，中远集团向国资委和证监会明确表达了一旦条件成熟，将积极寻求回归 A 股的愿望。

2005 年底，经中远集团领导班子审慎研究后认为，随着国家股权分置改革工作顺利推进，国内资本市场有望进入更加健康快速发展的新阶段。由此确定将中国远洋回归 A 股和收购中远物流 51% 的股权等工作，作为 2006 年集团的工作重点之一。经过 2006 年上半年反复论证和充分准备，7 月 14 日，中远集团第八次总裁办公会决定：（1）启动中国远洋收购中远物流 51% 股权，在国内发行 A 股等资本运作项。（2）为保证项目顺利进行，会议决定成立以集团陈洪生副总裁为组长的项目领导小组，下设工作小组。中远集团魏家福总裁和张富生书记明确提出要求：回归 A 股的工作必须在 2007 年 6 月 30 日前完成。2006 年 8 月 11 日，A 股发行工作小组和中介机构启动协调会召开，中国远洋回归 A 股项目正式启动。

在此期间,经过集团 A 股上市项目工作团队的共同努力,到 2007 年 5 月,与 A 股发行相关的议题先后在中国远洋董事会、类别股东会、临时股东会和股东大会顺利通过。2007 年 6 月 7 日,中国远洋取得了证监会《关于核准中国远洋控股股份有限公司首次公开发行股票的通知》;6 月 8 日,中国远洋刊登了《招股意向书摘要》;6 月 12—15 日,中国远洋高层带队进行了路演推介,取得圆满成功,机构投资者下单率高达 91.1%。在规定的截止时间内,中国远洋共收到 398 张有效的网下申购报价表,有效申购总量为 476471 亿股,网上发行有效申购股数为 1444.576 亿股,网上网下共冻结资金 16290 亿元人民币,超额认购 178 倍,创造了 A 股发行冻结申购资金的历史最高纪录。2007 年 6 月 18 日,根据主承销商统计的当天网上网下申购情况,中远集团召开 2007 年第 11 次总裁办公会,一致通过以 A 股发行定价区间的上限 8.48 元人民币/股作为 A 股发行定价。6 月 21 日,中国远洋公告,首发 A 股发行价为 8.48 元/股,发行 17.84 亿股,募集资本总额为 151.27 亿元人民币。这是非银行、保险行业外 A 股市场融资规模最大的 IPO 发行,是 A 股市场有史以来第七大 IPO,也是国际航运界有史以来融资规模最大的 IPO(图 1–8)。

图 1–8　中远集团总裁魏家福为中国远洋 A 股上市敲响"开市锣"。

6 月 26 日上午 9 点 30 分,随着上海市委常委、副市长杨雄和中国远洋董事长魏家福一起敲响上海证券交易所开市锣,中国远洋(601919)在上海证券交易所成功挂牌上市(图 1–8)。上海市委常委、副市长杨雄,上海证券交易所总经理朱从玖,中国远洋 A 股发行的保荐人和主承销商——中国国际金融有限公司董事总经理韩巍强等有关方面领导,中远集团总裁、中国远洋董事长魏家福,中远集团党组书记、中国远洋副董事长张富生,中远集团副总裁、中国远洋执行董事、总经理陈洪生,中远集团副总裁、中国远洋董事李建红、许立荣,中远集团党组纪检组组长、中国远洋监事会主席李云鹏,中远集团总会计师、中国远洋董事孙月英,中国远洋独立董事李泊溪及中国远洋高管团队参加了上市仪式。

中国远洋首日开盘价为 15.52 元,较发行价高出 7.04 元、涨幅 83.02%;盘中最高成交价为 17.15 元、最低成交价为 15.52 元。首日收盘价 16.38 元,较发行价上涨 7.90 元,涨幅 93.16%,首日成交量 513 万手,成交额为 84 亿元,全天换手率为 57.52%,当日收市时,总市值达到 1318.5 亿元人民币,是 2005 年 6 月 30 日上市首日 251.57 亿元人民币市值的 5.24 倍。表明了 A 股市场投资者对于中国远洋投资价值的充分认可。2007 年 7 月 2 日,由中联资产评估公司和《财经时报》联合主办的"首届中国资本榜样高峰论坛暨 2007 年度中国上市公司价值百强评选"结果在北京揭晓,中国远洋成功入选并荣登榜首。

中国远洋成功回归 A 股，是落实国务院国资委关于"在 2007 年加快推进股份制改革，积极推进具备条件的中央企业母公司整体改制上市或主营业务整体上市"指示要求的具体措施；是响应国家号召，为 A 股市场再添蓝筹，以促进国内资本市场结构更加健康的重要举措；是落实中远集团"整体规划，分步实施"战略的重要步骤，符合中远集团早日进入世界 500 强的既定战略；有助于进一步巩固中远集团作为民族航运龙头企业的地位，扩大中国远洋融资渠道，提高公司综合实力。

三、中国远洋上市后的资本运作

中国远洋在 H 股、A 股先后上市后，中远集团紧紧围绕系统集成、打造"资本中远"的战略目标，按照"整体规划、分步实施"的原则，逐步向中国远洋注入中远集团的优质资产，积极推进中远集团航运主业整体上市目标的实施。

（一）推动中远集团航运主业逐步上市

1. 中远物流进入中国远洋平台

随着中国远洋航运主业核心资本运作平台的建立，为进一步实施中远集团"整体上市、分步实施"的资本运营战略，2006 年，中远集团将其持有的中远物流 51％ 的股权，通过协议转让的方式转让给中国远洋。2009 年，中国远洋又收购了中远太平洋持有的中远物流 49％ 的股权，中国远洋直接持有中远物流 100％ 股权；收购了上海远洋 100％ 股权。

作为航运主业整体上市战略规划的重要环节，中远物流进入中国远洋具有重要意义：

第一，有助于加速实现中远集团战略目标。物流业务作为中远集团核心和战略目标性业务，按照国家国有企业改革的基本思路，通过改制实现整体上市，最大限度地实现市场化运作；

第二，物流业务进入中国远洋，有助于中国远洋延伸集装箱运输价值链，尽快实现从全球航运经营人向以航运为依托的全球物流经营人的转变。同时中远物流所在行业对资本市场具有吸引力，有助于提升中国远洋市值，从而实现国有资产的保值增值；

第三，有利于中远物流的长期健康发展。中远物流进入中国远洋后，中国远洋为其提供强大的业务资源依托和保障，充分利用中国远洋现有的海外网络优势，避免重复建设。同时，中远物流的融资渠道更加多元化，公司治理水平进一步提高。中远物流进入中国远洋后，中国远洋大力协调中远集运与中远物流的协作关系，促使协同优势发挥，保证 2 个业务单元协调快速发展。

2. 散货板块进入中国远洋平台

2007 年，中国远洋通过非公开发行 A 股股票的方式募集资金向中远集团及其下属公司收购中远散运、青岛远洋运输有限公司（简称"青岛远洋"）、中远香港航运（中国远洋通过 Golden View Investment Limited 持有该公司股权）和深圳远洋运输股份有限公司（简称"深圳远洋"）的 100％ 股权。根据非公开发行方案，在此期间，中国远洋成功完成了两次面向特定投资者的非公开发行 A 股股票。基于长远战略考虑及对公司未来发展的信心，中远集团也参与了中国远洋两次非公开发行股票的增持，此后中远集团持有的中国远洋 A 股股票达到 54.73 亿股,占中国远洋发行总股本 53.57%。

2007 年 12 月 28 日,中国远洋刊发了《非公开发行股票发行结果暨股份变动公告》,标志着中国远洋圆满完成非公开发行 A 股股票并向中远集团收购其下属的主要干散货航运公司股权项目。至此,这一时期中远集团下属盈利能力强劲的主要散货船公司均进入了中国远洋上市平台。通过系列交易,中国远洋的资产规模大幅提高,截至 2007 年 6 月 30 日,资产总计从交易前的 721.40 亿元增至交易后的 1019.51 亿元,增幅为 41.3%。营业收入与利润规模也有较大幅度的增长。截至 2006 年 12 月 31 日,营业收入由交易前的 361.98 亿元增至交易后的 637.37 亿元,增幅为 76.1%;2006 年归属于母公司所有者的净利润由交易前的 12.23 亿元增至交易后的 75.89 亿元,增幅为 520.5%。作为中远集团的上市平台,中国远洋的经营范围和业务规模也得到了进一步拓展,航运主业的价值链进一步延伸,成为一家集集装箱航运、干散货航运、物流、码头和集装箱租赁等多种业务于一体的综合航运公司。

(二)发挥资本运作功能,度过航运低谷期

2011 年,是国际国内经济形势急剧变化的一年,全球经济复苏力度减弱,国际贸易增速放缓,受航运市场供需严重失衡、运力过剩、运价下跌、燃油等成本支出持续上升等因素影响,航运业低迷的效应在资本平台集中显现。2011 年,中国远洋年营业收入人民币 689.08 亿元,较 2010 年同期下降 14.5%,大幅亏损 104.49 亿元人民币,相比 2010 年盈利 67.67 亿元人民币的良好业绩,经营效益出现了严重下滑。受此影响,中远集团继续将油轮船队、特种船队、杂货船队、修造船业务板块、航运辅业板块的全部资产和已上市公司股权,都注入中国远洋的整体上市战略目标没有实现。2012 年,受困于低迷的市场,中国远洋继续亏损 95.59 亿元人民币。根据上海证券交易所上市规则,中国远洋 A 股股票于 2012 年年报披露后,被实行退市风险警示("*ST")。

面对连续亏损的不利局面,中国远洋在前期良好资本积累的基础上,依托控股股东中远集团的资源优势,对于一切有利于改善公司业绩、有利于公司长远发展及维护股东根本利益的举措,进行了充分研究论证,开展了一系列行之有效的资本运作。2013 年,在国际航运市场供求失衡状况无实质性改善,集装箱、干散货航运市场持续低迷,航运主业仍为亏损的情况下,中国远洋通过向中远集团出售中远物流 100% 股权、向中远香港集团所属单位出售中远集装箱工业有限公司 100% 股权、青岛远洋资产管理有限公司 81% 股权、上海天宏力资产管理有限公司 81% 股权,实现利润 23.55 亿元,总体业绩扭亏为盈,成功摘除了股票退市风险警示("*ST")。

2014 年,在国际航运业供求失衡局面仍无实质改善的情况下,中国远洋在各业务板块努力增收节支和国家拆旧造新政策的支持下,整体业绩得到进一步改善,实现利润 3.63 亿元。

2015 年 12 月 11 日,中国远洋召开第四届董事会第二十一次会议,审议批准了中国远洋重大资产重组的相关议案,中国远洋将其持有的中远散货运输(集团)有限公司 100% 股权,出售给中国集团。

通过这次交易，中国远洋剥离了这一时期受干散货市场持续低迷影响，对上市公司盈利能力带来较大影响的干散货运输业务，有利于上市公司优化业务结构，集中精力实施业务转型，提升自身的盈利能力。与整合前相比，基于从"产品思维"到"客户思维"以及业务架构从多元化到专业化的考虑，中国远洋的战略定位从"综合性航运服务"转变为"专注于发展集装箱航运服务供应链"，成为中远集团集装箱航运服务供应链的上市平台。

四、其他控股、参股上市企业的发展

随着2007年远洋地产在香港上市，中远集团参股和控股的上市企业达到8家：中国远洋、中远太平洋、中远国际、中远投资、中远航运、中集集团、招商银行、远洋地产，截至2008年12月31日，按持股比例计算，市值达到709亿人民币。

（一）中远太平洋

中远太平洋是中远集团在香港的第一家上市公司，于1994年7月成立，同年12月19日在香港联合交易所挂牌上市。这一时期，中远太平洋坚持以公司价值最大化、经营效益最大化、股东回报最大化"三个最大化"为宗旨，致力发展码头和租赁两大业务，利用香港资本市场优势，发挥中远品牌效应，根据市场变化，不断调整资产结构，为股东提供了稳定的回报。2003年，中远集团启动推进了中远物流重组改制项目，通过中远太平洋购买中远物流49%的股份，不但使中远太平洋进入物流业，也为中远物流的发展提供了资金保障。2004年，中远集团总公司将深中集股权注入中远太平洋后，中远太平洋的整体业绩再一次快速增长，股票价格从2001年底的4.025港元增长到2004年底的16.1港元，公司市值则从2001年底的86.24亿港元增长到2004年底的351.56亿港元。2013年，通过出售中集集团股份（F9项目），中远太平洋股东应占利润达7.03亿美元，是2006年的2.4倍。截至2014年8月15日，中远太平洋市值为345亿港元。到2015年底，中远太平洋的总资产已由2006年底的29.87亿美元增长到76.72亿美元。十年间，共为中远集团创造净利润37.34亿美元。

凭借着企业高透明度和良好的公司管治水平，2012年，中远太平洋被纳入恒生可持续发展企业基准指数成份股（HSSUSB），在行业地位和企业可持续发展方面的成就，得到社会各界的肯定。公司连续5年荣获《亚洲企业管治》杂志颁发"最佳投资者关系企业"奖项、连续5年荣获《资本杂志》颁发"中国杰出企业成就奖"，荣获法律界知名杂志《Asian Legal Business》颁发的"最佳航运企业法律团队"大奖等。

（二）中远国际

1997年，中远香港集团收购上市公司顺成集团有限公司61%的股权，改名成立中远国际有限公司（股票代码00517）。从2002年开始，中远国际积极落实中远集团制定的"发展船舶服务业"的公司战略定位，根据船舶服务业的市场定位，相继收购整合了中远系统内的涂料业务、船舶贸易和保险经纪业务、海运设备及备件业务、船舶燃料及相关产品贸易及供应等资源。2004年，中远国际利用股份溢价冲销16.8亿港元的累积亏损，甩掉了沉重的历史包袱，2005年扭亏为盈，实现盈利2800万美元，开始向股东派息，重振在

资本市场的形象,股价从 2001 年的 0.2—0.3 港元上升到 2005 年底的 1.1 港元。同时,加快产业调整,剥离非核心业务 2010 年 12 月 16 日,中远国际一次性全数出售持有的远洋地产股权,全面退出房地产投资业务。溢价率达 10.2%,创香港资本市场先例,也为拓展航运服务核心主业储备了资金。到 2006 年,中远国际的船舶服务业的营业额已占到本公司及下属公司营业额的 88%。到 2008 年底,这一比例进一步提高到 97%(图 1-9)。企业市值在 2007 年达到 112.6 亿港元,股价达到 7.62 港元,双双达到这一时期的历史最高点。2005—2015 年,企业累计实现盈利 31.35 亿港元。到 2015 年底,总资产达到 94.67 亿港元。

航运服务	
船舶贸易代理服务	中远国际船舶贸易有限公司100%
船舶保险顾问服务	中远(香港)保险顾问有限公司100%
船舶设备及备件供应	远通海运设备服务有限公司100%
涂料生产和销售	中远关西涂料化工(珠海)有限公司64.71%
	中远关西涂料化工(天津)有限公司63.07%
	中远关西涂料化工(上海)有限公司63.07%
	中远关西涂料(上海)有限公司63.07%
	中远佐敦船舶涂料(香港)有限公司50%
船舶燃料及相关产品贸易及供应	Sinfeng Marine Services Pte. Ltd.(新峰航运服务有限公司)100%
	连悦有限公司18%

一般贸易	
一般贸易	中远国际贸易有限公司100%

图 1-9 中远国际业务情况

(三)中远投资

这一时期,为实现修船业务与资本市场的结合,中远集团先后通过中远投资,收购了南通中远船务 50% 股权、大连中远船务 40% 股权和中远船务集团 51% 股权,并将淡马锡投资公司作为战略投资者,成功引入中远投资。通过一系列的资本运作,中远投资的市值从 2000 年底的 0.78 亿新元,提高到 2005 年 11 月份的 24.97 亿新元,增值了 30 多倍。2004 年,正式成为海峡时报指数成份股。2005 年,被选为摩根士丹利国际投资指数成份股。

2005 年,中远船务正式加入中远投资上市平台,并成功实现了由修船向造船、海工建造业务的转型,使中远投资发展成为新加坡资本市场上重要的海工板块上市公司。公司市值在 2007 年达到最高的 176.7 亿新元,到 2014 年底,在新加坡主板市场 626 家上市公司中排名第 76 位,在新加坡主板和创业板 133 家中国公司中排名第 4 位。

(四)中远航运

1999 年 12 月 8 日,广州远洋联合广州中货、广州外代、深圳远洋等企业共同发起成立中远航运股份有限公司(简称"中远航运")。广州远洋作为主发起人,以资产注入的方式,将所属25艘当时船况最好、盈利能力最强的大吊船、半潜船、滚装船、多用途船等装入中远航运,并赋予它运输超长、超大、超重的重大件货物的市场定位,给予倾力支持。经过3年的精心孵化,2002年4月3日,中远航运向社会成功发行13000万股人民币普通股票,募集资金总额9.6亿元。4月18日,中远航运股票(股票代号600428)在上海证券交易所挂牌交易,广州远洋作为大股东,占股61.09%。中远航运是中远第一个完全以远洋运输业为核心业务的上市公司,被誉为"中国远洋第一股"。

中远航运上市后,广州远洋依托上市公司资本平台,提出了打造"资本广远"的发展战略,并开展了一系列资本运作,取得了巨大成功。2002年,中远航运利用首次发行募集的资金,投资建造了2艘新型半潜船"泰安口"轮和"康盛口"轮,并从广州远洋收购了11艘船舶,极大地充实了船队运力。2004年,中远航运利用自筹资金,再次从广州远洋收购了40艘船舶及其相关业务,以及8000万美元债务,并将广州远洋几十年形成的业务市场网络、客户资源和航线一起整合并入上市公司,使中远航运成为全球规模最大的特种杂货运输航运企业,而广州远洋则通过资本运作和船队整合,由原来的生产经营企业成功转型为投资管理公司。

2005年,中远航运成功实施股权分置改革,广州远洋所持有的国有法人股获得了流通权,实现了广州远洋资产的巨大增值。中远航运股改前后股权结构变化见表1-4。

中远航运股改前后股权结构变化情况　　　　　　表1-4

股东类别/名称	股改前		股改后	
	持股数(股)	占股比例(%)	持股数(股)	占股比例(%)
广州远洋运输公司	395504200	60.36	328440444	50.13
广远海运服务有限公司	11557000	1.76	9597335	1.46
广州外轮代理公司	4750200	0.73	3944731	0.60
深圳远洋运输股份有限公司	4076800	0.62	3385517	0.52
广州中远国际货运公司	2711800	0.41	2251973	0.34
非流通股(有限售流通股)合计	418600000	63.89	347620000	53.06
无限售流通股合计	236600000	36.11	307580000	46.94
股份总数合计	655200000	100	655200000	100

2008年,广州远洋抓住资本市场和航运市场难得的机遇,进一步做大做强中远航运。在广州远洋的大力支持下,中远航运于2月1日成功发行10.5亿元分享交易可转债,募集资金10.32亿元,用于投资建造4艘27000吨多用途船和2艘50000载重吨新型半潜船。2011年3月,中远航运再次实施成立以来规模最大的融资方案,以每10股配3股的比例向全体股东配售,融资规模达21.13亿元,用于支付2艘50000载重吨半潜船剩的余款项和建造总值达33亿元的18艘多用途船和半潜船。

2012年12月5日,中远航运董事会通过决议,以自有资金收购中远集团持有的广州远洋100%股权,收购价格为10.95亿元人民币。2013年1月8日,中远航运2013年第一次临时股东大会审议通过了《中远航运收购广州远洋运输有限公司100%股权的关联交易议案》《中远航运购买广州远洋大厦办公用房的关联交易议案》和修订中远航远《公司章程》草案等三项议案,中远航运收购广州远洋正式宣告完成。

通过中远航运这个资本运作平台,广州远洋资产总额得到了大幅提升,经营效益从2004—2008年连续五年创历史新高,各项事业步入了"双轮驱动"、科学发展的历史新时期,实现了从传统国有航运企业向现代跨国航运公司的新跨越。

中远航运也凭借严格的现代企业制度,科学、高效的法人治理结构以及规范的经营运作,企业整体实力不断增强,先后获得"中国上市公司价值百强"、上交所"2009年度最佳董事会奖"十佳、优秀董事会"金圆桌"奖(连续四届)、"2013中国航运十大最具投资价值企业""2013年中国航运十大稳健企业"等数十项资本市场荣誉。到2015年底,中远航运资产规模达到179.43亿元。

(五)中集集团

中国国际海运集装箱(集团)股份有限公司(简称中集集团)于1980年1月创立于深圳,由招商局与丹麦宝隆洋行合资成立,初期由宝隆洋行派员管理。1987年7月1日,中国远洋运输总公司入股中集集团,重组为三方合资企业。中远集团和招商局各占股45%,丹麦宝隆占股10%。中远集团的参股为中集集团引进了宝贵的市场资源。1994年,中集集团在深圳证券交易所上市。2004年12月31日,基于中远集团产业结构调整战略及LUCKY项目的需要,中远集团向控股的香港上市公司中远太平洋转让中远集团所持中集集团的国有股权1.64亿股,占总股本的16.23%。2005年,中集集团就为中远太平洋贡献了5563.60万美元的盈利。[①]2005年,中远集团对中远太平洋持有的中集集团16.23%国有法人股实施股权分置改革,使非流通股获得了流通权,增强了变现能力,股票价值大幅提升,实现了国有资产的保值增值。2006年,中远太平洋出售了上海中集远东集装箱有限公司20%的股权,获得547万美元的利润。2007年12月10日至2008年3月24日期间,中远太平洋全资附属公司——中远集装箱工业有限公司以现金代价总额约21.39亿港元(约2.74亿美元),在中国深圳证券交易所购入中集集团B股共1.48亿股(占中集集团已发行股本约5.57%),连同原来持有的4.32亿股A股(占中集集团已发行股本约16.23%),中远太平洋所拥有中集集团股权增至约21.80%。

这一时期,集装箱制造业同样经历了2008下半年航运市场大幅下滑的冲击,中集集团对中远太平洋的利润贡献当年大幅下降42.5%,因此于2008年底开始暂时停产干货箱,直至2009年第四季度,才重开部分厂房。鉴于集装箱制造业利润的下滑,中远太平洋出售了部分投资用途的集装箱制造业股份。2008年,中远太平洋先后将天津中集北洋集装箱有限公司22.5%的股份和上海中集冷藏箱20%的股权出售于中集集团,从而简化了中远

[①] 中远太平洋持有四家集装箱生产企业的股份,分别为中国国际海运集装箱(集团)股份有限公司(中集集团)约16.23%、上海中集冷藏箱有限公司(上海中集冷藏箱)20.0%、上海中集远东集装箱有限公司(上海中集远东)20.0%及天津中集北洋集装箱有限公司(天津中集北洋)22.5%的股份。

太平洋在集装箱制造业板块的股权分布。2010年，干货集装箱制造业明显复苏，中集集团对中远太平洋的盈利贡献同比上升了197.5%。尽管市场跌宕起伏，中集集团始终保持了其在全球集装箱制造领域的龙头地位，占据市场份额超过50%，成为中远太平洋稳定的利润来源，2005—2012年，连续为中远太平洋创造利润5.36亿美元。2013年6月27日，中远太平洋通过出售中集集团股份给中远香港集团所属的（长誉投资有限公司Long Honour Investments Limited 简称"Long Honour"），获得利润7.03亿美元，为中国远洋上市平台扭亏为盈做出了巨大贡献。Long Honour原直接持有中集集团H股股票2532.21万股，占中集集团已发行总股本的约0.95%。转让完成后，Long Honour为中集集团第二大股东，持股比例为约22.75%。在此之后，中集集团继续保持着良好的盈利势头，到2015年底，中集集团的资产规模已快速增长到1067.63亿元人民币。

（六）招商银行

招商银行是经过中国人民银行批准，于1987年4月8日在招商局蛇口工业区财务公司的基础上，由招商局集团独资创建，是中国境内第一家完全由企业法人持股的股份制商业银行。1988年，中远集团出资1亿元人民币参股招商银行，后经过多次股份制改造和增资扩股。股东不断扩大。2002年4月9日，招商银行A股在上海证券交易所挂牌上市，中远集团总公司持国有法人股491344193股，占8.61%，是第二大股东。此外，中远集团下属广州远洋、上海远洋、深圳远洋、中国汽车运输北京物资公司、中远国际货运有限公司、中国上海外轮代理公司也持有一定的股份。2005年，根据国资委批准，广州远洋、上海远洋、深圳远洋、中远劳捷斯物资有限公司、上海外代、中远货运将持有招商银行的股权，无偿划转给中远集团总公司，中远集团总公司占股比例达到9.52%。2006年9月8日，招商银行开始在香港公开招股，发行约22亿股H股，集资200亿港元，并在9月22日于港交所上市，发行价格为每股8.55港元，股票代码为3968。招商银行国有股东为此进行国有股减持并划转给全国社会保障基金理事会后，转为H股。到2006年底，中远集团持股6.44%，继续保持第二大股东地位。到2009年，招商银行已成为国内第六大商业银行，并跻身全球前100家大银行之列。2009年6月末，招商银行资产总额达19727.68亿元人民币。2010年，受全球金融危机的影响，中远集团航运主业的经营遇到了巨大的困难，为了保证中远集团2009年的生产经营正常进行，经中远集团2009年第十八次总裁办公会审议并上报国资委批准，中远集团减持招商银行147732938股以应对危机，占股比例下降至5.95%，仍然为招商银行第二大股东。2010年，招商银行根据证监会的核准，先后在A、H股配售新股，中远集团增持招商银行57196395股，占股比例上升至6.22%。为做好招商银行股权管理工作，2011年，中远集团成立了招商银行股权管理小组，负责制定交易策略；制定操作流程；组织交易操作的执行；组织协调增持后续管理工作，包括交易报告、资金结算、会计核算等工作；与招商银行方面的信息沟通工作；或有公告或披露的申报工作；编写向国资委呈报的备案材料等。这一时期，招商银行凭借良好的业绩，为中远集团带来了优厚的分红。到2015年，招商银行资产总额达到54749.78亿人民币，以456.1亿美元的收入位列《财富》世界500强第235位，比2014年上升115位。

（七）远洋地产

远洋地产控股有限公司（简称"远洋地产"）前身为中远房地产公司，2002年，中远集团引入外部股东中化集团，对中远房地产公司进行股权改制，双方各持有中远房地产公司50%的股权。2003年1月24日，中远国际签署了中远房地产公司股权买卖协议，持有中远房地产20%股权。2006年8月22日，中远国际进一步通过全资附属公司，向中远集团及天津远洋收购了中远房地产公司24%股权，累计持股比例达到44%，成为中远房地产并列第一的股东。2006—2007年间，中远房地产公司重组成为在香港注册的远洋地产控股有限公司。为上市需要引入私募基金后，中远国际的持股比例被摊薄至30.8%。2007年9月28日，远洋地产（股份代号：03377）在香港联合交易所有限公司主板上市，发行定价为每股7.7港元，募集资金达115.9亿港元，中远国际持股百分比被摊薄至20.44%。2009年12月，中国人寿获得远洋地产定向增发股票后，中远国际的持股比例被摊薄至16.85%。2010年1月上旬，中国人寿又通过向第三大股东中化集团，收购其持有的7.5%股权，成为持有远洋地产24.08%股权的第一大股东，中远国际持股16.85%，退居第2位。截至2009年底，远洋地产资产总额621.48亿元人民币，净资产238.86亿元人民币，2009年营业额88.24亿元人民币，房屋销售面积144万平方米，房地产开发投资额93亿元人民币，税前利润26.8亿元人民币，职工人数4111人。

2010年3月，中远集团表态将遵照国资委要求，于半年内出售远洋地产股份，退出房地产业务。按照中远集团部署，8月16日，中远国际对外宣布："拟寻求股东批准授权公司董事在未来12个月内，视市场情况并按照股东利益最大化的原则，择机出售持有的16.85%远洋地产控股有限公司的权益。"9月30日，中远国际举行股东特别大会，批准通过授权本公司董事出售持有远洋地产的全部股份（949937399股），有关出售所得款项用于公司未来全力发展核心业务航运服务业，包括并购中远集团系统内外项目。12月16日，中远国际宣布与中银国际亚洲有限公司及UBS AG香港分行签订有条件股份配售协议，出售所持有远洋地产控股有限公司的所有股份。配售完成后，中远国际不再持有任何远洋地产股份，完全退出非核心地产投资业务，专注发展航运服务业核心业务。

第三节　从跨国经营到跨国公司，坚持不懈的"走出去"战略

一、实施"走出去"战略，境外产业规模快速增长

1996年集团第八次驻外工作会后，中远境外区域公司经历了1996—1998年的快速发展阶段，1999—2002年的调整巩固阶段。在集团的战略部署下，按照"稳中求进，以稳为主"的经营策略，各境外区域公司收缩了投资战线，开展了区域内的资产重组和整顿工作，规范了境外资产的产权关系，清理、盘活了一些不良资产。同时，境外工作重心从投资扩张向注重提高航运主业服务品质的方向转移。2003年之后，中远集团境外事业进入改革发展的新时期，集团航运主业加快了"走出去"步伐，在改革、调整、优化的过程中得到快

速扩张,实现了规模和质量的同步发展。

(一)"走出去"步伐明显加快,境外机构数量发展迅速

到2005年,中远集团已拥有各类境外机构717家,其中具有经营职能的实体性公司220家,投资控股型公司92家,单船公司212家,海外办事处8家。

截至2005年6月30日,中远集运已在境外拥有、代管和合资经营149个销售、服务网点,形成了跨越全球的集装箱运输航线服务网络。非集装箱业务的海外机构数量逐步增加。香港集团的分支机构向内地、中国澳门和菲律宾(图1-10)等地延伸;中远太平洋成功参与了新加坡、比利时安特卫普码头项目的投资和开发;欧洲公司增加了意大利那不勒斯码头的投资并参与直接管理;美洲公司投资并参与了美国长滩码头的经营管理;中远物流分别在中国香港、西

图1-10 菲律宾共和国总统格洛丽亚·马卡帕加尔·阿罗约于2007年6月18日下午在首都马尼拉的总统府会见了中远集团总裁魏家福一行。

亚设立公司;中远散运和大洋洲、欧洲公司合资合营,分别成立了中远澳洲租船有限公司和中远欧洲散货运输有限公司;中燃公司收购了香港连悦70%的股权,重组成立了中燃(新加坡)有限公司。

(二)境外资产规模不断增大,资产质量进一步提高

经过"调整、巩固、提高"阶段的资产清理和整顿,以及2003年以来境外业务在质量制胜基础上的优化发展,中远集团境外资产规模迅速增长,净资产总量达到历史最高水平。合并后的集团境外资产总额从1997年底的505.98亿元人民币,增加到2004年底的720.94亿元人民币,增幅达42.48%;境外净资产从1997年底的106.32亿元人民币,增加到2004年底的133.87亿元人民币(不包括历年上缴利润),增幅达25.91%。根据联合国贸易和发展会议《世界投资报告》,按2006年外国资产排序的跨国公司排名中,中远集团列基础设施行业运输类第五名。

(三)境外业务的经营效益实现历史性突破

集团境外公司合并主营业务收入1997年为116.36亿元人民币,2004年增长到289.76亿元人民币,增幅达149%;实现利润总额1997年为15.61亿元人民币,2004年增长到80.52亿元人民币,增幅达416%;净资产收益率1998年为0.03%,2004年增长到70.89%,提高了70多个百分点;境外国有资本保值增值率1998年为80.88%,2004年增加到275.56%,提高了近200个百分点。其中,中远香港集团2004年完成主营业务收入16.9亿美元,比1996年增长4倍,实现利润总额8.4亿美元,比1996年增长10.9倍。中远(香港)航运有限公司(简称"中远香港航运")船队经营效益始终位居同行前列,

2004年创效达5.7亿美元，单船年均创效超过607万美元。新加坡控股（中远投资）2004年完成主营业务收入2.4亿美元，实现利润总额5784万美元，比1999年增长近11倍。

（四）境外资本运营取得丰硕成果

这一时期，中远集团依托强大的境外上市公司资源和业务经营管理平台，科学策划并统筹利用国际国内两种资源，围绕主业的结构调整和优化升级，成功开展了一系列资源重组和资本运营工作。一是通过资本运作，推动境内主业重组。依托新加坡和香港的中远投资、中远太平洋、中远国际三家境外上市公司，成功对物流产业、修船业务等境内航运主业项目，以及集装箱制造、船舶涂料、船舶贸易、保险经纪业务、海运设备及备件业务等航运辅助产业进行了重组整合，取得了集团总公司、境内专业公司和上市公司三方共赢的显著成效。二是提升协同效应，实现2003年散货板块港深重组。

"港深重组"在短短2个月时间内，完成了涉及近百艘船舶、逾百亿元人民币资产、港深3000多名员工的全方位整合，产生了规模经济效应和经营协同效应，提升了企业的核心竞争力。截至2005年10月，中远香港航运/深圳远洋经营管理运力近130艘910万载重吨，比2000年增长近1倍，净资产比2000年增长2.4倍，收入成本率明显下降，资产质量得到优化和改善。

（五）境外管理和业务发展的新形势和新课题

随着中远集团境外改革的深入推进以及内外部形势的不断变化，中远集团境外管理和业务发展也面临一系列新的课题。

1. 区域公司的定位和作用需要做出新的界定

LUCKY项目之后，随着境外集装箱运输相关的业务、资产以及中远太平洋的业务、资产从区域公司剥离，区域公司的业务范围和资产规模大幅缩减，原有功能和作用发生明显变化，区域公司的定位和作用也开始变得模糊。区域公司应如何定位，是管理型、经营型还是经营管理型，是成本中心、利润中心还是投资发展中心，需要在科学论证的基础上做出明确的界定。

2. 境外管理模式要做出适应性的调整

"中航油事件"[①]后，国务院对境外国有资产的监管提出了更高要求。境外国有企业若只满足于符合当地法律规定或者上市公司的外部监管，已达不到企业全面风险管理的要求，境外企业的内部管理和控制机制需要进一步强化。LUCKY项目后，中远集团境外集装箱经营业务已纳入中国远洋统一管理。区域公司作为集团总公司的境外派出机构，如何既能有效地行使区域管理职能，又能正确地处理好与上市公司境外机构的关系，成为重要课题。

3. 境外发展模式需要进一步明确

在境外的产业布局上，除中国香港和新加坡以外，其他境外区域公司只有集装箱相关

---

① 2004年，中国航油（新加坡）股份有限公司因为期权交易出现的账面亏损额度高达5.5亿美元。时任中航油公司总裁陈久霖涉嫌制作虚假的2004年度年中财务报表、在2004年第三季度的财务报表中故意隐瞒巨额亏损、不向新交所汇报公司的实际亏损、诱使集团公司出售股票等6项指控，被新加坡司法机构判处33.5万新元的罚款及4年零3个月的监禁。

业务能形成一定的规模，具备国际化经营的实力。主业中的物流、修造船和航运服务业等非集装箱产业，有些尚未"走出去"，有些还不具备"走出去"的条件，有些在境外的经营规模还比较小，境外营收和创效能力不强。在此情形下，集团主业是否要"走出去"，如何"走出去"，境内主业在"走出去"的过程中，应如何充分利用境外区域公司的现有资源，区域公司应发挥什么样的作用，双方应怎样实现互利合作，也是需要解决的问题。

4. 境外区域公司在经营管理中存在的问题

在财务管理方面，个别公司存在两套账核算、预算随意性大、不计风险避税、成本控制不力等问题；在投资管理方面，个别项目还存在前期调研不深入，市场和法律风险研究不够，可行性研究报告质量不高等问题；在业务管理方面，个别公司经营决策程序和内控制度不健全，存在一定的经营风险；在内部监督审计方面，部分公司监督体制、人力和措施不能满足工作需要，没有形成独立的再监督机制。

二、召开第九次海外工作会，调整海外业务发展和管理模式

2005年12月，中远集团召开第九次海外工作会议，对1996年第八次驻外工作会以来，中远境外事业的发展成果进行了盘点，根据中远集团发展战略和"十一五"期间的总体发展规划，在明确集团主业境外发展模式的基础上，提出未来一段时期内境外区域公司的功能定位和境外企业的管理模式，以及配套措施和要求。

（一）境外业务发展的总体思路

会议指出：境外业务发展要符合国资委确定的主业范围，符合中远集团的发展战略和总体规划。要重点完善全球集装箱经营和服务网络体系，增强中远集装箱全球产业链的核心竞争力；根据境外市场的需求，推进集团其他主业在境外的发展，提升跨国经营能力；充分发挥境外上市公司的融资功能和收益能力，实现生产经营、资本经营两轮驱动，促进集团资源的优化重组。

境内各专业公司在"走出去"的过程中，要充分利用国际国内两个市场、两种资源，充分发挥集团在境外的资源优势和区域公司的"本土化"经营管理优势。集团主业根据需要在境外拓展业务时，要充分调动境内境外两个方面的积极性，境内公司与境外区域公司可以资本为纽带，共同成立合资公司；在股比框架上，原则上由境内专业公司控股（或对等控股），以达到风险控制的目的；同时要以区域公司为主对合资公司实施日常管理，保证境外区域管理职能能够得到有效落实；境内公司要发挥其专业化经营的产业优势，为合资公司提供业务、技术和人才等方面的支持。

（二）区域公司的功能定位和境外企业的管理模式

为促进集团主业"走出去"取得更大成效，进一步强化境外企业的规范管理，第九次海外工作会上，中远集团根据境外事业发展的形势要求，结合LUCKY项目后海外各区域公司的业务现状，研究提出了区域公司的功能定位和境外企业的管理模式。

1. 境外区域公司的功能定位

境外区域公司是中远集团在境外出资成立的，具有综合管理职能的自主经营、自我发

展、自负盈亏的法人实体。功能定位为经营管理型。管理职能上：境外区域公司是中远集团在境外的全权派出机构，是集团在所在区域的综合管理中心和集团形象的宣传窗口，代表集团总公司，对所辖区域内的集团所有境外机构行使综合管理、沟通协调和监督职能；经营职能上：境外区域公司作为独立法人，承担中远集团主业在该区域的发展和经营职能，是集团非集装箱业务的境外孵化中心和经营中心。

2. 集团境外企业的管理模式

（1）集团总公司对境外区域公司的管理模式

境外九大区域公司作为集团直属全资子公司，由集团行使出资人职责力，接受集团总公司的直接管理；按照各公司所在国家的法律法规的要求，建立董事会制度，完善公司治理结构。

（2）境外区域公司对其有投资关系的区域内境外企业的管理模式

境外区域公司对其下属的全资、控股、参股公司，按照股权比例，行使出资人管理。其中，对于全资公司，履行经营管理职能，具体包括战略及投资管理，生产及业务管理，财务管理，人力资源管理，安全管理，内部监督管理，企业文化、公共关系及品牌管理，法律及行政管理等职能；对于控股、参股公司，通过董事会行使上述职能。对于区域公司和境内公司合资成立的境外公司，双方股东通过董事会进行管理。

（3）区域公司对其无投资关系的区域内境外企业的管理模式

对于区域公司没有股权关系的，集团境内公司在其所辖区域内出资设立的境外企业，境外区域公司和集团境内公司共同对其行使矩阵式管理。

对于中国远洋所属境外机构，由中国远洋和境外区域公司共同行使矩阵管理。其中，中国远洋对其境外企业，主要侧重于战略规划、生产经营与业务管理、投资管理、财务管理、安全管理、相关的人事管理等职能；按照中国远洋控股股东中远集团的要求，受中国远洋委托，区域公司对中国远洋境外企业，主要侧重于人力资源管理、内部监督（监察）管理、法律管理、行政管理、企业文化、公共关系及品牌管理、党务管理等职能。

三、境外经营业绩稳步提升

根据第九次海外工作会确立的发展思路，2005—2015年，各区域公司依托国际国内"两个市场"，积极创新营销模式，改善客户服务，在境外业务的开拓中取得了可喜的经营业绩。

（一）境外业务多元发展，境外收入超越境内

2005年之后，中远集团散货、杂货、码头、物流、燃供、船务等专业板块加大"走出去"步伐，到2014年，中远集团新设32家境外实体公司，并成立了中远集团台湾代表处，境外事业的业务种类更加齐全，覆盖区域更加广泛。截至2013年底，中远集团拥有各类境外机构666家，其中具有经营职能的实体性公司191家，投资控股型公司48家，单船公司253家，服务公司9家。境外资产总额从2005年底的728.69亿元人民币，增加到2013年底的1849.63亿元人民币，增幅达153.83%；净资产从2005年底的179.62亿元人民币，增加到 2013 年底的 750.26 亿元人民币，增幅达 317.69%。境外营业总收入从 2005 年的 362.73 亿元人民币，增加到 2013 年的 1119.15 亿元人民币，增幅达 208.54%。纯境外收入已占到集团总收入的 59.45%，占据半壁江山。

（二）九大区域公司经营效益稳步增长

1. 中远（香港）集团有限公司

中远香港集团是中远集团在香港地区的区域管理公司和境外重要的经营实体。香港回归后，中远香港集团贯彻中远集团的发展战略，充分发挥"一国两制"的政策优势、国际金融中心和航运中心的区位优势，潜心耕耘，励精图治，企业规模和实力不断壮大，成为中远开拓国际市场的桥头堡，逐鹿国际资本市场的主要平台，在中远全球化战略中发挥了重要作用。

从 2004 年开始，为配合中远集团打造上市平台和资本旗舰，中远香港集团彻底剥离航运主业，相继将旗下的中远太平洋、中远货柜代理有限公司、中远香港航运等航运主业资产转让，转型发展航运互补产业和非上市平台，为中远集团主业结构调整和资本运营做出了重大贡献。为配合中远集团 LUCKY 项目的推进，2004 年 12 月，中远香港集团将直接及间接持有的中远太平洋已发行的股本权益的 52%，转让中远集团全资附属公司中远太平洋控股；将中远货柜代理有限公司股权和深圳景华峰国际货运代理有限公司股权、中远菲律宾代理有限公司 55% 的股权、中远（香港）货运服务有限公司 100% 的股权，转让中远集运。LUCKY 项目后，中远香港集团对中国远洋在港单位行使区域管理权。2005 年，中远集团实施 B 项目，将中远（北京）实业有限公司（简称"中远实业公司"）、幸福（北京）大厦有限公司（简称"幸福大厦"）、北京远洋酒店有限公司（简称"远洋酒店"）划归中远香港集团，于当年 11 月成立香远（北京）投资有限公司（简称"香远北投"），作为北京地区的投资管理平台。2007 年 12 月，中远集团 LUCKY 项目推进，中远香港集团将中远香港航运 100% 的股权及深圳远洋 40.7% 的股权转让予中国远洋。通过这两次集团结构调整，香港集团为 2005 年 6 月中国远洋 H 股在香港成功上市、2007 年 6 月中国远洋成功回归 A 股并收购干散货运输业务，作出了重要的贡献。

在剥离航运主业后，中远香港集团经营规模大幅萎缩，创效能力大幅下降，开始了"再创业、再发展"的新阶段。中远集团非常重视中远香港集团的持续发展，2008 年重新确定了中远香港集团的发展定位和发展规划，在制定"2020 年中远发展战略"时，进一步明确中远香港集团承担着打造中远互补引擎和非上市平台的重任，为中远香港集团的发展指明了方向。

在新的发展战略指引下，中远香港集团坚持"滚动继承、深度创新、谋求发展"，一手抓做强做优现有产业，一手抓拓展互补产业新利润区，推动企业转型升级。期间，有效克服了百年一遇的金融海啸对航运相关业务的巨大冲击，产业规划布局进一步清晰，资本结构不断优化，经营创效资产比例逐步提升，盈利能力持续提高。2009 年，中远香港集团超额完成集团总公司下达的利润指标，当年效益排在中远系统第一位，为中远集团成功实现整体盈利作出了重要贡献。2010 年，中远香港集团自我加压，又一次大幅超额完成效益目标，在中远全系统排名第四，为中远集团创百亿效益年做出了重要贡献。2013年，中远香港集团航运服务业收入达10.4亿美元，是2005年的六倍。2008—2014年，中远香港集团累计创效达11亿美元，成为中远集团的创效大户，也实现了集团总公司为中远香港集团提出的为航运主业分担风险、发挥协同互补效应的要求。

（1）中远国际成功转型船舶服务业平台

这一时期，中远香港集团调研发现相对于航运主业的激烈竞争局面，航运服务产业仍具有广阔的前景，如果有上市公司的支持，将得到更大的发展。此时，在中远香港集团下属单位中，已有从事船舶贸易、保险顾问、物料备件、燃油供应等航运服务业务的几个专业公司，但资源分配分散，无法形成规模经营效应。在这种情况下，中远香港集团遵循集约化经营规律，经报中远集团批准，作出了关于以中远国际为平台整合发展中远船舶服务业的决策。2005年，中远国际开始进行资产架构调整，逐步剥离非核心业务，吸纳中远香港集团原有的船舶服务业务，全力构筑船舶服务业平台。2005年，中远国际收购了中远船贸60%的股权、中远房地产公司22%的股权、中远关西涂料63.07%的股权（约1.1亿港币）、中远保险顾问公司100%股权、广州佐敦远洋制漆49%的股权、香港远通公司100%的股权，向中远香港集团出售中远大厦八层楼的物业产权，向社会出售深湾物业。2006年，中远国际出售上海国际油漆10%股权，完成河南电厂54%股权出让工作，中远关西涂料珠海分厂开工建设，中远保险经纪深圳公司正式开业，接收中远海上电子设备公司，将顺成公司由经营性公司转为存续性公司。2007年，中远国际将从事建筑业的顺成公司转让给中远香港置业，成功剥离了非核心香港地产建筑业务；中远关西涂料珠海分厂于7月投产。

经过一系列巩固和调整措施，加上原中远集团对中远国际的全新定位和大力支持，不断注入与船舶服务业相关的优质资产，同时剥离与中远国际主业定位不相关的资产，中远国际的资产质量、盈利能力持续提升。2005年开始扭亏为盈。

2009年，中远国际贸易有限公司成为中远国际的全资附属公司，成为中远国际拓展内地业务的重要平台。

为推动中远集团备件集采平台建设，2010年7月，中远国际完成了对中国香港、新加坡和日本三个地区中远系内境外备件供应网点的重组工作，建立了船舶备件供应平台，又先后在日本成立新中铃公司，并在新加坡收购新远公司，使中远国际在亚太地区成功建立了全方位的船舶设备及备件供应网络。2013年6月和2014年8月，中远国际又通过远通公司，分别收购了中远欧洲有限公司全资附属的汉远技术服务中心有限公司和中远美洲公司全资附属公司远华技术与供应公司51%股权，初步建立起了以远通为平台的中远集团备件集采平台。

至此，中远国际围绕"依托中远船队，以船舶服务业务为主要发展方向"的公司定位，完成了对中远系内保险顾问、船舶备件供应、燃油供应、船舶贸易、等相关资源的整合，通过吸纳内部优质资产项目，构建起中远国际的系列船舶服务产业平台。下属企业主要包括：

中远国际船舶贸易有限公司（简称"中远船贸"，持股100%）、中远国际船舶贸易

（北京）有限公司（简称"中远船贸北京公司"，持股100%），主要提供有关船舶的建造、买卖以及租赁代理服务。

中远（香港）保险顾问有限公司（持股100%）及深圳中远保险经纪有限公司（持股55%），主要经营水险及非水险的保险及再保险中介业务，包括为客户提供风险评估与分析、拟定保险及再保险计划、商讨承保、审核保单、案件理算、理赔等专业保险咨询服务。

远通海运设备服务有限公司（持股100%）及其在上海、北京、日本、新加坡、德国及美国的附属公司组成远通公司经营管理总部，主要业务包括船舶设备和备件、新造船设备、海洋及陆地石油工程设备、船岸及港口交通通信导航和信息管理系统设备的销售和安装、船舶物料供应、船舶航修等。

中远关西涂料化工（上海/天津/珠海）有限公司、中远关西涂料（上海）有限公司（分别持股63.07%/63.07%/64.71%/63.07%），主要在中国市场从事涂料的生产和销售业务，产品包括集装箱涂料、海工及船舶涂料和工业用重防腐涂料三类；拥有三个涂料生产加工工厂，分别位于上海、天津、珠海。

中远佐敦船舶涂料（香港）有限公司（持股50%），负责统一经营中国地区（包括香港和澳门特别行政区）的船舶涂料业务，包括：新造船漆、坞修漆及保养漆的生产及销售业务。

连悦有限公司（持股18%），业务包括投资控股及石油产品的贸易，主要从事燃油及石油产品的贸易，以及船舶燃料供应服务，并从事采购如轻柴油及燃油等产品。它也是中国船舶燃料有限责任公司的海外直属公司。

新峰航运服务有限公司（持股100%），主要业务是为非中远集团成员客户提供包括船舶燃料供应、石油和石油相关产品的贸易和代理业务等燃料油供应及相关服务。

中远国际贸易有限公司（持股100%），主要业务包括经营沥青及其他石油衍生化工产品贸易，船舶设备和物料贸易，以及一般性进出口贸易代理业务等。

远华技术和供应公司（持股51%），主要业务包括船舶物料供应，协助船东进行PSC检查、油轮公司检查等船舶现场服务，船舶修理监督、VDR/SVDR供应、修理、检验，船舶备件转送等业务；在美国有二处办事处，分别为新泽西总部及洛杉矶分部。

（2）中远香港工贸持续发挥优质项目孵化器作用

中远香港集团成立后，为理顺香港远洋轮船公司、益丰船务公司陆上投资项目、加强管理，于1997年8月27日在香港注册成立了中远香港工贸。刚成立时，中远香港工贸下属企业有50多家，大多数是由香港远洋、益丰船务及其他中远公司投资成立，项目分散，行业跨度大，管理松懈，经营成绩普遍不理想。为了摆脱困境，轻装上阵，中远香港工贸按照中远香港集团提出的"以存量变增量，走内涵发展道路"的要求，开展了有效的清理整顿工作。通过业务重组、资产合并、股权置换，盘活了一批企业，使企业资产尤其是不良资产存量变增量，实现了内涵式扩大再生产。在盘清家底和理顺关系后，中远香港工贸的主要工作，是为中远香港集团统一管理公路、IT、工业相关业务，同时作为中远系统内优秀项目孵化器，负责管理属下公司的投资项目和代管中远香港集团其他下属公司的部分投资项目。

在项目孵化方面,为了实施中远资产重组计划,实现中远效益最大化,中远香港工贸先后向中远集团系统内兄弟公司输送了多项优良资产。这一时期主要包括:2005年将远通公司转让给中远国际;2005年支持和配合中远集团完成对中远三林置业集团的重组,出让所持有上海国航大厦股权,同时收购了海南中远发展博鳌开发有限公司0.625%的股权;2007年,中远集团决定对泉州高尔夫球场的股权进行调整,中远香港工贸积极落实集团的决定,收购了泉州高尔夫球场85%股权,股东由原来的十多家调整至两家。股权结构调整后,中远香港集团运进行资本运作,将其中部分股权出让,在北京孵化一个新的高尔夫球场项目;2007年11月26日,中远香港集团和中远太平洋有关创兴银行20%的股权签字仪式,在中远大厦47楼成功举行。股权转让后,中远香港工贸持有创兴银行20%的股权。2009年3月,将连悦18%的股权转让给中远国际。2010年1月,将余下7%的股权转让给中国船舶燃料有限责任公司。2010年,将3艘技术状况良好的油轮以较低价转让给大连远洋。

这一时期,中远香港工贸还承担起了中远集团IT板块重组的任务。2000年初,中远集团在海外注册成立了中国远洋网络有限公司,期望培育和发展以IT为核心的高科技产业。但受到互联网泡沫破裂等外部不利因素的影响,中远网络连年亏损。2002年底,中远集团将中远网络划归中远香港集团管理。中远香港集团以1210万美元回购了处于困境中的中远网络,并于2003年与中远(香港)信息科技有限公司重组为新的中远网络,成为中远香港集团的全资子公司,当年内就实现了扭亏为盈。为理顺IT资源的管理架构和法律架构,经中远香港集团2004年第十次总裁办公会决定,将中远网络划归中远香港工贸管理。

根据中远集团关于"中远网络是中远班轮单元、中远物流单元之外的IT单元核心"的定位,重组后的中远网络以组建北京数据中心(SAP能力中心)、与中远物流公司合资共同成立中远网络物流信息科技有限公司为切入点,培育和构建中远系统的IT单元,分别于2003年12月与中远物流合资成立了中远网络物流信息科技有限公司(简称"中远网络物流"),占股51%;于2004年11月与中远集团合资成立了中远网络(北京)有限公司(简称"中远网络北京"),占股60%;于2005年3月与中远香港航运在深圳合资组建中远网络航海科技有限公司,成立了中远网络航海科技有限公司(简称中远网络航科),占股51%。

中远网络重组之后,积极拓展内外部业务。2006年2月28日,中远网络与神州数码(中国)有限公司正式签署战略合作意向书,在资本运作、IT服务、IT产品销售、网络等方面共同拓展市场。2006年5月26日,中远网络控股北京海兰信数据记录科技有限公司的合同签字仪式,在北京远洋大厦隆重举行,标志着中远集团开始涉足船舶配套设备高科技产品的设计和制造领域。外部市场开拓方面,中远网络航科联合上海中远信息科技有限公司,承担了招商能源运输公司散货和油轮船队经营管理系统的开发项目。中远网络北京与上海天律信息技术有限公司建立了战略合作伙伴关系,与华为集团在航海科技产品研发等领域达成了合作意向;取得了国务院国资委所属中企信通科技有限公司代管业务。中远网络物流拥有自主知识产权的物流类、航运类软件,不断取得外部客户的签约,成功开拓、签约了多个新的系统集成和软件项目，包括中国铁路运输总公司软件开发项目、中国交通运输物流公共信息大型企业平台接入项目、未来电视有限公司弱电工程项目等，并成功入围国家电网通信工程设备供货商，签约金额已达 1200 万人民币。2007 年和 2009 年，中远网络物流先后接受希腊国家运输研究院和意大利 Insiel 公司项目申报团队的邀请，参与欧盟的国际合作研究项目智能集装箱链管理研究项目 SMART-CM 和用于实现绿色物流的研究项目 Logistics for Life，并顺利通过了项目验收。2013 年，中远网络物流承担了国家北斗办亚太海域测试集成工作，在该测试项目于 10 月 8 日在上海圆满完成，受到国家北斗办好评。2014 年，中远网络物流与航天部 503 所签订合作协议，就北斗卫星系统在集装箱运输行业的研究与应用开展广泛且深入的合作。2014 年 7 月 4 日，中远网络物流成功中标云烟中烟物流综合管控平台项目。10 月 7 日，物流综合管控平台于如期成功上线，2015 年 6 月 19 日，该项目顺利通过验收。10 月 15 日，公司凭借项目一期的良好基础，成功中标云南中烟项目二期。由于云南中烟物流综合管控平台项目的成功运行，中远网络物流在烟草信息化市场上赢得了良好的口碑，接连中标河南中烟、河北中烟、湖北中烟、浙江中烟、甘肃工业、吉林工业等项目，打开了烟草市场。2009 年，中远网络物流成功进入第一批国家信息化试点单位名单。2011 年 8 月 30—31 日，在 2011 中国物流与采购信息化推进大会暨物流企业 CIO 峰会上，中远网络物流获得"中国物流信息化十佳服务商""中国物流与采购信息化优秀案例""物流信息化动态监测定点联系企业"三项大奖。2014 年 10 月 28 日，在 2014 年中国物流知名品牌颁奖典礼上，中远网络物流被评选为 2014 年中国物流知名品牌（物流软件）。

与此同时，中远网络及所属公司也认真履行内部信息化服务职能，推动中远系统各单位的信息化建设，先后开发了中远燃油电子交易平台、中远香港集团综合信息管理平台。中远网络北京配合中远集团管理提升、服务创新的重要举措，实施了中远集团集中采购与供货商管理平台、中远集团远程审计系统、中远集团安全管理信息平台、中远集团劳动保险管理信息系统等重大项目，中远网络物流在中远集团内部第一次成功地自主研发出大型集中式全球集装箱货运管理信息系统（FOCUS），先后开发了新船代系统、仓储管理信息系统等，在中远物流各下属单位广泛运用。2010 年 10 月 22 日，中远网络物流申报的"多式联运——大集中货运主干信息系统"项目获得 2010 年度中国物流与采购联合会科学技术进步二等奖。2011 年，中远网络物流与上海中远信息公司联合申报的科技部国家科技支撑项目课题"基于智能集装箱公共服务系统的供应链应用系统开发与示范"成功通过了国家科技部组织的验收。2014 年 8 月 1 日，中远网络物流负责的中远物流海运订舱销售网点成功上线。提升了中远物流核心应用系统的效率。公路投资和项目运作方面，中远香港工贸从 1997 年起通过与多个省市政府的合作，参与当地基础设施建设工程，先后投资和成功运作了石安公路（2006 年退出，成功回收资金）、京石高速公路（总投资 30 亿元人民币，管理为公司河北京石高速公路有限公司，中远香港工贸占股 55%）、京沈高速公路天津段（总投资 11 亿元人民币，管理公司为天津天昂高速公路有限公司，中远香港工贸占股 55%）、津沧高速公路（总投资 9.5288 亿元人民币，管理公司为天津天永高速公路有限公司，中远香港工贸占股 55%）。2011 年初，中远香港工贸以挂牌价成功取得山东济菏高速

图 1-11 河北京石高速。

公路 40% 股权，中远集团董事长魏家福将此列为中远集团产业结构调整的重要成果。2014 年 9 月 5 日，中远香港工贸与河北交通投资原集团公司在石家庄市举行了京石改扩建项目合作合同签约仪式。京石改扩建项目道路总里程达 225 公里，双向八车道，于 2012 年 9 月 28 日开工建设，是中远集团在互补产业领域单体投资额最大的项目。2014 年 12 月 21 日，京石高速新路全线顺利开通运行（图 1-11）。2014 年，中远香港工贸与英达公路再生科技（香港）有限公司在香港设立合资公司——英达智能道路重策划投资有限公司，持股 49%。成功进入道路环保新兴市场。通过投资高速公路，中远香港工贸取得了可观的投资回报，2006—2013 年，中远香港工贸的公路项目累计实现收入 191.6 亿元人民币，实现利润 121 亿元人民币，同时积累了丰富的高速公路投资、经营和管理经验，培育了一支优秀的高速公路投资、管理队伍。

此外，2012 年，根据国资委批复和中远集团董事会决议精神，中远香港集团通过中远香港置业，持有泸州老窖香港公司的 15% 股份。该项目进一步加深了双方的合作关系，并为中远集团进入消费品行业做了有益的尝试。

除此之外，中远香港工贸下属的中远铝业、深圳新世纪两家工业生产企业，在新市场开拓、战略客户开发、新产品研发及推广运用等方面成效显著。2006—2013 年，两家生产企业累计实现利润总额达到 1.58 亿元人民币。

（3）优化处置辅业资产，成立香远北投

为推动"主辅分离"战略，2005 年 5 月，中远集团决定将直接控股管理的中远实业公司、幸福大厦、远洋酒店三家直属二级公司划归中远香港集团，并将所持有三家公司的股份委托给中远香港集团管理。5 月 13 日，中远集团召开三家公司划转动员会，为企业未来的发展定位指明了方向。5 月 16 日，中远香港集团召开接管三家公司的动员大会，重申了"改进和增强三家公司市场生存能力、创效能力和可持续发展能力"的重组改制目标，正式、全面地开始了接管工作。2006 年 1 月，新筹备组建的香远（北京）投资有限公司（简称"香远北投"）正式运作，到 2006 年底，圆满完成了三家公司的改制和股权收购工作。为优化资产结构，香远北投大力调整产业结构和财务结构，先后对中远实业公司下属的连续亏损的非主营公司，如中远广告公司、北京远益印刷公司、中远丰田汽车服务公司进行了对外转让，对中远海上电子公司进行了系统内部股权优化，对资不抵债的中远机电公司进行了破产清算，对幸福大厦代管的远联公司、中远投资公司进行了清算注销和关闭等。一系列卓有成效的举措，既为各公司夯实了财务基础，也为实现再发展创造了条件。同时，香远北投积极果断解决历史遗留问题，先后完成了幸福大厦外部 35% 股权的收购及远洋酒店外部 49% 股权的收购，实现了两家公司 100% 的持股目标。2007 年 6 月，困扰幸福大厦和远洋酒店十多年悬而未决的土地权证、房产证问题取得圆满解决，为这两家公司后来的业务发展扫清了障碍。

通过重组财务债务结构、整合内部资产、解决物业资产证照不全问题、清理整顿亏损企业、积极开拓市场、引入外部投资者等一系列措施，香远北投初步形成了以优质物业资产为主的经营格局。

除此之外，香远北投还与香港大昌战略合作，合资经营汽车租赁业务。2008年5月，香远北投进一步对合资公司进行增资扩股，成立了北京中远大昌汽车租赁有限公司（简称"中远大昌"）。2005年底至2014年8月底，汽车租赁业务车队规模从184辆增加到近1200辆，资产总额从2000余万元人民币增加到2.24亿元人民币，年经营收入从1300余万元人民币增加到近1.1亿元人民币，年利润从30余万元人民币增加到1000余万元人民币，汽车出租率保持90%以上。

（4）其他产业的发展

中远（香港）置业有限公司于1995年8月8日在香港注册成立，初期承担两大功能：一是负责中远香港集团的物业管理及项目的盘活，二是协助中远香港集团处理各有关公司的不动产历史遗留等问题。这一时期，在完成历史遗留问题的处理之后，中远香港置业确立了以经营和管理物业资产为主的企业发展方向。2006年，中远香港集团将持有的COSCO Travel Investments Ltd.（含下属香港中远旅行社和香港中远酒店）100%股权、中远大厦八层楼面和江门远辉公司转让予中远香港置业，使中远香港置业资产达到40多亿港元。2007年，中远香港置业通过资本运作，以"出让泉州球场部分股权，在北京孵化一个球场"形式，收购了京华球场100%股权。通过一系列资本运作，积极向以物业经营为主，旅游服务、商务休闲服务相配合的"物业地产服务平台"转型，从负债累累的公司转变为年利润超亿元的盈利公司。

2008年12月29日，中远香港集团收购中燃持有的中燃（新加坡）有限公司65%股权，并相应承担2008年燃油套期保值合同的盈亏。2009年6月1日，再次收购中远控股（新加坡）有限公司持有的中燃（新加坡）公司30%股权，中燃（新加坡）公司成为中远香港集团的所属全资公司。2009年11月19日，中远香港集团在新加坡注册成立了中远石油有限公司（简称中远石油）。2010年1月1日起，中远石油正式承接了原中燃（新加坡）有限公司的业务，作为中远集团燃油集中采购平台。

此外，剥离航运主业后，中远香港集团旗下保留的6艘、33.5万载重吨的小型干散货船队保持持续盈利，十年间累计实现利润超过1.1亿美元。

到2015年，中远香港集团总资产规模发展到388.66亿元人民币，员工3438人，年利润总额9.07亿人民币，其中航运服务业收入48.27亿人民币，利润3.44亿人民币；高速公路及工业制造收入31亿人民币，利润6.3亿人民币；物业地产经营收入3.46亿人民币，利润0.97亿人民币；商业物业经营和管理、汽车租赁和酒店经营收入2.1亿人民币，利润0.33亿人民币。中远香港集团已成为中远集团系统内最大的境外经济实体和航运产业上下游及互补产业集团。

2. 中远欧洲有限公司

中远欧洲有限公司成立于1989年2月15日，注册地点为联邦德国汉堡市，其前身是中远驻汉堡代表处，注册资本50万德国马克，2012年增资至378万欧元。欧洲公司负责管辖欧洲地区、非洲北部和西部地区、中亚地区、以色列、土耳其、塞浦路斯、阿塞拜疆、亚美尼亚、格鲁吉亚等64个国家和地区的中远所属机构。中远欧洲公司和中远集运欧洲公司在德国、英国、法国和中国等国家设有子公司及下属机构42个，其中全资单位19家，合资合营单位17家，代管单位6家。主要业务是对集装箱班轮航线、杂货班轮航线和不定期散、杂货船舶的现场管理以及船代、货代、陆路运输、船舶技术服务等。

中远在欧洲地区的业务以集装箱业务为主。这一时期，各航线的实际运量逐年上升，部分航线增幅明显。与竞争对手相比，中远的上述航线在服务质量、运价水平、舱位利用率方面均处在较高的水平。除集装箱运输以外，中远欧洲在欧洲地区还围绕航运主业，开展非集装箱业务，主要是散杂货运输、物流服务、码头业务、散杂货船舶总代理、船舶技术服务和供应。截至2015年12月，中远欧洲有限公司资产总额10.24亿元人民币，负债3.58亿元人民币，净资产6.63亿元人民币，归属母公司净资产6.44亿元人民币，中方外派员工86人（含13名代管人员），当地雇员1040人。

在集装箱运输方面，欧洲公司全力改造和完善支线和多式联运两个网络。2012年1月开始，欧洲公司对欧洲地区的市场营销组织架构进行调整，分别成立西北欧、地东和地西三个市场营销中心。2013年4月又成立了西北欧、地东和地西三个集装箱业务协作中心，协调本地区市场运价和货运市场开发，尤其是跨地区和跨国家大客户的开发；加强内部协同与横向沟通，以最小的成本代价对本地区集装箱调配和互用进行协调；为非基本港和内陆市场业务的持续发展，提供良好保障。到2015年，通过投船、舱位互换合作的方式，集运欧洲公司在西北欧、地中海区域已形成12条自有支线的服务网络（含一条欧地—西非支线），总计投入运力超10000TEU。地中海区域以比雷埃夫斯为战略枢纽港，西北欧区域以鹿特丹、汉堡为双枢纽，通过自有支线与欧洲干线的衔接，提供高效便捷、覆盖面广的服务网络，遍及西北欧、斯堪的纳维亚半岛、波罗的海、爱尔兰、地东、地西、亚得里亚海、黑海、北非及西非区域。

在散货运输方面，欧洲公司积极配合中远散货运输（集团）有限公司（简称"中散集团"）海内外经营一体化的战略实施，以中远欧洲散货运输有限公司为平台，在德国、土耳其、英国、芬兰、希腊5个国家设立散货揽货网点，欧洲散货揽货网络已形成一定规模。

在物流业务方面，中远物流欧洲公司大力发展现代物流业务，主营业务板块比例趋于优化合理。2008年空客项目中标后，截至2014年8月底，累计完成204架次空客飞机大部件运输，圆满完成各项指定工作。

在件杂货运输方面，2010年初，欧洲公司与中远航运签订了"业务合作框架协议"，积极开展市场营销和揽货业务。到2014年，已有12家代理公司与中远航运签订了网点协议，欧洲地区件杂货营销网络形成一定规模，揽货量连年创新高，从2010年以前的不到10万运费吨，到2013年已经达到139万运费吨。既吸引了船到港口，增加了代理业务，实现了代理和揽货业务的相结合，增加了公司收入，也为中远航运船队和航线的发展提供了支持。

在服务贸易业务方面，2008年欧洲公司与中燃合资成立中燃（欧洲）有限公司。公司坚持以燃油中介服务为核心,以亚洲、欧洲市场为重点,工作重点向采购、行销、供应整个链条的管理控制转移。业务指标不断攀高,年均创效都在 200 万美元以上。

在码头业务方面,欧洲公司发挥境外业务孵化器功能,相继收购了意大利那不勒斯 CONATECO 和 SOTECO 两个码头 50% 股份,以及法国马赛 SEAYARD 码头 16.67% 股份,积极拓展欧洲地区码头业务。

与此同时,欧洲公司紧紧把握"一带一路"倡议机遇,转变观念,积极参与运输链全过程。以拓宽中欧地区南、北两个铁路通道为抓手,主动作为,打造稳定、可靠的运输通路。

"一带一路"北通道建设:2014 年,中远欧洲公司与武汉市政府签订战略合作协议,为汉新欧铁路东行业务提供代理服务,并利用中远集团在欧洲各国的代理公司为汉新欧铁路回程组织货源。欧洲公司结合国家"一带一路",利用优惠政策,加大市场开发,揽取班列货源,抢占市场先机,寻找新的业务空间,盘活空箱资源,降低经营成本。

"一带一路"南通道建设:2014 年 12 月 17 日上午,中国国务院总理李克强与塞尔维亚总理武契奇、匈牙利总理欧尔班和马其顿总理格鲁埃夫斯基在贝尔格莱德一致同意共同打造中欧陆海快线。

自 2014 年 4 月份起,中远集团开始利用比雷埃夫斯港现有的铁路线,开展从远东至中欧的海铁联运业务。经过一年多的运营,该路径的快捷性和稳定性已经得到大客户们的认可,中欧陆海南通道初具雏形。

2005—2013 年,欧洲公司实现利润总额 11.90 亿元人民币,集装箱业务累计实现销售箱量 505.29 万标箱,销售收入 45.56 亿美元;非集装箱业务累计实现营业收入 68.79 亿美元。

3. 中远美洲公司

中远美洲公司是中远集团在美洲地区的区域经营和管理中心,是北美洲、中美洲、南美洲和西印度群岛的中远机构管理的主要实施者。中远集团在美洲的业务网点分布于美国、加拿大、巴拿马、巴西、阿根廷、秘鲁、乌拉圭、智利、墨西哥 9 个国家。中远美洲公司和中集美洲公司在美洲共拥有 30 家公司、1 家代表处,并在美国 10 个城市设有分公司。开展的业务范围包括:航运代理、货运代理、散货运输、内陆运输、码头经营、船舶供应、技术服务、房地产等业务。到 2015 年底,中远美洲公司资产总额达到 18.24 亿人民币,员工人数达到 773 人,其中外籍员工 707 人。2015 年,中远美洲公司的物流业务卡车班次达到 14.1 万次,利润达到 103 万美元,操作箱量达到 2 万 TEU;无船承运人业务 5.7 万 TEU,利润 161 万美元;集装箱码头吞吐量达到 192 万 TEU,业务利润达到 6388 万美元;燃油供应业务 26 万吨,利润 52.4 万美元;备件及技术供应 549 艘次,利润 8 万美元;船舶代理 405 艘次,利润 18 万美元。

中远加拿大公司成立于 1994 年 6 月 16 日,并于其后的 4 年中分别在多伦多、蒙特利尔、卡尔加里及哈利法克斯设立了公司或办事处。2005 年集运进入中国远洋上市平台后,中远加拿大公司被中远集运美洲公司收购,成为中远集运美洲公司全资分支机构,负责全面管理加拿大地区的集装箱业务、客户服务、运价制定、市场营销决策、运使费审核、现场管理及代理业务。中远加拿大公司共有人员 60 人,其中中方人员 5 人,其余均为当地聘用。随着集装箱运输管理体制的逐步完善及集运信息化系统 IRIS-2 的运用,部分业务工作由高成本的地区转移到低成本的地区。加拿大公司主动地适应这一转变,适时裁减冗余人员,缩减开支,分别于 2006 年 6 月关闭卡尔加里办公室,2007 年 10 月关闭哈利法克斯办公室。根据中远集团"完善企业组织架构"的要求,2008 年 1 月 1 日,中远加拿大公司将中远加东公司吸纳成为分部,取消了中远加东公司作为独立公司的架构。

这一时期,中远加拿大公司为打造出色的中远品牌而不断努力,以优良服务获得广大客户的认可和支持。加拿大公司蒙特利尔分公司连续 13 年在加拿大货代协会评选中获奖,在 2010 年更首次获得当年年度最佳船公司大奖。

中远巴拿马公司成立于 1995 年 5 月,主要业务是为中远集团船队通过巴拿马运河提供服务。总部设在巴拿马城,在科隆设有办公室。2005 年,公司开始发展集装箱业务。2008 年 11 月,被中远集运收购,成为上市公司的组成部分。截至 2015 年 10 月,公司共有员工 45 人,其中中方员工 4 人。

这一时期,巴拿马公司负责管理加勒比地区各国分代理,主要包括:巴拿马、委内瑞拉、哥伦比亚、哥斯达黎加、古巴、危地马拉、厄瓜多尔、牙买加、多米尼加。同时负责整个拉美加勒比地区的集装箱中转管理、财务结算、代理培训、系统维护,是中远集团在拉美地区的集装箱运输公司和过运河挂靠装卸货代理公司。

京汉航运巴拿马公司成立于 2006 年 8 月。负责来往于古巴的集装箱运输、代理业务,为中远集运提供包括古巴在内的加勒比地区的中转服务,并负责巴拿马到委内瑞拉的支线运输。截至 2015 年 10 月,公司共有员工 5 人,其中中方员工 1 人。

中远巴西航运有限公司成立于 1994 年 6 月,2007 年 11 月被中远集运收购,纳入上市公司范围。公司总部设在圣保罗,在桑托斯港设有分公司。主要负责船舶现场业务、调度、单证、箱管及电脑网络管理维护。共有人员 32 人,其中中方员工 3 人。集装箱业务方面有 ESA 航线(远东/南美东航线)和 ESE 航线(欧洲/南美东航线)。在散杂货业务方面,巴西公司主要为中远集团旗下的散杂货船队提供代理服务,2014 年共完成全代 2 艘次,保护代理 50 艘次。从 2015 年开始,组织专门人员为中散集团、中远航运、中远物流、中远船务揽取适航货源,积极扩大非集装箱业务发展。

中远阿根廷公司成立于 1995 年 9 月,位于阿根廷布宜诺斯艾利斯市。截至 2015 年,公司有中方员工 2 人,当地员工 23 人。公司主营集运班轮代理业务,兼为中远其他散杂货船舶提供港口代理服务。

中远乌拉圭公司成立于 1996 年 10 月,2011 年通过股权转让,纳入中远集运系统。截至 2015 年,乌拉圭公司有员工 17 人,中方管理人员 2 人。乌拉圭公司是中远集团在乌拉圭和巴拉圭的总代理,主要业务范围为中远集运船舶的揽货/订舱/箱管和船舶代理、中远非集装箱船舶的代理和保护代理以及公共船舶代理和揽货代理。这一时期,中远集运船舶挂靠港口为蒙得维的亚。代理服务航线为:远东/南美东航线,周班;欧洲/南美东航线,周班。船型和分配舱位:8000TEU 和 9400TEU 型;400TEU/周。

中远秘鲁公司成立于 1996 年 6 月,2010 年初纳入中远集运系统。截至 2015 年,中远秘鲁公司员工 21 人,其中中方人员 3 人,当地员工 18 人。办公地点 2 处,其中利马市区办公室17人，卡亚俄港口办公室4人。秘鲁公司的主营业务是中远集运集装箱船舶的船代业务、进出口集装箱的货代业务、进出口集装箱延伸服务和其他散杂货船代理业务。

中远集运船舶的在港操作和进出口揽货，是秘鲁公司最重要的工作。这一时期，中远集运有两条航线每周3次挂靠卡亚俄港，其中WSA航线（南美西岸航线）东西行各1次，WSA2航线西行每周挂靠1次。自中远集运南美西航线开线，秘鲁公司连续3年每年盈利都在100万美元以上，2014年上交当地税金98万美元，为繁荣当地经济做出了应有的贡献。

墨西哥的经济总量在中美洲占有举足轻重的地位，随着业务发展的逐步成熟，中远集团批准中远集运与当地代理Naviomar公司合资，在墨西哥城注册成立了中远墨西哥公司。2015年11月1日，中远墨西哥公司正式运营。公司由中方派驻总经理和财务经理，员工总数为21人。公司在开展当地的集装箱代理业务的同时，也开展散货、杂货、物流等业务，做好中远业务在当地的开发。

中远智利公司成立于1996年9月，位于智利首都圣地亚哥，是中远集团与当地代理SOMARCO公司组建的合资企业，中远集团占股51%。受航运市场和航线布局的影响，2009年中远集团撤出了派出人员，公司业务由SOMARCO维持。2011年，中远集运为配合恢复南美西航线的计划，派出两名中方代表，中远智利公司业务得以迅速恢复。中远智利公司主要经营中远集团内部集装箱及散杂货船舶的代理、揽货代理以及集装箱的延伸服务业务。中远集运南美西航线挂靠智利北部的伊基克码头以及中部的圣安东尼奥码头。公司共有员工17人，其中中方人员2人，当地员工15人。经过4年多的艰苦努力，中远智利公司在各方面取得了长足的进步。智利公司进口货量从2011年中的250TEU/航次，提高到2015年的320TEU/航次，涨幅达28%；出口货量从85TEU/航次，提高到2015年的210TEU/航次，涨幅达247%，其中高值冷箱货量更是从4TEU/航次提高到60TEU/航次。随着中远集团在智利业务不断发展，已跻身南美市场上第一梯队的船公司队伍。

集装箱运输方面，在这一时期，美洲公司所属各单位积极服务中远集团的集装箱航线布局，销售箱量和收入稳步提升，通过与地方铁路、港口等单位的谈判，努力降低物流费用（表1-5）。

这一时期集装箱业务在美洲地区发展的主要成绩　　　　表1-5

年份	销售箱量（TEU）	销售收入（美元）	成本节支成绩
2006	414946	297487059	通过与美国4家铁路公司的艰苦谈判，2006年9-12月节约费用1375万美元。
2007	490215	322595511	（1）货物、中转、箱管、港口四项费用实际成本比指标成本少支出了2999.7万美元；（2）通过与美国4家铁路公司谈判，2007年节约费用2646万美元。合计节约费用5645.7万美元

续上表

年份	销售箱量（TEU）	销售收入（美元）	成本节支成绩
2008	718088	904617470	北美区域内货物、中转、箱管、港口4项实际成本支出在目标指标范围内，总成本比目标成本少支出5200万美元，比2007年同期少支出1.2亿美元
2009	640153	563671159	四大费用成本及码头、卡车、铁路内陆运输供应商谈判，共节支4607万美元
2010	744527	863700511	节支582万美元
2011	924485	992810405	各种费用节支9277万美元
2012	923361	990907097	四大费用成本及码头、卡车、铁路内陆运输供应商谈判等，各种节支2609万美元
2013	1097687	1224600307	四大费用成本及码头、卡车、铁路内陆运输供应商谈判等，各种节支3320万美元
2014（1—5月）	507220	587606080	完成多项协议的签署和谈判工作，实现成本节支228万美元

在物流业务方面，中远物流美洲公司前身为中远美国内陆运输公司，1996年成立于美国特拉华州。主要从事美国地区内陆运输服务。成立时由中远美洲公司100%出资。2006年，根据中国商务部关于《同意中远美国内陆运输公司增资并更名的批复》文件的批准，中远物流出资700万美元入股并获得公司50%的股权，由中远美洲公司和中远物流各占50%的股份，同时公司更名为中远物流美洲公司。中远物流美洲公司下设一全资子公司——美国内陆卡车公司，该公司于1998年3月5日在美国特拉华州注册成立，总部位于美国新泽西州锡考克斯市。截至2013年末，公司下设威明顿分公司、芝加哥分公司、达拉斯分公司、亚特兰大分公司、查尔斯顿分公司、萨瓦纳分公司、新泽西分公司。全年卡车班次超过12万次，可控制的集卡车辆为270余辆，年卡车营运业务收入超过3300万美元。基本形成了美国东岸、美国中部地区、美国西岸的卡车业务网络体系，在卡车行业领域有一定的知名度。重要客户为CCLA、通用电气公司、美国塔吉特公司（TARGET）等。

随着中远物流入股，大大加强了中远物流美洲公司在物流领域的开拓力度。这一时期，美洲区域物流业务规模逐步壮大。在工程物流领域，中远美洲物流公司协同物流总部，参与美洲地区的工程物流竞标，先后参与了三门海阳核电项目、沈阳变压器项目、中远南通船厂石油开采设备物流项目、福建炼化项目、空客莫比尔（MOBILE）、西屋电气、江西铜业、越洋化工、中远船务油井设备运输项目、阿根廷卫星测控站项目等。工程物流的业务收入也从零增长至年30万美元左右。在项目物流领域，每年协助中国驻美国使领馆运输车辆约200台左右，得到使领馆的高度认可。成功操作洛杉矶中国年，拉斯维加斯刀具、厨具展，联合国同一个世界展览等系列展会物流，得到了业主的好评。在货运业务方面，年自揽货箱量超过4000TEU，争取了一定数量的中小型客户；每年为物流总公司美线代理货运量超过3000TEU。

为提升中远物流美洲公司综合业务服务能力，拓展新的业务经营方式，丰富公司盈利模式，自2014年起，中远物流美洲公司向TSA（美国运输安全管理局）申请空运代理经营资质,于2014年9月正式营运空运业务。公司空运代理业务初期定位于中国与美国之间的双向空运业务。目标客户群主要为中远空运总公司及国内各公司、网点的空运代理业务配套服务及营销协同;公司无船承运人业务(NVOCC)客户中的空运代理业务需求;上汽北美公司空运代理业务合作意向等。通过与主要航空公司、航空枢纽港当地零担卡车公司的业务合作,服务基本可以覆盖全美。

在码头业务方面,中远集团在美洲区域的码头业务主体,是美国太平洋码头公司(Pacific Maritime Services, LLC,英文简称PMS)。该公司是由中远美洲码头公司(COSCO Terminals America, Inc.)与美国SSA Ventures于2001年7月1日合资经营的专业集装箱码头,中远美洲码头公司持股51%,SSA持股49%。公司在美国加利福尼亚州注册登记,注册资本2000万美元,实收资本1700万美元。2012年11月,公司推进产权结构调整并经中远集团批准,由SSA向法国达飞轮船公司(CMA/CGM)转让部分公司股权,调整后的PMS公司的法定股权结构为:COSCO 51%,SSA 39%,CMA/CGM 10%。PMS公司除由中远直接派遣2名高级管理者外,公司在当地平均每日直接聘用和间接雇用经营管理人员、工程技术人员、装卸工人、集卡车司机等工种约1850人,每年可为当地创造上万个工作岗位,促进了地方社会就业、推动着当地经济社会的发展。

PMS公司以位于长滩港的太平洋集装箱码头(Pacific Container Terminals,英文简称PCT),为经营实体,占地面积256英亩,拥有总泊位长度5800英尺,泊位水深50英尺,装备现代集装箱专用起重岸吊17台,具备集装箱运输的港口装卸、场内外堆存、铁路中转、公路集散、冷藏箱服务以及集装箱自动检录计算机系统等各项现代化港口服务功能。PCT码头的主营业务,是为中远及第三方客户提供集装箱装卸、堆存、中转等码头服务,中远集团作为控股股东,享有优先权。

PMS公司既是中远集装箱船队跨太平洋航线发展的历史产物,也是中远集团在美洲地区拓展码头业务的成功实践。它实现了中远集装箱运输在美加地区的枢纽港口战略布局,改写了中远集装箱船队在美国长期挂靠公用码头的历史。作为中远集团控股的集装箱专用码头,PMS公司肩负三大经营任务:一是服务于中远航运主业,为中远集装箱船队提供优先、优质的码头服务;二是持续改善经营绩效,努力实现股东投资收益最大化;三是不断巩固中远集装箱船队跨太平洋航线的枢纽港口基地,拓展中远的品牌影响。这一时期,PMS公司除主要服务于中远(含其CKYH联盟伙伴)的美西航线外,还为包括地中海航运(MSC)、法国达飞(CMA/CGM)、澳国航运(ANL)、以星公司(ZIM)、海南泛洋(PO SHIPPING)、长荣海运(EVERGREEN)等第三方客户提供服务,发展成为中远集装箱船队跨太平洋航线在美加地区重要的枢纽港口基地。

受美国次贷危机和全球金融危机的冲击和影响,PMS公司的经营业绩在2008年、2009年遭遇连续两年负增长。但在中远集团和中远集装箱船队的大力支持下,整体经营状况平稳增长,经济效益稳定提高。2005—2014年8月份,PMS公司累计完成集装箱吞吐量7190242 TEU,平均每年719024TEU,年均增长5.6%;累计完成营业收入23.12亿美元,平均每年23122万美元,年均增长8.4%;累计实现税后净利润2.48亿美元,平均每年2488.5万美元,年均增长11.8%。PMS公司2005—2014年8月生产经营状况见表1-6。

PMS 公司 2005 年—2014 年 8 月生产经营状况统计分析　　　　表 1-6

年份 \ 项目分类	集装箱吞吐量（UNIT）		营业总收入（千 US$）		税后净利润（千 US$）	
	当年累计	增减率	当年累计	增减率	当年累计	增减率
2005	738759	21.7%	220328	28.5%	21049	24.8%
2006	771443	4.4%	241491	9.6%	26911	27.5%
2007	772772	0.2%	244843	6.9%	28395	5.6%
2008	650476	−15.8%	217554	−12.3%	17027	−39.8%
2009	484864	−25.4%	152891	−29.4%	16703	−1.9%
2010	626691	29.2%	196351	28.4%	15941	−4.6%
2011	885906	41.4%	285521	45.4%	27678	73.6%
2012	841846	−5.0%	272920	−4.4%	32734	18.3%
2013	885705	5.2%	299787	9.8%	46910	43.3%
2014 年 1-8 月	531780	0.4%	180500	2.2%	15500	−28.2%
历年合计	7190242	56.3%	2312186	84.7%	248848	118.6%
每年平均	719024	5.6%	231219	8.4%	24885	11.8%
备注	2014 年 8 月份经营数据依据上半年平均每月实际完成值所预估					

根据港口方公布的集装箱吞吐量统计数据，PCT 码头集装箱吞吐量在南加州地区的市场占有率，由 2005 年占长滩港的 19.8%、占洛杉矶、长滩两港的 9.4%，逐步提升为 2011 年占长滩港的 26.3%、洛杉矶、长滩两港的 11.4%；2012 年占长滩港的 25.1%、洛杉矶、长滩两港的 10.7%；2013 年占长滩港的 23.8%、洛杉矶、长滩两港的 11.0%（表 1-7）。

PCT 码头 2005—2013 年当地市场份额统计分析　　　　表 1-7

年份 \ 项目分类	PCT 码头当年吞吐量（TEUs）	长滩港		长滩／洛杉矶两港合计	
		当年吞吐量（TEUs）	PCT 码头所占份额	当年吞吐量（TEUs）	PCT 码头所占份额
2005	1327600	6709818	19.79%	14194442	9.35%
2006	1382793	7290365	18.97%	15760218	8.77%
2007	1400718	7312465	19.16%	15667503	8.94%
2008	1170834	6487816	18.05%	14337801	8.17%
2009	872755	5067597	17.22%	11816591	7.39%
2010	1128043	6263499	18.01%	14095401	8.00%
2011	1594630	6061085	26.31%	14001595	11.39%
2012	1514902	6045662	25.06%	14123376	10.73%
2013	1589840	6730573	23.75%	14599155	10.95%

2013年7月，美国《商务周刊》发布的2012年度美洲地区集装箱码头作业效率20强排行榜，PCT码头以全年船舶在港期间平均每小时装卸91个自然箱（163个标准箱）的最佳作业效率，荣登该排行榜榜首[①]。

2005—2013年，中远美洲公司实现利润总额18.11亿元人民币。北美和巴拿马地区2013年集装箱销售箱量达109.77万标箱，较2008年增加52.88%。

4. 中远控股、中远投资

这一时期，中远控股作为中远集团在东南亚及南亚地区的区域总部和管理中心，负责管理和发展中远集团在本区域的12个国家，包括新加坡、马来西亚、泰国、印度尼西亚、巴基斯坦、缅甸、越南、柬埔寨、斯里兰卡、印度、孟加拉国等的各项业务。经营范围包括船舶货运代理、燃油贸易、储存、油驳供油及检验、海事咨询、船舶供应、房地产、劳务和租船中介等。其中，代理业务和船舶供应等的客户，主要是中远集团内成员单位；船舶燃油存储是公司主要业务之一，在马来西亚"巴西古当"拥有当地最大的油库，总容积达23.1万立方米。

集团第九次海外工作会议之后，中远控股围绕中远集团主营业务，努力抗击"次贷危机"的影响，把握机遇，系统整合资源的能力、创新境外商业模式的能力、跨业务协同合作能力不断增强，在主业发展、资本运作和互补产业开拓等方面，均取得了明显的成效。

在散货运输业务方面，中远（新加坡）有限公司是1993年8月31日由中远投资（新加坡）公司投资成立的全资子公司，从事国际海上干散货运输经营，注册资本4933万美元。中远（新加坡）有限公司成立后，船队规模从无到有，在2003年达到巅峰，拥有13艘船。2006年，公司配合中远集团沿海发展战略将4艘老船全部卖给深圳远洋，同时新增了2艘船舶。为满足中国远洋上市时的不竞争承诺，公司船队规模一直控制在中国远洋上市时的69.8万载重吨以下，到2015年拥有船舶10艘，载重吨55万吨。这一时期，中远（新加坡）有限公司针对航运市场处于低谷的不利环境，科学研判市场形势，努力细化内部管理，依托新加坡地区低利率贷款造船及严格预算管理等，使航运公司实现了较好的经营业绩，做到了"别人小盈利，我大盈利，别人大亏损，我小亏损"，保持了比较稳定的盈利水平。中远（新加坡）有限公司2005—2015年上缴利税情况见表1-8。

中远（新加坡）有限公司2005—2015年上缴利税情况　　　　表1-8

年　　度	上缴利润	上缴所得税	上缴产业税
2005	35000000.00	150000.00	2128.36
2006	15000000.00	510000.00	2692.79
2007	50000000.00	752000.00	2463.43

[①] 位于南加州地区的洛—长海港区有14个集装箱专用码头。其中洛杉矶港拥有中海（WBCT）、阳明（WBCT）、大阪三井（TRAPAT）、日本邮船（YUSEN）、长荣（STS）、美国总统（APLT）、马士基（APMT）、韩国现代（CUT）8个；长滩港拥有（SSA SSAT）、美森（SSAT 60）、东方海外（LBCT）、日本川崎（ITS）、中远（PCT）、韩进/地中海航运（TTI）6个。

续上表

年　　度	上缴利润	上缴所得税	上缴产业税
2008	110000000.00	340000.00	4442.21
2009	60000000.00	34637.59	3772.56
2010	30000000.00	126408.22	10025.68
2011	50000000.00	93000.00	4223.30
2012	30000000.00	16903.45	7277.16
2013	15000000.00	35000.00	7074.69
2014	15000000.00	39000.00	6808.30
2015	—	15000.00	5782.99
合计	448881127.02	2593285.28	75434.34

在集装箱业务方面，2011年底，中远集运东南亚公司成立，新加坡区域各国家公司大力支持集团集装箱业务发展布局，到2013年，出口重箱量增加到31.73万标准箱，比2005年增加160%左右。为完善区域营销网络，中远控股在认真调研分析的基础上，为中方人员缺位多年的斯里兰卡、柬埔寨公司配备了中方员工，从而为当地主业市场重新开拓提供了人员保障。斯里兰卡公司中方员工到位后，加强与合作方的合作，不但本地市场开拓效果明显，还利用公共支线，打通了马尔代夫的市场。柬埔寨公司完善网点布局后，彻底改变了以往年操作箱量不足百箱的局面，2015年，LOCAL重箱量达到5000TEU。中远印尼公司不断加大市场开拓力度，不但发展成为区域内揽取重箱量最大的国家公司，在平衡进出口重箱量和降低调运空箱费用方面也取得明显成效。中远印度公司为开拓印度市场，在印度设置了11个分支机构，并大力开发内陆货源。中远巴基斯坦公司积极调整货源结构，开拓高运价的冷箱货源，冷箱货量由2011年的不足500TEU，增长到2013年的5961TEU，占整个巴基斯坦市场份额的11.6%，排名第2。与此同时，为支持中远集运发展，中远新加坡将"远星""远凌""远飞"轮归中远集运，壮大了中远集运东南亚公司，增强了其市场竞争实力。通过中集东南亚公司和区域内相关公司的共同努力，中远集运在本区域的集装箱业务从2条航线起步，通过投船、互换及购买舱位，到2015年中集东南亚公司航、支线数量已经达到44条。

在物流业务方面，这一时期，中远新加坡公司积极推进"从揽取货源向揽取客户转变，从单纯揽货向揽取整体物流项目转变"的策略，大力拓展物流及互补产业，在商业模式和盈利模式上不断创新。10年间，区域内各国家公司与中远集团相关单位合作，开拓了16个物流项目。中远缅甸公司与青岛中货、天津中货等公司合作，成功开拓了运输线路长、环节多、多种运输方式组合的中国有色达贡山镍产品回运中国的跨境整体物流运输项目，项目年货量10万吨；开发了MCL水泥厂建厂项目及海螺水泥厂在缅甸的能源运输项目，发展成为缅甸产品、能源、材料等货物的全程物流服务商。中远印度尼西亚公司与中远物流合作开拓了"巴厘岛华电建厂""泗水五环化肥"等7个物流项目，为客户完成工程物资的卸船、清关、运输和配送工作，累计运输货物51万立方米，在印度尼西亚开创了用中远物流大型轴线车和远球公司团队运输140吨大件的先例，成为中资企业在印度尼西亚提供整体物流服务的知名品牌。中远越南公司与集团内相关公司合作，中标赛轮公司越南项目一、二期运输项目，并通过优质的服务，密切了与客户的关系，最终促成了中远集团与赛轮公司的战略合作。

在海工业务领域，2005年，中远船务正式加入中远投资系平台，并成功实现了由修船向造船、海工建造业务的转型，中远海工继完成由修船到钢结构、海工平台修理业务的拓展后，2013年与又与中远印度尼西亚公司合作拓展了中海油服油井架自新加坡拖带至巴布亚新几内亚海域的海工服务业务，在来自中远集团内部的船舶修理业务收入只占公司业务收入的6%左右的情况下，业务不断拓展，效益不断提高。

在航运配套服务业务方面，区域内各国家公司以服务中远为己任，积极主动为集团各公司和船员提供各类服务。中远东方公司根据油库自身特点和市场环境的变化，积极研究开发柴油或其他特殊油品市场，努力扩大经营范围。远祥咨询有限公司十年来代理集团内各种案件近100起，其中重大案件10余起，因案件成功辩护而为集团带来的效益超过600万美元。中远新港码头有限公司是中远集团首个海外码头投资项目，公司长期以来坚持中远船舶靠泊优先权，使中远船舶在新加坡港的各项利益包括费率、靠泊、加油等，都得到了较好的保护，中远船舶2013年直靠率达到87%，全年给予中远集运的奖励和装卸费回扣在2006年费率的基础上达487万新元。此外，区域内各国家公司在散杂货市场开拓、船代理等业务上，也做了大量工作，为相关业务发展做出了贡献。

2005年至2014年8月，中远控股、中远投资两公司累计实现利润总额146.8亿元人民币，为集团发展做出了应有的贡献。

5. 中远（澳洲）有限公司

中远（澳洲）有限公司成立于1995年8月23日，是中远集团在澳大利亚的全资公司。负责中远集团在大洋洲地区所有公司的经营与业务开发，代表中远集团行使对澳大利亚、新西兰等大洋洲地区所有中远企业的管理及业务协调、市场研发、投资决策及资产经营的职能。公司总部设在悉尼，在澳大利亚墨尔本、珀斯、布里斯班以及新西兰奥克兰、基督城有分支机构，业务网络分布于澳大利亚、新西兰、斐济等大洋洲地区各主要港口。中远澳洲公司在澳大利亚—新西兰地区共有员工138人，其中中方人员15人，当地员工123人。在澳大利亚共有员工107人，其中中方人员13人，当地员工94人。区域内其他公司为中远（澳洲）有限公司的全资或与中远集团内专业公司合资合营的公司。业务涉及船舶代理、揽货、租船、物流、海运技术服务、备件物料供应、船舶和集装箱修理。

这一时期，中远（澳洲）有限公司面对复杂的市场环境，尤其是2008年之后持续低迷的航运市场，努力开拓业务，增加营业收入，降低成本费用，切实提高各公司的抗风险能力，取得了很好的经营业绩，所有在大洋洲地区的中远公司均实现盈利，在当地航运和物流市场，具有很高的信誉度和影响力，也得到当地使领馆的高度评价。

（1）五星航运代理公司

五星航运代理公司成立于1980年5月，总部设在悉尼，在墨尔本和布里斯班设有分公司，共有员工63人。公司作为中远集装箱船在澳大利亚的总代理，为来澳集装箱班轮航线提供港口现场服务和集装箱揽货。

公司代理操作中远对澳洲的7条集装箱班轮航线，网络覆盖东北亚和东南亚，运力投放以中澳航线为主。在东北亚/澳大利亚航线占市场份额14%，名列市场第一位。这一时期，公司业务保持了稳定的增长，澳洲航线周运力从2004年2620TEU发展到2014年5155TEU，增长幅度达到96.76%。中远澳洲进出口集装箱总操作量从2005年131359TEU/年，上升到2013年204395TEU/年，上升幅度达到55.6%。公司一直保持很好的经济效益。

与此同时，五星航运代理公司还在澳洲码头装卸协议谈判方面取得了较好的效果。2013年，成功地完成了与码头供应商帕特里克（PATRICK）码头协议的谈判，每年可为中远集运节约装卸费约40万澳元。2014年8月25日，又与另一家码头供应商迪拜世界港口公司（DPW）签署了2年优惠装卸协议，每年可为中远集运节约装卸成本约30万澳元。

（2）中远（新西兰）公司

中远新西兰公司1991年9月28日成立，主要负责中远集装箱班轮在新各主要港口的代理业务。总部设在奥克兰，并在基督城设有办公室，代理操作航线2条，公司员工30人。新西兰公司投资参股了当地的联合集装箱堆场有限公司（UCL），持股50%。UCL在新西兰全国主要港口和斐济两大主要港口经营10个堆场，除传统经营的集装箱堆存和修理业务外，还拓展集装箱的买卖和出租业务，UCL在新西兰的综合市场份额排名第1。在激烈的市场竞争下，中远新西兰航线连续9年保持盈利，在航运市场持续不景气的环境下，仍然成为中远集运少数盈利航线之一。

（3）中远澳洲租船公司

中远澳洲租船公司成立于1996年6月13日，总部设在墨尔本，主要从事干散货运输经纪业务及租船业务。2005年开始，公司调整业务发展战略，除了为中远各船公司揽货、做经纪以外，开始尝试租入船业务和揽取COA货。2005年，租船公司实际完成租船揽货量达500万吨，另与澳大利亚最大的木材出口商斯塔特斯（STRATUS）签订了5年的货物合同（30万吨×5年）；与力拓集团（Rio Tinto）签订了11船好望角型COA合同，创造了可观的经济效益；在签订5年货物合同后，又以市场水平期租了2条为期5年的小灵便型船，稳步开展经营业务，实现了从经纪人业务到经营人业务的实质性转变，使公司步入了一个新的发展时期。2008年金融危机期间，租船公司在2008年上半年进行了船、货锁定，有效地控制了风险，使公司平稳渡过难关。公司还积极推进"大客户"和营销一体化战略，通过合理摆位，把握市场机遇，年年保持盈利，很好地完成了董事会下达的目标，实现了国有资产的保值增值。

（4）中远澳洲海运服务公司

中远澳洲海运服务公司成立于1995年8月23日，总部设在澳大利亚弗里曼特尔港，主要业务是为来澳船舶通过港口国检查提供相关的技术服务，兼顾船舶物料、备件供应和修理服务。这一时期，公司通过加强与船东公司以及澳大利亚海事安全局（AMSA）的良好沟通与交流，及时掌握并向船东通报澳大利亚港口国检查新动向以及应对港口国检查的新措施，在现场服务和保证船舶安全上得到客户的肯定，保持了较好的经济效益。

（5）五星散货船务代理公司

五星散货船务代理公司成立于1997年10月9日，总部设在澳大利亚弗里曼特尔，成立初衷是为中远集团散杂货船队在澳大利亚提供代理服务，为中远集运的合作舱位在该港代理集装箱操作。这一时期的主要业务，是为来澳的除集装箱外的各类船舶提供代理服务。该公司凭借中远的品牌和业务关系，不断打开经营局面，船舶代理数量相对保持平稳，年均代理船舶达到485艘次，效益大幅提升。通过与分代理合作，该公司的普通商船代理业务遍布澳大利亚大小57个港口；中远船舶与非中远船舶代理艘次比重基本平分，成为比较专业的公共船舶代理公司。通过与广东大鹏液化天然气公司签署（DAMPIER）丹皮尔港液化天然气运输船全代理协议，成为在澳具有中资背景的第一家专业服务天然气船舶的代理公司，承担了为期25年天然气项目的运输船舶专业代理服务。同时积极承担来大洋洲地区的国家公务船舶的代理业务，代理业务范围由澳大利亚扩大到新西兰、斐济、汤加、法属波利尼西亚等太平洋岛国，公司业务辐射大洋洲地区60多个港口、近100个作业区，为中远集团赢得了很高的声誉。

（6）中远（澳洲）海空货运公司

中远澳洲海空货运公司成立于1995年11月27日，总部设在悉尼，主营业务为集装箱揽货，并提供报关、拼箱、海陆联运、仓储等相关服务，在墨尔本设有分支机构，2011年，中远澳洲墨尔本集装箱堆场被纳入公司旗下。这一时期，中远澳洲海空货运公司连续承接悉尼总领馆中国主题巡游的物流项目，以及中国驻澳大利亚使馆新馆的码头到堪培拉的内陆运输项目，均很好地完成了任务，受到了中国驻澳使领馆的高度评价，对公司的物流业务发展，也起到了很好的作用。

（7）宾氏菲利国际运输公司

宾氏菲利国际运输有限公司成立于1995年12月7日，公司登记注册在悉尼，属于小型公共货代公司，主要从事国际集装箱货运服务，拥有20名员工，业务和工作人员都在中国大陆，并在上海和广州设有2个办事处，属外商代表处性质，通过与当地口岸中货的协同合作揽取货源。这一时期，宾氏菲利公司一直保持着较好的经营业绩，并且起到了很好的沟通和桥梁纽带作用，为中远澳洲公司的发展起到了很好的辅助作用。

2005年至2013年，中远澳洲公司累计实现利润总额3.25亿元人民币。澳洲进出口集装箱量从2005年的13.14万TEU增加到2013年的20.44万TEU，增幅55.6%。

6. 中远日本株式会社

中远日本株式会社是中远集团在日本的区域管理公司，主营业务为船舶燃油供应。直接管辖有3个全资子公司，另外还兼管外代（中远物流）驻东京代表处、中日合营的三个轮渡公司。3个全资子公司为：

（1）中远东方轮船株式会社

主要负责日本地区中远散杂货船代理、揽货等业务。

（2）中铃海运服务株式会社

原负责日本地区船舶备件物料供应、船舶修理以及化工品贸易等业务。境外备件业务重组后以化工品贸易业务为主。2010年，为配合集团备件供应业务重组，该公司的船舶备件物料供应、船舶修理业务和工作人员划归香港远通公司（中远国际所属企业）在日本设立的新中铃公司。

（3）中远服务株式会社

主要负责中远在日本地区的房产出租、物业管理等业务。

机构建设方面，2005年，日本公司成立中远集运日本株式会社，主要负责日本地区中远集装箱船的代理、揽货等业务，下属1个全资公司、1个合资公司及大阪支店。2006年，成立油料部，船舶燃润油供应业务从中铃公司剥离，转入中远日本公司。2007年，中远物流开始逐步参与中远集运日本捷运株式会社的经营工作，并于2008年底完成合资工作，中远集运日本捷运株式会社正式更名为中远物流日本株式会社，中远集运日本株式会社和中远物流分别持股45%和55%。中远物流日本株式会社主要经营进出口整箱、拼箱和工程物流业务，同时为中远集运的驳船和内陆卡车运输提供支持性服务。2008年，为优化营销组织，将中远集运日本公司营业一部（主要负责欧美等中日以外航线的揽货业务）和营业三部（主要负责全球招投标揽货业务）合并为1个部，使日本地区集装箱营销、客户服务的人力资源得到更加充分的利用。2010年，本着集团利益最大化的原则，根据中远集团境外备件供应网点重组的战略安排，日本公司配合中远国际在日本成立了新中铃公司，并与中远国际签署了委托管理协议和办公室分租协议，就船舶备件供应业务在日本的平稳过渡达成了共识。

经营方面，中远日本地区营业收入在2007年达到这一时期的最高点，达747亿日元，2011年后的营业收入，每年都保持在600亿日元以上。2013年营业收入较2005年增长100%。净利润在2005年达到最高的4.9亿日元。2005—2013年，中远日本公司国有资产保值增值率为293.6%，净资产年平均环比增长率14.41%，经营收入增加1.12倍（表1-9）。

中远日本地区经营数据　　　　　　　　　　　表1-9

年份	2005	2006	2007	2008	2009	2010	2011	2012	2013	2014
营业收入（亿日元）	299	368	572	747	510	480	600	629	634	328
净利润（亿日元）	4.9	3.84	3.59	4.16	3.12	3.39	1.33	2.61	4.41	2.32

在集装箱业务方面，2005年至2013年，日本当地出口箱量平稳增长，2011年达到最高18万TEU，总箱量2013年比2005年增长29.4%。其中日本进口离岸（E/B FOB）以及第三地订舱（CROSS BOOKING）箱量增长明显，E/B FOB 箱量2013年较2005年增长57%，CROSS BOOKING 箱量2013年对比2005年更是增长了162%。2005–2013年经营数据和箱量走势见表1-10，图1-12。

中远集运日本株式会社经营数据　　　　　　　　　　　　表 1-10

年份	2005	2006	2007	2008	2009	2010	2011	2012	2013	2014
出口箱量（TEU）	160791	178276	168960	165062	138739	176990	183710	164152	163839	86032
日本进口既离岸价格（TEU）	55863	65736	69476	67060	54249	73397	86324	87715	87767	37859
第三地订舱（TEU）	21541	27514	28232	23710	12165	34274	36196	44684	56524	31728
合计	238195	271526	266668	255832	205153	284661	306230	296551	308130	155619

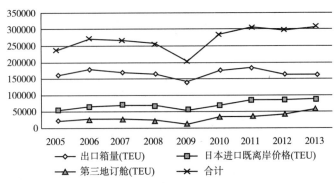

图 1-12　中远集运日本公司 2005—2013 年箱量走势。

在散杂货业务方面，中远东方轮船公司 2011—2013 年货量连续增长并成为中远航运境外揽货网点单国家冠军。2013 年揽货 69.7 万吨，比 2005 年增长了 228.8%，其中回程货达到 23.8 万吨。在货源结构方面，从原来的钢材为主的单一货源结构逐步向钢材、回程散货、大件货的多元化货源结构转变。2012 年首次在日本揽取到半潜船货（日本到新加坡的浮吊），2014 年揽取苏伊士油轮前半段船体货载（日本到巴西）。2013 年重大件货达到 58 个，比 2012 年增长 114.8%。

2008 年，中散集团加强在本区域的发展，向东方公司派驻代表。经过努力，2013 年为中散集团成功揽取 12 载散货货载，共计 48.8 万计费吨，在散货业务方面取得了历史性突破。中远东方轮船公司 2005—2014 年经营数据见表 1-11。

中远东方轮船株式会社经营数据　　　　　　　　　　　　表 1-11

年份	2005	2006	2007	2008	2009	2010	2011	2012	2013	2014
揽货量（万吨）	21.2	26.3	31.6	33.2	25.3	24.2	59.9	65.9	69.7	
艘次	173	145	144	152	84	110	143	121	133	
港次	255	226	246	253	148	150	204	169	217	

物流业务方面，中远物流日本株式会社进出口整箱无船承运人业务从零起步，依靠中远集运和中远物流的支持，逐步发展为公司的主要业务收入来源。这一时期，相继操作了尼桑供应商物流项目、京东方设备和产成品原料出口物流项目以及三菱商事绵阳薄膜生产线出口物流项目，既增加了中远船队的配载箱量，也为公司的稳定发展创造了条件。

出口拼箱业务历经市场激烈竞争以及世界金融危机影响，在2009年和2010年出现了货量和效益的下降。之后一方面开辟了武汉和重庆等内陆航线，加强销售力度，另一方面通过调整拼箱仓库等措施，加强成本控制，出口拼箱效益实现了大幅度回升。

工程物流方面，中远物流日本株式会社协助中远物流总部相继取得了三菱重工海阳、三门核电、泰国卡农电站和合肥京东方设备运输等项目，并自行开发和操作了三菱化学等大件物流项目。在此基础上，又成功开发了日本/上海杂货国际中转和国内中转业务，为小批量杂货客户提供定制服务。

到2014年，中远物流日本株式会社从最初的4名员工发展到14名员工，并在福冈设立九州支店，在中国以外的东南亚、中东、欧洲和美国建立了代理网络，服务内容不断扩大。中远物流日本株式会社经营数据见表1-12。

中远物流日本株式会社经营数据　　　　表1-12

年份	2005	2006	2007	2008	2009	2010	2011	2012	2013	2014
无船承运人	—	—	652	3039	4778	5797	6804	7302	10732	—

备件物料集中采购业务方面，新中铃公司在日本地区特别是在船舶备件采购领域，有着比较雄厚的业务基础和地域优势，与备件生产厂家保持着长期的良好合作关系，在备件供应方面，发挥了其他网点公司所替代不了的作用。

这一时期，根据远通经营管理总部的战略部署，从2013年中远系统内客户开始实施统一加价为10%的集中采购。同时，因为系统内用户订单安排数量减少和远通平台内部公司之间的订单协作等原因，相关年份的营业收入和利润有所下降。新中铃公司经营数据见表1-13。

新中铃公司经营数据　　　　表1-13

年份	2005	2006	2007	2008	2009	2010	2011	2012	2013	2014
收入（亿日元）	258	164	23.71	26.18	35.34	37	18.76	18.67	17.22	11
利润（亿日元）	5.14	3.69	3.3	3.5	3.45	1.7	2.21	2.4	2.05	1.01

在油料供应业务方面，从单纯的为系统内船舶服务发展为以第三方业务为主，通过提供优质服务来真正从市场中争取订单、为公司创效的重要板块；业务范围区域也从日本逐渐扩大至中国大陆港口、中国香港、中国台湾、韩国、东南亚等各亚太地区。油料业务经营数据见表1-14。

油料业务经营数据　　　　　　　　　　表 1-14

年份	2005	2006	2007	2008	2009	2010	2011	2012	2013	2014
业务量（万吨）	—	—	—	—	114.2	90.8	98.1	106.2	94.9	53
营业收入（亿美元）	—	—	—	—	4.79	4.69	6.77	7.5	6.22	3.43
利润（万美元）	—	—	—	—	260.9	221.1	256.4	240.5	189.6	103.9

日本公司 2005—2013 年累计实现利润总额 2.31 亿元人民币。集装箱业务量和第三地订舱箱量，比 2005 年分别增长 29.4% 和 162%。中远东方轮船公司 2013 年揽货 69.7 万吨，成为中远航运境外揽货网点单国家冠军。

7. 中远韩国公司

中远韩国公司成立于 1995 年，是中远集团驻韩国的区域公司，也是中远集团在韩国地区的综合管理中心和对外宣传窗口，负责中远集团在韩国地区内航运业务的开拓，为区域内所有中远持股企业的经营活动提供必要的支持。中远韩国公司以航运为主业，集物流、仓储、船舶燃料供应等业务于一体，是韩国中国商会会长团成员之一。中远集团在韩国区域共有 5 家法人公司、1 个代表处、2 家参股公司。中远韩国公司下辖京汉航运有限公司、远城海运有限公司、远明海运有限公司、中燃韩国有限公司。中远韩国公司除作为韩国区域管理公司外，同时负责京汉航运公司集装箱船舶代理和揽货业务以及中远集团非集装箱船代理和揽货业务；京汉航运有限公司主要经营以中韩航线为主的集装箱支线运输；远城海运有限公司及其所属的远明海运有限公司，负责中远集运在韩国的船舶代理和揽货；中燃韩国有限公司从事为中远集团及第三方船舶在韩国的燃油供应业务。1 家代表处为外代总公司驻韩代表处。另有 2 家中远参股公司，即大仁轮渡有限公司，由大连远洋运输公司（简称"大连远洋"）参股，持股 15%，为第一大股东；现代中远物流有限公司，由中远物流参股，持股 29%。韩国地区 5 家中远集团直属公司共有中外员工 149 人，其中中方外派人员 12 人，聘用当地员工 137 人。大仁轮渡公司另有 2 名中方外派人员。

在机构建设方面，这一时期，根据集团的战略规划，韩国公司成功实施集装箱业务板块重组，整合中远集团境外集装箱运输资源，理顺集装箱管理体制和管理架构，2005 年，将京汉航运公司、远城海运公司和远明海运公司转为中远集运所属公司，保证了中远在韩国地区集装箱运输业务的顺利开展，为中国远洋顺利上市作出贡献。2006 年底，中远韩国公司与中燃合资成立了中燃韩国有限公司。

中远韩国区域各公司多年来致力于扩大中远集团在韩国的影响力，提高市场份额，树立中远在韩国市场的良好形象，深化与韩国船公司的合作。对内不断提高对集团各主业单元的协同作用，做好集团船舶在韩国地区的代理服务，以服务增加效益，各项业务得到了充分发展。

特种船业务方面，这一时期，韩国成套设备和海工设备制造迅猛发展，处于世界领先地位，韩国各大工程建设公司加大境外工程建设力度，大型设备海运市场机遇和竞争并存。中远韩国公司瞄准韩国发达的成套设备制造业，努力提升中远特种船，特别是半潜船在韩国市场的影响力，为中远航运公司获取了 ST 重工、现代起亚集团等重点客户资源，每年特种船揽货量稳定在50万吨左右。2011年8月，韩国公司为中远航运半潜船"瑞祥口"轮揽取的STX重工出口的挪威长195米铺管船，创下了中远航运半潜船承运最长货物的纪录。

散货业务方面，中远韩国公司利用公司在韩国当地的现场管理优势，积极协助中远散运开拓韩国市场，相继开发了浦项制铁和现代制铁两大韩国客户。通过长期密切沟通和不懈努力，韩国公司自2010年10月获得参与浦项现货竞标的资格，2011年共中标并完成装船21船，货量341万吨，自2007年到2014年8月，累计为中远散运揽货840万吨，使中远散运成为浦项制铁公司主要承运人之一。

集装箱业务方面，京汉航运有限公司作为中远集运开展中韩航线的集装箱支线经营公司，于1990年在韩国由中远集团与兴亚海运株式会社合资成立。2005年3月，经重新整合后由中远集运有限公司投资298万美元，于香港注册成立京汉航运有限公司，实际经营实体为京汉韩国公司，经营以中、韩两国支线运输为主，以开辟非中韩航线为补充。新京汉公司2005年成立以后，通过航线调整、舱位互换等手段，不断提升中韩及东南亚集装箱航线市场占有率，截至2014年8月，共有中韩、中日及东南亚地区航线共11条。公司根据中远集运开辟中美洲地区支线运输的需要，2006年投资10万美元在巴拿马成立了全资子公司——京汉巴拿马公司，负责经营该地区的集装箱支线运输业务。京汉公司集装箱运输量逐年上升，2005年箱运量38.1万TEU，2013年达到60.6万TEU。作为中韩黄海协会（YSLC）的中方会长单位，京汉公司充分利用YSLC这个有利的平台，促进中韩航线的运价上涨。2009年4月份，提高了中国口岸的集装箱码头装卸作业费（THC）费率，在中韩航线基本消灭了负运价；2010年下半年，在中韩航线成功地征收了东行承运人自备箱（COC）货物的旺季附加费，在东南亚航线征收箱体不平衡费；2011年伊始针对燃油成本不断上涨的不利局面，加征燃油附加费。由于集装箱干线运输的形势低迷，部分船公司将运力投放中韩等支线后，竞争态势加剧，2012—2013年，京汉航运主营的中韩航线量价齐跌，运输收入减少，出现较大的亏损。在困难的经营形势面前，京汉航运公司在公司董事会和管理层的带领下，想方设法揽取高贡献值货物，果断放弃越做越亏的低价货，努力控制和降低公司各项成本。截至2014年7月，公司实现扭亏为盈。

远城海运公司在2005年整合之后，认真贯彻落实集团的大客户战略，积极开拓韩国当地市场。这一时期，相继开发了LG（PANTORS）、三星电子、现代汽车、GM大宇、锦湖等直接客户和现代物流、综合性的大货代公司（GLOVIS）等韩国大型货代公司，为中远集运韩国进、出口业务提供了较为稳定的基础货源。集装箱操作量不断提升，从2005年的13.9万TEU，增加至2013年的19.2万TEU。

航运相关服务业方面，2006年底，中燃韩国有限公司成立后，负责中远及第三方在韩国区域的船舶供油业务。公司抵御住了2008年全球金融危机带来的重大冲击，以及相继到来的航运低迷期，走上稳定的发展轨道。到2014年7月，已合计为船舶供油405万吨，年均供油量53万吨，创造利润合计3094万元人民币，年均创利400余万元人民币。公司与韩国的4家供油商建立起紧密的商业伙伴关系，为在韩国的供油市场得以生存和发展提供了良好的基础。同时，在为中远船舶做好服务的基础上，大力开发第三方业务，客户既包括中国和韩国，也有来自世界其他地区，并且通过与其他地区的中燃所属公司合作，形成了覆盖全球的供油网络，可以满足客户在世界任何港口的加油需求。

物流业务方面，中远物流／中国外代驻韩代表在中远韩国有限公司统一管理下，根据中远集团及中远物流总部提出的战略协同要求，与中远航运、中远集运等兄弟单位团结协作，积极选择和开发潜在的重要客户及合作伙伴，参与中远物流总部各项目部中标及投标的项目的服务和支持。现代中远物流有限公司把营销直接锁定韩国及全球著名的企业，及可能产生高附加值的领域和产品。2010 年 7 月引进了首家企业，韩国知名企业 GIG 公司的存储及配送业务；成功开发了韩国茂林制浆造纸（Moorim，纸浆）、SK 集团（电子产品）、浦项制铁公司（POSCO，FCL 出口）、韩烟人参（KT&G，机械设备）、Haemaroo Energy（太阳能板）、三星重工（Samsung Heavy Industries，船舶用品）及大宇国际株式会社（Daewoo International Corp，汽车配件）等业务。2011 年，现代中远物流有限公司又竞得日本普利司通轮胎近 400 多种产品在韩国本土的配送，其主要销售厂家为奥迪、宝马及丰田，各项业务的拓展为合资公司后续的发展奠定了基础。

中远韩国公司、远城海运公司作为船舶代理公司，一直以来狠抓现场管理，保班期、抓船期。公司与各港口当局、PSC 检查机构等保持良好关系，PSC 检查连续 10 多年做到了零滞留，单证与现场服务质量深得广大船员和船东的好评。同时在开发非中远客户的散杂货船舶代理业务上也有所突破。

2005—2013 年，韩国公司累计实现利润总额 3543 万元人民币，2007—2013 年，累计为中散集团揽货 750 万吨，特种船揽货量稳定在每年 50 万吨左右。中燃韩国有限公司成立 7 年多来，创造利润合计 3094 万元人民币。中远韩国公司 2002 年获得"韩中经济发展"优秀企业大奖，成功开拓了 LG、三星、现代、起亚、SK 等集装箱直接客户。2005 年，京汉航运公司被评为"第四届中国货运业中韩航线最佳船公司奖"。2011 年，京汉公司获得第八届中国货运大奖"金轮奖"中韩航线最佳船公司前三甲。

8. 中远西亚公司

中远西亚公司于 1997 年 3 月在阿联酋迪拜杰布阿里自由贸易区注册，为中远集团全资公司。作为中远集团的境外区域管理公司，中远西亚公司负责管理中远集团在中东和东北非 14 个国家的业务。主要功能是开拓揽货市场、提供船舶到港服务、开展物流业务、为中国海军亚丁湾护航军舰提供补给保障等。

中远西亚公司在阿联酋迪拜管辖中远阿联酋瑞斯代理公司和中远物流西亚公司；在沙特、卡塔尔、阿曼、巴林、科威特等 13 个国家，管理当地的协议合作伙伴和船舶代理公司。这些公司的主要业务，是为中远集团提供船舶代理、货运代理、报关清关、仓储物流、支线运输等。

公司还拥有位于迪拜自由区龙城（DRAGON MART）市场旁的 3 万平方米仓库，包括各种规格的仓库作业机械和反应及时、运作科学的仓库管理系统。

这一时期，中远西亚公司在企业管理、生产经营、军舰补给、市场开发和创造效益等各方面，均取得了新进展。

企业经营效益和资产质量逐年优化。2005—2013 年，西亚公司累计实现利润总额 1.39 亿元人民币。2014 年 8 月底的资产总额合 7742 万元人民币，约为 2005 年的 3 倍。

公司各项财务指标及业务指标稳步提升,资产质量和财务状况良好。物流业务稳步发展。2005年,中远物流西亚公司亏损178万元人民币,2006年扭亏为盈后保持年年盈利。

持续推动区域管理创新。西亚区域除阿联酋外,在其他国家所管辖的公司都是公共代理,业务能力参差不齐,本位主义严重,管理难度大。为了发挥公共代理的积极性,公司创新管理思路,以揽货业务为抓手,一方面加强揽货指标检查和督办,把揽货指标细化分解到每个口岸代理,每周每月检查各口岸代理的指标完成进度。另一方面,采取约谈方式促进揽货,对揽货绩效不达标的口岸代理负责人进行约谈。这一管理方法被推广到船舶现场服务业务,全面提升了区域的管制力度。

积极主动开发货运市场。西亚公司管理区域安全形势严峻,伊拉克战乱、也门内乱、伊朗长期受西方制裁、苏丹内战、叙利亚内战、黎巴嫩政局不稳定……本区域的乱局不断,此起彼伏,严重制约航运市场健康发展。由于地区动荡,安全形势不好,经营管理的工作难度增大。公司充分研究中东地区的政治、经济发展态势,准确把握市场热点,把市场开发重点放在海湾六国,同时选择有利时机,切入伊拉克和伊朗等市场。由于各项措施到位而有效,公司的进出口货揽取箱量实现两位数的增长,成功开发了Landmark、沙特基础工业公司(SABIC)等一批大客户,2013年全年的回程货达到了历史最佳水平,为中远集运船舶平衡东西货载和空箱利用率做出了贡献。

持续推出服务创新举措。实行船舶现场服务专人负责制,积极协调码头及有关方,提高效率,缩短在港时间,为中远船降低成本。加大对各港口和支线船公司的攻关力度,及时收集市场经济信息,配合中远集运做好本地区的航线调整布局。与此同时,配合中远集运开展港口使费谈判,争取港口使费率优惠协议。2014年开始,公司为中远航运提供港口船长、半潜船监装监卸服务项目,有效地节省了该公司船舶在中东的港口使费用。

9. 中远非洲有限公司

中远非洲有限公司是中远集团在南部非洲的全资子公司和派出机构,负责南部非洲地区的航运及相关业务的实施和管理,同时,作为中远集运南非分部,接受中远集运的业务业务管理和指导。这一时期,中远非洲公司克服了市场环境的不利影响和南非地区治安状况恶劣、生活环境不便的困难,工作得到了长足的发展和巩固。

集装箱业务方面,自中远非洲公司成立初始,集装箱代理业务即成为非洲公司的重要利润来源,2005—2014年8月底,累计实现利润总额26630万兰特,占据非洲公司整体利润的76%,是非洲公司所有业务的重中之重。

公司根据集运总部下达的各年销售预算,不断加大市场货源组织力度,积极开发新客户并做好基础客户的二次开发工作。经过多年努力,除了2009年由于航运市场环境不断恶化,南非航线箱量和运价同时出现大幅下降,中远集运合并南非航线和南美航线,南非的进出口总体箱量被压缩到了以前的约三分之一外,2005—2008年、2010—2014年8月底,均保持了持续增长,累计完成销售箱量30余万箱。通过强化回程货源揽取,大幅减少空箱调运;同时,通过与拖车公司、堆场等供应商艰苦谈判,大幅度降低了箱管成本;在箱量逐年增长的同时,单重箱成本连续2年以30%的幅度下降。

与此同时,在中远集运的大力支持下,中远非洲公司积极开展进口拼箱业务和自有船舶干线捎带国内门到门内贸运输业务。中远是萨非航运（SAFMARINE）以外唯一一家非本土船公司开展沿海内贸运输的航商企业，进一步丰富新加坡/南非线（FAX）服务功能，提高新加坡/南非线航线个性化服务功能和中远船舶的短程舱位利用率。中远非洲公司经营数据见表1–15。

中远非洲有限公司经营数据　　　　　　　　　　　　　表1–15

年　份	进出口重箱量	重箱比上年增幅	出口重箱量	出口重箱增幅
2005	35489.00		8150.00	
2006	48649.00	37.1%	9168.00	12.5%
2007	54890.00	12.8%	11507.00	25.5%
2008	58676.00	6.9%	10901.00	−5.3%
2009	39858.00	−32.1%	6657.00	−38.9%
2010	52017.00	30.5%	7101.00	6.7%
2011	55234.00	6.2%	6788.00	−4.4%
2012	61841.00	12.0%	13251.00	95.2%
2013	71229.00	15.2%	20954.00	58.1%
2014年1—8月	48389.00	3.8%	15204.00	11.0%

散杂货业务方面，中远非洲公司散杂货业务伴随着散杂货市场的波动和市场竞争的加剧，出现较大的起伏。从2005年年底成立散杂货业务部后，中远非洲公司在短短几个月的时间内，为中远航运完成了5个非洲回程航次的配载，解决了长期以来制约中远航运的非洲航线业务起伏大的问题，之后和中钢南非公司、广西柳工等大客户以及莫桑比克至中国的木材运输都建立了长期合作关系，保证了货物配载。但由于非洲公司规模小底子薄，又缺乏国内船东长期稳定的支持，加之这一时期散杂货市场的持续低迷，南非当地货源揽取不够稳定，非洲公司及时采取了首先谨慎的操作策略，经过了2006—2008年3年短暂的发展后，客户趋向分散，业务出现波动。在复杂恶劣的经营环境下，公司一方面积极与货主沟通，掌握其出货计划，努力维持原有的货源；另一方面积极开发南非当地的货源。公司2013年在FOB市场上取得了突破，成功揽取了一票国内某进口商的业务，同时通过积极与当地各类货主沟通，开发了一批潜在的有实力的大客户。2005—2014年8月，共成交211单、400余万吨散杂货载，累计实现营业毛利1730万兰特。

物流业务方面，中远非洲物流公司规模较小，客户主要为中小客户的南部非洲内陆段运输，揽取大型物流项目的实力尚不足。在这种情况下，公司在严控风险的基础上，2005—2014年8月底，累计实现利润460万兰特，各年呈现一定的波动。中远非洲公司根据中远非洲物流公司对南部非洲物流运输市场的熟悉优势，以物流公司为平台，为国内中远物流及所属公司揽取的大型物流项目，提供最大程度的服务，不计报酬，保证了各项目的顺利实施。与中钢等大客户建立了长期稳定的关系，形成稳定的利润来源。2013年，公司与中远物流签署战略合作协议，双方优势互补，为集团进一步拓展非洲地区的物流业务打下良好的基础，也为非洲物流公司获取稳定的国内货源打下坚实的基础。内陆物流延伸服务也在这一时期逐步开展起来。这一时期，南非经济持续波动，各船东竞争的同质化也进一步加剧了这种局面。如何提供更为全面综合的服务，成为中远能在南非市场立足和进一步发展的重要课题。2014年起，为更好地开展内陆延伸服务，公司进行了相应的机构调整，以物流公司的平台为基础，组建COSREN综合业务部，与物流公司实行一套人马，两块牌子，实现人力资源共享；加快海铁联运基础建设，实现与南非铁路货运公司TFR直接签约合作，提高海铁联运的效率和经济性。内陆延伸服务的启动，对集运改变仅靠海运服务的相对单一的竞争模式，提高其在南非地区核心竞争力意义重大。

船舶代理服务方面，2005—2014年，中远非洲公司共计代理班轮399艘次，代理进出口重箱55万TEU，空箱29万TEU。非班轮669艘次，保护代理422艘次。综合准班率由早期的60%提高至87%。

航运相关服务业方面，公司船舶技术服务业务主要由远南公司承担，在非洲公司的领导下，行使区域机务保障服务的职能，同时积极揽取中远以外船舶业务，实现企业盈利。在提供服务的船舶中，中远船舶占到比例的80%以上。2005—2014年，公司累计实现利润590万兰特，来自集团内部的收益超过80%。服务中远船舶，确保船舶安全，始终是远南公司的重要职责，该公司一直和PSC检查官员保持了良好配合和密切沟通，多年来在南非未发生船舶滞留，良好的服务得到了国内各船东的肯定。公司在满足为中远船舶提供优质服务的同时，也在克服困难争取外部创效，利用处于南部非洲的位置优势，开发了在毛里求斯刮船底业务，成本比在南非刮船底低40%，形成新的稳定的利润来源，实现了公司盈利和服务船东的双赢。

2005—2013年，中远非洲公司累计实现利润总额2.89亿元人民币，累计完成销售箱量25万箱以上，360余万吨散杂货载。到2015年，中远非洲公司资产总额1.07亿人民币，员工56人，其中外籍员工47人。年船舶、集装箱代理31642TEU，物流公路/铁路联运箱量2800TEU，协调并安排船舶修理、备件转运、物料供应、设备检验及水下船壳清刮等81艘次，干散货揽货量4.9万吨。实现利润0.29亿人民币。

除九大区域公司外，这一时期，中远集团还拥有中远太平洋和中远香港航运两家重要的境外直属单位。中远太平洋作为集团境外上市公司，致力于发展码头和租赁两大业务，是全球四大集装箱码头营运商之一，下属的佛罗伦箱队在全球租箱市场位列前三。港深重组后的中远香港航运/深圳远洋自有运力超过100艘，经营管理的船舶最多时接近150艘、1100万载重吨，是全球第三大干散货船队，资产质量和盈利能力在同行中位居前茅，连年创造百亿效益，成为中远集团的创效标兵。

四、境外产业协同发展效应不断显现

（一）强化集成协作，开发成效显著

这一时期，中远集团按照"系统集成"思想，积极推进集团主业的产业链整合。在集

装箱业务方面，中远集运、中远太平洋以及中远物流发挥境外协同优势，增强全球集装箱产业链的核心竞争力。在非集装箱业务方面，坚持以"需求主导、效益为本"为原则，由区域公司和境内专业公司协作，选择业务发展的具体内容和方式，实现境内境外两种资源的有效集成。

在中远太平洋全面接管希腊码头后，中远集运调整航线铺设，并成立中欧公司，加大市场开发力度；中远欧洲公司积极开展支线铺设，着重加强了中东欧和地（地中海）东黑海地区的市场营销力度；在各公司通力合作之下，希腊码头吞吐量和盈利屡创新高，成为海内外协同开发大项目的典范。

在中远集运和中远欧洲公司的大力协助下，2008—2014年底，中远欧洲物流公司累计完成204架次空客飞机运输。中远集团成功开辟了全新的航空物流业务领域，开创了轮船承运大飞机的历史。

中远缅甸公司借助中远集运、中远物流、中远航运等单位的专业优势，克服政治环境多变、中转环节复杂、当地基础设施落后等困难，成功开发了中色集团缅甸镍矿建设的跨境全程物流项目。

（二）发挥境外优势，提升系统降本能力

中远国际所属船舶保险顾问公司于2013年完成了中远船队船壳险统一投保，当年为中远船队节省保费约1亿元人民币。

中远石油利用批量采购等手段降低燃油采购价格。在船队加油前10名的港口，实际加油价格比市场价大幅降低，2009—2014年，为船队累计节支超过1.5亿美元。

为中远集团船舶备件承担集中采购任务的远通公司，通过集中采购以量压价发挥中远集团的优势，为中远船队节省备件开支约2000万港元，并积极研究把新造船设备选型与备件采购有机的结合，发挥中远集团的最大优势，增加与供货商的谈判筹码，达到中远集团利益最大化的成效。

各境外公司精益管理，不断压缩自身管理费用，同时为专业公司在本地区的成本控制工作不懈努力，取得良好效果。中远美洲公司下属巴拿马公司年平均代理"过河"中远船舶260多艘，单船过河时间从45小时下降到31小时，年平均节约船期30天以上。中远非洲公司通过与供应商的艰苦谈判，单箱成本连续2年以30%的幅度下降，由2011年以前的190美元/TEU下降至2014年的80美元/TEU，为中远集运节约500多万美元。中远西亚公司积极协助中远集运与迪拜世界港口公司（DP WORLD）集团的谈判，争取优惠协议，每年可为中远集运节约30万美元。中国台湾代表处发挥在台窗口作用，争取到内"中远之星"独享的优惠条件，并在基隆港加装旅客电梯和滚装设施，进一步提高了"中远之星"的运营效率和服务质量。

（三）发挥境外融资平台优势，助力集团业务重组

2005年6月30日，中国远洋在香港联交所成功上市。这项工作涉及全球30多个国家和地区，集团400多家企业，历经16个月。中国远洋的成功上市，使得超过集团主营业务一半以上的集装箱运输产业链顺利进入资本市场，为国有企业重组改制、境外上市创

造了新模式,不仅显著改善了集装箱主业的财务状况,为主业发展提供了充足的发展资金,同时也为集团主业全面进入资本市场迈出了关键性的一步,是中远集团发展史上具有里程碑意义的一件大事。

在 F9、F10[①] 项目的运作过程中,中远香港集团、中远太平洋以集团整体利益为重,克服困难、全力配合,为中国远洋 2013 年扭亏做出了贡献。在日本、新加坡、欧洲、美洲等区域公司的支持和配合下,中远国际所属远通公司对境外备件供应业务进行了重组,取得良好效果。在中远新加坡公司支持下,中远集运以所属富华公司为主体,收购了远星公司 100% 的股权和远凌公司 70% 的股权,泰国公司的股权收购工作顺利推进。中远美洲公司积极配合,做好中远集运收购其所持阿根廷、智利、秘鲁、乌拉圭 4 家公司的股权转让工作。在相关公司的共同努力下,中远境外集装箱网络整合基本完成。

集团境外融资中心发挥规模优势,充分利用境外较优惠的融资条件,保证了集团投资发展和生产经营的资金需求。到 2014 年,境外资金管理形成了集装箱和非集装箱 2 个集中管理平台,其中集装箱平台管理 17 家公司,每年资金结算量超过 40 亿美元,日平均存量约为 1 亿美元;非集装箱平台也逐步纳入集中管理,资金规模超过 13 亿美元。境外资金集中管理在防范资金风险的同时,也节约了财务成本,提高了资金使用效率。

(四)履行国企境外责任,助推中国"走出去"

这一时期,随着中国国力的增强,中国在国际舞台上亮相的频率更加频繁。作为跨国企业,中远集团积极履行国企责任,服务外交,为中国的境外事业拓展加油助推。

这一时期,中远美洲公司下属的海标公司为 2011 年 7 月出访美国夏威夷参加"2011—和平使命"军演的"和平方舟"舰提供加油和后勤补给工作,为 2012 年 9 月首次访问美国夏威夷的中国海事执法船"海巡 31"轮安排出入境手续、码头泊位、补给、交流活动、欢迎送仪式等。2014 年 8 月 1 日,"环太平洋 –2014"演习在美国夏威夷落下帷幕。此次演习中国海军派出导弹驱逐舰"海口"舰、导弹护卫舰"岳阳"舰、综合补给舰"千岛湖"舰、医院船"和平方舟"舰 4 艘水面舰艇,共计 1100 余名官兵参演。在历时一个半月多的时间里,海标公司作为船舶代理,同中国驻美大使馆和美国海军珍珠港基地有效配合、协调,圆满完成了燃油补给等后勤保障任务,并继续代理海军编队后续访问美国圣迭戈港的任务,为中国海军胜利完成访问任务做出了突出贡献。

这一时期,在欧洲地区港口罢工、地区暴乱、反垄断调查等各类突发事件频繁发生的情况下,中远欧洲公司以经营效益和安全生产为根本出发点,周密部署,在确保员工安全的前提下,将不稳定因素对中远集团的生产经营的影响降到最低。2011 年利比亚事件突然爆发,欧洲公司启动应急机制,指挥和协调在利比亚海域待命的船舶,出色地完成了撤侨任务,并承担了利比亚撤侨期间徐州护卫舰和赴亚丁湾海域执行护航任务的海军舰队过

---

① 为盘活存量资产、为中国远洋航运主业的后续发展储备资金,根据中远集团 2013 年第十二次、第十四次总经理办公会议批准的 F10 项目启动方案,中国远洋所属中远集运及青岛远洋拟分别转让所持上海天宏力资产管理有限公司 81% 的股权和青岛远洋投资发展有限公司 81% 的股权给中远香港集团的境外全资子公司。

苏伊士运河以及加油水等综合补给任务。2011年之后，埃及地区频繁爆发动乱，给当地公司日常经营以及中远船舶过苏伊士运河造成了很大影响。中远欧洲公司与当地公司通力协作，确保了中远船舶在此期间过河、码头作业基本正常。在2015年中国海军亚丁湾护航编队对英国、德国等多个欧洲国家的出访任务，中国海军152舰艇编队对埃及、丹麦、芬兰、瑞典、波兰和葡萄牙等国的出访任务中，中远欧洲公司所辖各有关单位均圆满完成了油料补给和船舶代理等工作，中远集团的品牌形象，得到了使领馆和海军编队的一致认可。

东南亚、南亚区域作为"海上丝绸之路"的中心枢纽，是中国政府公务船舶和海军"走出去"的主要活动区域。10年来，中远新加坡公司累计服务中国政府公务船舶84艘次，为船舶加油数万吨。仅2013年，就完成了中国海军第十四批护航编队、海军医院船"和平方舟"舰、"海巡01"轮、卫星测控船"远望5号"等海军和公务舰船14个批次的接待供应任务，供应燃油约5000吨。马来西亚、斯里兰卡、越南等国家公司在参与救助船员、配合中国使馆等单位减少当地骚乱损失等方面，做了大量工作。

中远西亚公司从2009年开始，承担护航海军军舰补给休整任务，公司以高度的政治责任感，有效协调吉布提、吉达、萨拉拉和亚丁等港口及相关公司的关系，确保军舰抵离港计划、食品补给、油料加注等各项工作顺利进行，为中国军舰在本地区的护航任务提供坚实的后勤保障。这一时期，共出色完成169艘次军舰的后勤保障任务，被交通运输部授予"海军护航补给工作先进企业"称号。

中远非洲公司于2005年9至10月和2008年9至10月，先后为执行"神舟六号"和"神舟七号"飞船卫星发射测控任务的"远望3号"测量船提供保障服务。2011年4月，中国人民解放军海军护航编队529号及530号护卫舰在执行索马里护航后访问南非德班，中远非洲公司协调各方圆满完成编队的代理、引水、靠泊、加油、加水等综合服务工作，得到海军官兵和使馆领导的肯定。

2013开始，中坦公司多次派专人赴塞舌尔为海军科考船"华罗庚"舰、亚丁湾护航舰队的"哈尔滨""绵阳""衡水"舰的科考、补给、休整提供了后勤保障服务。2014年初，又为海军"井冈山"舰和"衡水"舰顺利访问坦桑尼亚提供了全方位的代理和后勤保障服务，获得了中国驻塞舌尔、坦桑尼亚使馆和海军官兵的充分肯定。

第四节　广泛参与国际、政府间合作

伴随着中国成长为世界第二大经济体，中国对世界经济的影响力也不断增强，但由于国际上一些国家对中国存有意识形态上的偏见，对具体情况又不了解，"中国威胁论"时有出现。包括中远集团在内的中国企业在全球化发展中受到了诸多歧视，在竞争中常常处于不利地位。比如中远集团在美国长期受到"受控承运人"不公正待遇。这一时期，中远集团按照"四个转变"中"从拥有、控制资源向同时配置社会资源转变"的思路，在全球化经营中坚持竞争合作、真诚互信、互利共赢,通过合作变竞争对手为合作伙伴。用他人的资源弥补自己的不足,从而不断提高自己的核心竞争力。为打破和消除国际上一直存在的"中国威胁论",顺利实现合作的目标,中远集团在合作中兼顾"走出去"所在国各方的利益,实现多方共赢发展。事实证明,这一策略取得了显著的成效,通过"走出去"不仅促进了所在国家和地区的经济发展,也拓展了企业自身的发展空间,提升了企业的国际竞争力。2003年,《中美海运协定》签字;2004年3月31日,美国联邦海事委员会根据新的《中美海运协定》,正式给予中远公司"受控承运人"豁免权。

一、推动大客户战略

随着经济全球化的发展和国际竞争的加剧,企业要实现全球化经营,必须走国际合作的道路。这一时期,中远集团积极实施"大客户战略",先后与唐山钢铁集团有限责任公司(2005年)、鞍山钢铁集团公司(2005年)、安彩集团(2005年)、中国机械装备(集团)公司(2005年)、济南钢铁集团总公司(2006年)、首钢(2004年、2006年)、杭州钢铁集团公司(2006年)、中粮集团(2007年)、神华集团(2007年)、中国有色矿业集团有限公司(2007年)、中国海洋石油总公司(2007年)、武汉钢铁(集团)公司(2008年)、中国铝业公司(2009年)、国家核电技术公司(2009年)、中国核工业集团公司(2009年)、中国第二重型机械集团公司(2010年)、华菱集团(2010年)、中国储备粮管理总公司(2010年)、中国北方工业公司(2010年)、中国铁建(2010年)、中国铁路物资股份有限公司(2013年)、中国冶金科工集团有限公司(2013年)、美国通用电气(GE)(2013年)、中国中钢集团公司(2014年)、中国石油天然气集团公司(2014年)、中国机械工业集团有限公司(2015年)、橡胶谷集团(2015年)、北京汽车集团有限公司(2015年)等企业建立了战略合作和更紧密战略合作关系。在为战略客户提供优质服务和与服务质量相适应的具有竞争力的运价的同时,也进一步巩固和拓展了航运主业与物流的货源渠道。此外,中远集团还与荷兰TNT集团(2005年)、中国海运(集团)总公司(2014年)、招商局集团有限公司(2015年)等业内同行,以及宁波港集团(2005年)、挪威船级社(DNV)(2007年)、中国船级社(2011年)、中国交通建设集团有限公司(2011年)、国家海洋局(2013年)、中国船舶工业集团公司(2012年)、中国船舶重工集团公司(2012年)、希腊国家铁路公司(Trainose)(2014年,图1-13)等上下游关联企事业单位,工商银行(2005年)、中国银行(2008年)、中国进出口银行(2011年)、中国出口信用保险公司(2012年)等金融机构建立了良好的战略合作关系。本着"着眼长远、互惠互利、合作共赢、共

图1-13　2014年10月13日,中远集团与希腊国家铁路公司(Trainose)在希腊雅典签订了合作谅解备忘录。

同发展"的原则,共同应对世界经济缓慢复苏和全球航运竞争格局调整带来的挑战和机遇,进一步加强在航运、码头、物流、造船与海洋工程、金融投资、土地开发与经营、航运服务、基础设施建设及航海教育等领域的合作,以实现优势互补,促进共同发展。

为进一步深化合作,2010年6月24日,中远集团在海南博鳌召开2010年大客户高层论坛。论坛由中远集团副总裁许立荣主持,中远集团总裁魏家福、党组书记张富生出席论坛,多雷尔工业有限公司(Dorel Industries Inc)、中国铝业股份有限公司、三井物产株式会社、中粮集团有限公司、神华集团有限公司等中远集团海内外大客户代表参加了论坛。这是中远集团首次举办大客户高层论坛会,为促进战略客户之间的合作共赢,进一步推动合作的全球化,共同应对后金融危机的挑战奠定了基础。

二、加强与境外同行、上下游企业合作

这一时期,在集装箱运输、散货运输、码头、造船、汽车船运输等领域,中远集团通过建立联盟、合资合营、引进技术、投资参股等形式,强化与国际同行和上下游企业的战略合作,提升自身技术和管理水平,开拓了新的业务领域,实现了互利共赢。

(一)CKYHE集装箱运输服务联盟成立

在集装箱班轮运输领域,1997年中远集团首先与日本的川崎汽船、中国台湾的阳明海运公司合作,后来又接受韩国的韩进海运公司加盟,互租舱位,协调派船,形成了世界上最大的集装箱运输服务联盟"CKYH"。联盟的形成既扩大了航线覆盖面,提高了舱位利用率,又降低了经营成本,提高了企业的经营效益。然而2012年新世界联盟和大联盟的6家班轮公司成员(美国总统轮船、商船三井、赫伯罗特、日本邮船、东方海外和现代商船),合并成为G6联盟,运力规模超越CKYH联盟。2013年6月,马士基航运与地中海航运、达飞航运3家全球排名前3的班轮公司,共同宣布组建P3超级联盟,该联盟在亚欧、跨太平洋、跨大西洋航线的市场占有率分别约为42%、24%、40%—42%,运力规模堪称巨无霸。在三大联盟中,CKYH联盟的规模最小,竞争优势最差。按Alphaliner 2014年2月20日的最新数据,P3联盟的3家班轮公司,共运营1446艘船,运力规模达645.9万TEU;G6联盟的六家公司共运营640艘船,运力达314.9万TEU;而CKYH联盟仅运营420艘船,运力规模为210.7万TEU。

为应对集装箱运输市场的竞争形势变化,2014年2月20日,中远集运、川崎汽船、阳明海运、韩进海运和长荣海运对外宣布:五方对组成新的海运联盟已达成共识,并冠名为CKYHE联盟(图1-14)。新联盟于2014年3月1日起正式成立,于4月中旬起共同合作运营6条亚洲—北欧航线和4条亚洲—地中海航线。通过优化、改善航线覆盖面、交货期和服务频率,提升航线总体质量,给予客户更优质的服务。随着CKYHE联盟的建立,集装箱运输市场的三强格局更加显现,按全市场运力份额测算,P3将是最大的联盟——拥有市场份额达到32.50%,CKYHE为第二大联盟——20.93%,G6为第三大联盟——20.24%。

图 1-14　2014 年 2 月，CKYH 联盟正式接纳长荣加入。

（二）与淡水河谷集团从抗争到合作

巴西淡水河谷集团（现名 Vale，原名 Companhia Vale do Rio Doce，CVRD）成立于 1942 年 6 月 1 日，2006 年成为全球最大铁矿集团，拥有员工 17 万，总部位于巴西里约热内卢。2011 年营业额为 604 亿美元（3805 亿元人民币），净利润 229 亿美元（1442 亿元人民币），列世界 500 强之首；总资产 1590 亿美元（约 1 万亿元人民币），居世界三大矿业之首，世界 500 强第 18 位。中国是淡水河谷最重要的铁矿石出口国之一，消化了淡水河谷每年铁矿石全部产量的一半以上。

但因为运输距离较长，使得淡水河谷在与澳大利亚力拓及必和必拓等其他矿业巨头的竞争中没有成本优势。资料显示，从巴西淡水河谷运往中国的铁矿石，运输距离是澳大利亚到中国的 3 倍，运费成本为每吨 29 美元，而从澳大利亚运往中国的同类出口铁矿石，成本约为每吨 9 美元。为强化对中国钢铁业铁矿石进口的控制、垄断铁矿石贸易利益，2008 年，淡水河谷宣布斥巨资，组建自己的 40 万吨级超大型矿砂远洋运输船队，新型船舶被称为 Valemax，又被称为 Chinamax，拥有 40 万吨载重量，超越挪威籍干散货船"BERGE STAHL"，成为全球最大的干散货船。其中，淡水河谷自有 19 艘 40 万吨级 VLOC、租入 16 艘 40 万吨级 VLOC，共计 35 艘，企图将自己在上游市场上的垄断优势传导到中游，操纵和控制航运市场的竞争。一旦计划实现，加上已拥有的 500 多万载重吨的散货船队，淡水河谷总运力将超过 2000 多万载重吨，成为世界上最大的铁矿海上运输垄断企业，从而可以包揽铁矿石生产、供应、销售及运输四大业务，以"一条龙"垄断性经营方式向中国市场供应铁矿石。在大量造船的同时，淡水河谷利用自己在巴西铁矿石市场"独苗"发货人的垄断优势和中国铁矿石进口权分散但存在巨大需求的软肋，以及身兼港口当局和发货人双重身份的优势，设置障碍，迫使中国钢厂放弃运输权，越来越多的贸易合同由离岸价格（FOB）变为到岸价格（CIF/CFR）。2012 年 5 月 9 日，中远集团总经理马泽华在北京召开记者发布会，抗议淡水河谷利用多种借口，拒绝中远船队靠泊淡水河谷在巴西的港口。淡水河谷在全球航运业持续低迷且运力严重过剩，中国航运企业普遍亏损的市场环境下逆市造船，雄心勃勃要垄断中巴铁矿石运输市场的种种做法，引起了以中国船东协会为代表的广大中国船东的一致反对。中国船东协会多次上书发改委、交通运输部等部门，要求禁止淡水河谷 40 万吨级轮船停靠中国港口。2011 年 6 月，交通运输部从安全角度考虑，拒绝了淡水河谷一艘名为"Vale Brasil"的 Valemax 船型船舶停靠，"Vale Brasil"不得不改航前往意大利塔兰托港。之后，这批货轮一直在马来西亚和菲律宾卸货，然后再由较小型的货轮将卸下的矿石装船运往中国。为达到进入中国港口的目的，针对不同的对象，淡水河谷采取了有拉有打、各个击破的策略。对中国政府部门，保持低调和配合姿态；对钢厂、造船厂、港口和银行，采取拉拢手段；对中国航运企业，则根据对象分别采取不同的手段来分化这些企业的立场，对中国船东协会领导下的国有大型航运企业，通过拜访和会谈，高调倡导合作，对其他航运企业则通过短期利益进行拉拢。

2011 年 11 月，淡水河谷将在熔盛船厂建造的 40 万吨级超大型矿砂船的吨位进行了下调，从第 3 艘"Vale China"轮开始，剩余的 9 艘订单的船舶规范一律由 40 万载重吨降至 38 万载重吨，企图以此绕过政策障碍。同年 12 月 28 日，由淡水河谷租入的 38.8 万载重吨"Berge Everest"轮悄然抵靠大连港，受到国内强烈指责，随后不到 3 个月，大连港的两位高层相继被调职。2012 年 1 月 9 日，中国交通运输部发布了《关于调整超设计规范船型船舶靠泊管理的通知》，取消了各港口自行决定接靠超出其原设计靠泊能力的大型船舶的权限，明确大于 35 万吨的散货船、大于 45 万吨的油轮均为超过国内现行标准规范的船舶，不得采取"一船一议"方式靠泊中国港口。这份通知基本终结了淡水河谷大船停靠中国港口的可能性。在此之后，淡水河谷继续通过与中国地方航运企业签署战略协议售后返租等形式寻求突破，均未实现实质性的破局，大船计划面临搁置。2013 年 4 月 15 日，淡水河谷 40.2285 万载重吨的"VALE MALAYSIA"轮以 29.9 万载重吨的不实申报，于 4 月 15 日靠泊连云港港，并 4 月 17 日上午卸完货离港，再次引起了中国船东协会的强烈抗议。

淡水河谷的"中国战略"对国家利益的整体影响，引起国家层面的高度重视，根据国务院"中巴经贸一揽子谈判"的指示精神，国家发改委牵头相关部门统筹处理与淡水河谷相关事宜，并制定了相关工作方案。2013 年，中巴高层协调与合作委员会第三次会议于 11 月 6 日举行，双方分别由副总理和副总统参加，会上就淡水河谷的相关事宜进行了磋商。在垄断无果的情况下，淡水河谷也逐渐改变态度，转而寻求与中国船东的全面合作。

2014 年 9 月 12 日，中远集团下属的中散集团与淡水河谷签署合作框架协议。该协议涉及订造 10 艘 40 万载重吨新船和购买淡水河谷 4 艘现有 40 万载重吨营运船，及与淡水河谷签署配套的覆盖船舶生命周期的长达 18+5 年的租船合同，2015 年 5 月 14 日，中国矿运有限公司（CHINA ORE SHIPPING PTE. LTD.，简称"中国矿运"）在新加坡注册成立，投资总额为 15.3 亿美元，注册资本为 3.3 亿美元，中散集团持有 51% 股权，中国海运集团下属中海发展持有 49% 股权。中国矿运负责执行中远集团与淡水河谷签署的长期租船合同[①]。

当地时间 2015 年 5 月 19 日，在中国国务院总理李克强和巴西总统罗塞夫的见证之

---

① 中散集团持股 51%，中海发展持股 49%。

下,淡水河谷与中远集团、招商轮船、中国工商银行和中国进出口银行在巴西利亚签署合作协议。其中,淡水河谷向中远集团出售了淡水河谷拥有并经营的 4 艘 40 万载重吨的超大型矿砂船,交易金额总计 4.45 亿美元,交船时间为 2015 年 6 月,还有 4 艘超大型矿砂船被淡水河谷出售给招商轮船。

除了卖船交易成功,淡水河谷还得到了来自中国的金融支持。作为上述两项协议的配套,中国进出口银行将向中远集团和招商局集团分别提供最高达 12 亿美元的贷款,以支持两家航运企业为淡水河谷提供铁矿石航运服务。此外,中国工商银行将通过银团贷款、双边贷款、出口信贷、贸易融资等形式,为淡水河谷提供最高达 40 亿美元的融资安排与金融服务。

在中巴两国政府的大力支持下,在中远集团等中国航运企业的积极主导参与下,淡水河谷多年来苦心经营的夙愿——大船计划终于破冰,体现了这一时期中国与拉美国家经贸关系、双边政府间互信大踏步地前进,也体现了中远集团竞争合作、互利共赢战略的重大成功。

(三)积极开拓新业务领域

除此之外,在散货运输领域,2008 年,中远集团与印度尼西亚国内的公司合资成立航运公司,进入了印度尼西亚的内贸运输市场。

在码头开发领域,这一时期,中远集团通过与亚洲、欧洲、美洲等地区的航运公司、码头运营商甚至投资机构的合资合作,成功参与了美国、新加坡、意大利、比利时、希腊、中国香港等境外地区码头的投资和经营,顺利进军国际码头市场。在造船领域,中远造船工业公司(简称"中远造船")与日本川崎合资组建南通、大连中远川崎船厂,造船水平国内领先。中远投资新加坡成功引入胜科海事参股中远船务,提升了技术开发和市场开拓能力。境外码头、造船业务的拓展,既获取了丰厚的利润回报,又延伸了航运产业链,增强了中远集团的全球竞争力。

此外,中远集团依托和日本邮船的汽车船运输业务合作,实现了先进技术和管理经验的"为我所用",为中国民族汽车出口提供了有力保障。2006 年 8 月 17 日,在吴仪副总理的见证下,中远集团与一汽、东风、长安、福田、哈飞、奇瑞、江淮、吉利、长城、中兴、江陵、宇通、金龙旅行、金龙联合、重汽、中通、比亚迪 17 家汽车厂商,分别签署了为期 15 年的汽车出口运输战略合作协议。

三、与地方政府建立战略合作关系

这一时期,中远集团先后与海南(2005 年)、天津(2006 年)、福建(2007 年、2011 年)、江苏(2007 年)、广西(2007 年)、河北(2008 年、2015 年)、广东(2008 年)、山西(2008 年、2012 年)、安徽(2008 年)、江西(2008 年)、河南(2008 年)、湖北(2008 年)、湖南(2008 年)、浙江(2009 年)、山东(2011 年)、上海(2012 年)、青海(2012 年)等省、自治区、直辖市政府签订了战略合作协议,并与大连(2004 年、2011 年)、深圳(2005 年)、青岛(2006 年)、泉州(2006 年)、唐山(2007 年)、厦门(2007

年)、连云港(2007年)、南京(2009年)、舟山(2011年)、汕头(2012年)、珠海(2013年)、安庆(2015年)等重要港口城市也建立了战略合作关系,在航运、码头及物流、船舶修造、能源矿产资源、金融及交通基础设施建设、航海教育及海洋文化等领域开展深入合作。这些合作既促进了中远集团航运主业及相关产业的发展,也促进了地方经济战略的落地实施,实现了互利双赢。

在环渤海地区,这一时期,中远集团先后与大连市、青岛市、天津市、唐山市、河北省、山东省签署了战略合作协议。2003年10月,中共中央、国务院发布了《关于实施东北地区等老工业基地振兴战略的若干意见》,中远集团对此积极响应。2004年9月,中远集团与大连市政府签订了全面合作战略框架协议,确定了包括中远船务总部移师大连、在大连建设中国最大的油轮船队在内的五项重大举措。2011年5月12日,中远集团再次与大连市政府在大连签署战略合作协议,中远集团党组书记张富生及副总裁许立荣等出席签字仪式。双方决定本着互利互惠、优势互补的原则,共同推动大连港口集装箱业务加快发展,推进大连东北亚国际航运中心建设和辽宁沿海经济带发展战略的实施。根据协议,中远集团将采取增加在大连港口内外贸集装箱吞吐量,在大连港口新增远洋干线和内贸航线,把大连港口建设成为集团在环渤海地区的内贸中转中心、海铁联运中心和空箱调运基地,大力支持大连港口的内贸箱中转、国际中转、海铁联运、内陆港建设等有效措施,支持大连港口集装箱业务加快发展。2015年,中远集团再以大连为起点,开展再航北极,经由北极东北航道与欧洲港口进行双向通行,并实现常态化运营新突破。随着北极航道的开辟,将有力促进东北地区与航线沿线各地的经济合作,进一步发挥大连在"一带一路"中的重要节点作用。这一时期,随着双方合作力度的不断加大,中远集团下属的在大连的单位——大连远洋、中远船务、大连中远川崎船舶工程有限公司等多家企业发展业绩良好,为助推大连"三个中心、一个聚集区"建设、打造东北亚国际航运中心做出了积极贡献。为响应国家号召,支持天津市将滨海新区建设成北方国际航运中心和国际物流中心,2006年9月和11月,中远集团分别与天津市政府、天津市保税区管委会签署了战略合作框架协议和合作协议。中远集团与天津保税区首期合作的公司包括中国远洋、中远航运和佛罗伦货箱控股有限公司。与此同时,中远集团积极参与天津港码头、物流加工区和综合配套区的建设。

为支持海峡西岸经济区建设,2006—2007年,中远集团先后与福建省及福建省下属的海峡西岸港口群厦门、泉州等城市建立战略合作关系(图1-15)。根据与福建省政府签署的战略协议,双方本着"着眼长远、互惠互利、实现双赢,共同促进海峡西岸经济区发展"的原则,将在修造船、码头建设、物流、对台航运以及其他业务领域建立全面的战略合作关系,并将在战略合作框架协议的基础上,探讨更广泛领域的合作,尽快制订落实修造船、码头建设等有关合作项目的具体方案和措施。随后,中远太平洋投资的泉州太平洋集装箱、散货码头,厦门远海集装箱码头先后投产。中远集运也根据当地的港口条件和货源情况,增加了内外贸航班的挂靠海西港口的班次与密度。随着两岸交流的发展,厦门远洋先后开通了福建直达金门和台湾本岛的客运班轮航线。

图 1-15　2006 年 7 月 4 日上午，中远集团和泉州市人民政府在北京远洋大厦签署了战略合作框架协议。

为加快推进泛北部湾区域经济合作，加快广西北部湾经济区开放开发，中远集团与广西壮族自治区人民政府建立了战略合作伙伴关系。2007 年 10 月 28 日，广西壮族自治区人民政府与中远集团战略合作协议签字仪式在南宁举行。广西壮族自治区人民政府主席陆兵和中远（集团）总公司总裁魏家福分别代表双方在协议上签字。交通部部长李盛霖、副部长翁孟勇，广西壮族自治区党委书记刘奇葆、中远（集团）总公司副总裁李建红及参加中国—东盟港口发展与合作论坛的新加坡、文莱等 10 个国家的交通部长和东盟秘书长出席了签字仪式。根据战略合作协议，双方将开展在港口、物流领域的合作，探索在资源能源开发、修造船等业务上的合作。

2008 年 4 月 26—28 日，第三届中国中部投资贸易博览会（简称中博会）在武汉召开。中共中央政治局委员、国务院副总理王岐山在论坛开幕式暨"万商西进"高峰论坛上做主旨演讲，香港特区行政长官曾荫权等政要在开幕式上致辞。魏家福总裁作为唯一的企业领导人代表，作了题为《加强战略合作，服务中部崛起》的演讲。展会期间，中远集团与山西、安徽、江西、河南、湖北、湖南六省人民政府签署了战略合作协议。根据协议，中远集团将积极拓展在中部六省的业务，并充分利用中远集团的网络资源，继续大力支持中部地区"承接产业转移"的工程，为中部企业"走出去"构筑与全球市场连接的桥梁。

为支持海南省的发展，中远集团与海南省于 2005 年签署了战略合作协议，并积极推进与海南省签订的战略合作项目的落地。2007 年 4 月 20 日，中远集团在海南博鳌与海南省签署《中远集团投资建设和发展海南琼北港口合作协议》《中远集团与海南港航控股有限公司合资合作协议》。2007 年 12 月 13 日，中远集团与海南洋浦经济开发区管理局在海口市签署了《中国远洋运输（集团）总公司与海南洋浦经济开发区管理局投资合作意向书》，本着互惠互利、合作共赢、共同发展的原则，与海南省和洋浦经济开发区共同努力、发挥各自优势、促进地区经济的发展。

在珠三角区域，这一时期，中远集团先后与深圳市、广东省、汕头市、珠海市签署了战略合作协议。2008 年 3 月 9 日，中共中央政治局委员、广东省委书记汪洋在十一届全国人大一次会议广东代表团全体大会上，诚邀中远集团抓住广东经济转型机遇，把中远集团在广东的业务做大。当年 5 月 19 日，中远集团与广东省人民政府隆重签署了战略合作框架协议。2010 年 9 月，广东省委书记汪洋会见中远集团党委书记张富生，听取了中远集团生产经营和改革发展的有关情况，以及中远集团在广东省航运、物流、码头、修造船等业务的开展情况，并希望中远集团能够进一步加强与广东省的合作，为推动广东省经济社会建设和发展作出更大贡献。2011 年 6 月，作为履行广东省与中远集团战略合作框架协议的重要环节，中远下属骨干单位——深圳远洋将获批投资建造的首批 8 艘价值 16 亿元人民币的沿海专制船全部交由驻粤央企中国船舶工业集团公司所属单位建造。6 月 23 日，深圳远洋与中国船舶工业集团公司在广州举行"中远沿海专制船建造合同签字仪式"。中共中央政治局委员、广东省委书记汪洋，广东省委副书记、省长黄华华，广东省委常委、常务副省长朱小丹及有关政府主管部门领导，中远集团总裁、中国远洋董事长魏家福，中船集团总经理谭作钧等出席签字仪式。

在长三角地区，这一时期，中远集团先后与江苏省、浙江省、上海市、连云港市、南京市、舟山市建立了战略合作关系，全面参与上海国际经济、金融、贸易、航运中心建设，与周边省份在航运、海洋工程、码头、物流等领域开展了一系列合作。

加强与地方的合作，既是中远集团响应国家号召，推动国家区域发展战略的重要举措，在助力地方经济发展的同时，也推动了中远集团产业的多元化发展，提升了中远集团品牌的含金量。

四、以经促政，强化国际合作

随着中国国力的增强和在外交舞台上的声音更加响亮，中远集团在实现全球化发展的过程中，一方面充分运用中国外交资源所提供的坚强的后盾和支持，另一方面，也积极发挥作用，在世界外交舞台扮演中国友谊使者的角色。作为中国最早实施"走出去"的中央企业之一，中远集团的全球化经营和境外公共关系管理得到了党中央、国务院的高度肯定。在国家有关部委的重视和信任下，这一时期，中远集团积极推行"全球化思维，本土化运作"的跨国经营策略，利用多年来积累的境外公关优势，本着互利双赢的原则，在"走出去"的过程中，将企业经营管理活动全方位地融入东道国的政治、经济和社会等各个层面，在促进东道国经济繁荣、增加当地就业机会的同时，拓展自身的发展空间。在代表国家开展"以经促政"，维护国家利益，促进国家政府间经济政治合作上，做了大量卓有成效的工作。

（一）中远集团挂靠波士顿港成为中美经贸互利共赢的典范

2001 年，由于受到"9·11 事件"的冲击，美国波士顿港经济困难，历史悠久的"劳工港"面临关闭的命运，9000 名员工面临失业，麻州州长给中远集团魏家福总裁写信，希望中远船舶挂靠。鉴于波士顿港是美国历史名城，新英格兰地区著名货主也积极支持，而且中远集团在当时的挂靠，有助于促进两国的经贸关系。虽然会面临一定的效益风险，但是对中远集团整体竞争力有积极推动作用。经过充分的调研以后，中远集团决定挂靠该港口。2002年，中远"珍河"轮挂靠波士顿港，结束了波士顿港与远东没有班轮航线的历史。一家中国国企给9000个美国人带来了就业机会，此事在波士顿、马萨诸塞州乃至整个美国造成了轰动。经过各方努力，该航线成为中美贸易合作的典范。麻州各界，包括州府、议员、劳工，都意识到中远集团挂靠波士顿港后，恢复了波士顿作为麻州经济龙头和新英格兰地区6个州门户的地位，不仅拯救了波士顿港地区和海运息息相关的产业链和成千上万的工作岗位，同时还创造了新的就业机会。中远与麻州港务局的成功合作，提升了中国企业在美国的影响力，成就了中美两国企业互利双赢的一段佳话。为表彰中远集团的贡献，美国马萨诸塞州经济促进委员会和美国国际码头工人联合会（ILA）授予中远集团经济促进者奖（Economic Booster Award）和"创造就业机会奖"（Job Creation Award）大奖（图1-16）。2009年10月20日，马萨诸塞州民主党议员史蒂芬·林奇（Stephen F. Lynch）也对中远集团在美国的经营给美国社会和经济带来的突出贡献做了特别提案，在美国国会提议并通过了授予中远集团魏家福总裁"人民大使"的荣誉称号。该议员在国会的讲话中指出，中远集团是最早加入符合美国国土安全部安保资格的船公司，中远是中资企业在美最大的雇主，中远多次受到美国重要港口包括长滩、西雅图、纽约和波士顿的表彰，特别是中远集团开辟的波士顿到中国的直航服务，在马萨诸塞创造了数千个海运相关的工作机会（图1-17）。

图1-16　2007年6月15日下午，波士顿马萨诸塞州州府举办"中远挂靠波士顿港五周年庆祝活动"，"国际码头工人联合会"向中远集团颁发的"创造就业机会奖"。

图1-17　中远船舶在波士顿港（2008年）。

2012年3月2日，在马萨诸塞州政府、马萨诸塞州港务局、美国国际码头工人协会和新英格兰地区贸易联合会联合举办的中远集团挂靠波士顿港10周年庆祝活动上，马萨诸塞州港务局对中远集团挂靠波士顿港10年以来为波士顿港累计带来的上万就业岗位表示感谢和敬意。代表码头工人的国际码头工人协会（ILA）还向中国国务院总理温家宝颁发了"美国工人的最佳朋友"（Best Friend of the American Workers）奖，以感谢温总理2003年12月专程到波士顿港康利码头，看望当地码头工人，并支持中远集团在波士顿港的发展。时任中国驻美国大使张业遂代表温总理领奖并致辞,表示中远集团与麻州港务局的合作关系就是中美两国关系的缩影,中美两国应继续加强合作,以合作创造共赢。温总理 2012 年 3 月 14 日在十一届全国人大五次会议闭幕后接受中外记者采访时表示:"最近美国码头工人协会授予我一个'美国工人之友奖',这个奖与其说是授予我的,不如说是中美经贸互利共赢的一个范例。"

(二)坚持做好美国主流社会的公关工作,为免除中资航运企业在美"受控承运人"待遇做出贡献

中远集团坚持"履行中远社会责任,当好全球企业公民"的指导思想,通过在美业务平台和管理平台,本着"让美国了解中远,让中远深入美国"的目标,积极开展公共关系工作,通过努力融入当地主流社会。中远集团委托美国著名公关公司,协助中远美洲公司进行公关基础工作和建立美国主流社会公关链工作;组织中远集团在美大型纪念活动,邀请美国政府官员、国会议员、各界知名人士参加,促使美国主流社会了解中远集团企业品牌和增加知名度;参加美国各界行业会议和纪念活动,并利用机会宣传中远集团;安排集团领导访美和访问美国政府高级官员,促进美高级官员对中远集团的了解,建立官员间友好、互信关系和友谊;安排集团领导在访美期间举行讲演活动,宣传中远集团企业形象,促进各界人士了解中远集团企业品牌;开展中美两国专业行业协会和行业管理间的交流;与美国社区发展和环保建设,以此提高中远集团在美国的知名度和信义度;建立和谐的媒体关系,扭转过去对中远集团报道不实的状况,使美国社会了解真正的中远集团。最终中远集团在美国 3 次获得国会议员在国会公开表彰,并载入美国《国会议事录》。

中远集团注意结合本企业的特点,配合中国驻美使领馆,积极与美国议员和主流社会建立关系,通过本企业的合作方和朋友,做好中美关系的促进工作。通过已建立起的公关网络,向有关国会议员和政府官员宣传、广泛表达中远集团希望维持中美贸易平衡,巩固健康的中美经贸关系,反对通过施加压力,人为改变人民币汇率的意见。

在美国,中远集团开展业务长期受到"受控承运人"不公平待遇。为了解决这个问题,中远集团积极参与支持中国交通部与美国运输部间的双边海运会谈活动,通过不断努力,在多方推动下,2004 年 4 月,美国联邦海事委员会(FMC)发布命令,正式无限期地给予包括中远集团在内的 3 家中国船公司"受控承运人"部分豁免,减少了对中国船公司在运价登记方面不公正待遇的影响。美国国会"交通运输委员会"资深参议员詹姆斯·奥斯塔(James Oberstar)在美国国会发表了中远集团对中美海运协定签署所起到的积极作用的演讲,并在海运协定签署后,将发言稿赠送给中远集团,这是美国国会议员首次在国会演讲中正面肯定中远集团,对最终促使"受控承运人"的解决,起到了积极作用。

(三)积极维护与巴拿马良好关系

巴拿马是中美洲最南部的国家,处于中国和西半球的战略通道上,同时也是南北美洲的交叉点,具有十分重要的地缘位置,是中国对西半球国家关系的重要变量。巴拿马中央连接大西洋与太平洋的巴拿马运河,拥有重要的战略地位,是南、北美洲的分界线,有"世界桥梁"之称。自 1914 年通航至 1979 年间,巴拿马运河一直由美国独自掌控,直到 1999 年 12 月 31 日,美国才将巴拿马运河管理权完全交还给巴拿马。以运河为依托发展海运业,已经成为这一时期巴拿马的重要国策。进入 21 世纪,中国已经成为巴拿马运河第三大使用者,是全球第二大贸易区——巴拿马科隆自由贸易区的重要客户,每年为巴拿马带来丰厚的经济收入。同时,巴拿马也成为众多中国大型企业进入美洲市场的重要门户。因此维系好中巴两国之间的关系,无论对于巴拿马还是对于中国国家利益的发展和参与全球化贸易方面,都具有重要的战略意义。作为中国最大的航运企业和巴拿马运河的主要使用者,到 2003 年,中远集团每年有 300 艘以上的船舶经过巴拿马运河,过河指数位居第 4 位,此外中远集团还有 170 多条船舶在巴拿马注册,中远集团对外劳务公司代理巴拿马海事局在中国发放巴拿马海员证和船员适任证书,双方的业务往来非常紧密,然而由于历史原因,巴拿马与中国台湾地区一直保持着所谓的"外交关系"。这一时期,根据中央的统一部署,中远集团通过"以经促政",发挥民间大使的作用,为推动中国和巴拿马两国外交关系正常化方面,做了大量卓有成效的工作。

这一时期,中远集团以航运为纽带,与巴拿马国政府之间开展了积极的互动。2003 年 1 月 29 日,巴拿马运河管理局局长阿尔巴托·阿莱曼·祖比埃塔代表运河董事会,正式邀请中远集团魏家福总裁加入运河国际顾问委员会,打破了此前西方反华势力和台湾当局对中资企业加入委员会的重重阻碍。2005 年 2 月,中远集团魏家福总裁一行肩负着中央领导关于"以经促政,推动中—巴建立外交关系"的重任,率团出访巴拿马,与巴拿马总统、副总统、经济部长、海事局长等开展了一系列卓有成效的民间外交工作。根据出访调研结果,中远集团决定服从国家需要,按照集团在美洲发展战略布局,作出了开拓巴拿马及加勒比海地区业务,确立巴拿马为集团区域性国际航运中转中心的总体部署。2005 年 4 月 12 日,中远集运美东全水路航线(AWE-2)"聪河"轮首次挂靠巴拿马大西洋西侧的长荣科隆集装箱码头 CCT,标志着中远集团以巴拿马为中转中心,向巴拿马及加勒比和中美洲地区提供集装箱货运服务的开始。4 月 13 日,中远美洲公司在巴拿马城举办了中远巴拿马公司成立十周年暨"聪河"轮首航巴拿马成功庆典活动,巴拿马第二副总统兼海事局长、总统海事顾问、外交部政策司司长、运河管理局副局长等政商界人士共 110 多人参加了庆典活动。巴拿马总统马丁·托里霍斯总统委托总统府秘书长对中远集装箱班轮首次挂靠巴拿马港口,以及中远巴拿马公司成立十周年表示祝贺。巴拿马科隆自由贸易区总经理表示:"我们努力了 30 年,今天终于有中远的集装箱班轮挂靠巴拿马港口,这给巴拿马的经济发展和缓解科隆时代就业压力创造了机会。"巴拿马第二副总统在庆典上表示:"巴拿马政府和中远集团长期保持着良好的合作关系,今天随着中远集装箱班轮挂靠巴拿马港口,并选择巴拿马作为中转中心开展对加勒比海地区和中美洲的服务,这将把双方的合作提高到新的水平。"4 月 18 日,巴拿马总统海事顾问雨果·托里霍斯专程拜访中远巴拿马公司,并表示:"相信今年年底前,巴拿马政府将会开始和中国进行建交谈判,到那个时候两国关系将会翻开新的一页。"2006 年 7 月 5 日,中远巴拿马公司举行"中远巴拿马"轮首航巴拿马仪式。巴拿马第一夫人维维安·费尔南德斯、第二副总统兼海事局长鲁本·阿罗塞梅纳、运河管理局局长阿莱曼·苏比尔塔和国会外交委员会主席胡安·阿罗塞梅纳、中国巴拿马贸易发展办事处代表鲍鄂生和中远集团党组书记、中国远洋副董事长张富生等嘉宾出席仪式。"中远巴拿马"轮是一艘近3000TEU的货船,服务于中远集运CUE(中国/巴拿马/美东)航线。

此后中远集团领导又多次率团出访巴拿马,并邀请巴拿马副总统兼海事局长一行参加在中远集团举办的2005年国际海运(中国)年会(图1–18)。双方在海运领域的合作进一步加深,中远香港航运公司接受巴拿马海运学院的学生到船舶实习,青岛远洋船员职业学院(简称"青岛船院")与巴拿马海运学院建立了海事教育合作,并于2006年12月28日代表中远集团向新成立的巴拿马国际海事大学捐赠了青岛船院自行研制的轮机模拟器。2007年6月13日,由巴拿马运河局主办,中国船东协会、中远集团协办的"巴拿马海运日"活动在上海举行。时任中共上海市委书记习近平会见了前来上海出席巴拿马运河第十四届顾问会的巴拿马运河顾问及董事。

随着中巴双方经贸往来的加深,巴拿马与中国建交的愿望更加迫切。在此期间,巴拿马国政府多次向中国表达了建交的意愿。2008—2015年,马英九担任台湾地区领导人,海峡两岸采取了基于"一个中国"原则的"外交休兵",为了不影响当时刚刚开始回暖的两岸关系,中国政府暂时没有接受巴拿马的请求。然而,在中远集团等国有企业积极促动下,中巴双方之间的经贸往来,随着交往的密切不断提升(图1–19)。到2015年,中国已经是仅次于美国的巴拿马运河第二大使用者,成为巴拿马科隆自由贸易区的最大供货国和最大贸易伙伴。每年有超过1.3万艘船通过巴拿马运河,货物运输量超过3亿吨,约占世界贸易总额的6%。其中20%的货物来自或前往中国。在每年19亿美元的运河通行收入中,中国缴纳了1.5亿美元,为巴拿马带来丰厚的经济收入。中远集团每周至少有4—5艘货轮通过运河,平均载货量在8000TEU以上。

图1-18 中远集团董事长魏家福在远洋大厦会见了来访的巴拿马运河局局长Alberto Alemán Zubieta一行。

图1-19 2006年9月27日晚,巴拿马政府在总统府为获得2006年度杰出海运奖的单位和个人举行了隆重的颁奖仪式。中远集团作为航运公司,再次获得这一殊荣。

（四）中远集团在全球其他区域国际合作

除美洲地区外，中远集团根据境外区域布局，在全球范围内都开展了积极的企业外交。在欧洲，中远"以经促政"，与欧盟的主要国家保持了良好关系。希腊比雷埃夫斯港等一批"一带一路"沿线码头项目，成为这一时期中欧合作的典范。中远欧洲公司积极参与地方外事活动，通过参与领导当地中资企业协会、组织货主招待会等形式，扩大中远的知名度，并多次成功协助中远集团参加欧洲地区举办的达沃斯世界经济论坛、ITF 国际运输论坛、冰岛北极圈论坛等大型国际会议。从 2004 年开始，中远欧洲公司一直是德国"汉堡峰会"的主要赞助人，"汉堡峰会"是中国与欧洲之间经济关系的高级别会议，每 2 年定期在德国汉堡举办一次。原国务院副总理曾培炎，原国务院总理温家宝，原国务院副总理张德江，原国务院秘书长马凯，第十一届全国政协副主席、科技部部长万钢，国务院总理李克强分别先后参加过汉堡峰会并发表演讲。通过组织参与上述活动，促进了中远企业文化与当地文化的融合，使中远集团成为汉堡中资企业的形象代表。在亚洲，中远集团通过博鳌亚洲论坛的平台，为我国在亚洲的外交工作做出了应有的贡献，并且在博鳌亚洲论坛的发起、成立和发展过程中，做出了重大贡献。中远集团魏家福总裁作为中日友好二十一世纪委员会的委员，致力于推动中日友好，加强互信，促进两国贸易和投资的健康发展。中远新加坡下属各单位积极参与领导地方中资企业协会的工作，认真配合使馆工作，服务中国企业，不断扩大中远集团影响力。中远印度公司先后参与了这一时期国家主席习近平和国务院总理李克强出访印度的外事接待工作。

中远在非洲开展经营的同时，积极履行社会责任，中远非洲公司除 8 名主要关键岗位外，近 90% 雇员在当地聘用，有力地支持了当地的就业。从 2005 年开始，公司以各种形式支付了 230 多万兰特，对大学困难学生，特别是黑人学生进行定向的资助。2011 年，起根据南非黑人振兴法案 CBEE 的要求，只有通过 BEE 对黑人贡献值评估①的企业，才可以与南非政府机构及国有企业签署合作协议。凭借良好的社会责任分值，2011 年，中远非洲 CosREN 代理公司获得与南非 Transnet 公司签署码头班轮协议的资质（CTOC）。

第五节 拓展港台业务

一、中远集团与海峡两岸经贸文化交流

长期以来，中远集团一直是海峡两岸经贸文化交流的大力倡导者和积极践行者。从 20 世纪 90 年代开始，中远集团便积极把握两岸关系和平稳定发展的大趋势和新政策，不断探索对台业务的开展。1993 年，"九二共识"达成后的第二年，两岸合作交流出现了新契机，中远集团果断决策，利用厦门经济特区的区位优势，于 1994 年成立了厦门远洋运输公司，并赋予厦门远洋促进和迎接海峡两岸直接"三通"，积极为两岸直航做准备，成为中远集团

---

① 对黑人、有色人种和残疾人的就业和培训，以及针对黑人社会公益捐赠等进行 BEE 评估积分。

面向"三通"的战略基地和窗口的历史使命。1997年4月,厦门远洋"蔷薇河"轮开通了福州/厦门/高雄的"试点直航"周班航线。2001年初,金门、马祖、澎湖与福建沿海地区之间实现直接通航,厦门远洋与厦门旅游集团有限公司、福建省厦门轮船总公司、厦门港务集团和平旅游客运有限公司、上海起帆科技股份有限公司专门合资组建了厦门三联船务企业有限公司,建造新集美轮,最早开辟了厦门—金门两岸海上客运"小三通"直航航线。2008年6月18日,面对两岸全面"三通"的大趋势,中远集团两岸'三通'工作研讨会在北京召开,邀请交通运输部负责对台工作相关领导作两岸形势以及"三通"工作情况介绍,对中远集团对台工作及"三通"工作进行了部署(图1-20)。

图1-20 2008年6月18日,中远集团召开"三通"工作研讨会。

2008年11月3至7日,海峡两岸关系协会会长陈云林率海协会协商代表团访问台湾。其间,海协会、海基会最高领导人首次在台北举行会谈,就两岸空运直航、海运直航、直接通邮等签署协议,中远集团许立荣副总裁以航运业专家身份随同海协会访问,见证了包括《海峡两岸海运协议》[①]在内的"四项协议"的签署。在"两岸工商界和海运界座谈会"上,许立荣副总裁代表中远集团做了书面发言,介绍了中远集团参与两岸间货物运输和开展与台湾同行的合作情况,阐述了两岸海运直航对航运和贸易的实际意义,表达了对两岸海运直航的盼望和欢迎,并提出建立业内沟通交流机制、加强航运企业合作、开放航运市场和推动两岸业内相互投资四项建议。2008年12月15日,协议正式生效,海峡两岸海运、空运和邮政正式直通。这标志着两岸"三通"基本实现。在新的历史机遇期,中远集团一方面把握历史使命,开辟两岸直航航线;一方面积极拓展其他在台业务,为两岸经贸、文化发展做出了贡献。

(一)两岸直航航线的开辟

1. 开辟集装箱直航航线

随着中远集装箱船队体制改革,这一时期,两岸"试点直航"的工作转由中远集运经营,但由于这一时期台湾当局对两岸直航采取"不通关、不入境"的限制政策,"试点直航"的船舶只运送中转货物,两岸间的直接贸易货物只能由挂方便旗船舶通过"两岸三地"航线来运输,即"一船到底",在第三地(主要是石垣岛或香港)换单、不换船的间接货运通航模式。由于航线单一,业务规模很小,经济效益较差,"试点直航"2007年9月开始处于暂停状态。"两岸三地"模式也存在着绕航成本高、竞争激烈等问题。

---

① 根据《海峡两岸海运协议》,"两岸登记船舶自进入对方港口至出港期间,均不按国际惯例,在船舶主桅杆和船尾挂旗,只在主桅上悬挂公司旗。"

2008年11月13日,两岸"大三通"在即,中远集团副总裁许立荣牵头召开了专题会议,就两岸海运直航工作进行了部署。经过周密筹划,2008年12月15日,国产首艘万箱船"中远大洋洲"轮、"远河"轮分别在天津新港、上海洋山港开启了直航台湾高雄港的航程。天津市市委书记张高丽、全国政协副主席郑万通、国务院台湾事务办公室主任王毅、交通运输部部长李盛霖、海峡两岸交流协会会长陈云林、中国国民党荣誉主席连战、中远集团总裁魏家福在天津新港出席了"两岸三通—海运直航"首航仪式;上海市市长韩正、国台办副主任郑立中、交通运输部副部长翁孟勇、国民党副主席蒋孝严、上海市副市长唐登杰、海协会副会长安民、中远集团党组书记张富生在上海洋山港出席了首航仪式。12月18日上午,"两岸直航:中远'大洋洲'轮、'远河'轮高雄港首航典礼"在高雄港隆重举行(图1-21)。中远集团总裁魏家福、高雄港务局长谢明辉、台塑企业总裁王文渊、阳明海运总经理何树生等出席了庆典仪式。12月16日,"潮汕河"轮从台湾基隆港返航直驶宁波港,成为两岸海运直航协议生效后,从台湾直接返航大陆的第一艘船舶。

图1-21 "中远大洋洲"轮和"远河"轮分别开启天津、上海至台湾的海运直航航程。

随着两岸关系的进展,经历了十几年不断的改善经营,中远集装箱运输业务在台湾有了长足的发展。到2014年,中远共经营包括两岸航线在内的25条集装箱航线,挂靠台北、基隆、台中及高雄等港口,航线链接南北美洲、西北欧、地中海、大洋洲、新西兰、波斯湾、红海、南非等地区。

在低迷的全球集装箱运输市场中,中远集装箱运量在台湾地区保持了稳中有升的良好态势:2010年进出口总量达到13.91万TEU,2015年上升到19.22万TEU。

2. 开辟两岸直航客运航线

在推动两岸客运直航方面,地处海峡西岸厦门特区的厦门远洋运输公司,发挥着不可替代的作用。在海峡两岸实现"三通"的历史机遇期,厦门远洋始终恪守中远集团赋予的"推动两岸海上直航"的光荣使命,把"发展对台航运"作为企业的重要责任,先后开辟了厦门至台中、基隆,大麦屿至基隆等3条大陆与台湾本岛往返的"大三通"直航航线,以及厦门、泉州与金门之间的往返的"小三通"航线。直接经营和参与管理的"三通"航线船舶包括"中远之星"轮、"五缘"轮、"泉州"轮等四艘,形成了密集完整的两岸海上直航网络。到2013年,厦门远洋对台直航船舶所运送的旅客突破100万人次,为两岸的经贸交流、人员往来、旅游观光提供了方便、快捷的服务，得到了两岸社会各界和民众的高度关注和评价。

（1）开辟泉州／厦门—金门直航航线

①泉州—金门航线

2006年，厦门远洋联合金门金厦海运股份有限公司和泉州石井港口发展有限公司组建了泉州中远金欣海运有限公司。2006年6月8日上午，泉金客运直航航线于泉州南安市的石井港码头正式首航，定员248人的"泉州"号客轮搭载来自泉州各地的145名游客首航金门，标志着泉州与金门全面实现客货运直航。这是继厦门—金门、马尾—马祖客运直航开通之后，海峡两岸开通的第三条"小三通"客运直航航线，也是中远集团全资子公司和台湾的航运公司第一次合资组建一个公司，共同经营一条航线，开创了两岸航运合作的新模式，也更密切了两岸航运界的联系。合资公司成立后，客运量逐年增加，效益逐步提高，2007年安全运送旅客47264人次。2008年9月起，"泉州"轮参与经营厦门五通／金门航线。2008年运送旅客92203人次，2009年1—7月运送旅客83391人次。

②厦门—金门航线

继2006年开辟泉州／金门客运航线之后，厦门远洋抓住交通部和福建省要求进一步提升厦门／金门航线船舶档次和服务品质的有利时机，经集团总公司批准，购入了豪华客轮"五缘"轮。2007年10月1日，正式投入厦门／金门客运直航。"五缘"轮是一艘由挪威建造、核定载客338人的高速客船，船名寓意着闽台之间地缘相近、血缘相亲、文缘相承、商缘相连、法缘相循。随着厦金航线部分老旧船舶的退出，"五缘"轮成为厦金线的主力船舶。一些台商因为生意需要，1天要乘坐"五缘"轮往返厦金2次。嫁到台湾的大陆新娘回家省亲，红十字会护送病人回台，两岸信徒结团进香，也都会乘坐快捷便利的"五缘"轮（图1-22）。

与此同时，"五缘"轮还承担了多次政治任务，完成了厦门五通／金门水头客运航线的首航任务，并多次承担厦门市委、市政府赴台参访团的专船运送任务（图1-23），同时还承担了厦门市暂住人口赴台湾旅游首发团、首个大陆千人赴台旅游团的运送任务。

图1-22　厦门远洋"小三通"客轮——"五缘"轮。

图1-23　2009年3月23日，厦远"五缘"轮搭载厦门市市长刘赐贵率领的厦门市政府赴台参访团一行驶离五通客运码头，参访团赴台之旅正式启程。

自2007年投入营运后,"五缘"轮累计安全运送旅客超过136万人次,安全零事故,旅客零投诉,准班率百分之百,以良好的硬件设施及优质的服务,赢得了地方政府、主管部门和台胞的高度赞扬,成为同航线船舶中载客率最高的船舶。先后获得中央企业"青年文明号"、全国交通建设系统"工人先锋号"、全国交通运输行业"文明示范窗口"等多项光荣称号,在两岸"小三通"航线上树立起了中远的品牌。

(2)"中远之星"轮首开大陆至台湾本岛定期客滚班轮航线

为做好"三通"后两岸直航的准备,从2008年上半年开始,中远集团运输部、研发中心和厦门远洋就共同组成了客滚运输项目专题调研组,对两岸直航客滚运输市场进行全面调研。2008年12月,两岸"三通"正式开启。根据交通运输部指导建议,福建省积极筹划开通福州至基隆,厦门至台中、高雄海上客运(客货、客滚)直航航线,并多次商请中远集团率先开启两岸海上客运直航航线。面对不容错过的历史良机,经过严密论证,2009年5月6日,中远集团正式批复同意了厦门远洋海峡两岸直航客滚船项目。2009年6月,厦门远洋成功购入2.68万总吨的大型豪华高速客滚船,命名为"中远之星"。该船全长186米,服务航速22节,额定载客量为683人,可装载256标准集装箱,另可供150辆汽车停放。为确保两岸直航客滚船项目的顺利推进,2009年7月2日,中远集团召开专题会议,成立以许立荣副总裁为组长的集团客滚船项目推进小组,协调系统资源为"中远之星"轮首航做准备。

2009年9月6日,"中远之星"轮搭载175名大陆游客,缓缓离开厦门海峡邮轮中心码头,驶往台中港,开始了厦门—台中直航航线的首航。11月19日,"中远之星"轮开始常态化营运,正式开通厦门/台中、厦门/基隆客滚航线。"中远之星"轮成为60年来海峡两岸间首艘定点定线船舶,使两岸海上客运也从"个案"走向"通案",掀开了全面"三通"时代的历史新篇章。2010年5月,"中远之星"轮首航高雄,6月26日又开辟了浙江台州大麦屿—台湾基隆航线,进一步拓宽了市场领域,将中远品牌辐射到大陆其他省市。2013年9月,"中远之星"又开辟了高雄第一条对大陆客运航线——高雄至厦门航线,实现了对台湾北、中、南地区航线的全覆盖。自此,"中远之星"轮常态化运营厦门/台中、厦门/基隆与基隆/大麦屿,每周各一个往返航班,年运送旅客约4万人次,集装箱近1万标准箱,为两岸旅客、集装箱、冷藏柜提供"夕发朝至"的快捷服务。

"中远之星"直航海峡两岸,开创了对台直航的崭新格局(图1-24):"三通"航线优势互补,各显所长,逐渐形成了一条完整配套的两岸海上交流渠道,极大地带动了来往的人流、物流和信息流。

在业务开拓方面,2010年10月,活鲍鱼首次通过"中远之星"轮运抵台湾,开启了两岸鲜活产品的运输通道。2012年3月,"中远之星"轮运载两部厦工工程车赴台,工程车首次以自行驶入船

图1-24 中远集团海峡两岸直航客轮——"中远之星"。

舱的滚装作业模式入台；7月，大陆的国产大巴SKD模式输往台湾，开始了放弃常规平板集装箱运输的作业模式。2014年7月，从台湾出发的海运快件由"中远之星"轮运抵厦门东渡码头，标志着两岸海运快件业务正式迈入试点运营阶段；9月，"中远之星"轮4个大陆牌照车架首次入台，开创了大陆牌照车架在台湾上路行驶的先河。2015年5月，台湾牌照小汽车首次通过"中远之星"入闽，实现了台籍车辆在大陆自驾游的梦想。在贸易车辆方面，成功吸引大小金龙、比亚迪、宇通客车、KATO等省内外的大巴和工程车通过"中远之星"轮销往台湾。此外，"中远之星"轮也成为友达电子、冠捷电子等台商在大陆投资所产电子面板等货物的快速通道。在两岸海运快件方面，至2017年4月底，"中远之星"轮累计运载海运快件200多个TEU，呈现出良好的发展态势，已成为闽台海运快件的主要通路之一。

与此同时，"中远之星"轮还成为两岸宗教、文化、教育、体育交流的重要载体。台湾天显宫、福州陈靖姑、厦门仙岳山土地公、台湾大甲镇澜宫翡翠妈祖、台湾板桥朝乾宫等两岸各大宗教团体，均搭载过"中远之星"轮往来闽台之间。2013年9月，台南下林玉圣宫近700名信众搭乘"中远之星"轮到厦门，前往福建南安凤山寺参加广泽尊王文化活动，使得甲午战争后中断126年之久的厦门—安平港客运航线得以恢复。从2013年开始，"中远之星"轮与台湾海洋大学和台北海洋技术学院建立长期合作关系，免费为两校航海专业学生提供航程训练，首开大陆客轮为台湾航海学生提供实习机会的先例。除此之外，"中远之星"轮还适时对台湾民众开放参观，在台湾基隆港"黄色小鸭"季期间，与基隆港务局共同组织开展参观宣传日，面向台湾民众开放参观。

至2015年底，"中远之星"轮累计运营585个往返航次，安全航行31万多海里、进出港2000多次，运送旅客327573人次，集装箱45126TEU，鲍鱼等生鲜货物1280吨，各种车辆644部，成为连接两岸的一条重要纽带，被两岸民众亲切地称为"海峡巴士"，被两岸媒体称誉为"见证两岸关系的和平发展，合民意、顺天理"。

（二）中远集团在台湾业务的拓展

1. 驻台湾代表处建立

中远集团一直希望能够以船东身份，在台设立代表处，并派遣自己的管理人员对集团在台业务行使管理职能。2005年5月，中远集团通过在台湾的代理，向台管理部门申请设立代表处，台湾当局以"《台湾地区与大陆地区人民关系条例》尚未开放'大陆商'指派代表人在台设立办事处"为由，未予以办理。

2008年11月4日，海协、海基两会在台北签署《海峡两岸海运协议》，明确了"双方航运公司可在对方设立办事机构及营业性机构，开展相关业务"。2009年，根据"三通"后台湾方面开放陆资的政策情况，为贴近台湾市场，理顺管理及信息来源渠道，扩展集团在台业务和影响力，7月30日，经中远集团2009年第13次总裁办公会审议，决定成立中远集团驻台湾代表处。

2010年10月24日，中远集团在台湾高雄举办"中远高雄"轮首航命名仪式暨中远集团驻台湾代表处揭牌仪式，中远集团驻台湾代表处正式成立，石泽民任首席代表。代表处负责中远集团台湾地区业务拓展的跟踪、调研以及业务经营的协调管理和信息联络，代表集团所属的各二级公司洽商在台业务，对在台业务行使监督、协调和联络的具体功能。

中远集团驻台湾代表处成立后，充分发挥中远集团在台的窗口作用，为两岸交流搭建平台，扩大了中远集团在台湾的影响力。

这一时期，随着两岸经贸往来增加，两岸交流日益频繁，大陆方面派出多个重要代表团来台访问交流。中远台湾代表处作为中远集团的派驻机构，按照集团总公司的要求和部署，不仅出色完成了各项接待任务，还利用两岸交流平台，积极推介中远集团，为两岸航运业务合作建言献策，使中远集团在台湾地区的影响力不断增强。

2010年，台湾代表处代表中远集团参加了"海峡两岸海运直航两周年论坛"，并就中远集团在两岸直航中的工作和贡献做了专题发言。

2011年，时任海峡两岸关系协会（简称"海协会"）会长陈云林率领53家大陆企业领导人代表团访台，代表团一行首先选择来到中远台湾代表处视察工作，这也是陈云林会长在台湾驻足的第一家大陆企业，引起了媒体和业界的广泛关注。

2013年2月28日，原国务院副总理、中国国际经济交流中心理事长曾培炎率代表团来台访问，中远集团董事长魏家福陪同参访。中远台湾代表处同样是曾理事长在台视察的首家大陆企业。

2013年12月1日，海协会陈德铭会长率团首次来台，中远台湾代表处又一次成为陈德铭会长第一家视察的在台大陆企业。

在此期间，中远台湾代表处还先后接待了两岸产业合作论坛大陆方共同召集人、国家发改委副主任张晓强率领的代表团，会长钱永昌率领的中国交通运输协会代表团，原交通运输部部长、海航会名誉理事长李盛霖带队来台调研及双方海运会谈活动，时任交通运输部副部长徐祖远率领的参加"海峡两岸海运直航两周年论坛"代表团，原交通部部长黄镇东及公路运输协会代表团，交通部副部长、海航会名誉理事长徐祖远率领的交通运输部搜救中心等赴台参加"2013年海峡两岸海上搜救学术交流研讨会"，中国公路学会名誉副理事长、交通运输部副部长冯正霖以及原交通部副部长李居昌、胡希捷等人来台参加"两岸四地公路交通发展论坛"，海航会名誉理事长、交通运输部副部长何建中率团来台参加"两岸海运论坛"以及中国理货协会、大连港参加的大连市代表团、中国船级社等。

随着这一时期一批大陆办事机构和大陆企业在台湾的设立，台湾代表处与相关机构和大陆在台企业也建立了定期交流机制，保持了良好的交流和密切的关系。代表处也作为中远集团的代表，参加了天津市代表团访问台湾的系列活动、商务部在两岸签署投保协议期间专门组织的陆资企业座谈会，作为大陆在台企业的代表参加了由商务部副部长蒋耀平在参加"两岸经济合作委员会第三次例会"期间组织召开的大陆企业代表的座谈会，以及国台办召集的大陆在台企业代表座谈会。

与此同时，台湾代表处也同台湾当地航运及相关单位建立了密切广泛的联系。通过参与当地主管机关、协会举办的两岸航运情况座谈会、陆资投资座谈会等两岸交流活动，为加强两岸交流、推动台湾航运业向陆资进一步开放等问题积极建言，增进了解互信，提升了中远在台湾的影响力。

除此之外,台湾代表处还积极协助中远集团所属各公司、船队拓展在台业务,全力协调在台各方面的资源,为集装箱船队经营开拓货源;为散货运输和特种船运输拓展台湾市场;提升对台直航客运航线的经营效果,同时为中远集团在台投资和企业转型升级作出了贡献。2012至2013年,台湾代表处共代理的来台湾港口作业的散杂货船舶达234艘次,其中代理中远船舶96艘次,其他公司船舶138艘次,操作的总货量405万吨,其中代理为150艘次揽货146万吨;为厦门远洋"中远之星"轮争取到独享的港口优惠条件;协助中远航运、厦门远洋在台北、台中成功举办了业务推介会。

2. 中远集团在台湾的散杂货业务

2005—2006年,以中远散运为主的散货船队经营了大陆到台湾的电煤运输,此项业务在2007年煤炭供应紧张后呈停滞状态。这一时期,中远集团各公司经营的散杂货船舶,每年大约有50个艘次挂靠台湾港口,年进出口货量超过100万吨,主要为钢材、煤炭、谷类以及其他杂货。

3. 合作投资高雄集装箱码头

投资高雄集装箱码头是中远集团在台湾地区另一个重大投资项目。高雄港吞吐量居台湾首位,其中成立于2007年9月的阳明海运全资子公司高明货柜码头股份有限公司是高雄港唯一可以停靠13000以上箱位大型集装箱船舶作业的码头(图1–25),2012年集装箱吞吐量达到108.45万箱。2012年,中远集团、中海集团以及招商集团合作成立政龙投资有限公司,出资1.35亿美元,折合约40.5亿新台币,于2012年12月27日起持有高明货柜码头股份有限公司30%的股份,成为这一时期陆资在台单项最大一笔投资。

图1–25 高明集装箱码头。

二、中远集团与香港国际航运中心建设

香港是中远集团全球化战略布局的重要区域,也是中远集团尝试"走出去"的第一站。中远系统单位在香港的业务拓展,最早可追溯到1957年成立的香港远洋轮船有限公司和1960年成立的益丰船务企业有限公司,两家航运公司作为最早在香港开拓的中资企业,在香港拥有良好的品牌和口碑。

1994年8月28日,随着我国政府对香港恢复行使主权日期的临近,在香港正式亮出中远的旗号营商的时机已经成熟。中远集团审时度势,决定实施重大体制改革,整合在港业务,将香港远洋、益丰船务和中远驻港代表处下属企业一起组成了中远香港集团,合并总资产16.9亿美元。1997年以后,中远加大了在香港的投资力度,并大手笔进行业务整合。先后将航运主业整合成中远香港航运;中远太平洋和中远国际控股有限公司先后在港上市;中远(香港)工贸控股有限公司、中远(香港)货运控股有限公司和中远(香港)置业有限公司等相继成立,改变了中远在港企业分散经营、各自为战的状况,把分开的手指握成了拳头,实现了规模化经营,增强了竞争实力,提升了发展能力,统一了对外形象和品牌。这是中远在港事业具有划时代意义的里程碑。扎根香港的近60年间,中远系统在港公司发扬"狮子山精神",背靠祖国大陆,放眼世界,在"国家所需、香港所长"结合点上,与香港同呼吸、共命运,共谋发展、共创未来,一起渡过了亚洲金融危机、9·11事件、非典疫情和国际金融海啸等带来的冲击,始终坚守商业准则和企业社会责任,与香港社会共荣。中远品牌也从香港航运界逐步向整个工商界渗透,从资本市场逐步向整个香港社会渗透,成为香港认知度最高的品牌之一,也成为中远全球化品牌建设的成功缩影和重要组成部分。

在一代代中远人的共同努力下,这一时期,中远在香港企业已成为中资企业中具有相当资产规模、市场地位和社会影响的重要一员,活跃在香港多个经济领域,形成了干散货运输、码头运营、集装箱租赁和制造、房地产四大支柱性产业,同时建立船货代理、贸易供应、工业能源、金融保险、信息科技、劳务、旅游、酒店以及其他方面等八个行业种类。在香港打造出了中远香港集团、中远香港航运、中远太平洋、中远国际、中远货柜代理等一批知名企业。中远太平洋、中远国际、中国远洋先后在港股上市,打响了中远品牌。也在香港航运界发挥了举足轻重的作用。

在发展壮大自身实力的同时,中远集团坚持把维护香港长期繁荣稳定作为根本原则和重要任务,积极履行企业的社会责任,在维护香港繁荣稳定、促进内地改革发展及助力企业"走出去"等方面,作出了重要贡献。

(一)维护香港航运中心地位

这一时期,中远集团在港企业作为香港地区规模最大的航运综合企业体,以干散货船队、码头、集装箱船货代理业务、航运服务业务为依托,积极参与香港航运事业,为保持香港国际航运中心地位发挥了重要作用。

1997年中国政府恢复对香港行使主权后,中远集团总公司魏家福总裁在拜会香港特别行政区政府行政长官董建华先生时就明确表示:中远有责任、有义务支持"一国两制"的实施,中远集团及中远香港集团将以实际行动维护香港的经济繁荣,维护香港国际航运中心的地位,中远香港集团会将在其他地区注册的一些船舶改为挂香港旗,此后新增的船舶也全部在香港注册。在之后的十年中,中远集团先后有82艘320万总吨船舶在香港注册。到2006年底,仍有72艘272万总吨香港注册船,比起1997年的6艘20万总吨,分别增长11倍和12.6倍,占香港注册船总吨位的8.6%。在这个过程中,中远香港航运发挥了重要作用,1997年起,中远香港航运先后将在日本制造并即将接收的9艘新散装船在香港注册,以实际行动庆祝我国政府对香港恢复行使主权。随后又将挂利比里亚旗的船舶全部改为香港旗,并将此后的新增船舶全部在香港注册。到 2015 年,中远香港航运在香港注册船舶达 57 艘,655 万载重吨。自 2001 年起,中远香港航运 13 次荣获香港海事处颁发的"香港最多船舶注册总吨位奖"(图 1-26)。2007 年香港回归祖国 10 周年之际,中远香港航运作为唯一获奖单位,荣获"最支持香港注册船东大奖"(图 1-27)。2009 年,中远香港航运 30 万载重吨矿砂船"新鞍钢"轮由于为香港船舶注册总吨位突破 4000 万吨作出突出贡献,荣获香港海事处颁发的纪念奖牌。

图 1-26 自 2001 年起,中远香港航运 13 次荣获香港海事处颁发的"香港最多船舶注册总吨位奖"。

图 1-27 2007 年 10 月 9 日,在香港船东会、香港航运发展局和香港海事处联合举办的"2007 香港航运周展览会"上,香港海事处向香港航运颁发"最支持香港船舶注册船东大奖",是唯一获此殊荣的企业。

到 2015 年,中远在香港注册的船舶已达到 133 艘,1332.5 万载重吨,25.4 万 TEU,占中远注册船舶载重吨的 42%,在中远船队的大力支持和带动下,香港注册船舶数逐年大幅增长,从 2006 年的 1154 艘、3265 万载重吨,排名世界第五位,发展到 2015 年 9 月底,吨位数突破一亿总吨,注册船只数目达到 2449 艘,成为世界第四大船舶注册中心[①]。

在扎根香港,拓展全球码头业务网络的同时,中远太平洋也不断巩固香港作为区内中转枢纽港的地位。2014 年,公司收购亚洲货柜码头控股有限公司 40% 的股权,该码头与中远—国际货柜码头相邻,2 个码头形成长达 1380 米的连贯岸线,大大提高了超大型集装箱船舶靠泊的灵活性。与此同时,中远太平洋还致力于通过优化港口营运来保护环境,并且通过开发和实施先进环保技术,努力提高能源效率,减少码头碳排放。公司积极打造"绿色港口",中远—国际货柜码头和亚洲货柜码头已成立环境委员会,审计根据 ISO 14001 标准制定的节能政策。公司还为码头预留了进行升级或翻新的专项资金,力争达到每年二氧化碳减排 2% 的目标。2006 年开始,公司积极参与香港总商会及香港商界环保大联盟合办的"商界携手、共享蓝天"大型推广活动,第一时间签署《清新空气约章》,承诺率先履行

---

① 全球船舶注册地前三位分别为巴拿马、利比里亚和马绍尔群岛。

"企业简易指引"6项举措,与各界携手,共同改善珠江三角洲的空气质素。

(二)在商言政,扎根香港回馈社会

这一时期,中远集团在港企业积极履行社会责任,忠实履行中联办对中资企业"在商言商、在商言政"的号召,为香港及内地服务社会、保障民生、慈善公益等领域做出贡献,圆满完成了上级交给的各项任务,有力提升了中远集团在香港的形象、地位和影响力。中远香港集团切实履行集团总公司赋予的区域管理职能,全面促进中远驻港企业之间发挥协同效应和整体效能,扎根香港,回馈社会,积极履行企业公民责任,关心香港社会事务,组织参与各类社会公益事务。如2008年的"全民迎圣火"活动,连续多年参加庆祝香港回归巡游活动及国庆大巡游活动等,展现了驻港央企的风采。为体现对香港航运事业的支持及社会责任感,中远香港集团和中远香港航运等单位还先后捐助了香港海事博物馆,建立了"中远厅"。中远香港集团也先后获得"植根香港,服务社会"特别贡献奖,先后被集团总公司评为"双文明建设先进单位"、香港中国企业协会"企业文化建设工作成绩卓越单位奖"等。各属地公司也本着取诸社会、用诸社会的精神,组织并鼓励员工参与各项社会公益活动,成绩斐然。其中中远太平洋连续多年参与香港青年企业家发展局举办的"商校伙伴计划",通过商校合作,安排讲座和参观码头,推动香港学生与企业家交流,帮助他们了解社会,认识自我,建立理想和信心,迎接未来的挑战。2006年,中远太平洋参与香港总商会和香港商界环保大联盟合办的"商界携手、共享蓝天"大型推广活动。2007年加入香港商界环保协会成为委员,推动区内环保和社会可持续发展。中远国际多年来分别支持及捐助世界自然基金会香港分会、香港公益金、苗圃行动、基督教励行会、绿田园基金、邻舍辅导会以及义务工作发展局等多个社会慈善及环保团体,并派出义工团队,参加各项公益慈善活动,慈善捐款和相关资助合计达202万港元,超过380人次参与义工服务,服务逾1770小时,受惠长者、低收入家庭以及内地山区学童逾900人。由于在关心服务社会方面的杰出表现,中远国际连续9年获得香港社会服务联会颁发的"商业展关怀"标志。香港工贸向香港社会福利署推广义工服务督导委员会申请了义工行动企业参与资格,积极参与"香港人、香港心"义工大使行动,多次对上环松鹤老人中心进行探访访问。中远香港置业与中远香港工贸一起,连续多年成功组织员工参加"博爱单车万里行"慈善活动。为加强与港澳台航运业的联系与交流,作为深圳海运协会的挂靠单位,中远香港航运/深圳远洋积极促进"两岸三地"航运业界的交流,组织开展学术研讨、行业调研等,与香港海运学会、台湾航运学会共同发起举办了"两岸三地航运物流研讨会",以"三地"轮流承办的形式坚持举办,对促进两岸三地航运业的交流合作发展,起到了推动作用。

与此同时,中远集团在港企业还以联谊会为纽带,积极引导员工参与各类健康的文体和社会公益活动,丰富员工业余生活,凝心聚气,营造良好的企业文化氛围。"爱国、爱港、爱中远"的企业精神深入人心,为维护香港的长期繁荣稳定做出了贡献。

第二章

巩固航运主业，打造种类齐全的多功能专业化船队

"十五"期间,中远集团航运业通过对船队结构的调整和优化,使船队资源得到了合理配置。截至 2005 年 12 月底,中远集团各直属远洋公司共拥有集装箱船、干散货船、液体散货船、杂货船等各类远洋运输船舶 468 艘,2113 万载重吨,集团所经营船队规模达到 3513 万载重吨,成为世界第二、中国第一的航运企业。

2004 年中国航运企业经营船队规模排名前五位的企业情况见表 2-1(含外国籍运力)。

中国航运企业经营船队规模 表 2-1

排名	企业名称	总运力		自有运力		租赁运力	
		艘数	载重吨	艘数	载重吨	艘数	载重吨
1	中远集团	637	3544	464	2034	173	1510
2	中海集团	413	1275	346	1087	67	188
3	河北远洋	67	694	32	383	35	311
4	外运集团	144	485	45	204	99	281
5	长航集团	2176	423	2159	405	17	18

中远集团航运业的主要业务包括集装箱运输、散杂货运输、液体散货运输、船舶用油供应等业务,并且形成了公司化专业经营的体制。集装箱运输主要由中远集运经营;散货运输主要由中远散运、中远香港航运/深圳远洋、青岛远洋经营;杂货及特种货物运输主要由广州远洋经营;原油和成品油、散装化学品、液化石油气运输主要由大连远洋经营;船舶用油供应主要由中燃公司经营。2005 年,中远集团经营的船队共完成货运量 31691.2 万吨,航运收入 966 亿元。

中远集团自有船队结构状况如表 2-2 所示。

中远集团自有船队结构 表 2-2

项目	艘数	比重(%)	万 DWT(或万 TEU)	比重(%)	平均船龄
合计	468	100	2113	100	13.9
集装箱船	102	21.8	345.5/24.2	16.3	12
干散货船	219	46.8	1343.3	63.6	12.4
其中:灵便型	132	60.3	569.1	42.3	13.4
巴拿马型	70	32	492.6	36.7	10.7
好望角型	17	7.7	281.6	21	6.9
杂货船	113	24.2	175.9	8.3	19

续上表

项　　目	艘数	比重（%）	万DWT（或万TEU）	比重（%）	平均船龄
其中：普通杂货船	32	28.3	41.7	23.7	21.8
多用途船	59	52.2	111.4	63.3	17.3
滚装船	3	2.6	4.1	2.3	25
载驳船	3	2.6	4.8	2.7	10.7
冷藏船	1	0.9	1.1	0.6	21
木材船	5	4.4	6.9	3.9	20.5
沥青船	6	5.3	3.1	1.8	19.8
汽车船	4	3.5	2.7	1.5	21.3
液体散货船	34	7.2	248.4	11.7	10.8
其中：油船	23	67.6	245	98.6	8.8
液化气船	7	20.6	2.3	0.9	17.1
散化船	4	11.8	1.1	0.5	13.3

注：包括广州远洋、中远集运、中远散运、青岛远洋、大连远洋和厦门远洋6家境内航运公司以及中远香港航运和新加坡远洋的船队。

在集装箱运输业务方面，截至2005年12月底，中远集运拥有集装箱船舶102艘，总箱位24.2万TEU、345.5万载重吨，平均船龄12年，提供自营、共同投入船以及互换船舶舱位的服务航线共计130多条，挂靠世界100多个港口。2005年，中远集运完成箱运量550万TEU，其中重箱量421万TEU，运输收入317亿元。

在散货运输业务方面，中远集团散货运输船队有中远散运、中远香港航运/深圳远洋、青岛远洋、厦门远洋和新加坡远洋，截至2005年12月底，中远集团的散货船队共拥有散货运输船舶219艘，1343.3万载重吨，平均船龄12.4年。2005年完成铁矿石、粮谷、煤炭等大宗干散货运输量22045.4万吨，运输收入334亿元。

在杂货运输业务方面，截至2005年12月底，中远杂货船队共拥有各类杂货船113艘，175.9万载重吨，平均船龄19年。中国/波斯湾、中国/韩国孟加拉、中国/红海航线已经发展成为成熟的固定航线。2005年完成运输量1600万吨，运输收入47.5亿元。

液体散货运输业务方面，截至2005年12月底，中远集团经营油轮、液化石油气船和散装化学品船共计34艘，248.4万载重吨，平均船龄10.8年，其中油轮23艘、LPG船7艘、散化船4艘。液化石油气船和散装化学品船正在积极推进合营进程，以扩大船队规模适应市场发展的需求。2005年完成液体散货运量2398万吨，运输收入24.4亿元。

中燃系统主要涉及船用油品供应和供水业务，具有较强的燃油储存、运输、接卸和销售能力，拥有103艘10万载重吨的供油、供水及辅助营运船舶。2005年，主营业务收入280亿元。

这一时期，中远集团航运业经营的主要优势如下：

一是船队已具相当规模。除拥有世界排名前列的班轮运输船队和全球最大的散货船队外，还拥有重吊船、半潜船、滚装船、油轮、液化气船和散装化学品船等专业和特种船舶，可适应不同种类的货物运输，满足不同层次客户的需求，具有参与国际航运市场竞争的雄厚实力。

二是航运体制改革积累了丰富经验，形成了在各自业务领域中具有一定优势的专业化经营公司。中远船队面向市场经营、高效运作，市场营销网络逐步形成，整体实力得到很大提高。

三是经营理念日趋成熟。中远集团通过控制船舶发展运输能力，提高市场竞争能力、增大抗风险能力，此举已经成为集团航运经营的指导方针。到2005年12月底，中远集团租入船舶151艘，规模近1300万载重吨，租船经营队伍在市场中得到了锻炼提高，集装箱船队也与阳明、川崎、韩进、长荣等境内外多家公司开展了合作。

四是信息化水平逐步提高。随着IRIS-2和SAP系统的投入使用，信息系统功能和效率比较落后的局面得到彻底改善。在电子商务方面，能为客户提供包括询价、船期查询、订舱、货物跟踪、货物状态报告、客户服务等一系列的网络资源服务与管理。

五是具有相当实力的市场营销基础。集团经过多年的努力，建立了基本完善的全球营销体系，在世界各地建立了众多揽货网点，为中远船队提供了可靠的货源保证。集装箱运输直接客户比例已超过。散货经营与宝钢等大货主建立了互惠互利的长期合作关系。油船运输开拓了中石油、中石化的油运市场，扩大了市场覆盖面。中燃拥有全国最大的专业化船舶燃油供应网络。

六是船舶管理体制严格、有效。集团严格按照国际法规管理船队，按照ISM和ISO9002标准对船舶实施质量安全管理体系，船舶技术状况得到逐步改善。集团订造了一批以10000 TEU为代表的大型、先进的集装箱船舶和30万吨的VLCC大型油轮船舶，多艘好望角型货船。通过对船舶的不断更新和调整，集团船队的船舶吨位趋于大型化，技术设备趋于现代化，船队结构和船舶配置趋于合理化。

七是具有优秀的人才队伍。在多年的经营中，集团培养了一支国际航运专业知识扎实、经营业务经验丰富的员工队伍。优秀的船员队伍在数量和质量上，已能够满足集团航运业进一步发展的需要。

这一时期，中远集团航运业存在着以下主要问题：

一是面对复杂多变的世界经贸形势，各航运公司对市场预测和应变能力仍有进一步提高的空间。

二是集团航运经营未实现真正市场营销，营销管理还没有贴近市场，揽货工作基础相对薄弱。如散货和油轮运输与大货主建立长期稳定协议的数量还比较少；杂货运输市场主要依靠经纪人，个别航线揽货力量薄弱；集装箱运输虽然直接大客户较多，但与马士基直接客户提供的贡献值相比，差距仍较大。市场意识、客户意识、服务意识、竞争意识有待加强。

三是船队结构不尽合理。虽然在"十五"期间，中远集团船队结构已有较大改善，但船队结构和船型搭配还不能很好适应市场需求。

四是集团各专业公司分散经营，经济上独立，受各自利益的驱动，在租船揽货过程中内部互相竞争，无法发挥中远集团在竞争中的整体优势。各公司租船经营水平也还有提高空间。

五是买造船管理层次多，沟通协调性差，经营单位缺乏自主权。

六是供油船油库等设施老化严重，影响中燃可持续发展。

这一时期，随着世界经济贸易稳定增长，国际航运市场总体处于上升期，但由于新建、在建船舶数量巨大，航运市场的竞争十分激烈。2005年，全球海运量为72亿吨，其中：集装箱1.14亿TEU，原油和石油制品23.55亿吨，铁矿石6.45亿吨，煤炭6.8亿吨，谷物2.74亿吨。在集装箱运输方面，国际集装箱班轮运输业继续呈现出船舶大型化、营运联盟化、航线全球化的发展态势。2000—2005年，集装箱船队平均箱位由1756TEU增长到2196TEU，4000TEU以上船舶在船队中的箱位比重由16%上升到43.4%。到2005年7月，全球拥有全集装箱船3438艘，箱位运力755万TEU，2009年前交付的全集装箱船将达到1075艘，箱位运力409万TEU。2005年，全球集装箱海运吞吐量为4亿TEU，呈强劲增长态势，其中我国在世界集装箱海运界地位日益突出，国内港口集装箱海运进出口量达到6097万TEU。在油轮运输方面，世界石油海运量一直保持稳定增长，2005年世界原油和成品油海运量23.55亿吨，其中成品油海运量4.85亿吨。改革开放以来，我国能源消费结构中的石油消费不断增长，为弥补产能不足，我国石油进口增长较快。2005年，我国原油进口1.3亿吨，其中水路进口原油1.2亿吨。随着我国石油对外依存度不断上升，从石油进口的安全性等角度考量，国轮运输的作用进一步凸显。在散货运输方面，从2002年初开始，世界粗钢产量开始回升，我国钢产量更是大幅增长。作为影响航运市场"中国因素"的一部分，2003年，我国铁矿石进口1.48亿吨，成为世界第一大铁矿石进口国，在当年铁矿石海运贸易4300万吨的增量中，我国新增3300万吨。2005年，我国铁矿石进口2.75亿吨，占全球铁矿石海运贸易总量的40%，中国市场对全球铁矿石海运贸易量持续保持较大的影响。2005年，全国江海主要港口煤炭发运量3.72亿吨，其中内贸发运量3亿吨，外贸发运量7200万吨。受国内经济发展带动对电力需求的持续增长、国家能源政策的变化、重化工产业的发展等因素的影响，沿海煤炭运输量进一步增加，为中远集团开拓沿海运输市场创造了机遇。

根据对自身航运板块优势和不足的分析，以及对未来国际国内经济贸易和航运市场发展趋势的展望，中远集团提出了"十一五"期间航运业的发展思路：

以市场为导向，以经济效益为中心，运用总成本领先和差异化竞争战略，积极开拓航运市场；重组航运业优质资源，调整优化船队结构；整合组织架构和业务流程，创新经营，加快发展，提高航运业的市场竞争力，增强可持续发展能力。

在已有船队规模的基础上，大力发展集装箱船队、油轮船队和沿海散货运输船队，科学控制散货船队规模，适度发展特种船队。通过资产经营手段，将各专业船队的船型结构、船龄结构以及高成本船进行战略性调整。针对市场以及企业经营管理情况，合理控制船队规模，调整自有船与租入船的比例。进一步理顺航运经营管理体制，根据市场变化适时调整经营战略，采取有效措施，加强货源组织工作，为中远船队提供可靠的保证，巩固航运业的主业地位。利用资本市场，通过联盟、并购等方式，与境内外符合战略目标的航运企业进行重组。积极转变经营管理观念，强化全体员工市场营销意识，推进管理体制的改革。加强基础管理，力求在营销网络、经营成本和服务质量上提高水平。

第一节　多措并举发展船队

一、投资买造船，扩大自有运力

（一）"十五"期间中远集团买造船情况回顾

为适应外贸运输发展的需要，根据国内外航运市场的情况，2000年，中远集团提出了"十五"期间投资27.1亿美元，购置85艘船舶，507.2万载重吨的计划。

由于这一时期船舶市场船价持续飙升，船台十分紧张，二手船市场竞价激烈，新增运力变得十分困难，致使"十五"船舶购置数量受到一定影响，但在船舶大型化的影响下，购置船舶总吨位超过计划。

到"十五"末，中远集团共投资21.69亿美元，买造船舶64艘，667.48万载重吨（表2-3）。其中：根据集装箱运输市场的实际需求，订造了3艘5600TEU船、4艘5100TEU船、3艘400TEU冷藏箱船。鉴于这一时期，干散货运输市场十分强劲，新造一批散货船，其中2艘30万载重吨大型矿砂船是为执行中远香港航运与宝钢集团20年巴西矿砂运输合同专门订造的，开创了中远集团为专门货载订船的先河。与此同时，我国政府于2003年正式启动了战略石油储备计划，并开始筹划建立与进口量相匹配的进口原油大型油轮船队。为了响应政府的号召，中远集团适时订造了7艘30万吨大型油轮、6艘巴拿马型原油轮、3艘苏伊士型油轮，使中远油轮船队运力水平翻了一番。此外，考虑到这一时期，汽车船运输市场已逐渐成为航运市场的新利润区，中远集团在投资计划外购置了3艘二手汽车船，以满足国内汽车沿海运输不断增长的需求。

"十五"末中远集团投资及买造船舶情况　　　　表2-3

项目	船型	艘	万载重吨	投资额（亿美元）	单位
所有船舶	合计	64	667.48	21.694	亿美元
一、国内造船	合计	33	366.26	10.077	亿美元
散货船	好望角型散货船	6	105	2.17	亿美元
	巴拿马型散货船	4	29.7	0.833	亿美元
	大灵便型散货船	9	49.9	1.658	亿美元
油轮	2300吨成品油轮	2	0.46	0.073	亿美元
	巴拿马型原油轮	6	44.1	1.746	亿美元
	苏伊士型油轮	3	47.7	1.362	亿美元
	30万吨大型油轮	3	89.4	2.235	亿美元

项　　目	船　　型	艘	万载重吨	投资额（亿美元）	单位
二、国外造船	合计	28	299.66	11.557	亿美元
散货船	30万吨大型矿砂船	2	59.4	1.356	亿美元
	好望角型散货船	1	15.11	0.452	亿美元
	巴拿马型散货船	2	13.9	0.407	亿美元
	大灵便型散货船	9	46.4	1.74	亿美元
集装箱船	400TEU冷藏箱船	3	2.8	0.494	亿美元
	5100TEU集装箱船	4	26.9	2.679	亿美元
	5600TEU集装箱船	3	15.99	1.638	亿美元
油轮	30万吨大型油轮	4	119.16	2.791	亿美元
三、购买二手船	合计	3	1.56	0.06	亿美元
特种船	汽车船	3	1.56	0.06	亿美元

到"十五"末，中远集团自有船队规模与"九五"末期相比，净增加船舶20艘、493.5万载重吨，船队平均船龄13.25年，较2000年增长了2.15年。其中10—15年船龄的船舶占船队总数的15%；15—20年船龄的船舶占船队总数的16%；20年以上船龄的船舶占25%，10—19年盈利能力强的适龄船舶比较少，四分之一的船舶老化严重，特别是杂货船队平均船龄达到18.3年。从船型来看，随着船舶大型化和散货市场的发展，大型集装箱船、散货船所占比例有所提高；散货、油轮船队数量规模迅速扩大，杂货船队老龄船舶退役较多，数量有所减少。尽管总体船队结构得到了较大改善，但仍然存在一些问题：

（1）船队结构不尽合理。集装箱船队中小箱位船舶仍占一定比例，航线整体合力配船困难；散货船各船型比例差别较大，无法形成控制市场运价的竞争力；普通杂货船和多用途船比例太高，船龄老，适货性差，特种船运输市场开放虽然取得一定成效，但无法体现规模效益。

（2）为了扶持国家造船业，在国内建造了一批船舶，部分质量和技术性能明显落后，在货物承揽的竞争上处于劣势。

（3）部分船舶造价高，还本付息压力大，成本负担重，影响了船舶经营效益。

（4）一些技术落后的老旧船舶，不仅营运困难，还存在安全隐患。

（5）买造船管理层次多，沟通协调性差，经营单位缺乏自主权。更新、退役船舶仍然按计划经济的体制、观念去操作，购造计划脱离市场。二手船买卖环节多、效率低。

（二）"十一五"期间中远集团买造船情况

1. "十一五"船队发展原则

2004年，基于对"十一五"期间世界经济增速加快，国际贸易规模加速扩大，及国际航运市场高速增长的乐观预期，中远集团提出：在现有船队规模的基础上大力发展集装箱船队、油轮船队和沿海散货运输船队，科学控制散货船队规模、适度发展特种船队，通过资产经营手段，将各专业船队的船型结构、船龄结构以及高成本船进行战略调整。

集装箱船队发展方面，这一时期，国际集装箱班轮运输业总体处在上升期，并继续呈现出船舶大型化、高速化、营运联盟化、航线全球化的发展态势。全球集装箱船日益集中在少数一流航运公司手中。为了稳步地扩大船队规模和满足航线经营的需要，从市场竞争和合理船队结构出发，重点发展超巴拿马型和巴拿马型船。

散货船队发展方面，为了适应干散货运输市场的强劲发展，冲抵一批船舶被强制退役和技术性退役的影响，维持中远集团世界散货船队前三甲的地位，以及继续推进"为长期包运合同量身订造专用船"的发展模式，散货船队在发展艘数上与"十五"期间持平，而在吨位上有所增长，以确保国家战略物资的进口安全。

油轮船队发展方面，为支持国家战略石油储备计划的实施，确保国家能源供应，继续加大加快油轮船队的发展，尽快改变国家船队承运中国进口原油份额极少的局面，保证国家能源运输的安全。另外，集团还建造和购买了一批小型成品油轮以确保中燃境外资源采购的主动性和国内水上供油的服务能力和水平。

在杂货船和特种船队发展方面：考虑到"十一五"期间将有26艘、38.1万载重吨船只因到龄被强制退役，6艘单壳沥青船因为公约生效被全部强制退役，计划补充一批杂货船和沥青船运力。考虑到中远集团特种船队规模较小，船队结构不合理，难以满足日益增长的国民经济发展需求和市场经营需要的实际情况，为保证市场份额及兼顾海上设备运输高中低端市场，计划增加11000载重吨和50000载重吨半潜船各2艘。基于对汽车船和木材船市场前景的看好，计划增加5艘2000—3500车位汽车船投入国际汽车运输，并补充一批木材船。

2."十一五"船队发展计划与购置情况

（1）船队发展计划

基于"十一五"船队发展原则，"十一五"期间，中远集团计划投资47.18亿美元，购置船舶123艘、957.5万载重吨。其中，在国内订造77艘、550.3万载重吨；在国外订造22艘、354.6万载重吨；购买二手船24艘、52.6万载重吨。购置资金计划通过自筹、银行贷款、发行债券等多种形式进行筹集（表2-4）。

中远集团"十一五"船舶购置计划　　　　表2-4

船　　型	艘	万载重吨	亿美元	备　　注
一、集装箱船（新造）	—	—	—	—
5000TEU集装箱船	8	48	4.4	国内订造
10000TEU集装箱船	8	80	8	国外订造
二、散货船（新造）	—	—	—	—
30万吨大型矿砂船	6	178.2	4.5	国外4艘，国内2艘

续上表

船　　型	艘	万载重吨	亿美元	备　　注
好望角型散货船	6	102	2.88	国内建造
巴拿马散货船	6	42	1.98	国内建造
大灵便型散货船	14	70	3.36	国内建造
三、油轮（新造）	—	—	—	—
30万吨大型油轮	7	207.9	5.95	国外4艘，国内3艘
苏伊士型油轮	2	30	1.1	国内建造
阿芙拉型油轮	4	44	1.92	国内外各2艘
巴拿马型油轮	6	42	2.16	国内建造
1万吨级成品油轮	6	4.8	0.78	国内建造
四、杂货船/特种船（新造）	—	—	—	—
5万吨半潜船	2	10	1.6	国外订造
1.1万吨半潜船	2	2.2	0.76	国内订造
3000车位级汽车船	2	5	0.56	国外订造
3万吨级多用途船	10	30	3	国内订造
6千吨级沥青船	6	3.6	0.78	国内订造
1.3万吨级木材船	4	5.2	0.52	国内订造
五、购买二手船	—	—	—	—
2.2–4.8万吨木材船	2	6	0.32	船龄19年以内
2000—3500车位汽车船	3	7.5	0.3	船龄20年以内
2—3万吨多用途船	13	32.5	1.95	船龄15年以内
0.2—2万吨成品油轮	6	6.6	0.36	船龄10年以内
六、国外订造船舶小计	22	354.6	17.52	—
七、购买二手船小计	24	52.6	2.93	—
八、国内订造船舶小计	77	550.3	26.73	—
九、所有购置船舶合计	123	957.5	47.18	—

（2）船舶购置计划完成情况

"十一五"期间，中远集团抓住航运主业和船队发展的历史机遇，基本完成了船队发展计划。2006—2007年,是中远集团实现跨越式发展的重要时期,船舶投资工作在准确把握内外部形势、严格控制投资风险的基础上,努力创新思路,科学决策,稳中求进,以明显优于市场水平的价格造船,实现了船队的健康、持续、稳定发展。特别是2007年6月26日,在中国远洋A股上市一周年之际,中远集团与中船集团及江南造船厂签订了总价5.168亿美元的造船协议,这是中远集团首次利用上市募集资金扩充与发展船队。2008年金融危机爆发前,中远集团果断决策,暂停船舶投资,取消了126艘新造船的计划,并采取推迟在建船舶交船时间等手段,进一步压缩主业投资规模。此后,根据船型视市场、效益及资金情况,灵活把握低成本发展机遇,做到有进有退、有保有压。

到"十一五"末,中远集团共投入51.12亿美元,购置船舶128艘,924.3万载重吨。其中:订造112艘船舶,805.82万载重吨;购买二手船16艘,118.48万载重吨(表2-5)。

中远集团"十一五"船舶购置计划完成情况(截至2010年10月底) 表2-5

项目	船型	艘	万载重吨	亿美元
所有船舶	合计	128	924.3	51.12
一、国内造船	合计	112	805.82	47.06
散货船	30万吨大型矿砂船	6	178.8	4.85
散货船	好望角型散货船	4	70.8	2.36
散货船	巴拿马型散货船	11	83.6	4.13
散货船	大灵便型散货船	18	100.2	6.20
集装箱船	300TEU江海型集装箱船	9	4.41	0.36
集装箱船	5100TEU集装箱船	12	76.2	7.84
油轮	11万吨阿芙拉型油轮	3	33	1.84
油轮	30万吨大型油轮	5	149	5.38
杂货和特种船	5900吨沥青船	8	4.72	1.22
杂货和特种船	28000吨级多用途船	22	60.2	6.50
杂货和特种船	32000吨木材船	10	32	2.87
杂货和特种船	5000车位汽车船	2	2.9	1.04
杂货和特种船	5万吨半潜船	2	10	2.46
二、购买二手船	合计	16	118.48	4.06
二、购买二手船	散货船	6	104.89	2.57
二、购买二手船	杂货和特种船	10	13.59	1.49

（3）"十一五"船舶投资工作的主要成绩

一是自有运力显著增长。到"十一五"末，中远集团自有船队规模达到 486 艘、3058 万载重吨（含 35.8 万 TEU）。其中：

①集装箱船队：自有船队规模为 98 艘、35.8 万 TEU、469.6 万载重吨，平均船龄 12.63 年。

②散货船队：自有船队规模为 247 艘、1930.7 万载重吨，平均船龄 13.1 年。

③油轮船队：自有运力 29 艘、464 万载重吨，平均船龄 6.4 年。

④多用途特种船队：自有运力 106 艘、192.8 万载重吨，平均船龄 16.38 年。

⑤中燃加油船队：自有运力 65 艘、9 万载重吨，平均船龄 20.01 年。

与"十五"末相比，自有船队规模净增 1053.2 万载重吨，增幅高达 50%。

二是船队结构明显优化。三大主力船队中，集装箱船队和散货船队发展较快，结构更加合理，更具市场竞争力；油轮船队发展平稳。在多用途及特种运输船队方面，沥青船、木材专用船、多用途船得到了快速增长，形成三大主力船队。总体上，船型结构得到有效调整和优化，船队平均船龄约 13.6 年。随着新船的交付和老旧船的退役，中远船队的技术性能、安全状况和节能减排等指标，得到明显改善，并能满足各种国际公约和规范的总体要求，世界一流船队的领先水平得以进一步确立。实现了自有船队"规模明显壮大，结构不断优化，竞争力进一步增强"的总体目标。

三是科学应对，成功抵御金融危机的影响。在 2007、2008 年买造船工作会议上，中远集团均明确提出了"现金为王，谨慎决策，严格控制船舶投资风险"的要求。在航运市场最高位的 2008 年，中远集团在年初果断决策，暂停船舶投资计划的审批，避免了金融危机爆发后市场大幅回落带来的重大风险。

金融危机发生后，中远集团把缩减新增运力规模作为工作重点，协调下属航运公司和造船公司撤销了一批内部新造船订单，减轻了航运公司的资金压力和造船公司的外部订单工期压力。同时围绕"撤单、减价、延期、改型"的目标，与外部船厂合理协商，积极开展手持造船合同的重新谈判工作，顺利撤销和延期了一批新造船订单。仅 2009 年，通过谈判终止、延期、减价各类合同 55 艘，总计减少资本性支出约 9.56 亿美元，延迟交船累计 12763 天，当年实际接船艘数减少约 47%，实现了新增运力"调节奏、控投放"的总体要求，降低了船队经营成本，减轻了经营压力。

尽管金融危机发生后，中远集团总体上做出了"严控新增运力投资"的决定，但在实际工作中并没有搞"一刀切"，而是根据各公司经营实际、市场需求和项目实际，在确保效益的前提下，低位操作运力调整，及时批准了部分公司的船舶投资和运力调整工作。

一是抓住两岸直航的难得机遇，快速启动厦门远洋"中远之星"二手客滚船购置项目，投入厦门至台湾直航航线，不仅满足了国家落实两岸经贸政策的要求，也抢占了两岸直航的市场先机。

二是批复中远香港航运与珠江电力合营的中远发展航运有限公司新造 1 艘 57000 载重吨散货船，以巩固大客户关系，争取更多货运合同。

三是中远散运以远低于市场价格行使合同赋予的购船权,买进"新源海""新盛海"2艘光租船舶,为中远散运盈利创造了条件。

四是广州远洋根据新税法的要求,变更12艘船舶的单船公司注册地,同时将1艘汽车船从合资公司转入中远航运,投入市场较好的沿海运输,合理调节了运力。

大部分新增运力都取得了稳定的经营效果,广州远洋新投入首制木材专用船"金广岭",不仅首航实现盈利,而且吸引了大量直接客户,开拓了货源。中远香港航运量身订造5艘30万载重吨矿砂船,2009年投入营运后立即为企业货运量和效益做出了显著贡献。

(三)"十二五"各主要船队运力规划和发展目标

"十二五"期间,中远集团以优化船队结构、提升船队核心竞争力和盈利能力为目标,提出了"规模合理、结构优先、创新经营、客户优先、负债适度、效益优先、成本可控、船型领先"的船舶投资规划基本方针。在适度扩张规模的同时,更加注重科学合理调整结构,注重转变发展方式,注重节能环保技术的应用。鼓励各航运公司以运力置换、以旧换新的思路,落实船队结构调整的措施;围绕集团总公司大客户战略,积极发展沿海运输、"国油国运";优先支持企业负债低、未来经营能力强的公司,以低成本更新和发展船队。

1. "十二五"船队发展目标

这一时期,根据各主要船队"十一五"末运力规模、"十二五"计划退役船舶和延续手持订单情况,结合对未来航运市场供求关系、竞争格局、发展趋势以及集团资金状况的分析,中远集团制定了各主要船队"十二五"新增运力计划和发展目标:

(1)集装箱船:这一时期全球集装箱船订单处于历史较高水平,运力总体供大于求,市场存在较大竞争压力。中远集团大型集装箱船在船队结构中的比重较高,加上"十二五"期间将交付的超大型集装箱船16艘,比重将超过50%。综合评定资金和效益情况,从谨慎投资的角度考虑,提出"十二五"期间,严控新增运力,暂停10000TEU及以上大型船的发展,适当规划新增投资,适度增加自有运力规模。计划到"十二五"末自有船队规模113艘、54.94万TEU、672.28万载重吨,平均船龄7.82年。

(2)散货船:干散货船"十一五"期间成为中远集团盈利的主力船型,自有运力增长较快,且拥有较大数量手持订单。"十二五"期间,总体上控制散货船队运力规模,停止发展超大型VLOC,加快灵便型船舶的淘汰和更新,发展新型自带抓斗灵便型和巴拿马型船舶,加快沿海运输船队的运力更新和发展,适当发展适合大洋洲航线的18—20万载重吨新型好望角型,提升散货船队整体市场竞争力。到"十二五"末,总体自有运力规模控制在270艘、2435万载重吨以内。

(3)油轮:从全球运力供求关系来看,全球油轮运力增长速度将超运量增长速度,形成供大于求的局面,市场存在较大竞争压力。"十二五"期间,集团以发展VLCC船队和灵便型成品油轮为主,兼顾其他船型,船队规模稳健增长。到"十二五"末,总体运力规模发展到50艘、811万载重吨(不含LPG船)。

（4）多用途特种船：特种运输市场具有良好的发展前景，抗风险能力强。中远集团特种船队具备了较强的市场竞争实力，重吊船、多用途船、沥青船等船型已经确立了市场领先地位。"十二五"期间，继续着重发展2.7—3.6万吨多用途重吊船，配合发展半潜船和小吨位重吊船，充分发挥造船成本低和资金成本低的双重优势，确立在特种船市场上的成本领先地位，打造一支竞争力强、覆盖面广的全系列多用途船队。同时，视市场和资金情况，择机发展木材船、沥青船、木屑船和汽车船等特种船队，到"十二五"末，总体运力规模发展到135艘、310万载重吨。

（5）中燃供油船：为了改善中燃船舶老龄化严重的情况，适应船舶大型化带来的单船供油量加大的要求，迫切需要建造吨位大、泵速快的现代供油船舶，确保境外资源采购的主动性和国内水上供油的服务能力和水平。

2. "十二五"买造船计划

"十二五"期间，中远集团在完成总计119艘、400万载重吨（含3.14万TEU）船退役计划（不含中燃供油船），交付"十一五"延续手持订单70艘、638.5万载重吨（含19.18万TEU）船的基础上，计划投资约48.65亿美元，新买造船舶139艘、约933万载重吨（含3.12万TEU）。其中：

（1）集装箱船：在"十二五"期间，将逐步加大对沿海内贸市场的开发力度，规划投资约3.6亿美元，新增6艘5200TEU沿海专用集装箱船，投入内贸运输。远洋运力主要以消化手持订单和租入运力为主。

（2）散货船：综合考虑中远散运、中远香港航运/深圳远洋、青岛远洋3家单位的情况，计划投入21.7亿美元，新增宽体浅吃水18—20万载重吨新型好望角型船8艘，满足大洋洲铁矿出口增长的需要；11万载重吨的新巴拿马型船8艘，适应巴拿马运河拓宽后的需求；8万载重吨巴拿马型船10艘，补充退役的11艘老旧巴拿马船；大小灵便型船40艘（包括沿海运输专制船），替补退役的50艘老旧船（包括沿海运输船），提升船队市场竞争力。共计船舶66艘、522万载重吨。

（3）油轮：计划投入9.67亿美元，新增VLCC 6艘，巴拿马油轮2艘，视情发展2艘11万载重吨油轮，降低经营成本；8艘灵便型油轮，满足内贸运输需求，尽快形成合理的船队结构和规模；购买2艘二手6900立方米LPG船，以补充退役的3艘船舶，适应市场需要。总计新增船舶20艘、258.4万载重吨。

（4）多用途特种船：规划新增多用途重吊船，补充计划退役的31艘老旧杂货船。除8艘28000吨多用途重吊船外，新造2.7万和3.6万载重吨多用途船各4艘，6艘小吨位特种多用途重吊船以及2艘3万吨级半潜船，基本形成起吊能力从百吨级到万吨级的系列船队。

①木材船队：根据市场的发展情况，发展10艘3.8—4.5万吨级专用木材船。

②沥青船队：新增4艘5000吨级沥青船，增加规模效益。

③汽车船队：新增4艘3000车位汽车滚装船（PCTC）。

④木屑船队：探索市场，暂定规划2艘5万吨级二手船。

总计各类船投资计划为47艘、113.8万载重吨，13.68亿美元。

（5）中燃加油船：完成32艘老旧船舶的运力更新，重点发展1000吨级以上（不含1000吨级）供油船舶32艘，包括2000吨级油船12艘，3600吨油船14艘，5000吨级油船4艘，10000吨级油船2艘，计划投资11.1亿元人民币，新增10.8万载重吨。

计划到"十二五"末期集团自有船队经营运力达到各类船舶548艘、4043万载重吨（含54.34万TEU），平均船龄约9.5年。

3."十二五"期间船舶购置及运力调整

2009年船舶市场的长时间停滞，船厂出现订单饥渴的状态导致，2010年上半年的新造船价格快速回落，市场显现了阶段性的低位机遇。中远集团按照"买下午5点钟的鱼"的思路，抓住有市场、有效益船舶的低成本发展机遇，对运力进行调整：中远航运签署18艘船的建造合同，缓解了老旧船退役压力加大的问题；中远香港航运/深圳远洋分别与黄埔船厂和广船国际签署了4艘6.5万吨级和4艘5万吨级沿海专制散货船的建造合同，彻底改变沿海运力以老旧船转入的投放方式，开创沿海专用运输船运力投放的新模式。

2012年，受航运市场不景气的影响，各船型价格接近过去9年最低位，二手船价格同样大幅回落。这一时期，在"调结构、转方式"的年度目标指导思想下，中远集团开展了船队运力结构大调整，提出在控制总体规模的原则下，把握机遇，尽快调整船队结构，适当订造部分低油耗、节能环保、低成本船舶，淘汰一批高成本船舶，降低船队船龄结构、油耗水平、成本结构，在下一轮竞争中取得优势。中远集团提出了2013—2015年船舶发展计划：集装箱船队优先补充3艘5200TEU集装箱船，满足内贸运输发展需求；建造5艘浅吃水的8500TEU船升级南美东航线，开拓新兴市场；散货船队结合集团"十二五"船舶购置计划和中国远洋已批准但尚未执行的沿海运力项目，视市场情况安排新造船计划；油轮船队和中石化的"国油国运"项目紧密结合起来，根据项目进度需求，分批新造适量VLCC；仍在盈利的特种杂货船队以船队结构优化、公司经营战略、市场变化和船型发展趋势来确定造船计划。

2015年，根据与淡水河谷签署合作的《框架协议》，中远集团与中海集团在新加坡成立中国矿运，采取"以货定船"的模式，购买淡水河谷4艘40万载重吨矿砂船，并与淡水河谷签署配套的覆盖船舶生命周期的长达18+5年的租船合同。40万载重吨矿砂船是这一时期中远集团购入的最大船型。

二、利用有关船队更新政策，优化船队结构

（一）政策出台背景

2003年之后，中国船舶工业进入了快速发展轨道，但船舶工业在高速发展的同时，自主创新能力不强、增长方式粗放等矛盾也日益显现。2008年下半年，受国际金融危机影响，国际航运市场急剧下滑，造船市场受到很大冲击，新船订单大幅减少、企业融资出现困难、履约交船风险加大，船舶工业发展面临严峻形势。与此同时，受前期航运高峰期运力盲目扩张的影响，航运市场运力严重过剩，航运企业经营异常困难，只得提前淘汰老旧

船舶，以维护市场供需平衡和航运市场有序发展。

面对造船、航运企业的严峻形势，国家部委予以高度关注，国家发展和改革委员会、财政部、交通运输部、工业和信息化部等启动了鼓励船舶更新政策的研究工作。这一时期，中远集团大力配合国家部委研究船舶更新政策，积极献言献策，应对危机。

2010年6月5日，国家发展和改革委员会、财政部、交通运输部、工业和信息化部四部委根据国务院《船舶工业调整和振兴规划》要求，联合印发了《关于印发促进老旧运输船舶和单壳油轮报废更新实施方案的通知》，明确提出鼓励老旧运输船舶和单壳油轮报废更新。该政策的出台，对处于航运严冬中的航运企业是一个利好消息。

中远集团先后安排10艘中国籍船舶在政策规定的定点拆船厂拆解，并订造了12艘中国籍船舶。但是由于政策条件严格、时效短、配套政策出台晚、申请手续烦琐、政策期内新造船市场一路下行等原因，政策实际可操作性不强。

针对造船企业"无工可开"的问题，国家发展和改革委员会、财政部、工业和信息化部等相关部委于2012年开始研究出台"振兴船舶工业未来三年行动计划"。2012年12月28日，国务院召开了座谈会议，加快推进了船舶更新政策的有关工作。国家发展和改革委员会制定了船舶工业"十二五"后3年（2013—2015年）行动计划，由交通运输部、财政部和国资委牵头，国家发展和改革委员会和工业和信息化部参与落实船舶更新政策。2013年8月3日，交通运输部公布了《国务院关于印发船舶工业加快结构调整促进转型升级实施方案（2013—2015年）的通知》。根据该通知的有关规定，12月5日，交通运输部、财政部、国家发展和改革委员会、工业和信息化部公布了老旧运输船舶和单壳油轮更新实施方案。此时正值航运业陷入低迷，运输需求不振，运力过剩，航运和造船企业大范围亏损，面临严重危机。该政策为航运造船企业提供了喘息之机，有力缓解了部分船东资金紧张的状况，让很多"有心拆船但无力造船"的船东增加了船舶改造的信心。

同时，新方案增加了"航运企业可将全部拆解和新建造船舶的总吨分别合并后对应计算"和"新建船舶类型由企业自主选择"的规定，航运企业可拆解集装箱船，改建油船或散货船，鼓励各家船东优化船型，调整运力结构，增加市场竞争力。

（二）中远集团船队结构优化调整情况

结合国家部委研究出台鼓励船队更新政策的背景，中远集团抓住机遇，以"调结构、转方式"为目标开展船队运力结构调整。2012年，中远集团对15年以上船龄的老旧船进行了专题研究和评估：截至2012年10月，中远集团拥有超过15年船龄的船舶189艘、855万载重吨，占总数的40%，普遍亏损严重，经营压力大。中远集团结合国家有关政策推进落实的情况，研究制定调整了2013—2015年船舶发展规划，计划分3年提前淘汰一批不适航、不经济、不节能的15年船龄以上的船舶，同时补充一批船龄新、性价比高的现代船舶，通过优化船队结构，使船队结构趋向年轻和专业化，更加适应市场和客户需求。

集团通过淘汰一批高能耗、维护成本高的老旧船舶，包括运力过剩相对严重的干散货船、杂货船，同时在造船央企集团建造了一批国民经济发展急需的大型 LNG 船、VLCC 船、大型半潜船等高附加值、高技术船舶（表2-6），促进了船队年轻化、大型化、绿色化和专业化，增强了重点战略物资的运输保障能力。到 2015 年底，中远集团自有船舶调整到 372 艘、3169.45 载重吨（含 45.60 万 TEU）。平均船龄由 2013 年的约 13.2 年下降到 10.09 年，船队老化程度得到了缓解。

在指定船厂建造的船舶（2013—2015 年）　　　　　　　　　　表 2-6

船　型	艘	万载重吨	合同额（亿元）	万载重吨/艘
集装箱船	29	465	229.1	16.0
散货船	35	278	68.65	7.9
油轮	29	454	178.5	15.7
特种杂货船	20	69.4	56.32	3.47
所有船舶	113	1266.4	532.57	11.2

三、扩大租船，控制运力

（一）"从拥有船经营向控制船经营转变"船队发展总体思路的提出

20 世纪 90 年代末，租入船经营已经是国外船公司比较普遍的经营方式。国外许多船公司在保持一定自有船比例的同时，适时租用一部分船舶。有的船公司将自有船抛向市场再反租回来，既改善了公司负债情况，缓解了资金压力，又保证了控制船队规模，从而确保市场竞争力。而这一时期，中远集团仍以自有船经营为主。根据 1999 年中远研发中心对租船经营策略进行的专题研究发现：这一时期世界前 20 名集装箱船公司，平均租入船比例为 36%，其中排名第 1、第 2 的马士基和铁行渣华租入船运力占总运力的比例达到 46%、52%，法国达飞的租入船比例更高达 82%，而中远集团的租入船比例仅为 6%，自有船比例为世界主要航运企业中最高。特别是由于历史原因，中远集团自有船舶中有一大批集装箱船和散货船是在航运市场处于高位时贷款订造的，船价比市场处于这一时期的同类型船舶高出 1 倍。中远集团存在着船型结构、船龄结构、船价结构和负债结构不合理，运力结构与货源结构不匹配等问题，中远散运等个别单位的资产负债率高达 80%，高价位船的租金水平甚至不能抵偿船舶的融资贷款利息加折旧，影响了公司的可持续发展。

由于历史原因造成的企业资产结构不合理、资产负债率偏高等问题以及这一时期航运市场的持续低迷，到"九五"末，中远集团的融资能力和船队可持续发展都遇到了前所未有的瓶颈。根据企业自身的经营情况，综合分析外国竞争对手的发展趋势，1999 年，中远集团新一届领导班子经过深思熟虑，认为必须打破传统的单纯追求自有资产数量的观念，放眼国际市场，利用好外部资源，实现由绝对拥有权向实际控制权的转变，提高对资产的控制力和所控制资产的经营力，走一条经营模式创新的快车道。其核心就是在明确船队总体发展结构及规模的前提下，根据市场变化灵活租船经营，实现"从拥有船经营向控制船经营转变"的船队发展新思路，以减少固定资产投入和长期负债，增加资金回报和收入利润率。

在新思路的指引下，以中远散运为代表的中远集团下属单位，积极探索租船经营的新模式，并与国际资本市场相结合，大胆开展了融资租赁等业务。例如，通过集团国外分公司与国际财团合作，利用英国、德国等地的税收优惠，进行长期租船操作，在不增加负债的情况下，有效增加了运力，并大幅降低了船队运营成本。除此之外，在集装箱运输方面，中远集团也按照"从拥有到控制"的理念，从经营航线向经营舱位进行深度推进。通过在不同航线上根据货源情况，与有关船东互换舱位，拓展了服务空间，充分挖掘和利用了经营潜力，有力地提高了市场地位。

（二）租入船经营对中远集团的积极影响

"从拥有船经营向控制船经营转变"理念的提出，使中远集团从过去"自己干自己的"转变为同时扮演三种角色：船东、租家和经纪人。对刚刚进入21世纪的中远集团而言，这不仅仅是经营思路的拓展。通过灵活租入船经营，不仅提高了这一时期中远集团对航运市场变化的快速反应能力，也实现了中远集团船队规模的迅速扩大和船队结构的调整优化，提升了企业的竞争力和盈利能力。

以中远散运为例，2003年自有运力70多艘、400多万载重吨，而从国际市场上租入船舶达100多艘，实际控制运力达1000多万载重吨。其中，好望角型船一度控制了同类船舶国际市场的20%，全年实际利润创历史新高。通过租船经营实现的利润，占全公司利润的70%。通过租进市场竞争力强、转手容易的现代型船，租出成本高、船型又不合理的自有船，结合货品运输市场需求变化进行运力置换，中远散运优化了船队结构，2004年单船成本比原来下降了1000美元，资产负债率下降到50%左右的合理水平，租船运输的货运量连续多年达到年度总运量的2/3，赢利能力呈几何级数增长。到2005年，中远散运通过租入船舶，利润比2003年增长近6倍。中远香港航运抓住2003年好望角型船舶市场运力需求强劲的机遇，通过租入船优化船队结构提升效益。2004年2月，光租船"港明"轮的加盟，改写了中远香港航运没有好望角型船舶的历史。到2005年，中远香港航运好望角船队发展到25艘、400万载重吨，进入全球自有船规模（不含不在市场上运作的定线船）前5名，约占即期市场船舶运力的10%左右，当年中远香港航运全年公司租入船利润7847多万美元，其中好望角型船已经占到6000多万美元。2006年，青岛远洋控船规模比2005年提高了28%，通过租入船全年共实现盈利8500万元，占公司经营利润总额的23.4%，到2007年，公司控船规模比2006年增加一倍，全年租入船完成利润3.4亿元。2006年开始，随着"新莎娃"等三条VLCC船舶先后投入营运，中远油轮船队油轮运力一跃超过400万载重吨。与此同时，中远集运、广州远洋所租入船舶规模也不断增加，为拓展市场、增加效益奠定了运力基础。

到 2005 年 12 月底，中远集团拥有和控制船舶 615 艘，经营船队规模达到 3513 万载重吨；自有船舶 468 艘、2113 万载重吨，成为世界第 2 大航运企业。其中，租入运营的散货船 1324 万载重吨，已占整个运营船队的 49.4%。

随着"从拥有船经营向控制船经营转变"理念的深入推进，中远集团船队规模快速扩张。2006 年 9 月，中远集团经营船队总规模突破 4000 万载重吨。2007 年 2 月 28 日，中远集团船队运力规模总计达到约 4500 万载重吨，其中自有船 2239 万载重吨，租入船 2258 万载重吨，租入船运力首次超过自有船运力。2007 年，各航运公司继续推进"从拥有向控制转变"战略，全年租入船运力占总运力的比例达 57.6%。8 月 1 日，中远集团经营船队总规模突破 5000 万载重吨大关，仅用了不到 1 年的时间，就实现了上千万运力的迅猛增长。根据统计，2003—2008 年，中远集团散货业务累计实现利润 580.80 亿元，其中，租入船的利润 211.86 亿元，约占 36.5%，实现了规模和效益的共同增长。

到 2010 年底，中远集团拥有和控制船舶近 800 艘、5700 多万载重吨，其中自有船 481 艘、3006.9 万载重吨，占总运力的 52.1%；租入船 316 艘、2766.7 万载重吨，占总运力的 47.9%，连续多年保持世界第二大航运公司地位。

（三）租入船的风险防控

中远集团在探索"从拥有船经营向控制船经营转变"的早期，对于租入船经营的风险是有一定认识的。在 1999 年中远集团研发中心开展的《关于租船经营策略的研究》就专门指出，租船的优势并不意味着租船比例越大越好，或者全部使用期租船更好，实际上坚持全部使用期租船经营的班轮公司，如德国胜利航运、Ivaran 和英国航运公司康达（Contship）等几家公司，经营状况长期不景气，都先后被其他公司兼并。可见期租船的比例过高，风险会很大。针对船舶期租市场波动性较大的情况，中远集团在租船经营中坚持以下原则：①效益是前提。租船失误同样将造成企业的决策失误，因此，任何租船决策必须满足租金的现金流量大于租金加该船的可变动成本；②市场是基础。合理的租船比例应随市场而变，不是一成不变的；③货源是依据。即使在市场好的时候，手里有货或者掌握有潜在的货源，才是航运公司租进船舶的基本依据；④控制好价位。同一艘船在高价位时与低价位时的船天租金和单箱位租金相差达数倍，而如何控制好租船的价位，则要依靠透彻的市场分析和灵活的经营思路以及精明的经济测算来掌握；⑤防范交易风险；⑥加强管理。

2002 年，中远集团在下达对中远散运、青岛远洋的光租船计划批复时，特别指出："中远集团散货船队的总体规模已经比较大，根据目前经营情况不宜再扩大规模，重点是调整船队结构，船舶的购入和出售要严格控制，以保持运力平衡，关键是要通过提高经营管理水平来提高效益。"

2002 年，针对中远欧洲公司开展散货租船经营的问题，中远集团下发了《关于禁止开展租船业务的通知》，在后续对欧洲公司《关于开展租船业务报告的批复》中指出："你司今后租船业务的开展，不应超过目前现有的规模，同时要合理安排规避资金风险，制定具体的规章制度，稳健、审慎地经营。"

为规范长期租入船舶的业务操作，有效防范经营风险，2007 年 9 月，中远集团下发了

《中远集团船舶长期租入业务管理指导意见》，明确了5年以上（含5年）长期租入船舶的管理原则："长期租船业务作为航运公司的日常经营管理工作，由各航运公司自主决策，自担风险；集团总公司对开展租船业务予以支持，对租入船舶数量、吨位、动态等进行宏观管理，不对船舶期租业务进行直接管理。"并明确要求"长期租船业务应参照重大投资项目决策程序，进行专题可行性研究"。在决策程序上，"长期租入船业务属于重大决策事项，由各航运公司总经理办公会审议决策，按照程序报备集团总公司；纳入上市公司的航运公司，由公司总经理办公会审议决策，报备上市控股公司，由上市公司风险管理委员会进行风险评估，评估结果报告控股公司董事长，并报备集团总公司"。在风险责任方面，明确"各航运公司要加强对长期租入船业务的管理，总经理为第一责任人，各公司应根据本指导意见要求，制定本公司长期租船业务管理办法"。在检查与后评估方面，要求"建立长期租入船业务的监督、检查工作机制，由总公司职能部门对各航运公司的长期租入船业务的决策程序执行情况及经营效果进行检查评估"。

四、收缩租入运力

2008年初，BDI指数冲破了万点大关，此时，一场危机正悄然而至。2008年9月15日，远在美国的雷曼兄弟宣布破产。危机迅速由金融机构蔓延至实体经济，作为世界经济"晴雨表"的海运业首当其冲，BDI指数连创新低，从5月20日11739的历史高点一路狂跌到12月5日的663点，下跌90%以上，大量国际干散货运输公司倒闭或破产。

在之后的一段时期内，航运市场长期持续低迷，市场租金水平倒挂，租入船陷入了亏损，给中远散运、青岛远洋等租入船比例较大的公司的经营效益和现金流带来巨大压力。特别是一些公司在2007—2008年市场高位租入的高租金运力，对经营生产带来了沉重的负担和持续性影响，形成了"高租金船"历史问题。

针对散货、集装箱船舶经营的严峻形势和存在的困难，中远集团于2009年3月分别召开了"中远干散货经营对策专题会"和"集装箱缩减运力规划专题会"。同月，中远集团第五次总裁办公会专题讨论了散货、集装箱船舶改善经营、减亏增效的措施，先后下发了《2009年中远干散货运输经营指导意见》和《2009年中远集装箱运输经营指导意见》。对于散货经营要求"对高租金船进行核查、排队、分类，有针对性地与租家对话、交流、沟通、谈判，特别是租入船舶，要寻求降低租金支出的可能途径，包括采取对原有合同进行重组等措施，最大程度降低2009年的租金成本支出，能退则退，能减则减，能调则调，在特殊的时期，行使特殊的方法和手段，共渡2009年难关"。对于集装箱船舶经营要求"迅速采取强有力措施，尽快缩减新增运力，务必实现三个目标：一是保持2009—2010年运力基本不增长，二是取消新船订单，三是延迟交船"。

经过全系统的协同努力，中远集团租入船比例不断下降。2010年底，中远集团租入船316艘，占总运力的47.9%；到2011年底，比例下降到42%；到2012年底，进一步下降到38.41%；到2013年底，为36.8%。到2014年，由于加强高租金船退租工作，租入运力显著下降，中远集团总运力同比下降6%，其中租入船运力下降7.33%。因受拆旧造新和租入船舶退租的影响，2014年，中远集团集装箱船队和散货船队排名双双跌至世界第六位。

第二节　走向全球化经营的集装箱船队

1997 年，中远集团将集装箱运输总部由北京南迁上海，与上海远洋运输公司合二为一组，建成立中远集装箱运输有限公司（中远集团），开始了集装箱船队专业化经营管理。至 2005 年底，中远集运已拥有集装箱船舶 102 艘，总箱位 24.2 万 TEU、345.5 万载重吨，平均船龄 12 年，提供自营、共同投船以及互换舱位的服务航线共计 130 多条，挂靠世界各国和地区的 100 多个港口。

这一时期，中远集运面临的内在发展要素和外部发展环境都发生了重大的变化。主要表现在：一是运力规模与市场环境变化加大。集装箱运输市场呈现出运力严重失衡、业内竞争无序化、市场波动常态化的特点。二是经营理念与竞争格局变化加快。总成本领先成为船公司参与竞争的重要手段，深化合作成为船公司应对市场风险、实现稳定增长的共识，市场主体多元化正在形成。与国际国内主要的竞争对象相比，这一时期，马士基一直通过收购，保持着全球最大班轮公司的地位和较高的盈利水平。截至 2005 年 4 月 1 日，马士基全球市场份额为 12.3%，居世界首位，而铁行渣华的全球市场份额为 5.3%。马士基与铁行渣华合并后，全球市场份额达到 17%，中远集团和中海集团合计只有 6.8%。同时在中国的市场份额可达到 30%，超过中远、中海与中外运三家公司的总和。从马士基和中海集团情况看，扩大船队规模成为企业发展和提高竞争能力的重要因素。

根据国内外经济贸易及航运形势，这一时期，中远集团以集装箱船队为重点发展对象，深化集装箱运输专业化改革，整合中远集运及所属海内外机构在组织架构上的关系和业务流程。坚持以市场为导向，进一步加强各项管理，成功进入资本市场。在"由拥有船向控制船"原则的指导下，有效扩充合作深度和广度，扎实推进船队规模化和船舶大型化。全面加强营销和服务能力建设，根据客户需求不断推出特色服务，抓好货源组织工作，加强揽货网络体系的有效组织和有机联系。加强并深化联盟合作，以对客户的优质服务和航线效益最大化为目的，合理调整航线布局，形成全球稳定的干、支线网络，优化完善全球运输服务网络布局，大力发展沿海运输，注重开发新兴市场，加快计算机信息系统的引进建设。安全控制力、成本管控和信息化管理水平不断提升。

一、集装箱船舶的更新与发展

（一）租船控制运力的发展

"十一五"期间，中远集团提出了"船队结构达到船舶载箱量合理配套，在'由拥有船向控制船'原则的指导下，有效扩充合作深度和广度，使自有船与租船比例在 6∶4"的发展目标。从 2004 年开始，中远集装箱船队拉开了船队运力结构升级的序幕。2 月 25 日，中远集运同希腊 COSTAMARE 公司签署了 5 艘 8500TEU 新造超巴拿马型船舶的长期期租协议。3月11日,中远集运同德国E. R. Schiffahrt签署了3艘8500TEU型船舶期租协议。6月11日,第一艘8000TEU大船"中远长滩"在韩国蔚山现代重工造船厂命名。至年底,共有"中远长滩""中远深圳""中远西雅图""中远温哥华""中远横滨"5艘8000TEU船陆续加盟中远集装箱船队,船队总运力规模接近30万TEU,一年内增长了16%;其中2000TEU以上大船比例达到41%,增长了3%。2006年1月20日,中远集运从希腊COSTAMARE公司租进的第一艘9500TEU船舶"中远宁波"在韩国蔚山现代重工造船厂签字交船。全年,中远集运共承接新船24艘,运力增幅达到24%;尤其是2艘8204TEU、5艘9449TEU船舶投入运营后,极大地增强了船队实力,到2006年底,单船箱位达到2800TEU。

2007年9月8日,中远集运与西斯班公司(Seaspan Corporation)就租入8艘13100TEU船舶在北京签署租约,租期12年。2011年6月10日,该系列船舶中的第一、第二艘船舶"中远荣耀"和"中远自豪"命名仪式在韩国蔚山现代重工船厂举行。至2012年4月,"中远发展""中远和谐""中远诚信""中远卓越""中远幸运""中远希望"等集装箱船相继投入运营。与此同时,2010年3月9日至2011年4月20日,中远集运向西斯班公司期租、由韩国建造的"中远日本""中远越南"等8艘8500TEU船舶也相继命名并投入运营。2015年2月28日,5800TEU系列第一艘集装箱船"中远厦门"在日本幸阳船厂交船,随后,"中远大连""中远中国"也于年内先后交付使用,使中远5000TEU以上集装箱船舶比例从2004年的38%增加到41%,单船箱位由2493TEU提高到约2600TEU。

(二)自有集装箱运力跨入"万箱"时代

2005年1月和4月,中远集运分别同现代重工和南通中远川崎签订了万箱级集装箱船造船合同,标志着中远集运成为世界上首家订造1万TEU级集装箱船舶的船公司,2007年7月26日,亚洲首艘万箱级集装箱船"中远亚洲"在韩国蔚山现代重工造船厂命名(图2-1)。蔚山现代重工社长、首席执行官崔吉善,中国驻釜山领事馆总领事田宝珍,中远集团党组书记张富生、副总裁陈洪生及中远集运、劳氏船级社有关领导出席了命名仪式。"中远亚洲"轮是中远集团向韩国现代重工定购的4艘同型船中的首艘船,船舶总长为349米,宽为45.6米,最大吃水为14.5米,可装载10062个20英尺TEU,总排水量为14万吨,最大载重量超过11万吨,是这一时期中远集装箱船队中载箱量最多、智能化程度最高的船舶,并拥有英国劳氏船级社颁发的"环保"级船符号。2008年4月3日,中国首制1万TEU集装箱船"中远大洋洲"轮在南通中远川崎命名并交付使用。全国政协副主席李金华,全国政协常委高俊良,交通运输部副部长徐祖远,江苏省副省长张卫国,中远集团总裁魏家福、党组书记张富生,日本川崎重工株式会社副社长寺崎正俊和南通市、日本川崎重工、中远造船工业公司等业界代表100多人,共同见证了"中远大洋洲"轮命名交付仪式。

至2009年2月26日,"中远欧洲""中远美洲""中远非洲"和"中远太平洋""中远印度洋""中远太仓"等万箱船,先后分别在韩国蔚山现代重工造船厂和南通中远川崎船舶工程有限公司建成命名。8艘万箱船投入运营，提升了中远集运的市场影响力和品牌美誉度。

图 2-1　中远集团首艘万箱级集装箱船——"中远亚洲"轮。

2006年6月26日，中国远洋和中国船舶工业集团公司在北京签订了8艘5100TEU集装箱船舶建造合同，中远集团副总裁、中国远洋执行董事总经理陈洪生和中远集运总经理许立荣与中船集团副总裁谭作钧等中船集团代表分别在合同上签字。2007年12月28日，中远集运建造16+4艘4250TEU巴拿马型集装箱船签约仪式在北京人民大会堂隆重举行，中远集运总经理孙家康和扬子江船业集团总经理曹之腾分别代表相关方在合同上签字。2009年9月8日至2010年7月26日，中远集运在江南长兴重工建造的"天宝河""天福河"等一组12艘5100TEU船舶相继建成运营。中远集团关于建造20艘4250TEU巴拿马型集装箱船签约仪式见图2-2。

图 2-2　2007年12月28日，中远集运建造16+4艘4250TEU巴拿马型集装箱船签约仪式在北京人民大会堂举行。

2012年3月28日至2013年9月9日，中远集运批量订造的20艘4250TEU集装箱船相继建成投入运营。

2013年2月28日，公司订造的首艘13386TEU集装箱船舶"中远比利时"，在南通中远川崎船舶工程有限公司命名交付；至2014年9月16日，"中远法国""中远英格兰""中远荷兰""中远西班牙""中远意大利""中远葡萄牙""中远丹麦"等同系列共8艘船陆续投入运营。

截至2013年12月31日，中远集运自营船队包括173艘集装箱船舶，运力78.6万标准箱，自营运力规模同比增加8.6%，排名全球第5。

与此同时，2014年1月21日，中远集运与上海江南长兴造船有限公司签署5+5艘9400TEU集装箱船舶建造合同。9月17日，与沪东中华造船有限公司、江南长兴造船有限责任公司签订5艘14500TEU集装箱船舶建造合同。截至2015年底，中远集运自营船队包括178艘集装箱船舶，运力达85.77万TEU，集装箱船队规模排名世界第六。同时还持有21艘集装箱船舶订单，合计32.7万标准箱，包括5艘9000TEU型、5艘14500TEU型、11艘19000TEU型新船，计划于2016—2018年陆续交付。

二、机构改革与营销机制调整

（一）成立泛亚航运公司，打造沿海集装箱运输新品牌

2004年5月18日，经中远集团批准，中远集运实施多品牌平台战略，将中日贸易区、沿海贸易区合并，对上海中远集装箱沿海运输有限公司进行变更，成立上海泛亚航运有限公司（简称泛亚公司）。泛亚公司以中远集运旗下的第二品牌的身份独立参与市场运作，经营包括中日航线、内贸航线及公共内支线在内的中国沿海及近洋专业化集装箱运输业务。中远集运将"洛河""辽河""沙河""艳河""隆河""怀集河""凌泉河""银河""星河""冰河""潮河""庄河""松河""秋河""香河""玉河""汉涛河""汉江河""汉水河""高城""明城""松城""商城"等23艘船舶交给泛亚公司运营。泛亚公司在成立后不到8个月的时间里，完成重箱量41万TEU。2013年，中远集运又将7艘船舶售予泛亚公司，并改挂中国国旗。

（二）深化机构改革，服务集团上市工作

2004年开始，为配合中远集团的境外上市任务，中远集团对集装箱业务进行了一系列改革运作。

在中远集团统一领导下，中远集运按时间节点，稳步推进进入资本市场的"兴运项目"。2004年9月25日，重组后的上远公司正式运作，恢复了独立经营法人地位，由中远集团出资并授权中远集运全权管理。新上远公司剥离并承担了中远集运的船员和船舶管理职能，形成集船舶管理、劳务输出、综合实业等为一体的产业多元化经营新格局。

2005年6月30日，中国远洋股票在香港联合交易所主板正式挂牌交易。中远集运作为中国远洋的重要组成部分，成功跨入资本市场。9月28日，为满足上市公司监管要求，按照"六个统一"（营销网络统一、驳船资源统一、集装箱管理统一、财务管理统一、舱位

控制和管理统一、人事管理统一）的原则，中远集运整合广州、深圳、香港口岸公司，成立华南中远国际货运有限公司。

2007年，中国远洋成功回归A股市场。9月28日，中远集运宣布总部七项体制完善方案，包括：运价授权下放，运使费审核转移至单证公司，预配职能完善，成立专门的法律部门，调整预决算体制机制，压缩总部管理层级，完善总部薪酬分配制度。2008年1月9日，上海中远集装箱运输单证服务有限公司揭牌成立。2009年10月28日，在中远集团、中国远洋的全力支持下，中远集运圆满完成了收购上海远洋运输有限公司100%股权的F5项目。2011年10月18日，中远集运东南亚有限公司在新加坡开业。

（三）适应形势发展，创新营销体制

随着集装箱业务的发展，中远集运的营销体制已逐渐不适应新时期的要求。到2011年，世界集装箱运输业乃至整个海运业运力过剩、成本激增、客户需求日趋多元化，中远集运虽然运力位居全球第四，在业界确立了规模优势、联盟合作优势和信息系统优势，但相比同行，在客户基础、货源结构、整体营销效率和潜能等竞争力要素上还存在着明显"短板"，创新改革势在必行。

2011年9月19日，在中远集团的指导和支持下，中远集运审时度势，推出了《中远集运中国地区营销体制改革工作方案（试行）》，同时还配套印发了中国地区出口运价管理办法、出口舱位管理办法、滞期费减免授权和管理办法及营销人员管理办法等4个文件。拉开了以市场为导向，以客户需求为中心，调整营销模式和营销架构，释放营销潜能，提高公司在中国地区的市场竞争能力的营销体制改革。

此次营销体制改革改变了口岸原先按照总部贸易区模式设置的航线营销部架构，统一在区域营销总监下设运价管理部、营销策划部、客户销售部、客户服务部，从产品导向改变为客户导向，从自我需求导向转变为客户需求导向，对于集中精力拓展客户面，推动由个别航线合作向全面合作转变，提升客户管理和服务水平更为有利。同时，使航线营销政策制定和客户服务管理更加协调一致。根据新确立的三级营销组织架构形式：总部层面，更多地关注整体航线经营、整体市场营销策划、运价策略制定、全球核心客户的开发与维护、营销监督和考核；口岸层面，打破各地口岸内部按贸易区对口分工的体制，建立对外按客户、按地区进行市场开发的机构，构建统一的区域营销管理体制，根据中远集运授权，做好所辖区域的市场分析、营销策划、客户的开发和维护、运价和舱位管理，销售预算和管理；网点层面，将更专注于营销和综合服务功能，提高网点对市场与客户的反应灵敏度。

在运价管理方面，中远集运总部将运价政策的执行按照客户归属前移至口岸分部，实行口岸一级运价管理，有力地提升了市场反应速度。

在营销队伍管理上，口岸营销人员从各地口岸相对独立出来管理，建立统一的营销团队，使公司内部业务流程与外部客户服务流程实现良好衔接，为客户创造更多便利。在营销人员的考核和激励方面，中远集运通过完善与营销管理流程相对应的薪酬激励机制，建立统一的营销人员绩效考核标准和薪酬体系，并将营销绩效整体指标转化为营销人员个人指标，从而促进营销人员个人目标和公司总体营销目标相一致。

10月1日，营销改革在上海、华南两大区域先行先试；实施1个月后，上海中货和华南中货对市场的反应速度获得明显提升，运价执行情况处于可控范围，并且能够做到紧跟市场节奏，主动跟进航线运价，取得一定效果。11月1日起，大连、天津、青岛、厦门、武汉等区域启动改革。12月1日起，改革在国内各网点全面铺开。

口岸营销人员管理相对独立出来后，改变了以往各口岸分部对营销人员的配备和管理差别较大、人均销售箱量严重不平衡、整体营销人员比例偏低的面貌，初步构建起国内的专业营销队伍，市场开发也取得了比较明显的效果。在2012年上半年中国外贸出口增速总体回落，部分沿海省份外贸出口下降的严峻形势下，中远集运所属的中远国际货运有限公司（简称中货）逆势而上，保持了业务快速增长的良好势头。据统计数据显示，2012年1—6月份，中货全系统累计完成的本地箱量同比前一年增长了12.25%，销售箱量累计同比增长了11.44%，运费收入累计同比增长达31.7%。

随着中国地区营销体制改革初见成效，境外公司也不断深化营销机制的进一步改革。2012年，特种箱贸易区更名为全球销售部，行使全球营销策划、销售管理、专业化销售、客户关系管理四大职能。2013年7月，中货（中船代[①]）公司实体化改革启动，推进中国部本部实体化转型发展，标志着整个中货系统进一步面向市场、面向客户的深化改革正式拉开帷幕。中货（中船代）成功迁沪，并在延伸服务、拼箱、综合项目业务等功能上进一步做强做大。2014年，中远集运对美洲公司进行业务优化、机构重组，撤并网点和分支机构，有效提高了操作集中度，实现了防范风险、削减成本、提升服务、提高效率等多重目标。

2013年，中远集运成立了全球海运操作中心，对各贸易区的调度和预配、贸易保障部的箱运计划、安全技术管理部的总调度和燃润油消耗管理等职能，实施统一整合，进一步提高资源配置能力和船舶运营效率。全球海运操作中心业务成立后，充分整合了航线网络资源，以成本优、交货快、服务稳定为原则，规划好中转路径，打通了货物出运的海运通道；统筹协调航线短程舱位，释放运能，提升舱位有效利用率。

三、航线的调整与合作

（一）航线的调整与新航线的开辟

1. 远洋干线的开辟与调整

伴随运力的不断增长，这一时期，中远集运各航线致力于精细化、集约化、规模化经营管理，各主干航线舱位利用率均保持接近100%的水平。

2006年，中远集运西北线（AE1）、美西线（南）（CEN）、美西线（北）（PNW）、地中海（西）线（AMX）、中澳线成功改造升级。中美洲、红海、黑海、地东、菲律宾、越南，以及国内南沙、汕头等市场的成功开发，增强了对干线舱位的喂给作用。

2006年3月16日，中远集运开辟地中海至西非的新航线（MAF），"BIRTE RITSCHER"轮首航意大利那不勒斯港。为配合中远集团在希腊比雷埃夫斯港的项目，4

---

① 即中远国际货运船务代理有限公司。

月8日，3800TEU船舶"俊河"轮首航希腊比雷埃夫斯港，这是中国大型集装箱船舶首次直航希腊（图2-3）。8月21日，中远集运开辟了中国—印度直航航线（CSI）。10月26日，"汕头/香港—东南亚航线"（STV）在汕头举行首航仪式。

2007年，中远集运航线经营紧随市场变化灵活调整。在主干航线上，根据市场货量、运力、运价、成本等总体变化，实施灵活的经营策略，资源向利润区倾斜，推进差异化市场竞争，整顿亏损航线。2007年，

图 2-3　中远的集装箱船正在驶入中远比雷埃夫斯港集装箱码头。

实施华南/美西南航线7500TEU船舶与西北欧航线5500TEU船舶对调，全年欧洲贸易区增收明显。瞄准全球经济热点地区，及时优化航线配置，地中海线拆分为地西、地东两线，南非、南美两线独立运营，积极开辟中南美市场，有效增强了航线服务能力和创收能力。10月16日，公司在宁波召开新闻发布会，宣布远东—地中海快航（AMX线）挂靠宁波港。11月15日，美西北航线（PNW）正式挂靠加拿大鲁珀特王子港，中远集运在美西北地区又有了新的战略性中转门户。2008年，适度缩减美国传统市场运力，重点加强美东及加勒比市场开发；及时充实欧洲、地中海、亚太地区（南非南美线、波斯湾红海线、澳新线）运力、抢抓效益。2009年春节过后，随着市场复苏，中远集运及时打开航线，力保市场份额不丢；自7月份起，每周对各航线、各口岸低运价进行监控、分析、通报，有力推动了各航线运价恢复。2010年，全力加大境外回程和出口FOB市场开发，全年境外回程货量、销售收入、单箱收入同比分别增长13%、48%、31%。

2012年，中远集运进一步调整航线和全球网络布局，致力于提高运力资源的配置效率，努力实现在传统市场和新兴市场的均衡投入。干线、次干线释放出部分近程舱位，提高了资源投入产出比；欧洲、东南亚等支线网络建设进一步强化。

2013年，在立足本土的基础上，中远集运积极推进在全球市场的结构调整，主动平抑传统市场的波动风险，降低东西干线运力配置比例，增加新兴市场配置比重。一方面，审慎控制欧地线运力，力保不成为大的效益"洼地"；顺应美国经济的缓慢恢复，美线旺季运力温和增长。另一方面，继续做大做强亚洲及东南亚市场，并为重点开发非洲市场做好铺垫。波斯湾线、南美东线、澳新线运力全面升级；南美西线运力增投，新增至中美洲危地马拉、洪都拉斯的直航服务；开设新的至西非和东非直航服务。东南亚、东北亚、中日、南亚四大流向开始实施"四网合一"，逐步交由东南亚公司经营。

2014年，在传统航线上，太平洋线采取升级船舶、设置钟摆航线等措施，西北欧线通过联盟合作优化航线排布，网络成本大幅下降。在南北航线上，进一步加大新兴市场投入，寻找市场新机遇，统筹布局，包括：东南亚—东非线（AEF）升级；远东—南非线（FAX）优化为华东—南非快航和华南—南非快航两条航线；开辟远东—西非线（FWAS），覆盖面拓展至多哥、加纳、尼日利亚、科特迪瓦四国。2015年，中远集运根据

淡季市场形势和航线经营情况，果断调整运力配置，改善经营效益。年内退租船舶14艘、4.96万TEU。同时，加大对新兴市场、区域市场的投入，改造东非线（AEF）、南非线（FAX）；南美西线（WSA）增加了舱位互换，南美东线（ESA）增加了到里约热内卢和纳维根特斯的服务；开辟了波斯湾MEX2线。

2. 开发整合内贸航线

随着泛亚公司的成立，2006年，中远集运环渤海支线、长江支线、珠江驳船支线网络整合效果明显，长江、珠江、沿海支线货量分别同比增长37%、56%、37%。7月25日，"民河"轮在唐山港举行内贸航线周班首航开通仪式。2007年，针对内贸市场加速发展的变化趋势，公司及时将2700TEU型船舶运力充实内贸航线。随着内贸市场的发展，到2011年，中远集运3000—5000TEU型大船也逐步投入内贸航线。2012年4月10日，营口集装箱码头有限公司52号泊位上的中远"天福河"轮集装箱船驶向广州南沙港，标志着国内首条集装箱"天天班"南北航线（即同一航线每天均有班轮对开出港）正式开通运营。为保证班轮准点出港，中远集运在这一航线上共投入11艘集装箱船，其中10艘载箱量为5100TEU。该航线的开通对于促进南北经济建设的互动与发展，带动区域经济增长，以及提升沿海港口功能，推进海运事业健康发展具有重要意义。这一时期，泛亚公司以做精"天天班"、做强福建合作线为切入点，巩固并扩大内贸航线领先优势，到2013年，12艘5100TEU船舶全部配备到位。2013年5月13日，"盛河"轮首航广东珠海市高栏港，标志着高栏—海防直航航线正式开辟。9月12日，泛亚公司又成功开通珠海至华东地区（IC6）的直航航线。

与此同时，泛亚公司大力推进内贸新兴市场开发的"长江战略"。2006年3月30日，中远集运投入长江内支线第一艘集装箱船"中远1号"在重庆九龙坡码头正式命名。5月16日，"武汉——洋山"江海直达快航在武汉阳逻港正式开辟，这是长江中上游地区第一条真正意义上的江海直达航线。该航线在挂靠武汉阳泗港及阳逻港后，沿途不再挂靠港口，而是直达上海洋山港，下水两天，上水三天，真正实现了武汉港始发班轮两天到达上海大通关的战略部署。通过中远"武汉——洋山"直达快航，湖北武汉地区货物接转干线班轮的时间，将比现有中转方式平均缩短一周左右，将为货主节约大量的时间和运输成本，促进地区经济贸易的发展，同时也将有利于洋山港国际中转港的建设。2007年2月2日，中远集运装载量为210TEU的"中远2号"驶入长江最上游集装箱港口—泸州港长通国际集装箱码头。2009年，针对国内产业梯度向中西部地区转移的情况，公司以长江流域市场开发为着力点，建立月度长江流域营销工作专题会机制，长江流域出口箱量逐月攀升。2010年，长江支线完成重箱量同比增长13.5%，市场份额保持国内第一。

3. 支线网络不断完善

在支线、近洋运输方面，2007年11月28日，中远集运CUE航线"中远布里斯班"轮（COSCO BRISBANE）挂靠和记黄埔在墨西哥拉萨罗—卡纳德斯市投资的新码头，中远由此成为第一家挂靠该码头的班轮公司。墨西哥总统卡尔德龙出席了开港仪式并剪彩，码头还安排了有中远集团标志的集装箱第一个卸下。此举大大提升了中远在墨西哥市场的影响力。2008年3月20日，公司开辟泉州—香港—马尼拉线（HPH），提供泉州至马尼拉的直达服务，以及泉州、马尼拉经由香港至全球各大港口的中转服务；首航投入船舶为"肇庆河"轮。4月7日，中远集运张家港—台湾集装箱班轮航线开线仪式在江苏张家港市举行。12月15日，"中远大洋洲""远河"轮分别在天津新港、上海洋山港开启新港—高雄港、洋山港—高雄港的海峡两岸直航航程。2013年，为适应战略发展需要，4月起中远集运新开红海支线（RSF）；5月起合作开辟俄罗斯—芬兰线，进一步完善了全球支线网络。

2015年，欧洲区域内航线和大西洋线均交由欧洲公司经营管理，进一步发挥希腊比雷埃夫斯港的战略枢纽作用，先后开辟土耳其—黑海支线（TBX）、以鹿特丹为中转港的爱尔兰自营支线。加大对东南亚区域市场开发力度，新开泗水线（CSX）、东北亚—马来线（KCM2）、吉大线、仰光线，提升了东南亚区域内的经营能力、中转能力和箱体平衡能力。利用交通运输部政策，为相关船舶办理了沿海捎带资质，积极开展沿海捎带业务。

（二）航线的合作经营的进一步深化

1. 加强CKYH联盟合作

全球范围内航运公司间加强联盟合作在2014年达到高潮，各航运公司从"抱团取暖"演化成为联盟间的竞争，市场竞争进一步加剧。同时，随着联盟的扩大，联盟内部的服务同质化现象就越明显，这就对集装箱船队在"竞争、合作、创新、服务"等方面提出了更高的要求。

早在2004年，在中远集团的积极倡导下，中远集运就进一步强化由"经营船舶"向"经营舱位"的理念转变。年内，美洲贸易区加大提高合作航线回程舱位租金收入的力度，全年合作航线西行租金收入达2879万元；欧洲贸易区、欧洲部利用5500TEU大船上线的机会，大胆尝试红海—欧洲、地中海—欧洲直航服务；大洋洲分部以租用舱位方式，"借壳生蛋"，开辟了东南亚—南太平洋航线。

2005年，中远集运进一步加强合作拓展航线服务。通过合作，西北欧航线、地中海航线、美东航线班期密度加大，进一步提升市场竞争力。美东二线4月份起双周班挂靠巴拿马，进入加勒比海市场。南非南美航线直达服务延伸至上海。重开华南—红海航线，开发红海市场。东南亚—大洋洲航线、香港—马尼拉支线、那不勒斯—亚得里亚海支线、印巴支线、环渤海支线相继开辟。全年，美国航线服务合同签约量创造新的历史纪录；欧洲航线成为公司盈利能力最强的航线；亚太航线市场份额大幅增加。在北京成功举行中远集运、川崎汽船、阳明海运、韩进海运"CKYH峰会"，四方合作的决心和信心进一步增强。

2011年，中远集运欧洲航线充分发挥13000TEU型大船上线的规模优势，通过加强合作、舱位互租，提高舱位利用率、增加舱位收入；同时，公司中东航线船型升级至8500TEU，大幅降低了单舱位成本，并通过出售富余舱位增加了收入。

2014年，CKYH联盟正式接纳长荣海运（Evergreen）加入。2月20日，中远集运、川崎汽船、阳明海运、韩进海运、长荣海运在上海宣布：五方就组成新的海运联盟达成共识，并冠名为CKYHE联盟。新联盟于2014年3月1日正式成立，4月中旬起共同合作运营6条亚洲—北欧线、4条亚洲—地中海线。

2015年，中远集运优化CKYHE联盟欧地线航线设置，服务覆盖面仅次于马士基航运和地中海航运的2M联盟，领先于法国达飞、中海集运和阿拉伯联合轮船的O3联盟以及G6联盟。下半年，为顺应欧地航线市场变化，联盟欧地线部分航线采取停航措施。优化太平洋线产品结构，在保持总量不变的情况下，将舱位向贡献较高的美东线转移；通过船舶大型化、开辟钟摆线等手段，保持太平洋线服务竞争力。

2. 内贸运输领域的企业合作

在内贸运输方面，中远集运加大了和国内航运企业的合作。2012年10月10日，中远集运与中海集运签署了《中远集运与中海集运内贸航线合作协议》，即在内贸东北、华北至福建、汕头航线上共同投船、合作经营。这是2家公司首次在中国内贸集装箱航线上的合作。

2013年1月8日，上海泛亚航运有限公司与中外运集装箱运输有限公司签署了《泛亚航运与中外运集运中日航线合作协议》，从2月下旬，开始在华北—关东/关西、上海—关东/关西（上半周）航线上，以共同投入船舶并互换舱位的形式进行合作经营，旨在有效整合双方在中日航线上的资源，拓宽航线覆盖面、增加船舶班期密度、提高船期稳定性，满足华北、华东至日本航线客户不断精益化、多元化的服务需求。此举标志着中远集运与中国外运在中日集装箱航线上深入合作的开端。

2013年3月26日，由泛亚公司、中海浦海、上港长江三大航运公司联合开辟的武汉—洋山江海直达天天班航线正式开通。

2014年，泛亚公司与中海浦海、中外运公司共同推进C3航线联盟，加大了泛亚中日线班期密度；与中海集运新开山东—北部湾线（IC15），升级了原合作的福建—汕头线（IC18）。

3. 与上下游客户政府合作

2015年，中远集运以国家"一带一路"倡议为契机，拓展延伸服务业务，尝试了新型运输模式，挖掘了新的盈利点。大力建设海铁联运通道，与中铁总公司下属路局场站建立业务关系，签署堆存协议；与上海、北京、济南、沈阳路局实现合署办公；大连中货与沈阳路局、大连港成立合资公司；开行新增专列线路。以"一带一路"为契机，积极参与中欧国际班列业务。落实"长江经济带"战略，与武汉市政府合作，巩固泸汉泰、汉越泰快航；与岳阳市政府共同新开岳越泰快航、岳阳—澳大利亚接力航线。5月13日，在"湖南城陵矶国际港务集团有限公司揭牌暨21世纪海上丝绸之路岳阳—东盟接力航线开通仪式"上，中远集运总经理王海民代表中远集运与岳阳市委副书记李志坚签订了"21世纪海上丝绸之路岳阳—东盟航线"合作协议。

截至2015年12月，中远集运资产规模达到510.43亿人民币，共经营112条国际航线、49条国际支线、29条国内沿海航线及86条珠江三角洲和长江支线；公司所经营的船舶达到178艘，1038.2万载重吨，85.8万TEU，其中自有船舶达到74艘，500万载重吨，41.5万TEU，在全球约72个国家和地区的225个港口挂靠。

四、推动总成本领先战略

在低迷的市场环境中，总成本领先战略是集装箱运输企业发展的生存之道。这一时期，中远集运高度重视降低生产成本。

2006年,全球集装箱运输市场风云突变,走势起伏跌宕:国际上一些权威预测机构唱衰航运市场,导致市场信心严重缺失;个别公司并购后实施激进的运价策略,为争夺市场份额而杀价竞争,导致市场运价大幅下滑;燃油价格继续在高位盘整,海外码头费、美国内陆费用大幅上涨,导致船公司运营成本高企,经营利润被蚕食。中远集运直面挑战,通过深入开展精益管理活动,全年降低中转费约5000万元,国内码头费比上年降低6000万元,燃油采购总量比计划下降3.7%。

2007年,中远集运将成本控制上升到战略高度,以"强化经营质量监控和细化成本管理"为重点,开展第二个"精益管理年"活动,全年在运力增长12%、重箱量增长15%的情况下,单位油耗低于上级考核标准8%,节约燃油成本2970万美元。

2008年上半年燃油价格飞涨,中远集运在17条航线上实施了加船减速或虚拟加船减速的办法,并通过压缩船舶在港作业时间、强化油耗实时监控、推广节能新技术应用等措施,全年油耗同比减少12万吨。针对全球性供应商费率急剧抬升,中远集运在强化成本问责制中配套建立"红、黄牌"奖惩办法,使成本控制绩效与各级领导人员薪酬挂钩,进一步增强了全系统成本控制的责任意识。全年累计港口使费支出同比降幅4.43%,货物费支出降幅12%,中转费支出降幅20%,集装箱固定费用降幅38.65%,集装箱租金降幅8%。

2009年,中远集运设立总额1000万元的成本控制奖励基金,专项激励全系统为降本增效作出突出贡献的集体与个人。锁定关键成本项,依靠成本问责制、每周专题分析会两大抓手,推动成本控制工作不断向事中和事前控制转变。全年在上年基数上进一步节约燃油18.2万吨,节约开支4.74亿元;压缩集装箱保有量5.62%,全年箱管总成本较上年减少13%。

2010年,中远集运大力倡导"低碳发展"理念,在10余条主干长航线上实施了加船减速办法,同比减少油耗33.8万吨。同时,积极优化欧洲—地中海航线中转路径,全年中转费节支明显。

2011年,中远集运成本控制由单纯成本项目管控,向流程设计、过程控制、闭环管理和纠偏机制不断深化。通过深化节能减排措施,全年单箱运力油耗同比下降7%,比上年节油25万吨;集装箱箱位比控制在1∶1.6以下的历史低位;单箱集装箱固定成本下降7%;创新供应商洽商模式,引入供应商竞争机制,摆脱被动承受局面,有效实现了降本增效。

2012年,中远集运进一步完善燃油管理工作流程,船舶加油由"船舶申请"向"岸基主动安排"转变,并开始推行对在运船舶的"飞行量油"和对异常情况的监控、通报、追责等新机制。2月份,"竹子""中远美洲"两轮的《船舶能效管理计划》通过中国船级社审核,获得中国航运业第一张和第二张以船舶为主体的船舶能效管理证书。与此同时,中远集运在总部设立集装箱总调度岗位,统筹管理全球集装箱资源,强化旺季重箱催拆、空箱集结回调等工作,提升了设备周转率和使用效率。成立了供应商管理委员会,引入科学评估机制,完善流程制度设计,实现了供应商管理环节的全覆盖管理。

2013年,公司以"单箱成本零涨幅"为硬指标,全年在总箱量比上年增加的情况下,实现总体运输成本及单箱运输成本下降。多管齐下控制燃油成本,扩大燃油现货采购招标范围,坚持使用大油商采购合同;推进了美西等航线在俄罗斯远东低成本港口的加油;对

12条主干长航线实施了加船减速和港序调整,单航次节油显著;建立对船舶航速和油耗的立体监控平台,加强了跟踪监测;推行主机增压器封堵等技术节油措施;在自有船队106艘船舶上安装机舱视频监控设备,对船舶废残油清退作业现场进行实时监控。

2014年,中远集运重点紧盯成本管控项目。通过对采购、加油、日常用油、废残油清退等各环节多措并举,燃油成本管控取得较好成效。在控制集装箱总保有量的同时,确保了生产经营用箱,加大了对铁路等延伸服务业务的支持力度,集装箱设备使用效率明显提升。加强码头类供应商管理和洽商,年内基本达到"零涨幅"的预算要求。各经营单元致力于改善货流结构与路径,从营销源头上控制变动成本。通过严控免费用箱和滞期费减免、加大超期滞期费的清理和催收力度、持续在全球范围内调整滞期费费率等手段,有效保证了滞期费实收金额的增长。

2015年,中远集运设定了12项经营和管理成本的节支目标。加强燃油费管控,实施24小时船舶油耗动态监控,推广等功率航行、船舶纵倾优化、船舶球鼻艏和螺旋桨改造、提升港口操作效率等节油措施。加强港口使费管控,公司领导亲自带队,与各港口进行了艰苦洽商,年内开放地区整体协议费率下降。加强货物费、中转费管控,促进货流平衡,优化中转路径,全年货物费、中转费下降。加强集装箱成本管控,积极回调因年初美西罢工而积压的货箱,全年单箱集装箱固定成本同比基本持平。全年有9项主要成本的控制取得了良好成效,箱管、燃油、租船、机务五项、广义管理费用等完成指标。

五、创新营销手段,提升服务质量

(一)加大营销开发力度,收入稳步提升

2004年,中远集运以"提升中远集运核心竞争力、实现持续盈利能力的增长"为目标,抓住了宝贵的市场机遇,延续了打赢2003年效益翻身仗时的优势和胜势,生产经营和经济效益各项指标均取得历史性突破。全年公司完成箱运量456.2万TEU,比上年增长13.4%;重箱量346.8万TEU,比上年增长15.9%;平均箱位利用率72.4%,比上年增长3.2个百分点;实现运费收入253.55亿元,比上年增长25.3%;净资产收益率67.48%,比上年提高39.9个百分点。

2005年,中远集运抓住国际集装箱运输市场持续回暖的机遇,克服国际燃油价格一再攀升等不利影响,生产经营和经济效益各项指标再创历史新纪录,全年完成箱运量550万TEU,其中重箱量421万TEU,运输收入317亿元。

2006年,在全球集装箱运输市场竞争进一步加剧以及成本高企的环境中,中远集运直面挑战,全年完成集装箱货运量6278.9万吨,重箱量511.13万TEU(比上年增长12.7%),成功走过了险路,为中国远洋股票在证券市场上的表现提供了强有力的业绩支撑。

2007—2011年,是中远集装箱运输事业发展进程中极不平凡的5年。金融危机席卷全球,欧美等主要经济体经济持续走低甚至严重衰退,新兴经济体的增长总体放缓并面临通胀压力。全球集装箱运输市场急剧变化,BDI指数从高位跌至冰点,班轮业经营环

境进入酷冬严寒，干线集装箱运价呈"过山车"式下跌，如2008年华南地区亚欧航线西行起步价，由年初平均1200美元/TEU，急跌至最低的市场报价90美元。欧美地区中转费率飙升，国际燃油市场价格成倍上涨。这些都对中远集运生产经营造成了极大的负面影响。

在中远集团的正确领导下，中远集运以快速应变、全面协同、深化改革为主线，着力提升市场应变能力和快速反应能力，实施差异化竞争和低成本战略，坚持发展这一硬道理，扩大合作、抱团取暖、精益管理、拼搏效益，完成各年度经营生产指标。

2007年，中远集运提出"量、价、质齐升"的新营销理念，引入更深层次的单箱边际贡献评估机制，每周编发《（航线）营销指南》，增强了总部、口岸密切协同的营销快速反应能力。

2008年，中远集运实施运价授权，将零售客户运价权和相应贡献值责任下放至中国部各地区分部。

2009年，中远集运印发《关于进一步加强营销队伍建设的指导意见》《中远集运营销人员荣誉基金计划》，积极促进营销潜能的进一步释放；设立总额2000万元（每年）的专项营销奖励基金，逐季调整重点，逐季表彰兑现。

2010年，中远集运大力推进客户结构和货源结构优化，全球性重点客户（GKA）货量同比增长39%，贡献值增长270%；欧、美主干航线大客户出口平均单箱运价同比提升超过100%；全年冷箱货量、贡献值同比分别增长31%、253%，大件货销售贡献同比增长25.2%。

2011年，中远集运以欧、美主干航线为重点，深化中国部与美洲、欧洲公司协同效应，签署业务互动框架协议，推动了海内外在客户开发、客户服务方面的深化合作。2011年，中远集运货运量达691万TEU，集装箱航运及相关业务营业收入人民币364.6亿元。

2012年，中远集运坚持长期客户战略优化货源结构。全球性重点客户（GKA）、贸易区重点客户（TKA）、区域重点客户（RKA）、直接客户（BCO）的开发得到加强，全年基础客户箱量增加明显。双向FOB货开发取得实效，进出口货流平衡进一步改善。冷箱量、大件货量持续增长；高贡献值中小客户开发进一步强化。随着境外公司进一步加强区域营销团队建设，东南亚公司、南美地区、欧洲公司销售箱量增幅位列前三。2012年，中远集运全年完成箱运量首次突破千万TEU大关，创中远集运成立15年来的最高纪录。其中，完成重箱量801.6万TEU，同比增长16.0%；平均单箱收入同比上升4.2%；集装箱航运及相关业务收入431.7亿元，同比增加18.4%。2013年，全球经贸继续呈现低速增长走势：集装箱运输需求增幅4%，而运力供给增幅6%，失衡进一步加剧；市场运价进一步下滑，上海出口集装箱运价指数（SCFI指数）下降14%；各类供应商费率刚性上涨，船公司经营依然面临极大压力。

2013年，中远集运进一步加强专业化营销，开发高贡献值货源。深化大客户战略，基础客户货量比例达到目标；114家大客户箱量同比增长；冷藏箱、大件、危险品等高价货比例提升；太平洋航线签约工作以质取胜，直接客户比例上升；大力开拓新兴市场货源，销售箱量增幅明显。推动回程运价与货量恢复，改善货流平衡，开展"太平洋航线西行揽货专项活动",西行货源结构明显改善,"三废"货量占比明显降低,农产品等优质资源占比明显提升;欧洲—地中海航线平衡系数优于市场情况。全年公司完成重箱量870.15万标准箱,同比增长8.55%;平均单箱收入同比下降10.42%;集装箱航运及相关业务收入425.35亿元,同比下降1.51%。

2014年,在市场环境依然处于弱势,供过于求局面延续的情况下,中远集运完成总箱量连续第3年突破千万TEU大关,重箱完成943.75万标准箱,同比增长8.5%;实现平均单箱收入4558元/TEU,同比上升1.7%;集装箱航运及相关业务收入477.4亿元,同比增长12.24%,经营效益实现扭亏为盈。

2015年,全球经贸增长乏力,汇率和大宗商品价格剧烈波动,集装箱市场整体需求不振,箱量下滑势头不减,运价处于历史低位,航运市场困难重重。中远集运围绕"以客户为中心、低成本战略、提升全程运输能力"的核心战略,突出"快速应变、全面协同",强化营销促进经营增收。抓好淡季揽货工作,先后开展了年初、年中、年末三次淡季揽货专题营销活动,因地制宜出台运价政策,提升舱位利用率。改善货源结构,着重抓好长约客户的履约率,严格执行淡旺季箱量支持与舱位保障的联动机制,有效平抑了即期市场的运价波动。全年完成重箱运量982.77万TEU,同比增长4.1%;平均单箱收入3995元/TEU,同比下降12.4%;集装箱航运及相关业务收入447.26亿元,集装箱运输及相关业务成本合计429.97亿元,实现持续盈利。

(二)改进服务质量,提升专业化水平

2012年,全球经贸和集装箱运输市场在低位徘徊。中远集运立坚持"改革创新、以质取胜",通过精心设计服务产品,高效合理利用资源,深化体制机制改革,防范化解各类风险,极大地改善了公司的效益状况。2012年,中远集运狠抓班期管理工作,全年平均综合准班率达到86.32%。坚持发展延伸服务业务,在贸易保障部下新设立延伸服务部,加强对延伸服务业务的宏观管理。开展内贸全程运输服务提供商试点,内贸天天班服务成功开辟。6月13日,空客天津总装线第100架飞机大部件运抵庆祝仪式,在空中客车天津A320型飞机组装厂举行,中远集运被授予"优秀运输供应商协作单位"称号。

2014年,是中远集运"直面严峻市场,实现逆境崛起"的一年。中远集运坚持"以客户为中心"理念,对标先进同业,6月1日起在中国地区公布"订舱确认、放箱、提单签发、发票提供和争议处理"五项承诺;8月1日起逐步推广到美、欧、亚太相关区域。发布《中远集运中国地区销售业务流程(2013试行)》,规范国内销售人员的销售行为和管理手段。编制了面向客户的《FOB客户操作指导手册》和针对公司内部人员的《FOB货物操作流程》。加强延伸服务网络建设,结合中货公司实体化转型发展,着力强化"货运代理+延伸服务"功能;建立中国大陆地区拖车服务线路超过1000条,铁路服务线路68条,为全方位打通海铁联运通道奠定了基础;编制了中国地区多式联运(TR)类延伸服务产品手册,向全球代理发布。与此同时,中远集运不断强化"两个体系"建设。强化客户服务保障体系建设,按"二四八"原则对客户进行了细分,配备不同的营销与服务团队,按个性化服务方案,分别提供标准服务、增值服务、定制服务。总部支持团队设立了大客户经理岗位，强化客户服务监督体系建设，开通客户投诉渠道，建立处置投诉流程，明确了争议解决期限，确定了责任追究标准并，设专职岗位，负责处理客户投诉。8月21日，由武汉中货、武汉中远物流承运的洪都公司C919大飞机项目完成全面检查后顺利装车，并于8月24日运抵中国商飞上海总装基地。

2015年，集团坚持不懈狠抓准班率，第三季度公司船舶准班率首次超过马士基，获得专业机构与客户的认可。开展"简化服务流程，提升客户体验"活动，客户反映"烦""慢"的20个服务环节逐步整改。

（三）开通网络营销新模式

中远集运推动传统行业和电子商务的跨界整合，2013年10月28日，泛亚公司"泛亚航运电商"网上线开通，开创了内贸集装箱船公司在线营销、交易的先河。泛亚电商平台以服务中小客户为对象，以"线上订舱、线下操作"的理念，实现了订舱、付款、查询、订阅、跟踪等全部在线上完成。线下操作由集中服务团队统一支持。平台注册用户近5000家，平台上线后，实现箱量、成交金额成倍增长。2015年8月8日，"中远集运"的官方微信公众号上线试运行，为客户提供货物跟踪、船期查询、航线查询、报关查询及各类服务和资讯信息，至12月底，关注用户总数8000多个，拉近了与客户的距离。

第三节　改革中壮大的干散货船队

这一时期，中远集团经营散货运输的公司主要有中远散运、中远香港航运、青岛远洋。此外，厦门远洋、新加坡远洋、中远香港集团、中坦公司也经营部分散货业务。截至2005年12月底，中远散货主船队共拥有散货运输船舶219艘、1343万载重吨，平均船龄12.4年，散货船队总体规模位居世界第一。2005年，完成铁矿石、粮谷、煤炭等大宗干散货运输量22045.4万吨，运输收入334亿元。

一、中远散货船队的发展

（一）中远散运

中远散运是这一时期，中远散货板块积极开拓创新的代表。到2005年底，中远散运拥有自有船舶77艘、473.98万载重吨。

在此前，由于受1998年的亚洲金融危机和干散货运输市场长期低迷的影响，主要依靠自有船经营的中远散运生产经营陷入了瓶颈，资产负债率高达80%。进入21世纪，在中远集团企业"两个转变"发展战略的指引下，中远散运逐渐摸索出了一条企业的破局创新之路。

1.船东、租家、经纪人"三位一体"经营模式，实现"从拥有向控制转变"

这一时期，中远散运在萧条的市场中看到了更长远的未来，在落实中远集团"从拥有到控制转变"的发展战略中，走在了集团的前面，率先开始了租入船经营的探索，"控制运力"的战略逐渐成为中远散运最核心的经营战略。以租入船的方式来控制外部资源，为中远散运开拓市场、创造效益奠定了坚实基础，成为这一时期中远散运经营管理中最为突出的亮点。

2003年下半年开始，干散货航运市场迎来了复苏。中远散运立足船队实际，深入贯彻"把握市场、智慧经营，稳步推进运力扩张"的经营策略，抓住航运市场回暖的大好时机，坚决贯彻"从拥有船向控制船转变"战略，加大了租入船力度，全年完成货运量7000多万吨，控制的租入船总数达到198艘，超过自有船的拥有量。全年创利7.5亿元，实现了自有船与租入船"双赢"的可喜局面，航运主业综合效益创公司成立33年来新高。在2004年1月中远集团工作电视电话会议上，中远散运总经理张良获得集团授予的"租船成效最大奖"。

在开展租船经营的过程中，中远散运不断寻找机会，适时租进市场竞争力强、转手容易的现代型船，适时租出成本高、船型又不合理的自有船，结合货品运输市场需求变化进行运力置换，大量租入船逐渐调整了中远散运的船队结构，船队结构调整带来运力结构的调整。伴随着中远散运租入船队货运量、周转量的连年提升，租船成效显示出巨大的综合效应，赢利能力呈几何级数增长。2004—2006年，共创造利润110多亿元，相当于每年赚入1个"中远散运"。2007年至2010年又累计上缴利税120多亿元，相当于中远散运净资产的四倍，平均净资产回报率近100%。通过租入船经营，中远散运的规模、创效、影响力和控制力都得到了大幅提升，创效能力尤为突出，2004—2008年，合计盈利269.60亿元，其中，自有船78.2亿元、租入船191.36亿元，租入船利润占总利润的70.97%。

在实施"从拥有船到控制船转变"战略转型过程中，中远散运提出了转变市场定位的决策构想，由单一的船东身份向"三位一体"的市场定位转变，即在市场上同时扮演三种角色：船东（Owner）、租家（Charter）和经纪人（Broker）。在这三种角色中，"船东"是中远散运已被业内承认的传统身份；"租家"和"经纪人"则是中远散运大胆实践的产物。通过"以船为主、船货联动"的灵活操作，达到了"锁定效益、规避风险"的目的，大大拓宽了企业经营能力与空间。与此同时，中远散运灵活开展卖货、转租、拼货、经纪等中间服务、衍生服务和个性化服务，不断提高对货主、租家等方方面面的服务水平，进而提高航运经营活动的附加值。

2. 积极开拓海外业务

中远散运在实施战略转型的过程中，积极实施"走出去"战略。从1998年开始，中远散运本着"经营前移、逐步建立全球营销体系"的总体思路，通过采用设立航运代表处、参股海外区域公司下属经营实体等方式，先后在大西洋、太平洋等主要散货市场建立了经营网络，逐步推进中远散运开拓海外市场和实现经营前移。

（1）与中远欧洲公司合资设立中远欧洲散货运输有限公司

1999年3月，经中远集团总公司批准，中远散运在德国汉堡设立了中远散运欧洲分部（对外为中远欧洲公司散货运输部）。欧洲分部成立之后，对于中远散运揽取欧洲地区的货源、加强对船舶的现场管理以及开拓和发展欧洲大西洋地区业务和市场,取得了非常好的成效。但是由于当时中远欧洲公司无经营职能,为避免由此产生在所在国的法律、经济和名誉风险,在集团总公司的大力支持下,2005年9月6日,中远欧洲散货运输有限公司挂牌成立。

(2)与中远澳洲公司合营中远澳洲租船公司

1998年5月,中远散运与中远(澳洲)有限公司合营中远澳洲租船有限公司,并开展相关业务。中远澳洲租船有限公司成立后,公司的业务量和经营收益不断增长,依托中远散运船队,澳洲租船公司在沟通货主、揽取大宗货物、提供信息以及船舶现场管理等方面发挥了重要的作用,基本实现了中远散运经营前移的初步要求。

(3)与中远美洲公司合资设立中远散运美洲有限公司

2006年7月18日,中远散运美洲有限公司成立。依托中远散运专业化、规模化经营管理优势以及中远美洲公司的区域及本土化经营管理平台,进一步开拓美洲散货市场,扩大中远散运的国际市场覆盖面,为提升中远散运跨国经营能力发挥了重要作用。

(4)成立中远散运控股(开曼)有限公司

中远散运控股(开曼)有限公司是中远散货运输有限公司独资设立的散货业务境外方便旗船舶商务管理和融资平台。公司于2006年9月21日在开曼群岛注册成立,注册资本5万美元,股本50000股,公司拥有21家巴拿马单船公司和1家新加坡分公司,在新加坡开展日常业务。

(5)与国际环球印度尼西亚集团共同成立中远散运印度尼西亚环球运输有限公司

2009年2月18日,中远散运与国际环球印度尼西亚集团共同成立中远散运印度尼西亚环球运输有限公司。中远散运印度尼西亚环球运输有限公司的成立,是深入落实中远集团提出的"两个转变",实施"走出去"战略的具体实践。该项目不仅是为了切入印度尼西亚进出口煤炭运输市场,更重要的是要以此为窗口,不断扩大业务联系渠道,充分开发有效的资源,不断加强与地区大货主沟通,更广泛、深入地开辟散货运输市场,扩大中远散运的国际市场覆盖面,持续拓展企业经营发展空间,从而为提升中远散运跨国经营能力发挥重要作用。

此外,中远散运还在新加坡、日本、韩国等地设立了海外网点,实施"走出去"战略。

海外公司和网点的设立为中远散运提升跨国经营能力,拓展发展空间起到了重要的推动作用。以2007年为例,在公司总体经营框架下,欧洲、美洲、大洋洲3个海外网点控船量达到78艘、480万载重吨,全年盈利3亿多元,海内外经营一体化格局初具规模。

3. 探索"远期运费协议"(FFA)业务

FFA(Forward Freight Agreements)为"远期运费协议",交易对象是纸面上的运费。1991年,世界干散货业务权威机构Clarksons率先提出了FFA的概念,并有效引入机制,就单独的航线进行交易。1992年,欧洲两家著名船运公司Bocimar和Burwain签订了第一个FFA合同。在之后10余年的时间里,FFA主要在欧洲的船东和贸易商之间进行,交易的流动性不是很大。从2003年开始,随着航运市场的繁荣,国际航运市场上的船公司、运营商和贸易商参与 FFA 业务极为普遍，交易量也明显增大。[①]

鉴于这一时期国际干散货市场多次出现大起大落的走势，每次市场波动振幅都超过了 50%，震荡剧烈。众多的航运企业在把握市场、稳健操作上的难度越来越大，因此以多种经营方式来规避市场风险，成为众多航运企业的普遍选择。由于 FFA 和现货市场表现出较强的相关性，它的交易价格体现了全球交易者对后市的判定，是反映市场走势的风向标，给航运企业提供了"另一只眼睛看市场"的机会，因此众多的航运企业将其作为租船业务中预防风险的手段。

随着租船业务的实践和经验的积累，中远散运越来越意识到，靠单一的经营手段已经难以适应瞬息万变的市场，为控制风险，锁定租船收益，中远散运于 2000 年正式启动对 FFA 的研究。中远散运的经营团队认为，仅仅靠船舶长期租出或者是签署 COA 包运合同控制经营风险，仍然是一种局部的或者有限的风险控制手段，FFA 业务由于其操作上的灵活性，恰恰可以避免前者的弊端，随时根据市场变化调整经营策略，本着创新经营的精神，经过 1 年的认真研究和反复论证，中远散运于 2001 年初进入 FFA 市场。

进行 FFA 交易的主要目的有以下三点：一是获取大量市场信息，作为判断和把握市场趋势的有效工具；二是通过 FFA 业务操作，锁定运费价格，规避现货市场风险；三是作为现货市场的补充，增加市场操作的灵活性。

中远散运经营 FFA 业务套期保值方式有两种：一是 FFA 与 COA 货载联动套期保值。在与国内各大钢厂、电厂等货主签署长期 COA 合同的情况下，为了防止市场变化，买入 FFA 合同，防止市场上升导致租入运力成本加大，平抑 COA 合同货载执行上产生亏损。在这样的操作下，如果市场上升，FFA 合同将产生盈余，贴补租入运力成本上升部分；如果市场下滑，则在 FFA 业务上就会出现亏损，但是 COA 货载上就会产生相应的浮动盈余，总量平衡上仍然比较稳定。二是 FFA 与现船运力联动套期保值。中远散货船队自有船舶因船龄、船况等问题，在国际市场上竞争力较差，为锁定远期利润，规避市场波动所带来的自有船收入的增加或减少，卖出 FFA 合同。这样，如果市场上升，FFA 合同的亏损将与自有船收入的增加抵消；如果市场下降，FFA 合同的盈余将与自有船收入的减少对冲，达到套期保值的目的。

FFA 合同在中远散运在开展租船业务过程中发挥了重要的对冲作用，2004—2008 年中远散运 FFA 实际结算利润 22.66 亿元，减少了同期配套签订的 COA 合同及租船在市场上升后带来的部分损失。

（二）中远香港航运/深圳远洋

中远香港航运/深圳远洋是散货板块稳健经营的代表和集团盈利创效的大户。2003 年，中远香港航运顺利实施了与深圳远洋的重组，成功运作了"一司两地、一司两制"的

---

① FFA 的交易方式分为两种，一种是场外交易，是指买卖双方通过经纪人进行相互协商，依据远期运费协议经纪人协会（FFABA）合同或国际掉期与衍生工具协会（ISDA）标准合同确定时间和协议价格签订合同，在规定的结算日计算协议价格和结算价格之间的差价，5 个工作日之内支付结算资金，结算价格以波罗的海交易所公布的官方价格为准，其对家主要以航运及相关企业为主。另一种是场内交易，是由结算所每天进行最终 FFA 价格差额的结算，需要缴纳抵押金，交易程序相对复杂，投资机构和银行主要做场内交易。

经营管理模式。截至 2005 年底，中远香港航运平均经营管理船舶 114 艘、870 万载重吨，船舶数量达到中远散货船队的 52%，其载重吨占到中远散货船队总载重吨的 65%，年货运量 5000 万吨，成为香港最大的航运公司，并跻身全球第三大专业干散货运输公司。

1. 建立中远沿海船队，开展沿海专业化经营

（1）以深圳远洋为平台建立中远沿海散货船队

2005 年，全国江海主要港口煤炭发运量达到 3.72 亿吨，其中内贸发运量 3 亿吨，外贸发运量 7200 万吨。受国内经济发展带动对电力需求的持续增长、国家能源政策的变化、重化工产业的发展等因素的影响，沿海煤炭运输量不断增长，为中远集团开拓沿海运输市场创造了机遇。这一时期，中远集团将沿海散货船队建设列入重点发展项目，并将这项战略任务交给了中远香港航运／深圳远洋。2005 年 1 月 1 日，中远集团以深圳远洋为平台，整合系统内分散的沿海运输资源所组建的中远集团沿海散货运输船队正式成立。1 月 7 日，中远集团在北京钓鱼台国宾馆隆重举行沿海散货运输船队庆典仪式。交通部副部长徐祖远、国资委办公厅主任马国安、交通部水运司、商务部外贸司上级领导，中煤集团、华能集团、宝钢集团、神华集团、广东粤电集团、秦皇岛港务局等客户代表，中远集团及各有关二级公司领导和有关人员共 80 多人应邀参加了庆典仪式。中远沿海运输船队即成为排名中海集团之后的中国第二大沿海散货船队。2005 年，深圳远洋又先后完成了 2 次增资扩股工作，随着中远香港航运、新加坡远洋的远洋船舶转入沿海，到 2006 年底，中远沿海船队达到 22 艘、111.80 万载重吨，加上投资企业船舶 3 艘、8 万载重吨，巩固了中国第二大沿海运输船队的地位。

中远沿海散货运输船队的正式运营，是中远集团积极响应国家号召，有效缓解沿海散货运输运力紧张局面，支持国民经济发展的实际行动，也是中远集团适应市场经济要求，提高中远集团在沿海散货运输领域的竞争力，实现中远航运主业的全面、健康、持续发展的战略步骤。

（2）走专业化经营道路，开辟散货板块新利润区

中远沿海船队组建后，在经营策略上，坚持运用"主攻三重"的核心策略，以电煤为重点货源；以华南、华东为重点市场，逐步向西南辐射；以各大电厂尤其是国家五大电力集团为重点客户，向规模经营过渡，基本以履行大电厂的包运合同（COA）为主要经营手段。船队在履行国企责任，保障国家电煤运输需要的同时，也成为散货板块新的创利区，成立第一年利润便突破 2 亿元，创深圳远洋和沿海运输业务的新高。特别是在 2011 年，世界航运市场低迷，在大部分散货运输企业普遍亏损的情况下，沿海船队盈利 1.86 亿元人民币，为中远香港航运／深圳远洋在航运低谷中连续盈利，成为当年中远散货板块唯一盈利的公司做出了重大贡献。中远沿海船队进入沿海运输市场时间短、起步晚，为弥补硬件和技术经验上的不足，突破制约沿海运输发展的"瓶颈"，2007 年，中远香港航运／深圳远洋提出将沿海运输作为公司的一项重大战略方向来推进，将发展战略由"做强沿海"调整为"做大沿海"，提出了专业化经营的理念，从实现"专业化船队、专业化经营、专业化管理和专业化队伍"四个目标入手，加快推进沿海运输专业化进程。第一，聚焦专业化船队建设，通过调研客户运输需求，广泛听取港航码头主管单位意见，摸清全国港口航道泊

位情况，从提高效益和竞争力的角度，研究制定沿海船队发展规划。第二，固化专业化的经营模式，从实践中总结出沿海运输"一小一大"（小船、大船）、"一东一南"（华东区域、华南区域）的特点，确定了"以大客户为依靠，以电煤为核心，以长协为根本"的发展思路，坚定不移地走"量身定制"的专业化经营道路。设置华东、华南两个经营片区，设立了北方港口代表和华南地区航运代表，建立起经营调度一体化的工作机制。第三，深入推进专业化管理，以保姆式的管理模式，强化船舶安全管理，深入推进自引工作，全方面、深层次地健全了专业化管理体系。第四，建立专业化人才队伍，不断提升船长、驾驶员的自引能力，积极推进沿海船员定船工作，实现按片区、航线定员。经过不断地改进创新，中远香港航运／深圳远洋的沿海运输在2010年告别了摸索、实践和打基础的初期阶段，进入了专业化发展时期。在与主要竞争对手运力投入为1：5的条件下，不断扩大货源和市场份额，特别是在沿海电煤运输份额上，已经与主要竞争对手平分秋色，迅速成长为中国沿海运输优秀品牌。

（3）开辟中远首条准班轮航线

2009年3月25日，深圳远洋同华润电力、伊泰集团、国投中煤同煤京唐港口有限公司（京唐港国投码头）、长航凤凰航运共同签署了煤炭准班轮运输合作协议，由"鹏信"轮承担该航线由京唐港到华润电力镇江电厂的电煤运输任务，每10天为一个班期。该协议的签订，成功开辟了首条沿海运输准班轮运输航线，有效保障了船期，大大降低船舶运营成本。

（4）成立"中远沿海船舶技术服务中心"

沿海运输具有特殊性，由于长江航道通航条件有限，在进出港和狭水道航行时都需要引航员。但是由于长江航道船舶众多，引航员供不应求，船到锚地无法靠港的情况经常发生。既耽误船期，也影响服务质量。为了解决这个问题，从2009年3月起，中远香港航运／深圳远洋开始推进沿海船舶自引工作，除强制引航的港口之外，所有海港（包括珠江水域港口）符合条件的船舶基本实现了自引。2011年，为了更好地为客户提供更加专业化的沿海运输服务，中远香港航运／深圳远洋成立了"中远沿海船舶技术服务中心"。2011年6月17日，交通运输部安全总监刘功臣与中国远洋执行董事总经理张良在上海一同为"中远沿海船舶技术服务中心"揭牌，这是中远集团50年来首次成立沿海引航中心，也是交通运输部正式批准的第一家企业引航中心。"中远沿海船舶技术服务中心"组建了中远集团50年来第一支引航队伍，它的成立标志着中远沿海运输迈上了"规范经营、专业管理、系统保障"的新台阶。仅在长江航道上，每年节约船期成本达367.2万元，节约公共引水引航费及拖轮护航费685.8万元。

（5）成功研发沿海专制船

中远沿海运输船队早期的构成，主要是远洋退役老旧船，在船队硬件水平上与国内竞争对手有一定差距，不能完全适应沿海运输的需求。2011年，为全面贯彻中远集团及中国远洋大力发展沿海运输的战略决策，深圳远洋同上海船舶设计院共同合作研制出为公司沿海电煤客户"量身订造"的5万吨级长江型煤炭运输专制船和6.5万吨级华南型煤炭运输专制船。这是中远集团成立50年来第一次自主设计研发和建造沿海专业船。两种船型采用了12项国际最先进的节能环保技术，利用先进的绿色环保设计，有效突破了沿海船舶老旧、耗能高、船型差、利用率低的现状，是当时国内最先进、最环保、最节能的新型船型，得到了CCS和客户的高度认可，代表着未来中国沿海标准船型的发展方向。

2011年6月23日，在中共中央政治局委员、广东省委书记汪洋，原广东省省长黄华华，原常务副省长朱小丹，中远集团董事长魏家福，中船集团总经理谭作钧等人的见证下，深圳远洋与中船集团签署了投资16亿元人民币建造8艘沿海专制船（5万吨级长江型和6.5万吨级华南型）的合作意向书。2种船型的投产，对于贯彻执行中远集团及中国远洋沿海发展战略，改善中远沿海船队现有运力结构，大幅提升船队核心竞争力具有重大意义。

2. 坚持稳健经营，连创百亿效益

（1）审慎开展租入船业务

在认真贯彻中远集团"从拥有向控制转变"战略的同时，对于租船业务的开展中远香港航运始终保持着稳健、审慎的态度。

2006年底，中远香港航运租船规模已从1999年的2艘、140万载重吨发展到37艘、414万载重吨。2007年，中远香港航运租入船的运力规模与经营业绩刷新历史纪录，全年累计租入船66艘、653.6万载重吨，为自有运力的55.04%和65.23%，实现利润4.13亿美元，占船队总利润的31.38%，同比增长4.1倍。租入船"盐湖城"轮（SALT LAKE CITY）仅用25.8小时就完成了全船16.8万吨矿石的接卸作业，创造了每小时6503吨的矿石接卸世界纪录，第十次刷新"孙波效率"[①]。2008年，中远香港航运租入船创效进一步攀升到5.37亿美元，占中远香港航运当年总利润32.4%。

尽管这一时期租船市场火爆，但中远香港航运保持着对租船风险的谨慎态度，租入运力比例始终保持在自有运力的2/3以内。2008年上半年，BDI指数不断刷新历史纪录，航运市场充斥着狂热气氛，中远香港航运却从市场出现的新特征中，敏感地察觉到隐藏的汹涌暗波，居安思危，提前布局，以"谋稳先紧、谋稳先安、谋稳先变"为行动纲领，提前预警。对于隐藏在企业经营管理链条中的诸如租船经营风险、燃油价格波动风险等六大风险，采取了果断措施，处置不良资产，切断各种风险源，规避了后来市场突变导致经济效益大幅回吐的风险。从2008年下半年起，中远香港航运停止了高风险业务和租入船业务，租入船占自营船的比例由原来的60%快速下降到40%以内，从2008年初的35艘租入船、451.79万载重吨，减少到2011年的20艘、190.25万载重吨，下降了57.89%。有效控制了经营风险。2014年，中远香港航运在中远散货板块中率先完成了"高租金"船的清退工作。

（2）"以货定船"，坚持推进大客户战略

这一时期，中远香港航运在抓好即期市场运作，科学摆位投放运力，抢抓市场高位，出租锁定收益，获得良好效益的同时，始终坚持深化大客户战略，进一步巩固了与大货主的长期合作关系，加大货源控制力度。

2004年，中远集团与宝钢集团在香港签署了"战略合作协议"。作为战略合作的重要

---

① 2003年6月3日，青岛港前港公司卸船队队长孙波和他的团队用34小时45分，卸完了"易凯"轮满载的19.8万吨矿石，创造了单船平均每小时卸船5698吨的世界纪录，青岛港将此纪录命名为"孙波效率"。

内容，中远香港航运与宝钢集团洽定承运20年期巴西矿的合约，订造2艘30万吨级大型专用矿砂船，开创了中远集团与大货主长期合作新模式的先河。2007年，中远集团又与宝钢集团在海南博鳌签署了《沿海运输九年协议暨3年合同》《进口煤炭运输3年合同》和《30万吨级巴西/中国铁矿石20年运输合同》，落实了中远香港航运/深圳远洋与宝钢集团签署的第2批2艘30万吨级专用矿砂船为期20年的巴西至中国连续航次运输3年合同，大洋洲、新西兰、加西到中国的煤炭进口运输合同和沿海电煤运输9年协议暨3年合同。除此之外，中远香港航运/深圳远洋还以高于市场同期COA运价水平5000—10000美元/天的幅度，分别长期出租10艘好望角船舶给武钢、沙钢等货主，锁定了高位利润。2006年7月，又与大唐集团成立中远大唐合营公司，为长期稳定的货源奠定了基础。沿海船队对大客户实行分等级管理，①按贡献毛利，划分客户等级，研究不同客户的不同需求，及时掌握同一客户不同时期的新动向，做到了"量体裁衣"，进行个性化、专业化、差异化服务。

大客户战略的执行取得了良好的成果。2007年，中远香港航运/深圳远洋远洋船队创利最多的前10名大客户的贡献毛利达6.24亿美元左右，占远洋船队总毛利的33%。沿海船队前3名大客户共实现毛利约5.50亿元人民币，占沿海船队总毛利的53.13%。特别是在2008年后的航运市场低迷期，在货源严重短缺的情况下，公司倡导"抱团取暖、共克时艰"的理念，以"稳定货源"为重点，巩固和发展了大客户关系，锁定了30万载重吨超大型矿砂船COA合同在内的一批高于市场运价货的履约。到2010年，通过巩固与宝钢、鞍钢、首钢、力拓（RIO TINTO）、必和必拓（BHPB）等战略大客户的合作，与华能能交等签署10年电煤运输协议。基础货源货量同比增长82.36%，收入同比增长79.62%；30万载重吨船型基础货源增长33%，沿海COA运力锁定90%，运价同比提高近30%。这也为中远香港航运/深圳远洋成功抵御金融危机严重冲击，逆市盈利打下了坚实基础。

（3）积极推动船队运力更新

21世纪初，航运市场环境良好，为实现公司可持续发展，中远香港航运/深圳远洋相继制定2004—2006年船队发展规划和"十一五"发展规划。确立了"优化灵便型和巴拿马型船队，重点发展好望角型船队和沿海运输船队"的发展思路，进行了一系列的调整，利用市场高位溢价出售老旧船舶，实现高达310%的单船投资回报。2007年，中远集团批复中远香港航运新造16艘新船，总运力150万载重吨。与此同时，中远香港航运/深圳远洋瞄准市场未来的发展方向及客户需求，先后与宝钢、鞍钢签署30万载重吨专用矿砂船长期合同，以货定船，着力打造30万吨级专用矿砂船这种先进的符合未来散货船发展趋势的船型。2008年12月16日，中国首艘30万载重吨超大型矿石运输船（VLOC）"合恒"轮在南通船厂正式交船（图2-4），一举创下中国航运和造船史的三个第一：中国第一艘超大型矿石运输船，也是当时最大的矿石运输船；第一艘航运业和钢铁制造业签署的长期货运合同（COA）支持

---

① 按照贡献毛利，划分为黄金客户（贡献毛利达总毛利10%以上）、银客户（贡献毛利小于10%的年度合同客户）、铜客户（优质的市场客户）、铁客户（一般市场客户）等。

的大型矿石运输船；第一艘国内具有自主知识产权的超大型矿石运输船，开创国内同型船的建造先河。至 2011 年 9 月，中远香港航运/深圳远洋自有船队运力达到 114 艘、972.79 万载重吨，比 2008 年初增加 309.15 万载重吨，运力规模增长了 46.58%，VLOC 数量达到 8 艘，同时，远洋船队平均船龄 9.91 年，比 2008 年初降低 1.5 年，有效降低了船队的运营安全成本、维修保养成本和管理成本，优化了船队船型结构，提升了公司的市场竞争力。

图 2-4　航行中的 30 万吨超大型矿石运输船"合恒"轮。

（4）连创百亿效益

在经营创效方面，中远香港航运始终恪守稳健经营的作风，保持了高于市场的盈利水平。2000—2006 年，中远香港航运/深圳远洋累计为中远集团创效 20.4 亿美元，年均达 2.9 亿美元，在国际同行业居于领先地位。2007、2008 年在市场高位时期，中远香港航运把握市场机遇，分别盈利达 101.55 亿人民币、125.33 亿人民币，连创两个百亿人民币效益年，成为中远集团创效第一大户。从 2005 年至 2011 年底中散集团成立前，中远香港航运/深圳远洋实现连续盈利，累计实现利润总额 359.75 亿元人民币。到 2011 年底中散集团成立前，中远香港航运/深圳远洋总资产为 205 亿元人民币。

（三）青岛远洋

这一时期，青岛远洋船队规模发展稳定，运力稳定增长。到 2011 年底，公司拥有好望角型船舶 10 艘，灵便型船舶 12 艘，巴拿马型船舶 6 艘，总运力达 289.56 万载重吨。经营创效在 2008 年稳步提升，达到了新的历史高度。

这一时期，青岛远洋深入贯彻落实从"拥有"到"控制"的经营理念，坚持"积极、稳妥"的经营原则，突出"规模、效益和风险控制"的经营思路，加强市场研判和分析，积极拓展租入船的规模和效益，2006 年完成集团考核利润 6.6 亿元，超额完成集团下达的全年任务指标。

与此同时，青岛远洋深入实施"大客户战略"，2007 年，与首钢签署了 20 年期 4600 万吨的运输合同。在推进与首钢、济钢、宝钢等战略客户的合作基础上，拓展了与武钢等其他钢厂的关系。在自有船方面，根据市场变化及时调整经营策略，在执行长期期租合同及 COA 合同基础上，坚持自有运力以即期市场操作为主，全年实现利润 8.1 亿元。在租入船方面，坚持"稳健经营"的原则，灵活经营、科学运作，整体业务能力进一步提升。全年租入船共完成 121 个航次，控船规模比 2006 年增加一倍，其中 12 月份的租入船的利润第一次历史性地超过了自有船，当月实现盈利 1.9 亿元，全年完成利润 3.4 亿元，"从拥有向控制转变"战略成效明显。2007 年，实现利润 12.8 亿元，超额完成集团下达效益指标的 184%。

2008年，青岛远洋围绕"谋发展、求突破"，积极应对世界金融危机的挑战，正确防御航运市场大幅下滑的风险，扎实推进"四个转变"战略，坚持"五位一体"（船东、租家、经纪人、货主、FFA）的商业模式和"对冲中求规模，规模中求利润"的总体经营策略，实现了自有船、租入船、货、FFA的"七个优化结合"①。继续推进"从拥有船向控制船转变"的战略，加强市场调研和分析，紧跟市场节奏，果断租入或放出运力，保持租入船与自有船规模比例适当，有效控制租入船风险。全年共运作租入船80艘，到2008年12月底，拥有运力25艘。2008年7月，青岛远洋实现利润4亿元，创造了历史以来单月效益最高。2008年，全年累计完成486个航次（同比增长30.6%），货运量4226.7万吨（同比增长40.2%），货物周转量2280.5亿吨海里（同比增长35.5%），船舶营运率97%，载重量利用率58.7%。累计实现营业收入94.19亿元（同比增长58.9%），完成考核利润16.9亿元（同比增长32%）。

（四）散货板块进入中国远洋平台

2007年8月20日，中远集团第十七次总裁办公会研究批准中国远洋收购中远集团所属中远散运、中远香港航运、青岛远洋和深圳远洋100%股权，实现散货运输资产进入中国远洋的目标。经各方共同努力，中国远洋收购散货资产和增发A股的全部工作，于2007年12月29日圆满完成。

根据此次改革的统一部署，自2007年7月1日起，"青岛远洋运输公司"更名为"青岛远洋运输有限公司"。中远香港航运进入中国远洋后与中远香港集团剥离，并于2008年8月成为中远集团二级公司。截至2011年6月，中国远洋所持有的3家散货公司共经营450艘干散货船，其中246艘为公司拥有，204艘属租入运力、总运力达3870万载重吨，为全球最大的干散货船队。

二、全球金融危机对散货经营的巨大冲击

2008年，受全球金融海啸的影响，国际经济减速，世界航运业受到直接冲击，干散货运输市场因铁矿石需求骤减，受冲击尤为严重。从2008年第三季度开始，代表市场总体走势的波罗的海干散货综合运价指数BDI出现跳水式下滑，从2008年5月20日的11793点暴跌至12月5日的663点，跌幅达94.38%。以好望角型船舶为例，BDI指数在11793点时对应的日租金约为26万美元，而800点对应的日租金则只有3000美元。跳水式的下滑对航运经营特别是中远散货板块造成严重冲击。

（一）FFA业务出现巨大浮亏

1.FFA出现浮亏

短期内市场的急速下挫，对散货板块的冲击最直接体现在FFA业务上。这一时期，除

---

① 即：经营方式上要实现自有和租入的优化结合，船型搭配上要实现大船与小船的优化结合，航线分布上要实现长短航线的优化结合，货源安排上要实现COA和即期的优化结合，自有船经营上要实现现货操作与期租，尤其是短期期租的优化结合，租入船经营上要实现船、货、FFA的优化结合，租入船租期上要实现长短租期的优化结合。

中远散运外，中远香港航运从 2002 年开始，根据香港集团批准开展 FFA 业务；2007 年青岛远洋通过向中远散运取经，也开始涉及 FFA 业务，并取得了一定的效益；此外中远澳洲租船公司也开展部分 FFA 业务。到 2008 年，上述单位到期已交割的合约净盈利 10.59 亿万元。受船舶运价跳水的冲击，2008 年 12 月 15 日，中国远洋对外公告所属干散货船公司持有的 FFA 公允价值变动损失合计 53.8 亿元，与已结算收益 14.3 亿元相抵后，尚有 39.5 亿元的浮亏。根据 12 月 31 日市值 BDI774 点计算，中远散运持有合同总量 14489.5 天，售出 548 天，未锁定 13942 天，浮亏 5.06 亿美元。

2. FFA 业务的经验教训

中远集团下属单位从事 FFA 业务的目的，和大多数国际干散货经营人一样，是为了实现租入船经营的套期保值。但是，面对百年一遇的全球金融海啸，在预测趋势发展和判断市场动向方面，过高地估计了奥运经济和中国宏观经济高速增长等因素，认为北京奥运会后中国经济将迎来新一轮发展高峰，经营策略便以此为基础确定。由于对金融海啸导致的跳水式下滑形势的变化估计不足，快速应变能力不强，应对和解决危机的机制还不尽完善，使得 FFA 业务操作在这场危机中，按照公允价值计算造成了一定的浮亏和部分损失。尽管采取了避险措施，但也未能有效地将损失控制在合理的范围内，教训深刻。

FFA 的巨额浮亏引起了中远集团和国资委的高度关注，也暴露出中远集团在 FFA 业务监管方面还存在薄弱环节，监管职能有待进一步加强，需要不断完善监督管理机制。各单位在开展 FFA 业务过程中，在运作管理、定期评核以及风险防控机制等方面还有待改进，需要进一步加强对市场的预测分析，提升市场运作能力、改进风险防控手段、不断完善管理流程、细化操作流程；也需要完善监督机制、内控机制和风险防范措施。损失发生后，为更好地防范风险，中远集团暂停了 FFA 业务，依照自身的管理职能，于 2008 年 11 月召开了专题总裁办公会议，面对经济形势，对中远散货船队操作 FFA 业务提出了严格的管理要求。特别是不仅要具备市场上升时的操作办法，还要提升市场急剧下跌时的风险防控能力。责成中远散运要建立 FFA 业务的主动避险机制和突发事件应急机制，认真总结和汲取前期操作中的经验和教训，进一步细化各岗位职责和权限，不断完善风险管理的结构，提高内控质量，使风险防控体系不断加以完善。

从制度上要进一步加强 FFA 业务操作的内部控制机制，完善操作流程，加强档案管理，要确保交易记录的准确完整，不断提高管理和掌控能力；要建立定期评估 FFA 数量的公允价值制度，完善实时监测系统，防范重大损失发生。

作为租入船经营风险对冲工具的 FFA 业务，保持一定的 FFA 业务比例，将总量控制在租入船总营运天的 10% 左右。

2008 年 12 月 29 日，中国远洋召开董事会，专题研究 FFA 的操作和风控情况，并形成决议。要求健全 FFA 操作的规章制度，完善风险防范措施，强化内部管理和监督。进一步明确 FFA 业务操作的目的是：①获取市场信息，辅助经营决策。②实现套期保值，规避市场波动风险。③健全业务结构，增强现货操作的灵活度。进一步明确组织授权机制，明确风险控制，航运公司的风险监控指标包括但不限于：BDI 指数、FFA 持仓业务总量、合约期限、FFA 合约与现货的期限匹配情况、目标价位、交易对手信用评级、浮动盈亏。进一步明确交易监控，建立定期评估FFA数量的公允价值制度，完善实时监测系统，防范重大损失发生。建立FFA操作的主动避险机制，定期召开专题会议，及时调整经营决策，严控风险，确保公司利益。密切关注市场变化，确保在出现突发事件时能够有效决策。进一步完善风险管理的结构，提高内控质量，使风险防控体系不断加以完善，不断提高管理和掌控能力。以便能在低迷的国际航运市场的条件下，在剧烈的市场竞争中，保持较强的生存能力和发展能力。

（二）"高租金船"问题

2008年世界金融危机爆发后，航运市场陷入长期持续低迷，市场租金水平倒挂，租入船经营亏损，给中远散运、青岛远洋等租入船比例较高的公司的经营效益和现金流带来了巨大压力，特别是在2007年、2008年市场高位租入的高租金运力，对经营生产带来了沉重的负担和持续性影响，形成了"高租金船"历史问题。这批高租金船合同年限较长，其中，中远散运的个别合同年限一直延续到2020年，对中远集团和上市公司中国远洋的整体效益造成了巨大影响。

1. 收缩租入运力，减少损失

针对散货经营的严峻形势和存在的困难，中远集团于2009年3月召开了"中远干散货经营对策专题会"，下发了《2009年中远干散货运输经营指导意见》，指导下属各家散货运输企业做好高租金船舶的退、减租工作。同时指出："货源严重短缺前提下，要坚持以货定船的经营策略，这其中包括租船，以货定船的思维要确立""租入船不是简单的利润概念，也关系到市场的影响力、规模、客户关系维护、市场占有率、收入、现金流等问题，各公司一定要处理好规模和效益的关系，适时、适度开展租船业务。"

根据集团部署，各下属单位及时调整投资和经营策略，积极通过谈判减免租金，采取终止合同、延长租期、提前消化租金、第三方融资买断等方式，缓解高租金船经营压力。与此同时，中远集团牵头协调，帮助中远散运、青岛远洋通过引进第三方进行租约买断重组的形式减少当期亏损和现金流压力。

随着高租金船问题的出现，中远集团一系列止损措施也带来了一些次生问题。在寻求降低高租金船租金的过程中，中远散运、青岛远洋先后发生了因租约纠纷导致船舶被扣事件。经过舆论炒作，受到了国际航运界的广泛关注，同时也引起境内外银行界的高度关注，给中远集团声誉、形象造成一定的负面影响，给集团的融资带来了困难。

2. 高租金船问题的警示与教训

高租金船问题给中远集团的生产经营带来了重大影响，也引起了航运界的普遍关注。这一时期，中央巡视组、国家审计署、中远集团巡视组在审计、巡视过程中，均把"高租金船"作为了监督重点。2015年6月12日，中央第九巡视组向中远集团反馈意见指出："2009至2013年，中远散货船队、集装箱船队、油轮船队高租金船累计亏损341.06亿元，致使中远集团2011—2013年出现整体亏损。"

对于高租金船问题，中远集团上下给予了高度的重视和深入的反思，从业绩观和经营理念上找根源，从市场研判、把控能力、风险管理上找差距，多次对租入船业务和高租金船问题进行全面梳理、分析、总结。问题的主要原因及教训在于：

（1）市场研判不足，走势分析过于乐观，导致市场高位大量租船

造成 2008 年在市场高位集中租入运力的主要原因之一，是市场分析判断过于乐观，过高地估计了奥运经济和中国宏观经济高速增长等因素，缺乏对国际市场的研判，对市场趋势预判失准，使得各公司陷入对商业利润单一、过度的非理性追求，市场高位租入大量船舶。

（2）自有运力不足情况下，为完成当期利润指标大规模租入长期船

2008 年，中远集团要求散货板块必保营业利润 300 亿元，其中中远散运 140 亿元、青岛远洋 30 亿元、中远香港航运 150 亿元，经营业绩责任书下达的 3 家公司净资产收益率分别为 205%、107% 和 140.2%。面临自有船队运力规模偏小、租入运力 2009 年以后将陆续到期还船而大幅减少的情况，在各公司自有运力得不到及时补充的前提下，为了完成集团年度效益目标，受短期利益的驱动和考核导向，大量租入租期长、租金高、缺乏货源匹配的船，利用短期租入船与长期租入船租金差异较大，向第三方进行转租、赚取中间差价。这种投机炒作的经营思想和模式，在 2008 年底市场骤变的情况下，导致经营风险迅速积累。

（3）管理架构松散，租船业务缺乏总体规划和系统管控

一是经营管理体制和职权架构不完善，责权不对等影响了决策管理。中远集团虽然成立了中国远洋散货经营总部，但是作为中国远洋的特设机构，并非实体公司。散货经营总部拿入的运力由 3 家公司作为租家，所产生的盈亏由 3 家公司分担，导致经营总部与 3 家散货公司之间的责权不对等，难以对散货板块总体实施决策管理。二是个体化分散经营缺乏统一协调，租入船总体上失去计划性。中远散运、青岛远洋、中远香港航运 3 家散货船公司分别按照各自经营策略进行市场活动，租船业务比较分散，缺乏系统性管理和协调。受限于成立时间较短，中国远洋散货经营总部对内未形成实际上的统一领导，对外也尚未做到统一经营，致使船舶租入失去了船货配比、自有船与租入船配比、租期成本与风险承受能力配比等方面的预算安排与计划性。各家公司租入船风险叠加，在市场突变后对中远集团整体散货板块产生重创。

（4）租船业务操作简单、粗放，风险管控措施缺失

在贯彻落实集团总公司当时提出的"从拥有船经营向控制船经营转变"战略过程中，重执行、轻管控，没有处理好创新发展与稳健经营的关系。从中远集团各散货公司租船经营操作层面来看，各散货队主要参照自有船业务情况和操作惯例，对租入船经营的管理简单、粗放，缺少制度规范；缺乏租船业务风险意识及相关控制措施，忽视了租入船规模、比例、成本、止损、后评估等方面配套管理和措施建设；在合作方的选择上，对对方信誉评估、跟踪、止损机制等措施不完善，在市场剧烈变化情况下，通过货载锁定的部分货主不能履行合同，通过期租转租锁定的绝大部分客户倒闭，致使没能有效地防范和转移风险。

（5）重租船轻货源，客户意识比较淡薄，错失可持续发展良机

为取得即期利润，面对市场高涨中的巨额利润，沉浸于"炒船"过程带来的短期利益，重租船轻客户，对客户的服务意识降低，忽视了货源在航运经营中的重要作用，忽视了利用当时的市场环境与直接货主建立良好关系的有利时机，未根据市场的变化，及时调整目

标客户,努力开发基础货源,加强与实际货主的合作,导致没有能够揽取有效货源,造成部分客户的流失,错失了获得可持续发展的良机。

三、深化散货体制改革应对金融危机

中远的散货体制改革经历了多年长期渐进式的探索过程,期间进行过几次重大的改革调整。

1995年,中远集团所有的散货船舶已达到207艘、1025.4万载重吨,位居世界干散货运输公司之首。但经营管理分属九家公司,互不协调,影响了企业的整体效益和市场竞争力。1995年4月,中远集团研究确定了"集中经营、分散管理"的散货体制改革方案,将境内除深圳远洋(5艘)外的散货船舶集中经营,并于1996年1月1日,在北京成立了"中远散货运输有限公司"(简称"中远散运")。中远散运由中远集团与广州远洋、上海远洋、青岛远洋、天津远洋、大连远洋、厦门远洋共同出资组建,在不改变船舶所有权归属和日常管理的基础上,统一负责境内原先分散在下属各家单位的113艘散货船的经营。此次改革没有涉及境外公司,中远香港航运(85艘)、新加坡远洋(4艘)的89艘境外散货船舶,仍维持原有管理格局。

1997年,中远集团进一步深化运输体制改革,确定了船队专业化经营的改革方向,作出了将中远散运与天津远洋合二为一,实现经营管理一体化的改革决定。1997年12月,中远散运从北京搬迁到天津。1998年,中远集团将原属于广州远洋、天津远洋、大连远洋、上海远洋的散货船资产及管理,全部划转到中远散运。由于特殊原因,此次改革保留了青岛远洋对自有散货船舶的所有权和管理权,并将经营权交还青岛远洋。2003年,中远香港航运公司与深圳远洋实现港深重组,至此,中远集团下属经营散货运输业务的公司从原来的九家重组为主要的三家:中远散运、中远香港航运/深圳远洋、青岛远洋。尽管如此,中远系统内部散货经营格局散乱的问题并没有得到根本解决,不仅系统协同作用没有得到发挥,甚至出现内部竞争、互相压价的现象。

2003年10月,中远集团召开散货工作研讨会,成立散货船队经营协调小组,旨在协调和促进集团内部各家散货船队间的联手合作,避免内部竞争,实现集团利益最大化。随着2007年8月,中远集团成功将散货运输业务装入中国远洋上市平台,为抓住市场机遇,争取经营效益的更大突破,2008年6月19日,中国远洋散货经营总部在天津揭牌成立,刘连安任总经理,青岛远洋副总张国栋、中远散运副总何应杰、香港航运副总陈斌道兼任散货经营总部副总经理,散货经营总部的人员由中远集团总公司及中远散运、青岛远洋、中远香港航运/深圳远洋等单位抽调的20名散货经营骨干组成。散货经营总部是中国远洋的特设机构,负责研究落实中远集团整体散货运输业务的经营战略和策略。按照"统一经营、统一品牌、统一形象"原则,对外统一以CHINA COSCO BULK名义,代表中远散运、中远香港航运、青岛远洋三家公司对外谈判、签订租船合同,再由散货经营总部根据年度效益指标分配、船队分布及船货动态情况,指定三家公司中的一家负责合同的执行。对内通过每周定期召开生产联席会,协调三家公司在航运经营等方面的业务事项,对各家公司经营策略给予参考建议。

但是，受随之而来的金融危机严重冲击，散货经营总部原定的推进目标和推进步骤均受到了严重影响，改革基本陷于停滞，下属三家主要散货公司内部竞价、同业竞争、各自为政的问题没有得到有效解决，难以发挥规模优势、资源优势和整体优势。这种情况在市场高位时期体现不明显，但是金融危机后的残酷市场竞争中，劣势迅速显现。

为抱团取暖、渡过航运市场的寒冬，中远散货体制改革又一次提上了日程。2011年6月7日，中国远洋董事会执行委员会批准通过了进一步推进中国远洋散货体制改革基本原则和基本框架，成立中远散货运输（集团）有限公司（中散集团），实现对中国远洋旗下三家散货公司生产经营、企业管理、人力资源、财务规划、发展战略等全方位的整合。中国远洋副董事长马泽华兼任中散集团董事长、总经理和党委书记，原三家散货运输公司的党政主要领导进入中散集团领导班子，同时撤销中国远洋散货经营总部。中散集团于2011年10月26日在天津东疆保税区注册，于2011年12月21日在北京正式挂牌试运营，并于2012年1月1日正式运营（图2-5）。

图2-5　中散集团于2011年12月21日在北京正式挂牌试运营。

此次散货体制改革坚持"三个统一"与"三个不变"。

"三个统一"为："统一领导"，即由中散集团对中远散运、青岛远洋、中远香港航运/深圳远洋行使领导权和管理权；"统一经营"，即由中散集团通过对散货板块业务资源统一配置来实现经营战略统一、经营决策统一、市场操作统一、客户管理统一、市场信息统一、品牌形象统一的目标；"统一管理"，即按照"一个决策中心、两个经营平台、三个管理公司"的组织架构由中散集团对3家散货公司进行统一管理。

"三个不变"为：三家公司的法人地位不变，资产关系不变，职工待遇不变。

四、中散集团成立后的散货专业化经营

中散集团成立后，对3家直属单位实行统一领导、统一经营、统一管理，可概括为"一个决策中心、两个经营平台、三个管理公司"。

"一个决策中心"是中散集团本部，负责运营决策。

"两个经营平台"：一是中散集团本部；二是中远香港航运经营部，主要负责境外自有船经营和租入船经营。

"三个管理公司"是指中远散运、青岛远洋、深圳远洋成为3家船舶管理公司，分别负责各自原有船舶的机务、海务和船员等管理。

除此之外，还设立了天津运使费管理中心和财务分部，境内外市场分部和航商分部，负责相关业务。

中散集团经营4年半时间，在中远集团的高度重视和有力支持下，坚定不移地贯彻落实集团的决策部署，遵循"三个统一"和"三个不变"的原则，以"资源配置最优、经营能力最强、市场形象最佳、经济效益最大"为目标，在"一个中心、两个平台、三个管理公司"的总体架构下，围绕改革中心任务，全面统筹推进改革重组、生产经营、企业管理、队伍建设、文化引领等各项工作。经过4年半的持续转变，中散集团在生产经营管理等各方面，均呈现出积极向上的新气象。

（一）创新商业经营模式，整体竞争实力明显释放

坚持稳健经营、稳定增长，以大客户战略为引领，积极推进商业模式转型，"货源第一、客户至上、服务制胜"的经营理念得到固化，员工队伍的市场竞争和客户服务意识得到提升，为增强竞争能力，应对激烈的市场竞争提供了动力、创造了条件。

一是统一经营，成效明显。中散集团发挥北京、香港2个经营平台的协同优势，特别是利用香港平台独特的区位优势和政策优势，统筹客户开发与运力部署，实现了由原来"三家四地"分散的内部资源向资金、信息、客户、船舶操作等资源的共享和互补转变，客户认同度不断提升，系统协同效应和集成竞争优势逐步显现。在此期间，中远香港航运充分发挥中散集团境外的融资平台作用。公司凭借地处香港的区位优势和良好的资产状况，持续为中散集团"输血"。通过建立综合船队，承接中散集团租入船舶，陆续接入并协助经营中远散运、青岛远洋的全部高市场时期长期租入船94艘（其中中远散运75艘、青岛远洋19艘）、自有方便旗船59艘（其中：开曼35艘、明海18艘、昌盛新造船6艘）、国旗船25艘（其中：中远散运20艘、青岛远洋5艘），截至2015年底，综合船队控制运力104艘，累计净支付资金近20亿美元。同时积极为中散集团开拓融资渠道、代偿贷款及新造船款，到2015年底，累计融资23.6亿美元，有效缓解了中远散运和青岛远洋"高租金"船的负担及中散集团的现金流压力。

二是营销机制改革，布局全球影响网络。成立营销中心，建立客户经理责任制，积极推进4个国内营销分部及欧、美、澳、日、韩、南非、印度尼西亚、英国8个海外网点建设。同时，加强中远集团系统内部协同，逐步理顺海内外"一体化营销"机制，全球化营销网络初具规模。

三是丰富创新合作模式。主攻"三重"，为客户提供"量身订制"的差异化服务体验，重点市场、重点客户、重点货源明显扩大和增加。通过签订COA合同、成立合资公司、交叉持股、量身订船等方式，与淡水河谷、RTI、FMG、鞍钢、神华、华菱等优质客户建立了稳固的战略合作关系。其中，落实中远集团战略部署，与中海集团合资合营成立中国矿运，向淡水河谷购入4艘40万载重吨级船并匹配25年COA合同，成功开拓了与大客户之间的双赢合作模式。

（二）优化完善船舶结构，可持续发展能力明显增强

首先，稳步调整船舶结构实施。中散集团抓住政策支持及船舶造价处于历史低位的两

个重要机遇,着眼满足客户需求和自身可持续发展两个需要,实施拆旧造新战略,优化船队和船型结构。在4年半时间内,科学安排97艘老旧船舶退役,同时,签署新船建造合同42艘,船队的平均船龄大幅下降,船舶结构得到优化,与船舶管理资源及货源结构更趋匹配,大大提高了经营创效的效率。

其次,有效推进船舶专业化管理。以船舶结构调整为契机,积极推进三个公司对新增船舶进行分船型专业化管理,提高整体管理效能,逐步构筑了低成本竞争优势。船队结构专业化调整到位后,单船固定成本、财务成本和燃油消耗分别降低5%、40%和22%,年均可分别节支约2亿元、3.5亿元和4亿元,有效增强了企业的可持续发展能力。

(三)着力提升盈利水平,经营成效明显改善

一是"高租金船"包袱基本消化。中散集团成立后,始终把解决"高租金船"问题作为重中之重,认真落实上级要求,深刻反思吸取教训,通过租约重组、提前还船等一系列有力措施,将原有"高租金船"逐步缩减。

二是经营操作水平明显提高。坚持稳健经营与灵活操作相结合,精准研判、精心策划、精细操作,统筹采取高位锁定、船货分线操作、设计连续闭环航线、打造精品航线以及承运高价值货载等操作手段,优化了航线布局和运力衔接,有效提升了载重量利用率,各船型船舶租金水平均高于同期市场平均水平。特别是沿海船队,大合同占比达到了80%,基础货源比重最高时达到92%。2012—2015年累计完成货运量9780万吨,贡献利润12.58亿元,为中散集团减亏增效目标任务做出了积极贡献。

三是陆上产业支撑能力有效增强。对陆上产业统筹规划、明确定位、分类管理、重点扶持,盘活了陆上产业资源,增强了整体盈利能力,与中散集团成立前相比,陆上产业对航运主业的互补支撑作用明显。

(四)大力推进精益管理,管控效能明显提高

一是安全运营形势稳定向好。随着中散集团成立,除中远香港航运保留经营业务外,3家单位的主业转向专业化的船舶管理,在中散集团领导下,逐步理顺了中远集团、中散集团及所属3个管理公司之间的管理职责,实施基础性管治,有效扭转了改革前安全管理不平衡、事故频发的局面。安全事故(含非责任性事故)大幅降低,PSC检查无缺陷通过率大幅提高,防抗台、防海盗、防污染成功率始终保持100%。

二是全面预算管理能力明显增强。作为中远系统试点单位,率先推行全面预算管理,从根本上提升了预算管理的精细化水平。通过狠下决心、自我加力、多管齐下,使总成本从大幅下降。

三是系统性风险管控基础不断夯实。推进全面风险管理、内部控制与综合管理体系一体化融合建设,将风险管理与日常运营和专项管理相结合,细化了市场、战略、财务、运营和人力资源"五个一级"风险管理,构建了业务管理、风险管理与监督检查相结合的"三道防线"联动机制,夯实了系统性风险管控基础。

总体看,中散集团成立后,在极端恶劣的市场形势和"高租金船"的双重重压下,持续大幅减亏,经营成效改善较为明显,有效抵御住了因市场极度低迷对经营效益带来的严

重冲击。通过改革重组，解决了中远集团散货板块分散经营，系统协同优势难以发挥的弊端，通过改革重组，散货板块的市场竞争实力和可持续发展能力得到了系统性解决。特别是通过资金债务的统一管理和协调平衡，有力改善了中远散运、青岛远洋的资产负债状况，2个公司的资产负债率大幅下降，生存压力有效缓解。

截至2015年末，中散集团总资产391.71亿人民币，共有各级子企业297家，其中二级子企业8家，三级子企业63家，四级子企业54家，五级子企业121家，六级子企业50家，七级子企业1家。经营运力规模为213艘、2125.8万载重吨，自有运力164艘、1678.34万载重吨，全年累计完成航次2396个，货运量15561万吨，货物周转量7275亿吨海里。航线覆盖全球100多个国家和地区的1000多个港口，是世界第一大散货运输船队。

第四节　高速发展的液体散货船队

这一时期，是中远油轮船队高速发展的黄金时期。21世纪初，大连远洋的成品油和原油运输在国际市场上所占份额不到1%，原油运输在国内市场上所占份额为零，经过与中海油、中石化合作，在南北航线开拓经营了成品油运输业务，但所占份额仅为20%左右。进入21世纪，全球经济一体化不断加快，世界经济特别是中国经济持续保持稳定快速发展，对原油需求不断增加。2003年，党中央作出了"振兴东北老工业基地"和"把大连建设成东北亚重要的国际航运中心"的重大战略部署。大连市提出了到2010年，把大连建设成为"全国最大的炼油基地、石化产品精深加工基地、东北亚地区的油品转运中心、国家主要石油战略储备基地和油品交易市场"的发展目标，为大连远洋发展形成了得天独厚的区位优势，大连远洋作为中国油运界的"国家队"，作用日益重要。同时，在中远集团确定的发展战略中，已将油轮船队的发展放在与集装箱、散货船队同等重要的位置上，要把油轮船队的发展作为集团新的经济增长点，提出了"努力建设中国最大的油轮公司"的发展目标和中远油轮船队整合的战略举措，为大连远洋发展油轮船队提供有力的政策和资金扶持。尤其是中远集团与大连市签订战略合作框架协议后，大连远洋的"地利"优势逐步突显出来。面对国际、国内大环境的形势变化，大连远洋全面分析市场走势，抢抓机遇，加快发展，聚焦液体散货运输，把合理扩充运力、做强做大油轮船队作为首要工作目标，公司船队体量快速变重，船队规模不断扩大，以VLCC、Panamax为核心的油轮船队不断发挥盈利创效主力军作用。2000年7月，大连远洋航运主业自1992年以来首次盈利，全年实现盈利3200余万元，一举扭转连续多年亏损局面。2001—2008年公司连续盈利，2005年达到7.4亿余元，2006—2008年更是连续3年超过10亿元，均超额完成中远集团下达的考核指标和攻坚目标。公司总资产规模也由2000年的38.5亿余元，上升到2008年的77亿余元。公司资产负债率由2000年的68.35%，下降到2008年的51.86%。

2009年之后，受到全球金融危机的波及，国际油轮市场呈现量价齐跌，收益大幅下滑的态势。同时,新造船的大量投放,进一步导致市场供求失衡,油运市场受到严重冲击,给大连远洋主业经营创效带来了前所未有的困难。面对严峻形势,大连远洋进一步拓展经营思路,抓住国家战略石油储备库存增加的有利时机,以"国油国运"为根本,通过强化"大客户"战略、"东拓西进"战略,实施"三三三"战略,全面优化企业客户、货源、航线、经营方式等"四个结构",公司经营创效能力增强。同时,通过开展精益管理、降本增效活动,大连远洋深挖企业内部潜力,全力压缩成本开支,有效化解了全球金融危机和航运市场步入低谷所带来的不利影响,2015年,实现扭亏为盈,形成了持续发展的良好局面。

一、液体散货船队的发展

进入21世纪,大连远洋按照"以发展油轮为重点的液体散货运输为主,木材、杂货、散化、液化气运输和陆上产业为辅"的经营方针,将航运主业的发展目标确定为发展油轮为主,重点发展大型油轮。在此基础上,随着航运形势的发展,大连远洋结合液体散货市场的不断变化,提出"打造'中国第一、国际领先'的油轮船队"的战略目标。

(一)自有船队快速优化升级

1.发展超大型油轮船队

这一时期,大连远洋以油轮船队建设为重点,加大了订造新船特别是VLCC的力度。2000年12月11日,中远集团与日立造船株式会社签订了大连远洋第一艘30万吨级VLCC建造合同。2001年2月8日,中远集团与南通中远川崎签订2艘VLCC的建造合同。2002年12月20日,由南通中远川崎建造的"远大湖"轮交付大连远洋,这是第一艘由中国船厂为中国船东建造的VLCC,开创了大连远洋经营VLCC的先河。

继2000年签订第一艘VLCC建造合同后,利用国家建立战略石油储备制度以及世界造船价位持续走低的机遇,2001—2007年,大连远洋先后向国内外船厂订造了6艘7万吨级原油轮、3艘15万吨级原油轮、3艘11万吨成品油轮和10艘VLCC,[①]在油轮船队低成本扩张中迈出了坚实的一步。到2008年,大连远洋拥油船29艘、液化气船6艘、化学品船3艘,共计约500万载重吨,油轮船队规模跃居国内第一。到2010年大连远洋船队总体规模达到45艘、720万载重吨,与2006年的33艘、230万载重吨相比,增加了2倍多,年均增长近百万载重吨,整体船队规模在国内同行中居第一位。

2011年,中远集团与中石化集团签订进口原油海上运输战略合作协议,为大连远洋油轮船队的发展提供了难得的机遇。大连远洋与上海船舶设计院合作,共同研究开发环保节能、能效设计指数国内最优的COSCO-VLCC。2012年11月、12月,大连远洋先后与广船国际、大连船舶重工签署了2+2艘VLCC造船合同。

2013—2015年,大连远洋抓住国家实施拆旧造新和淘旧建新政策的机遇,陆续订造了

---

① 先后于2001年向渤海造船厂订造3艘15万吨级原油轮,2003年6月16日,向大连造船新厂订造3艘7万2千吨原油轮,2003年12月16日,向大连造船厂订造3艘7万5千吨原油轮,2003年5月15日和2004年7月17日再向日立订造4艘VLCC,还于2004年10月12日向中远川崎订造1艘VLCC。随着国内VLCC建造技术日臻成熟,为支持民族船工业,2006年3月23日,与大连船舶重工首次订造2艘VLCC原油轮,签订了3艘11万吨苏伊士成品油轮合同,2007年3月22日,再签3艘VLCC订单。

8艘VLCC、5艘LR1（Long Range1）和3艘MR（Medium Range）油轮。新造船价都大幅低于市场水平，平均成本均低于大连远洋当时拥有的同类型船舶，具有较强的成本竞争力。同时新造船舶全部采用环保节能的新船型，各项技术指标与大连远洋当时拥有船舶相比也具有明显优势。这些措施都有效促进了公司船队成本结构和运力结构的优化调整。①

2. 加快船队专业化结构调整

在持续不断加大新造船力度的同时，大连远洋为强化油轮船队的专业化经营优势，对船队结构不断进行调整。

2000年，大连远洋拥有和经营船舶34艘、70余万载重吨。船型囊括了杂货船、油船、化学品船、液化气船等，船队规模小，船舶吨位小，20年以上船龄的船舶占全部船队的25%，安全隐患重。从2003年开始，大连远洋加大了船型调整力度。2003年，大连远洋积极落实集团船队整合的战略决策，完成了杂货船交接工作，将"江宁关"②等9艘杂货船全部交由广州远洋运输公司经营。通过出售、退役、资产转移等方式，果断处理了"远兴"和"远达"等亏损船和"南关岭""桃花岭"等重大安全隐患船及一批老旧运力，转入了香港寰宇3艘改回中国籍的五星旗油轮资产③。通过以上调整，随着新造油轮的陆续交付，公司船队规模不断扩大，船队结构不断优化，公司彻底走上油轮经营的专业化道路。到2008年，大连远洋油轮船队经营船舶的最大吨位，已由2000年的几万载重吨船舶上升为30万载重吨，成为国内最大的油轮船队，平均船龄从超过13年降至不到10年。

2013年，航运市场期待已久的船舶"拆旧补新"政策正式出台。根据国家出台的老旧运力提前报废更新补贴政策，大连远洋提出了老旧船舶拆解更新计划，对"雁水湖""映松湖""明泽湖"3艘符合条件的MR老旧船舶进行拆解，抓住市场有利时机，获得了较高的废钢出售收益。2014年，又按计划顺利完成2艘船舶的拆解退役工作，有效改善船队整体技术状况。同年，在集团支持下获得了33606万元的拆旧造新和淘旧造新的补贴费用。

2009—2015年底，大连远洋总计签约21艘新造船，新接船18艘，对7艘达到15年船龄的油轮进行了拆解，船队规模和船舶技术得到了优化。

---

① 2015年6月26日，大远公司与大连船舶重工签署了2艘31.9万载重吨原油船和5艘7.2万载重吨成品/原油船建造合同；6月29日，大远公司与大连中远川崎签署1艘30.8万载重吨VLCC造船合同。

② "江宁关""江西关""江埔关""嘉荫关""嘉禾关""嘉山关""山海关""文登岭""居庸关"。

③ 2002—2003年，将累计亏损2.9亿元的液化气船"远兴"和"远达"轮予以处理，并果断退役存在重大安全隐患的"南关岭""桃花岭"轮。2004年，在集团大力支持下，积极推进运力增长。按照集团部署，7月初完成香港寰宇3艘五星红旗油轮资产转移。公司先后将"昆明湖""洞庭湖"轮出售给海洋石油（洋浦）船务有限公司；将"鄱阳湖"轮出售给华洋海运有限公司；将"紫云峰""兴化""天都峰"轮转给上海中远小可由船务有限公司等公司合资经营；将"远吉""远祥""竹源""菊源""芙蓉源""百花源"轮转给深圳中远龙鹏液化气运输有限公司；将"武昌湖""吉化""雁水湖""明泽湖""映松湖"轮转交给大远公司所属独资公司——大连远昌船务有限公司经营。公司还根据经营需要，及时注销了海南吉化公司，将"百合源""阳澄湖""武昌湖"轮退役。

截至 2015 年底，大连远洋拥有及经营船舶共 49 艘、960 万载重吨，其中油轮船舶 37 艘，液化气船舶 4 艘，液化天然气船舶 6 艘，散货船舶 2 艘。业务遍及全世界 100 多个国家和地区的 300 多个港口。

（二）租入运力的发展

1. 租入、租出、转租相结合的灵活经营模式

这一时期，大连远洋贯彻中远集团"从拥有向控制转变"的战略部署，抓住市场机遇及时介入租船市场，加强与拥有 VLCC 运力的船东合作，加大租入船力度，适时租入运力，加大控制船规模。在经营手段上加强方式创新，租入、租出以及租入再转租等形式灵活组合。

在租入船经营方面，2006 年 12 月 2 日，大连远洋第一艘 VLCC 租入船"新莎娃"（SHINYO SAWAKO）轮在韩国安山港正式投入营运，迈出了中远油轮船队"从拥有船到控制船"的第一步。自 2006 年 12 月到 2009 年底，大连远洋坚持"积极、稳妥、规避风险"原则，密切跟踪世界租船及买造船市场，准确把握入市时机，低位扩充运力，先后租入 VLCC 10 艘。2010 年，针对中国出台的单壳油轮退市政策，大连远洋及时安排"新玛莉"等 3 艘单壳油轮[①] 提前退租，规避了经营风险。这期间，大连远洋经营团队采取"高位减仓，逢低吸纳"的方式，在市场高位时，择机短期出租，在市场低位时，适时出手，低价签订了 3 艘 VLCC 期租合同。

在租出船业务方面，大连远洋抓住市场有利时机，先后将船舶期租给 STENA 公司、英国石油公司（BP）、雪佛龙—德士古公司（Chevro Texaco）[②]，不仅提前保证了以上船舶稳定的货源供给和良好的经济效益，更重要的是扩大了大连远洋油轮在国际油运市场上的影响，既学习了国际先进的油轮经营管理经验，又提升了船队经营整体抗风险能力。此外，在市场高位期间，将成本较高的租入船转租和执行连续航次，锁定利润，有效地规避市场风险。

2. 采取退船减租措施，解决高租金船问题

到 2011 年，大连远洋租入经营船舶 10 艘、299 万载重吨，全部为 VLCC。由于国际油运市场形势恶劣，实际运价远远低于预算水平，船舶运输收益大幅低于年初预算，加之燃油成本大幅高于预算水平，导致租入船经营效果不理想。为贯彻落实好中远集团 2011 年初、年中工作会议关于解决高租金船的工作部署，大连远洋扎实推进"退船减租"工作：[③] 及时解除了已签订的 4 艘苏伊士型船租约，并经过艰苦谈判，成功下调了部分船舶租金，进一步控制了租入船经营风险，降低了经营成本。

---

① 即"新玛莉"轮、"新莎娃"轮、"伯利克里"轮。
② 将"大明湖""大源湖"两轮期租给 STENA 公司，将"大理湖"轮期租给 BP 公司，将"连安湖"轮期租给 CHEVROTEXACO 公司。
③ 成功退租原定于 2011—2012 年交船的租金较高的 4 艘 SUEZMAX 油轮；在市场长期低迷的形势下，积极协商希腊船东，洽谈降低租金；深入研究租船合同条款，严格执行合同关于航速和燃油消耗的规定，成功索赔 197 万美元；根据租船合同规定据理力争，成功索取 300 万美元赔偿金；实现个别船舶非足额 50% 延付租金。

2013年3月,大连远洋制定下发了《大连远洋运输公司期租租入船业务管理(试行)》,并成立了租入船管理小组。针对租入船租期长、租金高,长期在成本线以下运营,给公司创效扭亏带来了很大压力的问题,大连远洋尽可能调整租入船结构,对2013年按计划接入的"香港勇士"轮,采取延迟接船的方式,缓解经营压力;完成"新航者"轮换船工作,大大改善原合同执行效果、提高船队创效能力。

(三)合资建立国有LNG船队

1999年6月1日,中远集团和招商局集团有限公司在大连远洋签署合作协议,共同研究、推动和筹备广东LNG运输项目。2004年3月15日,经商务部批准,中国液化天然气运输(控股)有限公司[英文名称为China LNG Shipping(Holdings)Limited,以下简称CLNG]在香港登记设立,大连远洋和招商轮船LNG运输投资有限公司各持股50%。

图2-6 2008年4月3日,中国液化天然气运输(控股)有限公司的中国第一艘液化天然气船"大鹏昊"轮命名交船。

2008年4月3日,中国首制液化天然气船"大鹏昊"轮命名交船仪式在上海沪东船厂举行。该船由中远集团、招商局集团和澳大利亚液化天然气有限公司等投资方共同投资,沪东中华造船(集团)有限公司承建,船东为CLNG。"大鹏昊"轮船长292米,船宽43.35米,吃水11.45米,设计航速19.5节,可以载货6.5万吨(图2-6)。"大鹏昊"轮的交付标志着中国造船工业的提升,也标志着中国LNG航运领域掀开了新的篇章。

随着中国对天然气需求的快速上升,中国进口LNG数量逐年增多,继广东LNG进口运输项目、福建LNG进口运输项目后,2009年12月14日,国家发改委批准了上海LNG运输项目。至此,由CLNG公司主投资、建造和管理6艘LNG船舶,分别为"大鹏昊""大鹏月""大鹏星""闽榕""闽鹭"和"申海"轮。在推动国内LNG运输项目的基础上,大连远洋着眼于全球LNG贸易的海运需求,积极参与国际LNG海运的竞争。2012年,大连远洋为维护公司利益和推动业务发展,组织完成CLNG转股项目和进入中海油英国天然气集团(BG)项目。2012年8月30日,CLNG与中海油能源发展投资管理(香港)有限公司(CETS)完成了关于CLNG向CETS转让粤洋公司10%股份,闽榕、闽鹭公司各15%股份的股份买卖;与美国能源运输集团(ETG)签署了关于CLNG收购ETG所持粤鹏、粤港、粤洋、闽榕和闽鹭公司各3%股份的股份买卖,同年,CLNG与中海油、美国BG公司、环球航运集团(BW Group)[①]合作投资建造4艘(2+2模式)LNG船舶项目,完成了第一期入股2艘船舶的投资。2013年,CLNG又成功争取到以同样股比(20%)投资参股二期中海油-BG项目2艘船舶的建造,使大连远洋LNG运输业务在市场普遍采取目的港船上交货(DES)贸易条款、运输由卖方组织的情况下,得以通过参与船舶投资方式,实现了业务的

---

① BW集团的前身是包玉刚先生创立于1950年环球航运公司(World-Wide Shipping)。

新拓展，更为后续参与这些以 DES 贸易条件进口 LNG、以外方为主在国内建造 LNG 船舶的项目积累了经验，并促进了 CLNG 与中海油结成深度战略联盟。

与此同时，大连远洋打破了国内 LNG 运输业务南北分片的政策的局限性，成功与中石油合作，获得参与投资俄罗斯亚马尔 LNG 北极船项目 4—10 艘船的招投标机会。该项目抓住了中俄两国扩大能源合作的契机，打破了国内实施多年 LNG 运输业务南北分片的政策禁锢，首次在该领域与中海油以外的大石油公司合作，为大连远洋与中石化等大石油公司广泛合作，打造公司 LNG 运输业务国内绝对领先优势奠定了基础。2014 年大连远洋全力把握新一轮的 LNG 业务发展机遇，成功拓展了与加拿大帝凯集团（Teekay）共同投资俄罗斯亚马尔 6 艘北极船项目，双方各持有 50% 的股份，为亚马尔项目提供北极航线运输服务，项目期租合同为 30 年[①]。2015 年，在中远集团的支持下，大连远洋又与希腊 Dynagas 和中外运公司合作开展亚马尔 LNG 项目 5 艘北极型 LNG 船舶的项目筹备工作，期租合同达 30 年[②]。

二、拓展创效思路，开拓油轮市场

（一）加强基础货源开发，稳定船队发展之基

到 2005 年，国资委管理的五大中央航运企业悉数进军中国进口原油运输市场，并主打 VLCC。其中，招商轮船在运力规模上超过大连远洋，在其上市后，借助资本市场的低成本融资渠道，加大力度收购油轮船队；中海集团虽然在大型油轮船队上处于劣势，但发展势头强劲，大量抢造新船；长航集团也因市场空间变化，走出长江，挺进远洋油运市场。

为了拓展货源，抢占市场，大连远洋在开发货源上积极推行"大客户"和"内外兼顾"的经营战略。经过努力，客户进一步多元，货源网络建设初具规模，货源更趋稳定，筑牢了船队发展的"压舱石"。

1. 深入实施"大客户"战略

为进一步拓展市场，大连远洋逐步完善以客户为中心的服务体系，实施"人无我有，人有我优"的差异化服务战略，抓住效益贡献值高的货主，建立起遍及海内外的货主体系。不仅加强了与中石化、中石油、韩国现代、S-OIL 等国内外大货主的紧密合作，还通过拜访和接待 BP SHIPPING、壳牌（Shell）、Stena、Chevron-Texaco、挪威前线管理公司（Frontline Management AS）、委内瑞拉国家石油公司、日本三井等国际知名公司，进一步巩固和开拓了市场，扩大了中远油轮船队在国际市场的影响力。特别是对中国进口原油的大户——中石化集团的货源市场开发，为大连远洋货源稳定起到关键作用。在前期广泛合作的基础上，2005 年 12 月 29 日，大连远洋与中石化所属的中国国际石油化工联合有限责任公司（以下简称"联合石化"）签署了 10 年期的国内原油进口运输协议。2006 年 2 月 8 日，中远集团与中国石油化工股份有限公司签署进口石油运输和油品供应长期协议。双方以"共同发展、共担风险、共享利益"为原则，确立了在长期合作中限定市场运价波动

---

① 平均实际内部收益率预计为 10.97%。
② 平均实际内部收益率预计为 14.75%。

的调节机制，锁定了双方合作的年运量，明确了随时调节的运量增长方式。这些合作不仅保障了大连远洋 VLCC 60%—70% 的货源，合同确定的运价调整机制也有助于大连远洋有效地规避市场风险。2009 年，大连远洋承运的原油中，中石化比例占据大半，VLCC 船队执行 COA 货载 54 航次、完成货量 1320 万吨，实现运输收入 99638.3 万元，对公司本部船队的收入贡献率达 38.4%，期租水平比市场平均运价高出约 9000 美元，Panamax 经营水平比标杆市场的平均运价高出约 4600 美元。在一些典型航线上，大连远洋经营效果甚至超过了国际知名航运公司。

2010 年 3 月 8 日，通过积极开发新客户，大连远洋与大连西太炼厂成功签署为期 2 年的 COA 运输协议，从事西太炼厂中东—大连的原油进口。当年大连远洋 VLCC 双壳船平均运费水平高于市场约 WS4.27 点，期租价格为 3.03 万美元/天，高出市场水平 0.55 万美元/天，在低迷的市场环境下，达到了大幅减亏的效果。

2011 年，根据区域市场的不同表现，特别是中东至美西、欧洲市场严重低迷的实际情况，大连远洋果断调整运力布局，提高 VLCC 执行中石化 COA 合同的货载比例，全年共执行中石化 COA 合同 91 个航次，约占全部 VLCC 航次的 60%，运费水平每天高于市场平均 4600 美元，有效规避了市场风险。2011 年度大连远洋船舶基础货源占总货源比例为 56.8%，高于中远集团下达 45% 的目标指标。

2013 年在航运主业经营中，大连远洋落实中远集团全面营销工作要求，重点突出以"客户为导向"的营销策略，积极扩充货源基础。巴拿马远东自营船队同雪佛龙公司（Chevron）成功签订 6+6 个月 COA 协议，这是巴拿马远东自营船队第一个 COA 协议，保证了巴拿马型船队 2013 年三四季度市场低迷期间远东自营船的货源。2014 年大连远洋又分别与大连西太、北方石油以及雪佛龙亚洲（Chevro Asia）续签了长期运输合同。

此后，大连远洋继续巩固和发展与国内外其他石油公司的合作关系，与包括中联化、中联油、中化、中国台湾 CPC、韩国现代、韩国国家石油公司、日本三井、泰国国家石油股份有限公司（PTT）在内的境内外石油公司强化了 COA 合作，为巩固货源基础、提高运营效果打下了坚实的基础。

2. 以资产为纽带，积极与大客户开展合作

在开展市场营销过程中，大连远洋以建立资产为纽带的合作关系为重点，积极与大客户开展合资合作，开辟航运主业新的"利润区"。2001—2004 年，大连远洋先后与中国海洋石油总公司、深圳倍明科投资有限公司合作成立了海洋石油（洋浦）船务有限公司；与中国石油天然气股份有限公司合资成立华洋海运有限公司；与汕头市龙湖区龙鹏燃化发展有限公司合资成立了深圳中远龙鹏液化气运输有限公司，从而有效缓解了 LPG 经营连年亏损的不利局面。2005 年，大连远洋又与日本小可由株式会社、日本邮船株式会社三方签署合作协议，成立上海中远小可由船务有限公司，开创了外资参与中国国内港口间化工品运输的先河。2008 年，大连远洋还举办了第 3 次亚太地区非正式油轮船东安全论坛（图 2-7）。

通过开展这些合资合营项目，既稳定了大连远洋的货源，又促进了自身实力的壮大，对发展公司船队、培育新的利润增长点起到重要的作用。

（二）创新经营战略，拓展经营渠道

1. 将船舶纳入国际油轮联合体（POOL）经营

2004年，针对国际成品油船市场波动剧烈，航线复杂的特点，大连远洋将"明泽湖""雁水湖"2艘4万吨级成品油轮投入到美国公司在东南亚组建的DORADO POOL，有效避免成品油市场低迷的风险，全年期租价格平均达到18000美元/天，比2003年提高了近30%，不但获得了

图2-7 2008年，大连远洋主办第三次亚太地区非正式油轮船东安全论坛。

较好的经济效益，而且规避了本公司对此类船舶经营经验不足、货源渠道有限的市场风险，同时还学习到国际大船东或租家的经验，利用租家的货源网络提高公司船舶的知名度和国际影响力，为经营管理更大规模的船队快速积累经验和能力。

2007年，在合理安排远东自营货载的基础上，大连远洋将"连兴湖""吉利湖""连盛湖"轮投入POOL中营运，使得在POOL中的船舶数量达到5艘，在分享了西方市场高收入的同时，也防止了远东过多巴拿马型船而可能产生恶性竞争。同时，大连远洋强化岸基支持，加强协调管理，使投入POOL各船舶运行基本平稳，在西方市场得以立足。

2."东拓西进"战略

2009年，大连远洋在运力布局上推进"东拓西进"战略，向高运价市场挺进，特别是抓住年底市场高点，及时安排了4艘船西行货载，为处在效益低迷期的大连远洋注入了动力。同时，大连远洋加强与美国Heidmar各POOL互相走访，加强与各POOL的沟通，及时掌握西方市场动态，并充分利用在美国的网点环洋公司对在西方运营的船舶进行实时指导，确保入POOL船舶的收益。2010年大连远洋将Suezmax船型全部投入西方POOL经营，成为公司各船型中的盈利主力。通过合理调配东西市场运力，实现了巴拿马型船队自营、入POOL2种经营效益双双高于市场同期水平的效果，同时将新接入的阿芙拉型船投放至西方市场，提高了经营效果，形成了"东方不亮西方亮"的合理经营航线布局，有效防范了市场经营风险，稳定了收益。2012年5月份，大连远洋成功中标韩国国家石油公司中东—加拿大东岸原油运输长期合约。该合约作为大连远洋第一个西行航线长期合同，对进军西方高利润区市场、提高经营效益具有重要意义。2013年1—11月，大连远洋VLCC船队共完成中东—美湾（加东）货载6个、西非—远东货载14个、加勒比—远东货载4个、欧洲—远东货载1个，进一步优化了东西方市场的运力布局。通过合理安排航线，西行与东行航线相结合，单船一定时期内的日收益高于市场收益2000—5000美元。2014年，大连远洋加大西部市场开发力度，又成功了开辟中东/美西航线。

3.实施"三三三"战略

2015年，大连远洋抓住国际油轮市场船舶期租需求旺盛的机遇，结合企业实际及时调

整,提出"三三三"经营战略。即将三分之一运力投放到中东、远东市场,保持国油国运的基础货源比例,防抗货源风险;将三分之一运力投放到西非、美湾、加勒比市场,开拓西部高附加值市场份额,提升经营效益;将三分之一运力投放到期租市场,确保稳定收益。

在中东、远东市场,大连远洋继续维护与中联化、中联油、中海油、中化等东部大客户的合作关系,并与大连西太、北方石油、CHEVRAON ASIA 等大客户成功续签了 COA 合同,核心客户群进一步壮大。2015 年 1—11 月份,大连远洋 VLCC 船队合计完成 COA 航次数 66 个,占 VLCC 航次总数的 59.5%。其中完成联化 COA 航次 38 个,占 COA 航次数的 57.6%。

在西部市场,大连远洋与 SHELL、联油美国公司等西部客户达成新的 COA 合同,更加夯实了西部货源网络基础。2015 年 1—11 月份,VLCC 船队共完成西部航线合计 42 艘次,占 VLCC 航次总数的 37.8%。

此外,大连远洋公司针对油运市场复苏态势明显的实际情况,在即期市场抢抓机遇、力争高点成交的同时,开始将注意力集中在期租租出市场,并尝试将 VLCC 船舶期租租出。2015 年,大连远洋 VLCC 船队共计 12 艘船签订了期租租出合同,提前锁定了 VLCC 船队近三分之一的全年收益,其中 4 艘 VLCC 成功达成了 2 年期期租租出合同,锁定了更长期的船队收益。

通过实施"三三三"经营战略,大连远洋抵御经营风险和盈利能力显著提高,也提升了公司在国际市场上的知名度和影响力。2015 年,大连远洋一举扭转了连续 6 年亏损的颓势,实现盈利。

(三)开拓内贸市场

1. "艾丁湖"轮打开内贸原油运输市场

内贸原油运输市场是大连远洋重要的细分市场,但受国家传统船队经营区域划分的影响,中远油轮船队所占内贸原油运输市场份额非常有限,仅合资公司洋浦公司有 1 条 Panamax 从事内贸原油运输。该市场长期以来采用的市场准入机制和运价备案制度,使船东收益稳定,是航运公司规避外贸运输经营风险的有效途径。主要竞争对手中海集团和长航公司,均在此市场上占有相当份额,并获得了比大连远洋更为稳定的运输收入。因此,进军内贸原油市场将对中远油轮船队的经营发展,起到非常重要的作用。2010 年,大连远洋确定进军内贸运输市场战略,陆续开展了市场调研、客户开发、运力调整、积极公关等一系列工作。2011 年,在中远集团的大力支持和帮助下,大连远洋进军内贸市场取得了重大突破,3 月 25 日,交通运输部批复同意大连远洋增加国内原油运输资质,给予"艾丁湖"轮内贸运输许可证,标志着大连远洋进军内贸油运市场迈出实质性步伐。仅在 2011 年,"艾丁湖"轮就完成 20 个内贸航次,净收入相当于期租水平 3.1 万美元/天,比同期巴拿马远东市场平均水平高出 4 倍多,开辟了大连远洋新的效益增长点。

由于当时大连远洋仅"艾丁湖"轮拥有内贸经营资质,从船队规模、创效能力上相比国内竞争对手还有很大差距。为此,大连远洋继续加大公关力度,争取更多运力份额,在内贸市场扎稳脚跟,平抑国际市场波动对公司效益水平造成的冲击。2014 年,洋浦公司新增运力项目取得实质性突破,成功获得交通运输部新增内贸运力批复,集团批准同意将"连安湖"轮转售至洋浦公司,在增加公司当期效益和未来股权收益的同时,借助合资公司平台抓住秦皇岛32—6油田增产契机,进一步扩大内贸原油市场占有率,提高了船舶利用率和船队整体盈利能力。

2. 中标钦州过驳项目

随着《广西北部湾经济区发展规划》的实施和中国—东盟自由贸易区的建成,广西北部湾经济区快速发展起来。2010年钦州港中石油广西石化千万吨炼厂投产和2012年中石化铁山港800万吨炼厂投产,使得广西沿海的石油运输量大幅上升。但因受制于钦州口岸航道限制,大型油轮无法进港卸货,需要合适的油轮将大型油轮上的原油从钦州港外驳运到钦州港。2011年,钦州港从地方经济发展的需求出发,专门设置了原油过驳锚地,从事进口原油的过驳业务。为此,大连远洋立即部署成立项目组,先后多次派人员到钦州实地调研、考察、评估,确定该项目的可操作性和商业价值。本着安全高效、优质服务、信誉第一的经营方针,大连远洋积极参与钦州过驳项目的投标,并成功中标,这也是大连远洋首次参与国内沿海水域的过驳项目。2011年11月15日,代表着大连远洋的"连运湖""连盛湖"轮与其他参与项目的各方,一同开启了钦州过驳项目的序幕。

2012年"连运湖""连盛湖"轮共计过驳167航次,营运726.95天,过驳889.56万吨,日收益近3.5万美元,数倍于同期巴拿马远东市场平均收益水平;2013年,轮期租收入达到2.74万美元/天,比同期巴拿马型船东南亚—远东航线的市场水平高出174%。此后,按照强化内贸原油运输的战略规划,大连远洋继续强化钦州项目执行,2013年4月3日,大连远洋与广西石化成功续签过驳合约,抓住了这一宝贵的利润增长点。截至2016年底,钦州港已连续5年成为中国海上原油过驳第一大港。大连远洋钦州过驳项目安全、高效完成了800多个航次的原油驳运任务,驳运量4000多万吨,成功实现零伤害、零事故和零污染的"三零"目标,赢得了租家、货主和港方的信任和赞扬,同时也为大连远洋摆脱困境,力争效益最大化做出了贡献。

三、精益管理、降本增效

金融危机之后,在油运市场运价持续低迷的同时,燃油费、港口使费、人工成本等各项运营成本的高企,更加剧了大连远洋经营创效的困难。为应对危机挑战,大连远洋积极强化全员成本控制理念,深挖降本增效潜力,大力开展精益管理。2009年,大连远洋全年18个成本控制项目累计节支7057余万元,基层单位管理费累计节支768余万元,公司本部和基层单位均实现了"2009年可控管理费在2008年实际发生额基础上总体下降10%以上"的目标。与此同时,大连远洋认真落实中远集团提出的"节能降耗"要求,把VLCC推荐航线导入公司《船舶航行监控管理系统》中,对VLCC船舶实施推荐航线情况每日监控。控制船舶燃油单耗,推广船舶货油舱加温程序,降速节能,取得了燃油采购均价全系统最低的好成绩,全年节省燃油8635余吨,约合燃油费2131万元。面对2009年国内外港口使费不断上涨的严峻现实,大连远洋严格使费审核,挖掘节支潜力,全年共节控、减少使费支出人民币311.95万元,节省拖轮费占整个节省支出的28%。

2011年，燃料油价格持续攀升，大连远洋使用燃油平均价格达到600美元/吨，大大高于2010年平均460美元/吨的水平。面对严峻形势，大连远洋提出将降低燃油成本作为抵御市场风险的非常手段，全面实行船舶航次降速节油。通过船岸共同努力，在不影响受载期及各港靠泊装卸货的前提下，2011年大连远洋自营船舶实现降速航行61万海里，节约燃油20410吨，取得了节支增效的显著成果。

2012年针对燃油消耗这一成本重点，大连远洋采取有力措施，进一步推行"极端降速"。在不影响生产作业的前提下，大连远洋船舶降速航行195艘次、111万海里，比2011年节约燃油44094吨，剔除船期损失和机务费用，节省燃油费超过1.18亿元。2013年大连远洋抓住燃油费和机务费用两大成本项目，多策并举强化成本控制。在燃油成本控制方面，1—11月共计加装美元计价燃油33.3万吨，平均油价609.46美元，低于同期新加坡、富加拉普氏平均油价约10美元，为中远集团系统内最低；全年批量采购燃油18万吨，低于同期新加坡油价约16美元。在机务费用控制方面，通过合理安排修期，精心选择船厂，加强工程监督，鼓励船员自修，严格消耗管理，合理使用物料等手段，2013年机务费用占运输成本比例持续降低，由2009年8.5%降到4%。同时，进一步推进船舶"超极端降速"，全年节约燃油8.3万吨，仅"远荣湖"轮第77航次就节约燃油1092.4吨，60多万美元（图2-8）。

图2-8　2013年，大连远洋承办中国油运安全论坛。

第五节　转型升级的杂货特种船队

一、利用资本市场，打造特种货专业化运输平台

这一时期，作为中远集团主要的杂货、特种船队，广州远洋依托"中远航运"上市公司资本平台，通过资本运作的形式，将广州远洋原有的船舶优质资产装入中远航运上市平台，不断优化中远航运船队结构、提升中远航运杂货特种船舶的市场竞争力，并进一步整合了广州远洋原有的国际网络和管理技术资源，使中远航运成为世界上最具规模的集各类特种杂货远洋运输船舶的航运企业，综合实力在世界特种杂货运输领域稳居前二位。

2007年，中远航运根据经营需要，设立专职船员管理机构，7000多名广州远洋船员以"定向招募"的方式并入中远航运，实现了企业用工模式的根本转变，为中远航运提供了优质的船员队伍，解决了船员人才队伍建设的瓶颈问题。2012年1月9日，广州远洋和中远航运本部的机构实施整合，中远航运新机构正式运作。2012年12月5日，中远航运董事会通过决议，以自有资金收购中远集团持有的广州远洋100%股权。通过此次收购，中远航运将广州远洋及其全资控股的航运企业，包括运力排名全球第5的木材船运输公司——中远远达航运有限公司和运力排名世界第一的沥青船运输公司——中远南方沥青运输有限公司所有的木材船、沥青船26艘、48.6万载重吨运力①及其他资产全部纳入上市公司旗下②，中远航运的特种船队规模由69艘大幅提升到95艘，运力规模由155.9万载重吨提升到204.5万载重吨。

这些优质资产的注入，进一步拓展了中远航运的运力规模、经营范围和航线覆盖面，形成了中远航运以多用途及重吊船和半潜船为核心业务，以木材船、沥青船和汽车船为重点业务的"2+3"模式。对中远航运实现"全球特种船领域最强综合竞争力"的战略目标，具有重大意义。到2015年底，中远航运的资产规模达到179.47亿元人民币。

二、抓住市场机遇，船队结构转型升级

1997年，广州远洋按中远集团实行专业化经营的决定进行了船队重组。到2004年底，中远航运/广州远洋拥有船舶106艘、164.7万载重吨，成为以特种船为主的杂货船专业公司。但由于船舶老旧、船型单一，船队结构的不合理严重制约了公司市场竞争力和抗风险能力。2007年，中远航运/广州远洋对船队定位进行了战略性的调整，从"以特种船为主的杂货船队"调整为"以特种船为主的多用途船队"。按照中远集团航运发展规划，根据国际特种杂货运输发展的趋势，制定了船队短期、中期、长期发展规划，采取"买、造、租、退"相结合的方针，加速调整和优化船队结构，着力打造一支满足国际特种杂货运输需求、综合竞争力强的一流船队。

在船队调整过程中，中远航运/广州远洋着眼长远，针对国际经济、科技的发展，以及海洋工程和新能源开发等趋势，大力建造好开好管、适货性强、节能环保的新型现代特种运输船舶，同时抓紧退役经营管理难度大、市场竞争力弱的老旧船舶。以多用途船、重吊船、超级重吊船和半潜船为重点，认真研究建造满足特殊个性客户需求的特种船，并根据市场需求形成合理的比例结构：在运力规模上，总运力争取达到200万载重吨以上；在船龄结构上，确保平均船龄降至合理水平，并形成相对平衡的船龄分布；在装卸方式上，形成集吊装、滚装、潜装多种装卸方式为一体的船队；在装卸能力上，重点发展具备重件货物运载能力的船舶，通过多用途船、重吊船和半潜船队的合理构成，实现船队起吊能力的全面覆盖。

为此，中远航运/广州远洋实施了多个造船项目：2006年11月，向江苏泰州口岸船

---

① 其中木材船13艘，总载重吨为39.5万吨，平均船龄为8年；沥青船11艘，总载重吨为7.2万吨，平均船龄为5年。

② 木材船队和沥青船队经过广州远洋近十年的"孵化"，已进入成熟期，客户资源、业务覆盖、船队管理等十分稳定，具备较高的市场占有率、较强的市场竞争力和发展潜力。根据Clarkson统计，广州远洋的木材船船队按照运力排列，居全球木材船运输市场第五名，沥青船船队按照运力排列，使居全球沥青船运输市场第一名。与壳牌、埃克森、BP、SK等国际顶级石油公司及SARGEANT MARINE等世界级沥青运输商建立了良好的战略合作伙伴关系。木材船拥有28000DWT与32000DWT两个主力船型，航线遍及全球各主要木材运输区域，在非洲至中国原木运输航线上占据领先地位。

厂订造 4 艘 27000 载重吨多用途船；2007 年 5 月，向山东黄海船厂订造 8 艘 28000 载重吨多用途船；2007 年 10 月，向广船国际订造 2 艘 50000 载重吨半潜船（图 2-9）。2008 年 4 月 7 日，随着 4 艘 27000 载重吨多用途船的首制船"凤凰松"轮在口岸船厂正式开工建造，标志着中远航运/广州远洋船舶结构调整正式拉开序幕（图 2-10）。

图 2-9　2007 年 10 月 30 日，"中远集团 2 艘 50000 吨半潜船造船合同签字仪式"在北京远洋大厦举行，中远集团副总裁、中远航运董事长许立荣、中船集团副总经理谭作钧出席了合同签字仪式。

图 2-10　中远航运 2.7 万吨多用途船首制船"凤凰松"轮，标志着中远航运向打造"以特种船为主的多用途船队"的发展目标迈出了坚实的一步。

2010年，航运业深陷金融危机带来的低谷，中远航运/广州远洋抓住造船市场由卖方市场转变为买方市场的时机，以较低成本扩张船队规模，于2010年3月，分别与广州中船黄埔造船有限公司和泰州口岸船舶有限公司签署了共10艘27000载重吨多用途船的建造合同；10—11月，又与上海船厂船舶有限公司和南通中远川崎船舶工程有限公司分别签署了各建造4艘28000载重吨重吊船的合同。这两组共18艘造船订单，在当年全球42艘特种船和多用途船订单中，占比43%。

2013年11月27日，中远航运/广州远洋在黄埔造船有限公司投资建造4艘36000载重吨多用途船。

2014年7月18日，中远航运/广州远洋与中船黄埔文冲船舶有限公司签订50000吨载重半潜船建造合同。6月30日，与广州广船国际股份有限公司签订100000载重吨半潜船建造合同。

2015年1月8日，中远航运/广州远洋与沪东中华船厂、上海船厂签订4+2艘28000载重吨多用途重吊船建造合同。

这一时期，随着新船下水，中远航运/广州远洋的船队结构明显优化，适货性能大幅提高，船队竞争力明显增强。

半潜船方面，2011—2015年，中远航运/广州远洋先后接入了定造的50000载重吨的半潜船"祥云口"和"祥瑞口"轮。

多用途船方面，2011—2012年，中远航运/广州远洋先后接入新造27000载重吨多用途船"芙蓉松""莲花松""杜鹃松""吉祥松""牡丹松""如意松""平安松""幸福松""紫荆松"轮。

重吊船方面，2009年，中远航运/广州远洋接入黄海船厂订造的8艘28000载重吨多用途重吊船首制船"大丹霞"轮。2011—2014年，中远航运/广州远洋先后接入新造28000载重吨多用途船重吊船，"大玉霞""大翠云""大青霞""大彤云""大虹霞""大彩云""大安""大康""大泰""大昌""大信""大德""大智""大良"轮。2015年，中远航运36000载重吨多用途重吊船"天寿""天禧""天福""天禄"轮也先后投入营运。

在沥青船方面，2006年7月15日，中远南方新造5900载重吨散装沥青亚"龙湾"轮在浙江船厂顺利下水。2007年4月14日，中远第一艘万吨级沥青船"月亮湾"轮改装工程竣工验收仪式在广州黄埔造船厂隆重举行。"月亮湾"轮是中远沥青船队首艘万吨级沥青船，其成功改造填补了亚太地区万吨级沥青船的空白。2008年11月2日，中远南方新造沥青船"澎湖湾"轮在广州黄埔造船厂举行交接仪式。至此，中远南方实现了"至2008年公司沥青船队规模达到14艘、8万多载重吨"的阶段性目标。2015年9月29日，2艘新造13000吨级沥青船在武昌船舶重工青岛船厂开工。到2015年底，中远南方拥有和控制10多艘沥青运输专用船，包括6000载重吨级和10000载重吨级2个主力级别船型，成为亚洲最大的沥青专业运输船公司。

在木材船方面，先后接入了"金广岭""金远岭""金兴岭""金旺岭""中远武夷山""中远井冈山""中远太行山""中远昆仑山"轮等32000载重吨木材船，成为拥有28000载重吨级与32000载重吨级的2个主力船型的国内最大木材运输船队。

在汽车船领域，2011年2月16日和6月10日，5000车位汽车运输船"中远盛世""中远腾飞"轮先后交付使用。2013年12月12日，新接的5380车位汽车运输船"玉衡先锋"轮投入营运，中远航运合资经营的中远日邮公司汽车船的数量增加到了4艘，汽车运输船队实力得到进一步增强。

2008—2015年，中远航运／广州远洋自有船共退役77艘老旧船，接入各种类型的现代特种运输船舶54艘。到2015年底，中远航运／广州远洋已形成了以多用途重吊船和半潜船为核心，以沥青船、木材船和汽车船为重点的"2+3"发展模式。船型从原来的6种增加到了8种，拥有和通过租入控制的多用途重吊船、半潜船、木材船、汽车船、沥青船等多种船型合计运力122余艘、近336.8万载重吨[①]，自有船舶平均船龄从2008年的19.6年下降到2015年的9年，平均单船载重吨位提升了近1万吨，重吊船最大起吊能力达700吨，大舱口、敞开式甲板，竞争力得到极大提升。自有船队实现根本性升级换代：一方面单船能力大幅提高，另一方面通过多用途重吊船和半潜船队的合理构成，随着与广船国际订制的10万吨级半潜船的下水，中远航运／广州远洋的货物承运能力实现从1吨至10万吨全面覆盖，实现了载重吨位和船型全、货物吨位覆盖广、装卸方式多样，船队整体竞争力极大增强。

三、系统集成，增强国际特种杂货运输综合竞争力

这一时期，特种运输行业市场正面临良好的市场发展机遇：一方面，随着全球产业转移和发展中国家快速发展，各种基础设施建设和工程项目方兴未艾；另一方面，各国对石油、天然气等能源的投资以及风电、核电等新能源的开发持续加大，使机械设备、工程项目货、钢材等货源在未来相当长时期内保持快速的增长势头。特别是在中国出口升级和企业加快走出去的背景下，中国机械设备等特种货物出口运输增长更为迅速，为特种船市场发展带来了良好的机遇。与此同时，受国际金融危机影响，航运市场也正遭遇着严峻考验。

中远航运／广州远洋结合船队经营实际，把握国际经济发展的有利机遇，在化解金融危机的影响中，加快转变经营方式，着力由主要依靠传统经营模式向开放式经营转变；由主要依靠半潜船技术核心经营向国际特种货物运输发展趋向的综合经营转变；由主要依靠比较单一的吨位起吊能力向国际特种杂货的多层次吨位起吊与运输全覆盖转变；由以前的老旧多用途杂货船队向重科技开发、智能安全、节能环保的新型特种多用途船队转变；由主要依靠国内出口及远东外向货物运输向往返货物均衡运输转变。与此同时，抓住市场回暖时机，优化货源结构，加大揽货力度，加快船舶周转，提高船舶营运率，提升市场份额，在经营中转型，在转型中创新，努力在中国和世界经济逐渐向好中寻找新的经营均衡，形成更强的国际特种杂货运输综合竞争力，促进中远航运／广州远洋的全面发展。

（一）优化货源结构，提升营销水平

随着船队结构不断优化，中远航运／广州远洋的客户服务能力日益提高，优化客户结构、货源结构，延长企业价值链成为转型升级的题中应有之义。

[①] 自有船84艘，198.99万载重吨；租入船38艘，137.79万载重吨。

1. 转变经营战略与营销理念

从 2008 年开始,中远航运／广州远洋抓住国家经济结构调整、发展方式转变的发展机遇,大力实施"将目标市场从传统的普通件杂货市场向重大件运输和工程项目设备货运输市场转移"的经营战略,拉开转型发展的序幕。

营销体制改革成为中远航运／广州远洋经营理念调适的一个重要着力点。2008 年,中远航运／广州远洋提出了"以市场为导向,以客户为中心,以效益为目标"的经营理念,把维护客户和开发货源作为航运业务的核心,从传统的以船为核心向以货为核心转变。全方位提升客户营销力度和质量,航运经营效益大幅增长。2008 年,公司实现营业收入人民币 69 亿元,比上年同期增加 29.59％；实现营业利润人民币 17.36 亿元,比上年同期增加 27.93％。

2012 年,中远航运／广州远洋深入研究细分市场,对发展战略作了进一步修订完善,进一步明确了"打造综合竞争力最强的特种船公司,成为大型工程设备项目运输的领导者"的战略目标,从战略上为航运主业转型升级提供了指导方向。在运输经营理念上进一步从"经营船队向经营市场"转变,而营运管理仍坚持"营销先行"的策略,在完善营销网络建设、改善货源结构、优化客户和货源结构等方面做了大量的工作,取得了较好的成效。全年利润总额同比增加了 31.31％,为年度必保目标的 231.5％。

2. 货源结构升级

传统的杂货运输由于技术门槛低、竞争激烈等因素,运价长期以来不断走低。中远航运／广州远洋着力提高航运经营质量,优化货源结构,特别是在回程中加大设备货、重大件、大型甲板货、项目货等高附加值货物比重,同时努力减少矿砂等低端货源比重。为做好高端货物营销,中远航运／广州远洋进一步完善营销机制,成立营销委员会,建立分行业营销小组,积极开展营销工作。经过努力,机电设备和项目货的比例逐年递增,整体货源结构逐步实现了从普通贸易货、普通件杂货向工程项目货、重大件设备货转变,纸浆等新货种也进入公司大宗货运清单。公司中标的单个项目,先后突破了 20 万方、50 万方、100 万方；重吊船承揽的单件货物,从 200 吨发展到 650 吨,一次次刷新货运纪录。

3. 建立全球营销网络

2008 年之后,中远航运／广州远洋加大营销网点建设,推进"客户资源公司化、公司资源共享化"建设,打破传统的"船东市场"观念束缚,与客户共同经营航运市场。2010 年,中远航运／广州远洋从公司层面实施营销职能的整合,在航运经营部设置专门的营销经理岗位,理顺内部营销和客户管理机制,初步搭建了特种船全球营销网络,广泛利用全球资源为公司揽货,陆续在日本、韩国、欧洲、南美、北美等国家和地区设立了 60 家协议揽货网点,形成了以广州本部为营销主体,以国内各市场分部、公司和集团境外各公司为营销辐射,以其他物流公司为补充的全球营销网络,形成了年度全球营销大会、季度营销例会、月度营销指南,以及不定期视频交流及互访等多种形式互动交流的营销机制,揽货量逐年快速增加。2015 年,中远航运／广州远洋通过营销网络揽取的货量达到 446 万计费吨,占到公司总货量的 29.0％。其中,欧洲区域作为营销网络建设最完善的地区,为公司揽取的货运量从 2009 年的 9 万计费吨,快速增长到 2015 年的 117 万计费吨。

4. 客户结构升级

优质货源来源于优质客户。中远航运/广州远洋在营销中积极贯彻"拥有一批有贡献值的忠诚客户群"的经营目标,加强对高贡献值客户、直接客户、大客户、国际客户等类型客户的工作力度,重点开发美国《工程新闻记录》(ENR)250家全球最大承包商。木材船队、沥青船队则加强对木材、沥青市场前10名大客户进行重点营销。仅2012年就新开发了阿尔斯通公司(Alstom)、柏克德工程公司(Bechtel)、法塔集团(FATA)等具有国际影响力的大客户,全年运费收入中直接客户贡献同比上升了4.8个百分点,全年新签订COA合约同比增长49%。

与此同时,中远航运/广州远洋紧随中国经济产业结构调整、"一带一路"建设的步伐,与参与世界范围内基础设施建设、电力、高铁、石油等工程项目的国内大客户,建立起紧密的战略合作关系。

经过几年的努力,中远航运/广州远洋的客户结构逐步实现了从中国本土客户为主,向中国客户和国际客户并重转变,从一般贸易商为主,向工程承包商和大型跨国公司转变,直接客户比例不断增加。尤其是在国际客户开发方面,成功与Shell、BP、Chevron等特大型跨国企业建立了稳定的业务关系,与ENR250家国际工程承包商的合作家数达到55家。

(二)形成全球化服务网络

这一时期,中远航运/广州远洋按照打造"全球特种船运输领域最强综合竞争力"的战略目标,经过多年经营,到2012年已形成了从远东到欧洲地中海、波斯湾红海、东南亚孟加拉印度、非洲、美洲的五大不定期班轮航线,在远东孟加拉航线、远东非洲航线、远东波斯湾、红海线上建立起了相当的竞争优势,主要的几条航线,市场占有率均达到20%以上,有些甚至达到100%,形成了稳定可靠的班轮运输优势,成为航线覆盖面最广的特种船公司。

1. 开发新航线,提升全球范围服务能力

这一时期,中远航运/广州远洋在坚持以固定航线为依托,打造精品航线同时,也积极开发新航线、新区域。随着新船型的下水,不断拓展新航线和货种。

图2-11 "富泉口"轮

2005年4月5日,汽车专用船"富泉口"轮(图2-11)在上海外高桥滚装码头装载东风卡车120辆以及奇瑞、吉利等国产轿车300多辆,开往中东地区。这是我国汽车第一次搭乘国轮,实现了"中国制造+中国运输"。标志着我国汽车出口运输拥有了属于自己的专有通道,宣告了外国轮船垄断我国汽车出口远洋运输市场的历史结束。

2007年11月17日,"洪江"轮顺利通过好望角恶劣气象区域,并于11月26日抵达卸港哈科特港。这是中远沥青船队自营船首次成功开辟好望角航线，进驻西非市场。

2009年6月8日，龙口—非洲重型车辆滚装航线首航仪式在龙口市龙口港16号泊位隆重举行。滚装船"富瀚口"轮首次装载中国重汽217辆重型车辆开往非洲。

2009年10月30日，首制32000载重吨木材船"金广岭"轮首航加蓬奥文多港，并举办了首航西非庆祝酒会。中国驻加蓬共和国大使李福顺、经济商务参赞胡平和奥文多港港长、海关、移民局、卫生检疫、港口国检查机构等官员、货主与代理、加蓬电视台以及中国新华通讯社记者等共50多位嘉宾一同登轮庆贺。

2009年11月2日，重吊船"大华"轮在韩国装载18件单件重113—210吨不等模块共11000立方大件设备，驶往罗马尼亚，开辟了国际重大件运输新航线。

2013年3月3日，中远"腾飞"轮装载947辆奇瑞汽车从江苏张家港苏润码头开航，驶往巴西，标志着张家港口岸首条国际汽车滚装船航线正式开通。中远"腾飞"轮此行，不仅是汽车船首次进入长江港口，也是张家港正式获得汽车进口资质以来首次挂靠大型专业汽车船，首次进行大批量滚装货物作业。

2015年5月，巴基斯坦瓜达尔港迎来了首艘商业货轮。来自中国的中远航运"紫荆松"轮停靠在瓜达尔港，装载七个冷藏集装箱的当地渔业产品，驶向中东地区，这是瓜达尔港历史上首次货物出口纪录。为配合瓜达尔港建设需要，助力国家"一带一路"建设，中远航运以每月安排3—5次班船、平均1星期1班船的频率，为"中国制造"走出去提供优质的海上运输服务。中远瓜达尔港杂货班轮航线的开辟，不仅极大程度地降低了当地进出口货物的物流成本，更为"中巴经济走廊"建设提供了坚实可靠的支持。

2. "永盛"轮开辟北极航线

在新航线的开辟中，中远航运/广州远洋永盛轮开辟北极东北航道是这一时期中远集团乃自中国航运界一个里程碑式的事件。

北极航道由加拿大沿岸的"西北航道"和西伯利亚沿岸的"东北航道"2条航道构成。东北航道具有较高的商业价值。据计算，从远东港口出发经白令海峡，沿北极东北航道往西到达西欧诸港，比经马六甲海峡、苏伊士运河的传统航线缩短航程近3000海里，可节省近40%的航行时间，其中尤其是从远东去往位于北极圈内的港口，可节省24—30天的航行时间。这一时期，随着全球气候变暖，北极冰盖的融化速度加快，北极部分水域在夏季的一段时间内处于可通航状态，其"无冰期"的时间已超过30天。经权威部门预测，在之后的几十年内，夏季"北冰洋无冰"将可能成为现实。长期以来，国际社会及航运业一直关注北极东北航道的商业发展机会，为实现真正意义的商业通航不懈努力，但由于通航条件限制，客观环境复杂，尽管科学高速发展，极地航行也非易事。

（1）首航北极东北航道

作为国家海运主力船队，中远集团在对北极航行进行前瞻性研究和开拓性实践方面做了大量的工作，积累了良好的技术和资源优势。2012年，中远集团确定了"海豹项目"，围绕试水北极东北航道成立了领导小组、工作小组和专家组，针对北极东北航道的气象情况、冰情、沿岸国家法律法规、船舶选型、船员培训、航线规划、时间节点以及应急搜救等开展了一系列前期准备工作。

经过周密准备，根据中远集团统一部署，2013年8月8日，中远航运/广州远洋"永盛"轮在大连港举行首航仪式，正式开启北极征程。8月15日，"永盛"轮在江苏太仓港装载16540吨出口钢材设备开航（图2-12）。8月27日，通过白令海峡到达北极东北航道的起始点，进入北极圈。在俄罗斯破冰船的引领下，一路向西。9月5日，抵达挪威北角附近，经过10天航行2936海里，顺利通过东北航道。9月10日，"永盛"轮抵达目的港——荷兰鹿特丹，圆满完成北极东北航道首航任务，开创了中国商船首次经北极东北航道抵达欧洲的历史（图2-13）。从太仓到鹿特丹，"永盛"轮共航行27天，航程7931海里，比传统的经马六甲、苏伊士运河的航线缩短航程2800多海里，航行时间减少9天。

图2-12　2013年8月15日"永盛"轮从太仓港扬帆启航。

图2-13　航行在北冰洋上的"永盛"轮。

（2）再航北极、双向通行

2015年，中远航运/广州远洋派出"永盛"轮再次进行"再航北极、双向通行"的探索。这次航行是在第一次航行基础增加回程航次，不仅实行了"双向通行"，而且在返程时没有申请俄罗斯破冰船和引水协助，实现了在北极独立航行。8月2日，"永盛"轮驶过白令海峡进入北极。8月17日，抵达瑞典。9月5日，开始从德国汉堡港受载后返程。虽然"永盛"轮已走了2个航程，但独自返程对船员来说仍是巨大的挑战，主要是"永盛"轮对北极的水文资料掌握不多，对航线还不熟悉，而且北极的天气复杂多变，航道上的浮冰随时会让船舶改道，对船员心理也是巨大的考验。但"永盛"轮船员发扬"艰苦奋斗、同舟共济"精神，战胜各种困难，以最少的编员成功地完成了最具挑战的任务。10月3日，"永盛"轮经过55天航行、行程近2万海里，成功往返北极东北航道，平安抵达天津港，回到祖国的怀抱，比计划提前半个月圆满完成"再航北极、双向通行"这一历史性任务，同时开创了中国商船首次经过北极东北航道从欧洲到中国的先河，在北极航行的探索上又迈出了跨越式的一大步。"永盛"轮开辟北极航线为后续开展的"永盛+"项目[①]和中远北

---

① 2016年中远航运启动"永盛+"项目，即"永盛"轮在2013年、2015年航行北极东北航道的基础上，继续采用"北极往返"的形式航行，同时派出另外多艘包括半潜船、多用途重吊船在内的船舶利用冰区航行窗口期实施单航次单向航行，进一步扩大北极东北航道商业化运营的规模，为建立北极航行常态化运营模式，为客户提供更多、更优、更快捷的航线服务打下坚实的基础，同时，通过规模化航行，积累更加丰富的极区航行、冰区航行经验。

极航线的常态化通航以及后续完成全球首个南极商业项目,积累了宝贵的经验。

(3)开辟北极东北航道的历史意义

"永盛"轮开辟的北极航线创造了中国商船首次经北极东北航道抵达欧洲的历史,开启了中国航运史的新篇章,是中远集团服务国家海洋强国战略的重要举措,有着重大的政治、经济意义。

北极航道的成功开辟,实现了中国真正意义上领先于世界的对海洋、海权的探索,打破了马六甲海峡、第一岛链[①]对中国海上运输的限制,进一步拓宽了中国海上生存空间,扩大了国家"一带一路"的内涵和外延,为国家提出的"冰上丝绸之路"提供了现实支撑和路径支持,大大增强了中国在极区的政治、商业、研究等领域的话语权。

利用此次商业试航,中远集团积累了北极航行的实践经验,对中远集团扩大企业品牌影响力、提升市场竞争力具有重要价值。与此同时,北极商业航线相比传统航线至少可节省9天的航程,节省燃油约300吨,大大节省了航运企业的成本、缩短了船期,为航运企业节能减排作出了有益的探索,对促进东北航道沿线港口经济和中欧贸易发展也具有积极意义。

在科研领域,开辟北极航道积累了大量极区航行、作业经验以及基础数据,为国内开展相关研究,参与南北极事务管理,提供了大量第一手资料。在全面总结极区航行经验的基础上,中远航运/广州远洋配合中国海事局、中国船级社分别制订了《北极水域航行培训大纲》和《冰区船舶操纵手册》,为中国商船进出北极提供了权威指引。

3. 加大航线"织网"密度

在开辟新航线的同时,2010年,中远航运/广州远洋进一步提出了航线"织网"的构想:"首先是进一步完善现有的航线布局;第二步在全球范围内选择中转港口,将现有航线连成网络,在全球设立5个中转点:上海、天津、新加坡、休斯敦和鹿特丹;第三步在重要区域和当地公司进行合作,扩大服务范围。"

在此基础上,中远航运/广州远洋对有条件的固定航线逐渐班轮化,加大核心航线的班轮密度;在主要航线基本建成的基础上,整合、利用内外部资源,通过货物中转,将现有航线编织成网,构建覆盖全球的航线服务网络。

2011年7月14日,随着"丰康山"轮装载236件近3000吨冷轧卷钢在天津港顺利卸地,转装其他船舶发往欧洲。中远航运/广州远洋联手天津港正式开启杂货国际中转新业务的尝试。同年11月19日,中远航运/广州远洋多用途重吊船"大玉霞"轮,在上海装载由同为公司船舶的多用途船"大紫云"轮从日本横滨港运达的2艘小艇,开往科伦坡。这是中远航运/广州远洋在上海港中转的第一批国际货物,同时也是第一批中转的超尺寸、超重的货物。

在国内港口成功开拓国际货物中转业务之后,中远航运/广州远洋积极推进在国外建

---

① 所谓"岛链",它既有地理上的含义,又有政治军事上的内容,是20世纪50年代美国国务卿杜勒斯提出的岛链战略,用途是围堵亚洲大陆,对亚洲大陆各国形成威慑之势。第一岛链源自位于西太平洋,是指北起日本群岛、琉球群岛,中接中国台湾岛,南至菲律宾、大巽他群岛的链形岛屿带。位于朝鲜半岛南方的韩国有时也会被视为第一岛链的一部分。

立区域中心的工作。2012年11月28日,中远航运美洲公司在美国休斯敦成立。2013年5月14日,中远航运欧洲公司在荷兰鹿特丹隆重揭牌,进一步将中转货物业务推向国外,特别是欧洲等航运较发达的区域港口,以扩大公司运输服务面,进一步提升公司的运输服务竞争力。与此同时,中远航运/广州远洋通过覆盖全球的全球营销网络,一方面促进中远航运/广州远洋的营销拓展,扩大市场覆盖面,提高市场份额;另一方面及时根据各网点反馈的市场信息,调整航线的运力配置和船舶的摆放,统筹航线业务和优化货源结构,提高船舶周转率和回程航次的经营效益。

(三)提升服务能力,不断刷新行业纪录

1. 实现特种船型运力全覆盖

船队是航运企业核心竞争力和服务能力的硬件基础。随着中远航运/广州远洋"以特种船为主的多用途船队"发展定位的确立。中远航运/广州远洋以半潜船、超重大吊船、多用途船和汽车滚装船等船型为发展重点,逐步发展成为全球特种船型覆盖面最广的船公司,其中:多用途船队规模排名全球第一,重吊船队规模在全球排名前列,半潜船队规模亚洲第一、全球第二。成为全球规模最大,且唯一能全面覆盖200—100000吨重大件货物装卸要求的特种远洋运输船队。

除了买造船,中远航运/广州远洋还创新思路,探索优化船队结构的其他途径。2012年2月1日,中远航运/广州远洋打破了西方人为航运经营管理人的模式,首创中国船公司经营POOL模式,与交通运输部广州打捞局、浙江夏之远船舶经营有限公司建立了中国首个半潜船联营体,2家单位将自有半潜船以入POOL形式,交由中远航运/广州远洋管理和经营,从而使中远航运/广州远洋经营的半潜船POOL运力结构得以进一步优化,拥有2万、3万、4万、5万吨级的半潜船,具备了小型、中型、大型海上工程设施等货物的运输能力。

2. 提升货运技术,打造专业化团队

作为经营特种专业运输船队的企业,中远航运/广州远洋在航运主业转型升级当中,始终坚持技术领先战略,在调整船队结构的同时,抢占行业制高点,开发高端市场,提高技术服务质量,走出了一条独具特色的创新之路。为突破货运技术管理瓶颈,中远航运/广州远洋2011年整合货运技术、港口船长、货运监督3个模块资源,成立了亚洲船东建立的第一家货运技术中心,推进货运技术的标准化、制度化、规范化和可操作化。货运技术中心成立后,发挥人才、技术优势,不断提高特种货物个性化服务水平和运输服务质量。预配环节薄弱本是中远航运/广州远洋货运管理方面的一个短板,通过向竞争对手学习,中远航运/广州远洋引进了Microsoft Visio软件,实现了各系列船舶配载图全部量身定做,这在中国船公司中是唯一一家。为满足重吊船和半潜船的高端客户需要,货运技术中心组织编写了内容覆盖重大件运输的各个关键技术点的数十个货运技术文件,使重大件运输各环节作业实现了自动计算。同时,还将货运技术的提高细化到重点船舶,如建立了"大"系列重吊船舱盖有限元模型,为该系列船露天甲板装重件所需的准确校核提供了坚实的基础;引进GHS软件,为半潜船提供技术支持等。随着货运技术中心发挥重要作用,中远航运/广州远洋重大件运输质量不断提高，半潜船货运技术达到业界领先水平。此外，中远航运/广州远洋还制订了分行业服务机制，成立了风电、电力、海工、高铁机车等营销服务小组，为重点行业客户提供"专业的人员、专业的服务、专业的方案、专业的技术"。

2014年8月，中远航运/广州远洋"大德"轮首航满载7台橡胶轮胎门式起重门机（RTG），在此次装载中，首创了3台RTG门机在舱盖上并列行走的方法，并创新"过桥"技术，实现了在重吊船完成"吊滚"作业的一种新尝试。

2014年3月26日，半潜船"祥云口"轮承载一座26240吨半潜式平台，由意大利运往罗马尼亚康斯坦察港。其间必经跨越欧亚大陆的博斯普鲁斯大桥，该桥允许通过的最大净空高度为58米。按理论数据，"祥云口"轮连同平台的总高度，距离极限值仅6.5厘米。经过船岸共同努力制定了详细的通桥行使方案，"祥云口"轮最终顺利通过博斯普鲁斯大桥。

3. 拓展服务价值链

在货源质量优化的基础上，根据国际特种杂货远洋运输的实际，中远航运/广州远洋创新经营，延长企业的价值链，为重要客户和重大项目提供个性化、专业化的服务，大力推进实施"两个拓展"，即：开展项目设备货从"港到港"向"门到门"全程物流服务和整体解决方案拓展；开展海洋工程产品从单一海上运输向"运输+安装"EPC（Engineering Procurement Construction）总包拓展。

（1）"门到门"全程物流服务

中核集团巴基斯坦恰希玛C-3、C-4核电项目，是中远航运/广州远洋承运的第一个门到门全程物流核电项目。项目服务范围从国内仓库接货起至巴基斯坦恰希玛工地交货止，运输方式包括散杂货运输、集装箱运输和空运。项目从2011年7月开始执行，执行周期计划72个月。该项目涉及98个关键重大件核电设备的全程运输，物流环节复杂，操作难度极高。项目执行高峰期时，每个月需要发运3批次。为保证工程的顺利进行，中远航运/广州远洋成立了专业项目组，根据核电设备精密属性的特殊运输要求，精心制定吊装方案和运输计划，有效确保了货运质量和货运安全。至项目主体设备运输结束，共发运246批次，其中最重件245吨，最长件34.3米。该项目的顺利完成，标志着中远航运/广州远洋"门到门"全程物流服务的能力上升到了一个新的台阶，也为后续巴基斯坦K-2、K-3核电项目和中国第三代核电"华龙一号"的海外首堆建设全程物流项目，积累了丰富的"总包"和物流管理经验。

越南台塑河静钢厂是台塑集团在越南投资兴建的一个大型钢厂，总投资230亿美元，是东盟自由贸易区内最大钢铁厂。中远航运/广州远洋联合中远物流承接了该项目一期的烧结厂、钢渣厂、水处理厂、轧钢厂、焦化厂、机装厂、炼钢厂部分单元包括陆运、海运、仓储等在内的全程物流业务。从2013年下半年开始到项目结束，中远航运/广州远洋陆续从中国大连、上海、厦门、珠海等港口发运包括各类钢结构、机电设备、建筑原料在内的货物约150批次，累计运输超过70万计费吨的散杂货物，派出包括重吊船等各类型船舶近100艘次，全力确保货物如期安全抵达建设工地现场，得到了客户的高度肯定。

（2）海洋工程产品"运输+安装"

2011年8月23日，中远航运/广州远洋与中海石油（中国）有限公司携手合作的崖城13—4气田开发工程项目作业及支持船舶服务合同签字仪式,在广东湛江市举行。2012年4月15日,崖城13—4气田顺利投产,中远航运/广州远洋"运输+安装"经营模式首战告捷。半潜船"康盛口"轮作为该项目作业支持船舶,自2011年10月7日至2012年4月23日,作业199天,其中动态定位(DP,Dynamic Positioning)工作时长2271小时08分,顺利完成了包括水下管汇基盘(PLET/PLEM)、4套根膨胀弯、3根跨接管的水下安装、3根脐缆设和埋设、13根电液飞缆水下连接和清管试压等工程,圆满完成任务,为中远航运/广州远洋经营从海上运输向"运输+安装"迈出了坚实的一步。

2014年6月20日,半潜船"祥瑞口"轮首次DP定位安装超重大石油平台获得圆满成功,该平台重18500吨,长171米、宽58米、高118米。此次任务创造了全球50000吨级半潜船侧向滚装货物最重、DP定位安装货物最重等多项新纪录,中远航运/广州远洋"运输+安装"业务又一次实现新突破。凭借装备国际一流的海上动态定位系统(DPS),中远航运/广州远洋半潜船先后在马来西亚油田、越南海域、波斯湾海域等地5次成功完成超大型海上石油平台整体的运输与安装,完成DP动态定位安装10次,凭借独特的技术优势和丰富的项目经验,成为该领域名副其实的领导者。除此之外,2014—2015年,中远航运/广州远洋重吊船共运载8件重达566吨的LPG液化船罐体,抵目的港口后利用自身船吊,成功安装到液化气船体,开创了重吊船"运输+安装"模式的先河。

4. 不断刷新运输纪录

这一时期,中远航运/广州远洋凭着高科技的新型半潜船,适货能力强的多用途船和重吊船等船型,不断刷新着中国和世界特种货物运输的纪录。

2011年6月10日,中远航运/广州远洋5000车位汽车船"中远腾飞"轮命名暨首航仪式在上海浦东隆重举行。该轮在上海海通汽车船专用码头装载了江淮、奇瑞、龙工等品牌各类国产汽车、工程车4380辆首航巴西,创下了由中国自主设计、建造和营运的最大吨位汽车船,一次性装运最大数量国产汽车出口的新纪录。

2011年12月5日,"大华"轮第97航次在江阴装运风电设备13套(42件)风塔,约1.9万立方米前往南美。这是中远航运/广州远洋船舶首次整船装运风电设备前往南美,同时也是中远航运/广州远洋船舶装运风电设备数量最多的一次,刷新了公司装运风电设备的新纪录。

2013年11月7日,"祥瑞口"轮在舟山六横岛锚地顺利完成潜装浮式液化天然气生产储卸装置(FPSO)舱段的装船任务。FPSO舱段重量达2.15万吨,长157.6米,总宽74米,型宽54米,型深31.5米,最大高度50多米。创造了这一时期半潜船运载体积最大的纪录。

2014年初,中远航运/广州远洋5万载重吨半潜船将总高度达164.58米,重量约19500吨的Ensco121钻井平台从新加坡运往鹿特丹,创造了中远航运/广州远洋载运货物高度最高的纪录。

2014年,"祥瑞口"轮在马来西亚海域完成KBB项目运输。该模块重约20500吨,造价超过5亿美元,成为中远航运/广州远洋这一时期运载造价最高的货物。

2014年9月、11月,中远航运/广州远洋半潜船POOL团队的"夏之远6"轮分2次成功运输 8 件巴拿马运河新船闸闸门（图 2-14），其中第 2 次运输的 2 件闸门主体长度 58.465 米，高度 32.65 米（约有 11 层楼高），宽度 10 米，各重达 4232 吨，是巴拿马运河扩建项目 16 件新船闸闸门中最高和最重的，再一次展现了中远航运 / 广州远洋举重若轻的实力。

2014 年 8 月 28 日，多用途重吊船"大德"轮货舱舱盖上满载 7 台 RTG 起重门机，从江苏太仓港开始了它的首航，刷新了世界同类型船舶一次装载 RTG 整机数量最多的纪录。

在吊装重量方面，随着"大"字号的下水，中远航运 / 广州远洋吊装纪录短时间内实现了三级跳。2014 年 2 月，"大安"轮在江苏江阴港成功吊装 2 件 566 吨重件，这是中远航运 / 广州远洋重吊船历史上首次吊装超过 500 吨的单件货物。2014 年 4 月 10 日，"大康"轮在越南海防下龙湾锚地成功吊装 2 艘重达 615 吨的拖轮，重吊船队吊装单件货重突破 600 吨。2015 年 12 月 9 日，"大安"轮成功装载 1 条 650 吨拖轮前往阿根廷布宜诺斯艾利斯（BUENOS AIRES）港卸，使中远航运 / 广州远洋船吊吊装货物最重新纪录跨入 650 吨级。与此同时，2014 年 11 月 14 日，"大良"轮在黄埔新港利用船舶重吊成功装载巴西奥运渡轮"面包山"号（图 2-15）。该轮体积超过 16000 立方米，船长比"大良"轮 2 个起重吊间距的 2 倍还要长 6 米多，也创造了中远航运 / 广州远洋重吊船吊装重大件单件体积最大纪录。2015 年 10 月 14 日，"金广岭"轮顺利完成刚果（布）黑角港至中国靖江港木材运输的受载任务，并以 37158.72 立方米的优异成绩，打破了此前由姐妹船保持的 36800 立方米的装载纪录。

图 2-14 运输巴拿马运河新船闸闸门。

图 2-15 2014 年 1 月 14 日，"大良"轮在黄埔新港成功装载巴西奥运渡轮"面包山"号，创造了公司重吊船吊装重大件单件体积最大纪录。

（四）携手战略大客户，助力"中国制造"走出国门

这一时期，中远航运 / 广州远洋在中国向"工业强国"迈进和中国企业加快"走出去"步伐的宏大背景下，积极发挥熟悉中国客户的优势，先后与中国铁建、中石油技术开发公司、东方电气、哈电、北方公司、中国二重、华菱集团、一汽、东风汽车等多家行业龙头公司强强联合，结成战略合作关系，根据客户的货种需求，提供匹配的运输船舶。如：专门为中国高铁出口量身订造的"松"字号 2.7 万吨多用途船型；凭借在世界半潜船领域和的技术领先优势，与中石油、中海油、中石化及壳牌等国际知名石油公司建立起良好的合作关系。与此同时，中远航运 / 广州远洋也发挥中远集团内部系统集成的优势，先后承接

了中远物流伊朗机车项目、田湾核电项目、加纳安所固电力二期、埃塞俄比亚水电站的COA运输，与中远船务建立战略合作关系，共同开发海工产品的运输+安装。公司还为"一带一路"建设的推进和中国企业"走出去"，提供更优质的运输和全程物流服务，乃至运输整体解决方案。

2009年5月8日，"洪江"轮满载4125.66吨国产散装液态沥青，从茂名港驶往菲律宾巴丹港。这是中国第一次使用专业沥青船大批量运输国产出口液态沥青，也是中远南方、中石化强强联手迈出国产沥青自主品牌走出国门的第一步。

2011年2月，中远航运/广州远洋承接了中电投第一个海外总承包项目——土耳其阿特拉斯电站项目的物流总包服务，服务范围包括海运、保险、集港、报关、报验、索赔、临时中转、仓储等直至目的港交货的整个物流环节，运输方式包括件杂货运输、集装箱运输和紧急空运。该项目于2015年2月成功执行完毕，共计发运货物25.5万立方米，其中杂货船物资24.5万立方米，杂货共计出运29批次，集中货物发运周期2年左右，帮助中电投完成了海外拓展的第一步，服务质量获得客户高度评价。

2011年2月11日，"大丹霞"轮第14航次在青岛/天津装运金风科技出口世界上首个海拔2700米的高原电站——厄瓜多尔比略那哥（Villonaco）风电站的11套风电设备约21000立方米，全部货物在厄瓜多尔玻利维亚港顺利完好卸下。这是中国风电生产企业首次整机出口风电设备，并提供安装、调试、运行、管理的海外首个风电站。2011年2月27日，重吊船"大强"轮在大连装载长春轨道客车股份有限公司生产的22节地铁机车顺利开航。这批中国出口巴西的机车服务于2014年足球世界杯和2016年夏季奥运会。

图2-16　当地时间2014年9月8日17时，满载着中国南车集团生产的30台阿根廷城铁项目动车机车的"大泰"轮抵靠布宜诺斯艾利斯港。

2011年9月8日，"大泰"轮承运的中国南车集团生产的30台阿根廷城铁项目动车机车抵靠布宜诺斯艾利斯港（图2-16），阿根廷总统克里斯蒂娜出席交付仪式。2015年7月，中远航运/广州远洋又分四批成功承运中车唐车公司出口到阿根廷的27列81辆内燃机车到阿根廷首都布宜诺斯艾利斯。这是中国企业在南美内燃动车组市场的最大订单。

2015年3月23日，"祥和"轮装载着世界首座半潜式圆筒型海洋生活平台"希望7号"，在上海绿华山锚地顺利启航，前往巴西海域。该平台的顺利装载，是中远航运/广州远洋和平台设计建造者中远船务发挥中远集团内部协同效应，创造了"中远建造、中远运输"大型一揽子项目的成功典型。

2015年10月23日，"乐从"轮顺利抵达希腊塞萨洛尼基港，圆满地完成了中国首列出口欧洲动车组海上运输任务。此举标志着中国动车出口欧洲取得了零的突破。

蒙内铁路（蒙巴萨—内罗毕）是肯尼亚独立以来的最大基础设施建设项目，由中国路桥有限责任公司承建，2014年12月开始动工。2014年以来，中远航运/广州远洋先后有10余艘多用途重吊船投入该项目的运输任务，承运了该项目80%的建设物资，包括铁轨约20000吨，钢结构约10000吨，机车头、车厢、平车、敞车、轨道捣鼓车、救援车等货物约15000吨，为中国铁路连通非洲提供有力支持，成为"一带一路"建设上一张闪亮的"中国名片"。

第六节 合资合营船队的发展

一、中波公司的发展

（一）"一个目标，两个转变"发展战略的提出

中波公司自成立以来，一直以件杂货运输为主，捎带少量集装箱，总吨位相对稳定。在计划经济年代，因为有两国政府的支持，公司货源充足，经营风险相对较小。改革开放后，伴随着中国航运业的发展和大批国外航运企业进入中国，市场竞争加剧。到20世纪末，受亚洲金融危机的冲击和影响，世界航运市场发生了很大的变化，一面是崛起的集装箱运输对杂货运输市场的蚕食，一面是越来越多的船公司对杂货市场"大蛋糕"的争夺，杂货运输船队货源减少，利润急剧下降。为应对市场环境的变化，2002年初，在经过充分的调查研究和缜密分析后，中波公司提出了"一个目标，两个转变"的发展战略：围绕打造世界一流重大件设备货专业化运输公司的目标，运输方式由传统件杂货运输向重大件、设备货专业化运输转变，市场定位由亚欧航线区域性运输向全球运输转变。

（二）船队建设

在确定"一个目标，两个转变"发展战略后，中波船队的更新和结构调整迫在眉睫。当时，中波公司都是一些传统杂货船，船舶航速一般在14节左右，克令吊的单吊最大起重能力只有50吨，远远不能满足公司发展战略的要求。为加快船队更新步伐，中波公司通过斥巨资建造新船和改造现有船舶等方式，用最短的时间完成了第一轮船队结构的调整，初步建立起一支符合公司发展战略的重吊船队。

1.斥巨资建造重吊船舶

2002年4月17日，中波公司在上海船厂订造的4艘重吊船舶举行开工点火仪式，标志着中波重吊船队建设正式启动。

该船型设计航速为19.2节，载重吨3万吨，每艘船舶配有两台320吨重吊，抬吊能力达640吨。船舶可以挂靠不具备大型起重设备的港口，依靠船舶自身重吊完成重大件设备货的装卸，还创造了同类型船舶主机技术的世界之最，配备了无凸轮电喷环保主机、一人桥驾驶楼操船装置等先进设备，被国家经贸委列为"国家重大装备创新研制项目"。

2003年11月，随着第一艘新造重吊船"弗·奥尔坎"轮正式投入运营，中波公司

图 2-17　2011 年，中波"太阳"轮装载列车。

从事重大件设备货专业化运输正式开启。随着后续重吊船"太阳"（图 2-17）"明月""莱·斯塔夫"轮陆续加盟中波船队，中波公司船队结构得到优化，跻身重大件设备运输船队行列。4 艘重吊船的交付营运，均创造了很好的经营效益，表明这一类型的船舶符合航运市场的需要。

2. 挖掘潜能，改造现有船

2004 年，随着航运市场的好转，新造船船价也水涨船高。为缓解航运主业对重吊船舶的运力需求，2005 年，中波公司创新经营思路，提出把 3 艘"泰兴"型船舶的中间 1 对起重吊从原先的 2×25 吨提高到 2×150 吨的提案，并把这一改装项目列为 2006 年的重点技术改造项目。到 2007 年初，3 艘船舶重吊改装工程顺利完成，船舶的起吊能力从 50 吨提高到 300 吨。经过运营检验，情况良好。2008—2009 年，中波公司再次投入资金，把 4 艘"崇明"型船舶的中间 1 对起重吊从 2×25 吨提高到 2×150 吨。船队中重吊船比例进一步提高，达到了 11 艘，为公司进一步拓展重大件、设备货运输市场份额提供了扎实的硬件保障。

3. 不断优化公司船队结构

经过 2004 年对新船运作情况以及市场前景的调研，中波公司从市场需求和公司经营情况出发，提出了利用新船开展班轮运输的经营理念，为了保持船队规模和市场份额，必须加大船队的更新力度，将重吊船数量维持在 20 艘以上。2006 年，经双方股东代表同意，中波公司与中远船务签订了"4+2"新船建造合同。2009 年 11 月 5 日，中波公司在大连中远船务建造的首艘 30000 载重吨重吊船"阿斯尼克"轮完成交接并投入营运。2010—2011 年，"恒星""帕兰道夫斯基""克拉舍夫斯基""寰宇""乾坤"轮陆续顺利投入营运，中波公司现代化重吊船达到 17 艘。为了进一步巩固公司在国际重大件设备货市场上的优势地位，中波公司抓住造船市场的低位时机，于 2010 年启动了新一轮造船计划。

2012 年 3 月 28 日，中波公司中方下属上海中波国际船舶管理有限公司率先与江苏新扬子造船有限公司签署了中波中方船队"2+2"艘 36000 载重吨重吊船建造合同。同年 9 月 10 日，中波公司也与上海船厂签署了中波轮船股份公司 32000 载重吨重吊船（2+1+1）建造合同。

从 2015 年开始，上海中波国际船舶管理有限公司新造的 36000 载重吨重吊船"长江""黄河""太湖""东海"轮先后在江苏新扬子造船有限公司下水。与此同时，2015 年之后，中波公司在上海船厂订造的 32000 载重吨重吊船"太平洋""诺沃维耶斯基""大西洋""帕德雷夫斯基"轮也先后下水。

随着中波公司打造重大件设备货专业化运输船队战略的实施，新造重吊船陆续投入营运，中波公司逐步转型为以定点班轮航线为依托的重大件设备货专业承运人，传统的杂货船也完成了历史使命，逐步退出了公司船队。

（三）航运经营管理

1. 全球航线的确立

为发挥中波船队的整体优势，实现效益最大化，在2004年年度经理会上，中波双方达成一致，在保持和巩固传统亚欧航线的基础上，公司努力开辟美湾航线和波斯湾航线，逐步形成亚欧美三足鼎立的全球服务航线。

2005年，中波公司按照"亚欧航线继续巩固、美湾航线提升质量、波斯湾航线逐步拓展"的指导方针，加强做好航线布局工作。传统亚欧航线均衡保持每月2班的定期班轮服务，同时积极与支线公司合作，将班轮服务延伸到基本港以外的欧洲其他传统设备港口。

2005年，随着中波公司"崇明"轮第61航次挂靠印度孟买港，中波公司成功开辟了波斯湾航线，完成了"欧洲/地中海—印度/中东航线"的月班轮部署，加上每月两班的欧亚班轮，实现了"二加一"的班轮布局。

美湾地区是全球范围内主要重大件、设备货物的集散地，根据这一市场实际，2004年底，中波公司联手世界著名专业重大件承运人JUMBO公司，与美国货主签下了首个远东至美国墨西哥湾航线的设备运输合同。此外，中波公司还揽下了日本出口美国的设备和上海至美湾的特种集装箱。2005年2月，"太阳"轮从上海启程，满载机械设备和特种集装箱，横跨太平洋，经过巴拿马运河驶往美国杰克逊威尔士港，正式开辟了远东—美湾—欧洲航线的月班轮服务。随后公司其他3艘新造重吊船"奥尔坎""明月""斯塔夫"轮也相继加入美湾航线的运营。中波公司打入了长期为外国公司占领的美湾大件运输市场，为中国航运界跃入世界大件运输市场前列发挥重要作，也标志着中波公司逐步从区域性承运人向全球承运人转变。随着美湾航线的不断成熟，中波公司除保持每月远东—美湾—欧洲班轮服务外，开始尝试根据货载要求，增开美东港口和美湾直回远东的航线。到2007年，中波公司已完成了东向远东—美湾线每月两班的布局，西向美湾—远东线每月1班的布局。

2010年，中波公司继续坚持班轮航线服务，并根据新船逐步加盟主营航线后运力的优化和市场的变化，及时调整航线布局。东行环球航线上增加挂靠美国西岸的港口如长滩等，还根据货源情况，不时加挂中南美洲的委内瑞拉、哥伦比亚、厄瓜多尔的港口；西行开始远东—地中海/欧洲—美湾—远东的西向环球航线，积极开发欧洲—美湾货源，进一步扩大环球核心班轮的覆盖面和市场占有率。至此，中波全球重大件设备货班轮运输航线初步建立。

2. 合理布局揽货网络

2002年，考虑到公司经营美湾航线及揽货的需要，中波公司第五十四次管委会同意公司在美国设立代表处，中波双方各派1名代表。代表处根据中波总公司的授权处理美国、墨西哥湾（包括墨西哥）和中美洲地区揽货、船舶和港口操作、运费收取、核准付款账户、船舶海损和货损索赔等业务。为进一步方便在美开展工作，中波公司经理部门提议以波兰分公司名义，投资50万美元，于2004年11月24日，将中波美洲代表处改为成立中波美洲公司。中波美洲公司的成立为公司打入美湾市场、开辟美湾航线打下了基础。

2006年，中波美洲公司代理了中波船舶42艘次，揽货运费收入1200万美元，盈利

60642美元。2007年，代理船舶达到了70余艘次，揽货运费收入2800万美元，利润数十万美元。中波美洲公司迅速成为中波公司的一个经济增长点。

2006年开始，为充分发挥中波公司各陆上产业资源优势，根据中波货源结构情况，中波公司开始构建为航运主业配套服务的物流系统。2008年，中波公司成立了物流平台建设管理小组和工作小组。2009年开始，中波公司加大了各货代分公司的资源整合工作，中波（北京）货代公司、中波（天津）船代公司正式成立并开业。2010年，中波（大连）船代公司正式成立并开始运营，中波（天津）船代公司也开始运作业务。至此，国内揽货网络布局基本完成。

随着中波美洲公司的发展壮大，公司在国外形成了亚、欧、美三足鼎立的全球网络格局；国内形成了以上海为龙头、京津和大连为两翼，分别辐射华东、华北和东北地区的网络格局，揽货网络覆盖三大洲主要设备货运输港口，进一步提高了公司整体服务能力和市场竞争力。

（四）运输生产经营情况

随着重吊船的上线，中波公司的揽货策略开始朝着设备货的方向发展。自2005年开始，中波公司的传统货源，如石材、钢管、三夹板、茶叶、大袋子散货等普通件杂货和散矿货物，逐步淡出公司船队的经营舞台，取而代之的是卷钢和大量重大件设备货。经过几年的积累，中波公司在重大件设备货市场上建立了大批客户，货载种类中，重大件设备货的比重越来越高，成功承运了风车设备等一大批高运价货物，开辟了韩国重大件设备货市场，为拓展美湾航线提供了货源保障。2005年，中波公司开始注重从整体和全局的高度统筹安排货载计划，力争"满舱满载"，追求航次效益最大化。虽然当年重油价格最高达到200多美元1吨，但中波公司单船航次效益纪录屡创新高，航运主业实现了新的飞跃，航运利润达到5000万美元。

2006年，中波公司确立了"质优价高"的揽货理念，加强了项目设备、重大件设备货的揽取力度，全年班轮航次的重大件、设备货运费比例超过45%。公司本年度成功承运了日立重工、三菱重工等设备合同货，实现了打入日本重大件、设备货运输市场的目标。2007年初，中波公司明确提出"三高"揽货策略，即"高端客户、高质服务、高价货物"，重大件设备货比例首次超过全部货载的一半，达54.25%，单船航次效益纪录不断被刷新，公司进入了新一轮的高速发展期。

2008年，中波公司继续扩大与欧、美、日、韩、印度和波斯湾等地高端客户的合作，在货载种类得到进一步优化的同时，彰显了公司品牌价值的市场效应。全年华—欧向重大件设备货承运比重高达62.9%，欧—华向更是高达68.5%，重大件设备货物运输已成为公司利润增长的最重要来源。在巩固已有班轮航线的基础上，中波公司根据市场需求，加大力度揽取短程货物，积极开发印度出口远东的货源和客户，装载中日韩之间的短程货物，以及美湾至欧洲航线重大件设备货，与公司班轮航线形成互补，运力利用更加充分。通过二次利用舱位，航次运费收入不断提高。2008年，中波公司营运收入和利润双双创下了公司历史的最高纪录，利润达到7500万美元。

2009年，受到世界金融危机的冲击，航运市场形势急转直下，中波公司通过及时调整揽货策略，重点跟踪重点货物，做到有的放矢，重点货和特色货的揽取工作成效明显。2009年中波公司重大件设备货承运比重高达85.1%，其中合同项目货物占重大件设备货比重的66.9%，对保障货源的连续性和经营的稳定性发挥了重要作用。2009年6月9日，"太阳"轮利用船舶自有重吊装卸了单体重达575吨的重大件设备货，创中波公司之最，在业界引起巨大反响，印度报刊对此进行了大量的报道。

与此同时，面对货源紧缺，尤其是合同货锐减的不利局面，公司贴近市场实际，采用灵活的运价机制增强了对更多中小客户的吸引力，确保了充足货源，巩固了市场份额，同时积极扩大与美、日、韩、中东、印度等高端客户的合作。通过扩充班轮港口，增加非基本港揽取更多货物来确保舱位的有效利用，扩大市场揽货覆盖率。通过一系列揽货政策的调整，中波公司船队的货载得到了明显改观，在2010年初公司经营最困难的时候，公司船队也基本保证满舱满载。中波公司2005—2015年运输生产情况见表2-7。

中波公司2005—2015年运输生产情况表　　　　表2-7

年份	年终船舶（艘数）	年终船舶吨位（夏季）	运量（吨）	周转量（千吨海里）	营运利润率
2005	23	520266	2089382	19867089	27.54%
2006	22	492484	1766087	16373623	21.91%
2007	22	492484	1606980	14431303	24.78%
2008	20	436928	1584259	14278975	25.82%
2009	20	443030	1095717	10086202	16.73%
2010	19	470902	1343918	12149480	7.65%
2011	17	458906	1544273	13455581	5.60%
2012	17	458906	1294543	11534678	−0.66%
2013	17	458906	1299657	12819366	1.23%
2014	17	458906	1421645	14561433	1.23%
2015	18	490522	1228896	11790725	3.03%

（五）优质服务品牌的树立

优质服务，包括安全准点、质量诚信、热情服务，这是获得市场货源应得份额的保证和先决条件。随着专业化重大件设备货运输服务以及公司新航线的拓展，对中波公司船队的服务质量提出了更高的要求。面对新的经营环境，中波公司及时调整经营策略，以确保班轮运输为工作重点，精心平衡运力分配，有效减少了船舶集中到港现象，实现了传统亚欧航线东西向货源和效益的均衡。公司逐步向专业化、班轮化市场定位转变，这些都赋予了中波品牌新的活力。

中波品牌以服务见长，更以社会责任为重。当神头电站根据国家指令需要提前发电，请求中波公司提前运输设备时，中波公司急客户所急，想国家所想，克服困难，以大局为重，专门调遣船舶，把客户需要的设备提前运到。2006年11月，中波公司承运了中远物流代理的包头钢铁公司新高炉设备。在此期间，为使高炉提前点火，包钢改变计划，要求正在航行的中波船舶提前到达港口。这既是难度极高的要求，又是对中波服务的严峻考验。中波公司船岸联手，通过改变挂港、海上加速、货物倒舱、避台速遣的功能综合性措施，终于按照货主要求的时间，将货物运达国内。

2010年世博会前夕，中波公司为国家电网运载了用于保证世博会供电的变压器。由于该项目诸多变动因素，导致货物装船时间延后，而卸货时间提前，给确保优质按时运抵带来了极大的挑战。为满足该项目投产时间的特殊要求，中波公司高度重视，在该项目上共投入5艘重吊船承运了8台大型变压器及系列设备，及时与货主沟通，认真做好船舶配积载和调度工作，通过船舶加速、货物倒舱、改变卸货港序等办法，最终比原计划提前4天抵达上海港，确保了该项目的顺利投产。同时公司利用船舶自备重吊，安全、优质、顺利地把重型变压器卸到接货的驳船上，赢得了国家电网的充分肯定和信任，荣获国家电网颁发的"优秀供应商"称号，也进一步提升了公司的品牌形象。

2006年1月，中波公司"C-P"商标被认定为上海市著名商标，2009年再次被认定为上海市著名商标，2007年被评为"最具价值上海服务商标"。2010年10月，"C-P""CHIPOLBROK"被认定为全国驰名商标。

（六）中波两国人民友好往来的桥梁

中波公司作为中国和波兰两国政府共同投资组建成立的新中国第一家中外合资企业，被誉为"中外经济合作的典范"和"中波两国人民友好往来的桥梁"。2011年12月，波兰总统时隔10年后首次访华，第一站即是中波公司，并出席了中波公司成立60周年庆祝午宴，体现了中波公司在中波两国经贸关系中的重要地位。波兰总统科莫洛夫斯基在访华期间，亲自为中波公司总经理孙敏颁发了"波兰共和国十字骑士勋章"，以此表彰他为中波两国的海运事业发展，为两国经贸合作交流所做出的杰出贡献。中波公司成立55周年（2006年）、60周年（2011年）时，波兰政府给中波公司部分员工、主委、股东代表颁发了勋章。在公司55周年庆典、60周年庆典中，中、波两国政府均高度重视，也都派员参加。

在中国驻波兰大使馆的推动和关心下，波兰中资企业协会于2010年成立，旨在推动会员间及会员与当地工商界的联系，代表会员对外交涉、维护合法权益等。中波公司格丁尼亚分公司被推选为副会长单位。

二、中国—坦桑尼亚联合海运公司的发展

中国—坦桑尼亚联合海运公司是交通运输部委托中远集团代管的合营企业。

1967年6月22日，在时任坦桑尼亚总统尼雷尔和中国国务院总理周恩来的提议下，中坦公司作为中国政府的首批援助项目之一，在达累斯萨拉姆市举行揭牌仪式，由尼雷尔总统亲自宣布成立。

根据双方协议，中坦两国政府在1967年和1971年，分2次各自投入150万英镑，各

持50%的股份①。公司的注册地点在坦桑尼亚的达累斯萨拉姆市，在北京设有办事处。公司由中、坦双方分别指派本方董事组成的联合董事会进行领导和管理。中方董事长由中远集团总经理兼任，坦方董事长由坦桑尼亚交通部常秘兼任。公司实行董事会领导下的双方总经理共同负责制，业务岗位原则上由中、坦双方对等安排人员。

（一）船队发展情况

由于坦桑尼亚经济发展落后，商业融资困难，中坦公司成立后，也没有再获得过股东的增资，保有船队的方式基本靠初始投资和积累资金购买二手船，资金规模小，发展受到一定限制②。中坦公司的船队规模在2009年7月之前，保有2—6艘船，多数年份维持在4—5艘，成立初期和少部分年份保有2—3艘和6艘船。截至2005年，中坦公司尚有自有杂货船2艘，其中"昌平"轮15680载重吨，1981年建造；"鲁瓦哈"轮15000载重吨，1979年建造。公司始终保持着东非最大海运公司的地位。最后一艘超龄船"鲁瓦哈"轮于2009年7月被迫退役后，中坦公司船队一度出现了2个多月的空档期。

2008年开始，中坦公司按40%自有资金和60%银行贷款的融资比例，先后投资了两艘新船。其中，在大连中远船务建造的57000载重吨散货船"长顺Ⅱ"于2009年9月接船投入营运③。

（二）业务经营情况

中坦公司旨在为中坦两国经济贸易提供海运服务，并为其他航线提供运力。成立早期，中坦公司承担了部分中坦两国间的经贸运输，参与了与坦桑相邻的内陆国家乌干达、赞比亚、卢旺达、布隆迪、马拉维、刚果（金）等国进出口贸易的转口运输服务，也承担了部分中国援建坦赞铁路建设项目的材料和人员的运送，在特种物资运输方面也占有一定的份额。

这一时期，中坦双方职工本着"友好合作，平等互利"的原则，不断提高企业经营决策和管理水平，拓宽业务渠道，开展航运业为主，以船舶代理和集装箱堆场业务为辅的多种经营，使企业在市场竞争中得到发展。

1. 航运主业

在航运主业方面，中坦公司自从成立以来，一直从事中坦两国之间以及周边相关国家的海上件杂货运输服务。这种"零星小规模船东"的传统件杂货运输方式一直延续了40多年。

2008年，受当时极其繁荣的散货运输市场影响，中坦公司开始改变船型，转而进入散货运输市场。然而受当年全球金融危机的影响，国际航运市场跌至低谷，中坦公司的散货

---

① 坦方投资的150万英镑是由中国政府提供的无息贷款，仅在最初两年归还一少部分（22.5万英镑），剩余的大部分（127.5万英镑）后来被中国政府豁免。

② 中坦公司成立以后到1978年之前，以初始投资和积累的资金先后购买了5艘万吨上下的旧杂货船，具体情况是：1."亚非"轮（1967—1988）；2."合作"轮（1967—1983）；3."恰姆维诺"轮（1973—1993）；4."遵化"轮（1975—1989）；5."鲁伏"轮（1978—2004）。1979年以后，又以积累的自有资金先后购买了5艘万吨上下的旧杂货船，具体情况是：6."顺义"轮（1983.9—200 1.12）；7."鲁瓦哈"轮（1985—2009.7）；8."昌平"轮（1999.9—2009.5）；9."磐加益"轮（2000.11—2006.9）；10."朝阳"轮（2001.6—2002.12）。

③ 另一艘在江苏南通惠港船厂建造的3.4万载重吨散货船因船厂破产未能接船。

业务也受到了很大冲击。为避免亏损，中坦公司将2艘近30年船龄船舶，分别在2009年5月和7月份出售。并于10月接入新造57000载重吨散货船"长顺Ⅱ"。

2005—2014年，中坦公司船队总计完成载货量230余万吨。

2. 拓展集装箱代理新业务

2013年，在航运主业经营十分艰难的情况下，中坦公司及时抓住新的机遇——中集公司出于全球航线布局需要，于2013年底恢复东非航线。中坦公司通过市场化竞标，成为中远集运在坦桑尼亚港口的集装箱代理，从而打破了持续40多年单一"传统小船东"的经营模式进入集装箱代理和揽货这个新的业务领域。在确保服务中远集运东非航线的代理业务，强化中远集运东非班轮在坦桑的市场影响力和竞争力的同时，也为公司增添了新的效益增长点。代理业务量从之前的每月1艘次发展到2014年的每月4—5艘次，代理及关联业务收入也从原先每年7万美元增长至近40万美元，不断减轻自有船亏损带来的经营压力，极大改善了公司经营效果。

3. 提高集装箱堆场的租金收入和盘活存量资产

中坦公司在达累斯萨拉姆市拥有集装箱堆场1处，限于非洲经济发展的滞后和自然资源的欠缺，达雷斯萨拉姆港的进出口箱量较长时间内在低位徘徊。伴随着21世纪中非经济贸易飞速崛起，港口集装箱吞吐量也急速攀升。中坦公司的堆场租金水平从每年几万美元，增长至2014年的20余万美元。2015年通过再次竞标又提高了20%，年租金收入可以达到25万美元。

（三）积极摆脱困境

由于受到2008年全球金融危机的持续影响，加上营运高价位时建造的57000载重吨散货船成本过高、市场持续低迷等因素，中坦公司航运主业连续几年出现亏损，此外，公司34000载重吨造船项目因船厂破产造成的损失，对中坦公司的资金链产生了很大影响，公司持有的货币资金数量持续下降，面临资金断流的危险。由于公司资产、资金状况变差和难以进行商业融资，中坦公司要依靠自身力量发展船队，扭转局面，困难重重。

为摆脱经营困境，中坦公司通过积极开拓新的业务领域、出售闲置资产、撤并机构精简人员控制成本。

对于中坦公司的困境，中远集团高度关注，专门组成支持中坦公司业务发展专项小组，由集团主管副总经理为负责人，按照依法合规市场化运作的原则，积极利用集团内部资源，制定援助方案，帮助中坦公司克服困难扭转被动局面。与此同时，中远集团也积极通过交通运输部协调坦桑尼亚方面，对中坦公司伸出援手。中远集运、中散集团等系统内单位也通过委托中坦公司作为业务代理、与中坦公司签署长期租约等形式，对中坦公司进行支持。在多方的共同努力下，随着中国"一带一路"倡议的深入推进和中远集团改革重组全球化布局的实施，以及航运市场的不断复苏，中坦公司的经营也逐步走出了困境。

（四）中坦两国交流互信的纽带

作为中非友谊的见证，中坦公司的存在不仅着眼于经济效益，更为两国经贸合作、政治文化交流起到重要的纽带作用。作为中国最早援非项目和东非地区最大的航运公司，中坦公司为坦桑尼亚培养港口、海运、航运代理人才做出了应有的贡献,为东非贫困国家提供直接的就业机会,为在坦中资企业赢得荣誉和尊重,不断扩大着中资企业在东非地区的知名度。坦桑尼亚政府、中国驻坦桑大使馆以及经商代表处曾经多次给予肯定和表扬,公司也曾被赞誉为是"两国政府成功合作的典范"和"两国人民友谊的标志",为中国政府和人民赢得了信任和荣誉。

三、地方合资远洋公司的改制

这一时期,根据企业战略转型的需要和地方国企改革的要求,中远集团通过对持股的地方合营远洋公司进行改制和股权改革,逐步退出了地方合营远洋公司。

(一)安徽远洋运输公司

安徽远洋运输公司(以下简称安徽远洋)成立于1982年,是根据中央关于支持地方发展远洋运输业的指示精神,由中远总公司和安徽省交通厅各投资6414642.59元组建的合营公司。

2001年,安徽省交通厅依据相关文件规定,将其所持安徽远洋的50%股权,划拨给安徽省交通投资集团有限责任公司。2003年9月,安徽交投集团与中远集团对安徽远洋进行了"公司制"改革,并调整了股东双方持股比例:由安徽交投集团出资615万元人民币,占总股本的51.85%;中远总公司出资571万元人民币,占总股本48.15%。调整后,公司注册资本为1186万元人民币,并根据《公司法》建立规范的法人治理结构,取代原先的管委会机构。股东会由股东双方各派1名股东代表组成,董事会由双方股东各推荐3人,另由1名职工董事组成。董事长由安徽交投集团推荐,副董事长由中远集团推荐。改制后的新公司更名为"安徽远洋运输有限公司",拥有散杂货船舶5艘,总载重吨4.26万,主营业务以国际国内间远洋船舶运输服务为主。截至2005年7月31日,公司在册人员409人,账面总资产15131万元。公司机关内设:总经办、人事部、企划部、财务部、航运部、船管部、船员部、ISM办和公司工会,共七部二室;下属子公司4个:安远国际货运公司、安远科技公司、上海经营部和安徽省安远劳务技术服务部。

2005年,按照国家关于国有大中型企业主辅分离辅业改制的总体要求以及安徽省关于国有企业3年(2003—2005年)完成主辅分离辅业改制的具体部署,安徽省国资委将安徽远洋公司列入2005年安徽省属企业主辅分离辅业改制计划,要求依据国家主辅分离政策进行规范改制。自2005年下半年起,安徽远洋股东双方开始商讨股权转让事宜,并共同聘请了中介机构对安徽远洋资产进行评估。2008年2月1日,安徽远洋召开一届二次股东会,股东双方就依法各自转让所持安徽远洋公司股权达成一致,但由于评估价格等原因,转让一直未能实现。

2008年美国金融危机后,安徽远洋经营更加艰难,企业只能勉强维持资金不断链,没有进一步发展的能力。而中远集团这一时期正在全力推进"整体上市"进程,安徽远洋作为中远集团的参股企业,由于其资产状况差,人员负担重,无法纳入上市范围。截至2010年12月31日,安徽远洋运输有限公司资产总额为4996万元,负债总额为4915.44万元,所有者权益总额为80.56万元。经安徽远洋股东双方综合分析，从确保安徽远洋生存、稳定以及维护股东双方利益考虑，决定采取股权无偿划转方式，使安徽远洋成为安徽交投集团的全资子公司，以更好地解决安徽远洋存在的诸多经营问题和历史遗留问题。

2011年4月8日，中远集团与安徽省交投集团就无偿划转安徽远洋48.15%的股权签署协议：以2010年12月31日为基准日，将中远集团持有的安徽远洋48.15%的股权无偿划转给安徽交投集团；安徽远洋及其直接或间接控股或参股的企业自无偿划转协议签署之日起，在一切场合停止使用"COSCO""中远"和"远洋"商标。

2011年7月26日，国资委批复同意中远集团将所持安徽远洋运输有限公司48.15%的国有股权自2011年1月1日起无偿划转给安徽省交通投资集团有限责任公司。

（二）湖南远洋运输公司

湖南远洋运输公司（以下简称湖南远洋）是中远总公司与湖南省交通厅1987年6月合资组建，注册资金1598万元，双方各占50%，公司性质为全民所有制企业。2001年5月，由湖南省交通厅批准，公司注册资金增加为2945万元，合资双方各占50%。截至2004年底，公司职工502人，资产总额17678万元；拥有远洋散货船3艘，平均船龄22年，总载重吨11.2万吨；内支线拥有拖轮2艘，36TEU，分节驳8艘，124TEU，集装箱船3艘，总箱位660TEU；年货运量133万吨，29028TEU，主营业务收入14189万元，净利润1675万元。公司以全球航线远洋散货运输和内支线集装箱运输为主，2004年开始开发物流产业。其中，集装箱内支线方面市场份额不断扩大，箱量年年递增，形成了集船队、车队、船代、货代、报关于一体的服务体系，其实力和规模成为湖南同行的级领军者，比如长沙到上海内支线运输到2004年底达到29028TEU，占湖南国际集装箱内支线市场份额60%。

到2010年底，湖南远洋拥有远洋散货船3艘，总载重吨14.9万吨，平均船龄21.7岁。拥有内支线集装箱船7艘，总箱位884TEU。公司资产总额31025万元，所有者权益15593.9万元，2010年净利润825.2万元。公司职工516人，远洋船员177人。

在多年的发展历程中，湖南远洋形成了一定的竞争力，同时也面临诸多挑战：如没有建立有效的法人治理结构和完善的现代企业制度，人事用工制度不灵活，造成一定冗员现象，员工存在大锅饭思想等。

2004年5月5日，中共湖南省委、湖南省人民政府下发了《关于深化省属国有企业改革的指导意见》等文件，提出用3年左右的时间，基本完成省属国有企业的改革任务，按照发展壮大一批、改制搞活一批、关闭破产一批的思路，对省属国有资本和企业进行战略调整，优化国有经济结构和布局。湖南远洋作为一般性竞争性产业的中小企业，被湖南省交通厅列为改制搞活企业之一，合资双方高层多次沟通后，对湖南远洋的发展方向达成了共识。

鉴于湖南远洋规模较小，占中远主船队的比例很低，回报率也较低，中远集团根据自身战略发展需，要计划比照退出其他省合营远洋的方式回收投资。2007年7月，中远集团将持有的湖南远洋50%的股权在北京产权交易所正式挂牌转让，后与中通公司签署《产权交易合同》，同意受让股权。2008年10月，因中通公司单方面提出解除合同，双方发生法律纠纷，经诉讼审理中，中远集团胜诉，在中通公司赔偿违约金的情况下，与中通协商解除产权交易合同。

此后，湖南省交通厅、湖南远洋的管理层和职代会先后给中远集团发来函件，明确提出希望中远继续持有湖南远洋股权。为确保湖南远洋后续的稳定和发展，2011年5月，根据福建省与中远集团签订的《推进海峡两岸经济区建设战略合作框架协议》的相关精神，中远集团决定将其所持有的湖南远洋的股权以2010年12月31日为基准，无偿划转给厦门远洋运输公司，湖南省交通运输厅和厦门远洋各持有湖南远洋50%的股权。

（三）江西远洋运输公司

江西远洋运输公司（以下简称江西远洋）创建于1982年，由中远总公司与江西省交通厅合资兴办。按合营公司协议书规定，股东双方各派4人组成公司管理委员会，作为公司最高决策机构。设主任委员2人（双方各1人）、委员6人（双方各2人），主任委员权利平等。公司主要经营日本、韩国、中国香港、中国台湾等东亚国家和地区、远东地区及南太平洋航线，航区覆盖东南亚及南太平洋。到2013年，江西远洋合并口径拥有和控制船舶15艘，其中杂货船2艘（均为自有船舶），总载重吨14896吨；内支线集装箱班轮13艘（自有船舶1艘，其他为租入船舶），总箱位1410TEU。公司本部设立总经理办公室、财务审计部、人事部、船技部、航运部、船员管理部等11个部门。控股和参股企业共5家，其中全资和控股企业共3家、参股企业2家，拥有员工226人。

这一时期，江西远洋从单一经营模式向物流链整合发展模式转变，制订了"航运、港口、物流三大支柱产业整合经营，复合发展"的经营方针。基本形成了以航运、港口、物流三大支柱产业协同发展的市场格局，物流链进一步整合，在江西省水路交通运输及物流业的发展事业中发挥了重要作用。2006—2012年江西远洋业务完成情况见表2-8。

主要业务指标完成情况　　　　　　表2-8

项目＼年份	2006	2007	2008	2009	2010	2011	2012
杂货运输船舶艘数	6	5	5	3	3	2	2
散杂货航运航次（航次）	130	120	103	62	37	33	29
散杂货货运量（万吨）	77.6	77.6	60.7	33	20.4	19.5	17.6
货物周转量（万吨海里）	102271	86741	77600	42300	39200	38000	31400
内支线航次（航次）	422	520	570	654	655	694	654
内支线箱量（TEU）	21478	28114	34323	34426	39701	49725	54262
码头集装箱吞吐量（TEU）	30149	38113	44780	50019	51126	60019	66134

江西远洋的主营业务包括散杂货远洋运输、内河集装箱运输和集装箱码头业务。2009年以前，散杂货运输业务规模保持高位运行，经营效益良好。2009年之后，受国际航运市场低迷的影响，江西远洋的远洋运输业务收入下滑的速度较快，亏损比较严重，而内河集

装箱运输和集装箱码头业务收入保持增长，均能实现盈利。其中公司投资控股的南昌港国际集装箱码头于2005年5月建成投产。该码头是江西省最大的现代化内河港口建设工程，建设有两个1000吨级码头泊位，设计年吞吐能力为5万标准集装箱。截至2012年12月31日，公司资产总额为15372万元。

这一时期，考虑到航运市场竞争的加剧和江西远洋自身在体制机制和市场竞争力方面存在的问题，为解决企业发展后劲不足的问题，江西远洋的体制改革工作也提上了日程。2010年，按照江西省政府要求的实现政企分开、建设现代企业制度的原则，江西省交通厅提出对江西远洋运输公司进行股份制改革。2011年5月30日，双方股东在北京召开了管委会，正式讨论江西远洋改制方案等相关事宜，明确改革思路：江西远洋的原投资者江西省交通运输厅和中远集团仍保持原投资股权比例不变，按"产权清晰、权责明确、政企分开、管理科学"的现代企业制度要求，组建江西远洋运输有限责任公司。江西省交通运输厅将所持有的50%股权划转给江西省港航建设投资有限公司持有（该公司系江西省人民政府授权江西省交通运输厅履行出资人职责的国有独资公司），由其代表行使股东权利；中远集团暂时持有50%江西远洋股权，之后按照湖南远洋改制模式转给其下属二级子公司持有。由股东双方协商组建有限公司董事会及监事会；有限公司经营管理层由董事会聘任。原江西远洋所有资产、债权、债务全部由江西远洋运输有限责任公司承继。改革基准日设定为2011年6月30日。

会后，中远集团运输部牵头，就新拟定的《江西远洋运输有限公司章程》多次征询集团各部门意见，并与江西省交通厅联系推进相关事宜。但由于在改革方案的细节问题上存有分歧，改制工作一直处于搁置状态。

第三章
多元化发展中的陆上产业

这一时期，中远集团陆上产业坚持以经济效益为中心，按照集团总公司"一主、两重、五支柱"的产业发展方向，贯彻"调整、巩固、提高"的工作方针和"稳定、安全、资金、效益"的工作重点，借助中远集团的品牌和业务协同优势，通过深化改革、加强管理、优化结构和开拓创新，已连续10年盈利，利润高速增长，规模日益壮大，支柱产业高速成长，充分体现了中远集团陆上产业良好的可持续发展能力。

中远集团陆上产业不仅为航运主业提供了有力支持，也为集团整体效益做出了重要贡献，在分担航运主业风险、探索积累企业经营管理、改制重组和资本运作经验等方面，也起到了明显作用。

截至2005年底，中远集团所属全资及控股专门从事陆产经营的二级企业共拥有总资产约115.5亿元，同比增长20%；2005年共实现销售收入62.3亿元，同比增长26%；利润总额9.78亿元，同比增长36%。其中，中远船务、中远造船和中远财务有限责任公司（简称"中远财务公司"）三家公司利润总额，合计占陆产经营总数的99%以上，分别为7.36亿元、1.37亿元和1.05亿元。

第一节 快速发展的工业板块

中远修造船工业是中远主业之一。1993年，中远工业公司成立后，中远集团先后对中远修造船主业进行了三次重组：

1999年上半年，将天津北洋箱厂和上海远东箱厂转让给中国国际海运集装箱（集团）股份有限公司（即深中集），从而确立了该集团在世界集装箱制造业的龙头地位。

2001年上半年，又将南通、大连、广州3家修船厂及配套厂共8家企业分拆出去，另行组建了中远船务。

2003年下半年，再将上海、天津涂料企业分拆出去，划归中远国际投资有限公司。

三次资产重组有力地推动了集团产业结构的调整和中远上市公司的发展，并孵化出多个国内一流的优秀企业，形成了船舶修理、船舶制造、集装箱制造、化工涂料、钢结构制造、船舶配件、国际工程承包等多元化产业结构，涌现出中远船务和中远造船等一批国内外知名企业，为中远集团陆上产业的多元化蓬勃发展作出了重要贡献。

一、打造中国修船业"航母"

"十五"期间，随着中国修船配套体系的完善、劳动力素质的提高和船舶修理技术的崛起，以及相对较低的劳动成本，世界修船中心向以中国为代表的区域转移，为中国修船业的发展提供了良机。据船舶行业协会统计，中国修船总产值从2001年的70亿元人民币，增长至2005年的140亿元人民币，然而仅占世界修船市场份额的7%左右，增长潜力巨大。为做大做强修船产业，2001年6月，中远集团通过对系统内原先分散的修船资源进行重组整合，组建中远船务。成立后的中远船务在中国沿海呈南、中、北布局，拥有南通船务、大连船务、广州船务、上海船务、舟山船务5家国内领先、国际上享有较高知名度的大型修船厂，以及多家专业化修船配套服务企业。每年可修理和改装来自美国、英国、希腊、挪威、丹麦、日本等50多个国家主流市场的各类大型船舶500余艘。这一时期，中远船务采取优化内涵、扩大外延、稳步推进的市场扩张战略，不断扩大生产规模，迎合了世界修船中心向以中国为代表的东亚地区转移的市场机遇。各项经济指标连创新高，效益水平遥遥领先于国内其他修船企业。到2005年，中远船务的销售收入增长5倍，达到35.38亿元，利润增长25倍，各项经济效益指标均居国内修船企业首位；坞容量达到110万吨，其中15万吨级以上修船坞4座，8万吨级修船坞4座，租赁3.5万吨级修船坞1座，修船配套设施、设备基本齐全；净资产收益率从8.62%上升到46.2%；在国内修船行业排名自2002年跃居全国第一后一直位居榜首；国内修船市场份额从2000年的16%上升到2005年的28.8%（图3-1）。2005年中远船务所属的五家船厂已有四家进入中国修船十大企业排行榜（图3-2），公司品牌美誉度与日俱增，成为国内当之无愧的行业领军企业，在世界修船界占有举足轻重的地位。"中远船务模式"成为中国修船业的新标杆。

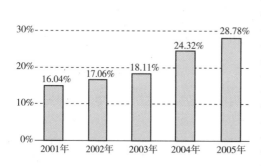

图3-1 中远船务2001—2005年市场占有率。

图3-2 2005年中国修船企业修船总产值排行榜。

序号	企业名称	修船总产值(万元)
1	上船澄西船舶有限公司	176223
2	大连中远船务工程有限公司	151700
3	中海工业有限公司	125253
4	南通中远船务工程有限公司	125003
5	上海华润大东船务工程有限公司	78050
6	广州文冲船厂有限责任公司	75107
7	山海关船厂	64000
8	广州中远船务工程有限公司	43356
9	青岛北海船舶重工有限责任公司	42688
10	中远船务工程有限公司舟山分公司	40004

（一）呼应国家振兴东北战略，中远船务总部挥师大连

2005年3月2日，中远船务总部在大连举行了隆重的揭牌仪式。辽宁省委副书记兼大连市委书记孙春兰，大连市市长夏德仁，中远集团总裁魏家福、党组书记张富生、副总裁马泽华以及来自各相关单位的200多名中外嘉宾共同出席了揭牌仪式。

中远船务总部迁移大连，是中远集团为积极响应和贯彻党中央、国务院关于振兴东北老工业基地的战略部署而实施的重要战略举措。2003年10月，中共中央、国务院发布了《关于实施东北地区等老工业基地振兴战略的若干意见》。中远集团快速反应，积极响应。2004年9月，中远集团与大连市政府签订了全面合作战略框架协议，确定了包括中远船务总部移师大连、在大连建设中国最大的油轮船队在内的5项举措。中远船务总部移师大连后，全力推进以"统一安全管理、统一经营管理、统一技术管理、统一规划管理、统一人力资源管理、统一财务管理、统一监督管理、统一企业文化建设"为主要内容的"八个统一"集团化管理模式，管理水平和执行效率显著提升。

凭借高度统一的集团化经营管理模式，逐步成熟的全球市场营销网络、先进的技术支

撑、安全优质高效的生产保障三大系统，中远船务在体制、机制、技术、管理上的竞争优势和品牌优势得到极大发挥，迅速发展成为国内规模最大、效益和效率最佳的专业修船企业集团，以一个"领跑者"的形象展现于中国修船业，成为全球各大领先航运公司在中国沿海首选的合作伙伴。2005年，中远船务的境外客户增加到90%以上，包括世界最大的集装箱班轮运输公司马士基在内140多个知名航运公司与中远船务相继建立了紧密合作伙伴关系，修理和改装船型涉及集装箱船、散装船、滚装（RORO）船、油船、液化气船、化学品船和海洋工程等。2005年，中远船务修理和改装来自世界各国的各类大型船舶500余艘，完成的产值占中国修船业总产值的超过30%。

2007年2月，中远船务荣获2006年辽宁省优秀外商投资贡献奖，时任辽宁省委书记李克强亲自为中远船务代表颁发了奖牌。

2007年，工业和信息化部装备工业司发布关于符合《船舶行业规范条件》企业名单的公示。9月4日，大连中远船务、广东中远船务入选工信部第一批船舶行业"白名单"。12月10日，舟山中远船务入选工信部第二批船舶行业"白名单"。

（二）首创国内修船业技术标准体系

2003年开始，中远船务聘请中国船级社为顾问，聚集国内一批顶级专家和集团内专业人才，在认真研究英国劳式船级社（LR）、挪威船级社（DNV）、法国船级社（BV）、美国船级社（ABS）、日本海事协会（NK）等国外船级社最新规范和修船技术标准的基础上，历时2年，于2005年9月编撰完成了《中远船务船舶修理技术标准体系》。

该体系覆盖综合、坞修、船体、舾装、轮机、涂装、电气七个大类，共含134个标准和54个指导性技术文件。2005年9月，《中远船务船舶修理技术标准体系》顺利通过来自中国船级社和中远集团等单位的50余名专家的高规格评审，随后正式印刷出版。

《中远船务船舶修理技术标准体系》的出版，不仅首创国内修船业技术标准体系，填补了国内修船技术标准空白，而且使中国修船业开始有了与国际接轨的技术标准，也成为中远船务向国际一流修船企业迈进的重要标志。

2008年4月，中远船务编写的《船舶修理技术标准》正式被中远集团列为集团企业标准。

（三）加强基础设施建设，提升修造产能

进入2004年，中国修船业迎来了新一轮发展的良好机遇。国内众多的修船企业纷纷投入巨资建设修船设施，国外先进船舶修造企业也挟雄厚资金和先进技术及管理经验进军中国，新一轮修船基地建设高潮正在掀起。面对竞争越来越激烈的常规修船市场，中远船务在已有修船基地和设施基础之上，通过新建、改造、收购、租赁、合作等多种资本运作形式，实现了"低成本扩张、高效率整合"，生产规模不断扩大，生产设施结构更加合理，保证了迅速增长的修理业务对生产能力的需要。走出了一条"投资少、见效快，边生产、边建设"的滚动发展之路。

2004年，投资20多亿元人民币的大型修船基地建设工程在舟山六横岛启动。2004年6月8日，中远船务成功收购浙江舟山鑫亚船厂整体资产后，成立舟山中远船务，在中国修船史上创造了单厂当年建设、当年投产、当年盈利的纪录。2005年3月22日，中远船

务舟山修船基地总体规划及二期工程可研报告,通过了浙江省发改委会同省经贸委组织的评审。到2006年,"一坞一泊位"舟山中远船务已建成"四坞五泊位",产能和效益迅猛增长。

2006—2007年,面对持续火爆的修造船市场形势,中远船务在所属各企业开展了富有成效的基本建设工作:大连中远船务通过扩建,新增生产场地34.2万平方米,使厂区面积扩大了一倍;舟山中远船务将3号坞接长至539米,变一坞为两坞;6号码头及船体车间建成投产;开工建设40万吨、10万吨级船坞并配套建设1号码头;南通中远船务完成钢结构生产线改造,扩增8万平方米生产场地;广州中远船务东江口厂区改扩建工程全面投入使用;上海中远船务完成码头接长及后平台建设,将有限的生产资源扩充到极致。

2006年5月10日,由大连中远船务建造的具有完全自主知识产权的世界最大30万吨级浮船坞正式投产,并被命名为"大连",浮船坞长340米,型宽76米,型深27米,举力75000吨,可以满足30万吨VLCC船舶进坞修理。在船坞浮箱分段合拢过程中,创造了"亚洲第一"的水下合龙工艺。2007年11月26日,在中国造船工程学会主办的"2007年中国造船工程学会科学技术奖"评审中,中远船务"30万吨浮船坞"项目从众多参评项目中脱颖而出,获二等奖(一等奖空缺)。

2007年,中远船务重新修订各企业业务战略定位,随之而来的大开发、大建设在中远船务从南到北的各企业中如火如荼地展开。

2007年6月28日,华南地区最大的15万吨级浮船坞在广州中远船务正式投产。该浮船坞由广州中远船务自行改装而成,其浮箱在水上完成切割、合拢、焊接等工艺,开创了国内浮船坞改造技术的先河。15万吨级浮船坞的投产,使广州中远船务具备了承修和改装包括15万吨级好望角型以上大型船舶和海洋工程的能力,为中远船务在华南地区抢占高附加值船舶修改装市场份额,巩固华南地区的行业领先地位再添砝码。

2007年全年,中远船务新增场地面积153.5万平方米,改扩建厂房车间15万平方米,新增各类船坞、船台、起重设备、下水滑道等设施20余座。2008年3月27日,中远船务与连云港港口股份有限公司合资兴建的连云港中远船务挂牌成立,完善优化了中远船务在中国东部沿海的生产布局,进一步提升了中远船务的整体规模实力。新建成连云港中远船务从无到有,边建设、边生产、边改造,迅速形成"一坞三泊位"生产规模,成立仅8个月就完成修船38艘,平均单船产值1000万元,投产仅3个月就完成销售收入8300万元,创利1700万元,顺利实现"当年投产、当年盈利"。

从2008年下半年开始,随着金融危机的全面来袭,中远船务顺势而为,实现了以扩张发展为主旋律向注重强化企业管理转变,投资扩张的高峰期基本告一段落。经过8年的低成本、超常规发展,中远船务核心企业由整合之初的3家修船厂、4家配套企业,发展到2009年的7家船舶企业、8家配套企业,形成了"北中南"科学合理的地域分布和生产格局。截至2009年年底,中远船务总坞容量252万吨,泊位34个,是2001年的4.4倍;厂区总面积逾600万平方米,是2001年的12倍。在职员工近15000人,分包方员工45000人。专业修船规模为国内之最,同时实现了修船产品独有的生产效率高、单船产值高、产品附加值高、技术含量高的"四高"竞争优势。中远船务平均坞容效率达到5378元/载重吨,每载重吨高出国内同行业平均水平2066元,在国内修船企业中遥遥领先。最能反映投入产出效率的净资产收益率,始终保持在 50% 左右的高水平。

(四)进军高端修船市场,实现大踏步领先发展

进入 2004 年,国际航运市场不断升温,世界修船产业也持续高涨,国外资本、国内其他大型企业以及沿海地区众多民营船企纷纷进入火热的中国修船市场。作为劳动密集型产业,在激烈的市场竞争中,中远船务选择从传统的劳动力价格优势向为客户提供高附加值服务转变。2003 年 2 月,南通中远船务圆满完成了世界上最大的汽车滚装船公司——华轮—威尔森首批 4 艘 RORO 船的改装,拉开了中远船务进军世界中高端修船市场的序幕。

2006 年,中远船务全年共完成修船 551 艘,其中完工大型改装工程已达 33 艘,平均单船产值 437 万美元,总产值逾 1.44 亿美元。改装工程包括油轮改装、散货船改泥浆船、集装箱船加长、多用途船(OBO)改油轮等。改装工程在销售收入中的比重大幅提升,其中南通中远船务全年改装工程占全部销售收入的 51%,比 2005 年增长了 35%。

2007 年,中远船务销售收入首次突破 100 亿元大关,利润同比增长 80.8%,产品转型进一步深化,船舶改装工程收入比例进一步扩大。全年完成修船 438 艘,数量同比下降 20.5%,但实现修船产值 73.9 亿元,同比增长 66.9%。改装工程占修船业务收入的 53.2%,同比增长 27%。其中,与美国螺旋能源公司(HELIX)成功签订铺缆船"凯撒"轮改装为铺管船合同(图 3-3),合同金额超过 3600 万美元,创改装船单笔合同金额新高。与世界知名船公司——日本三井海洋开发公司(MODEC)成功签订 VLCC"APOLLO SHOJU"改装为 FPSO 工程合同,合同标的额达 3500 万美元,创国内同类改装工程合同金额新高。

图 3-3 国内首艘由海洋铺缆船改装的超深水海洋铺管船"凯撒"轮。

(五)调整发展思路,应对低迷市场

2008 年下半年开始,国际造船市场风云突变,美国次贷危机给国际修造船市场带来严重的消极影响,市场急剧恶化,国际新船订单量、新船价格双双回落。国际修造船市场持续近 6 年的火爆行情不再。低迷的行情给正处在产品转型和结构调整关键时期的中远船务带来前所未有的考验。修船价格连续 5 年下跌且付款条件恶化。2013 年连云港中远船务经营出现亏损,港口方提出码头租赁期满后不再续租。经股东双方研究同意,连云港中远船务终止经营并提前遣散。

1. 及时转变发展思路

面对急转直下的市场和严峻的经济形势,为防控和有效化解风险,中远船务领导班子提出"顺势而为",在思想上实现"四个转变",即从以激情引领企业发展向激情与理性并重转变、以扩张发展为主旋律向注重强化企业管理转变、从单一修船管理模式向修造并举

复合模式转变、以效益主导的指标考核向注重企业管理内涵转变。

2. 加强核心客户开发，订单逆势上扬

修船市场的严冬中，在老旧船淘汰步伐加快、船舶停航数量居高不下、船东缩减修船预算等因素综合作用下，船舶常规大工程修理急剧萎缩，零星改装新需求一旦面市，立即成为众多船厂拼抢的重点，进而演化为新一轮降价狂潮。与此同时，国内修船产能扩张步伐并未停止，一些中外合资、独资修船企业新建的修船设施相继投产，修船市场供过于求，市场竞争越发激烈。

2010年10月13日，由中远船务承办的第25届亚洲修船远东会在大连召开。来自新加坡、泰国、马来西亚、中国台湾、中国香港等14个亚洲国家和地区的近30位修船企业代表参加了会议。与会代表在加强船厂间内部合作、减少无序竞争等问题上达成共识。

在强化风险防控、提升管理水平的同时，中远船务也调整营销策略，加大修船市场开发力度，用修船强势弥补造船不足。通过巩固优质客户，签订长期服务协议，进一步提高服务质量等措施，在低迷的市场环境中实现了订单逆势上扬。在修船价格五连跌的情况下，2011—2013年订单额连续3年实现增长。

3. 突破业务新领域，抢占高端改造市场

面对持续低迷的市场和激烈的竞争，这一时期，中远船务凭借良好的品牌信誉和客户服务，瞄准高附加值、高技术含量的高端市场，在逆市中不断开拓新的业务领域，修理改装能力稳居全国修船企业排行榜首位。

2008年，中远船务连续承接了7个VLCC改VLOC项目，抓住两岸"三通"的历史机遇，承接了23艘台湾船舶，成功开拓了埃及、巴哈马和墨西哥等新市场。

2008年11月，"凯撒"轮在南通中远船务成功交付，这是国内船企首次涉足海洋铺缆船改装工程，标志着中远船务在更高端的特种船改装领域又迈上了一个新台阶。

2013年，中远船务承接了"中石化381"、中海油"渤海七号"钻井平台修理任务，取得了与国内三大石油公司的业务合作上的突破。

2013年，中远船务承接中国首个大型豪华邮轮改装项目"伊丽莎白女王二世"号，实现了国内大型豪华游船改装零的突破。

2015年，南通中远船务在国内率先承接完成了美国美森轮船有限公司（Matson）等公司的主机排烟脱硫、脱氮系统新装项目，打造了船舶改装方面新的业务增长点。上海中远船务完成了LNG船关键系统加装项目，为进军LNG船修理改装领域，积累了宝贵经验。

这一时期，面对航运企业对节能减排和绿色环保船舶的新需求，中远船务下大力气研究球鼻艏改装技术，先后承接了法国达飞公司、中国台湾万海公司、希腊TECHNORMAR公司、新加坡瑞克麦斯（RICKMERS）公司、英国Zodiac Maritime公司等客户的集装箱船球鼻艏改装项目，海洋地质调查船"海洋四号"改装项目等。据统计，通过球鼻艏改装，与同型船以同样的经济航速航行比较，可节省燃油超过5%，单船年可节省油耗超过100万美元。

4. FPSO改装中国第一工厂

这一时期，中远船务在巩固常规修船市场的情况下，积极开拓FPSO改装等专业化、高效益的项目。形成了独具优势的FPSO改装品牌，成为国内最大的FPSO改装基地。

2008年11月4日，由VLCC改装成的全球最大的浮式生产储油船——日本MODEC公司的"太阳神松寿"轮在大连中远船务顺利开航。该轮是大连中远船务承接的第一艘VLCC改FPSO船。开启了中远船务迈向世界FPSO改装市场的第一步。2008年4月底，中远船务再次与日本MODEC公司签订了国内单笔最大订单的油轮改FPSO项目——"旭日东升"轮。2011年10月18日，大连中远船务为日本MODEC公司改装的第6艘FPSO"钻石"轮（图3-4）完工交付，为双方首度6艘船的改装画上了圆满的句号。

图3-4　VLCC改装FPSO项目"钻石"轮。

2012年6月18日，广东中远船务历时270个日夜精心改装的浮式储油船（FSO）"吉盾-11"轮如期完工交付。11月15日，大连中远船务为挪威公司改装的FPSO"尼萨"轮正式完工交付，交由巴西国家石油公司营运，这是巴西国家石油公司作为最终用户接获的第5艘由大连中远船务完成的FPSO改装船。2014年，大连中远船务成功交付第10艘FPSO改装船，进一步巩固了中远船务作为"中国FPSO改装第一工厂"的地位。2014年9月，大连中远船务"FPSO系列改装与模块建造"项目荣获辽宁省第十届优秀新产品一等奖。

5. 加强中远系统内部协同

这一时期，中远集团积极发挥了内部协同优势，为修船板块造血。2013年，舟山中远船务曾一度因订单不足，严重影响到全年的经营效益，在集团和中远船务经营总部、上海中远船务的支持下，成功承建FPSO艉半段等新项目，保证了企业持续盈利。在加强内部协同营销，实现中远集团整体利益最大化思路指导下，中远船务积极推进"中远船，中远修"。其中，上海中远船务连续奋战多日，抢修中远航运"永盛"轮，圆满保证了该船再航北极项目的如期开展。南通中远船务配合中远集团"国家863计划"课题"大型远洋船——风翼柴油机混合动力低碳控制技术"为中散集团"鹏龙"轮安装可伸缩式风翼，有效降低了该船的能耗。舟山中远船务完成光伏太阳能在大型汽车滚装船中远腾飞轮的应用项目改装工程，这在国内尚属首例。广东中远船务在"布依河"轮修理过程中，积极配合中远集运开展项目攻关，最终保障了科研项目的圆满完成。

2015年，中远船务总资产465.75亿，拥有船坞14个，坞容量204.5万载重吨，当年修船量达732艘，修理船舶产值（含改装）28.67亿元人民币。

二、异军突起的中国海工制造领军者

（一）进军海工领域

1. 修理入手，初步探索海工建造

2005年，在国外资本、国内其他大型企业以及沿海地区众多民营船企纷纷窥视火热的中国修船市场时,中远船务又瞄准了海洋油气田开发的广阔前景。依托集团化统一管理优势,中远船务在新加坡胜科海事的支持下,组建海洋工程总部,同时优化整合技术中心,进军技术含量高、附加值高的海洋工程市场领域,培育新的经济增长点。

2005年3月,大连中远船务完成首次承接的FPSO南海开拓轮的各项修理工程。南海开拓轮,单船产值接近1亿元人民币,是世界知名跨国石油企业康菲石油公司首次在中国修理FPSO,标志着中远船务在海洋工程修理上实现了重大突破。2005年,中远船务在大连、舟山、南通和广州等地的企业快速推进全新规划的海洋工程建造体系,并相继承揽了平台生活模块、平台浮体(PONTOON)、半潜式生活平台、储油沉箱(Mopustor)、FSO,以及FPSO改装等多个大型海洋工程建造项目。初步形成了以船舶修理改装为基础、以海洋工程为重点发展方向的业务相关、层次互补、梯次升级的产业结构。

2. 三业并举,实现产品转型升级

在2006年出台的《国民经济和社会发展第十一个五年规划纲要》中,国家对发展船舶工业做出了全新的战略部署。抓住机遇,顺势而为,从修船迈向造船,同时进军海工,中远船务提质提速转型升级的发展战略日渐清晰。在此后的几年时间里,中远船务在持续巩固和保持中国修船行业领军地位的同时,海洋工程建造也由初始实施海工分段建造,发展到后来整装壳体建造,再到成功完成世界一流高技术含量的海工装备设计与建造,奠定了中远船务在国内海工装备界的先发优势。通过实施产品转型升级战略,中远船务成功实现了由单一修理改装向船舶修理改装、船舶制造及海洋工程建造"三业并举"的转型升级。

作为中远船务的产品转型年,2007年,中远船务产品转型升级进入实质性全面实施阶段,本着"统一管理,分散实施"的发展思路,中远船务综合各所属企业的规模、生产和管理优势及地理位置等因素,重新修订各企业业务战略定位:确定舟山中远船务、大连中远船务和广东中远船务以船舶建造业务为主业;南通中远船务着力打造海工品牌,主营海工产品;上海中远船务作为整体业务补充,主要实施修船和改装;各专业化配套企业围绕船舶企业主营业务开展配套业务。2007年1月1日,舟山中远船务为日本MODEC公司建造的FSO项目正式开工。这是舟山船务承接的第一个海工产品。3月12日,中远船务与挪威Maracc公司签订GM4000半潜式可移动海洋钻井平台(图3-5)的建造合同。这是中远船务进入海工新造领域所承接的首个完整意义上的海洋平台建造项目。该平台自动化操纵的先进性、生产设计的复杂性以及海上生产能力,均在全球同类型平台中位居前列。该项目的承接建造,进一步提升了中远船务作为全球海工领域新兴企业的市场地位。3月22日,中远船务与挪威SEVAN MARINE公司在上海签订SEVAN650圆筒型海洋钻井平台建造合同。EVAN650为全球范围内第一艘圆筒型海洋钻井平台,具有很高的技术和生产难度。该项目是是中远船务成立以来承接的最大海工订

图3-5 GM4000半潜式可移动海洋钻井平台。

单。SEVAN650 海洋平台项目的承接，再次显示了中远船务海工产品建造能力得到了包括 SEVAN MARINE 公司在内的世界主要海洋工程公司的认可。

2007 年，中远船务手持海洋工程和船舶建造订单超过 100 亿美元。2009 年，随着船舶和海工建造产品在南通、广东、大连、舟山 4 家企业顺利完成首制任务并实现批量交付，中远船务产品结构从单纯修船向"修造并举"复合模式的战略转型取得初步成功。

（二）全球引智，占领海工技术制高点

1. 引进海工高端人才，实现跨越式发展

随着中远船务产品结构转型的持续深化，人才匮乏成为制约发展的突出问题。2007 年，为迅速突破人才瓶颈，中远船务打破常规，大力实施"全球引智"工程，以宽广的胸怀、国际化视野，引进新加坡、韩国和日本的海工和船舶建造高级技术设计与管理人才。特别是在海工领域，中远船务聘请新加坡专家担任海工总部总经理及项目经理，一步到位地引进了世界海工建造领域最优秀的工程技术专家，着力打造基于新加坡海工技术的自主化海工建造管理模式，从而在短期内具备了建造高技术难度海工产品的能力。自 2006 年 7 月起，中远船务先后从新加坡、日本、韩国、英国等国家引进船舶和海工设计、项目生产管理、市场营销等专家人才累计达 76 人。与此同时，通过人才市场和社会招聘等多种方法，广泛吸收行业造船生产与技术管理的中高端人才。到 2008 年，中远船务已经积聚专业管理人才近 1000 名，专业技术人才 3700 余名。初步形成了具有中远船务特色的"全球引智"模式。

2. 强化技术领先战略，培育国家级技术中心

海洋工程装备制造是高起点、高技术、高投资、高风险、高回报的"五高"产业，造价差距很大，主要在于技术上的差距。中远船务成立后，始终将技术领先战略放在企业发展的突出位置，通过整合系统内技术资源，强化技术自主创新，提高工程水平和质量，不断优化产品结构和客户结构，实现了以技术品牌一路引领和支撑中远船务的跨越式发展。

在 2002 年整合成立之初，中远船务就成功打造了以技术中心、各企业技术部、各车间工艺组和专业技术公司为主的垂直型技术管理体系，经过在运作过程中不断完善，很好地为经营生产提供支撑。为加速开拓海洋工程市场，进一步强化海工技术研发，中远船务优化整合了技术中心，并明确了把技术中心打造成市、省和国家级技术中心的"三级跳"发展思路。新的技术中心作为系统技术和研发工作的统筹机构，重点实施大型船舶改装和海洋工程项目。到 2008 年底，中远船务技术中心已拥有设计人员 1300 余人。

为准确把握市场立足点和技术制高点，2007 年，中远船务将海洋工程研发中心迁至南通，全面配套海工建造，致力于世界尖端海工技术自主创新和研发能力的提升。2008 年 4 月 18 日，中远船务（启东）海洋工程有限公司（简称启东中远海工）正式成立。2009 年 9 月 17 日，经工业和信息化部论证，中远船务的海工建造在市场开拓、产品研发、生产建造、技术质量、安全管理等方面已步入国内领先水平。经过几年的发展，完成了自主设计从无到有、建造产品从起步到领先的"撑杆跳"，成功地推动了整个产业的转型升级。截至 2010 年年底，中远船务海工研发中心已形成近 400 人的技术人才队伍。其中，海外专家

达29人,博士、硕士19人,具有高级职称的设计人员达20余人。自主设计的海洋工程装备项目有:SEVAN650系列钻井平台、SUPERM2自升式平台、GM4000半潜式平台,105000载重吨系列穿梭油轮、59000载重吨系列穿梭油轮、八角形海洋工作平台、海洋系列风电安装船、深海钻井船、深海铺管船等十几类海工产品,使中远船务在建海工产品实现了从浅海到深海的全覆盖。2010年,中远船务海工研发中心成功晋级"国家级企业技术中心"。

2012年9月3日,中远船务海工事业部正式成立。海工事业部的主要职能:一是海工业务的发展与规划;二是海工建造技术的创新与引领;三是海工管理体系的建设与推广;四是海工专业人才的引进与培养。

2013年,大连中远船务技术中心继南通中远船务海洋工程技术研发中心后,成为系统内第二家"国家认定企业技术中心",中远船务获评"辽宁省技术创新型龙头企业",南通中远船务获设国家级"博士后科研工作站",上海中远船务通过国家"高新技术企业"评审认定。

2013年12月23日,工信部装备工业司正式公布第一批符合《海洋工程装备(平台类)行业规范条件》企业名单,启东中远海工和南通中远船务跻身中国首批7家海工"白名单"行列。

3. 海工技术成功走出国门

2011年,通过为巴西相关船厂提供海工建造技术和生产管理顾问服务,上海中远船务以技术输出方式进入巴西海工市场,赢得FPSO、新型钻井船等海工项目设计、制造和调试等技术服务订单。进而又于2012年9月,与巴西公司签订了8艘FPSO通用模块的建造合同,合同金额总计超过3亿美元,这是中远船务海工技术首次跨出国门,实现了技术输出。走出了一条"由技术服务向项目建造"的海工业务延伸拓展之路。

(三)以"希望1号"为代表的中远海工产品享誉世界

2009年6月28日,世界最先进的首座圆筒型超深水海洋钻探储油平台SEVAN650,在启东中远海工被命名为"SEVAN DRILLER"(希望1号,见图3-6)。"希望1号"是南通中远船务为挪威SEVAN MARINE公司建造的第六代半潜式平台,总高135米,直径84米,设计水深12500英尺,钻井深度40000英尺,拥有15万桶的原油存储能力,可适应英国北海零下20摄氏度的恶劣海况,是这一时期世界海洋石油钻探平台中技术水平最高、作业能力最强的高端领先产品。该平台采用DP3动态定位系统和全回转动力系统,电缆敷设达620余公里,自动控制报警点14000多个,内部安装的设备930余套。该项目整个建造周期仅30个月,比国际同类产品提前半年时间。这些数据均为当时国内第一,填补了中国海洋工程装备制造的多项空白,在中国装备制造业的发展史中具有里程碑的意义。命名仪式当天,新华社采写了长篇新闻通稿,以中、英、法、西、阿、俄、葡7种文字向全世界播发,各大国家时政媒体及《联合早报》《货易内报》(Trade Winds)、《上游》(Upstream)等外部媒体均以显著版面对中远船务进军海工高端领域、建造世界顶尖产品的重大消息进行了报道和深度探析。央视新闻连续多日对中国成功建造世界首座圆筒型超深水钻探储油平台进行了滚动报道。《人民日报》于 29 日第 2 版显著位置刊登长篇新闻报道，并配发大幅平台图片。该报海外版更在头版刊载新闻，将"世界首座""中国制造"的震撼消息传播海外。

图 3-6　由南通中远船务成功建造的世界最先进首座圆筒型超深水钻探储油平台"SEVAN DRILLER"（希望 1 号）。

2009 年 11 月 23 日，"希望 1 号"在其自身配备的先进导航系统和 8 台推进器的强大动力下，自航驶往南美墨西哥湾海域，正式交由船东投入使用。

2010 年 3 月，"希望 1 号"圆筒型超深水钻井储油平台与千万亿次超级计算机"天河一号"、新支线客机 ARJ21-700、实用型中低速磁悬浮列车共同入选国家"十大技术进展"。

2012 年 2 月 14 日，国家科学技术奖励大会在京召开。"深海高稳性圆筒型钻探储油平台的关键设计与制造技术"项目获 2011 年度国家科技进步一等奖（图 3-7）。这是中远成立 51 年来在科学技术领域获得的最高奖项，也是国内海洋工程装备制造企业首次获得的国家科技殊荣。12 月 31 日，"希望 1 号"海工平台在巴西深海探获了世界最大的深海油气田——BM-S-8 油田，该油田最大油层厚度达 400 米，油田预计储量超过 1000 亿桶。再次轰动了全球海工装备界。

以"希望 1 号"为开端，中远船务不断推出圆筒型系列海工产品：其中有以"希望 1 号""希望 2 号""希望 3 号"为代表的勘探钻井类圆筒型平台，以"希望 6 号"DANA FPSO 为代表的油气生产类圆筒型平台，以"希望 7 号"为代表的世界首座工程辅助类海上生活平台。

2012 年 2 月，南通中远船务为挪威 SEVAN MARINE 公司建造的第 2 座第六代系列半潜式钻井平台"希望 2 号"成功交付巴西国家石油公司。2013 年年初，"希望 2 号"在巴西石油桑托斯盆地的油气勘探过程中发现

图 3-7　南通中远船务——国家科技进步一等奖证书。

深度超过 6150 米的海上大油田。

2012 年 8 月，中远船务承接了世界首个圆筒型 FPSO "希望 6 号" DANA FPSO 项目。"希望 6 号"是中国从国外获得的第 1 个从设计、采购、建造、调试，部分海上安装和运输的总包一站式交钥匙工程（EPC），多项技术创新填补了国内海工空白，达到了世界领先水平。

截至 2015 年底，全世界共有 12 座圆筒型的海工产品，其中 8 座是由中远船务设计建造，国际市场占有率近 70%。

（四）在市场寒冬中不断刷新的海工行业新纪录

2008 年下半年开始，随着美国金融危机对船舶修造市场的冲击，海工建造业同时进入了漫长的严冬，"订单难、融资难、交付难"成为海工建造面临的紧迫局面。

在低迷的市场环境中，中远船务坚持开拓高端海工市场，成就了一批重量级海工产品，先后设计建造交付半潜式深水钻井平台"创新者"号（ISLAND INNOVATOR），中国首座 LeTourneau Workhorse 自升式钻井平台"凯旋 1 号"、世界首座带自航能力的自升式海洋平台"SUPER M2"，具有国际先进水平的海上风电安装船"决心"系列、"东安吉"系列，海上原油特种运输船"劳瑞森""库纳森"系列，半潜式海上生活平台"高德"系列等 29 个海工产品，实现了由浅海到深海、由油气平台到特种工程船舶的全覆盖。中远船务成为国内设计建造海洋工程装备制造型号最多、产品最全的企业。

1. 世界首座自航自升式海洋平台"SUPER M2"

2010 年 6 月 29 日，南通中远船务为美国 Remedial Offshore 公司建造的世界首艘带有自航能力的自升式海洋平台"Super M2"（图 3-8）成功交付。SUPER M2 多功能自升式海洋工作平台属于海洋平台中的新型专利产品，主要功能是为海洋钻井平台提供修井、完井等辅助服务，并可作为自升式起重平台使用，为其他海上工程装备驱动系统等提供配套服务。其结构建造的核心技术——海洋钻井平台桩腿"齿条总成"项目的创新研究填补了国内空白。"SUPER M2"多功能自升式海洋工作平台的成功交付，标志着中远船务在海洋工程建造领域实现了从近海到深海的全覆盖。

2. 世界最大深海钻井船——"大连开拓者"号

2010 年 8 月 22 日，中远船务接获的合同金额 5.6 亿美元的 EPC 总包项目——"大连开拓者"深海钻井船在大连中远船务正式割板开工。"大连开拓者"轮是在中国建造的首个"交钥匙"工程的钻井船项目（图 3-9）。该项目的实施，预示着中国企业将打破韩国长期以来在世界钻井船建造领域的垄断，标志着中国民族海工装备制造实力再次实现重大突破。时任国务院副总理李克强亲笔批示："向参与研建的全体同志表示祝贺，希望将该项目打造成世界海工装备的精品。"

3. "探险"号系列海上风电安装作业平台

2011 年 1 月 19 日，中远船务为荷兰 VROON 公司成功设计建造的世界最先进自升式海上风电安装船，在启东中远海工基地命名为"探险"号（MPI ADVENTURE）。3 月 24 日，"探险"号成功交付并从启东中远海工基地起航奔赴英国北海进行施工作业。10 月 24

日,"探险"号姊妹船"发现者"号在启东中远海工成功交付,并于当日启航奔赴英国北海与"探险"号一起进行施工作业。

图 3-8 建造并交付的带自航能力自升式海洋平台"SUPER M2"。

图 3-9 新承接的超深水钻井船"大连开拓者"轮。

2012年10月19日,中远船务为丹麦船东公司设计建造的世界第三代风电安装船"海上安装者"号(东安吉1号)成功交付。该船是当代世界最先进,自动化程度高,集大型风车构件运输、起重和安装功能于一体的海洋工程专业特种船舶。中远船务拥有该系列海上风电安装船生产设计和详细设计的自主知识产权,填补了国内海上风电安装特种船舶设计建造的空白,也巩固了中远船务在自升式海上风电安装船设计建造领域的领先地位。2012年8月17日,南通中远船务"超大型海上风电安装作业平台"项目产品经国家科技部审查和筛选,成功列入"2012年度国家重点新产品计划"项目。2013年2月19日,在国际海洋工程领域著名的"海上支持期刊奖"(Offshore SupportJournal Award)年度评选中,南通中远船务建造的"海上安装者"风电安装船,由于在海上风能再生能源方面的突出表现,获"海洋可再生能源奖"(Offshore Renewables Award)。

4. "创新者"号深水半潜式钻井平台

2012年9月26日,中远船务建造的第六代深水半潜式钻井平台"创新者号"(ISLAND INNOVATOR)成功交付挪威船东公司,服务于挪威北海海域油田。实现了中国在超深水半潜式钻井平台设计、建造、调试、完工"一条龙"("一站式"总包)的突破。

2013年12月10日,据挪威奥德菲尔钻井公司(Odfjell Drilling)发布的第三季度公告称,由中远船务建造的深水半潜平台"ISLAND INNOVATOR"已经在9月投入使用,一直在全球海况最恶劣、最复杂的欧洲北海海域作业,平台有效工作时间高达97.5%,超过了国际平均95%的水平,各项性能指标都得到了船东和租家公司的高度称赞。

5. 中国首座自升式钻井平台"凯旋1号"

2014年6月26日,中远船务首座自升式钻井平台"凯旋1号"在启东中远海工命名。

该平台是这一时期中国建造的规格最高的自升式钻井平台,技术水平和生产能力处于全球领先水平。6月底,由中远船务作为牵头单位的"自升式钻井平台升降系统研制"项目通过工信部验收,填补了国内空白,标志着中远船务在国内同行中,率先掌握了自升式钻井平台升降系统的关键技术。

7月17日,南通中远船务交付国内最先进自升式钻井平台"凯旋一号",该平台完工后交付给工银租赁,由租家中海油在中国东海实施作业。该项目的成功运作,开启了中远船务与国内知名石油公司全新的合作模式,实现了产融结合、强强联手和互利共赢,为推进国家海洋战略,建设"海洋强国"做出了重要贡献。

6.世界最大半潜式海洋生活平台——"高德1号"

2015年1月5日,南通中远船务半潜式海洋生活平台"高德1号"成功交付,该平台最多可为990人同时提供生活居住服务,成为全球这一时期可居住人数最多的半潜式海洋生活平台。4月17日,"高德2号"正式在墨西哥湾投入运营,各项性能指标获得船东及租家高度肯定。该系列平台"高德2号"于2015年9月2日交付。

在后金融危机时期修船市场整体萎缩的情况下,中远船务海工建造业务比重和利润贡献度大幅提高,保持了整体收入水平和效益规模的稳步提升。到2012年,中远船务主营收入中海工建造及改装业务首次超过50%,手持海工订单量占全国船厂总订单量1/3强,成为中国当之无愧的海工领军者。

(五)领导关怀

这一时期,中远船务海工产业的转型升级也得到了党和国家领导人的高度重视。

2007年5月25日,时任辽宁省委书记李克强视察中远船务。他指出,中远船务作为中国船舶工业的重要力量,要进一步发挥自身优势,大力发展海洋工程和船舶建造事业,为大连市和辽宁省的经济建设做出更大贡献。

2007年8月8日,时任国务院总理温家宝在视察江苏造修船企业时,听取了"SEVAN DRILLER"项目的科技研发和建造情况汇报,对中远船务推进产品结构调整、大力发展海工装备制造给予了充分肯定和积极鼓励。

2010年1月15日,时任中共中央政治局常委、全国人大常委会委员长吴邦国视察南通中远船务,对公司抓住机遇,成功实施产品转型,进军海工领域取得发展优势给予高度评价,对中远船务迅速形成"引进、消化、吸收、再创新"的技术研发模式,依托强有力的海工技术设计不断拓展国际市场,成为国内屈指可数的海洋工程总包建造企业大加赞赏。他勉励中远船务进一步加强技术攻关,发挥产业"领头羊"作用,争取在海工关键装备制造技术上有更大的突破。

2013年3月8日,中共中央总书记、国家主席、中央军委主席习近平到十二届全国人大一次会议江苏代表团,听取了全国人大代表、南通中远船务总经理倪涛的汇报发言,并对中远船务抢抓机遇,以科技创新推动企业转型,发展成为世界知名海工建造企业表示充分肯定,鼓励企业要抓住机遇发展好海工事业。

三、造船技术水平进入国内领先行列

（一）中远造船的发展

2001年之后，随着中远船务的建立和集装箱、涂料等优质资产的剥离，中远工业公司资产规模锐减，资产质量和盈利能力也大幅度下降。资产总额由拆分前的超过120亿元仅剩下1/3；当年销售收入仅为拆分前的1/7，且留下的企业大多出现经营亏损，开始了"二次创业"的艰辛跋涉。

这一时期，在国际国内船舶市场保持旺盛需求、国内宏观政策积极扶持的大好形势下，中国造船业进入快速增长期。2005年我国造船产量达1200万载重吨，占世界造船市场份额的18%，累计新接订单700万修正总吨，成为全球第二大造船国。经深入研究国内外经济形势、市场走势和企业发展潜能，中远工业公司确定了"以造船为主业"的发展思路，制订了创优、做强、做大造船的发展战略。到2003年，中远集团与日本川崎重工合资建设的南通中远川崎船厂，已在业界崭露头角，成为中远工业公司发展造船主业的主要力量。2004年，国资委明确中远集团航运业、物流业和造修船三大主业体系；2005年8月，中远工业公司更名为中远造船工业公司，加快进行结构调整、推进技术创新和管理创新，迎来了加速发展的新机遇。

到2015年，中远造船已拥有世界一流、国内领先的船舶制造技术和管理模式，总资产达129.13亿，拥有船坞4个，坞容量195万载重吨，生产能力达到540万载重吨，当年交付船舶27艘，228.6万载重吨，手持造船订单57艘，701万载重吨，营业收入71.28亿元人民币，利润5.77亿元人民币。具备了各类高性能大型远洋运输船舶，包括LNG船、LPG船以及重吊船、半潜船、海洋工程船等特种船的设计和制造能力。成功向船东交付了近百艘船舶，包括首制填补国内造船空白的10000TEU装箱船、30万吨VLCC油轮、30万吨VLOC矿砂船、6200PCC汽车滚装船、20.5万载重吨散货船等船型。

旗下拥有全资、合资企业：南通中远川崎船舶工程有限公司、大连中远川崎船舶工程有限公司、南通中远重工有限公司、上海中远川崎重工钢结构有限公司、南通远洋船舶配套有限公司、南京中远航修配件厂、威海中远造船科技有限公司七家船舶制造及船舶配套设备生产制造企业。

1. 南通中远川崎船舶工程有限公司

南通中远川崎船舶工程有限公司（以下简称南通中远川崎）是中国造船界异军突起的标杆企业。这一时期，南通中远川崎完全按照国际先进标准进行船厂建造和企业管理，确立了"建世界一流船厂、造世界一流船舶"的企业目标，成功研发、交付了百余艘大型远洋船舶，其中包括中国第一艘5400TEU船"中远安特卫普"（COSCO ANTWERP）、第一艘10000TEU船、第一艘5000PCC汽车滚装船、第一艘6200PCC汽车滚装船、第一艘20.5万载重吨散货轮、第一艘30万载重吨矿砂船和第一艘国轮国造30万吨VLCC油轮"远大湖"等填补国内空白的大型远洋船舶。通过技术引进—消化吸收—技术创新的模式达到起点高、速度快、技术领先的效果，南通中远川崎在国内率先实现了无余量造船，

初步实现零库存,钢铁利用率达到92%以上。这些指标在同时期国内大型骨干造船企业中还无法实现。在生产效率方面,南通中远川崎也一直处于国内领先地位。以最能反映技术和管理综合水平的劳动生产率来看,造一艘4.7万载重吨散货船,南通中远川崎船厂的工时数为37.6万工时,而国内同业大约需要120万工时,两者相差2倍;建造一艘技术水平要求很高的VLCC油船,南通中远川崎需要100.7万工时,国内同业则约需550万工时,相差约4倍。2003年,南通中远川崎人均产值120万元,而国内主要骨干船厂为20万元,一般船厂仅为8—10万元。2003年,南通中远川崎造船完工69.8万吨,在国内排第2位,如此生产规模的传统造船企业需要近1万人,而中远川崎在册员工却仅有1100人。2004年,实现了5.55万载重吨散货船不足20天的船坞建造周期,接近或赶超了日、韩等先进造船国家水平,产值、利润再创历史新高。建造工时刷新并保持了中国建造VLCC最短工时纪录。

为扩大造船生产规模,中远造船于2005年12月开工建设南通中远川崎二期扩建工程项目,总投资23亿元,新建50万吨级大型船坞和30万吨级舾装码头,形成"双坞三泊位"生产格局。2008年10月,二期工程如期建成投产,公司生产能力扩大了一倍,达到250万载重吨。为进一步释放一、二期产能,中远造船于2009年初开工建设南通中远川崎"小三期"项目,兴建实验培训中心、管子车间等,进一步优化、调整生产布局。2010年9月,项目建成投产,使企业生产规模提高至300万载重吨,得以从容应对造船市场繁荣期的船舶建造任务。2012年,南通中远川崎又以"腾笼换鸟"方式,分别收购了南通中远重工和南通远洋配套公司原来的土地和岸线资源,以发展"大三期"LNG项目,进一步改善了生产条件。创新,是南通中远川崎在云波诡谲的造船市场巍然屹立并取得稳步发展的基石。在科学管理和科技创新方面,南通中远川崎始终走在中国造船业的最前沿。其从工艺优化、创新入手,率先在国内推进"船机电、壳舾涂一体化"的现代先进造船模式,同时积极推进数字化、信息化造船,把这一时期制造业应用最广泛的企业资源计划系统(ERP系统)和一流造船企业普遍应用的计算机辅助设计与制造系统(TRIBON系统)等结合起来,使各业务模块实现信息化和数据共享,实现了从船舶设计、原材料采购到船舶建造的全过程电算化管理。2007年,江苏省船舶工程技术研究中心在南通中远川崎技术中心挂牌成立,进一步提升了公司在技术研发方面的引领作用。到2010年公司成立15周年,南通中远川崎已交付各类远洋船舶近80艘,技术性能、质量均达到国际先进水平。全员劳动生产率、人均实现利润、造船生产效率等6项成果被列为第九批中国企业新纪录十大创新项目,万美元产值耗能量等主要经济指标,连年创造或刷新中国造船新纪录,成功跻身于"中国出口企业200强""全国进出口企业500强""全国最大规模外商投资企业500强""中国机械行业百强企业"之列。

2011年后,公司致力于生产自动化、流水化及智能化工厂建设,逐年投产型钢、条材和先行小组立、小组立、管子焊接等机器人自动化生产线,生产效率提高2—4倍,大大降低了工人劳动强度、提升了产品质量。随着公司技术创新能力和管理水平的不断提高,日方人员从原来的36人减至6人。2012年底,南通中远川崎获得"江苏省两化融合示范企业"称号。2015年7月,被工信部认定为智能制造试点示范项目,是中国46家企业中的唯一船舶制造企业。

精益管理助推了良好的效益。在2008年金融危机之后造船行业面临"交船难、接单难、融资难"的三重压力下,南通中远川崎却凭借技术领先和不断创新,继续保持着强劲的发展势头。在这一轮船市萧条中,南通中远川崎不仅没有出现一起延期交船或撤单现象,2011年,在原材料上涨和全球金融危机影响的双重打压下,经营业绩再创历史新高;2012年,进一步取得了公司历史上最好的经济效益。

在产品研发方面,南通中远川崎在前期学习引进国际先进经验的基础上,立足自主创新,建立健全自主研发体系,除开发设计了2.8万载重吨和3.6万载重吨多用途重吊船、6.1万载重吨半开口船、20.9万载重吨散货船、30万载重吨和40万载重吨矿砂船、31.1万载重吨油轮、3800车位双燃料汽车滚装船之外,同时还开展了2万标箱集装箱船、LNG船等先进船型的研发和储备。这一时期,南通中远川崎抓住大型矿砂船需求增加的市场机会,自主研发、设计了30万载重吨超大型矿砂船(VLOC),并在国内率先形成该型船批量建造能力。这批船舶在经济性、安全性、绿色环保性和多港适用性等方面,获得船东的充分肯定,被江苏省列为重大科技成果转化项目。公司自主建造的世界上唯一一艘可承运重质加温原油的31.5万载重吨VLCC,也是这一时期中国制造的吨位最大的原油轮。

2008年全球金融危机之后,南通中远川崎从战略高度出发、强力推进基本设计能力建设,生产设计、详细设计能力、效率与日韩比肩。这一时期,南通中远川崎以精益理念为指引,将打造"能源消耗低""环境污染少""资源节约"的现代造船企业作为追求目标。根据国际海事组织船舶能效设计指数对船舶能效系统的综合评估,南通中远川崎2013年初建成交付的当时中国最大箱位集装箱船13386标箱集装箱系列船能效指数在基线以下15%—25%;汽车滚装船和散货船分别在基线以下8%和7%。这些船型在低能耗、绿色船舶市场已具有极强的国际竞争力和吸引力。被列为2016年世界十大名船第4位的3800车位双燃料冰区加强型汽车运输船,是南通中远川崎实施绿色环保产品升级的典型代表,为更好开拓清洁能源船舶市场打下了坚实基础。

2. 大连中远川崎船舶工程有限公司

大连中远造船工业有限公司是日本川崎重工与中远造船工业公司继南通中远川崎船舶工程有限公司成功经验基础上,合资兴建的第2家大型船舶建造基地。

2006年8月16日,国务院常务会议讨论通过国家《船舶工业中长期发展规划》,中远旅顺造船基地作为环渤海湾地区重大项目规划被明确提出。

为抓住中国船舶工业发展和振兴东北工业基地的历史机遇,加快完善产业布局、提升生产能力,中远造船积极落实中远集团战略部署,开始谋划筹建大连中远造船项目。该项目固定资产投资65亿元,总投资近百亿元,是中远集团成立以来投资最大的陆产单体项目,位于大连市旅顺经济开发区,所处海域终年不冻,厂区占地面积180万平方米,拥有岸线2000余米,计划建成两坞五泊位的生产布局,设计生产能力300万载重吨。一期工程建设1座50万吨级船坞,配备2台800吨龙门吊。

2006年5月9日,中远集团与大连市政府签署了《中远大连造船项目合作意向书》。2007年5月28日,中远、川崎、南通中远川崎签订了三方合作协议;同年8月6日,中远集团副总裁李建红、日本川崎造船株式会社社长谷口友一共同为大连中远造船工业有限公司揭牌。2008年8月2日，公司举行了隆重的项目开工仪式（图3-10），到2010年1月18日，大连造船项目正式投产，首制船20.5万载重吨散货船DE001号开工建造。

图3-10　国家发改委副主任张国宝，辽宁省人民政府省长陈政高，交通运输部副部长徐祖远，国资委监事会主席高怀忠，大连市委书记张成寅、市长夏德仁和中远集团总裁魏家福、书记张富生等领导和嘉宾参加了中远集团大连中远造船基地开工典礼并剪彩。

大连中远造船一期工程仅用534天便建成投产，创造了船厂建设领域的多项第一：国内最长的700米船坞工程、亚洲面积最大的12.4万平方米船体车间、东北最长的采用爆破挤淤方式建设的2130米防坡堤工程、东北地区施工难度最大的112米边坡支护工程等。大连中远造船基地的建成投产，标志着南通中远川崎和大连中远造船2家船厂"南北呼应、比翼齐飞"及"设计、采购、营销三统一"生产管理体制初显成效，规模化生产优势进一步提升了中远造船的竞争实力。

在成立之初，大连中远造船就确立了"引进、消化、吸收、再创新"的发展之路，先后派出新入职员工、关键岗位人才到南通中远川崎、日本川崎坂出工厂进行上岗培训，并通过这种方式将成熟、先进的管理理念和造船技术"复制"过来，使大连中远造船迅速成长为中国造船界的"后起之秀"。至2010年1月首制船开工之时，大连中远造船已经完成108名技术管理人员和206名造船技术工人赴南通中远川崎培训，以及19名员工的赴日培训，他们成为首制船建造中的中坚力量。为使大连中远造船快速形成高效生产模式，中远集团、川崎造船及南通中远川崎也先后派遣专业管理人员和技术骨干在大连中远造船担任职务、指导工作。2010年1月首制船开工时，共有29名派遣干部/指导员在大连中远造船任职。他们不仅带来了先进的技术、管理经验，还带来了川崎重工和南通中远川崎优良的文化传统。

2010年12月，大连中远造船与南通中远川崎进行了各项指标的对标。首制船总工时较计划工时节约 2%—3% 低于南通中远川崎同型船的 1.5 倍,优于大部分国内船厂,具备了提前优质交船的可能;钢材利用率已达到 92% 以上,遥遥领先国内船厂;船舶建造质量方面十分接近南通中远川崎,一次报检合格率达 97%,造船生产效率也明显高于南通中远川崎建厂初期水平。此外,大连中远造船还在设计工时、设计质量、设备完好率、标准能耗、安全生产等方面,与南通中远川崎开展了全方位的对标,通过对标找出不足,加以改善、不断优化。

2011 年 9 月、11 月,大连中远造船首制 DE001 和姊妹船 DE003 号船先后顺利交船。该船型为 20.5 万载重吨散货船,是国内首创,主要经济技术指标均达到国内领先、世界一流的水平。同年,DE005 等 3 条大型散货船同时开工建造,大连中远造船正式从单型船生产过渡到多船型连续生产阶段。当年大连中远造船盈利 6575 万元,实现投产第 2 年即实现盈利。

2012 年 4 月 1 日,大连中远造船股权转让项目获得商务部批复,川崎重工业株式会社成为项目受让方。转股完成后,大连中远造船股份结构调整为:中远造船持股 36%,川崎重工持股 34%,南通中远川崎船舶工程有限公司持股 30%。中远造船直接和间接对大连中远造船持有 51% 的股份。川崎重工增股大连中远造船,增强了大连中远造船技术能力,为长远可持续发展奠定坚实基础。2012 年 6 月 1 日,大连中远造船正式更名为大连中远川崎船舶工程有限公司(图 3-11)。

图 3-11 大连中远川崎船舶工程有限公司。

至 2013 年年底,大连中远川崎连续 3 年实现盈利,同年交付 6 艘船舶、创造了大连中远川崎单年交船数量的新纪录。随着技术的不断成熟,大连中远川崎在建造周期、产品结构上不断提升,各项生产指标对标南通中远川崎不断缩小差距,处于国内领先地位。2014 年,全球造船产能严重过剩,大连中远川崎进入投资亏损期,面对改善损益要求,大连中远川崎采取了扩大产能,调整结构,全员营销,缩短单船建造周期,提高建造效率等应对措施。2014 年 4 月 3 日,大连中远川崎 6.1 万吨散货船 DE018 号船正式开工建造。该船顺利开工后,大连中远川崎 6.1 万载重吨散货船进入了连续开工批量生产节奏,标志着大连中远川崎步入了调结构、扩产能、加速发展的新阶段。2015 年,受船市低迷影响,大连中远川崎订单量比常规年份下降近 40%。大连中远川崎在企业内积极倡导全员营销,年内大连中远川崎首制 30.8 万载重吨 VLCC 交付,新接入 1 艘 VLCC、2 艘 20000TEU 集装箱船、2 艘 6.1 万载重吨散货船订单,标志着大连中远川崎在调整产品结构,实现产品升级方面取得了成功,为后续年度的扭亏为盈奠定良好基础。

2015 年 6 月,中远集团、中远造船审批同意启动大连中远川崎续建项目,项目总投资 17.97 亿元,计划于 2018 年完工,为大连中远川崎硬件能力的进一步提升和实际产能的充分释放打下基础。

3. 船舶配套产业的发展

在不断做强造船主业的同时，中远造船着力做大船舶配套、发展相关非船产业，同样取得了令人瞩目的成就：

南通中远船舶钢结构有限公司[①]与芬兰麦基嘉公司合作，建有国内最大的船舶舱盖生产基地，年生产能力达4万余吨。这一时期，在特大型龙门吊、港口机械设备制造领域实现了重大突破，具有900吨超大型龙门吊、大型门座式起重机及散料处理设备的设计、制造能力。

南通远洋船舶配套有限公司主要从事船舶舾装件、钢结构制作安装、内舾装设计施工，常年为日本川崎造船等国内外一流造修船企业提供船舶配套产品及服务，这一时期保持了良好的持续发展能力。

上海中远川崎重工钢结构有限公司通过引进、吸收日本川崎重工钢结构领域多项专利技术，形成了集钢结构设计、制造、运输、安装和销售于一体的综合性经营体系。产品涵盖钢结构领域所有种类，与柏克德、力拓、巴西淡水河谷等国际知名企业保持了良好合作关系，其订单和利润70%来源于国外生产项目。

南京中远航修配件厂大力开发柴油机气阀和关键零配件等新产品，积极扩展工程机械、船用机械等各类机械配件、大型精密机械加工及船舶配套产品贸易等业务。

从技术引进到消化吸收、自主创新，从"船机电、壳舾涂"一体化的生产模式到数字造船、绿色造船，从标准化管理、计划管理、6S管理到全员自主管理，中远造船坚持走科学发展道路，创造了高起点、跨越式发展的"中远川崎模式"，用十年时间走完了中国造船企业100年、日本造船企业50年、韩国造船企业30年的路程，成功实现了跨越式发展，圆了中远人"租船→买船→造船"的理想，成为中国造船业成功引进外资的典范。建造工时、钢材利用率、万美元产值耗电量、生产效率等主要经济技术指标，连年创造或刷新中国造船业新纪录，主要指标达到日韩船厂先进水平。成功实现了从中远工业的"孵化器"到中国造船"领航者"的华丽转身。截至2010年底，中远造船资产总额达到2001年拆分时的3.3倍；2012年实现利润总额13亿元、完成营业收入80多亿元，分别达到2001年拆分时的40多倍和5倍左右。

中远造船创新发展成就引起国内外航运界、船舶制造界和社会各方面的高度关注。国务院总理温家宝、全国政协主席贾庆林等党和国家领导人先后莅临中远造船旗下企业视察，充分肯定了中远造船在引领国内船舶制造产业升级中发挥的重要作用。

（二）中远船务进军造船领域

随着全球船舶工业的不断发展，从2006年下半年开始，中远船务根据市场形势和产业发展趋势，在积累多年修船经验的基础上进军船舶建造领域。全力实施"修造并举"战略。为建立科学的生产、设计和管理模式，中远船务通过"全球引智"，着力打造基于韩国管理经验的自主化船舶建造管理模式，在较短时期内完成了造船人才引进和造船体系的构建。超常规地实现产品结构的巨大调整。2007年2月8日，中远船务为中波轮船股份公司

---

① 从2012年1月1日开始正式启用新的公司名称：南通中远重工有限公司。

建造6艘3万载重吨多用途重吊船合同的签字仪式在上海隆重举行。该合同的成功签订，成为中远船务全面进入造船市场的良好发端。2007年，中远船务相继开工建造5.7万载重吨、8万载重吨和9.25万载重吨散货船，5000车位汽车滚装船及3万载重吨多功能重吊船等，初步实现了船舶建造的批量化生产。当年造船总量迅速跻身中国主要造船企业前列。

1. 调整业务定位，扩大造船产能

作为造船领域的新军，中远船务在全面研究企业内外部条件及未来生产能力的基础上，对大连、舟山、广东三家企业的产品定位进行了调整，确立了中远船务复合化业务格局。2008年，中远船务对公司管理体制进行改革，当年新组建了造船生产管理部、质量管理中心和物资管理中心，并相应调整了新老部门的管理职能；推进实施大部门建制，由扁平化向系统化管理模式过渡；改革技术中心运作模式，根据造船发展需要，分别在上海、南通、广州成立技术分中心，将总部410名技术人员充实到了各分中心，并先后与韩国最大的海事技术株式会社工马重工（KOMAC）合作成立了CK设计中心，与大连海事大学合作建立了"国家工程研究中心"，与中国船级社（CCS）建立了战略联盟；对各修造并举企业实施了经营、设计、生产、质检、物资、外管等主体部门的完全分立运行。管理体制改革拓展了各企业修造业务高效并行的外延，为加快推进产品转型提供了有力的体制保障。与此同时，中远船务按照现代造船生产理念和"一次规划，分步实施"的规划思路，依托既有资源，进行投资建设和技改，为船舶建造创造了先决条件。

经过投资建设和改造，到2010年，中远船务在大连、舟山、广东三地拥有平地船台共8条生产线，造船能力可达年产50艘/410万载重吨，产品可覆盖型宽44米及以下的各类散货船、油船、5000TEU及以下集装箱船等船型。到2011年底，中远船务三大业务收入中，船舶建造已占到了48.51%，成为中国造船产业快速崛起的又一支劲旅。

2. 打造特色造船模式

从2007年起，中远船务开始迅速构建自己的造船管理模式，先后引入世界领先的韩国设计模式和企业生产信息管理系统（CIMS）软件，并多次组织韩国专家到大连、舟山、广东3家造船企业调研指导。通过系统评估各企业的建造能力，优化生产负荷与生产能力配比，全面推进现代造船模式的建立。截至2008年底，中远船务基本形成了以韩国模式为主导的造船生产设计体系。基本实现了"设计—生产—管理"一体化和"壳、舾、涂"一体化的现代造船业务流程，先行作业均衡有序，同时深化生产设计、推广先进工法、推进工序控制点管理，提高了整体造船质量和造船工效。

2009年，是中远船务产品交付年。4月17日，中远船务首个造船项目57000吨散货船"凯斯"轮在广东中远船务命名交船（图3-12）。这一年，中远船务累计开工

图3-12 2009年4月17日，中远船务首个船舶制造项目——57000吨散货船"凯斯"轮在东莞麻涌镇的广东中远船务造船基地成功交付。

船舶57艘、上船台船舶42艘、下水船舶28艘、试航船舶18艘、交付船舶14艘。其中，大连中远船务全面应用韩国先进造船模式设计生产的首艘92500载重吨散货船，建造周期12个月，设计质量和深度、建造精度和效率均达到国内同行业领先水平；国内自主设计建造的5000车位汽车船首制船在舟山中远船务成功试航，技术难度较高的3万吨多用途重吊船首制船在大连中远船务成功交付，更标志着中远船务具备建造高标准、高难度、复杂性特种商船的能力。

2010年，随着建造生产逐步走上正轨和建造产品批量集中交付，中远船务主要造船指标与造船初期相比有了很大提高。大连中远船务8万载重吨散货船的首制船N205实现下水后80天试航、105天达到交船条件；N251（9.25万载重吨散货船）建造总周期缩短为11个月，各项主要造船质量指标也稳步攀升。广东中远船务在设计模式、分段建造工艺、预舾装工序、下水完整性等"四大改进"上下功夫，N228（5.7万载重吨散货船）上船台至主船体成型仅用43天，首制N155（5.7万载重吨散货船）首航澳大利亚，PSC指标检查获得一次通过，标志其船舶建造质量得到国际的承认。舟山中远船务在5.7万吨系列散货船生产设计中，经过优化设计，实现了每艘船减少500吨钢板使用量的效果，该项目荣获浙江省2010年度优秀QC成果一等奖。

2011年，面对持续低迷的市场形势和异常激烈的同业竞争，中远船务大力发展特色造船业务，试点推行"成本倒推机制"。试点船扭亏为盈，主要产品5.7万载重吨散货船建造成本同比上年降低15.7%。"造船建模"的稳步推进，不但使钢材综合利用率等指标提升，而且使船舶建造周期明显缩短：5.7万载重吨散货船平均总周期同比缩短14%，8万载重吨和9.25万载重吨散货船同比缩短5%。到2013年，通过造船"建模"全年造船企业建造效率平均同比提升20.77%，每修正总吨人工成本同比降低6.75%，因生产提效精简的人数接近3000人。

3. 坚持技术引领，自主创新成绩斐然

面对国际船舶市场激烈的竞争态势，中远船务加大技术的科研经费投入，逐步建立和丰富自己的船型库，不断开发符合航运业经济发展方向的绿色环保船型；组建由中国工程院院士为组长的外部专家委员会，建立博士后工作站，对重点科研项目和关键技术问题进行系统研究；抓紧制定和完善船舶详细设计标准，涵盖船体、舾装、轮机及电气各专业的中远船务造船技术标准陆续编制发布，形成完整的船舶设计标准体系，通过加强标准管理，树立中远船务的行业权威。

在自主核心技术的有力支撑下，中远船务的产品技术研发取得了丰硕的成果，具有全部自主知识产权的设计项目包括5.9万—11.5万载重吨多型油轮、3.5万—9.25万载重吨多型散货船，以及防泥沙型VLCC、低硫油VLCC在内的13种船型。到2010年，中远船务共申报并获得受理专利59项[①]，其中13项专利已获国家专利局正式授权。

由大连中远船务自主生产设计并建造的首制9.25万载重吨散货船"海洋石榴"轮，以其设计及技术上的优越性，入选英国劳氏船级社2010年度船舶杂志《世界精品船型》

---

① 发明专利23项、实用新型专利36项。

（Significant Ships）目录，这是中远船务的船舶建造产品首次得到类似国际权威机构的认可。2012年底，中远船务开发成功的液化天然气（LNG）双燃料散货船"Clean Sky"轮也引起了国内外造船和航运界广泛关注。

与此同时，这一时期，中远船务的多个重点研发项目引起了多方面的关注和支持，共获得上级拨付的研发经费2000余万元。

4. 积极开拓市场，订单逆势飘红

2010年，在历经了百年不遇的高价船市和金融危机袭来新船订单量价齐跌的现实后，中远船务认识到保持一定规模和数量的造船生产订单，将是船厂赖以生存和发展的根本保证。2010年初，中远船务围绕年度工作会确定的"订单要赢"这一主线，在上半年造船市场回暖之时，审时度势，抢先抓住一批订单。雅典当地时间2010年6月15日，在希腊外交部，中远船务与4家希腊船东签署了11艘散货船的建造合同和4艘散货船的建造意向书，正在对希腊进行访问的时任国务院副总理张德江和希腊副总理西奥多斯·潘加洛斯共同见证了签约仪式。在巩固传统的希腊市场份额的同时，中远船务加大新客户的开发力度，又顺利进军土耳其、中国香港、塞浦路斯等新市场。

2012年，面对持续低迷陷入"冰点"的修造船市场形势，中远船务适时调整营销策略，突出在"特"字上下功夫，全年累计承接订单203.15亿元，其中船舶建造订单40.14亿元，在手订单总量均居国内船企前列。

2012年，中远船务涉足牲畜运输船建造市场，成为这一时期，中国唯一一家具有牲畜运输船完整建造业绩的船舶企业。2012年1月，中远船务接获来自荷兰Vroon公司的牲畜船系列建造订单，并于2013年9月交付首制船，完成了世界首制AMSA规范（澳大利亚海事安全规范规则）系列牲畜船的建造，该项目形成多项自主知识产权，填补了中国建造牲畜运输船的空白。当年荣获"广东省高新技术产品"荣誉称号。2013年，中远船务在重要目标客户市场开发上又取得突破。成功接获中海油服8000HP和9000HP共计4艘海洋工程船建造项目订单，实现了对国内石油公司建造项目市场的历史性突破。同时中远船务根据造船市场变化和客户需求，努力推动散货船项目系列化，适时补充了8.2万载重吨、6.4万载重吨等成熟船型。努力拓展特种船项目，成功接获国内首艘绿色新能源小型LNG运输船建造订单，以及荷兰MC模块运输船、烟台打捞局两艘12000吨打捞工程船、大连海事大学30000吨教学实习船等多个特种船建造订单。

2015年3月26日，马士基航运与中远船务签订7+2艘3600TEU冰级集装箱船舶建造合同。这是马士基在中国船厂最大建造订单，标志着中远船务与马士基集团在修船、海工、造船三大业务方面实现了全面合作，中远船务造船能力获得全球航运巨头的认可，也使得中远船务的造船业务成功覆盖三大常规船型。

2015年6月16日，中国地质调查局在北京举办海洋装备应用研讨会暨船舶建造合同签字仪式，中远船务成功获得"海洋地质保障工程配套装备项目"中的综合地质调查船建造合同，开创了中远船务建造海洋科考装备项目的先河。

2015年9月，大连中远船务又接下了新加坡船东23500平方米大型牲畜运输船"希乐"轮的建造订单，"希乐"轮一次可装载运输约17000头活牛，创下了这一时期中国船厂建造的最大牲畜运输船的纪录。

到 2015 年底，中远船务手持造船订单 49 艘、225.65 万载重吨，当年交付船舶 11 艘、54 万载重吨。

四、其他工业品牌的发展

（一）中远关西涂料化工有限公司

中远关西涂料化工有限公司（以下简称中远关西）创建于 1992 年，是由中远香港集团旗下的中远国际控股有限公司与关西涂料株式会社共同合资兴建的大型涂料生产企业，总部设在上海。日本关西涂料株式会社创建于 1918 年 5 月，是亚洲第一的涂料品牌，也是世界排名前十位的涂料生产商。中远关西公司的涂料产品从技术配方、原料采用、制造工艺、产品指标以至客户服务均与日本关西采用同一标准。

中远关西在天津、上海、珠海三地设有生产工厂，形成在环渤海、长三角、珠三角三个经济热点地区的鼎足之势。其中，天津工厂始建于 1992 年，是日本关西涂料在国内建立的第一家合资企业，地处天津滨海新区，占地 2.8 万平方米，年生产能力 3 万吨；珠海工厂建于 2006 年，地处珠海市临港工业区，占地 6.8 万平方米，年生产能力 3.6 万吨；2015 年新建成的上海新工厂地处上海市金山区，占地 6.1 万平方米，年生产能力 7.5 万吨。

这一时期，中远关西坚持"巩固箱漆、大力发展工业漆"的营销策略，深化与各大造箱集团的合作关系，自 2010 年起连续多年稳踞箱漆市场占有率榜首。2010 年 11 月 14 日，中远关西自主创新的第二代水性集装箱涂料（单组分体系水性箱漆）在全世界最大的集装箱生产基地——深圳南方中集集装箱制造有限公司进行了 15 台 TRITON 40 英尺高箱的喷涂实验，一举成功，其优异的施工性能和表面状态，得到了箱东和箱厂方面的认可。工业漆方面，确定了工业防腐发展的九大业务方向，积极培育工业防腐涂料的龙头行业和拳头产品，在核电、桥梁建筑、石油石化、粮油储罐等行业占据绝对优势。在船用涂料方面，2011 年，中远关西和南通亚华船厂合作的新造散货船"亚华 103"轮顺利交付下水，这是中远关西第一个执行 PSPC[①] 标准 的项目。2013 年 12 月 3 日，中远关西首个应用 PSPC 标准的自升式钻井平台 TASHA 在大连船舶重工海工部船台正式下水，为中远关西进一步开拓了海洋工程涂料市场。在核电涂料方面，自 2002 年首次成功开发江苏连云港田湾核电站业务，进军核电涂料领域后，2013 年，中远关西与上海核工程研究设计院签订了 AP 系列核级涂料研发协议，就三代核电技术 AP1000 技术及 CAP1400 技术要求的防护涂层展开合作，正式进入第三代核电站涂料开发领域。桥梁涂料产品是中远关西众多任务业防腐涂料业务中的优势和亮点业务之一。经过数年的发展和完善，中远关西已成为该领域的领军品牌，新建特大型钢结构桥市场份额居业内之冠。2011 年，中远关西中标福建厦漳跨海大桥、济宁南二环路跨京杭大运河桥、杭州九堡大桥、哈尔滨阳明滩大桥和郑州桃花峪黄河大桥五座大桥。2013 年 5 月 19 日，中远关西以总分第一中标港珠澳大桥主体桥梁工程涂装材料采购 TL02 合同段，合同金额 1.118 亿元人民币。TL02 分段是港珠澳大桥最

---

① PSPC 是国际海事组织将对 2012 年之后新造船强制实行的涂装要求。

大的涂装标段，中标此项目，意味着中远关西正式成为港珠澳大桥的主要涂料生产供货商。2013年，由中远关西提供的风电叶片防护涂料滚涂型产品，被批量运用于新誉集团新的叶片生产线，这是中远关西风电涂料首次成功运用于风电大型叶片。2013年，中远关西荣获"2013风电行业十大创新力企业"称号。

凭借雄厚的技术实力，中远关西连续多年被评为先进外商投资企业、外商投资先进技术企业、高新技术企业。公司技术中心作为中远集团国家级研发中心的分中心，被国家人力资源社会保障部授予"博士后流动工作站"的称号，被列为天津市"特种工业防腐涂料重点实验室"。自2009年起，中远关西凭借优质的服务和良好的声誉，多次荣获"中国十佳工业涂料国外品牌"称号。中远关西涂料生产及销售的历年收入数据和经营溢利见图3-13、图3-14。

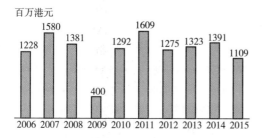

图3-13 中远关西涂料生产及销售收入历史数据一览。

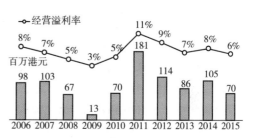

图3-14 中远关西涂料生产及销售经营溢利历史数据一览。

（二）中远佐敦船舶涂料（香港）有限公司

中远佐敦船舶涂料（香港）有限公司（简称"中远佐敦"），是中远国际控股有限公司与著名涂料生产商挪威佐敦集团于2006年7月合资成立的共同控制实体，双方各持有50%股权。中远佐敦于广州、上海、天津、大连、青岛和香港等地设有销售办事处，负责统一经营中国地区（包括香港和澳门特别行政区）的船舶涂料业务，包括新造船漆、坞修漆及船舶保养漆的生产和销售业务。

作为业内领先的知名涂料供货商，中远佐敦先进的船舶涂料、工业保护涂料、粉末涂料以及装饰漆，广泛应用于中国的船舶、海洋工程、石油化工、电力等设施以及工业建筑和家装行业，成为相关领域的市场先锋。

2005年，中远佐敦正式向市场推出了"海狮"（AF Sealion）新型低表面节能防污漆。这种革命性的涂料采用了有机硅技术，不含三丁基锡、铜或其他生物杀虫剂。符合国际海事组织（IMO）第四十二届海洋环境保护委员会全面禁止使用含三丁基锡的防污漆的决议要求。2006年10月10日，挪威船东Bergshav Ship Management的汽车船"Cypress Pass"在舟山中远船务进坞，成为第一艘在中国船厂使用中远佐敦"海狮"防污漆坞修的船。2007年5月29日，中远佐敦与中远香港航运就其于南通中远川崎船舶工程有限公司订造的4艘30万吨矿砂船签订船舶涂料供应合作协议，标志着中远佐敦向中远集团船队新造船供应涂料进入重要的里程，为双方日后长期合作建立了坚实的基础。

这一时期，中远佐敦一直致力于为客户提供高质、环保、创新的涂料产品与服务以及全方位的系船体性能解决方案 HPS（Hull Performance Solution），为客户提供从设计、使用到售后的全套服务，提高设计的完整性，降低成本，达到高效且环保的理念，受到国内外客户的一致赞誉。

2011 年初，中远佐敦提出了船体性能解决方案 HPS 这一革命性的新概念。中远佐敦的 HPS 使用先进的基于甲基丙烯酸硅烷技术的水解型自抛光防污漆 Sea Quantum X200，通过其优异的自光滑性能和防污性能，结合船舶能效设计指数（EEDI）和船舶能效运行指数（EEOI）规定的监测工具、中远佐敦透明可靠的性能分析方法和退款担保，实现量化节油和投资回报。为控制和降低船体原始的摩擦系数，中远佐敦额外配备专门的项目经理全程监控防污漆施工。2012 年 7 月 5 日，中远佐敦与中远集运达成里程碑式的合作协议，为数艘计划于 2012 年和 2013 年坞修的船舶提供最高端的解决方案 HPS，帮助其降低燃油成本及碳排放。2012 年 11 月，10000TEU 集装箱船中远欧洲（COSCO EUROPE）HPS 修船项目成功完成，这也是中远集运首个 HPS 项目。整个坞修过程非常成功，经过对该轮之后一年航行情况和运行数据的跟踪，证明该轮船体表面状况优异，没有污损，燃油消耗也得到了有效的降低。2013 年 2 月 17 日，中国第一个 HPS 新造船项目、自行设计建造的最大箱位集装箱船 13386TEU 集装箱船中远西班牙轮成功交付。该项目船体表面粗糙度与其他项目相比降低了至少 20%，很大程度上降低了 EEDI 数值。

随着中国造船业迅速发展，为进一步满足中远佐敦生产及销售的需要，中远国际启动了中远佐敦青岛项目。2009 年 10 月 16 日，中远佐敦船舶涂料（青岛）有限公司（简称"中远佐敦青岛公司"）注册成立。2010 年 1 月 1 日，公司正式运作，承担所有人民币对外销售的业务。2013 年 5 月 30 日，中远佐敦青岛新工厂举行开业典礼，新工厂于 2015 年 5 月全面投产，年生产能力达 67500 吨，是中国规模最大、设备最先进的船舶涂料生产工厂，进一步巩固了中远佐敦在中国船舶涂料市场的领先地位。2015 年 10 月 20 日，中远佐敦在中国涂料工业协会主办的"中国涂料工业百年"纪念活动中，被授予"中国涂料工业百年影响力企业"大奖。历年船舶涂料生产及销售业务占中远佐敦利润情况见图 3–15。

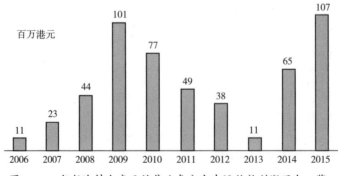

图 3-15 船舶涂料生产及销售业务分占中远佐敦利润历史一览。

中远关西和中远佐敦历年涂料销售量见图 3-16。

涂料销售量（单位：吨）					
年份	2015	2014	2013	2012	2011
来自中远关西					
集装箱涂料	38099	49516	49540	46656	56979
工业用重防腐涂料	16081	15061	12121	11670	10701
来自中远佐敦					
船舶涂料	112639	86308	78758	114724	132189
合计	166819	150885	140419	173050	199869

图 3-16　中远关西和中远佐敦历年涂料销售量。

（三）新世纪标志（深圳）有限公司

中远香港工贸下属的新世纪标志（深圳）有限公司是中国第一家，也是全球最大的集装箱标志生产企业，专业从事集装箱标志及交通、海上设备标志制造。公司成立于1992年，位于广东省深圳市宝安区，拥有6000多平方米的生产厂房和200多名员工。

在20多年的发展中，新世纪标志（深圳）有限公司拥有优秀的运营管理和技术研发团队，具有行业内先进的制造技术和工艺，自主研发了先进的生产设备，建立了完善的质量管理和客户服务体系。新世纪标志（深圳）有限公司为全球著名的集装箱航运公司、集装箱租赁公司和集装箱制造厂提供了近2000万TEU的优质标志。1999年，新世纪标志（深圳）有限公司在同行中率先建立ISO9002质量体系认证，2001年获得ISO9001：2000质量管理体系认证，2010年提升为ISO9001：2008标准。

除此之外，在中远香港集团下属企业中涉及工业板块的还有：合兴船务工程有限公司（简称合兴船务）和江门中远铝业有限公司。

合兴船务隶属于中远香港工贸，原来主营修船、修箱及陆上工程三大业务。因香港修船业务的衰落以及船舶测厚和集装箱修理辅业的萎缩，2009年合兴船务运营面临巨大的困难，一度濒临倒闭。2010年，合兴船务启动企业转型，从一个依赖航运生存的修船企业转型为陆上工程企业，主营机械修理和钢结构制作。实现利润"三年三级跳"，2010年减亏52%，2011年扭亏为盈，利润同比增长102%，2012年利润同比增长606%，公司客户主要有港铁、水厂、奥的斯（OTIS）、普利司通等关系到国计民生的企事业单位。2013年10月，合兴船务成功承接香港地铁电动扶梯主传动轴检修工程及香港会展中心批量铁工制造工程。2014年1月19日，由合兴船务承接的具有里程碑意义的港铁第100台电动扶梯传动轴下线出厂。

中远香港工贸下属江门中远铝业有限公司成立于1998年，占地面积46500平方米，员工800多人，专业技术及管理人员150多人。江门中远铝业为客户提供铝合金熔铸和挤压、模具设计制作、五金加工、CNC（计算机数控机床）精加工、焊接、机械及化学表面处理，普通银白氧化、着色氧化、硬质氧化及组装等一站式服务，专业生产铝走台、公路隔音系统铝材、铁路轨道铝材、铝百页、铝栏河、铝天花、门窗幕墙和结构骨架工程。现已成为国内外建筑工程项目专业铝材配套供货商，产品销售覆盖全国各地和世界40多个国家和地区。

第二节 物流产业走向高端专业化

这一时期，中国现代物流发展正处于由传统物流向现代物流转型的起步阶段，国家明确了发展现代物流的重要性，政府将推进物流业发展列入了政府职能并开始制定物流发展规划，对商品物流和配送采取了积极鼓励和支持的政策。《中华人民共和国国民经济和社会发展第十一个五年规划纲要》对物流业的发展做出了专门的描述："推广现代物流管理技术，促进企业内部物流社会化，实现企业物资采购、生产组织、产品销售和再生资源回收的系列化运作。培育专业化物流企业，积极发展第三方物流。建立物流标准化体系，加强物流新技术开发利用，推进物流信息化。加强物流基础设施整合，建设大型物流枢纽，发展区域性物流中心。"随着国内企业逐步认识到供应链管理的重要性，积极推行供应链的设计与实施，采购环节的电子商务将有较快的发展，物流业务外包的形式、数量、内容都有较大的增加。跨国公司为了最大限度地获得竞争优势，在进入我国以后一般都不建立独立的物流部门，而是选取若干专业的物流提供商，通过合同物流、设施租赁等多种形式，获得必要的物流服务。这也为国内物流企业的发展带来了难得的机遇。2005年国内社会物流总额为48万亿元，物流企业实现增加值1.2万亿元，第三方物流市场规模达到800亿元，市场潜力和发展前景十分广阔。

这一时期，中远集团的物流板块自身也得到了快速的发展。2005年，中国物流系统已在国内拥有业务网点300多个，经营各类堆场230万平方米，仓库580万平方米（其中外控仓库560万平方米），各类运输车辆4200多辆（其中外控车辆约3000辆），开行数条以"中远"号命名的铁路集装箱班列。与此同时，中远集团境外物流（代理）基础资源初具规模，经营各类仓库约4.8万平方米，经营各类堆场约38万平方米，经营各类运营车辆300多辆。集团在世界上100多个国家和地区设立了近120个总代理，分别由美洲、欧洲、大洋洲、非洲、西亚、日本、韩国、新加坡、中国香港9个区域公司管理。除了代理业务之外，这些代理公司也为中远的物流业务拓展提供强有力的支持。

2005年，中远物流在物流业务方面取得了较好的成绩：产品物流方面成功完成了2000多万台家电、6万多台汽车、5万多TEU零售消费品、1000多TEU展品和18万多TEU的其他货物的物流运作；工程物流方面累计实现近50万计费吨的物流运作。代理业务方面也取得了不俗的成绩，其中船代方面完成船舶代理13.5万艘次，6.6亿净吨，代理船舶货运量3.9亿吨；货代方面完成揽货163.2万TEU，其中为中远船舶揽取货量约17.5万TEU；空运方面完成揽货8.8万吨。2005年，中远物流实现营业额370772万元，其中物流业务实现营业额 206623 万元，船代业务实现营业额 85530 万元，货代业务实现营业额 78619 万元。在 2004 年荣获中国物流企业百强第 1 名，在 2005 年中国货运业大奖——金轮奖评比中获得最佳物流公司和最佳船代公司所有分项的第 1 名。

作为中国最大最强的综合物流服务提供商，中远物流在工程物流、汽车物流、家电物流、化工物流、展运物流、零售物流等方面树立了自己的优势地位，造就了 COSCO-LOGISTICS 的良好品牌。中国外轮代理总公司与世界上 180 多个国家和地区的数千家航运、商贸、金融和保险企业建立了密切的业务联系，PENAVICO 已经成为国际航运界所熟知的著名商标。同时，中远集团还积极发展航空物流业务，与中国东方航空股份有限公司合作。在已成立"中国货运航空有限公司"的基础上，又成立"上海东方远航物流有限公司"。两家公司经营效益良好，不仅为中远培养了航空物流人才，也为中远提高自身航空物流水平打下了基础。

借助着中国物流业迅猛发展的势头，2005—2015 年，以"做最强的物流服务商、做最好的船务代理人"为目标，中远物流进入了快速发展期，逐步形成了多个专业物流业务品牌和专业物流平台，不断走向高端专业化。

一、外轮代理业务的发展

2005 年后，随着船代市场的进一步放开和代理费率的不断下调，船代市场的竞争环境更加激烈，中远物流的船代业务遇到了前所未有的压力。面对困难，中远物流以 PENAVICO 品牌为平台，本着"市场领先、服务领先"的目标，继续在"做精船代"上下功夫，进一步完善多层次立体营销网络，将稳定核心客户、开发潜在市场作为营销工作的重点，确保了船代市场的领先地位，公共船代市场的占有率始终保持在 50% 以上。

（一）加强合作，稳定船代核心客户

在班轮市场上，中国外代继续稳固与马士基航运、地中海航运、南美船务等班轮核心客户的关系，同时不断挖掘新客户，争取新航线，取得了马来西亚航运、太平船务、孟加拉航运等航线代理权，确保了班轮代理收入的稳定增长。

针对非班轮客户，确立了以原油、矿石客户为重点的营销策略，实行定期拜访制度，与宝钢签署了代理协议；加强与商船三井、川崎汽船、新和海运等重点船东的合作；积极开发滚装船市场、国际客班轮市场，与地中海航运、埃塞俄比亚航运、皇家加勒比邮轮公司签署了长期代理协议，取得日本川崎滚装班轮航线在天津港的代理权，与歌诗达签署邮轮运费收入的协议，巩固外代在邮轮市场 100% 的市场份额。与此同时，开发船东保护代理、旅游船总代理等业务，扩展代理业务范围，稳定船代整体效益。

（二）狠抓服务，提升服务产品竞争力

为全面提升 PENAVICO 品牌的核心竞争力，中国外代持续完善船代在线系统的服务功能，开发了"港口天气预报""港口船舶排队""港口货物堆存量"等查询内容，为船东提供及时便捷的在线服务，使得该系统成为市场营销的重要手段之一。自 2006 年起全面实施外代系统《信息服务规范》，由总部汇总各口岸公司的政策、费率、码头泊位等信息，

向重要客户提供中英文信息周报。在船东服务、总代理服务和箱管服务方面进行有益尝试，推进船代在线服务和Line-up港航信息服务，突出服务增值和技术领先特色，进一步巩固了船代市场的主导地位和竞争优势。2005—2015年的历届"中国货运业大奖"评比中，中国外代在最佳船代公司的综合服务、现场服务、客户服务、调度窗口服务的4个单项评比中包揽全部金奖。

二、综合物流业务的发展

(一) 电子产品物流业务

1. 初期的家电物流业务发展

2002年5月27日，青岛海信空调有限公司与中远物流签订《物流合作协议书》，此项目使中远物流在家电物流上初步建立了家电物流配送的平台。到2005年，中远物流家电物流业务有了长足的发展，每年的营业额增速保持在50%以上。

2005—2007年，中远物流以青岛中远物流旗下青岛仓储配送公司、广州中远物流旗下广州安泰达物流为南北两大家电物流操作平台，成为海信等核心客户国内唯一全程物流服务商，为TCL、科龙、海尔、小天鹅、长虹、创维、熊猫电子、伊莱克斯等家电企业提供长期全国物流服务。2007年8月，青岛中远物流仓储配送有限公司正式与国美电器达成合作，与国美实现二级市场配送业务合作，正式启动家电零售企业物流服务战略。

2006年开始，中远物流全面启动了南北家电物流中心的整合工作。2007年完成南北两大平台的优化工作，优化后的平台共计有65个区域分拨中心，覆盖国内65个主要城市，牢固确立了在同业中的领先地位。通过进一步的整合，2010年4月，青岛中远仓储配送有限公司正式改为中远物流仓储配送有限公司，成为中远物流直属专业仓储配送平台，进一步建立了国内快速分拨体系，统一操作全国家电物流业务，开始从家电物流向更高端高附加值电子产品物流业务转型。

2. 电子产品物流的高端化发展

2007年底，中远物流与普天集团总部签订战略框架协议，开始了从家电物流向电子通信产品转变的尝试。2008—2009年，通过进一步优化家电物流网络和客户结构，并向上下游延伸服务链条，成功开发飞利浦产成品国内物流配送服务和原材料供应商管理库存及准时生产服务、普天集团普洛电子产品运输服务、法因数控运输规划管理、英派斯全国仓储配送业务等项目，成功进入电子产品高利润率物流领域。

2010年5月8日，中远物流与惠普签订全球物流协议及海运和空运协议，正式成为惠普全球物流供应商。这是中远物流由传统家电物流向高端、高附加值电子产品物流转型的突破口和里程碑。

2010年，中远物流中标知名电脑制造商纬创资通泰州生产基地项目，操作其进口设备的物流服务。2010年底，北京中远物流与中远仓配成立联合项目组，开发清华同方国内产品销售物流整合业务，成为其国内销售物流整合的唯一供应商。

2010年，中远物流成功中标厦门ABB原材料库存管理项目，为ABB及其供应商提供库存管理服务和原材料准时生产配送。2011年，中远物流利用ABB中国（CN ABB）以厦门为试点在中国整合物流供应商的机遇，成功中标CNABB厦门全国物流配送服务商，成为供应商管理库存和及时配送服务的标杆，也标志着中远物流成功进入电气物流领域。

2011年，中远物流将惠普项目部更名为电子产品物流项目部。同年，以惠普、富士康业务为依托，成功开拓了宏碁等新业务，扩大并夯实了西南地区的电子产品物流业务。2011年，中远物流分别在深圳、重庆举办了两次"渝深五定班列"推介会。当年，共承运集装箱7573TEU，主导了重庆至深圳盐田港的出口铁路运输箱量。2012年9月7日，中远物流在惠普和重庆政府物流办联合举办的重庆铁路项目招标中最终胜出。按招标约定，中远物流作为渝深铁路班列唯一全程物流平台公司，操作运营惠普和其他所有在渝投资IT电子企业的产品，业务量由每年1万TEU增至4万TEU。

2013年6月，经过前期营销，中远物流与华硕签订试运行协议，成为覆盖西南地区核心笔记本电脑生产商的物流服务商，2014年产品发送量达到1087TEU。

2013年11月2日，中远物流惠普项目首个越库作业（cross docking）集装箱在比雷埃夫斯物流分拨中心正式操作。这标志着经过1年多的努力，中远为惠普开辟了1条全新的航线及全新的转运中心，实现了惠普、中远、希腊等多方共赢。

2014年2月12—13日，惠普公司2014年度全球供应链峰会在美国旧金山召开，来自全球各行业的供应商共计600多人参加了此次盛会。中远物流荣获惠普公司授予的2014年度全球供应链"年度物流供应商创新大奖"（Innovative Logistics Supplier of the Year），以表彰中远团队在重庆惠普电子产品出口业务和在比雷埃夫斯项目上的杰出贡献和精彩创新。

2014年2月14日，惠普公司和重庆市政府联合宣布，中远物流成功中标重庆深圳直运项目，继续以平台公司身份向惠普公司提供重庆和深圳间的公路和铁路运输服务，成为覆盖惠普全产品线的物流服务商。2014年11月5日，中远西南物流有限公司在重庆正式揭牌运营。西南公司是中远物流在西南地区的重要平台，进一步理顺电子产品物流在西南地区的操作。

作为电子产品物流发展的重要举措，2015年7月、9月，蓉深班列、蓉甬班列试运行。这2条西南地区的国际物流大通道，是中远西南物流有限公司与成都市物流办、成都铁路局战略合作的结晶，也是中远集团、中远物流落实国家"一带一路"倡议的重要组成部分。

2015年，中远物流进一步开通比雷埃夫斯港到捷克的中欧班列，每周发运4班左右，为惠普打造比雷埃夫斯项目差异化物流解决方案。

（二）航空物流业务

这一时期，随着中国民航客运量和货运量的不断增长，航空产业迎来高速发展期；国内外飞机制造企业合作不断深入，航空产业的物流需求呈现快速增长的趋势。航空物流需要对半成品飞机部件等重大件有运输能力，在这一领域，中远物流具有得天独厚的技术优势。

1. 空客物流项目

在中远集团和系统单位的大力支持下，中远物流在航空物流业务领域开始了以天津空客320项目为代表的成功探索。

空客320系列飞机天津总装线（2007年正式更名为"空客A320系列飞机亚洲总装线"）是空中客车公司与由天津保税区和中国航空工业集团公司组成的中方联合体共同建设的合资企业。这是继法国图卢兹和德国汉堡之后全球第3条空客A320系列飞机总装线，也是欧洲以外的第1条空客飞机总装线，是中国推动航空产业和环渤海经济带发展的战略合资项目，具有重要的政治和经济意义。

2006年12月20日，中远集团召开了运输部、中国远洋、中远集运和中远物流参加的项目专题会，成立了由集团副总裁许立荣任组长的天津空中客车物流项目领导小组。

2006年12月，中远集团正式收到空客项目招标邀请函。2007年1月18日，许立荣副总裁在上海主持召开了项目启动会，成立了由中远集运、中远物流和中远欧洲公司组成的空客项目编标小组。2007年1月，欧洲空中客车有限公司、天津市保税区就空客A320项目的物流服务举行了全球公开招标，全球最大的12家国际物流公司均参与了此次投标。2007年2月15日，第一轮技术标截标，中远与敦豪航空货运公司（DHL）、德讯、辛克、达飞5家公司胜出。DHL、德讯、辛克、达飞4家公司组成联合体，与中远竞争第二轮商务标。面对强大的对手，中远沉着应战，最终在竞争中胜出，于2007年5月20日，成功收到中标通知书。

2007年11月1日，"空客320系列飞机天津总装线物流服务项目合同"签字仪式在天津举行。该项目是世界上首次飞机部件跨国全程物流项目，合同金额超过15亿元人民币，中远实现了在高端物流领域的成功突破。

2008年6月26日，首批空客320飞机大部件由中远"西雅图"轮装载，从汉堡港顺利起运，并于7月24日安全抵达天津港，由中远物流专用大件运输车辆按时运抵天津空港保税区天津空客总装线。

截至空客项目一期合同履行完毕，中远物流共圆满完成281架次飞机部件及全部零部件、相关辅助运输设备的运输和交付。物流范围包括欧洲段驳船运输、内陆运输、远洋集装箱运输、中国段内陆运输、航空运输、报关报验，还包含运输工装夹具的组装、拆卸及维修等增值服务。海运进出口超过61000标准箱，空运超过2000计费吨，运费收入共计约10亿元人民币。

2015年2月，空客项目二期物流服务招标正式启动，国内外29家知名的航运和物流公司受邀参加投标。在集团的统一领导下，中远物流经过周密准备，于2015年9月7日成功中标空客二期项目，成为天津空客总装线唯一物流服务供应商，提供约480架次飞机大部件及全部零部件的跨洋全程国际物流服务。空客二期项目的中标，进一步促进了中远集团与天津市、法国空客公司的深入合作，对确立和巩固中远在航空、航天等精密设备物流领域的行业地位具有标志性的意义。

2. 其他航空物流项目

中远物流依托空客项目，积极开发航空物流市场。2009年，中远物流成功开发空客供应商古德里奇（Goodrich）一体化物流服务项目，确立了航空物流的开发模式和切入点。2010年成功取得天津保税区航空保税库的管理和使用权，成功中标空客天津总装线驻厂物流服务项目，成为空客公司指定的第三方物流供应商。2012年中远物流与哈尔滨哈飞空客复合材料制造中心签署了业务合作协议，为空客320、350客机的原材料和产成品提供物流服务，并于2014年2月成功中标了哈飞空客2014—2016年的物流业务。长线业务的开发，为推进航空物流属地化发展奠定了坚实的基础。

3.C919项目

C919客机（COMAC C919）是中国首款按照最新国际适航标准，具有自主知识产权的干线民用飞机，于2008年开始研制。中远物流承接运输8架C919国产大飞机主要机身构件运输方案设计、公路拖车设计、制造和门到门公路运输，为国产大飞机的研制做出了重要贡献。

（三）核电物流业务

核电物流是中远物流传统优势业务线。早在2002年1月，中远物流便承接了大亚湾核电站核乏燃料物流项目，该项目创造了乏燃料单次承运量最大（17吨）、单趟里程最长（近4000公里/趟次）、累计安全运输里程（近12万公里）最长的世界纪录，事故率为零，确保了国家重点战略物资的安全。中远物流是这一时期国内唯一一家涉猎核电全产业链物流环节的物流企业。业务范围涵盖核电站建设前期可行性研究、核燃料运输、核电站成套设备运输、核电站建成后大修运输、核乏燃料运输等全产业链，是中国核电物流领域业务范围最全面、最广泛的物流公司，在国内核电物流领域一直处于领军地位。

2005—2015年，中远物流承担了中核集团、中广核集团、国家核电集团等10多个核电站的物流任务，涵盖了进口、出口和国内等多种物流模式，全部履行"安全完整、万无一失"的服务承诺，为中远集团与三大核电集团建立并保持长期稳定的战略合作伙伴关系做出了积极的贡献。2009年，成立了中远核能物流有限公司，实现核能物流项目的专业化运作。

1. 巴基斯坦恰希玛核电项目

2005年1月—2006年9月，上海中远物流与中原对外工程公司、中核华兴工程建设公司先后签署了巴基斯坦恰希玛核电二期土建项目、安装运输项目设备运输项目物流合同。该项目是中国当时在外建设的唯一核电项目，进一步扩大了中远工程物流的国际影响。在出口巴基斯坦恰希玛核电项目中，中远物流人冒着生命危险，在巴基斯坦操作核电物流任务，成功助力中国海外第1个核电基地的顺利发电。

2. 三门核电站、海阳核电站

2010年2月，中远物流中标全球AP1000三代核电技术首堆核电站"三门、海阳4×125千瓦核电"物流项目。采用AP1000三代核电技术的核电设备多为模块化运输，对物流服务商的专业化水平和管理能力具有较高要求。该项目的成功中标，是中远物流落实中远集团与国家核电技术公司战略合作的新突破，也是中远物流连续中标的第7个核电物流项目。

到2015年底，中远物流在国内所有在建核电项目上均取得开发成果。同时，中远物流也成为全球唯一同时操作 AP1000、EPR1000、CPR1000 等第三代核电项目的专业化物流公司，在核电物流领域的竞争优势得到进一步巩固。

（四）光电产品物流项目

光电物流是中远物流开拓新科技行业的优势业务线。主要客户是国内 TFT-LCD、OLED 等新型液晶面板显示企业和半导体集成电路企业。从 2009 年到 2015 年，中远物流先后与京东方科技集团股份有限公司、深圳市华星光电技术有限公司、友达光电（昆山）有限公司、福建华佳彩有限公司、上海和辉光电有限公司、长江存储科技有限责任公司等行业龙头企业建立了紧密的合作关系。业务范围涵盖设备进口、原材料进口和产成品出口全程物流解决方案以及相关增值服务，做到了"零延迟、零货损"，受到了客户的一致好评。

1. 京东方项目

2009 年中远物流在高端精密设备物流领域，成功中标京东方液晶屏生产设备物流服务项目。服务范围包括精密设备的一贯式运输方式恒温、恒湿、全程减震运输，中远物流成为国内首家获得大型精密仪器一贯式国际运输业务的物流企业。2013 年 5 月，中远物流与合肥京东方、北京京东方签了 2013 年物流合作协议，承接普货和冷藏危险品的海运进出口、报关、内陆运输等产成品全程物流业务。8 月，中标京东方 8.5 代线、华星光电 CUT 线设备进口项目，在光电领域进一步扩大优势。

2. 华星光电项目

2015 年 6 月 17 日，中远物流成功中标武汉华星光电设备进口物流项目。项目运输范围包括自韩国指定起运地到武汉项目现场的全程物流及通关服务。所承运货物中约 45% 为框架箱，超高、超宽货物多，需拆箱货物较多，且约 70% 需用特种气垫减震车运输。截至 2015 年 12 月 31 日，中远物流共运输 1843TEU，框架箱 776TEU。所有货物均零事故零延迟送达工地现场，获得了客户的高度肯定和赞扬。

（五）有色金属物流业务

2013 年 3 月 11 日，中远物流与江铜集团正式签署了《物流服务协议》与《物流服务操作协议》，标志着中远物流与江西铜业的合作进入了实质运作阶段，双方以内外贸进出口物流业务为切入点，深入推进在全球有色金属物流业务上的全方位合作。

2015 年 4 月 22 日，中远物流与贵州开磷集团进行了业务交流。针对开磷集团的业务发展需求，中远物流提出了充分利用中远集团的贸易、物流资源为开磷集团提供集物流、商流、资金流、信息流为一体的供应链服务的设想。双方就依托长江水道及沿岸的港口资源，进一步优化开磷集团货物进出口的物流通道进行了探讨，达成了多项业务合作意向，为中远物流有色金属物流业务的进一步发展奠定了基础。

（六）农产品物流业务

在农产品领域，中远物流依托集团资源为中粮、嘉吉等客户提供长期物流业务服务。2013 年，密切跟踪双汇集团美国冻肉进口业务，为双汇量身定制美国—国内各港口"门到门"全程综合物流解决方案，项目运作顺利。

（七）军事物流业务

2004年2月，中远物流为中国第一支赴利比里亚维和部队全部装备物资提供跨国物流服务，安全完成了堪称新中国历史上队伍装备最重、人数最多、距离祖国最远的维和物流项目（图3-17）。

2009年，中远物流与兵装集团下属企业嘉陵集团签署战略合作协议，明确了军事物流的切入点和突破口。2013年8月27日，中远物流获得CZ-7火箭发射平台运输任务，并于11—12月顺利操作发射平台从工厂到发射基地的陆路运输，得到了解放军总后勤部和业主航天科技集团的高度评价。

图3-17　中远物流为联合国维和部队装备提供物流服务。

2015年，中远物流成功操作青岛海军核物资项目，这是中远核能物流有限公司自主开发并独立运营的首单军事物资项目。

三、工程物流业务

中远物流是工程物流在中国的开拓者和行业领导者。早在2000年，中远物流的前身——中远国际货运有限公司的物流单元，就已在紧锣密鼓进行秦山三期核电站项目投标工作，主要团队来自中货总公司的项目科。

秦山三期核电站坐落在浙江省海盐县，是中国首座商用重水堆核电站，是中国和加拿大两国在这一时期最大的合作项目。由于电站全部采用了加拿大坎杜6重水堆核电技术，所有设备的尺寸、重量、运输要求都是崭新的、无例可寻，所有招投标文件都要求英文制作，且评标组内外方专家占据相当大比例。时任中货上海公司总经理的叶伟龙，具体担负了本次投标的领导工作，他从项目营销、投标的各个方面给予项目组全新的理念和最大的支持，仅翻译工作就抽调10名员工具体负责，聘请外部专家复核吊装、驳船等关键方案，精确对标客户、对标对手，最终击败上海港下属复兴船务、上海交运大件等众多有丰富操作实践的资源型公司拿到该项目。中远物流也在项目操作期间获得了巨大成功，单项目年盈利水平可以比肩任何一家中型口岸公司。秦山核电项目坚实地奠定了决策层保证为国家重点工程项目提供物流服务的经营方向，在中远物流发展的进程中留下浓墨重彩的一笔。

秦山项目是中远物流探索工程物流经营方向、成立工程物流相关建制前的打版之作。之后，中远物流相继成功开发了江苏田湾核电站、长江三峡水电站等国家重点工程。原项目科也升格为项目处，扩充编制、增加人员，公司内部将该类业务直接定义为项目物流，即工程物流的前身，正式进入客户视野。

中远物流工程物流近20年的发展历程，经历了三个时期，实现了四个跨越。

第一个时期：2000—2005年，主要完成了项目部体制化改革，改变了大件运输的传统业务模式，重新定义了工程物流的项目管理业务模式，即为每个项目设立项目部，配备专业操作团队，对口具体客户维护、业务操作。

从田湾项目开始，为适应市场变化，伴随着业务模式优化，公司逐渐以"工程物流"替代了"项目物流"，这是中国大陆首次出现"工程物流"提法，中远物流是工程物流概念的定义者。

这个时期，工程物流还实现了从"国内"走向"国际"的跨越。

2003年7月，新中国成立以来最大的中外合资项目——中海壳牌南海石化项目在马来西亚、日本进行的国际物流招标中，中远物流作为国内唯一一家物流企业，在与众多海外物流企业的竞争中脱颖而出，一举中标，并于2004年5月21日完成1284吨的乙烯裂解反应器的安全滚卸作业，同时创下了当时国内车船大件滚卸和道路运输新的纪录。南海石化项目是中远物流第一次接触国际工程承包商，第一次创造大件滚装超千吨纪录，从此开启了国际化的坚定步伐。

2003年10月27日，中远物流在国际竞标中一举夺得印度巴库电站跨国物流项目，自此拉开了进军全球物流市场的序幕。此举被业界公认为中国现代物流业"走出国门第一标"，中央电视台2003年11月28日的新闻联播节目对此作了报道。印度巴库电站总投资额2.3亿美元，是当时中印之间最大经贸项目。中远物流"借船出海"，第一次在海外设立项目部，第一次派人到海外常驻工作，为坚持国际化发展道路，积极拓展海外市场，奠定了坚实基础。

第二个时期：2005—2014年，主要完成了集约经营的体制化改革，不断进行管理模式创新，推行集约化管理，由总部牵头统一进行市场开发、业务操作和商务结算，有效发挥系统合力，即"东电模式"。

2005年，中远物流中标了东方电气印度撒迦迪/督迦坡燃煤电站项目，该项目总货量超过25万立方米，是当时印度在建最大电站项目。中远物流开始以这个项目为样板，进行管理模式创新，按照集约化管理的思路，创建了"东电模式"，其核心是"从分散经营走向集约经营"。集约经营使得工程在核心行业市场上的竞争呈现明显优势，特别是在核电、核能、航空等领域始终保持了市场较高占有率和领先地位，集约经营有效地提高了工程物流的生产效率。以下已经成为核心力：资源集中（整合系统内运输资源，充分发挥优势，有效提升竞争力）、市场聚焦（采用贴合市场、运营高效的扁平化组织，通过业务线聚焦战略市场）、技术共用（建立专家技术团队，为项目提供支持和保障）、平台共享（发挥平台的优势，提高市场反应效率，协同共赢齐发展）等特点，中远物流实现了从"分散"走向"集约"的跨越。

2005年10月21日，中远物流中标沙特拉比格（Rabigh）超大型石油炼化一体化项目海外物流欧美标段，负责欧美八国采购物资的物流管理与操作，涉及货物超10万立方米，物流总标的8000万元。该项目的中标，使中远物流在确定"走出去"战略目标后，首次实现全程负责第三国的物流管理和操作，在完全国际化的道路上迈出里程碑式的一步。

通过不断转型发展，工程物流已经可以根据客户的要求，制订个性化、专业化的全程物流解决方案，为客户提供周到细致的物流服务，同时业务范围也扩展到了核电、核能、电力、石化、航空、光电、精密仪器、轨道交通、冶金、建材、海洋工程及装备制造等多个行业市场。实现了由"大件陆运"到"全程物流"再到"综合物流"的转型过程，无论在服务能力还是服务范围上都取得了巨大的提高,实现了从"单一"走向"多元"的跨越。

这一时期是工程物流发展的黄金十年,涌现出一大批全中国工程物流界的精英,推动了行业进步,带动了产业发展,引领了技术变革。工程项目如雨后春笋般,接连而至:

青藏铁路项目:在平均海拔4500多米的高原上创造了汽车拉火车的奇迹(图3-18);

糯扎渡水电站项目:开创了多式联运的新思路、新路径,从国内接货经国外再转回国内;

瑞莱斯城化工项目:第一次在境外第三国之间直接开发业务并进行操作;

巴布亚新几内亚项目:第一次使用自有资源,车船配合在境外地区进行海外项目作业;

图 3-18 中远物流的青藏铁路项目。

京东方项目:中国物流企业第一次承接大型精密仪器一贯式国际运输业务;

柬埔寨项目:第一次将自有车辆长期调驻至境外进行项目操作;

挖泥船项目:第一次使用国内第一组索埃勒全回转自行式模块运输车(SPMT)挂车,刷新当年国内陆路重大件运输的最重纪录。

2012年,中远物流又一次嗅探到工程项目模块化的发展趋势。在全球工业发展低迷时期,以低于高峰时近一半的成本,购置了全中国首次进口100轴线SPMT全回转轴线,进一步增强了资源优势,连续操作了神华宁煤、广西钦州二期、惠生项目等"巨无霸"项目。中远物流在全面总结工程设备运输理论和实际操作经验的基础上,引进现代物流管理理念,自主开发了公路大件运输计算机决策系统等软件,为工程物流项目的开发和操作提供了信息技术保障。

第三个时期:2015年起,工程物流进入发展快车道,加快公司化改革步伐。

2015年,中远物流根据战略规划的发展要求,在综合外部环境并结合自身业务特点的基础上,对"工程物流事业部"进行体制和机制变革,组建"中远工程物流有限公司"。

随着工程公司的成立,按照集约化、专业化的发展思路,内部开始创建以业务线管理模式打造核心竞争力,形成了66条业务线,业务范围涵盖几乎所有工业领域,战略客户数量比成立之初增长超过60倍,业务规模增长超过100倍,利润增长超过25倍。从首先发现"工程物流"这个细分市场的企业,到一直站在国内同行业领跑者地位,成为国内著名、国际知名的物流品牌,中远物流实现了从"无名"走向"著名"的跨越。

四、电商物流业务

这一时期,中国互联网市场的飞速发展,涌现出一批体量巨大的互联网企业,更是成为引领全球跨境电子商务贸易业务发展的重要力量。巨大的需求,催生出阳光、规范跨境电商物流市场的新蓝海。在国家政策的扶持下,跨境电商开始飞速发展。

（一）无界电商平台

按照中远集团关于电商工作的整体部署和要求，中远物流"无界"电商旗舰店于 2014 年 7 月 28 日正式上线运行，设有大连、天津、青岛、上海、宁波、宁波新扬等六家分站，为客户提供网上海运订舱、报关、内陆运输等点到点全程物流在线服务。

2014 年 9 月 22 日，"无界"与大集中货运系统网上订舱系统（FOCUS）两网成功合并，实现了客户资源、业务量的集中。9 月 18 日和 11 月 3 日，深圳外代和厦门外代相继正式入驻"无界"，实现了电商业务对全国沿海主要口岸的覆盖，进一步扩大了平台业务的服务范围。

2014 年 11 月 11 日下午，中远物流与宁波市江北区人民政府电子商务平台项目签约仪式在宁波市政府会议中心举行。中远物流、宁波江北区政府双方签署了《电商项目战略投资合作协议书》。

2015 年 11 月 5 日，无界电子商务有限公司完成工商注册。各分中心也先后注册完毕，并开始试运行。

（二）"中远 E 环球"电商平台

跨境电商物流以航空运输方式为主，需要较强的通关能力、全球性的网络，这些特点都非常契合中远国际航空货运代理有限公司主营业务的延伸发展。随着商务部出台支持跨境贸易电子商务零售出口有关政策的推出，中远空运敏锐地将发展目光聚焦到了新的跨境贸易电子商务物流业务领域，并借助中远集团和中远空运主业资源优势，打造一款介于国际快递和邮政之间的跨境电商全程物流服务产品，于 2014 年建立了中远 E 环球跨境电商物流服务平台。结合公司自身积累的行业优势，中远空运确立了"依托公司空运主业，开展空运专线跨境服务，形成有特色的一站式全程物流服务"的发展思路，并着手整合公司三大优势资源：一是整合舱位资源，建立进出口空运专线；二是整合仓储资源，构建全球网络，完善配送服务；三是利用现有的直通卡车航班，打造快速通道，满足跨境电商平台需要。

基于对跨境电子商务贸易新常态及新特点的判断，中远 E 环球的发展战略目标就是依托自身原有业务优势，打造以全程进出口物流服务产品为核心的综合服务平台，为电商客户提供全方位的综合服务，具体概括为"一个产品，两张网，两种附加服务"。

（1）一个产品：全程进出口跨境电商物流服务产品，即基于航空的跨境直邮 BC（直邮进出口模式）业务为主，保税备货 BBC（保税仓备货模式）业务为辅，使用中远全程快递面单，一单到底的物流服务产品。

（2）两张网：信息网；全球作业网。

（3）两种附加服务：关务顾问服务；商品推广代运营服务。

2014 年，是跨境电商业务的试水之年，中远 E 环球电商团队积极践行总部转型升级、创新发展理念，聚焦大客户开发战略，取得了较好成效。11 月 11 日，与天猫国际合作开展首届跨境"双 11"活动期间，每天出库单量接近 2 万单，比正常作业能力提升了 5 倍。通过备战"双 11"，大大提升了广州中远空运跨境电商平台的作业能力和市场知名度。业务量从开始的日均几十单，到日均 200 多单，再到日均千单不断跨越。全年开发客户 104

家，总操作票数达 27 万余票。

凭借着过硬的服务质量，"中远 E 环球"这一品牌得到了市场的广泛认可，成为天猫国际、网易考拉、唯品会、京东、苏宁易购、小红书等大型电商平台，以及日本乐天，中国香港莎莎等 200 多个电商客户的物流供应商。与此同时，中远 E 环球电商平台积极推进服务能力的建设，服务产品建设方面，在成功打造跨境电商进口保税备货 BBC、跨境电商海外直购进口 BC 全程服务产品，以及进口个人物品清关服务产品的基础上，积极开发出口跨境电商服务产品；服务网络建设方面，先后与欧洲、美国、大洋洲、日韩、东南亚、南美等多个国家和地区的代理开展合作，签订业务合作协议。在美国（洛杉矶、纽约等）、法国、德国、荷兰、日本、韩国、澳大利亚（悉尼、墨尔本）、新西兰、中国台湾、中国香港等地区建立了 13 个境外仓，可为客户提供库存管理、货物分拣、打包、出口国家报关、订舱、航空运输、当地派送等全程跨境电商物流服务。在服务信息管理系统建设方面完成了与海关、商检、电商平台等的对接，实现了多方数据实时交互，为跨境电商业务"全程可控、可追溯"提供了坚实的基础。

2015 年 10 月，中远空运注册成立广州中远电商供应链管理有限公司，负责跨境电商物流业务板块的日常运营管理工作，公司下设：营销客服部、网络管理部、运营管理部、IT 部等业务部门。专业公司的成立，标志着中远 E 环球跨境电商物流业务真正进入发展的快车道。

五、综合货运业务

货运业务作为中远物流"二五"发展的三大核心主业之一，为中远物流整体效益的提升和业务的全面发展发挥着重要的作用。2005 年以来，中远物流坚持"统一、聚焦、提升"的工作方针，紧紧围绕美线无船承运业务、货运信息系统和综合货运项目 3 项重点工作，积极稳妥地推进系统货运业务的发展。

（一）强化"两个转变"，积极开发综合货运项目

全系统继续秉承"做强货运"的理念，以"两个转变"（由订舱代理人向无船承运人转变、由传统货运代理人向综合货运管理服务商转变）为目标，不断强化作为综合货运服务商的职能。在总部的统一营销、指导下，继续加大综合货运项目的开发力度，打造核心服务能力。相继成功地开发了一批具有一定规模、含有集拼、仓储、报关等增值服务、发展势头良好的跨区域综合货运项目，包括：世博会、中联油、德固赛化工、晨鸣纸业、龙口海盟、金东纸业、芬欧汇川常熟纸业等，服务内容涉及海运订舱、内陆运输、海铁联运、保税仓储以及报关等多个操作环节。从而形成了中远物流货运业务新的服务特色，增强了货运业务的核心服务能力。

（二）改善客户结构，加大直接客户营销力度

为加快系统货运业务盈利模式的转变，改善客户结构，提高盈利能力，中远物流全系统对直接货主和无船承运业务加大了营销力度。

在无船承运业务方面，完成了新版中远物流提单和外代提单在交通部（2008 年之后为交通运输部）和美国联邦海事委员会（FMC）的登记注册工作，加大了与船公司的接触和合作，为无船承运业务的发展打下了基础。同时，借助中远美洲公司下属的中远内陆运输公司（IBS）平台，加强双向交流，大力推广美线无船承运业务。

在直客开发上，通过调整营销策略，提高服务能力，优化考核机制，积极推进和推广路易达孚业务模式，进一步巩固了路易达孚、中国有色赞比亚铜矿、清华同方、宜家、德固赛、中联油等项目，各区域公司核心直接客户数量和直客净额收入比例同比均有较大幅度提升。同时，通过淘汰不良客户，大大优化了货运板块的客户结构，提升了盈利能力。在此基础上，全面开发具有增值、延伸服务的综合货运业务，关注农产品、跨国采购、援外等重点领域，注重营销能力和项目管理能力的培养，成功开发了道达尔物流项目、保利科技军民品混装运输项目、婴芙乐（Evenflo）订单管理项目等综合货运项目。

（三）全面启动货运体制改革，建立货代业务新模式

为了满足中远物流海外事业发展的需要，同时探索货运业务转型的实现途径，全系统以"化块为条、专业发展，团队虚拟、运作统一，操作切入、业务整合，集中经营、分级运作"为总体思路，对系统美线业务经营模式进行了调整。2007年4月17日，中远物流美线业务部正式成立。经过8个月紧张有序的工作，新的美线操作体系运转顺利，美线业务部和美国代理中远内陆运输公司IBS之间的互动体系初步形成，与各重点船公司的沟通合作逐渐走入正轨，与日本邮船、地中海航运、韩进等班轮公司签订了美线服务合同。月平均箱量快速提升2倍达到1000TEU，为系统货代业务突破订舱代理的框架，建立以无船承运为核心的新型业务形态奠定了运作基础。

2008年8月，为进一步提升货运代理业务的赢利能力，中远物流启动了货运代理业务体制改革工作，对货运业务单元进行重组，调整工作重心和资源配置，全方位开展直接客户的营销和服务；成立订舱中心，利用FOCUS系统统一订舱，推动货运代理业务与船代业务、现代物流业务有机结合，更好地为船代业务提供服务。8月18日，改革试点工作从大连区域启动，并相继推进到上海、青岛、宁波等区域。按计划进度高效完成了业务流程、商务结算模式、人员划分、考核机制的调整，实现了货运体制改革的阶段性目标。

（四）理顺业务流程，全力改造货运信息系统

按照中远物流IT发展三年规划，针对货运业务IT系统相对薄弱的现状，制定了货运信息系统规划，决定对现有的货运业务信息系统进行全面升级改造，开发具有自主知识产权的FOCUS系统。2005年4月，中远物流货运信息系统开发工作启动。2006年11月，FOCUS系统核心模块——集装箱海运出口模块在上海中远物流本部试点上线。2009年，FOCUS网上订舱应用取得突破性进展，各集装箱海运中心的网上订舱比例均超过90%，有效增强了客户的依赖度，提升了整体客服水平和技术含量。2010年，拥有自主知识产权的FOCUS信息系统荣获中国物流与采购联合会颁发的科技进步二等奖，中远物流货运行业技术优势得到进一步巩固。2011年，以FOCUS系统为主线，通过系统应用，完成了订舱平台的完善、信息平台的优化、铁公海平台的搭建，提升了中远物流的对外竞争力。2013—2015年，又逐步优化了系统报表与管理，搭建和优化FOCUS系统下散杂货租船平

台，完成各上线区域的系统推广工作，并做好散杂货平台无界上线前期准备工作。

（五）协调配合，积极加大为中远集运揽货力度

这一时期，中远物流积极发挥系统集成作用，为中远集运积极揽货，通过中远物流操作的中远集运客户维护工作得到进一步加强。在2个公司的通力合作下，先后中标宜家（IKEA）、美国塔吉特公司、清华同方、TCL、北京奔驰戴姆勒克莱斯勒汽车海运进口全散装件（CKD）等项目并投入实际运作，创造了良好的经济效益，树立了中远良好的整体形象。

（六）建设综合货运海外代理网络

这一时期，中远物流不断加大综合货运海外网络建设力度，与日本、韩国、印度以及欧洲德高代理续签合作协议；与西班牙Boss Continental公司签署了货运代理合作协议，在上海、宁波、广州、香港等地操作其指定货物。此外，与意大利、巴基斯坦、希腊等国家和地区的代理已建立了友好关系，为后续业务合作奠定了基础。

六、专业平台的发展

（一）中远化工

中远化工物流是中远物流最重要的专业化品牌之一。中远物流从成立之初，就开始探索化工物流的发展之路。聚焦高端市场，以安全专业为核心竞争力，不断拓展业务范围和服务能力，走出了一条由小到大、由点到面、由区域到全国的专业化平台发展之路。

2005—2015年，化工物流作为中远物流重点开发和突破领域，快速扩张，开始全面进入专业化、高端化的发展通道。

1. 加强基础设施建设，打造专业化化工物流平台

2005年6月23日，上海中远化工物流有限公司正式成立，这是中远物流旗下第一个专业化物流品牌实体性企业。其奉贤化工基地占地10.33万平方米，仓储面积达到28000多平方米。

2006年1月25—26日，上海中远化工IMS管理体系接受英国标准协会（BSI）现场终审，并顺利通过。同年，上海中远化工通过多个项目的运作，快速积累了合成树脂、易燃、剧毒、腐蚀类危险品和ISO TANK等多种化工品的操作经验。同时，通过巴斯夫（BASF）、拜耳（Bayer）、孚宝（Vopak）等多家国际客户的健康、安全和环境管理体系（HSE）评估，建成了中远物流在华东地区的专业化工物流平台，为全国专业化工平台建设工作奠定了基础。

2007年6月25日，上海中远化工召开一届四次董事会，会议进一步明确了公司作为全国性化工物流专业平台的战略地位。

2010年年初，中远物流成立了中远化工物流领导小组和工作小组，进一步优化了以上海化工为主体的平台管理体制方案，在大连、重庆、广州、成都等地推进了区域平台建设。

2011年4月20日，上海中远化工物流有限公司正式更名为中远化工物流有限公司，中远物流的化工物流业务全国专业化平台正式运作。

在此期间，中远物流不断推动化工物流区域布局。2008年3月10—11日，上海中远

化工在重庆长寿化工园区签署购地 200 亩协议，标志着从华东到西南的全国性专业平台资源建设迈出实质性步伐。2011 年 11 月 24 日，中远化工物流重庆分公司开业，中远化工物流在西南地区成功布局。2013 年 5 月 16 日，中远化工物流重庆基地项目正式开工。2014 年 6 月 18 日，中远物流与重庆市两江新区、重庆市保税港区共同签署了《中远物流（西南）有限公司入驻两江新区协议书》，这标志着中远物流化工西南平台建设正式进入实施阶段。

2010 年 9 月，上海区域化工物流苏州（张家港）基地正式开工，化工物流实体资源建设进一步得到加强。2015 年，中远化工物流收购苏州中远物流 51% 股权项目，苏州中远化工物流二期项目于 2015 年 11 月 18 日正式动工建设，区域业务得到进一步加强。

2. 积极开拓化工业务

在加强专业化平台建设和区域布局的同时，中远物流也积极推进化工物流的营销工作，2009 年初，进一步成立了化工营销中心，大力开展跨区域营销，致力于专业化、网络化、规模化经营，加快建设以上海化工为主体的全国化工物流平台。

（1）拜耳集团

2005 年 6 月 7 日，上海中远物流、上海中远化工物流有限公司与拜耳材料科技（上海）有限公司签署物流服务合同。该项目包括德国拜耳在上海化工园区投资 34 亿美元的 7 个一体化项目，以及拜耳集团在中国所有关联企业项下的物流业务。2006 年 7 月 1 日，上海中远化工与德国拜耳公司签订甲苯二异氰酸酯（TDI）剧毒品仓储合同，包库 2750 平方米，成为上海中远化工第一宗批量仓储合同案。2007 年 9 月 18 日，中远物流与拜耳材料科技有限公司在上海签署了长期战略合作协议，为其包装类货物提供一体化物流服务。这是中远物流首次在产品物流领域与全球最大的聚合物生产公司实现成功合作。2008 年 5 月 12 日，中远物流签约拜耳集团液体散货物流项目。2015 年 3 月，中远化工物流又成功开发拜耳液体危废跨省运输业务。至此，中远物流实现了与全球最大化学工业集团的全面物流业务合作。

（2）陶氏化学

2006 年 10 月 25 日，上海中远化工与陶氏化学（上海）有限公司签署了物流服务协议，服务范围包括仓储、分拨、配送及贴标等，此次中标是中远物流首次进入陶氏化学的采购物流领域。

2010 年 4 月 13 日，中远物流与陶氏化学签署了战略合作备忘录，获得了陶氏化学国内进口清关运输业务和上海出发公路运输业务，同时大力创新物流增值服务，开展了灌桶和洗罐等增值服务。

2011 年 10 月 28 日，苏州中远化工物流化工基地在张家港举行开业典礼，陶氏项目第一条液体化工品灌装生产线正式投产。通过为陶氏化学提供专业灌装增值服务，推进业务复制的横向拓展和供应链服务的纵向延伸。

（3）其他项目

2005 年 1 月 25 日，广州中远物流与道达尔石化（佛山）有限公司签署物流服务协议，包揽了道达尔佛山工厂的全部内贸海运、内陆运输及部分仓储业务。

2005年4月27日，宁波中远物流与上虞市（今上虞区）化工工业有限公司签署了化工物流服务合同，主要为其提供产成品出口的门到门全程物流服务。

2005年11月21日，厦门中远物流中标厦门翔鹭石化项目，中远物流在该项目中，将为客户提供6个省42条线路的化工产成品物流服务。

2006年10月上旬，中远物流中标英国石油公司150万吨精对苯二甲酸（PTA）国内配送供应链设计咨询项目，此项目的服务对象是业界公认的供应链管理水平最高的企业之一，此次中标为介入英国石油的实体物流服务奠定了基础。

2011年12月7日，中远物流中标并操作哈萨克斯坦石油化工项目，该项目首次采用水路运输方式，开启了由远东前往中亚内陆国家的物流新通道。

2012年2月28日，中远化工物流在亨斯迈的所有分供方安全和业务操作会议上，公司被评为"2011年度安全管理最佳物流供应商"。此次殊荣是亨斯迈有史以来第一次颁发的奖项。10月30日，中远化工物流成功中标2013年亨斯迈聚氨酯中国区出口货运代理和上海陶氏中心三年化学仓库管理服务业务，赢得了业务收入的稳定增长。

2013年12月20日，中远化工物流在激烈的角逐中击败了中外运、中化国际、上港物流、讯通物流、思多尔特等知名企业，成功中标润英联综合物流业务，合同期为"3+2"年。中远物流在化工物流领域的整体外包服务领域再次迈出一大步，开拓了公司业务发展的新格局，同时也为中远化工物流苏州基地后续发展打下了坚实的基础。

2014年2月13日，在重庆市政府的大力推进下，中远物流与重庆化医控股（集团）公司正式签订战略合作框架协议。根据战略合作协议，中远物流与重庆化医集团将整合双方的行业优势，在重庆地区至全国的化工物流业务上开展长期、全面、深度的战略合作。

2015年3月和2015年4月，中远物流分别中标英威达和壳牌国内液体产品运输项目，化工物流核心竞争力进一步提高。

除此之外，中远物流还通过合资公司的形式，于2005年4月30日与荷兰皇家孚宝集团合资成立中远孚宝国际货运有限公司，发展国内化工物流业务[①]。于2011年3月与泸州老窖签订战略合作协议，在食品级化工品物流业务方面形成突破，并于同年10月，与泸州老窖合资设立了中远物流控股的泸州中远物流有限公司，进行酒业物流及供应链的拓展，进一步巩固了在全国化工物流业务领域的领先地位。

（二）中远空运

2002年，中远国际航空货运代理有限公司划归新组建的中远物流管理，并设立空运部，各地空运业务分属中远物流各区域公司管理。中远物流"一五"规划（2003—2007年）中对空运板块的定位是"保持现状、择机发展"。2007年，中远物流总部将空运部转为事业部编制，各地空运公司的经营管理由中远空运总部垂直领导。2008年，为把握空运业务发展机遇并发挥专业公司优势，中远国际航空货运代理有限公司重装开业，开启了

---

① 2008年因荷兰皇家孚宝集团调整其全球战略目标，孚宝将其持有股份转让予德国VOTG Tanktainer GmbH，中远孚宝国际货运有限公司更名为上海中远威治罐箱物流有限公司。

专业化运营的新征程，掀开了中远空运发展的新篇章。在中远物流"二五"规划（2009—2013年）中将中远空运发展定位为"聚焦、提高"。

2012年之后，受全球经济疲软、空运货代市场需求减缓以及众多因素影响，中远空运业务受到严重冲击。面对危机，中远空运首次提出"双转变"战略，即从货代向直接客户转变，从单一的货运服务向综合物流服务转变，积极推动企业转型升级。

截至2015年底，中远空运已发展成为拥有1200余名员工、28个服务网点，收入过亿，年创利润1700多万元，以直客开发、包机业务、电商业务、会展业务等新型业务为拳头产品的综合航空物流服务平台。同时，与近80家海外代理签署了合作协议，形成了遍布全球的代理网络。

1. 直客营销助推"双转变"战略落地

实行"双转变"战略后，中远空运瞄准大客户，积极采集市场信息，集合全系统优质力量进行客户开发。在2012年组建了统领全系统直客营销工作的专业团队。2014年7月，中远空运击败众多全球性跨国公司，成功中标上海通用北美空运全程进口项目。在通用项目示范带动效应的影响下，京东方、三星、汉高乐泰、京东、天猫、唯品会等一大批核心直客项目如雨后春笋般成功中标。

按照物流总部提出的"集约化"管理战略，中远空运在大项目投标和运营上，充分发挥总部战略营销职能及系统集约化作用。从2014年开始，通过高层营销及服务创新，成功为世界最大的服装零售企业蒂则诺纺织工业公司（INDITEX）旗下飒拉（ZARA）品牌提供统一的标准化服务。ZARA项目具有业务模式种类多、涉及口岸多、业务需求综合等特点。中远空运可为客户提供保税模式、口岸模式、保税区分类监管模式、电商模式等5种服务，真正实现了在飞机航班卸载之后无缝链接的通关速度。ZARA项目的成功运作，为中远空运更好地进军国际综合物流服务商的有利筹码市场，积累了宝贵的经验。

2. 包机业务助力中远空运加快转型

2009年，受金融危机直接影响，国际货运市场业务量下滑，各航空公司纷纷推出业务优惠政策，中远空运总部紧抓机遇，主动出击，与业务量大、关系好的航空公司进行战略合作谈判，签署了一批集中采购协议。系统内各口岸公司也及时有效调整经营策略，深入开发包机业务。经过不懈努力，在2011年成功开辟了3条包机航线：天津—郑州—香港航线、天津—大连—大阪航线、石家庄—香港航线。2013年，香港—郑州—天津—香港的包机航线成功开通，扩大了中远空运在当地的市场影响力。通过多年来对多条航线的经营和管理，中远空运逐渐积累了航线经营和管理的经验，锻炼培养了一批航线运营管理人才。

3. 会展物流服务助力中国文化走向世界

中远空运会展中心成立于2001年，长期致力于为客户提供最高品质的国际会展物流服务。工作团队从最初的3个人，逐步发展成为拥有15名高素质员工的"钻石团队"。从2012年起，持续为第五至第七届北京国际美术双年展提供高质量的专业服务；将希腊特展35件绘画和雕塑作品在第一时间运抵北京展馆。在"尹光中造型艺术作品展""纪念红军长征80周年美术作品创作展"等展会项目中，会展中心以严谨的工作态度和专业的组织协调能力，出色地完成了物流服务工作，得到了广大客户的一致赞誉。

（三）中远仓配

2005年1月1日，青岛中远物流仓储配送有限公司正式注册成立并开始运营。该公司由中远物流和青岛中远物流有限公司共同注资2500万元，是中远物流成立的以仓储和配送为节点的专业的第三方物流公司。2007年10月1日，青岛仓配正式归物流总部直管，成为继八大区域公司之后，第九个由中远物流总部直接管理的二级公司。

1. 电子产品物流业务蓬勃发展

这一时期，仓配公司在深化与青岛海信合作的基础上，先后中标了长虹、澳柯玛、创维、海尔、海信科龙、美菱、熊猫、伊莱克斯等家电物流项目。2011年，公司又以淘宝电器城项目为基础，大力开发电子商务物流，先后参与淘宝组织的品质月、三周年庆及空调万人团、双十一大促销等重大的活动，电子商务物流业务规模不断扩大。淘宝项目从年初的4个客户到9月份增加到33个签约客户，涉及产品也从冰洗彩空等大家电产品，拓展到生活电器、厨房电器等9个品类、30多个知名品牌。

为适应公司电子商务物流的发展，仓配公司还积极推进B2C网络建设，以郑州、济南、南京为试点中心，设立二级分拨点，建立省份宅配网络，进一步提高了运营能力。

2. 试水城际快运项目

2005年，仓配公司借助中远物流丰富的网络站点资源以及仓储配送优势，斥巨资投入到城际之间的快运行业。开发了中远物流城际快运项目（COSCO EXPRESS）。以"诚信服务、安全保障、快捷运输"为经营宗旨，搭建起了包含干线运输及地区级分拨配送在内的快速物流通道。各站点城市采用货物运输流程实时跟踪和信息自动反馈等先进的信息技术，通过联网操作实现城际间计算机信息管理，以保证不同客户对货物运输的不同需求。实现"顾客—顾客、城市—城市"之间的"零距离"。2009年，城际快运初步实现了以青岛、北京、上海、济南、南京为主的快运中心零担货物区域营销、分拨以及远程运输能力，带动项目客户营销；以青岛为中心的胶东半岛，深入二级城市网点建设，实现二级网点区域营销、分拨能力，二级网络雏形初步形成。

3. 开拓以仓储为核心的高附加值业务

（1）期货橡胶项目。期货库存接近4万吨，累计合作客户已达80个。在全国12个天然橡胶交割库中，期货仓单数量位居首位，市场份额超过20%。

（2）中石油快消品项目。继上海、山东、湖北的合作之后，项目的服务模式得到中石油总部和其他省份公司认可，为2800个加油站点提供服务。为了项目的可持续发展，专门开发了"非油业务进销存管理系统"。通过系统实现全程可视化信息管理，出入库扫码作业，提高了分拣效率和准确率。

七、吸取钢贸案教训，全面退出质押监管业务

（一）融资物流业务开展的总体情况

1. 质押监管业

动产质押监管是金融业与物流业结合的产物。伴随着中国中小企业发展，20世纪90

年代末到2000年初,在南方的广发、深发展银行陆续推出基于存货质押融资业务。2004年后,各大股份制、国有商业银行纷纷涉足该业务,部分外资银行也进入了市场。该业务因借款企业、银行、物流仓储企业三方均有利益驱动,曾一度广受推崇。到2013年已有30多家商业银行、1万多家物流公司、数以万计的企业参与该业务。

2.供应链管理业务

伴随传统仓储、运输等物流服务竞争日趋激烈,物流公司服务内容向上下游延伸,以满足客户优化供应链、降低总成本的需求,供应链管理业务得到发展。供应链管理业务主要包括确定买卖双方前提下的代理采购服务和相应的仓储配送等物流服务。中材、中铁物资、怡亚通、飞马国际等公司均开展此业务。

3.中远物流两项业务开展情况

中远物流于2006年开始从事质押监管业务。截至2012年底,中远物流在操作项目1595个,对应贷款金额522.6亿元。其中,钢贸质押监管业务涉及融资敞口107亿元。

从2009年起,由中远物流下属中远供应链管理公司开始从事钢铁供应链管理业务。从2011年起,中远物流广州区域公司下属的中通公司开始开展煅后焦供应链业务。至2013年8月,煅后焦供应链业务全部回收应收账款,项目结束。

中远物流通过从事质押监管业务,一定程度上稳定了客户,带动了仓储、运输、租船、船舶代理等航运和物流等业务;通过从事供应链管理业务,带动了仓储保管和多式联运等物流业务发展。

(二)钢贸危机的发生对质押监管业务的冲击

由于行业规范和法律规制滞后,质押监管业务模式本身存在着先天不足:由于银行之间质押信息互不相通以及仓库管理上的问题,货主与仓储企业联合进行重复质押或者空单质押并不罕见,一票多押甚至多次质押从银行融资。以"短贷长投"方式,将以钢材质押方式获得的贷款投入房地产、矿山等长期项目。

2011年之后,受经济形势和钢材价格下跌等方面影响,银行纷纷采取紧急收贷措施。由于大量钢贸商虚构贸易背景骗贷、虚假质押、重复质押,银行收贷导致钢贸商资金链断裂,以上海等华东地区数省为代表的钢贸企业出现大面积、集中地信贷违约和贸易违约的情况,整个钢贸行业受到震荡和冲击。除银行与钢贸企业外,非银行金融机构、钢铁加工企业、仓储物流企业以及质押监管企业等都被牵扯到案件中。此次事件被业内称为"钢贸危机"。

在连锁反应下,中远物流的质押监管业务和供应链管理业务也受到了相应的冲击。2012年9月起,中远物流停止了对于简单输出监管项目的审批。

(三)中远控制钢贸危机风险和损失的举措

钢贸危机发生后,中远集团和中远物流各级单位高度重视商务风险的控制。2012年12月27日,时任董事长魏家福主持召开党政联席会听取汇报,建立应对风险组织机构,12月28日、29日,总经理马泽华主持召开了应对商务风险工作专题会议,确定了最大限度降低风险、减少损失的原则,对应对风险提出要求和指导意见。与此同时,中远集团责成并指导中远物流全面排查，控制风险，并分别向监事会和国资委提交了专项报告。除此之外，中远集团还在法律和商务方面，给予了中远物流大力支持，并派副总经理叶伟龙、纪检组长宋大伟、总监刘国元分别负责领导和指导中远物流钢贸问题的商务化解、案件查处和法律诉讼工作。力求降低钢贸风险，减少损失。

钢贸危机发生后，中远物流也成立了以主要领导为组长的领导小组，跟踪指导应对处理，并成立了专项工作组。综合运用法律、合作、保险等多种手段，控制风险、力求最大程度降低经济损失和负面影响。根据业务类型、客户、钢贸商的不同情况，采取不同策略方法。对钢贸商通过经侦、起诉等手段，保持高压，主动追偿，通过各种渠道和手段，追查关联资产，并进行监控和保全，抵补缺口。对托盘商及银行做好应诉准备的同时，加强沟通、协调，分析各方责任，尽量解除质押责任。加强与涉事央企和银行之间的沟通和信息通报，共同追偿钢贸商资产化解质押监管敞口，尽力减少国有资产损失。同时利用好保险对损失的补偿作用。

通过加大应收账款催收力度，和各托盘公司本着双方互信、着眼发展的原则，就双方的合同纠纷案积极进行和解。截至 2015 年 12 月 31 日，中远供应链和上海配送的钢贸业务共发生涉诉案件 115 起，涉诉标的额约 25.75 亿元。其中代理采购业务项下完成了对全部 11 名钢贸商的起诉，并全部取得胜诉判决。

在控制风险的同时，中远物流也积极开展责任追究和风险防控工作。对涉案责任单位的领导进行了调整。与此同时，中远物流公司在全系统进行了风险排查，并请上海市虹口区检察院检察官在全系统开展了以钢贸案件为警示教育的专题会，举一反三，防范风险发生。鉴于钢贸事件中存在的个别人员违纪违法问题，中远物流积极协助上海市虹口区人民检察院严肃查办有关人员的违法犯罪问题。到 2015 年 12 月 31 日，中远物流系统内因钢贸案件被司法机关介入查办的人员共 8 人，因受贿罪受到了法律应有的制裁。

（四）钢贸案的教训与反思

2015 年 12 月 28 日，中远物流召开专题民主生活会，把反思中远物流钢贸事件相关问题作为一项重要的内容。公司领导班子根据对钢贸事件商务风险化解和对相关人员责任追究的整体情况，本着实事求是、惩前毖后的态度，大家主动从业绩观、市场判断、经营水平、风险管控等方面深挖根源、查找不足、分析原因。自 2014 年 7 月开始，中远物流系统启动全面退出质押监管业务工作，质押监管业务风险得到了有效的控制。

八、不断刷新的物流业纪录

在服务走向高端专业化的过程中，中远物流也高度重视物流核心人才和技术的积累，培养了大批专业从事物流服务的一流专家人才和经验丰富的物流员工队伍，包括大批项目经理人、运输技术专家、风险管控专家等，工程项目大件运输专家超过 50 名、享受国家政府特殊津贴专家 1 名。先后自主研发"公路大件运输决策系统""大件货物滚装上下船计算机模拟系统""飞机大部件跨洋运输技术""多式联运—大集中货运主干信息系统"等物流技术，分别获得了 4 项国家级专利和 4 项部级科技进步成果奖，能够为客户提供从物流方案设计到运输组织管理的全过程优质物流服务。坚实的技术和人才资源优势，为中远物流创造一系列运输业纪录奠定了基础。

最长件：2010年7—8月，中远物流在宁波镇海五里牌大件码头完成直径12.35米、长120.65米、重1200吨的"再蒸馏塔"码头运输和滚装滚卸作业，创造了中国最长件设备滚装滚卸及道路运输新纪录。

最宽件：2010年11月29日，中远物流承运世界首批三代核电AP1000机组山东海阳核电项目直径达43.2米、高11.7米、重818吨的一号核岛钢制安全壳（CV）底封头，刷新了中国道路最宽件运输纪录。

最重件：2013年4月13日，中远物流完成中交博迈科2300吨挖泥船倒运物流项目，再次刷新了当时国内陆路重大件运输的最重纪录。该船长66.85米，宽18米，船货总重2300吨。

最高件：2015年3月，中远物流在外高桥船厂完成江南长兴重工18000TEU船体模块运输，长54米，宽10.43米，高30.6米，刷新公司陆路重大件运输最高件纪录。

到2015年底，中远物流总资产达125.2亿元人民币。国内代理网点数297个，其中：全资及控股子公司141家，非控股子公司68家，分公司127家，网点及办事处办事处61家；国外代理网点数11个，其中：境外全资和合资公司7家，海外代表处4家。运营堆场面积1257844.48平方米，其中自有664861.08平方米；运营仓库面积1516932.67平方米，其中自有517436.27平方米。当年集装箱揽货量2672915TEU，散杂货业务量259442140计费吨；工程物流揽货量1595600计费吨；空运业务量137921吨，铁路散货运量217652车皮，代理船舶78184艘次。2015年利润总额5.5亿元人民币。

第三节　扩大港口布局

码头业务是中远集团的主营业务之一。这一时期，为响应国家对于国企"走出去"的号召及落实"从跨国经营向跨国公司转变"的发展战略，中远进一步在全球范围内整合涉及集装箱、码头、物流等在内的整个集装箱运输价值链，以提高航运主业的核心竞争能力。在境外建立自己的枢纽港，也成为中远集团境外发展战略的重要组成部分。从2003年起，中远集团以中远太平洋为码头业务平台开始大力拓展境外业务。同年，中远太平洋在新加坡投资了中远—新港码头（新加坡港），正式拉开了进军国际码头市场的序幕。伴随着运输网络的全球化，中远全球化码头布局的作用日显重要，码头业务对中远集团的利润贡献也日益凸显出来。

一、推进"四个转变"战略，实现中远码头产业化发展

随着码头业务的快速发展以及盈利能力的不断提高，2007年中远正式明确了以中远太

平洋为主体的中远码头产业化发展战略。同年，围绕集团提出的码头产业化发展的总体要求，中远太平洋正式确立了以码头产业作为公司核心产业的战略发展目标和未来主要盈利增长动力的重要战略调整，提出了对于中远太平洋及中远码头产业化发展具有重要意义的"四个转变"战略：由投资参股码头向投资控股码头转变，由投资中国码头市场向以投资中国市场为主同时向全球发展转变，由投资集装箱码头单一化向码头投资多元化转变，由投资码头以追求利润为中心向以追求码头产业价值最大化为中心转变。从而使公司的境外码头投资活动在广度和深度方面均上了一个新的台阶。

着眼于实施和落实"四个转变"战略，2008年中远太平洋又提出了"大小结合、参控结合、买卖结合、长短结合"等"四个结合"的码头投资经营策略以及"公司规模进一步壮大、行业领先地位进一步巩固、盈利能力进一步增强、对股东的回报进一步提高"等"四个进一步"的发展思路。

（1）大小结合。中远太平洋在投资大型港口码头的同时（如香港、深圳、上海、青岛、天津、大连、广州），也投资中小型港口（如长江沿河流域、东南和西南沿海地区港口群），以形成国际中转港、腹地基本港和更多数量的支线港组成的港口网络新布局。

（2）参控结合。对于大型港口和码头合资项目，以参股方式进入；对于中小型港口项目，主要以控股方式进入。参控结合有助于在管理投资风险和争取最佳回报这两者间取得平衡点。

（3）买卖结合。全面规划国内和境外码头的布局，适时买卖码头资产，以完善码头网络布局和提高码头组合的市场价值和竞争力。

（4）长短结合。在投资长线回报码头项目的同时，投资短线回报盈利的码头，使码头整体盈利保持持续增长。

2008年末，全球金融危机爆发。基于形势，中远太平洋在2009年初果断调整经营策略和思路，在原先"四个转变"战略的基础上，先后制定了"三个调整""三个加强"的战略。"三个调整"即：调整工作重点，从重开发到重管理；调整开发策略，戒急用忍，谋定后动；调整产业和业务结构，突出发展码头产业。"三个加强"即：加强码头经营管理，向世界级码头运营商迈进；加强资金安全管理，有效防范金融风险；加强成本控制管理，缩减开支共渡难关。

随着中远太平洋全球化布局的不断完善，截至2015年12月31日，中远太平洋在全球22个港口（17个位于中国境内，5个位于海外）营运和管理128个泊位，其中113个集装箱泊位，年处理能力达6837万标准箱。散货泊位13个，年处理能力4605万吨，汽车码头泊位2个，年处理能力60万辆。2005—2015年，中远太平洋码头板块共实现利润总额16.53796亿美元，集装箱吞吐量由2005年初的2349万TEU增长到2015年底的6867万TEU，占全球9.9%的市场份额。相对完整的全球码头产业群，不仅使中远太平洋跻身全球四大码头运营商之一，而且还有效地配合了中远的集装箱运输枢纽港战略，有力地推进了中远码头产业和航运产业的协调发展。中远太平洋码头组合（截至2015年12月31日）和码头地理布局分别见表3-1、表3-2。

中远太平洋码头组合（截至 2015 年 12 月 31 日）　　　　表 3-1

码头公司	持股比例	泊位数目	设计年处理能力（TEU）	水深（米）
环渤海		41	23850000	—
		3	780000 辆	—
		2	29000000 吨	—
青岛前湾码头	20%	11	6500000	17.5
青岛新前湾码头	16%	4	2280000	15.0—20.0
青岛前湾联合码头	8%	7	3950000	15.0—20.0
青岛前湾新联合码头	5.6%	2	1300000	15.0—20.0
青岛前湾智能码头	11.2%	2	1320000	15.0—20.0
董家口矿石码头	25%	2	29000000 吨	19.2—24.5
大连港湾码头	20%	6	4200000	13.5—17.8
大连汽车码头	30%	3	780000 辆	11.0
天津五洲码头	14%	4	1500000	16.5
天津欧亚码头	30%	3	1800000	16.5
营口码头	50%	2	1000000	14.0
长江三角洲		23	10350000	—
		10	14950000 吨	—
上海浦东码头	30%	3	2300000	12.0
宁波远东码头	20%	3	1800000	17.0—22.0
张家港码头	51%	3	1000000	10.0—11.0
扬州远扬码头	55.59%	2	700000	12.0
		8	10950000 吨	8.0—12.0
太仓码头	39.04%	2	550000	12.5
		2	4000000 吨	12.5
南京龙潭码头	16.14%	10	4000000	12.5—14.5
东南沿海及其他		13	7600000	—
		5	9200000 吨	—
泉州太平洋码头	82.35%	3	1200000	7.0—15.1
		2	1000000 吨	5.1—9.6
晋江太平洋码头	80%	2	800000	9.5—14.8
		2	4200000 吨	7.3—9.1
厦门远海码头	70%	4	2800000	17.0
厦门海投通达码头	70%	1	4000000 吨	16.5
高明码头	10%	4	2800000	16.5

续上表

码 头 公 司	持股比例	泊位数目	设计年处理能力（TEU）	水深（米）
珠江三角洲		25	21100000	—
中远—国际码头	50%	2	1800000	15.5
亚洲货柜码头	40%	2	1600000	15.5
盐田码头（一、二期）	14.59%	5	4500000	14.0—15.5
盐田码头三期	13.36%	10	9000000	16.0—16.5
广州南沙海港码头	39%	6	4200000	15.5
海外		30	19300000	—
比雷埃夫斯码头	100%	8	6200000	14.5—18.5
苏伊士运河码头	20%	8	5100000	16.0
中远—新港码头	49%	2	1000000	15.0
安特卫普码头	20%	6	3500000	14.5—16.5
昆波特码头	26%	6	3500000	15.0—16.5
总计		152	—	
集装箱码头总泊位/年处理能力	—	132	82200000	
散货码头总泊位/年处理能力	—	17	53150000 吨散货	
散货码头总泊位/年处理能力	—	3	780000 辆	—

注：码头组合包括营运中和未营运的码头公司、码头泊位和年处理能力。

码 头 地 理 布 局　　　　　　表 3-2

营运中的码头泊位	泊位数目	年处理能力（TEU）	占总数百分比
环渤海			
集装箱码头	34	19400000	28.4%
散货码头	2	29000000 吨	63.0%
汽车码头	2	600000 辆	100%
长江三角洲			
集装箱码头	18	8070000	11.8%
散货码头	7	10550000 吨	22.9%
东南沿海及其他			
集装箱码头	10	5700000	8.3%
散货码头	4	6500000 吨	14.1%

续上表

营运中的码头泊位	泊位数目	年处理能力（TEU）	占总数百分比
珠江三角洲			
集装箱码头	25	21100000	30.9%
海外			
集装箱码头	26	14100000	20.6%
营运泊位总数	128		
集装箱码头总泊位/年处理能力	113	68370000	
散货码头总泊位/年处理能力	13	46050000 吨	
汽车码头总泊位/年处理能力	2	600000 辆	

二、投资境外港口

这一时期，在境外项目拓展方面，中远太平洋按照集团"走出去"策略，紧紧围绕中远集团船队未来全球发展战略和航线布局，发挥与集团内航运板块的协同作用，紧抓海上丝绸之路的战略契机，着力推进码头全球化布局。先后收购埃及苏伊士运河码头20%股权、取得希腊比雷埃夫斯港2号及3号码头为期35年特许经营权（100%股权）、收购中国台湾高明码头10%股权、收购中国香港亚洲货柜码头40%股权，联合投资土耳其昆波特（Kumport）码头。

（一）收购苏伊士运河码头20%的股权

2005年12月，中远太平洋与马士基签署协议，收购位于埃及塞得港的苏伊士运河码头（Suez-Canal-Container-Terminal, S.A.E.）20%的股权，成为该码头公司的第2大股东（马士基为最大股东）。该码头于2004年10月开始营运，总投资4.94亿美元。8个泊位，岸线总长2400米，水深16.5米，年处理能力510万TEU，2013年吞吐量为312万标箱。苏伊士运河码头是中远太平洋第1个非洲项目，这里地理位置优越，是地中海东部的主要港口，地处亚欧及地中海地区的主航线上，向南直通苏伊士运河。具有重要的战略意义与经济价值。

（二）进军欧洲门户，全资控股比雷埃夫斯港

中远集团希腊比雷埃夫斯码头项目，是中国企业走向海外1个具有重要战略意义的经典案例。

比雷埃夫斯港（图3-19）位于希腊东南沿海萨罗尼科斯湾东北岸，濒临爱琴海的西南侧，是希腊第1大港，地中海地区第2大港口，也是全球50大集装箱港口之一，年集装箱吞吐量约占希腊全国箱量的70%—80%，在2006、2007两年的航运市场高峰时期，集装箱年平均吞吐量为146万TEU，年增长率约4%。该港战略地位非常重要，距雅典仅8公里，是首都雅典的进出口门户。又是重要的交通枢纽，有电气化铁路和高速公路直通各大城市，主要工业有造船、化学、机械制造、冶金、纺织等。港口距雅典机场约14公里，有定期国际航班飞往各地，还是客运枢纽港，年进出客流达700万人次，其中50万人是游客。该港还是进出黑海的咽喉之地，内陆可延伸至巴尔干地区，海运辐射可至地中海、黑海、北非等周边地区，是驶向黑海、地中海，通往欧洲、非洲、亚洲的良好中转港。特别是随着欧盟经济中心逐渐向南欧以及地中海地区转移，希腊的区域经济地位以及比雷埃夫斯港作为南欧和地中海海运货物主要中转枢纽港的地位将日益突出。这将吸引更多的船公司将该港作为区域内的枢纽转运中心，港口未来发展潜力巨大。纵观南欧航运全局，若能成功获得比雷埃夫斯集装箱码头的经营权，其在政治上、经济上的重要性是不言而喻的。

图 3-19　比雷埃夫斯港全景。

从2005年开始，希腊政府根据自身经济发展的需要，对本国的一些基础设施项目逐渐进行私有化改造，比雷埃夫斯集装箱码头私有化项目就是其中之一。2006年，当中希两国在北京发表关于建立全面战略伙伴关系的联合声明，强调双方鼓励两国港口、航运企业开展合作，共同促进两国间的直达海运及经过对方港口到邻近国家或地区的海上中转运输时，中远就敏锐地认识到了其中蕴含的商机。若能成功控制比雷埃夫斯集装箱码头，其重要意义不言而喻：

作为中央企业，不但可借此契机大力推进中国企业走出去的国家战略，落实和推进中希两国最高战略合作伙伴关系，具有重要而长远的战略意义。

对于中远自身而言，该项目也具有重要的现实经济意义：不但可以完善中远全球码头网络的布局，提高码头产业竞争力，也可为中远提供长期稳定的现金流及可观的投资回报；在中远比雷埃夫斯集装箱码头建立起来的中远支线网络与干线运输结合，可使中远比雷埃夫斯集装箱码头成为中远在地中海区域的中转枢纽港和货物集散中心，大大提高中远在地中海东、南欧地区的服务能力,为中远在该区域的业务扩张和发展起到重要的保障作用。

1. 夺标比雷埃夫斯港集装箱码头

为确保成功中标,降低运营风险,其间,中远曾考虑过和国际知名码头公司强强合作,联手拿下比雷埃夫斯港集装箱码头私有化项目,共同运营,实现共赢。然而国际知名码头公司如和记黄埔、马士基、地中海航运等虽然都有合作的意愿,但在关系未来码头运营主导权的关键条款上都不愿意让步。

从中远全球码头战略来考量,比雷埃夫斯港集装箱码头是中远进一步实现从参与到控股转变的极佳机会。在欧盟国家100%控制和经营一个大港,将大大增强中远的国际化地位。面对这个历史机遇,中远高层达成共识：独立参与比雷埃夫斯港竞标。

2006年1月20日,中远总裁魏家福在北京会见希腊总理卡拉曼利斯时,提出由中远太平洋参与希腊港口私有化计划,并得到希腊总理的认同及支持。随后,中远积极投入大量资源参与希腊比雷埃夫斯港集装箱码头私有化项目的投标。2006年4月,中远开通了中国至希腊的直达航线,从希腊出口到中国的货物当年同比增长超过30%。

2008年1月,项目正式对外招标。和记黄埔、新加坡港务集团(PSA)、马士基、地中海航运等国际上前六家最大的码头都领取了招标材料,但最后只有和记黄埔和中远两家正式递交了标书参与竞标。2008年6月12日,中远集团在希腊比雷埃夫斯港集装箱码头私有化招标中成功中标,获得了该码头35年特许经营权。该项特许经营权包括运营、发展及以商业方式利用和改造2号码头,兴建、运营3号码头。同年11月25日,在时任国家主席胡锦涛和希腊总理齐普拉斯的共同见证下,中远集团与希腊比雷埃夫斯港务局签署了该码头经营权的转让协议。

2009年4月,希腊国会以149票对139票,通过了中远集团与希腊比雷埃夫斯港务局签署的码头专营协议。这是中国企业首次在国外获得港口的特许经营权。9月30日,中远集团与比雷埃夫斯港务局签署了比雷埃夫斯港集装箱码头35年特许经营权的接管协议及附件。该协议于10月1日零时正式生效。2009年10月1日起,中远太平洋根据协议,正式接管比雷埃夫斯港2号码头。

这是一个对中希两国双赢的项目。根据双方签署的协议,中远接管比雷埃夫斯港集装箱码头的35年将给希腊带来可观的经济收益,直接或间接创造大约1000个工作岗位,中远的投资还有望使集装箱码头的吞吐能力增加2.5倍。双方将通力合作,把比雷埃夫斯港口建成一个现代化集装箱码头,为国际班轮公司提供可靠、灵活和高效率的码头操作服务。由于比雷埃夫斯港口地理位置优越,这一先天优势,决定了它将成为中国商品进入欧盟市场以及东南欧和东地中海地区的重要枢纽港。

2. 在比雷埃夫斯港站稳脚跟

时任国务院总理温家宝曾把中远投标比雷埃夫斯港的三个阶段形象地比喻为"想吃""吃了"和"消化"。在成功取得港口经营权之后,意味着中远成功打入难度极大、门槛极高的欧美发达国家的服务市场,也进入了困难更大的"消化"阶段。除了要应对航运市场环境和外部竞争以外,国外的政治体制、法律制度和文化差异等方面,都是当地业务开拓所必须了解及面对的新问题。

比雷埃夫斯港 2、3 号集装箱码头特许经营权协议签署之时，正值全球金融危机爆发，以航运、旅游为主业的希腊经济遭受前所未有的冲击。比雷埃夫斯港 2008 年集装箱吞吐量，从 2007 年的近 140 万箱骤然跌至 40 多万箱。形势突变，希腊有关方面对中远能否继续履行协议心存疑虑，国内也有一些人据此认为，中远比雷埃夫斯港的前景堪忧。然而，困难远不止如此。

希腊是高福利国家，因为金融危机，失业率居高不下。原港务局的码头工人属于国家的公务员，拿着高薪，生活悠闲，企业盈亏对他们生活影响不大，稍不如意就要举行罢工。2009 年 10—11 月期间，为了增加码头工人的福利待遇和与港务局谈判的筹码，当地码头工会连续进行了多次罢工，并要求新上台的政府出面修改有关条款，否则不予复工。罢工致使港口处于瘫痪状态，码头无船舶作业，对码头的正常运作和经营造成了严重的影响。根据特许经营权协议规定，从法律层面讲，中远虽然从 2009 年 10 月 1 日起正式接管了码头，但对公司的管理权过渡期为 6+2 个月。在此期间，码头的经营管理权仍在比雷埃夫斯港务局手中，中远无权过问新码头公司的管理和业务，但一切经济责任却都要由中远来独自承担。

2010 年 2 月，希腊码头工会为反对国家私有化进程，举行了长达十几天的大罢工，一些受煽动、不明真相的工人害怕中国人涌入抢了就业饭碗，甚至提出"中远回家去"。因罢工问题长期得不到解决，一些船公司陆续将在该码头的挂靠航班逐渐转往其他国家的港口，使比雷埃夫斯港集装箱码头货量大幅下滑。

2010 年 5 月底，中远即将全面接管比雷埃夫斯港 2 号码头之际，部分码头工人为保住自己的铁饭碗，享受高薪以及优厚的福利待遇，连续多日堵住港区大门，不让中远的员工进入码头工作。最严重时，只要是东方面孔的人，不分青红皂白，一律不准进入港区。

根据中央领导提出的"不仅要考虑中远的利益和形象，同时还要考虑到国家的利益和形象，尤其是要站在巩固和发展中国与希腊友好合作关系的战略高度，去经营好这个项目"的要求，在中国政府的关心和全力支持下，中远本着"有利、有理、有节"的原则，通过与希腊政府和港务局的多次艰苦的谈判，以及采用法律手段等相关措施，经过几个月的反复，最终使码头工会的罢工问题得到了解决。

为了增进互信，加强沟通了解，化解矛盾，中远集团总裁魏家福通过国务院新闻办出面，于 2010 年 5 月份邀请希腊主流媒体到中国来访问。在参观中远集团总部及上海、南沙等国内先进港口之后，魏家福接受了希腊主流媒体的专访，承诺不会从中国带一个工人，全用希腊当地人，为希腊创造就业机会，中远只派高管来帮助管理，把先进的管理理念带过去。通过努力，希腊主流媒体相继刊发了几十篇关于中国和中远实事求是的报道，一些世界级的重要外媒（包括《纽约时报》和德国之声、CNN 等）对 PCT 均进行了正面报道，营造了良好的舆论氛围。

2010 年希腊当地时间 6 月 1 日零时，由 7 名中远人和 7 名希腊当地经理组成的管理团队，完成了对比雷埃夫斯港 2、3 号集装箱码头的全面接管。这本是值得纪念的好日子，但是也正是从这一天起，中远比雷埃夫斯集装箱码头遭遇了超越以往的种种困难。

5月31日深夜，原港务局的工人们未如实地将装卸各约100多个箱子的相关数据输入电脑，致使系统数据不全，卸船箱子堆场无位置可放，而需装船的箱子在堆场又根本无法找到，装卸效率降至每工班每小时只有4—5个自然箱，船舶压港严重。中远集运及地中海航运的几艘干线船在泊装卸时间都超过4—5天，最长的在港停留长达7天，港区外卡车排成长龙，堵塞公路长达5公里以上。各家船公司震怒，抗议信、警告信、要求罚款的通知纷至沓来。20天内，原在码头装卸作业的28家船公司纷纷离去，最后只剩下中远集运以及以色列航运2家公司。货源急剧流失，收入大幅下降，经营濒临绝境。

面对船舶压港严重、码头无法正常生产作业的混乱局面，PCT管理层作出了大胆而果断的决定：停止整个码头的集装箱作业，手工盘存整个码头近万个集装箱，对码头操作系统数据进行了彻底更新。经过150多名中、希员工30多个小时的奋战，使得港口操作得以恢复正常。与比雷埃夫斯港务局经营的1号码头经常罢工的局面形成鲜明对比，PCT 2号码头的员工从中方接管以来，未罢工一天，有时大门被工会工人封堵时，部分员工就赶在封门之前进码头，有的利用小艇进码头，给许多船公司都留下了深刻的印象。

中远接管PCT当天，一份霸王合同摆在了PCT总经理傅承求的办公桌上。合同上写道：2号码头的现有设备，港务局的1号码头公司可以协助维修保养，但费用是每月17.5万欧元。这其中还不包括备件费用、加班费以及增值税，合同有效期2年，合同还注明，从现在起，每月应保证在PCT同其他船公司签订的协议里，安排不少于18000标箱到1号码头操作，收入全归他们所有，否则从当天起将不安排任何技术人员对2号码头的任何机械设备进行维修保养。这样卡脖子的霸王条款中远显然不能接受，但是一大堆陈旧、经常"罢工"的机械设备，随时可能让码头陷入瘫痪。了解到PCT的困境，中远利用系统集成的优势，从国内先进码头紧急选派了技术过硬、经验丰富的优秀人才予以支援。在设备陈旧、无档案、无备件的情况下，中远积极开展自修，让陈旧设备重新焕发出勃勃生机，在节约了大量修理费用的同时，确保了码头的正常运转。

为提高码头装卸效率，中远从国内南沙及泉州港选调了4名业务精湛的桥吊司机，对中远希腊码头工人进行技术指导。在中方管理人员的指导下，全面接管后的短短几个月内，码头装卸效率的纪录屡屡被打破，还创造了每工班每小时34.5个自然箱的比港最高纪录，这样的效率，在之前的比雷埃夫斯港从未有过，在地中海地区也是最高的。通过把客户进行分类管理，提供差异化服务，科学合理指导各类客户按时间段到码头提取货物，有效疏通了港区交通秩序，极大地缩短了客户排队等待的时间。在卡车司机经闸口提交货的时间上，由原来1—2小时大幅缩短到20分钟以内。经过用心经营，一度离开中远比雷埃夫斯集装箱码头作业的船公司，又都回到了该码头。很快整个港口29家船东中，28家船公司都愿意同中远加强合作。许多收发货人及卡车司机指定要在中远比雷埃夫斯集装箱码头进行装卸作业。

在PCT公司经营之初，希腊的劳工、税务、环保、安全等各管理机构轮番进行检查，频繁程度也令人瞠目结舌：希腊的普通企业，平均几年才能轮上一次检查；而在PCT，每周都有各路人马在进行各种检查。面对外界的干扰，PCT管理层统一观念：频繁检查的根源是因为不信任。要求中希员工团队克服抵触情绪，积极配合检查，把检查当作促进管理水平和促进PCT加快融入当地社会的有效工具。2015年1月，为了核实PCT在执行劳动法律法规方面的情况，齐普拉斯总理特别委派了比雷埃夫斯市劳工局进行了一次专项调查。调查的结论是：PCT是遵守劳动法律法规的模范。这一调查结论为齐普拉斯总理坚持支持中远投资以及使一些过去持消极态度的内阁成员转变态度，起到了关键作用。得出这个结论，也意味着PCT终于成为希腊社会中的正常一员。

中远接管比雷埃夫斯集装箱码头后，充分发挥系统集成的强大优势，有的放矢，逐一化解各项危机。从全面接管的第4个月起，PCT码头开始盈利。2010年，PCT码头全年完成集装箱吞吐量684881标准箱，同比增长312.4%。到2012年5月底，PCT码头已弥补前期产生的全部亏损，生产经营进入良性循环。在全球航运形势持续低迷、希腊整体经济环境持续恶化的情况下，以PCT为绝对主力的比雷埃夫斯港，于2011、2012年连续2年夺得了全球前100大集装箱港口的吞吐量增长率冠军。得到了业界普遍的认可和中希两国政府的高度评价。2013年2月，比雷埃夫斯码头正式接入希腊全国铁路系统，并与欧洲铁路系统相连，开创了比雷埃夫斯港海铁联运历史。2014年6月，第一列满载中国货物的列车驶出PCT火车站。这条路线比传统的西北欧路径节约了7—10天的时间。12月17日，中国国务院总理李克强在塞尔维亚宣布，这条新的路径叫做"中欧陆海快线"，其陆海连接处就是PCT。

截至2015年，比港集装箱吞吐量从2010年的88万标准箱，增至336万标准箱，全球排名从第93位一路飙升至第39位，中远集团在希腊的投资已成为希腊近年来最成功的海外投资案例。

2011年11月15日，在中国海外投资年会首届中国企业海外投资经典案例评选中，中远比雷埃夫斯集装箱码头项目获评"首届中国海外投资经典案例"。中远比雷埃夫斯集装箱码头项目的成功，不仅加快了自身"走出去"的步伐，还为中国企业铺路架桥，有效地带动了一批中国企业到希腊等欧盟国家开拓新天地：中远比雷埃夫斯集装箱码头购置了3台由中国振华重工制造的65吨超大型巴拿马型桥吊，推进振华重工等中国制造企业到希腊布局发展。2013年12月，华为宣布在比雷埃夫斯码头成立物流分拨中心。国内相关顶尖能源企业到中远比雷埃夫斯集装箱码头考察，计划租用码头场地，发展滑油加工业。

作为中远旗下首个全资海外码头，PCT码头是中远贯彻国家关于国有企业"走出去"战略重要部署的具体成果，既是企业自身海外发展战略的要求，更是国家经济外交战略部署的需要。该项目的成功，得到了中希两国政府的高度关注，并被中希两国政府提升到了双边战略合作的高度。中国国家领导人温家宝、贾庆林、李克强，希腊总理帕潘德里欧先后视察了PCT码头。温家宝在得知中远中标希腊比雷埃夫斯港集装箱码头项目后，高兴地指出，中远的赢标，标志着中国大型国有企业向欧洲发达国家的成功发展，是"外交经济"的模式，是落实中希两国最高战略伙伴关系的模式。比雷埃夫斯港是中希两国合作的结晶，也是中欧互利合作的典范。2015年1月22日，比雷埃夫斯港3号集装箱码头扩建项目

图 3-20　比雷埃夫斯港 3 号集装箱码头扩建项目动工典礼隆重举行。

动工典礼在希腊比港隆重举行（图 3-20），国务院总理李克强致信祝贺。

李克强在贺信中指出，当前中希关系全面快速发展，两国政治互信日益牢固。双边务实合作不断取得新成果，其中，中希比雷埃夫斯港的合作互利双赢、惠及人民，堪称典范。中方高度重视中希关系，希望双方携手努力，将比雷埃夫斯港打造成为地中海一流港口和地区重要枢纽，并以此为依托加快构建中欧陆海快线，推动两国务实合作不断向前发展，更好造福两国和两国人民。

希腊总理萨马拉斯出席典礼。他在致辞中表示，中远对希腊比港投资已成为希腊成功吸引外来投资的典范。2008 年以来，比港实现快速发展，成为全球集装箱码头的增长冠军和欧洲发展势头最强劲的码头，有力推动了希腊经济发展，创造了众多就业岗位。并感谢中国政府给予希腊的坚定支持和信任，祝愿中远比港项目取得更大成功。

（三）合作投资台湾高雄高明码头

投资高雄集装箱码头是中远集团在台湾地区重大投资项目。高雄港是台湾地区最主要的国际商业港口，年集装箱装卸量约占台湾地区装卸总箱量的七成左右。高明码头由阳明海运于 2007 年 9 月投资新建，拥有 50 年特许经营权。码头共 4 个泊位，岸线总长 1500 米，水深 16.5 米，码头纵深 475 米，面积 74.8 公顷，是高雄港唯一可挂靠 1.8 万 TEU 大型集装箱船的码头。2012 年该码头完成集装箱量 108.45 万 TEU。

这一时期，随着两岸经济合作框架协议的有效落实，两岸经贸互动已克服了部分制度性的障碍，经济合作的潜力，与活力日益凸显。2012 年，中远集团、中海集团以及招商集团合作成立政龙投资有限公司，出资 1.35 亿美元，折合约 40.5 亿新台币，于 2012 年 12 月 27 日起，持有高明货柜码头股份有限公司 30% 股份。中远太平洋实际持有该码头约 10% 股权。这是这一时期，中远在台单项最大一笔投资，对推动未来两岸关系和平发展以及对充实中远码头网络布局都具有重要的战略意义。到 2015 年，高明码头吞吐量达到 152.5 万 TEU。

（四）收购香港亚洲货柜码头 40% 股权

2014 年 3 月 13 日，中远太平洋以 16.48 亿港元总代价收购香港亚洲货柜码头（ACT）40% 股权。

ACT 码头位于香港八号码头西，与位于八号码头东的中远太平洋持股 50% 的中远一国际货柜码头（COSCO-HIT）相连。ACT 有 2 个泊位，岸线长 740 米，水深 15.5 米。ACT 码头由 COSCO-HIT 统一经营管理，整合两个码头的资源，可更好地应对船舶大型化趋势，为包括中远和中海船队在内的船公司提供更优质服务。该项目还有利于加强中远太平洋、中海码头及和黄三方合作伙伴关系，巩固中远太平洋作为全球码头运营商的地位。到 2015 年底，亚洲货柜码头已连续 2 年盈利，累计贡献利润 385 万美元。

（五）联合投资土耳其昆波特码头

为抓紧"一带一路"的发展机遇，中远太平洋积极探索和开拓沿岸国家的投资机遇。2015 年 9 月 16 日，中远太平洋、招商局国际有限公司和中国投资有限责任公司组成的合资公司（以下称"三方联合体"）与土耳其大型综合性企业 FIBA 集团签署股权买卖协议，收购土耳其昆波特码头合计 65% 的股权，中远太平洋投资 3.8 亿美元，实际占有 26%（图 3-21）。

图 3-21　2015 年 11 月 13 日，中远集团董事长马泽华到中远太平洋签署股权买卖协议的土耳其昆波特码头调研，项目签约合作方代表，招商局集团董事长李建红和中投海外直接投资公司副总经理张勋也一同参加了相关活动。

昆波特码头位于马尔马拉海西北海岸的阿姆巴利（Ambarli）港区内，靠近伊斯坦布尔的欧洲部分，占据欧亚大陆连接处的重要战略地理位置，距离黑海航线必经的博斯普鲁斯海峡仅 35 公里，是黑海地区的门户。昆波特是土耳其第 3 大集装箱码头，年处理能力 210 万 TEU，2014 年该码头共处理集装箱 141.4 万 TEU，占土耳其全国港口集装箱吞吐量 17%。码头现有岸线长 2180 米，泊位数 6 个，最大前沿水深 16.5 米，可以接卸 18000 标准箱集装箱船舶。码头现有集装箱吞吐能力 184 万 TEU/ 年，可进一步扩建至 350 万 TEU/ 年。

土耳其不仅是古丝绸之路的必经之地,更是中国政府倡导的"一带一路"建设的重要节点,拥有较强的经济增长和消费增长潜力,港口集装箱物流服务需求具有较强增长潜力。收购土耳其昆波特码头,有助于完善中远太平洋全球码头网络布局,并可与希腊比雷埃夫斯码头形成协同效应,为客户提供更加快捷和优质的服务。

除新增的投资项目外,这一时期,中远太平洋第1个国外项目中远—新港码头,以及比利时安特卫普码头,均以稳定优质的服务水平都得到了长足的发展。到2015年底,中远—新港码头吞吐量达到152.6万标箱,较2005年(61.1万标箱)上升了149.75%;安特卫普码头吞吐量达到201.5万标箱,较2005年(70084标箱)增长了27.8倍。

除中远太平洋之外,中远集团下属的境外区域公司,也发挥了中远境外业务孵化器功能。中远美洲公司控股51%的长滩港太平洋集装箱码头,除主要服务于中远(含其CKYH联盟伙伴)的美西航线外,还包括地中海航运(MSC)、法国达飞(CMA/CGM)、澳国航运(ANL)、以星公司(ZIM)、海南泛洋(PO SHIPPING)、长荣海运(Evergreen)等第三方客户,已发展成为中远集装箱船队跨太平洋航线在美加地区重要的枢纽港口基地。自2005年至2014年8月份,累计完成集装箱吞吐量719万标箱,年均增长5.6%;累计实现利润2.48亿美元,年均增长11.8%。中远欧洲公司积极协助中远太平洋拓展欧洲地区码头业务,欧洲公司参股的意大利那不勒斯Conateco和Soteco码头,以及法国马赛SEAYARD码头,为中远投资境外港口积累了经验,为中远集装箱业务的航线拓展作出了积极贡献。

三、布局境内港口

除积极进行境外项目拓展、完善全球码头网络布局外,中远同样立足中国内地,抓住"一带一路"建设的机遇投资国内沿海枢纽港及重要支线港。

(一)投资情况

1. 新投资码头项目

南沙港二期项目:2005年,中远太平洋与广州港签署南沙港二期码头合资协议,合作开发广州南沙港二期5—10号泊位。2006年6月9日,由广州港股份有限公司和中远码头(南沙)有限公司[①]共同出资组建广州南沙海港集装箱码头有限公司成立。中远太平洋占合资公司59%股权。南沙海港码头面积223公顷,拥有6个15万吨泊位,岸线长2100米,前沿水深15.5米,航道宽250米,航道长度35海里,港池宽度600米,可满足这一时期世界上最大的集装箱船停泊作业。2014年,海上巨无霸"美迪马士基"3E型18000TEU船舶、19100TEU型集装箱船"中海环球"轮先后挂靠南沙海港码头。

2007年南沙港二期全面投产,到2013年底已开辟外贸航线42条,新引入东方海外(OOCL)、日本邮船(NYK)、川崎汽船(K-line)、阿拉伯联合国家轮船(UASC)、阳明海运(YML)、以星公司(ZIM)、长荣海运(EVG)7家外贸班轮公司,承接了中远内

---

① A.P.穆勒-马士基集团于2006年8月入股中远南沙公司33.9%股权,而中远太平洋在中远南沙之持股量减少至66.1%,A.P.穆勒—马士基集团及中远太平洋分别间接持有广州南沙海港码头约20%及约39%的股权。

贸"天天班",码头吞吐量连年攀升。2013 年,广州南沙港区集装箱吞吐量突破 1000 万 TEU,达到 1023 万 TEU。其中南沙海港码头当年完成集装箱吞吐量约 450 万 TEU,外贸完成 410 万 TEU,占整个广州港外贸箱量的 66.3%。

南京龙潭码头项目:南京港龙潭集装箱有限公司由南京港(集团)有限公司、上海国际港务(集团)股份有限公司、中远码头(南京)有限公司、南京港股份有限公司、中国外运(香港)物流有限公司合资组建,2005 年 9 月正式投入运营。中远占股 20%。

龙潭码头位于长江南京段龙潭水道,码头前沿常年水深 12.5 米,最大水深达 14.5 米,距吴淞口约 300 公里,离南京市区 30 公里。一期工程码头岸线长 910 米,纵深 1000 米,建设 2.5 万吨级泊位 3 个,千吨级泊位 2 个,堆场面积 50 万平方米。二期工程码头岸线长 1400 米,建设 5 个 3 万吨级集装箱泊位。相继开通外贸近洋航线(韩国、日本线)、洋山航线、上海外高桥航线、内贸沿海航线、内贸内支线、上游中转航线等。装卸效率创下长江沿线内河港口纪录,2015 年集装箱吞吐量达到 263 万标箱。

天津港欧亚码头项目:2006 年,中远太平洋签署天津港欧亚码头合资协议,与天津港发展控股有限公司、A.P. 穆勒–马士基天津公司共同出资成立天津港欧亚国际集装箱码头有限公司,持有该码头 30% 的股权。欧亚码头位于天津港北港池 5–7 号泊位,码头岸线长 1100 米,陆域纵深 750 米,规划 2 个 10 万吨级和 1 个 7 万吨级集装箱船舶泊位,年设计吞吐能力 170 万标箱。是天津港北疆港区的重点项目之一。到 2015 年底,天津港欧亚码头集装箱吞吐量已达到 203 万标箱。

宁波远东码头项目:2006 年 7 月,中远太平洋与宁波港集团、东方海外货柜码头、国投交通四方共同投资组建宁波远东码头经营有限公司,经营管理宁波港北仑四期集装箱码头 7 号泊位。中远太平洋持股 20%。公司位于的宁波穿山港区,北与舟山本岛隔海相望,地处中国南北航线与长江黄金水道的 T 型交界点,经营五个泊位前沿水深达 17—22 米,泊位总长 1710 米,堆场面积 150 万平方米,可靠泊这一时期世界上最大的集装箱船。远东码头投入运营的第 1 年即实现盈利,随后数年利润逐年增加,到 2014 年底,集装箱吞吐量已由 2007 年的 33 万标箱突破了 300 万标箱。

东南沿海港口项目:随着中远集团与福建省战略合作的深入,这一时期,中远加快了在海峡西岸经济区港口群的控股投资力度。

2006 年 8 月 28 日,中远太平洋与泉州港务集装箱股份有限公司合资成立泉州太平洋集装箱码头有限公司,持股 71.43%,开发泉州石湖港区(图 3–22)。石湖港区为国家一类口岸,有 2—10 万吨泊位 5 个,总陆域面积 73 万平方米,港外海关监管堆场 20 万平方米,最大水深 15.1 米,主营集装箱业务,兼营以荒料石为主的散杂货业务。公司成立后,业务发展迅速,全年石材进口量从公司成立之初 11 万吨、不足厦门港 5%,发展到 98 万吨、占厦门港的 45%。国内外知名集装箱班轮公司在石湖港区开辟 20 多条内贸集装箱航线,航线辐射国内各大主要港口,外贸近洋集装箱航线也在不断加密中。2010、2011 年石湖港区连续 2 年创下集装箱和散杂货"双超百万"(集装箱吞吐量突破 100 万标准箱,散杂货吞吐量突破 100 万吨)的成绩。连年跻身"中国内贸集装箱码头前五强";发展成为泉州港内贸集装箱枢纽港和东南亚地区最大的石材交易市场。

图 3-22　泉州太平洋集装箱码头有限公司经营管理的石湖港码头全景。

2007 年 12 月 28 日，中远太平洋与晋江市港口投资发展有限公司合资设立晋江太平洋港口发展有限公司，持股 80%，建设经营晋江市围头港区和深沪港区，其中围头港区以集装箱业务为主，深沪港区以各种散杂货业务为主。投资开发集装箱泊位 4 个，散杂货泊位 2 个，年处理能力达到 80 万标箱和 420 万载重吨。围头、深沪港区位于晋江市东南沿海，为国家对外开放口岸，是晋江市两大主要出海通道，靠近沿海主航道，进港航道短、宽、深，毗邻东南亚，与台湾、金门隔海相望，具有得天独厚的区位优势。其中，围头港区 2 号泊位按十万吨级设计，是海西单个泊位规模最大的泊位，泊位规模及条件十分优越。公司成立后，深沪港区先后开通至新加坡、俄罗斯、印度尼西亚、韩国、日本、朝鲜等国家的散杂货航线，围头港区先后开通至厦门内支线、至东南亚的国际集装箱航线和至香港的航线，以及 20 多条覆盖全国沿海、长江沿岸主要港口的内贸集装箱班轮航线。港口货物吞吐量持续大幅增长，2014 年累计完成吞吐量首次突破 40 万 TEU 大关，同比增长 16.6%；完成散杂货吞吐量也首次突破 200 万吨大关，双双创历史最好水平。现已成为福建省的重要内贸集装箱港口和泉州地区大宗外贸件杂货的集散地。

2007 年 6 月 3 日，中远集团与厦门市政府签订《厦门市人民政府、中国远洋运输（集团）总公司推进海峡西岸经济区建设紧密合作协议》，中远太平洋与厦门海沧投资集团及厦门海沧区人民政府签署《厦门港海沧港区 14—17 号码头项目合资意向书》。合资建设和经营位于中国福建省厦门港海沧港区 14—17 号之 4 个 10 万吨级深水集装箱泊位。厦门远海码头岸线总长约 1508 米，前沿水深为 17 米，码头面积 122 万平方米，设计吞吐量 260 万标箱，是这一时期福建地区规模最大、科技含量最高、政策开放度最高的集装箱码头。2011 年 11 月 28 日，正式投入运营。中远太平洋持股 70%。作为中远太平洋国内首家控股的外贸海港型码头，到 2013 年底，远海码头已相继引进 5 条外贸航线，5 条内贸航线，作业船舶 1993 艘次，装卸集装箱 80 多万 TEU，散杂货约 300 万吨。累计吞吐量同比增长 124.5%。2015 年集装箱吞吐量达到 103 万 TEU，同比增长 28.4%。

董家口矿石码头项目：2014 年 1 月 9 日，中远太平洋投股 25%，与招商局集团、万邦集团、青岛港集团出资设立青岛港董家口矿石码头有限公司。共投资 38 亿元人民币建设1个30万吨级铁矿石专用接卸泊位和1个20万吨级铁矿石转水泊位（图3-23）。

2. 调整业务结构，优化码头布局

在投资新码头的同时，中远太平洋也根据内外部形势的发展变化，通过出售、调整参股比例、合资企业再投资等形式，优化码头布局，提升盈利水平。

2005年，中远太平洋调整珠江三角洲地区的码头业务发展策略，为有效整合资金及珠江三角洲地区的有利资源，提升竞争力，在开发南沙港二期码头的同时，出售蛇口集装箱码头17.5%股权。与此同时，通过

图3-23　2015年7月4日，随着中国矿运旗下40万吨远"卓海"轮在青岛港董家口矿石码头有限公司靠泊作业，该港区成为国内首个具备40万吨散货船直靠能力的码头。

现有运营合资码头投资新的泊位，新增盐田码头三期扩建项目的6个泊位，大连港湾码头的4个泊位及张家港永嘉码头的1个泊位。年度新增泊位30个，使公司总泊位数量达到100个。

2006年，中远太平洋进一步拓展长三角地区业务。在投资宁波远东码头的同时，同年以4.65亿人民币收购上海浦东码头额外10%的权益，使公司股权从20%增至30%；扩建扬州远扬码头1个泊位。通过投资新码头和增加现有码头之权益，使长三角地区泊位新增6个。公司总泊位数从100个增加到115个，年处理能力达到6100万标箱。

2007年，通过现有合资码头再投资的形式，中远太平洋通过持有20%股权的青岛前湾码头与泛亚国际航运有限公司，共同组建青岛新前湾码头，投资兴建和经营管理前湾四期码头10个泊位，年设计处理能力达600万标准箱。青岛前湾码头持有新合资公司80%股权。青岛前湾码头与青岛新前湾码头在前湾二期至四期合共21个泊位的总处理能力，可达1250万标准箱，成为设备先进的世界级港口。通过持有55.59%控股投资的扬州远扬码头，扩大在扬州江都散货码头的投资，收购2个散杂货泊位，扬州港是全国原木水路进口第2大港，连同位于泉州晋江码头的3个散杂货泊位，年内合共增加16个集装箱泊位，5个散杂货泊位，年处理能力增加960万标准箱及605万吨。加强中远太平洋码头投资多元化。

2010年，在经历了金融危机、全球经济下滑对码头业务的冲击和吞吐量的下滑后，中远太平洋集装箱吞吐量恢复了19.7%增长，其中中国码头的集装箱吞吐量占公司的88.8%、散货吞吐量强势增长39.1%，汽车吞吐量同比增长143.2%。抓住全球经济贸易恢复增长的机遇，中远太平洋加快港口结构优化调整，于年初出售非主营业务的中远物流49%股权和参股份额低、管理能力弱的大连港股份公司之8.13%股权，套回现金3.21亿美元，为集中资源投资优质码头储备了资金。同年4月与马士基签署协议，增持盐田码头约10%股权，使持有盐田码头之股权由约5%增加至约15%，通过增持盐田码头的

股权，中远太平洋的码头核心主业特征更加清晰突出，码头业务板块资产价值、业务量、盈利贡献跃居中远太平洋各业务板块的首位，初步实现了中远集团码头产业化发展的战略目标。

2011年，中远太平洋又以人民币1.84亿元的价格，将位于青岛港旧港区、码头条件有限的青岛远港码头50%股权出售给另一股东方青岛港（集团）有限公司，与上海国际港务（集团）股份有限公司合资经营的上海码头转型停止处理集装箱。此次调整，共涉及11个泊位、430万标箱处理能力，进一步精简了企业产业结构，优化了码头产业结构。

与此同时，中远太平洋积极推进同区域码头间的协同发展，2012年完成泉州太平洋和晋江太平洋两个码头的整合，提高码头利用率，从根本上解决了以前两个码头忙闲不均、航线货运存在内部竞争的情况。2013年3月，厦门远海集装箱码头以人民币2.0584亿元，收购与远海码头14号泊位相邻的厦门海投通达码头有限公司（厦门港海沧港区13号码头）100%股权[1]，实现了2个码头的资源共享和协同效应。同年，中远太平洋以人民币3.23109亿元，收购中远集团太仓码头39.04%的股权。进一步突出中远集团码头业务的旗舰地位。

这一时期，中远太平洋在国内港口投资近200亿元人民币。到2015年底，国内集装箱吞吐量达到5914万标箱，占到公司总吞吐量的86%。在大中华地区的码头网络份额达到27%。

在2015年4月25日召开的中国港口协会集装箱分会五届一次会员大会上，中远码头凭借2014年度的卓越表现一举囊括多项大奖。其中，宁波远东码头获"中国港口吞吐量超300万标箱集装箱码头""中国港口水水中转超90万标箱杰出集装箱码头（前六强）""中国港口国际中转超55万标箱杰出集装箱码头（前六强）""中国港口每小时超30标箱杰出集装箱桥吊作业效率码头""中国港口每艘时超100自然箱杰出集装箱船舶装卸效率码头""中国港口每米岸线超过2000标箱量集装箱码头"六大奖项；营口码头获"中国港口内贸箱吞吐量超170万标箱码头""中国港口海铁联运前七名杰出集装箱码头""中国港口每米岸线超过2000标箱量集装箱码头""中国港口每小时超30标箱杰出集装箱桥吊作业效率码头""每标箱消耗电力和燃油最低集装箱码头"五大奖项；上海浦东码头获"中国港口吞吐量超200万标箱集装箱码头""中国港口每米岸线超过2000标箱量集装箱码头""中国港口国际中转超12万标箱杰出集装箱码头""每标箱消耗电力和燃油最低集装箱码头"四大奖项，彰显了业界对中远码头疏运实力、操作效率、服务水平、节能环保等方面的认可。

---

[1] 海沧港区13号码头于2011年10月试投产运营，注册资本1.5亿元人民币，总投资5.35亿元人民币，为建设、经营散杂、件杂货专用码头，年设计吞吐能力370万吨，总平面采用内港池式平面布置，码头一期陆域配套面积104301平方米，岸线长298米，共建设50000吨级泊位1个（水工主体工程按10万吨级设计，可兼靠2艘50000吨级船舶）、3000吨级泊位2个、2000吨级泊位1个。2012年底海沧港区13号码头获批为对台砂石新增临时作业点，初步实现了外贸口岸开放，2014年底获批成为食用水生动物入境的指定码头，并配备了相应的检验检疫设施。

（二）建设中国首个全自动化码头——厦门远海集装箱码头

2012年10月，厦门远海码头自动化项目三方合资方于人民大会堂签订合作框架协议，中远太平洋、上海振华重工、厦门海投代表合作三方在合同上签字。"全球领先、中国第一"的自动化码头项目建设随之正式开启。该项目一期工程总投资6.58亿元人民币，建设一个15万吨级码头主体结构的自动化集装箱泊位。自动化码头岸线长447米，占地面积约16.66万平方米，配备3台自动化双小车岸桥、16台自动化轨道吊、18台自动导航运载车（AGV）及8台自动化转运平台，年设计吞吐能力为70—95万TEU，相当于在原设计能力的基础上，增加20%以上的产能。与传统的集装箱码头相比，全自动化集装箱码头在智能化、可靠性、稳定性、安全性和环保等方面具有十分明显的优势，可以降低操作和运营成本。

厦门远海自动化码头的技术特点：

（1）新技术的开发应用。运用了云计算、无线通信、自动导航定位、智能识别、无人自动化设备、锂电池供电驱动等最新技术和装备。整套系统综合运用人工智能、运筹学决策和系统工程理论，实现对各设备高效智能管理：能从安全、效率和能耗角度确立最佳路径；箱位智能动态管理大幅提高堆场利用率；自动化轨道吊对下一航次集装箱自动理箱，解决错箱率，效率有望比一般码头提升20%—40%。

（2）国内首个拥有全部自主知识产权的自动化码头项目，全套系统均独立开发，设备都是中国制造，系统高效整合，同时拥有冗余灾备能力，保证码头业务不中断。码头的"指挥、调度、信息传递、扫描采集、远程干预、故障检测"等所有模块及集成与传统系统均由公司与合作方自主完成设计，具有完整知识产权。

（3）打破AGV型全自动化码头堆场垂直布置的常规。开创了全球首个平行于岸线的堆场布局设计，具有广泛的推广价值。自动化堆场平面布置因地制宜创新采用平行岸线方式布置，方便传统码头在现有基础上进行改建。

（4）平面运输方式革新，明显优于全球第三代自动化码头同类技术水平。自主开发使用了世界上第一台全电动和自动充电的自动导航运载车，替代常规集装箱码头集卡拖车，实现无污染、零排放，绿色环保。码头内所有集装箱的搬运均采用电驱动；自动导航运载车首次采用锂电池动力，并实施"机会充电"新理念，使200ah（安时）级大载荷运输车辆采用电池驱动成为现实。比传统码头节能25%、碳排放减少15%。

（5）创新设计的集装箱转运平台解决设备的作业耦合和拥堵问题。AGV与双小车岸桥的门架小车高度协同，使AGV与自动化轨道吊以及岸桥主小车之间不需相互等待，可提高作业效率和设备利用率。

该项目于2013年3月开工建设，计划于2016年3月投入商业运营。到2014年，建造的16台轨道吊已全部完成总装进入调试阶段。它的建设与落成，将是中国首个自主建造的自动化码头项目，也是全球首个堆场与码头岸线平行布置的自动化码头（图3-24）。对于中国港口业向"智慧港口"转型，助推中国工业4.0发展，具有示范和引领作用。

图 3-24　厦门远海集装箱码头。

第四节　航运辅助产业蓬勃发展

一、中外理加盟中远集团

中国外轮理货总公司（中外理）是经交通部批准、国家工商管理总局登记专门从事船舶理货业务的国有重要骨干企业。中外理诞生于 1961 年 9 月 1 日，前身是交通部远洋运输局理货处，先后隶属交通部、中央企业工委、国务院国有资产监督管理委员会管理。为繁荣中国对外贸易、促进港航安全生产做出了重要的历史贡献，根据国务院国资委国企改革精神，国资委于 2005 年 3 月 14 下发了《关于中国远洋运输（集团）总公司与中国外轮理货总公司重组有关事项的通知》，批准中外理并入中远集团，成为所属全资子企业。经营范围包括：国际、国内航线船舶货物及集装箱的理货、理箱；集装箱装、拆箱理货；货物计量、丈量；船舶水尺计量；监装、监卸；货损、箱损检验与检定；出具理货单证及理货报告；理货信息咨询；易流态化固体散装货物取样监装等相关业务。

（一）全面推进理货管理体制改革

进入 21 世纪，中国理货行业进入了不断深化改革的时期，改革带来了发展的提速，也形成了适度竞争的格局。2001 年，为适应社会主义市场经济的发展，根据《国务院办公厅转发交通部等部门关于深化中央直属和双重领导港口管理体制改革意见的通知》精神，中外理不再代交通部行使行业管理职能，而是作为市场主体参与市场竞争，将各口岸外轮理货公司从港口企业中分离出来，作为独立的企业法人，自主经营，将中外理总公司向各口岸外轮理货公司收取管理费的方式改为持有各口岸外轮理货公司一定的股份。到 2005 年，中外理拥有 8 家全资及控股公司，在各对外开放口岸陆续设立了 82 家分公司，各分支机构实行总公司和港务局双重领导的管理体制。2005 年在国资委做大做强中央企业的精神引导下，中外理总公司与中远集团成功重组，4 月 8 日，中外理加盟中远集团庆典仪式在北京远洋大厦举行。国资委业绩考核局、发改委交通司、交通部水运司相关领导，中远集团领导班子成员、中外理领导班子及国内主要港口公司负责人等参加了庆典活动。中外理并入中远集团后,公司名称保留不变,仍按原建制对其全资、控股的企业进行管理。由于改制工作牵涉面广,情况复杂,中外理坚持积极稳妥、逐步推进原则,至2010年底,除12家分公司合并注销外,系统73家公司全部建立现代企业制度,实现独立核算和责权利统一,企业运营效率和盈利能力得到快速提升。

(二)积极维护理货行业竞争秩序

随着国内理货市场的逐步开放,为保证理货公正性,促进理货质量的不断提高,港口理货引入了竞争机制,每个港口可先设立2家理货企业。2003年中联理货有限公司成立,并逐步在全国沿海沿江口岸设立30多家分支机构,中国理货行业正式步入有限竞争时代。改制初期,中外理以产权为纽带,对口岸公司进行股权管理,中外理系统历史形成的业务管理、规章制度、对外形象、企业文化统一性被弱化。而理货市场引入竞争机制,对中外理总公司和系统单位而言也是巨大的冲击,初期的无序竞争造成市场总量下降、客户关系不稳等不利局面。为了适应改制和市场开放对理货行业的冲击,这一时期,中外理重新定位行业发展方向,明确提出:要加强与政府主管部门的关系,维护政策稳定;加强与中联理货的关系,维护市场稳定;加强与港口集团的关系,维护业务稳定;加强与各理货公司的关系,维护系统稳定。随着中外理加盟中远集团,2007年,中外理总公司根据中远集团部署,成功实现对中国外代持有中联理货股权的托管,为中外理总公司更好地发挥协调市场秩序、维护行业稳定、促进和谐发展的作用,提供了重要的平台。

2010年,在交通运输部的大力支持和积极协调下,中外理与中联理货有限公司携手发起成立了中国理货协会(图3-25),进一步加强理货企业与政府主管部门及相关行业之间的联系,在行业自律、协调行业内部关系、维护行业权益、加强国际交流等方面发挥重要作用。先后配合交通运输部,拟订了《中国外轮理货公司理货规程》《港口理货业务管理办法》等事关理货行业核心利益的重大管理政策,对理货的公正性、强制性与委托性,理货单证及报告的效力,理货管理实施部门等作了明确规定,促进了理货行业规范化、制度化

图3-25 2010年12月23日,中外理牵头成立中国理货协会,交通运输部副部长徐祖远(左一)到会祝贺并为协会揭牌。

建设。按照交通运输部的要求,中外理对理货费收规则和费率执行情况进行全面调查摸底,有力地保证了理货费收的严肃性、规范性和适用性,为费收体系改革提供了依据,进一步优化了理货行业的外部环境。

(三)创新发展模式,实现企业转型升级

中共十八大后,中国出口贸易结构正在由资源密集型和劳动密集型产品为主,向高技

术门槛、高附加值的机电设备、装备制造、服务贸易占比不断提高转变。同时，进口商品中的大宗商品和高科技产品占比不断提高。随着简政放权的稳步推进，传统理货行业赖以生存的行政审批权、港口作业规则、理货收费规则等重大管理政策被下放或取消。2014年11月24日，《国务院决定取消和下放管理层级的行政审批项目目录》将经营港口理货业务许可下放至省级人民政府交通运输行政主管部门，以往市场由中外理、中联理货独享的二元格局被打破。2014年12月8日，交通运输部《关于废止37件交通运输规章的决定》废止了《航行国际航线船舶及外贸进出口货物理货费收规则》，从2015年开始，理货收费将在参照原《航行国际航线船舶理货费率表》的基础上，由理货机构与委托方协商制定，即理货价格将实行市场指导价，这对于已经习惯于坐享政府定价的理货行业无疑将产生巨大的冲击。随着"互联网+"战略的快速推进，传统理货的人海战术也逐步被智能理货所取代。传统业务发展空间被挤压，增长率低于国内生产总值和进出口增长速度。转变发展方式、创新发展模式、提高发展质量，不断丰富和发展中国特色理货事业，已成为中外理实现科学发展的必由之路。广泛运用物联网、大数据、云计算技术等，将成为理货行业发展面临的新常态。

主动适应新常态，中外理逐步明确了"三个转变"的发展战略：一是发展模式逐渐由政策保护型向市场主导型转变，以客户为中心，把竞争的视角深入到为客户创造价值上来。二是逐步实现经营方式由传统理货服务型企业向第三方公正公益性企业转变，充分发挥理货在港航运输货物交接中的公正性、公益性和公信力，把检验鉴定业务作为理货转型的突破口，全力拓展检验鉴定市场。三是逐步实现生产方式由传统理货向"互联网+理货"转变，以智能理货为抓手，嵌入港口作业信息链条；将整合理货大数据作为理货转型升级的重要平台，深入挖掘理货数据价值、提高服务客户能力。

在中外理总公司的积极引导下，系统各公司克服管理体制上的障碍和工作机制上的不足，按照公正理货、数字理货、人文理货的总部署，基本实现理货业务操作电算化、业务单证无纸化，与海关、港口、船东、代理、货主、场站等用户建立了一个个多层次的理货信息电子数据交换网络，实现了理货"零时间签证"，有效促进了货物的快速顺畅流转，一个全新的协调统一的中外理系统逐步形成。2012年，中外理负责取样、送样、监装、监卸等环节，并纳入易流态化固体散装货物运输安全管理链条，理货公正性、公益性的社会地位进一步得到提升。

2015年，中外理全资的中理检验有限公司成立和理货行业大数据平台的启动，标志着中外理正在努力摆脱自身发展的局限和束缚，通过转型升级实现健康可持续发展。中理检验有限公司成立后，快速对人、财、物等资源进行了有效整合，建立了沿海、沿江一类开放口岸60多个相对独立的检验经营网点，以及500多名持有国家检验鉴定资格证书的检验员队伍。3月10日，中外理检验鉴定业务取得了实质性进展，受理了"阳光"轮3万多吨氧化铝外贸水尺计重业务，得到了船方的高度认可。2015年4月29日，中理检验有限公司正式揭牌对外营业。到2015年底，中理检验有限公司的业务范围已涵盖水尺计重、船舶起退租、液体载重鉴定等8类，成功操作300余艘次海事检验鉴定业务，并与50余家船东、货主建立了业务合作关系。与此同时，在中外理总公司的积极引导和深圳地区3家理货公司的大力支持下，深圳地区理货大数据平台建设工作进展顺利。到2015年底，已从航线、船公司、船代、集装箱、港口、货流等不同维度，开发了一系列基础产品，深圳地区3家理货公司的实时业务数据得到有效整合，取得了可喜的成绩。

二、占据船舶燃油供应行业制高点

中国船舶燃料有限责任公司（中燃），前身为中国船舶燃料供应总公司，成立于1972年4月。2003年12月26日，为解决中燃发展瓶颈的资金和油源问题，中远集团联合中国石油天然气股份有限公司，作为中燃企业增资扩股的股东，对中燃进行改制，公司改制为有限责任公司。主营业务是为航行国际航线和从国内沿海运输的船舶供应燃油、润滑油和淡水。同时从事成品油的进口贸易和各类油品的运输及仓储；开展各类油品的代储、代供、代销、代运；进行润滑油的来料加工。这一时期，中燃经历了保税油市场开放、燃油税费改革、油价大幅波动、市场持续低迷、金融危机等一系列的严峻考验，完成了从沿海扩展到江海联动，从国内逐步走向国际的华丽转身，变身为船舶加油行业的国际供应商，经营覆盖全球各主要加油区域／加油港，规模效益均持续增长，实现了跨越式发展。

（一）战略升级，物流基础设施体系建设初显成效

1.实施"两步走"战略

这一时期，为了进一步做大做强水上供油主业，开辟新的利润增长点，不断提升中燃的品牌价值，中燃公司制定了"十一五"战略发展"两步走""双管齐下"的战略方针。

一是实施"江海联动"战略。2009年，中燃与天津港集团合资重组中燃天津公司，巩固了中燃在北方港口保税油经营的主导地位；在深圳、上海洋山、张家港和山东龙口4个港口全面展开保税油业务，填补了中燃在国内重要港口的网络空白；在巩固发展沿海营销业务的同时，围绕保税油业务和水上加油服务区的建设，加大对长江流域的投入，并进一步整合市场资源，迅速提高中燃在长江流域的经营规模，抢占市场份额，形成对主要竞争对手的制约。到2015年底，中燃"江海联动"战略取得了明显成效，境内业务已覆盖沿海、沿江近60个主要港口。2005年8月，连悦公司成功收购香港燃油供应市场主力——香港远邦公司股份，成立中国船燃远邦公司。

二是实施"走出去"战略。为把中燃品牌推向全球，公司积极推行"走出去"战略，加快境外网点布局。2005年8月，连悦公司成功收购香港燃油供应市场主力——香港远邦公司股份，成立中燃远邦公司。2006年12月，中燃美洲公司在美国特拉华州正式成立。2007年1月，中燃韩国公司成功挂牌成立。2008年，中燃成功收购中远欧洲有限公司所属华联有限公司，成立中国船燃欧洲公司。2009年11月，在新加坡正式注册成立中燃国际石油（新加坡）有限公司。至此，中燃欧洲、美洲、韩国、新加坡等境外网点全面实现了公司化运作。到2015年，中燃境外公司燃油销售量已经占到总销量的56%，"走出去"战略初见成效，为深入实施经营国际化战略奠定了良好基础。

2.形成三级物流体系

这一时期，中燃进一步加强物流配送体系建设，根据资源分布状况，销售网点与油库

情况，提出构建"三级物流体系"的目标，即大船进口入库、小船分拨到点、驳船供应到船。2006年2月，中燃租用中化舟山岙山兴中油库，开创了利用VLCC直接进货的新型采购模式，同时辐射上海、宁波和舟山地区。2008年，继华南、华东一级物流中心建成后，中燃与青岛港战略合作协议的签订，标志着中燃环渤海物流中心建设取得突破性进展。2009年11月，环渤海中心库启用，全系统三级物流体系全面建成。至此，中燃在青岛、舟山岱山和珠海桂山拥有了可以接卸VLCC的大码头和大油库，基本实现了对中国沿海系统网点的物流体系覆盖，有效地降低了物流采购成本，提高了燃油流通效率。在国内保税油市场全面开发，竞争日益白热化的形势下，对保证中燃保税油资源和降低采购成本，提高市场竞争力，起到了积极作用。

3. 基础设施建设

（1）供油船队更新发展

到2005年，中燃拥有103艘、10万载重吨的供油、供水及辅助船舶，平均船龄达到20年以上，船型老龄化严重。为保障中燃境外资源采购的主动性和国内水上供油的服务能力和水平，中燃加快了船队更新的步伐。在退役老龄船舶的同时，中燃共新造3600吨级供油船8艘、1000吨级3艘。到2015年底，供油船队调整为77艘，12.51万载重吨[①]，平均船龄10.08年。

（2）码头建设

2012年3月，珠海中燃10万吨级码头工程水域施工开始。2015年，珠海新建10万吨级码头正式投产使用。到2015年底，中燃已拥有码头22个。

到2015年底，中燃拥有国内外成员企业30余家，在大连、秦皇岛、曹妃甸、天津、烟台、青岛、日照、连云港、上海、宁波、舟山、厦门、深圳、广州、珠海、湛江、防城港、江阴、南通、南京等境内主要港口，拥有实力雄厚的地区直属和合资公司，在中国香港、新加坡、韩国、荷兰、美洲等境外设立了境外专业公司或网点。公司总资产达到65.29亿人民币，供油网点达27个，职工3165人。拥有和控制各类船舶77艘，码头22座，自有油库17个，库容170.01万立方米，以及设施完备的油码头和火车装卸线。年供油量1842.49万吨。

（二）实现从供油商到服务商转型

保税油供应一直都是中燃的主业，在计划经济时代和社会主义市场经济的早期，中燃在保税油供应上一家独大。从2006年起，国家适当放开了保税油市场，有多家企业拥有了保税油供应资质。为顺应形势，中燃调整了企业发展目标：从供油商变为服务商。2010年，"服务"理念被提升到公司战略目标的高度，并转化为全员行动和实实在在的效益。2010年，中燃保税油销售量、内贸水上终端销售量、润滑油销售量、油品运输量四大指标同创新高，实现销售收入402亿元，同比增长32.3%。

为了使"服务"的概念量化和具象化，在充分调研和论证的基础上，中燃编制了《中国船燃客户服务标准》，内容涵盖客户服务管理、客户经理管理、现场操作规范、供油服务指南等一系列规范和流程。对中燃油库及船舶管理制度进行了梳理与完善，新制定了

---

① 其中自有船舶71艘，11.53万载重吨；租入船舶6艘，9780载重吨。

《中国船燃水上加油站服务指南》《中国船燃船舶供油服务指南》《中国船燃系统客户经理管理办法（试行）》《中国船燃系统保税油供应现场操作规范（试行）》和《中国船燃系统保税油供油争议处理程序指导通则（试行）》等一系列管理规则，规范了供油过程中的服务行为。《中国船燃有限公司客户服务管理办法（试行）》是中燃第一部系统性的水上供油操作标准和规范，也是这一时期国内水上船供油行业第一部最具专业水准的行业标准。

在业务开拓和发展过程中，中国船燃与世界各大航运公司、石油公司及其他有关客户建立了长期、稳定和广泛的联系和合作关系，在航运界和石油界树立了良好的企业声誉。

（三）拓展业务类型，提升营销效果

1. 增加销售品种

2007年11月1日，中燃与BP—嘉实多在上海共同对外宣布，在上海港率先开展BP—嘉实多船用润滑油散装供应业务。这一举改写了过去在中国港口只能提供桶装润滑油的历史，大大提高了船用润滑油供给方式的效率，并降低了船用润滑油的包装成本，为润滑油公司与船东客户实现了双赢。12月6日"海供油9"号在上海为"BULK HONGKONG"轮提供了国内首例船用润滑油散装供应服务。

2009年7月5日，中燃上海公司"中船燃1"轮在洋山港盛东码头，为巴拿马籍货轮"OOCL·VANCOUVER"补给保税燃油（500CST）2005.38吨。这是中燃首次在境内港口为客户供应这一规格的油品，标志着中燃的服务能力得到进一步提升，与国际市场接轨的脚步日益加快。

2012年，中燃为满足客户环保履约的需求，在洋山率先开展低硫燃油供应，9月25日中燃为中集"中远温哥华"轮（COSCO VANCOUVER）供应了400吨低硫IFO-380CST燃油，填补了此项业务的国内空白。

2. 拓展业务类型

2011年，中燃"湛—滇—缅"过境成品油业务全面启动。随着中燃湛江有限公司第1批装满过境保税柴油的油罐列车从湛江港启程驶往云南，中燃湛江有限公司"湛江—云南—缅甸"三地过境贸易业务全面启动，过境柴油贸易业务保障了中电投缅甸水电站建设项目开展。

2011年，中燃大连公司成功完成中燃史上最大一笔订单。为外轮"FPSO CIDADE DE SAO PAULO MV23"（"钻石"轮）供应保税油6000吨。

为了有效应对市场竞争，中燃公司还创新经营模式，积极开拓保税油转关直供营销模式。2010—2012年，中燃湛江公司先后实现了从桂山油库转关直供业务和香港进口保税船用柴油直供外轮业务，完成了租用非属地海关供油备案的外租船舶进行保税油供应的新的尝试。2014年4月13日，中燃连云港公司成功首次从洋山港跨关区转关2500吨保税柴油，成功开辟了一个新的保税柴油货源渠道。中燃大连公司也先后开辟了山东龙口、威海的保税油转关直供业务。转关直供模式将过去保税油进口到港先入库再出库的操作程序，改为海关全程监管下的直供模式。没有卸库和装船环节，节省了保税油进口入库到海关报关放行出库的时间，大幅节省了供应成本，提高了供油效率，拓展了油源保障，增强了市

场竞争力。

3. 扩大营销成果

这一时期，在国际油价震荡走高、国内实行燃油税费改革、市场需求持续低迷的不利环境下，中燃全系统按照"以攻为守、进取拼搏、保量增效"的经营原则，在波动中抢抓机遇，在逆境中寻求发展，有效克服金融危机带来的各种不利影响，保持了生产经营稳定运行。

（1）营销团队建设

2004年1月8日，中燃改制后的第一个大动作，就是宣告成立营销部，当月承接中石油配置柴油资源4万吨。截至2011年，中石油配置柴油资源累计为中燃系统创造利润20多亿元，成为中燃内贸业务利润的主要来源。自2006年起，营销部开始承接中燃系统内贸供船业务管理工作，到2012年，营销部累计实现各类油品销售量920万吨，创造业务利润9.9亿元。

自2006年起，中燃在全系统范围内推行了销售代表责任制，2010年，对销售代表责任制进行完善，推行客户经理制。新的营销机制以激励约束为中心，结合中燃实际情况制定业绩考核方案，突出销售质量与服务水平。有效调动了业务人员的工作积极性，增强了业务人员服务意识和市场意识。经过多年的努力，营销机制的调整为企业带来实效。中燃系统公司客户群体明显扩大，客户结构得到进一步优化，成功开发了江苏大田湾核电站、通沙汽渡等优质客户。

与此同时，中燃注重终端市场的开发与维护。通过积极开发新船东客户，保税油终端客户比例得以明显提升，从2004年的39%上升到2008年的92%，并始终保持在70%左右，而中间商客户的比例从原来的60%以上，大幅降低到现在的不足25%。终端销售比重的上升，提高了系统公司获利能力，也稳定了客户群体。

2011年2月，中燃保税油营销团队正式运行，通过上下联动，充分发挥保税油营销团队协作机制，当年保税油销量首次突破了600万吨的大关。

（2）强化大客户营销

这一时期，中燃积极推进与大型船运企业和港航相关业用户的战略合作，根据不同市场、不同船型、不同航线制定差异化的营销策略，实现与大客户互惠双赢、长期合作。

2007年，中燃与中交集团达成燃油供应战略合作协议，这是中燃首次与世界500强企业达成燃油供应战略合作协议，开创了集团对集团的业务合作模式。

2008年，中燃与交通运输部海事局、交通运输部救助打捞局达成燃油供应战略合作协议，这标志着中燃首次成为政府机构指定的燃油供应商，市场影响力、品牌价值得到大幅度的提升。

2009年12月30日，中燃与中远船务在大连成功签署战略合作协议和燃油供应服务合作协议。2家中远集团的子公司，通过"抱团取暖"的系统内合作形式，为中远船务节约采购燃油成本的同时，也确保了中燃公司的市场占有率。到2015年5月底，中燃公司占中远船务的燃油采购总量，已从2009年43%提升到了82%以上。

2009年，中燃与华电集团下属华远星海运公司签署合作协议。这一时期，双方保持了良好的合作关系，中燃的加油份额始终保持在70%以上，最高达90%。

2010年，中燃与华能集团下属的瑞宁航运公司签署合作协议。

2011年，中燃与仁建集团建立战略合作关系，其下属泉州安盛船务和泉州安通物流全部加油业务都交给中燃，截至2015年底，累计供油35.7万吨。

2013年，中燃与神华集团下属神华中海公司建立合作关系。

2012年3月26—27日，中燃还首次组团赴荷兰阿姆斯特丹，参加第三届欧洲船舶供油大会，并组织召开以"在竞争中超越"为主题的"中国船燃保税油业务推介会"，提升了中燃在欧洲市场的影响力。

（3）全面取消牌价

2011年，在部分港口取消牌价试点成功的基础上，中燃在全系统范围内全面取消了执行多年的牌价制度，建立了与国际接轨的、更加符合市场化运行规律的保税油价格调整、审批和公布，及报价议价分级权限管理体系。

（四）强化安全管理

1. 强化管理

中燃从1998年开始运用质量管理体系规范经营和管理行为，经过近十几年的发展，中燃建立了融风险、质量、环境、职业健康安全和社会责任为一体的综合管理体系，涵盖公司所有的活动和过程，通过了ISO9001《质量管理体系要求》、ISO14001《环境管理体系标准要求及使用指南》、GB/T 28001《职业安全健康管理体系规范》、石油行业HSE管理规范的第三方认证，使管理不断从规范走向卓越。

2. 保障安全

作为高危行业，中燃高度重视安全工作。在系统船舶、油库和车辆等生产设备的安全监督管理、劳动安全管理、技术管理、节能减排、科技管理和油品计质量及库存的主要监督管理等工作上，始终以国家和中远集团关于安全生产工作要求为指导，围绕中燃系统安全技术工作要点，自上而下建立了安全生产责任制，并将安全管理目标纳入考核。坚持组织督查组每年对系统所有船舶、油库、码头、生产车辆和滑油仓库进行不同侧重点的检查，完善检查标准，加强自查自纠和隐患排查治理，强化对基层单位的监督，尤其是对运输船舶的监管，现场管理水平有了明显提高。系统各有船公司均建立了安全管理体系，经过多年的安全管理体系运行，在管理上取得了很大进步。保障了中燃全系统连续多年安全形势的稳定，船舶和油库未发生任何上报等级事故。

到2015年底，中燃全球油品销量比"十五"期间增长244%；销售收入比"十五"期间增长50.29%；资产总额比"十五"末增长59.43%；船舶总运载能力比"十五"末增长19%；库容比"十五"末增长81%。年营业收入275.87亿人民币，年利润1.27亿人民币。现已成为国内经营规模最大、网点分布最广、经营设施最完善的水上供油专业公司，国际排名中位居第3位，为中远集团成功跻身世界500强行列、实现"双百"目标，作出了积极贡献。

三、拓展海员外派服务新市场

中远是中国最早开展船员劳务外派的公司,1979年8月23日天津远洋29名船员外派日本油轮"睦邦丸"工作,开创了中国海员劳务外派的新纪元。1989年交通部进一步提出"要把海员外派当作一项事业来抓",并下达交通部船员外派"八五"计划。1990年5月,中远总公司设立船员外派部,广州、上海、天津、青岛、大连等远洋公司相继设立了船员外派部,开始组建外派船员的专业队伍,并建立了较为完善的船员外派机构和管理制度。1993年6月,中远对外劳务合作公司(以下简称"中远劳务")正式成立,中远总公司委托中远劳务负责劳务外派业务的行业管理。这标志着中远的船员劳务外派进一步向专业化方向发展。到2000年,中远外派在船船员数量达到7734人。不仅外派规模较快增长,更为各公司培养一批了解市场的外派经营人才。

(一)中国船员外派市场的发展

经过近30年的发展,这一时期,中国的船员外派市场不断扩大,外派主体不断增加,监管体系进一步完善,市场竞争更加激烈。

1.船员外派市场主体由国有化转向多元化

民营外派公司发展势头迅猛,市场化经营,机制灵活,在市场开拓、客户维护、船员成本等方面优势较大,在船员资源招募方面也逐步进入良性循环的状态,有后来居上成为第二集团之势。国外船东逐步进入中国市场,部分外企已在中国境内取得海员外派机构资质并直接招募中国船员。形成了国有航运企业为主体、多元化发展的船员外派行业体系。到2015年,中国已批准船员外派机构216家,船员外派规模已达133326人次。

2.船员外派监管机制不断健全

这一时期,交通运输部先后出台了《海船船员服务机构管理规定》《海员外派机构管理规定》,对船员外派行业进行了规范。

3.船员外派市场竞争更加激烈

这一时期,有资质的海员外派企业从商务部管理时期的56家,激增至交通运输部管理时期的216家外派机构和676家船员服务机构,市场主体大幅增加,而外派市场总体增幅较小。伴随这一时期航运市场持续低迷,合作客户压缩配员成本的需求和国内劳动力价格上涨、社保规费缴费标准上涨交织出现,船员外派从以往的利润较高行业变为微利行业。

4.行业自律机制未能有效建立

一部分民营个体小公司采取不规范、甚至违规手段挖取客户资源,利用船员社保规费监管方面的薄弱环节,用貌似的"高薪"挖取船员资源,造成船员的无序流动和市场混乱。依法合规经营的船员外派企业的经营和发展面临瓶颈。

(二)中远下属船员外派单位情况

2000年9月,中远对劳务外派管理体制进行了调整,向各公司下放了外派合同签约权,在劳务外派业务方面形成了由集团人事部门负责政策制定和宏观管理,各二级公司负责外派具体经营和管理的模式。充分调动了各家公司的积极性。

这一时期,中远集团共有中远集运、中远散运、广州远洋/中远航运、青岛远洋、大连远洋、中波公司、青岛船院、中远劳务8家二级单位经营海员外派业务,其中中远劳务是专业化的外派公司。

2000年9月14日,中远(集团)总公司决定中远劳务与中远人力资源开发公司合并重组,"两块牌子,一班人马"。在集团内部称作中远人力资源开发公司,继续保留中远劳务的牌子对外开展业务,不再具有行业管理职能,而作为独立的外派公司独立经营,经营范围主要包括海员劳务、陆地劳务、海事服务、船员证书服务。在北京、上海、青岛、深圳设4家合资公司。2010年8月1日,经中远(集团)总公司批准,公司统一使用"中远对外劳务合作公司"的名称。中远人力资源开发公司划归中远对外劳务合作公司所属。中远集团下属船员外派单位见图3-26。

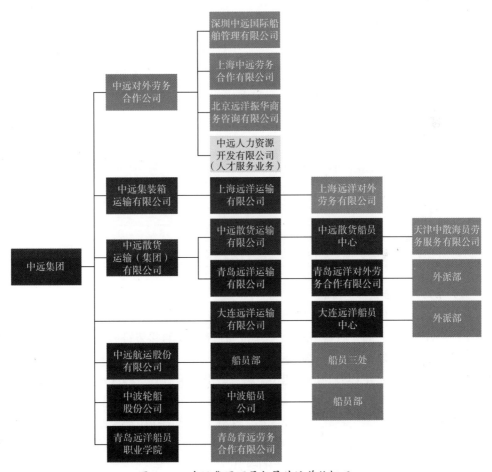

图3-26 中远集团下属船员外派单位概况。

(三)中远下属船员外派公司主要外派方向(表3-3)

这一时期,中远集团的外派系统主要往四个方向配员,一是各公司主船队,如:中散劳务、青远劳务2家外派公司主要向中远香港航运配员;二是向各公司内部的合资合营公司配员,如上远劳务、中散劳务、青远劳务均有此类业务;三是集团内部兄弟公司,如上远劳务、中散劳务、青远劳务向新远、友航等兄弟公司派员；四是外部客户，主要分布在东亚、东南亚、北欧、南欧等地区，其中，中国境内、中国香港、中国台湾地区占比较大，占外部客户派员数量的80%以上。

中远各船员外派公司主要外派船东　　　　　　　　　　　　　　　　表3-3

外派公司	主要系统外船东	系统内船东
中远集运	台湾阳明、香港华林、香港福茂、香港海联、台湾台塑	中远香港航运、厦门远洋、新加坡远洋、友航公司、中坦公司、上远船管公司、轮渡公司
中远散运	香港华林、日本KEYMAX、中英船务	中远香港航运、广州越洋、天津津神、天惠公司、天津远华、天远船管
广远/中航	散派，数量少	远达公司、南方沥青、广东省远洋、香港天星、厦门远洋
青岛远洋	青岛海之星、香港利海、日本商船三井、日本神户海运、深圳维新船管、上海长航	连云港远洋、汇泉公司、中远香港航运
大连远洋	香港中国液化天然气运输（China LNG Shipping）、台湾台塑、南京油运、新加坡森海、香港嘉陵、香港港湾（Fleet）、大连中石油海运、中化航运公司	中远香港航运、华洋海运、海南洋浦、龙鹏
中波	香港长航国际海运、长峰航运、华远星航运	中远香港航运、中波船管
中远劳务	香港Costamare、台湾协荣、台湾新兴航运、日本世界海运、台湾四维	无

（四）中远外派船员用工情况

这一时期，中远外派系统主要有劳动合同制、劳务派遣制、社会聘用制三种用工方式。

（1）劳动合同制：即"自有船员"，各单位与自有船员直接签订劳动合同，直接为船员缴纳社会保险，并提供相应的福利待遇。

（2）劳务派遣制：主要分"协作船员"和"分供方船员"两种形式。协作船员指船员与船员协作中心签订劳动合同，再由协作中心定向派遣到集团所属各单位的船员；分供方船员指各单位与其他外派公司建立合作关系，在外派业务中使用与合作方建立劳动合同关系的船员。中远下属航运公司的外派业务主要使用协作船员，中远劳务使用分供方船员。

（3）社会聘用制：即使用劳务市场上的船员。

到2015年，中远集团外派板块船员合计用工11906人，其中劳动合同制船员5700人，劳务派遣制船员5166人，社会聘用制船员1040人。

（五）中远集团对船员外派业务的管理

随着外派合同签约权的下放，这一时期，中远集团总公司主要根据自身的职能、劳务外派业务的特点、针对各公司管理模式各有特色的具体情况，从宏观层面加强指导与服务，不干涉各公司的具体劳务外派业务，提高了各公司提升船员素质和经营水平的积极性。

一是建立机制。2001年，中远集团先后出台了两项规定：《中远集团对外劳务统一报价管理暂行规定》和《中远集团劳务中介费提取管理暂行规定》，目的是减少内耗，形成一致对外的市场秩序。对系统内违反规定者给予通报批评和经济处罚，使以往一度出现的内部压价、恶性竞争的情况得到了遏制，维护了集团的整体利益。2012年，人力资源部按照集团领导在2012年船员工作会上针对船员劳务外派工作提出的专门要求，研究集团船员外派工作的现状、作用、存在的问题及后续工作思路；组织召开了中远集团船员劳务外派工作交流研讨会，讨论修改下发了《中远集团关于船员劳务外派工作的指导意见》；建立了船员劳务外派业务合作企业"白名单"制度。2014年，中远集团结合外派"挑战"轮出现的治安事件开展专项调查，下发了《关于进一步加强船员外派管理工作的通知》，就加强和规范船员外派管理提出了更高要求。

二是搞好服务。2001年底，集团抓住有利时机，协调中国海员建设工会和船东协会，与日方签订了"四方协议"，规范了对日劳务外派渠道和最低报价，使高租金的对日劳务外派市场向高素质船员倾斜，保护了日本船东的利益，更使高素质的船员受益。2002年，集团对自有船员工资进行了较大幅度的调整，协调中远香港航运等中远系统内香港船东，率先提高了合同租金水平，通过中远香港航运的标杆作用，带动了作为集团外派主要市场的东南亚地区外派船东的租金调整。2011年，中远集团结合国家调整和理顺海员外派管理体制工作，以及交通运输部颁布的《中华人民共和国海员外派管理规定》，及时印发通知，指导各司做好贯彻落实工作；按照《财政部商务部关于做好2011年对外经济合作专项资金申报工作的通知》的要求，协助中远劳务、上海远洋对外劳务有限公司、大连远洋对外劳务合作有限公司，完成对外劳务合作专项资金的材料审核和申报工作，获得财政部针对外派海员培训的国家专项资金支持。

这一时期，中远集团继续发挥中远集团船员外派管理委员会的作用，定期召开香港大合同会，协调系统内广州远洋、上海远洋、中远散运、青岛远洋、大连远洋、中波公司6家单位，为集团在香港的中远香港航运、友航、寰宇3家船东配备船员。大合同规模不断扩大，到2005年已达68套班子、1582人的在船规模，占集团外派规模的约六分之一。这一内部协同机制，对中远系统香港各航运公司提高船舶、船员管理水平，各派员公司提高船员管理水平，都起到了积极的促进作用，也带动了集团劳务外派租金水平的提高，并为集团的船舶管理和船员管理工作，积累了宝贵经验。

在中远集团协调管理和帮助下，到2015年，中远全系统共有整套、半套班子船员外派476套，散派船员分布在257艘船舶，外派市场涵盖16个国家和地区，外派境外船东在船人数合计达7561人，含境内船东外派在船人数合计达9694人。集团外派系统所有经营单位在2015年度均实现了盈利。

（六）船员外派业务发展的重要意义

从历史角度看，在开展船员外派业务的早期，船员外派的主要目的是为了完成国家安排的扩大对外交流的任务，与此同时，企业也能够获得较为丰厚的经济收益。从20世纪

90年代中期开始至21世纪初，随着船舶配员减编，船员队伍出现大量富余船员，中远船员外派的主要目的转为解决船员上船难的问题。

2005年之后，船员外派已难以获得丰厚收益，国际国内高级船员供求紧张的状况，使上船难的问题不再明显。中远船员外派的经营目的，更多转向根据主船队发展需要，在服务中远的船员队伍建设、服务航运主业上发挥作用：

1. 船员队伍的蓄积作用

开展船员劳务外派：一是为应对中远自有船队规模的可能增长储备船员资源，中远集团船员队伍建设的首要目标是"数量充足"，船员的培养周期长达10年，而船舶的买造周期很短。为了应对船队规模的突然增长，需要一定比例的船员人才储备；二是在船员队伍建设的实践中，常常出现低职务船员多、高职务船员少的梯形结构，导致一定数量的低职务船员从短期配员角度看是"富余"的，但从船员队伍长期建设的角度看是"必须"的。将上述船员放到船员外派"蓄水池"中进行蓄积，从而保证船员队伍的可持续发展。

2. 船员队伍的培养作用

为船员队伍可持续发展，必须保证所有船员尤其是高级船员每年充分的上船就业时间，以正常累积职务晋升所必需的工作资历。通过船员外派使暂时"富余"的船员充分就业和正常晋级，有利于船员队伍的整体职务结构处于合理水平。与此同时，通过跨公司、国际化的历练，也有利于船员队伍综合能力的提高，为中远培养国际化的船舶管理人才。

3. 主船队用工的调节作用

当船队规模增长时，船员从外派流动到主船队；当船队规模减小时，船员从主船队流动到外派。船员外派的调节作用，既保证了主船队的用人需要，还保证了船员队伍在主船队运力变化中的稳定，较好解决了船员用工长期性、稳定性和船队规模变化的矛盾。

4. 内部船员资源的配置作用

这一时期，中远集团船员数量总体相对充足，但在各单位分布不均衡。部分船公司如中远香港航运、厦门远洋、新加坡远洋、友航、中坦等以及为数众多的合资合营单位船员资源紧缺。船员外派采用市场化手段，突破了各公司之间管理界限，实现了中远集团内部船员资源的融合和有效利用，形成了近3000个船舶工作岗位的船员资源内部配置规模。这一时期，船员外派平台，是中远集团内部各公司之间船员资源配置的唯一平台。

5. 其他作用。与此同时，通过船员外派，可以了解国际国内船员市场薪酬情况，为自有船员薪酬调整提供参考依据；学习其他船东的船员管理经验等，促进公司船舶管理水平的提升。

四、集装箱租赁业务稳居世界前列

中远集团从1997年起涉足集装箱租赁业务，到2005年，中远太平洋旗下全资公司佛罗伦货箱控股有限公司（以下简称：佛罗伦）的租赁、管理及销售业务已得到了长足的发展。截至2005年12月31日，佛罗伦集装箱箱队规模达104万标准箱，其中干货箱占95.3%、冷藏箱占3.6%、特种箱占1.1%，占全球约10.9%的市场份额，位列全球第3位（图3-27，图3-28）。客户由2004年的218个增加至256个。在全球拥有集装箱堆场共180个，其中美洲

49个、欧洲67个、亚太区64个。平均出租率约为95.5%，比业内平均水平高出4.6个百分点，集装箱租赁营业额达2.76亿美元，利润达到1.16亿美元。

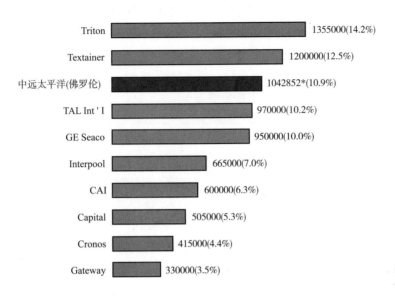

资料来源：Containerisation International Market Analysis(2006年2月)
*备注：截至2005年12月31日佛罗伦箱队规模(单位：TEU)

图 3-27 2005年十大集装箱租赁公司。

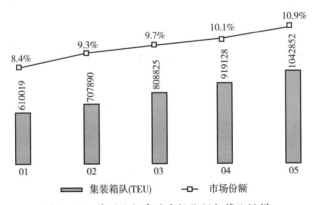

图 3-28 佛罗伦拥有的市场份额与箱队规模。

这一时期，在中国外贸和全球经济增长、集装箱船大型化趋势和新集装箱船不断下水的多重因素影响下，市场对集装箱的需求一度快速增加，这些有利因素也带动佛罗伦集装箱租赁业务的增长。但2008年全球金融危机爆发后，集装箱租赁业出现了新变化，行内竞争加剧，集装箱需求疲弱，租金水平在低位徘徊，回报率持续下滑。面对严峻的市场形势，佛罗伦把握市场机遇，凭借多年从事租箱业务的经验和科学分析，在集装箱租赁的各个业务操作环节实施精益管理，提升防抗风险能力，凭借租赁业务板块，为中远集团提供了稳定的效益保障。

(一)箱队规模稳定增长

这一时期,为满足航运市场对集装箱租赁的需求和企业发展的需要,佛罗伦公司稳步扩展自有箱箱队规模。2006年,佛罗伦成为集装箱租赁行业的最大买家,购入新集装箱达到26.82万标准箱,占行业购置新箱的24.6%,使箱队规模在2006年底达到125万标箱,规模增长高达19.9%。市场份额上升到11.9%。2007年,佛罗伦再次购置新箱量共32.67万标准箱,箱队规模达151.97万标准箱,同比增长21.5%,平均箱龄为3.75年,跃升为世界第二大租箱公司,占全球租箱市场份额约13.2%。2009年,受金融危机影响,全球经济陷入衰退,集装箱租赁业首当其冲。根据《世界货运新闻》(World Cargo News)数据显示,全球租箱的箱队规模在2009年6月时缩减3.4%至1090万TEU,40多年以来首次下跌。大量班轮公司搁置船舶、退箱。佛罗伦的集装箱租赁、管理及销售业务也无可避免受压,箱队的规模缩减2.4%至158.26万标准箱。尽管整体市场形势极为艰难,但佛罗伦把握市场对于冷藏箱及特种箱的需求,于年内先后购入6000TEU的冷藏箱及特种箱和9000TEU的干货箱。2010年,集装箱需求迎来强劲反弹,全年租箱公司购买新箱约172.5万TEU,占全球新造箱量63%。佛罗伦也大幅增加购买新集装箱量,扩大自有箱箱队规模,全年合共购置新箱11.16万TEU,同比增加644.2%;拥有和管理的箱队达到163.18万TEU,全球堆场网络达到225个,保持住了全球前3租箱公司的地位。随着箱队规模的稳定增长,到2015年底,佛罗伦公司箱队规模达到194.47万TEU,比2005年增长近1倍。集装箱堆场数目达到242个,始终处于全球集装箱租赁业的第一集团。全球集装箱堆场网络见图3-29。

北美洲		中美洲	南美洲	南非
亚特兰大	迈阿密	利蒙港	布宜诺斯艾利斯	开普敦
巴尔的摩	明尼阿波利斯		瓜亚基尔	德班
卡尔加里	蒙特利尔		伊塔加	约翰内斯堡
查尔斯顿	纳什维尔		马瑙斯	
芝加哥	新奥尔良		纳维根特斯	
辛辛那提	纽约		帕拉那瓜	
克里夫兰	诺福克		里约格兰德	
哥伦布	匹兹堡		萨兰瓦多	
达拉斯	波特兰		圣安东尼奥	
底特律	旧金山		圣地亚哥	
休斯顿	萨凡纳		山度士	
伊利诺伊州	西雅图		苏瓦沛	
杰克逊维尔	圣路易斯		瓦尔帕莱索	
堪萨斯城	塔科马			
基洛纳	多伦多			
洛杉矶	温哥华			
路易斯维尔	温斯顿塞勒姆			
孟菲斯				

图3-29 全球集装箱堆场网络。

(二)经营管理向"轻资产模式"转变

从2006年开始,佛罗伦公司积极创新经营模式,从过去增强资产价值转移到打造企业价值,对集装箱租赁和管理业务经营模式进行优化再造,逐步转型为"轻资产模式"。通过出售集装箱的拥有权和提供售后管理服务,优化资产结构。从"自有箱"经营模式,向"管理箱"经营模式转变,这一业务模式主要服务于国际客户。2006年6月,佛罗伦成功地出售60万个TEU,并为之提供售后管理服务,这笔交易不仅为佛罗伦带来了5000万美元的出售净收益和1500万美元的业务费,更优化了公司经营模式及资本架构,为公司获得更多的流动资金用于巩固市场份额。2008年,佛罗伦又与中远集运开展集装箱售后租回业务。随着售后管箱经营模式逐步成型发展,集装箱售后管理业务比重不断提升。到2008年12月底,佛罗伦管理箱箱队规模增加至87.40万TEU,占总箱队53.9%,管理箱与自有箱比重基本持平,并在一定时期内保持了较为稳定的比例。到2015年底,佛罗伦箱队的自有箱、管理箱及售后租回箱分别占总箱队61.2%、24.1%、14.7%。售后租回和管理箱箱队规模达到75.47万TEU(图3-30)。通过均衡发展自有箱、售后回租箱和管理箱箱队,有效降低了购置集装箱对公司资本的占用,提升了佛罗伦公司经营的灵活性和抗风险能力。特别是在2008年金融危机后的航运低谷期,有效降低了佛罗伦公司的投资风险,为公司持续扩大市场份额,进一步巩固行业的领导地位提供了保障。

于12月31日	租赁客户	2015年(TEU)	2014年(TEU)	变化(%)
自有箱	中远集运	579709	519492	+11.6
自有箱	国际客户	610230	564264	+8.1
售后租回箱	中远集运	286568	286568	-
管理箱	国际客户	468147	537454	-12.9
总数		1944654	1907778	+1.9
于12月31日	租赁客户	2015年占总数百分比	2014年占总数百分比	变化(%)
自有箱	中远集运	29.8	27.2	+2.6
自有箱	国际客户	31.4	29.6	+1.8
售后租回箱	中远集运	14.7	15.0	-0.3
管理箱	国际客户	24.1	28.2	-4.1
总数		100.0	100.0	-

图3-30 自有箱、售后租回箱及管理箱分布情况。

(三)稳健经营模式带来稳定的盈利水平

1. 发挥系统内协同作用

这一时期,佛罗伦的客户从2005年256家发展到300多家,世界前30大班轮公司均与佛罗伦建立了业务往来。2008年,来自全球前十大集装箱航运公司的租金收入,占佛罗伦的集装箱租金总收入的80.7%。从客户性质划分,这一时期佛罗伦的主要客户可以分为系统内的中远集运和国际性客户两种类型。作为佛罗伦公司的第一大客户,中远集运与佛罗伦公司的合作充分体现了系统协同的作用,中远集运的租箱量常年保持在佛罗伦箱队规模的1/3以上,佛罗伦的新造箱也有平均超过五成的比例为中远集运打造,2013年更是高达91.4%。中远集运的长期租赁协议，保证了佛罗伦公司自有箱的高出租率，也为佛罗伦提供了稳定的收入来源（图3-31）。

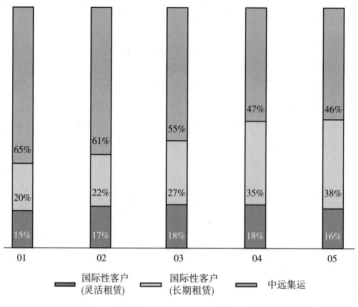

图3-31 佛罗伦租金收入分析。

2. 长期租约为公司带来稳定收益

从2007年开始，佛罗伦重点拓展长期租赁业务，长期租赁业务比重逐步提升到90%以上，并保持了稳定的水平，其中自有箱队及售后租回箱的租赁以长期租约为主，每年购买新箱也大部分以长期租赁的形式租给中远集运及其他国际客户。为公司抵御经营风险、提高出租率、获得稳定的收入提供了保障（表3-4）。特别是在2009年租箱行业陷入衰退的不利环境下，佛罗伦的长期租约比例高出业界平均水平15%，其中提供给中远集运的10年期长期租约集装箱达到52.79万TEU，占总箱队比重的33.4%，租予其他国际客户的33.26万TEU之中，82.4%属3—8年期不等的长期租约。长期租赁占公司总租金收入的93.2%；箱队的租约分布结构理想，从而保证了佛罗伦在逆市中优于同业的业绩表现。

佛罗伦长期租赁业务收入比重 表3-4

年度 百分比	2005	2006	2007	2008	2009	2010	2011	2012	2013	2014	2015
长期租赁比例（%）	84	90.1	95.3	92.2	93.2	92.7	93.8	94.3	95.5	96.2	96.7

出租率始终优于业界平均水平。这一时期，面对激烈的国际竞争，佛罗伦公司始终保持着高于市场的租箱率水平。尽管2009年受金融危机冲击，箱队平均出租率下跌4个百分点至90.6%，但依然高于业界86%的平均水平。2010年全球集装箱航运及租箱市场出

现强劲复苏。年内，集装箱海上运输量同比上升13.6%，船公司新增运力达130万TEU，并继续采取增船减速的策略，而集装箱厂的产能恢复滞后，导致集装箱供应严重短缺，20英尺干货箱价格年内攀升至最高2800美元，租箱行业平均出租率高达95%。佛罗伦集装箱队出租率更上升至97.3%，创下10年新高（表3-5）。

佛罗伦集装箱历年出租率水平（2005—2015年） 表3-5

年度	2005	2006	2007	2008	2009	2010	2011	2012	2013	2014	2015
出租率（%）	95.5	96.2	94.5	94.6	90.6	97.3	96.1	95.3	94.5	95.3	95
行业平均出租率（%）	90.9	91.8	93	94	86	95	95	94.8	93.9	94	93

利润稳定增长。良好的管理水平和灵活的经营策略，使佛罗伦的集装箱租赁业务在这一时期动荡低迷的航运市场中保持了较好的业绩水平，实现了连续盈利。从2005—2015年，共实现利润12.69亿美元（表3-6）。

佛罗伦这一时期业绩表现 表3-6

年度	2005	2006	2007	2008	2009	2010	2011	2012	2013	2014	2015
总箱队规模（TEU）	1042852	1250609	1519671	1621222	1582614	1631783	1777792	1855597	1888200	1907778	1944654
新箱（TEU）	168592	268236	326715	152752	15000	111625	118755	162742	151500	161106	120414
客户	256	270	280	300	306	300					
市场份额	10.9	11.9	13.2	13.6	14.3	13	12.5	12	11.3	11	10.5
世界排名	3	3	2	2	2	3	3	4	4	5	4

五、集中采购平台建设

（一）保险经纪业务的发展

1. 保险经纪机构的重组与建立

（1）中远国际收购保险顾问公司

2004年5月14日，中远国际与中远香港集团和中远新加坡控股正式签署协议，分别收购两家公司所持有的中远（香港）保险顾问有限公司（简称中远保险）75%和25%股权，成功开拓船舶保险服务。成立于1995年的中远保险，是香港保险顾问联会会员，公司以水险中介业务为主，公司主要客户为中远系统公司及其他船东、租家、船舶经营人等，主要的合作保险人分布在中国、新加坡和欧洲等地。在香港保险中介业中，中远保险安排保险的船舶数量和总吨位均名列前茅；安排保险的船舶种类包括散货船、油轮、集装箱船、杂货船、豪华邮轮以及高速客轮等。

这一时期，中远保险积极与国际保险市场接轨，凭借"以客户为尊、以服务为本"的服务宗旨和"以诚信获得信赖、以积极换取成功"的经营理念，为国内外客户制定优秀的风险保障方案，为客户争取更优惠的条件及更可靠的保障，赢得了客户的信任，与客户建立了长期稳定的业务合作关系。

（2）成立深圳中远保险

为进一步拓展内地五星红旗船保险经纪业务，2005年11月28日，中远保险及香丽园（上海）物业管理有限公司与深圳远洋三方签订合资协议，在深圳成立深圳中远保险经纪有限公司（简称深圳中远保险）[①]。

凭着在船舶保险经纪业务中多年来的专业经验，在内地成立合资公司，不但加快中远国际船舶保险经纪业务的发展，更进一步壮大中远国际船舶服务产业，达到持续发展的目标。

2. 积极开拓保险经纪市场

（1）承保和理赔服务并重，为客户提供优质服务

中远保险（包括香港和深圳2家公司）高度重视公司的服务质量，注重为客户提供从风险评估与分析到拟定保险及再保险计划以及案件理算、理赔等全过程全方位服务。为更好地向各航运公司提供理赔服务，公司成立了理赔服务、咨询小组，并且特聘专业海事律师作为专业顾问，配合小组加强对原中远集团及集团外客户的服务工作。小组成立后，所有中远保险的客户都可以直接联系小组成员及专业顾问咨询遇到的保险、法律问题，及时帮助解决问题，得到了客户好评。

（2）以集团内业务为基础，积极拓展新市场

中远保险将服务集团内保险业务的成功模式进行推广，重点开拓国有大型企业所属新兴船公司，同时，利用自身的专业优势和区位优势，为国内保险公司提供再保险服务，使得公司非集团内业务得到了巩固和发展。

2010年，中远保险在保证传统业务稳定增长的基础上，成功推广了五星红旗船共保业务，使共保业务这一保险模式在原中远集团内全面展开。针对索马里海盗猖獗的情况，中远保险积极向客户提供咨询服务，并与国际上有实力的承保海盗赎金险的专业保险公司合作，为客户提供风险保障全面、费率优惠的保险方案，也为公司创造了效益。

继2009年与中远船务建立关于船舶建造险的合作，2013年中远保险成功参与了大连中远船务N527自升式钻井平台建造险方案的招标，顺利完成与中远船务首台海洋工程保险的业务合作，并开启了海洋工程保险合作的新里程。之后，中远保险参与了南通中远船务N448、N449起重铺管船、大连中远船务N527自升式钻井平台、广东中远船务N566半潜式辅助平台、广东中远船务N599、N600深水三用工作船、大连中远船务N601、N602深水三用工作船、广东中远船务N570、N571平台供应船、舟山中远船务伊丽莎白二世豪华邮轮等保险安排，大量的海工险业务成为2013年中远保险的一大利润增长点。在随后的几年中，中远保险继续为10余项海洋工程提供了保险经纪服务工作，得到了中远船务充分肯定。

2013年底，按照中远集团关于尝试陆上财产统保的指示精神，中远保险充分发挥服务平台优势，成立了"机动车统保项目小组"对中远集团各公司的机动车情况进行前期调研，并提出了优化保障、控制成本的保险方案，获得各单位的认可。2015年始，中远集团机动

[①] 2010年11月19日经深圳市市场监督管理局〔2010〕第3131807号文核准，深圳中远保险股东发生变更，由香丽园（上海）物业管理有限公司变更为远通海务贸易（上海）有限公司。

车逐步纳入统筹保险。2013年，中远保险开始与怡安（Aon）、人保通力合作，成功介入中远比雷埃夫斯港集装箱码头（PCT）保险业务，实现了中远保险在码头领域零的突破。国内码头方面，2015年，中远保险凭借在船舶统一保险和码头险方面所积累的经验，成功介入中远集团国内控股码头保险业务。

2013年，中远新加坡首次将上市公司董事责任保险通过中远保险进行统一安排。此后，中远保险又陆续为中远集团内的4家上市公司安排了董事责任险。

2015年，中远保险开始尝试信用险服务，根据不同单位的风险需求，先后推动短期出口信用险、海外投资保险、运费/滞期费信用险等保险产品，为中燃远邦安排了燃油贸易短期信用险业务。

中远保险船舶保险顾问服务收入及经营溢利情况见图3-32、图3-33。

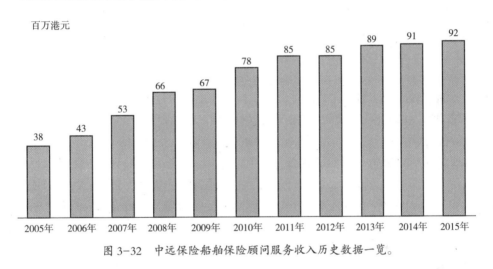

图3-32　中远保险船舶保险顾问服务收入历史数据一览。

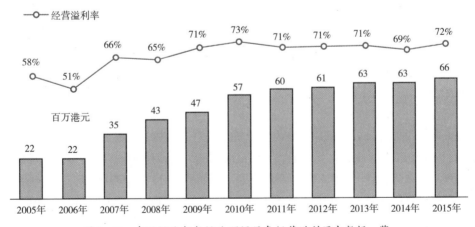

图3-33　中远保险船舶保险顾问服务经营溢利历史数据一览。

（二）海运设备服务业务发展

1. 中远国际收购远通海运设备服务公司

2004年12月28日，中远国际通过旗下全资附属公司与中远香港工贸附属公司中远（香港）贸易投资有限公司签订股权转让协议，收购远通海运设备服务有限公司（简称远通公司）全部股本权益。这项收购是中远国际开展船舶备件供应及安装服务系统的第一步，也是构建备件供应网络服务的关键点，为中远国际完善航运服务业务迈上了新的台阶。远通公司从事船舶备件供应及安装服务，包括为营运及新造船舶、油钻提供及安装设备及备件，同时就海上或陆上项目提供相关服务、港口及港口运输导航及通信系统以及信息管理系统。

2001年11月1日，中远集团在与招商局集团合作的海通通信仪器有限公司及海通远洋部的基础上，重组了远通海运设备服务有限公司。远通公司除了在北京、上海、深圳设有办事处外，还分别与大连、天津、上海、广州远洋运输公司合资组建了大连远洋通大电子有限公司、天津海上电子有限公司、上海越洋无线电有限公司和广州远洋通信导航有限公司。重组远通公司，是中远航运主业发展的需要，也是中远集团业务重组的一个重要部分。中远集团对此项重组工作给予了大力支持，在重组的过渡期体现了"巩固原有业务，降低重组成本，实现平稳过渡"，早日建立起中远自己的船队支持保障系统，为航运主业提供一流服务的要求。

远通公司成立初期，75%的业务来自中远船队，全年营业额仅1.3亿港元。随着内地造船业的迅速发展，远通公司在充分利用中远系统整体优势的基础上，积极拓展中远系外业务，不仅与世界各地船舶设备知名厂家以及各大船公司建立了长期而紧密的合作关系，同时远通公司自身的营销网络也不断得以完善。无论是大型集装箱船、超大型油轮、各类液化汽船和石油钻井平台，还是在港口的各种小型特种船，都装备有远通公司推荐和代理的各类船舶设备。2008年，远通公司营业额已经超过了4亿港元。

为了给广大客户提供强而有力的技术支持，远通公司在成立初期，已着力加强工程技术人员队伍的建设。公司配有专门实施安装、调试及修理工作的工程技术人员，能够以最快的速度，按客户要求，多次远赴美洲、欧洲、大洋洲等海外地区，为客户现场解决问题或安装修理通信导航设备。远通公司技术人员精湛的技术，得到了客户的称赞。

2. 收购中远北京海上电子设备公司

2007年10月，远通公司收购中远（北京）海上电子设备有限公司（简称中远北京电子），中远国际持有100%股权。中远北京电子从事无线电通信、卫星通信、船舶导航、卫星定位、电子助航、计算器网络、视声监控等电子产品销售、安装调试、修理维护以及系统集成、工程组网等业务，依托中远强大的品牌影响力和远通平台的专业服务网络和能力，中远北京电子在船舶通讯导航领域以及海事通讯领域具有20多年的从业历史以及良好的声誉，并与香港远航实业（Sailor）、日本无线（JRC）、挪威祖创（JOTRON）、SAC等多家国际知名品牌建立起了良好的合作关系。

在努力拓展代理渠道的同时，中远北京电子也在不断提升自身整合资源的综合能力，向系统解决方案的综合服务商转变。在多年为海洋石油客户提供平台及船舶通信导航设备的基础上，主动总结建设经验，逐渐形成整套的海洋石油平台内外部通信系统的综合解决方案。通过与中海油主管技术部门和采购部门的有效沟通，根据客户的需求，提供最优化的系统解决方案，取得了海洋石油客户的认可，在2013年参与的多个海油平台通信项目采购招标中成功中标。在新造船市场上，中远北京电子作为JRC在国内的设备代理商，积极推进JRC产品在国内新造船市场的销售工作。在航运形势不景气、新造船市场低迷、品牌竞争异常激烈等困境下，中远北京电子整合自身以及其他中远系内公司的优势资源，推出了以JRC设备为主，TKC、SAILOR设备为辅，配套一些优质国产设备的新造船通导设备方案，得到了船东和船厂的一致认可，成功取得了在广船国际和中远川崎建造的30万载重吨油轮的订单。2013年，中远北京电子依托丹麦Sailor设备东北亚区渠道总经销商的代理优势，牵头原中远系统内各电子公司与丹麦泰纳公司，签署了《产品代理销售和维修服务协议》，促成各电子公司成为Sailor产品的分销和维修代理，既实现了系统内各单位之间的协同效应，提高了中远品牌在国内通导产品销售和维修领域的知名度，又为设备厂家、全球船东搭建了优质的通导设备维修网络。2015年5月，中远北京电子承担中远集团GPS光纤罗经科研项目后研制的首套"海豹"（SEAPARD）品牌GPS光纤罗经成功安装到中远航运"永盛"轮。"永盛"轮于2015年再次经北极航线东北水道前往欧洲，GPS光纤罗经设备的安装有效地解决了船舶在高纬度地区的导航难题。

3. 构建中远境外备件采购供应平台

根据中远集团关于《重组中远海外备件供应公司专题会会议纪要》精神，为了有序稳妥地推进重组工作，中远集团成立了由原中远集团主管领导、相关职能部门和区域公司组成的领导小组；以及成立了由战发部、财务部、安监部、中远国际和相关区域公司等单位组成的工作小组。2009年9月24日，原中远集团下发了《关于启动重组集团海外备件供应业务工作的通知》，全面启动相关工作。

2010年2月18日，远通公司完成了在日本设立新公司的注册手续，新公司名称为新中铃株式会社；7月1日，新中铃公司正式营业，同时原中铃公司不再经营相关业务；8月12日，远通公司完成了与新加坡远洋公司（简称新远公司）的股权交割，新远公司正式成为远通公司100%的子公司，以拓展新加坡地区的船舶备件供应业务，成功在全球航运中心之一的新加坡和全球最大船舶设备生产国之一的日本建立新据点，构建亚太区备件供应平台。2011年1月30日，远通公司完成了对远通海务贸易（上海）有限公司100%股权全资收购。2012年5月8日，中远香港集团正式批复成立中远远通经营管理总部，对包括香港远通在内的国内外各区域公司实施"五个统一、两个统筹"式管理。2013年6月18日，远通公司收购德国汉远技术服务中心有限公司（简称汉远公司），远通公司持有100%股权。收购完成后，汉远公司成为中远国际在欧洲地区的第1家全资附属公司，标志着中远国际在拓展亚洲地区以外的船舶备件供应服务网络方面迈出了重要的一步。2014年8月6日，远通公司收购了美国远华技术和供应公司51%股权。

至此，远通公司的境外区域公司遍布中国香港、日本、新加坡、德国、美国等国家和地区，加上内地的中远（北京）海上电子设备有限公司和远通上海公司，远通平台的全球营销网络初步建成,为中远系统内船舶备件实现集中采购打下了坚实的基础。

2013年1月1日,中远船舶备件唯一采购供应平台正式开通运营。集中采购平台开通使远通公司系统内采购业务量得到提升,为开发外部市场及争取优惠条件提供了基础,也对平台服务、效率、质量提出了更高的要求。2013年4月16—18日、9月5—6日,由远通平台牵头组织,分别召集曼恩柴油机公司(MAN Diesel)、ABB turbo、瓦锡兰集团(Wartsila)、三井集团(MITSUI)、NOV-BLM、麦基嘉(Mac Gregor)、阿法拉伐(Alfa Laval)、大发柴油机公司(Daihatsu Diesel)、洋马发动机公司(Yanmar)、伊格尔工业(Kemel)等10家世界著名船舶备件生产厂家,集中在上海进行了船舶备件集中采购价格商务谈判。远通平台以集中采购后总量增加的优势,通过这2次价格谈判,为中远船队争取到更好的价格优惠和技术服务,有效降低了中远系统内各航运公司船舶备件采购价格,同时提高了厂家(供货商)对系统内各航运公司的技术服务保障水平。仅此两次谈判,便为系统内各航运公司在1年内节省备件采购成本约850万港元。

4. 大力拓展业务市场

通过系统内资源整合,远通公司凭借其全球性的服务网络,加大了对客户的维护与拓展力度,除了与中远系统内等多家公司保持密切的业务往来之外,也广泛开拓了中海油、中石化、COSCO-HIT、广东粤电等系外客户,努力收复金融危机期间造成的业务失地;加强与备件厂商的合作,创造双赢局面。特别是以规模采购优势向厂方进行宣传,并提出协助厂商向中远系统外客户推广产品的建议。例如远通公司与希腊Maritech公司达成经销商协议,由对方代理公司货品销往希腊,而远通公司则为其推销Ballast System产品等,以此创造新的合作商机。

2013年,远通公司除中远船厂的新船订单外,成功中标龙穴船厂两艘VLCC油轮的甲板设备项目、扬州大洋船厂机舱设备项目,以及沪东中华船厂的压载水处理器项目,使系统外新船设备的代理业务同比2012年增加了2.5倍。在潜力巨大、附加值高的海工平台项目新领域,香港远通历经近10个月的时间,不断总结投标未果的经验教训,中标JU2000E、CJ46平台的泥浆搅拌器项目。与此同时,远通公司不断开拓多芯管、阀门、泥浆搅拌机及处理器系统、GUVEN的电、液抓斗、电缆线、暖风机、燃油均质器、船舶压载水处理器、主机汽缸油电喷设备等新产品的代理,探讨与JOWA厂合作在香港存货,利用此市场通道打进香港客户的大客户市场;开拓国际公约的条例产品(2015年新规实施)Scrubber项目;2013年终于敲开了电抓斗香港市场,为中外运两艘散货船供应了8台电抓斗。

2013年12月3日,远通公司与中国船舶工业集团中船电子科技有限公司、天津中科遥感信息技术有限公司、中国气象局公共服务中心和国家海洋环境监测中心等单位签订了关于全球航海运营服务的全面战略合作协议,一致承诺:共同建设国内一流、国际领先的航运服务中心,为船舶和海洋相关用户提供船舶航行保障、船舶管理、全球维修保障以及海洋环境信息支持等全方位的服务。通过此次战略合作,香港远通将与相关合作单位共同建设覆盖全球的航海运营服务平台,利用海事卫星通信、北斗导航定位系统、互联网等现代化通信导航手段以及中国香港、日本、新加坡、德国等覆盖全球的备件服务网络,在运营船舶和船东、船舶配套设备供货商、海事管理部门等之间开展围绕船舶运营、维修、航行、管理等相关活动的智慧化服务,实现"船岸一体"。

远通公司船舶设备及备件供应收入和经营溢利概况见图3-34、图3-35。

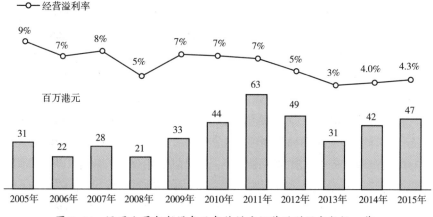

图3-34 远通公司船舶设备及备件供应经营溢利历史数据一览。

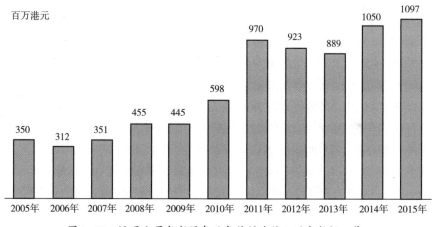

图3-35 远通公司船舶设备及备件供应收入历史数据一览。

(三)船舶燃油集中采购平台建设

1. 建立燃油集中采购及套期保值操作平台

从2001年开始,随着世界经济逐渐复苏和扩张,国际油价进入了一轮牛市从2001年的20美元/桶上涨至2008年7月的147美元/桶。作为世界第二大航运公司,中远集团每年船用燃油的消耗量超过400万吨,年度用油成本超过21亿美元,并随油价上涨逐年增加。燃油套期保值是平抑燃油成本的大幅波动,规避油价上涨的风险,保证经营业绩的稳步增长和企业的可持续发展的重要手段。2001年,中国证监会给中远集团颁发了境外期货操作许可证,批准中远集团为规避和转移燃油成本上涨的经营风险,在境外进行套期保值操作。

为进一步有效控制和降低船舶燃油成本，实现中远集团整体效益最大化。中远集团从 2003 年 1 月 1 日起，对集团所属船队自用的燃料油实行了集中采购，形成了以集团运输部为主管部门，集团财务部为风险防范和监控部门，中燃（新加坡）有限公司为操作平台，各家航运公司为业务单元的燃油工作网络。中远集团燃油采购实现了从分散采购到集中采购的转变，实现了从采购价格随行就市到集中采购降低成本的转变。同时，为规避燃油价格风险，控制燃油成本，在遵循已有管理程序的基础上，中远集团的燃油期货保值工作也由中燃（新加坡）公司统一负责。

作为中远全球船舶燃油集中采购平台和期货套期保值唯一的操作平台，中燃（新加坡）有限公司的前身是 1991 年成立的新峰石油（私人）有限公司，股东中燃公司、中远控股（新加坡）有限公司、中国远洋网络有限公司分别持股 65%、30%、5%。主要经营业务包括 3 个方面：一是中远船队燃油集中采购业务。每年为中远船队燃油采购量约 400 万吨。二是第三方燃油供应业务。主要是中海集团、马士基等船公司的采购和供油服务，为客户采购批量燃油现货的贸易业务，以及中远国贸的沥青贸易业务。业务量稳定在 60 万吨以上，每年实现利润 100—200 万美元。三是中远燃油期货套期保值操作业务。集团总公司及系统内相关航运公司的燃油期货操作全部由中燃（新加坡）有限公司完成，统一以集团总公司名义对外签署合同。

为降低每年 400 万吨的现货采购成本，在中远集团燃油集中采购的原则指导下，中远集团始终坚持以船队燃油消耗量为依托，以集团总裁办公会批准的"期货操作量不得超过现货采购量 60%"保值额度为上限，以航运公司的成本需求为出发点，以期货和现货对冲降低成本波动为目的，以套期保值杜绝投机为宗旨，统一进行燃油套期保值的决策和操作，保值收支按照套期保值的要求，对冲现货采购成本。燃油套期保值工作为在高油价时期降低中远集团的用油成本做出了贡献。2005 年，中远集团在全球九大主要港口的燃油供船价格，比市场水平平均低 13 美元/吨，减少支出 2000 多万美元。2008 年 1—10 月份，中远船队燃油集中采购总量 333.79 万吨，平均单价 565 美元/吨，总成本支出 18.85 亿美元。通过现货和期货的规模运作，现货节支 4521 万美元，期货收入 1551.8 万美元，总体实现成本节支 6072 万美元，每吨降低燃油成本 18 美元。

2. 中远集团燃油套期保值的制度建设和风险控制

为更好地通过燃油套期保值，降低和控制集团的燃油成本，同时也为有效控制期货操作的风险，根据国家相关部门的监管要求，中远集团制定了一系列套期保值风险控制的规章制度。

2003 年，中远集团制定了《中远集团燃油管理办法》和《境外油品期货保值业务管理规定》，规范了套期保值的操作程序和风险控制制度。随着中远集团燃油集中采购的不断深入和发展，2007 年又制定了《中远集团燃油套期保值宏观决策和微观决策程序》，使集团层面的宏观决策和各航运公司的微观决策更程序化和制度化。2008 年，中远集团成立了以主管领导为组长及副组长的燃油套期保值最高决策小组，负责制定集团燃油套期保值的宏观政策和操作策略。集团还设立了直接向总裁负责的期货合规经理，负责定期对中燃（新加坡）有限公司的套期保值操作进行合规检查。在集团总公司的职能部门中，由不同部门具体负责成本控制和风险管理工作。

中燃（新加坡）有限公司作为具体操作单位，根据集团风险控制的管理要求，制定了严格的操作程序和风控制度。在中燃（新加坡）有限公司设有独立的风险控制岗位和专职期货交易员岗位，具有完整的内部控制程序，能够做到前台和后台职责分离、相互制衡，并覆盖事前防范、事中监控和事后处理的各个环节。中燃（新加坡）有限公司实行严格的授权制度、有效的风险评估程序、持续的风险监控措施和分离的风险报告系统，从制度上和组织上保障了期货套期保值的有效开展和风险控制。

3. 次贷危机对中远集团燃油套期保值的影响

2007 年发生的美国次贷危机，引发了国际油价大幅调整。由于国际市场对美国次贷危机估计不足，在 2008 年上半年，油价继续迅猛上涨，使市场一度认为油价将冲击 200 美元 / 桶。9 月 15 日以后以雷曼兄弟公司为代表的一系列银行和投行的倒闭，使美国次贷危机演变为全球性金融危机，随即金融市场和大宗商品市场陆续崩盘，西德州中级原油（WTI）价格从 2008 年 7 月 3 日的 145.29 美元 / 桶（全年最高收盘价）暴跌至 12 月 19 日的 33.87 美元 / 桶（全年最低收盘价），跌幅达 76.69%；新加坡 180CST 燃料油从 2008 年 7 月 15 日的 785.70 美元 / 吨暴跌至 12 月 31 日的 205.85 美元 / 吨，跌幅达 73.80%。国际油价的暴跌，使中远集团船用燃油的现货采购成本大幅降低的同时，也给套期保值工作造成了冲击。中远集团在高油价时控制燃油成本所操作的套期保值出现了保值支出，并表现出较大负市值的浮动亏损。

金融危机带来的套期保值支出和浮亏问题，既有市场急剧变化、难以预测的因素，也反映出中远对于保值产品市场风险的认识不足，业务流程和管理制度仍需进一步细化和完善，燃油集中采购平台的体制需进一步理顺等问题。

4. 完善体制机制，重建燃油集中采购平台

金融危机发生后，中远集团深刻地检讨了在燃油采购管理制度、管理程序和危机防范等方面的不足和缺失。重新划分业务职责，梳理业务流程，完善风险管理机构，建立危机应急机制。同时为了顺应集团控制燃油成本工作的发展需要，解决中燃（新加坡）有限公司股权结构不合理，燃油成本控制工作的责、权、利不到位等问题，中远集团对燃油集中采购平台进行股权调整和体制改革，中燃（新加坡）有限公司股东结构便为中远香港集团及中国远洋网络公司分别占股 95%、5%。同时，为解决中燃（新加坡）有限公司因财务困境无法正常运营的问题，2009 年中远集团同意由中远香港集团在新加坡设立新的燃油供应公司——中远石油有限公司，承接中远船队燃油集中采购业务，执行集团总公司批准的年度燃油套期保值计划。与此同时，为做强航运服务业务，培育新利润增长点，提升公司市值与形象，同意中远香港集团下属中远国际在新加坡设立燃油供应公司承接，并拓展中燃（新加坡）有限公司第三方燃油供应业务，与中远香港集团新设的燃油供应公司采取"一套人马，两块牌子"的运作模式，管理架构设置和人员安排均沿用中燃（新加坡）有限公司原有的模式和队伍。

2009 年 11 月 18 日、11 月 19 日，由中远国际投资的新峰航运服务有限公司（简称

新峰公司）、中远香港集团投资的中远石油有限公司（简称中远石油）先后在新加坡成立。2010年1月1日起，中远石油正式运作并逐步承接原由承担的中远船队燃油集中采购业务。2010年1月7日，中远国际举行股东特别大会，批准通过新峰公司与中远石油进行燃油贸易买卖的持续关联交易，以及双方于2010、2011年进行有关交易年度金额上限等决议案。新峰公司主要承接中燃（新加坡）有限公司公司的第三方燃油供应业务，为非中远集团成员客户提供包括船舶燃料供应、石油和石油相关产品的贸易和代理业务等燃料油供应及相关服务。业务网络覆盖新加坡和马来西亚，以及远东地区其他主要港口，如香港、上海和青岛，也不时在世界各地其他主要港口提供相关服务。在市场开拓方面，新峰公司克服新公司成立的重重困难，严控风险，稳健发展。通过建立代理制度成功，开发中国台湾市场，台湾的海陆运输公司（TMT）和德翔海运公司（TS LINE）已经成为公司核心客户；和全球最大的燃油公共服务商全球燃料服务公司（World Fuel Services）开展深度合作，挖掘双方信用额度的利用率，地中海航运公司成为公司重要的发展客户；和马士基石油贸易公司（MOT）签署业务合作框架协议，成功开发中海货轮、海南泛洋航运、大新华物流等客户。在第三方燃油供应市场中迅速建立知名度，站稳了脚跟。新峰公司历年船舶燃油销售收入见图3-36。

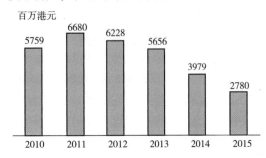

图3-36 新峰公司船舶燃油销售收入历史数据一览。

（四）船舶贸易业务发展

中远国际下属的中远国际船舶贸易有限公司（简称"中远船贸"）是中远船舶贸易的窗口公司，是中远集团内唯一负责新造船、二手船买卖及新造船有关的船用设备进出口的经纪代理公司，同时也是香港最大的专业船舶贸易的中介公司及提供商业和技术顾问服务的公司之一。中远船贸的主要业务包括代表买家发出订单建造所需的新船只、买卖二手船只（包括退役船）、提供光租船服务、协助订购新造船项目的船用设备，以及提供船舶技术、商务及贸易、市场分析、船舶估价及船舶融资等专业服务。

随着中国加入世贸以及全球航运市场回暖，船贸市场空前活跃，中远船贸在中远集团船队发展中扮演重要角色。2003年，中远船贸完成船舶买卖量372.08万吨，较前年同期上升了154.8%，经营盈利达2047万港元，与前年同期相比上升了344%。

这一时期，中远船贸在为中远船队建设服务的同时，也积极拓展与内地沿海地方航运公司、中国船厂的船舶贸易工作，并与国内外各航运公司、造船厂、船舶经纪、船级社和设备供货商建立了长期良好的合作关系。2013年年初，中远船贸买造船报价平台上线运营，使得二手船/废钢船网上竞价交易一目了然，做到了报盘/还（中远船贸）盘公开、公平、公正，有据可查，有规可依。

中远船贸船舶贸易代理服务收入及经营溢利概况见图3-37、图3-38。

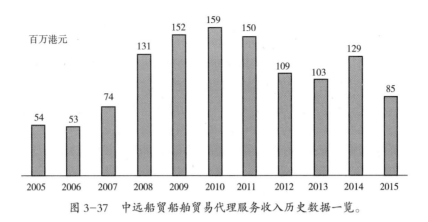

图 3-37 中远船贸船舶贸易代理服务收入历史数据一览。

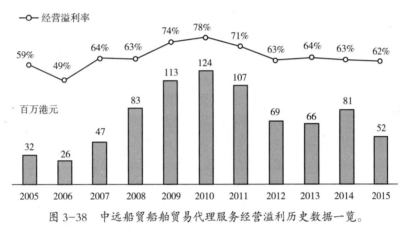

图 3-38 中远船贸船舶贸易代理服务经营溢利历史数据一览。

六、航运金融辅助主业发展

金融业是中远集团重点发展的支柱产业之一，这一时期，中远财务公司作为中远集团唯一全资控股的非银行金融机构，在中远集团资金集中管理战略要求，和"资本中远"战略的深化推进过程中，发挥了重要的作用，走出了一条符合中远特色的企业财务公司发展之路。

为解决企业财务成本过重、融资难、银行信贷支持不足等影响中远集团发展的瓶颈问题，经中国人民银行总行批准，1993 年 10 月 27 日，中远集团成立中远集团财务公司，注册资本 2.74 亿元，正式进军国内金融领域。为适应公司业务扩张和监管要求，1999 年 9 月，经中国人民银行批准增资改制，中远集团财务公司由中远集团全资子公司改制为中远财务有限责任公司，由中远集团及其 9 家核心层成员单位共同投资入股，注册资本增加到 4 亿元。

从 2005 年开始，中远财务公司进入了稳步发展阶段。这一时期，中远财务公司经历了中远集团快速发展和受国际金融危机冲击航运市场持续低迷两个时期。公司坚持抢抓机遇、稳健经营的战略，总资产从 40 多亿元增长到 300 多亿元，2005 年 12 月，经中国银监会批准，中远财务公司进行增资扩股，注册资本增加至 80000 万元人民币（含 2000 万美元）。股东单位由原来的 10 家变更为 13 家[①]。2011 年 12 月，经银监会北京监管局批准，公司进行增资扩股，注册资本增加至 160000 万元（含 2000 万美元）。股东单位由原来的 12 家增至 14 家，厦门远洋和中外理获准加盟成为新股东。这 2 次增资，加强了中远财务公司发展的资本金实力，股东全部由集团及其核心紧密层企业共同持股。

这一时期，在风云变幻的金融市场中，中远财务公司坚定不移地贯彻集团资金集中管理战略，坚持"服务集团、稳健经营、创造效益"的经营理念，聚焦集团产业链发展，以建设一流推动产业型财务公司为目标，强化资金集中管理和财务风险控制，努力拓宽投融资渠道；发展具有远洋特色的金融业务，不断提高资金的安全性、流动性、服务性和盈利性，为集团成员企业提供专业、全面的金融服务。

1. 服务中远集团资金集中管理工作

从 2000 年中远集团北京结算中心成立开始，广州、上海、天津、青岛、大连结算中心先后成立。中远财务公司配合中远集团，实施了按区域进行资金集中管理，并逐步实现了由结算中心、清算中心形成的具有中远集团特点的资金集中管理体系。集团资金集中管理，为财务公司提供了比较稳定的资金来源。

这一时期，中远财务公司秉承"依托集团、服务集团"的基本定位，坚决贯彻中远集团资金集中管理战略要求，根据集团产业特点和现金流规律，中远财务公司积极探索符合集团资金管理要求和服务集团发展方向的结算模式，严守风险底线，把加强流动性管理作为第一要务，积极协助集团做好资金统筹管理，进一步提高资金的使用效率。

在集团的大力支持下，中远财务公司于 2006 年获得国家外汇管理局正式批复，同意中远集团集中管理境内成员企业经常项目外汇资金。中远集团成为国内服务贸易行业中第一家获准经常项目外汇集中管理的试点单位。2009 年，公司外汇结售汇业务经营资格获得国家外汇管理局批复。同年 12 月，公司获得外汇即期交易资格。外汇结售汇业务的开展，继续促进了中远集团资金集中管理战略的深化实施。

2014 年 1 月 1 日起，中远集团在上海、天津、广州、青岛、大连的结算中心采取"一套人马，两块牌子"的管理模式，人员、费用归财务公司管理。

2. 公司治理方面

中远财务公司性质上是有限责任公司，但仍按照上市公司关联交易和信息披露的规范要求，持之以恒地加强公司治理建设，建立了明晰的治理结构。董事会、监事会是股东大会的常设机构，董事会下设 3 个专业委员会，监事会下设审核部，审核部主任由监事会选举产生。公司制订完善了《股东大会议事规则》《董事会议事规则》《监事会议事规则》以及 3 个专业委员会的议事规则，为建立完善公司治理建设提供了有力的制度保障。

3. 业务拓展方面

这一时期，经过银监会批准，中远财务公司已获得了 13 项业务资质：可为成员单位收付交易款项、办理内部转账结算及相应结算、清算方案设计、提供担保、办理委托贷款及

[①] 2011 年 1 月 13 日，公司股权变更申请获得中国银监会北京监管局批准，由中远（集团）总公司受让远洋地产有限公司所持有公司 2.5% 的股权，公司股东单位从 13 家变更为 12 家。

委托投资、办理贷款及融资租赁、办理票据承兑及贴现、吸收成员单位存款、从事同业拆借、投资金融机构股权及有价证券，以及进行财务融资顾问、信用鉴证及相关咨询、代理业务。

为实现公司中、远期战略目标，财务公司定下了"四个优化"的努力方向：第一，优化定价机制，扩大信贷规模，从根本上改变信贷业务单一的局面；第二，优化投资品种，丰富投资形式，从而对冲利率市场化后高企的资金成本；第三，优化中间业务，拓展运营空间，稳步提升投资盈利水平；第四，优化资金来源，疏通债券渠道，深层次调整资产负债期限结构。在做好集团内部资金集中管理和余缺调剂的基础上，中远财务公司努力拓展各类金融延伸服务，在资产管理方面，投资业务逐步实现战略性资产配置与战术性资产配置的有机结合，在股票、债券、基金投资方面尽量分散投资风险，提高了投资风险管理的有效性，增强安全性盈利能力。并开始涉足中长期船舶融资，主要业务板块迅速扩张。此外，中远财务公司还积极拓展金融服务功能、促进产融健康结合、稳健进行综合化经营方面积极探索和实践。从 2007 年开始，财务公司配合集团展开宏观经济研究，为集团提出了具有预见性的市场判断和决策建议。通过公司的努力，不仅有效降低了集团整体的财务成本，实现了集团资金集中管理的目标，而且创造了良好的经营业绩和股东回报。公司自 1994 年正式开业以来，累计创造利润总额 26 亿元，2007 年，获得了公司成立以来年创利润总额超过 11 亿元的最佳业绩，总资产从 40 多亿元增长到近 300 亿元。

中远财务公司恪守依法合规的经营理念，严格执行中国人民银行、银监会的要求，实行资产负债风险比例管理，绩效指标（净资产收益率、国有资产保值增值率等关键指标）在企业集团财务公司同行中位居前列，受到监管部门和同行的好评。

4. 信息化建设方面

为满足中远集团资金集中管理的现实需要，更好地为集团、股东、成员单位提供可靠的增值服务，中远财务公司高度重视业务信息系统的开发建设工作。公司紧紧依托现代信息技术手段，不断开发和优化信息系统，不断提高资金结算的效率，提升客户服务质量。2007 年 1 月 4 日，"中远集团资金管理系统"成功上线，标志着中远财务公司资金集中管理已步入信息化轨道。同年 12 月，该信息系统通过国家信息测评中心安全测评，达到国内商业银行同等安全级别。2010 年 10 月，该系统完成异地灾备建设，大大提高了系统的安全性。

第五节　科教产业助推主业发展

一、学历教育和培训的发展

这一时期，青岛船院是中远系统内保留的唯一直属院校，主要从事成人本（专）科、普通专科、高等职业技术教育、远洋运输系统在职职工继续教育等教培工作。同时，运营维护中远集团党校、中远集团培训中心、中远船员英语考试中心、中远集团研发中心青岛船院分中心、中远集团职业技能鉴定中心青岛鉴定站，代管亚洲船东协会船员委员会秘书处、中国国际货运代理协会考试中心、中国海事仲裁委员会青岛办事处。此外，青岛船院还与青岛海川商务专修学院合作办学。这一时期，青岛船院在落实集团战略、提供人才支撑等方面发挥了重要作用。

这一时期，各公司所属的技工学校、职业学校以及教育培训中心主要从事针对本公司的特色培训或者承担社会上的相关培训任务。

（一）新时期青岛船院的发展

2005年以来，青岛船院确立了"从以扩大招生数量为主的外延发展向以提高教育质量为主的内涵发展转变"的办学思路，提炼形成了"人才培养国际化、学生管理半军事化、质量监控程序化"的办学特色和"敬业精神好、英语水平高、实践技能强"的人才培养特色，明确了发展方向。

1. 加快胶南新校区建设，促进学院的转制

20世纪90年代，由于国家高等教育资源不足，允许成人高校举办普通高等教育。1995年，教育部批准青岛船院为"具有普通高等学历教育招生资格的分校办学点"，开始培养普通大专学生。1999年，全国院校管理体制改革，青岛船院的教育行政管理由交通部划归山东省教育厅。随着中国普通高等教育的发展，国家原则上不再允许成人高校举办普通高等教育，根据山东省教育厅的有关规定，青岛船院招收普通大专学生的招生范围被限制在山东省范围内，生源及其质量均受到影响，无法满足中远集团对青岛船院人才培养的要求，改制势在必行。

由于山东省政府规定，由成人高校改制为普通高校必须要满足一定条件，一个硬性指标是校园面积不能低于500亩。为此，青岛船院在集团的大力支持下，开始了胶南校区的建设工作。经集团总公司批复立项，2008年11月28日，青岛船院与胶南市（今青岛市黄岛区）签订了《青岛远洋船员学院胶南校区项目合作协议》，总规划占地1205亩，项目总投资13.88亿元。

与此同时，青岛船院开始了由成人高校向普通高校转变的改制工作。2010年4月，教育部下发了《教育部关于同意新设立的高等职业学校备案的通知》，同意青岛船院由成人高校改建为普通职业学校，同时撤销学院原有的成人高校建制，学院名称变更为"青岛远洋船员职业学院"。青岛船院终于实现由成人高校向普通高等院校转变，突破了招生就业、专业发展、人才队伍建设等诸多长期以来困扰学院发展的政策瓶颈，拓展了发展空间，提高了竞争力，增强了持续服务中远的能力。

2. 围绕职能定位，不断提高服务中远的能力

青岛船院把服务中远集团战略发展作为自身责任，明确了"走特色发展之路，铸中远教育品牌，把学院建设成为国际知名航海职业院校和一流企业培训中心"的战略目标，确立了"立足中远、依托行业、服务社会"的办学宗旨。办学思路和人才培养特色得到用人企业认可，在落实集团战略、提供人才支持等方面，发挥了积极作用。

3. 坚持与时俱进，不断提高办学层次

这一时期，青岛船院积极推进"教学做一体化"职业教育改革，成功申请成为山东

省首批技能型特色名校建设单位,争取到山东省名校建设资金1000万元、中央财政支持专业建设资金370万元、中央财政支持实训基地建设资金200万元、青岛市高职重点专业建设资金1000万元、青岛市中高职专业联盟建设资金200万元,使得学院办学空间、办学竞争力得到有力支撑。此外,学院充分发挥亚洲船东协会、中国海事仲裁委员会、青岛安全考试中心、山东船员服务协会的影响力,积极与英国南泰恩赛德学院、俄罗斯国立海事大学、韩国海洋水产研修院、德国弗兰斯堡工学院、中国台湾高雄海洋科技大学、加拿大北岛学院等国外院校开展国际及两岸交流与合作,办学层次、品牌声誉得到提升。

4. 加强教学建设,推动教学质量提高

青岛船院全面推行学分制改革,注重发挥培训项目、科技研发引领作用,加大师资队伍、重点专业、特色专业、教育信息化、教材培训等建设,推进课堂教学改革,强化实践教学,提升学生综合素质。

2005—2015年间,共建成国家精品专业1个、国家级精品课程2门、省级精品课程15门、国家精品资源课2门、省级特色专业7个,累计50多门课程开展双语教学,学院教师主编出版的教材累计达90余本,其中有19本教材入选国家级规划教材,自编教材60本。

青岛船院加强教学建设,学生综合素质不断提升。在全国所有的本科和职业航海类院校适任证书统考初次通过率排名中,青岛船院作为职业院校持续10余年名列前茅,多次获得全国第一。青岛船院学生代表队在中国海员技能大比武中,是全国唯一一家连续四次跻身前三甲的航海院校。

航海类专业毕业生深受企业欢迎,一次就业率始终保持在98%以上,在中远系统的就业率年均保持在50%以上,成为中远海员队伍的骨干力量。

5. 发挥人才智力优势,推进科研工作

2004年2月13日,中远(集团)总公司技术中心青岛船院分中心正式成立(图3-39)。青岛船院以研发分中心为依托,发挥高校人才和智力优势,重点扶持自主创新和为企业服务的科研项目,加强与集团各单位和行业内企业的合作,产、学、研相结合,促进科技成果的应用与转化。

2005—2015年期间,学院先后承担各级科研项目234项,重点围绕中远集团需求组织开展课题研究。其中获中国航海科技奖二

图3-39 中远集团技术中心青岛船院分中心成立。

等奖3项、三等奖3项,国家专利13项,山东省省内奖项23项,软件著作权26项。

科研项目中,学院自主研制的全功能轮机模拟器,由中远集团代表中国政府赠送给巴拿马国立海事大学,"基于生产经营实际的远洋船员英语视听说教材开发""液化天然气船液货操作训练仿真器"等项目达到国内先进水平,部分项目填补了国家空白。"GMDSS综

合模拟器研究""极地航行船员培训体系研究""船舶高压电管理人员培训考试标准研究"等项目已用于集团内外员工培训。"建立法律风险识别、评估与预警体系的研究""主机降速及燃烧特高黏度燃油的风险控制研究""基于船舶类LNG冷能的综合开发与利用研究"等项目,为集团生产经营提供决策参考。

6. 注重培训质量,打造培训品牌,培训能力不断提高

青岛船院坚持教育、培训"两轮驱动",积极适应集团、社会对培训业务的需求,扩大培训领域、创新培训模式,逐步提升培训层次和服务水平。2008年,学院被交通运输部确定为全国3所航海师资培训基地之一。在培训班型上,先后开发了船舶起货机维修班、电子海图培训班、轮机资源管理等新培训项目;在培训模式上,灵活选择培训的地点、时间,降低培训成本;在培训质量上,送培单位平均满意率在90%以上,学员平均满意率在85%以上。2006年1月—2015年11月底,共开设培训项目186项,各类短期培训班2569期,培训学员11万余人。

2012年以来,亚洲船东论坛海员委员会(ASF)秘书处(图3-40)、青岛市安全考试中心、山东船员服务协会等相继落户学院。青岛船院成功举办了中国船东协会、国资委和外专局主办的国际注册营销师培训等高级培训班,社会知名度、品牌影响力不断增强;初步形成了系(部)与职能部门、学历教育与在职培训、学历师资与培训师资之间的良性互动;确立了"高端培训院校化、普通培训区域化、一般培训普及化"的培训思路,

图3-40 亚洲船东论坛秘书处揭牌仪式。

试运行远程教育培训平台。同时借助微信、微博等营销手段和网络教育、视频教育等现代教学方式,拓展培训领域、丰富培训形式,在保持航海培训优势的基础上,陆上培训呈上升趋势。

7. 贴近企业需求,不断提高校企合作的水平

青岛船院贴近企业需求,构建了以"校企合作理事会、专业指导委员会、校企合作工作站"为组织架构的三级互动校企合作体制,建立定期沟通协调机制、资源利益共享机制以及持续改进机制,形成"企业主导、行业指导、校企参与、服务多元,四方互动"的校企合作办学的长效运行机制,促进学历教育的产教深度融合,形成"人才共育、过程共管、成果共享、责任共担"的校企紧密型合作办学新格局。

青岛船院与中远船务校企共建船舶工程技术、海洋工程技术专业,校企共同开展课程建设,共同编制教材;与中远散运、上海远洋、中波公司等多家公司开展订单式培养;与青岛远洋、中远物流、青岛鑫三利冷箱等企业合作建立58个兼具"实习、就业"双重功能的校外实训基地;与深圳远洋合作建设"鹏德""鹏宇"两艘教学实习船,坚持"引派结合,校企互通";长期聘任并培养兼职教师68名,每年保持有180名的兼职教师库,并实现了师资定期到企业顶岗任职;海丰集团、泰昌祥、万邦、韦立国际等企业在学院设立助

学金及各类奖项等等。

订单式人才培养是青岛船院推出的另一种校企合作模式。所谓订单式人才培养，是通过校企合作，达到校企融合、无缝对接、按需施教培育技术型人才的最有效手段之一，"针对性强"是其最大的特点。航海人才的专业性极强，不同船型的操控规则、适用公约等都大不相同。从航海院校毕业的大学生，往往在进入公司之后，还要再进行一段时间的专业培训，才能真正适应岗位需求。订单式培养则可以将这段"岗前培训"的时间，消化在校园里，使毕业生真正实现"毕业即可上岗"。

2010年以来，青岛船院与用人单位进行联合探讨，制定出特色鲜明的"菜单"供用人企业选择，先后与中远集运、中散集团、厦门远洋运输公司以及山东海丰船舶管理有限公司等中远系统内外单位合作开办了"订单班"。这不仅增强了学院为企业人才培养的针对性，从源头上使学生的专业素质及稳定性得到极大的提升，同时也促进用人单位更多地参与到人才培养的过程中。在"下单"的同时，用人企业积极选派兼职教师为"订单班"学生授课，组织学生到企业参观，为学生提供实习机会……通过这些学校与企业间的互动，不仅让这些"订单班"的学生更具备适岗性，了解企业文化，用人单位同时也对学生有了更全面的了解，在未来人才的选择上更加有的放矢。到2015年，青岛船院参与订单式培养的学生达400人，占在校生总数的10%左右。

2013年，国务院政策研究室及教育部调研组到青岛船院开展专题调研，形成了关于企业办学的内部参考。国务院领导在一份材料上批示，"企业办学在职业教育中的作用不可替代"。此后，学院又以央企办学代表身份，在国资委举办的中德双元制职业教育经验交流大会上做主旨发言。

8. 开展国际及两岸香港地区交流与合作，引入境外优质教育资源

在全球化的背景下，高等教育的国际化是全球化社会的必然趋势。加强对外交流与合作，开展中外合作办学，是高等院校与国际接轨，提升办学水平及影响力的重要途径。航海人才本身必须是国际化的人才，这就要求航海专业院校必须要以国际化的视野开展对外交流。

青岛船院自建院以来，就一直积极促进国际交流，开展合作办学。青岛船院依靠中远集团的平台以及逐年累积的社会资源，不断学习和借鉴国外先进教学和管理经验，引进国外优质教育资源。引进芬兰瓦锡兰柴油机公司、德国曼恩柴油机公司、德国西门子公司船舶工程部先进设备，开展相关项目的培训教学，与英国南泰恩赛德学院合作编写教材，邀请世界海事大学等国外专家学者来院学术讲座交流，常年聘请多名外籍教师来院任教，优化学院师资结构，提高自身教育教学水平。

不断与世界海事大学、英国南泰恩赛德学院、俄罗斯国立海事大学、韩国海洋水产研修院、韩国海洋大学、澳大利亚海事大学、沃顿商学院、法国里昂大学、中国台湾高雄海洋科技大学、德国弗兰斯堡工学院等国（境）外高校互派教师访学交流，选派60名教师分别到澳大利亚海事学院（AMC）、新加坡南洋理工学院、德国柏林职业教育集团参加国培项目培训。

青岛船院保持与国际海事组织、香港海员工会等国际行业组织的交流。作为亚洲船东

协会海员委员会秘书处，积极履行秘书处日常工作职责，派遣学院教师作为常设委员会秘书，筹备召开亚洲船东协会年会。学院积极向国际海事组织等行业组织提交有关法规公约的提案，多项得到采纳。学院积极承办世界海事英语大会等国际性学术会议，有力地提升了学院的国际行业知名度。

9. 积极参与履约行动，助力中国海事话语权提升

青岛船院积极参与中国履行国际海事公约的相关行动，受到国家海事主管机关的多次赞誉，有力地增强了中国在国际海事组织（IMO）和国际劳工组织（ILO）的话语权。

2012年，青岛船院组建海事公约研究等4个研究所，在教学团队的基础上成立海员培训、发证和值班标准国际公约（STCW）、国际海事劳工公约（MLC）等2个专项研究团队，把教学、科研和培训团队融为一体，采取"师傅带徒弟"的模式，培养年青研究骨干。经过多年的锤炼，一批新人崭露头角，一批研究成果得到推广和应用。青岛船院已经成为中国海事履约研究和话语权提升中一支不可或缺的力量。

青岛船院的全球海上遇险的安全系统（GMDSS）教学和培训工作一直走在全国的前列，2008年，青岛船院受中国海事局的委托，起草了《全球海上遇险与安全系统（GMDSS）考试大纲与评估规范》，该规范在2009年作为全国船员考试与评估的指导性文件正式颁布实施。2012年，中国海事局又把GMDSS履约文件起草工作交给青岛船院，青岛船院又起草了《中华人民共和国海船船员适任考试大纲》第三部分"无线电操作人员"和《中华人民共和国海船船员适任评估规范》"无线电操作人员"部分的内容，并参加了上述文件的修改与评审工作。上述2个文件在2012年已经颁布实施。

2013年，青岛船院与广东海事局合作撰写的"示范课程拟定、更新与确认程序指南的修订"的提案（HTW 1/10/1）被提交至国际海事组织人的因素、培训和值班分委会（HTW）第一次会议并得到认可。研究团队在参与《雷达导航示范课程（操作级）1.07》示范课程编写的基础上，又承担了与德国同行合作开发《值班水手》示范课程的任务。

把示范课程转化为国内船员教育和培训课程，是中国履约工作的一项重要任务，既要考虑国际公约的强制性要求和示范课程的指导作用，更要考虑中国履约培训的延续性和中国船员人力资源的发展和竞争力。交通运输部海事局把高级值班水手/机工、值班水手/机工和电子技工船员等8个培训大纲的编制工作交给青岛船院，航海系、机电系、外语系专业教师迅速响应，在交通运输部海事局召开的2次集体办公会上，主动提出应对部分国家和地区高级值班水手/机工强制配员的建议。

《国际海事劳工公约》（简称MLC公约）是保障海员"体面劳动"的国际公约。鉴于集团对船员队伍建设的高度关注，青岛船院从2006年MLC公约通过之初，就把MLC公约作为新的研究重点，研究涉及公约解读、国内立法、劳动合同、劳动保险、船员权益保护等多个方面。研究团队成为集团、山东海事局和船员服务协会海员权益保护方面的首选咨询顾问，提出的对"在船最长工作期限"的新的理解，得到了亚洲船东协会等国际行业协会的采纳和支持，成为推动国际劳工组织修改相关指导性文件的依据。2014年，研究团队撰写的研究报告成为中国代表团参加国际劳工组织2014年《实施2006年海事劳工公约海事职业安全与健康条款导则》三方会议的参会预案，11大项内容中有10项得到全部采

纳，提出的"反对要求船东设立基金以及在船上实施欧盟的振动标准"等建议，为中国船公司争取了合法权益。

青岛船院高度重视科研对教学和培训的反哺作用，提出科研必须坚持"有利于教学质量的提高，有利于满足企业的生产发展需求，有利于满足集团人才培训的需求"的"三个有利于"的原则。作为集团研发中心青岛船院分中心和集团培训中心，学院科研的触角更加关注集团的需求和船员履约培训项目的开发。

自STCW公约马尼拉修正案实施以来，学院第一时间把在电子海图、驾驶台资源管理、轮机资源管理方面的研究成果转化为履约培训实践。2012年5月，作为交通运输部海事局指定的3所航海类师资培训基地之一，青岛船院在全国率先开展履约过渡期师资培训，为各航运公司船员履约培训开发提供标准和方法，引领了中国船员履约培训的方向。随着过渡期履约培训的正常化，学院根据集团航运板块的发展，把重点转移到极区水域航行培训研究以及非强制性项目应用培训研究上，最先组织开展极区水域航行船舶船员培训和船舶高压电设施管理人员培训。

开辟北极航线一直是世界各主要海运国家关注的热点，它不仅具有较高的经济意义，更具有很强的政治意义。为配合集团北极航行战略，研究团队不断跟踪和研究国际海事组织和沿线国家对极区航行船舶的规定和要求，以交通运输部海事局"极区水域航行船舶船员强制性培训修正案国内化研究"课题为基础，提出船员培训纲要并开展相关培训，为永盛轮2次北极航行提供了关键支持。

2015年11月，研究团队以"中远集团培训中心"的名义，代表中国政府向IMO HTW第三次会议提交了"海员海上瞭望信息处理研究课题的成果"的提案（HTW 3/INF.6），介绍了中远集团培训中心在海事培训方面的先进成果和成功实践，为未来修订STCW公约第Ⅷ章（值班）中有关"瞭望"的条款奠定了基础。

2015年10月26日，中远集团下发《关于青岛远洋船员职业学院发展定位等有关事宜的通知》，明确了学院定位。面对新的发展机遇，青岛船院做好了迎接挑战、攻坚克难的准备，朝着建设国内外知名航海高等院校和一流企业培训中心的战略目标不断前进。

到2015年底，青岛船院在校生4783人，年科研立项27项，年培训量达到14778人次。

（二）新时期职校、技校和培训中心的发展

这一时期，中远系统职校、技校和培训中心的作用，主要是为所属公司和社会培养现代高科技船舶高素质船员、高层次管理人员和技术人员的培训，除此之外，也根据国际公约的要求，开展各类履约培训，培训的专业性强，培训的层次高，满足了企业对于人才业务水平的需求。

1. 广州远洋推出特色培训，实施"红树林"工程

20世纪末到21世纪初，大量现代化高科技船舶投入到公司营运中，相应的对操控这些船舶的船员和公司管理人员的素质，提出了更高的要求。

为了适应各种杂货特别是特殊货物运输的需要，广州远洋举办各种层次的船员、船舶管理人员和技术人员特色培训班。对船岸管理人员和船员有针对性地开展了大件运输的吊

装、绑扎固定的理论计算、大吊操作、索具的使用和电焊等培训。为了满足原油运输的需求，公司专门开办油轮业务培训班。为满足履约的要求，广州远洋按照STCW公约及其修正案，对船员进行了严格的履约培训。

新时期船员队伍多元化、年轻化趋势日益加快，特别是在新老船员交替的过程中，出现船员队伍素质参差不齐甚至有所下降的现象。为做好船员队伍的新老交替，不断提升船员队伍整体素质，2006年开始，广州远洋出台实施了"红树林"工程。用3年左右的时间，通过加强教育培训，岗位练兵和老船员"传帮带"等多种形式，打造出一支具有市场竞争力、适应公司发展需要的高素质船员队伍。

这一时期，广州远洋教育中心（广州海员学校）以灵活的方式进行招生培训。广州金桥管理干部学院除了招收全日制脱产班学生和业余班学生外，还承担在职船员的培训以及履约任务；2009年成功举办中远航运"红树林"工程技能竞赛。广州金桥管理干部学院平均每年招收学历班学员500人左右，为公司提供各种培训8000左右人次。广东省广远职业技术学校和广州海员学校主要承担中专中技学历教育。2013年3月，广东省广远职业技术学校、广州海员学校停止学历招生，退出学历教育，专门从事船员教育培训。

2015年10月，中远航运撤销广远教育培训中心，成立中远航运教育培训中心，统一对3个学校进行管理。

2. 大连远洋制定油轮、化学品船、液化气船船员培训标准，举办油运船员专项培训

2007年经大连远洋批准，由大连远洋船员职工学校和大连远洋对外劳务合作有限公司合并成立大连远洋船员管理中心。学校更名为大连远洋船员培训基地，为船员中心主要骨干之一的非独立法人单位，归属辽宁海事局管辖。2010年，交通运输部海事局正式发文由学校承担国家油轮、化学品船、液化气船船员培训大纲、教材及题库的编写工作。2011年，交通运输部海事局发文，首批签发了船员培训许可证。2012年，成为辽宁海事局辖区首家具备开展履约培训资质的培训机构。

学校结合大连远洋液货船专业化船队发展的需要，开展了一系列的特色培训。基地拥有由大连远洋各类型油轮理论和实践经验非常丰富的优秀船长、轮机长组成的专家级教员。开展的培训项目约80余项，其中包括油轮培训、化学品船培训、液化气船培训、LNG船培训，这4项培训在国内同行中属于一流。除此之外，还承担对全国其他培训院校的师资培训任务，截至2015年底，已为全国各航海院校培养500余人次的液货船师资；另外，学校还承担全国各直属及分支海事局船员处主考官及船舶PSC检查官培训，每年1—2期，共培训300余人次。

学校每年平均培训7000余人次，其中内培占比65%，外培35%。

学校在国内液货船培训领域处于龙头地位，马士基、雪佛龙、BP等知名石油公司经常派人考察和评估，由此对大连油运的船员素质和大连远洋的安全承运能力充满信心。

2005—2006年度获集团"文明示范窗口"称号；2011年获得全国总工会颁发的"全国职工教育培训示范点"；2012年获得大连市"工人先锋号"称号。

3. 天津海员学校改革管理体制、提高服务水平、拓展培训市场

全球化发展新时期，天津海员学校的管理体制发生了变化。2007年5月30日，集团

总裁办公会作出决议，自 2007 年 7 月 1 日起，天津海员学校由中远散运划转归青岛船院统一归口管理。

这一时期，天津海员学校不断提高服务水平，多次承办了中远散运、中散集团组织的各类船舶业务培训及技能竞赛，还承担中远散运的履约培训项目。截至 2015 年，天津海员学校可开展的船员培养培训项目包括主管机关认可发证资质 26 项、技能特色培训项目 40 项，总计 66 项。2005—2015 年，共培养内外部各层次航海人才 81219 人次，其中为中远集团内部培养航海人才 18406 人次，成为部海事局认可的华北地区主要船员教育和培训中心。

在很好地完成中远集团培训任务的同时，天津海员学校还积极拓展培训市场。2011 年，经过农业部和渔政局严格审核，天津海员学校又成为天津地区唯一一家海洋渔业船员培训机构。

4. 上海远洋教育中心积极开展船员工培训

这一时期，上海远洋教育中心针对船员开展了适任证书考证、精通业务技能、岗位技能、适任换证和其他等 5 大类 142 种培训，还采用走出去和请进来的方式，举办"高层次英语培训""危险品证书培训"等专项培训。培训的针对性强，水平高，深受广大受训船员的欢迎，全面提高了公司船员的整体素质和业务水平。

二、新时期的科研创新成果

这一时期，中远集团认真贯彻落实全国科技大会精神，积极响应党和国家的号召，依靠科技进步提升企业核心竞争能力，促进企业可持续发展。

（一）整合中远集团技术资源，加强技术创新体系建设

2000 年 9 月份中远集团总部机构改革，将原研究中心和技术中心合并成立"研究发展中心"，对外采取了一个机构两块牌子的做法，称"研究发展中心 / 技术中心"，负责中远集团的科技研发工作的组织实施和管理。

技术中心主要负责国际国内经贸形势、航运市场、资本市场及相关政策法规的跟踪、分析和研究，技术应用研究等，为领导提供决策参考。各级技术分中心根据国家科技创新和中远集团科技创新部署，在航运、物流、海工、造船、燃油、IT、化工等领域的安全生产、节能环保、设备制造等方面，开展重点研究和探索。

技术中心成立之后，中远集团着手整合集团的技术和科研力量，建立下属企业技术分中心。截至 2015 年，中远集团技术分中心达到 18 个，分别设置在中远造船、中燃、广州远洋、青岛船院、中远船务、中远物流、南通中远船务、大连中远船务、中远网络北京公司、中远太平洋、中远国际、香港中远网络、连云港远洋流体以及中船重工 702 所、武汉理工大学、大连海事大学、上海海事大学、内蒙古大学等单位。

2015 年，南通中远川崎"船舶制造智能车间"被工信部认定为国内造船企业唯一一家国家级"智能制造试点示范"基地；南通中远重工先后获得江苏省企业技术中心、江苏省工程技术研究中心认定；中远上海船务被认定为上海市企业技术中心、中远集团技术中心舟山分中心被认定为浙江省重点企业研究院、浙江省工业设计示范中心和浙江省"三名（知名企业、知名品牌、知名企业家）"培育试点企业，中远网络物流通过北京市科委审核，成为北京市国际科技合作基地。

截至2015年，中远系统拥有4个国家级技术中心，分别是：中远集团总公司、南通中远船务、大连中远船务和南通中远川崎。

随着中远集团科技资源的有效整合，全系统科研项目逐年增多。依靠科技进步有效提升了企业核心竞争能力，促进了企业可持续发展。

（二）中远集团"十一五"期间取得的重要科研成果

这一时期，中远集团按照国家、国资委的要求，根据环境、自身发展的需求，编制了科技信息化发展规划，确定科技发展战略，重点围绕中远主业，开展船舶技术、物流技术、配套设备、信息系统、软科学等方面的开发与研究。

取得的科研成果

中远集团总公司设立专项资金用于科研工作，在各项行政经费预算逐年压减的情况下，始终保证科研经费的持续投入，并且逐年递增。"十一五"期间，中远集团部分科研成果达到国际、国内领先水平，获得专利技术、产品、计算机软件著作权64个，获得省、部级科学技术奖项目23个，主持参加制定的国家行业标准8个。

这一时期，中远集团始终坚持"业务驱动"引领技术创新，发挥行业领军作用，承担了"远洋船舶及货物运输在线监控系统""远洋船舶压载水物理净化处理技术""基于智能集装箱公共服务系统的供应链应用系统开发与示范"3个国家科技支撑计划课题和工信部"自升式钻井平台升降系统"海工科研项目的研发任务。

其中"远洋船舶压载水物理净化处理技术"取得9项专利，包括国家发明专利8项、实用新型专利1项。研发过程中在威海建成了国内首个压载水处理设备的岸基实验基地，依托项目，中远造船成为国内首家获得IMO初步认可的生产厂商，生产的Blue Ocean Shield压载水处理系统，是国内首套获得IMO初始认可的压载水处理设备，并获得产品订单，在船舶配套产业形成了新的利润增长点。"远洋船舶及货物运输在线监控系统"课题取得了具有自主知识产权的关键技术9项，包括专利2项，著作权7项，课题成果在远洋运输监控及船舶安全管理领域填补了多项国内空白。

"十一五"期间，中远集团的海工制造技术、研发能力不断增强。先后诞生了以"希望1号"圆桶型超深水钻井平台、中国首个总包承建的深水海洋钻井船"大连开拓者"号、"探险"号（MPI ADVENTURE）自升式海上风车安装船等一批代表世界先进水平，拥有自主知识产权的海工产品。它们的成功建造，标志着中国海工装备制造能力挤身世界先进行列。

"十一五"期间，中远集团主要取得的专利、计算机软件著作权和科研情况如下：

（1）取得的专利

单索双瓣液压遥控抓斗；

一种仿真柴油机；

集装箱运输汽车的专用支架；

油轮货轮加热自动测控装置；

一种远洋船舶智能通信控制系统；

远洋船舶航行态势遥控遥测系统；

低温流体装卸臂紧急脱离阀；

低温流体装卸臂；

一种多功能吊杠。

（2）计算机软件著作权

远洋船舶及货物运输在线动态监控系统；

船舶数据分析展示软件；

基于海事通信卫星的船位主动调取软件；

全球海洋气象信息自动处理系统软件；

数据解析与存储系统；

船舶安全航行态势分析系统；

岸基船舶监控指挥系统；

船舶风险预警检测系统；

国际理货管理信息系统 V1.0；

城市级物流综合管理平台系统 V1.0；

中远 CoShare 海运生产综合管理系统 V2.0；

中远手机 OA（Push OA）移动办公系统 V1.0；

Coshare 协同办公平台 OA Plus 系统 V1.0；

企业全面风险管理信息平台软件 V1.0；

CoShare 可持续发展信息管理系统 V1.0；

中燃安全教育系统 V1.0；

COSCO MARINER V2003-3.0；

RFID 仓库管理 V1.0；

S-OEI V1.0；

EDI 平台 V1.0.0；

中远资讯 WEB 应用开发需求管理软件 V1.0。

（3）获奖科研成果

"深海高稳性圆筒型钻探储油平台的关键设计与制造技术"获得 2011 年度"国家科技进步奖"一等奖；

"飞机大部件跨洋运输技术开发"获得 2010 年度"中国航海科学技术奖"二等奖；

"Inmarsat-F 站模拟操作器研制"获得 2009 年度"中国航海科学技术奖"二等奖；

"《船舶修理技术标准》的研究与制定"获得 2008 年度"中国航海科学技术奖"二等奖；

"中远集运船舶全球动态监控系统"获得 2008 年度"中国航海科学技术奖"一等奖；

"GB/T19945-2005 水上安全监督常用术语"获得 2008 年度"中国标准创新贡献奖"

三等奖;

"30万吨浮船坞设计与建造"获得2007年度"中国造船工程学会科学技术奖"二等奖;

"大件货物滚装上下船辅助决策系统"获得2007年度"中国航海科学技术奖"三等奖;

"水运企业船舶运输生产统计体系的研究"获得2007年度"中国航海科学技术奖"三等奖;

"电子定时、旋流喷雾式汽缸油注入新技术应用研究与推广"获得2006年度"中国航海科学技术奖"三等奖;

"COSCOQM-Ⅰ型5446TEU第五代集装箱船全功能轮机模拟器的研究与开发"获得2006年度"中国航海科学技术奖"三等奖。

通过广泛参与国家级各级科研项目,中远集团不断融入国家创新体系之中,并开始发挥自己的作用。带动了企业自主创新,培养了一批科技骨干人才,形成了多个研发基地。在2011年全国科技大会上,中远集团荣获"'十一五'国家科技计划优秀执行团队"荣誉称号,这表明中远的重大科研项目组织、管理能力有了显著提升。承担国家科研项目扩大了中远科技创新的影响力,也进一步推动了创新型中远的建设。

(三)"十二五"期间主要研究成果

"十二五"期间,中远集团紧紧围绕2020战略和中远"十二五"规划目标,深入开展科技创新,大力推进创新型企业建设,不断提高自主创新能力和科技成果转化能力,依靠科技进步不断提升企业核心竞争力,取得了显著成效。"十二五"期间,中远集团共完成科研成果700余项,其中,国家级项目8项;集团级148项。共获得300多项专利授权,其中发明专利89个,主持和参加制定的国际、国家、行业标准数47个,获得国际科技进步一等奖1项、中国专利金奖1项、省部级科学技术奖21项。

1. 协同创新科研成果

这一时期,中远(集团)总公司深化以集团总公司国家级技术中心为核心、以各下属企业技术分中心和集团外部科研院所为支撑的科技创新体系,优化科技资源配置、加强内外协同、强化创新导向,为提升自主创新能力、激发企业创新活力、促进企业战略实施提供了可靠保障。

(1)系统内协同

在中远系统内,从集团到各业务单元非常注重内部资源的有效整合。在业务协同的同时,通过协同创新,对各业务板块之间业务流程进行重新梳理、设计与改进,解决信息孤岛、应用孤岛和资源孤岛等问题,最终实现整体效益、管理水平和品牌的提升。

2012年,由中远集团牵头,上海中远资讯科技有限公司、中远网络物流信息科技有限公司、中外理协同完成的"中远集团集装箱运输链信息集成研究",通过此项目研究,成功实现了中外理现场理货系统与中远集运箱管系统之间的数据集成,初步实现了中远集运、中远物流和中外理三方企业应用系统的信息交换,有效加强了中远内部企业的数据共享和业务合作,提升了中远品牌的服务质量。

2013年,中远集团组织物流、航运板块开展了"供应链控制塔技术研究",通过整合各服务平台数据资源，达到供应链各环节可视化、可控制和可量化管理，提高整个供应链作业效率。该成果在惠普物流项目中得到示范应用，在惠普供应商、客户、合作伙伴等价值链成员之间成功建立起协同业务关系，有效提升了惠普供应链管理能力，使其因供应链耗费的运营成本从25%降至10%左右。

2014年，中远集团根据产业布局要求和各单位研发优势，在各业务单元广泛开展科技创新合作，实现优势互补、资源共享。船舶制造方面，加强中远南通船厂和大连船厂技术资源和人力资源的整合，通过搭建两司统一设计、研发的体制和网络平台，实现了两司共同设计、共用图纸技术信息、协同开展研发项目的一体化管理；南通中远重工与南通中远船务联合启动实施的《海工设备国产化制造技术研发》项目，首制MAZAL的SWIVEl1和MCG的系列海工吊订单陆续交付使用。船舶管理方面，大连远洋与中远南通船厂共同研发"COSCOTANKER设计"项目，解决了原有日韩图纸建造的VLCC压载船舱构造不适合压载中国港口水域的海水的缺陷。燃油质量方面，中燃加强与系统内航运公司在油品技术方面的交流与合作，共同研究制定中档燃料油标准，改善了船舶用油环境，提高了用油质量。航运管理方面，青岛船院与中远航运加强内部产学研协同，随船参与"永盛"轮北极东北航道首航和工信部"太阳能在大型滚装船上的应用技术研究"项目的实验，在保障项目完成的同时，增加了科研单位参与项目实践的机会。

（2）系统外协同

"十二五"期间，中远集团在航运、物流、海工、造船、燃油、IT、化工等领域在安全生产、节能环保、设备制造等方面，与协作单位开展重点研究和探索，完成科研项目95项。

这一时期，中远集团的合作单位包括：清华大学、大连海事大学、上海海事大学、武汉理工大学、哈尔滨工业大学、交通运输部科学研究院、交通运输部水运研究院、中船重工第702研究所、上海船舶研究设计院、重庆齿轮箱有限责任公司、武汉船用机械有限责任公司、郑州机械研究所、各国船级社等。

此外，中远集团还积极参与海外技术合作交流，2011年，中远集团参与的2个欧盟第七框架科研合作项目和NEAL-NET中日韩三国合作研究项目，均取得了阶段性成果。

（3）各下属单位的合作科研情况

这一时期，中远集团各级公司也以业务需要为导向、以科研项目为依托，依托技术分中心和创新联盟，围绕集团航运、物流、修造船、海工等主业，与高校、院所和专业机构开展全方位、多层次的产学研合作和交流。

在船舶建造和规范领域。中远造船与日本川崎重工、清华大学、上海交通大学、南通航运学院、江苏科技大学、中船第九设计研究院、中船重工第704研究所、英国工程设计咨询机构阿特金斯（Atkins）、荷兰Has Koning DHV等国内外多家高等院校和科研单位紧密合作，先后开展30万吨级VLCC油轮、8.2万吨级散货船、3.6万吨多用途船、极地船关键技术、襟翼舵、船舶居住区舱室吸声系数、隔声指数测量技术等项目的合作研发。同时，中远造船与各大船级社密切合作，根据国际造船新规范、新公约等的发展，对船舶噪音新规则、共同结构规范（HCSR）、救生艇挂钩新规则、船舶能效设计指数（EEDI）、氮氧化物（NO_x）排放控制、硫氧化物（SO_x）排放控制、香港公约（有害材料控制）、PANAMA运河新规范、LNG双燃料等新规范、新技术，完成建造绿色环保高能效船舶制造的技术储备。中远造船下属威海中远科技还与哈尔滨工业大学（威海）合作，共同完成了生物灭活方法的研究与实验；下属南京国际船舶设备配件有限公司与沪东重机联合申报工信部高技术船舶科研项目，并获得正式立项。

2015年，中远船务联合中船重工702所开展"极地甲板运输船船型开发项目"，针对极地油气资源开采模块的市场需求，自主开发满足极地航行的冰级为1AS的经济型极地甲板运输船；联合大连理工大学，对现有穿梭油轮船型进行快速性数值分析，进一步优化船舶能效指数，并将研究成果用于35000载重吨穿梭油轮设计，提升了产品的设计能力和市场竞争力。南通中远川崎与上海交通大学联合开展《船体板格高级屈曲研究》和《基于CFD技术的船舶阻力预报》研究；与江苏科技大学就《3800车位汽车滚装船首部外飘结构强度分析及设计优化》进行产学研合作。

在船舶配套装备领域。2014—2015年，威海中远科技与在船舶压载水管理方面和生物检测方面专业突出的哈尔滨工业大学（威海）合作。就基于符合美国海岸警卫队（USCG）标准的船舶压载水检测技术研发项目展开了具体合作开发。中远关西技术中心与浙江大学化学工程与生物工程学院在"抗结冰涂层"项目上达成合作意向，与北京科技大学在"海洋及大气环境对大型钢结构设施的腐蚀研究"项目上展开合作，积累腐蚀数据，为海工产品和恶劣环境下的产品设计开发提供可靠依据；与河南工程学院在"无异氰酸酯固化氟碳涂料的设计开发"项目上进行合作，投入资金成立博士后工作站高校联合实验室，协助完成博士后的科研项目。

船舶运营和机务管理方面。大连远洋与大连海事大学签订战略合作协议推进产学研合作，共同合作开发了"油轮货油加温最佳方案操作系统开发""液货船模拟货物操作系统"项目；与CCS合作，开发"油轮能效管理体系的建立与实施"项目，完善了公司船队的能效管理，并成为国内首家通过认证的船公司；与大连船舶重工合作，研究"基于防泥沙功能的沉淀溢流压载舱"项目并获得国家实用新型专利；与大连海事大学联合研发的"VLCC航速优化及航次效益最大化研究"项目也于2015年立项。中远集运配合参加了大连海事大学牵头的工信部高技术船舶科研项目"基于铁基法的船舶废气洗涤脱硫设备及系统设计关键技术研究"子课题"系统维护技术研究"项目的研究，针对IMO公约与排放控制区法规的要求，开展船舶动力装置脱硫与废液排放技术机理的研究。中远航运与大连海事大学、集美大学、挪威船级社及中远船务分别合作开展"汽车船配载系统（二期）"项目、"船舶（沥青）安全风险评估系统"项目、"新型半潜船及联合运输方案研究"项目，与集美大学、新港海事局联合开展"重大件绑扎标准研究与制定"项目。中散集团与中国船级社联合研发船舶能效在线智能管理系统，通过对船舶能效数据的实时监控，选择最佳节油方案，提高船舶整体运行效能；中散集团下属连云港流体公司与扬州大学共建研究生工作站，与沪东造船厂联合承担工信部LNG船上加注站的研究工作。

海洋工程与能源业务方面。中燃与大连海事大学合作开展"船用180Cst燃料油使用性能及其排放的台架试验研究"，对内贸船用残渣燃料油高、中、低三档不同质量品质的油品台架实验情况进行总结分析,为调制三档品质的内贸船用残渣燃料油提供技术支持。中远集团研发中心根据三档油品台架试验的数据趋势,制定了《中燃系统内贸船用残渣燃料油企业标准(征求意见稿)》,此标准在 GB/T17411-2012 的基础上增加了 6 个控制指标,有效保证了燃油品质和质量。

中远船务与哈尔滨工程大学、702 所、CCS 联合申报工信部《2014 年高技术船舶指南》及《2014 年海洋工程装备指南》科研项目;与大连理工大学、哈尔滨工程大学进行《采用液压升降装置的近海风电设备安装船关键技术研究》项目专题合作及模型试验;与中集船舶海洋工程设计研究院签订战略合作框架协议,开发支线集装箱船、压缩天然气船、小型 LNG 船、平台供应船(PSV)等项目。中远船务下属南通船务技术分中心与江苏大学、东南大学、江苏科技大学先后合作开展了江苏省重大创新成果转化项目;下属大连船务技术分中心与大连理工大学就 JACK 凹悬臂梁和钻台模块称重测试进行合作,与上海船舶设计研究院就 82000 吨船型合作开展详细设计,与中国船舶重工集团公司第 711 研究所就钻井船性能测试进行项目合作;下属广东船务技术分中心联合上海船舶研究设计院,联合开发 8000HP 深水三用工作船,完成详细设计方案;下属大连迪施技术分中心与研究所、高校建立了协同研发的资源合作关系,与哈尔滨焊接研究所、郑州机械研究所、大连海事大学等进行合作研发工信部内转塔单点系泊系统液压旋转头项目。

2015 年,南通中远船务联合上海船舶运输科学研究所、中海油研究总院、中船重工 702 所、哈尔滨工程大学、武汉船用机械有限责任公司、广东船务等参研单位,共同申报国家高技术船舶科研计划项目"深水动力定位原油输送装置自主开发"项目;联合中海油研究总院、哈尔滨工程大学、中国石油大学(华东)、江苏科技大学、中国船级社申报"第七代超深水钻井船开发"。该项目将在设计建造关键技术研究、关键设备的国产化应用研究方面取得新的突破。

综合服务和互补产业方面。中远集团相关下属公司在各专业领域研究机构和企业强强联合百花齐放,通过协同创新不断提高核心技术水平,为中远集团创新创效发挥了举足轻重的作用。船用涂料方面,中远关西技术中心与国内最大的集装箱及多式联运设备设施制造商中集集团、最大的海运设备制造商中海集团签署技术战略合作协议,成立创新联盟协同发展,共同面向高端市场领域开发适用的配套涂料产品;与中交集团港珠澳大桥管理局签订合作协议,共同研究"大型桥梁钢箱梁防腐蚀涂装技术规范";与上海核工程研究设计院签署合作协议,双方共同开发"第三代大型非能动压水堆核电站设备防腐涂层"的研究;与武汉钢铁集团和中国集装箱研究院合作开发"免喷砂车间底漆";与中集集团集装箱研究院合作开发"集装箱用高固体份环保型涂料";与美国陶氏(DOW)化学、空气化学公司、苏威公司、氨特公司等大型化学原材料供应商合作开发具有独立知识产权的专用原料,提高技术附加值,保持产品的技术领先性,并开拓国内有实力的供应商共同参与产品科研项目,形成整体创新体系。信息产业方面,中远网络北京积极推进与战略合作伙伴协同合作,特别与美国通用电气、华为、中科院国家数学与交叉科学中心、大连高新区、中国电信、上海电科、携程网、北京航空航天大学经管学院、青岛船院等的合作,均有非常良好的发展;获得了微软公司颁发的银牌能力合作伙伴认证,在硬件和软件两个领域展开合作；与北京航空航天大学经管学院签署了战略合作意向书，确立并深化以校企合作为主要形式的战略合作伙伴关系，在学习培训及人才培养、科研及项目合作等17个领域展开合作，形成"产学研相结合"的利益共同体。有色金属加工方面，中远江门铝业与五邑大学建立产学研合作关系，开展隔断控制系统的共同研发，并已完成一套新的样板的安装调试工作；与外协模具厂的沟通，改良部分生产模具，有效提升氧化成品，节约加工费用；与外协氧化厂合作，对宜家项目的铝制品的表面改为高温碱氧化，既提高了产品成品率，又符合环保要求。

2."十二五"期间重大科研成果

（1）"深海高稳性圆筒型钻探储油平台的关键设计与制造技术"获国家科技进步一等奖

2012年2月14日，2011年度国家科学技术奖励大会在北京召开。中远集团所属南通中远船务研发的"深海高稳性圆筒型钻探储油平台的关键设计与制造技术"获国家科技进步一等奖，这是中国海洋工程装备制造企业获得的首个国家科技进步最高奖项，也是集团成立51年来第1次获得国家科技进步一等奖。

"深海高稳性圆筒型钻探储油平台的关键设计与制造技术"突破了传统设计思路，在整体结构设计、制造技术与工艺、全功能集成制造、抗风浪能力设计、动力定位系统设计等方面，获得了诸多创新性成果，标志着中国在高技术高附加值海工装备领域实现了新的突破，对发展中国装备制造业具有里程碑意义。

（2）海盾（BOS）压载水处理系统

中远集团"十一五"期间取得的国家科技支撑计划课题中远海盾（BOS）压载水处理系统（图3-41）是中远集团首次承接的国家级重点科研项目。中远造船联合有关高校经过4年艰苦攻关，在多个关键技术研究方面取得了突破，获得了12项国家级发明专利，形成了一整套拥有自主知识产权的压载水处理技术，并于2010年通过科技部验收，具备了装船能力，创造了多个国内"第一"的纪录。同年被科技部、商务部、环保部、国家质检总局四部门列为"国家重点新产品"，由科技部指定参加了2011年

图3-41 运转中的"海盾"压载水管理系统。

《"十一五"国家重大科技成就展》。2012年5月，首次安装远洋船获得圆满成功。该系统的研制成功并正式投入使用，对提高中国国产船舶关键设备装船率，提高航运业和造修船业核心竞争力具有重要意义。

（3）绿色航运领域成果喜人

以中远造船联合高校开展的高效过滤和紫外灭活在海盾压载水处理技术及产业化应用的研发。通过研发，在水处理和生物灭活技术、生物检测技术、环境安全性评估技术等领域取得了一系列创新性技术成果。构建了中国第1套基于高效过滤和中压紫外灭活的压载水处理技术，形成了整套的具有中国自主知识产权的海盾压载水处理技术和产业化支撑技

术。该项技术于 2013 年 11 月获得 USCG 证书。

中远船务自主开发的 81K 双燃料散货船开发设计获得英国 LR 船级社颁布的 AIP 认可证书。满足 IMO、IGC（国际散装运输液化气体船舶构造为设备规则）、IGF（国际船舶使用燃气或其他低闪点燃料安全规则）等相关规范规则关于对有害物质排放要求。该成果 EEDI 指标国际先进，在节能环保和经济性方面达到国际先进水平。获得发明专利 1 项，实用新型专利 2 项。于 2013 年 9 月顺利交付荷兰船东的牲畜特种船，是国际上首艘满足 AMSA IM043 ISSUE 2006 的国际首制船，经专家鉴定，技术成果达到国际领先水平。

由中远集团牵头，武汉理工大学、中远航运、中远船务、中远关西（涂料生产）等单位协同开展的"太阳能在大型滚装船上的应用技术研究"，于 2014 年在"中远腾飞"轮实船安装，进一步验证太阳能在海上应用的经济价值（图 3-42）。

2013 年，中远集团"液化天然气船液货操作训练仿真器""超大型矿石船（VLOC）渤海深水航路技术保障信息系统""高效过滤和紫外灭活在海盾压载水处理技术及产业化中的应用"3 个科研成果均获得中国航海学会科学技术二等奖。

图 3-42 "中远腾飞"轮太阳能光电应用项目通过国家验收

此外，这一时期中远集团承担的"基于智能集装箱公共服务系统的供应链应用系统开发与示范"国家科技支撑计划课题，经过 3 年多的努力，于 2011 年分别通过课题验收、项目验收，申请发明专利 2 项，软件著作权 2 项。国家信息化试点——"中远网络物流第三方物流信息系统外包服务"项目完成，申请软件著作权 8 项，通过验收。"国家综合智能交通技术集成应用示范"项目通过科技部组织的鉴定。

3. "十二五"期间获奖情况

国家级奖项：这一时期，除"深海高稳性圆筒型钻探储油平台的关键设计与制造技术"获国家科技进步一等奖外，中远集团"浮式钻井储油平台总段下水及旋转合拢对接方法"获得第十六届中国专利金奖（发明专利奖最高奖项），实现中远在国家专利奖中零的突破；"具有多类型桩腿的超大型自升式风电安装船及其设计方法"获得第八届国际发明展览会发明创业奖；"圆筒型深水钻探储油平台"获得第八届国际发明展览会发明创业奖。

省部级奖项：中远集运自主研发的《大型航运企业能效动态管控技术开发与应用》项目和中远船务《中远船务海洋工程及船舶建造 ERP 系统》项目成果分别获得 2011 年度中国航海学会科技进步二等奖、三等奖。"大件运输关键技术研究与应用"获得中国航海学会 2014 年科技进步奖一等奖，"船舶电站监控与分析专家系统的研制"获得中国航海学会 2014 年科技进步奖二等奖，"货油加温最佳方案操作系统""船舶主机气动控制实训系统功能开发与故障诊断"获中国航海学会 2014 年科技进步奖三等奖；中远集运张昊和南通中远船务徐秀龙团队分别获得由中国科协、发改委、科技部、国资委和全总联合表彰的全国

"讲理想、比贡献"优秀组织和创新团队荣誉称号;"超深海高稳定性圆筒形钻探储油平台的关键制造技术"获得江苏省科学技术进步一等奖;"新一代自航自升式海上风电安装船的关键制造技术"获得江苏省科学技术奖二等奖,并被认定为江苏省重点领域首台(套)重大装备;"海洋工程技术研发与产业化创新体系建设"获得江苏省科学技术奖企业技术创新奖;"水深 3000 米无锚系石油钻井重大装备的制造关键技术研究及应用"获得教育部科学技术进步二等奖;"SEVANDRILLER 钻井储油平台"获得中国造船工程学会科学技术进步二等奖,并被认定为江苏省重点领域首台(套)重大装备;"特种深水铺管重吊船"获得江苏省重点领域首台(套)重大装备;"SEVAN650 圆筒型超深海钻探储油平台""新一代自航自升式海上风电安装船""特种深水铺管重吊船""新一代海上钻井辅助平台"获得江苏省高新技术产品;"全功能自航自升式海上风电安装船的关键制造技术"获得中国造船工程学会科学技术进步三等奖;"超大型浮船坞设计与建造技术研究"获得辽宁省 2013 年度科技进步奖三等奖;"FPSO 系列改装与模块建造"获得辽宁省优秀新产品一等奖;"FPSO 系列改装及模块建造"获辽宁省经信委优秀新产品奖一等奖;13360TEU 集装箱船获得江苏省科技进步二等奖;2.8 万吨级多用途船和 6.1 万吨级散货船被评为江苏省高新技术产品;2.8 万吨级多用途船通过南通市重大专项验收;南通中远重工"大型造船门式起重机"研发项目获得 2014 年度南通市科技进步二等奖;经创新设计并已成功研制的倒 T 型坞门成套装备,获江苏省经济和信息化委员会鉴定为江苏省新产品,顺利获得《新产品新技术鉴定验收证书》;中远关西防腐涂层材料获得中国铁路标准产品(CRCC)的认证,填补了在铁路钢制桥梁防腐涂料的空白;"船舶电站监控与分析专家系统的研制"获得二等奖,"船舶主机气动控制实训系统功能开发与故障诊断的研究"获得三等奖;2012 年,青岛船院自主研发的"海上中/高频通信模拟器""船舶海水淡化装置模拟操作系统"分获山东省高等学校优秀科研成果(自然科学类)二、三等奖。5 个项目获得 2014 年度山东省高校优秀科研成果奖,其中"船舶主机气动控制实训系统功能开发与故障诊断的研究"获自然科学类一等奖,"GMDSS 综合模拟器研究"获自然科学类二等奖,"船舶调距桨推进系统操作训练模拟器""船舶压载水系统操作与故障排除模拟器"获自然科学类三等奖;"远洋船员行为失效机理及控制模式研究"获人文社科类二等奖;青岛船院 2 位教师获得山东省第四届黄炎培职业教育奖项,蒋德志教授荣获黄炎培第四届职业教育奖"杰出教师奖",王化民教授获得"优秀理论研究奖";中远关西荣获天津市专利示范单位称号。其设计开发的第三代核电站防腐涂层获得国家核安全局的认可,成为核电站国家发展战略国产化项目的合格供应商,助力国家核电"走出去"战略,进一步巩固了在核电涂层领域的技术领先地位,被天津市政府誉为"撒手锏产品"。

2015 年,中远船务联合中海集团所属上海船研所等单位开展"超大型自升式海上风电安装船研制与工程应用"获中国航海科学技术一等奖。同年,中远船务"符合 AMSA 规范的绿色环保型自动饲喂牲畜特种船研发及建造技术"荣获广东省科学技术一等奖;中远造船"万箱级超大型集装箱船设计与制造关键技术"荣获江苏省科学技术二等奖;中散集团"一种含超载起升限位功能的软管吊机"获连云港市科学技术二等奖;青岛船院"某自升式平台结构性能分析与评估"获山东高校优秀科研成果三等奖。

中远船务开发的"辅助钻井平台""海洋工程辅助船""8000HP 深水三用工作船"产品被评为广东省高新技术产品。中远网络开发的"中远集团安全管理自主评价系统""掌上中远智能手机客户端"获中国交通运输信息化智能化建设优秀项目奖、中远物流"无界"物流电商平台荣获"2015 年中国物流与采购信息化优秀案例",中远网络公司同时荣获"中国交通运输信息化智能化工作先进集体"称号。

第六节　退出非核心、非相关业务领域

党的十五届四中全会提出了"从战略上调整国有经济布局,推进国有企业战略性改组"、十六大提出了"继续调整国有经济的布局和结构"、十六届三中全会做出了《中共中央关于国有企业改革和发展若干重大问题的决定》,党和国家关于国有企业改革、稳定、发展的各项政策、要求国有企业尤其是国有大中型企业要积极通过改制重组和结构调整,进一步提高主业的核心竞争能力。

根据中央精神,从 2000 年开始,中远集团实施"由全球航运承运人向以航运为依托的全球物流经营人转变,由跨国经营向跨国公司转变"的发展战略,按照国资委确定的"主业三大板块",推行主辅分离,逐步退出非核心、非相关业务领域。

一、落实中央要求,退出地产产业

1998 年以前,中远通过实施过"下海、登陆、上天"的发展战略,建立了南北两家主要房地产公司。北方公司为中远房地产公司,南方公司为中远置业集团有限公司(简称"中远置业")。

2004 年,国务院国资委发布的《关于中央企业房地产业重组有关事项的通报》中指出,为了贯彻主辅分离、精干主业的要求,除中国建筑工程总公司、招商局集团有限公司、中国房地产开发集团公司、中国保利(集团)公司、华侨城集团公司因房地产业务规模较大,在集团全部业务收入中比重较高,计划以房地产作为主业(或主业之一)发展之外,其他中央企业可根据发展战略,对房地产业务进行重组,进一步优化资源配置。

2004 年,国务院国资委在《关于公布中央企业主业(第一批)的通知》中,明确了中远集团的主业为"水上运输、船舶及浮动装置制造与修理、物流及与运输相关的配套服务"。

根据国资委对中远集团主业的确认,2004 年中远集团明确房地产业为集团非主业,随即制定了分步退出房地产业的方案,通过转让出售等方式,逐步退出了房地产业务,全面停止商业房地产开发。

(一)对上海中远三林置业公司进行资产重组

1. 转让中远三林置业集团和国航大厦

为贯彻落实国家关于国有大中型企业主辅分离、精干主业的政策要求,2005 年,中远

集团决定对上海中远三林置业集团进行资产重组，转让上海中远三林置业集团和国航大厦股权，退出房地产等辅业。

中远三林置业集团有限公司的前身是中远集团全资所属企业中远置业。中远置业于1997年3月27日在上海登记注册成立，股东为中远集团、上海远洋运输公司和中波企业管理发展中心，分别持有中远置业45%、52.21%和2.79%的股权。2002年9月，中远置业引进战略合作者印尼三林集团，公司股权结构变更为：中远（集团）总公司持股45%，三林万业（上海）投资有限公司持股45%，上海住宅科技投资股份有限公司持股10%；中远置业变更为中外合资经营企业，更名为"上海中远三林置业集团有限公司"[①]。2004年初，置业集团下属上海中远房产公司回购了住宅科技所持置业集团10%股权[②]。转让完成后，中远三林股权结构为中远集团持有45%的股权，三林万业（上海）投资有限公司持有45%的股权，上海中远房地产投资有限公司持有10%的股权。截止到2004年9月30日，中远置业账面资产总额118.14亿元，净资产14.95亿元。

国航大厦股权结构为：中远（集团）总公司33.23%，置业集团32.87%，三林万业13.6%，IHL公司11.4%，上海联合远洋公司8.9%。截至2004年9月30日，上海国航大厦资产总额11.53亿元，净资产7.9亿元。

根据资本重组方案，中远集团收购中远置业所持上海联合远洋发展有限公司40%的股权，收购完成后，上海联合远洋发展有限公司由上海远洋为主进行管理。根据国有产权转让的有关规定，在中远置业职工代表大会审议资产重组方案、审议并通过员工安置方案，且资产评估值经国务院国资委审核备案后，中远集团和上海中远房地产投资有限公司在国资委认定的产权交易所公开挂牌转让置业集团55%的股权，中远集团香港Ingleburn控股公司和上海联合远洋发展有限公司在国资委认定的产权交易所公开挂牌转让上海国际航运大厦有限公司53.53%股权。

2. 受让海南博鳌资产和业务

为了维护国家利益、促进地区经济合作，发挥海南亚洲博鳌论坛的作用，根据中央领导的指示和海南省委、省政府的要求，中远集团在出让置业集团和上海国际航运大厦有限公司股权的同时，受让置业集团在海南博鳌的资产和业务。根据重组方案，在获得中远发展股份有限公司董事会同意及股东会批准的前提下，中远集团及所属公司收购中远发展所持海南中远发展博鳌开发有限公司100%股权，收购完成后对其更名，并以更名后的公司为平台，收购置业集团及所属公司的其他海南博鳌资产。

2004年5月，海南省政府以《海南省人民政府办公厅关于商请收购中远发展股份有限

[①] 经上海市外国投资工作委员会于2002年9月18日作出"沪外资委批字（2002）第1332号"《关于三林万业（上海）投资有限公司收购中远置业集团有限公司股权的批复》的批准，上海远洋运输公司将其在中远置业持有的45%的股权转让给三林万业（上海）投资有限公司，其余7.21%的股权转让给上海住宅科技投资股份有限公司，中波企业管理发展中心将其在中远置业持有的2.79%的股权转让给上海住宅科技投资股份有限公司。

[②] 经上海市外国投资工作委员会于2003年9月24日作出的"沪外资委批字〔2003〕第1376号"《关于上海中远三林置业集团有限公司股权转让的批复》的批准，上海住宅科技投资股份有限公司将其在中远三林持有的10%的股权，转让给上海中远房地产投资有限公司。

公司在博鳌投资项目的函》为题，致函中远集团，商请中远集团将印尼三林方在博鳌的资产全部收回。公司原股东中远发展股份有限公司与上海中远汇丽建筑装潢有限公司于2005年6月8日分别与中远集团和佳胜投资有限公司（Finesense Investments Limited）签署了股权转让协议。2005年10月26日，海南中远发展博鳌开发有限公司临时董事会通过决议，同意公司名称变更为海南中远博鳌有限公司。2005年10月28日，《海南省商务厅关于海南中远博鳌有限公司合同、章程的批复》同意，海南中远发展博鳌开发有限公司由内资企业变更为中外合资企业，同意公司名称变更为海南中远博鳌有限公司。股权转让完成后，公司变更为一家中外合资经营企业，公司的名称也变更为海南中远博鳌有限公司，并收购中远三林置业及所属公司在博鳌的包括大灵湖、龙潭岭、足球场土地及零收购太阳城温泉大酒店公司等在内全部资产。

（二）退出远洋地产

2005年，为便于抓住港澳地区房地产市场快速复苏健康发展的机遇，投资运作效益高的项目，同时落实国资委提出的有关中央企业"主辅分离、做强、做大主业"的要求，逐步减轻中远集团对中远房地产公司的融资负担，增强中远房地产公司自我融资、健康发展的能力，中远房地产公司在香港独资设立了远洋地产（香港）有限公司。2006年，中远集团进一步将持有中远房地产公司的20%股权转让给中远国际，不再直接持有房地产公司股权。2007年，中远房地产公司更名为远洋地产，并在香港上市，中远国际对远洋地产的持股比例进一步摊薄为20%。2009年，远洋地产引入战略投资者中国人寿。到2010年初，中远国际持有远洋地产股比进一步摊薄为16.85%，退位为第二大股东[①]。

2010年3月19日国资委召开中央企业房地产会议，宣布78家不以房地产为主业的中央企业，在完成自有土地开发和已实施项目等阶段性工作后，退出房地产业务，并确定16家主业为房地产的央企。中远集团作为78家不以房地产为主业的中央企业之一，坚决贯彻落实党中央、国务院有关房地产宏观调控政策，坚决落实国资委有关退出房地产业务的指示。3月19日，中远集团即公开要求中远集团下属二级子公司中远香港集团在半年内，退出所间接持有的远洋地产控股有限公司约8%的股权。成为首家表态退出房地产并制定了时间表的央企，得到了业界的一致好评。

2010年12月17日，中远集团对外宣布，中远集团下属二级子公司中远香港集团已于12月16日将所间接持有的远洋地产控股有限公司约8%的股权按一股5.60港币，全部溢价出售，成功实现了国有资产的保值增值。到12月21日，资金全部到账，完成交割。这标志着中远集团完全退出了远洋地产，从此中远和远洋地产不再有任何股权关系。由此中远成为78家涉足房地产的央企中，最早退出地产业务的企业。

（三）下属单位房地产业务的清理

成功退出远洋地产业务后，中远集团已基本完成房地产业务的全面退出工作。对于下属单位一些已经停止房地产开发业务，尚在进行后续清理工作的零星具有房地产性质的企

---

① 2010年3月15日，远洋地产下属企业以40.8亿元的总价竞得大望京1号地，楼面价超过每平方米2.75万元。

业,在宣布退出远洋地产的同时,中远集团也于 2011 年 3 月 24 日召开集团总公司总裁办公会,对中远集团退出房地产业务工作做出了具体安排,并制定了具体方案。

除参股的远洋地产外,截至 2009 年底,中远集团下属单位(不包括博鳌公司)有控股各级房地产公司 8 家,包括:天津远洋房地产开发有限公司、广州远洋建设实业公司、上海远实房地产开发有限公司、青岛远洋房地产开发有限公司、青岛祥和房地产开发有限公司、大连丰源房地产开发有限公司、江门市远辉房地产有限公司、天津远洋大厦有限公司,2009 年,资产总额 40.5 亿元人民币,房屋销售面积 21840 平方米,房地产销售收入 9.7 亿元人民币,房地产开发投资额 2.02 亿元人民币,职工人数 259 人。这一时期,大都停止了新商业地产项目的开发。由于下属单位的房地产业务大多由公司原来的基建处发展而成,虽然规模有限,但均涉及人员安置问题。对此,中远集团制定了积极稳妥的退出方案,在全面停止开发新项目的同时,通过注销、歇业、股权转让、业务整合、清算关闭等形式,逐步退出房地产业务。

二、退出足球产业

2000 年 11 月 25 日,中远置业旗下的多家公司共同收购的上海浦东足球俱乐部更名为上海中远汇丽足球俱乐部,并于当年顺利完成冲击甲 A 的目标,在火爆的中国足球市场掀起了一股中远旋风,扩大了中远品牌的影响力。

在实施产业主辅分离的过程中,中远集团也于 2005 年初退出了足球产业。2004 年 11 月 12 日,中远三林置业集团有限公司董事会决定将中远三林置业所持有的上海中远三林足球俱乐部有限公司的 80% 的股权和上海中远两湾置业发展有限公司所持有的上海中远三林足球俱乐部 15% 的股权,以 2250 万人民币的价格协议转让给上海永大电梯设备有限公司。2005 年 1 月 10 日,中远集团批复同意中远三林置业集团的转让方案。

第四章
管理体系与世界进一步接轨

这一时期，随着中远集团经营能力水平和全球化的速度不断提升，中远集团坚持强化管理、创新发展，在提升管理方面付出了巨大努力，包括：在 2001 年建立包括质量、环境和职业安全健康的综合管理体系，成为国内首家获得三大管理体系认证的企业；在 2002 年引入六西格玛管理方法，逐渐形成以六西格玛为核心的管理运作体系；2006 年，中远集团现代企业管理体系通过了挪威船级社、中国船级社和中国安全生产科学研究院三方的联合认证。从 2006 年起，先后以"优化流程、降本增效""完善集团企业组织架构"等为主题，在全系统组织开展精益管理活动，将精益管理理念融入企业文化；大力推进技术创新，成功实施 IRIS-2 系统、SAP 财务系统等信息化建设项目，建立纵向、横向对标机制，全面开展管理提升活动，在财务管理、安全管理、船员管理、人力资源管理、信息管理、成本管控、全面风险管理等企业管理领域都取得了长足的进展，促进了中远集团核心竞争力的有力提升。

2011 年 8 月 23 日，党中央、国务院和国资委对中远集团按照现代企业制度进行了重大改制，中远集团设立董事会。这一改制是中远集团发展史上的一大飞跃，也是中远集团发展历程中的一个重要里程碑，标志着中远集团向建立现代企业制度和完善公司法人治理结构迈出了关键步伐，对中远集团实现持续稳定健康发展具有重要而长远的意义。

第一节　企业综合管理水平不断提升

一、建立董事会制度

（一）中央企业规范董事会工作的背景

在国有大中型企业建立现代企业制度是党中央的一贯方针。1993 年，党的十四届三中全会就提出，国有企业改革的方向是建立现代企业制度。1999 年，党的十五届四中全会进一步明确公司制是现代企业制度的一种有效组织形式，公司法人治理结构是公司制的核心，要形成股东会、董事会、监事会和经理层各负其责、协调运转、有效制衡的公司法人治理结构。2003 年，党的十六届三中全会指出，要按照现代企业制度要求，规范公司股东会、董事会、监事会和经营管理者的权责，形成权力机构、决策机构、监督机构和经营管理者之间的制衡机制。这一时期，中央企业改革发展取得了明显成效，到 2011 年《财富》世界 500 强企业中，包括中远集团在内的中央企业达到了 38 家，比 2003 年增加 32 家。但在日益复杂的国际国内市场中，在全球竞争日趋激烈的背景下，公司法人治理结构不完善带来的问题越来越突出。在此之前，包括中远集团在内的由国资委管辖的央企中，有相当一批是按照 1988 年的《企业法》设立的，总裁为集团的最高领导人，没有董事会。传统国企"一把手"负责制，把企业经营发展维系在"一把手"个人身上的做法，越来越难以适应企业发展的需要。此外，一些按《公司法》设立的国有独资公司，其董事会成员与经理人员高度重合，企业的决策权与执行权没有分开，董事会也不能很好地发挥作用。中央企业大多数属于关系国家安全和国民经济命脉的重要行业和关键领域，保持持续稳定的发展态势，对于维护国家安全、稳定国民经济全局意义重大。

为了贯彻落实党中央、国务院关于深化国有企业改革的精神，构建国有企业科学发展的体制基础，2003年国资委成立之后，就把中央企业建设规范董事会作为一项重要工作来抓。经国务院第三十八次常务会议同意，在中央企业开展了建立规范的董事会试点工作。中央企业建设规范董事会先期是在国有独资公司进行试点探索，其制度设计主要有以下四个目的：一是实现企业决策组织与执行组织的分离。充分发挥董事会在重大战略决策、风险管控、经理层管理等方面的作用，发挥经理层在执行性事务方面的作用，并使二者有机结合。二是实现决策组织的动态优化。董事会主要由外部董事构成，可以根据企业发展需要，在非常广的范围内，甚至是国外挑选人才，组成一个高素质的、结构合理的决策团队，而且这个团队很容易进一步优化和调整。三是实现国资委对国有企业管理方式的转变。建立规范董事会后，国资委就可将此前代行的考核、薪酬、经理人员选任等职能移交董事会，并由董事会对企业进行个性化的管控。四是实现董事会的集体决策、科学决策。一个科学合理的董事会结构，可以保证董事根据自己的判断独立地行使表决权，从而保障董事会的客观性。

中央企业建设规范董事会试点之后，国资委、中组部在不断总结实践经验的基础上，相继出台了17个规范性文件，基本形成了规范董事会运作的制度体系。同时，在董事会选择经营管理者、国资委把对经理人员的考核、奖惩职权交给董事会等方面现得了重大突破。通过建设规范董事会，中央企业治理发生了实质性变化：一是建设规范董事会的中央企业的决策机制发生了根本性转变。从原来"一把手"个人决策、到建立制衡机制，实现了真正的集体决策，决策的质量和科学性明显提高，出现重大决策失误的可能性大大降低。二是实现了董事会对企业的个性化管控。通过董事会对企业进行个性化的考核、管理和战略控制，打通了国资委履行出资人职责的途径，实现了出资人职责的真正到位。三是积极探索把党组织的政治优势、职工民主管理与建立现代企业制度相结合，取得了积极的进展。企业党委书记、职工代表进入董事会后，依法行使权利、发挥作用，使党组织的政治核心作用、职工民主管理，能够贯穿于决策、执行、监督的全过程。到2011年，建设规范董事会的中央企业户数达到了42家。

（二）中远集团董事会建设

良好的公司治理是中远集团核心竞争力的制度基础。经过多年的不懈努力，这一时期，在管理架构上，中远集团已经建立了规范的母子公司体制，形成了以境内二级公司和境外区域公司为主体的分级管理体制，形成了结构清晰的三层组织结构形式：

集团总公司宏观管理和决策层——负责集团有效资产的配置和总体调控，实现集团总体价值最大化。

经营层：由集团主业三大板块成员公司和陆产专业公司组成，是集团的利润中心，负责对集团的利润贡献，为集团在不同行业赢得最大利润，在集团总公司的战略指导下发展壮大。

成本管理层：中远集团把与主业三大板块成员公司及陆产专业公司业务相关的下一级、分公司或独立核算部门定位为成本中心，为各利润中心获取利润提供支持，实现整体效益最大化。根据业务规模的实际,其中业务相对独立的部分下一级公司也作为利润中心。

在整体组织架构中,中远(集团)总公司作为国有资产所有者的代表(授权投资机构),对所投资的公司实施规范管理。在明确界定企业法人财产权,母子公司责权利的基础上,总公司作为母公司,对投资控股的子公司行使好三项权力,即重大经营决策权、人事管理权和投资收益权。截至2010年底,中远集团拥有境内外成员单位1164家,其中,境内二级子公司13家,境内控股二级子公司3家,境外全资二级子公司12家。航线遍及世界160多个国家和地区的1500多个港口,在50多个国家和地区设有公司和办事机构。逐步发展成为中国第一,世界第二大航运企业集团。

这一时期,中远集团也正经受着金融危机的巨大冲击,经营效益下滑,生产经营形势十分严峻。为提高中远集团的经济效益和可持续发展能力,实现企业的科学发展,2011年,党中央、国务院和国资委决定在中远集团建设规范董事会。2011年8月23日,中央组织部在中远集团召开干部大会,宣布了中共中央的决定,对中远集团按照现代企业制度进行改制,设立董事会和总经理,任命魏家福为中远集团董事长、党组书记,免去其中远集团总裁职务;马泽华为中远集团董事、总经理、党组副书记;免去张富生中远集团党组书记职务。2011年11月,国务院国资委下发正式文件,明确中远集团纳入建设规范董事会企业范围。2011年12月7日,国资委任命宋大伟为中远集团董事。2011年12月28日,国资委召开了中远集团建设规范董事会工作会议,宣布国资委聘任的中远集团5名外部董事,中远集团与各位外部董事签订服务合约,标志着中远集团建设规范董事会工作正式启动。中远集团董事会董事达到8人:其中外部董事5人:于宁、叶大戟、何庆源、陈耕、徐烈均。非外部董事3人:董事长、党组书记魏家福,董事、总经理、党组副书记马泽华,董事、纪检组长宋大伟。同日在北京远洋大厦召开中远集团第一届董事会第一次会议,审议批准孙家康担任中远集团董事会秘书;审议批准在董事会下设战略发展委员会、风险控制委员会、审计委员会、薪酬与考核委员会和提名委员会等5个专门委员会,对董事会负责:

1. 战略发展委员会

召集人:魏家福

成员:马泽华、陈耕、何庆源、职工董事

2. 法律风险监控委员会

召集人:于宁

成员:宋大伟、叶大戟

3. 审计委员会

召集人:何庆源

成员:徐烈均、于宁

4. 薪酬与考核委员会

召集人:陈耕

成员:于宁、何庆源

5. 提名委员会

召集人：魏家福

成员：叶大尅、徐烈均

此外，中远集团还根据规定要求，报国资委同意后，选举、聘任傅向阳为集团董事会职工董事。至此，中远集团董事会9名董事全部到位，中远集团董事会正式运作，标志着中远集团向建立现代企业制度和完善公司法人治理结构迈出了关键步伐。

中远集团董事会成立后，认真贯彻落实国资委关于董事会建设的工作要求，在完善公司法人治理结构、健全科学决策机制和推进企业健康发展方面进行了持续的探索和实践。董事会坚持"议大事、把方向、控风险"的工作定位，着力跟踪公司发展战略的推进和实施，重点督促公司经营班子抓住机遇调结构、转方式、防风险，向着做强做优、成为具有国际竞争力的世界一流企业的目标努力。

一是主抓规章制度建设。经一届董事会二次会议审议通过了《公司章程》《董事会议事规则》、各专门委员会工作细则、董事会秘书工作细则和总经理工作细则等全部议事规则，在较短时间内建立形成了董事会规范运作的制度体系。同时，按新体制要求进一步梳理完善公司经营管理层面的规章制度23项，董事会正式运作半年之后，配套基本管理制度体系初步建立完成，为董事会试点工作起好步奠定了基础。

二是推行授权管理，抓分权制衡机制。为构建科学决策体制，实现决策权与执行权的有效分离，2012年中远集团董事会按照国资委要求，根据公司章程的规定，充分向管理层授权，将投融资、资产处置等职权，进行了有限授权，制定了《中远集团董事会授权管理细则（暂行）》，明确规定了董事会授权的内容、授权事项的决策程序、授权的反馈和调整等相关内容。达到了规范董事会决策程序和公司高效运营的目的。2013年，又对授权管理细则进行了适应性修订，对其中总经理的固定资产投资、对外股权投资、单项融资、单项资产处置、单项大宗物资采购、单项服务购买及对外捐赠或赞助等方面的授权进行了细化，进一步规范和简化审批程序，提高公司决策效率。

三是规范沟通协调机制。中远集团党组制订了《三重一大实施办法》，并修订了《党组会议事规则》，就董事会与党组会工作的衔接事项进行了界定。董事会对公司重大事项进行决策，管理层按照董事会的决策认真贯彻执行。董事会就公司的年度投资计划、财务预算、内部控制体系建设、公司基本管理制度、公司组织框架等重大问题按程序作出了决策，公司管理层按照董事会的决策，认真组织实施，成效明显。

为了使外部董事能够及时了解航运业的相关信息和集团改革发展的情况，中远集团认真梳理日常业务资料，从日常文件提供和组织现场调研等方面积极配合外部董事的工作。公司管理层、职能部门与董事会各专门委员会密切沟通，定期汇报相关工作，及时沟通重要事项。

中远集团董事会建立后，在督导落实中远集团"十二五"规划和《2020年发展战略》；进一步深化企业改革，推进劳动、人事、分配等方面的企业内部改革；加强企业管理，提高集团管控能力；督导降本增效和安全生产方面发挥了重要作用。在董事会的领导下，中远集团牢牢把握"稳中求进"发展总基调，积极应对错综复杂形势，全系统广大船岸员工克服重重困难，全力拼搏效益、转变发展方式，深化企业改革，调整结构布局，强化管理创新，完成了国资委下达的经营任务指标，为保持企业生产经营平稳运行，实现可持续发展做出了积极努力。

2013年7月1日，中远集团召开干部大会，传达了党中央、国务院决定：因年龄原因，魏家福不再担任中远集团董事长、党组书记职务；马泽华任中远集团董事长、党组书记，免去其中远集团总经理职务；李云鹏任中远集团董事、总经理。

这一时期的中远集团董事会认真贯彻落实国资委的各项规定，将"管理提升""降本增效"等要求体现在决策过程中，注重引导集团内部深化改革，完善管理体制，创新经营机制，整合内部资源，发挥整体效益，为集团减亏增效、确保中国远洋实现盈利做出积极部署和具体指导。2013年，中远集团同比减亏18.64亿元人民币，亏损降低56.23%，实现了大幅减亏，完成了国资委下达的经营任务。通过积极开展资产运作，合计为中国远洋贡献收益64.79亿元，实现了中国远洋2013年的扭亏为盈，摘掉了ST的帽子。

二、深入开展"精益管理年"活动

"精益管理"是这一时期，中远集团大力推行的管理模式，其核心目标就是通过实施低成本战略，拓宽企业的经营空间，增强企业的核心竞争力。从2006年开始，中远集团在以集团第一个"精益管理年"活动为契机，广泛动员，周密部署，通过优化流程，减少浪费，在改善管理，降本增效等方面取得初步成效。五家重点实施单位扎实推进活动实施。中远集运认真分析业务流程，采取中转港转移等措施，每月节约装卸费200多万元。中远散运以标准化为抓手，对业务流程、岗位职责、规章制度进行全面优化，管理水平得到整体提升。广州远洋实现了非生产性在港停时同比降低20%、签订利润贡献较大的COA合同同比增加20%的目标，直接经济效益8000多万元。中远香港航运通过策略性调整协议，修船费用减少100万美元。中远物流在成本精益化等六个推进项目上取得重要进展。集团其他境内外单位也通过精益管理活动，完善了企业价值链，提高了企业管理水平，降低了经营管理成本。

2007年，集团以第二个"精益管理年"为契机，在缩短管理链条、优化股权结构、实施扁平化管理方面取得新的进展，推动了管理流程的优化，推进了降本增效。集团内部交叉持股的合资企业减少16家，亏损企业减少20家，清理、关闭企业24家，集团管理链条由原来的11级缩短为9级。在节能减排领域，中远集团以精益管理为指导，以航运、船舶修制造及物流三大主业为节能减排工作重点行业；以集装箱船、沥青船、散装化学品船、LPG船为实现节能减排的重点船种；把全集团能源消耗98%以上的航运企业作为节能减排的重点单位；把占中远集团总能耗65%左右的集装箱船队作为节能减排工作的重中之重。船舶燃油单耗保持在5.16千克/千吨海里，持续保持在历史最低水平，减少硫氧化物排放1593吨。

经过连续两年的"精益管理年"活动，中远集团在消除浪费、降本增效、优化流程、提升管理等方面取得了显著成效，经营管理水平不断提高，逐步建立了精益管理的长效机制，精益管理思想深入人心，已成为中远集团企业文化的重要组成部分。2008年1月，中远集团下发通知，对"精益管理年"活动中表现突出的先进单位和优秀成果给予了表彰。

2009年，航运市场跌入低谷，在不利的市场环境下，市场竞争很大程度上就是成本的竞争。面对严峻的市场形势和艰巨的发展任务，中远集团下发通知，要求各单位继续深化精益管理，特别要求以"严控成本"为重点，树立"减少浪费就是创造效益"的理念，把精益管理运用到经营管理的各个环节，全方位实施降本增效，积极应对危机，全力拼搏效益。进一步改进和完善燃油集中采购平台，理顺工作流程，降低采购成本。严格控制港口使费的支出，加快应收账款的回收工作，加大运费回收力度。贯彻落实"船舶航速减速10%"的要求，关注船舶管理效率指标的起伏变化。严控行政费用开支，在2008年基础上再下降5%。通过大力降本帮助企业渡过难关。通过运用精益管理，大力降本节支，到2014年，中远集团各单位在成本控制上取得了显著的成效。在燃油成本控制上，2014年，中远集团招标采购节支507万美元；通过降速航行，科学调度管理、船舶技术改造等措施，累计节省燃油66.52万吨，约4亿美元。其中，中远集运全年节省燃油38.91万吨，降幅达7.16%，燃油成本同比下降15.5%，单箱燃油成本同比下降21.5%。在运营成本控制上，船期成本、机务成本、租金成本、港口使费、中转费及修理费都得到了有效控制。在采购、业务外包和供应商管理上，各航运公司加强船舶备件集中采购和修造船业务管理，船舶备件采购额同比下降10.8%。通过严格执行"中远船中远修"制度，中远船务全年修理中远船120艘，占集团总修船数的81.08%，产生了很好的协同效益，也为中远各航运公司有效控制了船舶修理成本。

三、发挥财务管理核心作用

在财务管理方面，从2005年开始，中远集团进一步加强制度化建设，完善了财务预算管理体系，制订了"财务预算管理办法"，出台了"大额资金开支管理办法"，改革了运输生产统计体系。这一时期，中远集团还积极推进境内外资金债务集中管理，通过资金集中控制和总部预算控制，进一步加大了资金和债务管理力度，保证了资金的优化调配；通过加大信息化建设力度，组织实施财务信息系统三期项目，加强成本费用分析，改进和强化预算管理，对加强企业考核起到了积极作用。通过资金筹划，积极回笼资金，加大偿债力度，适机调整债务结构，进行债务置换，压缩了中远集团的债务规模，使集团的财务状况更加健康。同时，加强金融业务集中管理，在金融股权投资与管理、财务金融风险管理、税务筹划方面取得了新的成绩。使财务管理在企业管理中的核心作用得到进一步发挥。

2009年，航运市场遇到了前所未有的挑战，中远集团牢固树立风险意识，控制财务风险。高度重视资金的流动性问题；继续贯彻财务资金集中管理原则，切实做好资金统筹规划，警惕局部产业流动性风险。坚持"现金为王"，拓展外部筹资渠道，加大融资力度；合理安排资金需求，量入为出，保证生产经营所需资金。对资产负债率较高、效益下降幅度较大的企业，密切关注现金流量，控制负债规模，严禁对外担保。2011年，中远集团先后与中国进出口银行、中国出口信用保险公司等单位签署战略合作协议，落实600亿信贷额度，成功发行40亿中期票据。

这一时期，中远集团还高度重视预算管理，完善预算管理体系，提高预算目标的合理性和准确性。2011年，按照国资委《关于进一步深化中央企业全面预算管理工作的通知》

和《中远集团财务预算管理办法》，集团建立了预算管理委员会及预算工作组，从工作组织、编制流程、执行和控制、考核评价等方面开展工作，加强集团总部对预算管理工作的统领和总控作用。2012中远集团以中远集运、中散集团、中远太平洋、中远航运为试点，实施全面预算管理。对管理模式、管控体系、运行机制、工作流程中的盲区、短板、瓶颈进行集中攻关，进一步深化"向管理要效益"的理念，发挥了预算管理的价值引导作用。

四、全面开展管理提升活动

2012年3月，国资委做出在中央企业全面开展管理提升活动的决定，整个活动分为3个阶段六个环节。计划用2年时间，通过全面开展管理提升活动，加快中央企业管理方式由粗放型向集约化、精细化转变进程，全面提升企业管理水平，为"做强做优、世界一流"工作奠定坚实基础。

按照国资委的要求，中远集团积极行动，把管理提升活动作为推动中远集团强基固本、做强做优、科学发展的重要举措，进一步强化了向管理要效益的思想和理念。为做好中远集团管理提升活动的相关工作，4月26日，中远集团下发通知，成立了以马泽华总经理为组长、李云鹏副总经理为副组长的活动领导小组，和相应的工作小组及办公室。下属各单位成立了由"一把手"挂帅的活动领导小组和主管领导任组长的工作小组，制订下发了《中远集团管理提升活动实施指导意见》和《中远集团管理提升活动工作计划表》，对国资委确定的13个重点领域做了分工，明确了责任部门，并对管理诊断等具体工作提出了要求。

在第一阶段为全面启动、自我诊断阶段（2012年3月—2012年8月）段，中远集团紧扣国资委确定的13个管理提升重点领域和集团年度重点工作，结合生产经营形势和经营管理现状，本着"立足当前求生存，着眼长远谋发展"的原则，深入查找影响企业经营发展的问题，认真分析成因，研究提出初步解决思路，集团总部和各直属单位共诊断出瓶颈和短板问题817个，分析归类为"调结构、转方式""抓基层、打基础""精益管理"和"持续创新"四个方面共24个集团全局层面重点问题，明确了问题整改负责人，以及三级单位层面88个重点问题。为管理提升活动深入推进和取得实效奠定了良好基础。在抓好"规定动作"，稳步推进的同时，中远集团结合实际，积极开展"自选动作"，确定了涉及系统性、基础性管理的六个专项工作，即：建设互补产业、提升营销工作、全面预算管理、业务协同发展、应收账款管理、采购、业务外包和供应商管理，纳入集团管理提升活动的重点领域。在管理提升活动第一阶段活动开展期间，中远集团还选取对效益影响最大的集装箱、干散货两大重点业务板块为突破口，试点开展了对标考核，通过与马士基、美国总统轮船、东方海外、韩进等国际领先的航运公司以及对应的市场平均水平对标，并将对标结果与薪酬挂钩，有效地促进了中远集运、中散集团经营管理水平的提升。在此期间中远集团在内部深入挖掘精益管理先进的企业，树立了南通中远川崎船舶工程有限公司、新世纪标志（深圳）有限公司2家先进典型，在全系统广泛宣传，要求各单位以两家公司为标杆，提升企业管理水平。

按照时间节点要求，到2012年9月上旬，中远集团顺利完成了活动第一阶段两个环节的各项任务，经集团党组会决定，中远集团于9月17日进入活动第二阶段"专项提升、协同推进"阶段,并于10月底完成集团重点问题提升整改方案,活动正式进入专项提升和全面整改阶段。

2013年1月初,中远集团正式向全系统下发了《关于印发〈中远集团重点问题提升整改方案〉的通知》,要求各部门、各单位根据方案明确的工作目标、重点工作时间节点和整改措施推进提升整改工作。根据统分结合、上下互动原则,集团总部、各单位分别做好集团全局层面和三级单位层面重点问题的整改工作;各部门、各单位加强对所属有关单位工作的指导、跟踪和调研。此后,中远集团根据国资委相关厅局的意见于2013年初对整改方案中涉及节能减排和成本控制两个专项的工作方案做了进一步补充,根据国资委要求,对重点问题提升整改方案进行了细化,确定将组织方式和管理方式优化(体制机制问题)、经营模式优化(市场结构问题)和以管理促进效益(成本控制问题)作为影响和制约中远集团发展的3个关键领域,并制定了相应的重点突破工作计划。实现了国资委要求的定整改措施、落实责任到人、定关键节点、落实时间进度、定验收标准、落实验收标准和定保障条件、落实激励措施的"四定四落实"的工作要求。

为推动管理提升落到实处,2013年4月10—27日,在中远集团领导带领下,由集团总公司有关部门组成的"下基层、抓落实""管理诊断基层行"工作小组赴北京、上海、广州、深圳、大连和连云港地区开展了管理提升下基层活动,组织召开了4场区域公司座谈会,走访了23家基层单位。通过对集团层面和基层一线管理问题深入分析诊断,查找了影响和制约企业经营发展的一些共性关键问题,按照"边诊边改"的要求,有效促进了基层单位管理提升的工作力度,将集团经营压力直接传递到了基层,取得了良好效果。同时组织了对集团本部、财务公司、中燃、广州远洋/中远航运的内控检查和内部评价整改,对13家所属公司进行了采购和供应商管理专项检查和"一对一"的会议通报,要求被检查的公司书面反馈整改落实情况。对中散集团、中远散运、中远物流等下属京津区域企业2009—2011年开展的产权转让、企业清算和资产评估等工作进行了集中检查。开展了中远集运、中散集团、中远物流、中远船务"垂直监督"试点总结评价工作,利用组织开展对中散集团等单位的巡视机会,对贯彻落实中央"八项规定"和中远集团党组改进工作作风《具体措施》的情况进行了监督检查。

管理提升活动中,中远集团进一步加强制度化、规范化建设提升工作效率和服务水平。2013年,中远集团陆续下发了《中远集团将风险管理融入日常业务运营和专项企业管理的指导意见》《中远集团营销管理办法》《中远(集团)总公司因公临时出国费用管理办法》《中远(集团)总公司协同考核实施细则(2013年试行)》《中远(集团)总公司所出资企业负责人职务消费管理暂行办法》《中远(集团)总公司采购和服务外包管理规定》等制度文件,各单位也根据自身实际情况,优化完善管理架构,建立健全各项工作制度。针对管理诊断中发现制度建设中存在不健全、不规范及与反腐倡廉建设形势、企业改革改制、监督工作需要不相适应的现象、制度执行力不够等问题,中远在集团总部层面研究制定、修订完善了党风廉政建设责任制三项规定、"三重一大"实施办法、巡视工作暂行办法、物资采购和供应商管理的监督规定等一系列制度和操作程序,并督促所属各单位根据各自实际梳理和健全完善反腐倡廉制度建设,不断提高制度执行力。

各单位努力向管理要效益，深入推进结构调整、全面预算管理、业务协同、应收账款回收、供应商管理、信息化建设等11个专项提升工作，取得了积极成效。2013年8月15日下午，中远集团以视频形式召开管理提升专题交流会。中远造船、上海中远船务和中远关西三家单位以案例分析方式交流了管理提升典型经验和亮点做法，对系统内单位的活动开展起到了积极的学习借鉴作用。

此外，中远集团还进一步调整优化指标，加强对标考核。2013年，中远集团根据对中远集运、中散集团两家单位对标考核的执行情况，以及实际经营状况，将对标考核方案进行了优化和调整。中远集运对标指标包括准班率、单箱收入、中转服务、燃油单耗四项指标。中散集团对标指标包括船队租金水平、燃油单耗二项对标指标。为进一步强化对标考核的引导和激励作用，中远集团相应调整了两家公司对标考核结果与年度工资总额、企业负责人年薪直接挂钩方案。企业工资总额25%作为对标奖励工资，与对标考核结果挂钩，根据对标考核得分情况季度考核确定。借助对标管理，中远集运深入剖析与同行先进在经营理念、经营模式、经营决策、经营管理，以及经营结果之间的差距，通过采取切实有效的措施，努力提升自身的经营管理水平。

通过优化航线结构，提高集装箱利用率等一系列措施，2013年上半年单箱经营成本下降幅度为8.7%；在运力规模同比增长14.1%的情况下，燃油费下降了12.8%。在管理费、财务费、物料支出、修理费等大额成本方面也均有不同幅度的下降。中散集团建立了以效益、管理、安全为核心的符合经营实际的对标指标体系。开展了向"新盛海"轮学习、打造高水平船队的对标活动，取得了一定的成效。在抓好与先进同行横向对标的同时，中远集团还结合各单位实际，在中远集运、中远太平洋等7家单位积极推进纵向自我成长性对标试点，取得了阶段性成果，积累了宝贵的经验。随着管理提升活动的深入开展，强化管理促进转型升级，逐步成为集团上下的自觉理念和行动。

五、强化全面风险管理

这一时期，中远集团高度重视风险管理工作，充分发挥法律工作的作用，通过加强制度建设等手段，提升各业务板块的风险防控能力。2011年，中远集团全面落实国资委《中央企业全面风险管理指引》和五部委《企业内部控制基本规范》以及配套指引的要求，以中国远洋为试点，建立了内控制度和风险流程，完善了全面风险管理信息系统，提高了风险信息的搜集、分析、整理、报告和应对能力。同年，中远集团制定下发了《中远集团海外资产监督管理办法》，进一步完善资产监管组织体系、责任体系，加强了全系统海内外的资产监管，加大了企业国有资产监控力度。2012年中远集团以全面风险管理体系为载体，大力开展内控体系建设，对日常运营进行程序化管理，对决策风险进行严密监控。重点从控制风险入手，加强风险管理，提升管控能力，实现稳健经营。积极防范市场风险，相继出台《中远集团租入船管理指导意见（试行）》《中远集团境外燃油现货招标采购规程（试行）》《中远集团应收账款及信用政策管理办法（草案）》等管理制度，着力防控经营风险。有效防范资金风险，加强现金流管理，提高资金使用效率，保证资金链安全。中国远洋拓展融资渠道，成功发行10亿美元10年期债券。严格防范投资风险，紧盯市场变化，加强投资管理，及时调整投资结构，适度压缩投资规模，严格控制非生产性投资项目，全面停止公务用车购置，严控职务消费。及时防范法律风险，着力完善法律风险防范机制，有效规避法律风险和信用风险。

2013年中远集团风控建设的力度进一步加强，各类重大风险有效防范。在经营风险控制方面，中远集团坚持稳健经营、有货租船的原则，合理配置自有船和租入船的比例，有效防范风险。截至2013年12月底，集团自有船458艘，3201.5万载重吨，占总运力的63.2%；租入船237艘，1862.1万载重吨，占总运力的36.8%，低于年初的38.4%。中远集团积极开展专项业务风险控制工作，不断完善重大风险解决方案，强化风险的事前防范和事中控制，研究重大风险动态预警机制，开展风险损失事件案例分析，重点加强对租入船、金融衍生品、质押监管等业务的风险分析与防控。在投资风险控制方面，中远集团根据市场变化，及时调整投资结构，适度压缩投资规模，实施重大投资项目的专项风险评估制度，加强项目后续跟踪责任追究。严格控制非生产性投资项目。在财务风险控制方面，中远集团加强资金集中管控，针对现金流净流出、债务成本上升的实际情况，切实做好资本统筹安排，保证了集团生产经营的稳定。此外，中远集团和有关单位不断完善法律风险防范机制，有效规避了各种法律风险和信用风险。

通过积极开展内控体系建设，将风险管理的理念和方法融入日常工作，不断完善重大风险预警指标体系和动态预警机制，实施风控管理考核制度，强化风险的事前防范和事中控制。针对钢贸业务，中远集团采取了积极的应对措施，风险敞口大大缩小。大连远洋在风控管理组织建设、制度建设、文化建设方面做了大量扎实有效的工作，在船舶投资风险管理上也进行了积极探索。中燃将风险管理融入公司的综合管理体系，突出客户信用风险控制和市场风险控制，强化对套期保值业务合规性监控。在OW公司破产事件中，通过投保中信保的出口信用保险，规避了1610万美元的损失。通过采用套期保值等手段，避免了近8000万美元的损失。

六、《中远集团2020年发展战略》回顾工作和战略管理工作的转型升级

企业战略管理工作是中远集团这一时期的管理特色之一。从20世纪90年代末、21世纪初，通过引进"外脑"制定《中远集团中长期战略发展研究》开始，中远集团始终高度重视企业战略规划的编制工作，坚持按照国务院国资委、发改委等有关部委要求，按时编制企业五年发展规划，同时也不断推进企业自身的中长期发展规划研究。2010年5月，中远集团编制完成了《中远集团2020年发展战略》，以此作为指导中远集团在2011—2020年10年间、两个"五年规划"期间做好各项改革发展的纲领性文件。该项发展战略的核心框架是"186666"发展思路，即以航运为核心，拓展非航运、抗周期性业务，将中远集团打造成为综合航运企业，并最终成为综合发展企业。据此，中远集团在"十二五"发展规划中，形成了航运业、航运相关业及航运互补产业三大板块的产业划分方式。

总体而言，《中远集团2020年发展战略》对于中远集团"十二五"期间，特别是2011—2013年间的改革发展工作，发挥了不可替代的指导作用。但是，在该发展战略编制完成以后，中远集团所面临的内外部发展形势，都发生了非常深刻的变化，发展战略中有

关提法已经与企业实际情况发生较大差异，需要及时进行修订和调整。这一时期，面临的内外部形势变化主要有：航运业持续低迷，集团所属各船队发展处于规模持续收缩、效益大幅承压阶段；集团拟拓展的能矿资源等产业，因国际大宗商品价格的持续下跌，已失去投资窗口期，且同阶段，相关兄弟中央企业并购海外能矿资源出现大幅亏损；航运业及相关产业进入深刻变革阶段，同业竞争压力日益增强，集团在行业相对竞争力不足；集团因航运业务持续低迷和萎缩，在国资委中央企业序列的影响力呈下降趋势；集团内部变革动力不足，企业创新变革的呼声日益提升。

正是基于上述背景和因素，经原中远集团党组决策同意，于2013年8月启动了《中远集团2020年发展战略》回顾工作，以此作为，明晰集团未来发展方向，梳理集团面临问题困难，细化集团重大改革举措，振奋集团全体员工变革信心的重要抓手和重大举措。

《中远集团2020年发展战略》回顾工作，由中远集团马泽华党组书记、董事长亲自指导，孙月英总会计师、万敏副总经理负责具体工作，由集团战略发展部牵头、组织部和研究中心，以及中远集运、中远船务、中远物流、中远航运等部门、单位派员参与，开展各项工作。

项目开展分三个阶段工作：

第一阶段2013年8月—2014年3月，为集团内部自我回顾和发掘问题阶段。该阶段主要任务为，通过发放问卷、现场调研、专家咨询等多种形式，对2011年以来集团各业务板块发展和问题、集团整体层面困难和问题、广大干部员工最关心的事项，进行了较为系统的摸底和调查，共收集和总结了几百条意见和建议。第一阶段工作的主要意义在于，一是动员，鼓励广大干部员工积极为企业发展献计献策，及时了解生产一线真实困难和改革诉求。二是储备，该阶段收集了集团及各业务板块发展过程中，生产经营、改革创新、问题困难等具体工作实践，有利于集团看清自己、看清市场、看清对手，为下阶段展开理论研究，提供了第一手的信息和翔实的资料。三是总结，面临集团当期发展过程中存在的各项具体问题，初步提出了解决问题的思路和建议，为下阶段制定体系化的改革举措，提供的重要参考依据。

第二阶段2014年4月—2015年5月，为集团与外部咨询机构一起，对《中远集团2020年发展战略》进行系统回顾和调整优化阶段。该阶段主要任务，在第一阶段工作准备的基础上，集团通过公开招标的方式，聘请了麦肯锡咨询公司，与集团专业团队一起，对集团2020年以前，各项发展定位、改革举措等重点任务进行了系统性的梳理，形成了新的《中远集团2020年发展战略》。第二阶段，主要的工作创新：一是打破了传统的、以工作实践为基础的规划编制模式，跳出航运看航运，注重产业链的发展和延伸。二是注重发掘航运发展规律，总结提炼具备复制性的理论性文件，注重趋势分析而非当期行业现象性的简单描述。三是第一次提出了"4+1+2"的产业划分标准，明确了集团各业务板块在集团资源布局中的地位和作用，以及发展主次和节奏。四是创新性地提出了组建战略实施管理办公室的建议，同时，重点针对项目落实，提出了一系列的战略举措。总体而言，新《中远集团2020年发展战略》对原有内容，既有继承，更有发展，突出了以塑造供应链综合服务能力为根本目标的企业发展定位，第一次提出发展"三个市场"的集装箱运输业务境外转型模式，强化了对散货、油气运输等业务的有节奏、长协合同等发展逻辑，重视通过系统性改革为企业发展注入活力。同时，发展战略回顾工作，也为下阶段中远集团与中海集团的重组整合以及新成立的中远海运集团的战略定位，做出了较为充足的理论准备和方法成果。

第三阶段2015年6—8月，根据集团党组部署，集团组建了战略实施管理办公室，作为集团特设机构，专职开展新《中远集团2020年发展战略》的执行和落实工作。根据工作安排，战略实施管理办公室先期重点针对船队优化和航线布局、物流基础资源建设、船舶装备制造调整等，制定了较为系统、可操作的实施方案。同时，按照项目制的方式，依据项目重要程度，将战略举措项目划分为重大战略项目、一般战略项目和非项目举措等三类，明晰了项目的实施主体、时间节点和责任人。2015年8月，根据集团党组工作部署，战略实施管理办公室负责参与中远集团、中海集团重组整合工作，相关项目推动工作暂停。尽管如此，战略实施管理办公室的成立，是集团战略制定和规划发展史上，具有里程碑意义的事件，标志着集团战略规划工作从重前期制定到关注具体实施的重心转变，这也更加符合党的十八大以来，提出了真抓实干的部署要求。同时，也为中远海运集团成立后，构建战略型总部，做了必要的理论储备和实践试验，具有十分重要的历史意义。

第二节　强化船舶安全生产

一、安全管理体系建设

2005年，党的十六届五中全会创造性提出了安全发展的指导原则，六中全会把安全生产纳入了构建社会主义和谐社会的协同工程。安全发展作为科学发展观的重要组成部分，被纳入"十一五"规划目标体系。2011年，《国务院关于坚持科学发展安全发展促进安全生产形势持续稳定好转的意见》的指导思想中明确提出"大力实施安全发展战略"，将安全发展提高到了国家战略的高度，体现了这一时期，国家对于安全生产的高度重视。

安全发展是中远集团作为国有企业重要的政治责任，是中远集团贯彻落实科学发展观的具体体现，是按照"以人为本"理念实现好、维护好、发展好广大船岸职工根本利益的必然要求，也是实现"打造百年中远、构建和谐中远"战略目标的必然要求。这一时期，中远集团认真贯彻落实党和国家关于安全发展的一系列方针政策和要求，坚持节约发展、清洁发展和安全发展的理念，紧紧围绕"二三八理论"和"24字"安全理念，把"杜绝全损和重大责任事故，杜绝群死群伤事故，杜绝重大机损事故和大的污染事故"作为中远集团安全生产三个不可逾越的底线，瞄准"零事故、零伤害、零污染"的卓越安全管理目标，创新安全思路，强化精益管理，不断推进安全长效管理机制建设，通过持续开展"安全生产年"活动、"安全生产月"活动、安全生产和应急"双基"建设，坚持抓基层、打基础，深入开展安全生产宣传教育、监督检查、隐患治理"三项行动"，做好安全生产体制机制、安全生产能力、安全管理队伍"三项建设"，努力保持中远集团安全生产形势总体稳定，采取完善制度、强化执行、隐患排查和安全督察等手段,积极推进安全管理标准化、规范化等工作,持续保持了集团安全形势的总体平稳,为中远集团生产经营、改革发展等各项工作创造和谐、稳定的安全生产环境。

(一)安全文化体系建设深入人心

打造百年中远,必须培育先进的中远安全文化,没有先进的安全理念就不可能有正确的安全意识,没有正确的意识就不可能有正确的行为,就不可能实现本质上的安全。

1998年,在安全管理实践中,中远集团领导魏家福总结提炼出了安全管理的"两个规律、三个关系、八个观点"(二三八理论),成为中远集团安全文化的核心内容。"两个规律":①安全工作普遍存在着2/8规律,例如全球80%的海事往往发生在20%的海域,有20%的常见原因造成了80%的事故;②安全工作结果滞后性规律。"三个关系":①安全与政治的关系;②"绷紧安全弦"与"系好安全带"的关系;③机关的管理责任与基层、船舶的管理责任的关系。指导安全工作行之有效的"八个观点":①安全就是生命;②昨天的安全不能代表今天的安全,更不能代表明天的安全;③安全不仅仅是不出事故;④安全就是效益—向管理要安全,向安全要效益;⑤安全工作主要靠管理;⑥老船未必不安全,新船未必就安全;⑦安全工作是一项实实在在的工作;⑧安全工作是一项充分体现科学性的工作。

这一时期,在"二三八理论"的基础上,中远集团继续与时俱进,主要从四个方面推动中远集团安全文化向纵深发展:一是在"二三八理论"核心内容的基础上全面拓展,系统总结集团及二级公司好经验,好做法,并使其形成制度、上升为文化;二是借鉴国际航运公司在安全管理方面的经验和做法:如马士基、NYK等;三是借鉴国内企业先进的安全生产管理经验,如中海油等;四是引进美国杜邦公司的安全管理理念,建立安全长效管理机制。

1.安全管理理念的发展

(1)二十四字安全理念

2011年8月年中安全工作会,中远集团在继承"二三八理论"的基础上,与时俱进,归纳提炼总结了"以人为本、生命至上;安全第一、科学管理;超前防范、重在执行"的二十四字中远安全理念和"细、实、全、深、狠、严"的六字安全工作箴言。极大地丰富了集团的安全文化理念,推动了集团安全管理工作从"严格监督"向"超前防范"的转变,初步构建起了"中远集团安全文化基本框架"。二十四字中远安全理念的提出得到了全系统的高度认可和广泛支持,各单位迅速行动、积极响应,以求真务实、高效执行的态度,将二十四字的中远安全管理理念,以及"细、实、全、深、狠、严"的安全管理方法,贯穿于安全管理的每一个岗位、每一个过程和每一个环节,为培育富有中远特色的安全文化、实现中远的本质安全,奠定了良好的基础。

(2)"双轮联动,全员行动"安全发展战略

2013年,中远集团提出实施"双轮联动,全员行动"安全发展战略,统领中远集团未来安全工作。通过安全文化体系和安全管理体系的"两个轮子"的联动,形成"全员行动"

的良好局面，促进员工安全意识的提高，即"我要安全"；促进员工安全技能的提高，即"我会安全"；最终促进员工持续性安全行为，即"我能安全"。坚持系统性和长期性，动态推进和持续改进的特点，力争使中远集团在三到五年内达到同行业优秀企业安全管理一流水平，不断推动企业安全发展、科学发展。

（3）系统总结各单位安全典型案例

这一时期，在中远集团安全文化理念的引领下，各基层单位、远洋船舶、工作班组在建设企业安全文化过程中大胆实践、积极创新、认真总结、大力推广，形成了中远散运"新盛海"轮等一大批安全管理先进船舶。中远集团搜集整理各单位的安全理念，总结和提炼了文化实践活动案例，培育和宣传了先进典型，组织对标学习活动。2011年7月，以"创先争优"活动为指引，中远集团在中远散运召开了学习"新盛海"轮先进管理经验现场会，由此把学习"新盛海"轮活动推向了新的高潮，"把小事做成精品的理念"开始深入人心。除此之外，中远集团安监部还协同党工部、人力资源部、工会持续推进企业安全文化建设，通过组织召开"中远集团落实年初安全工作会议精神暨安全文化建设推进会"，推动出版《中远安全》《中远集团事故案例汇编》《中远集团安全理念与实践》，协助拍摄"新盛海"轮先进典型宣传教育片等，将安全意识、安全习惯和"把小事做成精品"的理念普及到每一艘船舶、每一个岗位、每一位员工，改变了个别员工对安全理念"入口不入心"、对制度规范"上墙不入脑"的问题，从而促进了更多的船舶成为"新盛海"式船舶，形成了人人要安全、人人懂安全、人人能安全的良好局面，不断增强企业安全文化软实力。

2. 推动建立安全管理长效机制

构建安全管理长效机制是中远集团立足眼前、着眼长远、强化安全的一项战略决策，其根本目的就是要在安全生产领域确立强有力的秩序，让制度约束员工的行为，从而规范生产和管理活动，保障人员、财产、环境的安全。

从2005年开始，按照《交通部关于建立水上安全长效管理机制指导意见》的要求，根据中远集团第17次总裁办公会议批准的《中远集团建立健全安全长效管理机制课题方案》，中远集团引进美国杜邦公司的安全管理理念，计划用4年时间，坚持法治化、责任化、预防预控、系统化管理、持续改进的原则，分四个阶段初步建立中远集团安全长效管理机制：第一阶段，从2006年2月24日到2007年2月23日，确立和完善科学的安全生产管理理念（安全文化建设），着重进行安全专家基准评估和安全理念更新；第二阶段，从2007年2月24日到2008年2月23日，在专家评估和更新观念的基础上，健全和完善科学的安全生产管理制度（包括体制、制度、机制等）；第三阶段，从2008年2月24日到2009年2月23日，充实和加强安全生产管理的物质基础（包括技术、设备、资金、人才等方面）；第四阶段，从2009年2月24日到2010年2月23日，在行为上切实加强和落实安全生产管理工作——强化安全工作执行力，推进安全标准化建设。

2006年2月24日，中远集团召开会议正式启动了"建立健全安全长效管理机制"项目。启动会议之后，集团总部和有关单位积极行动起来，纷纷建立了本单位的项目领导小组和工作小组，制定了本单位的推进方案和工作计划。从2006年5月17日到6月16日，杜邦公司作为安全咨询顾问，先后对中远集运、中远散运、中远船务、大连远洋、广州远洋和集团总部6家试点单位开展了安全管理现状评估。并在各试点单位召开了"安全执行力和行动计划研讨会",对各单位的安全管理提出了建设性的意见和建议,特别是卓越的安全"零"事故理念,得到了广大员工的普遍接受。对全系统更新安全理念起到了很好的促进作用。

第二阶段,中远集团各单位深入研究杜邦评估的内容,消化、吸收评估报告中的有益成分,实施专家组行动计划,改善安全管理系统,重点对全系统安全管理制度和应急体系建设进行了梳理和完善,按照国家《应急预案编制导则》,对《中远集团综合应急预案》进行了系统修订、补充和完善,出版《中远集团应急预案手册》,对二级单位应急预案进行评审验收。对各试点单位长效机制进行调研、评估和督导检查,发掘和推广了中远船务的"安全执行文化和重奖重罚机制"、中远散运的"安全督查和风险抵押制度"、中远集运的"船舶航行值班驾驶人员行为指导"、广州远洋的"红树林工程"、大连远洋的"体系管理和KPI绩效指标"等等。

第三阶段,主要充实和加强安全生产管理的物质基础,包括技术、设备、资金、人才等方面。根据集团安全形势和杜邦专家的评估建议,对集团和二级公司的安全管理机构、人员和职责进行检查、评估、调整、充实。集团总部及大连远洋等公司相继成立了节能环保部/室;中远船务建立专职安全管理岗位近2000个;中远散运成立了总经理专门授权的"安全督查室"。对管理流程进行梳理再造,根据业务种类和风险程度,划分增加不同的"安全分委会",进一步提升安全生产委员会的权威性和对安全生产工作的总体把握能力以及技术支持力度。对安全管理方面的设备、技术、资金因素进行评估、分析,找出并强化薄弱环节。同时加强信息化建设和安全管理培训。并做好体系运行的监控和指导,将第二阶段完善的应急预案全面融入公司管理体系,提高体系运行的质量。

第四阶段,在巩固前三个阶段成果的基础上,通过"抓安全行为,深入开展安全行为自查活动;抓应急管理,强化培训演练和应急过程控制;抓安全责任制,完善并严格执行事故报告制度,抓安全执行力,层层开展安全检查和督察活动;抓安全标准化,使先进的安全理念深入人心"五项措施,推动了安全工作执行力和安全标准化建设,并鼓励有条件的企业,争取把本企业的安全标准上升为本行业的安全标准。

企业安全生产标准化建设是这一时期国务院加强安全生产工作的重要决策部署,是落实企业安全生产主体责任的重要举措。为贯彻落实国务院《关于进一步加强安全生产工作的决定》及国家安全生产监督管理总局《关于开展安全生产标准化活动的指导意见》精神,结合交通运输部对安全管理标准化建设工作的要求,推动安全生产标准化建设,根据外部专家建议,从2012年开始,中远集团积极推进"安全管理自我评价体系"(SMSA)建设。"安全管理自我评价系统"(SMSA)以ISM为基础,按照TSMA的要求,结合中远集团特点,以建成满足集团安全管理、安全评价和绩效考核管理工作需要的管理信息系统为目标,在设计思路上依托集团的安全信息管理平台,建设安全评价系统,并将企业安全管理水平划分为四个等级,一级为ISM规则的最低要求,逐级递增。各三级单位结合自身的管理特点和能力,选择安全发展的目标等级,并采取措施确保目标的实现。同时,集团层面制定相关的检查标准和报告程序,对船舶、三级及以下企业进行检查或评估,形成相应的检查报告，按程序输入系统，通过一定的计算方法，确定各单位安全管理等级和绩效考核结果。随着中远集团全面实施《绩效考核—安全管理自我评价系统》（EVA-SMSA）的全面实施，各家单位的企业安全标准化建设得到进一步推进。大连远洋全面推进安全管理标准化建设，成为交通系统第一批通过认证的企业到2015年，直属二级企业"一级达标"占63%，三级企业"二级达标"占18%。

安全长效管理机制建设对各单位的安全管理工作起到了积极的促进作用，特别是在安全科技、安全制度、安全责任、安全投入等方面取得了突出的成效，安全生产条件进一步得到了改善。工作的开展得到了交通运输部、国资委、安监总局等上级领导的充分肯定和赞赏。

3. 安全教育和培训体系建设

强化安全教育和培训工作，是开展"双基"建设、筑牢中远安全基础的一项战略性工程，也是中远安全文化建设的重要组成部分。党的十八大之后，国务院印发了《进一步加强安全培训工作的决定》，要求企业全面提升各级安全培训工作水平，培育大批合格的安全生产人力资源，为安全生产提供强有力的人才保证和智力支持。

为贯彻落实中央精神，在中远安全文化的引领下，这一时期，中远集团坚持教育先行，努力构建安全培训体系，把安全教育培训工作作为集团一项基础性、战略性、长期性的工作来开展。在人才队伍建设方面，将"建设一支素质高、力量强、职责明、业务精的安全监督管理队伍和船员队伍"提高到关系企业生存发展的战略高度去谋划和实施。把安监队伍和船员队伍建设纳入制度化、规范化的轨道，科学设置机构，优化配备人员，提高服务保障，加强培训和教育，更好地发挥"两支队伍"在安全管理中的核心作用。

在教育培训方面，中远集团注重抓好三个结合：坚持普及教育和重点培训相结合、在岗培训和脱产培训相结合、安全培训和技术教育相结合，做到不同的时期有不同的安全培训重点。

2008年，中远集团利用青岛船院的教学资源，在"三个三百"人才培训中，邀请内外部专家强化安全培训，取得良好效果。广州远洋推动实施"红树林"工程，全年完成各类安全生产教育培训8560人次。

2011年10月，中远集团成立了以马泽华总经理为组长的中远集团安全教育培训体系领导小组。从安全技术监督部、人力资源部和青岛船院抽调专业人员组成工作小组，经过为期三个月的广泛调研，制定出了《中远集团安全教育培训纲要》等文件。2012年，中远集团全面启动"安全教育培训体系建设"系统工程，要求各单位要按照《纲要》的要求，牢固树立"培训不到位是重大安全隐患"的意识，继续抓好决策层、管理层和操作层的培训工作，持续推进集团、各二级公司和船舶一线的培训工作。要求各单位继续加强岗前培训、上船前培训和应急管理培训，特别是劳务使用单位要确保劳务派遣工与本企业职工接受同等安全培训，劳务派遣单位要加强劳务派遣工基本安全知识培训；境外区域公司要处理好境外企业安全管理责任与属地化管理的关系，依法开展全员安全培训。

《纲要》下发后，全系统各单位给予高度评价和积极支持，在纲要指引下，系统性的培训工作在中远集团各单位全面铺开，各单位不断完善教育培训工作的总体思路、工作目标。

2012年，全系统在安全培训的人次、批次和覆盖面上，同比均有30%以上的提升幅度，全系统共有上万人次接受了各类安全培训。在集团层面，全年共安排船长、政委、轮机长和陆地安全管理人员5个培训班，接受培训约300人次。

为落实《纲要》精神，完善船员在船的安全教育培训制度，弥补船员在岸培训的不足，不断提高船员素质和操作技能，减少人为因素造成的水上交通事故和水域污染事故，2013年8月23日，中远集团又制定下发了《中远集团关于推进船员在船安全教育培训工作的指导意见》。依据《中远集团安全教育培训纲要》要求，中远集团自主研发了船员在船安全教育培训考试系统（SETT系统），强化全员、全过程、全方位的安全生产管理。要求同一职位的船员船上培训时间应不少于32学时/年。船员使用SETT系统培训要制度化，船长要切实负起领导责任，全力支持政委开展船舶安全教育培训活动，政委至少要每季度定期组织一次集体SETT培训，培训时间应不少于2个学时，并在培训结束后对培训效果进行评价。集体培训活动应在专用记录簿/记录表上进行记载。"SETT系统"的建立为船员在船教育培训提供了有效的平台。到2014年底，"SETT系统"已完成安装381艘船，完成率91%。

除此之外，这一时期，中远集团还积极组织各类岸基安全管理专业培训，如组织召开了"应对PSC检查新机制视频培训会""电子海图履约专题培训会""沿海航行环境分析和安全对策研究视频培训会""特种件杂货运输安全工作交流视频会""海上救助应急处置培训""加强供应链安全管理暨制度体系建设视频培训会"等，2000多人次参加学习。积极拓展对外交流，如邀请神华集团安全总监作"企业安全文化建设示范讲座"；组织与中海油进行现场交流等。仅2014年，全系统共完成岸基人员培训2730人次，平均每人次达到30学时。

4. 开展安全主题专项活动

为进一步丰富中远安全文化的内涵，这一时期，中远集团贯彻落实上级精神，强调"党政同责、一岗双责、齐抓共管"，各级党组织、宣传部门、人事部门、工会、团委紧紧围绕"人"这一特定要素，面对船舶、面向基层，结合自身的业务特色开展工作。通过加强安全理念、先进典型、事故案例等的宣传，深入开展安全主题活动，坚持以全国"安全生产月"和"安全万里行"活动为契机，在员工中深入开展"综合治理，保障平安""平安车辆、平安船舶""安全在我身边，降本增效从我做起"等群众性宣传教育和培训活动。结合集团安全形势，组织开展"关爱船员生命、船长守规尽责"等主题创建活动，有效提升了船员职业素养和爱岗敬业责任意识。

（二）安全管理体系不断完善

早在20世纪90年代，中远各航运单位便严格按照海事组织1996年实施的《国际安全管理规则》的要求，建立了安全管理体系，经过十多年的自我完善，逐步规划和建立了具有中远特色的企业安全管理体系。安全管理规章制度和各种操作规程作为管理体系的重要部分，在中远系统内得到了较好的贯彻执行，为促进海上安全、保障人命安全和防止污染起到了重要作用。

这一时期，中远集团认真贯彻执行国家安全管理法律法规，认真遵循国际航运及有关行业安全规定，积极建立以《国际船舶安全营运和防止污染管理规则》（ISM 规则）、质量管理体系、环境管理体系、职业安全卫生管理体系相结合的综合质量管理体系。各下属单位也依照国家有关法律法规及规章标准规定，结合本单位特点建立起了安全例会制度、安全生产检查制度、领导干部和管理人员现场带班制度、安全技术操作规程、作业场所职业安全卫生健康管理制度、隐患排查治理制度、安全生产责任考核制度和安全管理监督制度等系列安全生产规章制度。

1. 安全管理机构的改革

为加强集团生产安全及人员安全的组织、指挥、监督和协调工作，2004 年 9 月 15 日，中远集团经研究决定，整合安全管理机构，设立安全技术监督部。将运输部安全监督处全部职责、运输部船技处除油料集中采购以外的全部职责、资本运营部陆产处的陆上安全监督管理职责、人力资源部船员管理室的劳动安全监督职责、监督部保卫处船舶保卫职责划入安全技术监督部。

安全技术监督部主要职责包括：负责船舶海务监督；负责船舶机务管理；负责航运保卫及执行 ISPS 规则；负责劳动安全和陆上安全的管理和监督；并作为集团安全委员会的办事机构。

在中远集团建立安全技术监督部的同时，下属单位中远集运也成立安全技术管理部，青岛远洋成立了安全技术监督部，广州远洋成立了航安部。安全管理专职工作体系不断健全。

中远集团安全技术监督部成立后，随着安全工作的重要性不断提高，职能不断调整：2007 年 5 月 17 日，为满足履行全球契约的要求，中远集团第三次总裁办公会议决定在安全技术监督部工作职能中增加：认真按照履行全球契约的要求，指导全系统做好环境保护和节能降耗工作。2012 年，根据工作需要，中远集团对安全技术监督部内设机构、职能及编制进行调整，调整后的安全技术监督部工作职责主要是：负责宏观管理、监督、协调、指导集团各航运、陆上直属单位及境外区域公司安全生产工作；监督指导各省合营航运公司安全工作；审批船舶退役；负责船舶通讯导航的宏观管理；负责船舶机务技术、设备的宏观管理和船用物品的集中采购；按照全球契约有关要求，指导全系统做好环境保护和节能降耗工作；跟踪并研究有关国际公约、国家法规，组织实施履约工作；结合实际制定、完善集团安全生产规章制度；参加国内外航运协会和陆上安全管理协会的相关业务活动；集团总公司安全委员会办公室常设机构。下设：综合安全监督室、海务安全监督室、航运保卫室、劳动安全/陆产安全监督室、船舶技术/节能环保监督室。2015 年 7 月 3 日，集团正式下发总部机构调整公文，原运输部调度室划归安全技术监督部并命名为应急管理办公室/调度室。

2. 安全管理责任体系的建立与完善

中央企业是安全生产的责任主体，中远集团对于国家是一个安全生产责任主体，同时肩负着对下属企业的安全生产监督管理责任，落实安全生产责任制是中远集团长期以来坚持的一项工作。进入 21 世纪，国际公约及修正案频繁出台，随着国家对安全生产的重视程度不断提高，《中华人民共和国安全生产法》[①]及安全生产相关制度法规不断出台。为适应安全生产新的形势，进一步加强安全生产管理的基础性工作，中远集团强化源头管理、过程控制，研究制定具有可操作性的各项安全监督和管理制度、业务流程、工作标准和目标、措施等，健全完善了以奖惩机制和安全生产责任问责制为核心的安全管理制度。

在年度安全管理指标上，中远集团坚持"三杜绝、一遏制"的工作目标：杜绝群死群伤事故，杜绝重大海损、机损和污染事故，杜绝船舶被海盗劫持；有效遏制一般性事故和小事故。员工因工死亡率控制在0.1‰以内，汽车运输百万公里肇事率控制在1起以内，承运重大工程运输项目安全率达到100%，船舶PSC检查滞留率控制在0.5%以内。

在安全责任制度方面，2005年2月，中远集团出台了《中远集团安全生产管理责任规定》，明确实施安全生产管理必须坚持"安全第一，预防为主"的方针，坚持"安全管理法制化、谁主管、谁负责"的原则，坚持"科学发展观、求真务实"的态度，坚持"党政工团齐抓共管、全员参与"的精神，并明确了集团领导班子、总部各部门和各二级单位的安全生产管理责任分工和责任追究办法，形成了一级抓一级、层层抓落实的安全责任体系。对于安全事故，按照"事故原因不查清不放过，事故责任者不得到处理不放过，整改措施不落实不放过，教训不汲取不放过"的原则，2005年一年，中远集团全系统追责安全责任468人，问责8人，惩罚金额约962万元，奖励金额约816万元。

2009年8月5日，根据《中华人民共和国安全生产法》《生产安全事故报告和调查处理条例》以及中远集团有关安全生产责任追究的规定，集团制订了《中国远洋运输（集团）总公司安全生产约谈、现场会和通报制度》。并根据以上制度对发生重大事故单位依规进行了约谈。这种做法对事故单位吸取教训、持续整改起到了很好的促进作用。大部分单位按照集团的要求制定了适合本企业实际、更加细化的"安全约谈制度"和"安全约谈制实施要领"。

2012年8月3日，随着"二十四字"安全理念的提出，为进一步加强安全生产管理，落实国务院《关于坚持科学发展安全发展促进安全生产形势持续稳定好转的意见》的要求，不断强化各企业安全生产的主体责任，集团总公司在安全生产约谈、现场会和事故通报等三项制度的基础上起草了《中远集团安全生产责任追究办法》，补充完善了安全生产责任"黄""红"牌警示和处分相关规则，并结合《企业负责人经营业绩责任书》的有关内容，于2013年1月30日制定了《中远集团安全生产绩效考核办法》。2012年，中远集团根据《安全生产责任追究办法》的规定，先后对中远集运、中远航运、中远香港航运等单位实施了安全生产约谈，并对有关单位和人员进行了责任处罚。2014年，又分别对中远散运、中燃、广州远洋/中远航运、中远集运、青岛远洋等单位进行了安全生产约谈，对中远航运出示了安全生产事故"黄牌"警示，进一步严肃了安全生产纪律。在中远集团建立的责任机制的基础上，各二级单位也按照集团要求，把安全生产的责任分解、落实到企业生产经营的每个环节和每个岗位，形成了"横到边、竖到底"的安全责任体系。按照国资委"一岗双责"的要求，一些单位还建立了安全风险抵押、安全生产承诺和安全生产承包等制度，

---

① 2002年11月1日，《中华人民共和国安全生产法》正式颁布实施。

使每个岗位都增强了承担安全责任的使命感,形成了"党委重视安全、行政主抓安全、工团协助安全"和"技术部门保障安全、生产部门落实安全、监管部门监督安全"的安全管理构架。

2014年初,根据交通运输部印发的《交通运输安全生产挂牌督办办法》,中远集团制订了《中远集团安全生产挂牌督办办法》,建立安全生产挂牌督办制度。2014年9月15日,中远集团对《中远集团安全生产责任追究办法》和《中远集团安全生产绩效考核办法》进行了修订,增加了"党政同责、一岗双责"和"信息安全""防恐安全"工作责任追究与考核等内容。2015年1月19日,根据集团"对标学习提升管理"的指示要求,在新《安全生产法》生效实施之际,中远集团对《中远集团安全生产责任追究办法》再次进行了修订,一是针对集团直属单位的党政主要领导,实行事故等级扣分3年连续滚动积分制,每三年为一个连续考核期,标准分值为10分,按企业管理难度系数进行相应调整,以促进企业党政主要领导重视安全工作;二是依据新生效的《安全生产法》增加了企业负责人"组织制定并实施本单位安全生产教育和培训计划"的职责要求和工会对安全生产的监督职责。

通过加强体制机制建设,这一时期,中远集团及各下属单位普遍建立了领导负责、全员参与的安全责任体系。按照《安全生产法》要求,认真履行企业安全生产的主体责任,深入贯彻"安全第一、预防为主、综合治理"的工作方针,严格落实安全生产责任制,按照"统一领导、综合协调、分级监管、全员参与"的原则,切实落实"党政同责、一岗双责、齐抓共管",严格落实集团"一把手负责制""一岗双责制""一票否决制"的"三个一"要求,要求坚持领导班子分工负责,主要领导负总责的原则,强调领导班子的整体责任、主要领导的第一责任、分管领导的主要责任,对领导班子成员的安全生产责任进行细化。将安全工作与业绩考核制度结合起来,健全和完善安全生产激励约束机制。对发生重大责任事故的单位实行"一票否决"制,严肃追究主要领导和当事人的责任。通过奖罚分明的制度,激励企业全体员工积极做好安全生产工作,形成"人人关心安全、人人重视安全、人人做好安全"的局面。

与此同时,各下属单位也认真贯彻落实集团的总体部署,并结合各自生产特点,相应制定了本公司的安全生产管理责任规定,并创新安全工作思路,形成了各自的安全管理特色:

中远香港航运创新"轮胎式管理",实行三级负责制,效果明显,38艘船舶获得美国"21世纪优质船"荣誉证书;中远集运积极探索新体制下的管理模式,建立了"船东对船舶的安全检查"制度、"船东对委托管理公司的管理评价"制度等等,推动船舶管理信息化和安全管理"五项评估";中远散运不断完善推进"船舶总管制";中远航运/广州远洋在国内同行业首次以免《不符合规定情况报告》通过了中国海事局的现场审核;青岛远洋坚持"四有"理念,全员参与安全管理;大连远洋融入国际大石油公司的安全管理标准,全力推进(油轮风险管理)TMSA,修改《船舶等级管理办法》,厦门远洋推行"四个自我"机制,实现自我管理;中波公司实行了机务管理个性化;中燃推行《油库管理评价标准》,量化分析并解决油库管理缺陷;中远造船挑战"零伤害"目标,创建人与物的和谐运行环境;中远船务创新系统管理方法,有效降低了事故发生率。一个"横向到边,纵向到底"

的安全监督管理网络初步形成，为集团改革和发展提供了可靠保障。

（三）完善安全监督检查机制

这一时期，中远集团以落实企业安全生产主体责任为着力点，以"双基"建设为抓手，以安全风险评估、船舶跟踪指导和船舶动态检查为切入点，不断完善安全风险防控体系建设，逐步形成了以三级监督网络为主体的检查（含自查、督察）—上报—解决问题的关联机制：一是"现场监督"，即船舶、基层、班组对工作现场开展的自行监督；二是"二级公司监督"，即二级单位监督部门对工作现场进行抽查监督；三是"集团宏观监督"，即由集团总部安监部门对各单位进行阶段性的督察，由驻港监督员对船舶进行督导。通过这一网络体系的建立，使查出上报的问题有分析，有研究，有解决的措施，有布置落实、有再检查监督后的评估，最大限度地减少安全生产隐患。

1. 强化安全风险评估和自查自纠

为进一步做好安全生产工作，贯彻"安全第一，预防为主"的方针，系统、预见性地开展安全工作，减少事故发生。依据《中华人民共和国安全生产法》，按照《国务院关于进一步加强安全生产工作的决定》的要求，2004年12月23日，中远集团制定了《中远集团安全现状评估规定》。要求各单位建立安全现状评估制度，结合本单位实际情况，制订安全现状评估细则，遵照国家相关法律法规和中国参加的有关国际公约及中远集团各项安全规章制度，针对本单位每年安全生产情况编制《安全现状评估报告》。《中远集团安全现状评估规定》下发后，各单位进一步加强安全评估和自查工作，重心下移、关口前移，加强现场管理、深入船舶、车间和班组现场考核和检查，通过安全评估、自查和整改，加大源头风险防控力度，把安全隐患和风险降到了最低水平。

各航运公司以航次风险评估和项目风险评估为重点，建立船舶风险评估机制，加大船舶安全源头风险防控力度。对可能遇见的风险进行辨识，针对船舶的技术状况确定航次任务，并制定防范措施；船长根据航次任务，对航经水域可能遇到的各类风险给予全面评估，制定航行计划并组织船员采取相应的防范措施；监督管理部门研究船舶外部环境对航行操作的影响，并利用现有的监控手段，跟踪、监控、指导船舶的安全操作。从而使中远集团PSC检查通过率始终保持在行业领先地位。

2006年中远集团持续加强检查评估和监督指导的力度，其中海务监督检查1672艘次，查出并整改缺陷4739项；机务检查1808艘次，查出并整改缺陷6095项；船舶劳动安全监督检查1354次艘次，查出缺陷1083项；陆上安全监督检查3418个单位，陆上设备检查17929个次，安全督导员检查指导船舶483艘次，消除船舶缺陷715个。为配合安全生产长效机制建设第一阶段工作，2006年7月1日，集团安监部在全系统开展了为期6个月的"员工行为安全自查活动"，对事故隐患、危险经历、人为过错等，实行"免责报告制"，鼓励"揭短""讲真话"和"不回避问题"。在此基础上，中远集团将这项工作制度化、经常化，使这项活动成为中远集团安全管理的一项年度常规活动。各单位紧紧围绕"查隐患、找死角、反违章、保安全"为主要内容进行安全检查和自查活动，并在活动中把检查和整改结合起来；把检查和落实责任结合起来，把检查与加强安全生产基础工作结合起来,把检查与专项整治结合起来,取得了良好的成果。2008年,中远集团贯彻落实国务院开展安全生产隐患排查治理专项行动,共有838家单位(班组)和船舶参加活动,自查隐患11182项,整改率达到99%,获得国家安监总局授予的年度"全国安全生产月先进单位"荣誉称号。2008年是党中央国务院确定的"隐患治理年",4月份国务院办公厅下发了《关于开展安全生产百日督查专项行动的通知》,国资委、交通运输部也先后制定了行动方案。为贯彻上级要求,中远集团也制定了安全生产百日督查专项行动方案,在2007年隐患排查治理专项活动的基础上,2008年中远集团进一步深化安全生产隐患排查治理工作,对871家单位及船舶开展了安全生产隐患排查工作,共查出一般性缺陷42343项,整改41724项,整改率为98.54%,重大隐患75项,整改68项,整改率达90.7%,未整改的缺陷也列入整治计划。通过开展安全生产隐患排查和专项整治行动,保持了安全形势的持续稳定。2009年是全国"安全生产年",也是国庆60周年,各单位、各级安全监督管理部门精心组织,周密安排,扎实推进安全生产宣传教育、监督检查、安全生产治理"三项行动",全面加强安全生产体制机制、安全生产能力、安全管理队伍"三项建设",组织开展了"安全生产月""安全在我身边,降本增效从我做起""船舶机舱火灾隐患排查"等一系列专项活动。从7月6日至10月15日,中远集团在全系统开展了"查隐患、促整改、保安全、迎国庆"的百日隐患排查治理专项活动;共871家单位及船舶开展了活动,查出一般性缺陷42343项,重大隐患75项,所有隐患都得到了整改,保证了国庆期间安全稳定形势的整体平稳,为国庆60周年活动成功举办做出了贡献。根据国务院《关于进一步加强企业安全生产工作的通知》精神,2011年集团先后组织开展了两次全系统的安全督察活动。还有针对性地开展了"客轮运输""船舶驾驶台纪律""防群死群伤"和"修、造船企业"专项安全督查活动。通过不间断的安全督察和检查,有力促进了各单位的安全管理和隐患排查工作。各下属单位也积极组织开展全国"安全生产年""全国安全生产月"和交通运输系统"双基"活动,据不完全统计,2011年各三级单位领导带队安全检查150余次,共检查船舶268艘次;检查下属单位、车间或班组共计1489次;共查出重大隐患8项,整改率100%;查出一般隐患8782项,整改率98%;到港船舶检查覆盖率达到100%;安全自查覆盖率达到100%。

2012年,为贯彻国务院办公厅《关于集中开展安全生产领域"打非治违"专项行动的通知》精神,结合国庆假日、十八大期间重点安全工作,中远集团安监部自2012年8月20日—11月30日在全系统组织开展了《隐患排查治理暨"扫盲打黑"专项行动》。通过自查自纠、协查、督察和整顿改进三个阶段的工作,排查企业安全生产领域的重大风险源和安全隐患,例行查找企业安全管理上体制机制的不适应和安全管理的盲区,扭转施工现场习惯性违章和群体性麻痹的安全管理"灯下黑"状况,促进各级领导管理层及基层员工提高对安全工作的认识,从而提升安全管理水平,确保"十八大"全系统安全形势的持续稳定。

2013年,作为"劳动安全专项治理年",中远集团及其所属各单位按照"全覆盖、零容忍、严执法、重实效"的总要求,扎实开展了"航行安全专项整治""安全生产月""平安交通""打非治违""百日安全大检查"等活动,坚决遏制了各类恶性事故的发生。据统计，2013年共检查船舶726艘次；检查下属单位、车间或班组共计2395次；共查出重大隐患5项，整改率100%，查出一般隐患18629项，整改率98%；到港船舶检查覆盖率达到100%；各司安全自查覆盖率达到100%。12月28日、29日，按照"四不二直"的要求，集团在天津突击检查了"劲强"轮、"天丽河"轮和中远关西天津涂料厂，推进安全检查"回头看"。

2014年，按照国家安全监管总局、国务院国资委和交通运输部的总要求，结合"平安交通"建设和"打非治违""六打六治"的总部署，全系统开展了"航行安全""石油管线""危化品运输和储存""客滚船""六查六促进"等专项集中整治活动，共发现缺陷4221项，整改率92.1%；集团分别对中燃、中远航运、中远物流等单位开展了"安全管理评价"工作，促进了相关企业安全管理措施的改进，有效遏制了重特大事故的发生。

这一时期，中远集团还组织开展了多种专项整治活动，如："航行安全"专项整治、"打非治违"专项行动、"扫盲打黑"活动、"2013劳动安全专项整治年"等。各项工作的开展，都为进一步建设和提升中远集团的安全管理体系创造了有利条件。

2. 建立安全督导员制度

为进一步加强中远集团对船舶的安全检查、监督和指导，深入了解所属航运公司对船舶安全监督管理情况，努力减少和避免船舶发生事故、降低船舶港口国检查滞留率，2001年6月18日，中远集团从广州远洋、中远集运、中远散运、青岛远洋、大连远洋聘请了10位退休的资深高级船长、高级轮机长作为船舶安全督导员，代表集团总公司对到港的中远船舶进行安全检查。船舶安全督导是中远集团总公司安全监督和安全管理的延伸，通过安全督导工作，这一时期，中远船舶事故率明显下降，船舶PSC检查无缺陷率稳定提高，缺陷逐渐减少，船员的敬业精神明显提高。到2006年，安全督导员共深入一线检查督导船舶2095艘次，帮助改正各类缺陷5332项，帮助船舶解决了许多实际问题，也对航运公司的安全管理工作起到了较好的推动作用，得到了集团总公司、航运公司和船舶的认可和海事管理部门的肯定和好评。

为使这项制度作为集团安全文化和安全长效管理机制建设的重要组成部分，得以固化下来，2009年5月25日，中远集团正式下发通知，建立中远集团船舶安全督导制度。在大连、天津、青岛、上海、广州五大港口设立船舶安全督导组，每个督导组由两名督导员组成，分别由具有船长、轮机长资历的中远系统退休或内退员工组成，由船长任督导组组长。督导组依据生效或即将生效的国际海事公约；国际海事组织、船级社及海运专业组织建议适用的规则、导则及标准；国家和政府主管部门颁布的有关安全生产的法律、法规；中远集团及所属航运公司有关安全监督管理的规章制度和体系文件等。代表集团总公司安委办对中远所属各航运公司的船舶、合资合营公司中远占50%及以上股份或第一大出资方的船舶、安全管理责任由中远出资方负责的船舶实施现场监督、检查和指导。检查船舶安全管理工作，查找船舶存在的缺陷、隐患及船员操作方面的不安全行为。2012年12月3日，中远集团下发了《中国远洋运输（集团）总公司船舶安全督导员管理办法》，取代原《中远集团船舶安全督导制度》。为适应新形势下加强船舶安全督导工作的需要除原有五个督导组外，在厦门、深圳增设督导组。2013年7月31日，中远集团总公司制定《中远集团关于在境外对船舶开展安全督导工作的指导意见》，在美洲、澳洲、非洲、欧洲、西亚、韩国、日本、中国香港、新加坡等区域公司内部聘任船舶安全督导员，代表集团总公司安全委员会办公室对中远所属各航运公司的船舶实施现场监督、检查和指导，为集团的船舶安全管理工作提供真实可靠的信息支持，确保集团各项安全措施和具体要求得到贯彻落实。

船舶安全督导制度是中远集团在安全管理方面的创举，是集团总公司对各航运公司实施安全监督管理的重要组成部分。督导员以"独立、权威、务实"的原则对船舶进行安全督查，充分发挥督导员对船舶安全检查和指导的作用，提升集团总公司对船舶安全的控制力度，为中远集团安全管理和保障船舶安全运营作出了积极的贡献，得到了广大船岸员工的广泛认可。

3. 建立完善应急管理体系

应急管理是安全管理工作的重要组成部分，是安全工作的最后一道防线，是防止事故发生或将发生的事故损失降低到最低的保障体系。同时，加强应急管理工作，也是履行企业社会责任的重要体现，是维护企业安全稳定、保障员工切身利益的重要手段。长期以来，中远集团高度重视应急管理体系建设，自 1996 年建立 ISO9000 和 ISM 管理体系时，就已将应急管理的内容，纳入公司的综合管理体系文件中。多年来在处置突发事件、预防事故、防抗自然灾害方面发挥了重要作用。

2006 年，根据《国务院关于全面加强应急管理工作的意见》，中远集团各级单位启动了应急预案的编制、修订工作。2007 年，按照国务院和安全监督管理总局的要求，参照《生产经营单位安全生产事故应急预案编制导则》，集团总公司对集团各层面的应急预案体系进行了大量修订和补充，建立了《中远集团综合应急预案》和 14 个专项应急预案，通过系统性修订、补充和完善，重点解决了要素不全、操作性不强、体系不完善、上下衔接不严谨等问题，获得了国家应急指挥中心的好评。各单位在中远集团的指导下，全面开展本单位应急预案的制定工作。8 月份，各二级公司全部完成各类应急预案修改完善工作，年底，各单位的应急预案全部通过评审，并纳入安全管理体系之中，标志着覆盖整个集团的应急管理体系初步形成。

到 2008 年 12 月 31 日，中远集团 195 家企业全部建立了应急预案。共有综合应急预案 173 个，专项应急预案 740 个，现场应急预案 326 个。专项预案包括：①海损应急预案；②机损应急预案；③海上污染应急预案；④船舶载运危险品和化学品运输应急预案；⑤航运保卫应急预案；⑥火灾爆炸应急预案；⑦危化品储运应急预案；⑧重大交通运输应急预案；⑨油库油罐和管路泄露应急预案；⑩防抗自然灾害应急预案；⑪机关处置内部突发事件工作应急预案；⑫群体突发事件应急预案；⑬公共卫生事件应急预案；⑭信息安全应急预案；⑮货币资金安全专项应急预案。集团从上到下一个比较完整的应急预案体系基本建立起来了。

与此同时，中远集团还建立了四级应急组织机构和平台。第一级为集团应急领导小组。第二级为集团总公司应急指挥办公室，包括各应急工作小组和专家工作小组。应急指挥办公室设在集团调度室（24 小时值班），负责突发事件的通信联络，跟踪监控事态进展情况；集团应急工作小组负责协助应急领导小组监督协调、指导直属、代管单位应急救援工作。

集团总公司分别设立：维护稳定及突发事件应急处理工作小组、海上应急处置工作小组、陆上应急处置工作小组、自然灾害应急处置工作小组、航运保卫突发事件应急处置工作小组、公共卫生应急处置工作小组，组长分别由各职能部门总经理担任。应急专家小组由应急领导小组直接聘任，负责为现场应急救援工作提供技术支持。第三级为各直属、代管单位应急处置领导小组：负责本单位各类突发事件的直接指挥和抢险工作，按照本单位应急预案开展工作，并接受中远集团和属地政府监督、协调、指导、指挥。第四级现场指挥。充分发挥船长现场指挥作用，按照国际安全管理规则的要求，各司总经理承诺保证船长现场指挥的绝对权力。

全覆盖的应急管理体系和高效率的应急管理机构和应急平台的建立，为提高中远集团的应急处置能力打下了坚实的基础。

2013年2月28日，国资委下发了《中央企业应急管理暂行办法》，根据有关要求，中远集团继续推进应急管理和应急处置能力建设，成立了应急管理体系建设推进工作领导小组和工作小组，明确了集团安监部作为应急管理的综合协调部门，对现有应急管理体系的组织架构、应急预案、应急设备、应急队伍、应急演练等进行一次全面的排查摸底，理顺应急体制机制。通过做好顶层设计和底层推动，以实战化为指针，加快完善"上下贯通、多方联动、协调有序、运转高效"的应急体系建设，努力提高中远应急管理水平。建立安全管理和应急管理专家库，同时要求各所属单位制定《应急管理细则》，逐步完善应急培训、应急演练和应急队伍的建设，不断提升全系统应急管理水平。

二、强化海务安全管理

（一）加强岸基支持，做好海上航行安全工作

航行安全是航运企业安全管理的重中之重，据多年统计，海上航行事故占到航运公司各类事故总数的80%以上。这一时期，中远集团坚持以航行安全为重点，强化岸基跟踪支持，加强在特殊气候、灾害性天气、特殊航道、特殊货种等条件下，对船舶的动态监督指导，做好船舶海上航行安全的保障工作。

为加大各航运公司岸基管理人员对船舶的监督、指导和服务力度，强化船舶安全管理的执行力、控制力，提升船舶安全管理水平，努力遏止各类安全事故的发生，中远集团于2012年5月28日下发了《关于加强岸基对船舶监督管理工作的指导意见》，进一步规范了各单位安全管理部门对船舶的跟踪、指导和服务，强化了海务管理队伍建设和海务安全工作在航行安全工作中的主导地位，为海上船舶航行安全提供保障。

1. 防抗台工作

这一时期，中远集团防抗台风工作的指导思想是：以国家关于安全生产的法律法规为指导，牢固树立"安全第一，预防为主，综合治理"的方针：任何企业都要努力提高经济效益，但是必须服从"安全第一"的原则，防止一切麻痹松懈的思想和骄傲自满的情绪，尤其是在人员、船舶或财产安全可能遭受台风威胁的情况下，必须首先考虑安全。海上要坚持"以防为主、防抗结合、适时早避、留有余地"的防抗台方针，陆上要以"以防为主、

全力抗御、尽早行动、谨防不及"为工作原则。"宁可防而不来，决不可来而无备"。确保船舶防抗台风100%成功率，确保陆上企业台风活动期间"挡得住、淹不掉、排得出"。

按照《中远集团防抗台风规定》，继续执行三级责任制：中远（集团）总公司防抗台领导小组是船舶和陆上单位防抗台工作的领导和协调中心，对防抗台工作负有领导责任，协助各公司解决防抗台风中遇到的困难和问题，对各公司的防抗台风工作实施监督指导。各公司主要负责人对安全生产负有全面责任，各公司防抗台风领导小组是本单位防抗台风工作的领导和指挥中心，各公司防抗台风工作小组负责对受台风影响船舶和陆上单位提供技术指导，对防抗台工作实施全过程的跟踪管理。船长是船舶安全管理的第一责任人，担负着防抗台风的现场组织、领导、指挥责任，拥有决策权。

这一时期，中远集团坚持定期召开全系统"防抗全球热带气旋工作会议"和"防抗全球灾害性天气工作会"，牢固树立"宁可防而不来，不可来而无备"的理念，始终把人命安全放在第一位。通过总结、交流防抗台工作经验，明确了工作重点和具体措施，指导全系统抓好防抗台工作。与此同时，通过建立防台工作区域负责制，台风影响区域船舶报告制度，明确船舶防抗台准备措施和技术要求。实现了中远船舶防抗台成功率100%的目标。2001—2014年台风及影响船舶数见表4–1。

2001—2014年台风及影响船舶数　　　　　　表4–1

年份	台风数	影响船舶数	年份	台风数	影响船舶数
2001	25	420	2008	22	490
2002	26	393	2009	22	342
2003	21	431	2010	14	430
2004	30	693	2011	21	459
2005	23	455	2012	25	918
2006	24	438	2013	31	653
2007	25	395	2014	23	335

2. 加强对船舶进出港和狭水道航行，以及在大风浪、雾航的跟踪指导和安全提示工作

这一时期，中远集团坚持分类指导、区别对待，确保重点领域、重点船舶、重点货载、重要气象条件下的航行安全。认真抓好特殊航区和特殊气象条件下的航行安全工作，严格执行《中远雾航规定》，对雾航船舶进行跟踪指导。抓好季节性安全生产工作，认真贯彻集团关于加强冬季安全工作要求，积极开展冬防自查和督查，把预防措施落实到位，及时消除安全隐患，在船舶进入大风浪海区、冰区和其他恶劣海况前及时布置预防措施，全程跟踪，特别是对于老龄船舶，要求尽量避开强发展低压和温带气旋引发的狂风巨浪区，遭遇大风浪时，要适时合理地调整航向航速，避免船体受浪冲击力过大，造成船体损坏。

这一时期，针对国际航运企业镍矿运输事故频发的高风险，2012年中远集团召集专题会议，指导中散集团制定了《红土镍矿运输安全管理办法》，并与中散集团一起组织了船舶散矿运输大倾角险情发生的应急演练，为保障镍矿运输安全奠定了基础。

（二）整顿驾驶作风，保证船舶航行安全

2007年6月，针对这一时期国内多起重特大船舶碰撞和泄漏事故，交通部组织开展了防船舶碰撞防泄漏专项整治活动。中远集团以"两防"整治工作为契机，深入开展"严肃驾驶台纪律，遏制习惯性违章"的防碰撞、防泄漏攻坚战。通过坚持整顿驾驶台纪律，提高驾驶员理解和遵守《国际避碰规则》的能力，通过驾驶台资源管理培训和加强对优良船艺的培训等措施，遏制住个别驾驶人员由于责任心差、业务水平低、应变能力不强而造成的海上航行安全事故，通过加强培训、强化监督、提高执行力等手段，重点抓季节性安全工作、船舶进出港操作和防抗台风工作，使船舶航行安全得到了保障。

2010年3月中远集团组织了"驾驶台纪律专项检查"活动，广州、上海、青岛、天津和大连5个检查组，共检查到港出港船舶33艘，对驾驶台不规范操作进行了纠正。

2011年3月6日，中远集运"COSCO HONGKONG（中远香港）"轮发生碰撞渔船事故，造成渔船沉没，11人失踪。2012年，中远船舶又连续发生多起海上航行安全事故。① 交通运输部海事局专门给中远集团总公司下发了《安全管理建议书》。为扭转安全工作的被动局面，中远集团下发了《关于开展船舶航行安全专项整治行动的通知》，组织各单位积极开展隐患排查和管理自查工作，对抵港船舶集中开展船舶驾驶台航行纪律专项整治行动。为吸取事故教训，中远集团坚持在船舶开展"整顿驾驶作风、严肃值班纪律"活动，坚决防止船舶搁浅、触礁和走锚等与驾驶台有关的事故，确保船舶航行安全。取得了明显成效，有效遏制了航行事故频发态势，促进安全生产形势稳定好转。

（三）创新管理手段，建立船舶安全动态检查制度

为深刻吸取"COSCO HONGKONG"轮"306"事故教训，把"整顿驾驶作风、严肃值班纪律"这项工作深入持久地开展下去，中远集团要求各单位切实加强对船舶的安全动态检查，明确政委作为船舶安全督查员发挥监督作用。船舶安全动态检查是船长安全管理工作的重要补充，主要是通过委托政委作为船舶安全动态检查的责任人，在重点航区、重点时段对船舶的关键岗位和部位进行安全动态检查。

从静态管理到动态检查、再到全方位监控，不仅是船队安全管理方法的一次创新，也是在新的形势下落实企业安全生产主体责任的重要举措。在此期间，中远集团先后在北京、上海、深圳、青岛等地召开船舶动态安全检查工作座谈会，通过座谈、交流和研讨，达到了宣贯动员、统一认识的目的。中远集运作为船舶安全动态检查的试点单位，在安全动态检查方面采取了一系列措施：一是在船舶安装驾驶台视频记录系统，为船舶政委开展动态监控提供技术支持；二是按照"船舶适航""船员适任"的要求，最大限度地消除船舶在动态营运中设备不安全状况和船员不安全行为；三是在船舶出现"急、难、险、重"等危急时刻或重要时间节点，要求政委或指定人员必须及时到现场进行动态检查，做到对不安全行为及时发现、及时干预和督促纠正。

2012年1月1日，中远集团全面启动船舶安全动态检查工作。到2012年底，中远集团所属11家航运单位470艘船舶安装了"安全行为视频记录仪"。实践证明，船舶安全动

---

① "鹏延"轮在复杂水道航行发生擦碰；"乐山"轮、"银河"轮发生港外搁浅；"珍河"轮雾中漂航发生碰撞。

态检查制度的实施，促进了船队实现"船舶适航"和"船员适任"的管理目标，有利于消除船舶在动态营运过程中设备的不安全状况和船员的不安全行为，有效推动了安全管理方式从静态管理向动态检查和全方位监控转变，提升了船舶安全管理水平。

三、加强航运保卫工作，确保船员船舶安全

这一时期，中远集团船舶安全保卫工作面临着新的形势：在外部，"9·11"事件后，世界范围内的恐怖主义袭击事件时有发生；亚丁湾、索马里东部海域海盗活动危害加剧；境外毒贩利用船舶进行国际走私运输毒品活动仍有发生；非洲和南美地区部分国家港口潜船偷渡活动居高不下。在内部，个别船员的违法违纪案件、船员在船舶航行中失踪案件仍有发生，严重地影响着船员、船舶的安全和企业内部的和谐与稳定。

这一时期，中远集团航运保卫的指导思想是：紧密围绕党和国家以及企业中心工作大局，继续以维护内部政治、治安稳定，保障船员和船员安全为中心；以抓《SOLAS 公约》及《ISPS 规则》履约工作，健全完善船舶保安体系为重点；认真贯彻"积极预防，保障安全"的方针，充分发挥"监督、检查、协调、指导"的职能作用，不断完善各项规章制度，强化各项安全防范措施，积极预防和努力减少各类案件、特别是恶性案件的发生，努力为实现中远集团又好又快发展，创造良好的内部治安环境，提供更有效的保障和更好的服务。

在中远集团安全保卫指导思想的指导下，各下属航运公司切实加强对航运保卫工作的组织领导，按照国务院《企业事业单位内部治安保卫条例》（国务院令第421号），以维护一方平安、确保一方稳定为己任，认真履行主体职责，切实担负起了上级赋予的确保船舶生产安全稳定的政治责任。

（一）推动《国际船舶和港口设施保安规则》（ISPS CODE）履约工作

为加强海上安全、打击针对海运的恐怖主义行为，国际海事组织于2002年12月12日召开海上保安外交大会，通过了涉及海上保安内容的《1974年国际海上人命安全公约》修正案和《国际船舶和港口设施保安规则》。根据外交大会通过的决议，上述修正案和保安规则按公约规定的默认接受程序于2004年7月1日生效。ISPS规则从通过到生效时间跨度仅有短短的19个月，给履约工作带来了很大压力。此外，ISPS规则不同于其他的航运公约，具有极强的政治性，美国将ISPS规则作为实施国土安全战略的一部分，船舶一旦不符合要求，控制措施也严于扣留船舶的传统做法。

为保证中远集团所属船舶都能够如期实施ISPS规则，2003年5月15日，中远集团要求各公司成立由公司主管领导和安质、海监、通导、保卫、船员等有关职能部门参加的ISPS规则工作组。负责具体研究策划具体实施方案。6月3日，中远集团成立了ISPS领导小组，负责指导所属船公司实施、落实ISPS规则，协调与交通部海事局、交通部公安局、中国船级社的工作关系；成立工作小组，负责做好有关试点、培训、制定保安计划、审核、发证工作。到2003年10月27日，中远集运"商城"轮、中远航运"清江"轮、中远香港航运"鹏图"轮获得第一批船舶保安证书。试点船工作取得成功。到2004年5月下旬，中远所有船舶均顺利获得保安证书。与此同时，中远集团密切关注不同国家港口对于

ISPS 检查情况，注意搜集、研究其检查方式、特点、规律以及特殊履约要求，有针对性地指导船舶加强迎检工作。从 2004 年 7 月 1 日 ISPS 规则生效到 7 月中旬，中远集团共有 64 条船舶在国外接受检查，全部顺利通过。此后，中远集团持续保持了 ISPS 检查全通过的好成绩，无缺陷通过率保持在 95% 以上。2006 年，中远船舶在国内外港口先后接受 ISPS 检查 1343 艘次，全部通过，无缺陷通过率达到 97.4%。

2006 年 4 月，根据美国海关 2005 年 9 月与 11 月对中远和中远集运美洲公司、中远德国不来梅靠港的检查评定结果，美国海关再次重审并确认中远集团操作、管理水平达到美国"美国贸易伙伴反恐"（C-TPAT）成员资格标准并再次颁发新证书。

（二）加强防偷渡工作

这一时期，在中远集团的指导下，中远各单位以实施 ISPS 规则为契机，按照 ISPS 规则和《船舶防偷渡工作的若干规定》，加大了对船舶防偷渡的监督检查和指导力度，严格梯口值班、限制区域控制和离港检查制度，加强对重点航线、重点船舶的防海盗工作，以航行非洲、亚洲、拉丁美洲港口的杂货船舶、散货船舶为重点，切实加强船舶在国外港口的防偷渡工作，遏制外国籍人潜船偷渡势头；以航行日本、韩国、美国、加拿大港口的集装箱船舶为重点，切实加强船舶在国内港口的防偷渡工作。严格集装箱监装措施，预防、控制和处置能力有了明显增强，有效防止了偷渡事件的发生。2005 年，中远船舶共计发生外部人员潜船偷渡案件 27 起 179 人，由于船舶现场组织严密，在船舶离港前全部被发现、查获。2006 年，中远船舶共计发生偷渡案件 14 起 32 人，在船舶离港前被发现、查获 10 起 26 人，与 2005 年相比，减少了 15 起 147 人，分别下降了 52% 和 82%。2007 年发生偷渡事件 10 起 24 人，离港前查获 8 起 22 人。案件发生率呈逐年下降趋势。

2012 年，针对西非海域防海盗、防偷渡的严峻形势，中远集团下发了《关于实施抵达尼日利亚拉各斯港船舶报告制度的通知》，要求对于抵达西非海域船舶进行特别跟踪和通报。2012—2013 年西非地区连续发生 5 起 17 人外来人员偷渡事件，为进一步加强西非区域的防偷渡工作，中远集团下发了《关于进一步做好船舶防海盗、防偷渡的通知》，进一步重申了防海盗工作的保安措施和通报制度，要求船舶离港前，要严格按照"三级责任制"要求，组织全船按责任区域进行全面离港前检查，凡是有可能藏人、藏物的区域和部位都必须查清、查到、不留死角。对于舵柱间要重点检查，确保不藏匿偷渡者，在航道和沿岸航行时，同样要监视船舶周边动态，防止小艇靠近。

（三）加强船舶防海盗工作

2008 年前后，国际海盗活动事件越来越频繁，有愈演愈烈之势。尤其以索马里和亚丁湾海盗最为猖狂，已成为远洋船舶严重直接的威胁。海盗犯罪的手段更加现代化，组织趋势越来越严密，装备越来越精良，行动越来越迅速，活动海域范围越来越大，已由过去以木质小艇袭扰为主，发展到拥有精良武器装备和卫星定位系统的母船、高速快艇组合，可以在离海岸较远的公海上袭扰和劫持过往船舶。犯罪形式从以往的偷袭船舶，劫掠财物为主，发展到劫持船舶、扣留人质、索要高额赎金。由于索马里海盗组织的规模性、武装性，以及对过往船舶实施袭击的隐蔽性、快速性，使船舶防范和应对海盗袭扰的难度加大。海盗用渔船改装成的"海盗母船"很难识别和发现；海盗母船携带的小型快艇速度快，灵活性强，能够在极短的时间逼靠被袭击的船舶，尤其是吨位小、船舷低的船只，海盗比较容易攀爬上船，海盗一旦登船，又持有武器，船员就难以对付。这一时期，远洋船舶尚无有效手段防范应对海盗袭扰，能做的就是尽可能避开海盗活动的区域，加强值班瞭望，及时发现海盗情况，如果遭遇武装海盗袭扰，船舶只能采取加速航行，走"S"形来规避，同时向船公司报警或向周围船舶和当地军警方报警求救。

2008年9月12日18时5分（当地时间），中远航运"乐同"轮在亚丁湾（北纬12度24分12秒、东经48度19分42秒）区域遭遇海盗快艇袭击，全体船员临危不惧，利用消防皮龙水枪、三角木和啤酒瓶成功击退了持枪海盗袭击，保证了国家财产的安全。根据中国船东协会统计，2008年1月至11月，航经亚丁湾、索马里海域的中国船舶共计1265艘（班轮448艘；其他船舶452艘），其中1艘遭劫持，83艘次受到海盗不同程度的袭击和袭扰。特别是9—12月期间，海盗活动越演越烈，仅中远集团便有60艘船舶遭遇海盗袭扰，占此期间中远航经该海域船舶总数的25%。由于防范应对得力，海盗的袭击未能得逞。但是对船舶造成了不同程度的破坏，特别是对船员心理造成恐惧伤害。

索马里海盗的猖獗活动引起了国际社会的高度重视。联合国安理会于2008年10月7日一致通过关于索马里海盗问题的第1838（2008）号决议，呼吁关心海上活动安全的国家积极参与打击索马里沿岸公海的海盗行为。11月10日，欧盟成员国外交部长例会正式批准欧盟向索马里海域派遣军舰和飞机，打击海盗活动。海盗大肆袭扰、劫持中国远洋船舶的情况，也引起了党中央和国务院领导的高度关注。外交部、商务部、国家安全部、总参、交通运输部等有关部门召集中远等航运企业针对索马里、亚丁湾海域的海盗活动情况，讨论了加强远洋船舶安全保障的应对措施。2008年12月4日，交通运输部召开"远洋船舶防范应对海盗袭扰专题会议"，分析中国远洋船舶防范应对海盗劫船、袭扰形势，共同研究加强航运企业、运输船舶防范、应对海盗的对策和措施，下发了《关于加强船舶防范海盗工作的指导意见》。为保护中国航经亚丁湾、索马里海域船舶和人员安全，保护世界粮食计划署等国际组织运送人道主义物资船舶的安全，2008年12月26日，中国海军第一批护航编队从海南三亚军港起航，前往亚丁湾、索马里海域执行护航任务。2009年1月6日，中国海军舰艇编队抵达亚丁湾海域，正式开始护航行动。中远"晋河""哈尼河"两轮与"河北翱翔"轮、"观音"轮共计4艘商船接受了首次护航（图4-1）。这是中国首次使用军事力量赴海外维护国家战略利益；是中国人民解放军首次组织海上作战力量赴海外履行国际人道主义义务；是中国海军首次在远海保护重要运输线安全。护航行动以伴随护航、区域护航和随

图4-1 2009年1月6日，首批接受海军护航的4艘船舶分别是：中远集团所属"哈尼河"轮和"晋河"轮及中国商船"河北翱翔""观音"轮。此次护航线路是从亚丁湾东部海域到达曼德海峡入口，总计行程大约550海里。

船护卫等方式进行。

随着多国海军力量的介入和打击力度的加大,亚丁湾海盗得手的商船数量呈明显的下降趋势。根据统计,2009年1—2月份,中远航经亚丁湾海域的船舶共计95艘次,参加中国海军舰队护航编队24艘次,占此间航经船舶总数的25%。遭遇海盗袭击或袭扰的中远船舶均系未参加中国海军舰队护航编队、自行通过的船舶。鉴于以上情况,中远集团建议各单位,要充分利用海军舰队护航工作这一有利条件,尽可能地安排船舶加入中国海军舰队护航编队航行。

但由于亚丁湾、索马里危险水域面积广阔,海军巡逻不可能覆盖所有海域,海盗钻空子劫船的案件仍有发生。2009年10月19日,青岛远洋"德新海"轮及25名船员在印度洋航行中被索马里海盗劫持。此事件引起国际国内的广泛关注,中央领导先后作了重要批示,交通运输部、外交部等有关部委、海军及护航舰队、中远集团和青岛远洋等通力合作展开营救,经过70余天的艰苦努力,于2009年12月28日该轮及25名船员终于成功获救。

这一时期,为加强中远船舶防海盗工作,中远集团及各家单位做了大量的工作。中远集团先后于2009年2月27日和3月12日下发了《关于进一步加强中远船舶防海盗工作的通知》和《关于密切注视亚丁湾海域海盗活动动向切实加强船舶防海盗工作的通知》,要求各单位要高度重视和切实加强对船舶防海盗工作的组织领导。认真贯彻"预防为主、自防自救与他救相结合"的原则,坚持立足自身、以我为主,指导船舶按照《国际船舶保安计划》和《中远(集团)总公司船舶防海盗工作的若干规定》以及系列指导性文件,切实落实防海盗工作的各项措施。严格执行中国海军舰队护航工作有关制度,按照7、5、3、2、1日申报规定和有关要求,按时递交护航申请。针对从2009年2月起中国海军舰队试行定期编队护航方式,科学合理地制订船舶航行计划,安排船舶尽可能地加入中国海军舰队护航编队航行。遵守护航工作的有关纪律,服从海军舰队的统一指挥。切实加强对航经亚丁湾海域船舶的具体指导和监控工作。要求所属船舶必须将航线设计在多国海军巡逻的安全通道范围之内,同时与中国海军舰队护航编队沟通联络,并按要求随时报告有关情况。同时,加强船舶防海盗工作的应急部署,做好自防自救工作。公司有关部门要加强监控工作,健全完善预警防范工作机制和应急处置工作机制,努力提高快速反应能力和应急处置工作能力,积极为船舶提供岸基支持与指导。

与此同时,在防海盗工作的组织领导、思想动员和后勤保障方面,中远集团和各家单位也做了大量的工作:

1. 深入推进防海盗"五项机制"建设

"领导指挥、教育培训、预警防范、跟踪监控、应急处置"五项工作机制建设是这一时期中远集团对船舶防海盗工作的总体部署。这一时期,从中远集团到各航运公司,分别成立了由主要领导挂帅、有关职能部门领导参加的船舶防海盗工作领导小组;按照有关部门职责分工,分别设立了船舶调度、航行保障、技术保障、应急保障、宣传报道等工作小组,明确了各自职责任务,为切实加强船舶防海盗工作提供了组织保障。各航运公司从岸基到船舶,普遍建立起了比较完善、运行有效的防海盗工作机制,基本形成了船岸联动、齐抓共管的局面，为切实做好船舶防海盗工作提供了基础保障。

2. 不断加强船员的安全意识和"自防自救"能力建设

这一时期，中远集团继续坚持"以防为主、防反结合、坚决拒海盗于船舷之外"的指导思想和"立足自身、以我为主、自防自救"的原则，做到"早准备、早发现、早报告、早采取措施"，坚决拒海盗于船舷之外。各航运公司积极组织编写船舶防海盗培训教材，采取船员派船前集中培训、骨干船员分期、分批轮训等多种形式，加强对船员防海盗工作的业务知识和技能培训，增强了船员的安全防范意识和自我保护能力。同时，组织船舶开展经常性的演习、演练活动，一切从实战出发，从难从严要求，增强实效性和有效性，随时做好应对处置突发事件的各项准备工作。以适应应急工作的需要。此后，中远集团进一步要求船舶进入海盗活动区域前，必须举行一次防海盗应急演习，并使用船舶视频记录仪或摄像机等设备进行记录，中远集团不定期地进行检查、抽查。与此同时，切实做好船员的思想政治工作，增强船员的事业心和责任感，教育船员认真履行本岗位职责、尽职尽责，全力以赴地做好船舶防海盗工作。

3. 加强预警防范工作，积极提供岸基支持

从集团到各航运公司，切实加强了对全球范围内海盗活动的跟踪监控，根据不同时期的海盗活动变化规律和特点，及时调整应对措施，定期发布预警信息。仅2009年一年，中远集团就以《密电》《通知》《通报》等形式，发出有关船舶防海盗工作的指导性文件30余份；以《中远集团航运保卫工作简报》形式，发出有关船舶防海盗工作的信息21期164条，为各航运公司及船舶有针对性地做好防海盗工作提供了参考依据。

4. 加强跟踪监控工作，确保船舶航行安全

从集团到各航运公司，先后建立了三项制度：一是航经亚丁湾海域船舶抵达前7、5、3、2、1日报备制度；二是航经亚丁湾海域船舶24小时监控制度；三是航经索马里以东海域船舶报备和监控制度。2009年1月至2010年9月，跟踪监控航经亚丁湾海域船舶共计1048艘次，其中：加入中国海军护航编队航行的有530艘次，占总数的50.6%；加入多国海军护航编队航行的有104艘次，占总数的9.9%；自行通过航行的有414艘次，占总数的39.5%。

2010年后，西非几内亚湾的海盗袭击事件呈上升趋势，暴力性更强。2011年8月，中远航运所属"月亮湾"轮遭西非海盗劫持，2012年2月，中国台湾籍"四维"轮遭武装袭击，船长、轮机长被杀害。随着海盗活动区域从索马里、亚丁湾向西非等区域蔓延，中远集团重点加强了对航行印度西海岸、西非几内亚湾等不具备雇佣武装保安条件海域的船舶的重点动态跟踪监控。要求航经该海域的船舶必须远离岸边100海里以外航行；在尼日利亚港口船舶，如无确切进港计划，必须远离岸边100至120海里以外漂航，并加强巡逻值班、以确保随时应对突发事件。为了确保各下属航运公司船舶航行海盗活动高危海域、且非中国海军护航海域期间的安全，中远集团各公司根据船舶实际情况，雇佣外国保安公司武装人员随船护卫。2011年1月14日，中远航运"乐里"轮便在船员与随船武装保安人员的共同努力下成功击退海盗的扰袭。经过反复调查研究、广泛征求意见、慎重权衡利弊，经中远集团2011年第8次总裁办公会议研究决定，中远集团2011年7月1日正式颁布实施了《关于实行雇佣武装保安人员随船护卫措施的意见》。明确提出了"两个必须"：

"航行亚丁湾的船舶必须加入海军护航编队；航行海盗活动高危海域且非海军护航区域的船舶必须雇佣武装保安随船护卫。"雇佣武装保安人员随船护卫增强了广大船员防抗海盗的信心和决心，确保了船员和船舶的安全。这一时期，各航运公司在航运市场持续低迷的情况下，始终坚持"安全第一"的理念，想方设法克服困难，坚持严格执行"两个必须"的规定，最大限度地降低了高危海域船舶遭遇海盗袭击、劫持的风险，确保了船员和船舶的安全。2013年1—10月份，中远全系统共有306艘船舶航行印度洋、亚丁湾海域，除中远集运部分集装箱船因干舷高、速度快未雇佣武装保安外，其余船舶均雇用了武装保安，并加入了中国或多国海军护航编队通过亚丁湾。"两个必须"的提出和贯彻执行为中远集团船舶防海盗工作赢得了安全稳定的良好局面。

5. 加强应急管理工作，突发事件处置到位

从集团到各航运公司，按照《应急预案》加强应急演练，随时做好应对、处置突发事件的准备工作。同时，加强SSAS报警系统值守工作，确保岸基支持及时、有效。自2009年1月至2010年9月，在岸基组织的指挥和指导下，先后有16艘次船舶成功地击退了海盗的袭扰。涌现出了中远香港航运"富强"轮[①]等一批可歌可泣的抗击海盗先进典型。2011年2月，中远集团《关于表彰中远集团防海盗工作先进船舶、先进个人的决定》，授予30艘船舶"防海盗工作先进船舶"荣誉称号，授予78人"防海盗工作先进个人"荣誉称号。

6. 加大对船舶防海盗工作的投入力度，积极改善防海盗装备

2010年，各航运公司根据中远集团的统一要求，普遍加大了对船舶防海盗工作的投入，按照每艘船舶至少配备防弹衣6件、防弹头盔6个、防弹盾牌2个的标准，各航运公司船舶已全部满足并大大超越了这一最低要求。进一步加强船舶防护装备建设，为船舶加装了电网、铁丝网、电子固栏等防护装备。同时，重点加强了船舶防卫器械的开发、研制工作，充分利用船舶现有机械、设备、器材，进行改造、改进，使其具有防海盗器械功能，增加了可用于防海盗的火焰信号弹、降落伞信号弹等物资的配备，并改进升级了"钛雷"，用于驱散海盗。除此之外，遵照交通运输部指示精神，中远集团要求各航运公司按照"隐蔽实用、安全防护、船员生存、通讯联络"等基本功能于2011年内全面完成"船舶安全舱"建设，作为船舶遭遇海盗袭击时，船员退守并能维持基本生活、安全的应急避难场所。所有建立"安全舱"的船舶，必须全部配备铱星电话，以适应应急工作需要。到2011年10月，中远下属各航运公司应建安全舱的370艘船舶全部建立了安全舱并配备了铱星系统。

2010年11月20日中远航运"泰安口"轮在阿拉伯海域遭遇一艘海盗母船、两艘海盗小船袭击。在不能击退海盗的情况下，船舶按照防海盗应急程序上报中远集团后，全体船

---

① 北京时间2009年11月12日14时30分，"富强"轮在从印度尼西亚前往意大利途中，在亚丁湾准备参加中国护航海军西行编队时，遭遇海盗快艇追击和枪击袭击。船员及时发现，奋勇抵抗，向海盗船投掷汽油瓶、石灰瓶、冲水柱，击退海盗三次开枪攻船，并及时拔掉海盗已挂上船的铁梯。一小时后，中国海军护航舰队的直升机赶到现场，在直升机的保护下，"富强"轮摆脱了危险。有两名船员在抗击过程中手臂受伤，但无生命危险。交通运输部部长李盛霖通过中远集团表达了对船长和全体船员的慰问，表扬他们高度警惕防海盗，取得成功。他要求全国海运船舶和船员提高警惕，严防海盗登船。

员迅速撤入"安全舱"。在中远集团的协调指挥和中国海军护航编队的支援下，成功得到解救。2011年5月5日11点30分，中远香港航运"富城"轮，在阿拉伯海水域航行（北纬14度54分、东经66度44分）处遭到海盗袭击，在抗击未果的情况下，船舶迅速向公司报告，24名船员立即撤往安全舱避险，并利用安全舱内配备的铱星电话始终保持与公司的联系。在中远集团的协调指挥和外国海军的帮助下，成功获救。"富城"轮的成功获救再次说明设置"安全舱"和"安全舱"内配备铱星电话（或卫通电话）的重要性。与此同时，中远集团也认真汲取"富城"事件中安全舱通风不畅、高温、憋闷难耐等经验，持续改进船舶"安全舱"的生存环境和条件，重点解决高温、通风、通氧问题，食品、饮用水、药品的储备，铱星电话外接天线的隐蔽性、安全性、电源的储备等，使船舶安全舱建设日趋实用，确保在应急情况下能够切实发挥对船员人身安全的有效保障作用。

图4-2　2015年6月8日，央视报道中国海军第二十批护航编队随船护卫"远春湖"轮。

随着国际海军的护航行动、商船雇佣武装保安和船舶加强自我防范措施的提升，海盗对于中远船舶的扰袭事件总体呈下降趋势。从2012年到2015年，中远船舶共遭到海盗袭击事件19起，其中2015年已降至3起。实现了防海盗成功率100%（图4-2）。

四、加强陆产安全管理

在强化海上安全的同时，中远集团也高度重视陆产单位的安全管理。始终坚持以人为本、生命至上的指导思想，从明确责任入手，严格排查隐患，强化整改落实；从提高设备的可靠性入手，强化合理投入，不断改善设备、工艺、技术的安全状况；建立完善安全评价管理体系，并据此制定相应的安全措施。与此同时，加强对重点领域的跟踪指导，主要跟踪指导老旧油库维护检修工作，强化危化品生产、储运安全监管，加强防范自然灾害和恶劣天气等工作，完善对重点设备设置和危险源监管责任的落实，防止重大人员伤亡事故的发生。

这一时期，中远集团深入开展陆产安全管理标准化、规范化建设，建立"中远仓库安全管理标准"和"中远钢体油罐维修维护报废标准"，研究推进陆产企业安全管理自我评价程序，逐步建立健全企业内部标准，完成修造船企业安全检查标准的制定工作；积极推进物流、码头、宾馆、学校安全管理标准化、规范化建设。

2009年6月，中远集团在南通组织召开了"中远集团陆产安全管理标准化、规范化暨'一目了然'项目现场会"，通过分享中远船务"一目了然"工程，初步探索形成了一套具有中远特点的标准化管理模式，有效解决了现场管理薄弱的问题，基本实现了全员、全过程、全方位的安全管理，通过对"一目了然"项目经验的推广，陆产企业的安全管理化建设有了很大推进。2014年，南通中远船务被国家安全监管总局授予"全国安全文化建设示范企业"荣誉称号。

以"一目了然"工程为切入点，2010 年，中远集团对《仓库安全管理规定》《油库安全管理规定》《设备设施安全管理规定》《危险化学品储运管理规定》《安全标志管理规定》《员工基本安全行为规范》《陆产企业安全操作规范》《船舶作业安全操作规范》《劳动防护用品管理规定》《建设项目安全管理规定》《趸船安全管理规定》《起重作业安全管理规定》《校园安全管理规定》《院校教学过程安全管理规定》《学校食堂安全卫生管理规定》《酒店物业安全管理规定》《酒店物业设备、设施安全管理规定》《手持电动工具安全管理规定》等陆产安全管理规定进行了全面修订和完善。2010 年初，中远集团安全技术监督部和中燃联合研究与制定的《中远集团钢体油罐维修维护报废技术标准》科研项目正式立项，2011 年 9 月 14 日，通过了由中远集团战略发展部科技处组织的专家评审组验收，并于 2012 年 1 月 19 日，经中远集团第二次总经理办公会审议通过。随着中远集团陆产企业的不断发展和产业链的延伸，所属各企业增添了大量的起重机械，为进一步规范大型起重机械的管理，中远集团安全技术监督部自 2011 年初起组织人员在广泛调研的基础上，起草了《中远集团大型起重机械安全管理规定》，经广泛征求各单位意见并修改，于 2012 年 1 月 30 日下发。

2013 年 10 月 30 日，为进一步推进中远集团安全标准化建设，集团安监部在参考各单位前期提供的资料，充分征求多方修改意见的基础上，编写、修改完成了《中远集团陆产企业安全检查通用标准指南（试行）》《中远集团陆产企业安全检查通用标准实施指南（试行）》。同时，为了细化检查内容，提高检查的针对性，又制定了修造船、仓储物流、货物码头、危化品存储、宾馆、院校六个行业检查指南。并于 2014 年起作为安全检查和绩效考核的依据。

为确保中远集团境外公司从业人员的安全和健康，维护境外公司正常的工作和生活秩序，履行环境保护承诺，维护国家的外交政策和国际声誉，树立中远集团的国际形象，根据国务院及各有关部委的要求，2012 年 5 月 22 日，中远集团制定下发了《中远集团境外公司安全管理办法》。

除此之外，中远集团也高度重视陆上消防和交通安全管理。对照《消防法》《道路交通安全法》等国家新出台法律，于 2010 年，先后修订了《中远集团陆产单位消防安全管理规定》《中远集团陆产交通、车辆安全管理规定》等系列制度，强化了员工消防和道路安全法规意识，有效遏制了事故的发生。

第三节　加强船舶技术管理

一、加强船舶机务管理

机务管理工作是船舶安全管理的基础，为船舶提供动力保障和技术支撑，中心任务是满足国际公约要求，保障船舶适航、适租、适货。在整个安全管理链中，机务管理是一个非常重要的环节，它涉及人员、设备和环境的协调配合，是一项难度较大的系统工程。

这一时期，中远集团坚持改进安全管理体系，夯实机务管理基础，规范管理行为，优化管理流程，量化管理目标。进一步强化责任意识、成本意识、创新意识和服务意识，履责尽职，做好机务监督检查、设备维修保养、PSC港口国检查、节能降耗和公约履约工作。随着船舶老龄化，到2006年，中远集团拥有的老旧船达到146艘，平均船龄21年。拥有油轮65艘，油罐37.13万立方米，老旧船和海上油污风险成为中远集团安全管理领域的重大风险点。中远集团突出老旧船管理和防污染工作，坚持以保船舶安全营运为主线，深化监督检查，注重安全技术状况评估，保持了机务安全形势的总体平稳。通过创新机务管理理念，学习借鉴典型经验，固化管理模式，积极推进"美国21世纪优质船"和中国"诚信船舶"的申报评比工作，扩大了评优选先成果。

（一）加强制度建设，推动科学管理

管理是安全和效益的基础，管理标准和制度建设是基础管理的必经阶段和重要环节。这一时期，为加强机务管理的标准化建设，中远集团先后出台了一系列制度：

2002—2005年，为强化老龄船舶的管理，中远集团先后组织专家编写下发了《中远老龄船机务管理要求》《中远集团老龄船管理办法》《老龄船管理办法》。

2006年，受交通部委托，中远集团承担了《船舶维修保养体系（CWBT）标准》和《船舶维修保养体系与检验导则》修订任务。集团总公司牵头成立了课题组，邀请中国船级社（CCS）、交通部科学研究院、上海海事大学等单位参与了标准修订工作。该标准的制定不仅进一步规范了船舶的管理和检验行为，也将行业准则提升到国家标准。

2007年，中远集团总公司牵头，组织下属航运单位启动了《中远安全规章制度（机务）汇编》和《中远集团防止污染规则》修编工作，进一步推动了机务管理的科学化、制度化和规范化。

2008年7月，为进一步做好船舶技术状况评估、机务费用预算和使用管理工作，提高机务费用预算和使用的科学性、有效性以及安全工作的控制力。中远集团依据国际公约和国际各船级社规范要求，经广泛征求各下属航运公司意见，制定了《中远集团船舶技术状况评估（暂行）办法》《中远集团机务费用预算管理（暂行）办法》和《中远集团机务费用使用管理（暂行）办法》。

与此同时，中远各下属航运公司也不断结合自身实际建立和完善管理标准：大连远洋根据自身油轮船队的特点，结合TMSA的要求，整理汇编了《船舶结构检查指南》；中远散运实行船舶总管制不断总结，积累了大量经验，为进一步规范船舶总管行为，提高船舶总管的管船技能，着手编写《船舶总管手册》；按照《中远集团老龄船管理办法》，青岛远洋制定了《船舶等级制管理考核办法》等一系列规章制度等。各公司在管理标准化、规范化方面都在不断完善和深化，但标准没有互成体系，在系统性、规范性、完整性、指导性方面还有待进一步加强。

（二）加强技术支持与合作

机务安全管理的一个重要内容就是技术管理，建造一艘现代化的船舶可以集中体现一

个国家的综合科技实力;管理一艘现代化船舶可以集中体现一个公司的机务安全管理水平。

2006年,是国际公约修正案集中生效最多的一年,同时也是各港口国集中检查、专项检查力度比较大的一年,东京备忘录组织、巴黎备忘录组织相继进行了《防污染公约》附则 I 执行情况的专项检查,新的公约及修正案不断生效。中远集团安全技术监督部根据上述情况,针对各项专项检查及公约修正,及时下发通知和履约指导意见。各单位也密切注意公约的修正、收集各港口国对船舶检查的新动向、新特点,指导船舶做好港口国检查和履约工作。

这一时期,中远集团也认识到,只凭集团安全技术监督部和各公司的技术力量,还有诸多不足,为做好机务安全管理,必须发挥技术支持与合作的作用。

一方面,是推动集团内部相互间的互相支持与合作。如,中远集运开发的 SMIS 系统在全集团范围内移植推广,青岛远洋开发的海务管理系统在大连远洋移植推广。通过系统内机务管理优势互补、取长补短、实现共同提高。另一方面,是充分利用外部资源,加强与外部的技术支持与合作。这一时期,中远集团及各公司与政府主管机构、海事院校、各专业机构、设备供应商之间建立了良好的技术支持与合作。如为了应对船舶大型化、设备现代化的机务管理要求,中远集运与上海海事大学及上海海事培训中心合作,领先开展了船舶轮机资源管理专项培训,为船舶轮机管理人员进一步强化和转变船舶安全工作理念,提高船舶安全管理水平,提供了保障。为迎接万箱船投入运营,又与造机厂及海事院校合作,选派年轻干部参加培训,为万箱船安全运营打下扎实基础。中远香港航运扩大对外合作成果,积极推进"船舶结构修理预评估体系和数据库"建立,与中国船级社(CCS)合作建立了"船舶应急响应服务(ERS)"系统,及时有效地监控船舶的结构状况,为船舶结构修理提供依据和管理手段,特别是当船舶遇到较大船体损坏的紧急情况时,应急响应服务系统(ERS)能够迅速进行模拟运算评估,为船舶的及时救援和修理提供技术支持。公司 82 艘船已完成 ERS 系统建立。中远散运与中国船级社的战略合作,建立起了基于船体结构的计划维修保养体系,基于目标的船舶结构强度评估体系,以及船舶应急响应体系。在散装船结构安全领域向纵深推进,使船舶安全管理的标准、理论和实践水平上升到一个全新的高度。大连远洋聘请设备厂商给轮机长们进行专业知识培训,船员的专业技能得到迅速提高。这一时期,中远集团在"志强"轮与"桐城"轮的应急处置上也得到了 NK 船级社和中国船级社的专业技术支持。

(三)突出重点,加强老龄船舶安全管理和防污染工作

中远船队老龄船舶占较大比例是安全风险源。这一时期,中远集团高度重视老龄船舶的管理,严格执行中远《老龄船管理办法》,要求科学管理、加大投入、落实措施,确保老龄船舶安全适航。持续开展对老旧船的技术状态勘验,做好评估工作,在评估的基础上,制定修理、使用、管理、资源投入和退役的方案,加大资金投入力度,严格执行老龄船舶管理"三个原则",把老龄船的管理原则与责任机制有机结合起来,使老龄船舶的管理更具科学性和可操作性。进一步提高全员环保意识和责任感,加强油轮、老旧船和大型集装箱船防污染工作的监督指导,督促船公司和船舶加强对艉轴封、油水分离器及出海口、副机

海水出海口等容易溢油的地方进行监督和管理,做好《垃圾管理》,严禁海上随意排污,随意丢垃圾等违法行为。

《中远集团老龄船管理办法》下发后,各航运公司严格执行、认真落实,采取了一系列务实创新的管理模式和有效方法。各单位都抓住现场管理、科学评估、保证投入等各个关键点,使老龄船舶的彻底检查要求贯彻在运输生产的各个环节。

中远香港航运/深圳远洋针对沿海运输船舶都是老龄或超老龄船的特点,整合了社会资源,建立了中国沿海机务维修网络,提高了船舶运营率,减少了航修时间,取得了较好的维修效果和经济效益。

中远集运定期通报防污染工作方面的新动态、新要求,以及典型事故分析;请互保协会律师介绍典型案例;组织相关人员学习交流防污染工作经验教训及手段,提高了船队相关人员海洋环境保护意识。

中远散运充分发挥船舶总管制在体制上的优势,将结构安全管理从抓投入、抓监察、抓维修与保养,延伸到高度重视和加强对航运生产中可能对船体结构安全产生的影响进行监控。在船体结构安全管理方面,组织对老龄船、船体结构有缺陷的船舶进行了分组评估,对每艘老龄船检查情况编辑成册,拍照片前后对比,有利于日常管理。

广州远洋强化老旧船舶设备技术状态的评估,为保证船舶技术状态评估能有效地执行,专门制定了《岸基船舶技术评估操作须知》,要求各机务人员每年9月份对所管船舶的技术状态进行评估,在标准化方面,充分考虑老旧船特点,在《船岸船舶设备使用管理规定》和《船岸船舶设备维护保养管理规定》中制定合适的使用和管理标准。

青岛远洋坚持全面掌握船舶技术状况,做好船舶分类使用工作,综合船舶运力使用安排和年度船舶修理计划,编制了船舶分类使用表,对船舶的航线、航区、货载限制等内容做出了明确规定,使之成为公司用船、管船、修船的基本依据。特别是对于18年以上的老龄船结合PSC检查的特点,适当限制航区,对28年以上的超老龄船,在保证安全和经济论证的基础上,结合年检或特检,改为国内沿海航线,满足公司经营需要。

大连远洋针对油轮存在油污风险,不断加强与大石油公司的联系,严格按照大石油公司的管理要求,强化对员工的培训,全面开展了安全管理体系的修改完善,推行全面风险管理,进一步健全防污染预案。根据船舶特点及船龄大小,科学制定船舶维修保养计划,并通过AMOS管理软件及时跟踪船舶的维修保养工作的完成情况,对未能按时完成的工作,监督员加强跟踪、指导,同时,加强对油轮压载舱、货舱等船体结构的检查与维护,要求船舶定点检查、拍照,对发现的重大安全隐患及时安排修理在机电设备实行计划保养多年的基础上,通过推进METE管理软件项目,逐步实现船体结构的计划保养,为全面实现船舶全生命周期计划保养打下了基础。

厦门远洋加强老旧船船体结构安全,制定下发了《岸基老旧船舶安全管理须知》及《老旧船安全操作须知》,从技术层面规范了船员操作行为,日常管理和安全投入等,从而提高了老旧船的安全系数。定期召开老旧船管理领导小组和鉴定小组会议,加强对老旧船舶的监控,做好老旧船舶的勘验和安全评估工作,尤其是船体结构、强度及主要机器的安全评估和测验。有针对性地增加投入。

2005年，全集团境内航运企业5项机务费用总投入达到9.7亿元，同比增长1.1亿元，增幅达到12.7%，通过加大软硬件投入，改善船体结构和设备状况，消除了大量事故隐患；老龄船状况及劳动安全环境得到明显改善。

2011年，中远集团和下属各航运单位以集团2011年"防污染管理年"为契机，通过完善相关制度、开展专题培训、进行专项检查等手段，进一步提高了船员的防污染意识和防污染技能。

2013年，为进一步强化船舶管理者对重大安全隐患做到心中有数，把风险降到最低，确保各司形成制度化、常态化的老旧船管理模式，中远集团下发了《关于进一步做好对重点船舶实行跟踪管理的通知》，要求在加大成本控制力度的同时，要突出对船体结构重大风险的跟踪管理；在船队结构调整背景下要加强对各公司管理水平的监督和管理资源的协调；各公司必须有专人负责跟踪筛选出安全风险较大的重点船舶，及时消除隐患，确保船舶航行安全。通过全系统船体结构安全大检查，中远集团安监部共筛查出28艘船舶作为集团重点跟踪船舶，形成重点跟踪船舶库（有9艘船舶安排退役，实际重点跟踪船舶为19艘），要求各单位确定专人负责，有效跟踪管理，落实安全责任制。与此同时，要求各单位要按照老龄船管理办法，确定本单位重点跟踪船舶艘数，原则上不低于本公司船舶艘数的5%。当重点跟踪船舶艘低于3%时，相关航运公司应主动根据对船舶安全隐患的排查，自行推荐相应船舶船体结构相对最差的船舶列入重点跟踪船舶名单。由中远集团安监部船技室负责对上报重点跟踪船舶建立单船电子档案，并对航运公司的安全管理等提出建议和改进要求。海监室对重点跟踪船舶实行安全航行跟踪管理，尤其是在大风浪、寒潮及其他极端天气情况下的航行安全跟踪和指导。

随着"拆旧造新"政策的实行，中远集团在积极做好老旧船退役工作、大规模调整船队结构的同时积极探索船舶"全生命周期"管理。通过建立船舶管理体系、设立数据库、建立健全技术标准、记录静态和动态信息，为实现在船舶建造、船舶营运，船舶退役等不同时段，对船舶技术状况和安全投入进行了解掌握和统筹规划，实现既安全高效，又降低成本的管理模式。最终促进新造船的保值增值，延长船舶使用寿命的作用。

与此同时，进一步加强新接船的机务管理工作。以船舶全生命周期管理理念和要求为指导，充分利用集团"造船技术委员会"平台，在船舶建造过程中充分融入机务管理人员的意见和建议，保证新造船的安全规范和技术质量。制定新接船的全生命周期的机务管理标准，逐步从单项标准向标准体系过渡，并研究制定相应的考核、激励制度。

（四）加强机务管理信息化建设

这一时期，中远集团在机务管理信息化建设方面打下了良好的基础，中远集运开发的SMIS系统在全系统范围内进行了推广，成功开发了《中远集运船舶全球动态监控系统》，实现了公司对船舶全球航行状态的全程跟踪。中远散运、中远香港航运、青岛远洋、厦门远洋等公司通过SMIS系统移植、改造，船舶管理、船岸之间的各种信息已经成功集成到SMIS系统中，船舶管理水平得到了有效提升。2006年，中远集团向科技部申报了国家"十一五"科技支撑计划项目《远洋船舶及货物运输在线监控系统》，这是中远集团成立45

年第一次承接国家级重大科技项目。

2013年，报经发改委批复同意，根据交通运输部统一部署，中远集团开始推动"国家远洋运输管理物联网应用示范工程（COSAIT）"。该工程由交通运输部组织实施，选择中远集团旗下船舶250条、中国海运（集团）总公司旗下船舶150条，开展物联网应用试点工作，研究探索中国远洋企业对远洋船舶航行和货物运输全过程精细化管理新模式，计划2016年建设完成所有船舶的船载终端系统并通过竣工验收。借此机会，中远集团按照"符合集团规划、强化顶层设计、专家各司参与、使用商业结合"的原则，在充分利用现有系统和数据的基础上，整合资源，优化提升，选好系统，留好接口，积极借助信息化手段，通过对各公司现有信息系统的整合和优化实现满足船舶安全管理需求、船舶成本控制需求和船舶整体运营管理的需求的目标。推动中远机务工作的"大数据"管理。

（五）加强机务人才队伍建设

这一时期，经过安全生产实践，中远集团已经锻炼了一批思想过硬、业务精通的机务管理专才和队伍。人员素质较高、老中青搭配、结构合理，既有理论水平，又有丰富的管理经验。但随着内、外部环境的不断变化，机务管理和节能减排工作不断遇到新困难和新挑战：大量新接船的管理、新公约新规则和国家节能减排政策的实施、新技术新能源的应用、大数据时代的来临，重大非常见机损事故对风险评估和应急能力的要求，都对机务管理队伍和船员队伍训练带来了新挑战、提出了新要求。面对新形势新要求，这一时期，中远集团以"三个三百"人才工程为基础，通过不断强化安全教育培训，确保轮机长和机务管理人员明确国际公约中涉及船舶安全、人命安全、劳动安全、防污染等方面的强制性要求，国内法律、法规以及中远集团的规章、制度和须知等；了解事故致因理论、危险源辨识、风险分析方法、重大危险源辨识与控制；熟悉船舶检验、船舶安全管理及PSC检查的内容和技能；掌握船员安全心理、领导力和团队工作技能、有效沟通技巧等人员管理方法；熟悉船舶能效管理和机务管理；具备分析海事案例、船舶安全事故案例的能力，进一步提高轮机长、机务管理人员的综合素质。

二、PSC检查保持高通过率

港口国检查（PSC）是国际海事组织推行的为确保船舶适航、防止污染、提供健康和安全工作环境符合有关国际公约的一种控制方法。每次港口国检查记录，都将在相关网站、报告上公布和保留，港口国检查工作的质量直接关系到中远集团在国际上的声誉和信誉，与企业竞争力、经济效益等息息相关。这一时期世界范围内港口国检查的情况和特点：巴黎备忘录国家比较重视防污染方面，美国USCG重视航海图书资料的配备和改正、应急设备安全操作演习和记录以及防污染方面，澳大利亚海事安全局、加拿大重点在船体和载重线、应急识别方面。特别是北美、欧洲、大洋洲各港口船舶的PSC检查频繁、严格，一旦被滞留，船东或船舶管理公司会被列入黑名单，并通过网络在世界范围内公开。日本、韩国、新加坡及其他东南亚国家以及印度、巴西等国家和地区对PSC也越来越重视，检查频率直线上升。特别是2002年7月1日ISM规则对所有国际航行船舶强制实施，各港口国备忘录组织把对 ISM 规则的检查作为 PSC 检查的重点。这一时期，PSC 检查的要求不断提高。

中远集团的港口国检查（PSC）工作，可以分为三个阶段：

第一个是应付检查、现场整改阶段。由于港口国检查从 20 世纪 80 年代的巴黎备忘录生效开始，检查不是十分严格，检查官也不是十分规范，船舶被滞留对船队的影响不是很严重，同时中远船舶自身也存在一些问题，因此针对船队具体情况，要求船舶"应付检查、现场整改"，提出"过三关"的操作要求，这些措施非常必要和恰当，并且在之后的很长一段时间内仍然有用。

第二个是标准到位、规范操作阶段。随着中远集团船队接受检查的船舶艘数逐年增多，滞留率逐年减少，2001 年中远船舶受检 1136 艘次，前所未有地实现了零滞留的好成绩。这体现了中远集团全面实施 ISM 规则，不断完善 SMS 的结果，也反映出中远集团安全管理体系的持续改善，做到执行程序标准到位、规范操作。

第三个是全员动员、文化建设阶段。这一时期，中远集团决心以船舶安全和良好的港口国检查记录来进一步提升中远船队在国际航运界的形象和地位。2002 年中远集团下发了《2002 年港口国检查工作指导意见》，提出了继续把 PSC 作为一项系统工程来抓，提出了"以加强基础工作为基本点，以管理机制创新为突破口，以 ISM 规则的全面实施为契机，全面动员，关口前移，综合治理，为营造一个良好的港口国检查文化氛围而努力工作"的总体思路，明确了全年船舶滞留率控制在 0.5% 以内，无缺陷批注通过率提高到 70% 以上的目标。要求各公司要通过港口国检查这一手段，促进安全管理体系的持续改善和有效管理，要按照《降低船舶港口国检查滞留率管理办法》，坚持把 PSC 工作当成一项主要工作来做，把船舶滞留看作"重大事故"来处理，将 PSC 工作作为公司、船舶管理工作的重要考核指标之一，总公司船技处设立 PSC 工作办公室，负责全集团港口国检查的指导和协调工作。同时要求各家单位要不断完善各种管理制度，使港口国检查做到制度化、规范化、科学化。并以覆盖国际公约要求为起点，建立和逐步完善船舶工作标准。与此同时，中远集团层面还聘请安全督导员，建立内部自查自纠制度和信息交流制度，检查内容与 PSC 接轨。并要求各家单位建立培训、检查情况分析和船舶港口国检查报告制度。各境外机务网点要加强当地 PSC 情况的了解，为到港船舶做好技术指导。2005 年接受港口国检查的船舶为 1305 艘次，滞留 3 艘，检查船舶通过率为 99.71%，无缺陷批注率为 70%。据有关部门统计，2005 年全球船舶平均滞留率为 6.76%，中国旗船舶平均滞留率为 1.66%，而中远所属船舶滞留率仅为 0.29%，是世界港口国检查滞留率最低的船队。

2006 年是国际公约修正案集中生效最多的一年，也是各港口国集中检查、专项检查力度较大的一年，中远集团针对各项专项检查及公约修正生效情况，下发通知和履约指导意见。各单位密切注意公约修正、搜集各港口国对船检查的新动向、新特点，指导船舶做好港口国检查及履约工作，2006 年共有 1186 艘次接受港口国检查，813 艘次无缺陷通过，滞留 1 艘，是历年来最好水平。2007 年港口国检查船舶 1225 艘次，无缺陷批注 851 艘，无缺陷批注率 70%，滞留 1 艘，滞留率 0.1%，继续保持低滞留率。2008 年港口国检查

856 艘次无缺陷批注 612 艘次，滞留船舶 2 艘，滞留率 0.23%。2009 年，接受港口国检查 1196 艘次，无缺陷批注 865 艘次，滞留船舶 4 艘，滞留率 0.36%。

这一时期，中远集团还根据上级主管部门和港口国的要求，积极推进创建"安全诚信船舶"和"21 世纪优质船舶"的"双创"活动。

为推动中国航运安全文化建设，鼓励航运公司及其船员自觉做好公司和船舶的安全管理工作，促进航运公司、船员遵纪守法的自觉行为，2003 年 6 月 1 日起，中国海事局实施船舶"白名单"制度，凡被评为"安全诚信船舶"的将由中国海事局颁发有效期为 24 个月的证书，免除 24 个月的船舶安全检查。除滚装船之外的中国籍国际航行船舶及省际航行船舶，均可自愿参加"安全诚信船舶"评选。评选条件包括船舶及其公司已建立实施安全管理体系；船龄为 12 年及以下的船舶，以往 3 年在船舶安全检查或港口国监督检查中未发生滞留；12 个月内最近一次船舶安全检查或港口国监督检查记录良好，无严重缺陷；以往 3 年未发生安全、污染责任事故，无违反有关海事法规行为。安全诚信船舶的评选，有利于中远船队的安全管理，促进公司和船员安全意识建设，提高履行公约的自觉性和管理的长期有效性。

2003 年 5 月 28 日，中远集团下发了《关于积极参加安全诚信船舶评选工作的通知》，号召各公司利用这一有利契机，建立激励机制，鼓励更多船舶加入"安全诚信船舶"，把船队安全管理水平提高到一个新的高度。2003 年 7 月 25 日，国家海事局为第一批共 146 艘"安全诚信船舶"颁发了证书，其中 96 艘中远和中远负责管理的合资船舶荣获证书。其中中远集运 37 艘，中远散运 24 艘，广州远洋 12 艘，青岛远洋 3 艘，大连远洋 12 艘，深圳远洋 5 艘，中波公司 3 艘。2005 年，中国海事局授予 111 艘船舶"安全诚信船舶"、202 名船长"安全诚信船长"称号；2008 年，中远集团又有 74 艘船舶荣获"安全诚信船舶"称号，123 名船长荣获"安全诚信船长"称号。2008 年，中远航运荣获中国海事局授予的"2007 年度安全诚信公司称号"，连兴湖轮等 27 艘船舶荣获 2007 年度"安全诚信船舶"，占全行业 32.5%。83 名船长荣获 2007 年度"安全诚信船长"，占全行业 62.4%。

"21 世纪优质船舶"（Qualship21）评选是美国 2001 年在港口国检查（PSC）的基础上推出的一项活动。入选美国"21 世纪优质船舶"的要求非常高，规定入选船舶 36 个月内在美国的 PSC 检查中没有因不合格项而被滞留；无海事暴力事件或需报告的属于重大的海事伤亡事故，在 36 个月内接到不超过一次暴力事件传票/通知；所属船东或营运公司的船舶连续 24 个月内在美国水域无发生任何 PSC 滞留事件；所属船籍国的船舶被扣留率不超过美国总的扣留率的三分之一。凡被评为"21 世纪优质船舶"的船舶，均授予有效期为 2 年的"21 世纪优质船舶"证书，在美国港口官方控制网站上公布船名，同时可以享受减少港口使费用，油轮可减少全面的期中检查，货船可减少或忽略 PSC 检查等的待遇。"21 世纪优质船"计划是鼓励提高船舶质量的新举措，有利于提高船员的创优意识，提高船舶管理标准和水平；可以提高船公司信誉和良好形象，有利于市场开拓；可以减少在美国的检查次数和争取到港口使费方面的优惠政策。到 2004 年已有 20 多个船旗国的近 400 艘船舶获得了"21 世纪优质船"荣誉。

到 2004 年，中国旗船三年平均滞留率为 0.42%；根据美国海岸警卫队 2002 年目标和非目标船级社清单,在中国船级社入级船舶三年滞留率为零,符合进入非目标船级社行列,中远船舶从2000—2002年三年滞留率为零,中远船舶已完全符合加入条件。为提升船舶管理水平和企业的声誉,中远集团积极推动中国旗船舶参评"21世纪优质船"活动。在中国海事局的大力支持和推荐下。2004年,中远共有23艘船舶成为中远首批"21世纪优质船",其中大连远洋1艘,中远香港航运16艘,中远新加坡公司3艘,广州远洋(中远航运)3艘[①]。2004年11月10日,中远集团下发了《关于积极开展争创"21世纪优质船"工作的通知》,要求各司船舶要争创"21世纪优质船",使中远更多船舶加入"21世纪优质船"行列,特别是五星红旗船舶,以提高中远国际声誉,创造中远船舶管理品牌。到2005年,中远船队已有58艘船舶获得"21世纪优质船"称号,占全球"21世纪优质船"869艘的6.7%。其中中远挂中国五星旗船20艘,占中国五星旗船(23艘)87%,中远香港航运获证船舶38艘,占公司船队(101艘)37.6%,占香港旗船舶(49艘)77.6%。2013—2015年,中远香港航运连续三届荣获香港海事处和香港船东协会联合授予的"港口国检查卓越成就奖"。

通过积极开展"双创"活动,营造了有利于中远船的安全管理、有利于船舶保持安全纪录的氛围,促进了公司和船员的安全意识建设,提高了履行公约的自觉性和管理的长期有效性,展现中远船员队伍的良好素质、技术素质和管理能力,展现了中远各公司船队管理的有效性和强有力的技术支持,以"安全第一"的理念全面推动中远安全文化建设,创建船舶管理的长效机制,创造中远船舶管理的品牌。

随着航运市场低谷的到来,2010年之后,中远船舶的PSC检查滞留率有了大幅反弹,2010年滞留船舶10艘,2011年,滞留船舶11艘,滞留原因主要是维修保养不到位,救生、消防、通导和应急设备故障或缺陷。对此中远集团高度重视,在2012年安全工作电视电话会的工作报告中把"船舶PSC检查滞留率控制在0.5%以内"作为2012年的一项硬任务,要求全系统务必打好降滞攻坚战。下发了《关于做好有关港口国监督检查工作的指导意见》,通过完善检查机制、做好岸基支持、增强责任意识、做好维修保养等方面,对降低船舶滞留率提出了对策,并建立了报送机制和责任处理规则,使PSC滞留率反弹的问题得到了有效控制。2013年,船舶接受港口国安全检查1074艘次,其中834艘无缺陷批注通过,被滞留船舶3艘,滞留率0.28%。到2014年,PSC滞留率被有效控制在了0.41%,无缺陷通过率达到78.3%。

三、全面落实节能减排工作

这一时期,能源问题不仅成为我国经济发展的瓶颈,也已经成为影响国家经济安全的重要因素和国际社会高度关注的问题。党中央、国务院对此高度重视,于2006年下发了《关于加强节能工作的决定》,2007年又召开了全国节能减排工作电视电话会议。2007年国务院、国资委相继下发了《国务院批转节能减排统计监测及考核实施方案和办法的通知》

[①] 大远"吉利湖"轮,中远香港航运公司"富达""富乐""富丽""富泉""信强""昌强""志强""乐群""乐原""优越""明州""明晖""富源""盛强""大鹏海""大亚海"16艘;中远新加坡公司MV.COSJOY、MV.COSINTREPID、MV.COScHERRY 3艘;广远(中远航运)"安华江""安吉江""泰安口"3艘。

《国务院关于印发国家环境保护"十一五"规划的通知》以及《关于印发〈关于加强中央企业节能减排工作的意见〉》《中央企业任期节能减排管理目标的通知》等一系列有关节能减排的纲领性文件。这些文件为中央企业进一步做好节能减排工作指明了方向，明确了考核措施。其中国务院 36 号通知指出，到 2010 年，单位 GDP 能耗降低 20% 左右，主要污染物排放总量减少 10%，是国家"十一五"规划纲要提出的重要约束性指标。建立科学完整统一的节能减排统计、监测和考核体系（三个体系），并将能耗降低和污染减排完成情况纳入各地经济社会发展综合评价体系，作为领导干部综合考核评价和企业负责人业绩考核的重要内容，实行严格的问责制。

中远集团是国家重点用能单位，年消耗 400 多万吨燃油。随着国际社会对航运界节能减排的压力越来越大，这一时期，从落实国家节能减排方针政策及自身可持续发展的需要，中远集团始终坚持节约发展、清洁发展和安全发展的理念，紧紧围绕安全和效益总体目标，创新经营思路，强化精益管理，深入贯彻执行国资委、交通部及上级主管部门下发的一系列节能减排要求，坚持节约发展、清洁发展和安全发展的理念，在能源节约方面取得了较好成绩。

2005 年中远集团加入了联合国的"全球契约"，2008 年 6 月中远集团又签署加入了联合国的"关注气候变化宣言"，向全世界作出了"节能环保"的社会承诺。

（一）"十一五"期间中远集团节能减排情况

2007 年，国资委将中远集团列入第一类重点企业行列进行跟踪管理，按照重点型企业要求每季度向国资委上报节能减排工作及指标完成情况。并下达了"十一五"末期比 2005 年万元收入总和能耗降低 18.8%，到 2009 年万元收入综合能耗降低 15% 的任期目标。为了确保完成考核和任期目标，在中远集团的领导下，中远集团自上而下建立了全面系统的节能减排工作体系，有力地推动了"十一五"期间节能减排任务的落实。

1. 加强领导，完善组织体系

为切实做好中远集团节能减排工作，加强对中远集团各企业节能减排工作的领导，2008 年 1 月 10 日，中远集团成立了以魏家福总裁为组长、张良副总裁为副组长、各二级公司总经理为成员的中远集团节能减排工作领导小组，全面负责中远集团节能减排的领导工作；并成立了节能减排工作办公室，具体负责监督各成员单位节能减排工作的开展、节能减排考核指标的制定等工作。同时，中远各二级单位均分别成立了相应的节能减排工作领导小组和管理机构。

2. 细化任务指标，强化考核体系

为使节能减排工作更加具体化、更具可操作性，2007 年下半年中远集团对全系统节能减排工作进行全面调研，以精益管理为指导，确定了以航运、船舶修制造及物流三大主业，是中远集团的节能减排工作重点行业；确定了集装箱船、沥青船、散装化学品船、LPG 船为实现节能减排的重点船种；把船舶主机、副机、锅炉作为船舶重点用能设备；把全集团能源消耗 98% 以上的航运企业作为中远集团节能减排的重点单位；把占中远集团总能耗 65% 左右的中远集运集装箱船队作为中远集团节能减排工作的重中之重。对以上重点单位和船舶主要能耗设备进行了清查、建账，为进一步加强监督管理打下基础。

针对国资委下达的节能减排要求，中远集团对任务进行了细化分解，要求各单位根据本企业特点，突出重点，进行分类管理和指导，中远集运、广州远洋、中远散运、青岛远洋、大连远洋、厦门远洋、中远香港航运的自营船舶（包括自有和租入船舶）能源消耗已经纳入国资委考核中远集团的"万元收入总和能耗指标"管理体系中，为此要求各航运公司立即建立健全"万元收入综合能耗指标"管理体系，按规定每季度上报集团安监部"能源吨标准煤消耗量"及相应对的"万元收入"完成情况，同时上报燃油单耗指标（燃油消耗量及千吨×海里周转量数）完成情况。到"十一五"末，中远集运、广州远洋、中远散运、青岛远洋、大连远洋、厦门远洋、中远香港航运的自营船舶（包括自有和租入船舶）"万元收入综合能耗指标"要比 2005 年降低 19%（每年降低 3.8%）。

各陆产行业中，尤其是中远物流、中远船务、中远工业公司要根据国务院文件要求，紧紧围绕节能、节财、节水、节地和减少污染物排放为重点，进一步增强资源节约和环境保护意识，建立健全组织体系和管理体系，落实节能减排责任制。到"十一五"末，中远物流、中远船务、中远工业公司的"万元产值综合能耗指标"比 2005 年降低 20%（每年降低 4%），主要污染排放总量减少 10%（每年降低 2%）。未列入单位的考核指标参照此标准。

在下达考核指标的基础上，中远集团加强职能管理部门对节能减排工作的领导和督查力度。制定了《中远集团节能减排考核计分办法》；为做好国家对央企节能减排考核指标的分解、落实工作，针对三大主业特点分别制定了年度及"十一五"期间节能减排考核指标，并列入总裁与各二级公司签订的年度经营责任书，作为领导班子和领导干部任期内的重要考核指标，实行节能减排工作问责制，全面推行节能减排"一票否决"；凡是节能减排措施落实不力的单位、凡是被通报的单位及个人，取消参加年度评优评先的资格和权利，并在全系统通报。

3. 夯实基础，强化精益管理

2007 年中远集团自有船舶 460 艘。中远以精益管理理念为指导，调整航运经营结构；以加强管理节能和技术节能为抓手，加大技改投入，使节能减排工作落到实处。船舶燃油单耗为 5.16 千克/千吨海里，持续保持在历史最低水平。

（1）通过科学管理，实现节能降耗

从完善机构、制度、措施三方面入手，抓住领导机构和责任制度、能耗监测统计制度、指标考核制度、燃油消耗跟踪监督和提示制度、船队油耗定期检测和评估制度等"五个制度"的落实，集装箱船队利用"船舶燃油实时监控平台"，使管理者能及时发现油耗异常并制定调整方案，实现节能降耗和生产经营的科学统一。

在油轮管理方面，中远集团研制开发了油轮《货油加温计算机管理系统》，为货油加温操作提供了科学指导。这个项目的使用每年可节约上万吨燃油。

与此同时，中远集团还加强了船舶航行调度管理、科学设计航线、合理安排挂港顺序，促使降低燃油消耗。根据中远集团节能减排工作总体部署，研究表明，船速降低 10%，减少 CO_2 排放 15%；船速降低 20%，减少 CO_2 排放 30%。如果船舶主机转速降低 10%，将节约 27% 的燃油消耗。在油价高企的 2008 年，中远集装箱船舶开始实行降速航行10%的节能措施,并在年末取得了节油46万吨的成绩。通过连续三年降速10%,有效地减少了船舶油耗及废气排放。在此基础上,2008年5月初,中远集团对各航运公司提出全面考虑和实行降低运营航速及使用服务航速、有效降低油耗和减少排放。

(2)加强节能降耗新技术的研发与运用

这一时期,中远集团一直紧紧盯住国际国内节能减排技术的发展新动向,加强对国内外成熟、适用的节能减排技术成果的筛选,通过各种手段实现技术成果的推广和应用。在本系统内,大力推广实施《船舶燃油实时监控系统》《电控定时、旋流喷雾式气缸油注入新技术应用》《货油加温计算机管理系统》《燃油均质器技术应用》《利用高效、清洁的天然气替代乙炔气》《关于无功动态补偿和滤波装置在船厂的应用》以及《士帕能节油装置技术应用》等成熟、适用的节能措施。

从2005—2007年,中远集团共计投入6558万元在41艘船舶安装了电子控制式气缸注油器供油系统,在55艘船舶上安装了燃油均质器设备,使用节能型燃油添加剂355吨,加强了技术节能。

为切实履行国际公约MARPOL附则Ⅵ要求,减少船舶排放,2007年中远集团使用1.5%m/m低硫燃油53094吨,投入成本2043万人民币,减少1593吨硫氧化物的排放。

从2007年开始,交通部连续举办了三次水路运输行业节能减排典型示范项目评选活动,中远集团的《船舶燃油实时监控系统》(VNRS)和《电控定时、旋流喷雾式气缸油注入新技术应用》等五项节能措施被评为交通系统节能减排示范项目。

(3)积极开发新能源,淘汰落后耗能工艺、设备和产品

这一时期,中远集团还积极推进风能、太阳能、核能等新能源在大型远洋船舶上的应用研究。与中国船级社在节能减排方面开展研究工作,依靠科技进步和技术革新,继续为航运界利用清洁能源做出贡献。

中远集团还通过淘汰落后工艺、设备和产品,提升节能降耗的力度。各航运单位按照中远集团老旧船舶退役管理规定,做好老旧船舶退役工作;陆产单位不断采取新工艺、新设备和新产品,坚决淘汰国家明令禁止的落后耗能工艺、设备和产品。各航运公司在船舶退役的时候,不仅仅是船龄、船况,也把那些能耗大的船舶列入退役计划,作为一个硬性指标坚决清退"油老虎"。

在中远集团的全面推动下,到2008年,中远集团的单位万元收入能耗指标已从2005年的1.01吨标准煤/万元收入降到了0.51吨标准煤/万元收入,远远低于国资委下达的"十一五"期间降低18.8%的目标。但是2008年下半年开始,受到国际金融危机的影响,我国水运业遭到重大冲击,水陆运输需求急剧下降,船舶运力严重过剩,中远集团的营运收入受到了很大冲击,对中远集团节能减排考核指标的完成造成了比较大影响。特别是2009年前9个月,中远"单位万元收入能耗指标"一度大幅反弹(表4-2),经过中远集团全系统的不懈努力,到2009年底,中远集团万元生产总值综合能耗成功下降到0.82吨标准煤,并于2010年达到了0.44吨标准煤,超额完成了国资委下达的"十一五"期间万元生产总值综合能耗从2005年的1.01吨标准煤下降到0.82吨标准煤,即能源单耗比2005年降低18.8%的节能减排指标。

2005—2009 年上半年单位万元收入能耗表（国资委能耗体系）　　表 4-2

年　　度	能耗总量（万吨标准煤）	单耗（吨标准煤/万元收入）	单耗同比
2005	503.78	1.01	—
2006	568.88	0.81	−19.8%
2007	628.58	0.58	−28.40%
2008	660.01	0.51	−12.07%
2009 年 1—9 月	486.09	1.169	129.22%

为贯彻落实国务院关于节能减排工作的总体部署，加快建设以低碳排放为特征的交通运输体系，2010 年，交通运输部在全行业组织开展了"车、船、路、港"千家企业低碳交通运输专项行动，取得了圆满成功。中远集团获得"优秀组织奖"，中远集运获得"先进单位奖"，贺建生、周玉山获得"先进个人奖"。

（二）"十二五"期间中远集团节能减排工作的开展

为进一步推动中央企业做好节能减排工作，确保"十二五"期间各项节能减排任务顺利完成，根据国家"十二五"节能减排总体目标和公司节能减排实际情况，2011 年 8 月 9 日，国资委下发了《关于中国远洋运输集团总公司"十二五"节能减排目标的通知》，向中远集团下达了"十二五"时期节能减排工作目标："到'十二五'期末，千吨海里油耗达到 4.14 千克燃油，二氧化硫排放强度达到每千吨海里 0.248 千克。"交通运输部《"十二五"水运节能减排总体推进实施方案》也明确提出了营运船舶单位运输周转量能耗比 2005 年下降 16% 以上；营运船舶单位运输周转量二氧化碳排放比 2005 年下降 17% 以上的节能减排目标。

为了贯彻落实国资委和交通运输部的要求，针对"十二五"期间中远集团节能减排面临的实际情况，2011 年 11 月 10 日，中远集团下发了《"十二五"节能减排工作推进计划》，确定：每年制定节能减排指导意见；继续推广"电控定时气缸油注油器""燃油均质器""船舶燃油实时监控系统"低表能环保节能漆（INTERSLEEK）的应用、燃料油节能型添加剂等成熟有效的科技成果；加快"船舶燃料油环保节油器"的推广应用；进一步开展船舶操作节能，推行节能驾驶和操作；积极开发远洋船舶风翼助推技术以及太阳能的研究开发；购买拥有电喷主机、可再生能源利用装置、减少压载水 50% 处理量以及除硫装置等方面的先进船型，打造节能环保型远洋船队；建立能源和能效管理体系；修、造船企业实行节水改造，确保污水排放指标（COD）满足国家环保要求；推广应用轮胎式集装箱门式起重机（RTG）"油改电"技术；推广应用靠港集装箱船和散货船使用岸电技术；试点应用 LNG 驱动、电力驱动水平运输车辆技术；修造船业积极推进天然气代替乙炔项目；抓住市场机遇，推广实施合同能源管理等 12 项重点工作。

"十二五"期间，在航运经营十分困难的情况下，中远集团持续推进节能减排工作，取得了显著成绩：

1. 节能减排三大保障体系初步建立

各单位按照国资委和集团的要求，一是建立了节能减排组织管理体系，成立了以企业主要负责人为组长的节能减排领导小组，组建了节能减排工作机构，为做好节能减排工作提供了组织保障；二是建立了节能减排考核奖惩制度，形成了"目标层层分解、压力层层传递"的责任体系，为做好节能减排工作提供了机制保障；三是构建了节能减排统计监测系统，基本完成了计量、定额、台账等基础工作，节能减排数据基本达到了规范化和科学化，为做好节能减排工作提供了技术保障。

2. 加快淘汰落后产能，优化结构布局

"十二五"期间，中远集团坚决贯彻执行国家有关淘汰落后耗能工艺、设备和产品的法律法规。2011年11月21日，中远集团下发了《中远集团老旧运输船舶退役及其资产处置暂行管理办法》，加快对船体状况欠佳、耗能相对高的老旧船的淘汰力度。2012年度，中远集团完成24艘船舶退役，退役总载重吨位88.4万吨；2013年进一步淘汰老旧运输船舶56艘，总载重吨219.47万吨。2014年，淘汰老旧运输船舶72艘，总载重吨352.1万吨。2015年，共淘汰老旧运输船舶38艘，总载重吨190.90万吨。与此同时，为贯彻节能减排的具体要求，对于船舶技术状况较差，节能减排设备相对较落后，耗能相对较高的老旧运输船舶，中远集团采取了废钢船的处置方式。其中2012年度退役船舶中80%以上以废钢船拆解方式处置，2014年和2015年所有退役船舶废钢船处置率达到100%。

除此之外，中远集团所有新、改、扩建项目全部按节能设计规范和用能标准建设。

3. 积极推广船舶能效管理体系

这一时期，大连远洋建立了船舶能效管理体系，并编制了《公司能效管理计划》（CEEMP）和《船舶能效管理计划》（SEEMP），于2011年5月1日发布实施，成为国内第一家取得CCS能效管理体系认证的公司。2012年5月，该项目荣获交通运输部第五批节能减排示范项目。仅大连远洋进行主机滑阀改造后，每年就可节约燃油2441吨，节省燃油成本约1000万元人民币。在中远集团的大力推动下，《船舶能效管理计划》在中远集团航运单位得到全面推广实施。

4. 研发、应用节能减排新技术

（1）研发节能环保型船舶——沿海专制船投入运行

2012年，深圳远洋自主研发、自行设计的两型绿色环保性能船舶之一5万吨级长江型沿海专制船"鹏龙"轮交付中散集团。沿海专制船在设计过程中，进行了多次水池试验，不断优化，最终得到了油耗最低的船舶线型设计方案。用这种船舶线型设计的沿海专制船，具有船速快、吃水浅、适应码头能力强、装货量大等优点，从而提高了船舶的经济性能和沿海市场的适港性。并具有燃油舱保护，无石棉材料等有害材料，无氟冷剂，灰黑水控制，低氮排放，低硫排放，二氧化碳排放少，环保油漆（不含锡），有压载水管理计划，GPR绿色护照等环保措施。

（2）建成世界最大的船舶太阳能离并网光伏系统

2014年3月22日，随着中远集团所属"中远腾飞"轮太阳能光伏系统安装到位和离网发电调试完成，并成功将太阳光能转变成电能，通过逆变器将全船12层甲板新改装的LED灯同时点亮，宣告由中远集团研发中心牵头推进，武汉理工大学承担研发的工信部高技术船舶科研项目《太阳能在大型滚装船上的应用技术研究》取得重大阶段性成果，标志着中国第一艘太阳能动力船舶落户中远集团,更标志着世界上最大的船舶太阳能离并网光伏系统在中远集团初步建成。经初步测算,太阳能光伏系统加上同时安装的LED节能灯,一年将为"中远腾飞"轮节油约320余吨,折合人民币约120余万元,节能减排效果非常显著。这一项目的成功实施,对中远集团、中国海运业乃至国际海运业将太阳能清洁能源应用到大型远洋船舶运输领域都具有重要的先行和示范意义。

(3) 风翼助航:中远申报863计划项目通过实船应用验证及技术评审验收

2012年,中远集团在认真总结前期项目研究成果的基础上,站在行业角度,瞄准国内外航运市场急需,牵头组织申报了国家863计划"大型远洋船——风翼柴油机混合动力低碳控制技术研究"项目。该项目被交通运输部列为重点培育的八个重大科研创新项目之一。该项目由中远集团研发中心牵头,以5万吨级散货船"鹏龙"轮为目标船,在中船重工702所、大连海事大学、武汉理工大学等参研单位的通力合作下,2014年12月17日,"鹏龙"轮在南通中远船务船厂进行风翼安装,并于2015年9月顺利通过了科技部组织专家对课题进行的技术评审验收。该项目通过实船应用验证,获得了丰富的试验数据,证明在满足船舶航行性能要求的条件下,可达到节能5%—10%的目标,节能效果经济可行。为远洋船舶清洁能源利用提供了技术支撑,填补了国内空白。项目取得了丰硕的研究成果,共编写了近30篇研究报告及技术图纸,发表论文20余篇,专利10余项。

(4) 推广应用"VLOC渤海深水航路技术保障信息系统"

VLOC渤海深水航路技术保障信息系统,是中散集团联合国家海洋环境预报中心,专门为超大型矿石船(VLOC)研发的一套船舶安全航行技术保障服务系统。

该系统通过对覆盖渤海、黄海的风暴潮+天文潮耦合数值进行精细化计算等,提供航经渤海水域的潮汐预报,使船舶充分利用潮高,安全满载通过预定航线到达卸货港。依托该信息系统的技术支撑和服务保障,每年VLOC满载10个航次就可多装载矿石近13万吨,直接创收150多万美元。同时,通过该信息系统,还可以避免船舶搁浅带来的污染或航行安全事故,确保航道安全,实现经济效益、节能环保、安全航行等方面的多赢。2013年1月10日,"宇华海"轮首次运用该信息系统成功满载靠泊曹妃甸港,成功通过项目验收。该项目荣获2013年度"中国航海学会科学技术奖"二等奖,在中国航海学会组织举行的项目科技成果鉴定会上,与会专家一致认为该项目成果达到了国内领先水平。

(5) 集装箱码头积极推广应用RTG油改电技术

传统的轮胎式集装箱门式起重机RTG是以柴油为燃料,由机上的柴油发电机发出电力驱动行走起升等机构。为解决传统RTG油耗大、营运费用高、环保条件差的问题,中远太平洋和相关科研单位积极开展集装箱码头节能减排关键技术的研究工作,经过周密、谨慎的调查和研究,2013年,中远太平洋投资5618.9万元人民币,成功对31台传统的轮胎式集装箱门式起重机(简称RTG)由柴油发电改为直接陆上供电(简称RTG油改电),获得了良好效果,单位标箱能耗费用下降60%左右,全年节约能源折合标准煤1639.4吨。

(6) 海豹项目,开辟北极商业航线

2013年9月,中远航运"永盛"轮首航北极东北航道获得圆满成功。"永盛"轮首航北极航线,节省航程10天,按照该轮日耗燃油39吨计算,可节约燃油390吨,折合为

557 吨标准煤,可减少二氧化碳排放 1213 吨,可减少二氧化硫排放 20 吨,减少氮氧化物排放 34 吨;北极航线实现可持续利用后,中国商船选择北极东北航道,将最大限度地缩短航程,减少船舶燃油消耗和二氧化碳排放,提高能源效率、减少环境污染。据测算,单航次能耗下降约 35%,带来非常可观的节能减排效果,为中远集团最大限度地履行社会责任做出了贡献。

(7) 积极开展营运船舶节能技术改造项目

2014 年,中远集团各航运公司积极开展营运船舶节能技术改造项目,其中:中散集团完成"远安海"轮等 10 艘船舶的能效管理系统安装;完成"远宁海"轮等 18 艘船舶的电子汽缸油注油器安装工作;完成"新发海""汉海""月海""明海"轮 4 艘船舶的主机滑阀式油头改造工作;完成"金州海"轮等 6 艘船舶的水动力节能装置安装。组织上报 4 个"国家节能专项资金"申请项目,获得节能减排专项资金 2547 万元人民币的奖励。为深入推进节能减排工作,2015 年,中远杂货船队、中远集装箱船队、中远散货船队和中远油轮船队圆满完成了节能减排技术改造计划,共投入技改资金 7843 万元人民币,实现节能量 5.06 万吨标准煤。

5. 实施超低速航行,深化船舶降速节能效果

实践和理论证明,船舶降速航行将是一项非常有效的节能减排措施。为了进一步做好船舶降速降耗工作,中远集团组织专业人员对系统内所有船舶降速情况进行了摸底,并根据船舶技术状况、能源消耗、船舶租金或成本等因素,于 2012 年 6 月制定并下发了《中远船舶降速航行指导意见》,指导各司船舶在保证安全的前提下,实施降速航行,降低能源消耗。各航运公司积极响应集团号召,分别制定了《船舶降速航行指导细则》,指导船舶实施降速航行,取得了非常明显的节油和节支效果。

2012 年,中远集团各直属单位积极推进船舶降速航行工作。通过认真研究、对比分析,按不同船舶航次、机型、航速等因素确定不同的转速和油耗。全年船舶降速节油 19.73 万吨(与 2011 年比较),节省燃油费用 1.31 亿美元。减少二氧化碳排放 61.36 万吨,减少二氧化硫排放 1.01 万吨,减少氮氧化物排放 1.72 万吨。

2013 年,中远集装箱船队全年平均投入运力同比 2012 年增加 7.30%,船队累计消耗燃油 262.7 万吨,与 2012 年同期 281.14 万吨相比,减少 18.44 万吨,降幅为 6.56%;全年单箱运力油耗 10.17 千克/标箱天,同比减少 12.68%,按照同比增加的运力所对应的单箱运力油耗下降的幅度来计算,中远集装箱船队实际比去年同期累计减少油耗 38.96 万吨。中远散货船队,按不同船舶航次、机型、航速等因素确定不同的转速和油耗。2013 年通过采取船舶降速航行措施累计节约燃油 12.36 万吨。中远油轮船队通过加大"降速节油"工作力度,降本增效成果显著,在保证船期及货载要求的前提下,将 VLCC 船舶的主机油耗从原来的近 90 吨/天,下降到满载航行 30 吨/天、压载航行 25 吨/天;2013 年,共 202 艘次实现超极端降速航行 120.9 万海里,节约燃油 8.35 万吨。中远杂货船队共完成 483 艘次,其中 390 艘次为节油,合计节油 4.11 万吨。2013 年,中远集团通过降速航行等节能措施共节约燃油 63.78 万吨,减少排放二氧化碳(CO_2)总量约 198.36 万吨,减少硫氧化物(SO_x)总量约 3.25 万吨,减少氮氧化物(NO_x)总量约 5.55 万吨。

2014年，中远集装箱船队在平均投入运力同比上年增幅7.65%的情况下，燃油消耗总量243.89万吨，同比减少7.16%；单箱运力油耗同比减少13.76%，公司实际比去年同期减少油耗38.91万吨。中远散货船队全年通过采取船舶降速航行和节能技术改造措施累计节约燃油13.28万吨。中远（香港）航运有限公司好望角型船舶"恒顺"轮和VLOC型船舶"合瀛"轮被国务院国资委评选为"燃油单耗最佳对标船舶"。中远油轮VLCC船队共完成降速165艘次，合计降速里程104.29万海里，节省燃油8.87万吨。中远杂货船队完成423艘次，其中381艘次为节油合计节油5.32万吨。2014年，中远集团通过降速航行、优化航线和技术改造等节能措施共节约燃油66.52万吨，减少排放二氧化碳（CO_2）总量约206.88万吨，减少硫氧化物（SO_x）总量约3.39万吨，减少氮氧化物（NO_x）总量约5.79万吨。

2015年，中远集团在保证安全的前提下，散装船和杂货船继续采取降速航行措施，取得了良好效果。全年，中远集团散装船和杂货船通过降速航行、优化航线和技术改造等节能措施，共节约燃油17.74万吨，减少排放二氧化碳（CO_2）总量约55.17万吨，减少硫氧化物（SO_x）总量约0.90万吨，减少氮氧化物（NO_x）总量约1.54万吨。

与此同时，自2012年1月1日开始，中远集团按照MARPOL公约附则VI的最新要求，在公海中使用含硫量低于3.5%（以前使用低于4.5%）的燃料油，在特殊海域使用含硫量低于1%（以前使用低于1.5%）的燃料油，在美国、欧盟等发达国家部分海域和港口内使用更加优质、低硫的轻质油。全年消耗燃油含硫率为2.61%左右，从而使中远集团二氧化硫排放强度产生了大幅度变化。与2011年相比下降了16.67%，与2010年相比下降了20%。

自2015年1月1日开始，中远集团按照MARPOL公约附则VI的最新要求，在ECA区域（包括波罗的海区域、北海区域、北美及美国加勒比海区域）和美国、欧盟等发达国家部分海域和港口内使用含硫量低于0.1%的燃油。全年消耗的燃料油，平均含硫量进一步下降为2.36%。

6. 船舶节能从新造船开始，树立绿色造船新理念

这一时期，各航运公司在船舶节能减排方面取得了共识：船舶节能减排必须从源头抓起，要从新造船抓起。例如：广州远洋在新造船时坚持"三个技术方向"，实行"六个技术政策"，保证"三个密切配合"；在船舶货舱布置、船壳外形设计、动力设备选用等方面，力求做到符合节能需求，保证船型优化，提高节能效果。中远集运、中散集团和大连远洋等航运单位在新造船中也提出了类似的理念。对现有船舶使用能效设计指数（EEDI）作为一项潜在的减排指标，从船舶设计和建造阶段就对船舶能效水平进行规范。未来船型将更加注重EEDI的效率，从而对船舶设计、生产工艺技术、配套设备、新能源技术应用等方面提出更高的要求。

2012年11月份，中远船务完成"绿色照明在船舶企业应用"项目内部验收。项目达到照明费用节约20%以上的预期目标，获得船舶企业绿色照明方案。验收组建议采用合同能源管理方式进行推广。

除此之外，中远集团还在系统内积极开展"全国节能宣传周""全国低碳日"活动，进

一步提升全员节能减排意识。

(三) 节能减排考核指标完成情况

根据统计,"十二五"期间,中远集装箱船队、中远散货船队、中远杂货船和中远油轮船队及主要陆产单位,以"管理节能、经营节能和技术节能"为抓手,持续降速航行,乃至超低速航行,深入开展精细化管理,积极推广应用节能减排新产品、新工艺和新技术,共投入资金79398.63万元人民币,实现节能量200.67万吨燃油,折合286.68万吨标准煤(表4-3)。

"十二五"期间中远集团节能减排情况　　　　　表4-3

年　份	节能减排资金投入(万元)	效果(万吨燃油)
2011	29551.03	32.9
2012	8197.03	19.73
2013	18908.38	63.78
2014	9651.41	66.52
2015	13090.78	17.74
合计	79398.63	200.67

节能减排工作成效显著。根据统计,中远集团"十二五"实际燃油单耗为3.59千克燃油/千吨海里,比"十一五"末燃油单耗目标值4.14千克燃油/千吨海里降低了13.29%。中远集团"十二五"实际二氧化硫排放强度为0.1830千克二氧化硫/千吨海里,比"十一五"末二氧化硫排放强度目标值0.248千克二氧化硫/千吨海里降低了26.21%。均超额完成了上级下达的节能减排指标。

此外,中远集团下属二级公司共有中远集运、中远散运、青岛远洋、深圳远洋、广州远洋、中远船务、中远造船和中波公司(代管单位)8家"万家企业"[①],均提前完成了"十二五"节能目标,其中中远集运、中散集团、中远航运和中波公司大幅度提前完成,例如中远集运作为"万家企业"之一的重点用能单位,上海市分解给中远集运的"十二五"节能量目标为50000吨标准煤。而实际上,中远集运在"十二五"的头三年,累计节能量达到128.2783万吨标准煤(2011年节约34.5064万吨标准煤,2012年节约36.7708万吨标准煤,2013年节约57.0011万吨标准煤)超额完成了节能目标。

四、推动备件物料集中采购

按照国资委建立"集中、高效、透明"的采购管理体系的目标要求,中远集团供应商管理领导小组提出了建立全系统供应商管理的管控体系、稳定并提升企业的服务水平、控制采购产品全生命周期总成本和防止供应商选择风险的总体提升工作目标。并于2012年8

---

① 自2012年1月1日起,中远散运、青岛远洋和深圳远洋三家企业合并设立了"中远散货运输(集团)有限公司"(简称中散集团),万家企业变为6家。

月制定下发了中远集团采购、业务外包和供应商管理系列制度。将船舶备件等交易金额大、交易频次高的采购和业务外包的项目列入中远集团一级集中采购目录。

从 2009 年开始，按照集团的统一部署和要求，中远香港集团所属中远国际，为实现中远集团船舶备件集中采购已做了大量的前期准备工作。基本完成了中远境外备件供应网点的整合，中远船队的大部分备件境外已经做到了集中采购，取得了阶段性成果，为集团推进船舶备件集中采购奠定了良好基础。中远集团采购、业务外包和供应商管理提升工作会后，为尽快落实中远集团采购、业务外包和供应商管理相关要求，加快推进中远集团船舶备件集中采购工作，2012 年 8 月 21 日，中远集团与中远国际组织召开"船舶备件集中采购平台建设研究及推进会"；9 月 7 日，集团安监部再次在南京召开了"中远集团航运企业船舶备件集中采购推进会"。集团安监部、监督部领导和相关人员，各航运公司主管备件采购工作的负责人，以及远通经营管理平台负责人参加了会议。会议分析了面临的全球政治、经济和严峻航运形势，指出了加快推进船舶备件集中采购所产生的包括降本增效、管理提升、反腐倡廉等现实意义，要求各航运公司要提高认识、统一思想，毫不动摇地加快推进船舶备件集中采购工作。在 2012 年年底前实现境外备件 100%、境内 80% 大宗备件通过"远通平台"集中采购。"远通平台"要协调中远网络公司、各航运公司尽早实现软件对接；积极协调中远国际，尽快进行测算并提出佣金数的建议意见，报集团审定；加快境外网点的整合工作。同时要研究其他地区的网点设立和常用备件的仓储问题，以保障服务水平和总体成本的下降。

2012 年 9 月 29 日，中远集团成立了中远集团船舶备件集中采购推进工作领导小组和工作小组；2012 年 12 月 28 日，中远集团下发了《中国远洋运输集团船舶备件集中采购管理规定（试行）》《中远集团船舶备件单笔采购供应商进选管理细则（试行）》《中远集团船舶备件集中采购实施方案》等相关管理规定和管理细则，并作为集团一级集中采购，自 2013 年 1 月 1 日开始在全系统全面推进。

为有效推进《中远集团船舶备件集中采购管理办法》在系统内的实施，2013 年 1 月 24 日，集团安监部在上海组织召开了"船舶备件集中采购及船舶计划性修理选厂推进会"。各航运公司、中远物流、中远 UK 公司、中远船务、中远国际／远通平台等领导和代表参加了会议。会议指出："远通平台"是实施船舶备件集中采购的重要抓手，是集团强化对各司备件采购管理的延伸。该平台的运营好坏直接关系到船舶备件集中采购工作的成败，关系到备件成本降低、效率提升和协同有效的成败。"远通平台"要进一步加强船舶备件集中采购工作的透明性，尽快实现与各航运公司的网络对接，尤其是监控系统的应用。由各航运公司和"远通平台"人员所组成的集团船舶备件集中采购技术管理委员会，需要从提高"远通平台"备件采购能力、分单优化管理等方面发挥更大的作用，共同管理和维护好这一平台。

备件集中采购取得的成效

"远通平台"建立后，按照集团"实施方案"设定的"先做成、再做好、再做强"的目标，稳步推进全集团的船舶备件集中采购。到 2015 年，经过各单位共同努力，集团备件集中采购推进工作总体顺利，在满足对船舶备件采购管理要求、扎实推进集团一级集中采购、发挥备件集中采购优势、控制采购成本、提高采购效率、规范采购行为和工作程序等方面取得了一定的成绩，初步实现了"先做成"的第一步目标。

1. 各单位集采执行情况

（1）纪律底线执行到位。按照"实施方案"第一步要求，各航运公司严格执行了国外备件和大宗国产备件通过"远通平台"的要求，没有发现"跑单"现象；"远通平台"按照航运公司要求将厂商底价如实反馈，没有发现"乱加价"现象。以上这两条"纪律底线"得到了很好的遵守。各航运公司通过"远通平台"采购备件所占比例都在80%以上，其中，境外备件通过远通平台采购比例接近100%。

（2）备件费用节约明显。以中远集运、中散集团、中远航运、大连远洋、厦门远洋、新加坡远洋6家航运公司合计数据来看，2011年、2012年中远集团备件费分别为6.57和5.88亿元；实施备件集中采购后，2013年、2014年分别为5.25和5.63亿元，集团整体备件费用下降，各航运公司备件成本有了不同程度的下降。其中，中远集运从2012年的2.45亿元下降到2014年的1.48亿元，下降了0.97亿元，降幅为39.6%；厦门远洋从2012年的712万元下降到2014年的379.5万元，下降幅度46.7%。总体上看，航运公司加大内部管理力度、加大老旧船退役拆解是费用下降的主要原因，但实施备件集中采购也同样发挥了积极作用。

根据远通平台统计数据，与集采前的2012年比较，2013年备件采购年节约额约为2248万港元，2014年节约额约为2165万港元。个别航运公司的优惠条款合同转移到平台操作惠及其他航运公司。如中远集运2014年自主开发的295万国产件通过远通平台进行采购。从2014年开始，加大了对中远南京配件厂的支持力度，在南京配件厂柴油机气阀生产质量明显得到保障的条件下，各航运公司按年度计划采取统一批量订购。

2. 集采平台开展的主要工作

（1）加强集中谈判。在备件价格总体上涨趋势下，通过船舶备件集中采购模式的改变，提高了远通平台对外议价权和议价能力，2013年由集团安监部牵头，召集技术管理委员会成员，与曼恩等10家世界著名船舶备件供应商进行了集中谈判，占备件总量80%的大宗采购合同价格进一步得到控制或降低。

（2）加强内部管理。通过备件集中采购专项管理的提升，使总体备件费用流向得到了优化，供应商管理等措施效果进一步显现。根据管理规定和实施方案要求，各航运公司均将船舶备件集中采购程序修编到公司体系文件之中，并有效加以贯彻执行；在中远国际的统一安排下，初步形成了以上海总部、境外及上海分部共计六个分平台的统一管理格局，为全系统船舶备件集中采购打下了良好的基础。通过在集团内实施船舶备件集中采购，有效地规避了可能由于在船舶备件采购中缺乏相关管理制度、采购权与使用权集于一体、采购流程缺陷产生违规和舞弊行为，以及供应商选择不当等四大采购风险。

（3）提升采购能力。一是稳步推进国内集采。平台采购渠道和技术已成熟的国产件，已统一由远通平台实施集中采购。对于大件和易耗件，由远通平台与航运公司充分沟通后，进行批量或预先计划采购，从而降低航运公司的成本；平台采购条件不成熟的加工件和需要开发的国产件，仍由航运公司主导开发，产品定型后转由远通平台统一采购，确保备件供应安全。二是开发国内供应渠道。船舶备件国产化是航运公司降本增效的有效措施之一。集中采购后，远通平台采购品种范围得到了进一步扩展，增加了洋马、大发、PC 机、瓦锡兰等柴油机的国产件，进口锅炉、进口空调、进口液压舱盖设备国产备件，以及各种进口滤器、各种泵浦国产替代件等，国内供应商也从原先的 115 家增加到近 400 家，与国内厂家的议价能力得到了提高，折扣、付款账期都得到了改进。同时，还加大了对中远南京国际业务的支持力度；三是增加了国产备件采购量。2011—2012 两年远通平台的国内采购额为 1500 余万人民币，2013 年上升至近 4000 万元，2014 年为 4400 多万元。

在取得阶段性成效的同时，备件集中采购也存在一些问题：一是总体的物流成本还是太高，各航运公司的备件物流成本仍占备件费的 20% 左右，与集采前没有明显降低，远通平台网络优势还没有充分体现出来；二是全球网络布局对整个船队的技术保障还不平衡，亚洲较多，美洲、欧洲有一个，非洲、澳洲还未完全建立起来；三是对外的议价能力还有提升空间；四是船东与供应商、厂家的技术交流要进一步加强，加强国内备件开发力量和备件售后及船舶技术服务；五是远通平台在利用 ERP 系统采购与供应备件的公开透明化方面还有待进一步加强；六是各航运公司对依法、依合同办事，按期付款的契约意识方面仍有待改进。

为实现船舶备件集中采购工作从"做成"向"做好"转变。2015 年 4 月 10 日，中远集团召开 2015 年船舶备件集中采购工作专题会，会议审议并通过了"关于向'远通平台'派驻船东代表的实施方案""关于试行'一个品牌设备集中在一个窗口'采购的方案""船舶备件集中采购国产备件清单"。总结"远通平台"建设两年来的工作成果也指出了存在的问题和不足，要求"远通平台"进一步研究船舶备件集中采购全球网络布局；进一步提升对外议价能力及谈判技巧；进一步加强采供过程的公开、透明。各航运公司要认真履行合同，按规定按时向平台付款。通过继续加强航运公司与远通平台的内部协同，重点在于加强"远通平台"的能力建设，激发备件集中采购优势的发挥，为航运公司降本增效做出贡献。

五、推进"中远船中远修"

这一时期，为应对航运和修造船市场的低谷，实现系统内航运企业和修船企业的抱团取暖、共渡难关，最大限度地维护集团整体利益，中远集团加强集中采购和内部协同力度，大力推进"中远船、中远修"，将下放各航运公司的船舶修理权再次统一收回。并于 2013 年 1 月 10 日，制定了《中远集团船舶修理选厂管理办法》（以下简称《管理办法》），经 2013 年第 1 次总经理办公会审议下发。

在计划性修船环节，《管理办法》规定：除经营航线远离中远船务修理厂，绕航超过一定时间的船舶、中远船务不能满足修理要求的船舶等经中远集团安监部批准的情况外，各航运公司的计划性修船原则上均须由中远船务。各航运公司负责根据船舶证书情况和安全技术状况，结合运输市场需求、公司船舶处置计划，制定次年度计划性修船计划。并在每年的 11 月上旬将次年度的计划性修船计划报备集团安监部，并由集团安监部通知中远船务。中远船务根据次年度计划性修船计划，与各航运公司协调沟通，编制计划性船舶修理计划，并报备集团安监部。安监部每年11月底组织中远船务、各航运公司召开次年度的船舶修理计划协调会，确定次年度计划性修理计划，并签署协议。同时要求，中远船务应优先保障集团内计划性修理船舶的进厂修理，船坞档期安排应满足航运公司的合理要求，并合理控制修船费用、确保船舶修期、保证修理和服务质量。中远船务的船舶修理价格要遵从市场化原则，并优于国内主流修船厂的价格。

在非计划性修船环节，《管理办法》规定：航运公司应根据中远集团供应商管理相关规定，对所使用的航修厂进行招标入库，并制定相应管理细则。船舶航修由航运公司根据实际情况在入库的厂家中选择。在中远船务有航修能力的港口，在保证船期和修理质量的前提下，航修工程原则上应优先安排在中远船务修理网点进行修理。船舶事故修理在条件允许的前提下，应由中远船务参与报价，在同等条件下航运公司应优先选择中远船务承修，中远船务应优先保障航运公司的事故修理，特别是坞期安排。对需在中远船务以外修船厂安排事故修理的船舶，航运公司应提前向安监部提出书面申请，并提供包括中远船务报价在内的必要往来函件、航线安排等材料，在审批同意后安排修理。对紧急情况下，航运公司可先行安排修理，并后补相关审批手续。

《管理办法》同时规定了争议处理、协同义务、修费控制和对中远船务修船考评和奖罚规则。

《管理办法》下发执行后，得到了各航运公司及中远船务的严格执行。在中远集团安监部的统筹管理下，中远系统内修船率大幅增加，取得了实实在在的成效。2013年上半年，安排在中远修理基地的船舶就达69艘，占总修理艘数的79.3%，同比2012年的37%高出一倍多。中远船务修理中远船舶单船平均费用为165万元人民币，比2012年的296万元人民币/艘下降了44.3%。根据中远集团要求，中远船务在市场价的基础上给予了各航运公司10%的价格优惠，为航运单位降本增效做出了贡献。在此基础上，中远集团进一步按照集中管理的要求，提出在推进"中远船、中远修"的过程中，要将工作重点由"从无到有"向"从有到优"转变，力争"中远船、中远修"的比例达到80%以上，对于达到90%及以上的航运单位，给予表扬和奖励。2014全年，中远系统共有132艘船舶进行了修理，其中在中远内船厂修理占比81%。实际发生船舶厂修费用3.28亿，同比下降7.9%，航修费0.9亿，同比下降18.9%。全年到2015年底，"中远船、中远修"的比例已稳定保持80%以上。合理控制了修船费用，保证了修船质量，最大限度地维护了集团整体利益。

第四节　打造专业化、高素质的船员队伍

一、中远船员队伍的发展情况

这一时期，中远集团的船员队伍主要由自有船员、基地/协作船员、外聘船员三部分组成。2005年，中远集团拥有和控制船员36498人，其中拥有自有船员30352人；

控制基地/协作船员6146人。到2015年底，共有船员31573人，其中拥有自有船员19735人；控制基地船员11838人。此外，中远集团还控制使用数千人的外聘船员和少量外籍船员。

这一时期中远船员队伍的突出特点主要有以下几个方面：

（一）船员队伍素质不断提升

1. 自有船员来源院校化

这一时期，除少量军转干部及由基地船员转为自有船员外，大部分船员以院校招生为主，以2015年为例，年度新招收船员中院校分配已占到了91.4%。

2001—2013年来自6所主要生源院校的船员数量情况见表4-4。

2001—2013年来自6所主要生源院校的船员数量情况　　　　表4-4

学校 时间	大连 海大	上海 海大	武汉 理工	集美 大学	青岛 船院	江苏 海事
2001年	2748	1156	1161	2308	1327	1810
2002年	2747	1147	1083	2379	1471	1873
2003年	2735	1112	1182	2381	1615	1795
2004年	2617	1070	1180	2328	1596	1594
2005年	2499	1163	960	2276	2146	1628
2006年	2341	1093	929	2154	2268	1619
2007年	2142	1062	854	2033	2558	1552
2008年	1911	1057	774	1926	2950	1481
2009年	1576	976	696	1745	3173	1140
2010年	1639	819	857	1561	3422	1241
2011年	1912	1028	904	1511	3877	1244
2012年	2132	1005	893	1435	4174	1282
2013年	2144	1103	823	1382	4401	1397

注：统计范围包括自有高级船员、自有普通船员。

2005年，中远集团自有船员队伍中，本科及以上学历3931人，占自有船员总数13%；大专学历5774人，占19%；中专学历7814人，占25.7%；高中及以下学历12833人，占42.3%。到2015年底，本科及以上学历4368人，占自有船员总数22.1%；大专学历8281人，占41.9%；中专学历3561人，占18%；高中及以下学历3525人，占18%。本科、大专以上比例明显上升，中专及以下比例明显下降，自有船员队伍的学历水平和知识层次都得到了有效提升。

2. 船员队伍年轻化

2005年，中远集团自有船员队伍29岁以下4357人，占自有船员总数的14.4%，30—39岁9057人占29.8%，40—49岁的7675人，占25.3%，50岁以上9263人，占30.5%。到2015年底，30岁以下6473人，占自有船员总数的32.8%，31—40岁3785人占19.2%，41—50岁的6633人，占33.6%，50岁以上2844人，占14.4%。其中，通过加大航海类毕业生的招聘力度，大大降低了船长、轮机长等八种职务高级船员平均年龄，从2008年的37.9岁下降到2013年37.2岁。八种职务高级船员的年龄结构基本形成了有效的梯队层次。但因为2000—2004年招聘人数较少和2005—2013年流失率较高的原因①，31—35岁年龄段人数明显不足，形成年龄梯队缺口。这一时期，由于大批老船舶政委的退休，中远集团2004—2005年、2009—2013年，两个阶段加大了内部选拔提升和招聘自主择业军转干部的力度，船舶政委平均年龄从2005年的49.7岁降到2013年48.7岁。从1995年开始，除了个别退伍军人的安置外，集团不再批量招收自有普通船员，长时间的年龄断层使普通船员队伍年龄结构老化，至2001年底，自有普通船员平均年龄已达42.1岁，比自有高级船员高2.8岁，但随着基地船员机制的建立和基地船员的逐年补充，普通船员队伍的年龄梯队结构开始重建，到2013年平均年龄为34.2岁。

3. 自有高级船员数量比例提升

这一时期，在中远集团"高级船员公司化，普通船员社会化"的用工模式推动下，自有高级船员的比例不断上升，从2005年占自有船员总数54.3%提升到2015年底的80%左右，以劳务派遣形式使用的高级船员占比从2001年的5.9%增加到2013年的11.0%。在坚持"高级船员公司化"的基础上，辅以"协作"和"外聘"两种用工形式，既可实现对核心船员队伍的控制权和主动权，又可增强船员队伍用工灵活性，还在一定程度上降低了船员队伍人工成本。

（二）船员队伍总体规模缩小

从2001—2015年，自有船员、协作船员、外聘船员三种用工性质和用工总数情况如表4-5。

2001—2015年三种用工性质和用工总数情况　　　　表4-5

时间＼用工性质	自有船员	协作船员	外聘船员	船员总量
2001年	36443	4251	266	40960
2002年	34411	4451	1919	40781
2003年	32810	5515	1071	39396
2004年	30352	6146	3662	40160
2005年	28655	7019	3090	38764
2006年	26682	8875	3591	39148
2007年	25191	9435	3471	38097
2008年	24305	10924	2464	37693
2009年	22943	12408	1784	37135
2010年	22035	12288	1988	36311

---

① 2000—2004年招聘的航海类院校毕业生较少（共计2341人），而2005—2013年这部分船员的流失比较严重（年平均流失率较高在6%左右，2007—2009年流失的二副二管轮、三副三管轮较多，2009年流失的大副大管轮较多）。

续上表

时间 \ 用工性质	自有船员	协作船员	外聘船员	船员总量
2011年	21237	12183	2478	35898
2012年	22092	12893	2972	37957
2013年	21777	12877	1631	36285
2014年	21062	12337	1487	34886
2015年	19735	11838	1669	33242

由上表可以看出，船员总量从2001年40960人下降至2013年36285人，缩减4675人，缩小比例为11.4%。自有船员数量从2001年36443人锐减到2013年21777人，减少14666人，比例为40.2%；协作船员和外聘船员虽然人数有增加，但远比不上自有船员减少的比例。从总体来看，船员队伍总量仍然是稳中下降的趋势。

船员队伍总量减少除了中远集团"高级船员公司化，普通船员社会化"带来的结构性调整外，也与这一时期中远普通船员队伍老龄化有关，如因为船舶老政委大量退休，船舶政委数量从2001年890人减少到2013年717人，缩小比例为19.4%，[①]。根据测算，自2002年开始的10年里，有10392名普通船员退休，占自有普通船员总数的55.4%。与此同时，高级船员队伍受到航运繁荣期和航运低谷的两次影响，波动较大。2006—2008年，因为航运业繁荣的影响，高级船员市场外部竞争加剧，8种职务高级船员流失率快速上升，从2001年的1.7%急剧上升至2008年的5.8%。

2009—2011年航运持续低迷，船员危机感增强，一些船员离职企图寻找新的出路。2011年船员流失率高达8.8%。其中大副大管轮、三副三管轮流失较为严重。船员流失也给中远集团船员结构带来了影响冲击。比如：大副大管轮的数量下降，比例失调越来越严重，2003年45岁以上大副508人，大管轮574人，2013年45岁以上大副267人，大管轮199人。除了大批老大副老大管轮退休外，这一时期，大副大管轮考试通过率较低，外部船员市场大副大管轮待遇较高，导致大副大管轮流失严重，造成结构性短缺。

与此同时，中远集团拆旧造新船舶数量减少和个别公司船舶定编配员减少也对船员队伍总体数量带来一定影响。

二、中远集团船员管理理念和模式的变化

（一）船员管理面临新的环境

船员管理工作是中远集团人力资源管理工作的重要组成部分，船员人才队伍在保证中远集团安全生产和经营效益上发挥着不可替代的作用。这一时期，中国船员管理工作所面

---

① 具体可以分为以下四个阶段：2001—2004年退休退养的船舶政委236人，船舶政委数量持续减少；2004年和2005年，集团从自主择业军转干部中招聘使用了部分船舶政委，使船舶政委数量有所增加；2006—2008年退休退养的船舶政委共计240人，导致船舶政委数量急剧减少；2009—2013年，集团加大了内部选拔提升和招聘自主择业军转干部的力度，使船舶政委数量逐渐恢复。

临的形势发生了深刻的变化，主要体现为五个特点：

一是船员职业整体吸引力明显下降。由于产业不断升级，社会日益呈现多样化（经济成分和经济利益多样化、生活方式多样化、社会组织多样化、就业岗位和就业方式多样化），船员的社会地位也大不如前，加上船员职业艰苦性、风险性以及流动性等因素，船员队伍流动加剧，流失率提高，船员的职业跟过去比已经失去了优厚待遇的吸引力，呈现出短期化发展的趋势。

二是船员体面劳动的要求日益提高。党的十六大后，党和政府明确提出以人为本、全面协调和可持续的科学发展观，以及建设"和谐社会"、实现"包容性增长"等理念；《2006年海事劳工公约》《劳动合同法》《劳动合同法实施条例》《船员条例》等国际公约、法律法规先后不断推出，均关注于劳动者权益的维护和营造和谐的劳动关系；规范船员管理，维护船员权益，构建和谐劳动关系已成为中国船员管理工作新的主题。

三是高级船员持续供不应求。《船员培训发证和值班标准国际公约》（STCW公约）的实施从机制上约束了高级船员队伍的规模，加上近年来船舶运力较大幅度的增长，出现了全球性的高级船员短缺，特别是大副大管轮、45岁以下年轻骨干船员的极度紧缺，即使在航运市场严重受金融危机的冲击下，这一局面也没有发生根本性的改变。只要未来全球船舶运力继续增长，高级船员持续供不应求的局面就难以改变。

四是船员市场加快向一体化方向发展。《海上人命安全公约》（SOLAS公约）、《防止船舶污染海上环境公约》（MAPOL公约）、《船员培训发证和值班标准国际公约》（STCW公约）对船员在工作要求、任职资格、教育培训、监督检查等方面均实现了全球统一的标准，随着《2006年海事劳工公约》的实施，船员基本权益保障标准也逐渐走向统一，全球船员市场加快实现一体化。中国作为航运大国、船员资源大国和国际船员劳务市场重要输出国，国内外航运企业将在中国船员劳务市场展开更加激烈的人才竞争。

五是船员与船东之间劳动关系日益市场化。高级船员的持续供不应求以及中国法律法规所给予劳动者极大的择业自由度，使得船东与高级船员之间从以往的行政管理关系转化为自由结合的市场合作关系，在合作中实现企业的发展和船员自身成长的和谐统一。作为船东，尊重船员、爱护船员、培养船员、用好船员并给予有市场竞争力的工资待遇是维系船员合作关系的重要前提和基础。

面对船员管理工作"人本化""市场化"两大根本趋势，中远集团秉承"以人为本"的核心理念和"严管善待"的工作方法，不断改进船员管理工作思路和方法，改革和完善适应形势发展需要的船员管理工作的体制和机制。

（二）推动船员管理制度与国际公约、国内法规接轨

1. 出台2005年《中远集团远洋船员管理办法》

随着中远集团船员管理体制改革的不断深化，以及国内、国际法律、法规和国际公约的出台、修订或废止，船员管理工作的形势发生了深刻的变化，中远集团于1996年颁布的《远洋船员管理工作条例》中很多条款已经不能适应形势的需要。如：普通船员队伍从拥有向控制的转变、船员实行提前退休、出入境手续的变化等。考虑到《条例》中很多条款已经到了不得不修改的地步。中远集团于 2003 年下半年开始组织中远集运、中远散运和广州远洋三家有代表性的公司对 96 版《条例》进行了重新修订。

在修订过程中，新规则遵循普遍符合性的原则，要求依据 STCW78/95 公约修正案和《国际船舶和港口设施保安规则》国际公约规范，与《船员职务规则》相配套，并符合国家法律法规和集团新规定的要求；强调了新规则作为"基本法"的广泛适用性和宏观指导性，提升了可执行性。对用工管理、证件管理、教育培训、实习见习、调配、在船管理、礼仪等进行了新的修订和补充。在"用工管理"中增加了"高级船员公司化，普通船员社会化"，社会招聘、返聘和船岸交流的内容；突出教育培训工作的重要作用，将"教育和培训"列为一章；突出青年员工培养，新增"实习见习"条款；删除了"定船"和"在船管理"中不符合人性化和不能执行的内容，如对家属上船探亲的问题不再进行限制；增加了"礼仪"一章，对船员的文明礼貌和着装进行规范。

在广泛征求了各公司机关、船队和法律部门的意见和建议，反复研究修改的基础上，新规则定名为《中远集团远洋船员管理办法》，并于 2005 年第十次总裁办公会审议通过后下发。

2. 出台 2012 年《中远集团船员管理办法》

2007 年之后，随着《中华人民共和国劳动合同法》及其实施条例、《中华人民共和国船员条例》《中华人民共和国海员外派管理规定》《1978 年海员培训、发证和值班标准国际公约》马尼拉修正案等相关法律法规的陆续颁布实施，以及《企业职工奖惩条例》的废止，集团船员工作的法律环境发生了较大变化，原 2005 年下发的《中远集团远洋船员管理办法》的部分条款已不适应这一时期集团船员工作的需要。为此，集团总公司再次组织广州远洋、中远散运、青岛远洋等公司对原管理办法进行了修订，于 2012 年 8 月 1 日，下发了《中远集团船员管理办法》。

《中远集团船员管理办法》依据《劳动合同法》及其实施条例、《船员条例》及其配套规章，同时参考了《中华人民共和国劳动争议调解仲裁法》《中华人民共和国工伤保险条例》《2006 年海事劳工公约》以及中华人民共和国海事局有关履行经修正的《1978 年海员培训、发证和值班标准国际公约》（STCW 公约）的配套法律法规和办法。在内容上，更加突出劳动合同管理；针对《企业职工奖惩条例》取消后船员奖惩的制度适用问题，增加了船员奖惩条款；强调规章制定内容、程序的合法性；更加注重以人为本，保护船员的合法权益；增加了船员信息化管理和专业化管理，年休假、船员遣返，船员英语适岗等级证书等条款；对伤病亡船员的处理条款进行了修订。

3. 修订 2014 年《中远集团远洋船员职务规则》

为履行新出台的 STCW78/10、MLC2006 等国际公约，适应船舶船员工作的新变化，中远集团组织各公司力量对《中远集团远洋船员职务规则（2003 年版）》进行了修订。本次修订坚持依法合规、全面履约，结合船舶实际的原则。增加条款 54 条 / 项，删除条款 11 条 / 项，名称修订 7 项 38 处，其他文字修订 130 余处。

主要修改有船长增加了责任与权力、能效管理、船员投诉、船员休息时间的控制等内容；政委职务按集团文件规定指定为船舶安全监督员，增加了船舶安全动态管理责任等；轮机长、大副、大管轮都增加了能效管理责任；二副增加了电子海图及信息显示系统（ECDIS）的管理维护职责；保安职责涉及全体船员。非固定编制增加了"驾助"职务，删除了无线电电子员、事务员两个非固定编职务。《远洋船员职务规则》修订为《中远集团远洋船员职务规则》，"安全管理体系"全部更改为"管理体系"。

通过加强各类船员管理制度建设，中远集团基本形成了《中国远洋船员管理办法》《中远集团协作船员管理办法》《中远集团船员职务规则》为框架的船员管理制度体系，初步建立了以分等级管理为特色的船员工作业绩考核体系。

（三）加强对船员战略资源发展的规划管理

这一时期，船员资源的战略重要性得到了国际社会的广泛关注。2008年4月16日，首届全国船员发展大会在深圳召开，这是新中国成立以来就船员发展问题召开的第一次全国性会议，会议提出了之后一个时期全国船员发展的指导思想，颁布了促进中国船员发展的十大措施，确立了到2020年实现中国从船员大国向船员强国转变的发展目标。2011年6月25日，在全球首个"世界海员日"之际，交通运输部在上海召开了中国海员大会，隆重庆祝"世界海员日"，强调了船员资源的重要性。

这一时期，中远集团已充分认识到船员资源的战略重要性，坚持定期对船员队伍情况进行定量分析，把握船员队伍实际情况，并依据企业发展规划，制订和实施船员队伍发展规划，增强船员队伍调控的目标性，优化船员结构，增强了中远集团船员队伍的调节和发展能力。

1. 制定发展规划，确立船员战略资源定位

为进一步加强船员队伍建设，确保集团拥有一支数量充足、质量过硬、结构合理的船员队伍，增强工作的前瞻性和预见性，中远集团于2007年工作会议提出："要进一步重视船员队伍建设，制定船员队伍五年发展规划。"中远集团人力资源部针对这一时期集团船员队伍的数量质量情况，依据未来五年集团船队发展状况、航海类专业毕业生的招收情况、船员流失及自然减员情况，结合《船员条例》《劳动合同法》有关船员用工管理的要求，在科学分析总结的基础上，提出了集团船员队伍建设和发展的总体目标、思路和具体措施，尤其是针对集团船员队伍建设和发展中的共同性、关键性问题提出了方向性的解决意见，形成了集团船员队伍五年发展规划。并形成了每五年制定一次的工作机制。

2012年，中远集团召开船员工作会，正式确立了"船员资源是中远集团最重要、最核心、最宝贵的战略资源"的战略定位。

2014年，中远集团以"船员资源盘点规划年"为中心开展队伍规划。对集团1997年以来的船员数质量统计基础数据进行了系统梳理，建立了船员数量质量基础数据库，对船员队伍进行了全面的动态、静态和SWOT分析。

从2014年开始，为提高船员整体素质，从机制上加强"高精尖"核心骨干船员队伍建设，中远集团积极推动船员领军人才队伍建设。研究起草《中远集团关于船员领军人才队伍培养建设的若干意见》，重点明确了集团船员领军人才培养的基本原则、基本条件、工作目标、主要任务等，为培养一支由"预备队、公司队、集团队"三个层次组成的、初具

规模、梯次分明的船员领军人才队伍指出了方向。

2. 推动船员管理水平提升

为落实国资委对中央企业管理提升活动的总体部署和要求，中远集团于2012年开始，在全系统开展管理提升活动，船员管理是管理提升活动的重要组成部分。2013年，中远集团先后调研中远集运、中远散运等7家主要航运公司，开展了以"把好五个关口"和"强化三项建设"为重点内容的船员管理调研，梳理、提炼出好的工作经验和亮点，也发现了工作存在的一些问题。在此基础上，召开了船员管理工作水平提升交流研讨会，会后各单位结合实际制订了船员管理对标提升方案，并定期了解对标提升方案进展情况，努力使船员管理水平提升工作取得实效。2014年开始，中远集团以"最佳船员管理实践总结推广系列活动"为抓手推动船员管理水平"质的提升"。召开集团船员管理实践亮点交流会，组织各单位对《船员管理水平提升实施方案》进展情况及最佳船员管理实践进行挖掘和经验总结，学习交流了船员管理工作经验，进行了船员管理最佳实践评比，促进船员管理经验的总结推广和提升；2013—2014年，中远集团还先后以"增强船员管理人员的思想认识、服务意识和职业素养""提升船管人员领导力与执行力、战略人力资源规划与管理"为主题举办两期"三个三百"船员管理人员培训班。在此期间，中远集团还建立了船员管理课题研究机制。建立了以人力资源部为中心、相关公司参与的辐射状的，由领导小组、办公室、课题小组三个层面组成的课题研究组织架构，公布了选定的12个课题，组建13个课题组，聘用102名"船员管理研究员"，发挥全系统船员管理合力，解决船员管理热点难点问题。

3. 强化船员培训

在岗培训是培养高素质船员的重要途径，也是吸引和留住船员的重要手段。中远集团及下属各单位均十分重视船员培训工作，加强船员教育培训体系和设施建设，积极打造全方位的培训工作格局。形成了集团总公司、各航运公司、船舶"三位一体"的培训网络，集团总公司继续抓好"三个三百"工程培训，突出培训重点，加大船长、政委、轮机长培训力度。各航运公司制定船员培训规划和船员在船教育培训指导意见，各业务部门紧密结合船舶船员管理，把在船培训作为教育培训的重要渠道。与此同时，不断扩大培训覆盖面，覆盖涉及中远船舶工作的协作船员等其他用工性质的船员。并重点按照《中远集团安全教育培训纲要》的要求，加强公约履约培训，持续强化船员安全意识，提高安全技能，夯实安全工作基础。每年开展船员职业技能培训超过2万人次，在船舶广泛开展"传帮带"活动，组织船员技能竞赛，提高船员业务技能，将船员教育培训结果与船员选拔使用、职务提升、等级评定、薪酬分配等相结合，增强船员提高职业素质的积极性和主动性，将优秀船长政委轮机长纳入"三个三百"人才工程战略，给予综合性的全面培养，使其成为船员队伍的领军人才。

中远散运始终坚持"培训是第一生产力"的理念，本着"持续培训、持续提升"的原则，精心构建了"岸基培训、船上培训和网上培训"的立体化、全方位大培训格局，努力提升船员的安全技能和职业素质，确保每一名船员"熟知公约、熟悉环境、熟练操作"，真正做到"不伤害自己、不伤害他人、不被他人伤害"。中远航运坚持实施加强船员教育培训的"红树林"工程，坚持以在岗培训、提升培训、派前培训、履约培训和专项特色培训在内的"五位一体"的岸基培训体系，以"传、帮、带"形式强化船员在船培训，并通过"送学上船、送学到港、送学至家"及远程网络培训的方式实现全方位培训模式。大连远洋扎实推进"师傅带徒"活动，由公司分级管理评定为特级、一级的高级船员作为师傅，在船舶签订"师傅带徒"协议书，使船员队伍的整体素质得到了切实提高。青岛远洋利用青岛远洋大酒店"刘金波首席技师工作站"、中远散运通过建立厨工培训基地，强化船舶厨工培训，提高船舶伙食质量，倾力打造船舶伙食满意工程。

在这个过程中，中远集团船员队伍中涌现出一批全国技术能手和中央企业技术能手，在国资委举办的船员技能竞赛中也取得了优异的成绩。

4. 开展船员职业生涯规划

大力推进人才战略，科学规划、管理和拓展船员的职业生涯，是关心关爱船员的有效举措，也是船员战略资源管理的重要环节。这一时期，中远集团及下属各单位加强船员的职业规划设计，重视各个层面船员的教育培养，畅通教育、培养、发展渠道，使各个层次的船员都能找到适合自己能力的上升空间，进一步激发船员立足岗位成长成才的工作热情。中远集运推动大型船舶高级船员培养计划，实行船长、轮机长分级管理，推行岗位技能分级管理和船员技能等级管理，调动了广大船员的积极性。大连远洋按照《人才培养协议》，对签订协议的船员精细培养，促进了青年船员的快速成长。中远散运通过完善《船员职业航线管理办法》，为实现优秀船员"十年成为船长、轮机长"的培养目标奠定了基础；通过规范优秀船员陆地挂职锻炼制度，动态管理"三个三百"船员人才库，及时发现、选拔优秀人才并充实到船员管理者队伍中。中波公司实施高级船员的分级晋升机制，对船长、轮机长、政委等重要岗位实施等级管理，防止岗位到顶后产生疲劳感。中远航运建立优秀年轻船员人才库，加大船舶优秀人才调岸工作力度，拓展了优秀船员的晋升通道，激发了广大船员努力工作的信心和决心，营造了浓厚的"尊重知识、尊重劳动、尊重人才"的良好氛围。

从船舶选调优秀船员充实到机关是中远一贯坚持的优良传统，也是吸引优秀船员投身中远、奉献中远的重要动力。这一时期，中远集团和各下属单位积极探索建立船岸人才的交流机制，引入综合业务水平高、海上资历丰富的船员到船舶管理、船员管理、运输管理、安全管理等部门交流、任职，对工作中表现突出的优秀船员人才，采取重点跟踪、加强培训等方法，加快培养使用。为公司管理充实后备力量，也为船员职业生涯规划开辟新的途径。

大连远洋从2004年开始推进船岸有效交流的海务、机务监督员双轨制。2008年特别制定《大连远洋运输公司船岸管理人员交流实施办法》，将这项机制固化下来。并于2009年7月下发《大连远洋运输公司双轨制人员管理办法（试行）》。将海务和机务监督员、培训船长和轮机长、港口船长、防污染和体系检查监督员、船员调配员、培训基地教师、政工主管等人员作为公司实施双轨制的岗位范围，并根据岗位编制按1∶1.5或1∶2的比例配置人员。对"双轨制"人员要求在2年内须上船工作6个月以上，可以顶职、随船工作、任指导船长或指导轮机长。为了进一步拓展"双轨制"的内涵，大连远洋扩大选拔范围，由聘用船舶"三长"拓展为选用年轻的高学历的干部船员，通过考察，对适合者进行"双轨制"的续聘。2009年至2016年，大连远洋选拔任用"双轨制"岗位人员33名，轮岗265人次，其中有24名双轨制人员走向了领导管理岗位。通过建立"双轨制"为一线优秀船员提供了展示才华的平台，也实现了岸基与船舶在船员队伍建设、经营管理和安全生产上的"无缝衔接"。

中远香港航运/深圳远洋在青年船员中开展"春芽计划"甄选在船考核"优秀"的青年船员到公司轮训一个月。自2013年6月份开始，共安排52批310名优秀青年船员到船员管理部接受短期轮训。通过一个月的零距离接触，提升年轻船员对公司管理文化的认知和认同，这批船员回船后提升船岸协同能力。同时，公司也从轮训人员中选拔人才，3年里共9名"春芽计划"优秀船员充实到公司相关岗位部门。

三、协作船员用工模式的建立与发展

（一）从农合工向基地船员转变

早在二十世纪八十年代末，中远总公司为了响应国家扶贫政策以及自有普通船员吐故纳新的需要，在农村贫困地区招收了500名"全民农村合同工"船员，当时中国还处于由计划经济到市场经济的过渡时期，对这些"农合工"船员的劳保待遇，基本延续了计划经济时期的国家用工政策，"农合工"船员除了不转户口和粮食关系外，其他一切用工及待遇跟公司自有船员相同。

1990年7月，为了进一步贯彻国家扶贫政策，促进农村地方经济的发展，同时也为了发展中国当时的海员外派事业，扩大外派海员来源；经交通部与国家计委、劳动部协商，批准中远总公司在全国部分农村贫困地区招收"农村合同外派"船员，当时在部分交通、通信比较方便的农村贫困地区首批招收了1500名"农村合同外派"船员，拉开了中远招收使用"农村合同外派"船员的序幕。这种用工模式适应当时形势的需要，招收规模迅速扩大，1995年之后开始减少，至1998年全面停招，到2001年12月，中远已有农合工船员4251名，其中高级船员909名，普通船员3342名。这种用工模式的创立是中远响应国家农村扶贫政策，占领国际海员外派劳务市场的需要，是中远在社会主义市场经济初步建立的特定历史时期对国家劳动用工制度的积极探索。实践证明，这种用工模式对于扩大海员劳务外派规模，发展地方农村经济，起到了积极的促进作用。

与此同时，随着形势的发展，中远集团自身的普通船员构成也在发生变化：20世纪90年代，随着船舶定员的大量减少，集团的船员队伍尤其是普通船员队伍，出现了比较严重的富余船员问题。自1995年开始，集团不再批量招收自有普通船员，普通船员年龄结构老化严重，特别是2004年开始，普通船员进入退休高峰期，万余名普通船员达到退休年龄，占自有普通船员总数的55.4%。与此同时，由于伤病、素质等原因，这一时期，普通船员队伍中的合格船员已经不再富余；部分公司的部分普通船员职务已开始短缺。普通船员队伍必须进行大量补充。

2000年在中远集团的指导下，各远洋公司依据国家的有关法律法规，探索确立了将农合工劳务船员属地化管理原则。在地方政府的大力支持下，各公司分别与全国部分省、市、

县的劳动部门合作建立了船员基地，农合工劳务船员也改名为基地船员，基地船员由与各公司签订劳务合同改为与船员基地签订劳动合同，并依据中远各公司与地方劳动部门签订劳动用工协议，到中远自有及外派船舶工作。由船员基地负责解决船员的人事档案、社会保险交纳、待派管理、船员伤残病亡的善后处理及抚恤等事宜。

（二）基地船员用工制度建立

2002年6月，中远集团在河南郑州召开会议，肯定了各远洋公司的做法，正式出台了《中远集团关于建立船员基地的指导意见》和《船员劳务合作协议书》。郑州会议为船员基地的发展明确了方向，是普通船员劳动用工制度重大改革的里程碑。

基地船员用工制度是国家法律法规、政策导向和集团船员管理实际相结合的产物，是对农合工用工制度的继承和发展，是中远集团"高级船员公司化，普通船员社会化"船员队伍建设既定方针的重要实践。通过普通船员用工制度改革基本实现了普通船员"从拥有到控制"的工作思路，保证了集团普通船员队伍有长期稳定的来源，解决了长期以来企业养普通船员的问题，解决了农村合同外派船员用工合法性问题，有利于降低普通船员的用工成本，有利于解决农村合同外派船员的去向问题。

郑州会议结束后，各地船员基地建设如雨后春笋般迅猛发展，出于示范考虑，中远集团于当年率先与政府支持、级别较高、合作意愿强、农合工船员存量较多的河南省职业介绍服务中心合作，建立了第一家集团层面的船员基地；2003年3月，中远集团在定点扶贫的河北盐山、海兴建立了2家集团层面的船员基地。到2005年，中远集团及各远洋公司已在全国各地建立了25个船员基地。基地船员数量也迅速增加到6299人（其中高级船员1582人，普通船员4717人），在船人数达3365人（高级船员854人，普通船员2511人）。2005年下半年到2009年上半年，随着各公司业务操作的不断成熟，普通船员补充需求的大量增加，协作船员平均每年增加约1000人。作为集团船员队伍的重要力量，除了派往外派船舶，中远自有船舶也开始使用基地船员。在此期间，中远集团还于2005年首次招收了7名藏族船员就业，为就业援藏工作做出了有益尝试和探索。

在船员基地建设过程中，集团各公司在基地船员管理方面也采取了一系列措施，做了大量的工作。主要表现在：

（1）基地船员与自有船员实行"四同"：同管理、同考核、同薪酬、同培训，主船队船员在航工资保持一致，严禁身份歧视。对工作上表现突出的，给予奖励和授予荣誉称号，对表现差的也一样给予批评教育。

（2）积极开展"争创优秀基地船员"活动。为了表彰在为公司实施"名牌战略"中做出积极贡献的基地船员，各公司每年都表彰一大批优秀基地船员，并号召全体船员学习他们立足本职、爱国爱企、船东至上、拼搏奉献、争先创优的精神。2004年在中远集团组织的船员技能大比武中，山东临朐基地船员马传栋荣获机工岗位全能比赛第一名、英语第一名、机工焊工第一名，被评为"全国青年岗位技能技术能手"，并获得"山东省富民兴鲁劳动奖章"。上海远洋的船长焦祝明，1991年通过远洋公司扶贫招生进南京海校读书，在远洋公司的资助下完成了学业。作为一名农合工他怀着感恩之心从外派水手做起，用十年时间做到了船长，先后荣获中远集运"十大杰出青年"、中远集团劳动模范。2009年，在中央企业职工技能大赛中获得水手项目第一名，荣获"全国技术能手"荣誉称号的青岛远洋外派部水手长王学法同样是一名农合工船员，2010年1月，表现优异的王学法被转为青岛远洋自有船员，2011年中远成立50周年，他入选集团"50佳先进个人"。2010年10月，他成为青岛船院的一名教师。

（3）规范用工制度，为基地船员建立养老保险。从2000年开始，各公司通过船员基地逐步为基地船员建立了养老保险账户，缴纳养老保险费。

（4）将基地劳务船员中的大副、大管轮转为中远自有船员。各公司对聘任为大副、大管轮及以上职务的基地船员，由各公司与其签订劳动合同，享受正式在册船员同等待遇。这极大鼓舞了广大基地船员的士气，增强他们在船工作的积极性，从而提高了企业的凝聚力。

（5）让基地船员积极参与企业管理。各公司每年都召集一定数量的基地船员参加公司的船员工作会议，让基地船员行使参与企业管理的权利，参与和监督公司经营和管理决策的运作，为公司的发展献计献策，使基地船员的前途与公司的发展壮大融为一体，调动了基地船员热爱远洋、奉献远洋的积极性。

（6）关心基地船员及家属。多年来，各公司领导和党、团、工会组织重视为基地船员服务，走访和慰问基地船员及家属上千人次。

（三）基地船员用工制度的发展

为了进一步加强基地船员队伍建设，促进基地船员管理工作的科学化、规范化，2005年12月11—12日中远集团在北京召开"2005年基地船员管理工作会"，劳动和社会保障部就业司、国资委群工局有关领导，中远集团各有关单位主管领导、职能部门负责人、来自全国各地的10家船员基地的领导参加了会议。会议对基地船员管理工作进行总结，讨论通过了《中远集团基地船员管理办法》《船员劳务合作协议书》和《基地船员劳动合同》。通过此次会议，基地船员用工制度被确立为集团船员队伍的正式用工制度，并成为集团普通船员队伍的主导性用工制度。2006年1月10日，根据"中远集团2005年基地船员管理工作会"会议精神，印发了《关于印发〈中远集团基地船员管理办法（试行）〉的通知》，随文印发了《中远集团基地船员管理办法（试行）》《船员劳务合作协议》《劳动合同（样本）》。2006年6月19—20日，中远集团召集各船员公司、山东地区9家协作中心领导在山东临朐召开了"中远集团山东地区船员基地座谈会"。会议学习和讨论了《国务院关于解决农民工问题的若干意见》和国资委办公厅《关于贯彻落实〈国务院关于解决农民工问题的若干意见〉有关问题的通知》；各协作中心回顾和总结了协作船员管理工作开展情况，并针对存在的问题对基地船员管理工作提出了意见和建议；会议决定，将"船员基地"更名为"海员劳务协作中心"，简称协作中心，将"基地船员"更名为"协作中心船员"或"协作船员"。

随着协作船员用工制度全面运转，协作船员队伍迅速发展，从设立之初的4000余人发展到2012年的10867人，占普通船员队伍的比例从设立之初的16.7%提高到62.7%。从2005年开始，各公司开始在自有船舶规模使用协作船员。到2012年集团协作船员在船 6150 人，自有船舶普通船员配员中，66.0% 为协作船员；外派船舶普通船员配员中，53.0% 为协作船员。协作船员超过自有船员用工成为中远普通船员队伍的主要用工方式。协作船员用工制度有效应对了集团普通船员队伍的退休高峰，保持了自有及外派船舶工作形势的稳定，并实现了普通船员队伍的年轻化，使普通船员队伍平均年龄从 2002 年的 43.3 岁下降到不足 35 岁。

2008 年后，国家相继出台了《中华人民共和国劳动合同法》《中华人民共和国劳动合同法实施条例》，对劳务派遣用工从法律法规层面做出了规范。为贯彻落实法律法规，规范船员用工，中远集团从 2009 年开始对协作中心船员用工的战略走向问题进行了专题研究，对现行用工制度的合法性进行了系统审查，提出肯定协作船员用工的积极作用，继续保留协作船员用工；调整协作中心船员用工范围、数量及定位；完善协作船员用工有关规章制度；建立"纳优"机制，吸纳优秀协作船员进入自有船员队伍等多项建议，进一步提升了协作船员用工制度的科学性。

四、推动船员工资改革

（一）完善远洋船员工资管理的指导意见

中远集团以航运、物流、船舶修造为主业，要打造国际竞争力、打造有影响力的国际品牌，必须有一只过硬的人才队伍，而船员队伍是中远集团人才队伍的主力军。为吸引人才、留住人才，中远集团于 2001 年进行了远洋船员工资改革，制定了《中远集团远洋船员工资改革指导意见》。通过调整工资，在航船员人均工资增幅约为 30%。2001 年的船员工资改革还首次引入了远洋船员工资指导价位和最低工资收入标准的概念，在初步实现工资显性化的同时，也使远洋船员工资管理进一步规范化和市场化。

时间进入 2005 年，随着国际和航运形势的变化，船员工资改革的必要性又一次凸显出来：

一是适应竞争，解决船员队伍后继乏人的需要。这一时期，随着远洋船员这一行业的社会美誉度下降，行业吸引力也在下降，与以往相比，船员相对于陆地人员的优势越来越小。无论国际还是国内船员的需求呈上升趋势，特别是高级船员，根据国际运输联合会的调查报告，到 2010 年将至少达到 4.6 万人，与此同时，大批船员纷纷转入陆地工作，这在一定程度上加剧了这种不平衡的发展速度。这一时期，国内外竞争对手把目标投向了中远集团优秀的船员队伍，不断以高薪、高待遇吸引人才。

由于市场供需失衡，以及激烈的人才竞争环境，造成了中远集团船员队伍的结构性缺口，一方面新的船员补充不进来，而另一方面人员又在不断流失。在这种形势下，为保持集团的竞争力，为船舶正常运营提供优秀、充足的航运人才，必须对工资管理办法进行完善，运用科学手段和方法吸引、留住航运人才，保持船员队伍稳定。

二是打造高素质船员队伍的需要。随着造船业和运输业的发展，船舶不但呈现大型化趋势，而且技术含量也在不断加大，这无疑要求船员一方面必须具备更好的个人素质，另一方面必须更好、更准确地执行船东的各项要求，薪酬作为船员激励的一种形式也需要随之调整，以适应集团船舶主业发展和人才素质提高的需要。

三是国际组织的检查以及国内劳动政策变化的需要。这一时期，PSC港口国检查、ITF等国际组织的检查日趋频繁，《2006年国际海事劳工公约》将于不久后实施，国际环境的变化以及国内地区最低工资标准的提高，都要求及时对旧工资体制进行修改。

为进一步深化改革，更全面地了解各公司船员工资管理的具体情况，2005年下半年开始，中远集团启动了新一轮的船员工资改革调研。2005年7月，中远集团组织了对广州远洋、中远集运、中远散运、青岛远洋、大连远洋、厦门远洋6家下属远洋公司的调研，对集团船员工资管理的定位，各公司内部船员工资管理存在的实际问题以及解决的建议等征求了船舶公司、船员公司及船员的意见，并于2005年12月和2006年5月底召开了两次专题调研会。经过调研，各公司一致认为：中远集团内部需要有一个统一的价位体系和指导性的管理意见，以规范各公司的远洋船员工资管理。调研形成了《远洋船员工资调研情况报告》，反映了船员工资中存在的一些问题：

（1）远洋船员工资指导价位水平吸引力不强，无法体现船员在集团中的应有地位。远洋船员指导价位从2001年制定后，一直没有做调整，水平已经不具有竞争优势，这成为各公司和船员反映最突出的问题。

（2）远洋船员待派工资低于当地政府公布的最低工资标准，容易引发劳动纠纷。中远集团于1998年制定了船员待派工资标准，但是由于这一时期地方政府公布的最低工资标准不断调整，已经高于集团的待派工资标准。随着船员维权意识的增强，广州、上海等地出现了一些劳动纠纷。

（3）各公司在远洋船员奖金的考核分配上存在不科学因素。一方面，在业绩工资、劳务费的考核兑现上，各远洋公司还有考核标准不准确、兑现时间延迟的现象，在一定程度上降低了奖金的激励效果。另一方面，一些公司在奖金的设置上缺少中长期激励机制，特别对关键岗位没有形成必要的长效激励。此外，有些公司没有建立必要的船员对公司效益的分享机制，船员工资收入的变动未能与公司经营成果挂钩。

（4）远洋船员工资结构和比例的设置有待与国际进一步接轨。远洋船员的工资结构和比例的设置，还不能做到与国家通行的远洋船员的工资模式接轨，造成与市场情况进行对比、分析时，很难同口径比较。

（5）远洋船员对于缴纳的保险规费不理解。近几年，随着缴费比例的调整，社会工资标准的提高，个人缴费额也在增加，使船员感觉自己实际拿到的钱越来越少，再加上对国家政策的不理解，一些船员甚至认为工资近几年是在降低。

在充分调研、反复论证的基础上，2007年3月22日，中远集团下发《关于完善中远集团远洋船员工资管理的指导意见》，提出了"贴近国际惯例，兼顾国家的政策要求和企业的实际情况，调整、完善中远集团远洋船工资管理方式和机制，做到国际化、市场化、显性化、简单化。同时，适度提升远洋船员的待遇水平，有针对性地解决远洋船员公司待遇的吸引力问题，促进船员队伍建设和稳定，为中远集团'双百'目标的实现提供组织保证"的完善远洋船员工资管理的指导思想。

具体调整内容主要包括：

1. 坚持并完善以在航工资收入指导标准为主要内容的远洋船员工资管理方式

（1）调整在航工资收入指导标准的涵盖内容

远洋船员在航工资收入指导标准的构成内容调整为：岗位工资、业绩工资、休假待金、超时津贴、航行津贴。法定节假日加班工资、劳务费、公司效益奖励等，不计入指导标准。其中休假待金和超时津贴是参照国际通行做法提出的新内容。

（2）建立在航工资收入指导标准的定期调整机制

为解决远洋船员待遇的吸引力问题，进而达到调动其工作积极性的目的，在航工资收入标准确定后，在实施过程中建立定期调整机制，由总公司定期公布调整比例（或标准）。在航工资收入指导标准每两年调整并公布一次。调整程序：由各公司根据变化的市场和本公司实际情况，提出指导标准调整幅度建议报集团总公司；由集团总公司结合各公司建议以及集团的整体情况，参考同期香港海员集体协议关于船员工资调整的数据，研究制定中远集团远洋船员在航公司收入指导标准的调整意见，并予以公布；各公司负责按照集团总公司公布的标准进行具体实施，调整本公司船员工资管理办法，再报集团总公司审批后执行。

2. 进一步规范远洋船员待派工资管理

待派工资由各公司按照高于公司所在地政府公布的最低工资标准10%以上的水平确定。在此基础上，由各单位自行确定是否体现年功因素。

3. 建立船舶关键岗位人才的长期激励机制

集团总公司按照船长、政委、轮机长三个岗位在航工资收入指导标准10%的比例，核定各公司建立船舶关键岗位长期激励机制的工资投入量。对于长期激励的具体形式，原则上采取建立补充养老保险的方式。具体形式、执行标准、管理办法、是否涵盖其他关键岗位船员，由各公司根据实际情况自行掌握。

4. 建立技术职务津贴制度

对取得技术等级的操作级船员和取得高级专业技术职务的管理级船员在聘任且在航期间，发放技术职务津贴。各级技术职务津贴由各公司按照不低于以下标准确定：

技师：200元/月；

高级技师：400元/月；

高级船长、轮机长，以及具有高级政工师职称的政委：500元/月。

5. 船员工资显性化

为更客观地体现公司对船员的实际投入，在航工资收入指导标准仅为某一类船舶的工资标准，不含各项保险规费。远洋船员在航整体待遇指导标准除包含在行工资收入指导标准外，还包含公司负担的与船员直接相关的部分费用，具体包括：基本养老保险、医疗保险、工伤保险、失业保险和住房公积金。为能够使船员更直观的了解公司有关费用的负担情况，各公司除要制定本公司各类型船舶远洋船员在航整体待遇标准表外，还须于每年初为每一位船员出具上年度实际工资及保险、规费（单位负担部分）清单。

6. 建立实习生在船补贴制度

实习补贴标准为：本科生1500元/月；专科生1200元/月。

《指导意见》在2001年工资指导标准的基础上，进一步提高了远洋船员的工资待遇。

并进一步提高了远洋船员工资保障机制，在航最低工资收入标准调整为 4000 元 / 月（实习见习人员除外，见表 4-6）。

中远集团远洋船员在航工资结构表（单位：元 / 月）　　　表 4-6

序号	职务	岗位工资	业绩工资	超时津贴	休假待金	航贴	在航工资收入指导标准
1	船长	8500	5029	4000	2800	971	21300
2	轮机长	7500	4529	3500	2500	971	19000
3	政委	6500	4028	3000	2300	872	16700
4	大副、大管轮	5500	3528	2600	1800	872	14300
5	二副、二管轮	4000	2428	1900	1400	772	10500
6	三副、三管轮	3600	2328	1700	1200	672	9500
7	报务员、电机员	4000	2428	1900	1400	772	10500
8	轮助、驾助	2500	1027	1200	900	573	6200
9	管事、船医	3000	1528	1400	900	672	7500
10	水手长、机工长	3100	1528	1500	900	672	7700
11	大厨	3000	1528	1400	900	672	7500
12	木匠	2500	1027	1200	900	573	6200
13	一水、一机、一电	2300	727	1100	800	573	5500
14	二厨、大台	2300	727	1100	800	573	5500
15	二水、二机、二电	1900	677	900	800	523	4800
16	服务员	1900	677	900	800	523	4800

注：1. 航贴按照各职务标准计算。
　　2. 业绩工资 = 在航工资收入指导标准 - 岗位工资 - 超时津贴 - 休假待金 - 航贴。
　　3. 以上在航工资结构中不含技术职务津贴和长期激励。

2007 年远洋船员工资改革实施后，对远洋船员的工资结构、支付办法、调整机制等进行了修改、完善，取得了良好的效果。

按照《指导意见》在航工资收入指导标准每两年调整并公布一次，2009 年是第一个调整周期，因 2009 年航运形势严峻，集团整体效益下浮较大，船员工资指导价位未进行调整。2009 年中国海员建设工会代表中国海员，中国船东协会代表中国船东签署了中国船员集体协议，协议于 2010 年 8 月正式对外公布，明确了远洋船员基薪下限标准。鉴于以上情况，中远集团对 2011 年远洋船员工资调整问题进行了研究，并征询了各远洋公司意见。

各公司均同意在 2011 年对远洋船员在航工资标准进行调整，并普遍建议参照市场水平，加大高级船员（大副、大管轮以上）的工资增幅，从而缓解各公司高级船员短缺和流失率高的压力。2010 年 11 月 17 日，中远集团下发了《关于 2011 年调整中远集团远洋船员在航工资收入指导标准有关事宜的通知》，从 2011 年 1 月 1 日起再次调整远洋船员在航工资收入指导标准。此次调整，保持船员工资指导价位的构成项目不变，全面提高各岗位工资指导价位的标准。岗位工资按照不低于中国船员集体协议明确的基薪下限标准，并结合香港 CBA（2011）标准进行调整。取消"业绩工资"增设"业绩奖金"，根据国家有关政策，建立企业年金制度。对船舶关键岗位人才不再单独设立补充养老保险方式的长期激励项目，由企业年金替代。

按照 2011 年远洋船员工资调整方案，调整后的船员工资指导价位与 2007 年相比平均上浮了约 30.1%，人均增加额约 2656 元／月（表 4-7，表 4-8）。

中远集团远洋船员 2011 年在航工资收入指导标准表（单位：元／月）　　表 4-7

序　号	职　务	在航工资收入指导标准
1	船长	27900
2	轮机长	24800
3	政委	21900
4	大副、大管轮	18700
5	二副、二管轮	13400
6	三副、三管轮	12400
7	报务员、电机员	13400
8	轮助、驾助	8300
9	管事、船医	9300
10	水手长、机工长	9600
11	大厨	9300
12	木匠	8300
13	一水、一机、一电	7400
14	二厨、大台	7400
15	二水、二机、二电	5800
16	服务员	5800

注：以上指导标准所使用船舶为：1000—2999TEU 集装箱船；4—8 万吨散货船；6 万吨以下油轮；2 万吨以上杂货船。

中远集团2011年远洋船员在航工资结构表（单位：元/月） 表4-8

序号	职务	岗位工资	业绩奖金	超时津贴	休假待金	航贴	在航工资收入指导标准
1	船长	14200	3401	6700	2800	799	27900
2	轮机长	12600	3001	5900	2500	799	24800
3	政委	11000	2683	5200	2300	717	21900
4	大副、大管轮	9400	2383	4400	1800	717	18700
5	二副、二管轮	6600	1665	3100	100	635	13400
6	三副、三管轮	6300	1347	3000	1200	553	12400
7	报务员、电机员	6600	1665	3100	1400	635	13400
8	轮助、驾助	4200	729	2000	900	47	8300
9	管事、船医	4600	1047	2200	900	553	9300
10	水手长、机工长	4800	1047	2300	900	553	9600
11	大厨	4600	1047	2200	900	553	9300
12	水匠	4200	729	20000	900	471	8300
13	一水、一机、一电	3800	529	1800	800	471	7400
14	二厨、大台	3800	529	1800	800	471	7400
15	二水、二机、二电	2800	470	1300	800	430	5800
16	服务员	2800	470	1300	800	430	5800

注：1. 航贴按照各职务标准计算。
　　2. 业绩奖金 = 在航工资收入指导标准 – 岗位工资 – 超时津贴 – 休假待金 – 航贴。
　　3. 以上在航工资结构中不含技术职务津贴。

在根据2011年中远集团远洋船员在航工资收入指导标准调整船员工资标准的同时，各远洋公司在基本工资构成之外还设立了制度化的个性奖金项目，如：广州远洋设立了优质服务奖；中远集运设立先进船舶奖、节能减排奖等评先奖励；中远散运设立船舶星级奖；青岛远洋设立船舶等级奖及日常管理专项奖；大连远洋设立HSE体系运行等级管理奖；厦门远洋设立返船奖等。

（二）提高伙食补贴

保证船员伙食质量是保证船员身心健康以及船舶安全运营的必要条件。在伙食津贴的支付上，中远集团严格执行交通部规定的交通运输企业行业标准，远洋5美元/人/天，近洋4美元/人/天，专款专用，并以船舶为单位集中使用，统一采购。费用直接从成本中列支。

由于物价上涨、美元贬值等因素，1998年伙食津贴标准实际处于下降状态。为保证船员伙食质量，从2005年开始，根据各远洋公司的反馈意见，中远集团对调整伙食津贴标准进行专项研究,并向中国交通企协人力资源管理委员会提出了调整伙食津贴标准的建议。2007年经请示交通部、财政部等国家主管部门,中远集团决定采取集团自行调整的方式,按照略高于国内其他主要航运企业的标准,对远洋船员伙食津贴标准进行调整。2007年12月20日,中远集团下发了《关于中远集团远洋船员伙食津贴标准调整事宜的通知》,从2008年1月1日起,调整后的伙食津贴标准为近洋:6美元/人/天,远洋:7.5美元/人/天。继续采取美元结算,并全额在成本中列支。

(三)发放防海盗津贴

这一时期,全球范围内的海盗活动日益猖獗,特别是亚丁湾水域海盗袭击商船事件频繁发生。为进一步调动船员防海盗的积极性,2008年12月5日,中远集团下发了《关于对亚丁湾水域中远航行船舶的船员给予奖励的通知》,对中远船舶在亚丁湾水域(北纬12度13分、东经43度39分,北纬11度、东经44度5分,北纬14度10分、东经54度,北纬15度22分、东经53度10分四点连线区域内)航行期间,对船员进行奖励。结合国际有关做法,考虑操作的可行性、一致性,集装箱船舶统一按照船员本人3天岗位工资发放奖励,其他船舶按照船员本人4天岗位工资发放奖励。

2012年,随着海盗活动范围不断扩大,特别是几内亚湾也出现了海盗袭船事件,船舶遭遇海盗袭击、劫持的风险加大,船舶防海盗工作形势日益严峻。为进一步激励船员认真做好船舶防海盗工作,7月31日,中远集团下发了《关于发放中远船员防海盗津贴的通知》,参照国际上的有关做法,结合中远实际情况,发放船员防海盗津贴。

(1)对于航经亚丁湾水域的船舶,仍维持原有标准:集装箱船舶统一按照在船船员3天的岗位工资发放防海盗津贴,其他船舶按照在船船员4天的岗位工资发放防海盗津贴。

(2)挂靠尼日利亚、贝宁两个国家港口的船舶,漂航、锚泊及靠港期间,按照在船船员岗位工资 × 实际天数发放防海盗津贴。

(3)航经其他海盗活动高危海区的船舶,如各公司认为有必要发放防海盗津贴的,可参照上述原则和标准制订发放办法。发放办法报备集团总公司人力资源部。

(4)防海盗津贴由各公司根据船舶动态发放,在工资基金中列支。

五、推动国际公约履约与国内法规的贯彻执行

(一)《1978年海员培训、发证和值班标准国际公约》(STCW公约)2010年修正案

STCW公约是以增进海上人命与财产安全和保护海洋环境为目的而缔结的一项国际公约,于1978年7月7日制定通过,1984年4月生效,是国际海事组织(IMO)最重要的公约之一。中国是STCW公约的原始签字国,并于1980年6月8日向国际海事组织递交批准STCW公约的文件,成为STCW公约缔约国。

STCW公约生效后历经多次修改完善。2010年6月,国际海事组织在马尼拉召开《1978年海员培训、发证和值班标准国际公约》缔约国外交大会,审议通过了该公约新的修正案(马尼拉修正案)。马尼拉修正案是国际海事组织继1995年修正案后又一次对STCW公约进行全面修改,在原有结构与目标不变化、现有标准不降低、公约条款不修

改的基础上，主要理顺了船员证书类型和发证审核原则；增加电子电气员等职务；增加了对履约国建立船员数据库和提供电子查询的要求；增加了驾驶台资源管理（BRM）、机舱资源管理（ERM）、电子海图（ECDIS）等多项适任要求；强化保安培训，调整液货船货物操作培训；修订保证船员足够休息时间以防止疲劳、药物和酒精滥用的要求。修正案于2012年1月1日正式生效。过渡期至2017年1月1日。

为全面履行STCW公约马尼拉修正案，交通运输部海事局也确立了履约工作机制，组织成立了六个履约工作小组，中远集团积极派员参加工作组，参与履约的各项准备工作，为履约工作奠定了基础。自2011年起，交通运输部相继出台了《中华人民共和国海船船员适任考试和发证规则》（11规则）等一系列履约规章制度，于2012年完成了公约修正案的国内法转换。并颁布实施了新的考试大纲和评估规范作为履约的技术性标准，要求2017年1月1日起，海员船员上船任职必须持符合"11规则"的适任证书和培训合格证。

为顺利完成履约培训工作，确保所有船员在公约要求时限前全部持证，保障船舶正常运营，中远集团于2012年5月10日下发了《中远（集团）总公司关于做好STCW公约马尼拉修正案履约培训工作的若干意见》，对之后5年的履约培训工作做了安排部署。要求各公司根据履约工作的各项要求和船员队伍的实际情况，制定详细周密的履约计划，强化履约培训的经费和投入保障，使履约培训工作严格按照有关的时间节点，妥善安排，有序推进。

履约工作开展之初，由于受到各种政策法规的制约，以及各单位的培训资源分布不平衡的影响，履约费用高昂，进度缓慢。中远集团积极协调各下属单位从不同层面积极协调各级海事主管部门，争取船员跨区域培训的政策支持，争取本单位培训机构及早获得履约培训授权，争取基本安全过渡期培训和部分过渡期适任培训项目在船舶开展，有远程培训条件的公司争取获得远程培训授权。同时，要求系统内单位发挥协同作用，不具备履约培训条件的公司，应优先使用集团内部的培训资源；有履约培训资源和授权的单位，在保证完成本单位船员履约培训的前提下，要优先安排系统内兄弟公司的船员进行履约培训。青岛船院作为集团的培训中心，要在各公司师资培训、跨区培训、履约培训项目实施、优先满足集团内部履约需求等方面发挥好支持和保障作用，发挥出系统内部合力，进一步降低集团的履约成本。

在中远集团的协调下，争取到船员异地履约培训政策，中远香港航运/深圳远洋利用该政策与广州海校、中远散运培训中心、青岛船院合作开展船员异地履约补差培训，船员就近参培，解决了公司多年来没有固定培训机构、培训落后的问题，实现了集团内部培训资源共享、优势互补，节省了履约培训费用，提高了培训的质量和效益。在2013结束的广东海事局辖区范围内两期海船船员过渡期适任证书培训考试中，深圳远洋第一期参加考试船员39名，其中35名顺利通过，通过率达89.7%，居广东辖区甚至全国前列；第二期参加培训考试的40名船员全部通过评估考试，其中39人通过理论考试，合格率达97.5%，成绩再次名列同时期全国履约培训通过率前列。此外，中远集团协调帮助各单位所属健康检查机构获得了海船船员健康体检机构资质，便利各单位船员调配管理，降低了健康检查费用支出。

为做好履约工作，青岛船院于2012年组建海事公约等4个研究所，在教学团队的基础上成立STCW等2个专项研究团队，承接了交通运输部海事局高级值班水手/机工、值班水手/机工和电子技工船员等8个培训大纲的编制工作，把教学、科研和培训团队融为一体，采取"师傅带徒弟"的模式，培养年青研究骨干。把示范课程转化为国内船员教育和培训课程是中国履约工作的一项重要任务，既要考虑国际公约的强制性要求和示范课程的指导作用，更要考虑中国履约培训的延续性和船员人力资源的发展和竞争力。自STCW公约马尼拉修正案实施以来，学院第一时间把在电子海图、驾驶台资源管理、轮机资源管理方面的研究成果转化为履约培训实践。2012年5月，作为部海事局指定的三所航海类师资培训基地之一，学院在全国率先开展履约过渡期师资培训，为各航运公司船员履约培训开发提供标准和方法，引领了中国船员履约培训的方向。在履约研究过程中，一批研究成果得到推广和应用。学院与广东海事局合作撰写的"示范课程拟定、更新与确认程序指南的修订"提案（HTW 1/10/1）被提交至HTW第一次会议并得到认可。赵学军副教授参与编写的《雷达导航示范课程（操作级）1.07》在IMO HTW第三次会议上通过，成为船舶雷达导航适任培训和评估的国际示范课程标准；张铎教授、李斌副教授、涂志平副教授被聘为IMO示范课程评审专家，代表国家海事局对其他国家制定的《值班水手》等示范课程进行评审；学院已经成为中国海事履约研究和话语权提升中一支不可或缺的力量。

以履行STCW公约马尼拉修正案为契机，各家远洋公司不断加强培训力度，深入推进船员培训的制度化、规范化、常态化建设。STCW公约马尼拉修正案对船员培训内容和换证时间节点要求明确，各公司以全面提升船员素质为目的、以公约规定时限前全面持证为目标，综合考虑自身队伍数量和培训资源情况，按计划推进履约补差、培训以及换证各项工作，船员的培训换证计划由年度精细到月度。在2017年1月1日过渡期结束前，中远集团各单位均顺利完成各项履约培训换证工作。

（二）《2006年海事劳工公约》（MLC公约）

2006年2月，国际劳工组织（ILO）在日内瓦召开第94届国际劳工（海事）大会，通过了《2006年海事劳工公约》（MLC公约）主要将国际劳工组织（ILO）以前的69个海事劳工公约和建议书进行了修订，并归纳为综合条款，为日益全球化的海运产业制定了统一的海员社会和劳动保护国际标准。该公约秉承"保障海员体面劳动"的宗旨，明确提出了海员享有获得符合安全标准的安全且受保护的工作场所的权利、获得公平的就业条件、获得体面的船上工作和生活条件、享受健康保护和福利及全体形式的社会保障。详细而明确地界定了船旗国、港口国、船东、船员派出方的履约义务，内容丰富庞杂，并引入了检验发证程序和港口国监督机制作为《公约》有效实施的保障手段。根据《公约》规定，公约将在注册船舶运输吨位占世界总吨位33%以上的30个国际劳工组织成员国批准后正式生效，2012年8月20日，公约满足生效条件，并于2013年8月20日开始正式实施。《公约》实施后，批约国将对挂靠其港口的所有船舶实施港口国检查，无论船舶是否取得海事劳工证书，都要确保船舶的海事劳工管理条件全面达到《公约》要求。可以说，做好履约工作已成为保障国际航行海船正常营运的基本要求，否则将寸步难行。

中远集团对MLC公约的履约工作十分重视。公约通过后，中远集团专门成立了专题研究小组办公室，2007年3月，为促进公约在中国的批准和实施，并做好公约实施的准备工作，交通部成立了《2006年海事劳工公约》三方机制工作小组，中远应邀参加该工作小组并参与了交通部《〈2006年海事劳工公约〉与我国现行海事劳工法律体系对比研究》的课题研究工作。2009年10月，交通运输部、中国海员建设工会、中国船东协会三方成立了全国海上劳动关系三方协调机制，交通运输部副部长徐祖远当选全国海上劳动关系三方协调机制主席，中国船东协会会长魏家福、中国海员建设工会主席李铁桥、交通运输部海事局常务副局长陈爱平、交通运输部人事劳动司副司长刘书斌当选全国海上劳动关系三方协调机制副主席。"全国海上劳动关系三方协调机制"的建立，构建起加强政府海上交通主管部门、海员工会组织和航运企业组织三方就保护海上劳动关系各方面合法权益等有关重大问题的经常性沟通与协调协商平台。12月23日，全国海上劳动关系三方协调机制成立暨《中国远洋船员集体协议》首签仪式在北京举行。中国船东协会会长魏家福和中国海员建设工会主席李铁桥代表劳动关系双方在中国远洋船员集体协议文本上签字。《中国远洋船员集体协议》是依据中国法律法规和《海事劳工公约》的规定和标准，结合中国海运业和海员队伍的实际制定的，是中国第一份全国性产业集体协议，对维护中国船员权益，实现中国船员体面劳动具有重要意义。

对于中远集团而言，在履约工作中同时扮演着船东公司、船舶管理公司和船员外派公司几个主体的角色，其中船东公司的履约任务最为繁重。根据公约正式实施的时间节点，中远集团自有及代管船舶共500余艘需要完成履约任务，船舶涉及中国、中国香港、巴拿马、新加坡、英国五种船籍，而这一时期，五个船旗主管机关的履约进展情况不一：巴拿马、新加坡已经批约，并公布《海事劳工符合声明第Ⅰ部分》（以下简称DMLC PART I），船东履约相对有章可循；中国香港未批约但发布了DMLC PART I草案，为船东准备履约文件提供了便利；中国①、英国②两国尚未批约也未发布DMLC PART I。船东的履约工作需结合实际自主研究。这对船东的履约工作带来了一定困难。2012年4月，中远集团在青岛船院召开了"中远集团船员履约工作研讨会"，对各公司履约进展情况进行了书面调研，组织人员先后赴CCS总部、中远散运、中远航运、中远香港航运和青岛船院实地了解履约工作开展情况以及存在的问题和难点。2013年3月28日，中远集团下发了《关于做好〈2006年海事劳工公约〉履约工作的通知》，对下属各单位的履约工作进行了系统指导。在分析中远集团履约工作面临的形势和推进现状的同时，提出了中远集团履约工作的目标和原则：

1.履约工作目标

短期要实现全面持证的工作目标。即在2013年8月20日之前，悬挂已批约国船旗的船舶（如巴拿马旗、新加坡旗）要申办完成由船旗国或认可机构签发的海事劳工证书，悬挂未批约国船旗的船舶（如中国旗等）要申办完成由主管机关或认可机构签发的海事劳工符合证明，以保证《公约》实施后船舶的正常生产运营。各船舶管理公司和船员外派公司要积极配合船东做好履约工作。

---

① 中国于2015年11月12日向国际劳工组织递交了中国批准《2006年海事劳工公约》的批准书。成为第68个批准这一公约的国家。

② 2013年8月7日，英国成为第41个批准《2006年海事劳工公约》的国家。

长期要实现持续符合的工作目标。《公约》实施的主要目的是建立海员权益的国际标准，履约工作不仅是外在的强制性要求，更是集团对船员实施人性化管理、促进船员队伍健康发展的内在需求，是集团船员管理工作被国际认可的重要途径。各相关单位要抓住履约契机，结合实际情况，建立责权明晰、工作高效、协同有力、可持续运作的履约长效机制，认真应对《公约》实施后全球范围内的港口国检查，不断总结积累经验，确保对《公约》要求的持续符合，客观上有效促进集团船舶、船员管理水平的提升。

2. 集团履约工作原则

实事求是原则。在编制各类履约文件时要充分考虑国情和中远实际，在制定各类履约标准时，要充分考虑中远集团和各公司现行标准情况，现行标准低于《公约》要求的要达到《公约》最低要求。要努力将中远船员管理的实际情况和优势特色实事求是地反映到履约文件中，从长远发展角度形成国际认可的中远船员管理机制和模式，杜绝任何形式的弄虚作假现象。

可操作性原则。要保证各项履约承诺说到做到，各项履约措施具有较强的可操作性和便利性，加强与船旗国相关部门及其认可机构的联系沟通，确保各项履约承诺及保障措施得以切实实施。

可持续性原则。一方面，履约保障措施要具有长期性和可持续性，坚决防止为履约一时之便形成对长远不利的工作机制；另一方面，要围绕履约承诺及保障措施的实施，建立相关的陆上管理规章制度和船上管理体系，实现履约工作的体系化运作和持续性完善。

与此同时，结合前期调研和汇总分析，通知对履约工作中各单位提出的履约文件模式、集体协议、工资标准等重点难点问题给出了指导意见，特别指出在中国未批准公约、也尚未出台任何履约文件的情况下，各公司要以公约要求为主，依据现有的船上工作条件有关规定编制 DMLC PART II 和其他履约文件，提前做好中国旗远洋船舶履约文件编写的准备工作。

为有利于各单位履约工作的开展，中远集团还积极参与中国履约相关规章制度的制订，协调和推动《中国船员集体协议（A类）》的修订，与中国船级社总部建立定期交流机制，定期座谈、收集信息、研究解决履约工作中存在的问题。协调中国船级社为各单位船舶检验发证提供可能的便利。建立了内部协同和信息报送机制，制订通用的履约技术文件，及时通报履约相关信息等，努力为各单位履约工作的开展创造有利的外部环境，提供最多的便利条件。

与此同时，各下属单位以 2013 年 8 月 20 日公约实施为时间节点，以短期船舶持证、长期持续符合为工作目标，制定了履约文件编写计划和船舶检验工作计划，一方面按进度推进履约文件包括符合声明、履约协议、履约手册等重要文件的编写，一方面逐条船舶跟踪动态、安排审核。

周密的工作计划使中远集团《2006 年海事劳工公约》履约证书申办工作走在业内前列，中远集运试点船"松子"轮在 2010 年 5 月获得了中国船级社（CCS）签发的第一张"海事劳工志愿证书"，中远香港航运"宏富"轮于 2012 年 3 月 1 日获得 CCS 签发的第一张"海事劳工符合证明"。青岛远洋"青平海"轮于 2013 年 3 月 20 日取得了第一张巴拿马旗"海事劳工证书"。

在中远集团全系统的共同努力下，MLC 履约工作成效明显。整个集团履约审核取证率达到 100%，未发生因履约所导致的港口国检查滞留。

（三）宣传贯彻《中华人民共和国船员条例》

2007 年 9 月 1 日，中国第一部船员管理法规《中华人民共和国船员条例》正式实施。《船员条例》除贯彻国家有关劳动和社会保障的法律、法规、政策关于对船员特别是船员在船工作期间的职业保障做出专门、特殊的规定外，对《2006 年海事劳工公约》规定的五个领域中的原则和核心内容也做了原则性的或者衔接性的规定，为 MLC 公约在中国生效和实施，奠定了法律基础。在《船员条例》制定过程中，中远集团派出专家积极参与《船员条例》的制定、讨论和释义编写工作，2008 年交通运输部为贯彻条例的有关要求，组织制订了《船员注册办法》和《船员服务机构管理规定》两个配套规章，在配套规章的制订工作中，中远集团从行业角度和公司实际出发，提出了修改和完善的意见、建议。以上工作得到交通运输部海事局的积极评价。

对于中远集团船员管理工作而言，《船员条例》的颁布不仅为船员管理工作提供了法律支持，也有利于依法规范船员管理的各项工作，提高船员队伍的整体素质，促进船员队伍的协调发展。《船员条例》正式出台后，中远集团在系统内积极推进宣传与贯彻工作，印制《船员条例》单行本发放到每艘船舶和每位船员。2007 年 9 月 20—21 日，中远集团在杭州召开《中华人民共和国船员条例》培训会，邀请国务院法制办的领导对条例的有关内容和实施要求进行授课指导。为落实条例有关船员年休假的规定，在广泛征求各司意见基础上，2007 年 9 月中远集团制订并下发了《关于中远集团远洋船员带薪年休假管理有关问题的通知》，对集团远洋船员享受年休假的条件、天数及报酬等进行了明确。

六、多措并举，切实关心关爱船员

在关心关爱船员方面，中远集团及各单位在继承发扬中远集团优良传统的基础上，将船员管理和服务进一步融合，"寓管理于服务，以服务促管理"，在安全保障、和谐稳定、价值实现、人力资本提升、满意服务等方面着力满足船员的实际需求，不断提升船员的个人价值和工作满意度，从而有效促进了船员队伍稳定性和工作绩效的提升。

（一）积极呼吁为中国船员减免个税

远洋运输业的直接生产主体是船员，船员对中国远洋运输业的发展进步起着直接作用，是中国远洋运输业最宝贵的人力资源，是中国远洋运输业核心竞争力的重要组成部分。由于船员职业同时具备了风险性、艰苦性、流动性等特点，船员职业已被国际上公认为特殊艰苦职业，世界上很多航运业或船员劳务业比较发达的国家和地区均采取了多种措施鼓励公民从事船员职业，税收优惠是重要的鼓励措施之一，如瑞典、新加坡、菲律宾、中国香港、英国等对船员采取了免税或实质上的免税措施，其中不乏对税收征缴非常看重的高福利国家。

在中国航运界，为中国船员减免个人所得税的呼声由来已久。作为中国最大的航运企业，作为负有社会责任和政治责任的中央企业，站在振兴国家航运业、保护远洋船员队伍战略资源、建设海洋强国的高度，长期以来，中远集团积极向国家相关部委反映情况，呼吁政府借鉴世界上其他先进航海国家的做法，出台本国船员个税减免的优惠政策。

1999年，中远集团推动国税总局下发了《国家税务总局关于远洋运输船员工资薪金所得个税费用扣除问题的通知》，为船员争取了现行的4800元起征点、按年计算分月预缴、伙食费不纳税三项优惠政策；

2006年，中远集团人大代表张富生向人大提案《关于免征远洋运输业海员个税的提案》；

2006年9月，全国政协方嘉德委员、刘德洪委员开展"中国船员权益问题调研"，从政协角度推动船员免税；

2010年7月，中远集团联合中海、中外运长航、河北远洋等航运企业推动中国船东协会向财政部、国税总局提出了《关于免征船员个税的建议》；

2010年、2011年，中远集团人大代表张富生向人大提案《关于远洋船员减少或免征个税的建议》，建议国家对船员免征个人所得税或进一步提高船员个人所得税起征点，以使基于ILO最低基薪标准确定的海员最低工资所得部分免纳个人所得税；

2011年2月，中远集团通过向财政部上报《中远集团2010年度经营和财务情况汇报》，提出对远洋运输船员免征个人所得税的建议；

2011年4月，中远集团致张德江副总理《关于减免我国海员个税的建议报告》；

2011年12月，通过国务院政策研究室向中央政治局以上领导反映了船员个税问题，温家宝总理批示要求财政部、发改委、交通运输部研究有关问题；

2012年，参加国资委课题研究组推动船员个税减免研究工作；

2012年4月，中远集团汇总历年来船员个税减免文件，报送中国海员建设工会，从工会角度推动船员个税减免；

2012年4月，向国家税务总局上报《关于税收管理与服务工作意见和建议》，建议有关部门充分考虑船员职业的特殊性和国际性，对船员工资收入减免个人所得税；

2012年5月，中远集团向国家发改委专题调研组提供相关材料，12月在国家发改委组织的振兴航运业工作组专题会议上，再次提出船员个税减免的意见；

2012年7月，向"交通运输部人劳司船员个人所得税减免专题调研组"提供材料并汇报；

2013年1月，报国务院参事室《关于船员个税有关政策的建议》；

2013年1月，在财政部举办的部分中央企业座谈会上，专题上报了《关于船员个人所得税有关政策的建议》；

2013年3月，向人大提案《关于设立高级船员免税特殊津贴的建议》；

2014年初，向财政部调研组提出减免船员个税建议，财政部企业司在上报部领导的《2013年我国远洋运输业运行情况分析及建议》一文中采纳了中远集团提出的降低船员个税的建议；

2014年5月，向国家税务总局上报《关于上报中远集团涉税诉求的函》，再次提出对远洋运输船员免征个人所得税的建议；

2014年6月，结合在第一批和第二批党的群众路线教育实践活动中广大船岸员工普遍反映的船员个税减免问题，经中央巡回督导组同意，中远集团党组向中央党的群众路线教育实践活动领导小组办公室上报了《关于中远集团教育实践活动中群众反映强烈的船员个税减免情况的汇报》，建议免除船员在航行期间工资薪金收入所得税，或设立免征个人所得税的高级船员特殊津贴。

通过中远集团长期坚持不懈地呼吁，中国船员个税减免问题得到了国家相关部委的高度重视，船员资源的稀缺性和战略重要性得到了全社会更多的认识，关心关爱船员的氛围更加浓厚①。

（二）开展船员配偶随船试点工作

2000年9月13日至12月6日，根据海事局《关于同意"阳江河"轮船长、轮机长和政委配偶随船的批复》精神，中远集团安排所属"阳江河"轮船长、轮机长和政委的配偶进行了为期84天的随船试点工作，开创了新中国航海史上船员家属随船的先河。船员家属随船试点得到了社会的广泛关注，国内多家媒体进行了报道，在广大海员和家属中也产生了巨大反响，通过配偶随船解除了船员的后顾之忧，使得船员家庭更加支持国家的远洋事业。

在"阳江河"轮试点的基础上，2003年2月11日，中远集团向交通部海事局上报了《关于实施船员配偶随船有关问题的请示》，建议在中远集团全面实施船员配偶随船工作，2003年3月4日，交通部海事局下发了《关于同意实施船员配偶随船有关问题的批复》，同意了中远集团的申请。2003年9月19日，中远集团下发了《关于下发中远集团远洋船员配偶随船有关文件的通知》及《中远集团远洋船员配偶随船指导意见》等配套文件，在系统内全面实施船员配偶随船工作。

船员配偶随船工作的实施，是党和政府从关心和爱护船员的角度出发，为广大船员和配偶做的又一件实事和好事，体现了与时俱进的精神。标志着中国远洋船员向人性化管理又迈进了一大步，极大地丰富了企业文化内涵，提高了远洋船员的社会地位。

（三）下发《为船员办实事指导框架》

2012年，中华全国总工会组织开展"面对面、心贴心、实打实服务职工在基层"活动，中远集团工会以此为契机，在深入走基层、经过广泛调研的基础上会同集团人力资源部、安监部等部门共同研究制订了《为船员办实事指导框架》。2012年6月27日，中远集团召开了"迎十八大，关爱船员，促进安全"电视电话会议，以党政工联合发文的形式下发了《为船员办实事指导框架》。

（1）为船员上下船提供必要的交通服务。各船公司为船员及船员家属在国内港口上下船，包括船员交接班和船舶靠港期间船员购买生活用品时提供交通服务。

（2）推广为船员提供船岸邮件通信服务的做法。

（3）以电子邮件形式给船长轮机长发送业务指导文章、电子刊物等。

（4）船舶抵港网络服务。为抵国内港口船舶提供无线上网卡服务，便于船员了解新闻

---

① 2019年11月20日，国务院总理李克强主持召开国务院常务会议，听取个人所得税改革情况汇报，确定有关税收优惠政策。会议决定，为促进海运业发展，适应国内对海产品较快增长的需求，借鉴国际做法，从2019年1月1日起到2023年底，对一个纳税年度内在船航行超过183天的远洋船员，其工资薪金收入减按50%计入个人所得税应纳税所得额。

信息并通过网络视频与家人联系。

（5）各船公司实时掌握抵国内港口船舶动态信息，明确公司咨询电话。并向船员家属公布船舶动态查询电话或网络查询手段。

（6）协助船员家属办理上船探亲手续，并提供必要的交通支持。公司获悉船员家属将上船探亲的消息之后，如船舶在公司驻地港口，公司要安排车辆送船员家属上船，并协助办理上船手续。如船舶在公司驻地之外港口，公司应告知船员家属船舶代理和（或）公司驻当地办事机构的联系方式，由代理或当地办事机构提供交通等必要协助。

（7）各船员公司、国内中远码头、中远各修造船厂建立船员和船员家属休息室，为船员及探亲船员家属提供良好的休息场所。

（8）制作发放安全文化产品，拍摄制作船舶安全文化宣传教育片，在船舶张贴安全警示标语或安全宣传画。

（9）各航运公司每年召开船员座谈会，了解船员的需求。倾听船员的呼声，解决船员的实际困难。发放船员需求问卷。

（10）巩固和完善船员家属联络站建设。各船公司根据船员队伍的发展情况，对现有的船员家属联络站进行全面的摸底调查。

在调查研究的基础上，对船员家属工作网络进行梳理和整合，使船员家属工作的网络建设更趋于合理。

（11）建立公司领导船员家属接待和探访制度。各公司要高度重视船员家属工作，建立公司领导定期接待或探访船员家属的制度，以充分了解船员家属的关切和诉求，为解决船员家庭面临问题提供力所能及的帮助，为船员队伍稳定提供保障。

（12）加强船员管理人员队伍建设。各公司要坚持"公开、公平、公正"的原则，将表现优秀、有能力、有水平、对船员有感情的机关员工或一线船员选派为船员管理人员，树立良好用人导向，保证船员管理人员队伍的管理水平和服务能力。

（13）协调国家职能部门（一关三检）、社会机构（海员工会、海员俱乐部）共同营造服务船员良好氛围。

（14）建立和推广接待船员和家属的"首问负责制"制度，创新船员管理模式。"首问负责制"的核心是所有机关员工切实增强对船员和家属的服务意识，对船员和家属提出的问题热心解决不推诿，让船员和家属感受到实实在在的尊重。

（15）单列一笔专项费用用于船员服务。工会经费更多地向船舶倾斜。

（16）继续推进船员个税减免事宜。集团继续从政策层面配合发改委、交通运输部、财政部等上级部门积极推进，集团所属各家公司要积极联系、洽商地方税务部门，争取在地方上有所突破。

（17）船员人身伤害保赔。

（18）代理（外代、中货）优质服务。各船公司在与外代和中货签署的代理协议中应明确为船员提供服务的内容和标准，并制定相应的收费标准。

《为船员办实事指导框架》下发后，得到了下属各航运单位的有效落实，各单位根据各自的特点，与时俱进、创新思维、借鉴融合，形成了许多富有特色、富有成效的创新机制和亮点做法：

在为船员及家属上下船提供交通服务方面，各家单位都建立机制，租用、配备专车为船员及家属上下船都提供"一条龙"服务，其中中远集运依托中货各口岸公司力量，推出《中远集运中国大陆港口船员换班接送服务管理办法》，落实了船员外港接送服务工作，推出《办理船员家属多次有效登轮证实施方案》。

在为船员提供通信服务方面，中远航运为了解决船员与家属间的联系难问题，整合船岸资源，于2005年在集团内首创了以公司网站为互动平台、以船岸电子邮件系统为传输监控载体的船员"家信系统"，受到船员和家属的极大欢迎和称赞，这一创新性的科技成果，先后获得了省优、部优、国优QC成果奖，并获准参加了国际优秀质量管理成果选拔赛，得到上级单位及专家们的一致好评。中远集运、中散集团、大连远洋、中波公司等单位也积极跟进，结合自身实际，解决在船船员与家属的电子邮件直接联络问题。

在为船员家属提供船舶动态信息方面，各家单位都建立了船员信息和船舶动态查询系统，及时答复船员及船员家属的相关查询及船舶动态等事宜。

在为船员及家属设立休息场所方面，各单位均在相关办公场所及船员管理部门设立有船员接待室或休息室，并适当提供免费的茶水、饮品、小吃等，为船员及家属提供了良好的休息环境。中远航运还扩大船员休息室服务范围，除电视、台式电脑、跑步机、按摩椅、报纸杂志、茶水咖啡供应等基础功能外，还提供触摸屏立式电脑查询系统，船舶远程医疗服务，船员服务手册等。

在推行"首问负责制"方面，绝大多数单位实施了服务船员及家属的"首问责任制"。青岛远洋船员公司为了强化机关为船员服务，还建立了船员联络人制度。每名联络人分工负责联络一定数量的船员，与船员及其家属建立并保持直接联系。中远香港航运坚持船员来信三个工作日内必复，指定专人负责回访跟踪公休船员，同时建立了高职务船员、船舶领导与部门总经理、公司主管领导谈话制度。

在巩固和完善家属联络站方面，中散集团对船员家属工作网络进行梳理和整合，共有44个船员家属站，其中中远散运19个（含网络家属站1个）、青岛远洋17个，这一时期，中远香港航运／深圳远洋家属站从无到有，快速发展，到2015年底已建立了14个家属站。中远集运共在全国13个省、3个直辖市的47个县市（区）建立了56个船员家属工作站。中远航运2012年间新建了山东聊城等5个家属站，家属站总数达到88个，服务面达到2300名船员。大连远洋船员家属联络站始建于20世纪80年代，这一时期，已经建立了13个船员家属联络站。

在工会经费更多地向船舶倾斜方面，中远集运工会大幅增加文体用品经费，2012年新增加20万元用于购买图书、U盘等文体设备。中远航运从2012年开始大幅提高船舶工会活动经费。全套班子船舶由6000元／年／艘提高到8000元／年／艘；半套班子船舶由3000元／年／艘提高到4000元／年／艘。

在提供安全文化等信息服务方面，中散集团各所属单位定期为船舶配发安全文化产品、宣传教育片，指导船舶张贴安全警示语和安全宣传画，公司定期为船长轮机长发送业务指导文章、电子刊物等，有些船舶甚至已经实现了各类新闻信息每天发送、实时传输。中远航运探索建立"电子职工书屋"这一新形式，培养船员爱读书、读好书、勤思考的良好习惯。大连远洋建立《远洋在线》信息平台，为船员提供各类资讯。

在为船员人身伤害保赔方面，大连远洋为上外籍船舶工作的船员购买了人身意外伤害保险，保额为30万元人民币/人。厦门远洋明确了船员派出单位必须为船员购买境外人身伤害险的制度，中波公司与平安保险签署船员综合人身意外险协议，保额35万元人民币/人。

与此同时，中远集团还积极开展各类船岸互动活动。青岛远洋充分利用青远山庄的资源优势，在暑期组织骨干船员及家属进行为期一周的休闲疗养活动。中远散运举办"中远散运船员家庭日"活动，通过参观、座谈，使船员家属和孩子亲身了解和感受公司发展历史和企业文化，受到船员及家属的一致好评。上海远洋启动"海陆一线牵"活动，帮助寻找女友的船员青年有效搭建了情感交流渠道，为船员青年成长成家服务。各类关心关爱举措的实施，得到了广大船员和家属的高度认可，对鼓舞船员士气、稳定船员队伍、促进企业和谐发挥了重要作用。

（四）开展"关爱船员生命、船长守规尽责"主题实践活动

2014年初，为深入贯彻习近平总书记关于"发展决不能以牺牲人的生命为代价，这必须作为一条不可逾越的红线"重要指示，认真落实中远集团安全生产工作"党政同责，一岗双责，齐抓共管"，进一步提升中远集团船员管理和安全管理工作水平，切实保护船员生命、维护船员家庭核心权益，中远集团在全系统内广泛开展"保护船员生命，船长守规尽责"主题实践活动，并在《关于开展"保护船员生命、船长守规尽责"主题实践活动的通知》中，对于继续深入开展关心关爱船员工作提出了进一步要求。通过加强主题实践活动的宣传，建立"集团—船舶信息直通"联系机制；开展征集船舶对于船员队伍建设和船员管理工作的合理化建议活动；成立船员个税减免工作小组、船员社保特殊政策工作小组，推动船员关心热点问题的解决；评选推广对关心关爱船员最佳管理实践、最佳船岸沟通机制、最受船员欢迎实事、船舶守规尽责典型等，推动关心关爱船员由点向面、由浅向深、由短期活动向长期机制的转变。

各下属单位积极响应集团号召，认真落实集团"关心关爱船员"的工作要求，创新服务理念、增强服务意识、提高服务质量，做了大量暖人心、聚人气、鼓干劲的工作，使全系统关爱船员、善待船员、服务船员蔚然成风，为船员解难事、办实事、做好事的工作水平进一步提升，从而使广大船员"从满足到感动、从感动到行动"，自觉自发地投入到生产工作中，大大提升了船员队伍的凝聚力和战斗力。

（五）开展中远慈善基金会"远航"系列项目

1. 关注船员心理健康

作为特殊的职业，船员心理健康随着社会的发展成为大家越来越关心的问题。据统计，中远集团各公司因船员心理问题导致的船员人身安全事件时有发生。自2000年以来，共计发生船员在船航行中失踪事件25起25人，除2002、2010年外，每年均有发生。为帮助船员预防疏导因工作、生活、人际相处等压力带来的心理问题，提升船员心理健康水平，营造宽松、和谐、幸福、安宁的船舶生产生活环境，中远集团于2012年下发了《关于加强

船员心理辅导和心理干预工作的指导意见》,要求各公司积极开展船员心理健康教育,加强船员管理和船舶政委在心理辅导和心理干预方面的能力培训,青岛船院要加强船员心理健康研究,在船员招聘、调配、在船环节加强心理评估,预防"带病上岗"。2014年,中远集团依托中远慈善基金会开展了"远航·健康"海员心理健康项目。开展船员管理人员及政委心理咨询师考证与实务提高培训和海员心理健康普测,构建海员心理危机干预工作的系统工程,建立船员管理筛查制度和预警机制,为海员提供心理健康咨询辅导,维护海员身心健康。

2. 设立"远航·自强项目",帮扶困难船员

由于工种调整、本人工伤、家庭成员生病等多种原因,一些船员无法上船工作,家庭生活很困难。2012年,中远慈善基金会设立"远航·自强"项目,在帮扶困难船员方式上变"输血"为"造血",为困难船员及其家庭提供无息贷款,帮助他们自主创业。中远散运公司困难船员陈军同志创办的"新希望英美文化培训中心"就是"远航·自强"项目的一个典型代表。

陈军是中远集团所属中远散运公司船员,在船担任翻译、管事职务,1992年被评为天津市优秀共青团员,2001年被中远散运公司列为船舶后备政委培养对象。陈军家中有三位重度残疾人。其子为脑瘫儿,长年卧床;其父瘫痪在床;其母患肺癌晚期。为照顾家庭,从2002年起,陈军下船,除去基本工资和公司救济外,没有其他经济来源。自下船开始,陈军便利用一技之长开办家庭英语补习班,以补充家庭开支。但仅靠粉笔、黑板、录音机为主的家庭式英语培训模式,日益受到社会培训机构高技术和先进运营模式的挤压,招生量逐步萎缩。2013年7月,中远慈善基金会设立了"远航·自强"专项基金,予以陈军项目贷款8万元。陈军用贷款装修教室、更新设备,租赁办公场所,扩大了招生规模。2013年9月,该项目取得了正式办学资质,取名为"高密新希望英美文化培训中心",全年培训净收入达7万余元。与此同时,中远集团通过《中国远洋报》也先后两次进行了专题报道,并协调高密市政府民生工程,无偿提供6—7间教室。2014年,为缓解陈军扩大培训规模的资金困难,中远集团专门向人力资源和社会保障部就业促进司发出了《关于商请协调有关地方对中远困难船员创业给予政策扶持的函》,为陈军申请无息贷款,得到了政府部门的积极回应。在中远集团大力支持和陈军自身艰苦努力下,他创办的"新希望英美文化培训中心"经受住了严峻的市场考验,陈军自强不息的精神也得到社会广泛认可,还被当地政府评为"2013年感动潍坊十大人物"。

第五节　从人力资源管理向人力资本管理转变

2003年12月,党中央专门召开了全国人才工作会议,会议全面总结了中国共产党人才工作的成绩和经验,深刻阐述了实施人才强国战略的重要性和紧迫性,明确提出了中国人才工作的根本任务、指导方针和总体要求。为深入学习贯彻会议精神,中远集团于2004

年2月召开了贯彻落实全国人才工作会精神推进会，会议以深入学习贯彻全国人才工作会议精神为主要任务，总结交流了近年来集团人才工作的经验，并结合集团面临的新形势、新任务，提出了中远集团人才工作的总体要求，部署了集团实施"人才强企"战略、推进人才工作改革创新的具体措施。

一、人才工作内外部环境及人才队伍基本情况

（一）外部环境

中国加入WTO后，国有企业的经营环境、竞争对手和竞争程度都发生了深刻明显的变化，世界经济增长速度加快，国际贸易规模加速扩大，在为航运及相关产业提供巨大的市场空间的同时，也带来了更多的压力和挑战。一是国际航运企业深刻转型。集装箱化和行业集中度不断提升，竞争加剧，航运企业已步入微利时代。二是国内航运市场迅速开放，国外航运公司大举进军中国市场，并利用各种优厚条件招揽人才。三是国有企业体制、机制尚未真正理顺，企业多年积淀的深层次问题有待根本解决。面对新形势的挑战，中远集团必须加强完善人才吸引、培养和使用机制，尽快形成尊重知识、尊重人才的企业环境，尽快提高员工的服务质量、技术水平、航运安全、抗风险能力和掌握国际规则等多方面素质，加快培养和建设一支观念新、能力强的高素质人才队伍。

（二）内部环境

这一时期，中远集团致力于继续优化航运主业及相关行业的产业和股权结构，推动主业进入资本市场，实现由全球承运人向以航运为依托的全球物流经营人转变，由跨国经营企业向世界级跨国公司转变，发展成为航运物流产业的系统集成者，进入并稳居世界企业500强。产业结构调整要求人力资源结构与之适应，主业进入资本市场，必须加大人才投资，吸引并培养一批既精通航运业务又熟悉资本运作的人才；企业改制工作进一步推进，必须抓紧培养一批综合素质好、能力强、能够正确履行国有资产出资人职责，实现国有资产保值增值的出资人代表；建立跨国公司，实现跨越式发展，需要既懂经营管理，又懂国际惯例及国内政策法律的复合型骨干人才，更需要全体员工提升素质、更新观念及跟上跨国发展的要求。因此，必须建立有效的人才资源开发政策与环境，加快人才培养，促进优秀人才脱颖而出。

（三）人才队伍基本情况

截至2004年12月底，中远集团共拥有在岗员工68414人，其中：境内陆地员工27543人，自有船员30352人，农合工船员6146人，外籍员工3989人，驻外员工384人。

人才队伍的优势：

1.培养汇聚了大批航运界优秀人才

不仅拥有一支30000人的自有船员队伍，培养了一批优秀的驾驶、轮机人才，而且培养了一批优秀的航运管理、船舶管理、船员管理人才，以及修造船、海商法、物流、货运

代理、船舶供应等与航运相关的专业人才。

2. 陆上产业经营管理人才队伍逐步扩大

自实施多元化经营、拓展陆上产业以来，经营管理人才类型不断增多，在房地产、金融、IT、贸易、劳务输出等领域均培养了一批专业人才。

3. 拥有一支高素质的企业领导人员队伍

通过大力加强制度和机制建设，出台了《中远（集团）总公司企业领导人员管理暂行办法》，加大了领导干部交流工作力度，培养和造就了一支政治素质好、业务能力强、具有丰富工作经验，为中远能干事、会干事、干成事的优秀领导人员队伍。

4. 员工队伍年龄结构基本呈梯次分布

从对陆地在岗员工及自有船员队伍的年龄分析看，各年龄段的员工分布比较均匀，员工队伍的年龄结构基本呈梯次分布。

5. 员工队伍的学历及专业水平总体尚可

从对陆地在岗员工和自有船员队伍的分析看，境内陆地在岗员工和驻外员工中大专以上学历分别占总人数的49.29%和96.09%，自有船员队伍中高级船员约占总人数的54.3%，员工队伍的学历及专业水平总体较好。

6. 人才资源开发机制初步建立

中远在几十年的发展中，形成了具有远洋特色的企业文化，建立了一套比较完整的人事管理制度，随着国企改革和建立现代企业制度的推进，中远集团的人事工作正在由传统的以事务性工作为中心的管理模式向以挖掘员工潜力、调动员工积极性为中心的现代人力资源开发管理模式转变。随着企业领导人员年薪制改革、领导干部竞争上岗、集团总部机构改革、驻外员工工资属地化改革等一系列干部人事制度改革的实施，标志中远集团的人才资源开发机制已初步建立。

人才工作与发展战略间的差距：

1. 人才资源结构与集团产业结构发展的要求不相适应

中远集团虽然员工的绝对数量较多，但人才资源的结构还不能适应集团产业结构拓宽和结构升级的要求，如适应改制企业要求的董、监事人员队伍严重不足。

2. 内部科学的用人机制尚未完成建立

市场经济条件下，人才资源主要通过市场配置来实现，通过人才流动实现资源优化配置。中远集团内部人才流动的合理机制还没有完全建立，员工个人发展受到一定的限制；员工积极性还没有得到充分发挥，部分有用人才和紧缺人才流失较多，人才的"高消费"与"不合格"现象并存。在世界性人才争夺战中，建立中远集团内部科学有效的用人机制，培养、吸引、合理使用人才，已成当务之急。

二、加强企业领导人员及后备队伍建设

中远集团一直坚持党对国有企业的领导，将加强领导班子建设作为推动企业健康可持续发展的强大动力。

在加强领导班子建设方面，按照中央关于建设"四好"班子的要求，一方面狠抓集团

总公司领导班子的自身建设,另一方面,狠抓集团所属二级单位领导班子建设。重视企业领导人员及其后备人选的政治理论学习,强化思想作风建设,加强勤政廉政教育,使领导人员及其后备人选不断增强政治鉴别力和政治敏感性,进一步增强政治意识、大局意识和责任意识。加强能力建设,提高领导人员及其后备人选的战略决策、经营管理市场竞争,推动企业创新和应对复杂局面的能力和水平,牢固树立和认真落实科学的发展观和正确的业绩观。

2005年开始,根据中央有关要求,中远集团持续在所属各直属单位领导班子中开展了"四好领导班子"评选活动。2006年,集团领导班子被评为全国国有企业创建"四好"领导班子先进集体,中远所属企业的创建活动也得到了中组部、国资委党委等上级单位的肯定。

在领导人员选拔任用上,从2004年开始,中远集团积极推进企业领导人员选拔任用制度改革,在二级单位和总公司各部门领导岗位开展竞聘上岗工作,初步建立了符合现代企业制度要求的企业领导人员选拔任用管理原则和程序,2007年又开展了"公开竞聘任职期满的领导人员公开述职"活动,形成了能上能下、能进能出、人尽其才、充满活力的领导人员选拔模式。

在企业领导人员考核评价和调整过程中,中远集团坚持德才兼备的原则,摒弃论资排辈、唯学历、唯资历的传统观念,以能力和业绩为导向,突出衡量人才的实践发展能力。更加注重"德才兼备、以德为先"的用人标准。2012年中远集团调整海内外直属单位的领导班子成员、集团总部12个部门(中心)负责人,都经过了民主测评、组织考察等对"德""才"的严格考核。更加注重"国际化"经验。为了适应跨国企业参与国际竞争的要求,适应"走出去"的实际需要,中远集团把国际化经验作为选拔领导干部的重要条件,2012年新提拔的43名直属单位领导人员、集团总部部门负责人中,具有境外工作经验的超过三分之一。更加注重"年轻化"特点。大力培养和选拔任用70后、80后年轻干部。让人才的"黄金年龄"用于从事最富挑战的工作,创造最大的价值。更加注重创新干部交流机制。大力提高企业领导人员能力素质,不断丰富领导人员任职经历进一步开拓视野、开阔思路、增长才干,提高综合能力素质。

在推进领导人员管理制度体系建设方面,中远集团先后出台了《中远(集团)总公司领导人员管理暂行办法》《中远(集团)总公司领导干部任前公示制办法(试行)》《集团党组管理的领导人员在任职前组织部门听取纪检部门意见试行办法》等关于领导人员管理的一系列规章制度,进一步完善了领导人员选拔任用的管理、监督程序,促进了领导人员任职程序化、制度化、规范化的建设。

2014年,为深化集团干部人事制度改革,规范领导人员队伍管理和提高选人用人工作科学化水平,根据中央下发的有关文件精神,中远集团制定并向全系统印发了以《中远(集团)总公司企业领导人员管理规定》为总纲性文件的12项领导人员管理制度,对领导干部的选拔任用、考核评价、激励监督、职业发展、流转退出、日常管理等多个环节进行了规范优化,建立起了衔接配套、内容完备、科学规范的领导人员管理制度体系,对于推动干部工作制度化、程序化、规范化将起到长期性、根本性的作用。

在领导人员培养培训机制建设上,中远集团按照"有目的培养,有层次的培训"的原则，以能力建设为核心，制定了有针对性的培养培训计划和方法，同时大力推进领导干部岗位任职交流工作，推进集团总部与基层单位之间、海内外单位之间、不同业务板块之间的干部交流，锻炼和提高了干部驾驭各种复杂局面的能力。到2010年末，领导班子成员中，交流干部比例达到三分之一。

针对领导人员后备人选的培养，有意识地加强实践锻炼，选拔后备人选的培养，有意识地加强实践锻炼，选拔后备人员援藏、扶贫，锻炼队伍，考验后备人选的政治素质。充分利用中远集团的境外资源，有计划、有目的地按照一定比例把领导人员后备人选派往境外单位短期工作，拓宽其视野，培养世界眼光，为中远集团"向跨国公司转变"提供有力的人才支持。

抓紧培养选拔优秀年轻干部。根据统计，到"十一五"末，中远系统约四分之一的领导班子成员和三分之一的党政正职到达退休年龄，退出领导岗位，还有近三分之一的领导班子成员超过55岁。在领导班子调整选配工作中，加大对优秀年轻干部的选拔力度，使领导班子年龄结构和知识结构进一步改善。着重注意加大70后、80后优秀人才的培养使用。到2014年，45岁以下的直属单位领导班子和担任集团部门负责人共42名，通过交流调整，各直属单位领导班子的年龄梯次结构、知识经历结构得到明显改善，进一步增强了领导人员队伍的活力。

三、大力推进"三个三百"人才工程

为贯彻全国人才工作会议精神，推进中远集团"人才强企"战略。自2003年起中远集团下发了《"三个三百"人才工程实施意见》，开始实施"三个三百"人才工程，即突出抓好集团总公司党组管理的企业领导人员和后备人选，共300人；突出抓好100名经营人才、100名专业技术人才和100名政工人才，共300人；突出抓好100名船长、100名专业轮机长、100名政委骨干人才，共300人。"三个三百"人才工程由集团党组统一领导组织实施，集团所属各单位密切配合总公司做好工程人才的选拔、培养、使用、管理等工作，并按照工程思路建立自己的人才培养体系。通过建立"三个三百"核心人才队伍，拓宽人才选拔渠道，推动人才的合理流动，保证人才队伍结构与集团新世纪新战略下的产业结构相符合，实现人才队伍的战略性管理，使中远集团成为全球航运业的人才高地。

"三个三百"工程是以先进人力资源管理理念为指导建立的人才选拔培养机制。

1. 严格选拔机制

在人才的选拔上广开渠道，广纳群贤，采取组织推荐、署名推荐、个人自荐等方式，广泛征集候选人提名，严把"选拔、考核、淘汰"关，用健全的机制保障"三个三百"人才队伍的卓越性。各直属单位是人才选拔、考核、淘汰的第一责任人，按照集团提出的选拔标准，建立自己的人才库，推荐最优秀的人才进入集团"三个三百"人才库，形成集团核心人才队伍。集团以专业化、程序化、标准化的选拔程序来保障人才的质量，对入库的人才实行实时跟踪考察，动态管理，实行淘汰制。

2. 完善培训机制

在人才的培养方面，以集团战略发展目标为导向，结合集团需求的目标，制订各类人

才的培养计划，同时坚持以人才的能力建设为重点，遵循培养与使用相结合的原则，坚持人才的岗位和个人特点，制定有针对性的培养方案，拓宽培养渠道，提高人才的综合素质，建立"三个三百"人才有序成长的机制。通过选送参加院校培训、选送赴国外工作、选送挂职锻炼、选拔负责科研工作等方式提高人才的综合素质。

3. 建立使用机制

对三百人才的使用遵循"有目标培养，有计划使用"的原则。坚持结合本人特点，因人制宜，对不同发展方向的人才，采用不同途径的使用和锻炼。在集团总公司的统一协调下，实现"三个三百"人才间的合理流动。与此同时，要求各直属单位为人才提供施展才华的舞台，充分发挥各类核心人才在本单位的骨干作用，对其中业绩突出、管理能力强的及时选拔担任行政、技术、业务领导职务和各级领导人员的后备人员，对以专业能力见长的，安排担任重点岗位科研项目的负责人。

4. 创新激励机制

采取恰当的精神层面的激励和物质层面的激励，坚持以成长激励为主，努力为工程人才创造发挥自己才华的良好环境，同时设立"中远人才基金"，对做出重要贡献的、取得突出成就的人员，给予恰当的物质奖励，并对他们的事迹进行宣传、报道和表彰，以此促进他们工作、学习的积极性。

5. 健全管理机制

三百人才的管理由集团总公司和各所属单位共同进行管理。各所属单位根据自身的实际情况和现有资源，承担对人才培养、使用和管理的具体实施工作，并按照干部管理权限进行考核，定期向集团总公司汇报情况，对除集团总公司党组管理外的其他人员，由集团人力资源部不定期的抽查，考察其专业技能、学习情况和现实表现。

"三个三百"工程自2003年9月起实施，2004年和2008年分别进行了两批次"三个三百"人才选拔工作。

以"不唯学历、不唯职称、不唯资历、不唯身份"，重业绩、重能力、重贡献为选拔标准，经2004年第十一次党组会讨论通过，第一批共1051人进入人才库，其中：领导人员172人，后备人员187人，经营管理人才164人，专业技术人才168人，政工人才74人，船长92人，轮机长96人，船舶政委98人。通过对"三个三百"人才的选拔，使集团对整个系统高级人才队伍的情况进行了摸底，对业绩突出、综合能力强、发展潜力大的人员进行了筛选。

2005年，中远集团对"三个三百"工程开展两年来的情况进行了专项调研，对各单位反映的选拔人才的标准不够明确、人才类别划分不够齐全、人才的培养和使用未能很好地结合等问题进行了搜集和整改。

在总结第一批"三个三百"工程开展情况的基础上，2007年，中远集团再次启动第二批"三个三百"人才选拔工作。在区分中远集团"航运""物流""修造船"三大主业开展选拔的同时，进一步细分各主业下的经营管理、专业技术、政工人才，以便更好地开展针对性的培养；根据经营管理人才、专业技术人才、政工人才、船长、轮机长、政委不同的行业特点，制定了不同的选拔标准，在从事专业工作时间、学历、年龄、职称、突出业绩等方面都有所区别；针对第一次人才选拔过程中，很多单位部分业绩突出、能力出众、具有较大发展潜力的优秀人才,由于学历、年龄、职称等硬件条件的限制没能选拔到"三个三百"人才库中来,第二次选拔特别选定了严格的破格标准;并将境外公司的选拔人才纳入选拔范围。

第二次选拔的各类人才的总数为1326人,比第一次人才选拔的总数增长了26%,其中,经营管理类人才在总人数里所占的比例增加了20%。经营管理人才的数量有了大幅度上升的原因在于,一方面,中远集团属于运输服务型企业,重点在于经营、服务方面,近几年集团经营效益连续取得了空前的突破性增长,在各公司培养人才工作的努力下,经营管理人才迅速地成长起来,另一方面,第二次人才选拔根据人才的实际情况对经营管理人才选拔的标准和条件进行了调整,更加符合优秀人才的入选。第二次人才选拔,经营管理人才的数量和质量有了大幅度的提高。

由于此次选拔对专业技术人才在学历、职称、业绩情况等方面提出了更高的要求,门槛提高,入选的人数相对减少,比第一次选拔的人数占总人数的比例下降了7%。

三百人才第二次选拔人才的年龄,总体上比第一次选拔人才的年龄有所下降,第一次选拔的人才中45岁以下的人数占总人数的57%,第二次选拔的人才中45岁以下的人数占总人数的78%,45岁以下的人数所占的比例上升了21%,说明集团核心人才队伍中,中青年人才的力量日益壮大,他们在企业的经营发展过程中发挥了越来越重要的作用。第二次选拔人才的学历水平整体上有所提高,大学本科以上的人数占总人数的72.4%,比第一次选拔大学本科以上人数所占比例65.27%提高了7.13%。航运类、物流类、修造船类中的经营管理、专业技术、政工人才的分布基本合理。在经营管理类人才中航运类、物流类的人才所占比重相对较高,分别为70%、82%,修造船类人才也占52%,符合集团作为运输类服务型企业的特点,而经营管理类人才在航运类、物流类中应当是中坚力量。在专业技术类人才中,修造船类中的专业技术人才占比重最大,占修造船类总人数的31%。政工类人才的比例较为均衡。

2010年,为更好地发挥"三个三百"人才工程作为集团核心人才培养抓手的作用,进一步规范并完善"三个三百"人才选拔、培养、使用、管理等工作,中远集团在总结"三个三百"人才工程实施以来的经验、广泛调查研究并参考近年来国家关于人才队伍建设和规划等相关规定的基础上,制定了《中远集团"三个三百"人才管理办法(暂行)》。办法中明确了"三个三百"人才的分类,对人才管理的"机构和职责""人才选拔""人才培养""人才使用""人才管理"等方面进行了详细的规定。使"三个三百"工程进一步制度化、规范化。

在"三个三百"人员培训方面,按照集团党组"不断提高培训质量,促进人才素质全面提高"的批示要求,中远集团先后在国家行政学院、北京经济管理干部学院、上海海事大学和大连海事大学、青岛船院等单位举办"三个三百"培训班,截至2011年底,共组织经营管理、政工、航运管理、物流、船舶三长等"三个三百"系列培训40余期,培训人员超过1500人次。通过精心设置的培训课程、理论联系实际授课内容、高水平的专家教授、周密严格的组织管理,"三个三百"人才培训成为中远集团的优秀培训品牌。

在举办系列专题培训班的同时,中远集团积极拓宽培训渠道,在全系统范围内选拔1名"三个三百"人才参加由中国总会计师协会组织举办的为期一年的赴美国EMBA培训项目,全方位培养所需人才。此外,从 2010 年起,中远集团将"三个三百"人才培训范围进一步扩大、力度进一步加强,组织集团总公司各部门(中心)室副经理以上人员分批参加"三个三百"培训班,建立系统培训制度,在两年时间内对其轮训一遍,以提高集团总公司的经营管理水平。截至 2011 年底,总公司室经理、副经理、高级主管以及各直属单位部门负责人分批参加"三个三百"培训班达到 98% 以上。

通过围绕"三个三百"人才工程组织开展的多种形式的人才培训、培养、开发和使用工作,"三个三百"人才库中相当一部人才走上了更加重要的工作岗位,在有力地促进集团核心人才队伍建设同时,带动了集团人才队伍整体素质的提高,为集团的改革和发展提供了良好的人力资源保障。

四、大力加强高技能人才队伍建设

2005 年是中远集团高技能人才队伍建设工作的起始年。根据国家有关部门的要求,中远集团按照"上半年启动,下半年重点推进"的方针,推动高技能人才队伍建设。按照劳动部和国资委的要求,中远集团成立了高技能人才队伍建设领导小组和工作小组,明确了工作职责,制定总的工作计划,并对每个不同的阶段列出具体的实施计划。先后召开多次专题会,推进高技能人才队伍建设的各项工作,确定了内部的三家试点单位和 12 个试点工种。同时,聘请有关的专家与各单位的代表一起对鉴定、评审办法以及试点工种的鉴定标准、规范、试题样题等进行研讨、修改和完善。

在制度规范建设方面。2005 年,中远集团先后制定了《关于加强中远集团高技能人才队伍建设的实施意见》《中远集团技师、高级技师评审管理办法(试行)》《中国远洋运输(集团)总公司技师、高级技师职业技能鉴定管理办法(试行)》《中远集团技师、高级技师鉴定标准和规范(12 个工种)》。2007 年又召开专题研讨会,研究修订了《中远集团水上工种初、中、高级工认定管理办法》;讨论修改了《中远技能鉴定工作流程》;重新明确了技师、高级技师评审材料要求,使得中远集团高技能人才队伍建设试点工作更加规范化、科学化、制度化。

在组织培训方面。经过多方协调和反复研究,确定了船舶水手、机工两个工种的培训和鉴定委托青岛船院进行。从 2005 年 11 月开始,在青岛船院统一组织进行船舶水手和船舶机工技师鉴定前的集中强化。同时,允许有条件的单位按照集团制定的各工种标准、规范,对符合条件的员工进行多种形式的自主培训。

在考核评审方面,为了加快培养高技能人才,使集团在高技能人才队伍的数量上有明显的提升,中远集团采取了行业特殊工种内部考核、评审,社会通用工种社会化考核、评审等方式进行鉴定和评审。2005 年,中远集团获得企业颁发的技师资格证书的达到 200 人以上,取得地方劳动部门颁发的技师资格证书达到 60 人以上。2006 年度,中远集团共有 92 名船舶水手、63 名船舶机工、6 名叉车工通过技师评审,总通过率 76%。2007 年,中远集团组织对具备技师条件的船舶水手、机工组织了两期鉴定,共鉴定 182 人,通过 180 人。通过率逐年上升,进一步壮大中远集团技术工人队伍的整体技术实力和水平。

2006 年 7 月,劳动部正式批复中远集团为自主开展职业技能鉴定试点单位,成为三十三家参与试点工作的中央企业中第六家具有自主技能鉴定试点资格的中央企业。并于2006年9月被劳动部授予"国家技能人才培育突出贡献奖"。

2008年，按照劳动和社会保障部《关于建立国家高技能人才培养示范基地的通知》要求，中远集团上报了《中远集团创办国家高技能人才培养示范基地工作方案》。当年5月，人力资源和社会保障部正式印发了《关于公布第一批国家高技能人才培养示范基地名单的通知》，中远集团等157家企业为国家第一批高技能人才培养示范基地。

从2009年开始，中远集团在下属单位推进《中远集团创建国家高技能人才培养示范基地工作方案》的落实。2009年5月组织召开了船舶水手和船舶机工初、中、高级职业资格认定工作研讨会。会议交流介绍了大连远洋试点开展船舶水手和船舶机工初、中、高级职业资格认定工作的情况和经验，从2010年开始，在各下属单位全面推开船舶水手和船舶机工初、中、高级职业资格的认定工作；明确以内部鉴定为主、以特色工种鉴定为重点，对鉴定（认定）工种、等级、人员范围等做出明确要求，并强调要做好劳务协作中心船员和农民工的职业技能培训和鉴定工作。2009年8月，中远集团组织召开"船舶电工等六个工种职业标准研讨会"，对船舶电工、船舶焊工、船舶起重工、船舶钳工、船舶管系工、船体装配工六个工种初、中、高级工及技师四个等级的鉴定标准进行了修订和完善。修订后的标准突出了各工种对造船技能和实操方面的要求。在此基础上，2010年，中远集团赴南通、大连现场组织开展职业技能鉴定，六个工种共1011人参加鉴定，其中初级工221人、中级工375人、高级工69人、技师329人、高级技师17人，参加鉴定人员中包括农民工。共有774人通过鉴定，通过率76.6%。

2010年，按照人力资源和社会保障部下发的《关于印发推进企业技能人才评价工作指导意见的通知》，中远集团结合各具体用人单位的实际和生产一线的特点，对《中远集团船舶水手、船舶机工初、中、高级工职业资格评价认定办法》《中远集团技师、高级技师考核、评审管理办法》等试用文件进行修订，使之既符合国家文件要求，也适应企业实际，更便于操作和实施。

2010年，中远集团职业技能鉴定中心正式成立，下设综合办公室和命题考核办公室。依托职业技能鉴定中心，中远集团建立了"坚持标准、集团监管、企业实施、改进提高"的工作机制，结合企业实际，高标准、严要求推进技能人才队伍建设，为企业科学发展培养了大量技能骨干人才。

五、推进境外人才管理国际化

随着国际化战略的实施，中远集团在境外员工管理工作中不断地树立国际化的管理思维，积极向跨国企业看齐，不断推进管理的国际化。

（一）外派员工选拔、管理

1. 加强外派员工管理

为进一步加强集团对驻外干部的管理，针对境外员工管理的实际情况和存在的问题，2006年，中远集团制定并正式下发了《关于进一步加强中远集团驻外员工管理工作的通知》，从外事纪律、日常管理、安全保密、廉洁从业等几个方面对驻外干部提出了明确要求，强化了驻外干部的自律意识和组织纪律观念。《通知》下发后，境外各区域公司积极落实集团的各项要求，认真查找本地区驻外员工管理工作中存在的问题，统一了认识，明确了要求，健全了制度，强化了管理。

2014年开始，中远集团以第十次海外工作会为契机，全面推进境外人力资源管理改革。根据集团海外工作会的整体要求，通过境外视频调研、现场调研，研究制订了《中远集团海外人力资源管理调研报告》，全面总结分析了境外人力资源管理存在的问题及原因，汇总提炼了境外调研中提出的人力资源管理问题和外部企业境外人力资源管理工作的经验和做法，对集团境外人力资源管理工作提出了思考和建议，创新提出构建"一、三、五"境外人力资源管理体系（即牢固树立"全球化人才管理"一个理念，抓住"派前选拔、任上管理、调回安排"三个环节，建立和完善"选拔培养、岗位管理、绩效考核、激励约束、境外职业规划"五项机制）的设想和三个阶段的具体实施规划，并通过召开海外工作会人事管理专题会，全面介绍了境外人力资源调研的相关情况，明确了境外人力资源管理工作的总体思路、方向定位和具体部署，为境外人力资源管理改革奠定了良好基础。根据第十次境外工作会要求，中远集团按计划相继开展了境外岗位调查等有关工作，对境外岗位进行了系统摸查，并以此为基础重点开展了境外人力资源管理制度研究修订工作，制定下发了《中远集团中方驻外岗位管理办法（试行）》《中远集团外派后备人员管理办法（试行）》和《中远集团驻外员工考核办法（试行）》三项制度，进一步健全了中方驻外岗位管理机制，优化了外派后备人员选拔，为境外人力资源管理奠定了制度基础。与此同时，中远集团进一步完善了驻外人员因私出国（境）证件的保管、使用及管理流程，按照干部管理权限进行驻外人员因私证件分级管理，有效杜绝了违规私自持有因私出国（境）证件的现象。

2. 建立外派干部梯队

2004年开始，为进一步优化境外员工的素质结构，中远集团根据境外企业和岗位需要，有针对性地从"三个三百"人才工程队伍中选派优秀人员到境外工作锻炼，在当年选派的67名驻外员工中，有近五分之一的人员来自集团"三个三百"工程人才队伍。

2006年，为落实中远集团第九次海外工作会及党组工作会的要求，中远集团以"三个三百"人才队伍为基础，有针对性地从全系统选拔一批优秀人才，建立了集团外派预备人选队伍，使集团外派后备人才队伍的建设和培养得到了加强，保证了外派人员的数量和质量。

在驻外人员选拔工作中，中远集团始终把人员素质的国际化作为选人用人的基本要求，通过采取组织推荐、考试测评、面试筛选等方式，强化对外派后备人员的综合管理能力、业务控制能力、外语能力、沟通融合能力、团队协作精神等各方面的考察和了解，确保所选派的驻外员工的综合素质适应企业国际化经营和管理的需要。

2010年，为进一步完善外派后备人员英语测试标准，中远集团委托青岛船院开发了一套"中远集团驻外人员英语水平测试系统"，用于外派后备人员的英语培训和能力测试。该英语测试系统的试题体现了航运特色，内容涵盖了境外生活、航运、商务、货运、函电、财务等各个方面，从听、说、读、写四个方面全面评估外派后备人员的英语水平。

2014年，中远集团创新尝试驻外人员述职会议。结合述职人员所在公司资产关系和业务范围，联合集团总公司战略发展部、运输部及有关国内专业公司共同召开外派员工述职会议，有效促进了各职能部门及国内专业公司对驻外人员工作情况的了解。为加强对2013年、2014年增派境外营销人员工作效果的了解，中远集团开展了针对前期增派的营销人员的专项评估工作，组织各相关公司对营销人员和营销工作的开展情况进行了评价，对增派营销人员的业绩情况、工作表现和主要问题等方面进行了汇总分析，进一步掌握了营销增派工作的效果，对境外的需求、人员的定位及选拔标准等有了更进一步认识，也为改进境外营销人员选拔、加强境外营销工作提供了经验。

2015年，针对集团外派人选拔方面存在的问题，中远集团进一步改进外派后备人选选拔方式和手段，对北京以外人员采取了视频面试，大大提高了选拔效率；同时引入多方面试，在部分岗位尝试邀请区域公司领导等多方参与面试，让区域公司在外派工作前期即进行参与，提高了外派选拔的准确性。与此同时，进一步强化外派人员岗前培训，要求国内专业公司对外派人员制定培训计划并进行培训的评估反馈，进一步提高了外派人员的适应能力。

3. 坚持驻外人员定期轮换制度

2004年开始，中远集团对境外员工管理属地化可能涉及的相关法律、政策进行了调研，具体研究了驻外员工任期管理从过去单一的"年限任期"模式，向"目标任期"和"年限任期"两种任期管理模式转变的可行性。全年共调整外派岗位119个，其中有35个岗位人员调回后，不再选派接替人选。在调整中进一步优化驻外员工年龄结构，截至2004年底境外已到达退休年龄的驻外员工已全部调回国内，驻外员工中50岁以下的人员占驻外员工总数的比例接近80%，使驻外员工队伍的组成结构更加合理。

与此同时，中远集团充分利用驻外人员轮换制度，建立境外人才培训基地。境外企业不仅为集团提供了直接参与国际市场竞争的环境和平台，同时作为培养人才的基地，使员工在国际化舞台上得到充分锻炼。这一时期，中远集团在逐步精简驻外常驻岗位的同时，通过在境外管理比较先进、比较发达的国家和地区设置短期培训岗位，加大国内员工赴境外短期培训和锻炼力度，使员工开阔了视野，提高了综合素质和外语水平，适应了集团作为跨国公司对人才的要求，推进了集团决策管理的国际化。

通过对驻外员工的定期轮换，每年调整、轮换的外派人员占总数的15%—20%，基本做到5—7年外派人员轮换一次。从1996年第八次驻外工作会到2005年底第九次海外工作会召开，中远集团具有境外工作经历的人员已达2500人次左右，境内班子成员中有境外工作经历的从2001年的14.6%提高到20.8%；驻外的379人平均年龄42.3岁，大专以上学历上升到96.83%，党员的比例上升至75%，形成了年富力强的境外经营管理者和业务骨干队伍。推动了集团境外企业的人员交流，不仅为集团培养了国际化的人才，提升了员工队伍的整体素质，同时也促进了海内外企业间的相互交流和提高，对集团实施国际化战略培养和发展国际竞争力发挥了极其重要的作用。

4. 港澳地区内派员工家属、子女随任工作

国务院港澳办根据香港、澳门回归后的新情况，对中资企业内派人员配偶随任政策做了调整，调整后，内派人员原则上均可申请配偶随任。2008年，中远集团根据港澳办的相关新政策，及时修订了集团内派人员家属随任管理办法。2015年，中远集团制定了《中远

（集团）总公司驻香港特别行政区内派人员未成年子女随任实施细则》，明确了驻港内派员工未成年子女随任的申请流程。

（二）实施人才本土化战略

在确保对境外公司控制力的情况下，中远集团充分依靠和利用境外当地员工的本土优势，为中远的境外企业服务。中远集团在境外企业发展和外籍员工管理上，注意以建设远洋特色的跨文化管理为载体，将中远的企业文化与驻在国本土文化有机结合起来，将西方管理模式与东方"人情味"有机结合起来，一切从实际出发，以人为本，提倡"进了中远门，便是中远人"的中远团队意识。

到2005年底，中远集团外派人员总数从最多时的470多人逐年减少到379人，占境外员工总数的8.5%；聘请的外籍员工从1996年的3500人增加到4088人，占境外员工总数的91.5%。属地化趋势日益明显。境外公司的员工不管来自哪里，不论什么肤色，只要有能力，就会被委以重任。不少当地员工已经在中远境外公司工作10年甚至20年以上，有些员工被聘为境外公司总经理或副总经理，成为公司的高管人员。

六、创新员工激励机制

（一）开展人员竞聘上岗，推动选拔任用制度改革

为进一步落实中央关于《深化干部人事制度改革纲要》精神，进一步完善干部能上能下、能进能出的用人机制，中远集团从2001年开始，在总公司劳动保险统筹中心开展了竞争上岗试点工作，2004年又对新成立的总公司安全技术监督部部门领导开展了公开竞聘工作。通过群众自荐和组织推荐的方式，演讲、现场答辩的竞聘方法，并引进外聘专家、中介机构等对应聘者进行了素质测评，从程序上保证了对应聘者能力素质的全面考察和测评，在员工中产生了良好的反响。

在总结此前竞聘上岗成功经验的基础上，中远集团进一步完善竞聘程序和竞聘方法，邀请中组部考试测评中心参与竞聘工作。从2005—2013年先后在集团总部组织了战略发展部（总法律顾问室）、总裁办公室、财务部、运输部、研究发展中心、监督部、《中国远洋报》社、党组工作部等部门负责人的竞聘工作。与此同时，根据中远集团党组提出的"加大力度推进二级单位领导班子成员竞争上岗"的工作要求，中远集团先后组织了中远财务公司、大连远洋、厦门远洋、青岛船院、中波公司等直属单位领导班子成员岗位竞聘工作。对于竞争上岗的领导人员实行试用期和任期制。

2008年底，根据中远集团和中国远洋管理架构调整工作安排，中远集团组织开展了中远集团/中国远洋大规模的人员竞、选聘工作。从2008年12月11日至2009年1月7日实施了11个部门、中心11个正职领导岗位和12个副职领导岗位的竞、选聘工作。38人次参加了竞聘，聘用人员全部实行了试用期和任期制。从2009年1月14日至2009年2月6日，实施了各部门、中心业务室经理、副经理岗位竞聘工作。共有122人报名参加76个岗位的竞聘，共聘任73名经理、副经理。2009年2月10—17日，实施集团总公司/中国远洋总部各部门、中心员工选聘工作。通过公开报名，各部门、中心提名各业务室人

选,竞、选聘工作小组审核等三个步骤,实际选聘员工184人。本次竞聘为中国远洋本部各部门选拔了优秀的管理人员,同时也为集团总公司和中国远洋总部机构调整的平稳过渡奠定基础。

2011年,为进一步深化干部人事制度改革,提高选人用人满意度,加大竞争性选拔的力度,扩大竞争性选拔范围,中远集团有计划地增加通过竞争性选拔产生的领导人员比例,提高竞争性选拔职位的层次,先后组织了中国远洋董事会秘书、总办主任和副主任、安监部总经理、战发部总经理、党组工作副部长、投关部副总经理、研发中心副主任、中远集运主管机务和安全的副总经理、青岛远洋两个副总经理岗位的竞聘上岗,中远船务总会计师、大连远洋总会计师、博鳌公司总会计师和财务公司副总经理等岗位的公开竞聘,通过竞聘提拔的直属单位领导班子成员、总部部门正副职占提拔总数的43%。

通过建立竞聘上岗机制,进一步优化了集团干部队伍的素质,强化了选人用人中的能力业绩导向,也在一定程度上激发了广大干部员工学习进步、干事创业的热情和积极性。

(二)改革薪酬管理体制

作为国家重点大型企业集团,中远集团在工资管理上一直遵循国家有关企业工资管理的规范要求,进行内部分配制度的改革。1993年中远集团成立之后,在自主进行企业内部分配制度改革方面做了积极的探索与尝试,在坚持"按劳分配、效率优先、兼顾公平"原则基础上,大胆突破、创新,在企业领导人年薪管理、企业工资总量调控、远洋船员工资指导价位等多方面进行了改革探索,初步形成了与中远集团生产经营特点相适应的内部分配体系,如集团总部员工的岗级工资管理办法,直属企业领导人的年薪制管理办法,驻外员工的岗位工资加地区补贴的管理办法以及驻外工资属地化管理办法,远洋船员岗位职务工资为主体的结构工资制管理办法,等等。各下属单位也能够按照分级管理原则,进行创造性探索,在本企业内部进行分配制度的完善,如虚拟股份制,揽货人员的奖励提成办法等。这些办法逐一实施,不但梳理了中远集团内部不同性质、层次员工的分配关系,建立了正常的工资运行机制,而且通过制度规范,也强化了激励与约束制衡机制,破除了传统意义上的"大锅饭"。

从1993年中远集团成立到2004年,中远集团的实发工资总额增加了约15亿元,人均工资从约1万元(不含船员伙食津贴),增加到约3.8万元,年均增幅达到了约13%。2001年,在经营形势严峻的情况下,中远集团为远洋船员调整了工资,在航船员人均工资增幅约达30%,这种具有极大勇气和魄力的举措在特殊的时期发挥了突出作用,稳定了军心、鼓舞了士气。应该讲,就工资水平而言,中远集团在同行业国企当中已经处于领先水平,在市场上也已经具有一定竞争力。

1. 境内直属企业负责人薪酬管理改革

根据《企业国有资产监督管理暂行条例》《关于印发国资委监管企业工资分配管理工作交接有关问题纪要的通知》精神,自2003年起,国资委全面负责中央企业的薪酬管理工作。2004年,国资委下发了《中央企业负责人薪酬管理暂行办法》《中央企业负责人薪酬管理暂行办法实施细则》,明确中央企业负责人的薪酬标准及考核、兑现办法。为贯彻上级精神，进一步强化激励与约束制衡机制，实现企业负责人的报酬与实际贡献更为有机结合，2006 年，中远集团对境内直属企业领导人薪酬管理制度进行调整，出台了《中远（集团）总公司境内直属企业负责人薪酬管理办法（试行）》，适用于与中远集团签订《企业负责人经营业绩责任书》的直属单位。根据办法规定，企业负责人的薪酬由年薪、中长期激励、年度特别奖励三个激励单元组成。

（1）年薪

年薪根据企业的规模、行业属性等因素，按照《企业负责人经营业绩责任书》、实现利润等指标考核情况确定，具体由基薪和绩效薪金构成。

基薪综合考虑企业总资产、净资产、销售收入、利润总额四项规模指标，并结合外部市场不同行业的薪资分布，以及集团内部的产业发展格局，确定企业负责人的基薪标准，并根据情况变化不定期进行调整。

绩效薪金以基薪为考核基数，根据企业负责人的年度经营业绩考核情况确定，在反映当期经营成果的同时，客观实现与企业历史的纵向比较。主要考核企业负责人年度经营业绩考核得分和实现净利润规模，兑现比例的考核浮动区间为 0—3。

（2）中长期激励

中长期激励比照境内上市公司做法，为企业负责人建立中长期激励计划。

考核基数：参照中央企业上市公司的通行惯例，按照 7∶3 的比例确定企业负责人短期激励计划与中长期激励的结构比例，即按照企业负责人每年考核后实际兑现年薪标准（不含年度特别奖励）的 3/7，确定中长期激励计划的考核基数。

考核周期：中长期激励计划的每一个考核周期为 3 年。为保持全集团考核兑现工作的整体性和可比性，考核周期为统一标准，不因为某一位企业负责人的变动而改变。

考核方式：中长期激励计划按照企业考核期内的资本累计增值比例，结合与国资委公布的同类型企业绩效评价标准值的比较情况确定，强调考核与兑现的延期性和对考核期内经营行为的追溯性。

（3）年度特别奖励

年度特别奖励体现正常考核中未能反映的经营业绩和企业负责人的特殊贡献，主要针对每年集团内部经营业绩突出、贡献大，或有显著改革、创新成效的企业负责人，具体奖励对象和标准由集团总公司根据每年的整体形势以及企业当年的经营实际业绩确定。

其中基薪按月支付，绩效薪金和年度特别奖励根据年终考核结果一次性支付。中长期激励在一个考核期结束后，根据考核结果兑现，其中 60% 以现金形式兑现，40% 转入下一个考核期延期兑现。

为实现激励与约束的制衡机制，《办法》同时规定领导人员薪酬监督约束机制，对未按时完成年度账款回收率、利润上缴工作，未完成国有资本保值增值任务并造成减值、未完成集团年度目标利润总额并发生或加大亏损的情况，发生资金管理违纪违规行为，重大安全责任性事故等情况，相应扣减绩效薪金及中长期激励直至不兑现。

2014 年，为进一步完善直属企业负责人激励约束长效机制，在总结经验、广泛调研、征求意见基础上，中远集团对原有的《中远（集团）总公司境内直属企业负责人薪酬管理办法（试行）》《青岛远洋船员学院负责人薪酬管理办法（试行）》《中远（集团）总公司派驻香港（澳门）特别行政区内派员工工资实施办法》三个文件进行了整合、修改和完善，新《办法》更客观地反映了企业负责人的业绩贡献因素，形成了统一的境内、驻港直属企业负责人薪酬管理办法，进一步加强了企业负责人薪酬激励与约束机制作用。

2. 开展人工成本预算管理

2012年是国资委对中远集团从工效挂钩转为工资总额预算管理的第一年，也是中远集团开展人工成本全面预算管理的第一年。中远集团明确人工成本管理工作思路，进一步规范管理，树立"业绩升薪酬升、业绩降薪酬降"的预算管理基本理念，主动践行"降本增效"。初步明确了从预算编制入手逐步达成分类、高效管控的工作目标，以及规范人工成本预算、核算规则和管理流程，确定人员分类口径，实施过程监控的具体工作步骤。

在此期间，中远集团不断探索过程管理方式，实施对人工成本的月度监控，加强人工成本精细化调控、引导和审核。对于执行进度超年度预算、较前一年同期增长过快、执行情况与效益情况不符的单位，及时沟通并部署整改，并围绕生产经营，实施特殊的激励措施。这些措施主要包括：对中远集运和中散集团实行对标考核，将陆地人员工资总额的40%与对标考核结果挂钩；工资总额明确必须根据效益浮动；试行营销人员奖励基金制度，加大营销力度，抢抓市场机遇，努力释放营销潜能，着力创收增效。

2013年，在全面预算管理的工作框架下，中远集团进一步抓好人工成本的管理。一是搭建集团人工成本管理体系。开展了系统内人工成本管理调研，全面了解、掌握人工成本管理现状，为规范管理、构建体系提供了依据。在对集团总公司所有人工成本项目进行重新梳理和职责界定的基础上，明确了人工成本预算编制规则。二是加强人工成本的过程监控。对照企业当期效益，逐月对职工薪酬、人数等数据进行整理、分析，跟踪了解各直属企业人工成本、工资总额调控情况，对执行进度与前一年同期相比存在较大变动或与效益增减不符的单位予以关注和提醒，督促其人工成本支出按照预算有序进行，有效加强了人工成本预算执行情况的管控力度。同时，开发并运行了"中远集团职工薪酬统计监测信息系统"，对各类内容和数据进行了系统性、标准化规划，实现了利用已有数据迅速生成上报数据的效果，通过信息化手段将管理节点有效串联起来，进一步提高了工作效率。

2014年，中远集团开展了人工成本管理情况专项实地调研，了解了工业企业人工成本管理现状及问题，探讨分析了共性问题，为进一步做好所属企业人工成本、工资总额预算调控，推进和完善分类调控方式奠定了基础；调整集团对标考核与工资总额挂钩的办法，使对标考核结果在工资总额调控中的运用更具操作性，并相应研究提出了船务及中远太平洋的对标考核与工资总额挂钩办法，有效解决了2013年对标考核与工资总额挂钩办法中存在的问题；顺利完成了对所属企业2013年人工成本、工资总额决算及2014年人工成本、工资总额预算编制审核工作。与此同时，进一步规范集团总部人工成本预算管理工作。积极推进薪酬系统与财务预算系统、财务报销系统对接等落地工作，实现了薪酬系统与财务SAP系统的过账功能，大大减轻了人事、财务、社保的工作量，提高了工作效率和质量；牵头组织开发人工成本预算系统填报模块，实现了预算填报、预算调整的信息化，牵头梳理和优化了总部人工成本预算管理、报销管理、科目代码维护等相关流程，建立了集团和中国远洋本部人工成本编制规则、流程。强化人工成本的过程监控和薪酬信息统计工作。同时,实时跟踪了解各直属企业人工成本、工资总额调控情况,有效加强了人工成本预算执行情况的管控力度;加强对系统内薪酬数据的统计分析,要求各家进行2013年人工成本自查及分析,同时对集团整体和境内各直属单位的薪酬水平分布情况进行对比分析,为集团进行精细化的人工成本管理和薪酬政策决策以及内部工资调控提供了依据。

2015年,中远集团对系统内所有单位开展2013—2014年职工薪酬管理情况自查工作,对工资总额和人工成本管理情况进行梳理、自查和自纠,初步制订了《中远集团人工成本预算管理办法》《关于全系统进一步规范加强人工成本管理的指导意见》,进一步规范了管理;加强人工成本的过程监控,继续做好各单位每月财务快报职工薪酬、福利费用等分析、汇报工作,对于超预算进度单位发放提示函,督促其人工成本支出按照预算有序进行,重点关注效益下滑工资降幅较大的企业,密切跟踪工资发放进度,强化了各直属企业人工成本、工资总额执行过程监控及预算执行情况的管控力度。

(三)全面推进驻外企业工资属地化改革

为符合中远集团由跨国经营向跨国公司的战略转变需要,保证驻外企业在境外长期稳定健康发展。2002年开始,中远集团在条件成熟的驻外企业有计划、有步骤地研究推进中方员工属地化改革工作。改革分为三个阶段:试点阶段、境外区域公司推进阶段、境外区域公司所属驻外企业全面实施阶段。共涉及47个国家和地区的驻外企业。

2003年,中远集团在日本、澳洲公司率先开始了工资属地化改革试点,从2004年开始,中远集团以日本、澳洲公司试点经验为基础,结合驻在国或驻在地区的有关法律法规、社会环境及企业自身的实际情况等进行了研究,按照成熟一家推进一家的原则,逐步推进驻外企业工资属地化改革。截至2006年9月,共完成26个国家和地区的101家驻外企业313名中方员工的工资改革,占外派中方员工总数81.3%,对暂不具备改革条件的区域也采取过渡方法,对工资管理办法进行调整完善。

通过改革取得了预期效果:一是规避了相应风险,多年来,驻外企业中方员工一直实行内外部两本账,通过工资属地化改革,取消了中方内部账,中方员工实际收入直接在公司外部账反映,员工按照驻在国规定缴纳个人所得税和各项强制保险。原在中方内部账列支的费用根据实际由公司成本或员工个人承担,实现了中方驻外企业工资的依法合规,在一定程度上规避了财务风险、税务风险和法律风险,有利于驻外企业依法合规开展经营。二是规范了费用划分,此前,由于存在内外部两本账,中方员工的人工成本核算很难统计准确。工资属地化改革后,驻外企业结合自身情况对中方员工相应费用的负担进行了重新明确和划分,同时对属地化后公司负担费用项目、标准逐项予以明确,从而更加规范了中方相应费用的管理,有利于集团总公司核算和驻外企业有效控制人工成本。三是明晰了人工成本,工资属地化改革后,取消了中方内部账,中方员工的工资和公司负担的福利费用核算更加清晰,从而能够更好地为集团选派中方员工及岗位设置提供决策依据。四是降低了综合管理成本,工资属地化改革后,取消了中方内部账,原来的内外部两本账统一为公司外部账,减少了境外财务核算工作量。同时,明确了公司和个人的负担费用项目,减少了驻外企业行政管理工作内容，从而有利于降低驻外企业的综合管理成本，堵塞了境外监管的漏洞。五是提高了中方员工工资待遇。工资属地化改革后，普遍提高了中方员工实际工资待遇，有效地调动了中方员工的工作积极性，有利于集团向境外选派优秀人员。

在稳步推动驻外企业工资属地化改革期间，2008年，中远集团综合境外区域公司报送的工资属地化方案的总结报告，结合境外实地调研的具体情况，全面分析了工资属地化改革取得的成绩和问题，对驻外企业工资属地化改革中的共性问题、难点问题进行了重点的分析研究，提出调整完善的解决方案：

（1）解决了部分驻外企业中方员工国内保险统筹单位缴费部分的负担方式问题。在依法合规的前提下，改变了属地化后部分驻外企业中方员工国内保险统筹单位缴费部分的负担方式，将原由中方员工个人负担的单位缴费部分转为公司负担，使国内保险统筹单位缴费部分的负担方式更为合理，避免了国内保险统筹政策变化对中方员工工资管理的影响。

（2）调整了中方员工转点外派后工资核定办法。为体现转点中方员工的境外工作经验、工作资历，以及转点前的工作表现和贡献，在核定转点中方员工工资标准时可考虑外派员工本人在境外工作期间已有的工资考核晋升因素。

（3）研究了由于中国经济的持续高速发展以及2008年爆发的全球金融危机等原因，中远集团驻外员工工资支付货币相对人民币出现贬值的问题。结合汇率变化的特点，以及各驻外企业中方员工工资属地化方案的具体情况，提出了中方员工汇率补贴方案。

2009年，为规范驻外企业中方员工工资属地化及补贴制工资管理，中远集团制定了《中远集团驻外企业中方员工属地化及补贴制工资管理办法（草案）》。2009年，结合集团总公司已明确的工资属地化改革有关调整完善措施，以及领导指示精神，对草案进行了修改、完善，在与部内相关处室研究后，征询集团相关部门意见，最终形成正式请示上报集团领导审批。

草案明确了驻外企业工资属地化管理的基本原则，提出了各驻外企业属地化改革方案制定和审批的有关要求，在依法合规的前提下，统一规定了属地化改革后中方员工工资管理、相关费用管理、汇率风险管理以及监督、检查等方面的原则要求和操作规程。草案将作为集团驻外企业中方员工工资属地化管理的指导性文件，统一规范相关管理工作。

2014年开始，根据第十次海外工作会议的要求，中远集团开始全面谋划布局驻外工资改革。结合2020战略回顾工作认真开展调研分析，系统提出了境外薪酬管理调整思路，对境外薪酬改革进行了任务分解，制定了境外薪酬管理改革推进时间表，在总结境外薪酬管理问题的基础上，借鉴国内外专业咨询机构的研究成果以及其他大型跨国企业管理经验，研究制订了驻外薪酬管理办法，从系统性、全局性考虑，形成具有中远集团特色的驻外薪酬管理体系，该文件与驻外岗位、考核和后备人员管理办法共同组成了集团驻外员工管理的规范制度与集团对驻外企业的定位和考核要求相呼应，为集团驻外人员的选派、任用和企业经营管理提供了有力的保障。同年，中远集团稳妥开展各项境外薪酬调整，印发《关于2014年驻外工资调整有关事宜的通知》，恢复了驻外企业年度工资调整机制。继续推进属地化工资改革方案的落实，完成新加坡区域属地化工资改革；完善中方员工激励机制，研究提出了在完善考核办法基础上的基本工资调整、强化绩效工资的激励措施。

(四)启动企业年金工作

企业年金是在国家政策指导下,企业及其职工在依法参加基本养老保险的基础上,自愿建立的补充养老保险制度,是企业职工福利制度的组成部分。建立和完善企业年金制度,既有利于保障和提高职工退休后的基本生活水平、构建多层次养老保险体系,又有利于改革企业薪酬福利结构,增强薪酬的长期激励作用,提高企业凝聚力和竞争力。

2005年,国资委根据劳动保障部《企业年金试行办法》,下发了《关于中央企业试行企业年金制度的指导意见》,2006年,中远集团成立了由党组书记张富生任理事长的企业年金理事会,并在总公司劳动保险统筹中心设立了企业年金管理中心。根据上级精神,通过集体协商,2007年,中远集团向国资委报送了企业年金方案,按照国资委《关于中国远洋运输(集团)总公司试行企业年金制定的批复》文件精神,同意中远集团自2007年起试行企业年金制度,并在人社部成功备案。2008年开始,中远集团成立"企业年金清理工作小组"和"企业年金商务工作小组"积极推进企业年金工作,要求各家单位将2004年以来计提的企业年金划转总公司劳险中心。与中国银行签署银企战略合作,由中国银行为中远集团提供企业年金基金账户管理和基金托管服务。

2009年中远集团召开企业年金理事会第一次会议,通过《理事会章程》《理事会尽责声明》和《信托合同》三个法律文件;组织召开中远集团企业年金启动工作会议。两个会议的召开标志着中远集团企业年金工作全面启动。会后,为健全企业年金规范化管理制度体系,中远集团下发了《中远集团企业年金试行办法》《中远集团企业年金"中人"待遇衔接办法》和《中远集团原企业补充养老保险清理、移交办法》。根据前期确定的商务工作的基本原则,2009年8月,中远集团组织召开了现场招标会,由年金理事会理事为参加中远集团企业年金业务运作人投标的各专业机构进行评比打分。经过理事的认真评审,确定了年金基金账管人、托管人和投管人的商务谈判顺序。2009年10月,分别与中国银行等近10家中介机构进行了商务谈判,确定了账管、托管、投管合同的具体内容,以及实际运作的实施细则。同时,进一步推进各单位原企业补充养老保险清理移交工作,下发补充通知,就系统各单位补充养老保险的清理、移交时间、要求、方式、口径等事宜进行了具体规定。并根据通知要求,协调指导各单位开展清理、移交工作。

2010年,中远集团就企业年金推进过程中的具体问题以及老人待遇问题,召集有关单位召开了专题研讨会,下发了《关于印发〈关于中远集团企业年金制度实施过程中有关问题的补充意见〉的通知》和《关于印发〈关于中远集团试行企业年金制度前已经离退休人员基本养老统筹外项目管理的指导意见〉的通知》,进一步完善了集团企业年金规章制度体系。为了进一步规范各单位的方案,集团总公司制定了企业年金方案模板,并要求各单位按照模板格式制定年金方案。对各单位报送的方案,通过连续的预审、修改、再审,使各单位的方案不断趋于完善。按照"成熟一家、审批一家"的原则,对方案达到集团总公司要求的单位,进行正式审核。根据国资委有关文件精神,针对各单位企业年金计划的推进过程中遇到的资金问题,对中远集团6亿元工资基金结余进行了分配(中远集运、中远散运、广州远洋、大连远洋、青岛远洋和厦门远洋六家单位)。

本年度,中远集团还研究制定了集团总公司《企业年金实施办法(试行)》《企业年金

"中人"待遇衔接办法》《试行企业年金制度前已经离退休人员基本养老统筹外项目管理办法》。在对集团总公司企业年金"中人补贴"、企业缴费和个人缴费进行测算的基础上，完成了实际支付，首批支付人员于 2010 年 8 月开始按月领取企业年金。根据集团总公司老人统筹外项目管理办法的规定，对集团总公司老人统筹外项目进行了归并、简化管理，并对水平调整部分进行了清算和补发。

2011 年，按照集团党组工作报告"推动企业年金工作在全系统全面启动"的工作部署，中远集团按照"全面审核、认真细致、循序渐进"的原则，着力推进集团直属二级单位企业年金方案建设工作。正式批复中远散运、青岛远洋和大连远洋共十家单位的企业年金方案。在驻外员工企业年金工作方面，根据前期调研和测算数据，统筹落实了驻外员工企业年金"中人补贴"和 2007—2009 年企业缴费所需资金，完成了 2011—2012 年度企业缴费测算工作。2013 年，重点完成了中远香港航运（深圳）、中船保、中波和中远船务企业年金方案的审批、批复工作。

2014 年，中远集团全面完成了集团所有二级单位企业年金方案的审批工作，并完成了相关单位的企业年金资金审核清算工作。到 2015 年，集团所属单位大部分均完成了企业年金启动。

第六节　信息技术在企业各领域得到广泛应用

一、信息化支撑集团发展战略

中远集团信息化工作起步早、投入大，长期以来坚持不懈地投身于企业信息化的具体实践。从 20 世纪 70 年代开始，中远总公司和各远洋公司便初步建立了以进口富士通公司的中型计算机 FACOM M140/F 为平台的管理信息系统。根据业务发展的需要，大力推广应用计算机网络等现代信息技术，建设了一批先进的企业经营管理信息系统，并加强了信息基础设施的改善，实现了经营网络化、管理信息化、决策科学化，大大加强了企业生产运营能力和效率，企业核心竞争力进一步提升。

进入 21 世纪以后，面临中国加入 WTO 后全球化竞争日益加剧的挑战，以及集团业务发展对加快、加深信息化建设的紧迫需求，在"两个转变"的总体战略框架下，中远集团又提出了以创新与信息化为主要特征的"数字化中远"战略，指出，信息化建设是投向于中远的未来发展潜力，是投向于实现百年基业长期所必备的竞争能力。在"数字化中远"战略的指导下，中远集团把信息化作为企业全面发展的重要平台和手段，制定了"以产业化促进信息化，以信息化带动产业化"的指导思想，将信息化作为对主业的重要支撑，为实施中远发展战略和"十一五"发展规划提供科技支持，构建起"数字化中远"的基本框架，使中远不但成为排名世界前列的大型航运企业，而且成为技术支撑能力最强的航运企业之一。

二、信息化保障机制建设

（一）完善信息化管控体系

1. 领导机构

在组织保障方面，中远集团高度重视信息化工作，始终坚持"一把手原则"推进信息化建设。早在2000年，为适应信息化技术发展的需要，中远集团便成立了由集团总裁任主任的中远集团企业信息化推进委员会，作为中远集团计算机网络和信息化规划建设的最高决策机构。提出了按照"统一管理、总体设计、围绕市场、合理建设、创新实用、竞争强力"的指导思想，到2005年将中远集团各成员单位建设成计算机化企业。2002年，中远集团成立了IT决策委员会及工作委员会，负责而根据企业发展战略，研究、确定集团IT发展战略和规划。2007年，为贯彻国资委《关于加强中央企业信息化工作的指导意见》，进一步健全信息化工作体制，中远集团对IT决策委员会及工作委员会人员职能进行调整，建立了中远集团信息化决策委员会及工作委员会。并设立了由集团副总裁担任的首席信息官（CIO）[①]总体负责集团信息系统建设重大方针政策制订、总体规划编制和重大信息化项目建设。

2. 管理机构

这一时期，中远集团信息化的主要主管部门为战略发展部下属的科技信息管理室，2015年后成立了专门的信息化管理部，具体负责中远集团信息化建设与应用的组织协调，监督、审查重大IT项目的投资、立项和预算等和中远集团总部的IT运维服务管理。部分业务部门也设了信息化相关科室，承担专业业务的信息化建设和运维工作，在安监和人力等部门下安排了相关人员兼职负责从事专业业务的信息化工作，从各自业务条线上进行系统的建设和推广。

（二）建立服务保障体系

1. IT服务

中远集团的IT信息运维管理工作，由各专业IT公司或各公司内部IT部门归口管理、分工负责。这一时期，中远集团建立了五家主要的专业化IT公司，中远网络公司负责中远集团除班轮、物流业务之外的信息化服务，主要服务于港圳两地的系统内部公司；中远网络物流公司是中远集团物流业务服务供应商，提供航运领域各业务管理系统、物流和电子商务系统；中远网络（北京）公司是负责中远集团总部系统运维的主要服务供应商，承担总部的基础设施和应用系统的运维工作；中远网络航海科技主要为中远集团干散货和油轮业务提供信息化建设服务；上海中远资讯科技同时也是中远集运信息中心，是中远集团班轮业务的信息化服务团队。其他各公司IT运维工作则由各自成立的IT公司或是公司内部信息化管理部门来承担。

中远集团对IT专业公司的定位是既需要服务于中远系统内部，同时又要对外拓展市场，实现业务增长。其中，网络物流是各家中市场拓展、产品技术较为优秀的，2012年营

[①] 2008年为李建红，2010年为孙家康。

收超过了 2.5 亿元人民币。

2. 信息安全管理

中远集团高度重视信息安全和风险防范工作，坚持管理与技术并重，从管理体系、风险控制、技术设施和运行服务等方面入手，提高信息系统安全综合防护和不间断高效运行能力。参照 ISO 270001 进行信息安全管理体系建设，不断提升信息安全防护水平。

在安全管理体系建设方面，集团总公司引进国际先进的 ITIL 管理理念，通过 HP Openview 系统，建立了 IT 监控管理平台，实现了事件管理、变更管理、问题管理、配置管理、服务级别管理等服务管理流程，通过服务管理平台与监控平台的有效结合，为防范信息安全事件的发生提供了良好的预防机制。同时，公司针对 IT 资产进行了资产识别和风险评估，完成了处置计划、业务连续性计划（BCP）预案及演练，建立了一套完整的信息安全管理体系文件和制度，在管理方面有效地提高了网络安全水平。

在信息安全管理技术方面，集团总公司部署了背靠背防火墙，提供垃圾邮件过滤、入侵检测和防御、防病毒等功能，并对用户网络使用行为进行了应用层级别的管控。各下属单位也建立了相应的信息安全管理制度，在硬件和软件上加强公司网络内部信息安全保障。

3. 人力、财力保障

这一时期，中远集团拥有专业 IT 人员近千人，并通过外包方式控制部分 IT 资源，企业所属 IT 专职人员取得相关专业资格认证比例为 82%。集团制定了引进信息化人才的优惠政策，对信息化人才的鼓励政策和对信息化人才及复合型人才的培养政策。业务人员的计算机能力均已纳入岗位说明和任职考核。

集团构建了完善的信息化培训体系，培养了一批既懂企业经营管理，又懂信息化的复合型人才。信息化培训支出占 IT 总投入的比例为 4%，信息化全员培训覆盖比例 98%，应用系统培训参训率 100%，基于网络的电子化学习覆盖比例为 80%。

中远集团高度重视信息化投入，信息化投资持续、稳定。这一时期，公司信息化投资约占公司年度销售收入比重维持在 1%，IRIS-2 等项目的单项投入高达 10 亿元以上。

这一时期，中远集团已建成集成统一的网络，覆盖下属所有单位和业务节点，下属企业的计算机联网率已接近 100%，主要基础架构基本能满足未来 2—3 年的信息化需求，同时建有集团级数据中心，统一进行建设、管理、维护和升级。

（三）加强信息化基础设施建设

1. 网络建设

这一时期，中远集团已建成集团全球通讯专网，并以该网络为基础，构建了集团 Intranet 网络平台。随着 IRIS-2、SAP 系统的实施上线，集团形成了两大企业专网，分别是以集团总公司为中心连接广、大、上、青、天、厦、深远等国内远洋的 SAP 专网和以中远集运为中心覆盖中国、北美、亚太、欧洲各大区域公司和分支机构的 IRIS-2 专网。中远物流也已建立了至上海物流、青岛物流的专线连接。中远船务通过 7 条 2 兆专线实现了各船务分散的网络与集团总部网络的互联互通。中远集团还建成了以北京为中心，覆盖中国、新加坡、日本、美洲、欧洲、澳大利亚等国家和地区的电子邮件网络。集团的 www.

cosco.com 网站日平均访问量3-4万人次，日最高访问量为7万多人次。另外，集团还建成了覆盖各下属二级子公司的视频会议系统，采用AVAYA的IP通信产品和微软的OCS软件，建成了集团总部的统一通讯平台。

2. 数据中心

这一时期，中远集团建立了集团级数据中心和下属企业级数据中心。各地数据中心均具国际性安全标准，具有先进性、实用性、可靠性、安全性等特点，适应未来灵活的业务发展及运营功能需求的调整，具有较强的应变能力。

集团总公司北京数据中心与国内二十余家下属单位建立了专线连接，成为国内专线网络中心点，并通过汇集在上海数据中心的境外专线，形成了覆盖中远全球的数据专线网络。

集团SAP系统还建有上海数据中心，并在欧洲、北美、日本等建有数据分中心。

三、信息化成果在中远集团生产管理领域的应用

在信息化运用方面，中远集团围绕核心业务，采取"引进为主，自我开发为辅"的重大信息化项目建设策略，建立了270余个信息系统，涵盖航运、物流、修造船和码头等主要业务板块。集团层面以SAP系统实现财务集中管控，在各大业务板块通过IRIS-2、散货生产经营管理系统、物流系统等核心业务系统实现对核心业务的全面支撑，信息化已从操作层面向决策支持层面发展，信息共享程度不断提高。

（一）集团总部

这一时期，中远集团提出"通过大力推进信息系统的建设和应用，发挥后发优势，从根本上实现企业的管理创新、体制创新和服务创新，提升核心竞争力"的总体思路，大力推行技术和管理上的创新，通过引进、消化、吸收再创新，建设了诸多符合集团经营管理之需信息系统，并通过以SAP为核心的财务系统实现集团层面的全面管控。

集团应用系统总体架构（含未来规划）如图4-3所示。

1. 财务信息系统（SAP系统）扩大覆盖

中远集团早期的财务系统是分散的，各家公司用的管理软件平台不一样，科目表的不一致，记账方式也千差万别。造成集团总部对下属公司管控力度差，决策得不到很好的贯彻和执行。2002年，中远在IT规划的基础上，通过全面评估选择了SAP公司的ERP平台，开始打造中远集团财务信息系统。经过一个阶段的集中实施，到2015年，中远集团1134家控股子公司中，689家应用SAP系统作为核算系统，主要启用财务会计、成本控制、资金管理等模块，包括中国内地及中国香港、北美、新加坡、日本等境外公司，涉及航运、物流和航运代理等行业。在网络环境下实现财务统一核算制度、统一报告制度和统一管理制度的新型管理理念和模式。SAP系统建有北京、上海、美国等7个数据运维中心，总数据量达到6.4TB。它的成功实施促进了中远集团财务管理创新，提高了财务资源配置效率，有效控制了财务风险，提升了运营效率和管控水平，对中远集团资金、资产的管理，集团决策的支持起到显著关键作用。

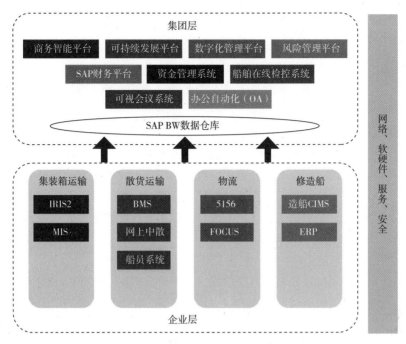

图 4-3　中远集团应用系统总体架构图（含未来规划）。

2. 数字化管理平台（CDMS）、可视会议系统广泛运用

中远集团早在 1997 年便在系统内建立了办公自动化系统（OA），并在国内率先完成 B/S OA 开发，并与财务系统（SAP）集成运用。通过不断升级改造，这一时期，中远集团数字化管理平台系统已整合了集团总部一系列的管理平台或系统，包括风险管理系统、可持续发展平台等，实现了信息的互联互通。平台帮助中远集团高效建立可持续发展管理体系，并提高体系执行的有效性，以信息化的手段在环保、人权、劳工、反腐败等诸多方面宣传企业可持续发展理念。平台达到了"强化管理、规范流程、堵塞漏洞、提高效率"的目标。

与此同时，中远集团可视会议系统联通中国境内 20 个点和中国香港地区，以及美洲、欧洲、大洋洲、新加坡、日本、韩国等境外地区，集团 80% 以上的会议都通过该系统进行，提高了工作效率，节省了会议费用，扩大了信息的共享。

3. 远洋船舶在线监控系统

中远集团较早便掌握了具有自主知识产权的全球航海智能系统，实现了船队管理信息化、智能化。该系统被誉为远洋船舶的"天眼"，在 2000 年所罗门群岛接侨事件中，中远集团通过该系统迅速搜寻到离事发地最近的中远船舶——中远集运"阳江河"轮，第一时间指挥其安全接出侨民。

远洋船舶在线监控系统是集航运企业岸上部门与船舶于一体的船舶安全监控平台，其核心是对远洋航行中船舶进行全过程实时监控和全过程安全保障。系统的推广应用不仅实现了岸基对船舶的监控，而且系统建立了船岸之间的一条可控的数据交换链，为船岸信息化建设奠定了基础。系统的全天候监控模式极大地提升了对远洋船队的安全监控与搜救能

力，有效降低了重大海难事故发生的概率和损失。

（二）航运业务信息系统的建设

中远集团航运业务主要包括集装箱和散杂油运输业务。这一时期，中远集团下属各航运公司坚持"业务需求驱动、信息技术引领"原则，根据业务发展需要推进信息化建设，为生产、经营、管理和决策提供支持。

1. 集装箱运输管理信息系统（IRIS-2）

中远集运是中远集团成员公司中规模最大、业务最复杂、营收最多、分量最重的一个业务板块。集装箱运输过程环节多，管理难度大，没有信息系统支持很难参与国际市场的竞争。早在2000年，还在航运市场陷入低谷，航运企业整体处于亏损或微利的时期，中远集团便以战略眼光、全球思维，在科学论证的基础上果断决策，先后投入十几亿元从境外引进了全球集装箱运输经营管理信息系统（IRIS-2系统），在随后航运业的上升期中，系统对企业的日常经营及全球化扩展起到了至关重要的支撑作用。

中远集装箱管理系统是集航运公司总部、口岸分支机构、操作网点的货物运输、客户信息、供应商信息、应收应付为一体的核心业务系统，覆盖了从客户订舱开始直至最终空箱返回的集装箱运输整个过程，实现了全球各区域公司和中远集运总部之间数据的集中和统一，有效实现对90万个标准集装箱的跟踪与管理，实现了集装箱生产经营活动的运营自动化、管理网络化、决策智能化，到2010年，系统已在全球46个国家的147个口岸或网点应用，系统用户达到6600多人。

中远集运在核心业务系统IRIS-2的基础上，推进了覆盖国内主要业务的货代系统CORIS的建设步伐，并逐步建成了外围辅助系统、船舶代理业务系统、电子商务综合平台、SAP财务管理系统和MIS决策分析信息系统其他五大类外围辅助系统，形成遍布全球的内部网络。

中远集运IRIS-2系统对中远集装箱业务模式的变革、优化，产生了深刻的影响，并发挥巨大效用。随着IRIS-2系统实现全球信息的共享，2002年中远集运在上海成立北美单证中心，实现了人力资源从高成本向低成本地区的转移，当年节约人工成本320万美元，2003年，中远集运全球单证中心在上海成立；到2004年，日本、韩国、法国等国家90%的单证业务转移到了上海，进一步降低了人工成本。2005年4月，中远集团邀请权威的信息化评估机构——CECA国家信息化测评中心对中远集运信息化投资效益进行评估。根据统计，中远集运2002—2007年间，信息化投资成本总计12.05亿元，信息化直接效益43.65亿元，投资回报率为262%，内部报酬率为80.65%。96%的客户认为中远集运的信息化建设对品牌的树立作用显著。

2. 散货生产经营管理系统（BMS）

中远散运早在2002年始就自主研发了"生产经营管理系统"（BMS），构建了"网上中散"。这一时期，随着企业的发展战略和经营模式从"三位一体"向"五位一体"（船东、租家、经纪人、货主、FFA）转变，早期的生产经营管理软件已不能适应船队和业务发展以及上市后监管的需要。通过对德国Olldendorff和丹麦Clipper等著名散货运输公司的实地考察，结合中远发展战略、经营模式、管理理念和业务需求等方面的独特性，中远散运对 BMS 系统进行了优化升级，在此基础上，BMS 系统还与原有的公司船员管理系统、船岸信息系统、SMIS 系统、安全管理四大机制、SAP 等多个系统建立接口，实现了更大程度上的信息系统集成，很好地满足了业务操作的实际需要，达到了国际散货海运经营管理软件的最高水平。"如果没有生产经营管理系统，中远散运以现在的业务人员规模最多可以操作 200 多条船，平均每人操作 20 条；而有了它，每个业务人员可以轻松操作 50 条船，使拥有和控制的船队规模达到 500 条甚至更多。"这是对新生产经营管理系统在提高经营管理效率和效益上最形象的描述。随着中散集团的建立，中散集团以 BMS 为基础，进一步建设了适用于北京和香港两个经营平台和三家管理公司的散货基础业务操作系统，极大地提高了经营管理的效率。

除此之外，中远散运还围绕"网上中散"这个概念建立了涉及航运、机务、体系、财金等 16 类信息资料和查询系统，实现了信息资源共享和信息交流，基本实现了"决策支持在网上、品牌宣传在网上、过程管理在网上、信息传递在网上、沟通交流在网上、会议培训在网上"六大功能，实现了经营过程自动化、管理方式系统化、知识管理网络化和商务运营电子化。中远散运决策支持系统见图 4-4。

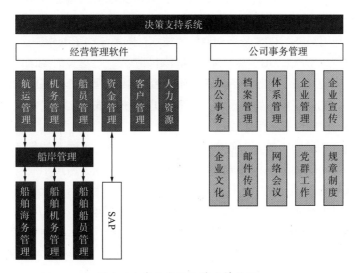

图 4-4　中远散运决策支持系统。

3. 船岸管理信息系统（SSIS）

这一时期，中远自主开发的以机务管理为核心的船舶管理信息系统已在各大航运公司推广使用，该系统是一套基于共享数据库、分别运行于船舶和岸基计算机系统、同时具备岸基"公司业务管理"、船舶"船舶业务管理"和"船岸数据交换"三大功能的计算机应用系统，实现了岸基系统和船舶系统两个既相对独立又密切相关的系统通过多种通信方式的互通。

与此同时，这一时期，大连远洋以综合信息协同管理平台为基础，实现了企业经营管理活动的信息化覆盖和企业应用系统全面有效的整合。青岛远洋建立了覆盖调度功能、商务功能、统计功能、航运管理信息系统、海务监督管理系统的大航运管理系统。广州远洋形成了统一的经营信息管理平台，集货盘管理、定舱管理、装船管理、航次效益测算、客户关系管理、航运档案、运费管理、使费管理于一体；公司所有船舶实现了 EMAIL 通信，形成了船岸信息一体化的网络格局，并根据中远航运全面流程管理框架，全新设计系统架构，建立全新船员管理系统。

（三）非航运业务信息系统的建设

1. 物流板块信息化

中远物流信息系统主要由业务信息系统和管理信息系统两大体系构成，支撑起了中远物流的信息系统整体构架，其中业务信息系统涵盖了五大业务主线，包含产品物流、工程物流、船务代理、海运货代和空运货代；管理信息系统涵盖了商务管理、财务管理、OA 等其他信息系统。

5156（"我要物流"谐音）综合管理系统是为第三方物流量身定做的物流供应链一体化管理系统，打破了传统物流分散作业而导致的信息不集中和无法互通的管理模式，实现了供应链中相关作业单元通过公共物流管理平台来协同资源和操作的综合物流管理理念，可为用户提供安全、便捷的一体化物流信息服务，并可实现对运输、仓储、加工、配送、单证等物流业务全过程、可视化的管理和监控。系统同时具备 B2B 和 B2C 的技术解决方案，用户也可以充分利用 GPS、GIS 及移动通信等技术，同系统预留的相关接口进行信息交互。

大集中货运系统（FOCUS）具有完全自有知识产权，是这一时期国内最好的高端物流货运管理系统。系统完成了物流平台与船舶代理综合物流管理信息系统的整合，建立了物流总部数据中心，实施了中远物流配送库管理信息系统，成功实现了企业内部和企业之间包括数据和业务流程在内的应用集成。

大件滚装船上下辅助决策系统使中远物流具有了全球工程物流的竞争力，依靠该系统中远物流在许多重大的国际工程物流项目中中标，相继完成了台州电厂项目、茂名石化项目、中海壳牌南海石化项目、中石化煤代油项目、海南石化项目、大连石化项目、印度瑞莱斯全球采购工程物流项目，在空客物流项目中发挥了重要作用。

2. 造修船板块信息化

中远船务集团坚持"三大应用计划""二大基础工作""一大专项工程"的信息化建设发展目标，积极推进企业设计研发信息化、生产装备数字化、生产过程智能化和经营管理网络化，推动企业产品数据管理、产品全生命周期管理、供应链管理和客户关系管理。

中远船务计算机集成制造系统（CIMS）系统包括两大模块：设计和生产，分别管理造船业务的设计计划和生产计划。这一时期，中远船务实现了 CIMS 系统的设计、生产模块与 SAP 系统的集成；通过 SAP 改造出具自主知识产权的建造业务生产管理系统。系统不仅可管理造船业务，还可管理海工业务，解决了 CIMS 只能管理造船的难题。

修船管理应用平台率先把计算机技术与整个修船管理过程科学的结合，形成了简洁、高效的修船管理工作平台，平台整合了监控系统、WEB 电子报关系统，以工程单管理系统为核心，兼具客户关系管理、领导智能决策支持和知识管理等主要功能。系统成功推广应用到大连中远船务、南通中远船务、广州中远船务，为中国修船业信息化建设积累了宝贵的经验。

中远船务以 SAP 为平台实施集团整体 ERP 系统，实现了船务集团财务、供应业务的统一，以及部分项目管理和经营功能的实现，项目所积累的丰富经验为后续工作创造了有利的条件。中远船务下属各企业通过 MM、SD、PS 等模块的应用，统一了各企业的采购和库存业务，并实现了与财务 FI/CO 模块的无缝集成。南通、大连、舟山、广东、上海五家船务公司的 PM 模块的应用，实现了各企业资产、设备的统一管理和各模块之间的无缝集成。

四、新时期的信息化管理提升工作

纵观中远集团的信息化建设，在这一时期形成了较好的基础，并一度处于业界领先地位。但是，受专业化经营战略调整以及 2008 年金融危机后不断恶化的国内外宏观环境影响，中远集团的企业发展和信息化建设受到不同程度地冲击。随着集团业务的发展和信息技术的不断进步，企业竞争态势、航运市场变化和客户需求的不断升级，中远集团在信息化建设的持续投入、总体规划和系统集成等方面，已经严重滞后于业务发展和集团的管控要求。明显落后于先进央企、跨国公司和国外同行，制约了集团企业发展。一是信息化顶层设计和协同发展有待建立和提高。由于各业务板块对信息化依赖程度不同，信息化水平存在差异，限制集团整体信息化水平的提高。二是全局数据标准有待统一。虽然数据标准和技术架构在各业务板块内部的系统之间相对统一，但是在集团层面和各板块间存在较大差异，需加强系统整合和标准统一。三是 IT 组织管理有待加强，尤其是集团总部的信息化建设有关的管理职能，分散在不同的部门，影响了信息化整体管理水平的进一步提高。各下属二级单位在信息化建设过程中发挥主体作用，均建立了相应的信息化管理岗位和组织，但是组织管理不够紧密、人员配置不够齐全、管理模式不够统一，不利于集团信息化工作的统一规划和开展。四是资金保障有待充实。根据统计分析，后期中远集团的信息化总体投入在总收入的占比较低，投入不足、不持续，已明显滞后于行业平均水平，虽然可以保证本部和下属公司系统的日常运行，但是缺少对新业务和新功能的充分支持。

这一时期，国务院国资委在经营管理和信息化两个方面对中央企业提出一系列工作要求。2012 年 3 月，国资委决定用 2 年左右时间在中央企业开展以"强基固本、控制风险，转型升级、保值增值、做强做优、科学发展"为主题的管理提升活动。同年 7 月，在国资委发布的《关于加强"十二五"时期中央企业信息化工作的指导意见》文件中，为到 2015 年底中央企业信息化的总体目标，对未来几年重点任务总结了五点：一是着力加强信息化顶层设计；二是着力加强信息系统的建设和应用；三是着力加强信息化建设基础；四是着力提高信息安全保障能力；五是着力提高信息系统运维水平。

借鉴历史经验，行业越是低迷，越是需要借助高效的信息化平台来促进业务协同优化。面对上级的工作要求和同行先行的成功经验，中远集团需要着力加大信息化投入，加快信息化建设，迎头赶上，不断提升企业管理及信息化应用水平。2012 年，中远集团将信息化作为集团管理提升第二阶段重点整改的 16 项工作之一。2013 年,经中远集团第 4 次总经理办公会研究决定,中远集团成立了信息化管理提升工作小组,启动中远集团信息化发展规划编制工作。在信息化管理提升阶段,中远集团主要做了以下工作:

(1) 完成了信息化顶层设计

2014 年初,中远集团与德勤咨询公司密切配合,通过与信息化水平先进的国内外企业的对标,围绕集团发展战略、主要业务、风险管控等方面制订了《中远集团信息化(2014—2018)五年战略发展规划》。明确了中远集团信息化建设的目标、方向、步骤,提出了"123+"的战略路径,即通过贯彻一个顶层设计架构、构建管理与技术支撑两大保障体系、铸造包括商务智能平台、企业资源管理平台和综合业务管理平台在内的三大数据集成平台、提升多个业务板块,加强集团信息化发展对战略支撑、管理提升、业务协同、决策支持的保障作用,实现建立适合中远集团的信息化管控体系,推行集团层面关键应用,理顺技术平台与架构,实现信息集成和智能挖掘、业务和财务一体化管理,并按照大数据时代企业创新管理的要求培养中远集团自身的信息技术队伍。按照信息化五年战略发展规划,中远集团信息化服务将实现从技术提供型向业务伙伴型的跨越。

(2) 加强了信息化组织体系

为使中远集团的信息化建设能有统一、明确的管理主体,2014 年 7 月,中远集团先后成了由中远集团董事长亲自挂帅的信息化规划领导小组、信息化规划实施工作委员会、信息化规划实施专职工作小组和信息化专家委员会。自此,中远集团信息化组织建设迈上了新台阶,集团总部和下属单位信息化工作的组织建设得以完善,信息化管控体系得以加强。

2015 年 7 月,集团总公司正式成立了信息化管理部,结束了中远集团总公司没有统一的独立的信息化管理归口组织的历史,进一步加强了对下属公司的信息化建设进行垂直管理和专业线条的指导。

(3) 确定了核心技术路线

通过论证和评估,确定了 SAP ERP 及相关产品作为集团统建信息化项目的核心技术平台。基于 SAP 平台,中远集团陆续启动了非班轮业务经营管理平台、人力资源管理系统、投资与项目管理系统、主数据管理平台等统建项目建设,同步推进集团"两地三中心"的数据中心建设、内部专网的整合优化等工作,大幅提高集团信息系统集成度和资源利用率,消除信息孤岛、提高信息化应用效果和效益。

(4) 深化了财务系统应用

SAP 财务系统是集团信息的重中之重,集团财务部根据财务工作和信息化规划整体安排,积极推进系统技术升级和深化应用,完成北京、日本 SAP 财务数据中心改造,解决了 SAP 财务系统不支持 2010 年国家标准数据接口的问题。

五、中远集团信息化建设的成效

这一时期,中远集团通过全面的、持续不断的信息化建设,对公司的业务流程进行优化,提高了公司的管理和决策能力。信息化建设连续多年在国内航运企业中排名第一。信息化建设战略和成果先后被哈佛和北大光华管理学院作为成功案例编入教材,在国内外产生了积极影响。中远集团的信息化建设成果也得到了国家相关部委、国内外权威媒体和国家专业机构的高度评价。2005年魏家福总裁获得该年度"中国企业信息化500强"年度人物唯一的大奖。中远集团财务信息管理系统获"集团信息化建设成就奖";在国家信息化测评中心组织的中国企业信息化500强评选中排名逐年提升,在2007年度中国企业信息化500强排名中取得了第2名的好成绩,比2003年提升了31位。2008年和2009年,中远集团在国资委组织的中央企业信息化水平评价中,均位居A级企业前列。

与此同时,中远集团坚持以信息化、工业化"两化"融合为指导方针,以业务需求为驱动,以提高效益为目标,实现生产经营活动规范化、透明化、集成化,物流、资金流、信息流"三流合一",以数字化提升集团国际竞争力和可持续发展能力,成为集团战略转型的重要驱动力。主要成效体现在:

(一)增强集团管控能力

中远集团作为跨行业多元化的跨国企业集团,多元化的产业布局、多级的管理层级、复杂的组织架构要求集团强化整体控制能力、强化资源掌控能力。

1. 有效控制财务及经营风险

通过以SAP为核心的财务信息化建设,集团内部主业系统近700家境内外公司的财务系统得以统一,实现了集团层面的财务信息共享,资金管理、预算管理、报表编制、会计制度等统一管理,实现了向集中结算、集中核算的根本转变,财务信息更加及时、统一、规范;主业公司财务与业务信息实现集成,各成员公司的业务运作更加规范透明;配合资金管理平台的搭建,资金实现统一管理,对各成员单位和各结算中心的资金流动及沉淀情况、财务及业务经营情况的实时监控更为及时有效,有效控制了集团整体经营及财务风险。

2. 决策更加及时科学有效

财务方面,SAP的上线,促进了财务管理由"核算型财务"向"管理型财务"的转变,财务体系工作重心由事务性工作为主全面转向以管理性工作为主,有效改变了集团决策层以前面临的财务信息滞后、信息中有大量预估数据、数据来源口径不一、数据分散的问题,数据的准确性大为提高;而通过SAP完成全球业务与财务整合,集团领导可每天看到当天的经营及财务数据,有效提高了决策的时效性,为科学决策提供了有力支持。同时也满足了上市公司内部控制等监管的需要,提高了投资者的信心。

集装箱业务方面,通过IRIS-2系统获取的海量数据可以为科学决策提供有力的支持。在IRIS-2系统基础上建立的MIS系统,可以实现基于单箱的贡献值核算,支持包括销售贸易区、客户、合同、货种、货流等不同视角的贡献值分析,为业务发展提供切实可信的决策依据,为优化流程提供了强大的技术支持,实现了集装箱运输生产经营决策活动的全过程信息化管理。

3. 强化集团一体化运营能力

信息化的实施过程也是对业务流程、管理理念的梳理过程。集团在全面的、持续不断的信息化建设过程中,通过对业务流程优化和重组,统一一系列政策制度、标准和程序,确保集团所有成员单位在管理理念、管理模式、管理手段、管理实践上的统一,确保中远集团的生产、经营以及管理等信息在集团内有序流动,集团的核心价值观、管理理念随之渗透至集团各个角落,有利于增强集团凝聚力和向心力,确保集团总部对集团整体发展、集团价值、全面风险的把握与控制能力。

(二)提升企业国际竞争能力

信息系统是现代物流的生命线,物流信息化的核心是利用电子化、网络化手段完成物流全过程的指挥、协调、控制,实现从网络前端到网端客户的所有中间过程服务,从而有效整合货物流、资金流、信息流。这一时期,中远集团围绕核心业务,建设了一批重大信息系统项目,大大缩短了与国际先进航运企业信息技术水平的差距。

1. 全天候支撑全球运输及物流业务

以 IRIS-2 系统位代表的经营管理信息系统实现了中远集运掌控全球业务的构想,增强了企业参与国际化竞争的能力;而 SAP 系统的高度集成及全球资金管理平台的构建,为集团提供了快速准确的战略决策提供关键信息,支持中远集团实现从"全球承运人"向"全球物流经营人"的战略转变。

2. 促进核心业务由精放式管理向精细化管理转变

IRIS-2 系统采取按集装箱业务量、单箱贡献值双指标的方式,对客户进行明确的等级划分,在舱位安排上更大程度实现资源的最佳配置,对集装箱业务有严格的审查机制,所有低于运输成本的货物均不能进入集装箱中;它还将非标准路线的比例控制在 3% 左右,从而在最大程度上实现了成本控制的目标,实现了集装箱运输生产经营决策活动的全过程信息化管理,大大增强了企业参与国际化竞争的综合实力。

散货海运信息化管理系统使将"航次""合同"两条主线结合起来,使租船、调度、运使费及其他相关业务整合在一个平台上,固化形成了一套规范的干散货船操作业务流程体系,航次实测实现自动计算,确保了数据的准确性。港口信息中可以查询到挂靠过港口的所有历史船舶,对于即将抵港的船舶具有很好的参考和指导意义。系统"预测"功能的准确性和实用性可以与国际散货航运界普遍使用的 DATALOY 相媲美。

信息化也改变了中远物流过去以"车辆"为主线、侧重调度业务的方式,将"仓储""配送"两条主线结合起来,使运输、调度、保管及其他相关业务整合在一个平台上,实现了各岗位之间的工作有效衔接。使中远物流的货运代理业务实现两个"转变",即从传统货运代理人向综合货运管理人的转变,从订舱代理人向无船承运人的转变的重要基础和平台。

3. 信息化提升市场反应速度

中远集运可通过对财务业务数据的多维度分析,结合历史数据,更好地提供辅助决策信息,抓住商机,实现效益最大化。通过计算机系统进行航线调整时,由于所有数据均已实现集成,只需在系统设置里进行更改,则相应的变更会自动在不同环节得到实现,从而保证整个航线快速得到调整。在开辟新港口时,系统还可以快速和海关、上游供应商和下游的货代及货主进行衔接,缩短了港口建设的周期,及时满足客户的需求,降低成本。在关闭原有航线和港口时,也可及时调整方向,将损失减少的最低程度。

4. 强化企业成本控制

以 SAP、IRIS-2 系统等核心业务系统的上线强化了成本控制，财务系统与航运业务管理系统实现整合，数据口径得以规范统一，核算口径更加细分，航运成本和盈亏核算的及时性和准确性得到很大提高。

在集装箱运输方面，通过 IRIS-2 系统设计的运输标准路径，有效控制了集装箱运输成本，同时，借助 IRIS-2 系统全球信息集中共享优势，中远集运组建了全球单证中心，大大提高了单证质量、效率，降低了运行成本，每年可节约成本 5000 万元人民币。

在船务建造方面，中远船务的造船和海工成本管理系统（CSG-CC）支持及时准确地收集基础成本数据、确定目标成本，提高成本核算精度，并更科学地指导生产管理活动，确保项目利润最大化。

（三）支持全面风险管理环节信息化

中远集团为加强企业全面风险管理、反腐败和实现可持续发展，根据国资委《中央企业全面风险管理指引》要求，立项开发了全面风险管理信息系统。运用系统集成理论，在原质量体系信息系统的基础上，进行了体系文件管理的改进、培训管理系统的扩充，创建了风险评估、相关方管理、厂务公开、全球契约等全面风险管理内容的专用模块，创造性地完成了全面风险管理信息系统框架的搭建，实现了 IT 技术在全面风险管理应用技术领域的突破。它的上线实现了风险管理流程的规范化、信息收集的全面性、风险监控的实时性、风险分析评估的准确性和风险管理决策有效性。

项目的完成意味着中远集团成为国资委主管的大型中央企业中第一个启动全面风险管理的企业，同时也是第一家建立全面风险管理信息系统的企业。该项目成果是落实国资委《中央企业全面风险管理指引》的重要措施，为推进全球契约打下良好基础。

（四）提升企业创新能力

信息化全面提升了中远集团的创新能力，支撑了中远集团及下属单位的体制创新、管理模式流程创新，业务模式创新等，使中远集团成功实现战略转型。

1. 支撑服务创新

特色航线。以中远集运推出的满足客户定制化要求，快捷、准点的特色航线——中日快线为例，在信息系统的支持下，整个航运流程的处理和审核可得到快速确认，信息系统还可及时把相关航运数据送往海关，整个流程在系统的支持下均可得到有效监控，从而保证船只能够准时到达。

无船运营。如在某些地区，中远集运没有开辟航线，但可通过租用其他公司的舱位或船只进行营运，并通过信息系统实现对货物的控制。

远程提单打印。2003 年 8 月，中远集运通过信息系统开发了远程提单打印功能，进一步提升了面下全球客户的服务质量。

2. 支撑组织创新

随着 IRIS2 系统的引入，中远集运的组织架构进行了重大调整，由原来的按职能划分转变为按区域划分的事业部架构，贸易区与区域部合二为一，功能重新进行了整合，使得整个公司的业务流程缩短。贸易区有了更多的自主权，公司的申报环节不断减少，工作效率得到进一步提升。中远散运运用"虚拟管理"，在互联网上虚拟出一部室，打破传统的行政边界，将相关人员聚集在一起，实现所有网点、单位的管理信息共享，有效提升公司沟通及管理效率。

3. 支撑技术创新

2006年，中远集团成功申请"建设物流技术创新实验室创新能力项目"，表明国家对中远技术创新能力的认可。中远集团在多年的IT实践基础上又相继开发了"仓库自动补货操作系统""汽车零备件自动管理系统""汽车零备件报关系统"等一系列高科技含量的信息系统。这一时期，中远集团还对一些新兴技术开展了研究，如物流业关心的RFID技术、与二氧化碳排放相关的"绿色物流"等一系列前沿性课题。

中远船务2007年的企业资源ERP项目，为加速实现"数字化造船"提供了有力工具；中远船务的造船和海工生产管理系统（CSG-SOMS）以SAP系统为核心管理平台自主研发的，不但支持现代造船模式的全部管理特点，而且由于SAP系统的强大功能，其灵活性也能够支持造船理念的不断发展，更能支持这一时期还处于研究阶段的模块化造船、数字化造船等先进造船技术，在国内造船领域创造了第一个应用SAP系统管理造船和海工业务的成功范例。PDM（Product Data Management）系统是世界船舶制造行业中最重要的信息系统之一，实现船舶建造业务中的设计、生产、物资几大要素的一体化。中远船务PDM系统的实施，成功解决了制约中远船务设计管理水平提高的各种瓶颈，实现"大技术"的管理格局，为船舶及海工设计提供有力的工具和系统保证，发挥了数字化造船和虚拟制造技术的充分优势。

4. 支撑业务经营模式的创新

中远散运通过信息化把在管理转型过程中形成的职责标准、制度标准、流程标准及在经营中获得成功的经验、技巧、方法等固化下来，固化成标准化的业务流程，有力地支持了中远散运"船东、租家、经纪人、FFA、控制货源"五位一体经营模式的转型。IRIS-2系统上线前，中远集运主要作为船东的角色提供海上运输服务；而上线之后，使中远集运有能力为顾客提供更好的门到门、门到港、港到门的服务，支撑中远集运由传统的船东角色向全球物流经营人方向转变。中远物流的5156综合管理系统，打破了传统物流分散作业而导致的信息不集中和无法互通的管理模式，提出并实现了供应链中相关作业单元通过公共物流管理平台来协同资源和操作的综合物流管理理念。系统可以为用户提供安全、便捷的一体化物流信息服务，并能够实现对运输、仓储、加工、配送、单证等物流业务全过程可视化的管理和监控。

（五）信息化服务于产业链及客户价值的提升

未来的竞争，是产业链层面上的竞争，是"产业链伙伴群"之间综合实力的竞争。信息化为中远集团同上下游供应商之间协同合作搭建了良好的平台，对市场变化具有更高的适应性，中远集团的信息化建设提高了产业链效率，节约产业链总成本，提高了产业链伙伴战略合作水平，提高了最终市场的满意度。

这一时期，中远集运初步具备以信息系统为依托、以利益共享为纽带，打造有竞争力的"中远集运物流产业链虚拟企业集团"的能力。IRIS-2系统实现了集装箱全球查询，使客户随时了解自己交运货物所处的位置和状态。电子商务平台已与近50家大客户建立了合作，提供远程提单打印，商务网站访问量排在国内同行业的前列。电子订舱、远程提单打印等中远集运的这些特色服务在全球同业中处于相对优势。24小时货物查询、为大客户提供EDI服务和电子订舱等多种创新服务类型得到广大客户的一致认可。调研表明，85％的客户愿意为中远集运信息化服务水平支付额外的溢价，96％的客户认为中远集运的信息化建设对品牌的树立作用显著。

中远物流在船代板块推出的一系列外代特有的信息服务产品，已经成为服务和竞争的优势产品。物流总部向重要船东、货主等委托方推出的船舶排队信息和货物港存信息等网上查询服务，有助于客户全面了解港口和船舶的动态，为船公司的船舶调度决策提供了参考依据。商船三井、东京海运、马士基航运等重要客户对这些增值的信息服务都给予了很高的评价。

第五章

全面加强党的建设

2004—2015年，既是中远集团历经磨难超越他人的非常时期，也是中远集团保持初心、战胜自己，进而实现跨越式发展的关键性历史时期。从"两个转变"发展战略落地生根，到打造"世界500强"企业宏伟目标稳步实现；从中国首制LNG"大鹏昊"轮成功运营确立国家能源运输新格局，到中远船务"希望1号"胜利建成登上国际海工建造制高点；从科学经营比雷埃夫斯港成为国企"走出去"战略典型范例，到全球全程全产业链高端服务实现精准化物流……中远人在为自己走过的光辉岁月感到自豪的时候，也把目光投向了中远集团党的全面建设——从"三个三百"人才工程持续构建，到全球十大区域公司充分发挥其复合型人才孵化基地的功能；从开启"垂直监督"试点研究破解企业监督工作之困局，到推进各级党组织"三大机制"建设开辟党建工作新局面；从独具中远特色企业文化的深度打造，到COSCO国际化品牌的全球影响力持续提升，中远集团党建思想政治工作、企业文化、纪检监察和工团组织融入企业中心任务，合力破解了前进道路上一个又一个瓶颈，实现了发展过程中一次又一次的跨越。

第一节　党建工作的承优与创新

2005—2015年，中远集团这艘蜚声国际航运界的"航运旗舰"昂首驶入"黄金发展期"。时任交通部副部长、中远老一代领导刘松金指出："中远的思想政治工作在中远的发展壮大过程中发挥了不可低估、不可替代的重要作用。中远思想政治工作在长期实践过程中，形成了自己的特点，创造了一套行之有效的宝贵经验，对于我们加强和改进企业思想政治工作，有着现实和重要的指导意义。"中远党建思想政治工作的历史，是一部承优与创新并举的历史，是一部在新的时代背景下对光荣传统不断发扬光大的历史。

一、承优与创新成为党建工作主旋律

（一）坚持"支部建在船上"不动摇

20世纪60年代初，新中国远洋船队学习我们党和人民军队"支部建在连上"的光荣传统，实行"支部建在船上"，加强了党对船舶的领导，发挥了基层党组织的战斗堡垒作用，使"浮动国土"有了坚强的政治核心，确保了远洋船队在执行外交、外贸等急难险重任务及处理各种复杂问题时，都能坚决维护党和国家利益，服务服从大局，较好地完成了各项艰巨任务。

20世纪80年代末，由于受多种因素影响，中远总公司坚持了30年的船舶配备政委制度受到冲击，远洋船舶政委一职被取消，政委改任"副船长"，远洋船队党建和思想政治工作一度滑坡。面对这种艰难局面，中远总公司党委向政委队伍提出了"思想不乱、阵地不丢、任务不减、标准不降"的要求，船舶"副船长"贯彻党委要求，努力发挥职能作用。1990年，中远总公司及时恢复了船舶政委职务，进一步明确了其地位与作用，船舶党支部

的战斗堡垒作用、党员的先锋模范作用得到正常发挥，船舶的全面建设得到巩固和加强。此后，无论形势怎样变化，改革怎样深化，船上员额怎样减化，中远集团始终坚持"支部建在船上"的传统不动摇，船舶配备政委的制度不改变，船舶思想政治工作的"生命线"地位不削弱，使每一块"浮动的国土"上都有"鲜红的党旗"在飘扬，确保了COSCO巨轮始终乘风破浪，时刻保持正确的航向。

这一时期，中远集团把船舶政委队伍建设纳入企业"三个三百"人才工程，按照"高起点规划、高标准选拔、高密度培训、高质量培养"的原则，积极打造政治强、觉悟高、作风硬、技术精的船舶政委队伍，保证他们在抓支部建设和开展思想政治工作中心里有底气、工作有士气、队伍有朝气，船舶党建思想政治工作"生命线"地位和作用得到进一步的巩固和加强。2011年12月22日，中远集团在中宣部、国资委党委联合召开的"全国国有企业推进社会主义核心价值体系建设座谈会"上，介绍了"支部建在船上"，构筑浮动国土"生命线"的经验，受到中宣部、国资委领导及与会代表的肯定与好评。

（二）实施"支部建在项目"有突破

这一时期，中远集团十分关注企业的基层党组织建设，尤其在经济组织的触角越来越广，向下延伸的幅度越来越深的趋势下，积极探索各级党组织的机制建设，确保各级党组织政治核心作用的发挥。一是随着中远业务链条的进一步拓展，针对所属企业开发的项目和网点高度分散的特点，在陆地企业进行了"支部建在项目""支部建在网点""支部建在班组"的实践，并逐步加以拓展。超过3名党员的成立党支部，不超过的积极通过人员调整把支部建起来，做到了业务延伸到哪里，支部就建在哪里；哪里有中远人，哪里就有党组织。这一时期，中远在全国各地的210多个基层揽货网点，全部实现"支部建在网点"。二是在成立合资、合营企业及其他经济组织的同时，坚持党委一班人和法人治理结构同步配备、党群机构与行政机构同步建立、党政工作同步规划、党政功能同步到位、党政关系同步理顺。上述"五个同步"原则在一些单位落实得很好。三是在公休船员党员与协作船员党员管理中，采用"党建共建"的方式，挂靠地方党组织管理。如上海远洋公司与河南省当地党组织建立了"党建共建示范基地"，做到了"基层有支部、党员有管理"。通过完善基层党组织机制建设，保证了基层党组织战斗堡垒作用的发挥。

在中远集团党组的大力推进下，"支部建在项目"上的经验和做法不断得到丰富和拓展，"支部建在网点""支部建在班组""支部建在高原""支部建在海外"等多姿多彩党建形式在基层如火如荼地开展，无论是"支部建在船上"的时代创举，还是"支部建在项目"的卓越实践，都昭示出中远集团党建思想政治工作的勃勃生机和旺盛的生命力。

（三）创建"学习型党组织"求实效

这一时期，集团党组着力推进学习型党组织建设，以抓好学习型领导班子建设为关键，以抓好学习型党支部建设和党员学习培训为基础，树立先进的学习理念，营造浓厚的学习氛围，学习型党组织建设有了一定基础。2010年6月12日，中远集团党组按照中共中央、国务院国资委关于推进学习型党组织建设的要求，制定下发了《中远集团党组关于推进全系统学习型党组织建设的实施方案》，推进中远系统学习型党组织建设。集团党组在创建学习型党组织活动中，密切结合中远发展实际，开拓思路，大胆创新，积极打造独具特色的学习品牌，提高了学习型党组织创建的质量。如在系统内广泛开展的"一个班子一个园地、一个支部一面旗帜、一名党员一个标杆"的"三个一"示范带头活动；组织开展以"争建学习型党组织、争创学习型领导班子、争当学习型共产党员"的"三争"主题创建活动；倡导广大党员干部开展"日阅一报、周学一文、月读一书"的经常性自学活动，引导各级领导人员和党员干部把学习作为一种政治责任、精神追求、生活方式和工作常态。为把学习型党组织建设不断引向深入，2010年8月31日，中远集团以视频会议形式召开学习型党组织建设推进会，中远集运、中远散运、中远物流、中远船务4家单位在会上介绍了经验。中远集团党组书记张富生、总裁魏家福对集团各级领导班子创建学习型党组织进行了总结，对深入推进学习型党组织建设做了再动员、再部署。通过召开推进会，各级党组织加大了建设力度，有的单位积极创造条件开办多种形式的图书室、阅览室、学习橱窗、交流园地等；有的单位发挥信息网络教育方便快捷、形象生动等特点，建设网上学习园地，及时传递党的创新理论和大政方针；有的单位把"三个三百"人才工程专项培训和开办"海上课堂""陆地课堂""网上课堂"结合起来，邀请专家组织"特色讲座"调动岸上各类资源"送学上船"，对个别党员开展"结对帮学"等；有的单位还把推进学习型党组织建设与开展创建"四好"领导班子、争创"四强"党组织、争做"四优"共产党员和"四优"党务工作者等活动结合起来，较好地提升了各级领导人员和广大党员的综合素质和能力。

二、开展"四好领导班子"创建活动

2005年4月11日，中共中央办公厅转发《中央组织部、国务院国资委党委关于加强和改进中央企业党建工作的意见》，中远集团党组决定在过去一直开展的创建"五好领导班子"基础上，按照中央的统一要求，在中远所属各单位领导班子中开展创建"四好领导班子"活动，并下发了《关于开展创建"四好领导班子"活动的通知》，拉开了全系统各级领导班子创建"四好"活动的序幕。

（一）明确创建标准

中远集团党组按照中组部、国资委党委确定的"政治素质好、经营业绩好、团结协作好、作风形象好"的"四好领导班子"标准，密切联系中远实际逐一进行细化，如在明确"政治素质好"标准中，强调要以科学发展观为统领，加强思想政治建设，在党委中心组扩大集体学习、党委委员讲党课等方面都坚持从实际效果出发，不走过场，不摆花架子。在内容策划上做到"三个突出"：一是突出学习基本理论，把邓小平理论、"三个代表"重要思想和科学发展观作为学习的重点；二是突出学习党的大政方针，班子成员先学一步、多学一点、学深一些；三是突出学习企业经营管理知识，做到理论联系实际。如在细化"团结协作好"标准中，明确提出在贯彻民主集中制原则方面，凡是需要集体讨论的事项必须经集体决策，不搞一言堂；凡属于集体决定的事项，班子成员都要自觉执行，使党内民主生活正常规范、健康有序。多数班子党政主要领导注意倾听不同意见，注重发挥班子成员的集体智慧，依法、民主、科学进行决策。

（二）集团党组带头创"四好"

集团党组在推进全系统开展创"四好"活动中，统一思想，坚持与所属单位同步开展创建活动，对照"四好"标准抓好自身建设，为所属各企业领导班子开展创"四好"活动带个好头，做好样子。通过一系列创建"四好"活动举措的落实，集团领导班子及各级领导班子的政治素质有了新的提升，经营效益有了新的提高，能力水平有了新的增强，作风形象有了新的改善，领导班子建设取得了较好成绩。集团"四好"领导班子创建活动得到中组部、国资委的充分肯定，2006年荣获中组部、国资委党委授予的"全国国有企业创建'四好'领导班子先进集体"荣誉称号。表彰决定指出，这次受表彰的"四好领导班子先进集体"，集中展示了新世纪、新阶段国有企业领导班子的整体形象和时代风采。中远集团先后在国资委党建大会和全国国有企业创建"四好"领导班子先进集体表彰暨经验交流会议上作了经验交流。

（三）持续推进创"四好"活动

集团党组认真贯彻落实全国国有企业领导班子思想政治建设座谈会精神，坚持以"四好"领导班子创建活动为载体，持续推进系统内不同层次的"四好"领导班子创建和表彰工作。2005—2015年，"四好领导班子"创建和评选工作贯穿了中远集团全球化发展新时期一个完整的历史时期。11年间集团共评选"四好领导班子"8次，分别是：

2005年度（5个）：中远集装箱运输有限公司，中远散货运输有限公司，中远船务工程集团有限公司，中国远洋物流有限公司，中波轮船股份公司（中方）。

2006年度（5个）：中远集装箱运输有限公司，中远船务工程集团有限公司，中远散货运输有限公司，广州远洋运输公司，中波轮船股份公司（中方）。

2008年度（5个）：中国远洋物流有限公司，广州远洋运输公司，厦门远洋运输公司，中波轮船股份公司（中方），大连远洋运输公司。

2009年度（6个）：中波轮船股份公司（中方），中远散货运输有限公司，中远造船工业公司，中国船舶燃料供应公司，中国外轮理货总公司，厦门远洋运输公司。

2010年度（6个）：中远散货运输有限公司，中国远洋物流有限公司，中波轮船股份公司（中方），中远船务工程集团有限公司，中远造船工业公司，厦门远洋运输公司。

2011年度（4个）：中国远洋物流有限公司，中波轮船股份公司（中方），中远造船工业公司，中国外轮理货总公司。

2012年度（4个）：中远船务工程集团有限公司，青岛远洋运输有限公司，中波轮船股份公司（中方），中国外轮理货总公司。

2014年度（2个）：中远集装箱运输有限公司，中远造船工业公司。

其中，当选"四好领导班子"次数最多的几个单位是：中波公司（中方）7次，中远集运4次，中远散运4次，中远造船4次，中远船务4次，中远物流4次。

三、开展争创"四强四优"活动

按照中组部、国资委党委关于在国有企业开展争创"四强"党组织、争做"四优"共产党员活动的通知精神，中远集团党组紧密结合企业实际，制定下发了《关于开展争创

"四强"党组织、争做"四优"共产党员和"四优"党务工作者活动实施意见（试行）》，对全系统开展争创争做"四强四优"活动做了统一部署。

（一）确立争创四项原则

在组织开展争创"四强四优"活动中，集团党组明确提出了四条原则：一是遵循先进性原则。紧扣企业科学发展、生产经营开展争创活动，在促进企业科学发展、生产经营、拼搏效益中充分发挥基层党组织的政治核心作用、战斗堡垒作用和共产党员的先锋模范作用。二是遵循导向性原则。坚持面向基层、面向一线的导向，以船舶和陆地基层党组织、生产经营一线党员、基层党务工作者为重点，充分调动基层党组织和广大党员的积极性，加强基层党的组织建设和党员队伍建设。三是遵循激励性原则。评选表彰严禁"轮流坐庄""平均主义"，突出"四强四优"的先进性、示范性和引领性，真正形成"比学赶帮超"的良好氛围。四是遵循群众性原则。评选表彰的"四强四优"要多方面听取广大基层党员和职工群众的意见，确保活动的群众性、公正性和严肃性。

（二）融入中心开展活动

集团党组坚持以开展"四强四优"活动为总抓手，把开展"四强四优"活动与企业中心工作紧密结合在一起，各单位开展得有声有色，风生水起。中远集运以"我为打好效益攻坚战做贡献"为主题开展创先争优活动，促进了年度经济效益的提升；中远散运扎实做好创先争优各环节工作，总结推广"新盛海"轮"把小事做成精品"理念，推动了船舶创先争优活动的扎实开展；广州远洋把防抗海盗作为创先争优的重要平台，涌现出"乐从"轮等英勇抗击海盗先进典型；中远船务加强了农民工队伍建设，海工产品建造取得新突破；中远造船在争创活动中以科技创新为先导，实现了南北船厂比翼齐飞生动局面；青岛远洋立足抓当前、谋长远，营造和谐稳定的内部环境；大连远洋开展"三个好"主题实践活动，助推"东拓西进"战略，取得明显成效；中远香港航运紧密结合"一司两地"特点创先争优，提升了企业创效能力；厦门远洋在创先争优中不断提升客运服务水平，为促进两岸交流合作做出贡献；中波公司围绕建设世界一流重大件设备运输企业目标创先争优，船队建设得到了新发展；中远物流在创先争优中加快企业转型，高端物流实现重大突破；中燃在创先争优活动中加快推进由供应商向服务商的转变，经济效益、管理水平持续提升；中外理瞄准打造行业"旗舰"目标创先争优，促进了理货业务的持续稳定发展；中远博鳌通过创先争优，确保了论坛年会等重大活动高质量完成；青岛船院立足加强师德教育、教学水平稳步提升；中远财务公司加强对五地延伸柜台创造争优的组织领导，提高了集团资本的保值增值；中远劳务、中船保等单位均结合各自特点，积极部署，多措并举，积极开展创先争优活动。

（三）表彰先进与推广经验

自2010年开展争创"四强四优"活动后，中远集团全系统面对严峻的市场挑战，转观念、转思路、转策略；抓机遇、抓市场、抓效益，实现了后金融危机时期第一个百亿效益年。这些成绩的取得与各级党组织和广大党员深入开展创先争优活动密不可分。各单位在创先争优活动中紧紧围绕中心、服务大局，开展了"我为打好效益攻坚战做贡献""党员先锋岗""党员身边无事故""保持先进性，带头创品牌""立足本职，建功立业"等活动，激发了广大党员和员工的积极性，促进了改革发展稳定各项工作。2011年3月3日，中远集团召开创先争优活动经验交流会。会上，集团党组书记张富生、总裁魏家福发表了讲话，中远集运、中远散运、广州远洋、中远物流、中远船务5家单位分别做了交流发言，经验给人启示，做法管用可行，事迹生动感人，对推动集团创先争优活动深入开展将起到积极作用。会上对2010—2011年度"四强四优"进行了表彰：授予中远上海轮党支部等37个基层党组织为"四强"党组织、授予刘景晖等46名同志为"四优"共产党员、授予倪惠春等28名党务干部为"四优"党务工作者荣誉称号。之后，又于2012年、2014年两次表彰"四强"党组织和"四优"党员及党务工作者。

四、实施"三大机制"建设

这一时期，经济全球化深入发展，科技革命孕育新的突破，国际金融危机影响深远，"四大考验""四种危险"更加尖锐地摆在全党面前，加强党的建设比以往任何时候都更为繁重和紧迫。

（一）"三大机制"建设的时代背景

在国有企业推进现代企业制度的改革进程中，企业党的建设面临新形势、新任务、新挑战、新机遇。中远集团党组针对新形势下党的建设逐渐弱化的状况，提出了"国企党建自身动力不足渐成趋势，局部调整已然不能实现整体转身，破解国企党建难题需要多向发力，发力点在于加强系统的、全面的机制建设"这样一个逻辑推论。

（1）党建思想政治工作中的问题指向

近年来，集团党建工作尽管取得一定成绩，但也面临许多亟待破解的发展"瓶颈"，主要表现在，一些行政业务干部对党建工作不理解、不支持；一些党组织主要负责同志对党建工作不上心、不热心；部分党务工作人员从事党务工作不顺心、不安心；部分基层党组织不活动、不作为；等等。这些问题的存在，直接导致了党的建设、思想工作、精神文明建设等整体工作呈现出"五化"趋势，即思想认识上淡化、组织作用上弱化、党务工作上简化、党建流程虚化和政工岗位边缘化。

（2）"问题导向"倒逼党建机制创新

长期以来，中远集团党组在提出和解决党建难题时曾确立了一条原则，即"长期解决不了的问题要在机制上找原因，反复出现的问题要在创新上求突破"。而这一时期的突出问题，既是长期解决不了的问题，也有反复出现的问题，这就倒逼集团党组务必在"机制"上找原因、在"创新"上求突破，只有实现"机制创新"，党的建设才能有所突破，有所发展。

（3）时代发展提出的必然要求

党的十七大报告和十七届四中全会都对提高党的建设科学化水平提出新的要求。在2009年8月17日召开的全国国有企业党建工作会议上，习近平同志指出："党建工作始终是国有企业的独特政治资源，是企业核心竞争力的有机组成部分，是企业实现科学发展的关键因素,也是建立中国特色现代企业制度的一个本质特征。"① 这就进一步明确了国有企业党的建设在建立中国特色的现代企业制度中不可替代的重要作用。

上述情况为中远集团党组在加强党建思想政治工作上寻求突破的基本动因。

(二)"三大机制"建设的基本内涵

(1) 构建党建动力机制

建立这一机制主要是解决好各级各职政工干部思想动力、组织动力、成长动力、再生动力和工作动力问题。如在解决干部成长动力上,按照"高进、优培、严管、宽出"的原则,拓宽入口、打通出口,使党务干部活起来、流起来、有盼头、有奔头,形成党务人才不断涌现、持续成长、健康发展的良性循环;在解决工作动力上,将党建工作绩效考评纳入员工年度绩效体系中,使党建工作绩效得到公正评价,增强价值贡献认同;参照生产经营奖励标准,表彰奖励促进生产经营作用突出、党建工作成效显著的党务干部,形成鲜明的激励导向。

(2) 建立职工思想状况常态分析机制

随着企业劳动关系市场化、契约化、多样化逐步深化,职工群众的价值观念、思维方式和利益诉求呈现出前所未有的多样性、多变性和复杂性。一些单位职工上访、群访事件时有发生,不稳定因素快速增加。这一机制的构建,就是要打通职工诉求的反映渠道,自上而下形成集团总部与各单位之间职工思想状况信息及时收集、有效传递、迅速反馈、渠道畅通的工作体系,建立起纵向到底、横向到边,全面覆盖、上下联动的职工思想状况动态分析网络体系,实现思想政治工作由"被动应对"向"超前预测"的转变。

(3) 完善精神文明建设任务书考核机制

多年来,集团通过签订经营目标责任书和下达精神文明建设任务书的做法,取得了一定效果,但也出现了新情况新问题。如,考核内容过于原则,可操作性不强;考核指标量化不够,针对性不强;考核方法相对单一,科学性不强;考核尺度不统一,客观性不强;等等。完善这一机制主要是细化任务标准,量化考核指标,明晰考核维度,加大常规考核,完善效果评价体系,精神文明建设任务书考核结果要坚持按20%的权重比例,与领导班子年薪兑现挂钩,与经营业绩指标考核同步实施。

(三)全面开展"三大机制"建设

中远集团党组于2010年3月成立机制建设领导小组和工作小组,集团领导3人,工作组成员16人。4月,组织3个调研组到9个国内下属单位和3个境外企业调研,6月开始起草相关机制文件。其中,党建动力机制、职工思想状况常态分析机制和精神文明建设考核机制为主体文件,为确保主体文件顺利实施,"三大机制"建设工作小组还另外研究出11份配套文件作为主体文件的支撑同期完成。机制文件初稿形成后,集团党组先后两次召开政研会,每次有70人参加,同时邀请10—12名二级公司的法人代表、总经理参与机制文稿的专题讨论。机制文稿共"三下"基层,十易其稿,可谓字斟句酌,精雕细刻。

---

① 《习近平强调以改革创新精神推进国有企业党的建设》,中国政府网,2009年08月17日,http://www.gov.cn/ldhd/2009-08/17/content_1394600.htm。

经过大量基础性工作的逐步完成，中远集团"三大机制"建设初具规模。初步形成了《中远集团增强党建工作动力实施办法》，明确了企业党建工作的政治地位和法定地位，细化了集团总部和二级单位党群部门的机构设置、人员配备等内容，对党务工作人员的培养、选拔、使用和交流以及采取多种方式引导政工干部最大限度地释放出思想动力、组织动力、成长动力、再生动力、工作动力等做出了指向明确、可操作性强的规定；形成的《中远集团职工思想状况常态分析工作实施办法》，明确了职工思想状况常态分析的组织领导、内容范围、方式渠道、开展时机、信息报送、信息处理等内容，形成相对完整的工作体系；形成的《中远集团规范精神文明建设考核工作实施办法》，构建了更加规范科学合理的精神文明建设考核体系，增强了考核工作的针对性、导向性、科学性和权威性。

（四）"三大机制"建设对中远党建产生的深远影响

中远集团党组"三大机制"文件的颁布实施，极大地调动了全系统党建工作的热情，文件甫一下发，立即得到全系统党务工作者高度关注和一致肯定。有的党组织负责同志拿着机制文件十分动情地说："我就表达四层意思：千呼万唤……翘首以盼……真抓实干……不留遗憾。"在机制文件落实中，基层单位普遍得到行政业务领导的理解和支持，没有出现任何人为的阻力和障碍。通过一系列的党建工作长效机制建设，全系统党纪工团编制落实、人员到位、政令畅通，到处充满生机和活力。

集团党组在完善法人治理结构的框架下推进机制建设，在强化和巩固现代企业制度上求创新、求突破，较好把握住了党建创新的方向，进而赢得行政业务领导的全力配合和支持，建立起最大限度发挥党组织政治核心作用与完善法人治理结构相协调、相一致的工作机制，确保党建创新对法人治理机制形成的有效支持，促进了企业的科学发展。"三大机制"建设是集团党组的一项开创性工作，是新形势下集团党建思想政治工作成功实践的系统总结，是解决长期以来制约企业党建思想政治工作"瓶颈"的大胆尝试和创新突破，对提升中远党建思想政治工作科学化水平，增强企业软实力，进一步加强企业班子建设和队伍建设，推动中远集团又好又快发展产生了积极而深远的影响。

（五）"三大机制"建设引发的思考

思考一：坚持用时代发展的标准和要求着眼党的建设，才能充分体现高度的党建自觉和坚定的责任担当。思考二：敢于并善于在长期困扰党建难点上寻求突破，国有企业党的建设才能充满生机和活力。思考三：只有坚持"顶层设计、整体推进"的系统工程方法，"三大机制"建设才能真正融入现代企业制度。思考四：紧紧抓住党建创新的历史性机遇，是开创党的建设崭新局面的重要前提。思考五：党建创新的着力点只有符合现代企业制度，才能形成对法人治理机制的有效支持。

五、持续推进农民工党建

长期以来，党中央、国务院高度重视农民工工作，先后颁布了一系列重要文件，对做好农民工工作作出了重要部署，提出了明确要求。中远集团一直把农民工工作作为履行国有重要骨干企业政治和社会责任的重要内容，坚持常抓不懈。中远船务在抓农民工党建中鲜明地提出了"为企发展、为民服务、为党分忧"的"三为"理念，以高度的实践自觉扎实推进农民工党建工作，为国有企业树立了一面旗帜。

（一）深入调研，掌握一手资料

作为中国社会转型过程中产生的特殊群体，亿万农民工成为推动社会变革、支撑中国经济崛起的新兴产业工人大军，同时也衍生出重叠交错的"农民工问题"，这些问题的破解已成为党和国家长期关注的焦点。中远集团党组高度重视农民工党建工作，多次就农民工工作展开专题调研，对做好农民工工作多次作出重要批示和部署。2010年8月，党组书记张富生再一次带领由8人组成的农民工情况专题调研小组，深入到聘用农民工较多的中远船务和中远造船，就农民工人力资源建设、党建、工建三个方面重点进行调查研究。中远船务共聘用农民工46354人（调研期间数字），占员工总数的76%，南通中远川崎聘用外包工1500人，占员工总数的36%，用工形式主要有协力用工、外包用工、劳务用工三种，其中外包用工又分为劳务派遣和工程承包，分别占用工的70%和30%。同时对农民工党组织建设、党员数、质量情况、工会建设作了深入调研，掌握了大量的数据和实际情况，为推进农民工党建奠定了基础。

（二）加强规范，突出人文关怀

中远集团在推进农民工党建工作中，认真总结中远船务深入调研的基础上，出台了《关于做好中远集团农民工工作的指导意见》，坚持以人为本，围绕农民工重要诉求、重大利益，从10个方面进行了规范。各下属单位按照集团党组要求，积极为农民工做好事、办实事、解难事。中远船务是农民工用工数量最多的单位，同时也是工作较为扎实的单位。他们在对农民工人文关怀上实施的"五大工程"得到全系统的肯定。一是以维护农民工核心利益为主要内容的"维权工程"。在履行农民工劳动合同、确保工资待遇、缴存各项保险等方面进行了认真自查，共纠正或补办了6项，与承包方交涉维权事宜113项。二是以推进农民工技能成长为主要内容的"素质工程"。全系统共组织农民工培训504个班/次，参加培训9179人/次，培养复合工种人员1622人。三是以推行农民工"三工转换"为主要内容的"纳优工程"。全集团全面推行"农民工—劳务派遣制员工—合同制员工"用工新模式，全集团共吸纳优秀农民工转为合同制员工570人，新提拔农民工技师53人，共吸纳高级船员178名，普通船员32名。四是以确保农民工生活质量为主要内容的"暖心工程"。全集团大规模启动农民工"暖心工程"，新建农民工公寓楼13栋，多途径解决了41300余名农民工的安居、候车、吃饭、乘车等生产生活难题。南通中远船务为农民工建成10幢宿舍楼，园区新建农民工食堂、职工生活园区等，总建筑面积达98000平方米，3200多名农民工入住。五是以丰富农民工文化生活为主要内容的"多彩工程"。全系统加强了文化娱乐设施建设，新建体育健身场所137处，文化活动室、读书阅览室15座，组织各类体育比赛87次，开展农民工专题文艺活动242场次，为农民工捐赠图书5529本。

（三）成立组织，注重基础建设

各单位按照集团要求，首先针对农民工党员中存在的登记难、认定难、组织难、发展难等问题，充分发挥国有企业政治优势，及时宣传党和政府的方针、政策，在理顺组织关系、深入教育引导、开展思想工作等，在此基础上，在农民工群体中组建基层党组织。如，中远船务党委组织力量在农民工中深入开展了"找党员、建组织、打基础"活动，全系统394家分承包方（施工队）中亮明自己是党员身份的党员233人，建立了4个分承包方联合党总支、16个分承包方（施工队）党支部，同时建立了101个分承包方工会，建立40个农民工团组织。在农民工表现较好的积极分子中，有82人递交了入党申请书，经过一年多的组织考察培养，发展了20名优秀农民工加入了中国共产党。截至2013年底，中远船务已有26名农民工党员开始担任党支部书记、委员职务。

（四）创新机制，夯实党建基础

中远集团立足于企业长远发展，将农民工党建列为全球发展新时期重要战略之一，扎实向前推进。中远船务党委以强烈的责任感和使命感，针对合同制员工、劳务派遣制员工、分承包方员工"三工并存"的用工方式，做到了"三个结合""六个同步"，同时提出了"以'属企化'深化'属地化'，构建四方组织协调联动的网络化农民工党建新格局"。他们根据农民工党建涉及流出地党组织、流入地党组织、流入地分承包方企业党组织、流入地发包方企业党组织四方组织的特点，构建四方组织协调联动的网络化农民工党建新格局，形成了"党群共建"的有效做法和"双培双建"的长效机制，实践经验鲜活，具体做法实用。

中远集团农民工党建带团建、带工建，以及促进企业科学发展，取得了丰硕成果（图5-1）。中远船务农民工工作的经验在中央企业推广，并在中央电视台"发现最受尊敬的企业–2006CCTV中国年度雇主调查"评选活动中，荣获全国唯一的"农民工员工满意雇主"大奖。中远船务农民工党建理论文章获全国党建研究2011年度调研课题优秀成果一等奖；中远船务"农民工党建'属企化'理念"荣膺第二届全国基层党建创新最佳案例。中远船务党委书记马智宏，凭着对党的事业的忠诚，对农民工的关爱，对农民工党建孜孜不倦的研究和实践，形成了《论农民工党建》专著，受到中共中央组织部、中央党校、国资委党委的高度重视，同时也受到社会的广泛关注与好评。

图5-1 获得"广东中远船务技术标兵"称号的农民工。

六、加强宣传思想工作

（一）宣传贯彻党的方针政策

这一时期，中远集团宣传思想工作的总的指导思想是全面贯彻党的十六大、十七大、十八大精神，在思想上政治上同党中央保持高度一致，认真贯彻落实党的一系列方针政策，紧紧围绕企业经济效益中心，服务改革发展稳定大局，对内营造积极向上的和谐氛围，对外树立国际化的企业形象，为实现"年创百亿效益、打造百年中远"提供强有力的精神动力和思想保证。如：2013年中远集团深入学习宣传贯彻党的十八大精神，积极谋划，主动作为，内聚人心、外树形象，激励全体员工"全力以赴拼效益、一心一意谋发展"，提供了有力精神动力和智力支持，在极度困难的情况下仍实现了"双盈利"的年度目标，集团宣传思想工作不断得到创新和发展。

（二）加强理论武装工作

中远集团党组坚持用邓小平理论、"三个代表"重要思想、科学发展观、习近平总书记系列重要讲话精神武装各级领导班子的头脑，积极指导所属各单位的理论学习，及时下发学习贯彻中央有关指示精神的通知和意见，指导各单位用中央指示精神统一各级领导与广大员工的思想，推动各项工作。一是坚持中心组学习制度，以创建"四好班子"为重点，提高领导干部理论素质。二是结合集团干部培训选拔体系，采用集中培训的方法，加强对中层干部的理论学习引导。三是抓好船岸员工的理论学习，促进全员素质的提高；中远集运、广州远洋、大连远洋、中外理等单位利用企业网站、内刊、宣传栏等形式开辟学习园地；中远造船组织近40人的宣传队伍开展专项宣传工作，广泛深入报道了学习实践活动的整体情况。

（三）加大员工宣传教育力度

这一时期，中远集团宣传思想工作围绕企业改革、效益攻坚战这个中心，针对集团不同阶段工作重点，深入开展形势任务教育。各单位紧紧围绕"安全、稳定、效益"主线，加大宣传思想工作力度；围绕金融危机给企业带来的严峻挑战，在全系统加强舆论引导和宣传教育，调动广大员工顽强拼搏的积极性；各公司根据形势任务变化积极开展"科学发展同业领先""群策群力，化危为机""企业与我同发展，我与企业共命运"等主题宣传活动，做好员工思想疏导工作。

（四）开展文明创建工作

中远集团党组每年初给各直属单位下发精神文明建设任务书，对各单位执行年度精神文明建设任务书进行检查考核，做到年初有分解，年中有分析，年终有总结、有自查，能够按照任务书的要求落实工作。中远集团组织全系统开展学习"新盛海"轮活动，鼓励各航运企业开展"等级管理制度""星级制管理""层次管理""同创共建"等卓有成效的管理制度，不断把"三学一创"活动引向深入。中波公司通过深化"三学一创""岗位成才"等活动，深入挖掘和培育一批中波的技术能手；中远物流在"三学一创"活动中，加大对先进典型的挖掘、培养和宣传，发挥先进典型的示范带动作用。

（五）建立新闻发言人制度

2003年11月17日，国务院国资委下发了《国资委新闻宣传工作管理暂行办法》，中远集团立即组织各单位落实，按照文件要求集团本部及所属公司均建立健全了企业新闻发言人制度，完善危机管理程序。中远集团进一步完善和落实新闻发言人制度，正式下文明确主管宣传工作的集团领导为中远集团新闻发言人，并建立健全了突发事件新闻报道机制。这一时期，集团本部和所属各公司凡遇重大事件需要召开新闻发布会、媒体见面会等，均按制度要求进行规范的新闻发布，及时做好新闻公关工作，提高积极快速应对突发事件的能力,维护了企业的品牌,展示了企业的形象。

(六)开展对外宣传工作

集团宣传部门与中央媒体及各公司与属地重要宣传媒体保持密切联系,借助媒体的力量,不断扩大企业的品牌形象和对外影响,为企业发展营造良好的舆论氛围。集团领导参加集团宣传部门组织的媒体记者座谈会或新闻发布会,及时向外界发布中远重要消息。2006年4月,经国资委党委推荐,中央宣传部组织8家中央主要新闻媒体,陆续对中远集团等9家国有企业进行重点宣传,中远集团密切配合,精心准备,专门召开了宣传新闻媒体见面会,提供大量的素材数据等,多家新闻媒体报道工作迅速展开。新华社以"拥有我国多项第一的中远'十五'期间利润增长11倍"为题,报道了中远集团布局全球航线,利润快速增长取得的优异成绩;《人民日报》《光明日报》《经济日报》《科技日报》《工人日报》分别以《中远集团:一曲振兴民族航运业的凯歌》《中远集团:创新铸就辉煌》等为题进行了报道;中央人民广播电台新闻和报纸摘要:《打造百年中远,树立民族品牌》;中央电视台综合频道新闻联播节目:《中远集团:自主创新实现跨越式发展》。此外,国资委网站、《中国交通报》、香港《文汇报》、《中国水运报》等媒体陆续刊发多种形式的报道,对中远的发展成就作了深度的挖掘和持续的宣传,极大地提升了中远集团的国际影响力。

七、构建高端理论研究平台

中远集团思想政治工作研究会成立于1985年,到2015年已整整走过了30年的历程。这一时期,政研会每年都围绕党的路线、方针、政策,紧密结合企业改革发展和党建思想政治工作的形势任务,有针对性地确定研究课题并组织全系统广泛开展研究,一大批对党建思想政治工作有经验、有热情的同志积极参与,做了大量的深入实际、融入一线的调研工作。

(一)坚持正确的政研方向

2005—2015年,集团政研会发扬30年来形成的光荣传统,始终坚持政研会例会制度不动摇,从2006年六届一次政研会到2015年七届五次政研会共召开十届会员大会,两次政研会常务理事会会议,可谓一以贯之,常抓不懈,年复一年,久久为功。这一时期,共经历了十六大、十七大、十八大三次党的代表大会,中远集团政研会紧紧把握"建设中国特色社会主义"这条主线,深刻理解党在不同时期提出的新理论、新思想、新要求、新任务和新举措,始终坚持服从和服务于企业改革发展稳定的大局,遵循"研究活动以基层为主,研究课题以当前为主,研究目的以应用为主"的方针,着力研究企业不同形势下迫切需要解决的突出问题,全面规划研究工作,集中力量进行攻关。

(二)盯住大局开展政研工作

这一时期,集团推进"两个转变"发展战略,政研会通过调研及时提出实现"两个转变",首先要实现"思想观念的转变",随即组织转变观念大讨论;2008年国际金融危机爆发,集团党组立即调整政研会研究方向和重点,向全系统发出了"树信心、拼效益、保稳定、促发展"的号召,同时组织积极探索严峻形势下加强和改进党建工作的途径和办法,使党的独特优势在应对危机中发挥了积极作用;2009年,集团政研会针对新形势下党的建设逐渐弱化的状况，提出了"国企党建自身动力不足渐成趋势，局部调整已然不能实现整体转身，破解国企党建难题需要多向发力，发力点在于构建国企党建动力机制"这样一个逻辑推论。并以高度的党建自觉和责任担当，开展了"三大机制"建设，并在两届政研会上对这一繁杂的系统工程进行专题研究和整体推进，成为这一时期中远集团党建思想政治工作的"亮点工程"；2015年，集团政研会集中精力研究集团企业文化建设，确定研究课题、交流研究成果，确保中远新版企业文化大纲日臻成熟和完善。

（三）涌现一批高端研究成果

这一时期，集团政研会聚焦企业改革发展中的热点难点问题，不断加大课题研讨的广度、深度和精度，为企业改革发展、经营创效、安全稳定等提供了有力支持。11年间，集团政研会共收获优秀论文582篇，其中部分论文分别荣获交通部政研会、国资委政研会、全国研究会颁发的一、二、三等奖。如中远散运的《顶层设计下的文化生长——中远散运船舶文化建设实践与思考》荣获全国交通运输行业2014—2015年度优秀政工论文一等奖、集团党组工作部的《构建国企党建动力机制的实践与探索》荣获中国思想政治工作研究会2011年度一等奖，这是集团总公司第一次获此殊荣。同时，集团政研会还在这一时期出版发行了多部有影响的著作和书籍，如辛加和主编的《航海文化》，集团政研会编撰的《驶向蔚蓝的辉煌》《璀璨群星》《思想引航》等，这些文化作品荟萃了集团党建思想政治工作研究的优秀成果，不仅为中远人积累了精神财富，也为社会提供了有益的借鉴和指南。

（四）重视研究成果的转化与应用

集团政研会高度重视理论研究成果的应用与转化工作，确保每个时期的重大研究成果都能付诸实践、发挥作用、体现价值。一是从起点上明确研究成果的转化与应用。在选题立题时就明确课题研究的应用目的、解决的难题，从起点上奠定研究成果转化应用的基础。二是用机制促进研究成果的转化与应用。把成果转化应用的要求纳入企业整个工作目标体系考核中，纳入创先争优活动的考核中，贯穿到课题研究的过程中。三要积极宣传推广研究成果。这一时期，集团多次邀请行政领导参加政研会，注意吸纳行政领导和生产经营部门人员参与成果转化与应用工作，从源头上改变政研工作的自我"小循环"，在行政领导之间、各部门之间建立工作互动、研究互促、成果转化共抓的"大循环"，真正从体系上和机制上做到融入中心，进入管理，服务大局，应用实践。四是坚持每年对研究成果进行评选表彰，将优秀研究成果通过会刊等载体，大力宣传推广，促进学习借鉴和实际应用。

第二节 开展形式多样的学创活动

中远集团的党建思想政治工作有着丰厚的历史积淀，形成了许多行之有效的方法和经验，特别是起始于1993年的"三学一创"活动，为中远集团生产经营和安全管理实现质的飞跃做出了历史性的贡献。在新的发展时期，能不能以改革创新精神，把"三学一创"活动进一步引向深入，使这一凝聚了时代特征、远洋特色、企业特点且代表中远历史和文化的管理品牌，在步入二十一世纪的初期，迸发出无限的生机和活力，这一极具创新力的想法在极具创新力的中远人的智慧碰撞中，已是呼之欲出了。

一、"新盛海"轮成为新时期船舶标杆

"新盛海"轮是一艘老龄船，自2001年由中远散运经营管理后，安全航行86万海里，90次扫验舱均一次性通过，7年PSC检查均无缺陷通过，12年累计创利超3亿元，获得中远散运以上级各类荣誉188项，其中包括"全国工人先锋号"（图5-2）"全国水运系统安全优秀船舶""全国五四红旗团支部""中央企业青年文明号"等国家级荣誉21项，连续5次被中远集团评为"华铜海式船舶"，3次荣获天津市"五一劳动奖状"，荣获全国"金锚船长奖"4人，荣获全国交通系统优秀党务工作者1人，荣获中远集团劳模2人，荣获天津市劳模3人。

图5-2　2009年3月20日，"新盛海"轮荣获全国工人先锋号。

"新盛海"轮的先进理念和模范事迹，充分体现了新时期远洋船舶的"实干、拼搏、创新、人本、主人翁"等时代精神，是中远船舶科学管理、精益管理和人本管理的典范。

（一）坚定一个目标——"志创世界一流船舶"

2001年，中远散运从外国船东新接过来的"新盛海"轮已有13年船龄，能否开好管好这艘18万吨级的大船无疑是个考验和挑战。直面挑战、迎难而上、勇于争先正是"新盛海"人的坚毅性格和精神起点。2002年初，他们提出了响亮的口号：敬业爱岗拼搏奉献，争做中远品牌员工；安全快捷优质服务，志创世界一流船舶。

"新盛海"轮船员把"世界一流"的远大目标量化为标准明确的4个具体目标，即一流的船容船貌，全船锈蚀面积小于5%，机舱整齐规范无油污，生活区整洁明亮无灰尘油渍；一流的安全营运，确保实现"五无"：无事故、无滞留、无污染、无缺陷、无索赔；一流的经营业绩，确保软硬件管理达到规范化并成为中远散运公司的样板，创造可观的经济效益；一流的船员队伍，确保船员培训成功率达到100%，每名船员的政治素质、职业素养的技能必须适应"新盛海"轮实现一流目标的要求。"新盛海"轮在国际公约和公司体系文件的框架下，全面细化职责、标准和流程，制定了21项简明实用的操作细则，一项一项抓落实。如船舶甲板面积为13190平方米，甲板部编制10人，人均需要维护的甲板面积达1319平方米。为此，他们制定了《甲板维护保养规范》，从除锈的要求、油漆的工艺、维护的周期抢救无效，都制定出统一的标准，"新盛海"轮甲板维修保养更实、更细、更精，从而保持了一流的船容船貌，延长了船舶的寿命。

（二）秉承一个理念——"把小事做成精品"

"新盛海"人把"志创一流"的远大理想和"把小事做成精品"的理念紧密地融合在一起，时时、处处、事事做到精益求精，精心打造"精品工程"。

船舶张贴的各种规范、醒目、精美的安全标识，成为船舶"把小事做成精品"理念的最鲜明标志。这些标识颜色鲜艳、比例协调、醒目清晰，不仅给人以视觉上的冲击，更起到了警示作用。全船 870 多个标识从扫描、制板、刻字、打印，到印刷、张贴，全部都是由船员自己动手完成，每个细节都精益求精。船舶物料库同样也是"精品工程"：上百种物料、备件和工具摆放得错落有致，加上醒目的标识，更加让人一目了然。驾驶台内，同样整齐地摆放着船舶自己编辑整理的《"新盛海"轮标准化管理手册》等多种船舶记录、培训资料，内容丰富实用、制作细致精巧。在"新盛海"轮使用过的海图上，可以清楚地看到"此处渔船多""此海峡曾发生偏流""此处有异常涌浪""此处需手操舵"等标注。通过记录和分析总结出规律，这样既有利于设计航线的方便快捷，也为新驾驶员和接班船长留下宝贵参考和指导。机舱作为船舶的心脏，更是精益求精的样板。20 多年船龄的老船，机舱内从未出现过跑、冒、滴、漏现象，所有设备均做到了一尘不染。

年复一年、日复一日。从"服务全方位、满意全过程"的经营理念发展到"宁为安全憔悴，不为事故流泪"的安全理念，从"精细化管理、标准化操作、零故障运行"的设备管理理念到"房间像宾馆，仓库像超市"的舱室管理理念……十多年来，"新盛海"人始终坚持精心服务客户，做到"无索赔"；始终坚持节省每一点滴，做到"无浪费"；始终坚持不放过每一个隐患，做到"无事故"，把"小事做成精品"不仅成为"新盛海"人的一种理念，也成为一种生活态度，一种精神追求。

（三）把握一个核心——"把文章做在人上"

"新盛海"轮党支部提出，船舶确立的目标、秉承的理念、把握的核心、坚持的精神等等，无一不是通过人来实现的，抓住了"人"这个核心要素，才能化目标为动力，化理念为行为，化精神为物质。为此，船舶围绕"人"这个要素推行了"五大工程"：

1. 强化班子建设的"龙骨工程"

历任船舶领导班子成员都严格践行"三个 100％"的承诺，即做学习工作的带头人，率先垂范，确保船员满意率 100％；做高效执行的带头人，说到就要做到，做就做到最好，确保安全营运率 100％；做廉洁自律的带头人，决不侵占船员利益，确保管理和奖金分配透明度 100％。船舶党支部以创建"四好班子"为载体，把支部班子打造成船舶建设的坚强"龙骨"，发挥党支部的战斗堡垒作用。

2. 服务船员成长的"树人工程"

通过思想道德教育、理论素养培育、优秀文化熏陶、职业技能提升、岗位实践锻炼等多渠道育人，助推船员职业发展和自我价值实现，帮助船员岗位成长成才。

3. 全员共同参与的"蓄能工程"

以学习型党支部推动学习型船舶的建设，建立并突出"一条主线"——体系培训；抓好"三个关键"——关键岗位、关键人员、关键时段；选准"四个抓手"——应急演练、技能竞赛、自编教材、视频演示为主要内容的"在船培训体系"。船舶利用两年，共编写教材20余册，制作视频教学片和PPT教案120个，船员形成了"工作学习化、学习工作化"的良好氛围。

4. 建设和谐船舶的"人心工程"

船舶始终坚持"以人为本"，倡导紧张工作、快乐生活，打造和谐船舶文化，把工作做到船员的心坎上，提升船员的归属感和忠诚度，激发了船员的积极性和创造力。

5. 思想政治工作的"延伸工程"

船舶始终坚持把思想工作的触角延伸到船舷之外，想方设法帮助船员解决实际问题，积极为船员化解家庭困难，做船员和家属的"知心人""好帮手"，发挥了船员家属"第二政委"的作用。无后顾之忧的"新盛海"人干劲更高了、拼劲更足了，幸福感更强了。

(四) 坚持五种精神——"进取、实干、创新、人本、主人翁"

新盛海轮的"五种精神"不仅是一句口号，已经成为"新盛海"人的一种态度、一种习惯、一种自觉、一种传统。

1. 志存高远，赶超先进的进取精神

新盛海轮把进取精神与发挥党员的先锋模范作用紧密结合在一起，并作为衡量党员够不够"格"的一条"硬杠杠"，强化党员干部时时处处用过硬的业绩为船员立好标杆，做好样子。

2. 爱岗敬业、拼搏创效的实干精神

"新盛海"人身上有一种永不松劲的拼搏精神，有着强烈的事业心，有一种旺盛的学习力。船舶党支部经常组织党员开展重温入党誓词、党员形象大讨论、建立党员责任区等实践活动，在船舶形成了"上船要实干，拼搏看党员"的良好风气。

3. 勇于突破，敢为人先的创新精神

十几年间，"新盛海"人坚持以华铜海轮为榜样，坚持不懈改革创新。船员们密切联系船舶实际自编教材和改编各种培训书籍达45种，近400本；把船上应急设备操作和应急演练程序等制作成122个PPT课件和13个视频教材，供船员们学习使用。

4. 情系员工，共建和谐的人本精神

人文关怀是"新盛海"轮思想政治工作的"压舱石"，是精诚团结一家亲的"传家宝"。党支部在潜移默化中营造了"家"一样的氛围。

5. 以船为家，爱船如家的主人翁精神

每位船员都把祖国的需要当成自己的神圣责任和使命，把船舶当成自己的"家"，心系企业，情牵船舶，时时处处展现出强烈的主人翁责任感。

(五) 以"新盛海式船舶"命名的学创活动方兴未艾

2011年6月8日，中远集团党组下发了《关于向先进集体典范和先进个人楷模学习的决定》，"新盛海"轮列为集团先进集体典范，并在全系统开展了"新盛海式船舶"评比活动。这一活动被认为是继开展"华铜海式船舶"评比活动的继承和延续。2012年12月14日，集团总公司利用新盛海轮靠泊上海机会，组织召开了"推进学习'新盛海'轮管理经验交流现场会",进一步把学习"新盛海"轮活动推向常态化、制度化,全系统船舶建设的标准和质量不断得到提升。

经过几年的学习实践,"新盛海"轮作为新时期中远集团船舶管理和经营的一代楷模,起到其他任何形式均无法替代的示范引领作用。2013年4月9日,集团党组再一次做出《中远集团关于持续深入开展向新盛海轮学习活动的决定》,将集团全系统学习"新盛海"轮活动推上一个新的台阶。

2014年2月15日,走过26年生命旅程的"新盛海"轮,被中远总公司业务部门列入年度47艘退役船舶名单。"新盛海"轮带着她用无尽辛劳点缀出的光环、带着她无比旺盛的生命的热度、带着无数人对她的爱恋、崇敬和依依不舍,走出了中远人的视野,但她的精神却永远地镌刻在中远人的心中。

2015年1月12日,中远集团党组对2013—2014年度争创活动中涌现出来的先进集体和个人进行表彰,其中授予"中远亚洲"轮等40艘船舶为"新盛海式船舶"荣誉称号,"新盛海"轮虽然退役了,但更多的"新盛海"轮在茁壮地成长。

争创"新盛海式船舶"活动方兴未艾。

二、开展向先进集体楷模和先进个人典范学习活动

时代的进步塑造标杆,企业的发展需要楷模,火热的实践催生典范。这一时期,中远集团深入贯彻落实科学发展观,加快实施"两个转变"发展战略和"四个转变"发展策略,实现了跨越式发展,涌现出一大批开拓创新、奋发进取、追求卓越、业绩突出的先进典型。为树立新时期中远集团的先进标杆,深入开展创先争优活动,2011年6月17日,中远集团在京召开纪念建党90周年暨创先争优先进事迹报告会,集团党组下发了《关于开展向先进集体典范和先进个人楷模学习的决定》,这些典范和楷模在平凡的岗位上绘就出绚丽多彩的人生航迹,在无私的奉献中演奏出荡气回肠的人生乐章,为大家树立了一面面鲜艳的旗帜,一个个鲜活的标杆。

受表彰的五大先进集体典范是:中远集运"天福河"轮、中远散运"新盛海"轮、广州远洋"乐从"轮、中远船务SENVN–650项目组、中远太平洋中远比雷埃夫斯集装箱码头公司。上述五大先进集体典范是中远集团这一时期在生产经营第一线涌现出来的标杆企业和船舶,为中远集团乃至国家在国际上增强影响力做出了积极的贡献。比如,中远太平洋中远比雷埃夫斯集装箱码头公司,就是新时期中远攻坚克难、成功实施"走出去"战略的典型代表。中远比港公司克服国际金融危机、欧洲主权债务危机、码头工人罢工、设备陈旧和中希文化差异等不利影响,通过加大营销力度,提高装卸效率,规范现场管理,提升服务质量,使码头经营焕然一新,连续刷新装卸效率纪录,为中国企业跨出国门树立了成功典范。

受表彰的七大先进个人楷模是:中远集运中国部上海分部副总经理兼宁波分公司经理吕观荣、青岛远洋船长冷聚吉、中远香港航运船长郑国静、中波公司船长韩世喜、大连远洋船舶政委马道乐、中远物流技术专家委员会委员肖建英、中燃秦皇岛有限责任公司油库生产主管赵ငङ。上述7位先进个人楷模是中远集团新时期的典型代表,他们的事迹感人肺腑、撼人魂魄。比如,中远香港航运船长郑国静,是新时期中远开拓创新、严格管理,业

务精湛，勇挑重担的超大型散货船优秀船长楷模。他热爱远洋，恪尽职守，30 年来始终扎根航海一线，创造了海上航行 60 余万海里，安全无事故的骄人业绩。

典型本身就是一种政治力量。学习榜样越深，心灵共鸣就越响；对照楷模越多，拥有的正能量就越足。为使这些先进集体和模范人物的典型事迹更加深入人心，广为传承，集团组成先进事迹报告团，先后在北京、上海、天津、广州、青岛、大连、海南博鳌举办了 7 场先进事迹巡回报告会，收到了非常好的效果。之后，集团又将这些先进集体和模范人物编辑成《璀璨群星》一书，印发基层单位和所有船舶，使他们的先进事迹在更广泛的时空中焕发出更加催人奋进的力量。

第三节　开展党的思想政治教育活动

一、保持共产党员先进性教育

2004 年 11 月 7 日，中共中央下发了《中共中央关于在全党开展以实践"三个代表"重要思想为主要内容的保持共产党员先进性教育活动的意见》，决定从 2005 年 1 月开始，在全党开展以实践"三个代表"重要思想为主要内容的保持共产党员先进性教育活动。在中央指导协调四组和中央第 53 督导组、国资委党委的正确领导下，中远集团第一批保持共产党员先进性教育活动于 2 月 17 日正式启动，各级党组织认真贯彻中央要求，加强领导，周密部署，党员领导干部模范带头，做出表率，全体党员态度端正，自觉投入，广大职工群众积极参与，做到了规定动作不走样，自选动作有特色，整个活动有声有色。

图 5-3　2005 年 4 月 1 日，中远集团先进性教育活动升旗仪式。

集团总公司和所属在京单位共有 21 个党委，1 个党总支，83 个党支部，1273 名党员，参加了第一批教育活动。教育分两个步骤三个阶段 13 个环节展开，从 2005 年 2 月 17 日正式启动，至 6 月 8 日结束，历时 112 天（图 5-3）。活动中，集团党组严格按照中央部署，密切联系"年创百亿效益，打造百年中远"的战略目标，结合企业党建工作和党员队伍的现实状况，对照"两个务必""八个坚持、八个反对""五个力戒"的要求，以剖析自己不怕严，吸纳意见不怕刺，亮出问题不怕丑，触及思想不怕痛的精神，对产生问题的原因、后果、危害逐一进行分析，并上升到世界观、人生观、价值观、党性原则的高度上来认识，从思想深处解决党员干部存在的突出问题，达到了教育效果。

第二批先进性教育活动从 2005 年 7 月 1 日开始，至 2006 年 1 月 16 日结束，参加单位主要是集团所属各二级单位、驻国（境）外公司。境内公司党委 106 个、党总支 73 个、党支部 1475 个，其中船舶党支部 710 个，党员 27283 人，其中船员党员 11187 人。中远境外公司党委 6 个，党支部 28 个，党员 280 人。集团党组严格按照制定的方案有序推进，教育活动开展得有声有色。中远物流、中远货运、中远房地产、中远实业、中远造船教育活动组织得力，推进有序。中远散运、青岛远洋、大连远洋、新加坡公司、澳洲公司等单位按方案推进，在三个方面取得了实效：一是党员干部队伍整体素质得到进一步提升；二是党员"长期受教育，永葆先进性"的长效机制得到完善；三是投资主体多元化企业党的建设得到进一步加强。

二、学习实践科学发展观教育

按照中央要求和中央企业学习实践科学发展观活动领导小组的部署，中远集团学习实践科学发展观活动于 2009 年 3 月 11 日正式启动，到 6 月 29 日结束，完成了中央规定的"三个阶段六个环节"的各项任务。

（一）精心组织策划，境内外同步推进

集团总部及各二级单位均组建了教育活动领导机构，研究制定了学习实践活动实施方案，确定了活动主题和实践载体。针对三个阶段六个环节的要求，制定了详细的推进计划和指导意见。每个阶段都召开全系统视频会议进行总结，对下一阶段工作进行部署。集团全系统共举办骨干培训班 689 个，培训骨干 17847 人。中远集团 17 家境内二级公司，8 家海（境）外区域公司，700 多家境外分支机构同步部署、同步实施、同步推进、同步检查指导。

（二）联系经营实际，突出实践特色

中远集团在教育实践活动中针对国际金融危机影响制定了"树信心、抓市场、控投资、降成本、盯安全、保增长"的"十八字"应对方针，组织全系统开展了"坚定信心渡难关，同心同德拼效益"专题教育，引导广大员工"知形势、明企情、增信心、鼓实劲"，增强战胜国际金融危机的信心，把"降本增效，同业领先"金点子征集、创建"工人先锋号""青年员工创新创效竞赛"等内容融入活动之中，凸显了中远集团学习实践活动的鲜明特色。

（三）紧盯存在问题，召开民主生活会

集团领导班子在深化认识、深化调研、深化实践、深入征求意见的基础上，召开专题民主生活会，深入查找领导班子在贯彻落实科学发展观、应对国际金融危机以及党性党风党纪等方面存在的突出问题，剖析了原因特别是主观方面的原因，提出了科学发展的思路举措和当前需要解决的突出问题。每位领导班子成员围绕在认识理解科学发展观上有什么差距、落实科学发展观上有什么问题、推动科学发展观上有什么打算、党性党风党纪方面有什么不足，认真进行分析检查。国资委副主任、国资委党委副书记、中央企业学习实践活动领导小组副组长李伟同志，中央企业学习实践活动第四指导检查组车书剑组长等领导参加民主生活会并作了重要讲话。按照集团党组部署，各二级单位都召开了领导班子专题民主生活会。

（四）着眼长远发展，建立长效机制

集团领导班子积极推进体制机制创新，建立集团总部沟通协调机制，建立完善授权充分、权责对等、指标科学的业绩评价体系，全面推进安全管理长效机制建设；建立企业党建动力机制、职工思想状况常态分析机制，完善精神文明任务书考核机制；完善企业核心人才战略，修订《"三个三百"人才工程管理办法》，建立权责匹配的境外员工考核评价体系，完善船员队伍激励和约束机制；在制度建设方面，出台《关于进一步加强会议管理的暂行规定》《关于中远集团系统内部接待、公关、庆典、公务有关暂行规定》，发挥体制机制管长远、管根本的作用。集团全系统共修订完善规章制度559个，新建规章制度252个。

三、开展党的群众路线教育实践活动

2013年7月，中远集团479家单位、1500多个基层党组织、2万多名党员，自上而下分两批参加了党的群众路线教育实践活动。全系统各单位以十八大和十八届三中全会精神为指导，认真学习贯彻习近平总书记系列重要讲话精神和中央有关会议文件精神，在中央第十三巡回督导组的督导指导下，将教育实践活动与企业实际结合起来，把作风建设作为企业扭亏创效、改革发展的重要抓手，加强组织领导，严格落实责任，突出作风建设，贯彻整风精神，深入查摆和解决形式主义、官僚主义、享乐主义和奢靡之风等"四风"问题。各单位坚持"开门搞活动"，紧扣作风问题，全方位多层次征求意见，共召开座谈会399次，谈话3875人次，征集到意见建议5055条，梳理出"四风"问题591条，找准了影响企业改革发展的重点难点问题。

集团党组注重两批活动前后衔接，梯次展开、压茬进行，集团总部和9家规模较大、分支机构较多的二级单位成立了37个由班子成员担任组长的督导组，各级领导建立联系点664个，深入基层了解和帮助解决实际问题，统筹指导和推进本单位教育实践活动有序开展。各级领导班子坚持把学习教育、理论武装放在首位，把学习弘扬焦裕禄精神作为一条红线贯穿始终，通过中心组学习、党校培训、"三会一课"、论坛交流、观看教育影片、举办先进事迹报告会，以及微信、微博、手机报等多种形式，提高学习教育效果。各二级单位先后组织集体学习206次，集中学习112天；589名处以上干部上台讲党课714场；举办基层党组织书记专题培训班81批次，参加人员3031人次，广大党员干部受到马克思主义群众观点的深刻教育，理想信念、宗旨意识和群众观念进一步提高，全心全意依靠职工群众办企业、真抓实干拼搏创效的自觉性和主动性明显增强。

各级领导班子和领导干部把功夫下在专题民主生活会前，按照"四必谈"要求广泛开展谈心交心活动，同时强化上级谈、集体谈，一些同志还接受了党员、干部和职工群众的约谈，力求把思想谈通，把问题找准。各单位党组织主要负责人亲自主持起草、班子集体讨论修改领导班子对照检查材料，班子成员自己动手撰写个人对照检查材料，普遍修改5遍以上，最多的达到20多遍。在专题民主生活会上，大家紧密联系思想和工作实际，主动把自己摆进去，深挖病灶给自己画像，勇于向自己"开炮"，从理想信念、宗旨意识、党性修养、政治纪律、世界观、权力观、业绩观、"三严三实"等方面深刻剖析原因。班子成员之间坦诚相见，敢动真格，敢亮家丑，真刀实枪开展相互批评，深化了认识，凝聚了共识，提升了境界，受

到了一次触及灵魂的党性锻炼，起到了"红红脸、出出汗、加加油、鼓鼓劲"的作用。

全系统认真抓"废改立"工作，共梳理规章制度1846项，新建180项，修订完善268项，废止112项，有力地推动了改进工作作风、密切联系群众的常态化、长效化。

四、开展"三严三实"专题教育

2015年5月6日，中远集团党组按照中央关于开展"三严三实"专题教育总体安排和部署，下发了《关于中远集团在企业中层以上领导人员中开展"三严三实"专题教育方案》，对全系统"三严三实"教育进行了详细部署。

（一）深挖问题根源，把"顽疾"摆上桌面

集团党组通过深入基层调研，征求群众意见，直接把领导人员存在的突出问题摆上桌面：一是理想信念动摇、信仰迷茫、精神迷失，宗旨意识淡薄、忽视职工群众利益，党性修养缺失、不讲党的原则等问题；二是以权谋私、营私舞弊、侵犯企业利益和顶风违纪还在搞"四风"、不收敛不收手等问题；三是无视党的政治纪律和政治规矩，对党不忠诚、做人不老实，阳奉阴违、自行其是，组织纪律观念淡薄等问题；四是业绩观偏差、工作作风飘浮，不直面问题、不负责任、不敢担当，拼搏进取精神不足和攻坚克难不力等问题。集团党组坚持问题导向，引导各级领导人员认识自身问题的严重性，从讲政治高度把"三严三实"作为修身做人、用权律己的基本遵循和干事创业的行为准则。

（二）开展党课教育，把"镜子"立在眼前

集团党组坚持从"净化"思想入手，通过党组中心组学习、"三会一课"、年度民主生活会和组织生活会及党委书记例会等经常性工作，解决中层以上领导人员存在的思想政治问题。5月27日，集团党组以《自觉践行"三严三实"要求，汇聚中远集团保增长、促发展正能量》为题，开展了党课教育，并针对有的党员干部思想境界不高、服务意识不足等8个方面的问题，作为"镜子"立在全系统广大党员干部面前，使大家从心灵深处受到强烈的震撼。各下属公司党委书记也都根据本单位领导人员思想、工作、生活和作风情况，深入开展党课教育，引导中层干部联系思想、工作、作风实际，照"镜子"、找差距。

（三）召开民主生活会，把"痛点"戳到麻骨

2015年12月15日，按照中央的部署和要求，中远集团领导班子用一天时间，召开了2015年度领导班子"三严三实"专题民主生活会。中央纪委、中央组织部、国资委党委、国务院驻中远集团监事会对中远集团领导班子这次民主生活会非常重视，派出专人参加会议。中远集团董事长、党组书记马泽华主持，李云鹏、孙月英、孙家康、叶伟龙、王宇航、万敏、徐爱生等集团领导班子成员全部出席会议。这次民主生活会，会前准备比较充分，体现了高标准严要求；查摆问题比较务实，紧扣了"三严三实"主题；党性分析比较深刻，找准了问题根源；开展批评比较认真，班子成员都把问题摆到桌面上，开门见山，一针见血，紧盯"痛点"，戳到麻骨，问题点得准、批得实，既体现了对同志政治上的互相关心和爱护，又起到了"红脸出汗"、提醒警示的效果。

（四）严格规章制度，把"规矩"挺在前面

针对会前征集到的 275 条意见建议，集团党组一条一条研究，经过归纳整理共有 4 个方面，共 120 条，分别进行建制度、立规矩，强化刚性执行。集团党组还结合中央巡视任务整改，出台企业领导人员管理系列制度，为从严教育、从严管理、从严监督企业领导人员提供制度保证。同时，集团党组还创新监督体制机制，推动"垂直监督体制"改革，完善审计分部工作机制，加强交叉审计、联合审计，提升反腐倡廉工作效能和水平。

第四节　中远企业文化建设

2005—2015 年，是中远全球化发展的重要时期，同时也是中远企业文化发展的重要阶段。就是在这样一个历史节点上，中远人开始对自己的企业文化建设进行理性的、客观的审视，同时对企业未来的发展进行历史的、前瞻的思索。

一、中远四个历史时期的划分

中远在半个多世纪（1949—2015 年，应为 66 年）的发展历程中，大致经历了四个发展阶段。第一阶段为"初创时期（29 年）"，时间划分是从 1949 年 10 月到 1978 年 12 月，历经"文化大革命"全过程，艰苦创业、艰难经营为中远这一时期的主要特征。第二阶段为"自主发展时期（14 年）"，时间划分是 1979 年 1 月到 1992 年 12 月，党的十一届三中全会召开后，中远成立集团前，国家改革开放，所属各公司乘改革东风自主经营、快速发展时期。第三阶段为改革转型时期（12 年），时间划分是从 1993 年 1 月到 2004 年 12 月，中远集团成立，企业历经集团化经营、跨越式发展时期。第四阶段为全球化发展新时期（11 年），时间划分是从 2005 年到 2015 年，中远集团进入世界 500 强，一个全球化发展的崭新时代正式开启。

二、确立以爱国主义为核心的企业价值理念体系

（一）深入开展企业文化调研

2005 年初，中远集团党组开始组织力量对集团的企业文化建设进行调研总结，利用整整一年时间，收集整理了大量的史实资料、文化案例，总结以往的企业文化研究成果，赴集团所属企业和部分外部企业开展企业文化调研，取得了可喜的突破性的进展。2006 年 6 月，在山东济南召开的中国企业文化研讨会上，集团党组发表了题为《弘扬爱国奉献精神，提升中远核心竞争力》的主题报告，第一次明确提出了中远集团以爱国主义为核心的企业文化价值理念，受到了全体与会者的广泛好评。之后，该演讲稿作为推荐给国资委的一项重要研究成果，被国资委评为优秀论文。在 2006 年底召开的集团政研会六届一次会员大会上，集团党组工作部作了"扎实推进以爱国主义为核心的中远集团企业文化建设"的发

言,得到了全体与会人员的认同。之后,组织开展了对中远集团全球化发展新时期的文化价值理念网络征集活动,以爱国主义为核心的中远集团企业文化价值理念体系初步形成。

(二)按照"两个规划"推进企业文化建设

"两个规划"是集团党组根据集团两个发展时期的总体战略规划制定并下发的企业文化建设规划,是按照集团深化改革、加快发展、做大做强做优的战略布局对企业文化建设做出精细化部署。

2006年12月26日,中远集团党组印发了《中远集团企业文化建设十一五规划》。《规划》对"十一五"期间企业文化建设提出了"融入中心、服务大局,突出共性、兼顾个性,全员参与、上下并举,持续推进、逐步到位,注重投入、厉行节约,与时俱进、承优创新"六条基本原则,确立了到2010年的发展目标,逐步构建既能继承中远优秀文化传统,又能反映时代精神的有特色、有个性的积极向上的先进企业文化。

2012年2月21日,集团党组印发了《中远集团企业文化建设十二五规划》,对2011—2015年中远企业文化建设做出部署,为中远集团"十二五"企业文化建设明确了新的六条原则,即指引方向、引领发展、服务大局的原则;突出共性、展示个性、创造特色的原则;领导垂范、覆盖全员、齐抓共管的原则;以点带面、经验分享、协调发展的原则;加大投入、持续推进、务求实效的原则;与时俱进、积极探索、博采创新的原则。这一时期,中远集团党组认真学习借鉴国内外先进文化成果,因时制宜、因事制宜,积极推进企业文化建设的内容方法、手段载体创新,始终保持了企业文化的生机与活力,形成在全国和中央企业有影响力和推广价值的企业文化建设研究成果。

(三)颁布《中远集团企业文化核心价值理念纲要》

在"十五"规划时期,中远集团完成了《中远集团企业文化建设纲要》《中远集团CI手册》,形成了中远集团企业文化建设基本框架和基础体系。在此基础上,中远集团又出台了《关于推进中远集团企业文化建设的意见》《关于加强中远集团企业文化建设的若干意见》等,基本形成了以企业精神、企业价值观、企业使命,以及企业CI设计为主要内容的完整框架和体系。2015年5月12日,中远集团颁布了新版《中远集团企业文化核心价值理念纲要(2015年修订版)》。主要内容包括:

1. 中远使命

——为客户和社会创造价值。中远使命是中远对自身角色、肩负责任的哲学定位,也是对国家、对社会、对客户、对员工、对股东做出的庄严承诺。

2. 中远愿景

——打造以客户为中心,世界一流的集成全球航运、供应链、海洋工程与油气储运服务的综合物流企业。中远愿景是中远的发展方向和战略定位,也是一代又一代中远人为之努力的坚定信仰和崇高理想。

3. 中远价值观

——客户为尊、人才为本、安全为基、责任为上、创新为魂。中远价值观是中远企业和全体员工对企业、对事业的共同的价值取向和终极判断。

4. 中远精神

——同舟共济。中远精神是中远的发展之道和力量之源,是全体员工由内而外共同展现出的精神状态、思想境界和理想追求。

5. 中远传统

——艰苦奋斗、爱国奉献。"艰苦奋斗、爱国奉献"是中远人奋勇向前的主旋律,是中远振兴和发展中国远洋运输事业的"传家宝"。这一优良传统不能丢。

6. 中远经营理念

——业绩至优、诚信致远、服务制胜。经营理念是企业在长期生产经营实践中形成的经营哲学和方针,是促进企业高效经营、强势发展的内生动力。

7. 中远管理理念

——精益求精、合规高效、持续变革。管理理念是将管理的原则理念化,保证制度遵守企业的价值取向,不偏离企业的发展目标。

三、中远集团企业文化建设的整体推进

(一)扎实推进系统文件落地生根

1. 抓宣贯,实现企业文化建设理念内化于心

组织各二级公司对全系统执行《中远集团企业文化核心价值理念纲要(2015年修订版)》情况以及集团CI手册的落实情况进行检查,尤其是对重组改制企业和新成员单位,在集团形象标识系统框架内,建立统一规范的企业形象标识,塑造良好外在形象,激发干部员工的主人翁意识和奉献精神,不断促进核心理念内化于心。

2. 塑品牌,实现企业文化建设外化于形

集团在全系统稳步推进品牌标识标准化建设工作,坚持不懈地推进统一品牌推介、传播和管理工作,全系统视COSCO为企业的生命,以高度的责任感维护品牌的尊严。一是在集团的大力倡导下,各二级公司先后建立企业文化展厅,将企业发展各个历史时期、企业核心理念、企业发展战略及目标、英雄模范人物等,均展示在企业文化展厅,为集中宣传推广中远企业文化奠定了坚实的物质基础。二是加强对外宣传工作,借助国际海运年会、博鳌亚洲论坛、公司庆典等活动,提升企业品牌传播和推广效果。三是强化企业社会责任,通过开展节能减排、绿色环保、援藏扶贫和慈善公益事业等,展示高度负责的企业品牌形象,提升企业社会知名度。四是建立良好的投资者关系,开展品牌宣传主题活动,开展危机公关,及时消除负面影响,主导媒体话语权,打造卓越企业品牌。

3. 强机制,实现企业文化建设固化于制

这一时期,是中远集团文化建设密集期,集团党组从三个方面强化制度落实。一是建立健全企业文化建设管理制度。组织企业文化培训、激励、考核评价工作机制。制订完善企业文化建设规划、年度工作计划和目标,注重过程控制,加强督促检查,狠抓工作落实,确保稳步推进。二是加强对企业文化建设进行规范管理,形成了一套"调研诊断、规划决策、组织实施、检查监督、考核评价、绩效考评"科学管理机制和工作标准。三是根据《中央企业企业文化建设评价体系及操作要求》,自上而下推进中远集团企业文化建设考

核评价体系建设，加大对企业文化建设的考核力度，形成企业文化建设工作评价、状况评价和效果评价为一体、定性考评和定量考评相统一，自我考核、客户调查、员工测评和上级评估相结合的综合考核评价体系，使其成为推进企业文化建设的重要手段。

（二）推进示范基地和优秀品牌建设

2012年9月14日，中远集团党组颁布了《关于创建中远集团企业文化建设示范基地和优秀文化品牌的指导意见》，明确了企业文化建设示范基地和优秀文化品牌的指导思想、总体目标、创建原则、创建项目以及创建标准和创建程序。各单位按照先进性、示范性、创新性、人本化和规范化创建标准，积极培养特点鲜明、事迹突出、影响力强的企业文化建设示范基地和优秀文化品牌，逐步建成了一批全国交通运输行业、中央企业层面的企业文化示范单位和优秀文化品牌。2013年6月，集团在全系统范围内启动了企业文化建设示范基地和优秀文化品牌推荐评选工作，其中有6家单位荣获"中远集团企业文化建设示范基地"。它们是：中远集运上海远洋运输有限公司、中散集团青岛远洋连远流体装卸设备有限公司、中远船务启东中远海工基地、中远造船南通中远川崎安全体感教育中心、中远香港集团中远关西涂料化工有限公司、中远美洲公司；有5个品牌荣获"中远集团优秀文化品牌"。它们是：中散集团中远散运"新盛海"轮"把小事做成精品"、中远航运"亲情祝安全"、大连远洋"安全是大远的生命线"、中远物流下属宁波中远物流班轮部"五心"服务、中远太平洋所属中远希腊码头"和谐共赢"。

（三）坚持境外企业文化建设

这一时期，中远集团在境外的资产占集团总资产近50%，拥有全球外籍员工近5000人，中远外派干部500多人。中远集团党组在企业实施"走出去"战略的过程中，以建设远洋特色的跨文化管理为载体，充分发挥境外企业中党组织的凝聚向心作用。集团党组在工作实践中，要求境外企业在发展中始终做到四个统一：

1. 经营管理策略和奋斗目标相统一

在集团战略布局中，各区域公司的市场定位准确，有明确的发展目标和清晰的管理思路。如中远香港航运把成为世界干散货运输企业的领导者作为全体员工的奋斗目标，并采用多种形式，调动起各方面的积极性，2001年荣获香港管理专业协会优质管理大奖，成为该奖项设立以来第一家获此殊荣的内地中资公司。

2. 中远文化与本土文化相统一

坚持一切从实际出发，加强多元文化管理。提倡"求大同存小异""大事讲原则，小事讲风格"。要求境外企业的领导人坚持以人为本，关爱员工，坚持文化尊重、互谅互让，在取长补短、容长纳短中实现"协同一致"的经营目标。

3. 西方管理模式与东方人情味相统一

境外企业在组织领导外籍员工中不以投资方代表自居，而是虚心听取意见，主动团结他们；对工作出色的外籍员工及时给予表扬和物质奖励，有工作能力者及时得到提拔重用；在各种文化体育娱乐活动，通过好的文化仪式来增进中外员工的交流和沟通，缔造企业的团队精神和凝聚力。

4. 激励与约束机制相统一

在分配制度上实行工资属地化、实行员工持股和期权制；在用人制度上实行本土化，对有能力的外籍员工委以重任；在文化激励上，提倡"进了中远门，便是中远人"的团队意识。中远欧洲公司制定的"充分发挥中外员工两个积极性的十项原则"，使占员工总数88%、来自16个民族的117名外籍员工的价值观和行为规范与中远跨文化管理理念相融合；境外企业还每年评选"洋劳模"，组织她们到国内总部参观、旅游、考察，进一步促进了中外员工对本企业的认同感。在约束机制方面，中远党建工作中的大监督格局，保证了中远庞大的境外国有资产不流失，并做到保值增值。

四、构建独具特色的中远子文化

（一）中远香港爱国爱港爱中远的"红线文化"

2005—2015年，中远香港集团作为中远集团所属境外最大的区域管理公司，按照《中远集团企业文化核心价值理念纲要》要求，打造出以"爱国爱港爱中远"为核心理念的"红线文化"，成为中远香港屡创佳绩、持续发展的重要动力。

1. 坚持一条红线："爱国、爱港、爱中远"

中远香港集团经过多年实践和反复提炼，"爱国、爱港、爱中远"作为企业的核心价值理念。一是"红线文化"是对中远精神的传承。中远香港集团成立以来，受到中远以爱国主义为核心的企业文化熏陶，深深刻印上爱国主义的烙印。二是"红线文化"符合香港特区的实际。中远香港的前身，香港远洋轮船公司和益丰船务公司在特殊的历史时期，爱国主义始终贯穿企业的发展历史，也是中远香港集团几代员工共同的精神支柱。三是"红线文化"得到员工的广泛认同。中远香港集团员工队伍中，有中远内派员工，有少量外籍员工，更多的是香港当地员工，这些人员以成为中远员工为荣，对中远都有着比较普遍的归属感。"红线文化"根植于中远企业文化的沃土，自然枝繁叶茂，绿树成荫。

2. 强化三种意识：市场意识、大局意识、团队意识

中远香港集团在实践中注意培养员工三种意识：一是强化市场意识。中远香港集团多年来在市场中摸爬滚打，在竞争中成长壮大，树立了强烈的市场意识，逐步积累了市场运作的经验。二是强化大局意识。中远香港集团坚持局部利益服从、服务于中远集团的整体利益最大化，充分发挥中远"一盘棋"中在港棋子的作用。在历次的改革、调整中都坚持局部服从全局的原则，坚决服从和服务于集团总公司的战略决策，成为集团总公司重要的资本运作平台、产业调整平台。三是强化团队意识。中远香港集团坚持在企业中营造"班子同心、员工同力、责任同担、利益同享"的团结互信、和谐奋进的文化氛围，促进经营管理业绩的稳步提升。

3. 五种文化载体：春茗、运动会、社会公益、慰问互助、优秀当地员工内地参观学习活动

五种文化载体是中远香港集团企业文化"入乡随俗"的重要表现形式。春茗是香港的社会文化习俗，类似于内地的新春团拜会；运动会是中远香港集团企业文化最具群众基础

的活动,竞技与娱乐相融合,领导与员工齐参与,振奋了精神、增进了交流;社会公益活动是干部职工参与慈善捐赠活动的主要载体,汶川地震中远香港集团员工捐款280万港元、54万元人民币;慰问互助活动成为中远香港集团人文关怀的重要内容,公司成立"职工扶困专项资金",帮助病困职工排难解困;开展优秀员工内地参观学习活动,增加了香港当地优秀员工对内地经济发展的了解,亲身感受中远集团的雄厚实力,激发了员工的积极性和创造力。

(二)广州远洋助推人才战略的"红树林"工程

这一时期,科技的飞速发展,船员队伍的多元化、年轻化趋势日益加快,特别是在新老船员交替的过程中,船员队伍素质参差不齐甚至有所下降的现象日益严重。针对这种情况,广州远洋制定并下发了《广州远洋运输公司加强船员教育培训"红树林"工程总体方案》,将中远船舶的优良传统传承给新一代船员,使新船员能够顺利接上老船员的班。

1. 突出思想主线,强化价值主体

企业在实施"人才强企"战略中,遵循精益管理思想,围绕广远航运主业的发展目标,以船员人力资源规划为龙头,以提高船员综合素质为核心,以强化船舶岗位培训为重点,紧紧抓住船员规划招聘、思想教育、集中培训、在岗技能培训和激励机制等关键环节,建立健全船员人力资源开发的长效机制,打造适应未来发展需要的高素质船员队伍。

2. 强化机制落实,实现"三个转变"

公司采取面向市场、立足主业、积极改革、锐意创新的工作思路,积极推行优升劣汰的选人用人机制和奖惩分明的激励约束机制,从机制上促进"红树林"工程的落实。主要实现了三个转变,船员培训重点从满足履约培训、持证培训的要求向全面提高综合技能培训转变;船员队伍从"数量优势"向"质量优势"转变;船员从"要我学"到"我要学"的转变。

3. 突出学习载体,创新培训形式

广州远洋在推进"红树林"工程中,针对当前员工特点,提出了自学、督学、帮学、比学、送学五种模式,并以此为载体,推行多样化的学习培训形式,进一步开阔了人才培训的空间,创造了一种在任何条件下都能进行专业学习,开展素质培训的良好格局。此外,他们还以"机制建设"为保障,进一步丰富"红树林"工程的内涵;以"注重实效"为目的,不断取得员工教育培训的新成果。

4. 坚持以人为本,实现全员覆盖

广州远洋通过多层次、多样性、多形式的培训,不断提高员工综合素质,以适应企业安全生产的需要。为此,从2006年开始,广州远洋提出并全面实施了加强船员教育培训的"红树林"工程。2008年,广州远洋又将这项活动由海上向陆地延伸,实现了全员覆盖,成为广州远洋文化建设的品牌工程。

(三)大连远洋确保安全的TMSA文化

2004年初,国际石油公司论坛组织(OCIMF)开始向油轮船东、经营人、管理公司推行"油轮管理和自评估"指南(简称TMSA),提高了油运市场准入的"门槛"。大连远洋由于初入国际油运市场,对一些行业准则了解不够深入,准备不够充分,致使一艘

VLCC 在美国港口接受石油公司检查时，因 20 多条不符合项被拒绝载货。这突如其来的打击，让大连远洋人认识到了国际油运市场竞争的残酷。

1. 知耻而后勇——主动与国际安全管理标准接轨

2005 年 3 月，大连远洋领导班子召开专题会议，下决心"自我否定，自我救赎"，彻底打碎公司运行多年的安全管理体系，利用一年时间重建体系，全面与国际大石油公司安全管理标准接轨。职代会上，船员们争论异常激烈，焦点在于多数船员担心"邯郸学步"一旦失败，不仅国际市场铩羽而归，国内市场也多半不保。大连远洋领导力排众议，大胆引进 TMSA，学习借鉴杜邦先进安全管理理念，充分吸收和广泛应用了 ISO14001 和 OHSAS18001 国际标准，使公司安全管理体系全面满足 ISM、ISPS、TMSA、MLC2006、ISO9001、ISO14001、OHSMS18001、ISO50001 等十几个国际强制性规则、推荐性标准和行业指南，通过一年多重建，正式建立了全新的、独具大连远洋特色的《健康、安全和环保管理体系》（简称 HSE），在油轮管理规范化、国际化方面迈出了坚实的一步。随后，主动引进新《安全生产法》《环境保护法》、国际公约新要求以及 2014 年东京备忘录新的检查机制，纳入 TMSA，一整套安全管理体系获得了全球航运界的普遍认可和国际各大石油公司的广泛认同，在视安全为生命的国际油运界树立了良好的品牌，也确立了大连远洋的国际市场地位。

2. 探索与实践——走出大连远洋特色的安全管理之道

十几年的油轮安全管理，大连远洋走过了"借鉴—探索—实践"的艰苦历程，并最终拥有了属于自己的油轮安全管理模式，那些好的做法和成功经验，被大连远洋人称之为安全管理的"最佳实践"。其中最具大连远洋特色和代表性的是"双轨制"和船舶"三长"述职制度。"双轨制"即船岸岗位轮换的制度，让干部船员特别是船舶"三长"到岸基机关进行定向交流，由一线操作者、执行者，变为机关的管理者、命令者，实现角色互换。这一做法不仅打通了船岸人员交流的渠道，更为一线优秀船员提供了展示才华的平台，实现了岸基与船舶在船员队伍建设、经营管理和安全生产上的"无缝衔接"。船舶"三长"述职制度即定期组织休假船长、政委、轮机长到机关述职，使机关管理层了解船舶日常管理情况，加强船岸的相互沟通，探讨改进船舶日常安全管理的最佳方案。

同时在风险防范和安全预警、风险评估、迎检工作制度、船舶等级管理、TOP5 和电机员分等级管理、船员资源研讨论坛、监督员小组管船制、船员职业生涯规划、油轮船员培训、船舶师傅带徒等一系列"最佳实践"。这些在实践中优选出来的好做法、好经验为确保大连远洋长效安全提供了层层保障。

3. 体系和理念——着力打造"双轮联动"的安全文化

在不断探索推进 TMSA 和持续运行实践 HSE 的实际进程中，大连远洋把"零伤害、零事故、零污染"确立为企业追求安全和环保卓越的目标，并通过"持续改进体系——明确近远期目标——预先风险评估——连续隐患排查——坚持'四不放过'——有计划重点培训"的闭环安全管理导则，持续不断地改进安全绩效。

有了这些安全规则的指引，大连远洋全体职工也逐步树立了正确的安全态度，自觉遵守安全管理体系，共享安全愿景、安全使命、安全目标和安全价值观。这些都集中体现在日常安全管理的各个方面、各个环节乃至各个细节上,以及对安全的敬畏态度,逐步形成并固化为全体职工自觉、自动、自发的行为规范。在这种管理体系和安全文化"双轮驱动"的共同作用下,大连远洋的安全绩效和安全管理水平逐步提高,在视安全为生命的国际油运界逐渐树立了良好的品牌,确立了稳固的市场地位。2007—2015年,大连远洋船岸未发生上报等级的海损、机损、污染等事故,防抗台风成功率始终保持100%,ISPS检查通过率100%,外审通过率100%,接受石油公司检查共计717艘次,通过率高达98%;PSC检查459艘次,无缺陷批注率达77%。

(四)中远散运——文化建设"八步法"

长期以来,中远散运高度重视文化建设,始终坚持"以文化凝聚精神、以文化变革管理、以文化创造价值"的总体思路,借助文化之力来推动经营管理。尤其是在船舶文化建设上,结合安全运营实际和管理理论经验,形成了《文化建设八步法》。八步法旨在解决文化建设过程中,船舶难以找到抓手和着力点,从而陷入误区的难题,是中远散运文化建设具体实践的方法和路径,得到了船员们的认同和践行,被誉为深蕴企业文化的"管理八步法"。

1. 打造文化宣贯矩阵,发挥渗透功能

实践中,中远散运启动形式多样、内容丰富的文化普及引导。2012年,公司开展了为期一年的面向普通船员的文化普及培训,让船员上船之前就能够有意识地感知文化、体会文化。通过培训、督导、内网、杂志、新媒体,中远散运的文化普及形成了形式多样、功能互补的宣贯矩阵,公司船岸为文化所涵养的预期目标得以实现。

中远散运在进行文化解读时注重运用"故事"这一载体,来搭建起船岸整体的文化认知体系。2014年编印了《让安全成为习惯——中远散运安全故事百篇》一书,精选出百篇安全故事,以船员自己讲述自己身边故事来赋予安全理念以丰富的内涵和鲜活的生命力。

2. 培育先进文化典型,扩大标杆效应

中远散运在企业文化构建中,高度重视先进典型的时代特点和标杆效应。"新盛海"轮自2001年光租运营以来,中远散运紧紧把握"新盛海"轮"志创世界一流船舶"的高远目标、"把小事做成精品"的先进理念、"把文章做在人上"的核心要素,着力突出"新盛海"轮的时代特点和管理属性,把"新盛海"轮打造成为新时期中远散运乃至中远集团船舶管理的一面旗帜。其中,中远散运形成了"常规事迹宣传+经验模板构建+普适管理范式"的典型培育模式,有效解决了"学什么""怎么学"的问题,引领了船岸整体管理水平的提高。一大批优秀船舶在学习"新盛海"、对标"新盛海"的过程中,脱颖而出,船舶建设不断提升。

3. 扎实推进"八步法",清晰文化建设路径

文化建设并不虚,同样需要方法的教练,同样有路径模板可循。2015年5月,中远散运编撰下发了《文化建设八步法》。这八步分别是:第一步:现状的评估与诊断。第二步:设立目标与理念。第三步:领导的示范和教练。第四步:制度的规范与支撑。第五步:对员工的帮扶和支持。第六步:营造氛围与塑造环境。第七步:固化和传播文化品牌。第八步:传承和创新。全书包含了33个船舶文化案例,以案例诠释管理理论,以故事注解文化理念,突出了文化建设的管理属性和实践属性。

"八步法"在船舶得到普遍认可与践行，文化建设也呈现出了百花齐放的景象。"远智海"轮在船名"远智海"上做文章，赋予其新的文化内涵，把核心理念浓缩为"远大智慧、海纳百川"；"新发海"轮坚持"把事做透、把爱给够"，队伍建设上搭建全方位的帮扶指导和人才培养体系；"北海"轮提出"开门政策"，即敞开两扇门：打开房门、同时也向船员打开心门。通过人本管理促进船员"快乐工作、体面生活"。船型一样的姊妹船"远安海"轮、"新柳林海"轮提出了"文化共享、船舶共建"的文化建设模式。通过开展共建共享，好的经验做法在两条船都得到了复制和共享，同时促进了两船建设。

（五）比雷埃夫斯港——跨文化管理

中远集团在长达几十年的"走出去"实践中，坚持不懈探索跨文化管理这一时代课题，积累了许多宝贵的经验。如澳洲公司的"家文化"，企业的"尽责意识"、和谐气氛越来越浓厚；欧洲公司通过推行"洋劳模文化"（图5-4），逐步形成争先创优的良好氛围；新加坡公司的"团队文化"，造就了一支特别有竞争力的员工队伍；美洲公司的"协作文化"、中远物流跨国项目的"超限战文化"等等，均各树一帜，独具特色。这些

图5-4 来自中远欧洲公司的洋劳模。

文化成果都反映出中远文化具有超强的文化主导力、创新力和融合力。中远集团成功收购希腊比雷埃夫斯港，作为中国国有企业实施"走出去"战略的典型案例，得到了业界的高度评价。有专家认为，近年来跨国并购的成功案例并不鲜见，但如中远收购比雷埃夫斯港那样，首先从文化策略上赢得先机的案例实属少见。

1. 文化尊重——中西合璧的"黏合剂"

中国和希腊都有自己的悠久历史，都是世界文明的发祥地，都有着本民族的优秀文化传承。比雷埃夫斯集装箱码头公司总经理傅承求认为，要把码头管理好，首先面对的就是无处不在、无时不有的文化差异，以及由这种差异引起的矛盾和冲突。在公司经营、管理及处理大量事务性工作上，充分尊重对方的文化传统，并以双方的文化优势来互相感染和引导，而不是用某种优势文化来排斥某种弱势文化，是企业成功的重要因素。公司把中远员工的勤劳、诚恳、守时、守信的职业道德与希腊员工的思维敏捷、做事认真、思想开放等文化秉性结合起来，使其互相影响和引导，取得了良好的管理效果。公司在人力资源管理上，聘用希腊当地优秀人才，按希腊当地标准管理；在市场营销上，利用希腊当地资源建立营销网络，进行本土化运作；在资本运行上，以当地的税收及银行政策为标准，实现资本运作的本土化。充分发挥希腊当地员工熟悉风俗习惯、市场动态、政策法规以及没有语言障碍，容易沟通等文化优势，为中远拓展市场提供了极大的支持。更重要的是，这种文化尊重让当地员工实现了自身的价值，提高了主人翁意识，激发了工作积极性。这种文化尊重如同"高效黏合剂"，把中远员工与希腊码头工人紧密地融合在一起，使他们在工作

中心无旁骛，精力集中，相互支持，相互尊重，有效地提升了比港的创效能力，中远接手一年便实现了扭亏为盈，随后效益逐年提高。

2. 人文关怀——凝心聚力的"压舱石"

中远人的"走进中远门，就是中远人"的理念，在比港员工中表现得非常充分。他们把中华儒家思想中的"仁爱"观念充分体现在日常管理中，从细微处入手，以春风化雨般的人文关怀，润物细无声的情感传递，逐步拉近了中、希员工之间的情感距离，从而使"共同家园"这个概念日益突显。如员工生病住院，公司领导亲自慰问看望；员工平时就餐不方便，公司免费提供午餐；薪酬支付及员工福利方面，公司不仅严格执行希腊法律法规，并取其上限，以确保员工利益的最大化；在财务制度上采取灵活变通的做法，员工遇有困难允许提前预支工资，等等。中远文化的巨大亲和力，深深地影响和感染着每一位比港码头工人，他们以多种形式关爱中远员工，回报自己的企业。中远集团全面接管比港二号码头后，曾经历过多次希腊全国范围的大罢工。其间，希腊籍员工不但没有参与罢工，反而积极组织起来，努力维护码头利益，确保装卸货作业正常进行。为了保护中远员工的安全，罢工闸口封堵期间，他们主动提出让中方人员在家回避，封堵解除后，才通知中方人员回公司上班，中、希员工的思想情感越来越亲近，企业的经营和管理越来越顺畅。

3. 文化融通——基业长青的"助推器"

中远文化是一种充满创新活力和进取精神的文化。这种文化在国内表现为"典型引路、创先争优"精神，在境外表现为"对标先进，超越自我"精神。公司在激发员工的进取心方面，首先从强化学习入手。希腊员工常常有着自大高傲，以自我为中心的心理特征，具有较强的民族优越感，往往轻视别人的创造和智慧。公司从引导他们逐步建立谦虚好学，不耻下问的心态，灌输中国文化中"三人行，必有我师"的观念，并且想方设法开阔他们的视野，多看看先进同行的做法。为此，公司先后安排了三批希腊当地的员工，到中国先进码头进行考察学习。在学习中国先进管理经验的同时，也增进了他们对中国文化的了解。与此同时，公司积极引导中、希员工向世界知名集装箱码头看齐，把中国的典型引路，创先争优的活动模式引入企业，通过举办码头操作工人技能大比武等活动，使员工们的操作技能得到较大提高。公司还举办各类员工评优活动，被评选出来的优秀员工，公司出资安排他们到中国进行文化旅游观光。这些活动，提振了员工们的进取精神，让他们开始习惯于努力拼搏、积极向上这种"中远化"的思维模式和行为方式。

文明因交流而多彩，文化因互鉴而丰富。中远集团比雷埃夫港已成为国有企业"走出去"战略的成功典范，同样，他们还将成为国有企业"走出去"战略的文化典范。

五、发展中的中远媒体

（一）中远集团的明亮窗口——《中国远洋报》

这一时期，是中远集团不断发展壮大，不断求变求新的时期。《中国远洋报》紧紧围绕集团发展战略和企业两个文明建设加大宣传报道力度，为扩大企业国际知名度和影响力，做出积极的探索和尝试。

2008年10月8日，为纪念《中国远洋报》公开发行10周年，《经济日报》出版社正式出版《与祖国同行——〈中国远洋报〉公开发行10周年优秀作品选编》一书，同时出版有《中国远洋报》全文数据库光盘，进一步宣传了中远。2011年恰逢中远成立五十周年，是中远发展史上的一件大事，也是中国航运史上的一件大事。为集中宣传中远成立50年，特别是改革开放30年中远取得的辉煌成就，表达中远干部职工为庆祝中远成立五十周年的喜悦心情和由衷祝福，《中国远洋报》策划出版了《中远成立五十周年50版大型专刊》，内容涵盖了中远50年发展的全过程，集中展现了中远成立50年取得的历史性、突破性辉煌成就，信息量大、史料珍贵、图文并茂，刊发文字300余万字、照片200余张，共刊发50个版面，是《中国远洋报》创刊17年第一次开展集中报道。专刊出版后，受到领导和各界读者的广泛好评。

一份报纸、8个版面、每期5.6万字，公开发行1089期，数字之间展现出的是一幅立体的、生机勃勃、昂首挺胸、意气风发的画面，激扬奏响的是一批批远洋报人用双手和智慧谱写的华彩乐章。《中国远洋报》这张只有不到10名编辑、记者的国字号报纸，因其特殊地位而覆盖世界五大洲四大洋160多个国家和地区的1300多个港口，为中国远洋运输行业的蓬勃发展作出了特殊贡献。在中远的每个重要时刻，《中国远洋报》都相伴左右，不曾缺席，让更多的人从心底认同企业的价值理念，从而讲好中远的故事，更好表达和传播中远人家国情怀、使命文化及奋进精神，从人本角度凸显人性张力和国有企业价值。

（二）承办国际海运年会的旗手——《中国远洋航务》

踏准时代节拍，纵览航运风云，通达全球咨询，彰显中远风范……当杂志将自己的高远目标重新定位时，《中国远洋航务公告》这一刊名已远不能准确地反映期刊所肩负的使命。2006年初，新闻出版总署下发（2006）290号文，批准《中国远洋航务公告》更名为《中国远洋航务》。

为加强国际交流与合作，促进中国海运业的发展，经外交部和交通部批准，从2004年开始，中远集团发起组织举办了"国际海运（中国）年会"。年会采取"三国四方"的联合主办方式，由中远集团（COSCO）、中国远洋航务（CHINAMARITIME）、英国德鲁里航运咨询公司（DREWRY）和美国《商务日报》（JOC）联合主办。先后在北京、上海、深圳、天津、大连、青岛、广州、海南博鳌、厦门、宁波、重庆和广州联合举办了十二届年会。年会研讨中国及全球的经贸形势与海运业的发展，成为国际航运界规模最大、层次最高、最受瞩目的国际会议，年会不仅加深了国外对中国航运业的了解，而且提高了中国航运业在国际上的影响力和话语权。被业内外誉为"航运达沃斯"。

在过去的13年中，有超过700位国内外政府官员、知名学者、行业领袖、港航巨擘参会并演讲。杂志在其中也广交各界朋友、服务各方客商。通过全面参与海运年会的策划、宣传、营销、财务、会务、嘉宾邀请等众多环节，杂志与世界最大航运组织——波罗的海国际航运公会（BIMCO）、国际船东协会联合会（ICS）、国际干散货船东协会（INTERCARGO）、国际独立油轮船东协会（INTERTANKO）等享有盛誉的国际行业组织，著名咨询机构以及国际航运媒介《劳氏日报》《商务日报》《海贸周刊》等建立了良好的合作的关系，提升了杂志品牌的知名度和美誉度。

2012年11月，根据中央《关于深化时政类报刊出版单位体制改革的意见》精神，《中国远洋航务》杂志社与《中国远洋报》合并，变更为《中国远洋报》社。新成立的《中国远洋报》社负责出版发行《中国远洋报》《中国远洋航务》杂志。宋大伟、孙家康先后担任杂志编委会主任。

（三）新时期综合性媒体平台——"网上中远"

这一时期，随着世界进入互联网时代，中远作为走向国际化的大型航运集团，信息化建设同样走在其他企业前列。中远集团党政各级领导，对此高度重视，持续进行资金投入，开办中远内网和外网，设立专门部门专业人员负责，制定网站安全管理、制度建设、绩效考核等方面的措施、规定和办法。所属各公司同样加大投入，加强互联网方面的培训，使"网上中远"在市场营销、客户服务、资源整合以及党建阵地、纪检监察、工会工作、青年园地、文化建设、心理咨询、你问我答、网上投票、服务台等，内容丰富，形式多样，独具特色，推进了企业的形象塑造，扩大了企业在国际国内的影响力。同时，下属各公司大力开发网站功能，开辟了问卷调查、网上培训、送学上船、家属在线等职工群众喜闻乐见的栏目和平台。2011年，中央文明办、国务院国资委主办的"央企精神文明家园展播"于3月初开始在中国文明网和国资委网站开播，"中远精神家园"以其精美的画面、精彩的视频、精巧的构思赢得上级的肯定和中远内外部观众好评。"家园"内开辟的好望角、海魂厅、金海湾、银海滩、听涛阁等7个板块，主题鲜明、特色突出、生动感人，成为中远集团开展以爱国主义为核心的企业文化教育的重要平台。2012年初，《中国远洋报》电子报成功上线，《中国远洋报》社、《中国远洋航务》杂志社、集团党工部声像室合并成立中远集团新闻媒体中心，实现了纸质报纸的原生数字化。2014年2月19日，《中国远洋报》微信平台"远洋报e报"正式上线，丰富了集团信息平台电子化的内容，受到了读者的一致好评。

第五节　纪检监察工作

这一时期，中远集团党组及党组纪检组按照全面从严治党、依法依规治企的要求，紧密围绕企业中心任务，积极协助集团党组推进落实"一岗双责""两个责任"，努力营造风清气正的企业发展环境，有力推动了企业依法经营、规范管理和廉洁风险防控；中远系统落实上级党风廉政建设责任制的有关要求部署，党风建设和反腐败工作的责任体系逐步健全，反腐败工作领导体制和工作机制得到进一步落实；党风廉政建设责任制的制度体系更加完善，责任分解、责任考核、责任检查的工作制度和工作规程基本形成，责任追究力度不断加大，各级党委及党政主要领导的廉洁从业意识和责任意识不断增强，抓反腐倡廉工作的自觉性显著提高；集团党组构建"垂直监督体制"试点工作深入推进，对企业在新的形势下加强惩防腐败体系建设进行了深入的研究和探索；全力配合中央巡视组工作，深入抓好巡视整改，不断深化"三转"工作，坚持把纪律和规矩挺在前面，综合运用监督执纪的"四种形态"，加大监督执纪力度，各级党政主要领导落实经营管理与党风建设各项任务得到进一步落实。

一、着力推进惩防体系建设

(一) 加强组织领导，全面规划部署

2005年1月3日，中共中央颁布了《建立健全教育、制度、监督并重的惩治和预防腐败体系实施纲要》。中远集团党组高度重视中央《实施纲要》和国资委《具体意见》的学习贯彻和组织落实工作，2006年1月24日，集团党组印发了《中远集团关于贯彻落实〈建立健全教育、制度、监督并重的惩治和预防腐败体系实施纲要〉的实施意见》。《实施意见》共分7个部分，27项主要任务，88项任务内容，106项任务要求，对集团的主要行业、各类企业构建惩防体系作出了规划，并分解落实各项任务，明确了完成时间、责任人、责任单位和协办单位；中远集团紧紧围绕"两个转变"的发展战略，把提升企业管理、防范经营风险作为惩防体系建设的出发点，站在全局的高度谋划和落实惩防体系建设工作，做到既发挥服务保障作用，又推动反腐倡廉各项工作的落实，强化惩防体系建设。

(二) 深入宣传教育，打牢思想基础

集团总公司及各单位将学习贯彻党章、社会主义荣辱观教育、反腐倡廉教育与构建惩防体系结合起来，组织领导班子成员、全体党员干部学习党中央《实施纲要》及集团《实施意见》，深刻领会精神实质，积极参与构建工作。各单位以劳模先进事迹和违法违纪案件为正反两方面教材，开展宣传和教育，组织干部、重要岗位人员签订廉洁从业承诺书，增强廉洁自律意识，探索廉洁文化建设。中远集运、中远散运的廉洁文化建设做法被中纪委党风室内部刊物登载。这一时期，全系统共计印发反腐倡廉教育材料102115份，举行专题报告会156场次、13050人次参加，组织中层以上人员学习《实施纲要》和反腐倡廉文件731场次、20082人次参加，开展廉洁从业教育谈话6339人次。

(三) 健全制度体系，规范权力运行

各单位以"精益管理年"为载体构建惩防体系，把精益管理与惩防体系要求的健全制度、规范用权、依规操作、强化监督有机结合，收到了较好的效果。一是从梳理辨识各项制度的严密性、程序性、科学性、系统性和预防违纪有效性入手，针对经营管理中存在的问题，研究确定需要废止、完善、新建的制度。二是修订或新建制度，将反腐倡廉的要求融入经营管理制度之中，把依法依规经营的要求融入业务操作的各个流程。三是加强对制度落实情况的监督检查，维护制度的严肃性，提高制度的执行力。全系统共计梳理各项制度3498项，修订制度1051项，新建制度761项。通过加强惩防体系制度建设，进一步规范权力运行和经营活动，促进了企业管理。

(四) 强化体系建设，坚持久久为功

在集团上上下下持续推进惩防体系建设过程中，中央再一次下发文件，持续推进惩防体系建设。2008年初，中共中央下发了《建立健全惩治和预防腐败体系2008—2012年工作规划》，国务院国资委随即印发落实规划的实施意见，这是这一时期推进惩治和预防腐败体系建设的指导性文件。中远集团在吃透上级精神的基础上，结合企业实际制定了《中远集团建立健全惩治和预防腐败体系2008—2012年实施方案》，将惩防腐败体系建设各项目

标任务融入企业经营管理中心，加强精益管理，规范经营运作，强化内部控制，严肃查处腐败，防范经营风险，促进了规范经营管理和源头预防腐败，惩防腐败体系建设取得初步效果。这一时期，全系统共修订制度1182项、新建制度1238项，总计2420项，有力地推进了全系统反腐倡廉工作不断向纵深发展。

二、"垂直监督体制"的探索与实践

这一时期，中央纪委在如何加强机制和体制改革，推进惩防腐败体系建设工作上作出了不少创新和探索。如中央纪委监察部对派驻纪检、监察机构全面实行统一管理，是加强党内监督的一项重大举措，是改革和完善纪检监察体制上所作出的重大决策。纪检监察机关对派驻机构实行统一管理，其核心就是正如中央纪委对派驻机构所实施的垂直统一管理，中远集团推行的"垂直监督"模式，正是创新监督制度、缩短监督链条、强化监督力量、提升监督效果的有力举措，是国有企业推进惩治和预防腐败体系建设的创新实践，是国有企业有效监督和约束权力运行、规范运作管理的探索，较为有效地改变了"同级监督难，上级监督远，监督力量分散，监督效能逐级弱化"的现象。实行"垂直监督"模式对国有企业构建惩防腐败体系的重要作用主要体现在以下几个方面：①监督护廉，有效开展对权力的约束和制衡；②预防促廉，提高监督工作的前瞻性；③惩治保廉，强化对存在问题的整顿和治理；④"垂直监督体制"试点着眼于构建责任明确、分工合理、运行顺畅的监督机制，促进"垂直监督体制"实现高效运行。

这一时期，中远集团高度重视垂直监督体系建设，对试点工作专项部署、定期跟踪指导（图5-5）。2008年12月17日，中远集团正式批复了中远集运呈报的《关于中远集装箱运输有限公司"垂直监督体制"试点方案》，这是进一步推进惩防腐败体系建设，建立具有中远特色的"大监督格局"，顺应经营形势的变化和企业改革的深化，对现行监督体制进行创新和完善的重要举措。中远集运深刻认识到落实党风廉政建设主体责任和监督责任的极端重要性，严格按照中央要求和集团的统一部署，认真落实"两个责任"，构筑垂直监督体系。

图5-5 2009年2月5日，中远集团在上海召开2009年纪检监察审计工作会暨"垂直监督体制"试点工作推进会。

2009年2月5日，中远集团在上海召开2009年纪检监察审计工作会暨"垂直监督体制"试点工作推进会。中央纪委监察部一室副主任贾育林、国务院国资委纪委副书记邵春保出席会议并讲话。集团党组成员、副总裁李建红、许立荣、张良，党组成员、总会计师孙月英，总法律顾问刘国元及集团总公司中层人员，集团各直属单位领导班子成员和中层人员、部分三级单位纪委书记等，共1200余人出席会议。会议在中远集运公司设主会场，在境内外设25个视频分会场。

（一）以提高制度执行力为抓手

2009年4月，中远集团以中远集运为试点单位，正式启动了"垂直监督体制"试点工作。中远集运下属中国部及各地区分部撤销监督部，设立纪检监察室作为本单位纪委的工作机构，履行本单位纪检监察和有关内控职能。"垂直监督"模式是中远集团"大监督"格局在新形势下的进一步深化，是中远集团对全系统纪检监察审计体制的改革，也是加强中远集团惩防体系建设的创新举措和有益探索。"垂直监督"模式在监管层级、组织形式、工作方式上均实现了创新。一是新模式通过调整监督工作的层级管理，缩短监督链条，合理配置监督力量，改"分级监督"为"垂直监督"，有效强化了监督力量。二是为了确保监督力度和效率，中远集运在总部之外设立了北京、深圳两个分部，分别负责各自所辖区域的审计监督工作，华南公司成为这次试点的重点单位。三是新模式将中远集运系统的审计监督人员集中统一管理，专职从事审计监督工作，有效避免了监督主体对监督客体的依附性。

（二）改革监督机构领导层级

将派驻机构由以前的纪检监察机关和驻在部门双重领导、双重管理改为由纪检监察机关直接领导、统一管理；对单派驻机构实行统一管理，从领导体制和工作机制上保证单派驻机构能够更充分地发挥职能作用，增强权威性，对所驻在部门的领导班子及其成员能实行更为有效的监督，切实防止和减少领导干部权力失控、决策失误和行为失范，真正做到从源头上构筑起惩防腐败体系的防线。

（三）割断纪检部门对监督对象的依附性

"业务上垂直领导、干部上直接管理、后勤上统一保障"，保持监督审计队伍的相对独立性，才能有效避免监督主体对监督客体的依附性，切实把对被监督单位的监督工作落到实处。

垂直监督试点工作给监督方式和效能带来了新变化，在理顺关系上，中远集运形成了"总部指导分部、分部分片监管、三地交叉交流"的工作模式。在强化监管方面，主要体现在效率、效果、效能上，即在发现问题、分析问题和解决问题方面力求"快速、有效、管长远"。在构建垂直监督体系中，审计监督实现了审计机构独立、人员关系独立、工作经费独立，理清了与被审单位的关系；监察人员列席下属单位"三重一大"事项决策会议、统一查处信访举报案件，使纪检监察工作更加直接有效。

三、加强对境外企业党风廉政建设

党组纪检组根据各境外企业不同情况，结合我国驻当地使领馆的要求，做出反腐倡廉教育的计划安排。组织境外企业学习和遵守所在国家的法律法规，促进依法经营和廉洁从业，规避财务风险、经营风险、法律风险和廉洁风险。对首次派出的人员，上任前由集团纪检组进行廉洁从业谈话。各外派单位安排外派人员在回国探亲休假期间，要求到本单位述职同时一并述廉。

2005年，中远集团专门召开海外工作专题会议，确立了"以区域公司为平台，强化集团总公司监管与加强区域公司和境内投资主体监管相结合的境外企业监督体制"，明确了境外企业的监管机制，要求境外企业按照国际惯例和现代企业法人治理结构的要求，建立健全各项监督管理制度。2006年，为落实中央纪委五次、六次全会关于"建立健全境外国有资产内部监管的有效机制"的精神，集团党组再一次明确要求境外各区域公司的领导班子中要有一名成员主管区域监督工作，切实加强对境外企业经营业务、资产资金、企业员工的全面监管。一是加强境外企业领导人员的监管，实行了对派往境外人员廉洁从业谈话签订经营管理目标责任书等一系列举措；二是强化对境外企业的内部控制，集团党组专门为境外公司建立了一整套内部控制制度，把涉及的各个环节全部纳入规章制度的范畴；三是实行两级内部审计制度，加大了对境外公司审计监督力度；四是利用现代技术加强境外企业监控。中远集团建立全球资金结算中心系统和财务信息管理系统（SAP），有效防范了资金风险。

四、强化"两个责任"落实工作

中远集团党组和党组纪检组认真贯彻落实党的十八大和十八届三中、四中全会精神，按照十八届中央纪委五次全会部署，把党风廉政建设"两个责任"扛在肩上、抓在手上，不断增强主体意识、责任意识和担当意识，为企业深化改革、转型升级、创效攻坚营造良好的发展环境。

（一）"两个责任"的扎实推进

中远集团党组和党组纪检组认真贯彻党中央和中纪委，提出之后一个时期集团党风建设和反腐倡廉工作的总体目标和要求，落实"两个责任"、以"零容忍"态度惩治和预防腐败等工作进行了全面部署。集团党组书记、总经理、纪检组组长与境内外26家直属单位党政负责人、纪委书记分别签订了党风廉政建设《主体责任书》《"一岗双责"责任书》和《监督责任书》；各直属单位同下级单位逐级签订《主体责任书》224份，《"一岗双责"责任书》241份，《监督责任书》205份，确保责任落实情况能监督、能考核、能问责。同时，集团党组组织开展了自上而下的对口约谈工作，以租船、揽货、经纪人、箱管、质押监管、买卖船舶、物资采购等业务为重点，分批开展集体约谈。各级党组织对落实党风廉政建设"两个责任"的认识由浅入深，逐步到位，形成一级带一级、层层抓落实的良好态势和浓厚氛围。

（二）落实巡视问题整改工作

根据中央统一部署，中央第九巡视组于2015年2月26日—4月28日，对中远集团开展了专项巡视，并于6月12日反馈了巡视意见，要求中远集团要针对高租金船等"四资一项目"重大决策失误、利用职务便利进行利益输送、顶风违纪和选人用人不规范等四个方面的突出问题进行整改。集团党组和党组纪检组把巡视整改工作作为首要政治任务来抓，按照"严查彻整,举一反三,标本兼治,务求长效"的原则,认真研究制定巡视整改工作方案,逐一对照检查,列出问题清单,明确了8个方面巡视整改工作重点和29项整改任务。同时,指导集团总公司8个巡视整改责任部门和24家境内外单位细化巡视整改工作实施方案,认真组织、扎实推进领导人员亲属在系统内从业、整顿第三方代理业务、到龄退休、关联公司清理、公款打高尔夫球、"四资一项目"重大决策失误责任追究等6项专项整改,保证了巡视整改不走过场,取得实实在在的成效。

(三) 严肃查处违法违纪人员

截至2015年底,对中央第九巡视组指出的13个问题线索核查并处理完毕7个,其他6个问题线索跨年度做出了处理;受理巡视移交线索109件,初核106件,了结86件,组织处理22人;立案18件,党纪政纪处分22人,移送司法机关10人。对于反映集团党组管理干部的问题线索,党组纪检组抽调30余名骨干力量,组成8个调查组开展调查核实;依法依规依纪处理35人,其中移送司法处理8人、已判决6人、党纪处分21人、撤职7人、免职4人、降职1人;系统梳理出各业务板块廉洁风险点789个,完成整改640个,建立完善制度和业务流程483项。

(四) 加强"两个责任"制度建设

集团党组认真学习贯彻《党政领导干部选拔任用工作条例》《关于推进领导干部能上能下的若干规定(试行)》等中央文件精神的基础上,修订印发集团《企业领导人员管理规定》及9项配套制度,从领导人员选拔任用的基本条件、职数任期、考核评价、激励监督、培训交流、到龄退出、后备队伍建设、日常管理等方面加强制度规范。集团党组加大干部交流力度,针对企业改革发展的需要和干部交流较少的实际问题,通过有序调整交流,保持了领导人员队伍稳定,改善了结构,增强了活力,促进了企业党风廉政建设。

第六节 新时期工会工作

中远集团工会的前身——中国海员工会中国远洋运输总公司委员会(简称系统工会)成立于1984年5月。1993年2月,中远集团成立,系统工会也随之更名为中国海员工会中国远洋运输集团委员会(简称中远集团工会)。集团工会下设办公室、组织民管部、文教宣传部、生产劳保部。编制6人(不含工会主席)。这一时期,中远集团工会历任三位主席:马贵川主席,1998年8月至2006年11月;许立荣主席,2006年11月至2011年10月;傅向阳主席,2011年10月至2015年12月。

中远集团工会的组织关系和领导体制为中国海员建设工会全国委员会的下级工会组织,接受集团总公司党组和上级工会领导,对集团各二级工会实行系统领导。与此同时,集团所属各单位工会实行集团工会和当地工会双重领导,以中远集团工会领导为主的领导体制。截至2010年底,集团工会下辖二级工会组织16家,工会会员64754人,专职工会干部128人。

一、深化民主管理

（一）完善职代会制度

2007年7月，国资委下发了《关于建立和完善中央企业职工代表大会制度的指导意见》，对企业职工代表大会提出了新的具体要求，中远集团立即按照文件精神结合中远实际制定了《中远集团职工代表大会细则》，2008年1月，集团工会率先垂范，完全按照《细则》规范召开第四届一次职工代表大会，进一步完善了集团层面职代会制度，保障职工的知情权、参与权、建议权、监督权，促进了企业决策的科学化、民主化进程。在此基础上，集团工会强化各级工会严格执行《细则》，逐步形成了覆盖所有成员企业的多级职代会体系。

（二）民主评议领导干部

在深化改革、建立现代企业制度的新形势下，集团工会进一步完善职工代表大会民主评议企业领导干部制度，为企业的改革发展和稳定提供组织保证。如2010年，各单位职代会均按制度要求安排了职工代表对公司领导班子及领导班子成员的民主评议，其中8家单位领导班子"四项测评内容"的评好率均在90%以上；被评议的70名领导干部中有66名评好率在90%以上，但也有个别单位主要领导评好率较低，职代会民主评议领导干部的制度化为集团加强各级领导班子建设提供了不可多得的参考数据。

（三）拓展厂务公开渠道

这一时期，集团工会积极开拓厂务公开渠道，扩大厂务公开范围，加大厂务公开力度，提升厂务公开影响力。通过每年召开职代会、职代会联席会议的形式，对集团负责人年度履职待遇、业务支出等情况进行了厂务公开。同时指导各直属单位做好职代会的组织工作，民主管理的质量得到提升。中远集团工会还邀请和吸收各方面有特长的专家型人才成立职工董事咨询委员会，作为职工董事履职的"智库"，为决策提供建议。2010年11月，中远集团荣获"全国厂务公开民主管理先进单位"称号。

二、参加和承办多种竞赛活动

（一）融入中心开展劳动竞赛

这一时期，中远集团工会围绕集团部署的战略任务，融入中心、服务大局，切实履行工会职能，发挥工会独特优势，组织开展多种形式的劳动竞赛、建言献策等活动。针对集团提出的"年创百亿效益，打造百年中远"的战略目标，组织各级工会深入开展各类技术培训、岗位练兵、技能竞赛等活动，不断提升职工技术技能素质；针对金融危机对企业生产经营造成的巨大冲击，集团工会按照集团党组提出的"树信心、拼效益、保稳定、促发展"的号召，在全系统广泛开展了以"同舟共济拼效益，建功立业促发展"为主题的职工劳动竞赛和"严控成本、降本增效"建言献策活动，把广大职工的思想统一到拼搏效益上来；2012年4月，集团工会针对集团制定的"十二五"发展规划，制定下发了《关于广泛开展"当好主力军，建功十二五"劳动竞赛活动的实施意见》，集团工会按照《实施意见》

提出的目标原则，组织各级工会围绕技术创新、拼搏效益、苦练内功、节能减排、安全生产五大任务，组织全系统开展劳动竞赛活动，逐步形成了良好的劳动氛围，促进广大职工在建功"十二五"活动中发挥出主力军作用。

（二）参加各种比武竞赛活动

这一时期，交通运输部海事局、中国海员工会连续三次举办海员技能大比武，每次比武竞赛集团工会都认真组织，涌现出一大批技术能手。如2015年6月，第三届中国海员技能大比武，中波公司和青岛船院分别获得企业组和院校组团体总分第三名的好成绩。2014年6月，中国海员工会举办的"我的海洋强国梦——全国水运系统职工摄影作品征集和展示活动"，中远集团共有12部作品入围，中远香港航运/深圳远洋在六个单项比赛中荣获两项第一名，在所有水运系统参赛单位中遥遥领先；在全国妇联举办的第三届书香"三八"——"健康女性，幸福中国"读书活动，受到女职工的广泛欢迎。

（三）承办多种公益竞赛活动

这一时期，集团工会积极响应国家相关部委举办的活动，并主动请缨承办一些公益竞赛活动。2009年9月，由集团工会承办、国务院国资委和人力资源社会保障部联合主办的"中央企业职工技能大赛船舶水手、船舶机工决赛"在青岛举行，国务院国资委、山东省领导，集团党组书记张富生，集团副总裁、工会主席许立荣等领导出席会议；2012年10月，集团工会在远洋大厦承办了亚洲船东论坛海员委员会第21次中期会议，来自新加坡、日本、韩国、菲律宾、印尼、中国香港和中国台湾等国家和地区的船东代表参加了会议。

（四）开展"巾帼建功"活动

这一时期，中远集团各级工会组织根据《中远集团工会女职工委员会工作条例》的有关要求，建立健全了女工组织，制定和完善了有关工作制度，组织女职工开展了以"女职工学习成才、岗位立功"为主题的"争做知识型先进女职工、创建学习型三八红旗班组"活动；以提高女职工素质为主线，以岗位成才、岗位奉献为主要内容的"巾帼建功"等活动，区分不同岗位、不同工种、不同知识层面的女职工群体特点，不断创新活动内容和形式，引领活动向纵深发展。2008年4月，集团工会在丹东召开女工工作座谈会，总结交流了女工开展"巾帼建功"活动的做法和经验，经过深入推进，集团涌现出一批爱岗敬业、诚实守信、奋发进取、开拓创新的女职工先进集体和个人。为表彰先进，树立榜样，2011年3月，集团工会做出决定，授予广州远洋谢小梅等20名同志为中远集团"巾帼建功"标兵荣誉称号；授予中远集运财务部等40个集体为中远集团"巾帼文明岗"荣誉称号。

三、打造工会优秀文化品牌

这一时期，中远集团工会站在促进中远全球化发展的时代高度，以践行社会主义核心价值观为主题，以挖掘和弘扬中远历史文化内涵为宗旨，以凝聚和发挥企业发展正能量为动力，以职工群众喜闻乐见的文化娱乐活动为载体，充分发挥自身优势，积极打造中远优秀文化品牌，取得了实实在在的成果。

（一）开展"凝聚力工程"

关心关爱船员生产生活，和职工同呼吸、共命运、心连心，同人民群众水乳交融、打成一片是中远广大党员干部在55年的奋斗历程中凝结成的光荣传统，也是中远集团工会生于斯、长于斯、情系于斯、心笃于斯之根本所在。55年中，中远广大干部和各级工会踏千山万水、历千辛万苦、访千家万户、话千言万语（"四个千万"）大走访、大慰问活动，把党的温暖和企业的关怀送到职工的身边。他们的"不让一个孩子上不起学、不让一位病人治不起病、不让一户家庭吃不饱饭、不让一位职工住不起房……"若干个"不让"是诺言也是行动，是爱心也是动力，是自我鞭策，更是责任担当！中远集团工会精心开展的"凝聚力工程"就是这样，通过一年一季、一点一滴矢志不渝、久久为功构筑而成。

以2015年春节期间慰问为例，经过精心组织，中远集团全系统共有1051人参与到送温暖活动中，先后慰问基层单位255个、船舶356艘次、职工及家庭20763人（户），发放慰问款物合计人民币1708.58万元。其中慰问困难职工2750户，占困难职工总数的91.5%；慰问离退休职工10030人，占离退休总数的29.2%。集团所属各公司工会同心打造的"凝聚力工程"已成为广大船岸职工最信赖的品牌。

（二）创办"职工文化月"

2007—2015年，集团工会连续组织了八届职工文化月活动。每一届都有鲜明特色，都有突出的主题。第一届以体育竞技、书法绘画摄影展为内容，第二届"中远散运杯""青远杯"举办的"中远职工家庭才艺大赛"和"中远职工水上运动会"，形式新颖活泼，内容丰富多彩。2009年第三届职工文化月突出开展了庆祝新中国成立60周年主题活动（图5-6）、群众性岗位技能比武和积极应对危机、开展群众性安全生产降本增效等活动。国务院国资委群工局副局长郭保民、中远集团党组书记张富生参加大会并讲话，集团各二级公司的党委书记、工会主席，中远驻闽各单位领导、员工代表共600余人参加了此次集团职工文化盛会。集团副总裁、工会主席许立荣主持会议及颁奖典礼。此次职工文化月充分展示了中远广大职工热爱祖国、热爱远洋、拼搏奉献、奋发向上的精神风貌，弘扬了"工人伟大，劳动光荣"的主旋律，主题突出，形式新颖，具有很强的艺术感染力，让人深切感受到中远的企业文化魅力和中远大家庭的企业凝聚力。第四、五届职工文化月以"同舟共济保增长、建功立业促发展"和"庆祝中远成立50周年"为主题，开展了丰富多彩的职工优秀文艺作品展演活动。职工文化月构筑了积极向上、格调高雅、富有创新、充满活力的中远企业文化景观。

2012年举办的第六届职工文化月，积极创新活动载体，开展了"'心在中远、感动你

图5-6　2009年第三届职工文化月集团总公司"爱国歌曲大家唱"歌咏会。

我'职工 DV 大赛"。这届以"中远船务杯"命名的活动,以 DV 形式记录和宣传感动人、鼓舞人、激励人、教育人的故事,用一线的视角,现场的感受原汁原味地记录在生活、工作中的点滴画面、点滴细节、点滴感动,让长年默默无闻、坚守一线的优秀职工走到台前,使热爱劳动、尊重劳动者成为一种价值导向。各单位深入动员,广大职工踊跃参与,共有 91 部作品参赛,最终评出"十大感动作品",20 部"优秀作品"。这一活动进一步弘扬了以爱国主义为核心的中远企业文化,进一步焕发出广大中远职工"年创百亿效益,打造百年中远"的劳动热情,深受一线职工的欢迎。2013、2014 年举办的第七、八届职工文化月,分别以"平凡中远人、激动你我他"和"口述历史"为主题,两届均由集团工会和集团团委联合举办。活动中,各单位组织船岸职工、家属子女、离退休老同志创作、上载作品 1310 件,在文化月专题网站上引发广泛关注和热议,网友评论 1.5 万余条,点赞近 40 万次,提振了士气、鼓舞了人心,实现了"存史、资政、育人"的活动价值,满足了职工多层次、多样性的精神文化需求。

(三)建实"家属联络站"

建"家属联络站"是中远的光荣传统,是中远构建"凝聚力工程"的重要组成部分,是公司与员工之间的"桥梁与纽带",是企业工会与船员最可信赖的"大后方办事处"。"家属联络站"在中远建立近 30 年,得到各级党组织和工会组织的关爱与呵护。2005—2015 年间,集团工会组织各级工会加强了船员家属联络站的建设和巩固工作。中散集团对船员家属工作网络进行梳理和整合,共建 44 个船员家属站;中远香港航运/深圳远洋家属站从无到有,快速发展,到 2015 年底已建立了 14 个家属站;中远集运共在全国 13 个省、3 个直辖市的 47 个县市(区)建立了 56 个船员家属工作站;中远航运 2012 年间新建了 5 个家属站,家属站总数达到 88 个,服务面达到 2300 名船员;大连远洋的 13 个船员家属联络站越建越稳固。2008 年 4 月,广州远洋丹东家属联络站成立 20 周年,集团工会组织召开了"庆祝丹东船员家属联络站成立 20 周年座谈会",推广丹东站工作经验,研究如何通过家属联络站把"面对面、心贴心、实打实服务职工在基层"工作做细做实(图 5-7)。

图 5-7 2008 年 4 月 24 日,中远集团庆祝中远丹东家属站成立 20 周年。

2014 年 6 月,集团工会主席傅向阳陪同全国海员工会副主席魏薇赴丹东家属站调研,听取船员及家属有关加强联络站建设的意见和建议。9 月 21 日,中远航运召开第八次船员家属代表大会,对船员及家属站工作进行总结和表彰。通过坚持不懈地建设和发展,船员家属联络站已建成各级党委和工会为职工办好事、办实事、解难事的平台和窗口,成为中远集团服务船员的亮丽名片和优秀文化品牌。

(四)实施"亲情祝安全"

集团党组推进企业文化建设示范基地和优秀文化品牌活动后,各单位积极响应,尤其工会系统密切联系生产经营实际，在船员家属站推广"亲情祝安全"活动，这项活动有广泛的群众基础，是群众性安全管理活动的创新形式和有益补充，这一做法既弥补了安全管理制度的缺陷，又丰富了企业安全文化，对安全工作的推动有着不可替代的作用。如中远航运有88个家属联络站，公司注重发挥船员家属的独特作用，2005年以来，公司以家属联络站为组织形式，大力开展"亲情祝安全"活动。通过组织家属给船员写安全寄语、与船员上船前进行交流，以及登上停靠的国内沿海港口的船舶，采用现身说法的方式，给船员讲述家属对安全的理解，对船员安全生产的期盼。这种打破传统"说教式"的安全教育新模式，收到了意想不到的效果，为安全工作提供了强大支持，使公司的安全形势保持了稳定，船员们称这种安全引导模式为"最贴心的安全员"。2009年"亲情祝安全"这一品牌被评为广东省工会五大品牌工作之一。2013年，集团组织"优秀文化品牌"评选中，中远航运报送的"亲情祝安全"项目被集团评为"优秀文化品牌"。

（五）推广"家信系统"

船员与家庭的信息往来一直是中远各级领导和职能部门关注的重点问题。延续了几千年的"鸿雁传书"的传统信息传递模式始终没有从根本上得到改观。在为船员及家属提供通信服务方面，各家单位都建立了船员信息和船舶动态查询系统，及时答复船员及船员家属的相关查询及船舶动态等事宜。但在便捷上仍有一定的局限性。中远航运为了解决船员与家属间的联系难问题，积极整合船岸资源，于2005年在集团内首创了以公司网站为互动平台、以船岸电子邮件系统为传输监控载体的船员"家信系统"，受到船员和家属的极大欢迎和称赞。这一创新性的科技成果，先后获得了省优、部优、国优QC成果奖，并获准参加了国际优秀质量管理成果选拔赛，得到上级单位及专家们的一致好评。2012年6月，集团工会在广泛调研的基础上会同集团人力资源部、安监部等部门共同研究制订了《为船员办实事指导框架》，其中包括解决船员与家庭全天候通讯畅通问题，中远集运、中散集团、大连远洋、中波公司等单位也积极跟进，结合自身实际，解决在船船员与家属间电子邮件直接联络问题，推进"家信系统"得到广泛的推广。

四、加强职工队伍建设

（一）构建职工素质工程

深入贯彻国务院国资委党委《关于中央企业建设"四个一流"职工队伍的实施意见》，着力培养和打造"一流职业素养、一流业务技能、一流工作作风、一流岗位业绩"的高素质职工队伍。集团工会本着急需、紧缺、通用、企业欢迎、职工需要的原则，组织各公司工会充分发挥自身优势，通过开展多层次、多领域技术技能培训、小群练兵和技能竞赛等活动，开展职工素质工程建设。集团工会紧紧把握组织领导、规划实施、督导落实和典型示范四个重点环节，结合企业发展与职工需求，总结经验，以点带面，全面推广，很好地发挥出先进典型的示范作用，推动职工素质工程向纵深发展。如，中远船务通过职工素质工程建设涌现出具有高级工职业资格以上人员938人。中远船务、中远散运荣获国务院国资委授予的"2011年中央企业职工技能大赛先进单位"荣誉称号。

（二）积极推进班组建设

为了贯彻落实国资委《中央企业班组建设指导意见》精神，实施职工素质工程建设，集团工会制定下发了《关于加强中远集团班组建设的指导意见》。集团共有班组2563个，生产型班组1366个，服务型班组1011个，其他班组186个；全集团共有班组长3483个。在推进班组建设中，集团工会组织各级工会以企业班组（船舶）建设为主要抓手，通过理论武装、技能比武、岗位培训、企业文化建设等多种方式，组织召开班组建设工作会议，有计划组织开展班组长培训等工作。同时，总结中远船务在班组建设方面的好的经验与做法，加强职工队伍建设，促进了职工素质的提升。

（三）加强工会队伍建设

这一时期，集团工会和各级工会注重自身建设，抢抓机会加强工会教育和培养。2011年初，在贯彻落实集团党组推出的"三大机制"建设中，集团工会组成三个调研组到基层单位进行调研，形成了《中远集团工会组织情况调研报告》，对全面加强各级工会组织建设提出加强自身建设整体思路。从组织各级新任工会主席培训到各工会人员在岗位培训，从思想政治素质教育到多种工会业务培训，从评选工会文明示范窗口到优质服务基层的作风养成，集团工会队伍建设取得了长足的进步。务实基层工会组织建设基础，进一步增强工会组织的凝聚力和战斗力，进一步提高集团各级工会整体工作水平起到了积极的推动作用。

第七节　新时期青年工作

这一时期，中远团组织职能从集团人力资源部组织处划归到党组工作部，中远集团第一任团委书记李云鹏，第二任团委书记傅向阳，第三任团委书记刘海涛。

截至2015年底，中远团组织和青年结构的基本情况是：集团团委1个，直属单位团委18个，三级以下团委101个，团总支（团支部）879个；集团专职团干部33人，兼职团干2040人；集团团员17298人；集团35岁以下青年40783人，占集团正式员工的53.26%。其中，28岁以下青年23989人，占集团正式员工的32.30%。

2005—2015年，是中远集团开拓进取、昂扬向上的11年，也是中远集团迎接挑战、逆境崛起的11年。党的十八大以来，集团团委深入贯彻落实习近平总书记关于大力推进团的组织和工作创新的重要批示精神，以创新为主题，坚持思想引导创新、组织建设创新、队伍建设创新、活动载体创新、传播语言创新，带领各级团组织和广大团员青年紧紧围绕中远集团和集团党组中心任务，勇于担当、主动作为，为企业担责、为党政分忧、为青年服务，创出多项独具中远特色的优质青年工程和优秀文化品牌。

一、开展中远青年大讲堂活动

为贯彻落实集团党组关于加强青年人才培养的要求部署和中远企业团工委"青年素质提升年""青年登高计划"的相关要求，不断提高青年素质，服务青年成长成才，为集团

"做强做优,打造具有国际竞争力的世界一流企业"贡献力量,集团团委从 2012 年起在全系统启动开展了"青春行"中远青年大讲堂活动,并出台了《"青春行"中远青年大讲堂活动实施意见》。

当代青年的政治意识表达方式发生了变化,信息技术发展对青年的生活方式、行为方式、交流方式和聚集方式带来深刻影响。当代青年的思想观念、价值取向、人生态度、职业追求日益多元多变多样,知识结构、能力素质、文化传承和品质作风受到影响和冲击,团组织更好地履行共青团教育引导青年的任务更加迫切和重要。正是基于这种责任意识和使命担当,中远团委创新组织开展了"青春行"中远青年大讲堂活动。

"青春行"是中远青年开展活动的一个品牌,是集团团委通过组织青年开办大讲堂系列活动,逐步形成的中远青年学习型组织建设的系统工程。中远青年大讲堂主要采取专题讲座、集中培训、流动课堂等形式,集团以专题讲座为主,每年安排 4 次;各单位以流动课堂为主,一年组织 6 次。大讲堂主要以中共党史、团史、党的基本路线、党的基本理论、社会主义核心价值体系以及形势任务教育、时政辅导解读、政策解读、中远发展历程、先进典型宣教等 10 个方面的内容为主,持续开展多种形式的活动。

青年大讲堂是集团青年一个学习的平台,交流的平台,展示的平台,也是一个成长的平台。中远集团领导、中远的老前辈、部分专家以及优秀青年代表先后登台交流,讲述色彩缤纷的工作经历,展示激动人心的职业精彩,分享独特隽永的思想启迪,受到广大青年同志的欢迎和喜爱。

2013 年 4 月 27 日,集团团委在京举办了"青春行"中远青年大讲堂活动第二期集体学习。邀请原中远总公司副总经理、总工程师卓东明先生作题为"风雨远洋梦"的中远创业发展史讲座,深刻地讲述了老一辈中远人艰苦创业、爱国奉献的光荣传统,脚踏实地、求真务实的敬业精神,昂扬向上、奋发有为的乐观心态和攻坚克难、勇挑重担的责任担当。中远人这种传统和精神,恰恰契合了在国际金融危机冲击下,中远人"渡难关、求生存、谋发展"的主题,鼓舞了斗志、凝聚了力量。2013 年 12 月 30 日,集团团委还先后特邀集团援藏干部张克敌、丁乾坤就援藏锻炼这一宝贵的人生经历,独特的工作磨砺,难得的精神洗礼交流思想体会,畅谈成长感悟。2014 年 4 月 30 日,邀请中国科学院副秘书长潘教峰作题为"世界科技发展新态势与面向 2020 年的战略选择"的讲座,受到广大团员青年的称赞和欢迎。

二、"十大杰出青年"评选表彰

这一时期,集团团委积极组织集团团员青年开展"十大杰出青年"评比活动,打造了集团先进典型培育的重要载体和青年职工职业发展的优质平台,发掘、培养、凝聚了一大批优秀青年骨干人才,引领和激励了一大批中远广大青年立足岗位、奋发自强、成长成才。中远集团"十大杰出青年"每四年评选一次,共举办 5 届,持续 18 年。这一时期共举办第三、四、五届"十大杰出青年"评选表彰活动,每届"十杰"评选,都是一次中远青年的盛会,一次对杰出青年才俊的大阅兵。通过活动开展,团委建立健全了优秀青年人才库,并形成了团组织向所在公司党政举贤荐才的良好机制,树立了一批身处基层、技术过硬、能担重任、贡献突出的杰出青年典型和榜样。在"十杰"舞台上,已走出了 100 多名优秀青年，大部分都走上了公司领导岗位或担任重要职位。

2007年9月14日，第三届中远集团十大杰出青年表彰大会在海南博鳌召开，中远集团党组书记张富生、党组纪检组组长李云鹏出席会议，张富生书记发表了讲话，为"十大杰出青年"颁发了奖杯和证书。他们是王廷林、朱天聆、刘宇彤、吴兵、吴媛菲、杨成才、徐庆海、姜季江、姚晓鸿、蔡连财。同时，石庆贺等15名同志荣获第三届"中远集团十大杰出青年提名奖"。

第四届中远集团"十杰"评选活动历时1年半，先后经历组织发动、基层推荐、资格审查、网上公示、现场考核、评审投票六个阶段，在全系统引起普遍关注。2011年6月27日，第四届中远集团"十大杰出青年"揭晓暨表彰大会在北京隆重召开。中央企业团工委书记、中央企业青联主席许高峰，中远集团总裁魏家福、党组书记张富生参加了会议并发表了讲话，在京的集团领导及青年代表共120人在远洋大厦主会场参加会议，近2000人通过视频会议系统在分会场参加会议，中远网络电视对此次会议进行了网络视频直播。荣获第四届"十杰"的是张铁华、于涛、仇明、王新波、葛军、王德军、樊虹、丛剑、王汝义、方亮。十大杰出青年接受了现场访谈并发表了获奖感言。同时授予蔡耀辉等16位同志"中远集团杰出青年岗位能手"称号。

2015年6月1日，第五届中远集团"十大杰出青年"颁奖典礼在北京远洋大厦举行，荣获这届"十杰"殊荣的是阮仁文、宋新建、张玉龙、李军、刘东石、孙珂、陆燕辉、马涛、刘永奇、冯玲。中远集团董事长、党组书记马泽华，董事、总经理李云鹏，党组纪检组组长宋大伟，工会主席傅向阳出席颁奖典礼。本届活动以"岗位筑梦、青春担当"为主题，以"访谈"为活动主线，深度挖掘"十杰"心路历程、成长故事，并穿插嘉宾串场、视频展播、文艺表演、乐队助阵等多样元素，使活动内容热烈活泼，传导正能量，激发新动力。表彰大会同时授予江帆等22位同志"中远集团优秀青年标兵"称号。

三、开展"青年创新创效"活动

二十世纪末，以共青团中央主导的在全国国有企业中开展的青年创新创效活动取得了比较好的效果，尤其是中远广大团员青年，在各级党委和团组织领导下，牢牢把握服务、管理、技术、营销创新的"四个创新"原则，以"号、手、岗、队"等"青字号"品牌为依托，以小发明、小创造、小革新、小设计、小建议"五小"内容为载体，以学习提升岗位成才为动力，以项目化运作为平台，通过降本增效、技术比武、业务创新、攻关夺隘等竞赛活动，激发广大青年团员创造潜能的充分释放，引导所有企业员工创意源泉充分涌流，取得了一大批有技术含量、有适用效率、有推广价值的成果，为青年创新创效活动不断注入新的生机和活力。"青年创新创效"活动共举办五届，2005—2015年间举办了四届。

2005年11月，集团团委启动了第二届"青年创新创效"活动，各单位团组织和广大团员青年按照要求深入开展活动，各单位共推荐青年创新创效项目120个、创新创效论文117篇，内容涉及服务创新、管理创新、技术创新、营销创新四个方面，涌现出一大批创新性强、实用性高、影响力大、创效水平好的青年创新创效成果，彰显了主题教育活动的实效。2006年3月17日，集团团委召开"增强团员意识主题教育活动总结大会暨青年创新创效论坛",对在活动中表现优异的创新创效项目及论文进行了表彰奖励。其中中远集运"HRMS 系统"等 5 个项目荣获青年创新创效成果一等奖,中远船务"30 万吨浮船坞水上合拢工艺"等 10 个项目、青岛远洋"青岛远洋局域网互联系统"等 20 个项目分别获得二、三等奖;中散集团推荐的《巴拿马型船印度洋海域航线配船问题研究》等 10 篇创新创效论文被评为一等奖,另有 35 篇论文被评为一、二、三等奖。

2008 年 4—12 月,集团团委组织开展了"新起点、新青年、新业绩——让青春在创新实践中闪光"第三届中远集团青年创新创效竞赛活动;2012 年 3 月 5 日,集团团委以"创先争优、精益管理、拼搏效益、青年争先"为主题开展了第四届青年创新创效竞赛活动;2014 年 7 月 21 日,集团团委以"历练成长·创造价值"为主题开展了第五届青年创新创效活动。几届活动始终坚持"融入中心、进入管理、服务企业、服务青年"的共青团工作总体思路,覆盖了企业深化改革、调整结构、转变方式、战略推进、市场营销、精益管理、降本增效、节能减排、自主创新、安全管理、风险防控、公共关系等中心任务和重点工作,涌现出一批富有创新性、实用性、推广性的创新成果,共推出青年创新创效项目 554 个,学术论文 560 篇,征集各类合理化建议 4000 余条,先后有 8 名同志荣获全国青年创新创效奖,19 名同志荣获"全国青年岗位能手",53 余篇青年学术论文被全国核心期刊刊载,220 余名同志被集团团委授予"青年岗位能手"称号。青年创新创效竞赛活动凸显良好的经济效益、社会效益、人才效益和品牌效益,成为中远集团共青团工作的重要品牌,入选中央企业共青团《典型案例》教学片,集团团委被团中央授予"全国青年创新创效大赛组织工作先进单位"称号。

四、团青工作网络宣传阵地建设

加强网络宣传阵地建设,是这一时期中远集团团委工作的重点。2013 年 9 月 26 日,集团团委向各直属单位团组织发出《关于新版中远青年网上线试运行的通知》,要求各级团组织要高度重视利用青年网、团青微博、微信、QQ 群等新媒体做好共青团工作。各级团组织密切结合青年的新思潮、新需要,利用新媒体开展团员青年思想引领及服务工作,打造内容丰富、形式多样、青年欢迎、务实有效的网络沟通交流平台。其中,集团团委于 2014 年开通的"早安 COSCO"微信平台是这一时期央企系统内比较有代表性的微信平台之一。平台开设的栏目有:①视界——共享国家领导人对共青团工作寄语,团中央、央企团工委等重要消息;②微播——同步中远集团重大信息、集团领导寄语及相关新闻等;③榜样——介绍优秀青年个人和集体典型,互励共勉;④纷享——知识、人文栏目,又分"朝花夕拾""中远商学院""颖领读诗"等不同专题,涤荡心灵、洗却浮华、传递能量。

"早安 COSCO"微信平台建立后,通过系统内海选的形式建立起了一支 10 人规模的兼职小编队伍,通过集团团委牵头策划,各级小编轮值编辑的组织模式,以一周三期的形式对外推广。微信平台开通后,以新颖的图文模式、鲜活的语言文字和清新正能量的内容策划得到了系统内广大职工、特别是青年职工的喜爱,在中远集团内部和央企范围内拥有众多的粉丝,成为集团团委活动组织、信息传播、学习交流的重要平台。集团团委通过微信平台对各二级单位团组织活动开展和信息宣传工作进行季度考核评比,每季度下发"绩效看板",实现了对二级单位团组织的日常组织管理。通过微信平台发布信息、组织动员,成功地推动了集团职工文化月等专题活动在全系统的广泛深入开展。特别是中远、中海两大央企改革期间,通过积极发出青年的声音,有效凝聚起广大青年员工拥护改革、投身改革的思想共识,激发了青年员工的工作热情。除此之外,通过"早安COSCO"微信平台的积极组织探索,为中远系统各单位培养了一批新媒体宣传骨干,也为中远集团和各级单位的新媒体平台建设提供了有益的指引和宝贵的经验。

五、创新思路开展团的工作

这一时期,集团团委在集团党组和中央企业团工委双重领导下,紧跟时代步伐,创新工作思路,强化精益管理,固化工作机制,使共青团工作逐步实现了规范化、系列化、品牌化。

(一)形成八大重点工作模块

①青年学习模块。主要工作载体为"青春行"中远青年大讲堂、集团总部思·享论坛、应知应会知识答题活动。②创新创效模块。主要工作载体为青年创新创效主题实践活动暨青年创新创效大赛、"管理提升、青年先行"活动、"改革创新、青年先行"活动、"号岗手对"争创活动。③青年推优模块。主要工作载体为"十大杰出青年"评选表彰、"五四"评选表彰。④基层调研模块。主要工作载体为共青团组织和青年职工思想状况常态分析、共青团政策制度研讨会。⑤思想引导模块。主要工作载体为"我的中国梦"主题教育实践活动、团干部"引风气之先、扬青春之帆"健康成长大讨论活动、职工文化月活动、企业核心价值理念"代言"活动。⑥媒体建设模块。主要工作载体为集团团委"早安COSCO"订阅号、集团团委微博、中远青年网、各企业电子月刊。⑦团干提能模块。主要工作载体为年度工作例会、年度团干部培训班。⑧基础建设模块。主要工作载体为"样板团组织"评选、集团总部"青年工作协会"。

(二)创新七项业务形态

①健全党团共建机制,突出顶层设计,创新组织形态。②转变思想引导方式,突出媒介设计,更新传播语言。③围绕企业中心工作,突出载体设计,强化价值创造。④聚焦青年成长成才,突出平台设计,满足根本需求。⑤打造团建活动品牌,突出内容设计,扩大组织影响。⑥基层组织建设,突出制度设计,提升组织活力。⑦联合企业内外资源,突出网络设计,拓宽服务空间。

"党建工作做细了就是凝聚力,做实了就是生产力,做强了就是竞争力。"这是中远人通过55年的实践达成的共识。国际金融危机爆发以来,中远集团紧紧围绕科学发展,密切结合实际,沉着应对危机,各项工作取得了积极进展。一是积极应对金融危机,在努力开拓市场保持生产经营正常运行,精细管理降本增效,谨慎投资严控风险,稳定队伍促进就业等方面发挥了国有经济的中坚作用。二是着力调整优化,通过深化改革,结构调整,技术创新,实施"走出去"战略,中远事业迈出新的坚实的步伐。三是坚决执行新时期党的路线方针政策,坚定了信心,明确了方向,完善了措施,为中远集团科学发展打下坚实基础。

第六章
履行社会责任

有着"共和国长子"之称的中央企业关系国家安全和国民经济命脉,是中国国有经济的主体和国民经济的中坚,肩负着发展壮大国有经济的重任。中远集团作为"共和国长子"中的一员,始终以企兴、国兴、天下兴为己任,是一个既着重经济效益,又着重社会效益,勇于和善于履行社会责任的国有特大型跨国企业。在深化企业改革发展的各项建设中,中远集团坚持以科学发展观为指导,按照国务院国资委的具体要求,着力在抓好航运主业发展、全力拼搏效益的同时,始终不忘自己所承担的社会责任,在履行全球契约、扶贫济困等方面不断加大投入力度,取得了良好社会效益和生态效益,企业的核心竞争力进一步增强。

第一节 国际性会议的发起与主办

中远集团作为全球最大的航运企业,一直以来积极打造多元化国际合作平台,维护与国际组织的关系,承担着金砖工商理事会、博鳌亚洲论坛、APEC、B20、中意企业家委员会等多个重要国际组织的工作,并参与重要国际论坛,充分发挥国际平台的作用,代表航运业界发声,提升企业的国际话语权和影响力。

一、国际海运(中国)年会永久落户中国

为加强国际交流与合作,促进中国海运业的发展,经外交部和交通部批准,从 2004 年开始,中远集团发起组织举办了国际海运(中国)年会(图6-1)。年会采取"三国四方"的联合主办方式,由中远集团(COSCO)、中国远洋航务(China Maritime)、国际著名航运咨询机构——英国德鲁里航运咨询公司(Drewry)和国际航运界重要媒体——美国商务日报(JOC)联合主办。截至 2015 年,先后在北京、上海、深圳、天津、大连、青岛、广州、海南博鳌、厦门、宁波、重庆和广州联合举办了十二届"国际海运(中国)年会"。年会研讨中国及全球的经贸形势与海运业的发展,在国际航运界及相关业界引起了很大反响,成为国际航运界规模最大、层次最高、最受瞩目的国际会议,年会不仅加深了国外对中国航运业的了解,而且提高了中国航运业在国际上的影响力和话语权,被业内外誉为"航运达沃斯"。

作为这一时期国际航运界最重要的高峰论坛之一,海运年会成为全球航运业界高层把握市场脉动、洞悉客户需求、创造商机、实现共赢的互动平台。研讨内容涵盖海运、造船、港口、物流、贸易、金融等各方面;来自国内外企业、行业协会、国际组织以及政府机构的高层领导、行业精英、专家学者每年汇聚一堂,就共同关心的议题进行广泛而深入的交流和研讨。

海运年会秉持"关注中国发展,聚焦全球热点,推进行业互动,追求合作共赢"的宗旨,结合全球航运界广泛关注的话题每年提出不同的主题。过去十二届年会先后提出"中国因素""中国因素—机遇与挑战""把握变化""赢在市场""度势·运筹""应势知变""把握未来""均衡·突破""共建秩序 共享未来""经济变革中的航运""合谋共赢新常

态""一带一路与航运"等十二个鲜明的会议主题。这些主题契合市场趋势,反映海运发展的轨迹,受到普遍认同,影响深远。"中国因素""把握变化"等年会鲜明的主题已经成为这一时期业界热门词语。

图6-1 2004年,国际海运(中国)年会落户中国。

(一)广泛的国际参与度

海运年会取得成功并在国际航运界享有较高的知名度,得益于航运同业及相关业界的广泛支持和参与,也得益于交通运输部和举办地政府的大力支持。国内外行业组织、航运企业及相关产业的大力支持,让海运年会得以汇集政府机构和行业各领域中权威人士和观点。每届海运年会,都有近400位来自政府机构、国际组织以及海运、造船、港口、贸易、金融、法律界的高管、精英、专家学者,到会演讲,论道海运。

海运年会得到了国际组织和行业协会的积极支持。五家荣誉主办单位——拥有百年历史和2720家会员单位的世界最大民间航运组织——波罗的海国际航运公会(BIMCO)、国际船东协会联合会(ICS)、国际干散货船东协会(INTERCARGO)、国际独立油轮船东协会(INTERTANKO)、中国船东协会(CSA)为年会提供了全力支持。中国港口协会、中国船舶工业行业协会、中国船舶代理行业协会及无船承运人协会、中国国际货运代理协会、中国煤炭工业协会、中国钢铁工业协会、香港船东协会、日本船舶经纪协会等各相关行业协会组织也是年会的支持单位。

年会得到海内外媒体的广泛关注。国际航运界主要知名媒体——《海上贸易》(Seatrade)、《贸易风》(Tradewinds)、《劳氏日报》(Lloyd's List)成为年会媒体合作伙伴,国内外十余家专业网站积极作为年会合作网站。此外,新华社、《人民日报》《中国日报》、中国新闻社、路透社、彭博资讯、日本经济新闻社、中央电视台、凤凰卫视等近百家知名媒体对历届年会进行了全方位报道。

(二)"中远因素"的重要作用

海运年会既是国际国内航运及相关业界沟通交流、共谋发展的平台,也是中远集团遵循"求是创新、图强报国"的企业价值观的体现,是积极支持地方经济建设、回馈多年以来给予中远集团支持和帮助的地方政府及社会各界的一种方式。年会积极安排当地商务参观活动,宣传地方港航建设成就。在为期一天半的正式会议日程外,历届年会组织会议代表参观考察了上海洋山港、深圳盐田港、天津新港、大连港、大连海事大学、青岛港、广州港、厦门港、宁波港和重庆果园港,对于推介和促进当地港航建设和经济发展发挥了积极作用。同时,也促进了中远集团与举办地政府的战略合作关系。

海运年会不仅发挥了海运论坛的作用,而且成为全球海运业界的一个创造商机、促进合作的重要商务平台。中远集团及系统内各单位利用年会这一平台,邀请政府有关部门、合作伙伴和商业客户等各方面人士参会,扩大了交流与合作,从战略合作和业务活动两个层面促进了集团业务的发展。参会的其他相关企业也借助海运年会平台,通过会见等形式在会议期间积极开展公关和商务活动。据了解,前几届海运年会还促成了一些商业合同的达成和合作关系的建立。参会各方对海运年会的商务平台作用日益重视和认可。

年会引领了市场,促进了合作,同时也展现了中远集团的品牌影响力、业界号召力和行业领袖地位。曾有参会代表对年会组织工作发出如此感叹:"也只有中远才能把这么多国际航运业巨头拢到一块儿。中远集团作为中国最大的航运企业、世界海运业的翘楚,一直积极践行企业社会责任,在国际航运界扮演推动者的角色,是一个十分积极和活跃的因素。"

二、中远博鳌成为国家名片

博鳌亚洲论坛(Boao Forum For Asia,缩写 BFA)由 25 个亚洲国家和澳大利亚发起,于 2001 年 2 月 27 日在海南省琼海市万泉河入海口的博鳌召开大会,正式宣布成立。论坛为非官方、非营利性、定期、定址的国际组织;由论坛会员大会、理事会、咨询委员会、秘书处和研究培训院五个机构组成。旨在为政府、企业及专家学者等提供一个共商经济、社会、环境及其他相关问题的高层对话平台;作为多层次、多渠道、多形式的地区合作与对话的平台,是中国深化与国际社会联系的实验区,为促进亚洲地区国家间以及中国与亚洲国家间增进了解、扩大信任和加强合作起到了积极的推动作用。海南博鳌为论坛总部的永久所在地(图 6-2),论坛年会一般在每年的 3 月底举行。

图 6-2 博鳌亚洲论坛会址。

作为博鳌亚洲论坛的承办单位，从 2001 年起，中远集团一直以高度的政治责任感、使命感和奉献精神，为论坛活动的顺利进行提供了高质量的服务保障，全力支持博鳌亚洲论坛发展，也展现了国际化公司的企业形象和风采。

1998 年底，菲律宾前总统拉莫斯、澳大利亚前总理霍克、日本前首相细川护熙在马尼拉倡议成立一个高层次的"亚洲论坛"，增进亚洲各国之间、亚洲与世界其他地区之间交流与合作。"亚洲论坛"发起人建议把论坛永久性会址设在中国，因为中国是有影响的大国，是这一时期亚洲经济发展最快的国家，同时，亚洲和国际商业团体也希望对中国的经济政策、企业、市场和商业机会有更深入的了解。

当中远集团得知这一倡议后，敏锐地意识到其中蕴涵着无可估量的社会价值。1999 年 12 月，中远集团总裁魏家福陪同拉莫斯先生和霍克先生拜见了时任国家副主席胡锦涛同志，表达了在博鳌建立亚洲论坛的愿望，胡锦涛同志代表中国政府明确表示，支持亚洲论坛落户中国。同时，中远集团正式决定对博鳌亚洲论坛的基础设施配套项目进行开发建设。

建设伊始，博鳌还是一个原生态的滨海小渔村，一派世外桃源的怡人景象。但在这幅画卷的背后，却有着让人挠头的严峻现实：博鳌的各项基础设施严重不足，水电短缺、通讯不畅、道路崎岖。2000 年 11 月，中远的建设者们仅用了 8 个月时间建成的博鳌金海岸温泉大酒店正式开业，博鳌亚洲论坛成立大会会址同步启用。这是中华人民共和国成立以来，国际会议组织第一次把永久性会址和总部设在中国。江泽民总书记欣然题诗："万泉气象新，水阔晚风纯，四海群贤聚，博鳌更喜人。"博鳌由此蜚声海内外。2002 年 5 月，博鳌亚洲论坛永久会址项目全面施工；2003 年 4 月，博鳌亚洲论坛国际会议中心、博鳌亚洲论坛大酒店全面投入使用，博鳌亚洲论坛大酒店收获了 2004 年度中国建筑工程鲁班奖。2003 年 4 月，江泽民同志为"博鳌亚洲论坛国际会议中心"亲笔题名。同年，论坛年会正式移师新会址举行。

（一）博鳌亚洲论坛年会服务保障工作

自 2001 年博鳌亚洲论坛正式成立以来，中远集团参与了历届年会的接待服务工作，接待了党和国家领导人以及国内外贵宾上万人次，细致周到的服务得到了国内外宾客的广泛赞誉。

1. 加强基础设施投资

为了打造好博鳌亚洲论坛这一重要的国家政治外交平台，中远集团斥巨资 30 多亿元人民币，先后建成了博鳌亚洲论坛成立会址、博鳌金海岸温泉大酒店（五星级）、博鳌亚洲论坛大酒店（原博鳌索菲特大酒店，五星级）、博鳌亚洲论坛国际会议中心、博鳌亚洲论坛国际会议中心高尔夫球会、博鳌亚洲论坛国际会议中心永久会址景区，以及天堂小镇、康乐中心、温泉和员工宿舍等大量配套设施，总建筑面积近 17 万平方米。

在二期工程建设方面：为保障博鳌亚洲论坛年会接待工作，达到"一地办会"要求，根据论坛秘书处要求，中远集团出资在东屿岛上又修建了五星级酒店——博鳌亚洲论坛东屿岛大酒店，投资规模为 8.39 亿元人民币。2014 年 8 月项目开工，2015 年 3 月酒店北区客房及会议厅建成，2016 年 2 月，酒店全部竣工投入使用。为满足年会期间新闻媒体工作需求，按照论坛秘书处、国新办要求，中远集团在东屿岛上建设了新闻中心及配套设施，项目于 2015 年 9 月开工，于 2016 年 2 月建成。

2. 提升服务保障质量

为了加强对博鳌亚洲论坛年会的服务保障力度，中远集团于2006年3月20日，将海南中远发展博鳌开发有限公司正式更名为"海南中远博鳌有限公司"，成为中远集团直属二级公司。中远博鳌公司成立的使命是为博鳌亚洲论坛每届年会的召开提供硬件支持和相应服务，为把论坛建成国际经济合作平台、国际文化交流平台和国家重要外交平台提供必要的硬件设施、基本保障和配套服务。

作为博鳌亚洲论坛服务核心单位，为了保证论坛各项配套设施高品质和安全稳定运行，中远博鳌公司每年投入上千万元对设施进行维修保养和更新改造。与此同时，中远博鳌以国际化的视野、开放的姿态，广泛吸收和接纳各种优秀的管理理念和服务理念，不断加强对员工的培训，提高员工的学习能力、服务能力、创新能力和应变能力，强化员工的政治意识、责任意识、保密意识及安全意识，在积累的丰富经验基础之上，形成了一系列论坛年会接待标准、程序和制度；成熟的服务保障机制确保了每届年会服务保障工作的顺利完成，充分展示了中远博鳌一流管理、一流服务的整体形象。

从2001年到2015年，作为论坛年会的核心服务单位，中远博鳌公司参与了历届年会的服务保障工作，见证了论坛的发展壮大，也积累了丰富的接待经验，沉淀了深厚的博鳌亚洲论坛文化底蕴，形成了独具特色的博鳌亚洲论坛服务文化体系。接待年会重要参会人员从2006年的850人上升到2015年的2786人。在高强度的挑战和工作压力下，成功实现了"工作零差错、服务零缺陷、客户零投诉"的目标，受到了党和国家领导人、与会嘉宾政要、论坛秘书处、中远集团的充分肯定和高度赞许。

博鳌亚洲论坛大酒店国宾班是博鳌亚洲论坛一张靓丽的名片。国宾班的主要职责是年会期间提供热情、周到、高效、便捷而个性化的餐饮、会议、会见等各项服务。2006年以前，为保证年会的服务品质，要从北京钓鱼台国宾馆借调服务人员，参与政要接待服务工作。2006年11月，中远博鳌公司提出组建自己的国宾接待队伍，并顺利通过考核验收，承担博鳌论坛期间的政要服务工作。从2007年开始，国宾班先后成功服务了100多位国内外国家元首和政府首脑以及来自世界各地的VIP嘉宾学者，最多时平均每天有88场次的接待任务，在大负荷的工作中以认真细致、高效执行的服务品质，圆满实现"工作零差错、服务零缺陷、客户零投诉"的目标，为祖国赢得了荣誉，成为旅游服务业的新标杆。2008年国宾班荣获全国总工会"优秀工人先锋号"的光荣称号；2013年获得中央企业先进集体等荣誉。习近平主席对国宾班2013年论坛年会国宴的服务保障工作给予了"服务很精准"的高度评价。

此外，中远博鳌公司还建立了贴身管家团队，为客人提供全过程跟进式服务，对宾客入住期间的需求进行全过程提供。针对不同客人的不同需求，贴身管家团队进行了广泛的客史档案收集。通过秘书处获取客人的基础资料，查阅酒店历届接待档案；通过报纸、网络了解客人的信仰、禁忌、爱好、习惯；贴身管家团队开展了多项预想服务过程、国际礼仪、注意事项的演练，确保及时向客人提供个性化的优质服务。

中远博鳌车队有专职司机13人和50辆车，为历届博鳌亚洲论坛年会提供交通服务，承担着参会嘉宾往返机场以及会议地点与驻地酒店之间的接送服务，服务对象都是各国政要和各界精英。论坛期间，多数司机单日行车里程接近800公里，时间超过12小时。据统计，车队仅自2010年至2013年就先后接待中央及省部级领导38批次524人次，以安全优质的服务得到了各级领导的一致好评。

博鳌亚洲论坛永久会址景区管理分公司工程组主要职责涵盖工程维修、温泉泵站管理和开闭所监管，被员工们称为"景区110"。该班组共有员工15人，平均年龄37岁，全部具备专业工程技术资格证书，是一支技术强、素质高的员工队伍。曾经获得全国交通系统、海南省总工会"工人先锋号"的荣誉称号。依据年会保障的总体要求，工程组要24小时对岛内的水电线路及近13公里的温泉管线进行巡查监测，以确保各项设施设备的正常运转，年会期间行程超过400多公里。

为保障年会准备工作的顺利完成，从2009年开始，中远博鳌公司成立了服务保障突击队，由来自机关各部门、各经营单位的领导干部、一线员工组成。从保障历届年会顺利召开到服务公司经营需要，他们总是冲锋在前，迎难而上，高标准、高质量地完成各项急、难、险、重任务，得到了各单位的高度赞誉。

历经14年积累与磨砺，博鳌亚洲论坛年会已发展为亚洲及全球有关国家政府、工商界和学术界领袖关于亚洲及全球重要事务的国家级高层次交流平台。中远博鳌公司通过服务论坛、保障论坛，切实履行了重要的政治责任和社会责任，受到社会各界的高度评价，也为中远集团赢得了广泛荣誉。

（二）会议旅游产业的发展

在服务博鳌亚洲论坛的同时，中远博鳌公司按照中远集团的产业战略布局积极参与市场竞争，集中发展商务会议和旅游度假两大核心业务。着力打造集旅游、商务、会议、休闲、度假、购物为一体的国际综合性企业。业务范围包括会务、酒店餐饮和客房、高尔夫、景区观光、温泉等。客户广泛分布于汽车、医药、IT、金融、保险、制造、教育等行业。

中远博鳌公司坚持走可持续发展道路，研究制定了《中远博鳌公司"十二五"战略规划》，依托中远集团和博鳌亚洲论坛的品牌优势，利用海南得天独厚的自然资源条件，组建优秀的会议酒店销售管理团队，积极发挥五星级豪华酒店、享誉境内外国际会议中心、国家4A级旅游景区、纯天然海滨温泉、特色养生文化等自身优势，将博鳌打造成了集会议会展、休闲旅游、球手竞技于一体的会议胜地和度假天堂（图6-3）。正是这得天独厚的自然资源、细致周到的会务策划与服务，吸引了大众、通用、海尔、美的等一大批忠诚的客户在此召开年会、经销商答谢会等大型会议。中外企业的会议规模逐年由小到大、由少到多。中远博鳌公司先后承接4500多场国际性大型会议，包括多家世界500强企业，接待游客1500万人次，成为海南会议市场当之无愧的龙头企业。即使是在席卷全球的金融危机的影响下，公司依然保持了健康的发展势头，取得了良好的经营业绩。在后危机时期的2010年，公司的经营业绩呈现出井喷式发展，年接待各类会议180余

图6-3　博鳌国宾宴会组合影。

个,年接待游客 100 余万人;年举办各类高尔夫赛事活动 4—6 场,年接待击球选手 1.6 万余人次,年经营收入达 1.5 亿元人民币,创公司成立以来历史收入最高纪录。

成立大会历届年会主题与重要嘉宾(列表)

1. 成立大会:2001 年 2 月 26 日至 27 日

中国出席领导人:江泽民

与会重要嘉宾:中曾根康弘、拉莫斯、霍克、捷列先科、奥其尔巴特、马哈蒂尔、比兰德拉、阮孟琴

2. 第一届:2002 年 4 月 12 日至 13 日

论坛主题:"新世纪、新挑战、新亚洲——亚洲经济的合作与发展"

中国出席领导人:朱镕基

与会重要嘉宾:小泉纯一郎、他信、李汉东、阮孟琴

与会国家地区和代表:48 个国家和地区的 1900 多名代表

3. 第二届:2003 年 11 月 2 日至 3 日

论坛主题:"亚洲寻求共赢:合作促进发展"

中国出席领导人:温家宝

与会重要嘉宾:穆沙拉夫、拉赫莫诺夫、纳扎尔巴耶夫、吴作栋

与会国家地区和代表:30 多个国家和地区的 1200 多名代表

4. 第三届:2004 年 4 月 24 日至 25 日

论坛主题:"亚洲寻求共赢:一个向世界开放的亚洲"

中国出席领导人:胡锦涛

与会重要嘉宾:克劳斯、洪森、阿桑巴耶夫、董建华、何厚铧、拉莫斯、霍克、老布什、塞迪略、莱加里、捷列先科

与会国家地区和代表:35 个国家和地区的 1000 多名政界、工商界人士和专家学者

5. 第四届:2005 年 4 月 22 日至 24 日

论坛主题:"亚洲寻求共赢:亚洲的新角色"

中国出席领导人:贾庆林

与会重要嘉宾:巴达维、霍华德、许塞尔、哈利利、李光耀、叶西莫夫、曾荫权

与会国家地区和代表:40 多个国家和地区的 1200 多名政界、工商界人士和专家学者

6. 第五届:2006 年 4 月 21 日至 23 日

论坛主题:"亚洲寻求共赢:亚洲的新机会"

中国出席领导人:曾庆红

与会重要嘉宾:乌鲁塞马尔、德尔诺夫舍克、维克勒马纳亚克、优素福、拉莫斯、杰斯·苏德伯格

与会国家地区和代表:约 40 个国家和地区的 850 余名代表

7. 第六届:2007 年 4 月 20 日至 22 日

论坛主题:"亚洲制胜全球经济—创新和可持续发展"

中国出席领导人：吴邦国

与会重要嘉宾：阿罗约、阿齐兹、比尔·盖茨

与会国家地区和代表：36个国家和地区的1410名代表

8. 第七届：2008年4月11日至13日

论坛主题："绿色亚洲：在变革中实现共赢"

中国出席领导人：胡锦涛

与会重要嘉宾：陆克文、米歇尔·巴切莱特、卡里姆·马西莫夫、那木巴尔·恩赫巴亚尔、马欣达·拉贾帕克萨、佩尔韦兹·穆沙拉夫

与会国家地区和代表：1700多名代表

9. 第八届：2009年4月17日至19日

论坛主题："经济危机与亚洲：挑战与展望"

中国出席领导人：温家宝

与会重要嘉宾：扎尔达里、纳扎尔巴耶夫、福雷、巴雅尔、登盛、阮晋勇、万哈宁、贝里沙、约翰·基、索马雷、高萨、小布什、福田康夫

与会国家地区和代表：1800多名代表

10. 第九届：2010年4月9日至11日

论坛主题："绿色复苏：亚洲可持续发展的现实选择"

中国出席领导人：习近平

与会重要嘉宾：朱马里、拉斯穆森、巴特包勒德、拉希米、哈利利、古特雷斯、蔡唐、吴作栋、福田康夫、巴达维、阿齐兹、拉莫斯、霍克、捷列先科、鲍尔森

与会国家地区和代表：32个国家和地区的2000多位各国政要、企业代表、专家学者

11. 第十届：2011年4月14日至16日

论坛主题："包容性发展：共同议程和全新挑战"

中国出席领导人：胡锦涛

与会重要嘉宾：梅德韦杰夫、罗塞夫、祖马、金滉植、萨帕特罗、阿扎罗夫、英格利希

与会国家地区和代表：代表人数达到2474人

12. 第十一届：2012年4月1日至4月3日

论坛主题："变革世界中的亚洲：迈向健康与可持续发展"

中国出席领导人：李克强

与会重要嘉宾：蒙蒂、马西莫夫、吉拉尼、穆罕默迪扎德、吉迪拉、黄忠海、福田康夫、曾培炎、拉法兰、巴达维、陆克文、吴作栋

与会国家地区和代表：39个国家和地区的2000多名中外嘉宾和代表

13. 第十二届：2013年4月6日至8日

论坛主题："革新、责任、合作：亚洲寻求共同发展"

中国出席领导人：习近平

与会重要嘉宾：哈桑纳尔、纳扎尔巴耶夫、吴登盛、乌马拉、萨塔、尼尼斯特、培尼

亚、洪森、约翰·基、吉拉德、本萨拉赫、恩赫包勒德、耶雷米奇

与会国家地区和代表：1600 多名中外嘉宾和代表

14. 第十三届：2014 年 4 月 8 日至 12 日

论坛主题："亚洲的新未来：寻找和释放新的发展动力"

中国出席领导人：李克强

与会重要嘉宾：托尼·阿博特、郑烘原、通邢·塔马冯、哈格·根哥布、纳瓦兹·谢里夫、凯·拉拉·夏纳纳·古斯芒、阿·弗·德沃尔科维奇、武德担

与会国家地区和代表：52 个国家和地区的 1700 多名中外嘉宾和代表

15. 第十四届：2015 年 3 月 26 日至 29 日

论坛主题："亚洲新未来：迈向命运共同体"

中国出席领导人：习近平

与会重要嘉宾：萨尔基相、菲舍尔、佐科、亚达夫、西里塞纳、穆塞韦尼、伦古、科斯格罗夫、马西莫夫、纳吉布、吕特、阿卜杜拉、勒文、理舒瓦洛夫、塔纳萨

与会国家地区和代表：49 个国家和地区的 2786 名中外嘉宾和代表

三、发起成立金砖国家工商理事会

金砖国家指巴西、俄罗斯、印度、中国和南非。金砖国家工商理事会是金砖国家合作的重要机制之一，是在习近平主席关心与指导下成立的合作机制，中方理事人选由习近平主席亲自批准。理事会由金砖五国各 5 名理事组成，代表工业和服务业的不同领域。理事会的宗旨是加强和促进五个金砖国家工商界间经济、贸易、商务和投资联系，确保金砖国家工商界与政府间的定期对话，厘清阻碍金砖国家加强经济、贸易和投资联系的问题和瓶颈，并提出解决方案。中方理事会的工作方向是推动实现习近平总书记提出的金砖国家间"一体化大市场、多层次大流通、海陆空大联通、文化大交流"的总体目标。

理事会于 2013 年 3 月 27 日在南非德班举行的金砖国家领导人第五次会晤期间成立，中远集团董事长魏家福代表中国与其他金砖国家授权代表一起签署了《金砖国家工商理事会成立宣言》(Declaration on the Establishment of the BRICS Business Council)。宣言指出，金砖国家工商理事会是加强和促进金砖五国工商界间经济、贸易、商务和投资纽带的平台；理事会将厘清阻碍金砖国家加强经济、贸易和投资联系的问题和瓶颈，并提出解决方案。合作领域涵盖包括基础设施建设、矿业及选矿、制药业、农产品加工、服务业（包括金融、信息通信技术、卫生保健、旅游）、制造业、可持续发展等在内的各个领域。中国国家主席习近平与金砖国家领导人共同见证了《金砖国家工商理事会成立宣言》的签署。

（一）信息共享与交流平台

金砖国家信息共享与交流平台由金砖国家工商理事会中方理事秘书处与复旦大学金砖国家研究中心共同合作开发运行，是 2013 年 3 月在南非德班举行的金砖国家领导人第五次会晤认可的重点项目。在金砖国家第三次经贸部长会议通过的《金砖国家贸易投资合作框架》中，该平台是"2013-2014 年金砖国家将共同推进的八项合作"中排名第一的项目。根据第三次经贸部长会议确定的由独立第三方来建设和运营这一平台的原则，《金砖国家贸易投

资合作框架》规定,由复旦大学金砖国家研究中心(下称"中心")及其所牵头的"金砖合作与全球治理协同创新中心"承担开发和建设、运营,为推动金砖国家之间贸易和投资合作的发展,提供稳定、可靠、可持续的信息服务。金砖国家工商理事会中方理事秘书处与复旦大学金砖国家研究中心建立了紧密的合作关系,旨在确保发布内容的准确性与实用性,努力将信息平台建设成为金砖国家唯一的权威信息发布平台。

(二)行业工作小组

根据理事会《章程》,金砖国家工商理事会围绕有利于推动贸易、商业和投资往来的关键行业与领域建立工作小组。每个金砖国家选择重要的 CEO 或商界领袖加入并服务于工作小组工作。这些工作小组为金砖国家工商理事会建言献策,推动理事会与金砖国家政府更好地探讨与交流。

金砖国家工商理事会下设五个行业工作小组,分别为:
(1)基础设施工作小组。
(2)能源与绿色经济工作小组。
(3)金融服务工作小组。
(4)制造业工作小组。
(5)技能发展工作小组。

(三)日常管理

中远集团一直是金砖国家工商理事会中方理事会主席单位。中方理事秘书处为中方理事会的办事机构,负责处理理事会日常事务、落实理事会各项决议。中方理事会第一次会议推荐中远集团董事会、总经理办公室负责人为秘书长,中石化集团外事局亚洲非洲处、中国进出口银行国际业务部、中材国际总裁办公室、研祥集团国际业务部等机构负责人为副秘书长。中方理事秘书处日常工作由中远集团董事会、总经理办公室承担。

中远集团牵头的金砖国家工商理事会中方理事会,坚持与各方加强沟通,有效运作,促进了金砖国家工商界间的理解与互信,得到外交部的高度认可,也得到了习近平主席的赞扬。

第二节 加入"全球契约"履行全球化企业责任

一、率先加入联合国"全球契约"行动

"全球契约"(Global Compact)这个概念,是 1999 年初时任联合国秘书长安南倡议提出的。2000 年 7 月 26 日,联合国全球契约(United Nations Global Compact)在纽约联合国总部正式发起,并进入实施阶段。安南邀请商界积极加入这项国际倡议,希望企业、联合国机构、劳工和社团组织联合起来,共同推动国际普遍遵循的有关社会公益和环境保护的原则。特别是在遵循联合国方面的人权(企业应该尊重和维护国际公认的各项人权,绝不参与任何漠视与践踏人权的行为)、劳工标准(企业应该维护结社自由,承认劳资

集体谈判的权利；彻底消除各种形式的强制性劳动；消除童工；杜绝任何在用工与行业方面的歧视行为）、环境（企业应对环境挑战未雨绸缪；主动增加对环保所承担的责任；鼓励无害环境技术的发展与推广）和反腐败等十项原则上发挥作用，有所作为。到 2004 年，全球已有 70 多个国家、1500 多家企业以及社会组织参与了全球契约。

这一时期，在经济全球化的进程中，中国的经济和社会发展越来越受到世界各国的关注。国际社会要求企业特别是发展中国家的企业，关注自然资源、生态环境、劳动者权益和商业伦理，更多地承担对利益相关者的社会责任。在强调可持续发展的大背景下，这已经成为全球化的趋势和潮流。中远集团是中国大型国企中最早"走出去"的企业之一，由于时间久、点多面广、发展环境复杂，中远深知中央企业肩负的政治责任、经济责任和社会责任以及树立好"走出去"央企形象的重要意义。秉承"和谐发展、造福人类"的可持续发展理念，2004 年，中远集团审时度势，率先表态申请加入联合国全球契约行动。2005 年 1 月，中远集团成为联合国全球契约试点单位。

2006 年 12 月 20 日，中远集团首次面向世界公开发布了《中远集团 2005 年可持续发展报告》，2007 年 3 月，《中远集团 2005 年度可持续发展报告》荣登联合国全球契约典范报告榜，成为获此殊荣的第一个中国企业和全球第一个航运公司。此后，中远集团连续 9 年荣登联合国全球契约 COP（Communication On Progress）典范榜、连续 8 年被全球报告倡议组织（GRI）评价检查认定为最高级别"A+"。

2011 年 1 月 26 日，世界经济论坛 2011 年年会在瑞士达沃斯举行，中远集团总裁魏家福出席了本届年会，并应论坛主席施瓦布教授的邀请，担任本届论坛会议的联席主席（Co-chair）。1 月 28 日，联合国秘书长潘基文举行了小型午餐会，在午餐会上正式发起了联合国全球契约 LEAD 项目的倡议，全球契约 LEAD 项目的主要目的是支持领先企业在可持续发展的表现上更上一层楼，并对企业在此方面做出的承诺给予高度认可。中远集团积极响应联合国全球契约 LEAD 项目的倡议，加入该项目并成为其督导委员会（Steering Committee）成员企业之一，并承诺以更高的标准实施全球契约的十项准则及可持续发展领导力蓝图计划（图 6-4）。

图 6-4　应联合国秘书长潘基文邀请，中远集团总裁魏家福于 2007 年 7 月 5 日出席了在瑞士日内瓦举行的联合国全球契约领导人峰会，并在峰会全会上发表了题为《履行全球契约、建设和谐企业、促进世界和谐》的演讲。

二、中远集团履行"全球契约"的行动与成果

全球契约的十项原则分别源自《世界人权宣言》、国际劳工组织的《关于工作中的基本原则和权利宣言》以及关于环境和发展的《里约原则》，不可避免地带有西方价值观的烙印。作为国有重要骨干企业，从 2005 年加入联合国全球契约后，中远集团在参与全球契约过程中，始终坚持将全球契约十项基本原则与中国特色社会主义制度下的职工民主管理和全面发展、科学发展观的绿色和谐发展理念、党风建设和反腐倡廉工作相结合，将上述原则融入战略规划和企业运营中去，并积极参与实现联合国千年发展目标，与各方携手共同应对全球挑战，探索适合发展中国家特点的企业发展模式，落实全球契约可持续发展领导力蓝图。经过不懈努力，取得了优异的社会责任绩效，并得到了全球各利益相关方的认可。

（一）全面履行"全球契约"

这一时期，中远集团坚持以科学发展观为指导，根据《联合国全球契约实施指南》《GRI2006版指南》和国资委《中央企业全面风险管理指引》《关于中央企业履行社会责任的指导意见》，以及上市公司有关社会责任的要求，以风险管理和可持续发展为主线，全面实施全球契约。

一是建立完善的可持续发展工作人员体系。在中远集团管理办公室的领导下，建立各个公司的"可持续发展委员会"和"全球契约"推进小组，指定专人专门负责可持续发展职责相关工作，并将可持续发展管理工作与信息技术结合，研究建立可持续发展信息管理平台。同时，运用现代信息技术在全球契约和可持续发展管理方面的成功应用范例，利用信息化技术建设的系统平台，提高体系执行的有效性，提升全员社会责任意识。

二是建构完整的可持续发展规划体系。根据各业务单元所确定的可持续发展风险等级，对全面实施全球契约，实现可持续发展进行了总体规划和三年期的实施进度规划，包括诚信经营、产品质量、人力资源、安全生产、员工权益、环境保护、节能减排、反腐倡廉、社会公益、企业文化建设等专项规划。2005年，中远集团以集团总公司和中远集运为试点取得了全球契约实施的初步经验。在此基础上，2006年又将实施全球契约和可持续发展报告的范围扩展到中远集团的所有航运公司、物流公司和修船公司，同时选择中远（英国）有限公司作为中远集团境外公司的试点。2007年中远集团已全面实施可持续发展管理体系，实施全球契约和可持续发展报告的范围扩展到所有二级公司，包括所有航运公司、物流公司和修船公司，共计20家。2008年，履约范围向三级公司推进。2009年，履约范围进一步向境外公司推进；各二级公司均完成了可持续发展战略风险管理体系建设。2010年，中远集团全面建立了可持续发展战略风险管理测评和考核体系。

三是运用全面风险管理的理念和手段进行社会责任风险管理，将全球契约的原则和理念融入企业的管理体系，使之成为管理制度和管理流程的一部分。按照可持续发展战略系统模型，实施全面风险管理，使践行可持续发展领导力蓝图成为企业每天工作的内容。通过长期持续改进的复杂工程，推动企业的可持续发展。

中远集团创造性地提出了可持续发展管理体系建设的16步法，建立了履行全球契约和社会责任的长效机制，以ISO9001:2000质量管理体系、ISO14001环境管理体系、OHSMS18000职业安全健康管理体系为基础，以可持续发展和全面风险管理为主线，通过风险辨识、风险评估、制定管理策略、实施解决方案、管理监控改进五步方法将企业在大环境下存在的风险，运用精益六西格玛的方法与工具，将中远集团可持续发展指标体系的指标逐项纳入相关生产经营管理决策过程和行动，形成指标化可持续发展管理体系，强化对流程和程序的管理，以规范企业社会责任行为。每年为一个周期，持续改进循环上升。2010年

11月，ISO26000 社会责任指南发布之后，中远集团将其纳入可持续发展管理体系，邀请国内相关专家对公司可持续发展体系人员进行了专题培训，提高他们对 ISO26000 社会责任指南的认识和理解。为将 ISO26000 的相关要求更好地融入公司可持续发展管理体系中，中远集团在全球报告倡议组织的帮助下将 ISO26000 与 GRI 报告指南进行了对照研究，形成了《GRI 报告指南与 ISO26000 的对照表》并制定了实施计划，在 2012 年全面宣贯和实施。

四是先后加入联合国《关注气候宣言》和《世界人权宣言》。2008 年 7 月，中远集团魏家福总裁应邀参加了潘基文秘书长在北京召开的"全球契约"座谈会并代表中远郑重宣布、正式加入联合国倡导的《关注气候宣言》。与此同时，中远集团在投资与采购行动、非歧视、结社自由与集体协商、童工、强制与强迫劳动、保安护卫工作和土著人权利等方面，严格遵守国家法律法规以及适用于本公司的有关法律法规，遵守和执行中国政府承诺的国际公约和国际劳工标准，以及其他适用的行业标准；履行尊重人权、不使用童工、不歧视员工、维护当地人权益等承诺，并在 2008 年 11 月 20 日《世界人权宣言》颁布 60 周年之际，签署了《世界人权宣言》，重申将在自己的影响范围内支持和尊重保护人权。成为中国第一家签署该宣言的国有企业。由工会依法代表员工与公司行政就涉及员工切身利益的事项进行集体协商，确保员工自由选择就业和辞职及劳动自由等权利得到维护，以促进公司与员工间的劳动关系和谐稳定，共谋公司发展；重视供应商和承包商的人权审查。考虑重要供应商和承包商方面存在的人权问题可能会破坏中远的声誉和或造成供应活动的不稳定性，因此，中远还对其加强审查，以降低管理风险。

五是不断加强党风建设和反腐败工作。在履行全球契约的过程中，中远集团坚持按照中央的部署和要求，以企业生产经营管理为中心，以保障国有资产安全、促进国有资产保值增值为目标，进一步加强惩防体系建设；全面加强领导人员作风建设，深入开展反腐倡廉教育，认真解决少数领导人员作风方面存在的问题，弘扬新风正气，抵制歪风邪气；进一步加强监督检查，创新内部监督体制机制，加强廉洁文化建设，营造廉洁从业的和谐氛围，确保企业持续健康发展；建立了完善的反腐败工作机制。2008 年，十七届中纪委二次全会期间，中远集团总裁魏家福向时任中央纪委书记贺国强递交了《全球契约十项原则》，经贺国强同志批转中纪委，作为指导国有企业工作参考，体现了党中央对中远构建惩防体系建设，融入全球化反腐败体系的肯定。

（二）打造"绿色航运业"

加入联合国倡导的《关注气候宣言》，是中远集团履行企业社会责任、兑现"全球契约行动"承诺的重要举措。自 2008 年 7 月 2 日魏家福总裁宣布中远集团正式加入联合国倡导的《关注气候宣言》起，中远积极落实该宣言提出的应对气候变化的一系列措施；特别是积极遵守国际海事组织有关航行安全和海洋环保等规定，致力于成为"绿色服务"提供者，向实现企业与人文、社会与环境和谐发展的方向不断迈进。

从世界范围来看，特别是在全球海洋环境污染中，有 35% 的污染源由船舶排放，主要是油类物质。其中，在每年的海上运输过程中，船舶排放到海洋中的石油高达 100 多万吨，是人类其他活动泄入海洋石油的 10 倍。对此，2007 年 3 月 26 日，国际海事组织指出，海运业要提高环保标准，并遏制空气污染。2007 年 6 月 6 日，在上海召开的"2007 航运科技与安全国际会议"上，全球航运界领袖喊出了节能减排的共同心声。加强海洋环境保护，是贯彻落实科学发展观、建设和谐世界的必然要求，是推动世界和谐发展的重要举措，是世界航运业界不能忘却的责任，也是中远人义不容辞的责任。

1. 节能减排

中远集团的主要资产是船舶，碳排放的主要来源是船用燃料油。在企业快速发展、燃油消耗总量增加的同时，中远集团通过调整船队结构、提高船舶营运能力、优化航线设计、降低航速，积极采用成熟技术、开发新技术等措施，使燃油单耗从2003年的8.01千克/千吨海里下降到2005年的5.17千克/千吨海里，下降了35%。到2009年又降到了4.46千克/千吨海里，同时，中远集团也加大了减排工作力度，系统内各单位货物周转量产生的二氧化碳排放量从2003年的24.83千克/千吨海里下降到2005年的16.07千克/千吨海里，下降了35%。中远集团所属的集装箱运输船队，2007年开始以经济航速运行，2008年2月份，再次宣布减速10%，力争全年节省燃油35万吨。到2009年上半年，中远集团货物周转量产生的二氧化碳排放量降到了13.87千克/千吨海里。

"绿旗"计划是美国长滩港开展的一项环境保护行动，要求进出港船舶在长滩港引航站35海里范围内，必须将速度降低到12节以内，以减少燃烧产生的废气排放量。自该计划实施以来，所有抵达长滩港的中远集装箱船舶均认真执行港方要求，严格控制进港航速，达标率为100%，获得长滩港口方面充分肯定。由此成为5家享受美国港口优惠费率的公司之一。因靠港船舶环保达标率优秀，2010年，中远集装箱船队连续第五年获得了长滩港务局环保绿旗奖（Green Flag）。与此同时，中远经营着数百万载重吨的油轮，为确保安全和环保，中远集团投入巨资建造双壳油轮，并按国际最高标准对油轮营运进行严格管理。

到2010年，中远集团的能源单耗降低为0.8吨标煤/万元收入，比2005年的1.01吨标煤/万元收入降低了20.1%。2014年，中远集团在保证安全的前提下，继续采取了降速航行措施，取得了良好效果。中远集团集装箱船队通过采取降速航行、航线优化及节能技改等措施，节能减排效果显著。全年船队平均投入运力同比增长7.65%；燃油消耗总量243.89万吨，同比减少7.16%；单箱运力油耗同比减少13.76%，按照同比增加的运力所对应的单箱位运力油耗下降的幅度来计算，公司实际比前一年减少油耗38.91万吨。中远集团散货船队也积极推进船舶降速航行工作。通过认真研究、对比分析，按不同船舶航次、机型、航速等因素确定不同的转速和油耗。2014年通过采取船舶降速航行和节能技术改造措施累计节约燃油13.28万吨。此外，中远油轮船队全年节省燃油8.87万吨；中远杂货船队全年节油5.32万吨。

2014年，中远集团通过降速航行、优化航线和节能技术改造等节能措施共节约燃油66.52万吨，减少排放二氧化碳总量约206.88万吨，减少硫氧化物总量约3.39万吨，减少氮氧化物总量约5.79万吨。这些措施的实行，对海洋环境的保护起到了重要积极作用。

2. 科技创新

为更好地承担全球契约下的社会责任，中远集团将可持续发展作为核心增长驱动因素进行投资，在科技创新领域做了大量投入。

这一时期，中远集团扮演了海运清洁能源先试先行的探索者角色，积极研究未来船舶的替代能源的发展，探索船舶动力采用核能、风能、太阳能等清洁能源的可行性。先后承担了多个船舶环保研究项目，如国家高技术研究发展计划（"863计划"）"大型远洋船—风翼柴油机混合动力低碳控制技术研究"项目，通过在"鹏龙"轮实船验证，于2015年9月顺利通过了科技部组织专家对课题进行的技术评审验收；工信部高技术船舶科研项目"太阳能在大型滚装船上的应用技术研究"，于2014年3月22日在中远"腾飞"轮上完成离网发电调试，标志着中国第一艘太阳能动力船舶落户中远集团。这些有益的探索为太阳能、风能等清洁能源作为船舶能源的补充，降低航运业燃料成本和污染排放做出了积极的贡献。

在造船领域，这一时期，船舶的环保性能成为衡量船舶的重要标准。中远下属造船企业纷纷加大对绿色船舶技术及高附加值产品的研发力度。中远川崎公司将打造能源消耗低、环境污染少、资源节约的现代造船企业作为追求目标，通过理念与体制创新不断推动技术创新，为客户带来新体验，为社会创造价值。在船舶设计上，中远川崎将"源头实现精益化"的理念融入其中。比如，提升船舶推进性能，减少能源损耗，充分考虑船型和螺旋桨的配合，所建船舶全部采用高效桨，在船舵上增加舵翼，部分船舶还采用了导流罩；淡水舱均使用无溶剂涂料，防止生活用水被溶剂污染而危害人体健康等。根据国际海事组织最新提出的船舶能效设计指数对船舶能效系统的综合评估，南通中远川崎2013年初建成交付的当时中国最大箱位集装箱船13386标箱集装箱系列船能效指数在基线以下15%–25%；汽车滚装船和散货船分别在基线以下8%和7%。这些船型在低能耗、绿色船舶市场已具有极强的国际竞争力和吸引力。

中远船务所属南通中远船务设计建造的第三代海上风电安装船"东安吉2号"成功交付。该船是当代世界最先进、自动化程度高，集大型风车构件运输、起重和安装功能于一体的海洋工程特种船舶。中远船务拥有该系列海上风电安装船的生产设计和详细设计的自主知识产权，填补了国内第三代先进海上风电安装特种船舶设计建造的空白。

为减少船舶压载水对海洋生物多样性带来的负面影响，2006年，中远专门投入配套资金3200万元和清华大学共同立项并承接了国家重大科技支撑项目《远洋船舶及货物运输在线监控系统》和《远洋船舶压载水物理净化处理技术》课题研究。其中，《远洋船舶压载水物理净化处理技术》在2009年6月通过国家科技部的验收。2010年，中远造船研制出600吨/小时处理能力的"BOS—600"型样机，2012年，中远造船研制的"海盾船舶压载水管理系统"荣获由科技部、环保部、商务部和质监总局联合颁发的"国家重点新产品"证书。《远洋船舶及货物运输在线监控系统》于2009年7月通过国际海事组织的认证批准。这两项科技项目的研制成功和投入使用，对减少船舶对海洋环境的影响产生十分重大的积极作用。此外，中远集团参与交通运输部国家项目研制开发的《船舶燃油消耗实时监控平台》和《电子控制式气阀主油器应用》被评为第一批水路运输行业节能典型示范项目；中远集团研制开发的《油轮货油加热自动测控技术的应用》和《亚普天然气在修、造船业的应用》被评为第二批全国水路运输行业节能典型示范项目。

（三）推广"全球契约"模式，打造绿色供应价值链

在自身践行全球契约的同时，中远集团积极实施价值链社会责任，以自身的社会责任价值观影响价值链企业，努力推进价值链企业履行社会责任工作。

一是与世界著名跨国公司巴斯夫携手推进中国企业的社会责任工作。为推动中国企业社会责任运动的深入和持续发展，借用蜜蜂与自然界和谐共生的形象，2007年，中远集团与巴斯夫携手《WTO经济导刊》创建了"金蜜蜂企业社会责任·中国榜"的评选活动，产生了广泛影响。

二是参加发起了中国可持续发展工商理事会（CBCSD），并于2006年2月加入世界可持续发展工商理事会（WBCSD），合作开展航运可持续发展指标指南的研究和制定。在促进自身快速发展的同时，推动供应链和相关方履行社会责任，树立了国际企业公民的良好形象，积极支持和参与中国可持续发展工商理事会的"3+1"项目，在供应链中推动社会责任向上下游延伸，将中远集团的可持续发展要求和经验向中远集团系统内部和客户，以及对相关合作伙伴进行社会责任管理理念和方式的推介，协调打造"金绿色"供应链。

三是建立绿色联盟。中远集团积极参加全球契约关注气候变化应对小组，与航运界各成员单位共同研究关注气候变化的应对策略。建立全球契约中航运公司间的交流机制；通过航运界各成员单位的最佳实践的交流，提升整个行业的可持续发展水平。

2009年11月，在青岛召开的第六届国际海运（中国）年会上，由中远带头发起的世界上最大的绿色航运联盟——CKYH联盟——发布了减速航行、节能减排的《青岛宣言》，并倡议全球航运企业响应和加入这个计划，推动了全球航运业可持续发展，取得明显成效。德国劳氏船级社（Germanischer Lloyd）执行总裁Hermann J. Klein认为，"中远集团是一个很好的榜样，展示了航运公司是如何以超低速航行来应对运输需求下降、减少燃料成本、减少碳排放及集装箱贸易中的运力过剩的问题"。

为了更好地实现降低碳排放的目标，中远集团有效地指导节能减排可持续发展工作的开展，并为客户提供有效的碳排放计算。中远集运公司碳排放计算器投入使用，真正为用户提供了一款精确统计货物在海上运输过程中碳排放总量的工具；其设计理念采用了最先进的动态优化计算模型，得到了第三方权威机构挪威船级社（DNV）的认证。

在2010年国际海运（中国）年会上，中远集团动员汉堡港、长滩港、上海港等国内外十大港口供应商共同发布了《广州宣言》，倡导大力建设智能港口、绿色港口，发展低碳物流，为推动港航业及世界经济健康发展、降低经济发展对自然与环境的影响作出积极贡献。

2010年4月15日，由中远集团发起的CKYH联盟在镇江成功举行了2010年度峰会。峰会上，各家班轮公司一致表示，将进一步增强联盟企业间的合作，同时宣布将联盟名称补充为CKYH绿色联盟，以表明联盟重视环保的决心和态度。

第三节　撤侨与海上救助行动

一、利比亚撤侨行动

进入2011年，北非地区国家政局突变，突尼斯、埃及的政局变动波及整个中东，受到最直接冲击的是地处这两个国家之间的利比亚。埃及反政府力量用基本和平的方式，迫使执政长达 30 年的穆巴拉克总统下台，使利比亚境内外的反政府力量深受鼓舞。他们采用各种手段以图推翻执政长达四十余年的总统卡扎菲。从 2 月 15 日开始，利比亚第二大城市班加西等地出现武装冲突，在国外干涉势力渗透帮助下，以 2 月 22 日卡扎菲总统发表全国电视讲话为标志，表明利比亚内战不可避免。此前持续一周的动乱严重地破坏了社会秩序。中国在利的企业和公司负责的工厂、项目、设备财产均受到不同程度的哄抢破坏。中国在利侨民的人身安全受到威胁。在此之前，在中国投资的油田、铁路和电信工程工作的中国人已经遭到持枪歹徒的袭击。在这种情况下，中国政府决定尽全力紧急撤出在利比亚的全部侨民。中国和利比亚于 1978 年 8 月 9 日建立大使级外交关系。进入 21 世纪以后，两国在经济贸易、大型工程上的合作不断加深扩大，在利工作人员也不断增加。到 2010 年底为止，中国在利比亚约有 3.5 万侨民，多集中在能源、交通和通讯三大领域工作，且大都属于参与合同项目的短期侨民。此外，还有少量的中国留学生以及投资性和生意性侨民。

2 月 22 日前后，中国国家主席胡锦涛要求有关部门"全力保障中国驻利人员生命财产安全"。胡锦涛主席和温家宝总理立即要求成立应急指挥部。国务院迅速成立由副总理张德江担任总指挥的应急指挥部，负责处理从利比亚撤离侨民的行动。

在国务院应急指挥部的全面部署下，首先启动撤侨安全保障工作应急机制，制定了海、陆、空、多国多点立体协同撤离方案，并立即实施。

作为海路撤侨的重要力量，中远集团坚决服从党中央、国务院的指挥和外交部等有关部委的安排。2 月 21 日，中远集团成立了以总裁魏家福为组长、党组书记张富生为副组长的中远撤离海外受困中国公民应急领导小组，以中远集团调度室为中心，中远各相关单位、远洋船舶、部门和个人相继进入应急状态。当日，中远集团迅速调集下属各航运企业在利比亚附近海域的 13 艘船舶，并先后决定调派中远集运"中远上海""中远青岛""天福河"三轮赶赴班加西港集结，中远香港航运"康城"轮（图 6-5）驶往米苏拉塔港待命，随时准备接送中国撤离的侨民；同时要求中远欧洲公司、中远意大利公司、中远希腊公司全力协调利比亚当地的代理，为船舶进港接侨做好一切准备工作。

图 6-5 奉命全力以赴参与撤离我国驻利比亚人员任务的中远香港航运"康城"轮。

2 月 25 日 12 时，"天福河"轮从英国的费利克斯托港返航途中接到公司传达的外交部命令，船舶立即改向驶往班加西港，接替前期已到达的"中远上海"轮，执行利比亚撤员任务。

接到执行接运中国在利比亚人员任务后，"天福河"轮高度重视此次接运的光荣政治任务，全体船员上下一心，在船舶党支部的领导下，立即制定工作方案。2 月 26 日晚，"天福河"轮靠上利比亚米苏拉塔电厂码头，船员在船上拉起横幅，贴出标语"祖国欢迎你们"。不久拉着撤离人员的第一辆巴士也到了船边，同时原先等候在客轮旁的几支队伍也向船舶梯口转移，他们纷纷询问"天福河"轮船员："这是中国船吗？"船员给予他们肯定的回答："这是中国船，是挂五星红旗的船，是中远的船，是中国政府派我们来接你们的。"同胞们的倦容中透出喜悦，不少同胞流下了眼泪。在500多名将要登船的同胞中，有7名妇女和一名伤员，伤员在撤离时受到当地歹徒的袭击，腿部骨折，要借助双拐才能慢慢移动。"天福河"轮政委知道此事后，一方面立即将7名妇女安排在一个单独的房间安置妥当，另一方面安排水手长用吊伙食的铁筐把伤员吊上船。在全体船员及各方的共同努力下，559名受困中国公民井然有序地登上船舶（图6-6）。

图6-6 受困中国公民从利比亚米苏拉塔港登上"天福河"轮。

受困中国公民登船后，船舶立即成立"撤侨临时党支部"，由"天福河"轮政委、船长、轮机长以及撤离人员中铁十一局五公司、中国长江岩土公司等有关党员同志组成。临时党支部成立以后，党支部成员保持密切联系，并互相配合，保持良好秩序，及时了解同胞思想动态，做好劝导工作，做到"三个确保"：确保思想情绪稳定；确保人员安全，不去危险的场所，防止发生意外；确保船舶和设备安全。在同胞们登船以后，临时党支部组织了升国旗仪式，在飘扬的五星红旗下，全体船员和同胞都深切感受到"祖国是我们强大的后盾""祖国在我心中"，深切感受到同胞间的骨肉亲情，深切体会到作为中国人的自豪感和责任感。同时，在航行途中，还分批组织同胞参观驾驶台，让大家了解祖国远洋运输事业的发展（图6-7）。

由于"天福河"轮是集装箱货船，559名受困同胞上船后，只能在船舶生活区里安顿，船员们尽最大努力，在生活区的走廊、休息室、乒乓室、接待室和餐厅等可利用的空间，因地制宜地进行了布置，为同胞提供休息的场所。船上还腾出了部分船员的房间，提供给撤离人员休息；对伤病人员利用船上现有的药品进行及时处理，使伤情得到

图6-7 航行途中，"天福河"轮船员与撤离的受困中国公民代表一同在船上举行了升国旗仪式。

很好控制。由于走道里距离机舱较远的部分地方温度相对较低,加上保暖设施有限,船上的值班人员在巡视过程中,发现有几名撤离侨胞患上了感冒,便立即向政委报告。政委对此相当重视,考虑到房间已经全部住满,不能再安排人员,决定临时将轮机部办公室安排给患病的侨胞,以确保他们有一个较好的疗养环境。

船上为24名船员做饭的厨房要为近600人提供伙食。为了解决大家的用餐问题,船上每天安排两餐,大厨、大台在餐厅打地铺睡觉,凌晨三点钟起来开始准备第一顿饭,从早到晚利用三个电饭煲、四个电炉板、一个水汀缸连续不断地运转。早餐从7点开始,到10点半结束,需要三个半小时。这样就需要船员维持秩序。中方撤离人员在走廊里排队、盛饭、吃饭,像流水线一样快速,拿到饭的撤离人员就站在走廊的一边吃,吃完马上把碗递给船员或撤离人员中帮厨的同胞,立即清洗,洗好又马上投入使用,紧张而有序。船上只有200多个碗,而每次使用总量达到1000多个。船上厨房加班加点不停地做,组织在船人员分批分时间段轮流用餐,保证在船人员吃上热菜热饭。

北京时间27日7时45分,"天福河"轮载着559名中国公民,由利比亚米苏拉塔港起航,经过近42小时的航行,历经535海里航程,于3月1日2时20分,安全顺利抵达希腊克里特岛的伊拉克里翁港,安全圆满地完成撤离利比亚受困中国公民的艰巨任务。

在"天福河"轮顺利完成接侨工作的同时,"中远青岛"轮、"康诚"轮还在坚守。"中远青岛"轮经过整整7天的待命守候,其间经历了两次奉命起航,又两次奉命返回锚地继续待命;2月28日1时35分,"中远青岛"轮接到撤离通知,恢复航线运行。3月1日1时31分,北京总调告知在利比亚米苏拉塔港地区的侨民已经全部撤离,1时45分,"康诚"轮收到可以撤离的通知,起锚复航。至此,"中远青岛"轮、"康城"轮利比亚接侨之旅也画上了圆满的句号。

到3月初,在利比亚的中国侨民3.5万人全部安全撤离。在这场新中国成立以来最大规模的有组织撤离海外中国公民的行动中,中远集团以高度的政治责任感和使命意识,视国家利益高于一切,把爱国奉献放在首位,圆满地完成了党中央、国务院下达的撤离利比亚中方人员的任务,再次以实际行动诠释了国有企业作为"共和国长子"为国分忧的深刻内涵,树立了中国是一个负责任的大国形象,树立了中远作为跨国企业勇于承担社会责任的企业形象。

二、越南撤侨行动

2014年5月初,中国在南海西沙群岛邻近越南海域设置钻油平台,引发中越船只对峙碰撞,越南反中情绪愈演愈烈,从游行渐渐演变成暴力打砸事件。越南平阳、胡志明、同奈、隆安、巴地头顿、河静、太平等省市均发生了针对中资企业和人员的暴力打砸事件。中资企业和人员生命财产受到威胁。

2014年5月16日14时50分,交通运输部海事局通知中远集团,安排7名有经验的远洋大副以上的船员,于5月18日出发执行国家紧急任务。接到上级单位要求协助撤员的紧急通知后,中远集团党组高度重视,立即召开专题会议进行部署,要求下属单位中远航运、中远散运于17日晚之前紧急集结5—6名表现优秀、业务精湛、中共党员身份的船长,在广州和天津分别待命。5月18日0时58分,中远集团接到交通运输部海事局通知,要求在广州集结的5名船长赶赴海口执行接回中国在越人员的紧急任务。在中远集团的统一指挥下,5名船长和相关管理人员克服了广州暴雨航班大面积延误等问题,准时抵达海口,遵照交通运输部海事局安排分别登上"五指山""铜鼓岭""白石岭""紫荆12号""粤海铁四号"5艘船舶。

5名船长上船后立即进入工作状态,协助在船船长核查海图等航海资料、通讯导航设备、船舶证书和船员证书,并组织召开在船船员动员布置会议。由于本次参加撤侨的船舶主要从事沿海运输,存在着有些船舶小、缺乏远洋海图等航行的资料和应急通信设备,人员英语不熟练、缺乏航线设计经验等问题,派出船长在了解以上情况后一方面联系船东尽快补缺,另一方面研究替代方案,并向公司汇报处理。航行期间,他们坚守驾驶台做好远洋航行指导,并发挥英语优势做好船舶进出港引水、代理、国际船舶的沟通协调,尽最大努力保证船舶航行和进出港安全。

5月18日,"五指山""铜鼓岭""白石岭""紫荆12号"先后开航赴越南河静执行接员任务,经过三日两夜的奋战,截至5月20日,共运送3553名同胞平安返回祖国。

在执行越南撤侨任务的过程中,中远船员表现出危急关头义无反顾的大无畏气概,展示了中远船员队伍"招之即来、来之能战、战之能胜"的优良传统和精神风貌,凭借丰富的航海经验和一流的专业素质,克服了时间紧、任务重、要求高等诸多困难,为接员任务的圆满完成做出贡献,以实际行动证明了中远船员队伍是一支具有光荣革命传统、忠于祖国、热爱远洋、爱国奉献的优秀队伍。

三、救助海上遇难船舶及人员

海上人命救助是航运企业的国际义务,也是中远集团一直秉承的优良传统。作为中远履行社会责任的重要组成部分,航行在四大洋的中远船舶通过无数的救助案例,彰显了中远高尚的国际人道主义精神和作为全球契约先锋企业的内在品质和良好形象。

(一)救助遇险船舶

2005年4月3日,一艘载原油119574吨的葡萄牙籍油轮"阿提哥"号在大连新港附近险礁搁浅。大连远洋接到辽宁省海上搜救中心值班室险情救助指示后,立即派人参与现场救助工作,提供技术支持,协助制定操作方案。在有关方面的共同努力下,经过30个小时的紧张工作,"阿提哥"轮于4月4日17时成功脱浅并安全靠泊。

2005年7月2日,浙江舟山千岛船务有限公司所属总吨为2491吨的"千岛油1"轮在大连港外锚地西侧与一艘马来西亚籍集装箱船相撞。中燃大连公司在海事部门的组织下,派出"连油1"轮,立即前往事发地点,靠泊"千岛油1"进行货油过驳。"连油1"轮在大雾迷茫能见度不足100米的情况下,从"千岛油1"过驳下657吨货油,使该轮破损口下边缘露出海面约0.5米,使涌浪基本不进舱,油水不再外流,为事故处理和污染控制提供了有力的支持,展现了中远人的良好风貌。

2006年,中国海上搜救中心特致函大连远洋,对元月12日,大连远洋"鄱阳湖"轮参与救助辽宁籍远洋渔业加工船"辽渔 12 号"在成山头东北约 30 海里处起火遇险一事给予了赞扬。

2009 年 5 月，中燃连云港公司"云油 3 号"轮全体船员在连云港海事局的统一部署下，成功救助遇险船舶，成功避免了一起重大海洋环境污染事故，受到海事当局的高度赞扬。

2011 年 7 月 25 日，厦门远洋"泰安城"轮 83 航次从国内天津港驶往中美洲的哥斯达黎加，7 月 25 日 15 时接获中国海上搜救中心通告，获知载有 11 名中国船员的中国山东籍渔船"鲁荣渔 2682"在日本小笠原群岛南鸟岛以北 330 公里海域（经纬度：2702N/15317E）发生引擎故障，无法正常行驶，且有沉没危险，紧急呼叫请求搜救。与此同时，"泰安城"轮船长在 VHFCH16 频道上，也收到日本海上警卫队呼叫和日本电台发出的航警，要求所有在事发现场附近的船舶要加强瞭望，报告有关情况。当时"泰安城"轮距"鲁荣渔 2682 号"渔船大约 100 海里，根据中远集团、厦门远洋的指示，立即改变航向前往救助。北京时间 25 日 23 时，"泰安城"轮发现"鲁荣渔 2682 号"渔船，得知渔船发生通信故障、机舱进水，主机和辅机已经全部被水淹没，船舶失去动力和电源，只剩少量的蓄电池，船员在全力进行排水，船舶无沉没危险，船员情绪稳定。根据沟通，"泰安城"轮采取守护措施，加强瞭望，打开船舶特殊情况照明灯，将渔船照亮在可视范围，同时使用雷达锁定渔船，确保过往船舶安全。北京时间 26 日 22 点时日本巡逻船到达出事海域展开救援，经过多方的沟通和协商后，在确认船舶无沉没危险、船员安全的情况下，厦门远洋"泰安城"轮于北京时间 27 日 0 点 30 分完成守护"鲁荣渔 2682 号"任务，续航离开出事海域驶向哥斯达黎加的卡尔德拉港。

2011 年 1 月 27 日下午，泉州太平洋码头公司"泉港拖 1"拖轮赶往泉州湾锚地参与"昌远 68"轮海上救助行动。18 时 40 分，在引航员指令下，"泉港拖 1"拖轮与其他三艘拖轮共同将断链弃锚的"昌远 68"轮安全护送至泉州后渚港。随后又配合其他拖轮及消防车进行喷淋灭火，彻底排除"昌远 68"轮险情。

2013 年 1 月 17 日，"安康江"轮航行于成山角南部水域。10 时 22 分，"安康江"轮突然接到山东省海上搜救中心电话，告知广西防城锦航船务有限公司的一条 5000 吨级杂货船"锦航 19"轮在从福建漳州开往辽宁途中船壳板破裂，货舱进水，失事后已失去联系，报警位置距最近海岸也超过了 100 海里。"安康江"轮接到任务后，即刻开启两部雷达搜索，驾驶台增派人手加强瞭望搜寻，并在 VHF16 频道呼叫该船。10 时 30 分左右，"安康江"轮在 VHF16 频道联系到该船，了解到该船船壳板破裂货舱进水、单边带（SSB）故障、没有卫通电话的情况，立即将相关情况报告给山东省海上搜救中心，并根据搜救中心要求，做好"锦航 19"轮与岸基的信息传达并协助其开展自救。在"安康江"轮伴随护航下，"锦航 19"轮通过自救，船体破裂及货舱进水得到控制。21 时 45 分，"安康江"轮完成任务续航前往上海。1 月 18 日，山东省海上搜救中心给中远航运发来感谢信，对中远航运及公司所属"安康江"轮船员发扬人道主义精神，协助搜救失事船舶表示衷心感谢。

2013 年 10 月 27 日，中远香港航运"安平"轮航行至地中海地区，希腊当地时间 12

点，接到希腊海岸警卫队的救助要求，有一艘载有120余人的船舶正面临物资极度匮乏的困境，船上众人的生存状况岌岌可危。船长紧急报告公司，公司领导立即指示"安平"轮在确保本轮船舶与船员安全的前提下，不惜一切代价救援遇险船舶。"安平"轮全速赶往求救地点，全体船员迅速行动，提前做好救援前的各项准备工作。12点15分，通过雷达变换量程对周围海域的搜索，船长发现了一艘小船，距离8.5海里，速度8.1节。由于该船没有配备VHF，它是否就是发出求救信号的船舶、求救内容到底是什么，"安平"轮都无从知晓，也不敢贸然前进。谨慎起见，船长再次与海岸警卫队取得联系，报告情况。13点43分，海岸警卫队侦查飞机抵达小船上空。此时，"安平"轮距目标船仅0.3海里，清晰观测到小船无任何求救指令或信号，船员们甚至猜测这小船会不会是海盗船假扮遇险船舶，企图趁机偷袭。每个船员的心都紧绷起来，守卫本轮安全与急切实施救援的心情矛盾交织。

14点10分，海岸警卫队发来小船的求救内容——原来船舶在海上航行多日，船上老弱妇孺众多，已面临食品、水源告急的绝境。海岸警卫队立刻通知"安平"轮给予小船食物、淡水援助，保障船上人员生命安全。得到指示后，船员们马上开始准备救援物资。有人赶到储藏室拿来绳索等必要的援助工具，有人从伙食库搬出船上储藏的方便面、饼干、罐头、牛奶、矿泉水和各种水果，大副带领甲板部所有人员准备就绪，等待小船靠近。

14点40分，小船靠上了"安平"轮，映入他们眼帘的是一艘残破的小船，空间狭窄，没有遮蔽。不过20米长的小船上，却密密麻麻载满了百余名男女老少。15点25分，所有物资安全传送完毕，小船缓缓离开。小船上所有人相携起身，朝"安平"轮举手致敬，大喊："China! Good!"船员们也纷纷挥手表达祝福。随后，"安平"轮将救援情况回复给海岸警卫队，恢复了正常航行。

2014年9月4日，当地时间18点37分，航行在北太平洋的中远集运所属"中远纽约"轮收到危地马拉搜救中心直升机的呼叫，请求救援附近海域遇险渔船。在向公司报告后，船长随即发出全船警报，全体船员按应变部署表各就各位准备进行救援。经过海面仔细搜寻，"中远纽约"轮船员发现并确认了遇险渔船。在船长的指挥下，在轮机部船员的全面配合下，"中远纽约"轮于19点20分在遇险渔船上风0.5海里处停下。20点05分，遇险渔船靠妥"中远纽约"轮左舷。经进一步沟通得知，因为风浪太大，小渔船无法驶回岸边，船上已无油、水和食品，需要提供援助。"中远纽约"轮立即为其提供了充足油、水和食物，在确认遇险渔船不再需要进一步救援后报危地马拉搜救中心和公司，本次援救结束，于20点35分续航。

当地时间2015年1月7日8:30，在西班牙阿尔梅里亚东南约60海里处阿尔沃兰海域（北纬35—36度、西经1—7度），由埃及驶往直布罗陀海峡阿尔赫西拉斯锚地加油的中远香港航运"宏兴"轮正按照预定的航线航行。值班的瞭望人员发现一艘载有13名人员小艇从远处向船舶驶近，艇上人员向"宏兴"轮挥手并高声呼救。正在驾驶台上值班的船长迅速命令机舱备车并转向，要求全体船员紧急行动，做好营救准备，并立即向公司发报请示。按照指示，"宏兴"轮立即向西班牙阿尔梅里亚当地搜救中心报告情况，搜救中心要求其继续做好现场守护，等待救援力量。按照指示，"宏兴"轮停车保持与小艇的安全距离，并做好了突发情况下的营救预案。看到中国船员始终守护在一旁，求救人员的心逐渐安定下来，情绪保持稳定。当地时间 1 月 7 日 12 时，救助直升机抵达现场，"宏兴"轮与直升机和搜救中心确认转交了救助责任。经过四个小时的守护，艇上 13 人最终得到救援、脱离险境。"宏兴"轮于 12 时 30 分续航。2015 年当地时间 1 月 7 日晚，西班牙阿尔梅里亚当地搜救中心向中远集团所属中远香港航运有限公司"宏兴"轮发来感谢信，对"宏兴"轮船长及船员发扬国际人道主义精神、在地中海及时援助 13 人表示了感谢和赞赏。

2015 年当地时间 1 月 12 日 8 时 50 分，航行至澳大利亚附近水域的中远散运"新发海"轮收到澳大利亚搜救中心（AUSRCC）的紧急信息——位于"新发海"轮正西 60 海里处一艘商船遇险，完全失去动力，正向大堡礁方向漂航，预计 10 个小时后将有触礁搁浅危险。接到澳大利亚搜救中心通报后，"新发海"轮船长从电子海图 AIS 信息中发现，"新发海"轮是距离事发船舶最近的船舶。船长立即与公司汇报情况，并与澳大利亚搜救中心联系确认救助指示。9 时 20 分，"新发海"轮改变航向赶赴事发水域。随后，他们与遇险商船船长取得了联系。经确认，该遇险商船长 132 米，宽 16 米，满载，船籍港为安提瓜，船上共有 12 名船员。13 时 20 分，"新发海"轮抵达遇险现场附近，23 时 52 分，在澳大利亚搜救中心海警橡皮艇的协助下，"新发海"轮拖带遇险商船到达预定安全水域，顺利完成遇险商船海上拖带救助任务。阻止了出事船只漂向大堡礁敏感水域而可能引发的搁浅，避免了海洋环境污染事故的发生。为确保遇险商船安全，"新发海"轮按照澳大利亚搜救中心要求，在遇险船舶附近继续守候直至 13 日清晨澳大利亚港方救助拖轮抵达才恢复航行。澳大利亚海事当局对"新发海"轮成功救助遇险商船向中远集团表示感谢，对"新发海"轮全体船员在救助过程中专业、出色、优秀的表现给予了高度的认可和赞扬。2015 年 8 月，中远集团收到国际海事组织发来的嘉奖信，对中远集团"新发海"轮在大洋洲水域成功救助遇险商船予以嘉奖。国际海事组织秘书长在信中写道："针对中国政府日前提交的关于'国际海事组织 2015 年海上搜救特别勇敢奖'的提名，我非常高兴地通知你们，国际海事组织委员会决定授予贵轮嘉奖信，以表彰贵轮 2015 年 1 月 12 日成功拖带失去动力的遇险商船 THOR COMMANDER 至安全海域，从而阻止了出事船只漂向大堡礁敏感水域而可能引发的搁浅以及海洋环境污染事故的发生。在转达国际海事组织委员会感谢的同时，我也想借此机会表达个人对贵轮的热烈祝贺。贵轮在完成救助、保护海洋环境中专业、出色、优秀的表现值得称赞。"

（二）救助落水人员

2005 年 4 月 30 日，正在英吉利海峡航行的中波公司"李白"轮，在海上成功救起因游艇故障遇险的 3 名英国游客，并将他们和小游艇安全移交给法国海岸警卫队。中国海员的国际人道主义精神在英、法两国一时传为美谈。

2005 年 6 月 16 日 13 时 50 分，大连远洋"远明湖"轮正行驶在印度洋上，发现船艏右前方约 3 海里处的洋面上有一橘黄色漂浮物，经分析认定为一艘颠覆倒扣的小渔船，两名遇险人员趴在倒扣的渔船上。船员立即进行救援并向公司和印度海上搜救中心报告。经过救援，两名精疲力竭的遇难者成功获救。23 时 30 分。两名获救印度青年在中国船员护送下，登上印度"230 号"救助艇（图 6-8）。

图 6-8 "远明湖"轮船员勇救印度落水青年。

2005年9月21日，正在连云港2号锚地抛锚待泊的中远航运"碧江"轮接到连云港交管中心指令后，克服恶劣天气和夜间搜救等重大困难，赶往沉船海域，在连云港附近海域成功救起沉没渔船"苏赣渔02506"9名落水渔民中的2名，并作为搜救现场指挥船配合连云港搜救中心积极进行现场搜救协调工作，使另外6名落水船员也被成功救起。"碧江"轮的搜救行动得到了连云港海事主管机关和地方政府的高度评价。

2005年11月18日，青岛远洋"天荣海"轮从澳大利亚回航驶达菲律宾吕宋岛附近海域时，接到韩国籍BRIGHT SUN轮遇险报警，并迅速赶往事故现场投入搜救行动。在现场海况恶劣，其他船舶救助未果的情况下，成功地救助了发现的救生艇上全部20名外国船员。再一次体现了中国海员良好的专业技术水平和高尚的人道主义精神。12月2日，中国海上搜救中心致函中远集团对"天荣海"轮救助遇险船员通报表彰。

2006年3月19日，深圳远洋所属船舶"天岭"轮在连云港进港途中，发现一艘将要沉没的渔船"苏赣渔05112"上有8名渔民求助，这些渔民拥簇在翻转的渔船和浮球上，已漂浮了近8个小时，大部分渔民已冻僵，情况十分紧急。中远船员本着"以团结互助为荣"的宗旨和中远对海上人命财产高度负责的传统，成功救起全部渔民。"天岭"轮船员的良好素质和职业道德得到了连云港地方政府和遇险渔民的高度赞誉。

2006年6月21日，正在南太平洋航行的青岛远洋华林公司外派"金先锋"轮突然接到智利海上救助协调中心电话，得知秘鲁籍"沃根·那蒂维德"轮遇险，5名船员亟需救援。在智利海军水上飞机的协助下，"金先锋"轮迅速赶到出事地点，赶在船舶完全沉没前将5名已经浸泡在海水中的遇险船员救上船，并将5名获救船员安全送往智利阿里卡港的智利海军舰艇。中国船员救助秘鲁籍船舶5名遇险船员的事迹在当地引起强烈反响，智利海上救助协调中心向"金先锋"轮发来了感谢信。对中国船员在危急时刻所表现出的勇敢、献身和团结精神，及出色地履行《国际海上人命安全公约》中的要求，表示高度赞赏。

2006年8月18日夜，中远集运"永定河"轮在长江口水域，成功救起了"DONG SUN"轮的7名遇难船员。当时遇难船舶左舷朝天，右半面舱盖已有一半浸在水中，甲板上，人无法站立，船随涌浪颠簸，随时都有倾覆危险，"永定河"轮政委带头组成5人救助队，乘坐救生艇在风急浪高中将7名遇难船员全部拯救上船。8月24日，中远集运收到上海海事局发来的感谢信，感谢信称："永定河"轮船长及全体船员在他船人命财产安全受到严重威胁的关键时刻，见义勇为、大公无私、友爱相助，表现出了优秀的职业素养，为海事部门组织救助提供了有力支持，这种高尚的职业精神值得航运界学习。中远集团领导高度评价"永定河"轮的救助行动，并予通报表扬，号召全系统向该轮船员学习。

2007年1月7日，中远集运"东河"轮正在香港海域航行，5时13分接到香港海事搜救中心信息：离该轮 12 海里处有一渔船沉没，10 名渔民落水。"东河"轮当即响应，并启动船舶应急预案，赶往事发海域。在这场搜救中，"东河"轮按海事中心的要求，负责"搜救组织者"的任务，承担香港海事搜救中心与搜救飞机、搜救船的通信联络、指挥协调、信息传递，帮助 7 名遇难船员成功获救。

2007 年 2 月 6 日，青岛远洋外派"东方之星"轮在澳大利亚北部卡奔塔利亚湾港外锚地抗击"NELSON"强台风时，接到来自台风中心海域一艘名为"WUNMA"的船舶发布的遇险求救信号，立即赶往失事海域，并及时报告船东。在气压为 985 毫巴，风力达 12 级以上，涌浪高达 6 米的台风中心，"东方之星"轮沉着操控，最终协助直升机将货舱大量进水、主机失控、船体右倾 4 度的遇险船舶上的 10 名澳大利亚船员成功救助上岸。

2007 年 8 月 13 日 17 时 47 分，正在按正常航线驶往目的港日照的中远散运"天丽海"轮收到遇险船舶"蕲阳"轮由中高频发送的遇险电文和 VHF16 频道发出的呼救，迅速驶往连云港东南 170 海里左右的事发海区。根据连云港搜救中心指示负责现场搜救指挥，经过多方共同努力，经过 4 小时抢险，14 名遇险船员全部获救。8 月 13 日，连云港海上搜救中心向中远散运和"天丽海"轮发来了感谢信，表达了对"天丽海"轮全体船员的感谢和敬意。

2007 年 9 月 1 日 7 时 55 分，天津津神客货轮船有限公司"燕京"轮从日本返回天津港，行至韩国巨文岛以西 20 海里处时，发现 3 名漂浮在泡沫渔浮子上的遇险人员，"燕京"轮迅速调转船头进行施救，并立即向公司和韩国丽水海岸警备队取得联系。9 点钟左右，"燕京"轮将成功救起两名遇险者。11 时 44 分，"燕京"轮将两名遇险者和一名遇难者的遗体移交韩国海上警卫队。"燕京"轮的人道主义救助得到了 100 多名中外旅客的广泛赞誉。韩国海岸警备队官员通过卫星电话代表韩国政府向天津津神客货轮船有限公司和全体船员表达了感谢和崇高的敬意。

2008 年 6 月 30 日，青岛远洋"铜山海"轮在广州桂山锚地等待进港，收到"远顺德"轮遇险信息后，通过有效的救助引导和应急反应，协助海巡救助船在极短的时间内使 15 名遇险船舶船员全部得到救助。

2008 年 7 月 30 日，中远香港航运"大亚海"轮在第 29 航次从澳洲开往美国的航行中，接到澳大利亚救助中心发出的一艘名为"ILLUSION"的小游艇在南纬 23 度 50 分 48 秒、东经 157 度 44 分 24 秒遇险的紧急电传。"大亚海"轮迅速改向开往遇险点实施救助，并将遇险 2 人安全送抵指定港口。

2008 年 11 月 9 日，中远集运"中远布里斯班"轮在按计划驶向盐田港的途中，从一艘即将沉没的游艇上救起 2 名澳大利亚公民，在靠妥盐田港后，深圳中远船代协调澳大利亚总领馆、地方边检和海关等相关部门，进行了后续的安置工作。

2009 年 6 月 13 日凌晨，大连远洋"紫云峰"轮在山东莱州靠泊卸货的过程中发现一名身穿救生衣的落水者。该落水者系本地渔民，在获救后告知，他因渔船遇风浪翻扣落水，尚有两名落水者下落不明。船长立即启动了紧急救助程序，并向莱州海事局进行报告，于 8 时 23 分，将另外的二名落水者也救上船。6 月 15 日，烟台市海上搜救中心发来感谢信，对"紫云峰"轮船员不顾海上风大浪急、见义勇为的精神，高尚的职业道德风范和娴熟的航海技能表示感谢。

2010年12月31日，黄海风大浪急，中远香港航运/深圳远洋"通海"轮满载着两万多吨的煤炭，正向着东南方向行驶。下午四时刚过，"通海"轮接到江苏海上搜救指挥中心打来的卫通电话，要求"通海"轮火速参与到搜救在附近海域失事的朝鲜籍货轮"强峰"轮。接到讯息，"通海"轮迅速定位"强峰"轮经纬度，调头驶向失事船舶海域。此时失事海域风力已加大到9级，阵风10-11级，"通海"轮在惊涛骇浪和漆黑的夜色中沿着搜寻路线，不断掉头反复仔细地寻找。经过30多个小时的全力搜寻，"通海"轮和其他4艘大型船舶成功地协助救起5名遇险朝鲜船员。1月1日下午2时30分，搜救行动宣告结束。

2011年当地时间2月6日17时40分，中远散运"舟山海"轮在巴西图巴罗港锚地值班瞭望期间，发现船舶左前0.8海里处一条小渔船正在迅速下沉。短短几分钟后，渔船只有船头露在水面上，并可能已有人员落水。值班船员立即向船长报告情况。船长马上组织船员按照应急预案做好营救落水人员的准备。在全体船员齐心协力下，于19时10分成功救起包括1名妇女和1名老人在内的4名当地落水渔民。20时25分，当地救助局小艇到达"舟山海"轮，并接走四名获救人员。

2011年11月21日，中远航运"金广岭"轮在由非洲刚果开往中国靖江途中，在西沙群岛永兴岛偏东100海里处，收到中国海上搜救中心关于韩国籍船舶"闪亮红宝石"轮（BRIGHT RUBY）沉没的险情通报后，及时调整航向，全速驶往事发海域，并在中国海上搜救中心的协调下，第一时间主动实施救助，成功救起10名遇险外籍船员。11月29日，中国海上搜救中心在江苏靖江港举行隆重的表彰仪式，受交通运输部副部长徐祖远委托，江苏海事局副局长陈桂平代表交通运输部和中国海上搜救中心，在仪式上向"金广岭"轮颁发感谢函和奖励金，以表彰该轮积极履行国际公约有关义务的行为和全体船员高尚的国际人道主义精神。

2012年2月2日，一艘往返于巴布亚新几内亚城市港口间的"拉包尔女王号"渡轮在所罗门海域沉没，船上载有350多人。途经此海域的中远集运"中河"轮收到了澳大利亚搜救中心转发来的遇险信息后，立即请示上级，迅速得到上级的支持，折返南下，主动投入搜救行动。11点，"中河"轮抵达事发海区，在狭窄的勇士号海峡（Vitiaz Starait），冒着8级以上大风，根据现场协调船的部署立即投入海上搜救。共成功救起29名遇险人员，其中10名男性、15名女性，4名儿童，最小的获救儿童年仅6岁（图6-9）。获救者大部分是巴布亚新几内亚人，体力透支、情绪很不稳定，对于获救人员"中河"轮给予了积极的救治和妥善的安置，并通过船舶通讯让他们和家人联系，报告平安。通过大家的努力，获救人员的情绪逐渐得到平复。2

图6-9 "中河"轮营救巴布亚新几内亚海难落水人员

月3日凌晨3点多,"中河"轮在莱城港引水站附近与港口当局完成了人员移交工作,29名获救人员安全离船。

2月12日,交通运输部李盛霖部长委托浙江省海事局局长高军,专程在"中河"轮返回国内第一港——宁波港上船慰问全体船员。高军局长宣读了中国海上搜救中心发来的慰问信,并代表中国海上搜救中心为"中河"轮颁发了"国际救援、大爱无疆"的锦旗和4万元救助奖励资金。

2012年当地时间8月30日1时05分,中远航运"大青霞"轮从东非回国航行于东印度洋海域时,收到澳大利亚海事搜救中心发出的搜救信息,信息称:国际时间8月29日17时33分,发现一艘载运150名人员的客轮在爪哇岛和苏门答腊岛之间海域沉没。此时,"大青霞"轮距出事地点尚有158海里。生命高于一切,"大青霞"轮开足马力,赶往出事地点。全体船员克服风大浪大、涌高流急等困难,经过不懈努力,成功救起1名落水者,充分展现了中国海员高尚的人道主义精神和精湛的专业技能。

2013年2月,国际海事组织(IMO)给中远集团发来表扬信,表彰中远集团所属"金广岭"轮、"中河"轮积极参与海上救助的感人事迹。IMO秘书长Koji Sekimizu在信中代表IMO向"金广岭"轮、"中河"轮全体船员克服困难,实施救助行为表示感谢。

2013年9月4日凌晨,航行在地中海西班牙沿海海域的中远集运欧洲航线班轮——"中远亚洲"轮收到阿尔梅利亚海事救援协调中心转发的遇险信号,在地中海西部海域成功救助一艘遇险游艇。船员们优秀职业素养和救助行动中的出色表现,受到西班牙海事救援协调中心的高度赞扬,当日下午6时许,阿尔梅利亚海事救援协调中心向"中远亚洲"轮发来感谢信。

当地时间2014年7月26日凌晨3点,正在地中海执行班期任务的"中远盐田"轮,突然收到罗马海事救援协调中心发来的信息,要求该轮调头搜救一艘遇险木船。"中远盐田"轮迅速折返,航行了25海里后抵达指定搜救区域。经过6个小时的搜救,"中远盐田"轮成功救起299名遇险者,其中有42名女性和54名儿童。随后,船长根据罗马海事救援协调中心的指示,驶往意大利西西里岛的PAZZALO港。

当地时间2015年10月17日16点33分,正航行于南太平洋上的"中远上海"轮从高频中意外地收到了遇险报警信号。当值大副迅速确定遇险船舶在"中远上海"轮航线左前方35海里处并立即报告船长。在确认航线安全的情况下,"中远上海"轮将航向调整到遇险船舶方向航行,同时通过卫通将情况报告给公司及澳大利亚搜救中心(RCC)。17点48分,"中远上海"轮收到澳大利亚搜救中心的遇险电文,确认了遇险船舶名为FOXHOUND,船上共有21名菲律宾籍船员。18点43分,"中远上海"轮与遇险船员取得联系,经确认21名船员已经逃离大船,正在一艘失去动力,且因大风浪而不断进水的救生艇中等待救援。在风浪大、能见度极差的夜间,"中远上海"轮采取倒车再减速,以0.6节的速度加侧推极慢靠近遇险小艇。20点03分,第一名遇险船员通过带缆爬上了"中远上海"轮,20点33分,21名遇险船员全部成功获救。重获新生的遇险船FOXHOUND船长Jonathan M.Montel写下了肺腑之言:"感谢'中远上海'轮船长和全体船员救了我们的生命,如果没有你们,我们就不在了。"10月22日,菲律宾驻澳大利亚悉尼总领事馆

MARFORD ANGELES 领事等一行 6 人，登上了刚刚停靠在澳大利亚悉尼港的"中远上海"轮，慰问获救的 21 名菲律宾籍船员，并向"中远上海"轮表示感谢。

2015 年 9 月 30 日，大连远洋"玄武湖"轮从韩国德山驶向香港，航经东海水域时，接到韩国蔚山港的拖轮"BOSUNG LEADER"发来的求救高频，其拖带的客船"COSMOS 1"船正在横倾，船上有 13 名菲律宾籍船员，请求帮助。时间就是生命，"玄武湖"轮立即向大连远洋作了汇报，船岸迅速启动应急程序，"玄武湖"轮快速抵达现场，联系"BOSUNG LEADER"得知，已有 5 名落水船员在"COSMOS 1"倾覆初始获救，另 8 名船员下落不明，在先后与北京中国海上搜救中心和上海海事局取得电话联系，"玄武湖"轮被任命为现场搜救协调指挥船，在"玄武湖"轮及各方的共同努力下，经历了两个半小时的全力搜救，8 名落水人员全部脱险获救。

2015 年 6 月 29 日 14 时 22 分，中远集运"纳西河"轮 168N 航次从泉州驶往营口鲅鱼圈港途中，在鲅鱼圈附近海域接到营口交管通知，距"纳西河"轮后方约 8 海里处有一运沙船"苏航 868"轮遭遇大风浪，船舱进水，船上 5 名船员的生命随时处在危险之中，要求"纳西河"轮全速驶往遇险船所在海域进行救助。接到交管通知后，"纳西河"轮立即掉头全速驶往遇险海域，16 时 45 分，该轮执行交管的指示，在遇险船旁边守候待命，现场配合救助飞机参与救助，成功将 5 名遇险船员救起。2005—2015 年中远集团船舶救助落水人员情况见表 6—1。

中远集团船舶救助落水人员情况（2005—2015 年） 表 6-1

时　　间	船舶名称	救助地点	事　　故	救助人员
2005/4/30	李白	英吉利海峡	游艇故障	3 名英国游客
2005/6/16	明湖	印度洋	渔船翻扣	2 名印度渔民
2005/9/21	碧江	连云港海域	渔船沉没	8 名中国渔民
2005/11/18	天荣	菲律宾海域	韩籍船遇险	20 名船员
2006/3/19	天岭	连云港海域	渔船沉没	8 名中国渔民
2006/6/21	金先锋	智利海域	秘鲁籍船遇险	5 名船员
2006/8/18	永定河	长江口水域	轮船倾覆	7 名船员
2007/1/7	东河	香港水域	渔船沉没	7 名中国渔民
2007/2/6	东方之星	澳大利亚水域	轮船遭遇台风	10 名澳籍船员
2007/8/13	天丽	日照海域	轮船遇险	14 名中国船员
2007/9/1	燕京	韩国海域	轮船遇险	2 名船员
2008/6/30	铜山海	广州海域	轮船遇险	15 名中国船员
2008/7/30	大亚海	澳大利亚海域	游艇遇险	2 名澳籍人员
2009/6/13	紫云峰	莱州海域	渔船翻扣	3 名中国渔民
2010/12/13	通海	朝鲜海域	轮船遭遇大风	5 名朝鲜船员

续上表

时 间	船舶名称	救助地点	事 故	救助人员
2011/2/6	舟山海	巴西海域	渔船沉没	4名巴西渔民
2011/11/21	金广岭	西沙海域	韩籍船舶沉没	10名海员
2012/2/3	中河	澳大利亚海域	客轮沉没	29名乘客
2012/8/30	大青霞	印度洋	客轮沉没	1名乘客
2013/9/4	中远盐田	罗马海域	木船遇险	229名乘客
2015/6/29	纳西河	营口海域	运沙船遭遇大风	5名中国船员
2015/9/30	玄武湖	韩国海域	轮船倾覆	13名菲律宾船员
2015/10/17	中远上海	南太平洋	轮船遇险	21名船员

(三) 参与马航搜救

2014年3月8日，马航MH370航班在由吉隆坡国际机场飞往北京首都国际机场期间失联，机上载有227名乘客（其中中国大陆153人，中国台湾1人），机组人员12名。事件发生后，中远集团接到中国海上搜救中心指令，立刻启动应急程序，要求集团所属在该海域附近航行的船舶，听从相关搜救机构的指令并积极开展搜救活动。3月9日8时30分，正在该海域附近航行的中远散运"泰顺海"轮顺利抵达指定海域（北纬6度56分、东经103度35分），这也是最早抵达该海域的中方船舶。抵达指定海域后，"泰顺海"轮按照既定计划迅速启动了"人落水救助应急反应程序"，船舶还组织人力在甲板安放安全网、引水梯、救生圈、绳子等救助用品，大厨、服务员备妥了食品及药品等应急物资。

9时30分，"泰顺海"轮接中国海上搜救中心电话，详细汇报了现场搜救情况，并按指示向正南方向航行10海里搜寻；

10时25分，船舶按指令向西搜寻10海里；

11时，向北搜寻18海里；

12时35分，向东继续搜寻22海里；

13时，通过高频电话与中国海警3411船联络搜寻事宜；

13时31分，船长孟昭东接受中央电视台电话采访，介绍海上搜救情况及船舶现场搜救准备情况；

14时45分，"泰顺海"轮按中国海上搜救中心指令，转向至北纬6度42分、东经103度29分沿途搜寻；

16时，船长孟昭东接受中央电视台第二次电话采访；

17时，"泰顺海"轮按中国海上搜救中心要求上报相关资料；

18时，船舶到达北纬6度42分、东经103度29分搜寻；

北京时间3月9日18时30分，"泰顺海"轮接中国海上搜救中心指令，正式解除马来西亚航空公司失联客机疑似海域搜救行动，恢复原航行计划，驶往卸货港钦州港。至此，历时18个小时，绕航241海里，"泰顺海"轮完成了中国海上搜救中心交给的海上搜救任务（图6-10）。

"泰顺海"轮积极参与海上搜救任务得到了各方的充分肯定。3月9日，中远集团和中国远洋向中远散运发来《关于"泰顺海"轮积极参与失联航班搜救的通报》，对"泰顺海"轮在第一时间，作为第一艘赶到指定海域的中国船舶，积极参与马航MH370失联航班的海上搜救工作给予了表扬。通报中写道，"你们事前进行了充分的动员，制定了详细的搜索方案，出色地完成了分配的海上搜索任务，充分体现了中远人爱国奉献的精神

图6-10 "泰顺海"轮在指定海域执行马航MH370客机搜救任务。

情怀，为中远集团赢得了荣誉。通过你轮的积极努力，再一次表现出了中远人不怕困难、不怕付出的光荣传统，体现出了中远是负责的中央企业形象"。通报中说，"当前，中远集团正处在经营和发展的关键时期，你们的壮举必将是对中远全体船员和家属们的巨大精神鼓舞"。

四、抗击冰雪灾害，保障电煤运输

2008年1月，中国南方大部分地区、西北地区东部遭受了50年一遇的大范围持续性低温雨雪冰冻极端天气灾害，持续时间长，影响范围广，危害程度强，多个省市出现拉闸限电现象，电煤全线告急。截至1月25日，全国共有17个省级电网电力供应紧张，因缺煤停机机组接近4000万千瓦。全国电煤库存约2142万吨，不到正常存煤的一半。平均以每日近30万吨的速度下降，形势严峻。存煤低于三天的电厂有89座，涉及发电容量7795万千瓦，超过全国总装机容量的十分之一。全国因缺煤停机3990万千瓦，国网覆盖范围内因缺煤停机2402万千瓦，南网覆盖范围内因燃料供应和自然灾害等问题停机1588万千瓦。上述停机情况给受灾地区群众生产生活带来严重影响。面对突如其来的严重自然灾害，1月29日，时任中共中央总书记胡锦涛主持召开中央政治局会议，作出了把抗灾救灾作为最紧迫任务的重大决策，部署抗灾救灾工作，发出全力以赴开展抗灾救灾、坚决打好抗灾救灾这场硬仗的号召。国务院召开常务会和电视电话会议，成立了国务院煤电油运和抢险抗灾应急指挥中心等应急机构和组织，迅速及时地对缓解煤电油运紧张的情况做出一系列重要指示和部署。

中远集团坚决贯彻落实党中央、国务院以及交通部、国资委等关于"煤电油运"和抗冻救灾工作的指示和要求，按照国务院、交通部、国资委关于"保交通、保供电、保民生"抗灾救灾工作的统一部署，迅速研究、制定、实施防抗措施，启动应急预案，把确保电煤抢运、保证正常生产、维护一方稳定作为政治任务和义不容辞的责任。在电煤市场运价飞涨、中小船东纷纷哄抬运价的情况下，发出了紧急动员令，中远要求"要为国分忧、为党中央和国务院分忧""把所有沿海运力投入到电煤运输""不发国难财，运价不涨一分钱"。

为做好电煤抢运工作，中远集团成立了电煤运输保障协调领导小组和工作小组，迅速调集和部署运力，除将所有沿海运力投入电煤运输，还从境外紧急征调11艘船约76万载重吨，打响了一场"争分夺秒抢险救灾"的攻坚战。

作为中远集团下属的沿海运输的专业平台——深圳远洋迅速调集所有自有沿海运力，并从下属合营合资公司租入船舶，共计投入24艘船舶118万载重吨的运力到沿海电煤运输，同时抽调在国内沿海及附近港口卸空的外贸方便旗船5艘32万载重吨待命，随时准备执行沿海电煤运输。为加快船舶周转、保证船舶多装快跑，公司从电煤运输的各个环节入手，全方位加大协调力度，及时了解船舶动态，提前做好船舶添加油料等各项准备工作，督促货主备货，派专人赴港口现场疏港，力保船舶在最短的时间内靠离港口、装卸货物（图6-11）。"鹏发"轮、"康苏海"轮十几名船员在船工作时间已到合同期，春节假期又即将到来，他们早已向公司提交了春节下船公休的申请。当接到公司下发的保障沿海电煤运输的动员令后，他们主动放弃

图6-11 抗击冰雪灾害期间坚持运输的深圳远洋船舶。

与家人团圆的机会，全身心地投入到电煤运输中。2月2日，大唐宁德电厂电煤告急，原计划靠卸大唐乌沙山电厂的"鹏采"轮、"鹏信"轮应电厂客户紧急要求，临时改靠福建宁德港。宁德港位于航道弯曲、狭窄、流急、渔船、渔网密集的福建三都澳海湾顶部，由于事发突然，船舶没有相关海图，两位船长也没有挂靠该港的经验，为不影响船期、确保船舶安全，公司机关人员连夜给船舶复印、传真海图及相关资料，为船长搜集、撰写进出港安全航行指南文件，保证两轮安全顺利地靠泊、卸货，有效地缓解了宁德电厂电煤"断顿"的燃眉之急。抗击冰雪灾害期间，深圳远洋共完成沿海电煤运输75个航次，抢运电煤约315万吨。

中远散运从国际航线上紧急抽调船舶从事内贸电煤运输。"嵩山海"轮原计划广州交船作2年期出租，为了缓解宁波电厂电煤严重缺乏的压力，接到紧急征调任务后，立即改变计划，赴北方港口执行煤炭运输任务；"腾飞海"轮原来长期租出，为了增加电煤运输的运力投入，中远散运以每天损失租金几万美元的代价采取单航次期租的形式反租回来投入到沿海煤炭运输航线；"泰白海"轮本已签订三年的包运大合同，为了支援华中地区电厂，与租家协商把该轮从航线上撤回，以配合北煤南运。

青岛远洋"景洪海"轮主机的低压鼓风机动平衡出现问题，经修理厂两次修理均未修复，原计划在卸货港再安排修理，考虑到国家电力供应紧张的实际情况，轮机部在轮机长的组织下，利用船舶靠港作业的短暂间隙，和修理厂人员一道紧急修复了鼓风机马达。"昭阳海"轮为了提高运输效率，在确保安全航行的情况下，采取少加燃料油和淡水的做法尽量增加煤炭的装运量。

中远集运积极协调运力，协调有关货主让出舱位，采用集装箱运输煤炭，为东南沿海地区共计承运960TEU，近3万吨的电煤。

中燃认真研究部署船舶燃料保供工作，确保水上燃油市场的稳定供应，累计为电煤运输船舶供应燃油632艘次、数量71656吨，有效地支援了抗击冰雪灾害抢运电煤工作。

在抗击低温雨雪冰冻极端天气灾害中，中远集团先后累计投入运力40艘、197万载重吨；截至2月底，完成沿海电煤运输约600万吨，充分体现了公司作为"企业公民"

为国奉献、为民分忧的社会责任感，也得到了国家、地方有关部门以及客户的赞扬。广东省经贸委和秦皇岛市政府分别向深圳远洋运输有限公司和中燃公司发来了感谢信。2月18日，广东省经济贸易委员会给深圳远洋发来感谢信，高度评价了公司积极抢运电煤，为广东抗灾救灾所做出的贡献。信中说，在全省"抗灾救灾的关键时刻，贵单位及时伸出热情援助之手，大力支持我委紧急组织调运煤炭等抗灾救灾物资，有效缓解我省煤电油运紧张局面，充分体现了'一方有难，八方支援'的人道主义和团结协作精神，为广东抗灾救灾做出了积极贡献。你们的爱心帮助，使灾区人民群众倍感温暖，极大地增强了灾区人民战胜自然灾害的信心和决心"。3月3日，交通部召开全国交通系统"抗灾保通"表彰大会，中远集团副总裁张良荣获全国交通系统"抗灾保通"先进个人称号，深圳远洋荣获全国交通系统"抗灾保通"先进集体称号（图6-12）。

图6-12　深圳远洋荣获全国交通系统"抗灾保通"先进集体称号。

在抗击冰雪灾害中，中远集团除响应国家号召，积极履行政治责任，做好电煤运输工作外，还积极履行社会责任，通过中远慈善基金会向民政部捐赠善款1000余万元，用于援助灾区抗击冰雪灾害及灾后重建工作。各下属单位也纷纷行动，为国家排忧解难，确保一方平安。舟山船务为国家缓解铁路春运压力，动员农民工留在企业过春节，制定了一系列补贴和优惠措施，保证了4000多名农民工过了一个欢乐祥和的春节。中燃广州公司切实做好外来务工人员在穗过年安排，为每位外来务工人员发放过节费2800元。湖南中货全体职工群策群力，克服码头严重冰冻、起吊设备失灵困难，紧急采购集卡防滑链、钢丝绳、租赁汽车重吊等，确保了大型除冰机械及时运抵灾区。

在这场牵动党中央和国务院最高领导人的抗冻救灾战斗中，中远集团始终以"共和国长子"的身份走在责任与奉献的最前沿，充分展现了以爱国主义为核心的中远文化和中远集团"企业公民"的社会责任感，进一步树立了中远积极参与构建和谐社会、履行社会责任的国际企业形象。

第四节　中远慈善基金会的建立与项目运行

作为特大型国有企业，一直以来，中远集团积极响应党和国家号召，大力参与国家关于援藏、扶贫等各项工作，倡导并投身于各项公益、慈善事业。

一、成立中远慈善基金会

2005年10月，经国务院批准，中远集团总公司募集资金1亿元人民币发起并成立了中远慈善基金会（图6-13）。中远集团党组张富生书记出任首任理事长，魏家福总裁出任名誉理事长，孙月英总会计师担任秘书长。中远慈善基金会是国内首批由中央企业发起成立的非公募慈善组织，以"弘扬民族精神，奉献中远爱心，支持公益事业，促进社会和谐与进步"为宗旨，业务范围主要包括：在中远集团范围内筹募慈善资金，落实国家政策、开展援藏、扶贫工作，实施社会救助，扶助弱势群体，开展安老扶幼，助教助学，济困赈灾等公益、慈善活动。基金会组织机构包括：事务部、项目部、财务部、投资部、策划宣传部。由中远集团党工部、总经办、工会、财务部人员兼任基金会工作人员。办公场所由中远集团总公司无偿提供。基金会资金的管理、调拨以及未开展捐赠业务资金的保值增值由中远集团财金部负责开展。

图6-13　中远慈善基金会会标。

2005年12月20日，中远慈善基金会成立大会暨揭牌仪式在北京召开，民政部副部长姜力出席了揭牌仪式。中远慈善基金会的成立，为中国的社会慈善公益事业增添了一支重要的新生力量，标志着中远集团将主动承担和积极履行社会责任正式纳入企业的发展战略之中，从而构筑起以履行政治责任、经济责任、社会责任为主要内容的企业责任体系。这是中远集团对国企积极承担社会责任的一种探索和尝试。

2006年6月13日，中远集团下发了《关于将中远集团各单位社会公益和慈善活动资源统一纳入中远慈善基金会的通知》，规定："集团各单位今后发生的一次性或持续性对外捐助的社会公益和慈善项目""集团各单位正在进行的已（或可）持续的对外对口社会公益和慈善捐助项目"等统一纳入中远慈善基金会。自此，中远集团有了统一的对外慈善品牌。

中远慈善基金会成立之后，始终坚持公益性和非营利性，一直致力于制度化、规范化建设，严格按照国家有关政策规定和慈善组织行业自律要求规范运作，积极学习借鉴其他慈善组织先进的管理经验，先后制订了《理事会议事规则》《监事会议事规则》等管理制度，使中远慈善基金会逐步走上了制度化、规范化的轨道。与此同时，基金会自觉接受政府、媒体和公众监督，管理严格、运作规范、透明公开，被民政部评定为3A级社会组织。为了使基金会有充足资金开展慈善公益活动，推动中远慈善事业的可持续发展，根据国务院《基金会管理条例》的有关规定，基金会本着合法、安全、有效的原则，顺应市场变化，积极寻找投资机会，在保持高流动性、高安全性的前提下，逐步建立了稳健的投资组合，提高了投资收益，实现原始基金的保值增值。中远慈善基金会成立后，还积极搭建宣传平台。一是通过中远网、中远慈善基金会网站、《中国远洋报》等媒体，做好相关宣传及报道工作（图6-14）。二是加强基金会的形象设计，设计制作基金会的标志、宣传片及宣传画册，利用各种方式和场合向社会进行宣传。三是设立了捐助热线，并利用《中国远洋报》、中远网向全社会进行了公布。四是借助援藏扶贫及实施公益慈善项目进行宣传。通过宣传扩大了中远慈善基金会的社会影响，推动了中远慈善事业的发展。

截至2015年底，基金会运作和实施的慈善项目300余项，累计捐资约4.58亿元，以"为梦远航"为工作理念，打造了"远航·追梦""远航·家园""远航·暖心""远航·自强""远航·健康""远航·赈灾"等具有行业特色的系列慈善品牌项目（图6-14）；共募集资金约7.23亿元，获中央财政支持资金近500万元。

2009年，中远慈善基金会位居《福布斯》"中国慈善基金榜"全国性非公募基金会榜首。2007年、2008年、2010年，中远集团三次被授予政府慈善最高奖项"中华慈善奖"。2010年，"远航·追梦"基础教育捐助项目被民政部授予中华慈善奖"最具影响力项目"。2012年，中远慈善基金会进入最透明五十家基金会名单。2013年，中远慈善基金会被评为"慈善透明卓越组织"。

根据中基透明指数（FTI）排名，中远慈善基金会得分为满分100分，位于透明度排行并列第一。

2012年，民政部、国务院国资委、全国工商联、广东省政府、深圳市政府和中国慈善联合会在深圳共同发起主办了中国公益慈善项目交流展示会（以下简称"慈展会"），慈展会是国内唯一的国家级、综合性慈善盛会，中远慈善基金会从2012年起连续四届参展，利用参展机会展示中远慈善成果，提升了"责任中远"的良好形象，展会期间，国资委副主任邵宁、王文斌等先后视察了中远慈善基金会站台（图6-15）。在第四届慈展会上，中远集团获得"优秀参展企业"称号。

图6-14 张富生理事长、孙月英秘书长及中远慈善基金会的理事到云南临沧双江县贺六完小考察。

图6-15 2015年9月18日，国资委领导视察了中远慈善基金会展位。

二、中远慈善基金会各类品牌项目开展情况

（一）"远航·赈灾"项目

救灾扶危，雪中送炭，是中远慈善基金会长期恪守的行动准则。

1. 捐助南方低温、雨雪和冰冻灾害地区

2008年年初，中国遭受了历史罕见的大范围雨雪冰冻灾害，湖南、湖北、贵州、广西、江西、安徽等地出现持续低温、雨雪和冰冻极端天气，给受灾地区群众生产生活带来严重影响。为帮助受灾群众战胜冰雪灾害，渡过难关，中远慈善基金会通过民政部，向雨雪冰冻灾区捐款1007万元人民币，用于援助灾区抗冻救灾工作和改善受灾群众基本生活。

2. 捐助汶川、甘肃地震

2008年5月12日下午14时28分，四川汶川地区发生8.0级强烈地震。一方有难，八

方支援。灾情发生后，中远慈善基金会向各理事单位和各位理事发出工作部署通报，并在《中国远洋报》、中远网站等媒体上呼吁各单位和广大员工奉献爱心，支援灾区，公布了基金会捐款热线和银行账号，保证各单位捐款渠道的畅通。

2008年5月13日，中远慈善基金会向四川省政府拨付第一笔捐款1000万元人民币，用于援助灾区抗震抢险工作。这笔捐款拨出离地震发生还不到18个小时。2008年5月20日，中远慈善基金会通过国资委向中国红十字会"5·12灾后重建中央企业援助基金"拨付捐款1000万元人民币，重点用于中央企业的灾后重建工作。除此之外，中远慈善基金会根据救灾和灾后重建需要又进行了一系列捐助行动。如：捐助东方电气公司100万元人民币；捐资4175万余元，为受地震灾害比较严重的四川省成都市彭州市新建了一所在西南地区学校中软硬件设施超前的磁峰九年制学校，并为学校购置教学仪器、设备等；捐资690万元，定制了1000顶帐篷，捐给甘肃陇南地震重灾区学校作为教学用过渡用房；向民政部捐款135万元，为四部委联合表彰的50名"抗震救灾英雄少年"和"抗震救灾优秀少年"中因地震造成伤残的少年配置假肢和其他康复辅具项目，并对因地震造成残疾的孤寡老人配置必要的生活自理器具；向甘肃省陇南地区（今陇南市）成县人民政府捐款820万元，用于重建西关小学主体教学楼。此外，中远慈善基金会还与新浪网共同开展了"绿丝带"活动，开通了北京—什邡的救灾物资绿色通道，多次免费为灾区运送了大批救灾物资，赈灾物资运送车队共往返2次，行程近万公里。向灾区无偿提供40个集装箱作为解放军抗震救灾部队临时指挥部和国家邮政系统在灾区的临时营业用房。同时，根据灾区实际需要，购置了价值10万元的紧缺物资，一并运送灾区。中远物流赈灾物资运送车队被国资委授予2008年抗震救灾先进集体荣誉称号，同时被交通运输部授予全国交通运输行业抗震救灾先进集体荣誉称号。在这次抗震救灾的过程中，中远慈善基金会共募集捐款8312万元人民币，全部用于抗震救灾，并落实到具体捐助项目中。与此同时，中远集团积极响应中央号召，通过交纳"特殊党费"等形式向灾区捐款，中远集团海外的业务合作伙伴也都纷纷慷慨解囊，积极募捐，通过中远慈善基金会表达他们对于灾区民众的同情和与中国人民的友谊。在此期间，中远集团和中远慈善基金会累计向灾区捐款超过1亿元人民币。

3. 援助台湾"莫拉克"台风受灾民众

2009年8月上旬，台风"莫拉克"袭击中国台湾地区并带来严重灾害。中远慈善基金会在第一时间通过海协会向台湾同胞捐助1000万元人民币。与此同时，中远集团接到了交通运输部和国台办要求承担援助台湾首批救灾物资1000套活动板房的运输任务。在接到援台救灾物资运输任务后，中远集团上下立即行动，组织力量，在时间短、任务急的情况下，以最快速度安排好运输的各个环节。中远集团与台湾阳明公司共同经营的美国班轮航线，原计划于2009年8月16日出发经高雄前往美国。中远集团紧急协调，重新调整船舶箱位和船期，保证首批100套救灾板房顺利装船启运。2009年8月17日，"深圳市捐助台湾灾区活动板房（组合屋）启运仪式"在深圳港盐田国际集装箱码头举行。中远集团许立荣副总裁作为此次援台救灾物资全程承运代表参加了启运仪式。国台办郑立中副主任、深圳市王荣（代）市长、交通运输部水运局杨赞副局长等出席仪式。

到 8 月 31 日,中远集团共分四批组织运输了从盐田至高雄的 246 个 40 英尺集装箱。与此同时,中远集团决定免收承担这次援台救灾活动板房运输的所有费用,以表达全体员工对台湾同胞的手足之情,充分体现中远集团的社会责任。

4. 捐助青海玉树地震灾区民众

2010 年 4 月 14 日晨,青海省玉树地区遭受里氏 7.1 级强烈地震侵袭,截至 4 月 21 日 17 时,遇难人员达到 2183 人,失踪 84 人,受伤 12135 人。为表达中远集团员工对遭地震侵袭的青海玉树地区广大干部群众的关切,以实际行动支持抗震救灾工作,4 月 16 日,中远慈善基金会向青海省玉树地震灾区捐赠 1000 万元人民币,以帮助受灾地区的干部群众战胜灾害,重建家园。

5. 捐助日本地震海啸灾区民众

2011 年 3 月 11 日下午,日本本州岛宫城县发生里氏 9.0 级特大地震,并引发特大海啸,造成重大人员伤亡和财产损失。地震和海啸对日本核电站也造成严重的冲击和破坏,核电站机组相继发生爆炸及核泄漏事故,引发核辐射物质扩散。日本"3·11"特大地震和海啸灾害对中远集团在当地的经营也造成了很大的影响,在积极防震抗灾的同时,为发扬国际人道主义精神,支援国际社会共同应对全球性重大灾害,经中远集团总裁办公会研究决定,中远慈善基金会通过日本红十字会向日本受灾地区捐赠 2000 万日元(约合 161.4 万元人民币),用于抗震救灾及灾后重建。

6. 其他捐助项目

2007 年夏季,中远慈善基金会向安徽、陕西和四川等洪涝灾区捐赠 330 万元用于灾后重建;2013 年 4 月,向四川雅安芦山地震灾区捐款 500 万元人民币;2010 年 4 月,联合中远集团团委组织开展了"我为灾区捐赠一瓶水"活动,向西南地区特大旱灾受灾地区捐赠 990 万元;2012 年 11 月,向中远美洲公司受"桑迪"飓风灾害影响的当地员工捐赠 20 万美元;2014 年 8 月,向受第 9 号超强台风"威尔逊"重创的海南海口、琼海灾区捐款 200 万元。

(二)"远航·追梦"助学 / 圆梦项目

为帮助贫困大学生圆大学梦,为中国航运事业培养更多的后备人才,从 2005 年开始,中远集团"教育助学"项目先后在上海海事大学、集美大学、青岛船院、武汉理工大学、大连海事大学建立了中远奖学金 / 助学金(图 6-16),并分别出资 5000 万和 900 万人民币,先后冠名捐建了上海海事大学图书馆(图 6-17)、武汉理工大学航海体能训练中心。自 2012 开始,中远慈善基金会向句容市教育局设立"江苏省句容市中远助学金",用于资助句容市 2012—2015 年被全日制大学专科、本科航海院校水上专业录取的考生;2008 年,先后通过中远慈善基金会向舟山市普陀区慈善总会捐赠 800 万元,定向用于六横岛中心小学教学楼建设;向厦门市慈善总会捐资 50 万元人民币,资助厦门地区当年考上大学本科的 100 名应届贫困高中毕业生顺利入读大学。此外,中远集团于 2004 年设立的西藏洛隆格桑梅朵基金到 2012 年,已累计投入 180 万余元,为 400 多名品学兼优但家庭贫困的学生解决了上学资金的困难。与此同时,"远航·追梦"项目还重点捐助了云南临沧基础教育和"为中国而教"两个项目。

图 6-16　中远集团与上海海事大学签署总额为 100 万人民币的奖学金协议。

图 6-17　中远集团冠名捐建的上海海事大学图书馆。

1. "远航·追梦"云南临沧市基础教育捐赠项目

中远慈善基金会对贫困边远山区，特别是少数民族聚居地区的基础教育给予了高度关注。基金会对云南临沧地区（今临沧市）基础教育所实施的捐助项目，是中远慈善基金会投入精力最多、涉及面最广、持续时间最长的公益慈善项目之一。

从 2007 年始，中远慈善基金会在云南省临沧市实施"远航·追梦"基础教育设施捐助项目，帮助临沧市 6 个县、区的 86 所小学一次性配齐课桌椅、餐桌椅、高低床、教师办公桌等教学、生活设施。项目开展过程中，得到了中远集团及外部单位的大力支持，集团总公司财务党支部、中远船务先后与耿马傣族佤族自治县芒信完小、沧源佤族自治县糯良乡中心完小开展结对帮扶。项目的规范运作也吸引了外部善款的流入：中外理公司、中远财务公司、香港刘浩清教育基金会、对外经贸大学 EMBA 第十七期班学员也对该帮扶项目进行了捐助。

2013 年，中远慈善基金会在"远航·追梦"第七期基础上，在系统内部组织开展了"爱心桌椅远航梦"专项募捐活动，发动中远集团员工以个人捐款的方式募集资金定点帮助沧源佤族自治县糯良乡中心完小改善教学生活条件，得到了系统内近千名员工的踊跃捐款。中远集团部分客户及合作伙伴，如普华永道、国投瑞银、中信证券、平安信托等也慷慨解囊。共募集资金 419980 元，为临沧市沧源佤族自治县糯良乡中心完小一次性购买学生课桌椅 630 套，学前班课桌椅 6 套，学生用床（高低床）229 张，学生餐桌椅 115 套，教师办公桌椅 45 套，教桌 16 张（图 6-18，图 6-19）。

图 6-18　在慈善基金会的捐助下，孩子们拥有了崭新的课桌椅。

图 6-19　在慈善基金会的捐助下，孩子们的宿舍焕然一新。

到 2015 年，项目已实施 8 期，共在云南临沧 6 个县（区），86 所村级完小捐助资金约 1300 万元，直接受益师生达 22448 余人。其中第六期援助项目于 2012 年被列为中央财政支持社会组织示范项目，获得中央财政 100 万元资金支持。该项目还荣获 2009 年中华慈善奖"最具影响力项目奖"。

2. "为中国而教"项目

"为中国而教"（简称 TFC，即 Teach Future China）项目成立于 2008 年，隶属于联合国教科文组织国际农村教育研究与培训中心，定期输送优秀大学毕业生到农村学校或城市打工子弟学校，每期任教两年，以此促进中国教育事业的进步。2013 年，基金会参与北京师范大学教育基金会"为中国而教"项目，捐助支持 10 名优秀大学毕业生在北京流动儿童聚集的学校支教两年，为生活在北京边缘的农民工子女提供更优质的教育，为"远航·追梦"系列增加了新的亮点。

为使"为中国而教"项目与中远慈善基金会在湖南省沅陵、安化开展的扶贫项目相结合，改善当地年轻教师极度缺乏的现状，基金会与"为中国而教"项目组，以及当地政府和教育局合作，从 2014 年开始将项目扩展到沅陵县和安化县。每年为沅陵、安化地区分别派遣 12—15 位志愿者教师，每年共派遣 24—30 人对辖下乡镇的九年一贯制义务教育学校开展支教工作。项目于 2013 年 10 月启动。三年中，"为中国而教"基金会共选派了三批一共 38 名大学生志愿者分别到借母溪乡等边远学校进行每批为期两年的支教。与此同时，中远集团还组织企业员工向安化所属小学捐赠图书 11000 余册，建成了安化县 15 个"远航·追梦"爱心阅览室和图书角，并于 2014 年 11 月正式启动了"远航·追梦"高中生自强班项目。

（三）"远航·暖心"专项基金

为进一步整合中远系统内部慈善资源，扩大专项基金救助范围，解决中远系统内困难职工生活困难的问题，2011 年中远慈善基金会在香远北投职工扶困专项基金的基础上，成立"远航·暖心"专项基金，专项用于解决低收入下岗职工和离退休职工、长期病困职工及遭遇突发事件职工等生活困难问题，努力构建困难职工扶困体系，建立困难职工帮困基金。2011 年 10 月 18 日，中远造船加入"远航·暖心"职工帮困救助基金，捐赠 50 万元定向用于救助中远造船系统企业的困难职工。经过严格认真的审核程序，2012 年，中远慈善基金会向中远造船所属南京中远航修配件厂 17 名特困职工发放了首笔"远航·暖心"职工帮困救助金，帮助他们增强战胜困难、走出困境、勇敢生活的信心。到 2015 年，基金规模达到 268 万元，共支付 59.6 万元用于特困职工救济。"远航·暖心"专项基金的建立是一项得民心、顺民意的重要工程，对于建立健全中远帮困工作长效机制，维护职工队伍稳定，促进企业和谐发展具有重要意义。

（四）"远航·自强"项目

2012 年中远慈善基金会探索设立了"远航·自强"专项基金，以爱心贷款的形式向符合条件的生活困难职工提供帮助，扶持生活困难职工自主创业，变"输血"为"造血"。

2013 年，中远慈善基金会在中远散运进行了试点运作，建立"远航·自强"困难船员小额无息贷款专项帮扶基金，为困难船员提供无息爱心贷款，扶持船员自主创业和主动脱困，切实帮助困难船员通过自己的努力和创业，真正走出生活困境。

经过半年多的准备，《中远慈善基金会"远航·自强"专项基金管理办法（试行）》经中远慈善基金会第二届理事会第三次全体会议讨论获得通过。之后《中远慈善基金会"远航·自强"专项基金中远散运工作组工作细则（试行）》等6个专项文件也相继获得通过。文件对专项基金的出资、适用、申请人资格、贷款规模、还款方式等进行了明确的规定。为保证"远航·自强"专项基金的正常运转，真正帮助困难船员群体成功创业，实现真正脱困，中远慈善基金会还专门成立了"远航·自强"专项基金管理委员会。中远散货运输有限公司工会也成立了"远航·自强"项目工作组，妥善管理基金的使用、项目的审核和创业项目的帮扶。

"远航·自强"专项基金成立后先后设立了3个帮扶项目：一是投入8万元帮扶资金，帮助因家中有3位重度残疾人需要照顾而无法上船工作的待岗船员陈军，建立了"新希望英美文化培训中心"。2013年陈军全年培训净收入7万余元，有效地缓解了家庭困难状况。二是投入3万元贷款资助，帮助病休船员关成校对其经营的"蓟县农家院"项目进行改扩建。2013年，该项目边施工改造边经营，取得了近1万元的经营利润，给困难家庭带来了收益。三是帮助因患重病长期不能上船工作的王同军创业开办了"桃源鸡煲小餐馆"。2013年11月份正式运作后，月营业额达到8万元、利润近7000元。

"远航·自强"基金项目的有效实施，不仅实现了对困难船员群体帮扶模式的转型，也实实在在为有能力、有创业激情的困难船员家庭燃起了希望之光。

（五）"远航·健康"项目

"远航·健康"项目关注患病或致残儿童的救助，并致力于对于船员职业病研究。

2006年，为了支持民政部实施的"明天计划"，帮助福利机构中患有先天性心脏病的儿童恢复健康，提高全社会对"明天计划"和孤残儿童的关注，中远慈善基金会向民政部提供100万元人民币的捐赠款，用于对符合"明天计划"条件的50名先天性心脏病患儿进行手术矫治和康复。该项目是中远慈善基金会与民政部的第一个合作项目。

2010年，中远慈善基金会与中国关心下一代工作委员会合作，设立了"远航爱心卡"项目，在全国56个民族中每个民族选取10名需要特殊帮助的少年儿童，每人提供一张"远航爱心卡"，资助1000元。2010年8月8日，中共中央政治局委员、国务委员刘延东，中国关心下一代工作委员会常务副主任杨志海等领导，为中华大家园"远航爱心卡"揭牌。通过"远航爱心卡"这一慈善项目，少数民族的孩子们得以享受到祖国大家庭的温暖，进而能够健康快乐地成长。

为响应国家领导人和民政部试点建立儿童大病救助基金制度的号召，2010年9月，中远慈善基金会与湖北省慈善总会在武汉签署协议，由中远慈善基金会捐资200万元人民币设立了"湖北省慈善总会中远救助湖北儿童大病基金"，用于救助湖北省通山县和丹江口市两县（市）0—18岁贫困家庭大病患儿，包括城乡低保对象、低保边缘户、特殊优抚对象和其他特殊困难对象的大病患儿。项目自开展以来共救助78名儿童。中远集团被湖北慈善总会授予爱心企业称号。

为帮助非洲东北部"非洲之角"的儿童度过60年中最严重的饥荒，2011年12月，中远慈善基金会向联合国儿童基金会"非洲之角"援助行动援助100万元人民币，帮助联合国儿童基金会挽救更多非洲儿童的生命。

与此同时，"远航·健康"项目高度关注对船员群体的帮扶，旨在引导船员正确认识自我和改善自我，提高身心素质水平和身心健康，维护船舶安全稳定。为推进项目的开展，2013年7月，孙月英秘书长带队赴船员学院就"远航·健康"项目进行走访调研，请船员学院制定《"远航·健康"项目工作方案》。11月，基金会组织有关单位召开了"远航·健康"项目研讨会，成立了项目工作组，并与大连海事大学心理健康研究中心共同合作，推进项目工作方案的落实。

2014—2015年，为普及船员管理人员、政委的心理健康知识，提高其在心理辅导和心理干预方面的技巧和能力，使船员心理健康管理工作更加规范有序，中远慈善基金会分四批开展船员管理人员及政委心理咨询师考证与实务提高培训，并组织学员考取国家三级心理咨询师资格证书，共47人通过考试。该项业务培训在普及知识、提高船员管理人员心理辅导和危机应对能力等方面起到了积极作用。

为了促进海员身心健康，构建海员心理危机干预工作的系统工程，建立船员管理筛查制度和预警机制的目标，2014年，中远慈善基金会以中远散运（船员中心）为试点单位，资助人民币18.9万元，用于开展远洋船员心理测评相关工作，开展海员心理健康普测，建立海员心理健康档案。

为提高一线海员心理健康水平，帮助他们更好地处理家庭关系，防范心理危机，2015年中远慈善基金会与大连海事大学协作在大连市开展了一次"海员心理健康疏导与干预培训活动"，相关公司船员及相关人员共30人参加了此次活动。活动围绕海员人际沟通、情绪减压、婚恋亲子及性心理健康等主题开展，帮助海员提高认知能力、自我调节能力和与子女等相关人员的沟通能力等。

（六）"远航·家园"项目

"远航·家园"项目主要投入援藏/扶贫项目。援藏扶贫是党中央、国务院交给中远集团的一项重要的政治任务。中远慈善基金会成立后，项目部注意援藏扶贫项目与基金会项目的转换和管理，注力于中西部贫困地区人民建设美好家园。通过中远慈善基金会这个平台向定点扶贫地区投放资金。自2006年起，基金会先后捐助西藏洛隆县5900万元人民币，向盐山、海兴、沅陵、安化等定点扶贫区域援助1亿1千多万，援建的项目涉及农村基础设施、特殊产业、教育、卫生、人才培训、劳动力培训转移等多个领域，极大地改善了受援县贫困群众的生产生活条件，有效促进了当地经济社会的发展。

除上述重点项目外，中远慈善基金会还组织参与一系列其他捐助活动，如：郑和家乡远洋船员培养项目、海南省贫困地区捐资助学项目、中国红十字会"新教育文艺晚会"捐赠项目、北京大学贫困学生捐赠项目、博鳌论坛慈善基金会捐赠项目、中远"我的月亮"创新教育活动等。

第五节 扶贫援藏项目的开展

一、广泛参与国家扶贫项目

（一）与河北盐山、海兴开展定点扶贫

2003年4月23日，中央国家机关定点扶贫工作会议上，国务院开发领导小组调整了中远集团的定点扶贫县，由定点扶贫云南福贡县调整为定点扶贫河北盐山县、海兴县。

盐山县位于河北省东南部的黑龙港流域，隶属沧州地区，总人口40.7万，农业人口37.5万人，占总人口的93%，耕地面积72.8万亩（盐碱地面积占1/3），是一个传统的农业大县。该县于1991年被列为省级重点扶持的贫困县，1994年被国务院列为国家级重点扶持贫困县。2001年被国家列为国家扶贫开发工作重点县。该县农业落后，工业薄弱。由于自然原因，全县在2004年以前连续6年严重干旱、缺水，造成河水长期干涸、断流，农村引水及农业灌溉全部依赖于地下水，水资源的严重匮乏，对农业和农民生产生活造成了很大影响。

海兴县建于1965年，由山东无棣和河北盐山、黄骅两省三县的部分贫困乡村划归而成，取"靠海而兴"之意得名。该县地处河北省东南部，隶属沧州地区，总人口21.2万人，农业人口18.2万人。盐业是其工业支柱产业，盐田面积达到90万亩，年生产能力40万吨。海兴县建县晚、底子薄，经济相对落后。1991年，被列为重点扶持的贫困县。1994年被国务院批准为国家重点扶持的贫困县。2001年又被国家列为国家扶贫开发工作重点县，全县129个行政村被列为贫困村，共涉及贫困户24064户，贫困人口96096人。

在定点扶贫的6年里，中远集团认真贯彻执行党中央、国务院关于扶贫开发工作的方针政策和指示要求，从帮扶县的实际出发，充分发挥企业优势，不断加大扶贫开发力度，先后派出6批共11名优秀干部到帮扶县挂职锻炼，援助资金3059万元，援建项目涉及农业、教育、卫生、科技、劳动力转移等多个领域，为改善帮扶县贫困群众的生产生活条件，促进帮扶县的经济社会发展和贫困群众生活水平提高做出了贡献。

1. 加强组织领导，确保扶贫开发工作有力有序有效进行

在定点扶贫的6年里，中远集团始终站在讲政治、讲大局、讲团结、讲稳定的高度，深刻认识扶贫开发工作的重要意义，切实履行中央企业肩负的社会责任，动员全集团各方面的力量，克服困难，用实际行动完成党中央、国务院交给的定点扶贫的光荣任务。为加强组织领导，中远集团成立了扶贫开发工作领导小组，统一领导集团的扶贫开发工作，在直属党委设立了工作办公室，负责日常管理工作。集团总裁办公会多次专题研究定点扶贫工作。明确了中远集团在盐山县、海兴县开展扶贫工作的工作任务、基本思路、指导原则。制定了《扶贫干部管理办法》《扶贫专项资金管理办法》等文件。每年年初召开专题会研究审议当年度扶贫项目建设计划，每年年底召开扶贫干部座谈会，总结改进工作。

定点扶贫期间，中远集团领导心系贫困群众，关心扶贫项目建设，多次到定点扶贫县开展慰问、考察和调研活动，有力地指导和推动了扶贫开发工作的深入开展。2003年1月，魏家福总裁亲赴盐山、海兴两县开展"送温暖、献爱心"慰问活动，代表8万名中远职工向盐山、海兴两县人民赠送面粉20万斤、棉被4000床，并考察了盐山中学、海兴中学，慰问了一批贫困户家庭。2003年9月，集团党组张富生书记到盐山县、海兴县考察指导扶贫开发工作，出席了捐资助学仪式，视察了万亩枣林、枣加工厂、肉牛养殖、改水工程、电教中心等扶贫开发项目的实施情况。2005年3月，集团总会计师孙月英带领集团总部40多名共产党员和入党积极分子，到海兴县开展国情教育，考察扶贫工作，为张褚小学捐赠学习用品，并走访慰问了贫困户。2007年4月和8月，集团党组纪检组组长、援藏扶贫领导小组组长李云鹏分别到海兴、盐山考察指导扶贫工作，向两县赠送教育教学设备和医疗设备。在考察慰问的同时，中远集团领导还与两个县的领导班子成员就县域经济发展、产业结构调整、招商引资、扩大开放以及农业增效和农民增收等问题进行广泛交流，积极为扶贫县的发展出谋划策。

2. 抓好援助项目建设，促进扶贫县经济社会快速发展

定点扶贫期间，中远集团累计投入援助资金3059万元，其中援助盐山县1603万元，援助海兴县1456万元，围绕扶贫县的农村基础设施建设、农业产业化、教育、卫生、劳务输出以及科技培训等方面，实施扶贫项目数百个，极大地改善了贫困群众的生活状况，取得了显著的经济效益和社会效益。

（1）加强农村基础设施建设，群众生存和发展环境得到较大改善。两县部分乡村基础设施落后，农民群众生产生活条件差，由于经济贫困，单靠贫困村自身根本无力解决。为此，中远集团把扶持贫困村基础设施建设作为工作的着力点。在盐山投入扶贫资金557万元，为群众打井6眼，建设水净化处理站16个，完善了11个村深井配套和铺设地下管道等基础设施，让40个村近4万农民告别了饮用苦咸水和高氟高碘水的时代；为30多个贫困村实施了村内街道硬化，总长40多公里，解决了2.3万名群众的行路难问题；为31个村832个贫苦户建设了沼气池（占全县沼气池总数的85%），让农民用上了清洁能源。在海兴扶持资金356.5万元，帮助沃土、苗庄子等21个贫困村进行了村内公路及路边沟建设，修筑公路27000米及路边沟9900米，解决了村内行路难和排水不畅问题；帮助大摩河、小路等17个贫困村新打及维修了机井，改变了当地群众饮用苦咸水的状况，11000余名群众和2000头牲畜饮水得到保障；帮助赵毛陶镇和小山乡开挖沟渠10000余米，改造坑塘50余亩，购买灌溉设备1套，改善了农田灌溉基本条件；帮助李常丰、东风营等4个村新建了村委两室，改善了基层办公条件和村民活动场所。扶持双庙村建设沼气池100个，促进了文明生态村建设。

（2）发展农村特色经济，农业结构不断优化。为发挥两县地方特色，推进农业结构调整，增加农民收入，中远集团共扶持350万元。其中在盐山投入225万元，建成了1万亩枣林，栽种枣树55万株；帮助农民建设小枣烘干房76个，减少了因天气因素对小枣增收的影响；发展肉牛养殖大户15家，培育肉牛养殖专业村2个，肉牛存栏量达到11.8万头；扶持了良种牛、肉兔、养貂等繁育、养殖园区；帮助盐山红枣注册了"常庄红"商标、帮

助该县杂粮注册了"千童人"商标。在海兴县投入扶贫资金125万元，种植了2000亩枣林；扶持肉牛养殖大户11个，散养户200个；建设了263平方米鸡舍，饲养了1200只林地散养鸡；建立了海兴远洋枣业有限公司，建设了钢架结构的枣加工厂房，新上了烘干去核设备及部分周转箱，生产出了鸡心枣、枣片等产品。

（3）突出扶持教育，两县整体教学条件明显提高。教育扶贫对解决农村贫困，缓解地区发展差距具有重要的持久性作用。定点扶贫期间，中远集团在教育方面扶持资金达到1434万元。其中在盐山投入684万元，捐建了盐山中学教学楼，对盐山二中、职教中心、盐中3所重点中学进行了现代教学设施的配套完善；援建了西三里村、高庄等4所中心小学，圆了16个村3000多名孩子的上学梦；资助42名贫困大学生和400多名贫困中学生继续学习。在海兴，中远集团投入教育扶贫资金750万元，进行了海兴中学扩规建设，新建学生公寓及餐厅7000余平方米；购置了85台电脑，建立了两个电教中心，实现了教师办公自动化；扶持育红小学扩建；援建了郭桥、马庄子两所中心小学，解决了9个村800余孩子入学问题；为11所学校配备了课桌椅等教学设备；发放助学金30万元，资助了30名贫困大学生和300名小学生。

（4）进行医疗卫生建设，农村医疗水平逐步提升。两县基层医疗条件较差，医疗水平相对落后，群众看病就医得不到完全保障。定点扶贫期间，中远集团在两县医疗卫生方面，共扶持资金160万元。其中在盐山投入80万元，帮助12所乡镇卫生院引进B超、心电图仪、血液化验设备等先进的医疗设备，援建了望树和常庄2所乡村医院；组建了设备全、出诊快的乡村"流动医院"，使农民不出村就可享受在县城能享受到的医疗服务；援建了圣佛镇区域型中心敬老院，覆盖了周边三个乡镇100个村的孤老户。在海兴，中远集团投入扶贫资金80万元，购买了CT、全自动分析仪、X光机、柯达CR850系统等设备，改善了县医院、苏基卫生院的医疗条件。在县医院，设立了贫困病房，对贫困群众看病、检查、住院都给予一定减免，一定程度上缓解了贫困群众看病难、看病贵的问题。

（5）实施科技扶贫，脱贫致富能力稳步增强。推进科技进步，提高贫困人口科技文化素质，培养一大批掌握先进生产技术和市场经济知识，适应发展要求的高素质农民，是贯穿帮扶的主线，也是稳定解决贫困问题的根本措施。定点扶贫期间，中远集团在两县共投入120多万元，进行科技培训。其中，在盐山县，实施了"科技进万家"等科技教育培训活动10余次，聘请农业科技专家分系列到百姓家中面对面地传授科技知识，并通过县电视台开展科技知识专题讲座，普及种植、养殖技术；开展农村科技电影百村展映活动，以农民喜闻乐见的形式普及科技知识。在海兴县，举办了18期培训班，对3000余名农民进行了系统的培训。通过培训，农民的思想活了，观念新了，种养水平提高了，脱贫致富的信心也足了。

（6）拓展帮扶渠道，扶贫效应不断扩大。中远集团在充分利用自身优势、加快帮扶县劳动力培训转移方面取得了明显成效。中远集团在盐山、海兴分别建立了船员基地，共在两县招收了400多名船员和15名陆地劳务工，大面积地减少了脱贫人口，增加了农民收入。此外，中远集团在节庆慰问、帮困助学、免费义诊等方面对两个县都给予了倾情关注和支持。六年里，中远集团对两个县的慰问资金达到110多万元，农服棉被9000余件（条）。这些慰问活动涉及面较广，反响强烈，社会效果很好。2007年4月，中远集团所属的中远船务积极发动干部职工,奉献爱心,启动了"1+1"帮困助学工程,77名职工与78名海兴贫困中小学生结成帮扶对子。通过中远扶贫干部的积极联系,香港嘉铭工程有限公司在海兴捐助20万元援建了"嘉洋中心小学";天津塘沽区(今滨海新区)民进支委率30余名医护人员两次到海兴农村,义诊800余人次,并带来价值1万余元的药品;英国劳氏认证公司免费在盐山举办了管道装备制造产业认证研讨会,对全县70名管道装备制造企业的高级管理人员进行了培训。

3. 加强扶贫干部选派管理,推动扶贫开发和锻炼培养干部工作两促进

中远集团把扶贫工作当作培养锻炼干部的重要途径,坚持从全系统内选派年富力强的优秀青年干部到定点扶贫县挂职工作,定点扶贫期间,中远集团共派出6任、11名优秀干部(其中1人连任2届)分别到盐山县、海兴县挂职锻炼。为加强对扶贫干部的日常管理,集团党组制定了扶贫干部履职规定,明确了扶贫干部挂职期间的请示报告制度和日常工作中需要遵守的事项。中远派出的扶贫干部,认真贯彻国家和集团党组关于扶贫工作的要求,积极服从县委、县政府指挥领导,围绕扶贫项目建设计划,扎扎实实地开展工作,确保了项目质量,促进了扶贫开发工作的有效开展。在项目建设方面,坚持做到三点:一是认真筛选论证,严格项目立项。在组织项目过程中,坚持认真调查研究。深入到贫困村,深入到现场仔细看、仔细听、仔细问,结合实际情况,探讨其可行性。在筛选项目过程中,积极广泛征求地方政府和群众意见,按照轻重缓急,坚持公正、公平,杜绝人情,整体考虑,统筹安排。二是精心组织,扎实推进。对各个确定实施的项目,跟踪督导,定时调度,严格选择确定施工单位,坚决杜绝无资质单位进入施工。对施工情况定时检查,发现问题及时整改,严防偷工减料、弄虚作假,确保工程质量。对项目实施中遇到的困难,及时协调,创造条件,稳步推进。三是严格审核验收,规范资金拨付。项目竣工后,组织专门人员,进行审查检验,对不符合工程质量要求的,不予拨付资金。对工程施工情况认真审核,防止虚报瞒报。对项目资金专户管理,严格报批制度,对手续不全、票据不规范的,不予支付。由于在工作中,坚持原则,严格制度,扶贫工作得到了顺利推进,得到了干部群众的充分肯定。中远扶贫干部主动融入当地工作,虚心向干部群众学习,以超前的市场理念、刻苦的工作态度以及扎实的工作作风树立起了中远优秀干部的良好形象。他们中,有的同志在"非典"期间放弃与亲人团聚的机会,与当地干部战斗在抗非第一线;有的不顾贫困村道路泥泞,骑自行车下乡调研;有的多次从个人腰包掏钱救济困难群众;有的与贫困学生长期结对子,挂职扶贫期满后仍然救助贫困学生,等等。在每任中远扶贫干部任期结束离开帮扶县的时候,老百姓都会依依不舍,极力挽留,有的老百姓拉着扶贫干部的手,饱含深情地说"感谢党中央、国务院给我们派来了这么好的帮扶单位,感谢中远集团领导对我们的帮助。我们知道中远集团是企业,不是政府,挣一分钱也不容易。但是你们能这样关心我们、帮助我们,我们真是无以回报"。由于工作业绩突出,中远集团派往盐山县、海兴县的历任扶贫干部均受到河北省政府及沧州市表彰,被县政府记三等功,并授予"优秀共产党员""荣誉公民"和"经济顾问"等称号。

在中远集团的大力帮扶下,盐山、海兴的经济社会发生了很大变化。2007年,盐山县完成生产总值47.8亿元,财政收入2.66亿元,农民人均纯收入3333元,各项经济指标增

幅居沧州市前列。海兴县 2007 年实现生产总值 16.28 亿元，完成财政收入 1.2 亿元，农民年人均纯收入 2718 元。两个县逐步踏上了稳定、和谐发展的道路。

2009 年，为表彰在定点扶贫工作中作出突出贡献的单位和个人，国务院扶贫开发领导小组下发了《国务院扶贫开发领导小组关于表彰中央国家机关等单位定点扶贫先进单位和个人的决定》，中远集团荣获"中央国家机关等单位定点扶贫先进单位"称号。

（二）与湖南沅陵、安化开展定点扶贫

为了支持西部少数民族地区的经济社会发展，改变贫困群众的生产生活环境，根据国务院扶贫办的安排，从 2009 年起，中远集团的定点扶贫县从河北省盐山县、海兴县调整到湖南省沅陵县和安化县。此项工作牵涉面广、对原先的扶贫县影响大。中远集团以大局为重，坚决服从国务院扶贫办的统一安排，一方面妥善处理好与原对口帮扶县的关系，做好解释、善后工作，另一方面，及时加强与新的对口帮扶县的联系沟通和工作接洽。中远集团对国务院扶贫办的《关于商请调整定点扶贫县的函》《关于调整定点扶贫县的通知》等文件进行了及时认真的研究，从扶贫干部选派、扶贫资金投入、扶贫项目建设等方面着手对新一轮扶贫工作进行了规划。集团魏家福总裁、张富生党组书记、李云鹏纪检组长等集团领导，主动拜会湖南省领导，为集团开辟定点扶贫工作新局面奠定了良好基础。9 月份，集团热情接待了湖南省扶贫办和沅陵、安化两县相关领导组成的代表团，并就有关定点扶贫问题进行了深入会谈，取得了一致意见。11 月下旬，集团派出考察组到沅陵、安化两县，就有关定点扶贫工作的具体问题与两县领导进行了磋商，对 2010 年拟援建的项目进行了实地考察。

沅陵县隶属于湖南省怀化市，素有"西南重镇""湘西门户"之称，总人口 65 万人，总面积 5852 平方公里，是湖南省县级辖区面积最大的县。该县既是国家"八七"扶贫攻坚重点县，也是国家新一轮扶贫开发工作重点县。2008 年，农民人均纯收入 1940 元，全县贫困人口 11.3 万人。有苗、白、土家、回等 24 个少数民族，少数民族人口 37 万人，占全县总人口的 56.5%，是全省少数民族人口最多的县。

安化县隶属于湖南省益阳市。地处湘中偏北，资水中游，雪峰山北麓，是一个集山区、库区和革命老区于一体的国家扶贫开发工作重点县。全县总面积 4950 平方公里，辖 23 个乡镇，总人口 98 万。2008 年，完成财政收入 3.46 亿元。1994 年，安化县被确定为国家级贫困县，先后有 17 个省直单位和 80 个市直单位来安化开展定点扶贫工作，全县贫困人口由 1997 年的 37 万人下降到了 2008 年的 25.4 万人，农民人均纯收入由 1997 年的 985 元增加到 2008 年的 2430 元。但由于历史地理原因，人民生活水平仍然很低，生产生活条件较差，特别是交通落后，全县有石漠化土地面积 63 万多亩，潜在石漠化土地面积 86 万多亩，人均耕地 0.1 亩以下的贫困人口达 2.5 万人，有 20 多万人生活在条件十分艰苦的柘溪水库库区，帮扶发展任重道远。

1. 中远慈善基金会定点扶贫安化县总体情况

2010 年 3 月，中远慈善基金会正式进驻安化县开展定点扶贫。到 2016 年，中远慈善基金会先后从青岛远洋、中外理、泉州外轮理货公司选派 6 位同志到安化县挂职县委常委、

副县长,专门从事定点扶贫工作(表6-2)。2010—2015年,共计投入安化县定点帮扶资金1900万元(其中2010—2014年每年300万元共计1500万元,2015年提高到400万元),重点实施了茶园基地建设、农村剩余劳动力转移培训、教育基础设施及养老服务设施建设、扶贫帮困等方面的60余个帮扶项目,为全县脱贫攻坚和经济社会发展作出了贡献。到2015年,全县农村居民人均可支配收入达到6797元,贫困人口下降到10.15万人。

中远集团在安化县的挂职干部情况　　　　表6-2

姓　名	职　务	批次	时　间　段
杨惠兴	县委常委副县长	6	2015.10—2017.03
王文召	县委常委副县长	5	2014.04—2015.10
罗健	县委常委副县长	4	2013.03—2014.04
杨敬茂	县委常委副县长	3	2012.03—2013.03
宋新建	县委常委副县长	2	2011.03—2012.03
苗圣英	县委常委副县长	1	2010.03—2011.03

(1)中国黑茶博物馆项目援建

安化是中国黑茶之乡,茶叶生产历史源于唐代,历经元、明、清数百年的发展,安化黑茶主销西北市场,成为边区农牧民不可缺少的生活必需品,"宁可三日无粮,不可一日无茶""无安化字号不买"。为全面展现安化黑茶乃至中国黑茶历史,搭建茶产业发展交流和文化保护平台,安化县委、县政府于2009年正式启动中国黑茶博物馆筹建工作。

中国黑茶博物馆选址"万里茶路"的起点——安化县城东南面的黄沙坪古茶市,总建筑面积6000余平方米,总投资3200余万元。中远慈善基金会进驻安化后,对该项目给予了大力支持,每年安排帮扶资金200万元,四年累计援助800万元。2015年9月中国黑茶博物馆全面竣工,10月正式开馆,成为安化县乃至益阳市的地标性建筑,为全县打造"茶旅一体化"建设项目增添了亮点,创建了样板。

(2)茶园基地建设

中远慈善基金会工作小组进驻安化县后,通过反复考察和调研,科学确定以推动安化茶产业升级带动当地群众脱贫致富的总体工作思路。为充分发挥资源优势,夯实产业发展基础,中远慈善基金会以加快茶园基地建设为着力点,积极发展生态茶园和休闲茶园,推动茶旅一体化,帮助贫困农民直接拓宽增收渠道,加快脱贫致富步伐。

这一时期,中远慈善基金会累计投入近400万元援建安化县高标准茶园、苗圃基地10处,总面积达2700余亩。其中2011年援建大树茶园基地230亩、庆阳茶园基地220亩,2012年援建田溪冲生态茶园基地100亩、云台山生态观光茶园基地260亩、碧丹溪茶园基地390亩、马桥茶叶苗圃基地150亩,2013年援建大仓茶叶苗圃基地120亩、高城生态茶园基地200亩、胡家村小九生态茶园基地200亩,2014年援建依山坳良种茶叶苗圃基地200亩、云台山生态观光茶园基地220亩,2015年援建芙蓉山生态观光茶园基地420

亩。在中远慈善基金会的大力推动下,全县茶园基地总面积达22万亩,2015年实现产量5.6万吨,综合产值102亿元,稳居全国产茶县十强,黑茶产量位列第一。

(3)"远航·追梦"项目

为了统筹中远慈善基金会在安化县的教育援助资源,提高中远慈善基金会教育援助品牌的知名度和号召力,中远慈善基金会定点扶贫安化工作小组将所有与教育有关的援助项目统一归集为"远航·追梦",培树统一品牌。安化县的"远航·追梦"子项目包括举办自强班和中小学教学设施建设。

创建"远航·追梦"自强班。2014年10月,在安化县第二高级中学(简称安化二中)选择50名品学兼优、家庭贫困的高一学生,组建"远航·追梦"自强班,每年资助每名学生2000元,每年共计10万元(高中三年累计30万元),弘扬"远航追梦,自强不息"精神。2015年暑假期间,在中外理的支持下,从自强班中选拔10名优秀学生到北京开展夏令营,助力贫困学生追逐梦想、扬帆远航。

对于援建"远航楼""追梦楼"项目,中远先后援建了金鸡完小、东山完小、梅城完小、九龙学校、新开小学"远航楼"或"追梦楼"教学配套设施,并支持浮青学校、洞市完小、杨林学校、乐安中学、龙塘中学、仙溪完小、长乐完小、柘溪完小、城南完小等中小学校教学设施改造。

2013年开始,中远慈善基金会定点扶贫安化县工作小组与湖南省公安厅联合向洞市完小捐赠300套课桌椅和40套老师办公桌椅、书柜。通过中远慈善基金会和青岛远洋运输公司团委、中外理系统收集捐赠的图书11000余册,为常安小学、杨林小学等学校捐建爱心阅览室5个、远航追梦图书角19个,并捐赠爱心书包800余个。与湖南中货、中外理系统公司、温州港联系,为6所小学捐赠电脑88台,援建计算机室2个。此外,自2014年8月起,中远慈善基金会与联合国教科文组织携手开展安化支教项目,选派13名支教老师到安化县5所小学任教。

(4)"远航·家园"示范项目

烟溪镇位于安化县西南部,是一个典型的集山区、库区、革命老区于一体的全迁移民建制镇。2013年前全镇绝对贫困人口比例达到45%以上,需要入院集中供养的鳏寡孤独人员达350余人。当时烟溪镇敬老院仅能容纳70名五保老人入住,且由于县、镇财政困难,敬老院年久失修,居住条件十分简陋,亟待改善。

为切实改善烟溪镇敬老院的居住条件,提升当地弱势群体生活质量,在中远慈善基金会的关心支持下,烟溪镇敬老院于2013年成功申报为中远慈善基金会湖南安化孤残老人养老扶助示范暨"远航·家园"社会福利中心项目。项目占地16亩,建筑面积近3200平方米,设计床位350张。项目建设于2014年3月正式启动,2014年11月全面竣工。总投资205万元,其中民政部投入100万元,中远慈善基金会捐赠60万元,地方自筹45万元。项目已成为集五保老人托养中心、康复中心、孤儿及流浪儿寄养中心、健身场等功能于一体的综合福利中心,能够提供较高标准生活照料、医疗保健、康复护理、紧急救援和社会参与等服务,为全县养老服务设施建设作出了重要示范。

此外,中远慈善基金会定点扶贫安化县工作小组通过整合其他项目资金53万元,大力推进"远航·家园"其他项目实施，先后改善了平口镇、渠江镇、羊角塘镇、冷市镇、柘溪镇、古楼乡等其他敬老院条件，全县受益贫困老人超过1000人。

（5）劳动力转移培训

这一时期，安化茶产业基本分布于附加值较低的第一、二产业，而第三产业相对缺欠。为综合解决当地贫困人口增收困难、就业能力不足、产业发展后劲不强等问题，中远慈善基金会定点扶贫安化县工作小组通过加强茶业人员培训，大力促进剩余劳动力就业，全面推动产业升级。以开展茶产业茶文化实用型人才培训作为扶贫工作切入点，培养了一批有文化、懂技术、善营销、会服务的实用型人才，全面扩大安化黑茶的影响力，充分挖掘黑茶文化内涵，实现茶产业从数量型向效益型的转变。

从2010年开始，中远慈善基金会定点扶贫安化县工作小组共举办各类茶产业人员免费培训班14期，总参训达1300余人次，其中2010年举办3期，2011年举办5期，2012年举办1期，2013年举办3期，2015年、2016年各1期，先后聘请省内多名著名茶学专家、教授授课。其中举办茶产业营销和管理培训班4期、茶叶种植及加工技术培训班2期，参训达400余人次；率先在全县举办中、高级茶艺师培训班，共开班7期，培养优秀茶艺师400余名。中远集团定点扶贫安化县工作小组组织的各种茶产业人员培训，有力地带动了农业、人社等相关部门及职业学校的茶艺师培训发展，一大批优秀的安化黑茶茶艺人才涌现出来，成为传播安化黑茶文化、服务安化黑茶产业的生力军，有效拓宽了就业渠道，推动了劳动力向第三产业转移。

（6）基础设施建设帮扶

2011年至2012年，中远慈善基金会定点扶贫安化县工作小组牵头负责滔溪镇英家村整村推进扶贫工作。通过两年扶贫工作开展，重点实施了学校教学设施、村组公路、桥梁建设、农电网、人畜饮水工程等十个建设项目，共整合相关项目资金280余万元，其中中远慈善基金会投入帮扶资金16万元。同时举办了两期农民技术培训班，发展了一批种养殖业专业户，其中养鸡专业户1户、鼠养殖专业户3户，培育了厚朴、玉竹等药材基地800余亩，并发展"厂家+基地+农户"的生产模式，引领群众脱贫致富。

在2013年至2014年的新一轮整村推进扶贫工作中，中远慈善基金会定点扶贫安化县工作小组的扶贫工作点确定为羊角塘镇石牛村。通过工作小组的多方努力，共整合各类资金780多万元，其中中远慈善基金会帮扶22万元；完成农村公路改造11公里、通信基站建设2座、全村电网改造、维修病险水库1座、改扩建病险桥梁2座、整理土地260亩等，全面解决了该村发展面临的出门难、电不稳、猪粪污染、农田产能低、病险水库等问题。

为改善贫困山区交通条件，从2015年起，中远慈善基金会对安化县增加交通项目帮扶专项100万元/年（即定点帮扶资金总额从原来的300万元/年增加到400万元/年），先后完成了黄沙坪社区公路、家乐村公路、雾寒村公路、花木村公路、冷家嘴公路等建设项目。

（7）安化黑茶文化推介宣传

2013年9月，中远慈善基金会与安化县委、县人民政府联合举办了"中远杯"首届安化黑茶茶艺大赛，报名参赛的茶艺人员达百余人，分预、决赛两轮。9月6日，来自全国各省、自治区、直辖市行业协会的有关负责人，荣获全国百佳茶馆、全国十佳特色茶馆、全国十佳茶馆的经理人，中国茶叶流通协会茶馆专委会部分会员单位，部分茶企业代表及外省、市、县媒体记者，国内外茶艺爱好者等1200余人观看了大赛决赛（图6-20）。赛后，新华社、中新社、《中华合作时报》、人民网、腾讯网、《湖南日报》、湖南卫视、凤凰网等多家媒体对该活动进行了报道和转载，隶属中粮集团的中茶公司还专门邀请波兰籍摄影师全程录制，再将大赛视频整理后作为外宣资料向欧盟国家推介中国茶艺。一时间"安化黑茶""黑茶茶艺""中远杯"等关键词的出现频率得以飙升，安化黑茶茶艺师们更变得"炙手可热"，省内外媒体纷纷约拍安化的特色茶艺表演，全国各大城市的知名茶馆业也邀请安化茶艺师前往交流、表演。该活动的成功举办，受到各界广泛赞誉，既检验了近年来安化茶艺人才队伍建设的成果，也提升了安化黑茶品质形象，提高了茶艺行业的吸引力，为安化黑茶和安化黑茶文化的宣传推介发挥了十分重要的作用。

图6-20 "中远杯"黑茶茶艺大赛现场。

2.中远集团定点扶贫沅陵县总体情况

自2010年3月到2015年12月，中远集团持续对湖南沅陵县开展定点帮扶，联系借母溪乡借母溪村开展定点扶贫工作。7年来，总共派驻干部人数4次5人（表6-3），每年投入金额300万元、累计投入金额2200万元、受益人数达4500人以上；实施项目32个，帮助引进资金4850万元；完成了洪千公路改造和千胡消防通道建设；对近37公里的村组人行道和简易游道实施全面整修；维修改造危桥五座，修建风雨桥一座（中远幸福桥）；完成3000万元的巡护步道建设；修建具有办公、接待功能的借母溪游客服务中心（村部大楼）、敬老院（中远幸福苑）和远航·追梦综合教学楼等楼房各一栋。完成了全村农网改造工程，实现了同网同价；实施了千塘湾人畜饮水工程，先后投资5万元帮助借上、借下、金竹溪、木家垭、塘坪、冒古洞等村组解决引水管问题；拉通了8公里的通信光纤线路，修建了2座移动通信基站，通信网络覆盖全村90%区域；通过7年的努力，电话普及率发展到100%，固定和移动电话用户户均2部，电视普及率100%。

中远集团在沅陵县的挂职干部情况 表6-3

姓　名	职　务	批次	时　间　段
朱建良	县委常委 副县长	4	2015.10–2017.04
付勤勇	村第一书记		2015.07–2016.08
许荣模	县委常委 副县长	3	2014.03–2015.10
柴全顺	县委常委 副县长	2	2012.03–2014.03
唐旭东	县委常委 副县长	1	2010.03–2012.03

同时，大力发展旅游产业和相关的种养殖业，先后帮助成立借母溪生态文化旅游公司、借母溪蜂业有限公司和农产品开发有限公司，鼓励引导借母溪村民发展产业。紧扣县委、县政府"一点四线"旅游发展战略，借助借母溪生态旅游，大力发展乡村旅游与扶贫相结合的模式，抢抓县委、县政府全力创建4A景区的机遇，在借母溪村着力实施美丽乡村和传统村落建设，进一步规范了全村15家农家乐的管理，对千塘湾28户房屋进行了穿衣戴帽工程，完成了千塘湾青石板路和房前屋后水沟的整理，安装太阳能路灯30盏，启动了漫步道、拉索桥、风雨桥等景点项目的打造。

从2015年开始每年投资60万元，设立"远航·追梦"助学奖学金。资助贫困优秀的学生完成学业；从2014年9月开始每年投资近100万元，通过中远慈善基金会、"为中国而教"选派大学生志愿者到沅陵县边远学校进行支教活动。截至2015年底共选派了27名志愿者来沅陵9所学校支教，支教活动不仅缓解了学校师资紧缺问题，而且对提高教育教学质量起到了积极的促进作用。

（1）洪千旅游公路项目

洪千旅游公路起于借母溪乡洪水坪，止于千塘湾，全长6.337公里，改扩建工程按四级公路标准设计，路基宽6.5米，路面宽6米，路面采用沥青表处结构，总投资约500万元，其中中远投资250万元；该公路惠及借母溪村、学宗溪村和洪水坪村等三个村2800余人；同时，公路的修建方便了游客的出行，对借母溪的旅游发展起着巨大的推动作用。

（2）千胡消防通道项目

千胡消防通道（千塘湾到胡子溪），全长4.2公里，总投资980万元，其中中远集团出资465万元。建成后该路成为借母溪景区一条必要通道，同时便于加强对借母溪保护区的管理，提高消防安全等级。

（3）"中远幸福苑"敬老院项目

为改善借母溪乡五保老人居住环境和生活条件，规划实施了"中远幸福苑"项目，总投资220万元，其中中远投资80万元，建成三层楼的敬老院，总面积1386平方米，装修配齐生活家具及电器设施。该项目成为2013年"社会工作服务示范项目"，获得了中央财政100万元资金支持。

2014年中远投资70万元对"中远幸福苑"进行了二期改造，将楼房的内外墙面整体粉刷，室内卫生间改建，门窗、水电、热水、下水管网更换整修，更新房间家电及必要家具等设施，修建了围墙，安装了大门，平整了菜地，对房前屋后空地进行了环境绿化，安装了健身器材等，项目一期建成以及二期改造完成后，改善了借母溪乡上百名老年人以及生活无着落的弱势人员的生活条件，提高他们的生活水平。

（4）借母溪游客服务中心（村部大楼）项目

该项目总投资220万元，其中中远投资80万元，新建了一栋集村级组织活动、游客接待、土特产销售、农家书屋和村级卫生室于一体的土家族建筑风格的游客服务和村级活动中心，并配套建成公共卫生间和停车场。这样既解决了村民和基层党组织的活动场所，又满足了游客住宿、休闲购物的需要。该游客接待服务中心年创收入15万元以上。

（5）特色产业扶持

投资 70 万元，利用本地的优势资源，通过以奖代补的方式，大力发展以茶叶、蜂蜜、农家乐、猕猴桃种植为主的特色产业，并成立专业公司或合作社进行管理：

①茶叶种植及加工：继续采用大户带动农户的模式，制定相应的优惠政策，鼓励百姓种茶，并扩大茶叶开发面积和加工厂房建设等。茶叶开发面积达到 100 亩，年收入 20 万元以上。

②养蜂：通过"公司＋合作社＋农户"的方式，扶持养蜂产业，并进行蜂蜜 QS 认证、产品包装等事宜。同时，采取以奖代补的形式，用于养蜂规模的扩大。2015 年全村发展养蜂 600 多箱，年产值达 50 多万元。

③农家乐建设：统筹借母溪村的农户，采用联营的方式提升接待能力。采取以奖代补的形式，鼓励农家乐进行改厕、改厨、改浴，进一步改善住宿环境；聘请专业人士对农家乐相关人员进行旅游知识培训，提升农家乐的服务质量。截至 2015 年，借母溪村建成农家乐 16 家，年收入达 200 万元。

④猕猴桃种植：开辟 30 亩红心猕猴桃种植园，拓展新的产业项目，依托农产品开发公司，采取"公司＋基地＋农户"方式，将全村贫困对象，捆绑到农产品开发公司，通过借母溪村生态产业的发展带动群众脱贫致富。

中远集团投资 110 万元，帮助当地政府注册成立了"湖南借母溪生态文化旅游有限责任公司"，该公司发展以农家乐为依托的生态旅游和相关配套服务业，对借母溪村部大楼、停车场、千塘湾至胡子溪生态环保代步车、服务站点等进行了统一经营管理；探索建立起有效的"利益联结机制"，捆绑产业大户和全村贫困识别对象入股分红，推动借母溪乡村旅游业及种养殖业、农副产品的发展，促进借母溪村集体经济发展和村民就业增收，持续有效地带动村民脱贫致富。

（6）教育帮扶

①投资 100 万元，实施"远航·追梦"综合教学楼项目，资助借母溪乡军大坪九校新建一座教学楼；投资 50 万元，用于军大坪九年一贯制义务教育学校基础设施建设（运动场、电教中心等），改善了学校的硬件条件，满足了学校师生的教学需要。

②从 2015 年开始每年投资 60 万元，设立"远航·追梦"助学奖学金。其中，30 万元用于奖励借母溪乡军大坪九校、枫香坪九校、筒车坪九校表现优秀的教师和学生，其中奖励每个班级前 10 名共计 270 名品学兼优的学生；捐资 30 万元设立"远航·追梦"自强班，用于奖励和资助沅陵一中、沅陵二中和沅陵六中三所县级重点中学学习成绩优秀且家庭经济困难的高中生 150 名，帮助他们完成高中三年的学业。

③从 2014 年 9 月开始，每年投资近 100 万元，通过中远慈善基金会、"为中国而教"等机构选派大学生志愿者到沅陵县边远学校进行支教活动。截至 2015 年底共选派了 27 名志愿者来沅陵 9 所学校支教，支教活动不仅缓解了学校师资紧缺问题，而且对提高教育教学质量起到了积极的促进作用。

二、与西藏洛隆开展对口援助

2002 年至 2015 年，中远集团认真贯彻中央第四次、五次、六次西藏工作座谈会精神，深入落实党中央、国务院一系列对口支援西藏的重要指示精神，从人力、物力、财力等多方面、多角度、宽领域、全方位开展西藏自治区昌都地区（今昌都市）洛隆县的对口支援。在此期间，中远集团始终站在增强中华民族凝聚力、维护祖国统一、促进民族团结和社会稳定的高度，不折不扣地贯彻落实党中央关于对口援藏工作的一系列决策部署，把援藏工作纳入公司总体发展规划，在干部、资金、项目、科技等方面扎实开展援藏工作（图6-21）。即使在航运市场低迷，集团主业亏损的情况下，中远集团支援决心不变、支持力度不减、各项投入不降。

图6-21　2006年，李云鹏组长会见西藏代表团。

在此期间，中远集团始终把促进民族团结、维护西藏和谐稳定作为对口支援工作的政治准则，严格标准，精心选拔优秀干部开展援藏工作。在援藏工作的方法、模式上，确定了"三结合，三为主"的工作思路，确保援藏工作出真绩、见实效。"三结合，三为主"的具体内容为：坚持把长期、中期、短期项目援藏结合起来，以短、中期项目援藏为主；坚持把输血功能与造血功能结合起来，以造血功能为主；坚持把基础设施项目资助与资助农牧民结合起来，以解决能带动发展、关系农牧民生产生活的项目为主。

截至"十二五"末，中远集团共计实施援藏项目83项，总投资1.49亿元，经过不懈努力，建成了一批洛隆县干部群众受益、县委县政府认可的工程和项目：主要有2003年投资450万元的机关干部周转房、2004年投资150万元的医院干部周转房、2005年投资535万元的县城自来水工程改扩建项目、2006年投资400万元的科教文化活动中心、2007年投资280万元的县敬老院、2008年投资400万元的康沙镇康沙村安居工程建设配套、2009年投资600万元的洛隆县环城公路、2010年投资780万元的洛隆县县城无动力给水项目（一期）、2011年投资120万元的教育基础设施维修项目、2012年投资510万元的洛隆县给水工程二期项目、2013年投资800万元的洛隆县农畜产品综合交易中心、2014年投资800万元的洛隆县二小新建教学辅助用房学生宿舍食堂及附属设施项目、2015年投资650万元的洛隆县第二小学新建综合教学用房工程项目（二期）等重点项目（图6-22，图6-23）。这批项目对加快洛隆县城镇设施建设、农牧区基础设施建设和公益事业等起到了积极的推动作用。

与此同时，2002年7月开始，中远集团先后选派8批次16名优秀干部赴洛隆县开展援藏工作。

第一批：张清海（县委副书记）、樊华（县委常委、常务副县长），2002.07—2004.07。

第二批：石庆贺（县委副书记）、王居仁（县委常委、常务副县长），2004.08—2006.02。

第三批：马高亮（县委副书记）、王平（县委常委、常务副县长），2006.03—2007.07。

第四批：左振永（县委副书记）、王文胜（县委常委、常务副县长），2007.08—2009.02。

第五批：祝孝福（县委常委、副书记）、王珂（县委常委、副书记），2009.03—2010.07。

第六批：张进（县委常委、副书记）、叶勇（县委常委、副书记），2010.08—2012.02。

第七批：张克敌（县委常委、副书记）、丁乾坤（县委常委、副书记），2012.03—2013.07。

第八批：徐步（县委常委、副书记）、李奕钊（县委常委、副书记），2013.08—2016.07。

图6-22 对口援助后农牧民群众住房。

图6-23 新建的洛隆县第二小学。

从2003年开始，中远集团每年投入援藏资金1000万元，2005年提高到每年1100万元，2008年标准进一步提升到1200万元每年。截至2015年底，中远集团援藏投资共计1.49亿元，受益人口11个乡镇5万余人。

通过中远集团的对口援助，洛隆县基本生产生活条件明显改善，农牧民收入稳定增长，农牧区基本公共服务能力显著提高，特色优势产业加快发展，自身发展能力显著增强，社会发展更加和谐稳定。

（一）保障和改善民生，为各族群众做好事

1. 改善洛隆教育教学条件

为确保农牧民子女有学上，上好学，中远集团逐年加大对教育方面的资金投入，累计投入资金3255万元，在全县开创教学点整合先例，改造教学点11所，建设学生多功能餐厅2个；成立了"中远—格桑美朵"助学基金，每年为洛隆提供助学基金50万元，先后发放助学金、奖学金、贫困老师补贴423万元，为400多名家庭贫困且品学兼优的农牧民子女解决了上学难问题。通过助学金的设立和系列教育设施配套工程项目的建成，极大改善了洛隆教育教学基础设施，使洛隆城乡教育环境和教育水平有了显著提高。

2. 援助洛隆文化基础设施建设

援助期间，中远集团累计投入970万元，新建了洛隆县科教文化中心（图6-24）、广播电视综合楼、8个村级组织活动场所、村级文化活动室等项目，进一步夯实了洛隆县、乡、

图 6-24 中远援建的洛隆科教文化中心。

村（居）三级文化设施，添置了广播、电视、音响等设备，满足了洛隆各族干部群众开展文化娱乐活动的硬件需求。

3. 改善洛隆医疗条件

为促进洛隆医疗卫生事业发展，中远集团投入 270 万元，新建了洛隆县卫生院信息化配套设施、医务人员周转房和 8 个村级卫生室，完善了洛隆县、乡、村（居）三级医疗卫生基础设施，极大地改善了农牧区医疗卫生条件；积极帮助洛隆县开展大骨节病防治，对全县大骨节病人进行换粮改粮补助，缓解了洛隆县县城、乡（镇）和部分行政村医疗卫生条件极度困难的状况。

4. 完善洛隆社会保障体系

为促进洛隆县社会事业跨越式发展，中远集团累计投入 560 万元，新建了设施齐全、功能完备的中远—洛隆示范敬老院和 3 所社会福利院，使农牧区孤寡老人、五保户人员实现老有所养，老有所乐；启动了每年投入 20 万元的特殊扶贫救助资金，对因灾、因病及意外事故等特殊情况造成特殊经济困难的农牧民给予经济救助；投入 20 万元，帮助患有大骨节病的 26 户农牧民群众进行了搬迁；同时把城镇困难群体、农牧民子女就学等纳入了救助范围，全力协助洛隆县委、县府做好社会保障工作，为"和谐洛隆"添砖加瓦。

（二）为洛隆经济发展"输血""造血"

1. 全力援助洛隆新农村建设

中央第四次西藏工作座谈会后，根据"援藏项目应突出改善农牧区生产生活条件，改善农牧民生活"的指示精神，中远集团积极调整援藏工作战略部署，援藏工作重心下移，资金、项目等向农牧区倾斜，先后投入援助资金 3560 万元，新建了建筑面积达 14300 平方米的康远新村和中远—加日扎新村、农贸市场、农畜产品综合交易中心、农牧民技能培训中心、新农村配套设施、农村经济发展等项目，极大地改善了农牧区基础设施，优化了农牧民群众培训条件，为农牧民群众增收致富搭建了平台，为进一步提高群众物质文化生活，建设"富裕洛隆"奠定了坚实的基础。

2. 加大城乡基础设施建设援助力度

中远集团累计投入 6885 万元用于洛隆城乡基础设施建设，其中：投入 2675 万元，建设了洛隆县给水工程，后期又投入 685 万元改造升级了洛隆县给水设施，解决了县城及其周边乡镇几万人的吃水用水困难问题；投入 1795 万元，建设了县城及部分乡镇、村办公用房，配齐了办公设备，极大地改善了乡镇、村办公条件；投入 400 万元，建设了洛隆大酒店，大大提高了洛隆县外来人员接待水平；先后投入援助资金 1040 万元，援建了洛隆县环城公路、部分乡村公路，采购交通工具 14 辆，改善洛隆交通工具和城乡交通道路条件；投入 730 万元，新建干部职工周转房 120 余套，进一步改善了机关干部职工的住宿条件。

以上基础设施项目的建成，进一步优化了洛隆发展环境，为洛隆经济社会发展注入了新的动力。

3. 注重"造血"型援藏

随着全国对口援藏工作的不断深入和"打基础、兴产业、求实效"援藏思路的形成，中远集团着力扶持、做大做强洛隆县糌粑加工厂，投入 200 万元，扩建了糌粑加工厂生产车间、仓库、晒场等基础设施，建筑面积达 1000 平方米；购置石磨、包装设备、炒青稞机、脱皮机等先进设备 7 套，进一步扩大了糌粑加工厂的生产规模，促进了洛隆糌粑产业的规模化、体制化、专业化发展。同时，带动了全县白青稞种植户的种粮积极性，为白青稞种植农户增加了收入，让越来越多的农牧民从产业化中受益。

4. 强化洛隆干部职工培训力度

为加强对洛隆机关公务员、专业技术人员等干部职工的培训力度，提升洛隆干部综合素质，强化洛隆干部服务水平，中远集团累计投入 335 万元，组织洛隆干部职工 274 余人次，赴北京、上海、云南等地进行了实地考察学习培训，使洛隆广大干部职工在理论知识、工作能力等方面得到显著提升。同时，中远集团大胆尝试就业援藏工作试点，在 2005 年首次招收了 7 名藏族船员就业，并通过培训安排上船工作，受到了当地群众的欢迎，为就业援藏工作做出了有益尝试和探索。

（三）把改革创新作为对口支援工作的重要方法，不断提高援藏工作实效

1. "三结合，一固定"，打造中远集团援藏文化

中远集团把援藏工作纳入企业总体发展规划，尝试将企业文化、洛隆文化与援藏工作相结合，用文化的力量将援藏工作的好做法、好经验固定下来，充分发挥以爱国主义为核心的中远企业文化对援藏工作的促进作用，充分吸收以"老西藏精神"[①]为核心的精神内涵，努力打造具有西藏特点、央企特色、切合实际、立足长远的援藏文化。

2. 将企业的精益管理延伸到援藏扶贫工作管理中

变"粗放式管理"为"精细化管理"。中远集团通过将援藏项目纳入中远慈善基金会管理，变主要对援藏规划审核把关为对援藏项目的全程监管，变年度援藏资金的一揽子支付为分项目按进度支付，进一步明确项目实施内容、责任主体、完成时间、资金支付及项目评估等事项，使援藏工作更加规范化、制度化，极大地增强了中远集团对援藏项目和资金的监管力度，提高了援藏工作管理水平。

3. 将企业支持与提高自我发展能力相结合

对口帮扶与互利合作相促进，积极挖掘合作潜力，拓展合作领域，提升合作水平，努力实现互利共赢、共同发展。中远集团结合不断出现的新变化、新情况、新要求，为使援藏工作发挥更好的效益，让更多的人民群众享受援藏工作带来的实惠，对援藏工作做了深入思考，并提出了"四个延伸"的方针：一是由经济支援向促进发展延伸，进一步增强本土造血功能，进一步加大县域经济财源点建设，进一步拓宽农牧民增收渠道，进一步促进县域经济的可持续发展；二是由硬件设施建设向提升软件管理延伸，加大投入，帮助受援

---

① 老西藏精神，就是"特别能吃苦、特别能战斗、特别能忍耐、特别能团结、特别能奉献"的精神。

地区进一步提高各级干部的管理水平，进一步提高当地群众的综合素质；三是由公路沿线向农牧区纵深延伸，由于受交通、通讯、能源等条件的限制，在以前的援藏工作中，更多的资金主要投在公路沿线，未来将把更多的资金和精力投入到条件相对较差的农牧区纵深，让更多的农牧民享受援藏工作的成果；四是由外部援助向内生驱动延伸，充分利用援藏单位的资金、企业、技术、人才优势，尝试与受援地的资源优势结合，合资、合股成立企业、公司，深化合作，激发活力，拓宽领域，在"本土"培育发展的内生动力。

附录

附录一 大 事 记

2005 年

1月5日 中远集团为印度洋海啸灾区捐款人民币1000万元。全国人大常委会副委员长、全国妇联名誉主席、中国红十字会总会会长彭珮云亲自接受了中远集团的捐款。

1月7日 中远沿海散货运输船队成立庆典仪式在北京钓鱼台国宾馆举行。

1月15日 "2004中国企业信息化500强"评选活动正式在京揭晓。中远集团入选500强并荣获"集团信息化成就奖"。中远集团总裁魏家福获"最具远见的信息化领导者"称号。中远集运、中远散运和中远物流同时入选500强,排名分别为第24、75和268位,中远集运区域性集成信息系统(IRIS-2)获得"重大企业建设成就奖",中远散运获得"最佳管理创新奖"。

1月21日 中远集团和唐山钢铁集团有限责任公司在北京正式签订战略合作协议。

1月21日 中远集团与韩国现代重工签署建造4艘1万TEU级超大集装箱船的建造合同,标志着中远集团成为世界上首家订造1万TEU级集装箱船舶的船公司。

2月17日 中远集团召开保持共产党员先进性教育活动动员大会。

2月21日 巴拿马副总统兼海事局局长Ruben Arosemena和中远集团总裁魏家福分别代表巴拿马海事局和中远集团签署了《巴拿马航海学校与青岛远洋船员学院合作协议》以及《关于安排巴拿马海事学校学生到中远船舶实习的框架协议》。

2月23日 中远集团总裁魏家福出席"巴拿马海运卓越大奖"颁奖晚会,并代表中远集团领取本年度大奖。本次大奖由巴拿马共和国第二副总统兼海事局局长阿罗斯米纳颁发。

2月25日 中远集团在"《亚洲华尔街日报》200强"评选中,名列中国企业综合领导力第六位。

2月25—26日 "中远集团2005年香港合同签约会"在北京召开。中远下属各船员公司总经理、中远香港航运主管领导以及香港船东代表等参加会议。

3月1日 中远集团与鞍山钢铁集团公司更紧密战略合作备忘录签字仪式在大连举行。大连市市长夏德仁、副市长祁玉民,鞍钢集团总经理刘玠,中远集团魏家福总裁、党组书记张富生、副总裁马泽华及有关单位领导、来宾出席了仪式。

3月3日 中国远洋在北京正式注册成立。中国远洋由中远集团独家发起设立,持有中远集运100%股权和中远太平洋投资控股有限公司100%股权。中国远洋定位为中远集团的上市旗舰和资本平台。公司业务包括提供集装箱航运价值链内的集装箱航运、集装箱码头、集装箱租赁以及货运代理及船务代理服务。

3月2日　中远船务总部搬迁大连，举行揭牌仪式。辽宁省委副书记兼大连市委书记孙春兰，大连市市长夏德仁，中远集团总裁魏家福、党组书记张富生、副总裁马泽华以及来自各相关单位的200多名中外嘉宾共同出席了揭牌仪式。

3月8日　中远集团与安彩集团战略合作协议签字仪式在北京举行。

3月14日　国务院国资委下发《关于中国远洋运输（集团）总公司与中国外轮理货总公司重组有关事项的通知》（国资改革〔2005〕295号），批准中国外轮理货总公司并入中远集团，成为全资子公司。

4月5日　中远航运汽车专用船"富泉口"轮在上海外高桥码头装载东风、奇瑞、吉利等国产车400余辆开往中东地区，这是我国汽车第一次搭乘国轮出口。

4月6日　中远集运COSCO DALIAN轮首航大连港和命名仪式在大连举行。中远集团党组书记张富生、副总裁陈洪生，大连市委书记孙春兰、副市长何建中等出席仪式。

4月8日　中外理加盟中远集团庆典仪式在北京远洋大厦举行。国资委业绩考核局副局长刘南昌，发改委交通司副司长李国勇，交通部水运司巡视员彭翠红，中远集团领导魏家福、张富生、陈洪生、马泽华、马贵川、李云鹏、孙月英，中国外轮理货总公司总经理、党委书记卢圣煊，党委副书记张玉玉，副总经理马荣升，总会计师俞海华，以及国内主要港口公司负责人等参加了庆典活动。

4月16日　中远太平洋与广州港集团有限公司签署了广州南沙港二期集装箱码头合资框架协议。广州市委书记林树森、市长张广宁等市领导，中远集团总裁魏家福、中远太平洋董事总经理孙家康出席了在广州举行的签字仪式。

5月20日　中远集团和中国工商银行在北京正式签署战略合作协议。中远集团总裁魏家福，党组书记张富生，副总裁王富田、陈洪生，党组纪检组组长李云鹏，总会计师孙月英，中国工商银行行长兼党委书记姜建清、副行长兼党委副书记杨凯生等参加了签字仪式。

5月30日　海南省人民政府和中远集团在海口正式签署了《海南省—中远集团战略合作协议》。海南省委书记、省人大常委会主任汪啸风，省长卫留成，中远集团总裁魏家福、党组书记张富生等出席签字仪式。

6月7日　中远集团与中国机械装备（集团）公司（简称"国机集团"）战略合作协议签字仪式在北京举行。中远集团总裁魏家福，副总裁马泽华，国机集团总裁任洪斌出席了签字仪式。

6月14日　中远物流承运的青藏铁路物流项目最后一台机车顺利翻越海拔5231米的唐古拉山口，安全抵达安多铺架基地，标志着中远物流青藏铁路物流项目取得圆满成功。

6月16日　大连远洋"远明湖"轮在印度洋航行时，救起一艘倾覆倒扣的渔船上的2名落水者。中远船员的人道主义行为，受到赶来救援的印度海上搜救中心工作人员高度赞誉。

6月19日　首届"中国上市公司竞争力公信力TOP10"调查结果发布,中远航运被评为"十佳最具投资价值上市公司"。

6月30日　中国远洋(1919.HK)股票开始在香港联合交易所有限公司主板正式挂牌交易。

7月5日　中远集团与中国工商银行、瑞士信贷第一波士顿(CSFB)共同发起设立的工银瑞信基金管理有限公司正式开业,公司注册资本金2亿元,其中中远集团持股比例为20%,该基金公司是中国第一家有国有商业银行背景的合资基金公司。

7月12日　中远国际控股有限公司与挪威佐敦集团就成立新合资公司——中远佐敦船舶涂料(香港)有限公司举行签字仪式。挪威驻华大使赫图安、中远集团总裁兼中远国际主席魏家福、佐敦集团行政总裁阿姆斯特朗出席签字仪式。

8月6日　中远集团荣获"2004年度全国企业信息工作先进单位",并被评为"全国企业信息化建设十佳典型示范单位",中远集团总裁魏家福获"2004年度全国企业信息工作优秀领导人"。

8月13日　恒生指数服务公司宣布,将中国远洋纳入恒生中国企业指数成份股。

9月1日　中远集团和宁波港集团在杭州签署战略合作协议。中远集团总裁魏家福、宁波港集团总裁李令红出席签字仪式。

9月5日　中远航运(香港)投资发展有限公司举行揭牌仪式并正式运营。

9月6日　中远集团党组书记张富生代表中远集团与其他渤海银行中外发起股东,在北京人民大会堂签署渤海银行发起人协议。该协议的签署,标志着渤海银行进入开业准备阶段。国务院总理温家宝和英国首相布莱尔出席了仪式。

9月16日　国内第一家从事第三方国际船舶管理业务的中外合资企业——青岛远洋华林国际船舶管理有限公司在青岛举行了开业典礼。

9月21日　中远集团"碧江"轮在连云港海域会同其他船舶,将遇险渔船"苏赣渔02506"轮上的9名遇险渔民全部救起。

9月29日　中远集团与印尼三林集团正式签署中远三林置业股权转让协议。

9月30日—10月6日　中远物流"煤代油"项目部在中石化湖北枝江先后圆满完成了重量508吨的气化炉和重达580吨、长度近41米的废热锅炉人工绞拖卸船作业,创造了长江运输单件货物重量和人工绞拖卸船货物重量两项新的全国纪录。

10月9—13日　经国家发展和改革委员会批准,中远集团2005年企业债券20亿元人民币公开发售。

10月18日　中远集团与上海海事大学"中远奖学金"签约暨首届颁奖仪式在上海海事大学讲演厅举行。中远集团党组书记张富生、上海海事大学校长於世成分别代表中远和海大在协议上签字。

10月22日　全球最大的30万吨浮船坞在大连中远船务举行了竣工试投产仪式。

10月27日　民政部根据国务院批复的情况,正式批准了中远集团关于发起设立中远慈善基金会的申请。中远慈善基金会原始注册资金为1亿元人民币,是一家以促进社会公益事业为目的、非营利性的独立社会团体法人,是以中远集团为依托的非公募性质的基金会，业务主管单位是国务院民政部。中远慈善基金会的宗旨为：弘扬民族精神，奉献中远爱心，支持公益事业，促进社会和谐与发展。

10月29日 "中国企业管理杰出贡献奖"颁奖典礼在钓鱼台国宾馆举行。中远集团、海尔、联想、IBM中国公司四家企业荣获此项殊荣，中远集团副总裁李建红出席了颁奖仪式并领奖。

11月1—2日 以"中国因素——挑战与机遇"为主题的第二届国际海运（中国）年会在上海召开，中远集团党组书记、副总裁张富生主持开幕式。上海市市长韩正，交通部部长张春贤、副部长徐祖远，国务院发展研究中心副主任刘世锦等600余位代表参加会议。

11月1日 2005年中国上市公司最佳治理100强和2005年中国25家最受尊敬上市公司排行榜，在上海举行的2005世界经理人年会上同时正式公布，中国石化、G宝钢、中远航运名列前三甲。

11月3日 "2005年亚洲物流大奖"颁奖典礼在上海举行。中远集运荣获"年度最佳航运公司"大奖。

11月11日 中央国家机关召开纪念会计法实施20周年暨表彰先进会计工作者大会，中远集团总会计师孙月英作为受表彰的50名先进会计工作者代表，在会上作典型发言。

11月14日 中远集团与荷兰TNT集团在北京举行物流合资企业意向书签字仪式暨新闻发布会。交通部副部长徐祖远，荷兰运输、公共工程和水管理部部长Karla Peijs女士，荷兰驻华大使Dirk Jan van den Bergs先生，中远集团总裁魏家福，TNT集团全球总裁Peter Bakker等出席了签字仪式。

11月18日 青岛远洋"天荣海"轮从澳大利亚返回大连港的途中，成功救助了20名外国船员。其中韩国籍船员10名、菲律宾籍船员10名。

11月21日 中远集团与深圳市政府在深圳正式签署战略合作框架协议。深圳市副市长张思平和中远集团副总裁马泽华分别代表深圳市和中远集团在协议上签字。

11月28日 中远太平洋拥有14%股权的天津五洲国际集装箱码头有限公司举行开业庆典，天津市有关领导、中远集团副总裁马泽华出席开业仪式。

11月29日 中远集团（大连远洋）、日本小可由公司和NYK合资成立的专营散化运输的上海中远小可由船务有限公司正式挂牌。

12月12日 中远集团海运量成功突破3亿吨大关。在2年时间内实现海运量翻番，反映出中远集团经营能力的快速提高。

12月16日 中远太平洋与广州港集团正式签署了广州南沙二期合作协议，由中远太平洋控股的财团将占有南沙二期集装箱码头的59%股份。中远集团副总裁王富田代表集团出席了签字仪式。

12月19日 中远太平洋与APML TERMINAL在上海签署了埃及塞德港SCCT码头合作协议，由马士基将该码头20%的股份转让给中远太平洋。中远集团总裁魏家福出席了签字仪式。

12月19日 洋山深水港区二期工程项目合资合同签字仪式在上海新锦江大酒店举行，

上海国际港务（集团）股份有限公司、香港和记黄埔、AP 穆勒·马士基集团、中远集团和中海集团五大港航集团的代表共同在协议上签字。中远集团总裁魏家福出席仪式，中远太平洋副主席兼总经理孙家康代表中远方签署了合资合同。上海市市长韩正、副市长杨雄等领导，和记黄埔有限公司等出资方共同见证了合同的签署。

12 月 20 日 中远慈善基金会成立大会暨揭牌仪式在北京召开。民政部副部长姜力，中远集团总裁魏家福、党组书记张富生等领导出席了揭牌仪式。

12 月 20 日 中远集团正式受让中远发展持有的海南中远发展博鳌开发有限公司 99.375% 股权，海南中远发展博鳌开发有限公司更名为海南中远博鳌有限公司，成为中远集团直属二级单位，2005 年正式纳入中远集团合并范围和财务集中管理范围。

12 月 28 日 中远集团总裁魏家福当选 2005CCTV 中国经济年度人物。

2006 年

1 月 16 日 "2005 年度中国企业十大新闻"暨"最具影响力企业""最受关注企业家"和"最具成长性企业"评选活动颁奖仪式在人民大会堂举行。中远集团荣获 2005 年度"最具影响力企业"称号，中远集团总裁魏家福荣获 2005 年度"最受关注企业家"称号。中远国际货运荣获"最具成长性企业"称号。

2 月 8 日 为落实《中国石化—中远战略性合作伙伴关系框架协议》的有关内容，中远集团与中国石油化工股份有限公司在北京正式签署了《中国石化—中远原油运输合作协议》和《中石化—中远海上船舶燃油供应合作协议》。交通部副部长徐祖远，国资委副主任邵宁，中远集团总裁魏家福，党组书记张富生，副总裁王富田、马泽华以及中石化集团有关领导参加了签字仪式。

2 月 13 日 中远集团魏家福总裁被美国《商务周刊》评选为 2005 年度行业领袖人物。

2 月 16 日 中远集团总裁魏家福、党组书记张富生、总会计师孙月英参加渤海银行股份有限公司开业庆典暨剪彩仪式。

2 月 17—18 日 中远集团在深圳召开了 2006 年香港合同签约会。

2 月 19 日 2005 年中国十大系列英才颁奖典礼在京举行，集团总裁魏家福获"十大创新英才"。

2 月 21—22 日 中远集团现代企业管理体系通过了挪威船级社、中国船级社和中国安全生产科学研究院三方的联合认证。

2 月 22 日 "2005 年度中国企业信息化 500 强评选颁奖大会"在北京国际会议中心举行。中远集团总裁魏家福荣获首次设立的、唯一的"中国企业信息化年度人物大奖"。在 2005 年中国企业信息化 500 强排名中，中远集团排第五名，比 2004 年上升了四位；中远集运、中远散运在 500 强中分列第 19 名和第 49 名。在单项奖评选当中，中远集团荣获"最佳信息化战略奖"，中远集团 SAP 项目荣获"重大企业信息化建设成就奖"。

2 月 22 日 "中国·企业社会责任国际论坛"在京开幕，中远集团等 10 家企业荣获"2005 年最具责任感企业"称号。

2月28日　中国远洋网络有限公司与神州数码（中国）有限公司在北京远洋大厦会议中心正式签署了战略合作意向书。中远集团总裁魏家福、党组书记张富生，联想控股总裁柳传志、神州数码总裁郭为等出席活动。

3月　香港海事处与香港船东协会联合举办"2005年船舶注册创三千万吨新纪录"庆祝酒会，中远香港航运连续第六年荣获"最多船舶注册总吨位奖"。

3月9日　大连中远船务30万吨级配套修船码头建成投产，填补了我国配套修理大型和超大型船舶的空白。

3月19日　中远香港航运/深圳远洋天岭轮成功救起"苏赣渔05112"号渔船上遇险的8名船员。

3月22日　中远集团"中远宁波"轮命名暨首航宁波港仪式在宁波北仑港举行。时任中共浙江省委书记、省人大常委会主任习近平发来贺电，浙江省副省长王永明等出席了命名暨首航仪式。中远集团总裁魏家福、中远集运总经理许立荣及港航货主代表200余人参加仪式。

3月28日　远洋大厦会议中心举办现代企业管理体系颁证仪式暨新闻发布会，三家认证机构的总裁分别向中远集团颁发了ISO9001：2000质量管理体系证书、ISO14001：2004环境管理体系证书和OHSAS18000职业安全卫生管理证书。

3月28日　中远集团总裁魏家福和挪威船级社总裁迈德森分别代表各自公司签署了《共同推进"全球契约"联合声明》。

4月　中远集团第二条超大型集装箱船舶"中远广州"轮命名暨首航仪式在广州港南沙码头举行。中共广东省委常委、广州市委书记林树森，中远集团总裁魏家福出席仪式，广州市副市长王晓玲为"中远广州"轮命名祝福。

4月3日　中远集团2006年第四次总裁办公会决定，2006年为中远集团的第一个精益管理年，并成立了以魏家福为组长的精益管理领导小组和相关的工作小组。

4月17日　由中国财富论坛组委会组织评选的"'中国走向世界'企业成就奖"在北京揭晓，中远集团等10家本土企业以及大众汽车（中国）投资有限公司等10家在中国投资的企业获此殊荣。

4月26日　中远美洲公司和中燃公司在远洋大厦举行了合作意向书签字仪式。本着集团海外工作会议精神，按照中燃海外发展规划的要求，组建中燃美洲公司，中远集团副总裁马泽华、中燃有限公司董事长林青山、中远美洲公司董事长高伟杰等出席了签字仪式。中燃有限公司总经理冷平与中远美洲公司总裁陈小敏代表双方签署了合资意向书。

5月10日　中远船务在大连中远船务隆重举行了世界最大的30万吨级浮船坞投产庆典。

5月16日　中远集运"武汉——洋山"江海直达快航正式开通。

6月1日　中远船务与挪威前线管理公司（Frontline Management AS）在上海顺利签订了中国修船业历史上最大的单笔合同，金额超过2700万美元。南通中远船务将利用3个多月的时间，把该公司的一艘挪威籍油轮改装成半潜式驳船。

6月8日　泉金客运直航航线于泉州南安市的石井港码头正式首航。这是继厦门—金门、马尾—马祖客运直航开通之后，海峡两岸开通的第三条客运直航航线。标志着泉州与金门全面实现客货运直航。

6月8日 中远太平洋与宁波港集团、东方海外及国家开发投资公司在宁波举行的"浙江经贸洽谈会"上，签署了集装箱码头合作协议，共同组建宁波远东码头经营有限公司，经营管理宁波港北仑四期集装箱码头7号泊位。中远集团副总裁王富田代表集团，出席了有关签约活动。

6月15日 中远集团总裁魏家福应邀出席了在南京举行的中国管理研究国际学会（IACMR）2006年度颁奖晚会，并荣获"杰出管理奖"（Distinguished CEO Award）。魏家福总裁是第一个获得该奖项的商业领袖。

6月 美国海关经过重审并确认中远集团操作、管理水平达到了美国"海关贸易伙伴反恐"(C-TPAT)成员资格标准，并向中远集团颁发了新的资格认证。

6月22日 中远物流和中外理货签署了《中联理货公司股权托管协议》，中远物流将所属中联理货公司委托中外理统一管理。

6月25日 中远香港航运2+2艘30万吨矿砂船、4艘5.5万吨散货船新造船合同签字仪式在海南博鳌举行。中远集团总裁魏家福、副总裁李建红、总会计师孙月英，宝钢集团宝山钢铁股份有限公司原料采购中心贾砚林总经理等出席了签字仪式。

6月26日 中国远洋和中国船舶工业集团公司在北京签订了8艘5100TEU的集装箱船舶建造合同。中远（集团）总公司副总裁、中国远洋执行董事总经理陈洪生和中远集运总经理许立荣与中船集团副总裁谭作钧等分别在合同上签字。

6月30日 在庆祝青岛远洋成立30周年之际，青岛市人民政府与中远集团在青岛正式签署了战略合作框架协议。

7月4日 中远集团和泉州市人民政府在北京远洋大厦签署了战略合作框架协议。中远集团总裁魏家福、泉州市市长朱明出席了签字仪式，中远集团副总裁马泽华、泉州市副市长王亚君分别代表双方签署了协议。

7月5日 中远巴拿马公司举行"中远巴拿马"轮首航巴拿马仪式。巴拿马第一夫人维维安·费尔南德斯、第二副总统兼海事局长鲁本·阿罗塞梅纳、运河管理局局长阿莱曼·苏比尔塔和国会外交委员会主席胡安·阿罗塞梅纳、中国巴拿马贸易发展办事处代表鲍鄂生和中远集团党组书记、中国远洋副董事长张富生等嘉宾出席仪式。

7月11日 在"中国航海日"庆祝大会上，青岛远洋船长、全国劳模庄茂奎等10位在我国现代航海及海洋事业中做出突出贡献的船长，当选2006年"全国十佳船长"，并荣获"郑和航海突出贡献奖"。

7月19日 广州远洋新造2艘5900吨沥青船的建造合同，在广州中船黄埔造船有限公司正式签署。

7月26日 中国船舶工业集团公司为中远集团建造4艘76000吨散装货船建造合同签约仪式在北京举行。中远集团党组书记张富生、中船集团副总经理谭作钧等共同出席了签约仪式。

7月27日 中船重工集团为中远集团建造2艘29.8万载重吨原油船和3艘11万载重

吨成品油船的建造合同在大连签署。

7月27日 "中远希腊"轮命名暨首航比雷埃夫斯港庆祝仪式,在希腊比雷埃夫斯港集装箱码头举行。希腊总理卡拉曼利斯、中远集团总裁魏家福以及希腊政府高级官员、知名船公司负责人、有关工商协会领导及中国驻希腊使馆等方面嘉宾近500人出席。

8月10日 中远集团与济南钢铁集团总公司战略合作协议签字仪式在北京举行。济钢集团总经理李长顺,中远集团总裁魏家福、副总裁王富田、马泽华以及双方有关下属企业领导出席了仪式。

8月28日 中远集团和泉州市人民政府在泉州港举行了双方合资的泉州太平洋集装箱码头公司成立暨石湖集装箱10万吨级码头泊位开工、中心港区深水航道工程启动仪式。中远集团总裁魏家福、党组书记张富生、副总裁马泽华等和中共泉州市委书记郑道溪、泉州市人民政府市长朱明等地方政府有关部门的领导,共同参加了集装箱码头公司成立仪式。

8月28日 国资委在北京召开中央企业学习型红旗班组(科室)、知识型先进职工表彰推进会,中远集团共有11家单位和11名个人荣获中央企业"学习型红旗班组(科室)"和"知识型先进职工"称号。

9月26日 全国高技能人才工作会议暨第八届中华技能大奖和全国技术能手表彰大会在北京召开。中远船务黄剑被劳动和社会保障部授予"全国技术能手"称号,并颁发了奖章、证书、奖牌等;中远集团被劳动和社会保障部授予"国家技能人才培育突出贡献奖",并颁发了奖牌和证书。

9月27日 巴拿马政府在总统府举行了颁奖仪式,为获得"2006年度杰出海运奖"的单位和个人颁奖。中远集团再次获得这一殊荣,中远巴拿马公司总经理蔡梅江代表中远集团接受颁奖。

10月13日 中远集团与天津市人民政府在天津正式签署战略合作协议。中共中央政治局委员、天津市委书记张立昌,天津市委副书记、市长戴相龙,中远集团总裁魏家福、党组书记张富生出席仪式。

11月1日 中远集团与杭州钢铁集团公司在深圳举行战略合作协议签字仪式。中远集团总裁魏家福与杭钢集团董事长童云芳出席仪式并代表各自企业在协议上签字。

11月2—3日 以"把握变化"为主题的第三届国际海运(中国)年会在深圳召开。交通部部长李盛霖、副部长徐祖远,英国国会议员、运输国务大臣莱德曼等出席会议。

11月5日 中远集团32000吨木材专用船建造合同签字暨中远"武夷山"轮命名仪式在福建省福州市举行。福建省省长黄小晶、中远集团总裁魏家福出席,并共同启动了命名按键。

11月7日 根据中组部和国资委党委决定,中远集团领导班子调整宣布大会在北京远洋大厦举行。大会宣布:根据国资委党委决定,许立荣、张良同志任中远(集团)总公司副总裁、党组成员。经中远(集团)总公司党组决定,许立荣同志任中国海员建设工会中国远洋运输(集团)总公司委员会主席;经中远(集团)总公司党组研究、总裁聘任,张良同志为中远(集团)总公司总法律顾问。经中组部和国资委全面考察,中央决定集团副总裁马泽华调任中海集团担任党组书记、副总裁职务。

11月21日 由香港董事学会主办的"2006年度杰出董事奖"颁奖典礼在香港会议展览中心隆重举行。中国远洋董事会荣获"2006年度杰出董事奖—上市公司非恒生指数成分股组别",成为首家获得该奖项的H股公司。

11月28日 中远集团与天津市保税区管委会签署了合作协议。此次协议的签署是中远集团积极响应国家号召、支持天津市将滨海新区建设成北方国际航运中心和国际物流中心的切实行动,是中远集团积极落实与天津市战略合作协议的重要举措。

11月29日 中远集团总裁魏家福出席了香港管理专业协会会士周年晚会(HKMA Fellowship Annual Dinner)并接受了该协会颁发的会士荣誉资格证书。按照香港管理专业协会规则,会士资格仅颁发给在香港管理界拥有卓越工作表现或对管理理论、哲学及实践有贡献的人员。

12月2日 中远集团第一艘VLCC租入船——"新莎娃"轮在韩国安山港正式投入营运。中远油轮船队迈出了"从拥有船到控制船"的第一步。

12月2日 第六届中国管理100年会在北京召开,中远集团副总裁、中远散运总经理张良获"2006年度中国管理100人"殊荣;中远散运同时获得大会颁发的"2006年度中国管理100企业成就奖",成为全国10家获得此项荣誉的企业之一。

12月4日 经中央批准,中组部、国务院国资委党委在北京召开全国国有企业创建"四好"领导班子先进集体表彰暨经验交流会。中远集团被中组部、国资委党委授予全国国有企业创建"四好"领导班子先进集体称号。

12月20日 作为全球契约试点单位,中远集团在北京举行新闻发布会暨相关方沟通会,面向全世界发布了《中远集团2005年度可持续发展报告》。

12月22日 由中国交通企业管理协会和《发现》杂志社联合主办的"首届中国杰出交通企业管理者大会",在北京人民大会堂隆重召开,中远集团总裁魏家福荣获"2006中国交通企业管理十大杰出人物"称号。

12月27日 《中远大唐航运股份有限公司合营协议书》签字仪式在北京举行。大唐国际副总经理、大唐燃料董事长杨洪明,深远副总经理王永福分别代表各自的企业在协议书上签字。

12月29日 新一届监事会正式进驻中远集团。

2007年

1月9日 中远集团工会第六届委员会第一次全体会议在浙江杭州召开。中国海员建设工会全国委员会主席吴子恒、中远集团党组书记张富生参加会议。会议选举产生了中远集团工会第六届委员会常委、主席和副主席,选举许立荣为工会主席。

1月19日 中远集团和中粮集团战略合作协议签字仪式在北京举行。中远集团总裁魏家福和中粮集团董事长宁高宁出席仪式并致辞。中远(集团)总公司副总裁张良和中粮集团副总裁于旭波分别代表各自企业在协议上签字。

1月22日　联合国全球契约办公室主任克尔先生（Georg Kell）致函魏总裁，高度赞扬中远集团作为全球契约成员单位为全球发展做出的重要贡献，并对中远集团可持续发展报告入选典范报告榜表示祝贺。中远集团由此成为入选典范报告榜的第一个中国企业和第一个航运企业。

2月3日　国家信息化测评中心在北京国际会议中心发布2006年中国企业信息化500强调查报告。中远集团及其下属中远集运、中远散运、广州远洋等入选中国企业信息化500强。中远集团总裁魏家福出席会议并领取了"推进中国企业信息化杰出人物"大奖。魏总裁还在大会上发表了演讲。中远集团财金部总经理丰金华获首次颁发的"杰出信息化应用推动者"奖。

2月9日　中远集团和北京市顺义区政府战略合作框架协议签字仪式在顺义举行。中央组织部五局局长周新建，中远集团总裁魏家福、党组书记张富生，副总裁陈洪生、李建红，顺义区区长张延昆等出席仪式。

2月28日　中远集团和神华集团战略合作意向书签字仪式在北京汉华国际饭店举行，中远集团总裁魏家福、党组书记张富生和神华集团董事长兼党组书记陈必亭等出席了仪式，中远集团副总裁张良代表在意向书上签字。

3月12日　中远船务与挪威MARACC公司在北京远洋大厦正式签订GM4000半潜式可移动海洋平台的建造合同。大连市市长夏德仁，MARACC公司主席Mr.Oyvind Jordanger，中远集团总裁魏家福、副总裁李建红出席签字仪式。

3月31日　中远集团与福建省人民政府在福州正式签署推进海峡西岸经济区建设战略合作框架协议。福建省省长黄小晶，中远集团总裁魏家福、党组书记张富生出席了协议签署仪式。黄小晶和魏家福分别代表双方在协议上签字。

4月4日　长滩港务局举行了2006年环保绿旗奖（Green Flag）颁奖仪式，中远再次被授予环保奖旗，中远洛杉矶公司汤姆·索马副总裁、帕特总经理代表中远出席了授奖仪式并登台领奖。

4月20日　中远集团在海南博鳌与海南省签署《中远集团投资建设和发展海南琼北港口合作协议》《中远集团与海南港航控股有限公司合资合作协议》，与福建省签署《中远太平洋入股福州港务集团合作意向书》。

4月21日　中远集团在海南博鳌与中国船舶重工集团公司、中远造船工业公司、中远船务工程集团有限公司、中远国际船舶贸易有限公司4家公司签署订造66艘、514万载重吨的船舶建造合同和意向协议。中共中央政治局常委、全国人大常委会委员长吴邦国出席见证了协议签署仪式。中远集团总裁魏家福、中国船舶重工集团公司总经理李长印代表在合同和协议上签字。

5月23日　唐山市人民政府与中远集团战略合作框架协议签字仪式在唐山举行。河北省省长郭庚茂、省长助理尹亚力、唐山市委书记赵勇、市委常委曹妃甸工业区管委会主任许德茂，中远集团总裁魏家福、副总裁张良出席了签字仪式。唐山市市长张国栋、中远集团副总裁李建红在战略合作协议上签字。

5月25日　中燃与中国交通建设股份有限公司在北京举行《燃油供应战略合作协议》

签字仪式。中远集团副总裁李建红出席了签字仪式。

5月29日　"中国铝业杯"首届中央企业青年创新奖评选活动表彰大会在人民大会堂举行。中远集团申报的7个项目全部获奖。其中中远集运的"中日航线 H.D.S 服务"项目获得铜奖，广州远洋的"泰安口轮加宽改选工程"项目、青岛远洋的"青岛远洋企划信息系统"项目、中远船务的"150T 四连杆全回转浮式起重机制造"项目、"船用 1200–1600 型高压手动液压泵研制"项目、中远物流的"惠州中海壳牌南海石化"项目和中远集运的"重点岗位高级船员的预控及优化配置"项目 6 个项目获优秀奖，集团团委获得此次大赛优秀组织奖。

5月30日　《中国经营报》和韩国《每日经济新闻》在北京国际俱乐部饭店共同举办了"2007 中韩论坛"，论坛特设立了"中韩经济交流贡献奖"和"韩中经济交流贡献奖"。中远集团等 5 家中国企业荣获"韩中经济交流贡献奖"。

5月30日　中远集团荣获由韩国大使馆、韩国贸易振兴公社等机构组成的专家评审团综合评定选出的"韩中经济交流贡献奖"。

5月31日　中远集团与大连市人民政府在北京远洋大厦共同签订了合作建设大连造船项目的协议书。

6月1日　中远集团在京单位 4 名代表参加国资委党代表会议，参加选举产生中央企业党的十七大代表，魏家福总裁当选党的十七大代表。

6月3日　中远集团与厦门市人民政府在厦门正式签署"推进海峡西岸经济区建设紧密合作协议"。中远集团总裁魏家福和厦门市市长刘赐贵分别代表中远集团和厦门市人民政府致辞并在协议上签字。

6月13日　由巴拿马运河局主办，中国船东协会、中远集团协办的"巴拿马海运日"活动在上海举行。时任中共上海市委书记习近平会见了前来上海出席巴拿马运河第十四届顾问会的巴拿马运河顾问及董事。中远集团总裁、巴拿马运河顾问魏家福出席了会见。

6月15日　中远集团总裁魏家福应美国马萨诸塞州州长德瓦尔·帕特里克（Deval Patrick）邀请，在波士顿马州州府大楼出席由美方主办的中远挂靠波士顿港五周年隆重庆祝活动，接受了由国际码头工人联合会（ILA）为他颁发的"创造就业机会奖（Job Creation Award）"。

6月26日　随着上海市委常委、副市长杨雄和中国远洋董事长魏家福一起敲响上海证券交易所开市锣，中国远洋控股股份有限公司首次公开发行 A 股股票在上海证券交易所挂牌上市，中国远洋在海外上市近 2 年后回归 A 股取得了圆满成功。

7月2日　由中联资产评估公司和《财经时报》联合主办的"首届中国资本榜样高峰论坛暨 2007 年度中国上市公司价值百强评选"结果在北京揭晓，中国远洋成功入选并荣登榜首。

7月12日　2007 年《财富》500 强排名通过 cnnmoney.com 发布，2006 年度中国企业共有 30 家企业上榜，其中内地 22 家，香港 2 家，台湾 6 家。中远集团以 154.135 亿美元（1228.825 亿人民币）销售收入首次入选，排名第 488 位。国际海运业中仅有三家公司入选，突显了中远集团在国际海运界的领先地位。

7月12日 中远集团与中国有色矿业集团有限公司在北京远洋大厦签署了战略合作协议。中国有色集团总经理罗涛、党委书记邹乔，中远集团总裁魏家福、党组书记张富生等有关单位领导和负责人共同出席了签字仪式。

7月21日 中远集团与江苏省人民政府在南京正式签署战略合作框架协议。江苏省委书记李源潮、省长梁保华，中远集团总裁魏家福、党组书记张富生和江苏省有关部门的领导见证了签字仪式。

7月26日 亚洲首艘万箱级集装箱船——"中远亚洲"轮在韩国命名。命名仪式在韩国蔚山的现代重工造船厂码头举行，蔚山现代重工社长、首席执行官崔吉善，中国驻釜山领事馆总领事田宝珍，中远集团党组书记张富生、副总裁陈洪生及中远集装箱运输有限公司、劳氏船级社有关领导出席了命名仪式。

8月1日 中远集团经营船队总规模突破5000万载重吨大关。

8月2日 中华人民共和国海事局决定授予中远集团"连安湖"轮等113艘船舶为2007年度"安全诚信船舶"，中远集团郁国华等202名船长为2007年度"安全诚信船长"。

8月6日 大连中远造船工业有限公司揭牌仪式在大连旅顺经济开发区举行。中远集团李建红副总裁、日本川崎造船株式会社谷口友一社长共同为公司成立揭牌。

8月9日 中远集团首艘万箱级集装箱船——"中远亚洲"（COSCO ASIA）轮在天津港首航。天津市市长戴相龙、国务院国资委副主任黄丹华、中远集团总裁魏家福为"中远亚洲"轮首航剪彩。

9月1日 天津津神客货轮船有限公司"燕京"轮从日本返回天津港，行至韩国海域时，成功救起韩国落水遇险者。

10月9日 国家安全监管总局召开安全科普知识竞赛组织工作会议暨全国安全生产月活动经验交流会。中远集团获得"全国安全生产月先进单位"。

10月9—13日 第十四届智能交通世界大会在北京举行。中远集团此次重点展示了"十一五"国家科技支撑计划重大项目《国家综合智能交通技术集成应用示范》子课题——《远洋船舶及货物运输在线监控系统（SCOM）》课题建设成果。

9月15日 中远集团与中国海洋石油总公司战略合作协议签字仪式在北京举行。中远集团总裁魏家福、副总裁张良，中国海洋石油总公司总经理傅成玉、副总经理罗汉出席了签字仪式。中远集团副总裁李建红代表中远集团在战略合作协议上签字。

10月28日 中远集团5000车位汽车船首制船"中远盛世"号轮开工典礼在舟山中远船务举行，商务部副部长魏建国、浙江省副秘书长兼办公厅主任俞仲达、交通部浙江海事局局长徐国毅，长安、奇瑞、中国重汽等10余家国内著名汽车企业高层出席了开工典礼。中远集团党组书记张富生出席了仪式。

10月28日 中远集团与广西壮族自治区人民政府战略合作协议签字仪式在南宁举行。广西壮族自治区人民政府主席陆兵和中远集团总裁魏家福分别代表双方在协议上签字。

10月30日 中远航运与广船国际股份有限公司签署建造两艘5万吨半潜船签字仪式在北京举行。中远集团副总裁许立荣和中船工业集团副总经理谭作钧、广船国际总经理韩广德出席了签字仪式。

10月31日下午—11月2日 由中远集团牵头主办，以"赢在市场（RIDING THE WAVE）"为主题的第四届国际海运（中国）年会在天津召开。天津市委副书记、市长戴相龙，国家发改委副主任张国宝，交通部副部长翁孟勇以及国际知名专家、全球航运及相关行业的800余名代表参加了会议。

11月1日 空客320系列飞机天津总装线项目物流服务合同在天津举行签字仪式。中共天津市委副书记、市长戴相龙，国家发改委副主任张国宝，交通部副部长翁孟勇，中远集团总裁魏家福，党组书记张富生，副总裁陈洪生、张良出席了仪式。中远物流叶伟龙总经理代表中远集团签署合同。

11月1日 中远船务与挪威船级社（DNV）签署战略合作协议。挪威船级社总裁麦恒力，中远集团总裁魏家福、党组书记张富生，挪威船级社副总裁徐帅军，中远集团副总裁李建红出席签字仪式。

11月8日 中远集团副总裁张良参加了在厦门举行的中远太平洋投资厦门海沧14–17号泊位合作协议及合资合同签字仪式，厦门市长刘赐贵等有关部门的领导出席了仪式。

11月17日 全国物流行业先进集体表彰大会在北京隆重召开，中远集团旗下的中远散运、中远物流、青岛远洋大亚物流、武汉中远物流等多家单位荣获"全国物流行业先进集体"。

11月28日 15时30分，随着交通部部长李盛霖和天津市市长戴相龙共同按下吊机按钮，2007年我国大陆港口第一亿个集装箱缓缓起吊并顺利装到停靠在天津港五洲国际集装箱码头的"中远希腊"轮上。年吞吐量突破一亿标准箱是我国海运事业发展的重要里程碑，标志着中国大陆集装箱运输跨入了新的历史发展阶段。交通部副部长徐祖远、中远集团总裁魏家福在仪式上致辞。

11月28日 CUE航线"中远布里斯班"轮顺利挂上墨西哥拉萨罗市的新码头，中远成为第一个挂靠该码头的班轮公司。墨西哥总统卡尔德龙出席了开港仪式并剪彩。

12月3日 中远物流印度项目部、舟山中远船务物流工区船坞工段、南通中远川崎舾装部机装科钳工组等3个单位被中国海员建设工会全国委员会授予首届"全国交通建设系统工人先锋号"称号。

12月5日 中国航海学会公布了2007年度"中国航海学会科学技术奖"获奖名单。由中远集团财务部承担的"水运企业船舶运输生产统计体系研究"、中远物流承担的"大件货物滚装上下船辅助决策系统"获得三等奖。

12月13日，中远集团与海南洋浦经济开发区管理局在海口市签署了《中国远洋运输（集团）总公司与海南洋浦经济开发区管理局投资合作意向书》。海南省人民政府副省长姜斯宪、中远集团副总裁张良出席了签字仪式，中远集团运输部总经理袁小宇和洋浦经济开发区管理局局长丁尚清分别代表双方在投资合作意向书上签字。

2008年

2月13日 中远集团、中远慈善基金会援助冰雪灾害地区捐款仪式在北京远洋大厦举行。民政部副部长李立国、民政部救灾救济司副司长庞陈敏,中远集团总裁、中远慈善基金会名誉理事长魏家福,中远集团党组书记、中远慈善基金会理事长张富生,中远集团副总裁、中远慈善基金会理事陈洪生,中远集团副总裁李建红,中远集团副总裁、中远慈善基金会副理事长许立荣,中远集团副总裁张良,中远集团党组纪检组组长、中远慈善基金会监事长李云鹏,中远集团总会计师、中远慈善基金会秘书长孙月英出席了捐款仪式。中远集团、中远慈善基金会通过民政部,向我国雨雪冰冻灾区捐款1000万元人民币,用于援助灾区抗冻救灾工作和改善受灾群众基本生活。

2月18日 广东省经济贸易委员会给深圳远洋公司发来感谢信,感谢公司积极抢运电煤,为广东抗灾救灾所做出的贡献。信中说:在全省"抗灾救灾的关键时刻,贵单位及时伸出热情援助之手,大力支持我委紧急组织调运煤炭等抗灾救灾物资,有效缓解我省煤电油运紧张局面,充分体现了'一方有难,八方支援'的人道主义和团结协作精神,为广东抗灾救灾做出了积极贡献。你们的爱心帮助,使灾区人民群众倍感温暖,极大地增强了灾区人民战胜自然灾害的信心和决心"。在全国抗击低温雨雪冰冻极端天气灾害中,中远集团先后累计投入运力40艘,197万载重吨;截至2月底,完成沿海电煤运输约600万吨。

2月23日 中远集团总裁魏家福再次获选2007中国十大财智英才。

2月25日 2007中国十大经济女性年度人物颁奖典礼在北京中华世纪坛举行,中远集团总会计师孙月英荣获2007中国十大经济女性年度人物奖。全国妇联书记处书记洪天慧为孙月英颁奖。

3月1日 全国纪检监察调研工作会议表彰了18个全国纪检监察系统调研工作先进单位。中远集团党组纪检组、监察室是唯一被评为"2007年度全国纪检监察系统调研工作先进单位"的企业单位。

3月11日 中远集团与河北省人民政府战略合作协议签字仪式在北京远洋大厦举行。中远集团总裁魏家福,党组书记张富生,副总裁李建红、陈洪生、许立荣,纪检组长李云鹏,河北省省长郭庚茂,常务副省长付志方、副省长孙瑞彬等领导出席了签字仪式。

3月22日 2007年度中国企业信息化500强大会在北京召开。中远集团魏家福总裁荣获本次会议的大奖——"2003—2007中国企业信息化功勋奖"。集团总公司、中远集运和中远散运还被分别授予"信息化成就奖""IT治理奖"及"BI应用奖"等单项奖。

3月24日 洛杉矶长滩港务局举行2007年"环保奖旗(Green Flag)"颁奖仪式,以中远共有21艘船舶受到嘉奖,荣获21面"环保奖旗",这是自长滩港务局2005年推行绿色环保以来,中远连续第三年获此殊荣。

3月27日 中远集团集装箱欧洲航线首航连云港庆典暨连云港中远船务工程有限公司揭牌仪式在连云港新东方集装箱码头举行。江苏省委常委、常务副省长赵克志,中远集团总裁魏家福,副总裁陈洪生、许立荣等领导出席了庆典仪式。

3月30日 中远集团在舟山船务隆重举行57000吨散货船"远安海"命名下水仪式暨5000车位汽车船合拢仪式。中远集团总裁魏家福、副总裁李建红,舟山市委书记、市长梁黎明出席了仪式。

4月3日 中国首制1万标准箱集装箱船"中远大洋洲"轮在南通中远川崎船舶工程

有限公司命名并交付使用。全国政协副主席李金华，全国政协常委高俊良，交通运输部副部长徐祖远，江苏省副省长张卫国，中远集团总裁魏家福、党组书记张富生，日本川崎重工株式会社副社长寺崎正俊等业界代表 100 多人共同见证了命名交付仪式。

4 月 3 日　由中远集团和招商局集团、澳大利亚液化天然气有限公司等投资方共同投资，由沪东中华造船（集团）有限公司为广东 LNG 项目承建的中国首制 LNG 船舶"大鹏昊"命名暨交付仪式在上海举行，国家发改委副主任兼国家能源局局长张国宝，中国船舶工业集团公司总经理陈小津，中远集团总裁魏家福、党委书记张富生等领导出席了该仪式。

4 月 19 日　2007 年度"'中国企业走出去'国家贡献奖"颁奖典礼在北京人民大会堂举行。中国远洋等 4 家公司荣获"最具重大贡献荣誉"奖。

4 月 25 日　由中远集团与世界著名跨国公司巴斯夫携手《WTO 经济导刊》创建的 2007 金蜜蜂企业社会责任中国榜在北京发布。国家电网等 12 家企业获 2007 领袖型企业金蜜蜂奖，立白集团等 6 家企业获成长型企业金蜜蜂奖，海尔集团等 11 家企业分获 6 个单项奖，另有上海外贸界龙彩印有限公司等 31 家企业成为金蜜蜂榜入围企业。

5 月 9 日　中远集团与广东省人民政府在广州签署了战略合作框架协议。中共中央政治局委员、广东省委书记汪洋，省委副书记、省长黄华华，副省长佟星以及政府相关主管部门领导，中远集团总裁魏家福，党组书记张富生，副总裁陈洪生、李建红、许立荣出席了签字仪式。佟星副省长和李建红副总裁分别代表双方在战略合作框架协议上签字。

5 月 13 日　人力资源和社会保障部复函，正式对中远集团企业年金方案予以备案。

5 月 24 日　由中国企业联合会、中国企业家协会和江西省人民政府共同主办的"2008 年全国企业家活动日"在南昌举行。中远集团魏家福总裁等 109 位企业家获得"中国企业改革纪念章"。

6 月 11 日　加拿大国际货运协会（CIFFA）在蒙特利尔举办颁奖晚会。中远被授予"远东 / 加东航线最佳承运人"称号，这是中远在加东连续第七年荣获该奖项。

6 月 18 日　中远集团两岸"三通"工作研讨会在北京召开。中远集团总裁魏家福、党组书记张富生出席了会议，副总裁许立荣主持会议，交通运输部对台工作领导小组副组长胡汉湘、交通运输部台湾事务办公室副主任李建生参加会议。

6 月 19 日　中国远洋散货经营总部在天津揭牌成立。散货经营总部是中国远洋的特设机构，负责研究落实中远集团整体散货运输业务的经营战略和策略。

7 月 1 日　中远集团、中远慈善基金会向甘肃省地震灾区捐赠千顶帐篷仪式在甘肃省兰州市举行。

7 月 2 日　由中联资产评估公司和《财经时报》联合主办的"首届中国资本榜样高峰论坛暨 2007 年度中国上市公司价值百强评选"结果在北京揭晓，中国远洋成功入选并荣登榜首，再次证明了中国远洋非凡的内在价值。

7 月 9 日　美国《财富》杂志公布了 2008 年度世界 500 强企业排行榜。中远集团以 208.4 亿美元的营业收入再次入选，排名第 405 位，比去年排名大幅提升 83 位。在同期评选出的 5 个单项 50 强企业排名中，中远集团均成功入围：1. 入选销售收入增长最快的前

50家企业，列第46位；2. 入选利润增长最快的前50家企业，列第15位；3. 入选资产回报率最高的前50家企业，列第31位；4. 入选利润率最高的前50家企业，列第43位；5. 入选排名上升最快的前50家企业，列第13位。

7月15日 全国交通运输行业弘扬抗震救灾精神报告会召开。中远集团所属中远集装箱运输有限公司中国部武汉分部四川分公司、北京中远物流赈灾物资运送车队两个集体荣获抗震救灾先进集体，中远集装箱运输有限公司中国部武汉分部四川分公司企管部经理何燕、武汉中远物流远洋大型汽车运输有限公司驾驶员徐长明、连云港中远船务兴安搭架队架子工张明涛三名同志荣获抗震救灾先进个人。

7月22日 中远慈善基金会为地震灾区受伤英雄少年配置康复辅具暨"阳光康复"项目启动仪式在北京远洋大厦举行。

7月24日 交通运输部2008年全国大型交通企业安全工作会议在福建招商局漳州开发区召开。授予中远航运股份有限公司为2007年度"安全诚信公司"，全行业共有4家获表彰，中远占25%。授予中远集团"连兴湖"轮等27艘船舶为2007年度"安全诚信船舶"；全行业共有83艘，中远占32.5%。授予中远集团虞鼎煊等83名船长为2007年度"安全诚信船长"；全行业共有133名船长，中远占62.4%。

7月31日 中远集团在北京向全世界发布了第三份可持续发展报告《中远集团2007年可持续发展报告》。

8月2日 大连中远造船基地项目开工仪式在大连举行。国家发改委副主任张国宝、交通部副部长徐祖远、辽宁省省长陈政高、大连市委书记张成寅、大连市市长夏德仁，中远集团总裁魏家福、党组书记张富生、副总裁李建红、总会计师孙月英等参加了开工仪式。

8月22日 中远集团与武汉钢铁（集团）公司在湖北武汉签署了战略合作协议。湖北省副省长段轮一，中远集团总裁魏家福、副总裁张良，武钢集团党组书记王炯等参加了仪式。

10月16日 国资委召开了中央企业信息化工作视频会议，会议公布了"中央企业2007年度信息化水平评价"结果，中远集团等10家企业获得A级，中远集团评价得分荣获第一名。

10月17日 南通中远川崎二期工程竣工仪式在南通举行。集团党组书记张富生、副总裁李建红、总会计师孙月英出席仪式。

11月3—7日 集团副总裁许立荣以航运业专家身份随同海协会协商代表团赴台北访问，见证了包括《海峡两岸海运协议》在内的"四项协议"的签署。

11月6—7日 以"度势、运筹"为主题的"国际海运（中国）年会2008"在大连市隆重召开。

11月7日 "中国海运青史60年"颁奖典礼在大连举行。在本次评选中，中远集团总裁魏家福荣获"中国海运青史60年特别贡献奖"，并同时入选"中国海运60年青史人物"。

11月13日 "第六届中国货运业大奖"颁奖典礼在成都举行，中远集团总裁魏家福荣获"中国货运业大奖终身成就奖"。

11月15—16日 "首届中国绿色发展高层论坛"在北京举行，中远集团等十家单位荣获"中国十佳绿色责任企业"称号。

11月20日　中远集团总裁魏家福代表中远集团签署了《世界人权宣言》，成为中国第一家签署《世界人权宣言》的国有企业。

11月24日　中国远洋魏家福董事长荣获非恒生指数成分股类别"执行董事奖"，中国远洋董事会荣获非恒生指数成份股"董事会奖"。此外，中远国际前副主席刘国元及董事会也分获非恒生指数成份股类别"执行董事奖"和"董事会奖"。

11月30日　中国远洋、中远航运、中集集团入选"2007年度中国A股公司最佳投资者关系管理百强"。另外，中国远洋还获得了"最佳IR主页"奖。

12月4日　中远集团与中国银行银企战略合作协议签字仪式在北京中国银行总行大厦举行。中国银行董事长肖钢、行长李礼辉，中远集团总裁魏家福，党组书记张富生，副总裁陈洪生、李建红、许立荣，总会计师孙月英，总法律顾问刘国元及有关部门领导共同出席了签字仪式。

12月5日　由民政部主办的2008年度中华慈善大会在北京人民大会堂隆重举行。中共中央总书记、国家主席胡锦涛，中共中央政治局常委、国务院副总理李克强，中共中央政治局委员、国务院副总理回良玉等党和国家领导人在会前亲切接见了与会获奖代表，并发表重要讲话。会上，民政部授予中远集团等189家企业、机构，109名个人，32个慈善项目为2008年度"中华慈善奖"。

12月5日　"2008第八届中国管理100年会暨双十管理盛典"在北京举行，中远集团获得"2008具价值企业之社会责任榜样"大奖。

12月5日　国务院扶贫开发领导小组下发《国务院扶贫开发领导小组关于表彰中央国家机关等单位定点扶贫先进单位和个人的决定》（国开发〔2008〕5号），中远集团获"中央国家机关等单位定点为扶贫先进单位"。

12月11日　魏家福总裁作为中国远洋董事长，荣获"香港上市中国企业最佳投资者关系首席执行官奖"。

12月15日　中远集团1万标准集装箱箱位的"中远大洋洲"轮和"远河"轮分别在天津新港和上海洋山港开启新港—高雄港、洋山港–高雄港的直航航程。天津市委书记张高丽，全国政协副主席郑万通，国务院台湾事务办公室主任王毅，交通运输部部长李盛霖，海峡两岸交流协会会长陈云林，中国国民党荣誉主席连战，中远集团总裁魏家福、副总裁陈洪生在天津新港出席了两岸海上直航首航仪式。上海市市长韩正、国台办副主任郑立中、交通运输部副部长翁孟勇、国民党副主席蒋孝严、上海市副市长唐登杰、海协会副会长安民，中远集团党组书记张富生、副总裁李建红在上海洋山港出席了两岸海上直航首航仪式。

12月16日　中国首艘30万吨超大型矿石运输船（VLOC）"合恒"号在南通船厂正式交船。一举创下中国航运和造船史的三个第一：中国第一艘超大型矿石运输船，也是当时最大的矿石运输船；第一艘航运业和钢铁制造业签署的长期货运合同（COA）支持的大型矿石运输船；第一艘国内具有自主知识产权的超大型矿石运输船，开创国内同型船的建造先河。

12月20日 魏家福总裁荣获"中国改革开放30年影响中国经济30人"奖和"中国改革开放30年交通物流业10大领军人物"奖。

2009年

1月7日 浙江省人民政府和中远集团战略合作协议签字仪式在北京举行。浙江省委书记、省人大常委会主任赵洪祝,常务副省长陈敏尔,中远集团总裁魏家福、党组书记张富生等集团领导出席了仪式。

1月9日 中远物流与中国广东核电工程公司在北京签署了福建宁德核电一期工程、广东阳江核电一期工程物流总包合同。集团魏家福总裁、张富生书记,中广核集团董事长钱智民出席签字仪式。

2月5日 中远集团在上海召开2009年纪检监察审计工作会暨"垂直监督体制"试点工作推进会。中央纪委监察部一室副主任贾育林、国务院国资委纪委副书记邵春保出席会议并讲话。

3月2日 联合国全球契约办公室主任乔治·科尔先生给集团魏家福总裁发来贺信,祝贺中远集团可持续发展报告再次入选联合国全球契约典范榜。

3月11日 按照中央和国资委党委的统一部署,中远集团开展深入学习实践科学发展观活动动员大会在北京远洋大厦召开,中远集团全系统开展深入学习实践科学发展观活动正式启动。

3月25日 魏家福总裁出席了美国康涅狄格州海运协会2009年年会,领取了该协会颁发的"海运统帅奖"(Commodore Award)。

3月27日 由中国交通运输部和美国运输部联合举办,中远和长滩港联合承办的庆祝中美海运贸易恢复30周年招待会在美国长滩港隆重举行。交通运输部部长李盛霖、中国驻美国大使周文重、中远集团总裁魏家福、美国运输部部长代表詹姆斯卡波尼基等各界精英参加此次活动。

3月29日 "2008年度中国企业信息化500强大会"公布了中国企业信息化500强调查结果和各单项奖获奖名单,集团在中国企业信息化500强中排第2名。集团所属中远集运、中远散运、广远和中远船务也成功入选,分别排第19名、第41名、第105名和第159名。此外,集团总公司和中远集运、中远散运、中远船务还分别获得"集团信息化成就奖""最佳IT治理奖""优秀信息化建设团队奖""最佳ERP应用奖"等单项奖。

4月11日 "2008—2009第四届中国人力资源管理大奖(CEHRA赛拉)"颁奖典礼在北京全国人大会议中心举行。中远集团荣获"十佳企业"称号,集团党组张富生书记荣获"十佳人物"称号,"把思想政治建设放在首位,以能力建设为重点,打造国企改革发展稳定的坚强领导核心"研究报告获得"成果金奖","中远集团远洋船员心理研究及干预实践"研究报告获得"HR创新金奖"。

4月23日 国务院国资委和人力资源社会保障部在北京召开了中央企业先进集体和劳动模范表彰大会。中远集团党组成员、副总裁、集团工会主席许立荣代表集团总公司参加了会议。中远集团所属中远散运公司等 5 个单位获得"中央企业先进集体"荣誉称号、中远集团冷聚吉船长等 8 名职工获得"中央企业劳动模范"荣誉称号。中远散运公司先进事迹在表彰大会上进行了书面交流。

5 月 12 日　中华慈善总会授予中远集团全国公益慈善单位称号,授予中远集团总裁魏家福慈善大使称号。党组书记张富生代表中远集团领取了奖牌。中远集团近日还通过中远慈善基金会再次向中华慈善总会捐赠 50 万元人民币,定向支援四川地震灾区重建家园。

5 月 11 日　中远集团与中国铝业公司在北京举行战略合作协议签字仪式。中远集团总裁魏家福,党组书记张富生,副总裁陈洪生、李建红、许立荣、张良,总法律顾问刘国元,中铝公司总经理熊维平,中国铝业总裁罗建川,中铝公司副总经理敖宏、刘才明、张程忠、任旭东,纪检组长赵钊等领导出席了签字仪式,中远集团副总裁张良和中铝公司副总经理吕友清分别代表双方在协议上签字。

6 月 5 日　由中远集团参与发起的"第四届企业社会责任国际论坛暨 2008 金蜜蜂企业社会责任·中国榜颁奖典礼"在北京举行,大会发布了"金蜜蜂企业社会责任·中国榜第二届榜单"。

6 月 17 日　中远集团党组书记张富生一行来到集美大学延奎楼报告厅出席中远集团奖学金签约仪式。中远集团副总裁兼工会主席许立荣和集美大学党委书记张向中分别代表双方在协议书上签字。

6 月 23 日　科技部在集团总公司组织召开了"十一五"国家科技支撑计划重大项目课题——"远洋船舶及货物运输在线监控系统"验收会。科技部高新司及高技术研究中心的相关领导,国家科技支撑计划课题验收专家组,中远集团副总裁李建红出席了验收会。

6 月 25 日　由全球著名的专业海事传媒、会展公司 Seatrade 主办的"2009 中国国际航运大会"在上海举行。中远集团总裁魏家福荣获 Seatrade 评选的"年度人物大奖"。

6 月 27 日　中远集团总裁魏家福获得新中国成立 60 年中国交通运输企业非常领导者称号。

6 月 28 日　世界最先进的首座圆筒型超深水海洋钻探储油平台在中远船务启东海工基地成功命名为"SEVAN DRILLER"。"SEVAN DRILLER"是南通中远船务为挪威 SEVAN MARINE 公司建造的第六代半潜式平台。

6 月 29 日　中远集团隆重召开深入学习实践科学发展观活动总结大会。

6 月 30 日　"天津市 2008 年度优秀企业家表彰暨 2009 年天津百强企业排序发布大会"在天津大剧院举行。中远集团副总裁陈洪生荣获"2008 年度天津市优秀企业家"称号,出席大会并接受了表彰。

7 月 3 日　中远集团与国家核电技术公司在北京举行战略合作协议签字仪式。中远集团总裁魏家福,副总裁陈洪生、张良,中远物流总经理叶伟龙、党委书记马建华,国家核电技术公司党组书记、董事长王炳华,副总经理曲大庄、孙汉虹等领导出席了签字仪式,陈洪生和孙汉虹分别代表双方在协议上签字。

7 月 8 日　美国《财富》杂志公布了全球 500 强排行榜,中远集团以 2008 年 274.303

亿美元的营业收入再次入榜，位列第327位，比2007年第405位的排名大幅上升了78位。

7月10日 中远集团与中国核工业集团公司在北京举行续签战略合作协议签字仪式。中远集团总裁魏家福，副总裁陈洪生、张良，中远物流总经理叶伟龙、党委书记马建华，中国核工业集团公司党组书记、总经理等领导出席了签字仪式。

7月10日 科技部、国务院国资委和中华全国总工会公布了第二批"创新型企业"名单，中远集团等111家企业被授予"创新型企业"。

8月8日 第八届亚太华商领袖论坛暨亚太最具社会责任感华商领袖大奖颁奖盛典在广州举行。中远集团荣获2009亚太最具社会责任感华企大奖，魏家福总裁荣获2009亚太最具社会责任感华商领袖奖。

8月14日 中远集团3.2万吨新型专业木材运输船"金广岭"轮在天津港首航，投入天津—西非木材运输航线运营。

8月17日 "深圳市捐助台湾灾区活动板房（组合屋）启运仪式"在深圳港盐田国际集装箱码头举行。1000套活动板房由深圳市政府捐赠、由中远集团免费全程承运。中远集团副总裁许立荣作为援台救灾物资全程承运方代表参加了启运仪式。国台办副主任郑立中、深圳代市长王荣、交通运输部水运局副局长杨赞等出席仪式。

8月18日 "CCTV60年60品牌"揭晓仪式暨发布典礼在北京大学百年大讲堂举行，中远集团成功入选。评委会还向魏家福总裁等七位著名企业家颁发了"中国品牌杰出贡献奖"。

10月19日 15：23时许，青岛远洋"德新海"轮在索马里东部水域01：53.2S/060：05.8E（距塞舌尔群岛东北320海里、距摩加迪沙东偏南980海里）处，遭到海盗劫持。

9月19日 中远集团荣获履行企业社会责任"杰出企业奖"，魏家福总裁荣获履行企业社会责任"杰出人物奖"。"六十华诞、责任中国——2009中国企业社会责任研讨会"发布了"2009中国企业社会责任榜"100强，中远集团入选百强列第二名，并荣获"2009中国企业社会责任特别大奖"，中远的"绿色节油项目"还荣获"2009中国企业社会责任优秀案例"奖项。

11月6日 中央企业企业文化活动电视专题片大赛结果揭晓，集团党组工作部制作并选送的中远集团员工之歌《大海作证》MV，获得优秀作品奖第一名和唯一最佳配乐奖，受到了大赛评委专家的一致好评和高度肯定。8月份，《大海作证》被交通运输部列入全国交通系统60首爱国歌曲目录。

11月19日 中远集团魏家福总裁入选新中国60年航运与物流业十大功勋人物，并位居首位。

11月19日 《福布斯》中文版发布了"中国慈善基金榜"。中国红十字基金会和中远慈善基金会分别居于全国性公募、非公募基金会排名榜首。

12月2日 "金蜜蜂2009优秀企业社会责任报告"发布典礼在北京举行，中远集团《2008年可持续发展报告》荣获"领袖型企业"奖。

12月20日 "第二届中国经济百人榜、中国品牌百强榜暨第四届'人民社会责任奖'"

评选结果在北京人民大会堂隆重揭晓。中远集团成功入选"中国品牌百强榜共和国 60 年最具影响力品牌 60 强",并荣获"2009 人民社会责任奖",同时,中远集团总裁魏家福成功入选"中国经济百人榜共和国 60 年影响中国经济 60 人"。

12 月 23 日 魏家福等十人当选中国经济"十年商业领袖"。

12 月 28 日 凌晨,"德新海"轮圆满获救。中远集团向交通运输部、国家安全部、外交部、总参谋部、海军司令部发出《感谢信》。

2010 年

1 月 19 日 中远集团魏家福总裁被 2010 中国企业诚信与竞争力论坛评选为中国最佳诚信企业家。

2 月 1 日 国资委公布了"2009 年中央企业网站绩效评估"结果,中远集团网站获评为 A 级。

2 月 22 日 为了满足集团主业逐步注入中国远洋后、境内资金集中业务进一步规范运作的需要,中远集团正式发文,决定自 2010 年 1 月 1 日起将天津、青岛两个结算中心整建制划转给中国远洋。改制后,天津、青岛结算中心现有的管理职能、业务范围等保持不变。

3 月 3 日 中远集团荣登"全球契约典范报告榜"("典范榜")。《中远集团 2008 可持续发展报告》作为唯一入选的中国企业荣登典范榜。这也是中远集团连续第四年荣登该榜,为亚洲首家。

3 月 19 日 国资委在北京召开了"中央企业房地产会议"。国资委李荣融主任做了重要讲话,要求中央企业要带头执行国家法律法规和房地产业发展政策,为促进房地产业的健康发展发挥积极作用;16 家主业含房地产的央企要重视存量土地开发,坚决不当"地王",维护政府和央企形象;78 家主业不含房地产的央企要突出主业发展,确保主业资金不进入房地产领域,并争取在半年内退出房地产业务,半个月内将退出计划报国资委规划局。根据会议精神,3 月 24 日,中远集团第 3 次总裁办公会就退出远洋地产事宜进行了研究,会议通过了在半年内对外转让中远香港集团所持有的远洋地产股权等决定。

3 月 30 日 "神华杯"第二届中央企业青年创新奖表彰大会在国资委隆重召开。广远公司"船岸家信系统"获得铜奖,中远集运 3S 服务、船舶燃油监控系统、中远散运"科技促廉"等三个项目获得优秀奖,中远集团团委获得优秀组织奖。

4 月 14 日 为进一步加强境外资金集中管理,提高资金使用效率、保证资金安全,中国远洋在香港设立 COSCO Diamond Limited 公司,作为境外资金集中管理平台,并首先对中远散运境外公司进行资金集中管理。公司于 2010 年 4 月 23 日完成商业登记等,出资人为中远(香港)投资有限公司,注册资本 2000 万美元,这是继 COSCO GOLDEN 之后,中远在境外建立的第二个资金集中管理平台。

4 月 7 日 《财富》(中文版)杂志评选出 2009 年度"中国最具影响力的 25 位商界领袖",中远集团总裁魏家福成功入选。

4月16日 中远集团党组书记张富生代表中远集团13万名员工,通过中远慈善基金会向青海省玉树地震灾区捐赠1000万元人民币,以帮助受灾地区的干部群众战胜灾害,重建家园。

4月27日 中远集团共有四名同志被授予2010年全国劳动模范:中远集运丁经国船长、中远散运许遵武总经理、南通中远船务倪涛总经理、中远物流空客项目于涛经理。

5月5日 中远集团与中国第二重型机械集团公司战略合作协议签字仪式在北京远洋大厦会议中心举行。中远集团总裁魏家福、中国二重总经理石柯等领导及有关部门负责人70余人共同出席了签字仪式。

5月14日 由中远集团、中远慈善基金会捐建的四川省彭州市磁峰中远学校落成移交仪式在磁峰中远学校举行。中远集团党组书记、中远慈善基金会理事长张富生,中远集团总会计师、中远慈善基金会秘书长孙月英出席落成移交仪式。

5月19日 深圳远洋与宝山钢铁股份有限公司九年期协议第二个三年期沿海运输合同签字仪式在江苏无锡举行。中远集团副总裁、中国远洋执行董事总经理张良,宝钢集团有限公司副总经理戴志浩出席签字仪式。

5月23日 中远集团总裁魏家福在伦敦出席了英国海贸颁奖典礼,并荣获"2010海运终身成就大奖"。

6月6日 在"第二届中国企业创新活动日暨2010(第十届)中国企业创新论坛"中,中远集团魏家福总裁成功入选"2010中国企业最具创新力十大领军人物"。

6月24日 在2010年中远集团大客户高层论坛上,中远集团、华菱集团签署了战略合作协议,中远集团总裁魏家福、华菱集团董事长李效伟代表双方在协议上签字。

7月3日 浙江大麦屿港至台湾基隆港"中远之星"轮定期航班开通仪式在大麦屿港五万吨级码头隆重举行。浙江省副省长龚正、中远集团党组书记张富生出席仪式,并共同拉动启航闸

7月20日 中远集团被评为"2009年度公路水路运输统计优秀单位"。集团所属中远散运、大连远洋、中远集运、青岛远洋、广州远洋以及中波公司也被评为统计优秀单位。

7月20—22日 由挪威船级社、中国船级社和中国安全生产科学研究院组成的管理体系审核认证和可持续发展报告联合审验组,对中远集团质量、环境和职业健康安全管理体系进行了复评认证,并对《中远集团2009年可持续发展报告》进行了外部审验。一致认为中远集团坚持管理体系持续改进和管理创新,管理体系运行有效,管理创新取得七大卓越绩效,为企业成功应对金融危机提供了有力保证,并同意中远(集团)总公司通过质量、环境和职业健康安全管理体系复评认证。

7月23日 国务院国资委在京召开中央企业负责人会议,2009年度和第二任期业绩考核中成绩突出的中央企业给予了表彰,中远集团等15家中央企业荣获"管理进步特别奖"。

8月22日 由中远船务承建、具有世界领先水平的深水海洋钻井船"大连开拓者"号开工仪式在大连隆重举行。国家发改委副主任、国家能源局局长张国宝,辽宁省相关领导,中远集团总裁魏家福、党组书记张富生等出席了庆典活动。

8月30日 天下英才传媒在北京发布了《2010中国500企业家公众形象满意度调查报告》。中远集团总裁魏家福以902.49得分名列2010华德奖 – 中国500企业家公众形象满意度调查排行榜第14位、中国交通行业企业家公众形象排行榜榜首。

9月10日 中远集团荣获"2010中国绿色公司百强"企业称号。

9月10日 中远慈善基金会与湖北省慈善总会在武汉签署协议，由中远慈善基金会捐资200万元人民币设立了"湖北省慈善总会中远救助湖北儿童大病基金"，用于救助湖北省通山县和丹江口市两县（市）0—18岁贫困家庭大病患儿。

9月19—20日 中国船东协会第五次会员大会在北京隆重召开。中远集团魏家福总裁再次当选为中国船东协会会长，许立荣副总裁再次当选为副会长。

10月9日 科技部在山东威海组织召开了国家科技支撑计划项目验收会议。科技部副部长王伟中、交通运输部副部长高宏峰、山东省副省长王随莲、中远集团副总裁张良等会议。验收专家组对中远集团和工业公司承担的"远洋船舶压载水物理净化处理技术"项目给予了较高评价，认为项目成果总体达到国际先进水平，多项重大关键技术成果达到世界领先水平，并一致同意项目通过验收和鉴定。

10月12日 中远集团获得国务院国资委授予的"2009年度财务决算先进工作单位"。在此之前，集团已连续第十年荣获财政部"2009年度财务决算先进工作单位"。

10月19日 中远集团与中国铁建《战略合作协议》签字仪式在北京远洋大厦举行，中远集团总裁魏家福和中铁建董事长孟凤朝参加了仪式并致辞，中远集团副总裁许立荣和中铁建副总裁扈振衣分别代表各自企业签署了协议。

10月24日 "中远高雄"轮万箱级集装箱船首航命名仪式暨中远集团驻台湾代表处揭牌仪式在台湾高雄隆重举行。中远集团总裁魏家福、中国国民党荣誉主席连战和夫人连方瑀女士、中国国民党副主席林丰正、海峡两岸航运交流协会副理事长李良生、高雄港有关负责人、中远集团副总裁许立荣、中远集团驻台湾代表处首席代表石泽民，以及各界嘉宾共计300人参加了仪式。

10月31日—11月1日 中远航运在上海与南通中远川崎船舶工程有限公司、上海船厂船舶有限公司各签订了4艘28000吨多用途重吊船的建造合同。中远集团副总裁许立荣、中船集团总经理谭作钧等领导出席合同签字仪式。

11月9—10日 以"把握未来"为主题的第七届国际海运（中国）年会在广州举行。

11月21日 中远集团魏家福总裁被评为2010中国企业创新十大年度人物。

11月26日 魏家福总裁继2001-2002年担任中国海商法协会主席后，再次当选为协会主席，集团刘国元总法律顾问当选为协会副主席。

12月1日 "金蜜蜂2010优秀企业社会责任报告"发布典礼在上海浦东举行，中远集团自2006年以来连续四年的可持续发展报告都荣登联合国全球契约典范榜。

12月3日 集团魏家福总裁在北京参加了第十届中国年度管理大会，并在"国有企业的转变智道"主题论坛与大家分享了中远的跨国经营战略之道。大会同期举行了"2010年中国具价值管理榜样"颁奖典礼，中远集团荣获2010年度"具价值管理榜样"大奖。全国人大常委会副委员长周铁农为魏总裁颁奖。

12月8日 中远集团获得"CCTV中国年度品牌"殊荣。

12月10日 2010年度"劳氏名人奖"希腊航运名人大奖颁奖典礼在希腊雅典隆重举行。集团魏家福总裁荣获"国际人格魅力大奖"。

12月16日 中远集团下属二级子公司中远香港集团将间接持有的远洋地产控股有限公司约8%的股权全部出售。中远集团曾于今年3月宣布将退出远洋地产业务。此次配售行动标志着中远集团履行承诺，全面落实国资委的要求，完全退出了远洋地产业务。

12月28日 国资委在北京召开了中央企业负责人经营业绩考核工作会议，会议公布了"中央企业2010年度经营业绩考核工作先进单位"名单，中远集团成功入选，是获奖单位中唯一一家水运企业。

2011年

1月4日 中远集团与中国交通建设集团有限公司战略合作协议签字仪式在北京举行。中交集团董事长周纪昌，中远集团总裁魏家福、党组书记张富生出席仪式并分别致辞，中交集团副总裁陈云、中远集团副总裁许立荣代表各自企业在协议上签字。

1月26日 世界经济论坛2011年年会在瑞士达沃斯举行，中远集团总裁魏家福出席了本届年会，并应论坛主席施瓦布教授的邀请，担任本届论坛会议的联席主席（Co-chair）。年会期间，魏家福代表中远集团积极响应联合国全球契约LEAD项目的倡议并加入该项目。

1月28日 国资委公布了2010年度中央企业网站绩效评估结果，中远集团继2009年获评中央企业网站绩效评估A级企业之后，连续第二年获得此项荣誉，在67户A级企业中排名第19位。

2月18日 中远集团在承担国家科技支撑计划项目中的优异表现，特别是在"远洋船舶压载水物理净化处理技术"课题研发中通过精心组织，所研制出拥有自主知识产权的远洋船舶压载水处理设备具有国内领先、国际先进水平，荣获科技部颁发的"十一五国家科技计划优秀执行团队"称号。

2月24日 交通运输部在无锡召开车、船、路、港千家企业低碳交通运输专项行动总结大会。中远集团荣获"优秀组织奖"，中远海运获得"先进单位奖"，贺建生、周玉山获得"先进个人奖"。

3月1日 中远集团所属"天福河"轮载着559名中国公民，于当地时间2时20分顺利抵达希腊克里特岛的伊拉克里翁港，安全圆满地完成撤离利比亚受困中国公民光荣任务。

3月8—14日 《"十一五"国家重大科技成就展》在北京国家会议中心隆重举行。中远集团承担的"十一五"国家科技支撑计划课题成果——中远海盾压载水管理系统（BOS）由科技部指定作为863支撑项目创新成果参加展览。

3月22日 由中国三一重工捐助用于日本福岛核事故的首台大型救援设备，顺利装上"中远苏州"号轮驶离上海，前往日本大阪港。

3月23日　《中远集团2020年发展战略》宣讲会议在北京远洋大厦以视频会议形式召开。《中远集团2020年发展战略》主稿人、国务院发展研究中心李泊溪教授作2020年发展战略的宣讲。

4月10日　中远集团旗下中远航运控股的中远日邮汽车船运输有限公司在上海外六汽车滚装码头共计装载奇瑞及江淮轿车、三一起重机等车辆、工程机械备件等4590辆（件）发往巴西，标志着中远成功开辟中国至巴西汽车船航线，并创造了国内单船滚装出口车辆数第一的纪录。

4月25日　中远集团总裁魏家福在北京远洋大厦喜获两项来自太平洋彼岸的殊荣：美国国际码头工会（ILA）授予的美国工人守护者奖、泛美港口协会安全委员会（AAPA Security Committee）授予的麻州港荣誉警察总长称号，以表彰中远在魏家福总裁的领导下为美国创造了众多就业岗位，以及多年来中远在美国各个港口所保持的良好安全记录、中远的优秀企业公民责任感等。据悉，该奖项是历史上第一次授予美国以外的商业人士。

5月1日　前夕，中华全国总工会评选表彰了一批为国家经济建设和社会发展作出突出贡献的先进集体和进个人，并颁发全国五一劳动奖状、全国五一劳动奖章和全国工人先锋号荣誉证书。中远（香港）航运有限公司总经理李振宇、中远集运上海中货宁波货运部经理吕观荣、中远船务广东中远船务工程有限公司技术工程师卜育才获得全国五一劳动奖章。广州远洋运输有限公司"乐从"轮获得全国工人先锋号称号。

5月11—13日　中远集团总会计师、中远慈善基金会秘书长孙月英一行赴甘肃省成县参加了由中远慈善基金会捐资1350万元人民币援建在5·12四川汶川大地震中损毁的该县西关小学落成典礼暨交付仪式。

5月12日　中远集团与大连市政府在大连签署战略合作协议。辽宁省省长陈政高，省委常委、大连市委书记夏德仁，副省长许卫国，大连市市长李万才，中远集团党组书记张富生及副总裁许立荣等出席签字仪式。

5月14日　由交通运输部指定的2010年交通运输系统节能减排示范项目专家组对中远集团上报的《主机滑阀式注油器技术改造项目》进行了实地核查，核查结果表明：该项目具有推广价值，因此，《主机滑阀式注油器技术改造项目》被专家组评为2010年交通运输系统节能减排示范项目。

5月24日　中远集团/中国远洋与中国船级社战略合作协议签字仪式在北京远洋大厦隆重举行。中远集团党组书记张富生、中国船级社理事长兼总裁李科浚出席签字仪式并分别致辞。

6月8日　中远集团党组作出决定，在全系统开展向"天福河"轮、"新盛海"轮、"乐从"轮、SENVN-650项目、中远比雷埃夫斯集装箱码头公司等五个先进集体典范和吕观荣、冷聚吉、马道乐、郑国静、韩世喜、肖建英、赵明等七名先进个人楷模学习活动。

6月17日　中远集团在京召开纪念建党90周年暨创先争优先进事迹报告会。集团党组书记、集团创先争优活动领导小组组长张富生，集团总裁、集团创先争优活动领导小组副组长魏家福在会上作了讲话，中远集团副总裁许立荣宣读了中远集团党组关于表彰2010年度"四好领导班子"、2010-2011年度"四强"党组织、"四优"共产党员和"四优"党务工作者的决定，中远集团创先争优先进事迹报告团成员从不同侧面、不同角度报告了中远散运"新盛海"轮、中远船务"SEVAN 650项目组"、中远香港航运船长郑国静等先进集体典范和先进个人楷模的事迹。中远集团党组纪检组组长、集团创先争优活动领导小组副组长李云鹏主持会议。

6月17日 交通运输部安全总监刘功臣与中国远洋执行董事总经理张良在上海一同为中远沿海船舶技术服务中心揭牌，这标志着中远集团50年来第一家沿海船舶技术服务中心正式成立。深圳远洋总经理李振宇、江苏海事局副局长陈桂平等领导和嘉宾近百人出席了揭牌仪式。

6月23日 中国远洋所属深圳远洋与中国船舶工业集团公司在广州举行"中远沿海专制船建造合同签字仪式"。中共中央政治局委员、广东省委书记汪洋，广东省委副书记、省长黄华华，广东省委常委、常务副省长朱小丹及有关政府主管部门领导，中远集团总裁、中国远洋董事长魏家福，中船集团总经理谭作钧等出席签字仪式。深圳远洋总经理李振宇、广州广船国际股份有限公司总经理韩广德、广州中船黄埔造船有限公司总经理陈忠前分别代表各方在协议上签字。

6月25日 全球150多万海员迎来第一个"世界海员日"。由交通运输部主办的2011年中国海员大会6月24日至25日在上海召开。青岛远洋冷聚吉、中远散运潘少强、广州远洋张家农三名中远船员入选"全国十佳海员"。冷聚吉在海员大会上代表中国海员宣读切实履行岗位职责倡议书。

6月28—30日 由挪威船级社、中国船级社和中国安全生产科学研究院联合组成的管理体系审核认证和可持续发展报告审验小组，对中远集团质量、环境和职业健康安全管理体系进行了年度监督现场审核并对《中远集团2010年可持续发展报告》进行了外部审验。

6月29日 经中远集团2010-2011年可持续发展常规管理评审会和专题总裁办公会批准，《中远集团2010年可持续发展报告》正式对外发布。

7月1日 中远集团在天津滨海新区召开了学习"新盛海"轮先进管理经验现场会，与会代表现场观摩了靠泊在天津港的"新盛海"轮。

7月5日 国资委正式批复同意中远集团开展境外船用燃油套期保值业务，成为国资委中央企业金融衍生业务临时监管机制建立后首家获批的企业。

7月7日 美国《财富》杂志公布了世界500强排行榜，中远集团以2010年营业收入242.497亿美元和利润11.613亿美元位列第398位。

7月12日 中远集团、青岛港集团、招商局集团和万邦集团在香港签署青岛董家口矿石码头战略合作备忘录。

7月15日 民政部决定授予中远集团等37家企业、20名个人、23个慈善项目和20个团体第六届"中华慈善奖"。中远集团已连续第四年获得该政府奖项，中远（集团）总公司总会计师、中远慈善基金会秘书长孙月英代表集团参加大会并领取了奖杯和证书。

7月25日 中远集团特资运输工作会在广州召开。许立荣副总裁参加会议并发表讲话，对特资运输工作开展情况进行了回顾和总结，对各二级单位给予了充分肯定和表扬，并对集团特资运输工作提出要求。

8月8日 《中国远洋运输》特种邮票首发仪式在北京远洋大厦举行，以纪念新中国远洋运输事业诞生50周年。交通运输部安全总监刘功臣，国务院国资委宣传局综合处处长张义豪，中国邮政集团公司副总经理冯新生，中国集邮总公司总经理刘燕明，中远集团总裁魏家福、党组书记张富生等领导出席首发仪式并为邮票揭幕。

8月17日 中外理与中远慈善基金会举行签字仪式，向"远航·追梦"云南临沧基础教育项目定向捐赠人民币50万元。中远集团总会计师、中远慈善基金会秘书长孙月英出席仪式并讲话。

8月23日 根据党中央、国务院决定，中远集团设立董事会，魏家福同志任董事长、党组书记，免去其总裁职务；交流马泽华同志任董事、总经理、党组副书记；张富生同志不再担任中远集团党组书记、副总裁职务。

8月29日 中远集团所属"泰安口"轮等12艘船舶、中远集运大连鑫三利集装箱有限公司生产部等6个班组获得中国海员建设工会和交通运输部安全委员会授予的2010年全国水运系统安全优秀船舶、安全优秀班组称号，大连远洋运输公司获得2010年全国水运系统船舶、班组安全竞赛优秀组织奖。

8月31日 中远集团与山东省人民政府战略合作框架协议签字仪式在山东省济南市举行。山东省委书记姜异康、省长姜大明、副省长王军民等省委省政府领导，中远集团董事长魏家福、总经理马泽华、副总经理孙家康等集团领导出席了签字仪式。

9月7日 中远集团副总裁孙家康为青岛中货新疆分公司新办公楼揭牌，并在揭牌仪式上致辞。

9月 国资委和财政部分别发布了《关于表彰2010年度中央企业财务决算管理先进单位的通报》和《财政部关于2010年度全国企业财务会计决算工作情况的通报》，对中远集团2010年财务决算工作予以表彰，中远集团财务决算连续两年获评国资委表扬，同时连续第十一年获得财政部表扬。

10月18日 中远造船工业公司向中远慈善基金会"远航·暖心"基金捐款50万元仪式在中远造船工业公司隆重举行。

11月5日 中远集团与福建省人民政府进一步深化战略合作框架协议签字仪式在福建省福州市举行。中共福建省委书记孙春兰等省委省政府领导，中远集团董事长魏家福、总经理马泽华、副总裁孙家康等集团领导出席了签字仪式。

11月8日 由中国社会科学院经济学部和社会科学文献出版社共同发布了《企业社会责任蓝皮书（2011）》。中远集团荣获《企业社会责任蓝皮书（2011）》卓越者企业。

11月9日 中远集团与中国进出口银行战略合作协议签字仪式在北京举行。中远集团董事长魏家福、总经理马泽华、总会计师孙月英与中国进出口银行行长李若谷、副行长朱鸿杰出席了签字仪式。

11月11日 中国企业联合会首次公布了2011年中国100大跨国公司和跨国指数。本次中国100大跨国公司是由拥有海外资产总额、海外营业收入、海外员工的非金融企业依据企业海外资产总额的多少排序产生。中远集团位列 100 大跨国公司第六位，跨国指数为 35.43%。

11 月 11 日　中国海员建设工会全国委员会下发《关于表彰 2011 年度全国交通建设系统"工人先锋号"的决定》，中远集团所属 14 家单位的 7 艘船舶、8 个班组被授予"工人先锋号"荣誉称号。

11 月 18 日　美国中国总商会授予中远集团魏家福董事长"中美交流杰出贡献奖"，原国务院副总理曾培炎亲自为魏董事长颁奖。

11 月 19 日　"中国经济发展论坛"在北京人民大会堂隆重召开。会上，中远集团董事长、党组书记魏家福荣获组委会颁发的"绿动·2011 中国经济十大领军人物"奖项。

11 月 22 日　由联合国全球契约中国网络中心办公室主办的首届可持续发展与企业竞争力年会暨 2011 年全球契约中国企业社会责任典范报告颁奖典礼在北京召开，《中远集团 2010 年可持续发展报告》荣获"杰出成就奖"。

11 月 29 日　中国海上搜救中心在江苏靖江港举行隆重的表彰仪式，对在西沙海域勇救 10 名外籍遇险船员的中远集团所属广州远洋"金广岭"轮全体船员予以慰问和奖励。

11 月 29—30 日　中央扶贫开发工作会议在北京召开，中远集团被授予"全国扶贫开发先进集体"荣誉称号。

12 月 1 日　亚洲航运与物流界权威媒体奖项"供应链亚洲物流奖"（Supply Chain Asia logistics Awards）2011 年颁奖典礼在上海隆重举行。中远集团董事长魏家福荣获"亚洲供应链名人堂"大奖。

12 月 2 日　由《WTO 经济导刊》和中国可持续发展工商理事会主办的金蜜蜂 2011 优秀企业社会责任报告发布典礼在北京举行。《中远集团 2010 年可持续发展报告》获得了金蜜蜂 2011 优秀企业社会责任报告·领袖型企业奖，同时，中远集团可持续发展报告还获得了主办方颁发的金蜜蜂优秀企业社会责任报告.长青奖。

12 月 13 日　中远集团与中国出口信用保险公司战略合作协议签字仪式在北京远洋大厦举行。中远集团总会计师孙月英、中国信保副总经理张卫东分别代表中远集团和中国信保在协议上签字。

12 月 14 日　中远集团召开领导干部会议，国务院国资委企干一局鲁红星副局长宣布国务院国资委党委关于中远集团领导班子调整的决定并作重要讲话。根据国务院国资委党委决定，李云鹏同志任中远集团副总经理、党组成员，免去其党组纪检组组长职务；叶伟龙同志任中远集团副总经理、党组成员；宋大伟同志任中远集团董事、党组成员、党组纪检组组长，试用期一年（2011 年 12 月至 2012 年 11 月）；免去张良同志的中远（集团）总公司党组成员职务。

12 月 21 日　中远散货运输（集团）有限公司（简称"中散集团"）在北京正式挂牌。中远集团董事长、党组书记魏家福，中远集团总经理、党组副书记马泽华亲临现场揭牌并发表讲话。

12 月 21 日　国资委下发了《关于聘任于宁等 5 人为中国远洋运输（集团）总公司外

部董事的通知》，聘任于宇、叶大戟、何庆源、陈耕、徐烈均（按姓氏笔画排序）为中远集团外部董事，聘期一年（2011年12月—2012年11月）。

12月28日 国务院国资委在北京远洋大厦召开了中远集团建设规范董事会工作会议。会议以视频会议形式召开，国资委邵宁副主任出席会议并作了重要讲话。会上，邵宁副主任代表国资委向中远集团外部董事于宇、叶大戟、何庆源、陈耕、徐烈均分别颁发了聘书，中远集团董事长魏家福代表中远集团分别与五位外部董事签订了服务合约。同日，召开了中远集团第一届董事会第一次会议。

2012年

1月1日 中远集团劳动保险个人信息查询网正式开通。

2月14日 中远船务"深海高稳性圆筒型钻探储油平台关键设计与制造技术"荣获"2011年度国家科技进步一等奖"，这是中远成立以来在科技领域获得的最高奖项，标志着中远海工项目已达到国内领先、国际一流水平。

3月2日 集团魏家福董事长应邀出席美国麻州政府、麻州港务局（MASSPORT）、美国国际码头工人工会（ILA）和新英格兰地区贸易联合会(CONECT)联合举办的"中远挂靠波士顿港10周年"庆典。庆典上，国际码头工人联合会向温家宝总理颁发了"美国工人的最佳朋友"奖项(Best Friend of the American Workers)。中国驻美国大使张业遂先生代表温总理领奖并致辞。新英格兰贸易联合会向魏董事长颁发了"国际商业领袖奖"（International Business Leader Award），以表彰中远为新英格兰地区六州经济发展所做出的贡献。同日，魏董事长被新英格兰地区高等教育委员会授予"全球教育领袖奖"。

3月5日 澳大利亚海事安全局（AMSA）官员专程登上靠泊在墨尔本港的中远集运"中河"轮，向船长、船员颁发海上救助奖章，以表彰"中河"轮在2月的巴布亚新几内亚沉船事件中，成功救助29名人员的国际人道主义精神。新华社、凤凰卫视对此进行了报道。

3月20日 由海南省人民政府和博鳌亚洲论坛秘书处联合主办的"博鳌亚洲论坛服务保障工作荣誉证书及奖章颁发仪式"上，中远博鳌公司荣获"博鳌亚洲论坛服务保障工作先进单位"称号。

4月1—3日，博鳌亚洲论坛2012年年会在海南博鳌成功举行。本届年会的主题是"变革世界中的亚洲：迈向健康与可持续发展"，国务院副总理李克强在开幕式上发表题为《凝聚共识，促进亚洲健康可持续发展》的主旨演讲。

4月29日 中远造船和威海中远造船科技公司在南通完成首台"海盾船用压载水处理系统"整机联调工作，并取得中国船级社认可，该设备在友航公司5.8万吨级散货船"德航"轮安装完成。

5月9日 第19届"国际海运名人堂"颁奖仪式在纽约举行。魏家福董事长获得主办方颁发的"领航人奖"。颁奖仪式上，纽约/新泽西港务局海事委员会执行主席爱德华·凯利先生介绍了魏董事长对中国及国际航运业的卓越贡献,宣读了魏董事长致主办方的感谢信。中远美洲公司代表魏董事长领取了奖项。

5月21日 中远集团管理提升活动青年推进会暨共青团表彰会在京隆重召开。中远集运、厦远、中远船务、大连远洋、中散集团、中远造船六家单位的青年管理骨干围绕管理提升主题发表了精彩演讲。集团团委宣读了"管理提升当先锋、创新创效立新功"倡议书。中远集团总经理马泽华启动了中远青年网"管理提升论坛"。会议还对上级和集团授予的先进青年集体和个人代表进行了表彰。

6月2—5日 中远慈善基金会副理事长兼秘书长、中远(集团)总公司党组成员、总会计师孙月英一行深入云南临沧,对"远航·追梦"云南临沧基础教育捐赠第五期项目进行验收,并启动第六期捐赠项目。

6月6日 中远航运与中远船务战略合作协议签字仪式在广州远洋大厦隆重举行。

6月11日 在西宁举办的青洽会上,中远集团和青海省政府签署了《战略合作框架协议》,中远集团副总经理李云鹏与青海省骆玉林副省长分别代表双方在协议上签字。

6月20日 中远国际荣获由《亚洲企业管治》(Corporate Governance Asia)颁发的2012年"亚洲最佳企业管治大奖"(Corporate Governance Asia Recognition Awards 2012)。这是中远国际连续第二年荣获该奖项。

6月26—29日 中远集团顺利通过可持续发展管理体系外部审核,《中远集团2011年可持续发展报告》以网络形式正式对外发布。

7月9日 美国《财富》杂志公布2011年度世界500强排行榜,中远集团以2011年287.97亿美元(1861.7亿元人民币)的营业收入再次入选,排名第384位,比2010年的399位上升15位。

7月21日 在国务院国资委举办的中央企业与地方国资委负责人研讨班"中央企业资源整合与业务合作签约仪式"上,中远集团与中核集团签署了《深化合作框架协议》。中远集团总经理马泽华、中核集团总经理钱智民分别代表本企业签署了协议。国资委王勇主任等领导出席签约仪式。

7月24日 中远集运与东方国际物流《战略合作框架协议》签字仪式在上海举行。

7月26—28日 《中远集团2011年可持续发展报告》顺利通过挪威船级社审验。

8月12日 中远集团与上海市人民政府战略合作框架协议签约仪式在上海市举行。

9月9—17日 马泽华总经理出访美国、加拿大,接受了美国联邦海事委员会向中远集团颁发的"优秀功绩奖(Award of Merit)"。

9月12日 中远集团以视频会议形式召开创先争优活动总结大会。

9月12日 第二届中央企业思想政治工作表彰大会暨中央企业党建思想政治工作研究会第三次会议在京召开。中远散货运输有限公司、上海中远国际货运有限公司、上海中远物流有限公司三家单位荣获中央企业思想政治工作先进单位称号,广州远洋运输公司党委副书记李宏祥、大连远洋运输公司政委初敬福、南通中远川崎船舶工程有限公司党委书记/副总经理/工会主席姚建新、中国船舶燃料湛江公司党委书记/总经理侯培江四人荣获中央企业优秀思想政治工作者称号。

9月19—21日，2012国际海运（中国）年会在厦门举行。

10月17日　中远集团/中国远洋北极航道探索实践与商业利用研讨会在北京远洋大厦召开。

10月31日　中远集团与全球领先的移动卫星及海事无线电通信设备制造商丹麦泰纳公司（Thrane & Thrane）在北京签署了合作框架协议，中远集团成为丹麦泰纳大中华区分销商和设备维修服务商。

11月8日　中远集团与招商局集团在深圳隆重举行合资开发博鳌大灵湖项目签字仪式。中远集团总经理马泽华、副总经理李云鹏，招商局集团总裁李建红、副总裁孙承铭等领导出席签字仪式。

11月12日　中远集团与中国船舶工业集团公司在北京隆重举行战略合作协议签字仪式。作为启动项目，双方签订2+2艘VLCC（超大型油轮）船舶建造合同。

11月20日　中远船务党委书记马智宏、中国远洋党委副书记姚红、中远散运船舶政委李小东、大连远洋船舶政委初敬福、中波公司船舶政委邓争一、上海远洋党工部部长肖亮、青岛远洋大酒店党支部书记宋新建7人荣获"全国交通运输行业优秀思想政治工作者"。

11月21日　由中国社会科学院经济学部企业社会责任研究中心编著的《中国企业社会责任研究报告（2012）》在京发布。中远（集团）总公司以86.3分位居2012年中国企业社会责任发展指数榜首，处于卓越者水平。这是中远集团连续第四年获评卓越者企业。

11月29日　中远航运在厦门召开第五届董事会第五次会议，审议通过了中远航运收购广州远洋运输有限公司100%股权的关联交易议案及中远航运近期召开股东大会的议案。

11月29日　中远集运船舶机工技师陈权、南通中远船务电焊工高级工彭雪峰荣获"全国技术能手"，南通中远船务荣获"为国家技能人才培育工作做出突出贡献的单位"，南通中远船务高级工钮洁新荣获"为国家技能人才培育工作作出突出贡献的个人"。

12月4日　中远集团与中国船舶重工集团公司在北京隆重举行战略合作协议签字仪式。作为启动项目，双方签订2+2艘VLCC（超大型油轮）船舶建造合同。

12月5日　中远航运董事会通过决议，以自有资金收购集团总公司所持有的广州远洋100%股权，收购价格为10.95亿元人民币。此项收购将使中远航运进一步延伸特种船运输业务，壮大特种船队规模，更好地实现营销、市场网络和航线运营等方面的协同，显著提升在全球特种船运输市场的竞争优势，对中远航运加快实现"全球特种船运输领域最强综合竞争力"的战略目标具有重大意义。

2013年

1月18日　中远集团总公司荣获中央企业扶贫开发工作先进单位，中散集团苗圣英、唐旭东荣获中央企业扶贫开发工作先进个人。

2月26日 国资委党委下发《关于宋大伟同志任职的通知》，结束集团总公司党组成员、党组纪检组组长宋大伟同志的试用期，予以转正，任职时间自2011年12月7日起计算。

3月12日 国资委下发了《关于聘任叶大戟等5人为中国远洋运输（集团）总公司外部董事的通知》，聘任叶大戟、何庆源、陈耕、钟瑞明、徐烈均（按姓氏笔画排序）为中国远洋运输（集团）总公司外部董事，聘期二年（2012年12月—2014年11月）。

3月12日 交通运输部下发了《交通运输部关于表彰配合海军护航补给工作先进航运企业和个人的通报》，中远西亚公司等6家公司荣获"先进航运企业"称号，中远西亚公司总经理赵伟、集团总公司邵武荣获"先进个人"称号。

3月12日 在国家海洋局举行中远集团–国家海洋局战略合作协议签字仪式，中远集团董事长魏家福和副总经理李云鹏出席签约仪式。

4月20日 中远慈善基金会向四川雅安地震灾区捐款500万元人民币，帮助灾区人民战胜灾害、重建家园。

4月21—24日 中远慈善基金会副理事长兼秘书长孙月英、中远慈善基金会副秘书长严敏及基金会相关人员赴云南临沧，对"远航·追梦"第六期援助项目进行验收，并考察了第七期拟实施学校中的5所学校。

5月13日 中远集团与中国铁路物资股份有限公司战略合作协议签字仪式在北京举行。

6月26日 中远比雷埃夫斯集装箱码头有限公司新扩建的比雷埃夫斯港三号码头开业。希腊总理萨马拉斯、中远集团董事长魏家福共同为新码头剪彩并致辞。希腊内阁各部部长、中国驻希腊大使杜起文、中远客户以及希腊各界人士120多人出席了此活动。

6月27日 中共中央下发文件《关于马泽华、魏家福同志职务任免的通知》，任命马泽华中共中远集团党组书记，免去魏家福的中远集团党组书记职务。

7月1日 在北京远洋大厦会议中心召开中远集团中层以上管理人员大会，中央组织部王京清副部长出席会议并宣布班子调整决定：根据党中央、国务院决定，因年龄原因，魏家福同志不再担任中远集团董事长、党组书记职务；马泽华同志任中远集团董事长、党组书记，免去其中远集团总经理职务；李云鹏同志任中远集团董事、总经理。

7月8日 中远集团以视频会的形式隆重召开党的群众路线教育实践活动动员大会。

7月8日 美国《财富》杂志公布了2012年度世界500强排行榜，中远集团以2012年营业收入287.36亿美元（1813.04亿元人民币）位列第401位。

7月12日 国家新闻出版广电总局下发了 关于同意《中国远洋报》和《中国远洋航务》变更出版单位的批复，同意《中国远洋航务》杂志社更名为《中国远洋报》社，《中国远洋报》的出版单位由中国远洋报社变更为《中国远洋报》社，《中国远洋航务》的出版单位由《中国远洋航务》杂志社变更为《中国远洋报》社。

7月13日 国务院下发了《关于同意马泽华、魏家福职务任免的通知》，任命马泽华为中远集团董事长，免去魏家福的中远集团董事长职务。

7月13日 国务院下发了《关于同意李云鹏、马泽华职务调整的通知》，同意李云鹏为中远集团总经理人选，马泽华不再担任中中远集团总经理。

7月19日 国资委下发《关于李云鹏任职的通知》，任命李云鹏为中国远洋运输（集团）总公司董事。

8月1日 中远集团与中国冶金科工集团有限公司战略合作协议签字仪式在北京举行。中远集团董事长、党组书记马泽华，中冶集团总经理国文清分别在仪式上致辞。中远集团总经理李云鹏、中冶集团总经理国文清分别代表双方在战略合作框架协议上签字。

8月8日 中远集团"永盛"轮试水北极东北航道首航仪式在大连港隆重举行。交通运输部、辽宁省、大连市政府有关领导，中远集团、大连港务集团、相关港航单位领导，以及货主代表共同见证了这一光辉时刻。

8月14日 中共中央组织部下发《关于魏家福同志退休的通知》，同意魏家福同志退休。

9月7日 中远集团与珠海市人民政府战略合作协议签字仪式在北京举行。中远集团董事长马泽华、总经理李云鹏、总会计师孙月英，珠海市领导出席了签约仪式。中远集团总经理李云鹏、珠海市副市长王庆利分别代表双方在协议上签字。

9月10日 21时，中远集团"永盛"轮靠泊荷兰鹿特丹港，圆满完成北极东北航道首航任务。这是第一艘成功经由北极东北航道到达欧洲的中国商船。

9月16日 中远集团举行"永盛"轮成功首航北极东北航道新闻发布会。交通运输部安全总监、首航随船高级顾问宋家慧，中远集团董事长、党组书记马泽华，董事、总经理李云鹏出席。中远集团副总经理叶伟龙主持新闻发布会。

9月21—23日 第二届中国公益慈善项目交流展示会在深圳会展中心举行。中远慈善基金会在企业社会责任与基金会展区，重点宣传展示了"远航·追梦"云南临沧基础教育捐助项目，扩大了中远慈善基金会的知名度及品牌影响力。此次活动的中国公益慈善行业信息发布会上发布的《2013年度中国慈善透明报告》中，中远慈善基金会以94.39分的透明得分荣获"2013年度慈善透明卓越组织"奖，成为全国有代表性的1000家公益组织中仅有的70家受表彰的社会组织之一。

9月28日 中远川崎与招商局能源运输股份有限公司在北京举行六艘6.1万载重吨散货船新造船合同签字仪式。中远集团董事长马泽华、董事总经理李云鹏、总会计师孙月英，招商局集团总裁李建红、副总裁苏新刚出席签字仪式。

10月21日 中远集团与GE中国战略合作谅解备忘录签字仪式在北京举行。中远集团董事长、党组书记马泽华，GE全球董事长兼首席执行官杰夫·伊梅尔特出席签约仪式。中远集团董事、总经理李云鹏与GE全球副总裁兼大中华区总裁夏智诚分别代表双方签署了战略合作备忘录。根据战略合作备忘录，中远集团与GE中国将在液化天然气船和海洋工程装备、供应链和物流管理、工业互联网、人才培训等领域充分加强合作。

11月6日 以"经济变革中的航运"为主题的"国际海运（中国）年会2013"在浙江省宁波市隆重召开。

11月13日 中共中央组织部下发《关于张富生同志退休的通知》，同意张富生同志退休。

12月14日 政研会七届三次会员大会期间，中远集团对评选出的第一批6家企业文化建设示范基地和5个优秀文化品牌进行了命名和授牌。命名上海远洋、青岛远洋连远流体装卸设备有限公司、南通中远船务启东海工基地、南通中远川崎安全体感教育中心、中远关西涂料、中远美洲公司等6家单位为"中远集团企业文化建设示范基地"；命名中远散运新盛海轮"把小事做成精品"、中远航运"亲情祝安全"、大连远洋"安全是大远的生命线"、宁波中远物流班轮部"五心"服务、中远希腊码头"和谐共赢"等5个品牌为"中远集团优秀文化品牌"。

12月21日 中远集团董事长马泽华出席了"中国航运50人论坛"2013年会，在"2013中国航运年度100"颁奖活动中，马泽华董事长荣获"2013中国航运十大影响力人物"，中远集团获得"2013中国航运十大领军社会责任企业"奖，中远集运、中远航运、中远物流等公司分别获得多个奖项

12月30日 中远集团与中船集团在远洋大厦举行了4艘6.4万吨散货船建造合同的签字仪式。中远集团董事长马泽华、总经理李云鹏、总会计师孙月英、副总经理叶伟龙，中船集团董事长胡问鸣、副总经理孙云飞、副总经理南大庆、总经理助理周建能等出席了签字仪式。中散集团总经理许遵武、中船黄埔文冲船舶有限公司总经理向辉明和中船贸易公司李洪涛总经理代表三方签署了造船合同。

2014年

2月13日 由中远集团工会和团委联合举办的第七届职工文化月"平凡中远人，激动你我他"大型网络秀活动优秀作品评审会在中远造船工业公司举行。中远集团工会主席傅向阳、中国海员建设工会副主席魏薇出席评审会。

2月13日 中远集团与中海集团在北京远洋大厦签署了战略合作框架协议。中远集团董事长、党组书记马泽华，董事、总经理李云鹏和中海集团董事长、党组书记许立荣，董事总经理张国发出席签字仪式。

2月14日 中远集团与中国中钢集团公司战略合作框架协议签字仪式在北京远洋大厦举行。中远集团董事长、党组书记马泽华，中钢集团总裁贾宝军分别在仪式上致辞。中远集团董事、总经理李云鹏，中钢集团党委书记徐思伟分别代表双方在战略合作框架协议上签字。

2月24日 国资委下发《关于王宇航通知任职的通知》，任王宇航同志为中国远洋运输（集团）总公司副总经理、党组成员。

2月25日 中远集团与大连港集团在大连签署战略合作框架协议。大连市市长李万才、副市长刘岩出席了签字仪式。中远集团董事长、党组书记马泽华与大连港集团董事长、总经理惠凯代表双方在战略合作框架协议上签字。

3月20日 中国远洋运输（集团）总公司与中国船舶重工集团公司在北京举行了4艘18万吨散货船及4艘4万吨散货船建造合同的签字仪式。中远集团董事长、党组书记马泽华，中船重工集团总经理、党组书记李长印分别在仪式上致辞。

3月28日 中国远洋发布年度业绩，2013年归属于上市公司股东的净利润为2.35亿元，公司实现扭亏为盈。

4月1日 上海证券交易所同意了中国远洋撤销退市风险警示的申请，根据规定，公司股票自4月3日起撤销退市风险警示，股票简称将由"*ST远洋"变更为"中国远洋"。

5月20日 中远集团分别收到交通运输部和海南海事局发来的感谢信，对中远集团按照中央统一部署，调派多名远洋船长参与执行接运我国在越南工程人员回国的国家紧急任务表示感谢，向随船执行任务的全体船长表示慰问。

6月12日 中远集团与中国石油天然气集团公司战略合作协议签字仪式在北京中国石油大厦举行。中远集团总经理李云鹏出席了签字仪式，中远集团副总经理叶伟龙、中国石油天然气股份有限公司副总裁兼中国石油国际事业有限公司总经理王立华分别代表双方签署了战略合作协议。

7月4日 下发《关于宋大伟同志职务调整的通知》，根据国务院国有资产管理委员会下发的通知，宋大伟同志不再担任中远（集团）总公司董事职务。

7月7日 美国《财富》杂志公布了2013年度世界500强排行榜，中远集团以2013年营业收入268.05亿美元（1648.11亿元人民币）位列第451位。

7月24日 在海南广播电视总台向全省实况转播的"风雨同行"义捐活动晚会上，海南中远博鳌有限公司党委书记邹斌代表中远慈善基金会向海口灾区捐助100万元。

9月12日 国资委下发《关于调整中国远洋运输（集团）总公司国有重点大型企业监事会成员的通知》，决定杜渊泉同志（副部长级）为派出中远集团国有重点大型企业监事会主席，李迎珠、潘慧敏、仇凯同志为派出中远集团国有重点大型企业监事会专职监事，孙玉博同志为派出中远集团国有重点大型企业工作人员。闫克庆同志不再担任派出中远集团国有重点大型企业监事会主席，陈建新、王建雄、陈薇、赵立新、杨伟同志不再担任派出中远集团国有重点大型企业监事会专职监事，尹慧敏、许亚东、刘志波、王威、李星同志不再担任派出中远集团国有重点大型企业监事会工作人员。

9月12日 中散集团与淡水河谷（国际）有限公司在北京签署合作框架协议，淡水河谷全球总裁兼首席执行官费慕礼与中远集团副总经理、中散集团董事长叶伟龙签署了协议。中远集团董事长马泽华、总经理李云鹏见证了协议的签署。

10月13日 中远集团与希腊国家铁路公司Trainose在希腊雅典签订了合作谅解备忘录。中远集团董事、总经理李云鹏与希腊基础设施、交通运输、网络部副部长Papado-poulos见证了签署。中远欧洲公司总裁林戟与Trainose总裁Zil-iaskopoulos签署了文件。

10月22日 下发《关于聘任万敏同志职务的通知》，聘任万敏同志任中国远洋运输（集团）总公司党组成员、副总经理（试用期1年，自2014年9月至2015年8月）。10月28日中远集团与北京市人民检察院在北京远洋大厦举行"检企共建"签字仪式。国务院国资委纪委监察局副局长孙兴谋，北京市人民检察院党组副书记、副检察长卢希及职务犯罪预防处处长杨淑雅，中远集团董事、总经理李云鹏，集团副总经理叶伟龙、党组纪检组组长宋大伟、商务总监刘国元、技术总监徐凯、中国远洋总经理姜立军出席签字仪式。仪式由集团工会主席、直属党委书记傅向阳主持。

11月5—7日 由中远集团、英国德鲁里航运咨询公司、《中国远洋航务》杂志、美国商务日报联合主办的"国际海运（中国）年会2014"在重庆圆满举行。

12月5日 中远集团董事长马泽华以金砖国家工商理事会中方主席身份在北京国贸大酒店出席了"南非——中国商务论坛"并发表演讲，南非总统祖马到场并做主旨演讲，参加论坛的还有南非贸工部长Rob Davies、国务院国资委副主任黄淑和及来自两国的400多名政商界人士。

12月15日 中远集团2014年"三个三百"海上安全管理人员高级培训班在青岛远洋船员职业学院开班，来自系统内各家航运公司的60名船长、轮机长、政委及海务、机务管理人员参加了培训。

2015年

1月16日 中远集团与中国进出口银行在北京远洋大厦签署《17.49亿美元船舶融资协议》，用于支持中远集团在国内骨干船厂订造目前我国最大的9万吨级半潜船、30万吨级超大型原油轮、9400箱集装箱船以及节能环保散货船等53艘船舶，以此替代近两年拆解的100余艘老旧船舶。中国进出口银行董事长、行长李若谷，副行长袁兴永；中远集团董事长、党组书记马泽华，董事、总经理李云鹏，总会计师孙月英，副总经理叶伟龙及有关部门负责人共同出席了签字仪式。

1月22日 中远比雷埃夫斯集装箱码头公司（PCT）三号码头扩建开工典礼在希腊成功举行。国务院总理李克强发来贺信，希腊总理萨马拉斯亲临现场致辞祝贺，中远集团副总经理孙家康代表集团在典礼上致辞并与希腊总理和中国大使共同剪彩。

2月6日 中远集团与中国机械工业集团有限公司战略合作协议签字仪式在北京远洋大厦举行。中远集团董事长、党组书记马泽华，国机集团董事长任洪斌分别在仪式上致辞。中远集团总经理李云鹏、国机集团总经理徐建分别代表双方在战略合作框架协议上签字。中远集团副总经理叶伟龙，双方公司各相关职能部门及有关下属公司负责人出席了签字仪式。

5月3日 南通中远船务工程有限公司海工研发中心总体设计室主任管庆泉获第十九届"中国青年五四奖章"，是江苏唯一获此殊荣的青年代表，也是中远唯一获此殊荣的青年代表。

5月12日 中远集团正式向全系统颁布《中远集团企业文化核心价值理念纲要（2015年修订版）》。

5月14日 中国矿运有限公司（CHINA ORE SHIPPING PTE. LTD.）在新加坡注册成立，中国矿运投资总额为15.3亿美元，注册资本为3.3亿美元，中散集团持有51%股权，中海发展持有49%股权。

5月19日 （巴西时间），在中国总理李克强、巴西总统罗塞夫的见证下，中远集团、淡水河谷与中国进出口银行签署了合作框架协议。中远集团董事长马泽华、中国进出口银行董事长胡晓炼、淡水河谷全球总裁兼首席执行官费慕礼代表各方签约。

5月19日　在中国国务院总理李克强、巴西总统罗塞夫的见证下，中远集团、中海集团与淡水河谷在巴西利亚签订船舶收购协议。根据协议安排，中国矿运有限公司将收购四条淡水河谷的超大型矿砂船。

6月15日　中远集团与橡胶谷集团有限公司在北京远洋大厦签署了战略合作协议。中远集团总经理李云鹏、橡胶谷集团董事长张焱分别致辞并见证了协议的签署。中远集团副总经理叶伟龙、橡胶谷集团总经理助理孟岩分别代表双方在战略合作框架协议上签字。

7月8日　中远集团"永盛"轮"再航北极、双向通行"启航仪式在大连港隆重举行。

7月22日　美国《财富》杂志公布了世界500强最新排名，中远集团2014年营业收入274.83亿美元（1693.36亿元人民币），位列第432位，较上一年度提升了19位。

8月18日　中远集团马泽华董事长在安徽省安庆市出席了中远集团与安庆市战略合作框架协议签署仪式，马泽华董事长和安庆市书记虞爱华分别致辞，万敏副总经理与安庆市魏晓明市长代表双方签字。

9月6日　中远集团与招商局集团有限公司在北京远洋大厦签署了战略合作协议。中远集团董事长马泽华、招商局集团董事长李建红分别致辞并见证了协议的签署。中远集团总经理李云鹏、招商局集团总经理李晓鹏分别代表双方在战略合作框架协议上签字。

10月4日　中远集团在天津港举行"永盛"轮"再航北极、双向通行"欢迎仪式，热烈庆祝"永盛"轮凯旋。

10月16日　中远集团与北京汽车集团有限公司在北京远洋大厦签署战略合作框架协议。中远集团董事长马泽华、北汽集团董事长徐和谊分别致辞并见证了协议的签署。中远集团董事、总经理李云鹏，北汽集团总经理张夕勇分别代表双方在战略合作框架协议上签字。

11月14日　在土耳其安塔利亚，中远集团马泽华董事长与招商局集团李建红董事长和中投公司张勋副总经理一同代表中方联合体与土耳其Fiba集团签署了《伊斯坦布尔Kumport港口项目交割协议》，该协议的签署充分体现了中远集团等中资企业共同落实国家"一带一路"倡议的合作精神。正值二十国集团峰会在土耳其的海滨城市安塔利亚召开之际，国家主席习近平与土耳其总统埃尔多安见证了签字仪式。

12月11日　中国远洋召开第四届董事会第二十一次会议，审议批准了中国远洋重大资产重组的相关议案，中国远洋将其持有的中远散货运输(集团)有限公司100%股权出售予中国远洋运输(集团)总公司。

12月11日　经报国务院批准，中远集团与中海集团实施重组。中远集团和中海集团旗下中国远洋、中海发展、中海集运与中远太平洋于2015年12月11日同时发布公告，宣布签订一系列资产重组交易和服务协议。

附录二 中远集团领导班子成员名单
（2005.01—2015.12）

序号	姓名	职　务	任职时间
1	魏家福	总裁、党组副书记	2000.6–2011.8
		董事长、党组书记	2011.8–2013.7
2	张富生	党组书记、副总裁	2002.4–2011.8
3	马泽华	副总裁、党组成员	2001.9–2006.11
		总经理、党组副书记	2011.8–2013.7
		董事长、党组书记	2013.7–2015.12
4	李云鹏	党组成员、党组纪检组组长	2004.4–2011.12
		副总经理、党组成员	2011.12–2013.7
		董事、总经理、党组成员	2013.7–2015.12
5	王富田	党组副书记、党组纪检组组长	2000.6–2004.4
		党组成员、副总裁	2004.4–2006.10
6	高伟杰	副总裁、党组成员	2000.6–2004.4
7	李建红	副总裁、党组成员	2000.6–2009.10
8	马贵川	工会主席、党组成员	2000.6–2006.10
9	陈洪生	副总裁、党组成员	2000.6–2009.10
10	孙月英	总会计师、党组成员	2004.4–2015.12
11	许立荣	党组成员、副总裁、工会主席	2006.10—2011.8
12	张　良	副总裁、党组成员	2006.10–2011.4
		党组成员	2011.4–2011.12
13	孙家康	副总裁、党组成员	2011.2–2011.12
		副总经理、党组成员	2011.12–2016.1
14	叶伟龙	副总经理、党组成员	2011.12–2016.1
15	宋大伟	董事、党组成员、党组纪检组组长	2011.12–2014.6
		党组成员、党组纪检组组长	2014.6–2015.7
		党组成员	2015.7–2015.11
16	万　敏	副总经理、党组成员	2014.9–2015.12
17	王宇航	副总经理、党组成员	2014.2–2016.1
18	徐爱生	党组成员、党组纪检组组长	2015.7–2016.1

附录三　中远系统荣获表彰的劳动模范、五一劳动奖章获得者、先进生产者和先进集体名录

一、中远系统荣获国家表彰的劳动模范、五一劳动奖章获得者名录（2005—2015年）

年份	姓名	单位职务	荣誉称号	授予机关
2005	陈永康	中远集装箱运输有限公司船长，工程师	全国劳动模范	国务院
2005	张　良	中远散货运输有限公司总经理，高级工程师	全国劳动模范	国务院
2005	庄茂奎	青岛远洋运输公司船长，工程师	全国劳动模范	国务院
2005	肖　飞	中国远洋物流有限公司总经理，高级经济师	全国劳动模范	国务院
2010	丁经国	中远集装箱运输有限公司船长，高级船长	全国劳动模范	国务院
2010	许遵武	中远散货运输有限公司总经理，高级经济师	全国劳动模范	国务院
2010	于　涛（女）	中国远洋物流有限公司工程物流事业部副总经理，经济师	全国劳动模范	国务院
2010	倪　涛	南通中远船务工程有限公司总经理，工程师	全国劳动模范	国务院
2015	王银兴	中远集装箱运输有限公司轮机长（上海远洋运输有限公司）	全国劳动模范（上海市报批）	国务院
2015	姜　宁	中远造船工业南通中远川崎船舶工程有限公司制造本部工段长、技师	全国劳动模范（江苏省报批）	国务院
2007	张永立	南通中远船务工程有限公司，车间主任	五一劳动奖章	中华全国总工会
2008	肖建池	广州远洋运输公司政委，政工师	五一劳动奖章	中华全国总工会
2008	郁国华	中远集装箱运输有限公司船长，高级船长	五一劳动奖章	中华全国总工会
2008	王兴如	中远船务工程集团总经理，高级工程师	五一劳动奖章	中华全国总工会
2008	姜　宁	中远造船工业南通中远川崎船舶工程有限公司制造部内业科职场长	五一劳动奖章	中华全国总工会
2009	马宗梅	广州远洋运输公司工会主席	五一劳动奖章	中华全国总工会
2009	蔡学成	中远散货运输有限公司轮机长	五一劳动奖章	中华全国总工会

续上表

年份	姓名	单位职务	荣誉称号	授予机关
2009	李一平	中波轮船股份公司航运部经理，工程师	五一劳动奖章	中华全国总工会
2009	彭雪峰	南通中远船务有限公司工人	五一劳动奖章	中华全国总工会
2011	吕观荣	中远集运上海中货宁波中货总经理	五一劳动奖章	中华全国总工会
2011	李振宇	中远（香港）航运有限公司/深圳远洋运输股份有限公司总经理	五一劳动奖章	中华全国总工会
2011	卜育才	广东中远船务工程有限公司工程师	五一劳动奖章	中华全国总工会
2012	叶吉明	中远集装箱运输有限公司船长，高级船长	五一劳动奖章	中华全国总工会
2012	齐 嘉	中远散货运输有限公司轮机长	五一劳动奖章	中华全国总工会
2012	刘 寒	中远散货运输有限公司信息中心	五一劳动奖章	中华全国总工会第四届全国职工职业技能大赛
2014	郑家朋	中远散货运输有限公司船长	五一劳动奖章	中华全国总工会
2014	郑 桔	中远散货运输有限公司轮机长	五一劳动奖章	中华全国总工会
2014	王银兴	上海远洋运输有限公司轮机长	五一劳动奖章	中华全国总工会
2010	赵 顾	南通中远船务工程有限公司	全国技术能手	中华全国总工会/人力资源和社会保障部
2010	王学法	青岛远洋船员职业学院教师	全国技术能手	人力资源和社会保障部
2012	崔建峰	南通中远船务工程有限公司	全国技术能手	中华全国总工会/人力资源和社会保障部
2012	彭雪峰	南通中远船务工程有限公司	全国技术能手	中华全国总工会/人力资源和社会保障部
2012	刘 寒	中远散货运输有限公司信息中心	全国技术能手	中华全国总工会第四届全国职工职业技能大赛
2012	尚德飞	中远散货运输有限公司信息中心	全国技术能手	中华全国总工会第四届全国职工职业技能大赛
2014	黄勇华	南通中远川崎船舶工程有限公司	全国技术能手	国家劳动和社会保障部
2014	倪建明	启东中远海运海洋工程有限公司	全国技术能手	中华全国总工会/人力资源和社会保障部

注：1.《名录》中对原单位名称均作简称。
    2."授予机关"一栏中，凡是几个单位联合表彰的，只列一主要机关名称。

二、中远集团及所属机构、船舶获奖名录（2005—2015 年）

年份	单位	荣誉称号	授予机关
2007	中国远洋运输（集团）总公司	全国五一劳动奖状	中华全国总工会
2009	中远集团所属上海泛亚航运有限公司	全国五一劳动奖状	中华全国总工会
2009	广东中远船务工程有限公司	全国五一劳动奖状	中华全国总工会
2009	南通中远川崎船舶工程有限公司	全国五一劳动奖状	中华全国总工会
2012	南通中远船务工程有限公司	全国五一劳动奖状	中华全国总工会
2014	中远航运股份有限公司	全国五一劳动奖状	中华全国总工会
2014	上海中远船务工程有限公司	全国五一劳动奖状	中华全国总工会
2009	中远散货运输有限公司"新盛海"轮	全国工人先锋号	中华全国总工会
2009	中波轮船股份公司中波"太阳"轮	全国工人先锋号	中华全国总工会
2008	广东中远船务远洋二号浮船坞	全国工人先锋号	中华全国总工会
2009	中远散货运输有限公司"新盛海"轮	全国工人先锋号	中华全国总工会
2009	中波轮船股份公司中波"太阳"轮	全国工人先锋号	中华全国总工会
2009	中远集运苏州中远货运部	全国工人先锋号	中华全国总工会
2012	南通中远船务工程有限公司"希望一号"项目组	全国工人先锋号	中华全国总工会
2013	南通中远川崎船舶工程有限公司制造本部工场部组立科 7A 职场	全国工人先锋号	中华全国总工会

三、中远系统荣获省部级表彰人员名录（2005—2015 年）

年份	姓名	单位职务	荣誉称号	授予机关
2008	丁经国	中远集装箱运输有限公司船长	中央企业劳动模范	人力资源社会保障部、国务院国资委
2008	吴志刚	广州远洋运输公司轮机长	中央企业劳动模范	人力资源社会保障部、国务院国资委
2008	冷聚吉	青岛远洋运输有限公司船长	中央企业劳动模范	人力资源社会保障部、国务院国资委
2008	赵俊祥	舟山中远船务工程集团有限公司总经理助理兼制造部经理	中央企业劳动模范	人力资源社会保障部、国务院国资委
2008	王志华	南通中远船舶钢结构有限公司总经理	中央企业劳动模范	人力资源社会保障部、国务院国资委

续上表

年份	姓名	单位职务	荣誉称号	授予机关
2008	顾振楼	中国船舶燃料有限责任公司青岛公司总经理、党委书记	中央企业劳动模范	人力资源社会保障部、国务院国资委
2008	刘永利	青岛远洋船员学院	中央企业劳动模范	人力资源社会保障部、国务院国资委
2011	张法忠	南通中远川崎船舶工程有限公司工人	江苏省劳动模范	江苏省
2012	张立新	大连远洋运输公司船舶轮机长	辽宁省劳动模范	辽宁省
2013	刘玉国	上海中远船务工程有限公司总经理、党委副书记	中央企业劳动模范	人力资源社会保障部、国务院国资委
2013	蔡梅江	中国远洋运输(集团)总公司安全技术监督部总经理	中央企业劳动模范	人力资源社会保障部、国务院国资委
2013	李玉平	大连远洋运输公司副总经理	中央企业劳动模范	人力资源社会保障部、国务院国资委
2013	王银兴	上海远洋运输有限公司轮机长	中央企业劳动模范	人力资源社会保障部、国务院国资委
2013	黄富清	厦门远洋运输公司船长	中央企业劳动模范	人力资源社会保障部、国务院国资委
2015	姜殿明	大连远洋运输公司	辽宁省五一劳动奖章	辽宁省总工会

四、中远系统获全国十佳海员（2011年度）名录（2005—2015年）

年份	姓名	单位职务	荣誉称号	授予机关
2011	张家农	广州远洋运输有限公司船长	全国十佳海员	中华人民共和国海事局、中国海员建设工会全国委员会
2011	冷聚吉	青岛远洋运输有限公司船长	全国十佳海员	中华人民共和国海事局、中国海员建设工会全国委员会
2011	潘少强	中远散货运输有限公司船长	全国十佳海员	中华人民共和国海事局、中国海员建设工会全国委员会
2012	蔡学成	中远散货运输有限公司轮机长	全国十佳海员	中华人民共和国海事局、中国海员建设工会全国委员会

五、中远系统第"金锚奖"获得者(2005—2015年)

年份	姓名	单位职务	荣誉称号	授予机关
第十届					
2005	魏庆云	广州远洋运输公司船长	金锚奖	中国海员建设工会全国委员会
	晏建军	中远集装箱运输有限公司轮机长		
	杜国军	中远散货运输有限公司船长		
	孙 军	青岛远洋运输公司纪委书记		
	梁富山	大连远洋运输公司轮机长		
	孙 敏	中波轮船股份公司(中方)总经理		
	姚东宁	上海中远物流有限公司总经理		
	费立孟	中国船舶燃料有限公司青岛公司船长		
	陈登华	中远船务舟山分公司总经理		
第十一届					
2007	马道乐	大连远洋运输公司船舶政委	金锚奖	中国海员建设工会全国委员会
	付广安	中远散货运输有限公司船长		
	刘 益	中国远洋物流有限公司副总经理		
	严承祥	大连中远船务工程有限公司副总经理		
	李贵成	中远(香港)航运有限公司船长		
	李 健	中远集装箱运输有限公司船长		
	邱晓红	中远航运股份有限公司业务经理		
	苑增国	青岛远洋运输公司船长		
	赵铁军	青岛中远国际货运有限公司部门经理		
	葛一川	中远(集团)总公司运输部运输管理处经理		
第十二届					
2010	王海清	中远集装箱运输有限公司船长	金锚奖	中国海员建设工会全国委员会
	曹国林	中波船员公司党委副书记		
	赵宗亮	中远散货运输有限公司船长		
	郑国静	中远(香港)航运有限公司船长		
	陈建军	广州远洋运输公司船长		
	杨国桂	中燃湛江公司船长		
	刘仁鹏	青岛远洋运输公司船长		
	杨传承	大连中远船务工程有限公司门机司机		
	王文武	大连远洋运输公司政委		
	徐 凯	南通中远川崎船舶工程有限公司总经理		

续上表

年份	姓名	单位职务	荣誉称号	授予机关
第十三届				
2012	王和平	中远集装箱运输有限公司船长	金锚奖	中国海员建设工会全国委员会
	史洪亮	中远散货运输有限公司船长		
	刘建福	青岛远洋运输有限公司船长		
	方虎志	广州远洋运输有限公司船长		
	洪恩瑰	大连远洋运输公司船长		
	傅承求	中远比雷埃夫斯集装箱码头有限公司总经理		
	朱建辉	中国外轮理货总公司总经理、党委副书记		
	胡洪先	大连中远物流有限公司总经理		
	赵 明	中燃秦皇岛有限公司油库主管		
	林均学	青岛远洋船员职业学院工会主席		
以下10人同时系2011年中国海员技能大比武活动获奖个人				
2012	杜昌义	中远散货运输有限公司船长	金锚奖	中国海员建设工会全国委员会
	齐 嘉	中远散货运输有限公司轮机长		
	王敦廷	中远散货运输有限公司大副		
	郑家朋	中远散货运输有限公司大副		
	孙广璞	中远散货运输有限公司大管轮		
	韩清江	中远散货运输有限公司二管轮		
	刘 伟	中远散货运输有限公司水手		
	郭 宇	中远散货运输有限公司水手		
	付 冬	中远散货运输有限公司机工		
	朱京刚	中远散货运输有限公司二管轮		

六、中远集团及所属机构、船舶获奖名录（省部级）（2005—2015年）

年份	单 位	荣誉称号	授予机关
2007	中国远洋物流有限公司印度项目部	首届"全国交通建设系统工人先锋号"	中国海员建设工会全国委员会
2007	舟山中远船务工程有限公司物流工区船坞工段	首届"全国交通建设系统工人先锋号"	中国海员建设工会全国委员会
2007	南通中远川崎船舶工程有限公司舾装部机装科钳工组	首届"全国交通建设系统工人先锋号"	中国海员建设工会全国委员会

续上表

年份	单位	荣誉称号	授予机关
2008	中远集运"中远亚洲"轮	2008年度全国交通建设系统"工人先锋号"	中国海员建设工会全国委员会
2008	中远散运"新盛海"轮	2008年度全国交通建设系统"工人先锋号"	中国海员建设工会全国委员会
2011	中远集装箱运输有限公司大连中货联运部	2009—2010年度全国交通建设系统"工人先锋号"	中国海员建设工会全国委员会
2011	中远散货运输有限公司"天丽海"轮	2009—2010年度全国交通建设系统"工人先锋号"	中国海员建设工会全国委员会
2011	广州远洋运输公司"瑞昌海"轮	2009—2010年度全国交通建设系统"工人先锋号"	中国海员建设工会全国委员会
2011	青岛远洋运输有限公司"宇中海"轮	2009—2010年度全国交通建设系统"工人先锋号"	中国海员建设工会全国委员会
2011	大连远洋运输公司"远盛湖"轮	2009—2010年度全国交通建设系统"工人先锋号"	中国海员建设工会全国委员会
2011	上海中波国际船务代理有限公司货运部	2009—2010年度全国交通建设系统"工人先锋号"	中国海员建设工会全国委员会
2011	深圳远洋运输股份有限公司"富强"轮	2009—2010年度全国交通建设系统"工人先锋号"	中国海员建设工会全国委员会
2011	中国船舶燃料连云港有限公司经营部	2009—2010年度全国交通建设系统"工人先锋号"	中国海员建设工会全国委员会
2011	中国远洋物流有限公司"818"项目部	2009—2010年度全国交通建设系统"工人先锋号"	中国海员建设工会全国委员会
2011	南通中远船务工程有限公司机电车间调试组	2009—2010年度全国交通建设系统"工人先锋号"	中国海员建设工会全国委员会
2011	南通中远船舶钢结构有限公司舱盖制造部涂装工段	2009—2010年度全国交通建设系统"工人先锋号"	中国海员建设工会全国委员会
2011	青岛远洋船员职业学院通信教研室(山东省报)	2009—2010年度全国交通建设系统"工人先锋号"	中国海员建设工会全国委员会
2011	大连中远船务工程有限公司修船技术部(辽宁省报)	2009—2010年度全国交通建设系统"工人先锋号"	中国海员建设工会全国委员会
2011	中远航运股份有限公司"大富"轮(广东省报)	2009—2010年度全国交通建设系统"工人先锋号"	中国海员建设工会全国委员会
2011	中远航运股份有限公司"乐从"轮(广东省报)	2009—2010年度全国交通建设系统"工人先锋号"	中国海员建设工会全国委员会

续上表

年份	单位	荣誉称号	授予机关
2011	中远船务广东工程有限公司造船调试组（广东省报）	2009—2010年度全国交通建设系统"工人先锋号"	中国海员建设工会全国委员会
2011	中远集装箱运输有限公司"中远大洋洲"轮	2011年度全国交通建设系统"工人先锋号"	中国海员建设工会全国委员会
2011	天津滨海中远集装箱物流有限公司拆装箱班组	2011年度全国交通建设系统"工人先锋号"	中国海员建设工会全国委员会
2011	中远散货运输有限公司"漫海"轮	2011年度全国交通建设系统"工人先锋号"	中国海员建设工会全国委员会
2011	广州远洋运输有限公司"永盛"轮	2011年度全国交通建设系统"工人先锋号"	中国海员建设工会全国委员会
2011	青岛远洋运输有限公司"宇华海"轮	2011年度全国交通建设系统"工人先锋号"	中国海员建设工会全国委员会
2011	大连远洋运输公司"远翠湖"轮	2011年度全国交通建设系统"工人先锋号"	中国海员建设工会全国委员会
2011	厦门远洋运输公司"五缘"轮	2011年度全国交通建设系统"工人先锋号"	中国海员建设工会全国委员会
2011	中波（北京）国际货运代理有限公司业务部	2011年度全国交通建设系统"工人先锋号"	中国海员建设工会全国委员会
2011	深圳远洋运输股份有限公司"鹏业"轮	2011年度全国交通建设系统"工人先锋号"	中国海员建设工会全国委员会
2011	宁波中远物流有限公司工程物流部	2011年度全国交通建设系统"工人先锋号"	中国海员建设工会全国委员会
2011	中国船舶燃料秦皇岛有限公司油库	2011年度全国交通建设系统"工人先锋号"	中国海员建设工会全国委员会
2011	舟山中远船务工程有限公司电装工区调试组	2011年度全国交通建设系统"工人先锋号"	中国海员建设工会全国委员会
2011	南通中远川崎船舶工程有限公司技术本部研发部	2011年度全国交通建设系统"工人先锋号"	中国海员建设工会全国委员会
2011	中远博鳌有限公司运作部工程组	2011年度全国交通建设系统"工人先锋号"	中国海员建设工会全国委员会
2011	太仓中理外轮理货有限公司业务部	2011年度全国交通建设系统"工人先锋号"	中国海员建设工会全国委员会
2011	广东中远船务工程有限公司船体车间下料组（广东省报）	2011年度全国交通建设系统"工人先锋号"	中国海员建设工会全国委员会

续上表

年份	单位	荣誉称号	授予机关
2009	中远散货运输有限公司	中央企业先进集体	国家人力资源和社会保障部、国资委、中华全国总工会
2009	中远集运上海泛亚航运有限公司	中央企业先进集体	中国海员建设工会全国委员会
2009	上海中波国际船舶管理有限公司	中央企业先进集体	人力资源社会保障部、国务院国资委
2009	厦门远洋运输公司	中央企业先进集体	中国海员建设工会全国委员会
2009	远洋物流有限公司印度项目部	中央企业先进集体	中国海员建设工会全国委员会
2013	连云港远洋流体装卸设备有限公司	中央企业先进集体	人力资源社会保障部、国务院国资委
2013	中远南方沥青运输有限公司	中央企业先进集体	人力资源社会保障部、国务院国资委
2013	博鳌亚洲论坛大酒店国宾宴会组	中央企业先进集体	人力资源社会保障部、国务院国资委

七、中远（集团）总公司劳动模范

姓　名	单位、职务
2005—2006 年度劳动模范（共 48 名）	
董卫国	中国远洋控股股份有限公司办公室经理
顾钱彬	中远集运计算机中心总经理
侯长春	中远集运中国部大连分部总经理
江卫星	中远集运中国部上海分部宁波分公司
丁经国	上海远洋运输公司船长
刘志权	上海远洋运输公司船舶政委
汪　志	中远太平洋有限公司董事副总经理
常争鸣	中远散运船舶政委

续上表

姓　　名	单位、职务
李成刚	中远散运船长
段志刚	中远散运船长
薛广生	天津海员学校党委书记
何应杰	中远散运巴拿马船队经理
肖连芬	广远公司船长
余力本	广远公司船舶政委
吴志刚	广远公司轮机长
陈　力	广远公司船长
姜立军	中远航运股份有限公司 CEO
张道余	青远公司总船长
赵德瑞	青岛远洋投资发展有限公司总经理
束志峰	青远公司船长
林均信	青远公司船舶政委
顾文军	大远公司航运部总经理
郑家旭	大远公司安技部总经理
王廷林	大远公司船长、海务监督员
巫仁泽	厦远公司纪检副书记 / 工会副主席
陆　聪	上海中波国际船舶管理有限公司总经理 / 支部书记
邱辉发	中燃广州公司业务部副经理
崔立霞	中远国际贸易公司财务部经理
王全华	南通远洋船舶配套有限公司总经理
张永立	南通中远船务工程有限公司船体车间主任
汤　浩	青岛中远物流有限公司印度项目部经理
乐　明	上海中远物流重大件运输有限公司总经理
王庆忠	宁波中远物流班轮部经理助理
肖光洪	广州中远物流物流总监助理
卢圣煊	中国外轮理货公司总经理
王　洪	博鳌索菲特大酒店、博鳌金海岸温泉大酒店副总经理
刘红屏	青岛远洋船员学院信息工程系主任
陈雪良	集团总公司党组工作部综合信息室主任

续上表

姓　名	单位、职务
刘洪路	中远（香港）集团有限公司船长
陈大鸣	中远国际船舶贸易有限公司董事、总经理
宋晓更	北京远洋酒店有限公司副总经理
李克强	中远希腊公司总经理
许　超	中远美洲公司企业管理部总经理
杨胜东	中远集运美洲公司财务部总经理
童建桑	中远（孟加拉）航运公司总经理
刘宇彤	五星散货船务代理公司总经理
张为顺	中远韩国公司财务总监
2007-2008年度劳动模范（共49名）	
毛晓林	中远集运华南公司IT经理
吕观荣	中远集运中国部上海分部宁波中货总经理
王海明	中远集运上远船管四部轮机长
焦祝明	中远集运上远劳务公司船长
李汉培	中远集运上远船管四部船舶政委
柳　景	中远集运上远海事培训中心教师
胡　华	中远集运欧洲贸易区市场营销部经理
潘少强	中远散运船员中心船长
阮建廷	天津远昌冷藏集装箱服务有限公司总经理
詹　振	中远散运船员中心船舶政委
于智民	中远散运安监部总经理
张保德	中远散运船员中心轮机长
王世伟	中远散运航运部巴拿马船队经理
张有志	中远航运船员一处船长
王彦雄	中远航运船员三处船长
张赞术	中远航运船员一处船舶政委
黄启垣	中远航运轮机长
赵寿春	中远远达航运有限公司总经理
黄秀文	中远航运船舶管理部机务总管
陈　海	广州远洋建设实业公司工程部

续上表

姓　名	单位、职务
刘仁鹏	青远公司船长
王胜利	青远公司船舶大厨
曹启晓	青远公司巴拿马型船队经理
鲁君臣	烟台中韩轮渡有限公司总经理
程国富	大远公司船长
马道乐	大远公司船舶政委
高文昌	厦远公司安监室主任
陈旭阳	中远（香港）航运有限公司轮机长
林跃庭	中远（香港）航运有限公司船长
张昭东	中波公司财务部经理
于　涛（女）	中远物流总部工程物流部副总经理
李　伟	中远物流天津大型物资运输有限公司工程物流部副经理
陈潮峰	宁波中远物流有限公司外勤
林海东	广州中远物流有限公司物流总监助理
梁国明	中远船务工程集团有限公司技术中心副总经理
赵俊祥	舟山中远船务工程有限公司总经理助理兼制造部副经理
彭雪峰	南通中远船务工程有限公司电焊带班
马　俊	南通中远船舶钢结构有限公司钢结构制造部副经理
刘福泰	中燃大连公司滑油部经理
赵　铭	中燃秦皇岛公司油库技术主管
吴茂婵（女）	博鳌金海岸温泉大酒店中餐厅主管
林均学	青岛远洋船员学院工会主席
孔凡华	中远（集团）总公司、中国远洋研发中心市场研究室经理
刘湖南	泉州太平洋集装箱码头有限公司董事总经理、党总支书记
李　杰	中远太平洋营口集装箱码头有限公司总经理
王治华	中远香港集团新世纪标志（深圳）有限公司总经理
唐文俊	中远欧洲华联公司总经理
黄　坚	中远美洲公司财务部总经理
王坤辉	Cosren船务代理有限公司副总经理

续上表

姓　　名	单位、职务
2009—2010年度劳动模范（共49名）	
薛　菁	上海远洋运输有限公司海事培训中心主任兼党委书记
李　健	上海远洋运输有限公司船长
谢顺棋	上海远洋运输有限公司轮机长
高旭辉	中远集装箱运输有限公司中国部厦门分部福州分公司经理
陆　涛	中远集装箱运输有限公司党委工作部高级业务主任
王海峰	青岛市国际货运代理有限公司经理
张富元	华南中远国际货运有限公司总经理
潘少强	中远散货运输有限公司船长
葛　军	中远散货运输有限公司船舶政委
龚建瑞	中远散货运输有限公司轮机长
詹　坚	中远散货运输有限公司航运部总调度室主任
范志军	中远散货运输有限公司船管部总经理
张景增	中远散货运输有限公司安监部副总经理
张家农	中远航运股份有限公司船长
胡　巍	中远航运股份有限公司船舶政委
王成宝	中远航运股份有限公司船长
许木钦	中远航运股份有限公司轮机长
劳建平	中远航运股份有限公司船员事务主管
罗雪英（女）	广州远洋船舶物资供应有限公司总经理助理兼食品部经理
郝长太	青岛远洋运输有限公司船长
潘东光	青岛远洋船员公司总经理兼党委副书记
王荣国	青岛远洋运输有限公司船舶政委
郭宗强	青岛远洋酒店物业管理有限公司党支部书记兼副总经理
韩九德	大连远洋运输公司船长
于东升	大连远洋运输公司供应站总经理
唐百生	大连远洋运输公司水手长
李振宇	中远（香港）航运有限公司总经理兼党委副书记
赖永彪	中远（香港）航运有限公司船长
沈剑勇	厦门远洋运输公司船长

续上表

姓　　名	单位、职务
沈炳忠	中波船员公司轮机长
刘东石	中远物流工程物流事业部总经理
刘　扬	中远物流（西亚）有限公司总经理
李建家	厦门中远物流有限公司总经理助理
王　勇	中国南通外轮代理有限公司总经理
张晓通	大连中远船务江滨船舶工程有限公司工地主任
曹华东	舟山中远船务工程有限公司党委书记兼副总经理
杨立众	中国船舶燃料供应秦皇岛公司总经理兼党委副书记
张　平	上海中燃船舶修造有限公司经理
许维明	南通中远川崎船舶工程有限公司舾装部部长
吴燕妮（女）	海南中远博鳌有限公司销售总部华南分部总监
蒋德志	青岛远洋船员职业学院教研室主任兼党支部书记
杨新远	中远（集团）总公司财务部会计室副经理
黄祖力	中远集团劳动保险统筹中心副主任
李建中	中远（集团）总公司党组工作部直属工会主席
秦国伟	中远关西涂料化工（上海）有限公司集装箱涂料部经理
王宝芳	美洲远华技术服务与供应公司总经理
栾小艺	中远萨意卡拉奇有限公司董事、总经理
高士维	中远日本公司燃油部部长
赵　伟	中远西亚公司总经理
2011—2012年度劳动模范（共50名）	
刘雪松	中远集运审计监督部北京分部主任
周德平	上海泛亚航运有限公司支线经营部经理
严正平	上海远洋运输有限公司船长
曹志清	上海远洋运输有限公司船舶政委
吴文虎	上海远洋海图公司经理
蒋恩明	上海中远国际货运有限公司销售部总经理
耿春贤	青岛鑫三利冷箱技术有限公司总经理兼黄岛党总支书记
王国良	山西中远国际货运有限公司总经理

续上表

姓　名	单位、职务
陈　丹（女）	天津远华海运有限公司副总经理
苏晓东	中远散货运输有限公司财务部总经理
马　辉	中远散货运输有限公司船长
李春明	青岛远洋运输有限公司安技部总经理
刘金波	青岛远洋大酒店首席总厨兼膳食部经理
于令昌	青岛远洋运输有限公司船长
方德义	中远（香港）航运有限公司船长
余琪运	中远（香港）航运有限公司轮机长
梁　艳（女）	中散集团航运商务部副总经理
林清海	中远海运股份有限公司轮机长
於顺明	中远航运股份有限公司船长
吴亮明	中远航运股份有限公司航运经营部总经理
周佳忠	中远南方沥青运输有限公司副总经理兼工会主席
王　雷	广州远洋运输有限公司党委工作部业务经理
刘　屹	大连远洋船员管理中心主任
初敬福	大连远洋运输公司船舶政委
黄富清	厦门远洋运输公司船长
张建华	中波轮船股份公司船长
郑　博	大连中远物流有限公司工程物流事业部业务主管兼红沿河核电项目部项目经理
田　飞	北京中远物流有限公司物流事业部总经理兼北京中远泛嘉船务有限公司总经理
郭　斌	上海中远物流重大件运输有限公司工程部副经理
王亿华	宁波中远物流有限公司班轮部经理
黄余华	湛江中远物流有限公司总经理
施　炜	中远船务工程集团有限公司经营总部常务副总经理
徐秀龙（新加坡籍）	中远船务工程集团有限公司海工研发技术中心副总经理
宋志文（新加坡籍）	上海中远船务技术部经理

续上表

姓　名	单位、职务
张　毅	大连中远船务工程有限公司修船工程部总管
杜颂军	中国船舶燃料大连有限公司船长
王志炎	大连中远川崎船舶工程有限公司副总经理
黄勇华	南通中远川崎船舶工程有限公司舾装部电装科船体组组长
朱建辉	中国外轮理货总公司总经理兼党委副书记
贺一桉	海南中远博鳌有限公司财务部会计室经理
张　铎	青岛远洋船员职业学院航海系教师兼青院海事公约研究所所长
谷学俭	中远对外劳务合作公司海事服务部业务主管
李　智	中远财务有限责任公司投资交易部总经理
武培崧	中远幸福（北京）大厦有限公司销售经营管理部员工
张啸唯	扬州远扬国际码头有限公司总经理
陈　锋	中远芬兰公司董事、总经理
盖瑞·舒伯特（美国籍）	中远物流美洲公司执行副总裁
王汉年	中远海事工程（新加坡）有限公司总经理
黄　超	中远日本株式会社总务部副部长
王　巍	中远非洲公司 COSREN 航运代理公司副总经理
2013—2014 年度劳动模范（共 50 名）	
李时雍	中远集运贸易保障部燃油管理科高级业务代表
王　强	上海中远资讯科技公司开发二部高级业务经理
陈庆伟	上海远洋运输有限公司船长
林巧萌（女）	厦门中货运价管理美加科经理
邢振峰	唐山中远集装箱物流公司总经理
鞠　伟	青岛中货烟台分公司总经理
林　硕	上远海事培训中心主任助理
王志军	上海远洋运输有限公司轮机长
夏广斌	中远散运公司船长
李红权	中远散运公司轮机长
任树奎	天津远洋大厦有限公司天津远洋大厦二期项目总经理
辛洪义	青岛远洋运输有限公司船长

续上表

姓　名	单位、职务
樊兆富	青岛远洋运输有限公司船舶政委
孙金福	青岛远洋物业管理有限公司副总经理
吴建新	中远（香港）航运有限公司船长
赖奕光	中远（香港）航运有限公司/深圳远洋运输股份有限公司党委书记
姚永利	中散集团灵便型船队总经理
于松林	中远航运船长
张玉田	中远航运船长
谢汉波	中远航运离退休服务中心主任
赵金文	大连远洋运输公司总经理助理
王思涛	大连远洋运输公司船长
杨新焰	厦门远洋运输公司轮机长
朱金标	中波公司轮机长
周婷婷（女）	中远物流有限公司工程物流事业部副总经理
顾成会	大连中远物流有限公司班轮部总经理
王顺举	青岛远洋大亚物流有限公司总经理
章　炜	江阴中远物流有限公司总经理
肖庆山	宁波中远物流有限公司工程物流部总经理
柯文祥	南通中远船务工程有限公司船体车间外业科科长
苏　宇	舟山中远船务工程有限公司生产管理部经理
浦洪彬	上海中远船务工程有限公司副总经理
河龙烈（韩国籍）	中远船务工程集团有限公司技术中心船舶设计中心基本室主任
张　路	中国船舶燃料青岛有限公司船长
赵增山	中远造船工业公司副总经理
李　勇	南通中远川崎工程有限公司制造本部工场部部长助理
何秀霖（女）	南通远洋船舶配套公司技术主管
卞亚军	扬州中理国际理货有限责任公司新业务理货组组长
胡海兵	中远博鳌总会计师
黄丽萍（女）	青岛远洋船员职业学院外语系主任

续上表

姓　　名	单位、职务
招瑞雪（女）（中国香港）	中远国际控股有限公司秘书
张中原	北京远洋酒店党支部书记、行政人保部经理
李建春	中远比雷埃夫斯集装箱码头公司副总经理
赵宇光	中远美洲公司人力资源部总经理
吕德兴	中远缅甸有限公司总经理
周利国	中远韩国有限公司财务部总经理
鞠维平	中远希腊代理公司总经理
赵雨嘉	COSREN航运代理公司箱管部经理
吕　欣	中远（集团）总公司运输部业务管理室经理
张叶龙	中远（集团）总公司战略发展部船舶规划室

八、中远系统获国际国内社会团体授予荣誉称号的先进集体

序号	时间	获奖单位	获奖名称	授予机关（方面）
1	2000.10	中远集团	国际星级质量管理白金奖	西班牙商业创意（Business Initiative Direction, BID）
2	2001.6	中远（香港）航运有限公司	2001年优质管理大奖	香港专业管理协会
3	2001.7	中远（集团）总公司	获得了三家认证机构颁发的证书	挪威船级社、中国船级社认证公司和中国职业卫生管理体系认证中心
4	2005.10	中远（集团）总公司	2005年度中国企业管理杰出贡献奖	《中外管理》杂志
5	2005.11	中远航运	1. 2005年中国上市公司最佳治理百强企业 2. 中国25家最受尊敬上市公司（前25名自动当选）	世界经理人周刊、世界金融实验室和华尔街电讯网站
6	2005.11	中远集运	年度最佳航运公司	劳氏日报的出版商INFORMA集团
7	2005.11	中远物流	中国物流百强（榜首）	交通运输协会等八家专业行业协会
8	2006.1	中远集团	最具影响力企业	中国企业联合会和中国企业家协会

续上表

序号	时间	获奖单位	获奖名称	授予机关（方面）
9	2006.1	中远国际货运有限公司	最具成长性企业	中国企业联合会和中国企业家协会
10	2006.2	中远集团	2005年度"全国学习型组织先进单位"	全国创争活动领导小组
11	2006.2	中远集团	2005年十大最具责任感企业	国务院侨务办公室、中国新闻社指导，《中国新闻周刊》杂志社联合颁发
12	2006.12	中远集团	全国国有企业创建"四好"领导班子先进集体	中组部、国资委党委
13	2007.7	中远集团	全国厂务公开民主管理先进单位	中纪委、中组部、国资委、监察部、全国总工会和全国工商联
14	2007.8	中远集团	国资委A级企业	国资委
15	2008.3	中远集团	环保绿旗奖（Green Flag）	美国长滩港务局
16	2008.4	中远集团	2007年度中华慈善奖	民政部
17	2008.5	中国远洋物流有限公司	2007—2008年度中国物流企业杰出贡献奖、最具社会责任感的企业	中国物流与采购联合会
18	2008.5	上海中远物流有限公司	最佳大件物流服务企业	中国物流与采购联合会
19	2008.6	中国远洋	2008年全球500强（FT Global 500）企业［总排名第242位，在所有入围的29家中国大陆企业中（含香港红筹公司）排名第13位］	《金融时报》（英国财经杂志）
20	2008.10.16	中远集团	"中央企业2007年度信息化水平评价"A级企业	国资委
21	2009.1.16	中远物流A320天津总装线运输项目	运输优秀贡献奖	空中客车公司
22	2009.2.10	中远国际	2008-2009年度"商界展关怀"标志	香港社会服务联会
23	2009.3.12	中远国际	2009年度"投资者关系全球评级"（Investor Relations Global Rankings）大中华地区最佳财务披露企业五强	投资者关系与财务公关公司MZ Consult

续上表

序号	时间	获奖单位	获奖名称	授予机关（方面）
24	2009.3.13	中远集团	中远集团可持续发展报告连续三年荣登联合国全球契约COP典范榜	联合国全球契约组织
25	2009.3.29	中远集团	中国企业信息化500强第二名	国家信息化测评中心
26	2009.3.29	中远集运	中国企业信息化500强第19名	国家信息化测评中心
27	2009.3.29	中远散运	中国企业信息化500强第41名	国家信息化测评中心
28	2009.3.29	广远	中国企业信息化500强第105名	国家信息化测评中心
29	2009.3.29	中远船务	中国企业信息化500强第159名	国家信息化测评中心
30	2009.3.29	中远集团	集团信息化成就奖	国家信息化测评中心
31	2009.3.29	中远集运	最佳IT治理	国家信息化测评中心
32	2009.3.29	中远散运	优秀信息化建设团队奖	国家信息化测评中心
33	2009.3.29	中远船务	最佳ERP应用奖	国家信息化测评中心
34	2009.4.11	中国远洋	中国上市公司董事会高峰论坛暨第五届"金圆桌奖"最佳董事会奖	《董事会》杂志
35	2009.4.11	中远航运董事会	连续3年获得"优秀董事会"奖	《董事会》杂志
36	2009.4.22	中远集运	AFSCA（Asian Freight and Supply Chain Awards亚洲货运业及供应链奖）2009年度"太平洋航线最佳班轮公司"大奖	香港亚洲货物信息杂志
37	2009.4.23	厦门远洋公司	中央企业先进集体	人力资源社会保障部、国务院国资委
38	2009.5.12	中远集团	全国公益慈善单位	中华慈善总会
39	2009.5.13	中远集团	连续第八次蝉联"远东/加东航线"年度最佳承运人称号	加拿大国际货运代理协会（CIFFA）
40	2009.5.21	中国远洋	2009全球最具成长性华商上市公司	世界杰出华商协会等
41	2009.5.24	中国远洋	中国上市公司市值管理百佳	中国上市公司市值管理研究中心

续上表

序号	时间	获奖单位	获奖名称	授予机关（方面）
42	2009.5.24	中远航运	2009年度中国上市公司市值管理百佳榜	中国上市公司市值管理研究中心
43	2009.5.31	中国远洋	全球500强排行榜第337位	《金融时报》（英国财经杂志）
44	2009.6.8	中国远洋	2009信誉企业集团	中华（海外）企业信誉协会联同信誉研究院（中国）
45	2009.6.26	中国远洋	上市公司价值百强	《证券时报》
46	2009.6.26	中国远洋	上市公司优秀管理团队	《证券时报》
47	2009.6.26	中国远洋	"上市公司百佳董秘"	《证券时报》
48	2009.6.26	中国远洋	最受投资者欢迎上市公司网站	《证券时报》
49	2009.6.26	中远航运	2008年度中国上市公司价值百强	《证券时报》
50	2009.6.26	中远航运	"2008年度中国上市公司百佳董秘"	《证券时报》
51	2009.6.26	中远航运	最佳创新沟通网站	《证券时报》
52	2009.6.26	中远航运	最受投资者欢迎上市公司网站	《证券时报》
53	2009.6.26	中远航运	最佳投资者关系互动平台	《证券时报》
54	2009.6.27	中国远洋	2008年度上市公司百强金牛奖	《中国证券报》
55	2009.6.30	大连远洋	全国'五五'普法中期先进集体	中央宣传部、司法部、全国普法办
56	2009.8.18	中远集团	创新型企业	科学技术部、国务院国资委和中华全国总工会
57	2009.8.18	中远集团	CCTV60年60品牌	央视网
58	2009.8.20	中远国际	2008年年报 1.航运服务组别"内页设计"银奖 2.航运服务组别"封面相片"设计铜奖 3.航运服务组别"印刷及制作"铜奖 4.航运服务组别"财务数据"铜奖	MerComm, Inc.（美国）
59	2009.8.20	中远航运	2008年年报（印刷版）航运服务组别铜奖	MerComm, Inc.（美国）

续上表

序号	时间	获奖单位	获奖名称	授予机关（方面）
60	2009.9.4	中国远洋	"2009中国上市公司最佳董事会评选活动"	《理财周报》、CCTV证券资讯频道
61	2009.9.19	中远集团	1."2009中国企业社会责任榜"百强第二名 2. 2009中国企业社会责任优秀案例（绿色节油项目）	《中国企业报》社
62	2009.9.19	中远集团	履行企业社会责任"杰出企业奖"	新华社《新华每日电讯》、《经济参考报》《半月谈》《中国名牌》《参考消息·北京参考》、新华网六家主流媒体
63	2009.10.27	中远物流	中国物流百强企业榜首	中国交通运输协会
64	2009.10.27	中远物流	2009年度最具创新能力物流企业奖	《航务周刊》《物流时代》杂志社、中国航贸网
65	2009.10.28	中国远洋	2008年年报银奖	美国通讯联盟（League of American Communications Professionals, LACP）
66	2009.10.28	中国远洋	定期编写及发送的每月投关通讯（IR Newsletter）铜奖	美国通讯联盟
67	2009.11.10	中远（集团）总公司	2009亚太最具社会责任感华企	亚太华商领袖联合会
68	2009.12.2	中远（集团）总公司	1.《中远集团2008年可持续发展报告》获得"金蜜蜂2009优秀企业社会责任报告" 2."领袖型企业"奖	《WTO经济导刊》杂志社
69	2009.12.17	中远国际	第九届iNOVA Awards国际网站评选比赛"重新设计／重新启用：与利益相关者沟通"组别中荣获铜奖	Mer Comm, Inc.（美国）
70	2009.12.18	中远航运	第八届中国公司治理论坛"2009年度董事会奖"	上海证券交易所 国务院国资委、经济与合作组织（OECD）支持

续上表

序号	时间	获奖单位	获奖名称	授予机关（方面）
71	2009.12.20	中远集团	第二届中国经济百人榜、中国品牌百强榜暨第四届"人民社会责任奖"评选 1. 中国品牌百强榜共和国60年最具影响力品牌60强 2. 2009人民社会责任奖	《人民日报》、人民网、《中国经济周刊》
72	2010.1.28	大远公司"连兴湖"轮	全国水运系统安全优秀船舶	中国海员建设工会、交通运输部交通安全委员会
73	2010.2.10	中远集团网站	在"2009年中央企业网站绩效评估"中获评A级	国务院国资委
74	2010.3.3	中远集团	《中远集团2008可持续发展报告》连续第四年荣登"全球契约典范报告榜"	联合国全球契约组织
75	2010.4.8	中远集团	2009年长滩港务局环保绿旗奖（Green Flag）	美国长滩港港务局
76	2010.5.8	中远航运	第六届（2009年度）中国上市公司董事会"金圆桌奖"的"优秀董事会"奖	《董事会》杂志社
77	2010.5.29	中国远洋	中国证券市场20年20家最富社会责任感上市公司	中国上市公司市值管理研究中心及中国证券报等12个单位
78	2010.5.30	中国远洋	全球500强企业排行榜第450位	《金融时报》（英国财经杂志）
79	2010.6.16	中远集运	1. 2010年年度最佳船公司 2. 2010年远东航线最佳承运人	加拿大国际货代协会（CIFFA）
80	2010.6.23	中远关西	2009年度中国十佳工业涂料国外品牌	慧聪涂料网
81	2010.7.23	中远集团	中央企业管理进步特别奖	国务院国资委
82	2010.9.3	中远国际	《中远国际2009年年报》在第二十四届国际年报大奖 1. "主席报告：航运服务"组别铜奖 2. "财务资料：航运服务"组别铜奖	Mer Comm, Inc（美国）
83	2010.9.15	中远散运	全国第二批交通运输文化建设示范单位	交通运输部

续上表

序号	时间	获奖单位	获奖名称	授予机关（方面）
84	2010.10.5	中远投资（新加坡）有限公司	最透明外国公司	新加坡证券投资者协会
85	2010.10.22	广远公司	2010年全国"安全生产月"活动优秀单位	全国安全生产月活动组委会办公室
86	2010.10.22	舟山中远船务工会	全国模范职工之家	中华全国总工会
87	2010.11.3	中远（集团）总公司	《企业社会责任蓝皮书（2010）》卓越者企业	中国社会科学院经济学部和社会科学文献出版社
88	2010.11.11	中远物流	1. 2010中国物流十大影响力企业 2. 2010中国物流品牌价值百强企业 3. 2010物流经典解决方案奖	中国交通运输协会
89	2010.11.20	中国远洋	1. 年度中国A股公司最佳投资者关系管理百强 2. 最佳IR创新奖	第五届中国投资者关系年会
90	2010.11.21	中远网络物流	中国物流与采购联合会科学技术进步奖二等奖	中国物流与采购联合会
91	2010.11.22	中远国际董事会	2010年度杰出董事奖——上市公司（非恒生指数成分股）集体董事会类别	香港董事学会
92	2010.12.1	中远集团	《中远集团2009年可持续发展报告》获得"金蜜蜂2010优秀企业社会责任报告·领袖型企业"奖	《WTO经济导刊》杂志社
93	2010.12.3	中远集团	2010年度"具价值管理榜样"大奖	《英才》杂志社、新浪网和《北京青年报》共同举办的第十届中国年度管理大会
94	2010.12.8	中远集团	CCTV中国年度品牌	CCTV中国网络电视台等
95	2010.12.18	中国远洋	1. 2010年度董事会奖 2. 2010年度优秀独立董事奖	上海证券交易所
96	2010.12.21	中远国际网站	1. "投资者/股东关系"铜奖 2. "网站首页"优异奖	Mer Comm, Inc.（美国）
97	2010.12.21	中远集运、中远物流	"中国航海学会科学技术奖"二等奖（"飞机大部件跨洋运输技术开发"项目）	中国航海学会

续上表

序号	时间	获奖单位	获奖名称	授予机关（方面）
98	2010.12.31	厦门远洋公司	2008—2009年度福建省劳动关系和谐企业	福建省人力资源和社会保障厅、福建省总工会、福建省企业与企业家联合会、福建省工商业联合会
99	2010.12.31	大连远洋运输公司	国家技能人才培育突出贡献奖	劳动和社会保障部
100	2011.1.8	中国远洋	1. 上市公司社会责任奖 2. 2010年中国企业的骄傲，也是敬业奉献、履行责任的楷模	人民网主办的"责任中国"评选活动
101	2011.1.28	中远集团	加入联合国全球契约领导力（LEAD）项目	联合国全球契约组织
102	2011.4.1	中远物流	1. 中国物流百强企业排行榜榜首 2. 2010年度全国先进物流企业 3. 2010年度最具创新能力物流企业	中国交通运输协会
103	2011.5.7	中远航运	中国上市公司董事会"金圆桌奖"优秀董事会奖	《董事会》杂志
104	2011.6.16	中远集运	远东航线最佳承运人	加拿大国际货代协会（CIFFA）
105	2011.6.20	中远国际	2011年亚洲最佳企业管治大奖	《亚洲企业管治》杂志（《Corporate Governance Asia》）
106	2011.6.24	中远集运	第八届中国货运业大奖（金轮奖） 1. 中国—北美航线、中国—澳新航线和中国—东南亚航线3项金奖 2. 多项银、铜奖	中国交通运输协会指导，由《中国航务周刊》主办
107	2011.7.7	中远集团	《财富》500强第398位	美国《财富》杂志
108	2011.7.15	中远集团	第六届中华慈善奖	民政部
109	2011.8.24	中远国际	《中远国际2010年年报》 1. 航运服务组别"整体年报"和"主席报告"银奖 2. 航运服务组别"印刷制作"铜奖	美国独立机构 Mer Comm Inc
110	2011.10.27	中远投资	"最透明外国公司"第二名	新加坡证券投资者协会（SIAS）

续上表

序号	时间	获奖单位	获奖名称	授予机关（方面）
111	2011.11.8	中远集团	《企业社会责任蓝皮书（2011）》卓越者企业	中国社会科学院经济学部和社会科学文献出版社
112	2011.11.11	中远集团	2011年中国100大跨国公司第六名	中国企业联合会
113	2011.11.15	中远太平洋	全资接管希腊比雷埃夫斯港被评为"首届中国海外投资经典案例"	中国中央电视台财经频道和香港中国商会
114	2011.11.22	中远集团	《中远集团2010年可持续发展报告》荣获"杰出成就奖"	联合国全球契约中国网络中心办公室
115	2011.12.2	中远集团	《中远集团2010年可持续发展报告》 1."金蜜蜂2011优秀企业社会责任报告·领袖型企业"奖 2.长青奖	《WTO经济导刊》杂志社
116	2012.2.14	中远船务	2011年度国家科技进步一等奖（获奖项目为"深海高稳性圆筒型钻探储油平台的关键设计与制造技术"）	中共中央、国务院
117	2012.3.5	中远集运"中河"轮	船长、船员获得海上救助奖章	澳大利亚海事安全局（AMSA）
118	2012.3.20	中远博鳌公司	博鳌亚洲论坛服务保障工作先进单位	海南省人民政府和博鳌亚洲论坛秘书处
119	2012.6.20	中远国际	2012年亚洲最佳企业管治大奖（Corporate Governance Asia Recognition Awards 2012）	《亚洲企业管治》杂志（Corporate Governance Asia）
120	2012.7.9	中远集团	中远集团入选世界500强排行榜，排名第384位	美国《财富》杂志
121	2012.7.9	中远集团	优秀功绩奖（Award of Merit）	美国联邦海事委员会
122	2013.7.8	中远集团	中远集团入选世界500强排行榜，排名第401位	美国《财富》杂志
123	2013.9.21—23	中远慈善基金会	2013年度慈善透明卓越组织	民政部、国资委等6家单位

续上表

序号	时间	获奖单位	获奖名称	授予机关（方面）
124	2013.12.21	中远集团	2013中国航运十大领军社会责任企业	大连海事大学、上海海事大学、交通运输部水运科学研究院、上海航运交易所、中国航务周刊共同发起成立的"中国航运50人论坛"2013年会
125	2014.7.7	中远集团	中远集团入选世界500强排行榜，排名第451位	美国《财富》杂志
126	2014.7.22	中远集团	中远集团入选世界500强排行榜，排名第432位	美国《财富》杂志

九、中远系统获国际国内社会团体授予荣誉称号的先进个人

年份	姓名	单位职务	荣誉称号	授予机关（方面）
2003.12.4	魏家福	中远（集团）总公司总裁	海运名人大奖	《劳氏日报》和《亚洲海运》杂志
2004.3.9	魏家福	中远（集团）总公司总裁	港口领航人	美国长滩港
2004.12.3	魏家福	中远（集团）总公司总裁	最具价值经理人	中国管理界媒体
2004.12.21	魏家福	中远（集团）总公司总裁	入选《2005年度国际名人录》	美国"国际名人协会"
2004.12.28	许遵武	中远（香港）航运有限公司/深圳远洋运输股份有限公司总经理	亚洲管理创新百名杰出人物奖	国务院国有资产监督管理委员会研究中心、亚洲青年华商管理创新研究会、中国经济体制改革杂志社
2005.2.23	魏家福	中远（集团）总公司总裁	巴拿马海运卓越大奖（Panama Maritime Excellence Award）	巴拿马政府
2005.10.7	魏家福	中远（集团）总公司总裁	国际海运成就大奖	国际螺旋桨俱乐部（International Propeller Club）（美国）
2005.11.15	魏家福	中远（集团）总公司总裁	莱奥波德二世国王勋章（Commander in the Order of Leopold II）	比利时国王阿尔贝二世
2005.12.3	张良	中远散运总经理	2005年度中国管理100人	英才杂志社、新浪网、凤凰卫视

续上表

年份	姓名	单位职务	荣誉称号	授予机关（方面）
2005.12.28	魏家福	中远（集团）总公司总裁	2005 CCTV 中国经济年度人物	中国中央电视台财经频道
2006.1.16	魏家福	中远（集团）总公司总裁	2005年度"最受关注企业家"	中国企业联合会和中国企业家协会
2006.2.13	魏家福	中远（集团）总公司总裁	年度行业领袖人物大奖	美国联邦商务媒体公司《商务周刊》
2006.2.18	魏家福	中远（集团）总公司总裁	2005年度创新英才奖	全国政协教科文卫体委员会、中华全国工商业联合会、中国企业联合会、中国工业经济联合会、中国对外友协、北京大学、《中华英才》杂志社、中国教育电视台和联合国教科文组织联合颁发
2006.2.22	魏家福	中远（集团）总公司总裁	中国企业信息化年度人物大奖	国家信息化测评中心
2006.12.2	张良	中远散运总经理	2006年度中国管理100人	中央电视台、英才杂志社、新浪网
2008.5.24	叶伟龙	中远物流总经理	2007—2008年度中国物流杰出贡献奖、中国物流杰出贡献人物	中国物流与采购联合会
2009.1.8	魏家福	中远（集团）总公司总裁	海运统帅奖	美国康涅狄格州海运协会
2009.3.29	李建红	中远（集团）总公司副总裁兼首席信息官	年度企业信息化领导者奖	国家信息化测评中心
2009.4.11	金立佐	中远航运独立董事	最具影响力独立董事	《董事会》杂志
2009.4.11	薛俊东	中远航运董事会秘书	最具创新力董秘	《董事会》杂志
2009.5.12	魏家福	中远（集团）总公司总裁	慈善大使	中华慈善总会
2009.5.24	魏家福	中国远洋董事长	2009中国资本市场最佳创富领袖	中国上市公司市值管理研究中心
2009.5.24	张永坚	中国远洋董秘	2009中国资本市场最佳创富IR奖	中国上市公司市值管理研究中心
2009.5.24	许立荣	中远航运董事长	2009中国资本市场最佳创富创新奖	中国上市公司市值管理研究中心

续上表

年份	姓名	单位职务	荣誉称号	授予机关（方面）
2009.5.24	薛俊东	中远航运董事会秘书	2009中国资本市场最佳创富IR奖	中国上市公司市值管理研究中心
2009.6.25	魏家福	中远（集团）总公司总裁	Seatrade年度人物大奖	Seatrade（海贸集团）
2009.6.27	张永坚	中国远洋董事会秘书	上市公司最佳董秘奖	《中国证券报》
2009.8.18	魏家福	中远（集团）总公司总裁	中国品牌杰出贡献奖	央视网
2009.9.3	陈洪生	中国远洋总经理	2009中国十大杰出企业家	中国企业联合会—《中国企业报》社
2009.9.19	魏家福	中远（集团）总公司总裁	履行企业社会责任"杰出人物奖"	新华社《新华每日电讯》《经济参考报》《半月谈》《中国名牌》《参考消息·北京参考》、新华网六家主流媒体
2009.10.20	魏家福	中远（集团）总公司总裁	美国国会通过对魏家福总裁的表彰议案，并将此议案永久记录在美国众议院档案中	美国国会
2009.11.10	魏家福	中远（集团）总公司总裁	2009亚太最具社会责任感华商领袖奖	亚太华商领袖联合会
2009.11.27	魏家福	中远（集团）总公司总裁	新中国60年航运与物流业十大功勋人物（位居首位）	航务周刊、物流时代杂志社、中国航贸网
2009.12.9	魏家福	中远（集团）总公司总裁	华德奖中国企业家公众形象满意度调查排行榜第三名	天下英才传媒
2009.12.20	魏家福	中远（集团）总公司总裁	第二届中国经济百人榜、中国品牌百强榜暨第四届"人民社会责任奖"评选获得："中国经济百人榜共和国60年影响中国经济60人"	《人民日报》社人民网、《中国经济周刊》
2009.12.23	魏家福	中远（集团）总公司总裁	中国经济"十年商业领袖"（2009CCTV中国经济年度人物颁奖）	CCTV财经频道
2010.4.2	魏家福	中远（集团）总公司总裁	2009年度中国最具影响力的25位商界领袖	《财富》（中文版）杂志评选
2010.5.24	魏家福	中远（集团）总公司总裁	2010海运终身成就大奖	海贸组织

续上表

年份	姓名	单位职务	荣誉称号	授予机关（方面）
2010.5.28	尚绪礼	中远散运"腾飞海"轮船长	新奥尔良港名誉港长	美国路易斯安那州国际海事商贸协会
2010.6.6	魏家福	中远（集团）总公司总裁	2010中国企业最具创新力十大领军人物	中国生产力学会、中国企业报社、央视财经频道《中国财经报道》邀请国家发改委、国务院国资委、中国企业联合会等部门的专家学者和中央主要传媒的记者组成推选委员会评选
2010.8.30	魏家福	中远（集团）总公司总裁	1. 2010华德奖—中国交通行业企业家公众形象排行榜榜首 2. 在"中国500企业家公众形象满意度调查排行榜"中列第14位	天下英才传媒
2010.11.11	叶伟龙	中远物流总经理	2010中国物流十大年度人物	中国交通运输协会
2010.11.21	魏家福	中远（集团）总公司总裁	2010中国企业创新十大年度人物	中国生产力学会、《名牌时报》
2010.11.22	张富生	中远国际董事会主席及执行董事	2010年度杰出董事奖—上市公司（非恒生指数成分股）董事个人类别	香港董事学会
2010.12.10	魏家福	中远（集团）总公司总裁	第七届希腊航运年度人物奖	希腊政府
2010.12.18	韩武敦	中国远洋公司独立董事	2010年度优秀独立董事奖	上海证券交易所
2011.4.25	魏家福	中远（集团）总公司总裁	美国工人守护者	美国国际码头工会（ILA）
2011.4.25	魏家福	中远（集团）总公司总裁	麻州港荣誉警察总长	泛美港口协会安全委员会（AAPA Security Committee）
2011	孙敏	中波轮船股份公司中方总经理	波兰共和国十字骑士勋章	波兰人民共和国国务委员会
2011.11.18	魏家福	中远（集团）总公司董事长	中美交流杰出贡献奖	美国中国总商会
2011.11.19	魏家福	中远（集团）总公司董事长	绿动—2011中国经济10大领军人物	新华社九家直属媒体、商务部下属中国国际经济技术中心

续上表

年份	姓名	单位职务	荣誉称号	授予机关（方面）
2011.12.1	魏家福	中远（集团）总公司董事长	亚洲供应链名人堂	《亚洲货运新闻组织》（Asia Cargo News）
2012.3.2	魏家福	中远（集团）总公司董事长	国际商业领袖奖（International Business Leader Award）	新英格兰贸易联合会
2012.3.2	魏家福	中远（集团）总公司董事长	全球教育领袖奖	新英格兰地区高等教育委员会
2012.3.5	魏家福	中远（集团）总公司董事长	海运行业领袖大奖（Shipping Industry Leadership Award）	美国商务日报（JOC）
2012.5.9	魏家福	中远（集团）总公司董事长	领航人奖	纽约/新泽西港务局海事委员会（第19届"国际海运名人堂"）
2013.12.21	马泽华	中远（集团）总公司董事长	2013中国航运十大影响力人物	大连海事大学、上海海事大学、交通运输部水运科学研究院、上海航运交易所、中国航务周刊共同发起成立的"中国航运50人论坛"2013年会
2015.9.29	卢中燮（韩国）	大连中远船务工程有限公司副总经理	中国政府"友谊奖"	国务院

注：2006年6月15日，中远集团总裁魏家福应邀出席了在南京举行的中国管理研究国际学会（IACMR）2006年度颁奖晚会，并荣获"杰出管理奖"（Distinguished CEO Award）。魏家福总裁是第一个获得该奖项的商业领袖。

附录四　中远名称的演变

在中远五十余年的发展进程中，中远名称历经数次变更，反映出新中国海洋运输事业的发展壮大和对外贸易运输的沧桑巨变。

中远名称的变化经历了四个阶段，即成立初期的政企一体化时期——交通远洋运输局和中国远洋运输公司合署办公阶段；"文化大革命"期间的铁、交、邮合并期——交通部水运组主管阶段；国营企业转型期——中国远洋运输总公司自主经营阶段；改革开放大发展期——中国远洋运输集团市场化经营阶段。

1961年4月27日，交通部以发文知会外交部、商业部、石油部、中侨委、人民银行、人保公司等有关单位：经国务院外办批准，我国自营船队挂国旗开航，并在北京设立中国远洋运输公司，在广州设立中国远洋运输公司广州分公司，经营管理中国远洋运输业务。公司在北京地址：北京北兵马司1号，电报挂号：COSCO, PEKING。

中国远洋运输公司简称"中远"，中国远洋运输公司广州分公司以及后续成立的中国远洋运输公司上海分公司以及中国远洋运输公司天津分公司分别简称为"中远广州分公司""中远上海分公司"和"中远天津分公司"。

"文化大革命"期间，是交通部实行军事管制时期。1967年6月—1970年6月，中央派驻军管小组对交通口实行领导。1970年6月，交通部、铁道部和邮电部合并成交通部，将远洋运输局（对外称中国远洋运输公司，包括中国外轮代理总公司）与水运局、港务监督局、船舶检验局合并，成立水运组，统一管理沿海、内河和远洋运输业务。但是，中远各分公司的名称及简称没有变化[①]。

1972年2月22日，交通部向国务院呈递报告，拟重新组建中国远洋运输总公司，作为部直属企业单位，总部仍设在北京。中远广州、上海、天津分公司和对外开放港口的外代分公司的业务由中国远洋运输总公司统一领导和管理。

1972年9月12日，交通部发出通知：经国务院批准，组建中国远洋运输总公司，作为交通部直属企业单位，也同时作为中国外轮代理总公司。从1972年10月1日起正式办公。

自此开始，中国远洋运输总公司简称"中远总公司"或"中远"，直属中国远洋运输总

---

① 1969年1月1日，中远广州分公司与广州海运局、广东省航运厅合并组成华南水运公司革命委员会。华南水运公司仅存在13个月，于1970年2月20日由广东省革委会下令撤销，恢复中远广州分公司建制。

公司的广州、上海和天津分公司,简称"中远总公司广州分公司、中远总公司上海分公司、天津分公司"或"中远广州分公司""中远上海分公司""天津分公司"。后续成立的青岛、大连分公司以此类推。

1979年3月7日,交通部发出通知称:为了适应远洋运输事业发展的需要,便于对内对外开展工作,决定自1979年5月1日起,将中国远洋运输公司广州分公司更名为广州远洋运输公司(上海、天津、大连、青岛分公司同)。上述机构管理体制不变,仍由中国远洋运输总公司统一领导,开展工作。中国远洋运输总公司名称和简称没有变化,各分公司则简称为广州、上海、天津、大连、青岛远洋。

中远集团组建后的名称变更:根据国务院批转三部委《关于选择一批企业集团进行试点的请示》的通知精神,以中远总公司、中国外轮代理总公司、中国船舶燃料供应总公司和中国汽车运输总公司及4家所属企业单位为主体,于1993年初完成集团组建的各项筹备工作。

国家计委、体改委和国务院经贸办于1992年12月25日发出"计规划〔1992〕2583号复函",同意成立中国远洋运输集团,"同意中国远洋运输总公司更名为中国远洋运输(集团)总公司。同意以中国远洋运输(集团)总公司为核心企业组建中国远洋运输集团(简称中远集团)。"国家工商行政管理局于1993年2月16日予以核准登记。

1993年2月16日,中国远洋运输(集团)总公司以此日为中远集团成立日,并以"中远办〔1993〕1号文"下发通知,明确:集团全称为"中国远洋运输集团",简称"中远集团"。英文名称为"China Ocean Shipping Companies Group",简称COSCOGROUP。中国远洋运输总公司更名为"中国远洋运输(集团)总公司",英文名称为"China Ocean Shipping(Group)Company",简称COSCO。

1995年7月26日,中国远洋运输(集团)总公司呈文《关于改革中远散装船队管理体制,成立中远散货运输有限公司的请示》。1995年9月8日,交通部发文《关于组建中远散货运输有限公司的批复》表示同意。1995年12月18日,"中远散货运输有限公司"简称"中散公司",英文为"COSCOBULKCARRIERLTD."在北京正式开业。

1997年10月8日,中国远洋运输(集团)总公司呈文《关于申请成立"中远集装箱运输有限公司"的请示》,1997年10月21日,交通部以水路运输批件形式发文《关于同意成立中远集装箱运输有限公司的批复》表示同意。公司名称为"中远集装箱运输有限公司",英文名称为"COSCO Container Liner Co., Ltd.",简称为"中远集运"。

1998年1月28日,中远集运举行成立揭牌仪式。

中远及所属公司名称演变表

年份	中远	简称	分公司	简称
1961.4—1972.9	中国远洋运输公司	中远	中国远洋运输公司广州（上海、天津）分公司	中远广州（上海、天津）分公司
1972.10—1979.2	中国远洋运输总公司	中远/中远总公司	中国远洋运输总公司广州（上海、天津）分公司	中远总公司广州（上海、天津）分公司或中远广州（上海、天津）分公司
1979.3—1993.2	中国远洋运输总公司	中远/中远总公司	广州（上海、天津、大连、青岛）远洋运输公司	广州（上海、天津、大连、青岛）远洋
1993.2—2015.2	中国远洋运输（集团）总公司 中国远洋运输集团	中远集团总公司/中远集团	广州（上海、天津、大连、青岛）远洋运输公司 1995年9月8日，中远散货运输有限公司成立 1997年10月21日，中远集装箱运输有限公司成立	广州（上海、天津、大连、青岛）远洋 中远散运 中远集运

附录五 历史文件文号索引

1.《关于对中国远洋运输（集团）总公司航运主业重组上市项目资产评估结果予以核准的批复》（国资委产权〔2005〕第81号）

2.《关于对中国远洋控股股份有限公司（筹）国有股权管理有关问题的批复》（国资委国资产权〔2005〕第160号）

3.《关于设立中国远洋控股股份有限公司的批复》（国资委国资改革〔2005〕第191号）

4.《同意中远美国内陆运输公司增资并更名的批复》（商合批〔2006〕第850号）

5.《关于调整超设计规范船型船舶靠泊管理的通知》（厅水便〔2012〕第13号文）

6.《关于公布促进老旧运输船舶和单壳油轮报废更新政策符合条件的船舶制造企业名单（第一批）的通知》（工信厅装〔2011〕第141号）

7.《关于公布促进老旧运输船舶和单壳油轮报废更新政策第一批定点船舶拆解企业名单的通知》（厅水字〔2011〕第130号）

8.《交通运输部办公厅关于公布促进老旧运输船舶和单壳油轮报废更新政策第二批定点船舶拆解企业名单的通知》（厅水字〔2011〕第235号）

9.《关于启动重组集团海外备件供应业务工作的通知》（中远战发函〔2009〕第121号）

10.《教育部关于同意新设立的高等职业学校备案的通知》（教发函〔2010〕第71号）

11.《关于青岛远洋船员职业学院发展定位等有关事宜的通知》（中远人力函〔2015〕第464号）

12.《关于公布中央企业主业（第一批）的通知》（国资发规划〔2004〕第324号）

13.《海南省人民政府办公厅关于商请收购中远发展股份有限公司在博鳌投资项目的函》（琼府办函〔2004〕第42号）

14.《海南省商务厅关于海南中远博鳌有限公司合同、章程的批复》（琼商务批字〔2005〕第60号）

15.《进一步加强安全培训工作的决定》（安委〔2012〕第10号）

16.《生产安全事故报告和调查处理条例》（国务院令第493号）

17.《关于坚持科学发展安全发展促进安全生产形势持续稳定好转的意见》（国发〔2011〕第40号）

18.《关于进一步加强中远船舶防海盗工作的通知》（中远安字〔2009〕第2号）

19.《关于密切注视亚丁湾海域海盗活动动向切实加强船舶防海盗工作的通知》（中远安监部函〔2009〕第3号）

20.《中远老龄船机务管理要求》(中远运输函〔2002〕第 7056 号)

21.《中远集团老龄船管理办法》(中远运输〔2003〕第 59 号)

22.《老龄船管理办法》(中远安监〔2005〕第 352 号)

23.《国务院批转节能减排统计监测及考核实施方案和办法的通知》(国发〔2007〕第 36 号)

24.《国务院关于印发国家环境保护"十一五"规划的通知》(国发〔2007〕37 号)

25.《关于印发〈关于加强中央企业节能减排工作的意见〉》(国资发〔2007〕第 194 号)

26.《中远集团远洋船员管理办法》(中远人力字〔2005〕第 287 号)

27.《中远集团船员管理办法》(中远人力〔2012〕第 266 号)

28.《关于中远集团远洋船员伙食津贴标准调整事宜的通知》(中远人力函〔2007〕第 210 号)

29.《关于发放中远船员防海盗津贴的通知》(中远人力函〔2012〕第 216 号)

30.《关于中远集团教育实践活动中群众反映强烈的船员个税减免情况的汇报》(中远党组〔2014〕第 58 号)

31.《关于实施船员配偶随船有关问题的请示》(中远人事〔2003〕第 44 号)

32.《关于同意实施船员配偶随船有关问题的批复》(海船员〔2003〕第 67 号)

33.《关于下发中远集团远洋船员配偶随船有关文件的通知》(中远人事〔2003〕第 356 号)

34.《关于加强船员心理辅导和心理干预工作的指导意见》(中远人力函〔2012〕第 404 号)

35.《关于商请协调有关地方对中远困难船员创业给予政策扶持的函》(中远党函〔2014〕第 3 号)

36.《企业国有资产监督管理暂行条例》(国务院令第 378 号)

37.《关于印发国资委监管企业工资分配管理工作交接有关问题纪要的通知》(国资厅分配〔2003〕第 34 号)

38.《关于中国远洋运输(集团)总公司试行企业年金制的批复》(国资分配〔2008〕7 号)

39.《关于加强"十二五"时期中央企业信息化工作的指导意见》(国资发〔2012〕第 93 号文)

40.《中远集团党组关于推进全系统学习型党组织建设的实施方案》(中远党组〔2010〕第 33 号)

41.《中央组织部、国务院国资委党委关于加强和改进中央企业党建工作的意见》(组通字〔2005〕第 17 号)

42.《关于开展创建"四好领导班子"活动的通知》(中远党组〔2005〕第 6 号)

43.《关于开展争创"四强"党组织、争做"四优"共产党员和"四优"党务工作者活动实施意见(试行)》(中远党组〔2010〕第 20 号)

44.《国资委新闻宣传工作管理暂行办法》(国资厅宣传〔2003〕第 56 号)

45.《中远集团企业文化建设十一五规划》(中远党组〔2006〕第 78 号)

46.《中远集团企业文化建设十二五规划》(中远党组〔2012〕第 18 号)

47.《关于创建中远集团企业文化建设示范基地和优秀文化品牌的指导意见》(中远党组〔2012〕第 91 号)

48.《广州远洋运输公司加强船员教育培训"红树林"工程总体方案》(广远办〔2006〕第 17 号)

49.《关于深化时政类报刊出版单位体制改革的意见》(中办发〔2011〕第 19 号)

50.《建立健全教育、制度、监督并重的惩治和预防腐败体系实施纲要》(中发〔2005〕第 3 号)

51.《中远集团关于贯彻落实〈建立健全教育、制度、监督并重的惩治和预防腐败体系实施纲要〉的实施意见》(中远党组〔2006〕第 3 号)

52.《中远集团建立健全惩治和预防腐败体系 2008—2012 年实施方案》(中远党组〔2008〕第 88 号)

53.《关于建立和完善中央企业职工代表大会制度的指导意见》(国资党委群工〔2007〕第 120 号)

54.《中远集团职工代表大会细则》(中远党组〔2008〕第 7 号)

55.《关于广泛开展"当好主力军,建功十二五"劳动竞赛活动的实施意见》(中远工〔2012〕第 16 号)

56.《中央企业班组建设指导意见》(国资发群工〔2009〕第 52 号)

57.《"青春行"中远青年大讲堂活动实施意见》(中远团发〔2012〕第 11 号)

58.《关于新版中远青年网上线试运行的通知》(中远团委函〔2013〕第 3 号)

59.《关于将中远集团各单位社会公益和慈善活动资源统一纳入中远慈善基金会的通知》(中远总办〔2006〕第 228 号)

60.《国务院扶贫开发领导小组关于表彰中央国家机关等单位定点扶贫先进单位和个人的决定》(国开发〔2008〕第 5 号)

61.《关于调整定点扶贫县的通知》(国开办函〔2009〕第 79 号)

62.《国务院扶贫开发领导小组关于表彰中央国家机关等单位定点扶贫先进单位和个人的决定》(国开发〔2008〕5 号)

63.《关于同意"阳江河"轮船长、轮机长和政委配偶随船的批复》(海船字〔2000〕第 378 号)

64.《关于向先进集体典范和先进个人楷模学习的决定》(中远党组〔2011〕第 40 号)

65.《中远集团关于持续深入开展向"新盛海"轮学习活动的决定》(中远党组〔2013〕第 27 号)

66.《关于开展向先进集体典范和先进个人楷模学习的决定》(中远党组〔2011〕第 40 号)

67.《关于中远集团在企业中层以上领导人员中开展"三严三实"专题教育方案》(中远党组〔2015〕第 27 号)

68.《中远集团企业文化核心价值理念纲要(2015 年修订版)》(中远党组〔2015〕第 29 号)

附录六　航运业常见专业名词解释

远洋运输（Ocean Shipping）：我国与其他国家（地区）间，经过一个或数个大洋的海上运输。如我国至东、西非洲，红海，地中海，欧洲和南、北美洲，澳大利亚等地区所进行的旅客和货物的运送。

近洋运输（Short-range Ocean Shipping）：我国根据船舶航程较短，并以船舶周转的快慢和管理上的具体情况为出发点，与其他国家（地区）间，只经过沿海或太平洋（或印度洋）的部分水域的海上运输。如我国至朝鲜、日本、越南、印度尼西亚等地区所进行的旅客和货物的运送。

沿海运输（Coastwise Shipping）：利用船舶在我国沿海区域各港之间的客货运输，其范围包括自辽宁鸭绿江口起至广西北仑河口止的大陆沿海运输；我国沿海省、自治区、直辖市所属诸岛屿沿海及其与大陆间的全部水域内的运输。

班轮运输（Carriage of Goods by Liner）：船舶在固定航线按照预先公布的船期表定期停靠若干固定的港口，经营班轮业务的船公司按颁布的运价本（Freight Tariff）所列的运价费率收取运费。

三角航线（Triangular Route）：又称三角形组合航线，是一种环行的货运航线。当三个以上港口间的货运规模最低能保证一艘船舶在营运期内有效航行，则可组织该环行的货运航线，以便充分利用船舶运输能力，减少空载，提高运输效率与效益。

多式联运（intermodality）：由两种及其以上的交通工具相互衔接、转运而共同完成的运输过程统称为复合运输，我国习惯上称之为多式联运。《联合国国际货物多式联运公约》对国际多式联运的定义是：按照国际多式联运合同，以至少两种不同的运输方式，由多式联运经营人把货物从一国境内接管地点运至另一国境内指定交付地点的货物运输。而《中华人民共和国海商法》对于多式联运的运输方式的规定是，两种以上的不同运输方式，其中一种是海上运输方式。

货物周转量（Turnover Volume of Freight Traffic）：该指标反映运输机构一定时期内货物运输的工作量，系指实际运送的货物吨数与其到、发港间的里程之乘积，即：货运量（吨）× 运距（海里）= 货物周转量（吨海里）；海运企业用吨海里表示其计算单位，其运距 1 海里 = 1.852 公里。

货物中转（Transhipment）：货物装上船后，不能直接运达目的港，而须在中途港转装，由另一艘船舶接运。中转（转运）在国际海上运输中是经常发生的。有的是由于货载零星、目的港分散，考虑船舶在经济上的合理性而不能一一运达，便安排在中途港口进行中转；也有的因原卸货港或本船发生特殊意外，无法按运输契约将货物运往目的港，承运人可根据提单上的自由转运条款，将货物卸在其他方便的港口，安排转运。

包运租船合同（Contract of Affreightment，COA）：不规定船名或船数，按照同一运价和条款一次签订合同包运较大数量货物的订租方式。合同规定在一定期限内，船舶所有人将一定数量的同类货物，由指定的装运港运往指定的目的地。这种方式适合于货运量大，又可分批、分期装运的货物。COA一般签订的合同期较长，船方在租船期间解决了货源问题；还可根据合同量和时间，获得稳定收益。而货方把运价锁定在一定水平上，可规避货物运输成本变动的风险。签订COA可以让船货双方以双赢的方式，共同抵御市场风险。

船舶载重量（Deadweight Tonnage）：船舶所允许装载的重量。有总载重量和净载重量之分。使船舶达到允许最大的吃水所能装载的各种重量的总和，称为船舶总载重量。从总载重量中除去船员及装备重量，以及燃油、淡水、供应品等重量后，所允许装载的货物或旅客，包括其行李和携带品在内的最大重量，称为船舶净载重量，也即能用于装载货物的最大重量，一般称为载货量。

总吨位（Gross Tonnage）：根据船舶吨位丈量规范的有关规定，丈量确定的船舶总容积，以吨位来表示。总吨位一般用于：表示船舶大小；表示一个国家或一家船公司拥有船舶的数量；计算造船费用、船舶保险费用；在有关国际公约和船舶规范中用来区别船舶的等级以衡量对技术管理和设备要求的标准；以及作为船舶登记、检验和丈量的收费标准等。

净吨位（Net Tonnage）：根据船舶吨位丈量规范的有关规定，从总吨位中减除不适于载运旅客、货物处所而得到的船舶有效容积。以吨位来表示。净吨位一般用于交付港口费、引航费、灯塔费和停泊费的计算基准。

TEU（Twenty-foot Equivalent Unit）：是以长度为20英尺的集装箱为国际计量单位，也称国际标准箱单位。通常用来表示船舶装载集装箱的能力，也是集装箱和港口吞吐量的重要统计、换算单位。它的尺寸规格为：长20英尺×宽8英尺×高8英尺6英寸。

FEU（Forty-foot Equivalent Unit）：是以长度为40英尺的集装箱为国际计量单位，通常用来表示船舶装载集装箱的能力，也是集装箱和港口吞吐量的重要统计、换算单位。它的尺寸规格为：长40英尺×宽8英尺×高8英尺6英寸。

干散货船型分类：从船队结构上看，干散货代表船型可分为五大类：

小灵便型（Handysize）：1万—3.9万吨，船舶吃水控制在9—10米之间，主要行使于受特定航区航道水深限制的航线及水域，如劳伦斯水道，我国的长江口、珠江口等。

大灵便型（Handymax）：4万—5.9万吨，船舶吃水一般在11米左右，符合大部分大中型港口满载进出的需要。

巴拿马型（Panamax）：6万—8万吨，该类型船是指可以通过巴拿马运河、吃水在13米的干散货船；主要运输煤炭、谷物等大宗物资。该类型船舶是由大西洋通过巴拿马运河到太平洋的最佳船型，是世界船队中很有代表性的船舶，在煤炭、矿石、粮食、化肥等干散货运输中得到广泛的应用。

好望角型（Capesize）：10万—19万吨，该类型船是指在远洋航行中可以通过好望角或者南美洲海角最恶劣天气的大型干散货船；主要运输铁矿砂、煤炭等工业原料。常规船型吨位逐步由12万载重吨发展到14万载重吨和19万载重吨。

超大型散货船（Very Large Ore Carrier，VLOC）：20万吨以上，用于煤炭和铁矿石的远距离运输，主要为北美、澳大利亚、远东航线提供煤炭运输服务，主要为南美、澳大利亚—日本、远东、地中海和欧洲地区提供铁矿石运输服务。

油轮船型分类：通常，按油轮的吨位，可将其划分为以下几个类别：

中程（Medium Range，MR）成品油轮：从事中程运输的成品油轮，承运载重吨为3万—5.5万吨。

远程（Large Range，LR）成品油轮：从事远程运输的成品油轮，其中LR1型为5万—10万吨，LR2型为10万吨以上。

巴拿马型（Panamax）：5.5万—8万吨，船宽尺寸以通过巴拿马运河为上限。

阿芙拉型（Aframax）：8万—12万吨，即平均运费指数（Average Freight Rate Assessment）经济适用性最佳船型，也是适合白令海（Baltic Sea）冰区航行油船的最佳船型。

苏伊士型（Suezmax）：12万—20万吨，该型船的上限为在满载中东原油情况下，可经由苏伊士运河运至欧洲，其常规的船型是15万—16万吨。

超大型油轮（Very Large Crude Carrier，VLCC）：20万—32万吨，主要用于远距离的原油运输。

超巨型油轮（Ultra Large Crude Carrier，ULCC）：32万吨以上，按照载重吨衡量，人类曾经建造过的最大船舶是1979年日本建造的"海上巨人"号，其载重吨是56万吨。

集装箱船船型分类：集装箱船型以装载集装箱的箱量划分为以下几个类别：

支线集箱船（Feeder）：所载箱量在500TEU以内的支线集装箱船。

大支线集箱船（Feedmax）：所载箱量为500—1000TEU的大支线集装箱船。

灵便型集装箱船（Handy）：所载箱量为1000—2000TEU的灵便型集装箱船。

次巴拿马型集箱船（Sub-panamax）：所载箱量为2000—3000TEU的中型集装箱船。

巴拿马型集箱船（Panamax）：所载箱量为3000—5000TEU的大型集装箱船。

超巴拿马型集箱船（Post-panamax）：所载箱量超过5000TEU的超大型集装箱船，最大超巴拿马型集装箱船已经突破10000TEU。

超大型集装箱船：超过10000TEU的巨型集装箱船。截至2019年年底，世界最大超大型集装箱船载箱量达21000TEU；该型船的船长约为400米，船宽约为58.8米。

BDI（Baltic Dry Index）：波罗的海干散货运价指数。该指数是由若干条传统干散货船航线的运价，按照各自在航运市场上的重要程度和所占比重构成的综合性指数。自2018年3月1日，BDI航线权重调整为：海岬型占40%，巴拿马型和超灵便型各占30%。灵便型期租平均值不再涵盖在内。计算公式中系数变更为0.1。

BCI（Baltic Capesize Index）：波罗的海好望角型船运价指数。该指数反映10万载重吨以上的好望角型散货船市场租金变化情况。2014年5月6日其标准船型和典型航线进行了调整。

BPI（Baltic Panamax Index）：波罗的海巴拿马型船运价指数。该指数反映6万—8万载重吨巴拿马型散货船的市场租金变化情况。

BSI（Baltic Supramax Index）：波罗的海大灵便型船运价指数。该指数反映5.83万载重吨大灵便型船的市场租金变化情况。主要运输货物有粮食、磷肥、碳酸钾、木屑、水泥。

BHSI（Baltic Handysize Index）：波罗的海小灵便型船运价指数。该指数反映2.8万载重吨小灵便型船的市场租金变化情况，主要运输货物有粮食、钢材、磷肥、碳酸钾、木屑、水泥。

CCFI（China Containerized Freight Index）：中国出口集装箱运价指数。由交通部（现交通运输部）主持、上海航运交易所编制的CCFI于1998年4月13日首次发布。CCFI编制与发布方式：第一，以1998年1月1日为基期，基期指数1000点。第二，根据典型性、地区分布性、相关性三大基本原则，筛选出14条航线作为样本航线，分别为中国香港、韩国、日本、东南亚、澳新、地中海、欧洲、东西非、美西、美东、南非、南美、波红、中国台湾航线，其国内出发港口包括大连、天津、青岛、上海、南京、宁波、厦门、福州、深圳、广州十大港口。第三，由包括中远集运在内的18家商誉卓著、航线市场份额大的中外船公司按照自愿原则，组成运价指数编制委员会，提供运价信息。

SCFI（Shanghai Containerized Freight Index）：上海出口集装箱运价指数。上海航运交易所改革并推出的新版SCFI，于2009年10月16日正式对外发布，取代2005年12月7日发布的原SCFI。新版SCFI是反映上海出口集装箱即期运输市场运价变化的指数，包括15条分航线市场运价（指数）和综合指数。航线覆盖上海出口集装箱运输的主要贸易流向及出口地区，分别为欧洲、地中海、美西、美东、波斯湾、澳新、西非、南非、南美、日本关西、日本关东、东南亚、韩国、中国台湾和中国香港航线。

国际油轮运价指数（World Tanker Nominal Freight Scale，WS）：即新世界油轮名义运费指数。WS运费指数其实是一个百分数，指某种类型的油轮在某条航线的运费水平与基准费率的比值（用百分数表示）。例如，如果某日VLCC在海湾东行航线的运费指数是WS110点，表明其运费与基准费率的比值为1.1，用百分数表示就是110点；如果运费指数是WS70点，表明其运费与基准费率的比值为0.7，用百分数表示就是70点。而某航线的基准费率是由"Worldscale协会"根据上一年度（前一年的10月1日至当年9月30日）的港口使费、燃油费和运河费等营运费用水平，计算出一艘航速为14.5节、载货量为7.5万吨的油轮，在该航线上完成一个标准航次（指满载到港、空载返回）的基准费率即WS100（或日租金12000美元）的费率，以美元／吨为单位。因此每年该航线的基准费率都不一样，每年1月1日由分别位于伦敦和纽约的"Worldscale协会"向其收费会员公布新年度60000多种不同油运航线涉及1000多个港口的《新世界油轮（基本）费率表》以用作油轮租船中船货双方商谈运价的基础。历史上，该费率表的计算标准几经修改，最新一次修改自1989年1月1日，从生效之日起一直沿用至今。

远期运费协议（Forward Freight Agreement，FFA）：买卖双方达成的一种远期运费协议，协议规定了具体的航线、价格、数量等等，且双方约定在未来某一时点，某一方收取或支付依据波罗的海的官方运费指数价格与现在成交价格的差额。由于国际干散货市场运价波动频繁且波幅巨大，传统经营模式很难获得稳健发展。而科学合理地运用 FFA 这一金融衍生工具，通过对冲功能和套期保值功能，则可平抑市场波动，实现稳健发展。

港口吞吐量（Port Throughput）：是指一段时期内经水运输出、输入港区并经过装卸作业的货物总量，计量单位为"吨"或集装箱"标准箱（TEU）"。港口吞吐量是衡量港口规模大小的最重要的指标，反映在一定的技术装备和劳动组织条件下，一定时间内港口为船舶装卸货物的数量。影响港口吞吐量的因素十分复杂。综合起来看，大体可以分为两种类型，一种是客观的区域因素，如腹地的大小、生产发展水平的高低、外向型经济发展状况和进出口商品的数量等等；另一种是港口本身的建港条件，包括自然条件和社会经济因素。在上述条件一定的情况下，劳动组织与管理水平、装卸机械数量和技术水平、船型、车型、水文气象条件、工农业生产的季节性、车船到港的均衡性，以及经由港口装卸的货物品种与数量，均可能成为影响港口吞吐能力的重要因素，但最直接最关键的要素是泊位能力的大小。

港口吞吐能力（Port Throughput Capacity）：又称港口通过能力。广义上是指在一定时期内和一定的工作条件下，港口所具有的办理旅客到发、货物装卸以及为船舶提供技术服务能力的总和。狭义上是指港口在一定时期内，以现有设备能为船舶装卸货物的最大数量，即最大吞吐量。以"吨"来表示。

港口使费（Port Charges）：船舶在港口发生的各种费用和其他支出款项的总称，大致分为三类，一是有关船舶的费用，如船舶吨税、船舶港务费、引航费、灯塔费、拖轮费、船舶报关费、船舶检验费、船舶代理费等；二是有关货物的费用，如装卸费、堆存保管费、货物检验费、货物监装费、理货费等；三是其他支出款项，如在港口发生的船舶修理费、垫舱物料费、船员借支等。

LPG（Liquefied Petroleum Gas）：液化石油气，是由炼厂气体或天然气（包括油田伴生气）加压、降温、液化得到的一种无色、挥发性气体。该气体主要含丙烷、丁烷、丙烯、丁烯和异丁烷等成分。

LNG（Liquefied Natural Gas）：液化天然气，是通过井下开采的天然气经过净化后，被制冷到其沸点温度零下 165 摄氏度，这种呈液体状态纯净天然气即成为 LNG。该气体主要含甲烷，或少量的乙烷、丙烷、丁烷以及氮类的其他杂质。

船舶租赁（Chartering）：租船人为了获得运输工具来运输货物或承担运输任务，以支付运费或租金的方式，从所有人那里将船舶的整船或部分舱位租入的一项业务。船舶租赁方式主要有航次租船、定期租船、光船租赁。

航次租船（Voyage Charter）：又称程租船，其租金计算以航次为单位。由船舶所有人按双方事先议定的费率与条件，将船舶全部或一部分租与租船人，该船按租船人意愿自某一港口或者若干港口装运整船货物或部分货物至指定的目的港，或某一地区的若干港口。

定期租船（Time Charter）：又称期租船，其租金计算以时间为单位。船舶所有人根据双方签订的租船合同将船舶在一段较长的期限内（数月到几年不等）租与租船人调度和使用。由租船人根据船舶每一夏季载重吨为计算单位在一定时间内（按月或按天）向船舶所有人支付租金，以预付方式支付租金。租金一经议定，在租赁期内，不论租船市场租金涨落情况如何，都不得变更。

光船租赁（Bareboat or Demise Charter）：又称过户租赁或船壳租赁。船舶由船舶所有人按夏季载重吨每例月或30天向租船人收取租金，将"光船"（不配备船员的船舶）在一规定的期限内交与租船人自由使用。光船租赁的船舶由租船人聘用船长、轮机长和船员。光船租赁实际也是定期租船的一种，与一般定期租船的相同之处是两者均按时间计算租金，不同之处是光船租赁的船舶占有权在租船期内由船舶所有人转移至租船人手中。

PSC（Port State Control）：港口国监督。港口国的政府机构或其授权机构（我国为中华人民共和国海事局）对到达本国港口的外国籍船舶的技术状况和船员能力（特别是有关船舶航行安全与防污染方面）进行检查，以保证船舶在海上人命和财产安全，防止海洋环境污染。

FSC（Flag State Control）：船旗国检查。它是一国政府对悬挂本国国旗船舶实施的安全检查。

SMS（Safety Management System）：安全管理体系。它是一个系统的、清晰的和全面的安全风险管理方法，综合了运行、技术系统、财务和人力资源管理，融入公司的整个组织机构和管理活动中，包括目标设定、计划和绩效评估等。

O2O（Online To Offline）：是指将线下的商务机会与互联网结合，让互联网成为线下交易的平台。

IPO（Initial Public Offering）：首次公开募股，是指一家企业或公司（股份有限公司）第一次将它的股份向公众出售。

BOT（Build-Operate-Transfer）：建设—经营—转让，本质上是一种基础设施投资、建设和运营的方式。在政府与民间机构达成协议的前提下，政府向民间机构发放特许权，允许民间机构在一定时期内筹集资金建设基础设施，管理和运营设施及其相应的产品和服务。

附录七 重要国际规则及公约

一、《海牙规则》（Hague Rules）

《海牙规则》（Hague Rules）全称为《统一提单的若干法律规定的国际公约》，是关于提单法律规定的第一部国际公约。1924年关于统一提单若干法律规定的国际公约（International Convention for the Unification of Certain Rules of Law Relating to Bills of Lading, 1924），简称《海牙规则》（Hague Rules: H.R.），1924年8月25日在比利时首都布鲁塞尔签订，1931年6月2日起生效，为统一世界各国关于提单的不同法律规定，并确定承运人与托运人在海上货物运输中的权利和义务而制定的国际协议。

《海牙规则》共十六条，其中第一至第十条是实质性条款，第十一至第十六条是程序性条款，主要是有关公约的批准、加入和修改程序性条款，实质性条款主要包括以下内容：

《海牙规则》第三条第一款规定："承运人必须在开航前和开航当时，谨慎处理，使航船处于适航状态，妥善配备合格船员，装备船舶和配备供应品；使货舱、冷藏舱和该船其他载货处所能适当而安全地接受、载运和保管货物。"该条第二款规定："承运人应妥善地和谨慎地装载、操作、积载、运送、保管、照料与卸载。"即提供适航船舶，妥善管理货物，否则将承担赔偿责任。

《海牙规则》对"承运人运输货物的责任期间"进行了明确，其中对"货物运输"的定义，货物运输的期间为从货物装上船至卸完船为止的期间。所谓"装上船起至卸完船止"可分为两种情况：一是在使用船上吊杆装卸货物时，装货时货物挂上船舶吊杆的吊钩时起至卸货时货物脱离吊钩时为止，即"钩至钩"期间。二是使用岸上起重机装卸，则以货物越过船舷为界，即"舷至舷"期间承运人应对货物负责。至于货物装船以前，即承运人在码头仓库接管货物至装上船这一段期间，以及货物卸船后到向收货人交付货物这一段时间，按《海牙规则》第七条规定，可由承运人与托运人就承运人在上述两段发生的货物灭失或损坏所应承担的责任和义务订立任何协议、规定、条件、保留或免责条款。

《海牙规则》对"承运人的赔偿责任限额"做了规定，这一制度安排实际上是对承运人造成货物灭失或损害的赔偿责任的部分免除，充分体现了对承运人利益的维护。《海牙规则》第四条第五款规定："不论承运人或船舶，在任何情况下，对货物或与货物有关的灭失或损坏，每件或每单位超过100英镑或与其等值的其他货币时，任意情况下都不负责；但托运人于装货前已就该项货物的性质和价值提出声明，并已在提单中注明的，不在此限。"

关于承运人的免责条款，《海牙规则》第四条第二款作了十七项具体规定，分为两类：

一类是过失免责;另一类是无过失免责。国际海上货物运输中争论最大的问题是《海牙规则》的过失免责条款,《海牙规则》第四条第二款第一项规定:"由于船长、船员、引航员或承运人的雇用人在航行或管理船舶中的行为、疏忽或过失所引起的货物灭失或损坏,承运人可以免除赔偿责任。"这种过失免责条款是其他运输方式责任制度中所没有的。很明显,《海牙规则》偏袒了船方的利益。

另一类是承运人无过失免责,主要有以下几种:

(1)不可抗力或承运人无法控制的免责有八项:海上或其他通航水域的灾难、危险或意外事故;天灾;战争行为;公敌行为;君主、当权者或人民的扣留或拘禁,或依法扣押;检疫限制;不论由于任何原因所引起的局部或全面罢工、关厂、停工或劳动力受到限制;暴力和骚乱。

(2)货方的行为或过失免责有四项:货物托运人或货主、其代理人或代表的行为;由于货物的固有缺点、质量或缺陷所造成的容积或重量的损失,或任何其他灭失或损害;包装不固;标志不清或不当。

(3)特殊免责条款有三项:一是火灾,即使是承运人和雇用人的过失,承运人也不负责,只有承运人本人的实际过失或私谋所造成者才不能免责;二是在海上救助人命或财产,这一点是对船舶的特殊要求;三是谨慎处理,克尽职责所不能发现的潜在缺陷。

(4)承运人免责条款的第十六项:"不是由于承运人的实际过失或私谋,或是承运人的代理人或雇用人员的过失或疏忽所引起的其他任何原因。"这是一项概括性条款,既不是像前述十六项那样具体,又不是对它们的衬托,而是对它们之外的其他原因规定一般条件。

关于索赔与诉讼时效问题,《海牙规则》第三条第六款规定:承运人将货物交付给收货人时,如果收货人未将索赔通知用书面形式提交承运人或其代理人,则这种交付应视为承运人已按提单规定交付货物的初步证据。如果货物的灭失和损坏不明显,则收货人应在收到货物之日起 3 日内将索赔通知提交承运人。

二、《国际海上人命安全公约》(SOLAS 公约)

《国际海上人命安全公约》(International Convention for Safety of Life at Sea),简称《安全公约》或《SOLAS 公约》。1974 年 11 月 1 日,国际海事组织海上安全委员会在伦敦签订,1980 年 5 月 25 日生效。该公约经过 1978 年、1981 年、1983 年、1988 年、1989 年、1990 年、1991 年等多次修正。

《安全公约》正文十三条、一个附则(共八章)和一个附录。正文其主要内容包括:公约的一般义务;适用范围;法律、规则;不可抗力情况;紧急情况下载运人员;以前的条约和公约;经协议订立的特殊规则;修正;签字、批准、接受、认可和加入;生效;退出;保存和登记。

《安全公约》附则和附录的主要包括:第 1 章,总则,即适用范围、定义等;检验与证书;事故。第二章甲,构造(分舱与稳性、机电设备),即通则;分舱与稳性;机电设备。第二章乙,构造(防火、探火和灭火),即通则;载客超过 36 人客船的消防措施;载客不超过 36 人客船的消防措施;货船的消防措施;油船的消防措施;现有客船的特殊消防措施。第三章，救生设备等，即通则；限客船适用；仅适用于货船。第四章，无线电报与无线电话，即适用范围与定义；值班；技术要求；无线电日志。第五章，航行安全。第六章，谷物装运，即通则；假定倾侧力矩的计算；谷物装置及其固定。第七章，危险货物装运。第八章，核能船舶。附录，证书格式。

《安全公约》适用于经授权悬挂缔约国政府国旗的船舶。各缔约国政府承担义务实施公约及其附则的各项规定。凡引用公约时，同时也就是引用该附则，附则是公约的组成部分。各缔约国政府要承担义务，颁布必要的法律、法令、命令和规则，并采取一切必要的其他措施，使公约充分和完全生效，以便从人命安全的观点出发，保证船舶适合其预定的用途。

三、《海员培训、发证和值班标准国际公约》（STCW 公约）

《海员培训、发证和值班标准国际公约》（International Convention on Standards of Training, Certification and Watchkeeping for Seafarers）简称《STCW 公约》。

此公约是国际海事组织(IMO)约 50 个公约中最重要的公约之一。最初通过时间为 1978 年 7 月 7 日，生效日期为 1984 年 4 月 28 日，公约从通过至生效历经近六年的时间。《STCW 公约》正文共有十七条，阐述和规定了制订公约的宗旨、缔约国义务、公约所用名词解释、适用范围、资料交流、与其他条约关系、证书、特免证明、过渡办法、等效办法、监督、技术合作、修正程序、加入公约形式、生效条件、退出方式、保管以及文本文字。公约适用范围限于有权悬挂缔约国国旗的在海船上工作的海员。在此，"海船"系指除了在内陆水域或者遮蔽水域或港章所适用的区域以内或者与此两者紧邻的水域中航行的船舶以外的船舶。

《STCW 公约》第一章的总则中有四个规则，规定了证书的内容和签证的格式以及证书应有英语译文；对从事过本航行服务的海员要求有所放宽的原则；规定了行使监督的范围以及允许船旗国当局通过执行监督的缔约国等方式，采取适当的措施来消除缺陷。第二章为船长—甲板部分，共有八个规则和三个附录，规定了航行值班和在港值班中应遵守的基本原则；规定了对船长、大副以及负责航行值班的驾驶员发证的法定最低要求与最低知识要求；规定了对组成航行值班部分的一般船员的法定最低要求；规定了为确保船长和驾驶员不断精通业务和掌握最新知识的法定最低要求以及在运载危险货物船舶上在港值班的法定最低要求。第三章为轮机部分，共有六个规定和二个附录，规定了轮机值班中应遵守的基本原则；规定了对主推进动力装置为 3000 千瓦或以上和 750—3000 千瓦之间的船舶的轮机长和大管轮发证的法定最低要求与最低知识要求，规定了对传统的有人看守机舱负责值班的轮机员或定期无人看守机舱指派的值班轮机员发证的法定最低要求；规定了保证轮机员不断精通业务并掌握最新知识的法定最低要求；规定了对组成机舱值班部分的一般船员的法定最低要求。第四章为无线电部分，共有三个规则和二个附录，规定了无线电报员发证的法定最低要求；规定了保证无线电报员不断精通业务和掌握最新知识的法定最低要求；规定了无线电报员发证的法定最低要求。第五章为对槽管轮的特别要求部分，共有三个规则，规定了对油船、化学品船、液化气体船船长、高级船员和一般船员的培训和资格的法定最低要求。第六章为精通救生艇业务部分，有一个规则和一个附录，规定了关于颁发精通救生艇业务证书的法定最低要求。

四、《国际防止船舶造成污染公约》（MARPOL 公约）

国际防止船舶造成污染公约（International Convention for the Prevention of Pollution from Ships；MARPOL；International Convention for the prevention Pollution from Ships），简称《MARPOL 公约》，是为保护海洋环境，由国际海事组织制定的有关防止和限制船舶排放油类和其他有害物质污染海洋方面的安全规定的国际公约。

1973 年《国际防止船舶造成污染公约》（简称《MARPOL 1973》）及 1978 年《国际防止船舶造成污染公约的 1978 年议定书》（简称 MARPOL 1978)是国际社会为保护海洋环境而签订的两个重要国际协定。两者合称《MARPOL 1973/1978》。此公约旨在防止船舶排放的废水、废油等物质污染海洋的公约和议定书，1973 年订于伦敦。中国于 1983 年 7 月 1 日加入"73/78 防污公约"，同时声明不受公约附则三（关于预防包装中的有害物质的污染）、附则四（关于预防污水污染）、附则五（关于预防船舶垃圾污染）的约束。中国于 1988 年加入公约的附则五。公约适用于除军舰、海军辅助船舶和用于政府非商业性服务的国有或国营船舶以外的船舶，禁止这些船舶对海洋以任何形式排放有害物质，并规定了违章处理程序。

《MARPOL 1973》的基本内容是一个庞杂、技术性强及具有多层次结构的国际环境保护协定。有正文条文二十条，还有许多附则、附件、议定书等。由于 1978 年议定书对 1973 年公约作了重要的修订与补充，该议定书构成公约不可分离的组成部分。1978 年议定书第一条第一款即明确要求，凡加入 1978 年议定书的国家，自然地应当遵守 1973 年防污公约，而不必对公约另行签字或履行专门的批准手续。修正后的公约要求：①船舶使用前或颁发国际防油污证书前应对船舶进行初检；②在每 5 年期间内进行定期检验；③在国际防油污证书有效期至少进行一次中级检验；④进行计划外检验或义务性年度检验。

参 考 文 献

[1]《习近平谈治国理政（第二卷）》，北京：外文出版社，2017年。

[2] 中共中央宣传部编：《习近平新时代中国特色社会主义思想学习纲要》，北京：学习出版社，人民出版社，2019年。

[3] 中共中央党史研究室编：《中国共产党的九十年》，北京：中共党史出版社，党建读物出版社，2016年。

[4] 当代中国研究所著：《中华人民共和国简史（1949—2019）》，北京：当代中国出版社，2019年。

[5] 当代中国研究所著：《新中国70年》，北京：当代中国出版社，2019年。

[6] 中共上海市委编辑部、中共上海市委党史研究室编著：《从党的诞生地出发》，上海：上海人民出版社，上海书店出版社，2018年。

[7] 钱永昌著：《轻舟已过万重山——前交通部部长钱永昌往事回想》，北京：人民交通出版社，2008年。

[8]《交通部行政史》编写组编：《交通部行政史》，人民交通出版社，2008年。

[9]《当代中国》丛书编辑部编：《当代中国的水运事业》，北京：中国社会科学出版社，1989年。

[10] 彭德清主编：《中国航海史》（现代航海史），北京：人民交通出版社，1989年。

[11] 广州远洋运输公司编：《艰难历程 光辉业绩》，广州：广东人民出版社，1991年。

[12] 汤照连主编：《招商局与中国近现代史》，广州：广东人民出版社，1994年。

[13] 中国航海史研究会编：《招商局史》，北京：人民交通出版社，1995年。

[14]《上海远洋运输志》编委会编：《上海远洋运输志》，上海：上海社会科学出版社，1999年。

[15] 中远（集团）公司编：《中远发展史／中国远洋运输公司史》，北京：人民交通出版社，2000年。

[16] 中远集装箱运输有限公司史编纂委员会编：《中远集装箱运输有限公司（上海远洋运输公司）史》，上海：上海人民出版社，2004年。

[17] 陆俊山主编：《航运旗舰》，北京：企业管理出版社，2004年。

[18] 王建平主编：《英汉航海大词典》，北京：人民交通出版社，2004年。

[19] 江波著：《江海波涛——情系招商局》，北京：中国大地出版社，2008年。

［20］魏家福著:《十年磨一剑》,北京:人民交通出版社,2008年。

［21］席龙飞、宋颖著:《船文化》,北京:人民交通出版社,2008年。

［22］李宗琦主编:《交通企业文化》北京:人民交通出版社,2008年。

［23］辛加和主编:《航海文化》,北京:人民交通出版社,2009年。

［24］蔡桂林著:《大航海时代》,保定:河北大学出版社,2009年。

［25］《中国交通六十年》编委会编:《中国交通六十年》,北京:交通运输部科学研究院,2010年。

［26］杜渊泉主编:《中央企业价值理念集粹》,北京:光明日报出版社,2010年。

［27］《红色华润》编委会编:《红色华润》,北京:中华书局,2010年。

［28］中远（集团）总公司编:《中远通信导航发展史》,北京:人民交通出版社,2010年。

［29］中波轮船股份公司编著:《中波轮船股份公司发展史（1951—2011）》,上海:上海古籍出版社,2011年。

［30］中波轮船股份公司编:《我与中波》,上海:上海古籍出版社,2011年。

［31］广州远洋运输公司编:《光辉的航程——广远成立50周年巡礼》,广州:广东人民出版社,2011年。

［32］佟成权著:《海之思》,上海:上海交通大学出版社,2012年。

［33］石广生主编:《中国对外经济贸易改革和发展史》,北京:人民出版社,2013年。

［34］中华人民共和国海事局:《北极航行指南（西北航道）》,北京:人民交通出版社股份有限公司,2015年。

［35］中华人民共和国海事局:《北极航行指南（东北航道）》,北京:人民交通出版社股份有限公司,2015年。

［36］涂俏著:《袁庚传——改革现场1978—1984》,深圳:海天出版社,2016年。

［37］吴长荣著:《上海船长》,上海:上海交通大学出版社,2016年。

［38］中远船务党委编:《追梦蓝海——中远船务工程集团有限公司发展简史（2001—2016）》,大连:大连海事大学出版社,2016年。

［39］交通运输部海事局编:《中国海员史》（古、近代部分）,北京:人民交通出版社股份有限公司,2017年。

［40］中华人民共和国交通运输部编:《中国交通运输年鉴》,北京:人民交通出版社股份有限公司,2018年。

［41］《大连远洋运输公司发展史》编审委员会编:《大连远洋运输公司发展史（上、下册）》,大连:大连出版社,2018年。

［42］中国船舶工业行业协会编:《强船报国——新中国船舶工业七十年大事记》,北京:人民交通出版社股份有限公司,2019年。

［43］中国航海日主题活动上海组委会编:《图说中国航运文化地标》,上海:复旦大学出版社,2019年。

［44］交通运输部海事局编:《中国海员史》(现代部分),北京:人民交通出版社股份有

限公司，2019年。

[45] 中共上海海运（集团）公司委员会编:《船舶政治工作史》，内部印刷，1996年。

[46] 中远（集团）总公司编:《中远历史资料汇编》（第1—9册），内部印刷，1997年。

[47] 上海远洋运输公司党委办公室编:《船舶政委手册》，内部印刷，1997年。

[48] 于耀文主编:《中国船舶燃料供应总公司简史（1972—1997）》，内部印刷，1997年。

[49] 中国外轮代理公司编:《中国外轮代理公司发展史（1953—1998）》，内部印刷，1999年。

[50] 中远（集团）总公司编:《中远集团"十五"发展规划》《中远集团"十一五"发展规划》《中远集团"十二五"发展规划》，内部印刷，2001年、2003年、2011年。

[51] 中远集运企业文化之旅编写组编:《你我同舟》，内部印刷，2002年。

[52] 中远集团工会编:《中远劳模》，内部印刷，2004年。

[53] 中远（集团）总公司编:《弘扬民族精神——"走向国际化的中远集团"新闻报道集锦》，内部印刷，2004年。

[54]《中远香港》编辑部编:《聚焦中远香港——新闻报道篇》，内部印刷，2007年。

[55] 中国远洋控股有限公司编:《中国远洋安全规章制度汇编（机务部分）》，内部印刷，2008年。

[56] 中远散货运输有限公司编:《破解新盛海轮管理密码》，内部印刷，2009年。

[57] 中海发展股份有限公司货轮公司编:《中海货运船舶文化》，内部印刷，2010年。

[58]《驶向蔚蓝的辉煌》编委会编:《驶向蔚蓝的辉煌：中远五十年》，内部印刷，2011年。

[59] 中国海运统计年鉴编写组编:《中国海运统计年鉴（2011）》，内部印刷，2011年。

[60] 中海集运《转型》编写组编:《转型》，内部印刷，2011年。

[61] 陈大鸣著:《历程——中远船贸纪事》，内部印刷，2012年。

[62] 交通运输部公安局:《中国港航公安史（1949–2014）》，内部印刷，2016年。

[63] 中海国际《海员风采》编辑部编:《海员风采》，内部印刷，2019年。

[64]《中国远洋报》《中国远洋海运报》，1993—2020年。

[65] 中远（集团）总公司编：中远集团OA系统《文书档案库电子文档》，中远集团档案室。

结 束 语

公元 1961 年 4 月 27 日,中国远洋运输公司成立。由此追溯到 1948 年华夏企业有限公司的成立,拉开了新中国远洋运输事业的序幕。截至 2015 年底,历经 68 年的飞速发展,中远已稳步跨入世界优秀企业之林,创造出领航国际海运潮流的 COSCO 时代。

一路风风雨雨,曲曲折折;一路浩浩荡荡,轰轰烈烈;一路大风大浪,大开大合;一路高歌猛进,从未停歇。

半个多世纪的航程,经历了太多的风浪,中远的历史长卷,总能在回望中意味深长——

有"山重水复疑无路"的忧虑与迷惘,有"直挂云帆济沧海"的责任与担当;有"路漫漫其修远兮"的寻觅与探索,有"轻舟已过万重山"的惬意与畅想;有"雄关漫道真如铁"的砥砺与洗礼,有"人间正道是沧桑"的格局与气象;有"一舞剑器动四方"的大气与豪迈,有"天下谁人不识君"的繁荣与辉煌……

只要太阳照耀的地方,就有五星红旗和 COSCO 旗帜在飞扬……

在这光辉的岁月里,中远所突破的历史性困局,走出的国际化道路,创造的决定性成就,完成的全球化布局,实现的跨越式发展,无不昭示其在中华人民共和国的航运史上发挥出的重要作用与价值。

历史,总是在一些特殊年份给人们以汲取智慧、继续前行的力量。1948,1961,1993,2015,这一组组再自然不过的普通年份,串连起的却是中远从无到有、从小到大、从弱到强的峥嵘岁月与光辉历程。

中远的发展历程,是中国综合国力蒸蒸日上的辉煌缩影;是中国航运业波澜壮阔、砥砺前行的生动写照。在这一发展历程中,中远不仅书写着中国航运的历史,而且正在创造新的航运记录;不仅弘扬了民族精神,而且已成为连接世界的桥梁;不仅奠定了坚实的物质基础,而且积淀了宝贵的精神财富。

在这浩如烟海的历史事件中,人们如何梳理和珍存在那激情燃烧的岁月里凝成的"中远记忆"?历史又给后人留下了怎样的启迪?

长子情结,爱国情怀——中远最具传承力的红色根脉

"共和国长子"这一亲切的称谓,是赞许,是责任,更是标杆。1950 年 2 月 27 日,毛泽东主席称赞为建立新中国做出贡献的哈尔滨为"共和国长子"。此后,又特指新中国成立后大力支援国家建设事业的城市或地区和为国家承担重大责任与做出突出贡献的带"中国"字头的大型国有企业,如"中国一汽""中国远洋"。

"共和国长子"的称谓对中远来说,不仅是一份荣誉与信任,更是一份沉甸甸的使命与担当。在长期的生产斗争实践中,中远人的"长子"情结主要体现在:对党忠诚,听党指挥;服从外交,服务外贸;独立作战,敢打必胜;勇挑重担,责重如山。这既是中远人的"长子"情结,更是中国远洋运输公司永不改变的企业定位。

新中国成立之初,敌对势力的经济封锁,国家建设的百业待兴,对外交往的艰难窘迫,强烈地呼唤着中国必须拥有一支强大的远洋船队,肩负起振兴民族航运事业的重任。这就决定了新中国建立的这支远洋船队,不仅仅是一般意义上的商船队,她必须肩负起极其特殊的使命。中远的船队就拥有这种使命感、责任感和不怕牺牲、勇于担当的精神,无论船舶航行在大洋的什么位置,只要祖国一声令下,都能坚决做到招之即来,来之能战,战之必胜,胜之报国。

在中远发展的历程中,每当祖国需要,中远人都会毫不犹豫地把祖国的召唤当作冲锋陷阵的号角,一次次地履行着党和国家所交付的神圣使命,一次次地为祖国赢得荣誉。这种充满强烈的爱国主义激情凝成的"艰苦奋斗,爱国奉献"的中远精神,成为中远文化最纯粹、最厚重的底色。

这就是"长子"情结和爱国情怀凝成的中远最具传承力的文化根脉。

改革创新,变法创制——中远最具爆发力的致胜法宝

穿越岁月沧桑,改革创新永远在路上;历经风雨考验,变法创制持续开新篇。这是中远在漫长的发展历程中不断从辉煌走向辉煌的生动写照。

改革创新出生产力、出战斗力、出发展力。中远成立之初,国家拿不出更多的钱来发展远洋船队。中远打破陈规旧制,硬是闯出一条"贷款买船、负债经营、赢利还贷、滚动发展"的经营之路,船队规模从1961年的2.26万载重吨,发展到1978年的700多万载重吨,实现了井喷式309倍的强势增长,创造了世界远洋船队发展的奇迹。

中远又以"借壳上市"开路,角逐资本市场,推动企业实现双轮驱动;以"创新谋变"推行引资引智,推动企业实现新的腾飞;企业规模扩大后,中远总公司又针对市场竞争、盈利能力弱化的倾向,实施市场化改革,推进专业化经营,春潮涌动,春雷浩荡,一场史无前例的"百船大腾挪、千日大交接、万人大调整"的改革大剧,在中远系统内蓬勃上演。正是这种持续的改革,推动了中远一次次实现阶梯式攀升和跨越式发展。

企业创新是中远不断发展壮大的助推器。在激烈的市场竞争环境里,中远集团坚持站在时代发展的高度,充分运用创新创制这一法宝,在历史前进的逻辑中前进,在时代发展的潮流中发展,推进企业体制创新,突出经营机制转换,成功走出了一条具有中远特色的"国有市营"的改革发展之路;推进企业经营创新,实现了从单一注重生产经营向生产经营、资本经营和品牌经营并重的根本性转变;推进管理创新,积极推行对标管理、精益管理、机遇管理、战略管理,构建成现代企业管理体系;推进技术创新,构建科技中远,中远船务"超深海高稳性圆筒型钻探储油平台的关键制造技术"成果获得2011年度国家科技进步一等奖,将中远推上创新驱动发展的新平台。

百年基业,百岁基因——中远最具成长力的物质基础

建设"百年老店"的艰难,在于"百年老店"只属于"金字塔尖"上的少数几家企业。在通往成功的征途上,往往要在辉煌中保持定力,在喧嚣中静守初心,在逆境中寻找希望,在低谷中坚守信念,在煎熬中积蓄力量,在力量的迸发中一步步攀上"金字塔尖",这几乎是成就"百年老店"的基因图谱和内在规律。打造"百年中远"是老一辈中远人的奋斗初心和共同夙愿,经过半个多世纪的艰苦创业与励精图治,那些流淌的汗水、经历的挫折、熬过的低谷、坚守的信念,经过岁月的磨砺与沉淀,不仅化作中远在国际航运市场上的厚积薄发,更演化出中远人经营企业的哲思慧悟。

"百年中远"的世纪愿景,正是全体中远人全新发展理念的生动写照和精神诉求。打造"百年中远"的战略目标,是中远集团不断实现科学发展的历史坐标,是凝聚和激励全系统13万员工奋勇争先的嘹亮号角,是实现中远集团在国际化竞争中不断发展壮大的宏伟蓝图。

中远经过长期艰苦经营,形成了可持续发展的崭新格局:党的领导统揽全局,班子建设团结坚强,航运主业国际一流,全球发展蒸蒸日上,物流服务全面升级,码头业务稳步增长,海工造船国际领先,中燃船供通达万方,金融产业稳中求进,海外事业快速扩张,安全管理基础平稳,党政工团合力护航,惩防体系扎实构建,人才队伍健康成长,慈善事业普惠社会,三大责任全面担当,综合实力日益强劲,中远文化全程引航……

百年信念,百年格局,百年人脉,百年气象……一代又一代中远人为国家、为后人奠定的百年基业,积淀的长寿基因,成为中远最具成长力的雄厚基础,成为后人无价的精神与物质财富。

英雄辈出,人才荟萃——中远最具引领力的厚重底蕴

中远发展史证明,企业无论发展到什么程度,形成多么大的格局,都不能取代英雄主义的熏陶,民族精神的养育,历史文化的传承。它不仅是在时代变迁过程中迎接思想文化挑战的一道拦洪堤坝,更是通过历史认同、价值认同实现企业高度集中统一的坚实基础。

在中远的历史长卷中,对爱国精神的培育,对英雄主义的弘扬,对优秀文化的传承,形成了中远人一代接续一代的价值认同,英雄模范人物辈出,先进集体楷模涌现已成为自然,成为必然:

——方枕流、贝汉廷、鲍浩贤、陈宏泽、严力宾……一串串响亮的名字,闪耀着一代又一代中远人书写出的豪情壮志;

——"光华"轮、"柳林海"轮、"银河"轮、"华铜海"轮、"新盛海"轮、"希望一号"……一个个光辉的坐标,凝结着一代又一代中远人创造出的宏图伟业。

中远发展史说到底是一部创业史、创优史、人才史、英雄史。中远历史上涌现的"全国劳模"、选树的"十大标兵"、组织的"三学一创"、推进的"三个三百"人才工程以及共青团持续开展的"十大杰出青年"选树等,塑造出一批又一批先进英模人物,培养出一批又一批高素质、复合型人才群体。

沧海横流显砥柱，万山磅礴看主峰。英雄辈出，人才荟萃，凝聚成中远最具引领力的厚重底蕴。

坚持真理，修正错误——中远最具震撼力的企业生态

中远集团比任何一个企业都更能体会"坚持真理与修正错误"所拥有的企业力量的强大，更加懂得"知错就改与轻装上阵"所修炼成的企业品质的可贵。

中远人始终敢于面对挫折、直面错误、珍视教训；从不畏惧自我反省、自我否定、自我超越。中远人深谙"祸兮福所倚，福兮祸所伏"的自然法则，对每一次错误、教训都做出深刻的反思、反省，举一反三，勇于担责，坚持真理，修正错误，变坏事为好事，化腐朽为神奇。

经过深入反思，在战略执行不力、内控机制缺失、风险防控薄弱、干部监管不严、应急反应失效等方面增建规章，完善机制；中远散运"FFA"套期保值业务、散货船队"高租金船"问题，直接影响了企业经营效益。集团领导带头自责、严肃问责、依法追责，并从领导干部的业绩观念、经营理念、市场研判、管理架构、利润指标设定等多方面吸取教训，又从完善决策机制、创新经营模式、重构行业信誉等多层面进行诊治，将经营风险的篱笆越扎越紧……

走一条从未有人走过的路，注定不可能一帆风顺。在中远前进的道路上，历经坎坷与赢得荣光一样值得尊重，修正错误同坚持真理一样弥足珍贵。虽经一次次挫折，都能一次次奋起。集团党组每一次的深刻反省，都能从负面的案例中汲取宝贵的营养；每一次的痛定思痛，都能从错误的教训中积蓄真理的力量。

中远集团在经营风险防控上正朝着止于未萌，治于未病的健康生态迈进。

全球思维，战略引领——中远最具创造力的发展方略

正确的发展战略是一个企业的生命线。中远是最早制定企业发展战略的大型国企之一。早在1991年，就提出了要把中远建成"结构集团化、经营国际化、业务多元化、管理现代化"的"小四化"战略目标，这是中远总公司给自己的未来"量身订制"的集团化发展最具前瞻性和权威性的战略表述。集团成立后，根据市场形势变化和企业发展需要，集团决策层审时度势，登高望远，坚定地提出了"下海、登陆、上天"的多元化发展战略，打开了一片全方位、多领域发展企业的新天地。

随着国际国内政治经济形势的变化和航运市场日趋变暖，中远集团又对企业发展战略进行调整，提出了"从全球航运承运人向以航运为依托的全球物流经营人转变，从跨国经营企业向国际级跨国公司转变"的"两个转变"发展战略。这一战略的确立，使中远在发展中第一次明确了科学的发展方向和定位，从根本上提高了航运主业的核心竞争力。2006年，集团又在此基础上，提出了"从周期性发展向可持续发展转变"等"四个转变"的发展策略。这种经营战略的坚定性和经营策略的灵活性，推动企业一步一个脚印向前跨越，一步一个台阶向上攀升。

中远一路走来，虽煌煌四卷史书，不过冰山一角；虽洋洋三百余万字，不过沧海一粟。中远给自己的祖国、给这个世界留下的财富实在太多太多……

站在国际航运市场的潮头，吸吮着五千年中华文化的养分，拥有13万中远人聚合的磅礴之力，中远集团具有无比深厚的历史底蕴，具有无比广阔的时代舞台，具有无比强大的前进定力。

客观地书写历史，坚定地捍卫历史，深刻地把握历史，是因为历史不仅能够激发人们情感的力量，更能赋予人们理性的启迪。如今，中远人之所以虔诚地守望着自己的历史，正是为了守护这部奋斗的历史带给中远人的那份理性与尊严。

2015年12月11日，国务院批复中远集团、中海集团进行重组。看似一次极普通的国企改革，但在世界航运史上却是惊天动地的大事件。

中远中海两大集团从"划江而治"，到"战略重组"，这正是：时与我顺，势与我应——时者已拥豪情万丈之时，势者已成风雷磅礴之势。正如毛泽东诗云："独有豪情，天际悬明月，风雷磅礴。"

人间万象，无一永恒，运动发展，自然天成；新的阶段，新的使命，挑战虽巨，希望尤盛。两大航运集团实现了真正意义上的强强联合。

编 后 语

中远海运集团按照交通运输部关于编纂《中国水运史（1949—2015）》和《中国水运工程建设实录（1978—2015）》（以下简称"一史一录"）的要求，自2017年9月开始，全面梳理集团的历史资料，在组织编纂"一史一录"的同时，着手编纂中国远洋海运发展史。

历史是一个民族安身立命的基础，也是一个企业基业长青的源泉。编纂中国远洋海运发展史，无论对于国家、行业还是企业自身，都具有存史、资政、育人的重大意义。新中国成立后，特别是改革开放以来，我国海上运输业取得了跨越式发展，这其中，中远、中海两大集团发挥了中流砥柱的作用。

一部中国远洋海运发展史，就是一部新中国的远洋航运史。完整准确地书写好这段波澜壮阔的历史，为后人留下一份珍贵记忆与启示，是当代航运人的神圣职责和光荣使命。

组织机构方面，集团成立了史志编审委员会，由集团董事长、党组书记许立荣担任委员会主任。委员会负责审定中国远洋海运发展史的工作方案、编纂大纲等重要事项。

协调机制方面，集团成立了由党组工作部牵头的综合协调组，负责落实编委会工作要求，协调相关单位，组织专题调研，史料收集汇总，召集相关会议，推进编纂工作，安排编印出版等，做了大量繁杂的服务保障工作。

史稿编纂方面，集团成立了专业编纂组，具体负责调查、研究和梳理集团历史起源、发展脉络、重大发展阶段划分、重大历史事件记述以及历史文稿编纂和统筹工作。集团充分调动全系统资源，按照专家顾问指导、专职人员执笔、相关部门协同、各级公司配合的操作流程，稳步推进集团发展史的编纂工作。

编写出版一部史书，是一项浩繁的系统工程。仅中远集团的电子档案就多达12.72万份，影像图片多达2.35万部（幅）。编纂人员虽不能通读这些文件，但在记述某些重大历史事件时，对相关文件基本做到无一遗漏地苦读、细品、阅透，以确保历史事件的完整性和准确性。编纂组的同志们本着写史必先阅史、写史重在悟史、写史更要敬史的思路，潜心研读浩如烟海的历史文献和资料，坚持用辩证唯物主义、历史唯物主义的观点和态度领悟、理解和梳理历史；以敬畏之心尊重历史人物，尊重历史事件，尊重历史时空，尊重历史逻辑，丝毫不带个人的私情杂感，坚持实事求是、求真务实的原则，客观、真实地编纂历史。通过访谈知情人物，破解历史疑点；解密尘封文献，揭秘焦点事件；突破认知局限，厘清历史脉络；剖析内在联系，展示历史规律，基本达到存史、资政、育人的目的。

2018年12月24日，集团党组工作部召开《中国远洋海运发展史》初稿完成发布会，并将首印初稿呈送编审委员会审批,同时送相关部门审核。2019年2月21日,第二次修改稿完成,印制500卷(征求意见稿),呈送编委会委员、顾问委员会委员、所属各公司广泛征求意见。5月,编纂组的同志分别到上海、广州、北京、天津、青岛、大连、深圳等地,同离退休老领导和有关专家开展座谈,征求意见,丰富了书稿的历史背景,增强了书稿内容的准确性、权威性。2019年8月18日,《中国远洋海运发展史 第1卷》书稿送人民交通出版社股份有限公司编辑,之后七卷陆续提交,直至6月付梓出版。

《中国远洋海运发展史》全书分为中远发展史、中海发展史两部,共八卷,合计628万字。其中中远发展史历时66年,分为四个历史时期,共四卷,即:《中远发展史（1949—1978）》《中远发展史（1979—1992）》《中远发展史（1993—2004）》《中远发展史（2005—2015）》；中海发展史历时66年,共四卷,分为《上海海运发展史（1949—1997）》《广州海运发展史（1949—1997）》《大连海运发展史（1949—1997）》《中国海运集团发展史（1997—2015）》。

为编纂好《中国远洋海运发展史》,交通(运输)部、集团相关部室和所属公司给予了鼎力支持。交通(运输)部、集团业已退休的老领导、老前辈、老同志,大多年事已高,有的还在医院,抱病修改史稿,给予我们多方面的热心指导。在此,我们衷心感谢钱永昌、黄镇东、李盛霖、徐祖远等交通(运输)部老领导、老前辈；衷心感谢宫尚竺、江波、卓东明、虞国伟、雷海、周祺芳、高伟杰、陈洪生、刘国元等集团离、退休老领导；衷心感谢高志明、刘锐祥、张际庆、肖亮涌、闵希侯、贾兆祥、白金泉、骆九连、辛加和、吴仁华等老领导；我们还要特别感谢毛永芳、潘群、陈连涛、梁振兴、马洪进、赵中博、葛军、夏文杰、江茜、刘建强、徐维锋、王蓬、蔡小华、白昌中、郑钟宇、吴晓、王庆华、柯成钢、王雷、刘清卿、宋涛、张磊、李永生、孙明霞、袁绪龙、孙梅、刘文喆、张波、柳芳、张鹏、韩波、戴燕、姜玲、张浙苏、金鑫、何峰、祁蹟、傅勤勇、张叶龙、钱江、周斌、陆英祥、陈晓波、曹敏、刘楠、张楠、王冉、姚兆羽、邢艳、赵乃康、李达、郭静、朱月芳、范路遥、侯景妙、张进、付晓力、孙轶、纪委、刘炳花等同志对史书编纂工作付出的辛勤努力。

本书在编写过程中,特别在一些史料的取舍上,难免会有疏漏之处。敬请广大读者不吝赐教,多提宝贵意见。

2020年1月

总 审 校 / 谭　鸿
策划编辑 / 张征宇　韩亚楠
责任编辑 / 陈　鹏
封面设计 / USUN 昱上

定价：320.00元